中国皇后
全传

张宏伟◎编著

北京联合出版公司
Beijing United Publishing Co.,Ltd.

图书在版编目（CIP）数据

中国皇后全传 / 张宏伟编著 . — 北京：北京联合出版公司 , 2015.5
（2023.12 重印）
ISBN 978-7-5502-4712-3

Ⅰ . ①中… Ⅱ . ①张… Ⅲ . ①皇后—列传—中国 Ⅳ . ① K827=2

中国版本图书馆 CIP 数据核字（2015）第 031751 号

中国皇后全传

编　　著：张宏伟
责任编辑：喻　静
封面设计：施凌云
内文排版：陈　萍

北京联合出版公司出版
（北京市西城区德外大街 83 号楼 9 层　100088）
德富泰（唐山）印务有限公司印刷　新华书店经销
字数 900 千字　　720 毫米 ×1020 毫米　1/16　40 印张
2015 年 5 月第 1 版　2023 年 12 月第 5 次印刷
ISBN 978-7-5502-4712-3
定价：78.00 元

前　言

　　皇后是中国古代妇女中的一批特殊人物，她们既和一般妇女一样，有着共同的遭遇和命运，又和一般妇女有许多不同之处。她们是拥有至高无上权力的封建帝王的嫡妻，这样的特殊地位，决定了她们在历史上具有一般妇女，甚至包括帝王以外所有的人所无法比拟的作用。史学家司马迁在《史记·外戚世家》中说："自古受命帝王及继体守文之君，非独内德茂也，盖亦有外戚之助焉。夏之兴也以涂山，而桀之放也以妹喜。殷之兴也以有娀，纣之杀也嬖妲己。周之兴也以姜嫄及大任，而幽王之禽也淫于褒姒。"他在这里历数了夏、商、周三代的著名王后，她们的人生际遇和所作所为关系到整个国家的兴亡盛衰。

　　对于皇后，现在的人们想到更多的是锦衣玉食，是轻歌曼舞，是男欢女爱……其实，这仅仅是皇后生活的一部分。在幽深的宫殿里，高墙把宫闱与世俗分成两个世界，这无形之中给后宫罩上一层朦胧迷离的神秘色彩，引得世人总想看个究竟：想看皇后走向"母仪天下"的酸甜苦辣，想看皇后与妃子们争宠夺爱的悲剧或喜剧，想看皇后在风险迭起的人生紧要关头体现出的智慧或权术，想看皇后是如何为皇室培养下一代"真龙天子"，想看幽禁在宫闱之中的后宫第一人的精神生活……

　　在数千年的纷繁复杂、光怪陆离的宫闱生活中，历代皇后的人生际遇虽各有千秋，但终究脱不了悲剧性的命运底色。在封建文化氛围中，皇后尽管是当时女人群体中的最上层，但在掌握社会评价系统的男人们看来，她们毕竟首先是依附于男性和皇权的女人，她们只能在这个文化的大网中挣扎。

　　有位哲人说过："男人通过征服世界而征服女人，女人通过征服男人而征服世界。"这句话如果用在中国皇后身上是再恰当不过了。弄权如汉朝吕后、大唐武则天、清朝慈禧，美貌如周幽王王后褒姒、唐玄宗的杨贵妃，人生跌宕起伏的如嫁给两国皇帝的羊献容、几起几落的宋哲宗皇后孟氏……

　　为了便于读者了解史实，以史为鉴，我们组织编写了这部《中国皇后全传》。自夏朝大禹的妻子涂山氏始，至清朝末代皇后婉容止，为历代后妃三百多人立传，可以说，凡见于正史中有较详细记载的皇后都搜罗无遗。本书按朝代先后顺序编排，对一些著名的、历史上有重大影响的皇后，如汉高祖皇后吕雉、隋文帝皇后独孤氏、唐太宗皇后长孙氏、唐高宗皇后武则天、明太祖皇后马秀英等记叙较为详尽；对于那些虽不是皇后，但却较皇后更著名的妃嫔，如唐玄宗贵妃杨玉环、清太宗庄妃布木布泰、清文宗贵妃叶赫那拉氏等记叙也较详尽；对于那些事迹了了、乏善可陈的皇后，则以简笔勾勒。这样一来，全书既重点突出，又兼顾了全面。

　　阅读本书，对于我们深刻了解历代封建王朝周期性更迭的内在动因以及中国封建制度的特殊规律是很有启发意义的；对于研究中国妇女史、中国政治史也很有参考价值。皇后制度伴随着封建君主专制制度的消亡早已成为历史的陈迹，但历史是一面镜子，这种裙带政治居然在中国历史上绵延数千年之久，不论其对当时或后世的影响如何，都是值得人们深思的。

　　本书与《中国皇帝全传》是姊妹篇，基本上保持了一致的体例和风格，历朝皇后均按照本朝皇帝的先后顺序排列。如一个皇帝有两个或两个以上的皇后，则以皇后册封的时间划分先后。因此，这部书实际上也是一部系统的中国封建王朝宫廷史。

　　本书资料翔实，除正史记载以外，还参考了大量的文集、笔记，也包括稗官野史。本书内容丰富，虽为皇后立传，但并不仅仅局限于皇后个人的出身与生平经历，而是以皇后本人的事迹为主线，围绕这条主线，将皇后与皇帝、皇亲国戚的关系以及与皇后有关的政治、经济、军事、外交、文化等重大历史事件结合起来，使人感到视野开阔，并能从中受到历史的启迪。

目 录

先秦

涂山氏　夏朝大禹王后 2

有施氏　夏朝夏桀王妃 4

妇好　商王武丁王后 5

姜氏　商纣王子辛王后 10

妲己　商纣王子辛王妃 15

邑姜　西周周武王姬发王后 18

褒姒　西周周幽王王后 20

骊姬　春秋晋献公夫人 22

穆姬　春秋秦穆公夫人 25

桃花夫人　春秋楚文王夫人 27

齐文姜　春秋鲁桓公夫人 29

郑旦　春秋吴王夫差妃 33

西施　春秋吴王夫差妃 34

宣太后　战国秦惠文王八子 37

宿瘤女　战国齐湣王王后 39

赵姬　战国秦庄襄王王后 42

两汉

西汉

吕雉　西汉高祖刘邦皇后 46

戚夫人　西汉高祖刘邦夫人 49

薄姬　西汉高祖刘邦妃 51

赵氏　西汉高祖刘邦美人 52

张嫣　西汉惠帝刘盈皇后 53

窦漪房　西汉文帝刘恒皇后 55

慎氏　西汉文帝刘恒夫人 58

薄氏　西汉景帝刘启皇后 59

王娡　西汉景帝刘启皇后 61

栗姬　西汉景帝刘启夫人 63

陈阿娇　西汉武帝刘彻皇后 64

卫子夫　西汉武帝刘彻皇后 67

赵氏　西汉武帝刘彻婕妤 71

上官氏　西汉昭帝刘弗陵皇后 73

许平君　西汉宣帝刘询皇后 75

霍成君　西汉宣帝刘询皇后 77

王氏　西汉宣帝刘询皇后 78

张氏　西汉宣帝刘询婕妤 80

王政君　西汉元帝刘奭皇后 80

傅瑶　西汉元帝刘奭昭仪 84

冯媛　西汉元帝刘奭昭仪 85

许娥　西汉成帝刘骜皇后 86

赵飞燕　西汉成帝刘骜皇后 89

赵合德　汉成帝刘骜昭仪 93

班氏　西汉成帝刘骜婕妤 95

傅氏　西汉哀帝刘欣皇后 96

王氏　西汉平帝刘衍皇后 98

王氏　新朝王莽皇后 100

史氏　新朝王莽皇后 101

东汉

郭圣通　汉光武帝刘秀皇后 102

阴丽华　汉光武帝刘秀皇后 105

马氏　汉明帝刘庄皇后 ……………… 107

窦氏　汉章帝刘炟皇后 ……………… 110

阴氏　汉和帝刘肇皇后 ……………… 112

邓绥　汉和帝刘肇皇后 ……………… 114

阎姬　汉安帝刘祜皇后 ……………… 118

梁妠　汉顺帝刘保皇后 ……………… 119

梁女莹　汉桓帝刘志皇后 …………… 121

邓猛女　汉桓帝刘志皇后 …………… 122

窦妙　汉桓帝刘志皇后 ……………… 124

宋氏　汉灵帝刘宏皇后 ……………… 125

何氏　汉灵帝刘宏皇后 ……………… 126

王氏　汉灵帝刘宏美人 ……………… 128

伏寿　汉献帝刘协皇后 ……………… 129

曹节　汉献帝刘协皇后 ……………… 130

三国

魏

卞氏　魏武帝曹操皇后 ……………… 132

丁氏　魏武帝曹操夫人 ……………… 134

郭照　魏文帝曹丕皇后 ……………… 136

甄氏　魏文帝曹丕皇后 ……………… 140

薛灵芸　魏文帝曹丕宫人 …………… 144

莫琼树　魏文帝曹丕宫人 …………… 146

毛氏　魏明帝曹叡皇后 ……………… 146

郭氏　魏明帝曹叡皇后 ……………… 148

蜀汉

吴氏　蜀汉昭烈帝刘备皇后 ………… 149

甘氏　蜀汉昭烈帝刘备皇后 ………… 150

孙氏　蜀汉昭烈帝刘备夫人 ………… 152

张氏姐妹　蜀汉后主刘禅皇后 ……… 154

吴

潘氏　吴大帝孙权皇后 ……………… 155

朱氏　吴景帝孙休皇后 ……………… 156

滕氏　吴乌程侯孙皓皇后 …………… 157

两晋

西晋

杨艳　西晋武帝司马炎皇后 ………… 160

杨芷　西晋武帝司马炎皇后 ………… 163

左棻　西晋武帝司马炎贵嫔 ………… 164

胡芳　西晋武帝司马炎贵嫔 ………… 165

贾南风　西晋惠帝司马衷皇后 ……… 166

羊献容　西晋惠帝司马衷皇后 ……… 175

谢玖　西晋惠帝司马衷夫人 ………… 178

东晋

虞孟母　东晋元帝司马睿皇后 ……… 180

郑阿春　东晋元帝司马睿夫人 ……… 181

庾文君　东晋明帝司马绍皇后 ……… 183

杜陵阳　东晋成帝司马衍皇后 ……… 184

褚蒜子　东晋康帝司马岳皇后 ……… 185

张氏　东晋孝武帝司马曜贵人 ……… 187

十六国

贾氏　前凉成昭公张寔皇后 ………… 190

马氏　前凉文公张骏妃 ……………… 191

任氏　成国武帝李雄皇后 …………… 192

阎氏　成国幽公李期皇后 …………… 192

李氏　成国后主李势皇后 …………… 193

呼延氏　汉国光文帝刘渊皇后 ……… 193

张氏　汉国光文帝刘渊皇后 ………… 194

单氏　汉国光文帝刘渊皇后 ………… 195

呼延氏　汉国昭武帝刘聪皇后 ……… 195

张徽光　汉国昭武帝刘聪皇后 ……… 196

刘娥　汉国昭武帝刘聪皇后 ………… 197

靳月光　汉国昭武帝刘聪皇后 ……… 198

靳月华　汉国昭武帝刘聪皇后 ……… 199

王氏　汉国昭武帝刘聪皇后 ………… 200

刘氏　前赵刘曜皇后 201
刘氏　后赵高祖石勒皇后 202
程氏　后赵高祖石勒皇后 203
郑樱桃　后赵太祖石虎皇后 203
杜氏　后赵太祖石虎皇后 205
刘氏　后赵太祖石虎皇后 206
慕容氏　代王拓跋什翼犍皇后 206
可足浑氏　前燕景昭帝慕容儁
　　　　皇后 207
强氏　前秦景明帝苻健皇后 208
梁氏　前秦厉王苻生皇后 209
毛氏　前秦高帝苻登皇后 210
段氏　后燕成武帝慕容垂皇后 211
苻训英　后燕昭文帝慕容熙皇后 ... 212
慕容氏　北燕昭成帝冯弘皇后 213
苻氏　西秦武元王乞伏乾归皇后 214
边氏　西秦武元王乞伏乾归皇后 214
秃发氏　西秦文昭王乞伏炽磐
　　　　皇后 215
杨氏　后凉灵帝吕纂皇后 216
孟氏　北凉武宣王沮渠蒙逊王后 217
李氏　北凉哀王沮渠牧犍王后 217
拓跋氏　北凉哀王沮渠牧犍王后 218
段氏　南燕献武帝慕容德皇后 219
呼延氏　南燕末主慕容超皇后 220
尹氏　西凉武昭王李暠皇后 221

南北朝

南朝

臧爱亲　南朝宋武帝刘裕皇后 224
胡道女　南朝宋武帝刘裕婕妤 225
司马茂英　南朝宋少帝刘义符
　　　　皇后 225
袁齐妫　南朝宋文帝刘义隆皇后 ... 226

沈容姬　南朝宋文帝刘义隆婕妤 ... 227
路惠男　南朝宋文帝刘义隆淑媛 ... 227
王宪嫄　南朝宋孝武帝刘骏皇后 ... 228
王贞凤　南朝宋明帝刘彧皇后 229
江简珪　南朝宋后废帝刘昱皇后 ... 229
谢梵境　南朝宋顺帝刘准皇后 230
何婧英　南齐郁林王萧昭业皇后 ... 230
王韶明　南齐海陵王萧昭文皇后 ... 232
刘惠瑞　南齐明帝萧鸾皇后 232
褚令璩　南齐东昏侯萧宝卷皇后 ... 233
王华　南齐和帝萧宝融皇后 234
郗徽　南梁武帝萧衍皇后 234
丁令光　南梁武帝萧衍贵嫔 235
阮令赢　南梁武帝萧衍修容 237
徐昭佩　南梁元帝萧绎妃 238
王氏　南梁敬帝萧方智皇后 239
章要儿　南陈武帝陈霸先皇后 240
沈妙容　南陈文帝陈蒨皇后 241
柳敬言　南陈宣帝陈顼皇后 242
沈婺华　南陈后主陈叔宝皇后 243
张丽华　南陈后主陈叔宝贵妃 244

北朝

慕容氏　北魏道武帝拓跋珪皇后 ... 246
赫连氏　北魏太武帝拓跋焘皇后 ... 247
冯氏　北魏文成帝拓跋濬皇后 248
冯清　北魏孝文帝元宏皇后 252
冯润　北魏孝文帝元宏皇后 253
冯小怜　北齐后主高纬妃 255
乙弗氏　西魏文帝元宝炬皇后 256
郁久闾氏　西魏文帝元宝炬皇后 ... 257
宇文氏　西魏废帝元钦皇后 258
元胡摩　北周孝闵帝宇文觉皇后 ... 259
独孤氏　北周明帝宇文毓皇后 259
阿史那氏　北周武帝宇文邕皇后 ... 261

李娥姿　北周武帝宇文邕皇后.......263
杨丽华　北周宣帝宇文赟皇后.......264
朱满月　北周宣帝宇文赟皇后.......265
陈月仪　北周宣帝宇文赟皇后.......266
元乐尚　北周宣帝宇文赟皇后.......267
尉迟炽繁　北周宣帝宇文赟皇后 ...267
司马令姬　北周静帝宇文阐皇后 ...268

隋唐

隋

独孤氏　隋文帝杨坚皇后 270
萧氏　隋炀帝杨广皇后 273

唐

窦氏　唐高祖李渊皇后 275
长孙氏　唐太宗李世民皇后 277
王氏　唐高宗李治皇后 283
武则天　唐高宗李治皇后 287
赵氏　唐中宗李显皇后 295
韦氏　唐中宗李显皇后 296
上官婉儿　唐中宗李显昭仪 301
刘氏　唐睿宗李旦皇后 305
窦氏　唐睿宗李旦皇后 306
王氏　唐玄宗李隆基皇后 307
杨玉环　唐玄宗李隆基贵妃 309
张氏　唐肃宗李亨皇后 315
吴氏　唐肃宗李亨皇后 319
沈氏　唐代宗李豫皇后 320
王氏　唐德宗李适皇后 321
王氏　唐顺宗李诵皇后 322
郑氏　唐宪宗李纯皇后 324
杜秋娘　唐宪宗李纯妃 326
何氏　唐昭宗李晔皇后 327

五代

张惠　后梁太祖朱温皇后 330
刘玉娘　后唐庄宗李存勖皇后 333
曹氏　后唐明宗李亶皇后 338
刘氏　后唐末帝李从珂皇后 339
李氏　后晋高祖石敬瑭皇后 340
冯氏　后晋出帝石重贵皇后 342
李氏　后汉高祖刘知远皇后 344
柴氏　后周太祖郭威皇后 345
符氏　后周世宗柴荣皇后 348
周氏　南唐后主李煜皇后 349
周氏　南唐后主李煜皇后 351
周氏　前蜀高祖王建皇后 353
李氏　后蜀高祖孟知祥皇后 353
陈金凤　闽惠宗王延钧皇后 354
李春燕　闽康宗王昶皇后 355
马氏　南汉高祖刘龑皇后 356
郭氏　北汉睿宗刘钧皇后 356

宋朝

北宋

王氏　宋太祖赵匡胤皇后 358
宋氏　宋太祖赵匡胤皇后 359
尹氏　宋太宗赵光义皇后 360
李氏　宋太宗赵光义皇后 361
潘氏　宋真宗赵恒皇后 361
郭氏　宋真宗赵恒皇后 362
刘娥　宋真宗赵恒皇后 363
郭氏　宋仁宗赵祯皇后 369
曹氏　宋仁宗赵祯皇后 372
高滔滔　宋英宗赵曙皇后 377
向氏　宋神宗赵顼皇后 380
孟婵　宋哲宗赵煦皇后 381

刘清菁　宋哲宗赵煦皇后 386

王氏　宋徽宗赵佶皇后 389

郑氏　宋徽宗赵佶皇后 390

朱琏　宋钦宗赵桓皇后 393

南宋

邢秉懿　宋高宗赵构皇后 395

吴芍芬　宋高宗赵构皇后 397

夏氏　宋孝宗赵昚皇后 402

谢苏芳　宋孝宗赵昚皇后 403

李凤娘　宋光宗赵惇皇后 405

韩氏　宋宁宗赵扩皇后 410

杨桂枝　宋宁宗赵扩皇后 411

谢道清　宋理宗赵昀皇后 414

全玖　宋度宗赵禥皇后 421

辽朝

述律平　辽太祖耶律阿保机皇后 ... 424

萧温　辽太宗耶律德光皇后 427

甄定徽　辽世宗耶律阮皇后 427

萧撒葛只　辽世宗耶律阮皇后 429

萧氏　辽穆宗耶律璟皇后 430

萧绰　辽景宗耶律贤皇后 431

萧菩萨哥　辽圣宗耶律隆绪皇后 ... 433

萧耨斤　辽圣宗耶律隆绪妃 435

萧挞里　辽兴宗耶律宗真皇后 437

萧观音　辽道宗耶律洪基皇后 438

萧夺里懒　辽天祚帝耶律延禧
　　　　　皇后 440

金朝

唐括氏　金太祖完颜阿骨打皇后 ... 442

裴满氏　金熙宗完颜亶皇后 442

徒单氏　金海陵王完颜亮皇后 444

李洪愿　金睿宗完颜宗辅皇后 445

乌林答氏　金世宗完颜雍皇后 445

王霓　金宣宗完颜珣皇后 447

西夏

卫慕氏　西夏景宗李元昊王后 450

野利氏　西夏景宗李元昊皇后 451

没藏氏　西夏毅宗李谅祚皇后 453

梁落瑶　西夏毅宗李谅祚皇后 454

梁氏　西夏惠宗李秉常皇后 456

耶律南仙　西夏崇宗李乾顺皇后 ... 457

罔氏　西夏仁宗李仁孝皇后 458

罗氏　西夏仁宗李仁孝皇后 459

元朝

孛儿帖　元太祖铁木真皇后 462

忽兰　元太祖铁木真皇后 463

也遂　元太祖铁木真皇后 464

完颜氏　元太祖铁木真皇后 465

乃马真氏　元太宗窝阔台皇后 467

海迷失　元定宗贵由皇后 468

克烈氏　元睿宗拖雷皇后 469

忽都台　元宪宗蒙哥皇后 471

也速儿　元宪宗蒙哥皇后 471

察必　元世祖忽必烈皇后 472

伯蓝也怯赤　元裕宗真金皇后 473

失怜答里　元成宗铁穆耳皇后 474

卜鲁罕　元成宗铁穆耳皇后 475

答己　元顺宗答剌麻八剌妃 476

真哥　元武宗海山皇后 477

阿纳失失里　元仁宗爱育黎拔力八达
　　　　　皇后 478

速哥八剌　元英宗硕德八剌皇后 ... 478

八不罕　元泰定帝也孙铁木儿
　　　　　皇后 480

卜答失里　元文宗图帖睦尔皇后 ... 480

迈来迪　元明宗和世琜皇后 482

八不沙　元明宗和世琜皇后 483

答纳失里　元顺帝妥懽帖睦尔

　　　　　皇后 485

伯颜忽都　元顺帝妥懽帖睦尔

　　　　　皇后 486

完者忽都　元顺帝妥懽帖睦尔

　　　　　皇后 487

明朝

马秀英　明太祖朱元璋皇后 490

马氏　明惠帝朱允炆皇后 495

徐妙云　明成祖朱棣皇后 496

张氏　明仁宗朱高炽皇后 500

胡善祥　明宣宗朱瞻基皇后 502

孙氏　明宣宗朱瞻基皇后 503

钱氏　明英宗朱祁镇皇后 505

周氏　明英宗朱祁镇贵妃 508

汪氏　明代宗朱祁钰皇后 509

杭氏　明代宗朱祁钰皇后 511

吴氏　明宪宗朱见深皇后 512

王氏　明宪宗朱见深皇后 515

万氏　明宪宗朱见深贵妃 516

张氏　明孝宗朱祐樘皇后 523

夏氏　明武宗朱厚照皇后 525

陈氏　明世宗朱厚熜皇后 527

张氏　明世宗朱厚熜皇后 528

方氏　明世宗朱厚熜皇后 530

陈氏　明穆宗朱载垕皇后 531

王氏　明神宗朱翊钧皇后 532

郭氏　明光宗朱常洛皇后 533

王氏　明光宗朱常洛皇后 533

刘氏　明光宗朱常洛皇后 534

张嫣　明熹宗朱由校皇后 535

周氏　明思宗朱由检皇后 537

曾氏　南明隆武帝朱聿键皇后 538

王氏　南明永历帝朱由榔皇后 540

清朝

喜塔腊氏　清显祖塔克世皇后 544

叶赫那拉氏　清太祖努尔哈赤

　　　　　　皇后 545

阿巴亥　清太祖努尔哈赤皇后 546

哲哲　清太宗皇太极皇后 551

布木布泰　清太宗皇太极妃 553

海兰珠　清太宗皇太极妃 557

博尔济吉特氏　清世祖福临皇后 559

佟佳氏　清世祖福临皇后 561

董鄂氏　清世祖福临贵妃 563

赫舍里氏　清圣祖玄烨皇后 566

乌雅氏　清圣祖玄烨妃 570

乌拉那拉氏　清世宗胤禛皇后 572

钮祜禄氏　清世宗胤禛贵妃 572

年氏　清世宗胤禛贵妃 574

富察氏　清高宗弘历皇后 577

乌拉那拉氏　清高宗弘历皇后 580

和卓氏　清高宗弘历妃 582

喜塔腊氏　清仁宗颙琰皇后 583

钮祜禄氏　清仁宗颙琰皇后 585

佟佳氏　清宣宗旻宁皇后 587

钮祜禄氏　清宣宗旻宁皇后 588

博尔济吉特氏　清宣宗旻宁贵妃 ...590

钮祜禄氏　清文宗奕詝皇后 592

叶赫那拉氏　清文宗奕詝贵妃 599

阿鲁特氏　清穆宗载淳皇后 610

叶赫那拉氏　清德宗载湉皇后 613

他他拉氏　清德宗载湉妃 617

婉容　清末帝溥仪皇后 622

 先秦

涂山氏　夏朝大禹王后

□ 档案：

姓　名：女娇

生卒年：不详

籍　贯：涂山（今安徽蚌埠西郊）

婚　配：大禹

封　号：王后

女娇是涂山氏的女儿，大禹的妻子，仪容秀美，生性娴雅，是当地有名的美女。大禹即位成为天子之后，曾两次会盟诸侯，所选的盟址一次是涂山，另一次则是在会稽山。禹之所以把第一次诸侯会盟大会的地址选在涂山，据说是为了报答妻子涂山氏的部族。

夫从妇居，禹入赘涂山氏

大约在四千多年前，我国的黄河流域水患严重，中国氏族部落最大的问题就是治水。尧便下令由鲧（gǔn）负责领导与组织治水工作。鲧治水的主要治水策略就是"堵"。鲧花了九年时间治水，不仅没有把洪水制服，反而洪水更加严重了。于是尧很生气，下令处死了鲧。后来有人推荐鲧的儿子禹来治水，于是尧便命令由禹接替其父亲的工作继续治水。鲧在临终前嘱咐儿子禹说："一定要把水治好。"由于大禹忙于治水，因此一直到三十多岁还没有结婚。

禹想到了女娇的本家，东夷强大的涂山氏。如果能联姻涂山氏，则整个东夷都会为己所用，朝内的重臣也会支持自己。女娇对大禹也是早有耳闻，二人见面后互生爱慕之情，惺惺相惜，于是大禹便迎娶女娇为妻。不过因为涂山氏尚处于母系氏族社会后期，禹只能做上门女婿，"夫从妇居"。

但是心系治水大业的大禹，在婚后的第四天便离开心爱的妻子前去治水。在离开家前，女娇问如果我在此期间怀孕生子而你不在怎么办，不如你先给孩子起个名字吧，大禹说如果生男孩的话就叫"启"吧，"治水启程"之意。

涂山氏思夫，大禹三过家门而不入

大禹在治水的十三年间，曾三过家门而不入。第一次是大禹为了治理淮河，从嵩山经过时，正好路过家门口，看到正在院中推磨的妻子，发现此时妻子已经怀孕。大禹虽然觉得愧对妻子，让怀孕的妻子还在干农活，但是为了治水和父亲的嘱咐，于是并没有进家门而是继续治水。时隔一年，大禹为了治理三门峡水患，第二次经过家门，此时涂山氏的儿子启已经出生了，禹看到妻子给孩子喂奶的场景，便又匆匆离去了。第三次是南方荆水暴涨，大禹前去治理，第三次路过家门，母亲和妻子在门口张望等待他回家，而此时儿子已经可以在院子里玩耍了。

对禹来说，治水的业绩决定着前途；但是对女娇来说，丈夫是自己全部情感的寄托。大禹忙于治水，三过家门而不入，涂山氏十分思念大禹，又担心大禹变心，于是跑去找大禹。治水的众人见涂山氏来到现场，就纷纷向她哭诉思念家乡、挂念父母妻儿之情。涂山氏很受感动，便悄悄放走了他们。后来，前来诉苦的人越来越多，涂山氏放走的人越来越多，导致在治水现场工作的人越来越少了。大禹知道后，就找到涂山氏说："这怎么行！如果人都走了，何时才能打通九江啊？"涂山氏说："你以为人家都像你样没有良心，不知想家吗？"说着眼泪夺眶而出。

大禹也感动得流泪，忙说："其实我也很想家，很想念你的，但是如此浩大的治水工程，谁来管理呢，我如此努力地治水也是为了可以早日全家团圆。"大禹说："你把人放走，也不是全无道理；只怪我太粗心，没有顾全到大家的思乡之情。这样吧，今后把中青年和老年人分成两拨，春秋两个农忙季节，让中青年回家做活；最冷的时候，放老年人回家休假一个月，你看如何？"涂山氏连声称好。第二天，大禹就把这个主张与部落头领们商量，大家都说赞成。于是各自回部落宣布。众人听后欢呼雀跃，从此干活也更加卖劲。

女之咏叹，诗歌典范

在大禹治水期间，涂山氏在家天天盼望禹回来。盼望不到，又跑到涂山南的山坡上去等候。一天天过去了，涂山氏望穿秋水，还是未见禹回来。她不禁长叹一声，吟咏出这样的一句：候人兮，猗！

涂山氏的这一咏叹，就成为中国有史可查的第一首恋歌。"候人兮"意思是等候我所盼望的人，"猗"是古汉语的叹词，相当于现代语的"啊"！一个"猗"字，包含着丰富复杂的感情：想见到朝思暮想的爱人，望而不见的焦虑、彷徨及无可奈何的心情；还塑造了一个思念丈夫希望丈夫早日归来的女子形象，一个人伫立山头，翘首远盼……

"诗贵含蓄"，涂山氏的这一咏叹，后来成为中国诗歌的一个典范。

有施氏　夏朝夏桀王妃

□ **档案:**

姓　名: 妹喜
生卒年: 不详
籍　贯: 有施氏
婚　配: 夏桀
封　号: 王妃

妹喜, 一名末喜, 有施氏女, 有施氏原为喜姓。夏朝末代国王夏桀宠妃。为讨好妹喜, 桀王建造倾宫, 筑瑶台, 终日饮宴淫乐, 不理政事, 最终为商汤所灭。这便是 "倾城倾国" 典故的由来。妹喜与后来的妲己、褒姒、骊姬并称为中国古代四大妖姬。

酒池肉林, 荒淫无度

有施氏是个东方小国, 国弱力薄, 但起初却不肯向夏朝臣服进贡, 夏桀十分生气, 于是立即派重兵前去攻打。当时的夏朝国力强大, 有施氏知道大事不好, 立刻表示愿意称臣纳贡。被惹恼的夏桀却不肯善罢甘休, 一定要血洗有施氏。有施氏打听到夏桀是一位好色暴君, 而此时部落里又有一位绝色美女妹喜, 便将妹喜献给了夏桀, 以保全部落, 平息干戈。妹喜不负族人所望, 夏桀见到妹喜的美貌, 立刻被她吸引了, 于是便放弃攻打有施氏。妹喜不仅利用美色平息夏桀的怒气, 令其罢兵, 而且很快就成了夏桀的宠妃, 把他迷得神魂颠倒。从此夏桀终日沉迷于妹喜, 荒废朝政。

据说妹喜有三个癖好: 一是笑看人们在规模大到可以划船的酒池里饮酒; 二是笑听撕裂绢帛的声音; 三是喜欢穿戴男人的朝服官帽。妹喜嫌弃王都宫殿陈旧, 整天闷闷不乐。为了讨美人儿欢心, 夏桀大兴土木, 为妹喜重新造一座高大华丽的宫殿, 远远望去, 宫殿好像是送入云彩, 宫殿高得好像要倾倒一样, 因此, 这座宫殿就被称之为倾宫, 宫内有琼室瑶台, 象牙嵌的走廊, 白玉雕的床榻, 奢华无比。两人终日在此饮宴淫乐, 不理政事。

夏桀又下令在庭院的树上挂上肉食, 称作肉林, 又在庭院中挖个大到可以划船的池子, 池中灌满美酒, 称作酒池。每次他与妹喜登上倾宫, 就命令三千宫女一齐献舞表演。当宫女们舞得累了, 就让宫女们到肉林中摘取肉食充饥, 如果渴了, 就趴在池中痛饮以解渴。更有传言夏桀 "邀请" 三千名饮酒高手在击鼓声中下池畅饮, 结果他们中的一些人因酒醉而淹死。

妹喜喜欢听 "裂缯之声", 说: "裂帛的声音, 清脆无比, 十分悦耳。" 夏桀就命人把缯帛撕裂, 以博妹喜一乐。故夏桀要地方百姓每天进贡一百匹帛, 在她面前一匹一匹撕开, 以博得妹喜的欢心。

红颜祸水, 夏朝灭亡

夏桀继位后的第十七年, 太史令终古见夏桀这样荒淫奢侈, 实在不愿意看到夏朝就这样衰败下去, 便进宫向夏桀哭着进谏说: "自古帝王, 都是勤俭爱民, 才能够得到人民的爱戴。不能让人民的血汗只是为了供给一人娱乐。如果这样奢侈下去，只有亡国了。"终古说这番话只是希望夏桀可以体谅百姓的疾苦，善待百姓，用心治理天下，可是夏桀根本听不进去，还斥责终古多管闲事，终古知道夏桀已经不可救药。而此时商国正在崛起，终古心里明白夏终究要灭亡的，就投奔了商汤。

夏桀为了妹喜大兴土木，劳民伤财，暴虐无度，民众早已经十分怨恨。有的人对着太阳指桑骂槐道："你这个可恶的太阳什么时候完蛋啊，我真愿意和你一道灭亡。"此时大臣关龙逄几次劝谏夏桀，夏桀就是不听，最后关龙逄说："天子应该谦恭并且讲究信义，节俭并且保护贤才，天下才能安定，国家才得以稳固，如今陛下这样奢侈无度，嗜杀成性，弄得百姓都盼望国家早点灭亡，陛下现在已经失去了人心，只有赶快改正过错，才能挽回人心。"夏桀听了，非常生气，说出了历史上很有名的一句话："天上有太阳，正像我有百姓一样，太阳会灭亡吗？太阳灭亡，我才会灭亡。"于是夏桀不仅不听从关龙逄的建议，还将其杀死。

夏桀身旁有个叫赵良的佞臣，专投夏桀所好，教他如何享乐，如何勒索、残杀百姓。后来夏桀和妹喜两人昼夜行乐，不知天日，干脆不理朝政，夏桀命赵良代理朝政。半个月之后，赵良代理朝政引起群臣不服，他们整日击鼓鸣冤。夏桀大怒说道："有什么急事，居然击鼓惊动宫中！"于是，他传令将前来告状的人全部斩杀，又下令将大鼓砍破，不许再设。从此，夏桀完全不理政事，军政大权全部交由赵良全权处理。夏桀的荒淫无度引发了民众的强烈不满，后来商汤起兵，夏朝终于亡国。夏桀带着妹喜一同乘舟渡江，逃往南巢（今安徽省寿县东南），后死于途中。

据说，妹喜是第一个红颜祸水的例证，后来有了商朝的妲己、周代的褒姒……因此，当越王勾践派范蠡把西施献给吴王夫差的时候，伍子胥曾进言："臣听说夏因为妹喜而亡，商朝因为妲己而亡，周朝因为褒姒而亡。越国送来的美女，是亡国之物，王万万不能接受呀。"

妇好　商王武丁王后

□ 档案：

姓　名：妇好
生卒年：不详
籍　贯：商
婚　配：商王武丁
封　号：王后
谥　号：辛

妇好，商王武丁的第一任王后，是我国最早的女政治家和军事家。妇好并不姓妇，她的姓是一个亚形中画兕形的标志，嫁给武丁后，武丁给了她相当丰厚的封土和士民，在她的封地上，得到了"好"的氏名，尊称为"妇好"。妇好多次征战沙场，为商王朝拓展疆土立下了汗马功劳，还经常主持各类祭祀，又任占卜之官。妇好的谥号为"辛"，商王朝的后人们尊称她为"母辛"。

母仪天下，美丽才女

公元前 12 世纪，商朝的中期，出了一位有才能的君主武丁，他的第一任王后就是妇好。妇好出身贵族，而且非常美丽，深受武丁的宠爱，但是她并没有恃宠骄纵。她心地善良，平日里谦和待人，是一位母仪天下的王后。

商朝时，人们迷信鬼神，崇尚天命，非常盛行祭祀占卜，特别是商王室和奴隶主统治阶级，几乎所有国家大事都要反复占卜，祈问鬼神。因此，祭祀是当时最重要的国事活动之一。而担任这项最高神职权力的祭司，要具有广博的学识和崇高的地位，通过与鬼神沟通，成为重大国事的实际决策者。

当时，祭祀的种类有很多，祭天、祭祖先、祭泉水，还有为了去除疾病和灾祸的名目，以及出征作战前的祭战，等等。名目众多的祭祀活动通常都是由地位较高的奴隶主来主持，妇好就经常受商王之命主持这样的活动，出任主持祭祀的占卜官。

祭祀开始后，参加祭祀仪式的奴隶主贵族和平民，个个衣冠齐整，肃穆端庄，随着号令进退跪拜。主持人妇好则盛装站立在祭坛旁的显要位置，高声诵读祭文，并把牛、酒，以及当场杀死的奴隶和战俘等人作为祭品，奉献给享祭的神明。

妇好是王室中一位学识超凡、地位至高的祭司，她学识广博，而且对文化有很深的研究。她不仅祭祀王室中已经去世的祖母，也祭祀至高无上的天地；在祭祀中她会用酒，也会用火；她会屠杀牲畜，也会屠杀俘虏。根据流传下来的卜辞推断，当时商朝曾经发生了可怕的瘟疫，妇好受国王之命举行了一次盛大的祭祀典礼，其中就有包括杀人的血祭。

商朝人的占卜，也很有一番讲究，用整治好的龟甲用火烧炙，使龟甲兽骨烧裂出焦纹。占卜人再根据焦纹的纹理判断凶吉，决定事情能不能做，并将占卜的结果和以后发生的事情刻写在同一块甲骨上。占卜前，很重要的准备工作就是整治龟甲兽骨。因为龟甲兽骨不经整治是烧炙不出焦纹来的。所以必须将龟甲上残留的肉渣皮筋等除去洗净，等干燥后再用特制的青铜钻，在上面钻出一定数目和间隔的小圆孔，以备占卜时用火柱烧炙，这样甲骨才会呈现出裂纹。当时能够胜任这项工作的只有卜官，卜官不仅要亲手整治龟甲兽骨，还要将此事记录成卜辞，刻写在经自己整治过的甲骨上，以示郑重。

大型涂朱红牛骨刻辞　商
商朝的甲骨文是占卜时刻在龟甲或者兽骨上的象形文字，也称卜辞。河南安阳殷墟有大量出土。

可见，妇好不但可以主持祭祀、诵读祭文，还可以刻写甲骨文字，具有相当高的文化水平，在那个时代是一位非常突出的才女。

一代女将，军事奇才

商朝的国家大事不仅仅是祭祀和占卜，还有保卫边防和开拓疆土、掳掠奴隶的征伐战，即古人所谓的"国之大事，在祀与戎"。

武丁即位后，立下大志要复兴商朝，"修政行德"，励精图治。他是一位没有门第观念和男尊女卑思想的君王，任用出身低微而有才能的傅说为相，让自己的妻子妇好指挥商朝大军，实行文治武功，终使"殷国大治"，成为历史上最强大的奴隶制王国之一。

妇好虽然贵为王后，偏偏不爱"红装"爱"武装"，经常主动向丈夫请命带兵征战。商王朝每次进行战争前，都尽可能地多动员一些兵员来充实军队，妇好作为军事将领，经常为商王出马征兵。她不仅在国内征集，还到对商王朝有义务的部落与方国中去广泛征集。

妇好墓中曾出土了四把铜钺，两大两小，上半部刻着"妇好"二字的铭文。两把大铜钺，每把都重达八九公斤。这两把巨大厚重的铜钺象征着商王朝极高的王权，而铭刻在上面的"妇好"二字则显示了她在军事方面至高无上的权威。

当时，距商朝都城正北一千多里外，强悍的土方部族常常任意侵入商朝边境的田猎区，掠虏人口和财物，是商王多年的心头大患。商王曾对土方进行过多次战争，但都未能制服敌人，土方锐气大增，更加不断地南下侵扰。武丁即位后，命妇好率兵出战，仅一仗就打退了入侵的敌人。妇好并没有回国，而是乘胜追击，彻底挫败了土方。从此，土方再也不敢入侵，势力逐渐衰落下去，后来终被划入商的版图。

夷国是位于商朝的东南方向的一个小国，国力并不强盛，但偶尔也突发奇兵侵袭商朝的疆土，杀人掠物。妇好又一次带兵迎敌，这一次，她来到前线，按兵不动，暗中窥探敌军动态，把握住有利的时机，猛然全线出击，也只打了一仗，就让夷国变得服服帖帖，再也不敢滋扰生事了。另外，在西北方，妇好还打退了羌国的入侵。

然而，妇好的胜利并不是偶然，她有着过人的军事才能。她指挥的战斗中，最精彩的一次要数和武丁一起征伐巴方的战斗。

巴方位于商朝的西南，时常和商发生战争。一次，武丁亲自出兵，战前他与妇好议定计谋，让妇好率兵在巴军退路方向预先出击，武丁自己则带领精锐部队去偷袭巴军军营。巴军遭到突然打击，惊慌失措，还来不及作战就四散逃走。妇好指挥伏兵迎头截杀，结果巴方的这支军队全数被武丁和妇好歼灭了。

这是历史上有据可查的第一次"伏击战"。

妇好为武丁和商王朝立下的最伟大战功之一，就是率领一万三千人的大军征讨西北的今内蒙古河套一带的敌军之战。当时，禽、羽等武丁爱将，他们久经沙场、战功赫赫，但都归妇好率领。一仗打下来，羌人势力被大大削弱，商之西境得以安定。

在妇好出战之前，商王朝困于西北边境的战乱骚扰已多年，始终不能胜利，而妇好一役毕全功，取得了最后也是最强大的胜利，并且得到了敌人的归附服从。这是一场奠定中国文明历史进程的决战。现代史学家认为，妇好此战的意义，不亚于传说中的黄帝与蚩尤之战。

妇好能取得如此大的成就与她有一位有见识的丈夫有很大的关系，武丁支持她征战，但也不因为妇好是自己的妻子，就认为她理所应当要无偿为自己的国家奉献。在妇好立下赫赫战功之后，论功行赏之时，武丁没有忘记她，给她划分了封地。

妇好在自己的封地上，就是一切的主宰，她主持封地范围内的一切事务，拥有田地的收入和奴隶民众。她还向丈夫武丁交纳一定的贡品，一切都按照国王和诸侯的礼仪来办理。决不因私废公。妇好的封地一定是商王朝最富庶的地方之一，因为在她的封地上，她拥有自己独立的嫡系部队三千余人。在那个年代，普通小国的全部兵力也不一定能够达到这个数目。由于经济独立，妇好能够为自己铸造大规模的青铜制品，现存于世的妇好偶方彝就是其中之一。

夫妻情深，第一王后

武丁共有60多位妻子，但只有3人拥有王后的地位，而妇好就排在第一位。这样一位奇女子，得到武丁的宠爱，也自在情理之中。

妇好聪明过人，也有着超乎寻常的勇气和智慧。她嫁给武丁之前的身份，应该是商王国下属或周边部落的母系部族首领或公主，有着非同一般的出身和见识。

当时的商王朝，还带着浓烈的母系氏族遗风，这几个形容词用在商王后的身上，一点问题都没有。妇好臂力过人，她所用的一件兵器重达九公斤，足见她的身体强壮，而该兵器为大斧，更可见她的骁勇。

妇好和武丁，是一对真正志同道合的好夫妻。刚刚结婚的时候，武丁对妇好领兵作战的能力还不是非常了解。某年夏天，北方边境发生外敌入侵，派去征讨的将领久久不能解决问题，妇好便主动请缨，要求率兵前往助战。武丁听了妻子的要求以后，感到十分为难，考虑很久之后，还是通过占卜才决定让她出征。没想到，妇好一到前线，调度指挥有方，而且身先士卒，很快就击败敌人，取得了胜利。

每当妇好单独出征、胜利归来的时候，武丁总是抑制不住喜悦出城相迎。有一次，一直迎出八十多公里。当这对夫妻带领着各自的部属，在郊外相遇的时候，久别重逢的激动使他们忘记了国王和王后的身份，将部属们甩在后面，两人一起并肩驱策，在旷野中追逐驰骋。而武丁更将妻子看得无比重要甚至于既爱且敬，这一次浪漫的并骑留在了史料中，而没有见诸文字的恩爱自然更多。

妇好去世多年之后，武丁仍然对她念念不忘。按国制，武丁在妇好去世后又册立了新的王后，然而，这位王后虚有其名，武丁眼前心底，仍然只有妇好一人，对新王后视若无睹。不久，这位王后就在抑郁中离开了人世。于是第三位王后又应运而生……

妇好死后，武丁十分悲痛，每当国家有战事，武丁都要亲率子孙大臣，为妇好举行大规模的祭祀，请她的在天之灵保佑自己能够旗开得胜。

妇好去世后，有独葬的巨大墓穴，而且享受独祭的隆礼，这在商朝也是少见的。

积劳成疾，英年早逝

武丁和妇好，不但是感情方面的夫妻，也是事业方面的伙伴。为了管理自己的封地，妇好经常离开王宫，到封地去生活（有点像如今的职业女性因公出差）。小别胜新婚，妇好虽然常因征战和理政与武丁分别，但是仍然屡屡为他生育儿女。然而妇好三十三岁就死去了，虽然相对于那个时代，她的享年已经不短，但是相对于她享国长达五十九年的丈夫武丁，却太短暂了。

妇好不幸去世，武丁非常痛心，便将她下葬在自己处理军政大事的宫室旁边，让自己随时都能看到妻子、日夜守护着她。

妇好生时武丁对她十分关心，时常占卜她的起居、健康、生育等方面的情况。可见武丁对妇好用心之深。大概是相爱至深的缘故吧，武丁不但厚葬了自己心爱的妻子，还杀了许多奴隶为其殉葬；同时，破例将她下葬在自己的宫室旁边，以便随时能看到她、守护她。另外，他还在她的墓地上修建了一座享堂，卜辞称"母辛宗"，让后世永久地纪念。

即使如此，武丁仍然觉得自己守护的力量不够，不足以深达幽冥。于是，他率领儿孙们为妇好举行了一次又一次大规模的祭祀，并且为妇好举行了多次冥婚，将她的幽魂先后许配给了三位先商王：武丁的六世祖祖乙、十一世祖大甲、十三世祖成汤。在最后将妇好许配给成汤之后，武丁终于放下了心，认为有多达三位伟大的先人共同照看，妇好在阴世里能够得到安全和关怀了。

妇好在历代商王心目中一直享有崇高的地位。武丁死后，他的后人没有把妇好作为依附于武丁的妻子，将其尸体移入大墓与武丁合葬，而是单独保留了妇好自己的墓穴；祭祀祖先时也单独为妇好举行祭祀。

墓穴完好，后人评价

20世纪，安阳小屯村的殷墟被陆续发掘，其中，十一位曾定居安阳的商王大墓也仅剩了十一座空陵，在三千年的历史中早被盗得空空如也。谁也没有想到，保存完好如初的却是妇好墓。

1976年5月17日，一位女考古学家郑振香，主持了另一个女人，商王后、大将妇好墓的发掘。

墓中出土了4面铜镜，还有4件铜钺以及130件青铜兵器。除了以一对司母辛大方鼎为首的200余件青铜礼器，还有十五种共156件酒器，以及来自新疆等地的玉器佩饰755件，来自台湾、海南甚至更远处的海贝7000多枚，各色宝石制品47件。还有各种陶器、石器、海螺，等等。除此之外，还有为妇好殉葬的16名殉人、6条殉狗。

如此丰厚的陪葬品，让人们联想到了武丁对妻子的敬爱之情，更体现了妇好生前丰富多彩的生活。她不但是一位将领，能征善战且善饮，更是一位尊贵的贵妇人，爱美而且善于修饰，更是一位拥有独立经济能力的贵族领主，拥有庞大的奴隶群。

妇好，是中国历史上第一位真正的传奇女子，伟大的王后。

在现存的甲骨文献中，妇好的名字频频出现，仅在安阳殷墟出土的1万余片甲骨中，提及她的就有200多次。

妇好，这位商王朝的奴隶主贵族，不仅在当时的社会生活中发挥着很大的作用，而且在经济上也是独立的。她与其他贵族、功臣一样，自己完全独立经营商王颁赏的封地和属于私人的一块田地。此外，妇好还拥有私人的两种动产：一是象征权力与财富的青铜器、玉器和货贝。在妇好墓中发现了上千斤重的精美青铜器、六百余件玉器相七千多海贝，这是一笔相当可观的财富。另一种是会说话的工具——奴隶。妇好通过商王赏赐和亲自征伐掳战获得了大批奴隶，迫使他们为自己劳动。妇好死后，武丁还杀了16名奴隶为其殉葬。

值得一提的是，妇好墓之所以保存完好，完全得益于武丁。正是他修建的享堂基址保护了妇好墓，使之完好无恙。因为历史上的盗墓人一旦挖到地基都不会再向下挖了。也就是说，正是武丁的深情使得妇好可以安睡千年，也正是他的真诚，才使我们可以通过完整的随葬品，解读这位传奇的女性，还有他们伟大的爱情。

姜氏　商纣王子辛王后

□ **档案：**

姓　名：姜氏
生卒年：不详
籍　贯：不详
婚　配：商纣王子辛
封　号：王后

姜氏，是将门之后，父亲东伯侯姜桓楚是商朝重臣的三侯之一，有着显赫家世的她被封为子辛的王后后，一直尽心尽力帮着夫君将后宫打理得井井有条，得到了纣王的敬爱，生有两位王子。后来，因妲己陷害，含冤死去。

正直率性，劝谏纣王

自从苏妲己进宫后，纣王对她的宠爱到了言听计从的地步。

突然有一天，姜王后在自己宫中听到传来了音乐之声，问身边侍女才得知是纣王与妲己正在饮宴，想到纣王近日不理朝政只顾和妲己淫乐便忧心忡忡，不觉地感叹道："天子荒淫，万民失业，将来必将天下大乱。大臣谏净，竟然惨死，此事如何是好！眼见成汤天下变更，我身为王后，不能坐视不管啊！"于是，姜王后便到寿仙宫想劝导纣王。

纣王喝了很多酒，走路摇晃着，得知姜后来宫，就让妲己去迎接。姜后在宫外等了很久，见妲己前来，心里的火更大了，看也没看她一眼，就径自向宫中走去。

姜后急步走到纣王身边，还没开口说话，就闻到了一股冲天的酒气。纣王忙邀她一起欣赏妲己的歌舞，只见妲己腰肢袅娜，歌声轻柔，好像轻云岭上的一阵微风，又如嫩柳池的一抹清水。两边的侍卫看了以后，连连喝彩，跪下齐称"万岁"！姜王后坐在旁边，正眼也不看一眼，神情冷漠，表情十分严肃。

忽然，纣王察觉到了姜后的冷漠，忙带笑问她："御妻，妲己的歌舞，是天上奇观，人间少有的，可谓珍宝。你为什么不和我一起欣赏呢？"

姜王后一听，心想是时机和纣王说了，于是她起身离开座席，跪在地上说，"妲己的歌舞，并不稀奇，也不是什么珍宝。"

"此若非奇宝，那么什么才是奇宝呢？"纣王问。

姜后答道，"妾听人说，凡是有道的君主，都有良好的品德，远离美色，这才是君主的宝啊。如果说天有宝，日月星辰；地有宝，五谷园林；国有宝，忠臣良将；家有宝，孝子贤孙。此四者，乃天地国家所有之宝也。"

纣王默默地听着，不说话。

姜后停顿了一下，接着说："陛下荒淫酒色，穷奢极欲，听信谗言，残杀忠良，驱逐正士，只听妲己这个妇人的话，如果以此为宝的话，那么也是倾家丧国的宝！我希望陛下能够改过自新，从此远离酒色，日勤政事，这样百姓才能安康，天下才有望太平啊！"

说完，姜王后辞谢，上辇回宫。

惹怒妲己，大祸将至

纣王已经是微醉了，听了姜王后的一番话，呆坐在那里回味着，许久没有回过神来。

这时，妲己走过来，轻轻地推了推他，说了句，"姜王后已经走了"。纣王这才反应过来，大怒："这贱人不识抬举！朕请美人歌舞一回，与她取乐玩赏，反被她言三语四，许多说话。若不是正宫，用金瓜击死，方消我恨！"

此时已经是深夜了，被姜后一番刺激，纣王反倒精神了，对妲己说："美人，刚才本王很是懊恼，再舞一回，为我解闷。"

妲己跪下说："妾身从今不敢歌舞。"

"美人，这是为什么啊？"

"姜王后斥责妾身，这歌舞是倾家丧国之物。我觉得皇后所言极是，妾身承蒙大王恩宠，不敢暂离左右。如果娘娘把话传出宫去，说贱妾引诱天子，不行仁政，朝廷大臣知道后定会责怪我，妾担不起这个罪名啊。"妲己说完，泪下如雨。

纣王听了，勃然大怒道："美人只管侍奉本王，明日我就废了那个贱人，立你为王后。本王替你做主，美人不要担忧。"

这一天，姜王后在中宫，各宫嫔妃朝贺皇后。西宫黄贵妃和馨庆宫的杨贵妃都已经来到了正宫，与姜后聊得正开心，这时，宫人来报："寿仙宫苏妲己候旨。"王后一听，顿时收起了笑容，说了句："宣！"

姜王后坐回宝座上，黄贵妃在左，杨贵妃在右。妲己进言朝拜，姜后让她平身，却并没有赐座，妲己只好站立在一旁。

二贵妃问："这就是苏美人？"姜后说："正是。"想到上次在寿仙宫，因为只顾和纣王说了，有些话没来得及对她讲，今天正好也提醒一下。

于是，姜后厉声对妲己说："天子在寿仙宫，不分昼夜地荒淫作乐，不理朝政，你并无一言规谏。却只是整天迷惑天子，朝歌暮舞，拒谏杀忠，如果有一天国家危在旦夕，那都是你的错！"妲己低着头不语。

"从今以后，你如果不知悔改，仍像从前一样肆无忌惮，我定会以中宫之法处置你！退下吧！"姜后义正词严，下了逐客令。

妲己忍气吞声，拜谢出宫。她的心腹宫女鲧捐在门口接住妲己，妲己回到寿仙宫，坐在绣墩上，长吁一声。鲧捐说："娘娘今日朝正宫而回，为什么短叹长吁的呢？"

妲己咬牙切齿地说："我是天子的宠妃，姜后自以为是原配，在黄、杨二贵妃的面前羞辱我，此恨怎么能不报！"

鲧捐说："大王前日亲许娘娘为正宫，还怕没有机会报复她吗？"

"虽然是这样说，但姜后现在，如何做得！一定要想一个办法害了姜后，才能确保万无一失。不然，百官也不服，依旧谏诤不宁，怎得安静？"妲己愤恨地说。

鲧捐眼睛一转，想出了一条妙计，想到了召外臣来设法陷害姜王后，在妲己的耳边嘀咕了几句，妲己听完点了点头，脸上露出了邪恶的笑容。

惨遭酷刑，含冤而终

这一天，纣王心情很好，在寿仙宫闲居无事，妲己缓步来到纣王身边，神情严肃地说道："陛下顾恋妾身，已经很久没有上朝了，希望陛下明日临朝，不要让文武群臣失望。"

纣王一听，十分感动，没想到妲己竟然如此深明大义，忙说："美人所言，真是难得！历代的贤妃圣后也都比不过你啊，我明天一定上朝，裁决机务，不失贤妃的美意。"

第二天，纣王准时上朝，如同往常一样，左右奉御保驾。出了寿仙宫，行到分宫楼时候，红灯簇簇，香气袭人，正在行走时，突然，一个人从分宫楼的门角旁闪出，他身高丈四，头带扎巾，手执宝剑，大喝一声："昏君无道，荒淫酒色，我奉主母之命，刺杀昏君，为了成汤天下不失与他人，保我主为君也！"

说着，一剑劈向纣王。这时，两边的保驾官迅速地冲上去，还没等他到纣王的近前，就被众官伏获了。纣王受到了惊吓，浑身发抖，见刺客被拿下，顿时大怒："这件事情一定要查个水落石出！"

纣王来到大殿升入宝座，文武朝贺完毕，见他一言不发，百官不知道什么原因，开始纷纷小声议论。纣王说："宣武成王黄飞虎、丞相比干。"二臣遂出列，伏地跪拜。

"两位爱卿，今天升殿，本王有一件非常奇怪的事情要和你们说。"

比干问："是什么奇怪的事情？"

"我在来朝的路上，行至分宫楼时，有一刺客，执剑刺杀本王，不知道是什么人主使的？"黄飞虎听后，大惊，忙问："昨天是哪一官员宿殿？"

此时，有一人站了出来，原来是总兵鲁雄，答说："是臣宿殿，并无奸细。此人莫非是五更随百官混入分宫楼内，所以才会出此事情！"

黄飞虎吩咐："把刺客推来！"这时，众官将刺客拖到了大殿前。

纣王传旨："众卿，谁要替本王问个明白？"刚说完，就听朝臣中一个声音传过来，"臣费仲不才，愿勘明回旨。"

费仲领旨后，把刺客押到了午门外勘问，没有使用任何刑法，这个刺客就已经招供了，承认了自己谋逆之罪。费仲快步回到大殿，纣王问："怎么样，招了没有？"费仲说："臣不敢禀奏大王。"纣王说："既然爱卿已经勘问明白，为何不奏？"费仲说："请大王先恕臣无罪，方可回旨。""赦卿无罪。"

费仲这才开始说："刺客姓姜名环，是东伯侯姜桓楚家的一名差役，奉中宫姜王后的旨意，行刺陛下，意在侵夺天位与姜桓楚而为天子。幸好宗社有灵，皇天后土庇佑，陛下才安然无事。"

纣王听完，拍案大怒，"姜后是本王的原配，竟然敢如此无礼，谋逆不道，还有什么可商议的？宫弊难除，将来祸患无穷，速让西宫黄贵妃去查问，然后回旨！"纣王大发雷霆，起驾回了寿仙宫。

众大臣在旁边听着，纷纷议论，难辨假真。上大夫杨任对武成王说："姜王后为人贞静淑德，慈祥仁爱，治理后宫有方，没有人不敬佩她的。根据我的判断，其中肯定有另有隐情。列位殿下，众位大夫，我们不可退朝，且等听西宫黄娘娘的消息，方存定论。"百官都同意杨任的话，都在九间殿等候，没有离开。

此时，奉御官已经拿着圣旨到了中宫，姜王后跪地接旨，静听宣读：

"皇后位于中宫，德配坤元，不思日夜兢惕，竟敢肆行大逆，家中的武士姜环，于分宫楼前行刺大王，幸天地有灵，大奸随获，发赴午门勘问，招称：王后与父姜桓楚同谋不道，欲夺取天位。本王命御官拿送西宫，好生打着勘明，从重拟罪，决不能循情故纵，特敕。"

姜王后听完，如五雷轰顶，愣了半天没有回过神儿来，等明白过来后，放声大哭道："冤啊！冤啊！是哪一个奸贼生事，谋害我这个不赦的罪名！可怜我数年在宫中，克勤克俭，怎么敢轻为妄作？今天大王不察来历，将我拿送西宫，这一去，是死是活都不知道！"

姜后悲悲泣泣，泪下沾襟，随同奉御官来到西宫。西宫娘娘黄贵妃接过圣旨，将它放在上首，尊其国法。

姜王后哭着对黄贵妃说："我姜家世代忠良，皇天后土，可鉴我心。今天，不幸遭人陷害，希望贤妃替我做主，雪此冤枉！"

黄贵妃平时和姜王后是很好的姐妹，如今遇到这个事情，心里也非常难受，说："圣旨上说你命姜环杀君，献国与东伯侯姜桓楚，夺成汤的天下。事关重大，是逆礼乱伦，失夫妻之大义的事情。若上面说的是实情，罪可是要诛九族的啊！"

"贤妃，我姜氏是姜桓楚的女儿，父镇东鲁，是二百镇诸侯的首领，官居极品，位压三公，他身为国戚，女儿我为中宫，又在四大诸侯之上。况我生子殷郊，圣上万岁后，我子承嗣大位。我虽是女流，也不会笨到连这个道理都不懂啊，况且天下的诸侯，又不止我父亲一人，如果天下齐兴问罪之师，如何保得永久！希望贤妃你详察，雪此奇冤。恳请你回旨给大王，转达我的一片忠心，日后我一定会重重报答你的！"姜王后的话还没说完，圣旨就来催黄贵妃入宫。

黄贵妃乘辇到寿仙宫候旨，纣王宣她进宫，问："那贱人招了没有？"

黄贵妃说："我奉圣旨严加审问了姜后，她是一个贞静贤能的人，并没有半点私心，更不要说谋害大王了。姜后是您的原配，侍君多年，承蒙陛下的恩宠，生了殿下已位居东宫，陛下万岁后，她就会做太后，还有什么不满意的呢，哪敢谋反，惹这个灭九族的杀身之祸呢！"

纣王听完，沉思了一会儿，说道："黄妃之言甚是明白，看来确实是无此事，让姜后受委屈了。"正在迟疑未决之际，只见妲己在旁微微冷笑。

纣王无意间看到妲己微笑，问道："美人微笑而不讲话，是为什么呢？"

妲己说："黄娘娘被姜后迷惑了。从来做事的人，好的自己播扬，恶的推给别人。况且谋逆不道，这样重大的事情，她怎么会轻易承认？姜环是她父亲手下的人，既然已经供说背后有主使，如果和姜后没关系，那么这个主使到底是谁呢？况且三宫后妃，为什么他不攀扯别人，单指姜后一个人，其中怎能没有隐情呢？恐怕不加重刑，她是不会承认的！还望陛下详察。"

纣王一听，还在摇摆的想法顿时倒向了一方，立刻说："美人言之有理。"

黄贵妃在旁边，大声说："苏妲己，你为什么要这么陷害王后？王后是大王的原配夫人，天下的国母，即使有大过错，最多也就是贬谪，绝不会有诛斩正宫的做法。"

妲己看着黄贵妃焦急的样子，笑得更开心了："法者乃为天下而立，天子代天宣化，也不能以自私自便，况犯法无尊亲贵贱，其罪一也。陛下可传旨：如姜后不招，剜去她一目。眼是心之苗。她害怕剜目之苦，到时自然就会招认。正好，也让文武百官知道，这种刑法很平常，不要苛求减刑。"

"妲己之言甚是。"纣王附和着。

黄贵妃听说要剜姜后的眼睛，心时很着急，只得上辇回了西宫；下辇见姜后，垂泪顿足说："我的皇娘，妲己是你百世冤家！她在大王面前说，如果你不招认，就剜你一目。依着我，你就认了吧！历代的君王，并无将正宫加害的先例，也只是贬到不游宫就罢了。"

姜王后见黄贵妃这么说，心都已经凉了，慢慢地说："贤妹你这样说，虽是为我好，但我并没有做此大逆的事情，如果承认的话，愧对自己的父母，得罪我的家族。妻子行刺丈夫，有伤风化，败坏纲常，又让我父亲背上不忠不义的奸臣罪名，这样我就成了辱门败户的贱辈，定会恶名千载，让后人言之切齿，不仅如此，太子也不会安于储位，这关系巨大，怎么能草率地冒认呢？不要说剜我一目，即使是投之于鼎镬，万剐千锤，就当是我前世作孽今生报吧。"

刚说完，圣旨就来了："如姜后不认，即去一目！"

黄妃在一旁劝着姜王后："快认了罢！"

姜后大哭："我宁愿一死，也不会冒认无有之罪！"

奉御官百般逼迫，最后没有办法，只得遵照圣旨，将姜王后剜去一目。霎时间，血染湿了姜后的衣襟，她惨叫了一声，昏倒在地上。黄妃急忙命左右宫人扶救，但是许久都没有醒过来。

黄妃回到寿仙宫，把实情告诉了纣王，纣王听后，火冒三丈，下令严刑。黄妃无奈，回到宫中，放声大哭："贤后娘娘，你认了罢！昏君意歹心毒，听信妲己那个贱人的话，必将置你于死地啊。如果你再不招，他们就要用铜斗炮烙你的双手啊。"

此时的姜后已经血泪染面，大哭着说："我罪深孽重，一死何辞！只是你替我作个证盟，就死也瞑目了！"

这时，奉御官已将铜斗烧红，又宣了一遍圣旨："如姜后不认，即烙其二手！"姜后心如铁石，到死也不会承认诬陷屈情。奉御官不由分说，将铜斗放在姜后的两手上，空气中弥漫着一股焦灼的味道，筋断皮焦，骨枯烟臭。十指连心，姜王后连痛叫的力气都没有了，一下子昏死在地上。

后宫中，二位殿下早晨起床，来见母后。可是中宫内冷冷清清，没有踪影，他们即找宫娥来问，宫娥躲躲闪闪，不肯答，被太子掐住手腕，方说昨夜之事。二位殿下听完后，慌慌张张来见母后，此刻，姜王后尚未断气，看见自己的两个儿子来了，喊一声："儿呀，母亲冤枉。"说完，含冤而亡。

妲己　商纣王子辛王妃

□ **档案：**

姓　名：苏妲己
生卒年：不详
籍　贯：冀州（今河南）
婚　配：商纣王子辛
封　号：王妃

妲己，冀州侯苏护的女儿，商纣王子辛的爱妃，有美色，又能歌善舞，深得纣王宠爱。但是妲己生性残忍，自创了许多残酷的刑罚，杀害忠臣。在商灭亡以后，被斩首。与夏之妹喜、周之褒姒以及春秋之骊姬并称为"四大妖姬"。

有苏后裔，艳如桃李

妲己生在商朝的一个名门望族，她的家族背景十分显赫，父亲苏护是商朝的封疆大吏冀州侯。当时，商朝的国都在朝歌（今河南淇县），而苏护的封地就在国都周围，其重要性不言而喻。

在这样一个家庭中，妲己慢慢地长大了，出落得花容月貌，娇艳欲滴。她墨云秀发，杏脸桃腮，眉如春山浅黛，眼若秋波宛转，胜似海棠醉日。

当时的商朝，已经传到第三十二位王了，也就是后人常说的"纣王"。纣王天性聪明，武力过人，据说能够空手与猛兽格斗，神勇在全国都是响当当的，一个国王有如此高的功夫实在了得。除了一身好武艺外，纣王还能言善辩，通音律，是个博学多才的人。不过，他为人十分傲慢，且好酒淫乐，对美女嗜之如命，三宫六院都满足不了他的欲望，还命人广搜天下的美女。

于是，宫廷官员便下到各诸侯辖区搜寻妙龄美女。在奴隶社会里，国王拥有一切，看中的东西无需过问任何人，直接就可带回。这时，苏护的女儿妲己，被宫廷官员相中了。这一年，纣王已经执政三十年，是六十岁的垂垂老人了。而妲己，正值青春少艾，眉宇清秀，浑身充满了几近爆炸性的火热气韵，纣王一见妲己，内心深处又重新燃起了生命的火焰。

生性凶残，淫逸豪奢

妲己入宫以后，深得纣王的宠爱。只是，两人的年龄相差将近半个世纪，还是少女的妲己很难和垂暮的纣王进行心与心的沟通，她经常一个人呆坐着不知道想些什么。此外，后宫嫔妃之间的钩心斗角也越演越烈，这让妲己的内心逐渐扭曲起来。怎么才能排解心中的苦闷呢？她开始变着法子取乐。

妲己喜欢歌舞，纣王便命令乐师创作靡靡之乐。一老一少伴着"靡靡之音"起舞，没日没夜地在宫中欢歌。妖艳迷人的舞姿，勾魂的眼神，更是让纣王欲罢不能，每天都和美女腻在一起，不理朝政，日夜狂欢。

妲己不仅荒淫狐媚，而且生性凶残，怂恿纣王设计出种种令人触目惊心的刑罚。拿别人的性命为自己取乐，欣赏别人被凌迟折磨致死的情景，对她来说十分平常。纣王迷恋妲己的美色，对她言听计从，根本不考虑受害人的痛苦。

有一天，纣王与妲己在鹿台上欢宴，三千六宫的妃嫔，聚集在鹿台下，纣王命令她们脱去裙衫，赤身裸体地唱歌跳舞。纣王与妲己在台上看着，纵酒大笑，只有一些已故姜后宫中的宫女，怎么都不肯裸体歌舞，掩住脸流泪。

妲己说："这是姜后以前身边的宫女，怨恨大王杀了姜后，听说私下打算作乱，以谋杀大王！妾开始不相信，现在看她们竟敢违抗大王的命令，看来谋反的传闻不假！应当对她们施以严刑，好使其他人不敢起谋逆的心！"

"什么才称得上严刑？"纣王问。

"依妾之见，可以在摘星楼前，在地上挖一个方圆数百步，深高五丈的大坑，然后将蛇蝎蜂虿之类丢进穴中，将这些宫女投入坑穴，与百虫喋咬，这叫作虿盆之刑。"

纣王宠妲己

纣王听了非常高兴，立即命人按照妲己的话做了一个虿盆，将这些宫女，一齐投入坑中。一时间，坑下传出揪心的悲哀号哭。

不久，纣王又在朝歌与邯郸之间纵横数千里内，每隔五里建一所离宫，每隔十里建一个别馆，与妲己同乘逍遥车，白天在车上欢谑，夜里张灯结彩，做长夜之饮。

一天，妲己和纣王在摘星楼上欢宴，当时正是隆冬季节，天寒地冻，远远地看见岸边有几个人将要渡河，两三个老年人挽裤腿正在水中，但一些年轻人却逡巡不敢下岸。

纣王不解就问妲己，妲己说："妾听说人生一世，得父精母血，方得成胎。若父母在年轻时生子，那时他们身体强健，生下的孩子气脉充足，即使到了暮年，耐寒傲冷。假如父老母衰时才得子，那他们的孩子气脉衰微，不到中年，便怯冷怕寒。"纣王听后非常惊讶。

姐己为了证实自己的话，就说，"大王不信的话，就将此一起渡河的人，砍断他们的胫骨看一看便知。"纣王就命人将过河的几个人活捉到楼下，一人一斧断去两腿，果然老年的那些人髓满，年少的却骨空。

姐己洋洋得意，继续对纣王说："妾不但能辨老幼的强壮，即使妇女怀孕是男是女，妾一看就知道！"

"怎么才能知道？"纣王问。

姐己说："这也与父母的精血有关，男女交媾时，男精先至女血后临，属于阴包阳，因此会生男；如果女血先至男精后临，就属于阳包阴，生下的孩子必为女。"

纣王不信，姐己说，"大王不信妾的话，可以搜取城中的孕妇验证。"纣王立刻令兵士捉数十个孕妇，集中在楼下。姐己一一指着说，哪一个怀的是男胎，哪一个怀的是女胎。纣王令人剖开孕妇的肚子一看，果真像姐己说的一样。

自创酷刑，残害比干

姐己迷惑纣王，日夜淫乱，引起了朝中许多大臣的不满。为了惩治背后议论的大臣，姐己自创了"炮烙之刑"——铸一个空心的铜柱，里面烧火，外涂油脂，让犯人裸体抱柱，皮肉朽烂，肋骨粉碎。

每次，姐己听到犯人的惨叫，就像听到刺激感官的音乐一样发笑。纣王为了博得姐己一笑，滥用重刑。于是纣王立铜柱、铜斗各数十，置于殿前，凡有罪的大臣，都施加这种刑法。从此，没有人再敢劝诫纣王了。

纣王与姐己见群臣畏刑不谏，更加肆意妄为，终日荒淫欢宴。这样玩得时间长了，姐己觉得没意思，于是，在台下挖了两个坑穴，一个引酒为池，一个悬肉为林，让各嫔妃裸戏于酒池肉林，互相扑打，胜者浸死在酒池中，败者投于虿盆内。每天宫女因此被折磨至死者不计其数。

姐己和纣王的暴行，天怒人怨，其中以纣王的叔叔比干最为气恼，他冒着生命危险力劝纣王，不要被妖女迷惑，必然定会断送江山。恰巧此时，纣王心绞痛发作，疼痛不已。姐己得到消息后，便对纣王说，听说圣人之心有七窍，可以医治心绞痛病，便怂恿纣王杀死叔父比干，剖腹挖心给纣王做药。

纣王听从了姐己的话，杀比干，剖出心来入药。自此以后，朝廷上忠良之臣已荡然无存。

武王伐纣，斩杀姐己

天作孽尤可恕，人作孽不可饶。

纣王的荒淫无道，朝中大臣彻底失望了，便破罐子破摔，有的装疯卖傻，有的被逼投敌，有的遭遇流放。

天下诸侯起兵反对纣王的暴虐。在动荡的战火烟尘中，其中最强盛的是西岐的周武王，很快，周武王发动诸侯伐纣，在牧野之战，一举灭商，纣王逃到鹿台后，不愿投降受辱，便穿上最漂亮的衣服，戴上最好的宝物，一把火把自己烧死了。

灭掉商朝后，周人将妲己五花大绑，押往刑场斩首示众。传说，在杀妲己时，连刽子手都被其美色迷住，不忍下手，愿替其死。结果，妲己还是被杀死了，并被剥皮做成干尸挂在小白旗上，给天下人看。

邑姜　西周周武王姬发王后

□ 档案：

姓　名：邑姜
生卒年：不详
籍　贯：不详
婚　配：周武王姬发
封　号：王后

邑姜，姜太公的女儿，周武王的王后。温柔贤淑，内治后宫，是灭商兴周的功臣之一。武王早逝后，辅佐两朝君主，国家兴旺，使西周达到了一个高度繁荣和统一的时期。坐落在今山西太原市西南的晋祠，有一座专为祭奠邑姜的宋代建筑"圣母殿"，已有近千年的历史。

周王提亲，邑姜出嫁

有一天，周王姬发陪姜太公在丰邑湖边钓鱼，垂钓之余，两个人聊起了天。周王向姜公请教治理国家的方法，姜公一一作答，并送给周王很多的建议。

姬发听完说："原来做一个好的君主这样难啊，我一定把您刚才送我的那五句话和五帝的戒律作为座右铭。争取能做一名合格的君主。"

姜太公说："你也不必如此担心，万事只要做到顺其自然就能游刃有余了。我看你年龄也不小了，这七年你把所有的精力都用在了勤勉做事上，把先王留下来的大周江山管理得繁荣昌盛，真的是成绩卓著啊。而且你也到了娶妻生子的时候了。"

姬发一听这话，心突然怦怦地跳了起来，没想到自己怎么也找不到机会提起的事情，姜公竟然主动说起来了。周王激动地说："我不是不想早些结婚，是因为没有看到中意的啊。周公、召公不知为我张罗了多少女孩，都不中意。我自己心中已经有了一个女孩，我下定决心，如果她这一辈子不肯出嫁，我就终生造福天下百姓，再也不想娶妻的事情了。"

姜太公很好奇："谁家的女孩这样没眼力，竟然还看不上国王。你说出来，我帮你去牵牵线如何？"姬发支吾了半天，说，"正是姜公您的女儿。"

姜太公先是一震，盯着周王的眼睛，仔细端详了一会儿，仿佛看一个陌生人一样道：

"如果是我的女儿，那应该没问题，我就当家了。不过，我女儿好像比周王你小十几岁呢。恐怕不合适的。"

姬发说："邑姜不是小孩了，也快 20 岁了。我求她嫁给我，她就是不说行，也不说不行。我看，她是在等您老人家的话。只要您答应了，我看她肯定能同意。"

话音刚落，远处就传来一个年轻女子清脆的声音，美妙而动听："父亲，父亲，我和母亲给您和姬发哥哥送水果来了。"

姜公回头一看，见邑姜母女走过来，朝女儿点点头，然后就起身拉着夫人到大树后面，道："周王想娶邑姜为王后，你看怎么样？"马氏说："我正想跟你商量这事呢，我试探过邑姜了，只要你同意，她肯定没问题。"姜太公心里有了底，他决定一会儿就当着他们两个人的面把这事说开了。

在湖边，姬发和邑姜两个人站在一起，正说着什么，声音很小，邑姜还不时地微笑着低下头。"邑姜，我和你母亲商量过了，打算把你嫁给国王为后，不知你是否愿意啊？"

邑姜见父亲走过来，刚要跑上去撒娇，一听他说自己和姬发的事，不禁羞得满脸通红，赶紧躲到母亲的身后，小声说："我听父亲的就是了。"

周王见邑姜终于答应了，立即起身，走到姜太公和马氏前，正了一下衣襟，边鞠躬边说："小婿拜见岳父岳母，小婿从今日起改称太师为岳父了。""不如这样，你就称老夫为尚父吧。尚乃我的名，这样也好区别君臣之礼。"周王应允，从此以后，尚父便成了姜太公的别称了。邑姜嫁给周王姬发后，两人愈加地恩爱。当年便生下了世子姬诵，十三年后，姬诵接替父亲周武王姬发成为大周朝的第二代王——周成王。

灭商兴周，女中豪杰

邑姜从小就受父亲的耳濡目染，有着不同于常人的政治才华。当时商朝的江山已经岌岌可危，周武王姬发出兵灭纣，并获得了全胜。贤王背后必定有能臣，姬发也不例外，他认为周朝的天下，是在十位治世大臣的辅佐下才夺取和安定下来的，这十个人中，就有邑姜。

邑姜的功劳不是在外出征杀敌，而是内治，她仁厚贤德，为人明理正直，以身作则，把后宫治理得井井有条，妃嫔之间和睦相处，几乎很少有矛盾发生。而邑姜也受到了朝廷内外的敬爱，武王对她更是关爱有加。

早年丧夫，辅政两朝

人有旦夕祸福，灭纣的第三年，周武王就去世了，邑姜悲痛不已，一连很多天都没有睡觉。儿子姬诵继位，是为成王，当时只有十三岁。小成王的天子位是很危险的，因为周武王的兄弟很多，况且有"兄终弟继"之说。之所以成王能坐稳江山，就是因为有武王遗留下来的众多文武大臣，忠心耿耿，他们干事创业而大有作为。这样，邑姜辅佐成王安顿京师，才使周室天下稳如磐石。

不幸的是，成王后来又因病早逝。接连失去两位亲人，邑姜的内心已经脆弱到了极点，再也支撑不下去了，终于，大病了一场。成王去世后，他的儿子姬钊继王位，也就是康王。由于康王年纪太小，不能独立治理朝政，大病初愈的邑姜又以老太后的身份教导康王，掌管朝廷大事，耐心地教导康王，尊重大臣，治理国家，爱护人民。

从周成王到周康王两代，前后约四十七年，是周朝强盛和统一的时期，史家称"成康之际，天下安宁，刑错四十余年不用"，历史上叫作"成康之治"。可见，邑姜确实是中国历史上一位伟大的女性，她使周朝天下很快地走向了繁荣昌盛时代。

褒姒　西周周幽王王后

□ 档案：

姓　名：褒姒
生卒年：不详
籍　贯：不详
婚　配：周幽王
封　号：王后

褒姒，周幽王的宠妃，褒人所献，姓姒，故称为褒姒。传说，她是龙沫流于王庭而变玄鼋，使女童怀孕所生的女子，被遗弃在路边，后来一对夫妇收养了她，抚养成人。褒姒甚得周幽王宠爱，生下儿子伯服。

传奇身世，家境微寒

夏朝末年，帝桀在位时，有一天有两条龙栖在院子里，说："我们是褒国的先君。"夏桀赶紧让太史占卜，法师说要把龙的唾液收藏起来，保存龙的精气。于是，夏桀把唾液装在匣子里，珍藏起来。夏亡后，此器传给了殷；殷亡后，又传给了周。历经数代，都把这个匣子视为禁忌，没有人敢打开。

转眼间，八百年过去了，到了周厉王即位后，有一天，他闲着没事，就命令宫女把匣子打开。刚一打开，就从匣子里面钻出一条小虫，眨眼工夫就不见了。打开这个匣子的宫女，从此以后，肚子无缘无故地大起来，周厉王责怪她没有丈夫而怀孕，便偷偷地把宫女关在禁宫，一关就是四十年。这个宫女的肚子也就一直大了四十年，到周宣王继位时，她才产下了一个女婴。

周宣王觉得很奇怪，认为肯定是宫女妖言惑众，于是命人把宫女斩首，抛弃在河边，女婴用草席包着也扔入河中。

一对逃难的夫妻路过一条河边，远远望见一个东西从河面上飘过来，漂近了一看，原来是一张草席，上面还躺着一个婴儿。婴儿的啼哭声打动了夫妻两人。于是，夫妻俩捞起草席，收养了这个婴孩。

此后，这对夫妇一路逃亡到褒国，在褒国定居下来。那个弃婴也渐渐长大，乖巧听话，聪明伶俐，养父母给她取名叫褒姒。姓姒是追溯到夏朝褒国二君化龙吐涎之事，夏朝国姓为姒；名褒是为了纪念她在褒国保住了性命，获得了新生。

小褒姒在养父母家渐渐长大，出落得亭亭玉立，娇艳动人，乡里乡亲无不赞叹她的美貌。

冰雪美人，一笑"倾"国

公元前781年，周宣王驾崩，他儿子即位，就是周幽王。周宣王是个英明的君主，而周幽王却昏庸无道。周幽王放荡无忌，派人到全国各地寻找美女，大夫越叔带劝他多理朝政，周幽王便恼羞成怒，革去了越叔带的官职。这引起了忠臣们的强烈不满。此时恰逢褒国的国君前来觐见周幽王，便直言相劝，不料被一怒之下的周幽王关进了监狱。

褒珦在监狱里一关就是三年，太子褒洪德决定以美女献给周幽王，营救父亲，此中便有褒姒。

周幽王一见褒姒，心花怒放，喜欢得不得了，一高兴就将褒珦给放了。但见褒姒确实是个大美人，可谓"回眸一笑百媚生，三千粉黛无颜色"！周幽王得到褒姒后，将其视如掌上明珠，爱不释手，天天腻在一块，朝夕不离，一连几个月不上朝。

尽管周幽王对褒姒百依百顺，但是，褒姒因思念家乡，老是皱着眉头，连笑都没有笑过一回。一年以后，褒姒生下了儿子伯服，周幽王为博得美人欢心，便将心一横，废掉原来的王后和太子，以褒姒为后，伯服为太子。周幽王心想，这下子褒姒总该高兴了吧，可褒姒的神情还是淡淡的，难得开心。

有一天，虢石父对周幽王说："从前为了防备西戎侵犯我们的京城，建造了二十多座烽火台。万一敌人打进来，就一连串地放起烽火来，让邻近的诸侯瞧见，好出兵来救。这时候天下太平，烽火台早没用了。不如把烽火点着，叫诸侯们上个大当。娘娘见了这些兵马一会儿跑过来，一会儿跑过去，就会笑的。您说我这个办法好不好？"

周幽王眯着眼睛，想了想，拍手称好。

这天，周幽王和褒姒一起登上城墙看风景，当时晴空万里，鸟语花香，香溢大地。周幽王命令士兵点燃烽火台上的狼烟，一时之间，战鼓齐鸣，狼烟四起，各路诸侯看见了狼烟，听见了战鼓，以为京城有敌兵偷袭，一个个争先恐后率领大军赶到京城，却不见一个敌兵身影。

褒姒凭栏远眺，见城下人声嚷嚷，有如蚁群，你推我挤。众诸侯忙来忙去，并无一事，终于露出了她那难见的笑容，而且笑着前俯后仰，口中的饭菜都快喷出来了。

周幽王终于见到了美人的笑容，果然更加美艳，也心满意足了。于是，就叫人去对匆忙赶来的诸侯说："辛苦了，各位，没有敌人，你们回去吧！"诸侯们这才知道上了大王的当，十分愤怒，各自带兵回去了。

隔了没多久，西戎真的打到京城来了。周幽王赶紧把烽火点了起来，这次，诸侯们以为又在开玩笑，全都不理他。烽火点着，却没有一个救兵来，京城里的兵马本来就不多，最后周幽王被敌人围住，被乱箭射死了，褒姒也被掳走。

自酿苦果，郁郁而终

褒姒不笑，有着很复杂的心理原因，尤其是在褒姒的养父母去世后，她一直郁郁寡欢。虽有幽王的万般宠爱，每天不缺吃不缺穿，享尽了人间荣华富贵，但是入宫十年，从没有开心笑过。

周幽王被杀死后，褒姒做了犬戎的俘虏，这是自酿苦果，尝到了烽火戏诸侯的苦果。至于落入蛮族酋长之手的褒姒下场如何，史书上并无记载。

骊姬　春秋晋献公夫人

□ 档案：

姓　名：骊姬
生卒年：？ ~ 前650年
籍　贯：春秋骊戎族
婚　配：春秋晋献公
封　号：夫人

骊姬，山西人，春秋时代中国西北部骊戎国的公主，由于相貌美丽，在公元前672年，被晋献公掳入晋国，成为献公的妃子。骊姬有美色，并且工心计。为晋献公生有一个儿子奚齐，为了让自己的儿子当上国君，使计离间了献公与申生、重耳、夷吾父子之间的感情，并设计杀死了太子申生，搅乱晋国政坛，制造了"骊姬倾晋"，使晋国出现了空前的政治危机。

毒蝎美人，策划政变

公元前672年，晋献公决定攻打骊戎，结果一战便大获全胜，骊戎请和，不但割地，还将两位公主——漂亮的骊姬和她的妹妹少姬献给了献公。

当骊姬被带到面前时，晋献公立刻被她身上的异域风味吸引住了，白里透红的面容，犹如一朵桃花；两只明亮的大眼睛，既透出毫无惧意的野性，又有一种勾人魂魄的魅力；纤腰如杨似柳，有一种打动人心的美。这一切，都是晋献公在所临幸过的女人中从没有见过的。望着如花似玉、别具风情的异域美女，晋献公不禁骨软筋酥。若不是有众文臣武将在旁边，他早就按捺不住心中升腾的欲火，立刻把这个美人拥在怀里。

一夜云雨，百般恩爱，从此，骊姬在晋献公心中无人可以取代。不久，骊姬便怀有身孕。晋献公知道后，降旨后宫对她百般照料。经过十月怀胎，骊姬生下一子，取名奚齐。奚齐的降世，更加深了晋献公对骊姬的宠爱。

晋献公自从夫人齐姜去世以后，一直没有册立其他的女人为夫人，得到骊姬之初便想将其立为夫人，但是顾虑到大臣们会因骊姬是异族而反对，所以没有颁布册立夫人的命令。如今骊姬为晋献公生了儿子，老来得子的晋献公非常高兴，立即册封骊姬为夫人，少姬为次妃，而且有心废掉太子。

骊姬不仅人生得美丽，而且聪明颖慧，颇有心机，她早就看出了晋献公的心意。一天，骊姬把晋献公侍奉得心满意足之后，晋献公高兴地对她提起让奚齐取代申生为太子的事。没想到骊姬一听，却跪在了地上，说："申生早已立为太子，各国诸侯没有不知道的。太子无罪，岂可随意废掉！主上如果因我母子私情而废掉太子，我宁愿自杀，也不敢从命啊。"

晋献公听了这一番话，竟然信以为真，于是，就打消了废掉太子的念头，更加佩服夫人的贤德。

实际上，骊姬的这一番话是言不由衷的，她心里恨不得马上立奚齐为太子，但她估量形势，觉得对自己不利。一来申生做太子时日已久，无故废立，群臣不服，必然有人百般劝阻；二来申生与重耳、夷吾相友爱，三公子各有党羽，申生地位难以动摇。经过一番苦思，骊姬发现光靠自己和妹妹的同心协力还是不够的，要通过政变使自己的儿子继承君位，首先要培植自己的势力。骊姬凭借着自己的聪明、美貌，加上可以肆意挥霍的金钱，很快就拉拢了有势力的大臣成为自己的党羽。骊姬暗地里勾结晋献公的内宠优施，由优施出面，又勾结晋献公的外宠梁五、东关五两位大夫，让他们离间三公子，削弱申生的力量，为日后发动政变做好准备。

谋害太子，骊姬夺嗣

两三年过去了，骊姬派出去许多侦探，却始终没有抓住太子的小辫子。有一天，骊姬对晋献公说："国君年事已高，身边需要有人照料，而奚齐年岁还小，一时还靠不上他，国君何不召太子回来，我们母子也能有个依靠。"

晋献公觉得很有道理，便派人到曲沃去召申生。申生是个孝子，接到父亲命令后立刻返回京城，先是看望了父亲，然后入宫拜见骊姬。骊姬设宴款待，一同约好，请申生明日相陪，游园观花。申生虽然觉得有些不妥，但不愿有悖后母之意，只好违心答应了。

当天晚上，骊姬没有卸妆，也不更衣，坐在锦墩上直掉眼泪。晋献公一见爱妃如此模样，顿时睡意全消，连连催问。骊姬抽抽噎噎地说："国君，您可要给我做主啊！我好意请太子饮酒，不料太子他却酒后无礼，对我动手动脚。他还说什么国君年纪已老，你何必作我母亲？昔年祖父年老，把我母亲遣归我父，今我父年老，你必有所遣，不归我归谁？他还邀我同游花园。国君如若不信，明日我约太子同游花园，您可以躲在暗处偷偷观察，自然就会明白的。"

晋献公听后，按压怒火，百般安慰骊姬，方才合上泪眼，安然入睡了。可是，晋献公却气得七窍生烟，一夜不曾合眼。

第二天，晋献公来到花园树林中的高台上，躲在暗处，等着申生的到来。骊姬并没有过多的粉饰，唯独在头发上大做了文章，悄悄在发髻上抹了不少蜂蜜。

晌午时分，阳光暖洋洋地照满整个花园，骊姬便来到了那里。一到园门，便见申生早已恭候在门前了。申生陪着骊姬从花圃前慢慢地向林苑移步，此时，盘旋在花蕊上的蜂蝶，闻到蜜香，纷纷离开盛开的鲜花，围着骊姬飞舞。骊姬神色惶然，往申生的身边靠了靠，侧脸盼咐道："太子，快替我赶走这些讨厌的蜂蝶！"申生不敢怠慢，举起宽大的衣袖，前后轰赶着。

就在申生轰赶蜂蝶时，骊姬故意左右躲闪。晋献公远远看着，真以为太子要调戏自己的爱妾，顿时火冒三丈。回到后宫后，他立即就要下令处死申生。

骊姬见状，连忙跪下，劝道："太子是我请到宫中来的，要是为了此事杀了他，别人还以为是我害了他。此事若是传了出去，非但您不光彩，臣妾也无脸做人，还是暂且饶了他吧。"晋献公觉得言之有理，只好忍下这口气，但还是把申生赶回了曲沃。他恨死了这个不肖的儿子，派人暗中搜寻申生的罪状，想找其他的借口，置之于死地。

此时，申生还蒙在鼓里，什么事也不知道。回到曲沃，他正为不知因为何事惹怒父亲而迷惑不解时，忽然使者传来骊姬的口谕，说是梦见已故申生之母齐姜向她哭诉"缺衣少食"，让太子赶快祭祀。于是，申生就在曲沃的宗庙里祭祀，恭敬虔诚地祭祀了母亲。事后，又按照当时的礼节，派专人把祭祀的酒肉送到京城一些，给亲人们分享。

申生的使者抵达京城时，适逢晋献公出猎，六天之后才回来。骊姬向晋献公禀报了太子申生祭祀齐姜的事，并说："有肉美酒，以待大王。"此时，晋献公由于旅途劳顿，又饥又渴，拿起一块肉就要吃。骊姬连忙劝阻说："从外面送来的东西，可要当心，别吃坏肚子。"晋献公觉得夫人对自己真是关心，顺手把手里的肉扔给了猎狗。猎狗叼起肉，几口吞进，眨眼间四脚朝天，口吐白沫死了。

骊姬慌了，声色俱变："这，这是怎么回事？难道里面有毒？"说者，举起酒杯，将美酒倒在地上，但见美酒洒过的地方，地面即刻鼓起，窜出淡淡的蓝烟。骊姬仍怕晋公不相信，又拉过一个小内侍，喝令他再尝酒肉。那小内侍目睹了刚才的一切，连忙跪地求饶。骊姬哪里肯依，命令身边卫士强行灌酒塞肉。可怜的小内侍，酒肉才入口，便鼻孔出血，倒地死去。

见此情景，骊姬一声尖叫，扑在地上就哭，边哭边说："国君，太子怎么竟下这样的毒手！谁不知将来的君位是他的，可现在就等不及了，竟要把您毒死，他也太狠心了。"说着，伸手去抢酒肉，大叫："奚齐、卓子，快来呀！咱们趁早死了算了。"

晋献公急忙扯住骊姬，双手搀起，连声痛骂申生。第二天，晋献公怒气冲冲地登上朝堂，决定讨伐曲沃。朝中大臣闻讯后，连忙派人前往曲沃送信。申生接到信，虽觉得冤枉，但他是个孝子，决心自杀以明心志。大哭了一场，北向跪拜，自缢而死。

骊姬害死了申生，已经实现了夺嗣之计，可她并未就此罢手。不久，她又故技重演，又诬陷重耳和夷吾两个公子，说："他们都知道申生的阴谋。"于是，重耳、夷吾出奔他国。这样一来，公室中再也没人能与奚齐争位，骊姬终于达到了目的。

骊姬见时机已经成熟，就逼献公立奚齐为太子。公元前652年（晋献公二十六年），献公死，奚齐继位，不过最终被晋大夫里克等杀死，虽然当时公子重耳的呼声最高，但是重耳考虑到晋国情况仍然不稳定，不愿意回国为君，于是便立公子夷吾为晋惠公，公元前650年，骊姬诬害太子罪迹暴露，被杀死。

算计终生，结局悲惨

公元前651年，晋献公驾崩，骊姬的儿子奚齐即位。但让骊姬万万没想到的是，奚齐的君位还没坐稳，就被他的老师里克给杀了。骊姬听闻噩耗，匆匆逃出宫去，但没有一个人肯收留她，最后走投无路，投河自尽。她的儿子奚齐死后连一个谥号都没留下来。所以，查春秋晋国的历史，根本找不到这位国君。

穆姬　春秋秦穆公夫人

□ **档案：**

姓　名：伯姬
生卒年：不详
籍　贯：春秋晋国
婚　配：春秋秦穆公
封　号：夫人

穆姬，"姬"是她娘家晋国公族的姓氏。"穆"是指她嫁的秦穆公。穆姬是晋献公的长女，太子申生的同母姐姐，其余兄弟还有异母弟弟重耳、夷吾，以及骊姬所生的儿子奚齐等。

秦晋联姻，晋宫政变

秦穆公，春秋时代秦国国君。在位三十九年（公元前659~前621年），谥号穆。在部分史料中被认定为春秋五霸之一。秦穆公即位便求将来做霸主，于是巴结当时力量强大的晋国，向晋献公求婚，晋献公就把大女儿伯姬嫁给了他。

据说晋献公在将伯姬出嫁前，曾进行占卜，是为了占卜将女儿嫁给秦国对于晋国是否有利。在各大国进行争霸的时期，婚姻往往被看作是结盟称霸的手段。占卜的结果是不吉利的，卦辞上面说伯姬一旦嫁到秦国，晋国会不断受到西边邻国的责难，导致晋国疲于应付；车子脱离车轴，大火烧掉军旗，不利于出师，若用兵，必然会大败，国君也会被俘虏。

当时晋献公出于国家联盟、信用等方面的考虑，并没有理会算卦的结果，而将伯姬嫁给了秦穆公，就此称为穆姬。穆姬嫁给秦穆公的五年之内，为秦穆公生下二男一女，长子罃，次子弘，女儿简璧。穆姬与秦穆公的生活也是幸福美满，恩爱有加。

但是没过多久，晋宫便发生了政变。晋献公的宠妃骊姬为了将自己所生的儿子奚齐立为太子，于是便设计陷害太子申生，太子自杀了，而重耳也逃到狄国，夷吾逃到梁国。后来奚齐即位便被大臣里克杀死，卓子和骊姬也相继被杀。本来在国内即位呼声最高的是重耳，但是派人去迎接公子重耳回国为君时，重耳觉得国内时局未定，于是谢绝了；

又派人迎公子夷吾。夷吾立即就要启程归国，此时谋臣郤芮便献言说：国内还有其他献公的儿子可以立为国君，反而却来迎接流亡的公子，说不定其中有什么阴谋。不如先到秦国，请秦穆公发兵护送夷吾回国即位，许诺在事成之后，把晋国黄河以西之地五城割让给秦国。

此时穆姬担心娘家，也请秦穆公帮忙拥立一位公子为晋国国君，以便稳定晋国的时局。对于秦穆公而言，此举既可以得到五座城池，又能取悦于夫人，何乐而不为？

施以援手，屡助晋国

公元前651年，秦穆公发兵送夷吾回国，立为国君，即晋惠公。但是晋惠公即位后并没履行承诺。以晋国的土地是祖宗流传下来的，而他流亡在外，晋的大臣们指责其没有资格决定城池的割舍赠予为由，委婉地拒绝将先前承诺的晋国黄河以西之地五城割让给秦国。好在秦穆公为人宽宏大量，并非斤斤计较之人，并未因此事而动兵，于是便算了。

公元前647年，晋国发生了灾荒，晋惠公便向秦国求援，希望秦国可以增援一些粮食，秦穆公听从百里奚的建议，不计前嫌，运送了大量粮食到晋国，帮助晋国渡过饥荒。当时运粮的船络绎不绝，被称之为"泛舟之役"。第二年秦国也发生了灾荒，请求晋国给予帮助。秦国能不念前嫌给晋国运粮救灾，晋国理应回报。但晋国的朝臣认为，当年没有割地给秦国，两家已成仇敌，现在给秦国救灾，无疑是给敌人助长力量，这事不能答应。晋惠公听了，便没有给秦国运粮。晋惠公一再忘恩负义，秦穆公终于大怒，在公元前646年，秦国渡过灾荒后，率兵大举伐晋。

晋惠公的臣子曾进言说：秦国此次讨伐，无非是因为我们一再失言导致，不如将当初承诺的五座城池归还给秦国。晋惠公大怒，认为宁可与秦交战，也不会用五座城来换取和平。可是他的所作所为不合情理，也不得人心。君臣意见不合，将士士气不振。两军在韩原大战，晋军大败，晋惠公被活捉。秦穆公对晋惠公的怨恨难以平息，预备把他杀了祭祀上天。

牛面玉佩

此玉佩为牙黄色，多朱砂痕，平视为牛面，尖角，额头有纹，眼眶为棱形，眼珠为圆形，是一件难得的艺术珍品。

不计前嫌，深明大义

而此时晋惠公的姐姐穆姬听到自己的弟弟被俘，很是担心，决定不能坐等自己弟弟被烧死祭天。在离国都不到两里时，秦穆公突然看见一班内侍穿着丧服前来。穆公一惊，问："发生了什么事，为何穿着丧服？"内侍答道："夫人叫奴才传话主公，说'上天降下灾祸，让秦晋两国弃玉帛而操干戈。晋君被俘，妾作为姐姐也深以为耻。如果晋君以因犯身份早上入城，我就早上死；晚上入城，我就晚上死。夫君赦免晋君就是赦免我。望夫君详察,三思!'"穆公大惊,又问:"夫人没有什么三长两短吧?"内侍说夫人吩咐:"只待晋君入城,就在台上自杀,点火焚尸,以表姐弟之情。"而秦穆公与夫人情深义重,此时周王也为同姓诸侯说情,于是穆公提出,要求晋国兑现之前的承诺,将原许下的河西五城割给秦国,并把晋国的太子圉送到秦国做人质,才肯释放晋君夷吾。

穆姬得到弟弟安全被释放的确切消息之后,才携子女回宫。侍婢不解,跪问道:"晋侯见利忘义,屡次违背与主公的约定,又辜负夫人的嘱托,今天的下场是自取其辱。夫人又为何以死相胁,求主公保全他的性命和颜面呢?"深明大义的穆姬说:"我听说'仁者虽怨不忘其亲,虽怒不弃其礼'。如果晋侯死在秦国,作为姐姐不能相救,我也有罪呀!"宫廷内外无人不传颂穆公夫人的宽厚和贤德。

桃花夫人　春秋楚文王夫人

□ **档案:**

姓　名: 妫氏
生卒年: 不详
籍　贯: 春秋时陈国
婚　配: 先息侯,后楚文王
封　号: 夫人

息妫,春秋时期陈国人,先为息国君夫人,后为楚王夫人。她出生在深秋,却满园桃花盛开。一出生就引来了百鸟朝凤,额上带着桃花胎记,仿如桃花女神转世。可是,陈国智者却预言她的到来会引来生灵涂炭,因此她虽然贵为公主却从小就远离父母,由乳娘陪伴长大。因为面若桃花,又称桃花夫人。

命运多舛,三王争战

息妫是春秋时期陈国的公主,生得美艳无比,无法用语言来形容,春日绽放的桃花有多美,她就有多美。公元前684年,她嫁给了息侯,被称为息夫人。

当时的婚姻制度为"娣媵制",即国君或大夫的夫人被娶进门的时候,她的妹妹也要一同跟着陪嫁过去,称为"娣",而随嫁的婢女则称为"媵"。陪嫁的妹妹可能是胞妹,也可能是堂妹;可能是一人,也可能是数人。蔡侯的夫人与息侯的夫人为堂姊妹,而且是蔡侯先娶的息夫人的姐姐,蔡侯原本可以一箭双雕,却阴差阳错地便宜了息侯,为此蔡侯常常耿耿于怀。

有一年,息夫人回陈国娘家探亲,路经蔡国,就顺便去探望姐姐。蔡哀侯一见自己的小姨息妫貌美如花,不由得上前轻薄调戏,息妫大怒,拂袖离去。息妫回到息国后,哭着把事情的原委告诉了息侯,息侯听完后,火冒三丈,此仇不报非君子!但是,凭借息国的军事实力打不过蔡国,最多是双方平分秋色。于是息侯想到了一条"借刀杀人"

的妙计。

息侯派遣使者向楚国进贡，并趁机向楚王献计；"蔡国仰仗着与齐国联姻，而不臣服于楚国。如果楚国兴兵攻打息国，息侯求救于蔡国，蔡侯必念在与息侯是连襟的关系而出兵相助，然后息国便与楚国合兵攻打蔡国，一定可以活捉了蔡侯，如果俘虏了蔡侯，就不怕蔡国不向楚国称臣进贡了。"

楚文王听后十分高兴，于是便择吉日率领大军直奔息国，息侯依计向邻国蔡国求助，蔡侯果然出兵相救，等他来了，息、楚兵合一处将打一家，轻松干掉蔡侯。楚国依计行事，果然顺利捉住了蔡侯。

当了俘虏的蔡哀侯知道，自己得罪了息夫人，被俘是拜息侯所赐，十分愤恨。后来楚文王考虑到想与蔡侯结为盟友，便没有杀他，还设宴为蔡侯饯行。在席间楚文王问蔡侯可曾见过这世间的绝色美女，蔡侯此时想起他此番遭遇不测，与息夫人有关，而且对息侯也是恨之入骨，便对楚文王说："天下绝世美色尽在大王宫中！却还没有一个人能超过息侯夫人妫氏的美。"蔡侯看到楚文王惊愕的表情，接着说息妫的美，天下无双，荷粉露垂，杏花含烟，国色天香，无与伦比。从此，楚文王便对息夫人念念不忘。

楚文王叹气道："寡人得见一息夫人，死不恨矣。"不久，楚文王率领大军，以巡视为名来到息国，其实是想看息夫人的容貌。息侯自然不敢怠慢，连忙设宴迎接楚文王。楚文王便说："我为尊夫人尽了力，如今夫人怎么连为我倒杯酒都不肯呢？"息侯害怕楚国的武力不敢拒绝，便命人通知息夫人出来为楚文王倒酒，不一会息妫便穿戴整齐地走了出来，端起酒壶倒了一杯酒。楚文王被息夫人的美貌惊呆了，本想亲手接过，却见息妫不慌不忙地将酒杯递给仆人，再转递给楚王，待楚王一饮而尽，息妫就拜谢回宫了。

回到住所的楚王满脑子都是容貌绝世的息妫，辗转床榻，夜不成寐。于是楚文王便有了除掉息侯，夺取息夫人的念头。第二天，楚王以答谢的名义在住所设宴，却暗备伏兵。他假装喝醉了，对息侯说："我对你夫人有大功可言，今天三军在此，你夫人就不能替我慰劳一下三军将士吗？"息侯推辞说："息国是小国，没有能力犒劳您的部下，请给我时间让我慢慢地想办法吧。"息侯的这句话正给了楚文王借题发挥的机会，楚文王一下子拍案而起，大声道："你这个匹夫，背信弃义，居然用花言巧语来拒绝我。左右的人还不给我拿下！"息侯正要申辩，四面隐藏的将士突然冲出，将息侯捆绑之后，楚文王亲自带人到后宫寻找息夫人。

楚国夫人，郁郁寡欢

息夫人被俘后，想要投井而死，哪知道楚文王早已派大将斗丹把守她的房门。息妫主动提出想见一见楚文王，这正合了楚王的心意。两人见面后，他历数几件息侯滔天大罪后，表明自己是替天行道，不得已而为之，希望她节哀顺变，好言劝慰。

然而，息夫人对这些欲加之罪没有什么兴趣，她只想知道如何处置息国国君。楚文王毫不掩饰地说："就看夫人你的合作态度了。"

息夫人说："给他一条生路，我可以随你而去。"楚文王等的就是这句话，他许诺不杀息侯。于是，迫不及待地在军中立息妫为夫人，载在后车拉回国。

国仇家恨，一朝得报

过了三年，息妫为楚文王生了两子。长子取名熊艰，次子取名熊恽。息妫在楚宫三年，寡言少语，面对楚王，她永远是一副不冷不热的态度。以楚王的性格，换作别人，早就应该忍无可忍，但是，息妫不是别人，没有人能取代她在楚王心中的地位。

很多次，楚文王主动与息妫套近乎，但是，她几乎回答都是一两个字。唯一让楚文王欣慰的是，息妫对两个孩子却是尽心竭力。他不明白，息妫与息国国君生活三年，没有生出一子半女来。也许是息国国君年老体衰了，或者是他们俩原本没有什么感情，这真叫人猜不透。

终于，楚文王不想再猜了，选择了一个时机，用一种不得不问的口气，对息妫说："夫人，因为我贪恋你的美色，也许我有些过错。但现在的我，国之强可与齐桓、秦穆、晋文相比。我虽不才，但正值壮年，对你一直宠爱有加，这是任何一个妃子所没有办法比拟的。而你呢？服侍我三年多，还生下了两个孩子。可为何对我不开一言，整天落泪？请问夫人还有何不满足？"

息妫一听，知道心思瞒不下去了，万般无奈，泪流满面地说道："我不能为丈夫守节而死，又有什么面目同别人谈笑呢！此是蔡侯的过错啊。"说完便痛哭流涕。

楚文王为了博得息夫人的欢心，于是派兵攻打蔡国，为息夫人泄恨。蔡侯被扣留在楚国九年，直到死也没有回国，可以说是搬起石头砸了自己的脚。

胜似桃花，永不凋零

没有人能真正主宰自己的命运，美丽的女人即使艳若桃花，也终归要顺自然而开，随风而落。而历史上的王朝更替，也是历史发展的必然，绝非息妫一人之力所能主宰。

齐文姜　春秋鲁桓公夫人

□ **档案：**

姓　名：文姜
生卒年：不详
籍　贯：春秋齐国
婚　配：春秋鲁国鲁桓公
封　号：夫人

文姜是春秋时代齐僖公的次女，与她的姐姐齐宣姜都是当时闻名的绝色美人。冯梦龙在《东周列国志》里如此形容她的美貌："文姜生得秋水为神，芙蓉满面，比花花解语，比玉玉生香，真乃绝世佳人，古今国色。"

文姜的婚姻一波三折，而她与其兄乱伦更是轰动天下。后来在其兄死后，她一心一意帮助儿子鲁庄公处理国政，由于处理得宜，使鲁国的威望提高了很多，还在长勺挫败了霸主齐桓公的进攻。古往今来，人们在讽刺她的淫荡的同时，也赞誉她的绝世美丽。《诗经》上就留下了许多有关文姜的篇章，可谓毁誉参半。

婚姻受挫，兄妹乱伦

春秋时代初期，齐僖公的两个女儿宣姜和文姜，由于貌美而远近闻名，成为当时各诸侯国君侯、公子争相求亲的对象，他们纷纷借机前往齐国都城临淄攀扯关系，讨好齐僖公，目的是可以迎娶齐室女子。在众多的求亲者中，齐文姜特别欣赏郑国世子姬忽，认为他为人正直勇敢，长相玉树临风，十分中意。于是齐、郑两国便为儿女缔结了婚约。

谁知，原本这是一桩两全其美、门当户对、令人艳羡的婚约美事，由于在这时候宣姜闹出丑闻，和她的公公卫国国君乱伦，成了各国的笑话。郑国世子觉得受到了侮辱，一气之下，以"齐大非偶"（齐国太大，公主不适合当我的配偶）的理由要求退婚。

这对齐文姜来说如晴天霹雳。齐文姜从小就自负美貌，做梦也没有想到，自己会被男人抛弃。在当时退婚被认为是奇耻大辱，等于是说人家看不起你，人家不要你了才会要求退婚。自己的绝色美艳加上尊贵的身份，如今竟被郑国世子姬忽弃如敝屣，心中忿忿不平终于恹恹成病。这种少女的心理挫折，被文姜的异母哥哥姜诸儿看透。

姜诸儿，齐文姜同父异母的哥哥，大文姜两岁，姜诸儿与齐文姜从小就在一起游玩，两小无猜，由于兄妹情长，如今两人虽已长大，但彼此仍不顾嫌隙地照常往来。

当姜诸儿知道文姜病了，就时常来看望、安慰和照顾。妹妹的婚事遇到麻烦，做哥哥的也感同身受。时日久了，两人竟然由兄妹之情演变为了儿女私情。

虽然在春秋时代男女关系十分开放，只要两相情愿，便可以发生男女关系。但是，有血缘关系的兄妹发生儿女私情，还是为礼法和世情所不允许，在道德上也会受到谴责。姜诸儿与文姜本是同父异母的兄妹，男欢女爱，不顾廉耻，闹得沸沸扬扬。俗话说，好事不出门，坏事传千里。不久就一传二，二传三，在传到四面八方的同时，自然也就传到了他们的父亲耳中。齐僖公听了大惊失色，差点被气死。他认为这事有伤风雅，禽兽不如。然而家丑不可外扬，他只好一面把儿子叫来，痛责儿子；一面采取紧急且坚决的措施，严禁姜诸儿再与文姜接触，同时，急急忙忙为文姜择配。

此时鲁国刚立新君鲁桓公，为了争取援助，想与大国结亲，就派遣公子翚赴齐说媒。齐僖公此时求之不得，便同意此婚事。

然而深陷畸情的男女，岂是老父一双眼睛能看得过来的？就在出嫁的前夕，姜诸儿与文姜虽然无法见面，却依旧以诗传情。姜诸儿写道："桃树有华，灿灿其霞，当户不折，飘而为直，吁嗟复吁嗟！"

齐文姜比姜诸儿还要直白，答曰："桃树有英，烨烨其灵，今兹不折，证无来者？叮咛兮复叮咛！"不过，"叮咛"是一回事，现实又是一回事，齐鲁选择吉期，商妥婚嫁事宜，齐僖公为了避嫌，还一反兄弟送嫁的惯例，亲自将女儿送往鲁国成亲，了却了他心头的一块心病。良辰吉日已到，文姜被如期送往鲁国，成为鲁桓公的夫人了。目送心爱的妹妹远嫁他乡，姜诸儿恋恋不舍。

终归故里，再续前缘

按照一般习俗，结婚之后两家要频繁来往，以加深感情。但是，国君夫人地位尊贵，自然不能随便活动，也不能说回娘家就回娘家。文姜在鲁国一晃就待了五年，生下了两个儿子，长子名姬同，次子名姬季友。鲁桓公对美艳绝伦的妻子十分满意，然而文姜却旧情难忘，花晨月夕，时常不自觉地想起热情如火的哥哥情人姜诸儿，常常茶饭不思，夜不安睡。

鲁桓公十四年，齐僖公寿终正寝。姜诸儿继位当上了国君，即历史上的齐襄公。文姜所生的儿子姬同也已经十三岁了。文姜本想随同她的国君丈夫一同前往齐都道贺，以便表达自己特殊的祝贺，借机重温旧梦，无奈当时诸侯大国新君初立，诸侯小国纷纷巴结大国，所以前往道贺的很多，恐怕有很多不方便，便没有与鲁桓公一同前往，只能继续等待机会。

转眼又过了四年，齐文姜终于要求鲁桓公带她一起到齐国，看一看家中的亲人，当然她最想看的是姜诸儿。鲁桓公觉得妻子自出嫁离家已经十几年了，一直还没有回娘家，没必要推托，于是就带着齐文姜，大张旗鼓地前往齐都临淄。齐襄公听说鲁桓公夫妇来访，大喜过望，还亲自到边境迎接。其实，他本心不是迎接鲁桓公，而是专程迎接十八年来未见的妹妹——初恋情人齐文姜。

十八年了，文姜未曾回过娘家，总有些有悖常情而令人难以置信。其实说穿了也很简单，一方面是齐僖公在世之日，知道这对兄妹的乱伦之事，害怕旧情复燃，因此一再阻挠。另一方面，鲁桓公也听说了齐文姜与她的哥哥情感非同寻常，有乱伦的嫌疑，因此心中也是有意避免其兄妹相见。就这样一拖就是十八个年头。所以，文姜不回娘家，不是道路远近的问题。其实，已经十八年了，他们兄妹的感情应该如灰熄灭了，况且双方都有了家眷，本应该各自珍重，各自倾心自己的家庭，甚至自己的国家了。

然而十八年未见，姜诸儿已为国君，举手投足间满是男人的威严英武，而齐文姜则已是风情万种的成熟美妇。如此的兄妹重逢，两人都是心荡神摇。

一番眉目传情之后，心领神会的齐襄公借口后宫的嫔妃们想与小姑见面，将文姜迎进了自己的后宫。此时的齐宫，早已没有了妨碍好事的齐僖公，襄公的妃妾们也不敢逆他的心意。诸儿文姜终于得偿凤愿，遂在宫里双宿双飞，抵死缠绵了。

鲁桓公身殒，兄妹终成眷属

鲁桓公一个人没有美女相陪，被冷落在馆驿里，孤灯照壁，冷雨敲窗，一夜又一夜辗转反侧，难以成眠。等到他终于按捺不住，直接到齐襄公的宫内找文姜时，眼前竟是文姜和齐襄公苟欢的情景。他感觉自己受到莫大侮辱，不免怒从心头起，恶向胆边生，居然狠狠地掌掴了他如花似玉的妻子齐文姜，并口不择言地抖出他们兄妹的奸情，声称要说出他们兄妹如此不道德的乱伦之事，并且立即要返回鲁国，声言即日返国，绝不再稍作停留。说着，转身就走出了齐襄公的内宫。

齐襄公自知理屈，又怕丑事让国人知道了，便起了杀心。在无可奈何之下，齐襄公假装没事一样，恬不知耻地在牛山设筵，为鲁桓公夫妇饯行。鲁桓公身在齐国，虽然气急败坏，又觉得不可使场面弄到无法回旋的地步，强压着心头怒火吩咐随从人员佑护夫人先行出城，自己则匆匆赴宴。

这时的齐襄公欲火、妒火和怒火烧在一起，反而感觉是自己受了天大的委屈。可怜那个鲁桓公犹懵然无知地借酒浇愁，终至酩酊大醉，不省人事。齐襄公喊来心腹彭生暗暗下达了谋杀的命令，在扶持鲁桓公上车时，悄悄地施一些手脚，这样鲁桓公没来得及哼一声，就在沉醉中一命呜呼了。

随后，齐襄公派人驾车追赶文姜。在临淄城外十里长亭处，赶上了等在这儿的文姜一行车骑。报信的人故作惊惧万状地向文姜报告说："鲁侯酗酒伤肝，车行颠簸中竟然气绝身亡，一命呜呼！"文姜听到丈夫突然去世的消息，也不知道事情真相，不知如何是好，命令暂时停止行程，就地扎营护丧。齐襄公当然心中明白，很快便赶到，假作悲痛模样，命令厚殓妹夫，并以"酒后中毒，伤其肝脏而死"，向鲁国报丧。

鲁国姬姓宗室及臣民听到鲁桓公的死讯，先是感觉非常意外，继而是非常愤怒，虽然怀疑其中必有阴谋，本想大兴问罪之师，但考虑到两个因素，一是查无实据，出师无名；二是鲁弱齐强，倘若贸然出兵，犹如以卵击石。最后还是没有轻举妄动。鲁国在万般无奈的情况下，只好先由世子姬同继位，即鲁庄公，随即派人到齐迎丧。

俗话说，纸里包不住火，没有不透风的墙。事情经调查后马上便有了结果。真相很快就传遍了齐都临淄，更沸沸扬扬地传遍了天下。而此时鲁桓公的灵柩也被运回鲁国。

为了躲过鲁国臣民的责难，文姜没有随鲁桓公的灵柩回国，而是仍然滞留在临淄。按照那时的常理，文姜刚刚守寡，自应守丧含悲，替夫挂孝，安分守己才是；然而文姜照样服饰光鲜，巧笑倩兮地与齐襄公朝夕共处，并且还与齐襄公同车出游，招摇过市。

正当齐襄公与文姜兄妹两人，不顾人们的言论，沉湎在放浪形骸的情欲中，如胶似漆地在临淄享乐之时，鲁庄公羞愤无比地派遣大臣前来迎接母亲归返鲁国。文姜心中虽舍不下情人哥哥齐襄公，但又愧对鲁国臣民，借口暂住边境地区，待以后再归国。出于孝道，鲁庄公派人在禚地建造宫室，具体地点在祝丘，让母亲居住。齐襄公听说后，也派人在禚地附近的阜建造离宫，供他来游玩。两处宫室美轮美奂，遥遥相对，格外引人注目。文姜有时住在祝丘，有时越境住进阜；齐襄公借出猎为名，继续与妹妹幽会。

文姜协儿治国，建功立业

没过多久，齐、鲁两国的政治格局都相继发生了变化。齐襄公被大夫连称和管至父所杀。

齐襄公死后，鲍叔牙拥戴的公子姜小白与管仲拥戴的公子姜纠，经过一番激烈的斗争，最终姜小白获胜。他不念旧恶，任用管仲为相，使齐国的实力大大发展，成了春秋时赫赫威名的第一个霸主齐桓公。

政治上的巨变，使齐文姜在边境地区自然待不下去了。这时她已经四十开外的人了。齐文姜回到鲁国以后，一心一意地帮儿子鲁庄公处理国政，由于她在处理政务上展现了敏锐的直觉和长袖善舞的本领，同时在军事上也表现出非同一般的才能，没过多久，就掌握了鲁国的政治权柄，还把鲁国这样的羸弱小邦发展成经济军事强国，在诸国战争中屡屡得胜。

历史总有人评价：齐文姜是一个绝色的尤物，美艳自然是无与伦比，淫荡也为天下之冠，她的行为紊乱了伦常，被人所不齿。但齐文姜集美色与聪慧于一身，而后辅助儿子鲁庄公，励精图治，获得的成就，又不得不令后世之人刮目相看。

郑旦　春秋吴王夫差妃

□ 档案：

姓　名：郑旦
生卒年：不详
籍　贯：春秋越国
婚　配：吴王夫差
封　号：妃

郑旦，春秋末年越国美人，与西施齐名，同被越王勾践选为献吴国美人中的一员，用以迷惑吴王夫差。在越教授以礼仪，习以歌舞，精通剑术，性格刚烈，是历史上一位与西施齐名且同样具有爱国情怀的刚烈女子，与西施有"浣纱双姝"之称。多年后，西施成了声名远播、妇孺皆知的"古代四大美女之首"，而郑旦却被后人遗忘在了历史的洪流中，默默无闻，鲜为人知。

为国尽忠，吴国为妃

公元前494年，吴国打败越国，越王勾践向吴王夫差乞降。吴王夫差当时不听大夫伍子胥斩草除根的劝告，允许越国投降，还把勾践夫妇和越国大夫范蠡囚禁在姑苏虎丘，为夫差养马。勾践君臣忍辱负重，装得非常恭顺，而夫差真的就认为他们已真心臣服，于是，三年后把他们放回越国。

勾践安全回到越国后，卧薪尝胆，立志复国。经过"十年生聚，十年教训"，越国逐渐强盛起来。越王一心要打败吴国复仇，但是，当时越国的军事实力远远不如吴国。于是，勾践努力训练军队、发展农业。越国大夫范蠡曾随越王勾践一起到吴国做人质，深知吴王夫差的致命弱点，那就是好色。于是，范蠡和勾践便策划实施了向吴王进献美人的计划，通过"美人计"来蛊惑吴王夫差，使其沉迷于酒色，荒废国政，并且离间其和伍子胥，让吴王夫差远离忠臣。范蠡在民间寻觅美女，准备献给夫差。担任这个重要任务的美女，不仅要美丽过人，而且要胆量过人，更要机智过人。经过千挑万选，范蠡终于选定了西施和郑旦。

西施和郑旦先是被召到越国宫中，学习礼仪、穿着打扮、歌舞。越王勾践甚至亲自为她们讲解历史、时局和权谋，为的就是她们可以成功地得到吴王夫差的宠爱与信任，达到让吴王夫差沉溺于美色，荒废朝政，从而可以得以报国恨和一雪在吴国三年当马夫的耻辱的目的。

大约在公元前490年，范蠡亲自将西施与郑旦送往吴国，献给吴王夫差。就这样，郑旦背负着国家对自己的期望和自己的爱国情感，踏上了去吴国之路，成为吴王夫差的妃子。

身为绿叶，默默无名

郑旦与西施是越王勾践送给吴王夫差的一对美女。吴王夫差见西施、郑旦大悦，将西施安置于姑苏台，将郑旦安置于吴宫。在到达吴国之后，由于她们的美貌，使吴王之前受宠的妃子都黯然失色，失去宠幸。

西施与郑旦虽来自同乡同村，有着同样的美貌，甚至普遍认为郑旦长得比西施还要漂亮。但郑旦的命运远没有西施好。郑旦一直默默无闻，虽然吴王夫差也很喜欢郑旦，但还是不及喜欢西施多。因为郑旦喜剑，性格刚烈，而西施截然不同，西施之美则在一颦一笑，捧心皱眉，是一种纤弱阴柔之美。因吴王夫差更喜欢温柔类型的，所以宠爱西施更多些。

而在郑旦心里，自然是觉得不服气与不公平。郑旦向吴王夫差说了西施的坏话后，满以为夫差在盛怒之下，必定要治西施的罪，最起码也会从此冷落了她，不料夫差对西施更好了，几乎夜夜专席，形影不离，而对自己则更加冷漠。许多天见不到大王一面，偶尔恰巧碰到一面，吴王夫差都不屑看她一眼，鼻子里哼一声，甩手便走。她自己清楚由于说西施的坏话，使吴王夫差对自己有了怨恨。郑旦本来对此事已经很是懊恼担心，因此而终日抑郁，最终生病而死。死后，吴王夫差难过了一时，把她安葬在黄茅山，立庙祭祀。

西施　春秋吴王夫差妃

□ **档案：**

姓　名：西施
生卒年：不详
籍　贯：春秋越国
婚　配：吴王夫差
封　号：妃

西施，名夷光，又称西子，越国一个施姓樵夫的女儿，因为家住村的西头，所以邻里都管她叫西施。西施出身寒门，但是因为越国山清水秀，仍然出落得亭亭玉立，宛若芙蓉之姿，惊为天仙之貌。

越国佳人，倾国倾城

春秋末年，西施出生在越国的一户普通人家，父亲以砍柴为生。因为家境贫寒，所以西施很小就开始帮着家里干活，平时，经常在溪边浣纱。

西施的美貌在村子里是有目共睹的，不仅男人爱慕，许多女子也被她打动，纷纷效仿她。平日里，西施的身子有些弱，经常心口疼，每次发作，捧心蹙额，颦眉而啼，越发楚楚动人。

不久，东村的丑女东施知道了，于是，也学着西施的样子捧着心，缓缓走路，但却十分难看，比她平时的样子还要丑很多，成了大家的笑料，这就是"东施效颦"的故事。西施的美是其他人难以企及的。

吴越交战，策"美人计"

公元前494年，吴国打败越国，越王勾践向吴王夫差乞降。

越国大夫范蠡曾随越王勾践一起到吴国做人质，深知吴王夫差的致命弱点，那就是好色，于是，范蠡和勾践便策划实施了向吴王进献美人的计划。

范蠡在民间寻觅美女，准备献给夫差。当时，范蠡初见西施，就被她的美貌与纯真打动了，而西施的心里对这位年少英雄、气度不凡的将军一见倾心，两个人双双坠入了情网。范蠡的确动了真情，他很真诚，和西施说明了选美的原委，西施听后，被心爱人的那份爱国热情感染了，立即表示愿意担此重任。

勾践亲自接见西施，让人教习歌舞、化妆和礼仪，并为她们讲解历史、时局和权谋。勾践还亲自给西施面授机宜，交代了三件大事：沉溺夫差于酒色之中，荒其国政；怂恿夫差对外用兵，耗其国力；离间夫差和伍子胥，去其忠臣。

大约在公元前490年，范蠡带着内心的悲痛把心爱的女人西施献给吴王夫差。在送行的路上，两个相爱的人终于有机会在一起了。一路上，备尝爱的滋味，由于难分难舍，范蠡有意拖延，送亲竟然送了一年多。等他们走到今嘉兴县南一百里的时候，西施生的儿子已经能牙牙学语了。后人在这里建造了一个"语儿亭"，用来纪念西施与范蠡的爱情结晶。

眼看吴国已经近在眼前，临别时，范蠡向西施承诺，吴国灭亡后，一定会娶她为妻，隐居山野，闲云野鹤，终老一生。

肩负重任，智得王宠

吴王见了西施，十分欢喜。但是，大夫伍子胥认为这是"美人计"，苦心劝谏，夫差却充耳不闻，立刻将西施纳入后宫。

西施并没有忘记自己的任务，她使出了浑身的解数，尽讨吴王的欢心。夫差对她更是宠爱有加，让人在灵岩山为她建了"馆娃宫"，在馆娃宫附近修了玩花池、玩月池、吴王井、琴台，还有采香径、锦帆径和打猎用的长洲苑等。

到了春天，西施就和夫差到采香径、玩花池游玩；到了夏天，西施就和夫差在洞庭的南湾避暑。南湾有十多里长，两面环山，吴王将此处取名为"消暑湾"，并令人在附近凿了一个方圆八丈的白石池子，引来清泉，让西施在泉中洗浴，起名为"香水溪"；秋天两人一起攀登灵岩山，看灵石，赏秋叶；到冬天下雪的时候，西施与夫差披着狐皮大衣，令十多个嫔妃拉车寻梅，全然不顾嫔妃们汗流浃背，每次都要尽兴后方才返回。整日挖空心思地玩乐，吴王夫差的心思早已不在朝政社稷上了。

时间流逝，夫差对西施越来越喜爱，而西施也时刻想着怎样让吴王高兴，怎样让吴王把更多的心思放在自己身上，荒废国事。

事实上，夫差自从得了西施，就一直住在姑苏台，一年四季享乐游玩，已经不理政事。每次朝中大臣劝谏，都被他或训斥、或驱逐、或罢官，于是大家渐渐也就不敢说了。只有老臣伍子胥，见吴王如此无道，就在姑苏台下进谏劝阻，但吴王还是不理。伍子胥觉得吴王如此势必取祸，劝谏又不听，于是称有病不再上朝。

西施像

越王说越国连年受灾，要用钱购买吴国的粮食，使吴国的存粮锐减，次年，越国粮食丰收，便用蒸熟的种子进献给吴国，谎称越国土地肥沃，种子优良。结果到了秋天，吴国颗粒无收，吴民闹起了饥荒。越王得知吴国国力已尽，于是乘虚而入，率领精兵十万，直攻吴国都城。

越国在勾践的治理整顿下，国力日益增强，军队也训练有素。公元前473年，越国灭掉吴国，被围困在圣胥山的夫差走投无路，挥剑自刎。

功过是非，死因谜团

历史上对越王勾践卧薪尝胆、忍辱负重赞誉备至，而对西施的下落则言辞不详，毁誉不定。唐代罗隐有诗："家国兴亡自有时，吴人何苦怨西施；西施若解倾吴国，越国亡来又为谁。"

历史的发展，王朝的更替又怎么能完全由一个女人决定的？至于吴国灭亡后，西施的下落已无处考证，有传说越国胜利后，范蠡找到了西施，与西施浪迹天涯，成了一对神仙眷侣。

在《吴地记》中记述有关范蠡与西施在越国破吴后破镜重圆、泛湖而去以及其他有关他们的结局的不同说法。相传，范蠡和西施曾经寓居宜兴，今天的蠡墅就是他们当年居住过的地方，而江苏一些地方的"施荡桥""西施荡"等名称也都与西施有关。

宣太后　战国秦惠文王八子

□ **档案：**

姓　名：芈氏
生卒年：？ ～前 265 年
籍　贯：战国楚国
婚　配：战国秦惠文王
封　号：八子
谥　号：宣

宣太后出身于楚国的贵族，嫁给秦惠文王为妾。惠文王死后，由惠文王后所生的秦武王即位。武王在位三年薨逝，由武王之弟、也就是宣太后所生的公子稷即位，即秦昭襄王，宣太后因此成为王太后，从此开始了长达四十一年的临朝称制。

秦昭襄王四十一年（公元前 266 年），秦昭襄王任用范雎为相，驱逐宣太后的亲戚在朝廷的势力，宣太后始失势，次年（公元前 265 年）十月，宣太后逝世，葬于芷阳骊山，谥号宣。

秦昭襄王即位，宣太后掌权

芈姓乃楚国的国姓，嫁给秦惠文王后，被封为八子，秦国后宫分八级：皇后、夫人、美人、良人、八子、七子、长使、少使。可见当时芈八子在后宫的地位并不高，但是芈八子连生下三个儿子，母凭子贵，她的身份也自然日益尊贵了。

秦惠文王比较宠爱芈八子，所以引得惠文王后醋劲大发，千方百计要收拾芈八子。秦惠文王死后，由惠文王后所生的嫡子即位，即秦武王。此时的芈八子在秦宫里的地位可想而知了。惠文王王后与秦武王为维持稳定，芈八子的儿子嬴稷被送到燕国去当了人质。

但是关键问题出在继位的秦武王身上。秦武王身高体壮，勇力超人，重武好战，常以斗力为乐，凡是勇力过人者，都被他封为大官，而且还要他们较劲。在秦武王攻下洛阳后，直奔周室太庙，观看大禹留下的九鼎。其臣孟贲将鼎举离地面半尺高，就重重地落下。秦人尚武，秦武王为证明自己的勇力，不顾身边人的劝阻，也前去举鼎，不过力所不能及，最后鼎砸在了秦武王的右脚上，当晚夜里武王气绝而崩。

武王没有子嗣，其兄弟纷纷争夺王位。在此时，芈八子同母异父的弟弟魏冉拥兵支持姐姐的儿子、在燕国做人质的王子稷为王，即秦昭襄王。儿子即位，芈八子被尊为太后，开始了宣太后掌权的政治生涯。

在宣太后掌权期间，她同母异父的弟弟魏冉被封为将军。魏冉担任将军之职，控制了秦国军政大权。不过，这时的政局还是动荡不安的，秦武王的兄弟们仍然不服，伺机争夺王位，内乱三年不止。

秦昭襄王二年（公元前 305 年），宣太后终于平息了国内争夺王位的"季君之乱"。在平定了"季君之乱"后，宣太后把魏冉封为相，封穰侯（穰在今河南邓州），独揽朝政大权。同时又封同父弟芈戎为华阳君；封另一个亲儿子王子芾为泾阳君；封一子王子悝为高陵君。至此，宣太后形成了党亲专政的格局，威震天下。这也是宣太后独具胆识之处，以其强有力的政治手腕，维护了国家统治的稳定。

经过宣太后的一番整治之后，秦国基本实现了稳定。

杀伐决断，不拘小节

楚国出兵攻打韩国雍氏，围攻韩国长达五个月之久。韩襄王派众多使者来到秦国，向宣太后请求救兵。但是秦国的军队还是不出崤山来援救韩国。最终韩国让尚靳出使秦国，去说服秦昭襄王。使者尚靳对秦昭襄王和宣太后说："韩国对于秦国来说，平时就像个屏障，有战事时就是先锋。现在韩国万分危急，但秦国不派兵相救。我听说过这样的话，'唇亡齿寒'，希望大王您仔细考虑这个问题。"

宣太后认为在众多韩国派来的使者当中，唯独尚靳说的话很有道理，于是单独召尚靳进见。宣太后对尚靳说："我服侍惠王时，惠王把大腿压在我身上，我感到疲倦不能支撑，他把整个身子都压在我身上时，而我却不感觉重，这是为什么呢？因为这样对我来说比较舒服。现在你要求我派兵帮助韩国，如果兵力不足，粮食不多，就无法解救韩国。解救韩国的危难，每天要耗费数以千计的银两，你们韩国多少得让我有些好处才行呀。"

两国之间的大事，本是严肃的事件，但在宣太后口中就变成了夫妻之事，由此可见宣太后的开放不羁。宣太后的不羁更表现在她与情夫的事情上。

秦昭襄王执政期间，由于秦昭襄王年幼，邻国义渠虎视眈眈地注视着秦国，甚至明目张胆地侵扰边民，蚕食边土。有次义渠首领前来朝贺，宣太后看义渠王年轻力壮，桀骜不驯，出于国家利益的考虑，与义渠王私通，而且这段姐弟恋竟然长达三十年之久。太后还与义渠王生下两个私生子。后来秦国强大了，宣太后首先发作，趁义渠王沉溺于温柔乡之时，在甘泉宫将义渠王杀死。秦军随即攻灭义渠国，宣太后同时也杀死了她与义渠王的两个儿子。

范雎为相，太后被废

秦昭襄王在位多年，宣太后的族人在朝廷的势力很大，虽无篡位之意，但秦王见朝中的诸事都取决于外戚集团，明显感觉到了大权旁落的惶恐。

范雎，字叔，故人称范叔，魏国人。范雎才能过人，但遭奸佞小人妒忌，魏相听信谗言欲置范雎于死地。当时秦国派来魏国的使者是颇有见识的王稽，知道范雎的才能，便买通看守，将之带回了国。

范雎来到秦国，秦昭襄王在宫里迎接，恭敬地执行宾主的礼节，以表示对范雎的礼遇。几日过后，秦昭襄王屏退左右的人，单独接见了范雎，与范雎进行了一次促膝长谈。通过此次长谈双方都明确了对方的心意。

范雎对秦王说，听闻秦国朝中重臣都是太后的亲信，大权旁落，政令又怎能出自大王之手？臣听说善于治国的君主，一方面在国内加强权威，一方面亲自执掌外交政策。穰侯派出的使者操纵王权，任意和诸侯结盟或断交，擅自对外用兵，征伐敌国，朝野上下，莫敢不从。于是，打了胜仗，战果全归穰侯他们所有，以致国家困弱，受制于诸侯；一旦失利，则令百姓怨声载道，祸害由国家承受。当今秦国，太后、穰侯呼风唤雨，没有臣民知道上有大王。幸好臣今日还能看见大王孤立于朝堂之上，真担心将来秦国主持国政的君王，不再是大王的子孙！

听了这番话，秦昭襄王不寒而栗，他对范雎说："当年齐桓公得到管仲，把他称为'仲父'，寡人今日得到先生，先生也是寡人的'叔父'。"于是封范雎为相。

范雎任相期间，大力改革，肃清政治，经过几年的时间，终于将太后一族在朝中的势力肃清。不久，穰侯被流放，太后一族的亲信也纷纷被赶出函谷关，终于结束了长达数十年的宣太后的统治。宣太后于被废的第二年（公元前265年）十月去世，死后葬于芷阳郦山，谥号宣。

宿瘤女　战国齐湣王王后

□ **档案：**

姓　名： 不详
生卒年： 不详
籍　贯： 战国齐国东郭
婚　配： 战国齐湣王
封　号： 王后

宿瘤女，战国时期齐国东郭（今山东省淄博市临淄区）人，是齐湣王的王后。宿瘤女聪明睿智，形貌端庄，但是由于脖颈处长一肉瘤，所以人称"宿瘤女"或"宿瘤"这个绰号，又因以采桑为业，所以亦称"采桑女"。

齐湣王出游，巧识宿瘤女

宿瘤女生长在齐国都城临淄的东郊，家里有个桑园，她在父母的安排下，终日采桑养蚕。由于她的瘤子在颈上，是红红的布满血管的肉团，且有日益增大的趋势，已经严重影响了宿瘤女的容貌。当地的人们远远望见她，都觉得丑得吓人，不敢走近。前来相亲的适婚年龄的男子，往往都被大瘤吓跑，无人敢娶她。可怜的宿瘤女到了24岁还未嫁出去，后来也再没有媒人前来提亲了。不过宿瘤女倒也不以为意，整日只忙于采桑的农活。

有一天，齐湣王在王宫中待得烦闷，决定出城到东郊巡游。在桑园附近劳动的百姓，见到齐王浩浩荡荡的出游车队，纷纷停下手来，到路边围观，踮足翘首，渴望一睹君王的风采。

更有消息灵通的姑娘，认为这是一次被君王看上的好机会，于是早早涂抹脂粉，梳理发簪，穿上最漂亮的衣服，排列在道路的两旁。一个个搔首弄姿，媚眼乱飞。年轻气盛的齐湣王见此情形，大为高兴。他命人放慢行车速度，让他好好看看他的子民。望着路两旁，接踵摩肩的百姓，纷纷伸长脖子，向大王致意。

突然，齐湣王的目光落在了一个人身上。从背影和装束来看，这个人应该是位年轻的平民女儿。她竟然没有随着人群，过来瞻仰他的风采。相反，却一个人孤零零地站在桑园里采着桑叶。在一片碧绿的空荡荡的桑园，她非常显眼。她的眼光只盯着桑树，手指上下翻飞，丝毫不为外界所动。

齐湣王非常好奇，其他人都前来观看，唯此女子不为所动依然专心采桑，于是便叫人将宿瘤女传来问话。只见宿瘤女身穿粗布麻衣，左手提竹篮，右手拿桑钩，走到齐湣王面前说："大王召见何事？"齐湣王忙说："孤王出游，这附近的男女老幼皆来观看，唯你不为所动，还是如此专心采桑，这是为什么呢？"宿瘤女回答："妾受父母之命前来采摘桑叶，父母只叫我前来采集桑叶，并未叫民女观看大王车队。"齐湣王一听，这解释倒也在理，看她气定神闲的样子，又能忠于职守，果然不是一般女子。想到这里，齐湣王再仔细打量这个采桑女，猛然看到她脖颈上长着一个硕大的瘤子，不禁吓了一跳。

宿瘤女看到了湣王的表情，微微一笑，又说："大王想必是在意我的瘤子吧？这瘤子自幼便有，用了许多方法也治不好。以前倒也曾为它烦恼，但后来想，既然已经有了，徒烦恼也是无奈。不如全心勤于桑麻，侍奉父母。修身贵德，有个瘤又何妨？"

齐湣王听了宿瘤女的话，一个乡野女子，竟然有这等胸襟，真是个不可多得的贤女子啊！他又试探地问了一句："可是你这个瘤子如此丑陋，岂不会影响婚嫁？"宿瘤女又是一笑道："妾已经年过24岁，依然单身，正是拜此瘤所赐。但是天生此瘤子，也实在不是我想要的。只要我自己品德贤良，相信终有一日会有看重品德的君子前来迎娶我。至于那一班只重外貌的男子，便是同我无缘，也没甚可惜的。"齐湣王听了，禁不住拍手叫好。

齐湣王本是一位有着雄心壮志的君王，继位不久，正想振作国事，大展宏图。看宿瘤女气宇非凡，不禁心生敬意。回想昔日父亲齐宣王一度耽于酒色，就因为娶了贤德貌丑的钟离春，在她帮助下革除时弊，励精图治，从此齐国国势蒸蒸日上。因此，齐湣王决定也效法一下，就载宿瘤女回宫，立为王后！他用高昂傲慢的语调说："孤王带你入宫，享受荣华富贵，而你侍奉本王，如何？"不料宿瘤女却站在原地不动，郑重回答："大王厚爱，小女子很是感激领情，但生我者父母，未经父母大人同意，小女子不敢私自做主，若父母同意您纳我为妃，也应派人迎娶方可。妾虽身份低微，但是如果礼数不周全，就是死也难从。"齐湣王听完此言更加敬慕，立即按选聘嫔妃之礼仪，派使者前去迎娶。

入宫为后，勤俭贤良

宿瘤女的父母让她沐浴更衣，盛装打扮再去见君王，然而宿瘤女却依然坚持布衣荆钗，临走时她对父母说："要是化妆太漂亮了，大王不认识了怎么办啊？"于是，她就穿着一身农家衣服进宫了。

齐湣王早就对宫中之人说了，出游之时遇到一位不凡的女子，马上她就要娶进宫了。所有的妃子都不敢怠慢，盛装迎接，想见识下这位"圣女"。只见宿瘤女身穿麻衣，不慌不忙走下车来，向齐王及嫔妃行礼。嫔妃们见宿瘤女衣着俭朴，而且相貌丑陋，都隐忍不住掩嘴大笑。齐湣王见此情景，忙向众妇解释说："大家不要见笑，她是因为没有梳妆打扮，没有给自己一些装饰。修饰不修饰可相差百倍啊！"

宿瘤女看看金碧辉煌的宫殿，又看穿戴一新的嫔妃、大臣，意味深长地说："修饰不修饰相差何止百倍，修饰就看修饰什么，如何修饰！"齐湣王不解其意，赶紧问她原因。宿瘤女说："打扮和不打扮就算差了千万，又能怎么样呢？性相近，习相远。过去尧舜桀纣都是天子，尧舜以仁义为本，安于俭朴生活，茅茨不剪，采椽不斫；后宫后妃也都不穿华丽的衣服、不吃奢侈的食物，人们对此一直都是赞誉不断。而桀纣却事事追求奢侈华丽，而且为人苛刻残酷，每天过着穷奢极欲、酒池肉林的生活，后宫也是极其奢侈萎靡，纸醉金迷，夜夜笙歌，结果导致自己身死国家灭亡，被天下人笑话。为人妻的最难得的就是可以相夫教子，对夫君守贞不二，又何必虚伪矫饰以媚人！"宿瘤女一席话语令嫔妃大臣们羞愧不已，齐湣王更深有感悟。他决定立宿瘤女为王后，从此以后，民间就有了这样一种说法：女性如果脖子上长痣，这个女人必会大富大贵。

齐湣王立宿瘤女为王后后，采取宿瘤女的建议，立即下令拆除重楼层阁，填平池泽，减少食物的丰盛程度和娱乐项目，停止建筑苑囿，并且规定后宫不得佩戴珠宝玉石，也不得穿华丽的衣服。同时，他又在朝廷上整顿官员，任用贤能，严格考察各级官吏的能力。就连当初他老爹齐宣王留下来的三百人吹竽乐团，也逐个考察，逼得那位著名的"滥竽充数"的南郭先生卷起铺盖卷溜之大吉。没过多久，这些善举便在邻国传颂。心生敬畏的诸侯，纷纷前往拜见。而齐国经过内部整顿，更是国力大增，南边在重丘打败楚国，西面在观津打败晋国，约攻强秦、助灭中山、击败宋国，扩地千余里，威震海内。公元前288年，更与秦国并立，号为东帝。这些成绩的取得，宿瘤女贡献极大。

王后早逝，齐国衰败

宿瘤女被封为王后不久便去世了，也许是由于其肿瘤恶化的原因。由于失去了一个强有力的贤内助，以至于后来齐湣王骄矜自大，疏远贤臣，亲近奸佞，把之前辛辛苦苦建立的大好局面，败坏得七零八落。而且又贸然攻打燕国，这给了其他六国口实。

公元前285年，以秦为首的强国，联合赵国伐齐。次年，韩、魏、燕也参加了对齐的战争。燕昭王以乐毅为将，长驱直入攻入临淄，而后又分头占领齐国绝大部分土地。这时，楚国也派大将淖齿率军前来参战。齐湣王逃到莒国，被淖齿所杀，齐国几乎将要灭亡。幸而田单联合族人在即墨（今山东平度东南）起事，利用火牛阵冲击燕军，才逐渐收复失地。虽然齐国复国，但是霸极而衰的历史规律是不能逃脱的，齐国也随着齐湣王的人生悲剧而从最高点滑落。

金器　战国前期
战国时代，随着铁制工具的应用和普及，金银器的制作工艺有了很大提高。由于当时的黄金极为稀少，所以只有上层社会才有条件使用。

赵姬　战国秦庄襄王王后

□ **档案：**

姓　名：赵姬
生卒年：不详
籍　贯：战国赵国
婚　配：战国秦庄襄王
封　号：王后

赵姬，赵国都城邯郸人，秦始皇的生母。她本是吕不韦的姬妾，后成为秦庄襄王的王后，其子嬴政即位为秦王以后，她又成了王太后，秦始皇统一天下，追尊其为帝太后。其真实姓氏史书上没有记载，史学界俗称赵姬。

邯郸名妓，机智聪颖

战国末期，秦用商鞅变法图强，国力日渐盛强，在六国之中，赵国与秦国实力相当。赵国在名将廉颇的指挥下，两度击败了秦国的进攻。当时，秦国被迫把太子的一个儿子送入赵国做人质，这个人就是异人。

在公元前265至前259年的某个时期，大商人吕不韦经过赵国国都邯郸时遇到了异人。吕不韦见到异人后，了解了他的身世，认为将来必能给自己带来好运，于是就倾心结纳，渐渐成为知交。

吕不韦精于心计，借经商之际，遍游了七国。他看到了秦国用商鞅变法，在政治、经济各方面都作了大刀阔斧的改革，呈现出蓬勃的生机。为此，他认定了未来的天下，非秦莫属。于是，他决定把他经商的巨利转入政治生涯，押在了秦国的人质身上。

当时，异人在赵国举目无亲，有个人愿意听他诉说苦闷，替他设想将来的政治路途，他感激涕零，和吕不韦成了无话不谈的朋友。吕不韦来到秦国，通过贿赂和阴谋，取悦秦太子安国君的宠妃华阳夫人，诱使华阳夫人认异人为义子。

吕不韦返回赵国，把这个消息告诉了异人，他听后欣喜若狂，对吕不韦感激不尽，便与吕不韦订下密约，若他日为秦王，必与吕不韦共富贵。从此吕不韦与异人的交情，越加深厚。吕不韦还送给异人千金，让他结交宾客。

当时，邯郸商业繁荣，文化也比较发达，笙歌彩舞，日夜不绝。来自全国各地的名妓，都聚集在这里，吕不韦从这些名妓中，选中了一个，她就是赵姬。

赵姬生得袅娜娉婷，楚楚动人，而且人又聪明。吕不韦不惜重金为她赎身，纳她为妾。鱼水交欢之后，便向她倾吐了心中的意图。赵姬也是有野心的人，吕不韦的想法和自己的不谋而合。眼看就要做一国之妃，出人头地，让她神怡心往，于是就听从吕不韦的摆布。

过了几个月，赵姬怀孕了。吕不韦如实对赵姬说："我打算谋取强秦天下，因此娶你，待你有娠，进献给异人。异人现在质于赵，没有妻子。如果生子是男，异人必会立为嗣子，异人过世后，此子必然登基，你我夫妇凭此而取秦之天下！"赵姬早就被王后的梦想冲昏了头脑，想也没想就答应了。

入宫为妃，始皇生母

没过几天，吕不韦趁着一个深夜，买通了监视异人的警卫，邀他过府欢宴，赵姬在旁边侍陪。异人年正青春，一见有美女侍宴，生得楚楚婷婷，丰姿袅袅，尤其是一对迷人的双眼，让人一看，格外勾心摄魄。赵姬是青楼出身，卖弄风骚也是稀松平常的事情，异人不由得不心旌摇荡，如醉如痴，于是，两人便趁吕不韦离席之空，开始偷欢。

不想，被吕不韦撞个正着，异人清醒了过来，吓得魂飞天外，立即跪下求饶。赵姬在旁边大声哭闹，吕不韦见大计已经告成，装作大方地说，你既看中了她，那我就送给你吧。

赵姬听到吕不韦这么说，哭声渐止，羞怯地低下头来。异人迫不及待地表明心迹："美人，承蒙吕先生成全于我，请你放心，我异人此生决不负你！"

赵姬连忙接话，"事已至此，我也没脸面在他吕家做人了，不过，要我嫁给你，需要依我两个条件。"

异人早就被赵姬的艳色和娇姿倾倒了，觉得眼前的她就是天下独一无二的美人。此时此刻，别说两个条件，哪怕是自己的性命也可以献出的。

"第一，以后你回到秦国，要纳我为正室；第二，如果以后生子，需立他为储。"

当晚，赵姬拿出她床上的全部功夫，把异人侍奉得神魂颠倒，乐不可支。枕边恩爱之后，赵姬乘机进言："你要回秦国，还得需要赵国的重要政治、经济情报，我与赵国的许多重要文武官员都很熟悉，我今后留心为你多方面搜集，你可不要吃醋啊！"异人为了图其大事，只好答应了。

没想到，赵姬的几次刺探情报，以及赵姬与异人相处一事，都被赵国一些重要的官员知道了，引起了他们的警惕，于是准备杀掉异人！

吕不韦知道了这个消息后，用重金贿通守关的将吏，秘密地让异人与赵姬逃脱赵国，奔回西秦。这时，赵姬已怀胎十月，而与异人在一起也仅七月余。吕不韦曾经向江湖术士学得延生的中草药秘方，于是配制了延期出生的药。赵姬服后，虽感不适，但为了未来的事业，只好忍受折磨，终于延期两月怀胎到一年，临盆生下了一个男婴，也就是嬴政。

异人回秦之后，安国君即位，是为孝文王，正式宣布立异人为储君，确定为王位继承者。赵姬又献上有关赵国的军事机密，吕不韦也随同入秦。

赵姬名正言顺，做了太子妃，随时可与公公见面。赵姬对公公孝文王殷勤侍奉，孝文王嗜酒如命，赵姬密把这一情况通报给吕不韦，两人商定，一不做、二不休，日日夜夜以酒色欢娱迷惑孝文王。不到几个月，秦孝文王因酒色伤身竟一命呜呼！

秦孝文王归天，异人名正言顺地做了秦国的国君，是为秦庄襄王，赵姬为王后，立嬴政为太子，晋吕不韦为相国。

品行不端，淫乱后宫

随着秦的国力日益强盛，吕不韦功高盖主，异人也知道他精明异常，渐渐对他警惕起来。吕不韦也有所察觉，他怎么可能束手待毙？于是，与赵姬密议，要除掉异人，立嬴政为王，让赵姬当上太后。

赵姬夜夜献宠，使尽妖媚之能事，逼得异人贪欢成瘾，不久便衰弱不堪，三十六岁时一命归西。庄襄王驾崩，嬴政登上国君的宝座，时年仅十三岁。

赵姬当上了太后，自以为是秦王政的生母，生活上开始无所忌惮。她本是青楼女子出身，庄襄王驾崩时她还正值而立之年，三十岁的女人，正是风花雪月的大好年华，她怎甘孤媚的冷清岁月？守节几个月后，便难耐房中的寂寞，往往借商议国事为名，召吕不韦进宫。

他俩本是夫妻，如今正好再续前盟，而吕不韦也自恃功高，秦王政就是他的亲生儿子，出入宫闱，无所顾忌。赵姬身边的宫女，都是他的心腹，况且这事情关系重大，没有人敢信口嚼舌。然而，墙再高也没有不透风的，赵姬和吕不韦的事情，早已在宫内外尤其是咸阳街头传开，人们当作特大新闻，相互传播，并且加油添醋，说得丑陋不堪。

吕不韦这才稍稍有了警觉，秦王政聪颖过人，且性格跋扈，万一发现了他们之间的事儿，后果不堪设想。于是，他有所收敛，不敢擅自进宫了。

对于赵姬，吕不韦为她找到了一个名叫嫪毐的人，此人别的不会，只在房帏之事上能力异常，吕不韦把他献给了太后。

嫪毐进宫叩见太后，赵姬十分满意，从此两人在后宫朝夕不分，很快就怀孕了。

太后寡居有孕，是何等耻辱的大事，日子一长，嬴政也有所耳闻，但此时的嬴政把精力正全部放在吞并六国的宏图伟业上，只好忍而不发。

为了让太后安静地调养，在距咸阳西北二十里处，建了一座幽静而华丽的雍宫。耗费巨资，竣工神速，真是天上神仙府、人间帝王家。这座太后别墅，环境清幽，赵姬看了十分满意，她带着贴心的宫女和嫪毐同住，从此，任她赏心乐事，无拘无束。

不久，太后生下了一个男孩。又过了三年，赵姬又生了一个男孩。

太后一连生下两个私生子，这样的宫廷丑闻谁敢乱说？然而，秦王非等闲之人，他暴戾阴险，自然叫密派的心腹侍臣密报消息。心腹宫女对此事左右为难，隐而不报，欺君之罪要杀头，只好密报，当事人就是秦王的生身母亲。自古家丑不要外扬，秦王想来想去，只好装聋作傻，忍而不发。

嫪毐想，自己虽得太后宠爱，可日后一旦嬴政发觉，自己死无葬身之地，于是，暗地里起了篡位之心。他收买党羽，与太后密谋，欲除秦王。

嫪毐毕竟是市井小人，小人得志，忘乎所以。一天，他与朝臣饮酒，酒后无意说出了自己的野心，朝臣慌忙报告嬴政。嬴政早就看嫪毐不顺眼，当即下令逮捕了嫪毐，诛灭三族！又发兵包围雍宫，搜出太后私生的两个儿子，当场杀死，把太后驱往萯阳宫监禁。事后，经众多朝臣以死劝谏，才与太后和好。

为守秘密，抑郁而终

为了巩固自己的权力，嬴政顺势将吕不韦贬回老家。吕不韦接到旨意后，矛盾万分，若说出实情，秦王政生性暴戾高傲，自己难再活命，眼看自己费尽心机几十年的功绩宣告破产，绝望之中只得饮鸩自尽，临死时，他还喊了一声："赵姬，你好好保重，我先你一步走了！"

赵姬得知后，想到与他共度的几十年风雨，痛不欲生，三四年后抑郁而死。

 # 两汉

西 汉

吕雉　西汉高祖刘邦皇后

□ 档案：

姓　名：吕雉
生卒年：公元前 241~ 前 180 年
籍　贯：单父（今山东单县）
婚　配：西汉高祖刘邦
封　号：皇后

吕雉（公元前 241~ 前 180 年），单父（今山东单县）人，是西汉王朝创始人刘邦的原配夫人，史称吕后，是历史上有记载的第一位皇后，也是中国历史上第一位女性统治者，因其谋略与运筹帷幄之力临朝听政，并且为"文景之治"奠定了坚实的基础，但其消除异姓王侯以及迫害戚夫人等手段之狠也令人发指。

结发刘邦，锄禾耕种事农桑

吕雉童年时生活安逸，与兄弟姐妹们无忧无虑地生活在单父，其父亲人称吕公，是当地颇有些名望的乡绅。但后来吕公与豪门结怨，为躲避打击报复，保全家安康，吕公带家人迁往沛县。

吕公与沛县县令是多年好友，众乡绅听闻县令有贵人来访，于是纷纷前往慰问。为答谢地方众人，吕公便举办宴会宴请宾客，而筹备宴会的事情则交给沛县县令手下官员萧何负责。按当时规定，钱不满千钱便坐于堂下，只有献钱上千者方可入堂上饮酒。当时的刘邦还没改名为刘邦，而是叫刘季，为泗水亭长。刘邦向来游手好闲，又身为泗水亭长，县令的好友宴请宾客哪有不凑热闹之理。当然，他深知唯钱多才可入贵席，因此在记礼账时便高喊："泗水亭长刘季，贺钱一万！"然后便直接走到堂上。听见有出手如此阔绰者，吕公便对刘邦产生了兴趣，但实际上，刘季分文未带。除此处被吸引外，吕公是一个非常迷信相面的人，他看到刘邦之后十分吃惊，此面相非同凡人。于是酒宴散后，吕公便对刘邦说："我有一个女儿，想许给你为妻。"刘邦乃大龄未婚青年，当然欣然接受。但是，这门亲事却遭到了吕公夫人的反对：怎可把女儿嫁给一个游手好闲的人呢? 这可是女儿的终身大事啊! 但吕公是一家之主, 决定了便不可更改。更重要的是, 吕雉毫无怨言地接受了父亲的安排。

当时参加吕公的宴会, 刘邦是分文未带, 若是家底丰厚绝对不需要这么做。所以吕雉嫁给刘邦时, 生活并不富裕。而刘邦当时是泗水亭长, 经常有公务在身, 也并不能时时在家陪着吕雉。于是吕雉在家亲自下地干活, 做针黹, 自食其力, 养育儿女, 孝顺父母。

泗水亭
此亭在今江苏省沛县, 据《沛县志》记载, 汉高祖刘邦曾做过泗水亭长。

早年的刘邦有些不好的习气, 加上脸皮也比较厚, 常四处闲逛讨酒喝, 性格豪放并且哥们儿义气重。在一次押解囚犯的途中, 不断有囚犯逃跑, 最后刘邦一气之下把剩下的囚犯全放了, 寻思着大家都逃跑, 然后他自己也逃跑保命。刘邦这一举动感动了好些囚犯, 当时是乱世, 于是好些人干脆就跟随刘邦, 刘邦便有一定的武装力量了。此时的吕雉除了要独自支撑家庭抚养儿女外, 还得时常为丈夫送御寒衣物及食品。

颠沛流离, 人质两年方离楚

公元前209年, "燕雀安知鸿鹄之志哉"的陈胜同吴广打着"王侯将相宁有种乎"的口号起义, 刘邦率众响应, 吕雉的兄长也都跟随刘邦的队伍转战南北。

公元前205年, 也就是汉二年四月份的时候, 趁项羽在山东一带平息战乱之机, 刘邦攻打楚国彭城, 希望借此机会消灭项羽的势力以及接走父亲和妻儿。但是到彭城之后, 刘邦贪恋财色, 误了接亲人的好时机。项羽杀回彭城, 并派人去找刘邦的家人。为躲避项羽的追杀, 刘邦家属自己藏了起来, 结果项羽和刘邦都没找着他们, 刘邦之父与吕雉也和两个孩子走散。后来, 儿子和女儿在途中遇到刘邦, 但吕雉和刘父却在途中遇到项羽军队, 被带回军营充当人质, 整整被项羽关押二十八个月。

做人质期间, 项羽曾想以"烹太公"之法来威胁刘邦, 逼迫其投降。倘若项羽真如此, 烹太公之后, 吕雉恐怕也在劫难逃, 那么历史上的吕后肯定也不存在了。但是当时刘邦并不吃这一套, 并不在乎项羽的恐吓。项羽大怒, 后经项伯调解, 太公躲过一劫, 吕雉也无大难。后刘邦利用"鸿沟议和"的骗局, 将太公和吕雉解救回汉, 吕雉才得以结束两年多的人质生涯。

遇人不淑携幼子，夺嫡风波终平息

项羽的谋士范增曾说过："沛公居山东时，贪于财货，好美姬。"实际上，刘邦并不只是在山东时如此，而是一向都有此毛病。在娶吕雉之前，刘邦就已经和一些女人在一起鬼混，并且还有一个孩子，这孩子便是刘肥。不足二十岁的吕雉，即将与她结婚的男人居然有一个非婚生的孩子，这对任何年轻女人来说，都不是一件很容易承受的事情。

婚后的生活也并不是一直很美妙。吕后经历过一段颠沛流离的生活，并且还有两年多的时间曾被项羽抓去作为人质，因此不难知道，吕后与刘邦是常分离的。并且，在作为人质期间，刘邦也已经宠幸上了戚夫人。待吕雉历经磨难回到刘邦身边的时候，原来早已过尽千帆，枕边另有新欢，并且此时戚夫人也已经生下了刘邦的孩子赵王如意。即使作为君王，刘邦也仍然同其他的男人一样，当然更爱美姬。吕雉比戚夫人年长，且两人长期分居，自然关系日益疏浅。人质生涯结束之后，吕雉与刘邦也仍然分居。

刘邦因宠幸戚夫人，也疼爱戚夫人之子如意，因此想废太子刘盈而立如意为太子。刘盈乃刘邦正妻吕雉之子，按传统必须是嫡长子继承王位以及财产，刘邦却意欲反其道而行之，终引起众大臣以及吕后的严重不满。朝中大臣孙叔通、周昌等人均劝阻刘邦。

作为太子的母亲，吕后当然是竭力反对刘邦废长立幼的做法，这不单是涉及传统，更涉及吕后自身的地位和利益。于是听谋士谏言，吕后召见张良让其献计。张良告知刘邦非常看重隐居在商山上的四位高人，他们虽然头发尽白，但是却非常有能力。刘邦一直想请他们来辅助朝事，无奈老者们嫌刘邦处事傲慢，都不应召。吕后得知，就让其哥哥吕泽带着太子的亲笔信，并且奉上厚礼，上山请四位老人出山，四位老者居然全答应出来辅佐太子刘盈。刘邦知道后非常吃惊，也知道吕后确实很厉害，太子羽翼丰满，他是很难废太子的了。从此以后，废太子之事便得以平息。

谋略与风度并重，运筹帷幄临朝称制

初定江山，自然有不少开国功臣。经过战争的洗礼走入比较安宁的时期，大臣们难免有居功自傲的嫌疑，多疑的主子也难免会担心自己的臣子另有居心。汉初时候的刘邦也一样。

在铲除异姓王时，吕后为刘邦立下大功，先后助刘邦铲除彭越等异姓王，就连战功赫赫、著名的军事家韩信，也被吕后所骗杀。韩信熟知兵法，才能为萧何所识，被举荐而跟随刘邦征战并打下天下，给后世留下"明修栈道，暗度陈仓""四面楚歌""十面埋伏"等诸多脍炙人口的兵法典故，最终却被刘邦猜疑谋反，吕后联合萧何而将其诛杀，落得兔死狗烹的结局。后人所熟知的"成也萧何，败也萧何"便由此而来。

刘邦去世之后，吕后之子惠帝刘盈即位，吕后实掌大权。惠帝生性忠厚，看不惯吕后所作所为，尤其是吕后将戚夫人之子赵王如意毒害，戚夫人被弄成"人彘"之后，惠帝大病，之后便不理朝政，几年以后便忧郁而死。此后吕后便扶植被称之为"少帝"的惠帝幼子即位，自己临朝听政，为太皇太后，并大量扶植吕家势力，培养出势力强大的外戚集团。

吕后也有有风度的一面。虽有人称吕后视大臣为粪土，惧匈奴犹惧豺狼，但是当匈奴王冒顿单于挑衅时，吕后虽大怒却强压心头怒火，采取谋士建议精心解决，终化干戈为玉帛。

值得一提的是，吕后掌握大权之后，依然是按照刘邦在位时期的政策和用人制度行事，并继续推行"休养生息"的国策，重视农业生产，又有节制地调整经商政策，与匈奴继续保持友好和亲，因此在其统治时期，政治、经济等各方面都得到了发展。

公元前180年，中国第一位掌权皇后吕后病死，与汉高祖合葬一陵。此后外戚集团与皇族集团矛盾激化，诸吕被杀，皇族胜利，吕后的政治计划也宣告破产。

戚夫人　西汉高祖刘邦夫人

□ 档案：

姓　名：戚氏
生卒年：？～前194年
籍　贯：江苏邳州
婚　配：西汉高祖刘邦
封　号：夫人

戚夫人（？～前194年），今江苏邳州人，祖籍定陶，西汉高祖刘邦的宠妃，擅歌舞，刘邦非常宠爱她，常与其共乐共舞。汉高祖刘邦死后，作为吕后的首要情敌，在毒死戚夫人之子赵王如意之后，戚夫人被残忍虐待，先后被砍去手足，挖其眼，毒至哑，称之为"人彘"，最终被折磨致死。

养花女智救汉王

鸿门宴后，自称西楚霸王的项羽分封王侯，刘邦受封汉王。秦末乱世，诸侯征战频繁，各王侯都想称霸为王，战争不断。公元前205年，趁项羽攻打齐国之时，刘邦转而攻占项羽临时都城，结果项羽大怒，大军讨伐刘邦，刘邦势单力薄弃城而逃，又遭项羽穷追不舍。到一个村庄，再无退路，而项羽大军紧随其后，刘邦本已绝望。忽然见一院落有炊烟袅袅，花农和爱女正在养花浇水。刘邦于是上前求救，老汉和女儿就将刘邦藏于枯井之中，逃过一劫。

追兵走后，刘邦出来拜谢。细细一看，才发现救他的那个花农之女，眉清目秀，顿时心生爱意。他对老汉说明自己是汉王刘邦，花农赶紧跪拜，准备晚餐招待刘邦。刘邦将老汉父女扶起，承诺说若他日取得天下，定封姑娘为妃。此后，戚家女便跟随刘邦，并得到刘邦爱宠。

侍君夫，争太子

戚夫人和刘邦生有一子，取名如意，即后来的赵王刘如意。刘邦和结发之妻吕雉吕皇后，因常年分离，感情渐渐变淡，遇上年轻貌美的戚夫人之后，自然是更加宠爱戚夫人。吕后被项羽押为人质，被救回后才发现刘邦身边早已经有了戚夫人，并且还有了如意，刘邦都很宠爱，而自己却逐渐被冷落了。无疑，戚夫人是吕后的头号情敌。吃尽苦头，却换来并不如意的婚姻和感情生活，吕后内心的悲伤可想而知。唯一值得安慰的也许就是儿子刘盈是太子，将来继承王位和财富的人。

然而，刘邦一直嫌弃刘盈柔弱敦厚，怕他难以掌管天下。戚夫人之子如意则机灵活泼，惹人喜爱。戚夫人生于农家，天性简单善良，但是长期在宫中也逐渐知道吕后的恶毒，她深知将来有一天刘邦离她而去时，吕后肯定不会放过她。但单纯的戚夫人又不会拉帮结派，为自己笼络人心，她唯一想到的办法就是让刘邦废长立幼，让自己的儿子如意为太子，这样就能躲过吕后的毒手。刘邦本就喜爱如意，加上戚夫人时时相劝，刘邦废长立幼的心思便定了下来。

但是，废太子之事遭到大臣们和吕后的阻挠。从大臣们来讲，自古的传统是皇位以及财富都是传给嫡长子，也就是刘盈。如意是刘邦爱妾之子，年龄也比刘盈小，自然是没有地位。对于太子的母亲吕后，当然是极力反对。母凭子贵的封建权势社会，吕后当然懂得儿子太子位被废对他们母子意味着什么。所以，当刘邦意欲废太子之时，吕后便开始大量活动，保护太子。其中张良建议请商山四老，吕后尽心尽意按张良要求去做，终于请到四老下山辅佐刘盈。另有得力朝臣相助，最终废太子之事终于平息，刘邦逐渐少提，戚夫人想争太子的想法落空，只得悲伤落泪。

被贬冷宫痛失子，惨遭毒手为人彘

公元前195年，高祖刘邦驾崩，太子刘盈即位。没有刘邦在后撑腰，吕后便大肆报复被刘邦宠幸过的妃子，戚夫人首当其冲。皇室深宫，找个理由给人治个罪，那犹如想踩死蚂蚁一般。吕后遂将戚夫人打入冷宫，罚她做苦力，而后又打算对如意下毒手。刘盈生性善良，知道吕后处心积虑的意图，于是尽量保护如意，但百密总有一疏，如意终被吕后毒死。

戚夫人心知每天都面临着死亡的威胁，但是没想到死亡是那么近，那么恐怖。得知如意被害之后，戚夫人伤心欲绝，但很快更加残酷的事就落到了她的身上。吕后就像疯了一般，让人砍去戚夫人手脚，还将她毒哑，让其耳聋，残忍地称之为"人彘"，并且直接扔到厕所里让人糟蹋，最终被折磨致死。

公元前194年，戚夫人被吕后折磨致死。其残酷和悲惨，让人为之不忍。

薄姬　西汉高祖刘邦妃

□ **档案：**

姓　名：薄氏
生卒年：不详
籍　贯：江苏苏州
婚　配：西汉高祖刘邦
封　号：不详

薄姬，吴人，即今苏州人，汉高祖刘邦的妃子，野心计谋不及吕后，美貌才艺不及戚夫人，因此在汉宫并未引起刘邦的注意，也未引起吕后的嫉恨，生有一子刘恒，后来即帝位，薄姬被尊为太后，人称薄太后。

相士一言，命运大转

薄姬的父亲薄生是秦国人，但却与前魏国宗室之女魏媪相好，未婚便生下了女儿薄姬。薄生生于战乱年代，虽与魏媪相遇并且两情相悦，但是他却英年早逝，留下魏媪一人未婚却要养儿养女。

秦君暴政导致秦末乱世，诸侯纷纷割据，农民也揭竿而起，魏宗室的魏豹追随项羽起义，后被封王。魏媪希望自己女儿能生活幸福，于是将薄姬送入魏宫，嫁给魏豹为妾。魏媪迷信相面，于是请了当时很有名的相士许负为女儿薄姬相面，想知道她在宫里能否有一定地位，能否得到魏豹的宠幸。没想到许负见到薄姬便十分惊讶，说薄姬将来能成为天子之母。这一说不仅仅是让魏媪放心了，更加重要的是对魏豹产生了极大的影响。魏豹想，薄姬是我的姬妾，她是天子之母，我自然是天子之父，子承父位，这么说天下跟我也分不开。更何况当时乱世枭雄各自争霸，谁得天下还不定呢，也许自己真的能得天下呢！于是魏豹就开始打起了小算盘，等着项羽和刘邦两败俱伤他再渔翁得利。结果日子并没有魏豹预料得那么好，魏豹的小九九很容易被看穿，最后被刘邦讨伐，结果全军覆灭，后宫佳丽全被抓入汉宫做奴婢，薄姬也不例外。

一日受宠，汉室有幸

古来天子后宫佳丽三千，但凡美女都会被收入后宫。于是魏宗室一些姿色尚可的女眷，也被刘邦选入自己后宫，薄姬眉清目秀，也在被选之列。在普通姑娘之中，薄姬可能比较出色。但是在众多姬妾之中，薄姬就是比较普通的一个了。于是入宫虽很久，薄姬同许多孤寂的小妃一样，连皇帝的面都见不着。想到自己的命运，薄姬也常常自叹。如今这副样子，丈夫都见不着面，何谈生天子。

正所谓命由天注。一天，刘邦偶然间听到姬妾管夫人和赵子儿在背后笑话薄姬，当年她们三人是非常要好的朋友，说好要同甘共苦，谁先得富贵必定不能忘了其他二人。

当年同在魏宫时薄姬得宠，确实没有忘记二位，然而到了汉宫，管夫人和赵子儿都得到刘邦宠幸，薄姬却见都没见过刘邦，她们便在背后嘲笑。刘邦听完大为感慨，同情这个可怜的姑娘，于是当晚就点了薄姬侍寝。

一夜过后，刘邦又将薄姬抛到了九霄云外。但是，一夜临幸，薄姬却怀上了刘邦的骨肉，生下刘邦的第四个儿子，取名刘恒。

意外恩遇，成就幸福母亲

一个女人，没有丈夫的疼爱，自然生活苦涩。但是身在后宫，这是许多女人的命运。薄姬比较幸运的是，家庭生活中似乎缺少丈夫的角色，她却比其他妃子幸福，因为她有可爱的儿子。儿子出生以后，薄姬就安心在后宫一角养育孩子，小心翼翼过日子，不与任何人争宠出风头，母子得以平静度日。刘恒长大以后被封为代王，受母亲教育和影响，代王刘恒在他的封地上安然度日，不与人争端，所以在朝中也无树敌。刘邦去世以后，吕后大力清除被刘邦宠爱过的妃子，戚夫人被悲惨折磨致死，其他一些妃子下场也都比较悲惨。为巩固自己的实力和分封土地，吕后还大量扫除刘邦子嗣。唯独薄姬和儿子刘恒，得到了意外的厚待。也许是因为对于吕后和薄姬来讲，刘邦都是负心汉，也许是因为薄姬和刘恒都与世无争，吕后不仅没有对他们母子动手，还格外开恩让他们母子团聚。代王对薄姬特别孝顺，尊称薄姬为"代王太后"，薄姬回到代王的封地过上了幸福的日子。

吕后病逝以后，大臣诛杀外戚，另选天子，一向与世无争又能体恤民情的代王得到大臣一致推荐，朝臣和使者就来到代国请代王入朝即位。薄姬经过卦卜确认此事大吉之后，与大臣和使者们相会，移到未央宫，刘恒即位，即汉文帝，薄姬被尊称为薄太后。

文帝有生之年，对薄姬都特别孝顺，薄姬的晚年生活还是很幸福的。然而文帝却先于母亲离世，离世之前他交代窦皇后一定要照顾好母亲，窦皇后按照文帝的吩咐对婆婆照顾得面面俱到，直到薄姬去世。可以说，薄姬是一位很幸福的母亲。

赵氏　西汉高祖刘邦美人

□ **档案：**

姓　名：赵氏
生卒年：不详
籍　贯：不详
婚　配：西汉高祖刘邦
封　号：美人

赵氏，西汉高祖刘邦的妃子，称赵姬。赵姬原本是赵王张敖身边的美人，但是张敖为了讨好刘邦，将赵姬送给了刘邦。赵姬被献给刘邦之后，刘邦对她有所宠幸，然后赵姬就怀上了刘邦的孩子。

在赵姬怀了刘邦的孩子以后，张敖不敢再让赵姬住在他的内宫里，于是在宫外专门为赵姬筑造了一个住处。

当时赵国的贯高等人谋反想刺杀刘邦，结果被刘邦发觉，刘邦将贯高等人处死，赵王张敖和赵姬等人一并受到牵连，打入牢狱。那个时候赵姬正怀着刘邦的孩子，于是她就派人到吕后那里说情，希望能留一条生路，赦免她的罪行，免去牢狱之苦。无奈吕后是个嫉妒心很强的女人，她怎么容得下跟她共抢丈夫的女人？何况还怀了她丈夫的孩子。尽管皇后应该母仪天下，照顾皇上的孩子，且应该为皇上拥有满堂儿孙而感到骄傲和幸福，可吕后不这么想，她只想着自己好就是真的好了，所以没有答应赦免赵姬。赵姬生完孩子之后，将孩子交给别人托养，她自杀而亡。

赵姬所生的这个孩子就是刘长。后来高祖刘邦去世，吕后把权当政，对刘邦的儿孙和妃子多有迫害，但却对刘长手下留情。估计是因为考虑到他可怜的母亲同自己一样没有得到高祖的垂怜，从而放过他一马。

吕后过世以后，大臣拥立刘恒为帝。这个刘长是刘恒的兄弟，他仗着自己是皇上的兄弟就飞扬跋扈，后来还图谋不轨，想谋反。事情败露以后大臣都劝谏刘恒应该将其诛杀，但刘恒念在兄弟手足之情的分上留他活命。不过刘长却不甘受此屈辱，自杀身亡。

张嫣　西汉惠帝刘盈皇后

□ 档案：

姓　名：张嫣
生卒年：公元前 202~ 前 163 年
籍　贯：不详
婚　配：西汉惠帝刘盈
封　号：皇后

张嫣为汉惠帝刘盈的皇后。据记载，张皇后名为张嫣，字孟英，小字淑君。张嫣是鲁元公主与张敖的女儿，也就是说，张嫣其实是刘盈的外甥女。外甥女嫁给舅舅，注定不会是幸福的婚姻，张皇后的一辈子也相当凄苦。

为政之需，十岁出阁嫁舅舅

吕后和刘邦结婚之时，刘邦还是泗水亭长，吕后为刘邦生下了两个孩子，即大女儿鲁元公主和儿子汉惠帝刘盈。秦末战乱时刘邦在外，吕雉带着孩子在家下地干活，并且为战乱吃过很多苦。后刘邦打败项羽，项羽自杀，刘邦称帝，封吕雉为皇后，女儿为鲁元公主，儿子刘盈为皇太子。

鲁元公主后嫁给宣平侯张敖，生下女儿张嫣。生长在王侯家中，自然得到很好的教育，有着良好的素质和修养。刘盈心慈仁厚，自然很喜爱这个外甥女，然而这种喜爱同男欢女爱却有着本质的差别。

在历经艰辛和战乱之后，原本也温善的吕后变得敏感，为保护自己，也为了野心膨胀。为了巩固自己的地位，吕后不惜让儿子惠帝刘盈娶女儿鲁元公主女儿张嫣为妻，封其为皇后，以使"亲上加亲"。

因此，因为吕后个人的野心，因为吕后为巩固自己的权位，十岁的张嫣便嫁给舅舅惠帝刘盈，开始了皇宫的生活。

舞踏俑　西汉
用粗线条勾勒出回首蹭步时的动感和美感，造型洗练，神态宛然。

假借人子，少年皇太后

惠帝和母亲吕后的心胸和为人差别巨大，因此一直都心怀抑郁。尤其是吕后千方百计毒死弟弟如意，还将如意的母亲戚夫人残酷地做成人彘之后，惠帝终日郁郁，不理朝政。舅舅娶外甥女原本是乱伦之事，但是为了自己的野心，母亲却强逼他娶幼小的外甥女为妻，无论如何心理上都是很难接受的。软弱的惠帝对母亲无计可施，终日饮酒厮混，只愿求速死。虽然和外甥女成亲了，但从来都没碰过她。

张嫣和惠帝从未有过夫妻之实，更何谈有子嗣之说？更甚者说，结婚之时张嫣才十岁，如此幼小也不可能会有身孕。惠帝终日抑郁，婚后没几年就郁郁而终了。但为了巩固皇权和地位，吕后强夺了一个宫女的儿子，并处死宫女以绝后患，然后谎称孩子是张皇后所生，取名刘恭，孩子就被顺理成章地立为皇太子。惠帝驾崩后，吕后立幼子刘恭为帝，称为少帝，少帝太小，吕后就仍称皇太后临朝称制，把持朝政大权。

按理来说，皇太子称帝，皇太子的母亲便是皇太后。但是在吕后时期，算是一个比较特殊的时期。吕后仍然称为皇太后，张皇后则不能称之为皇太后了，后世称之为孝惠皇后。于是十几岁的女孩张嫣，就做上了有名无实的皇太后。

诸吕散，独居深宫

吕后病逝以后，朝中大臣群起诛诸吕，皇族和外戚之间来了一场争权大斗，最终外戚兵败，皇族胜利。大臣们迎代王刘恒为汉文帝，将诸吕都诛灭了。文帝即位，其母亲薄姬被尊为皇太后，张皇后则移出未央宫前往北宫居住。因张皇后与诸吕乱政无关，得以在北宫安静度日。此后张嫣就无声无息地过着自己的生活。

公元前163年，张皇后病逝，以惠帝皇后之名与惠帝合葬，但却并未修陵墓。张皇后可谓孤独一生，至死时仍冰清玉洁，天下臣民及后世都对她极为怀念和怜惜，纷纷立花神庙来纪念她。

窦漪房　西汉文帝刘恒皇后

□ **档案：**

　　姓　　名：窦漪房
　　生卒年：? ～前 135 年
　　籍　　贯：清河郡（今河北清河）
　　婚　　配：西汉文帝刘恒
　　封　　号：皇后

　　窦漪房（? ～前 135 年），清河郡（今河北清河）人，汉文帝刘恒皇后。当初窦漪房是代王刘恒的嫔妃，代王后去世得早，王后之子也早逝，因此代王成为汉朝皇帝后便立窦漪房之子刘启为太子，窦漪房母凭子贵，也被封为皇后。窦皇后干预朝政，推崇汉初推行的无为而治的"黄老思想"，实行宽民政策，历经文、景、武三朝，是汉朝比较繁荣安定的时期，有"文景之治"之称。

一心思故国，误到代国去

　　窦漪房原本为赵国女子，童年疾苦，父母亲早逝，很小便成为孤儿，她和哥哥窦长君、弟弟窦少君相依为命。刘邦夺取天下以后要大力充实后宫，以显示汉朝强盛，丰富王室血脉。事实是否如此可以略去，但实际上刘邦本来就对美色有所向往，他当年可是未成婚便已经有了孩子刘肥的。窦漪房于是就被带进了宫里。进宫后不久，弟弟窦少君就被人贩子拐卖不知下落，而窦漪房进了刘邦的皇宫也一样没有幸福温暖的生活。

　　吕后为了专权，把刘邦的儿子们都送到他们的封地上去，以远离皇宫。高祖刘邦驾崩以后，吕后将后宫未被刘邦临幸过的宫女选送给各王，每人可得五名。因思乡之情比较严重，窦漪房想趁此机会回到赵国，当时是戚夫人之子如意所在的封国。为了达成这个愿望，窦漪房请求管事宦官一定要把她的名字放在送往赵国的花名册里。可是，当分封名册时，主事宦官却早就忘记了这回事，结果阴差阳错地将窦漪房送到了薄姬之子代王刘恒那里。知道这种不如己愿的结果，窦漪房很是伤心。

代王相怜惜，儿女相绕膝

　　来到代王府，窦漪房并不开心。但是命运总不是掌握在自己手上，身在皇宫中的女子，只能听从命运的安排。然而，没想到错入代王府却成就了窦漪房的一生，也算是完成了皇宫女人最大的事业了。

　　代王刘恒是薄姬之子，薄姬一生在感情上并不幸福，但是她培养出了一个孝顺善良的儿子。窦氏出身穷苦，朴实无华，童年就命运多舛，又在吕后的后宫里生存，身上有一种楚楚可怜的气质，并且她对身边人都一副与世无争的样子，做事也聪明伶俐，所以一进到代王府以后深得代王的喜欢，自此以后代王每晚都住在窦漪房

陶仓 汉

西汉前期当权者为改变秦朝的残暴统治，实行"无为而治""与民休息"的政策，促进了生产的恢复和发展，这件陶仓是当时社会经济得到恢复和发展的一种象征。

那里。

窦漪房比戚夫人幸福太多。当时进代王府时，代王已经有王后了，而且还有了好几个儿子。窦漪房进府以后，代王就几乎完全离开了王后那里，只顾着和窦氏恩爱。这里，不免想到吕后和戚夫人。刘邦宠爱戚夫人疏远吕后，吕后则一直对戚夫人怀恨在心，面对这个头号情敌，她胸中复仇的愿望非常强烈。然而代王的王后则不一样，她几乎完全不介意，即使是后来代王干脆不再来她的卧室，每日只与窦氏在一起，她也没有想要嫉恨报复的想法。没过几年，这个福气浅薄的王后就患上麻风病去世，代王被朝臣迎进未央宫当上汉朝天子后不久，代王后的四个儿子也相继病逝，连个当太子的命都没有，也真是悲哀。所以后来这一切幸运全落到窦氏的头上。

因为一直得到代王的恩宠，所以窦氏生了好几个孩子。进代王府几年以后，窦氏就生下了女儿刘嫖，而后又生下了大儿子刘启。

刘邦去世后，吕后的儿子刘盈登基为帝，即汉惠帝。惠帝不满吕后专政和手段恶毒，没多久就抑郁而终，而后吕后夺人之子冒充是皇后和惠帝所生，并杀害其生身母亲，然后扶幼子即位，称少帝，吕后临朝称制。少帝年长以后听闻自己的身世，深刻同情生身母亲的遭遇，竟公然说要为母亲报仇，结果吕后一气之下废了少帝。再时过不久，吕后也病重离世，吕氏的势力接着也被皇族扫清。

皇室内部发生这么多变化，许多皇子被吕后残害，代王偏居一隅，与世无争，自得其乐，又与窦漪房生下第二个儿子刘武。

在吕氏的势力扫清以后，大臣们左右思量，迎宽厚无争的代王为帝最为稳妥，最有利于巩固和维护汉朝江山，于是从没想过皇位能落到自己头上的代王居然成为汉朝天子。

薄命王后去，漪房统后宫

代王同使臣们来到未央宫统治汉室，史称汉文帝。薄命的王后病逝，其子在文帝即位后不久也都相继因病离世。所谓国不可一日无君，有君在必当立太子，培养后继之人。王后之子都无福无命，但太子不可或缺。朝臣上谏，皇上当早日立太子。众皇子之中，窦漪房之子刘启为年纪最大者，刘恒一向很宠爱刘启的母亲，当然有点迫不及待想立窦氏为皇后。于是窦氏一跃而成为皇后，刘启就是皇太子，将来的皇位继承人。

人们常说，不幸的事情总会来了一桩接一桩。而此时对窦氏来说，就是幸福的事情来了一桩又接一桩。窦氏父母早逝，所以她小时候就是孤儿，因此文帝的母亲薄太后就追封其父母为安成侯、安成夫人，算是告慰其父母在天之灵。在窦氏被封为皇后不久，弟弟少君听闻姐姐已是皇后，就亲自上书说明自己的身份，二人相认，抱头大哭。后来窦氏的哥哥窦长君和弟弟窦少君都被分封，只不过哥哥命薄，很年轻的时候也去世了，最后被分封的只能是窦长君的儿子了。到这个时候，窦漪房应该是想得到的都得到了，统领后宫，亲人团聚，家人和睦，要权有权，要财有财。

只是到后来窦氏因病双目失明，文帝才逐渐冷落了她，而宠幸慎夫人、尹姬等人了。

推崇黄老之学，始终禁锢儒术

自古统治者就对大众思想教育十分重视。秦朝为加强统治不惜焚书坑儒，大量禁锢儒家思想和控制人们的思想，害怕人们会反对统治者的统治。西汉成立之初，为恢复战争劳民伤财的创伤，让人们恢复生产，汉天子与民休息，推行道家无为而治的黄老思想。这种思想对发展生产，推动社会经济文化的复兴和发展都十分有利，因此从汉初到汉文帝都一直这么实行的，即使是吕后临朝称制时期也是在奉行这种思想，窦皇后也对黄老思想深信不疑。

文帝驾崩以后，儿子刘启即位，史称景帝，窦皇后被尊为太后。汉朝发展到文帝和景帝之时已经是相当强盛，历史上有"文景之治"之称。凡是社会经济发展到一定的时候，社会思想和思潮也必当丰富。因此到景帝时，被禁锢已久的儒学又有了很大的发展，景帝本身对儒学也没有强烈的反对之意，所以儒学就大有抬头之意，有些信奉儒学的学者眼里就没有其他，只有儒术。据说，一次儒学博士辕固生被召见，窦太后问起对《老子》一书的看法，结果辕博士摆起了书生意气，当着太后的面鄙薄《老子》一书，轻视黄老思想，惹得太后大怒，要将他扔进猪圈。景帝赐其匕首才得以战胜野猪，省下一条性命。迫于太后权威，景帝在位期间尚不敢大力倡导儒术。

窦太后除了信奉黄老之学，还有一件事情干涉景帝。太后非常宠爱景帝的弟弟刘武，不仅愿意分封其大量金银财宝和土地，甚至还想让景帝不要传位于儿子，而是传位给弟弟。景帝同刘武手足情深，也有此想法，不料大臣们尊重传统，都反对传位于兄弟而不传位于子嗣。实际上，刘武从小被太后宠溺，非常纨绔，有飞扬跋扈的恶少习性，若是成为天子，对天下不见得有利，因此景帝从内心里其实并不是非常愿意传位给他。又加上大臣们反对，景帝就趁机立自己的儿子为太子。

公元前144年，刘武先景帝离世，窦太后悲痛欲绝。因为之前景帝没有立刘武为接班人，窦太后心里还一直耿耿于怀，此时见景帝就更加难过。为了讨好母亲，景帝就善待刘武的儿子和女儿们，才使得窦太后感觉一丝安慰。

景帝病死后，太子刘彻即位，即汉武帝，尊称窦太后为太皇太后。汉武帝比较推崇儒术，所以重用推崇儒学之人，结果导致窦氏大怒，时常出面干预朝政，以防儒术占据统治地位。武帝不好忤逆祖母，大多事情都会向窦氏请示。窦氏去世以后，武帝就开始推行"罢黜百家，独尊儒术"的政策了。

公元前135年，窦太皇太后去世，与丈夫汉文帝合葬。

慎氏　西汉文帝刘恒夫人

□ **档案：**

姓　名：慎氏
生卒年：不详
籍　贯：邯郸
婚　配：西汉文帝刘恒
封　号：夫人

慎夫人，史上资料记载不全，生卒年月不详，只知是邯郸人，是西汉文帝刘恒的宠妾，貌美，能歌善舞，尤其擅长鼓瑟。刘恒非常爱她，比较遗憾的是慎夫人并未留下一儿半女。

文帝宠爱，可入上席

很多人都赞成这样的观点，即最幸福的女人不是多有钱或者多有权的女人，而是她的丈夫有多爱她。作为皇帝的女人，得到权和得到钱财都不是稀奇的事，唯独得到皇帝的宠爱，可能是妃嫔们最想要的，而一旦得到皇帝爱宠，那么其他的东西也就是手到擒来之事。

所以从某种程度上说，慎夫人也是很幸福的女人了。

在成为皇帝之前，刘恒还是代王之时，就十分宠爱窦漪房，那时候窦漪房虽然只是一个普通的宠妾，但得到代王的喜爱，比位高的王后还幸福。文帝即位以后，更加宠爱窦皇后了，可是后来窦皇后生了一场大病，双目失明，遂逐渐失宠。此后慎夫人便得到文帝的宠爱。

据说，因文帝对慎夫人十分宠爱，因此在宫中常与窦皇后平起平坐。有一次文帝带着窦皇后和宠妾慎夫人出外游玩，外出摆宴吃饭时，慎夫人座位和窦皇后的座位居然是摆在一起的。这在封建王朝是不合礼数的，假使窦皇后是如同吕后一样心思的人，慎夫人可能也要受到极刑。但是，即使是在宫中，慎夫人也常和窦皇后同坐一起，完全是仗着文帝的宠爱。入座之时恰好被刚正不阿的中郎将袁盎看见了，便叫内侍把慎夫人的座位撤了下去，摆到下席。结果慎夫人非常生气，最终不肯入席吃饭。文帝见状不仅没有责怪慎夫人不懂规矩不合礼数，还一样非常生气地带着慎夫人上了辇车一同回宫了。在中国，自古以来都十分重视礼数，皇族里居然允许出现这种事，可见文帝对慎夫人有多宠爱，也难怪有人说文帝最爱的女人不是窦皇后，而是慎夫人。

袁盎如此冒犯慎夫人，并且惹得文帝都愤然离席，猜想一定不会有好下场，然而事实并非这样。一方面说明文帝不是暴君，不行暴政，另一方面袁盎不仅是刚正不阿，也是个聪明人。据《史记·袁盎传》记载，袁盎在文帝气消之后，便上书说明他那么做的原因。他说他明白文帝对慎夫人的宠爱之情，但是若是不合礼数过于宠溺，很可能对慎夫人不利，说不定会招致大祸。所以将慎夫人席位挪至下席并不是想对慎夫人不恭，而是想更好地保护慎夫人。汉室曾发生过戚夫人被做成人彘的惨案，前车之鉴不得不防。

文帝听袁盎这么一说，不仅完全气消了，还将袁盎的话转述给慎夫人，慎夫人不仅不再生袁盎的气，还赏赐金银给他。

夫人鼓瑟，文帝高歌

慎夫人不仅貌美，而且能歌善舞，还擅长鼓瑟。所谓爱江山更爱美人，可能是男人的心声，如此多才多艺的美女很难不让人动心。而且在文帝的后宫，历史上都知道窦皇后是黄老思想的极力维护者，一个对政事热衷的女人即使是对男人的事业很有帮助，也肯定相对来说少了温柔的一面，所以也难怪窦皇后逐渐失宠，而慎夫人就很得文帝的欢心了。

据说有一次在外游玩，看着远处通往她家乡邯郸的路，一下勾起了慎夫人无限思乡之情。文帝见状非常理解地令慎夫人鼓瑟，以释放她思乡念乡的情绪，文帝还非常配合地高声唱起歌来，哀婉催人泪下，十分动人。

慎夫人同文帝在一起虽深得宠爱，但是她和文帝的生活都比较简朴。《史记·孝文本纪》记载说文帝生活简朴，自己所穿也都是粗糙的绸缎，对于他宠爱的慎夫人，衣服也不能长到拖到地上，帷帐也不能用精致的刺绣。

薄氏 西汉景帝刘启皇后

□ **档案：**

姓　名： 薄氏
生卒年： ？ ～前151年
籍　贯： 山阴（今浙江绍兴）
婚　配： 西汉景帝刘启
封　号： 皇后

薄皇后（？ ～前151年），汉代山阴人，即今浙江绍兴人，西汉景帝刘启的结发之妻，薄皇后是薄太后的侄孙女，也就是刘启的表亲。刘启为太子时，薄太后将侄孙女薄氏许配给刘启当太子妃，刘启即位后，薄氏理所当然成为皇后。因刘启并不喜欢这个皇后，当薄太后去世以后，刘启即废掉薄氏的皇后位，薄氏悲伤成疾，一病不起，四年后郁郁而终。

薄太后巩固外戚势力，小薄氏被立为太子妃

薄太后即高祖刘邦的妃子薄姬，她本是魏豹的一个妃嫔，魏豹兵败后薄姬等人都被送往刘邦的宫中，一次偶然间刘邦听到薄姬昔日旧友取笑薄姬，于是产生同情怜悯之心，当晚临幸薄姬，尽管只一次之后刘邦又从薄姬的生活里消失了，薄姬却幸运地怀上了刘

邦的孩子，即刘恒。

薄姬深知身处深宫大院，若不小心翼翼，随时都有失去性命的危险，因此她不与任何人争宠，待人小心翼翼，在后宫僻静的院落里安心养育着儿子刘恒，让其健康无忧地长大成人。也因此，薄姬才得以幸运地没有被吕后加害，并被送往代国与儿子相聚，最后儿子刘恒又当上了汉室天子，自己被尊为太后。

但是，薄姬当上了太后之后，就不再像以前一样与世无争了，她的思想起了变化，她也要维护自己的家族，巩固和保护家族利益。这一点似乎与吕雉有相似之处，吕雉当时大力任用吕氏外戚，并且尽量与吕氏联姻，还不惜让自己的儿子刘盈娶自己的女儿鲁元公主的女儿，制造了一个舅舅娶外甥女的乱伦婚姻。

这个时候的薄太后也有这种想法，她要巩固儿孙的地位，也要给自己的家族带来富贵。于是，她就想到，要让自己的孙子娶自己的侄孙女，孙子是皇太子，侄孙女是太子妃，将来太子继承王位，侄孙女自然也就是皇后了，天下都是自己家的。

对于刘启来说，他并不喜欢祖母强加的这段婚姻，却不能违抗祖母的意愿。可是不喜欢就是不喜欢，这是不能强求的，因此即使与小薄氏成亲，小薄氏被立为太子妃，在各妃嫔里地位最高，刘启也和她始终不亲近。

靠山倒，排排倒

公元前157年，文帝崩，太子刘启即位，小薄氏被册封为皇后。然而，即使贵为皇后，景帝仍然不找皇后侍寝，常留薄皇后独守空房，暗自垂泪。

后宫像一个大笼子，里面虽不缺衣少食，但里面的生活孤寂，无法不让人幽怨。薄皇后待在深宫又不被皇上宠幸，其他的妃嫔都有个一儿半女，她却什么都没有，不仅感情空虚，而且在母凭子贵的社会，时刻都有地位不保的隐忧。就现在来说，我们很能够想到，薄皇后当时估计比诗句里"天阶夜色凉如水，坐看牵牛织女星"还要幽怨一些。

公元前155年，薄太后去世，这对于薄皇后来说无疑是巨大的打击：这几乎是她唯一的靠山。果然，薄太后去世后不久，景帝就迫不及待地废了薄皇后的皇后之位，使她成为我国历史上第一位被废的皇后。之后不久薄皇后就悲伤病倒，四年后忧郁而亡，被葬于长安东郊。

薄皇后一生，应当说是安分守己，低调温顺的。一个不被皇帝宠爱的皇后，纵然内心里有诸多凄凉，但她终究并没有像历史上一些恶毒皇后和妃嫔一样，因妒忌而对其他人痛下毒手，后宫争斗。相反，在她统领后宫期间，她对待后宫妃嫔及王室子孙都比较客观公正，实属难得。最可惜她的命运不能为自己所把握，于是匆匆的一生就如同流水落花春去也，再无半点涟漪。

王娡　西汉景帝刘启皇后

□ 档案：

姓　名：王娡
生卒年：公元前 179~ 前 126 年
籍　贯：槐里（今陕西兴平）
婚　配：西汉景帝刘启
封　号：皇后

王娡（公元前 179~ 前 126 年），汉槐里人，为今天陕西兴平人，西汉景帝第二任皇后。王娡在进宫侍奉刘启之前已经嫁人，并生有一女，后入宫得宠，皇后薄氏被废后被景帝封为皇后。王娡的得势与她的聪慧与野心是很有关系的，这一点也一如其母，最终王娡不仅被立为皇后，其子被立为太子并且登上汉室天子之位。

母亲卜算，命其与金绝

王娡的母亲也是秦末群雄并起时的一个诸侯王之女，项羽册封诸侯的时候封其父亲为燕王，只是后来群雄争霸时死于刘邦之手。所以说起来，王娡的母亲也算是名门之后，她十分想要光耀门楣，但是父亲被杀之后，身份只是平民，后嫁给一王姓平民为妻，生下一子二女，大女儿就是王娡。

王娡是长女，出嫁得早。嫁给一金姓人家为妻，而且已经生育了一个女儿，取名金俗。有一天，王娡的母亲想给女儿卜算，卜算的人告诉其母亲说她的两个女儿都是有福之人，将来必能大富大贵。古来女子无才便是德，女子有富贵之命即表示将来能嫁给富贵之人，侍奉一个好夫君。听闻卜算者的话，王娡的母亲就开始打起了小算盘。王娡的夫家金姓人家只不过是一介平民，王娡跟着他只不过是个操劳命，不可能指望金家发达，因此，大女儿王娡的富贵一定得靠其他人。母亲回家就要求王娡离开金家，用今天的话说就是母亲逼着王娡离婚，改嫁。金家自然是不同意，为了断绝金家的纠缠，王娡的母亲干脆把两个女儿一起送进了宫中，这样不仅再没人敢骚扰她们，更重要的是也许所谓的富贵之门就要打开了。

入宫伴驾，得君宠爱

也难怪古人皆喜欢卜算，正所谓命里有时终须有，命里无时莫强求。王娡姐妹被送到宫里之后，就被派到刘启的宫中侍奉刘启，而刘启果然很宠爱王娡，从见到王娡的时刻起就对王娡挺钟情。王娡到刘启宫中的时候，刘启还是太子，当时刘启已经服从祖母薄太后的意思娶表亲薄氏为妻，并册封其为太子妃，所以王娡开始只是美人。但是王美人的肚子很争气，她给太子生了三个孩子，其中两个女儿，还有一个儿子即刘彻。在王美人怀着刘彻时，有一天夜里她做了一个梦，梦见有太阳投入到她的怀抱里，这无疑是大吉大利的梦兆啊，王娡和刘启都十分欢喜，后果然生下了一个男孩。刘彻聪明伶俐，深得刘启喜爱。

后文帝驾崩，太子刘启即位，即景帝。登上皇位以后，景帝就封王娡为王夫人，也就表示王娡的地位又升了一级。

馆陶长公主联姻，趁机夺下太子位

景帝即位以后，还是遵照其祖母薄太后的意思，封薄氏为皇后，但是他与薄氏并没有感情，薄皇后也没有子嗣。然而国不可一日无君，君不可一日不立太子，必须培养接班人。景帝登基几年以后，朝臣开始上奏，请求皇帝早日立太子。后宫中受宠的还有一个叫栗姬，她生有一子刘荣，是兄弟中最年长的一个，于是景帝就立刘荣为太子。栗姬本来就是个心胸狭窄的人，所以很容易恃宠傲物。儿子被立为太子，母凭子贵，栗姬当然得意非凡，也注定栗姬难以成就出一番大事业。

景帝有个姐姐，被封为馆陶长公主，公主嫁给堂邑侯陈午，生有一女。馆陶长公主很善于和景帝搞好关系，曾经不断地进献美女给皇上，现在又想让自己的女儿和弟弟的儿子联姻，这样两家关系亲上加亲，自己的地位便可永远牢固了。

景帝立栗姬之子刘荣为太子，公主所要选取的女婿对象当然是太子。所以公主就跑来找栗姬，想把女儿许配给刘荣。没想到栗姬根本不买她的账，一口回绝了她。碰了一鼻子灰的馆陶长公主公主相当生气，因此立马转而去找王夫人，要与王夫人联姻，把女儿许配给刘彻。王夫人是精明聪慧之人，当然晓得中间的利害关系，因此欣然应允。

薄太后去世以后，薄氏没有了靠山，也无人敢反对景帝，于是景帝就迫不及待地废黜了薄皇后的皇后之位。皇后被废，但是后宫不可一日无主。栗姬此时心中大喜，心想自己的儿子是太子，这个皇后不是自己还能有谁？但是她忽略了此时有一个大敌：当时她没同意馆陶长公主的联姻，公主嫉恨在心呢。所以此时，公主决不能让皇帝立栗姬为后！为了阻止弟弟将栗姬立为皇后，馆陶长公主时常在景帝耳边说一些栗姬的坏话，告诉景帝说栗姬经常诅咒后宫妃子和儿孙，恐怕会扰乱后宫安宁，还影响皇室血脉，对子孙后世不利。从此景帝对栗姬就心存芥蒂。

一次景帝生病，把栗姬叫到床前，交代栗姬说让她照顾好景帝的儿孙们。可是不知道变通以及确实心胸狭窄的栗姬当时就表示出拒绝和不愿意的样子，这让景帝非常失望。

王夫人是个狠角色，她其实很有计谋，也非常野心勃勃。她知道这个时候景帝已经对栗姬很失望了，但是也许册封皇后的主意还没有改变，于是她要给栗姬致命一击。在汉景帝最为失望的时候若是再提册立栗姬为皇后一事，一定能惹景帝大怒。于是王夫人暗中派人进言，表达给栗姬封后的意思。景帝听后果然龙颜大怒，他还推断一定是栗姬找人替自己谋位的，越想越气，一气之下就废掉了太子，并且将栗姬打入冷宫，从此栗姬失宠。

接下来就是王夫人的儿子刘彻顺利地被封为太子，王夫人也就顺理成章地成为皇后。

景帝去世以后，太子刘彻登基，是为武帝，尊称祖母窦氏为太皇太后，其母王皇后为皇太后。刘彻年纪小，所以就全靠王太后为他打下根基，扫平障碍。当时，窦氏对朝政也很感兴趣，时常干预，景帝的姐姐馆陶长公主也一直热衷权力之事，所以在武帝和自己羽翼未丰之时，王太后必须小心翼翼地周旋在窦氏和馆陶长公主之间，以谋求长足的发展。

精明干练，晚年握权

窦氏去世以后，馆陶长公主也逐渐失势，自此以后王太后再没什么人值得她惧怕的了，她就像一只摆脱束缚的母鹰，眼睛里射出凌厉的光芒，想要寻找着自己的猎物。汉室后宫干预朝政的例子屡见不鲜，远的不说，就王太后的婆婆窦氏就是一个干预朝政的例子，王太后自己也有这种野心，在摆脱婆婆和大姑子等人的束缚之后，她也就开始了干预朝政的历程。后宫之人得权以后，往往就是先利用外戚巩固自己和家族势力，王太后也一样，重用弟弟为丞相，权势极大。

王氏在入宫之前其实已经嫁人并生有一女，名金俗。入宫以后就得宠，后来的发展也算顺风顺水，因此，王氏就不大愿意提及以前的往事。然而儿子刘彻登基后不久便知道了此事，于是亲自去金家把姐姐接到宫里来。母女相见，涕泪涟涟。武帝便赐予姐姐封地和金钱，并将姐姐的儿子女儿都安置好，王太后也算是了却了所有心愿。

公元前126年，王太后寿终，与夫景帝合葬。

栗姬　西汉景帝刘启夫人

□ 档案：

姓　名：栗姬
生卒年：不详
籍　贯：汉朝时齐国
婚　配：西汉景帝刘启
封　号：夫人

栗姬原本是景帝最宠爱的妃子之一，景帝不喜欢皇后薄氏，因此薄皇后无子，而栗姬得宠，生下了景帝的第一个儿子刘荣。景帝即位以后，大臣们上书请求景帝册封皇太子，于是大儿子刘荣就被册封为太子，作为太子的生母，栗姬的地位自然就不同凡响，越发地突出起来。

皇后薄氏是景帝表亲，祖母薄太后的侄孙女，景帝是为遵祖母意愿才娶她为妻并册封为皇后的，所以根本没有感情。薄太后去世以后，薄皇后就失去了靠山，景帝也就无所顾忌，在祖母薄太后尸骨未寒之际就迫不及待地废黜了皇后。薄皇后被废黜，后宫里没有一点清冷，相反，很多人早已经觊觎皇后位很久了。此时的栗姬更加不会悲伤，当今太子是她的儿子，那这个皇后位似乎理所应当地就是她坐。景帝也确实打算将栗姬册封为皇后，不料后来事情却发生了变化。

其中非常重要的一件事就是栗姬拒绝馆陶长公主的联姻而将其得罪。馆陶长公主一向都很讨好弟弟景帝，经常献美人以使景帝开心。作为皇帝的宠妃，其他美人就是她的竞争对手，而公主却常常献美人，自然栗姬对此就很不开心。而恰恰在刘荣被册封为太子之后，馆陶长公主又将如意算盘打到了新太子的身上，想让自己的女儿和太子成亲，将来自己的女儿就是皇后了。但是当馆陶长公主提出将女儿许配给太子刘荣时，栗姬一口否决了，如此便惹恼了公主。公主转而就投向王夫人，意欲与王夫人联姻。王夫人十分聪慧，当即就点头答应，此后公主与王夫人便联起手来，成为王夫人事业成功的一大推力。

馆陶长公主不是个好惹的主，而栗姬居然忽略了这种事情。在后宫里生活，一定得十足聪明，否则你就不知道何时会被人踩到脚底下。自联姻被拒绝以后，馆陶长公主就想着绝对不可以让栗姬当上皇后，最好还能把太子给从位子上拉下来，如果立王夫人之子为太子，那么将来沾光的就是自己的女儿了。所以她就在景帝面前说栗姬的坏话，说栗姬会对后宫不利，嫉妒其他妃子，想伤害其他妃子的儿女，景帝于是对栗姬就起了戒心。

更让景帝失望的是，一次景帝生病，叫来栗姬，说在他百年之后，希望栗姬能够好好地照顾其他妃子的儿女，善待子孙们。可是栗姬居然当场拒绝，连句违心的话都不讲，虽然直接表露心意对景帝选取合适人选当皇后是好的，可是这就是直接减少自己的印象分啊！站在栗姬的角度，那纯粹是犯傻。但是这一傻，傻得非常有力量，景帝的失望和愤怒情绪已经高涨很多了，不过此时，景帝仍然没有完全放弃册封其为皇后的意愿。

这时候，王夫人出手了。关键时刻，当然得使出关键的招数。王夫人深知景帝此时的失望，如果这时候再让此事更进一步发展，更刺激一下景帝的失望和愤怒情绪，那么无疑，栗姬绝对再没有发达的活路了。王夫人买通官员，让其上奏景帝请立栗姬为皇后。景帝正在气头上，又听人提及，以为是栗姬怂恿人做的，于是怒火中烧，一气之下将太子废除，将栗姬也打入冷宫。不久儿子刘荣也被人害死，栗姬在冷宫永无翻身之日，最后忧郁成疾，郁郁而终。

陈阿娇　西汉武帝刘彻皇后

□ **档案：**

姓　名： 陈阿娇

生卒年： ？～前110年

籍　贯： 长安（今陕西西安）

婚　配： 西汉武帝刘彻

封　号： 皇后

陈阿娇（？～前110年），汉武帝刘彻的结发妻子，也是第一任皇后，后被废。陈阿娇是武帝刘彻的表姐，是景帝同父同母的姐姐馆陶长公主的女儿，也就是窦太后窦漪房的外孙女，深得外祖母窦太后喜爱。其父陈午，也是贵族之家，所以陈阿娇生性有些骄傲。后武帝另觅新欢，陈皇后因嫉妒众妃嫔做出令武帝恼怒之事，皇后位被废。

"金屋藏娇"，表亲联姻

说起这陈阿娇陈皇后，自然要从其母亲馆陶长公主说起。馆陶长公主一直都很讨好弟弟景帝，常送美人入宫。后来景帝立太子，馆陶长公主就想让自己的女儿与太子结亲，这样就可以更加巩固自己的地位。太子之位要以嫡长子为先，可是景帝皇后薄氏无子，当时嫔妃中，栗姬的儿子刘荣最大，所以立刘荣为太子。馆陶长公主原本打算将女儿许配给太子刘荣，但是遭到太子母亲栗姬的拒绝，因此转而向另一个宠妃王夫人示好，王夫人看出这其中有很多的利益可得，于是一口答应下来。

班固《汉武故事》中记载，一天刘彻的姑姑馆陶长公主一边抱着刘彻玩耍，一边问小刘彻想不想讨老婆。小刘彻很认真地点点头，说当然想啊。姑姑就环指四周的宫女，问小刘彻，你想不想娶她们啊？刘彻摇了摇头说，不想。姑姑又问道，那你想不想娶阿娇姐姐呢？小刘彻羞涩地笑了笑说，当然想啊！我如果能娶阿娇姐姐，就专门用金子给她造一座金屋，让她住在里头。馆陶长公主听完非常高兴，两个小孩玩得也比较投机。

馆陶长公主与王夫人联姻之后，两人当然也要联合起来为自己的女儿、儿子谋利益。当时刘荣已经被立为太子，若是平平静静按部就班地发展，太子刘荣即位当皇帝，那么刘彻就只是一个诸侯王，自己的女儿也就只是一个王妃。对馆陶长公主来讲，若是废掉刘荣让刘彻当太子，那她的女儿将来就是皇后；对王夫人来讲，若是自己的儿子成为太子，那将来她就是天子的母亲。所以对于两位母亲来说，为刘彻谋取太子之位都是有利无弊的。

薄太后去世以后，景帝立即废黜了薄氏的皇后位，此时栗姬得意非常，心想着皇后位必能够被她收入囊中。而没有想到的是，后来事情却有一百八十度的大转弯，真是印证那句话：谁笑到最后，谁才笑得更好。

与栗姬联姻失败使馆陶长公主非常生气，因此她决心一定要阻挠栗姬当上皇后这件事。公主与弟弟景帝关系比较亲密，她就时常同景帝说栗姬的坏话，使栗姬在景帝心目中的形象大打折扣。而栗姬本人也不是十分擅长处理人际关系，许多事情处理失误，更为严重的一次是景帝托她照顾自己其他妃嫔的儿女时，栗姬居然当场没有同意。皇后贵为一国之母，不仅要照顾自己的个人利益，更重要的是要照顾好皇帝的后宫大大小小的事，让皇帝不为后院事情操心。栗姬如此心胸狭窄，实在难以担当一国之母的重任，于是景帝对栗姬非常失望。

再加上王夫人和馆陶长公主使计，景帝果然一怒废掉了刘荣的太子位，栗姬也被打入冷宫，而景帝宠妃王夫人就顺其自然地当上皇后，儿子刘彻被册封为太子，陈阿娇也就成了太子妃。

琴瑟和谐，患难与共

陈阿娇嫁给刘彻以后，倒是时时刻刻都在为着刘彻。刘彻虽然当了太子，并且在景帝驾崩之后也顺利坐上了皇帝宝座，但是这个座位是不稳固的。首先刘彻非嫡长子，而且排位第十，按古时候的传统应该是排队都排不上他。他当上太子除了母亲聪慧有计谋之外，姑姑馆陶长公主功不可没。再者，汉朝外戚专权比较严重，太后控制朝政大权也屡见不鲜，而刘彻的祖母窦太后也是一个喜欢干预朝政的太后，更重要的是，窦太后和刘彻的政见非常不同。

窦太后非常相信黄老之学，宣扬无为而治。而武帝刘彻则逐渐相信儒学，大量任用和重用儒士为官，窦太后非常不满，经常干预朝政。武帝曾任命儒学大师申公的两位弟子赵绾、王臧为官，还打算修太学弘扬儒学，效仿古制，行传统礼仪，最重要的是令朝政之事不必事事征询后宫和太后意见，结果惹怒窦太后，将所有牵扯官员都罢去官职，此后武帝凡事都先让窦太后参阅才做定夺。

政见不一，矛盾必然比较多，即使是祖母和孙子也会有矛盾不可调和的时候。窦太后权势很大，所以若是一不小心惹恼了窦太后，很可能皇位就不保了。但是好在窦太后非常宠爱阿娇，看在外孙女的面上对刘彻倒是客气很多，阿娇凡事也都为着刘彻着想，再加上刘彻的母亲王夫人一直小心翼翼地维护儿子的势力和地位，武帝的皇帝位逐渐稳固起来。

所以在武帝当皇帝初期的时候，武帝和陈皇后还算是患难与共，比较和谐的幸福夫妻。

君情妾意东流去，误入巫蛊迷雾

刘彻小时候就说出"金屋藏娇"的话来，可见真的是天生爱好美人。当初地位不稳固的时候，还是要仰仗姑妈和皇后陈阿娇的，后来羽翼丰满了，陈阿娇年岁也逐渐大了，自然魅力就不能跟花季年华的少女相比。再者，刘彻娶阿娇以及册封其为皇后等事宜，不过是感激姑妈的帮扶之意而已，对这个表姐感情也不是很深厚。

一次，刘彻回京途中路过姐姐平阳公主家，平阳公主就派府上歌姬唱歌跳舞来招待弟弟武帝。歌姬中有一人，即卫子夫，据说此人有倾国倾城之貌，且舞姿轻盈曼妙，武帝瞬间被她吸引，似乎魂都不在自己身上。平阳公主见此，就将这名歌姬献给武帝，武帝大为欢心，于是大赏姐姐。

卫子夫被武帝带到后宫以后，后宫佳丽都失颜色，武帝更是对她百般娇宠。皇后陈阿娇逐渐受到冷落。在佳丽无数的后宫里，得宠与失宠不过是太频繁也太平常的事，正如有名话说："以色事他人，能得几时好？"只

玉龙纹璜　西汉
黄白色玉，透雕双龙，规整精美。

是有些人能心平气和地接受，比如薄太后当时就默默地待在宫中，有些人则咽不下一口恶气，如吕太后就对后宫妃嫔和其他妃子的子嗣痛下毒手，更有些人就是始终不愿服输。陈皇后对于自己的失宠也充满着怨气，但她不敢对皇上说什么，于是这气自然就转移到皇上的新宠——卫子夫身上。

当女人被感情冲昏头脑的时候，她总是自以为聪明。所以陈皇后也一样，她想着对卫子夫下毒手，没了卫子夫，也许武帝会对自己回心转意。但是，几次对卫子夫下手，不但没有得逞，反倒被卫子夫发现，跑到武帝面前大告皇后的状，武帝自然很生气，谁敢动他的宠妃，那不是跟他过不去么！

这次失利并没有让陈皇后放下报复的计划，她想起有种巫蛊之术，能置人于死地，于是她决定试一试。她要对那些得宠的妃子施以诅咒，让她们无子嗣，不得好下场。这种诅咒当然只是虚无之事，但事情却传到武帝耳朵里，武帝派人彻查。最后武帝下一道诏书，认为陈皇后有违妇德，没有母仪天下的风度，不适合当皇后，然后将其幽禁在长门宫。

别在长门宫，千金买赋

陈阿娇此后就在长门宫里过着孤独幽怨的生活，她仍然希望武帝能回心转意，能有一天将她接回正宫，但是武帝似乎再没有此意了。

女儿被禁长门宫，馆陶长公主非常着急。当初把女儿嫁给刘彻是为了让女儿更幸福，没想到居然反落到如此田地。于是馆陶长公主就花千金请了司马相如写就《长门赋》，有言："忽寝寐而梦想兮，魄若君之在旁。""伊予志之慢愚兮，怀贞悫之欢心。愿赐问而自进兮，得尚君之玉音。"强烈地表达了陈皇后的情感。然而，武帝虽对此赋大为赞赏，却并没有因此而改变对陈皇后的处置。

十几年后，约在公元前110年，陈阿娇病逝，陪葬在其祖父汉文帝霸陵附近。

卫子夫　西汉武帝刘彻皇后

□ **档案：**

姓　名： 卫子夫
生卒年： ？～前95年
籍　贯： 河东平阳（今山西临汾）
婚　配： 西汉武帝刘彻
封　号： 皇后

卫子夫（？～前95年），河东平阳人，即今山西临汾人，汉武帝刘彻的第二任皇后。卫子夫原本是刘彻姐姐平阳公主府上的一名歌姬，后被武帝临幸，进入宫中。西汉历史上大名鼎鼎的大将卫青和霍去病分别是卫子夫的弟弟和外甥，她也是中国历史上在皇后位上比较久的一人。只是武帝末年巫蛊之祸生事端，太子蒙冤起兵反抗，卫子夫因无法证明自己的清白也被逼自杀。

一曲歌舞惊得见，带入宫中侍天子

卫子夫本是奴仆之女，平阳公主见其天生丽质，身材苗条婀娜，于是将其带回府上，让她学习歌舞之技。据说卫子夫有着花容月貌，站在歌姬中间顿时所有人都黯然失色，只有她像一朵奇葩一样立于其间。

有一次武帝路过平阳公主家，就顺便去府上看望姐姐。平阳公主立即大摆筵席招待，并且让府上的歌姬都出来唱歌跳舞以逗武帝开心。卫子夫当然身在其中，甚至平阳公主还有意安排她见武帝。

卫子夫一出场，武帝顿时被吸引。爱美之心人皆有之，何况是如此让人惊艳的美女呢！武帝便悄声问身边的姐姐，这姑娘是什么人？公主一听，当然满心欢喜，这表明武帝对卫子夫有意思呢，又是一个讨好皇帝的好筹码。平阳公主笑着告诉弟弟说这姑娘叫卫子夫。宴席期间，武帝起身更衣，平阳公主就派卫子夫去侍奉武帝更衣。皇上更衣见美女，此事可想而知。武帝离开时，平阳公主就将卫子夫送给了武帝，有如此善解人意的姐姐，武帝十分开心。对于皇族之人来讲，谁有权势就讨好谁，谁有筹码谁就赢。所以即使是亲兄弟姐妹，姐妹们送美女给皇帝兄弟以讨欢心之事屡见不鲜，他们都是通过这样来保全和争取更多的利益。

后宫有卫子夫等众多妃嫔，武帝便对皇后陈阿娇冷落了起来。刘禹锡有诗曰：望见葳蕤举翠华，试开金屋扫庭花。须臾宫女传来信，言幸平阳公主家。陈阿娇是何许人也？她是窦太后的外孙女，武帝姑妈馆陶长公主的女儿。所以她生性就有些骄横，遇到情敌绝不会忍气吞声。但是武帝毕竟是一国之君，不是普通的男子，所以心中纵有千千万万的怨言，她也不敢对武帝发怒。但是对卫子夫就不一样了，一个出身卑贱的女人，凭美色被武帝宠幸而已。于是陈阿娇就心中有数，要对卫子夫痛下毒手，消灭这个女人，消灭自己的敌人，消灭自己受宠路上的绊脚石。可幸的是，虽然皇后陈阿娇几次三番对卫子夫下毒手，都没有成功，反而被卫子夫和其他众妃嫔发觉。此事传到武帝耳朵里，不仅没有实现陈皇后的计谋，反而让武帝更加冷落陈皇后，对卫子夫更宠爱有加了。

帝王得子，欣喜若狂立夫人

其实卫子夫也并不是一入宫就得到武帝宠幸，武帝后宫佳丽众多，每天排一个每个人都排过来估计也要花上个几年的时间，所以他很快就忘了卫子夫这个从姐姐府上带来的歌姬。直到偶然的机会，武帝想遣散一批无用的宫女，再重新招入一批新的宫女，卫子夫就要求被遣散还其自由身，武帝这才想起来还有一个卫子夫，从这时起卫子夫才真正得宠，不久以后卫子夫就有了身孕。陈皇后逐渐失宠还有另外一个原因，就是结婚多年，陈皇后却一直未能有孕。因此对于怀孕的卫子夫，她就十分嫉妒。于是她和母亲刘嫖绑架卫子夫的弟弟卫青，企图将他杀害，结果被卫青的朋友所救。武帝知道此事后勃然大怒，下旨授予卫子夫的兄弟进京接受侍中的官职，成为皇帝近臣，一来表示对卫子夫的宠爱，二来对他们也是一种保护。公元前128年，卫子夫产下一子，就是刘彻的第一个儿子刘据。此时的武帝刘彻已经二十九岁，对于一个二十九岁还没有儿子的皇帝来说，对儿子的渴望之情简直没法用言语描述。因为天子想要儿子不仅仅是一个普通人想要做父亲的情怀，还是事关江山社稷的大事情，是孝悌之道的大事情。此时的武帝，真的是欣喜若狂。所以刘据一出生，刘彻就认定这必定是太子，还立刻请人作《皇太子赋》昭告天下，卫子夫的身份也立刻变为夫人，地位仅次于皇后。

这期间陈皇后因用巫蛊之术诅咒武帝宠妃，被发现之后武帝大怒，下诏废黜其皇后位，交出印绶，幽禁于长门宫。武帝宠爱卫子夫，且卫子夫又为他生了第一个儿子，所以刘据出生后不久卫子夫就被册封为皇后，成为一国之母。

恭俭谦厚得人心，大臣后宫均敬之

汉朝有一个传统，那就是选入后宫之人并不在乎其先前身份的尊卑贵贱，所以无论是王侯将相之女，还是平民百姓之家，或者世代出身奴仆，只要有美色，都有入后宫的机会，正如同英雄不论出处的感觉一样。这种传统，大概是源于高祖刘邦也是出身民间，所以在汉朝这种出身制度倒不是很严格。也正因为如此，汉室后宫里有不少出身寒微但深受皇上宠爱的妃子甚至皇后，例如窦太后，从小孤儿，来自民间。卫子夫就更加卑微，她母亲卫媪是个奴隶，也就是说她是奴隶之女。所以卫子夫的一生也算是跌宕起伏，从一个奴隶之女，变成平阳公主府上的歌姬，然后由一个歌姬，一跃而成为一国皇后，到晚年失宠自杀，可谓是可歌可泣。

可能与其出身有关，卫子夫当上皇后以后也还是保持低调谦恭的态度，因此赢得后宫的信服以及大臣们的尊敬。历史上宫廷斗争一直都是一个不间断的话题，也几乎是宫廷生活中的一个主题，但是卫子夫当皇后期间并不是专注于与其他妃嫔争宠以及聚敛钱财和扩张自己外戚家族的势力，她相当兢兢业业地照顾后宫，替武帝解决后顾之忧，也正因此才赢得武帝长期的信任和恩宠。不然，一个女人如果想只凭借美貌俘获皇帝的心从而统治后宫三十八年，这是不可想象的，因为最容易老去的就是容颜，真正能深入人心的，永远是恭俭谦厚的品性和为人。

卫子夫成为皇上宠妃以后，她的家族当然也跟着沾光。可是与其他只知道沾光和夺取钱权的外戚不同，卫子夫的家人为朝廷做出了很大的贡献，立下汗马功劳。提到卫青、霍去病这两个名字，一般人都很熟悉，因为这确实是历史上抗击匈奴立下赫赫战功的大将，所以广大朝臣对于卫氏的外戚都是佩服的。

武帝是比较好美色的，所以也很容易见异思迁，遇到漂亮的妃嫔就很容易冷落先前的宠妃，甚至皇后。当陈皇后年纪大了，没法忍受她的脾气了，于是就逐渐冷落了。遇上年轻貌美的卫子夫，于是见异思迁了。但是美人总有老去的一天，年老色衰的时候自然不受爱宠，所以即使是卫子夫，也没能逃离失宠的这一天。武帝逐渐又有新欢了，他始终只爱那些十七八岁的年轻美人。

卫子夫即使是在失宠以后，也尽职尽责地打理后宫之事。武帝对卫子夫非常放心，几乎将后宫之事全权交给卫子夫处理，卫子夫也会把重要的事情向武帝禀报。

子随母性，因此太子刘据生性宽厚，好推"仁政"，体恤百姓，体察民情，平反冤假错案。武帝恰恰是有些暴烈之人，有酷吏的倾向，也制造了一些冤假错案，武帝后期还有"罢黜百家，独尊儒术"的强制之举，这和太子的平和宽厚就非常不一样。因此，太子是很得百姓喜爱，也深受那些宽厚大臣们爱戴的，却很不受武帝的酷吏们欢迎。

卫子夫经常对此担忧。毕竟现在武帝已经不像以往那样宠爱她，二来太子老是这样反武帝而行之，难免会招得武帝不满。所以卫子夫多次和太子谈话，让他多揣摩父亲的心思。好在卫子夫和太子之间母子关系好，所以逆耳忠言说说无妨。不过武帝知道此事后的反应倒不一样，他认为太子这么做是对的，皇后这么说反倒不对了。并且让他们母子宽心，太子敦厚必定能安天下，他对太子很放心。母子俩也不必担心太子同他做法不一，也不必担心现在不宠幸皇后就会危及他们的地位。由此可见武帝对他们母子，感情真的不一般。

巫蛊之祸起事端，太子蒙冤母亦冤

无论是带兵还是治国，政见不一并不是稀有的事，而且恰恰应该允许不同政见共同为治国所用。但是很多朝臣，不能够容忍别人与自己不合，凡是异己都要拔除，就像去掉眼中钉一样。所以朝中的那些酷吏们，对太子就很看不顺眼，经常有小人诬陷太子，但武帝也识破无数，诛杀不少小人。但是正所谓小人难防，太子始终还是没能逃过小人的算计。

武帝统治末期，年事很高，已经有点糊涂，并且最重要的是年纪一大身体机能下降，各种病症也多，自己也变得非常多疑，总觉得有人希望他早点死，好占据江山和皇位。于是身边一些小人，就开始挑拨武帝和太子之间的关系。这其中有一个人叫江充，是个有名的酷吏。江充早年就与太子有过节，一次太子派人去甘泉宫（武帝休养的地方）请示武帝一些事情，使臣不懂规矩误走了皇上才能走的车道，结果被江充发现。太子知道后立刻派人到江充府上，请求江充网开一面，江充却不予理会，两人有了矛盾。

随着武帝年纪越来越大，身体日渐衰弱，眼看着一日不似一日，江充害怕武帝死后太子即位，首先就会拿他开刀，于是就想要陷害太子。江充蛊惑武帝，说他之所以生病是因为被人诅咒，即巫蛊之术。武帝信以为真，就派江充搜查此事。正所谓欲加之罪，何患无辞。所谓巫蛊之术，本来就是江充蛊惑之语，想污蔑太子那就更简单了。于是江充就派人带着准备好的巫蛊材料来到太子府上，假装是从太子府上搜出的。而天真的太子以为自己行得正坐得稳，没做过的事谅也不能将白的说成黑的，所以他打算亲自向武帝解释清楚。但是江充不可能让太子见到皇上，否则他的阴谋暴露，岂不是就无葬身之地了？他要让太子死，而不是他自己。

面对江充的阻挠，太子想江充一直伴在武帝身边，武帝到底是生是死还不清楚，也许江充早就将武帝毒害或者控制也说不定。于是他决定起兵反抗，捉拿江充。但是，当武帝派使臣打探情况时，遇京中正在交战，使臣不敢进京，却谎说是太子起兵叛乱。结果太子走投无路，只好自杀。卫子夫是太子的母亲，所以也受到怀疑。而最关键的是，她也拿不出证据证明自己是清白的，所以最后也被逼自杀。

实际上，史学家们都认为太子是清白的，并没有造什么巫蛊之术，全是小人陷害。所谓起兵，也是被逼无奈，是害怕父皇被奸臣所控，他务必平下反贼。

含冤而终的卫子夫，死后只有一口小棺木。直到汉宣帝即位，才将其改葬，追谥号为"思"，也就是"孝武卫思后"。

赵氏　西汉武帝刘彻婕妤

□ **档案：**

姓　名： 赵氏
生卒年： 不详
籍　贯： 河北阜城
婚　配： 西汉武帝刘彻
封　号： 婕妤
追　封： 皇太后

赵婕妤，生卒年不详，河北阜城县娘娘庙村人，西汉武帝刘彻的妃子。赵氏面貌娇美，但是双手握拳无法展开，而武帝却将其手掌打开，掌中还有金光闪闪的一个钩子，世人皆称为奇女子，被武帝带入宫中，人称"拳夫人"，又称"钩弋夫人"。钩弋夫人一生都颇带有传奇色彩，但结局也非常悲惨，是史上第一个因子贵而亡的母亲。

出行燕赵间，路遇奇女子

武帝晚年的时候还大量选纳民间美女，而且多为十五到二十岁之间的妙龄女子。一次武帝出外狩猎，路过燕赵之时，随从的相士说根据星象来看有祥云，根据祥云的位置可在此地找到一奇女子。晚年的武帝迷信鬼神仙药，即刻派人搜寻。不多久便真的在附近找到一个年轻貌美的女子，十五岁左右，亭亭玉立，很奇怪的是她始终双手握拳，无法打开。许多人都上前想打开姑娘的双手，但都失望而回。后来武帝好奇，亲自去看姑娘的手，没想到轻轻一掰姑娘的手就打开了，据说手心还握有一只金光闪闪的钩子，众人大惊神奇，称其为"拳夫人"，武帝也就十分开心地把她带回了宫里。

入宫以后，武帝对赵氏很是宠爱，那时的武帝已经年逾六旬，赵氏还是十五六岁，刚刚豆蔻年华的美好年纪，不由得武帝不欢喜，于是很快就封她为婕妤，并且让她住在优雅的钩弋宫里，于是也称"钩弋夫人"。

怀胎十四月，生下刘弗陵

进宫两年，赵婕妤就有了身孕。可是这孩子有点奇特，别人怀胎十月便出生，这孩子在她母亲肚子里待了十四个月。十四个月后，赵婕妤生下个大胖小子，皇子取名为刘弗陵，又号"钩弋子"。

一般不同于常人的现象，有人可称其为妖孽，有人可称其为神奇。当时赵婕妤正被武帝热宠，皇帝身边的相士道长们自然也懂得投其所好，不断将其描上神奇的色彩。武帝老来得子，乐得合不拢嘴，自然将小皇子视为珍宝，并且还说，唐尧帝也是十四个月才出生的，儿子同唐尧帝一样，必定是大富大贵之命。于是赵婕妤钩弋宫的门也被称之为"尧母门"。

小皇子四岁的时候，正好宫里发生"巫蛊之祸"，太子刘据和皇后卫子夫被冤自杀，此后太子位一直空着。武帝虽另有几个儿子，但是都不是合适的人选，加上现在他最疼爱小儿子刘弗陵，越来越觉得孩子各方面都像他，打算立小皇子为太子的心意就越来越坚决。

武帝垂垂老，立子则亡母

公元前 88 年，此时武帝已经七十高龄了，加上身体不是很好，越来越觉得自己管理朝政太过吃力，是时候确定太子的人选了。

刘弗陵聪明伶俐，武帝心里很满意。可是小弗陵才七岁，太过幼小。此时弗陵的母亲赵婕妤才二十几岁，依然年轻貌美。武帝心里矛盾起来。如果立小皇子为太子，则势必权力会落到其母亲手里，太后专权也不是不常见的事情。当初高祖刘邦去世，权力就落到吕后的手里。若是在武帝手里也发生这种状况，将来汉家江山难保不落入外人之手，武帝不能忍受这一点。所以武帝寻思，既要立小皇子为太子，又要防止其母亲专权。唯一的好方法就是，赐死刘弗陵的母亲赵婕妤。年轻的赵婕妤怎么都没想到，她会因为如此莫名其妙的原因而丢掉性命。在皇帝的深宫大院里，没有一个女人不希望自己怀上皇帝的骨肉，更加希望自己的骨肉能当上太子，母凭子贵的社会，她们露脸争权的有力武器就是孩子。可是，赵婕妤却恰恰不得不以性命为代价来让儿子被立为太子。一说赵婕妤被武帝直接赐死，一说赵婕妤被幽闭监禁，最终"忧死"。

武帝在赵氏死后立刘弗陵为太子。

公元前 87 年，武帝立刘弗陵为太子，后武帝驾崩，太子即位，大将军霍光等辅佐太子，追封赵婕妤为皇太后，派人大兴土木修建其陵，并称之为"云陵"。

上官氏 西汉昭帝刘弗陵皇后

□ 档案：

姓　名：上官氏

生卒年：公元前 88~ 前 37 年

籍　贯：不详

婚　配：西汉昭帝刘弗陵

封　号：皇后

谥　号：孝昭皇后

上官氏，西汉昭帝刘弗陵的皇后。汉武帝驾崩以后，将皇位传于年仅八岁的太子刘弗陵，但是上官家族很显赫，上官氏的祖父上官桀是顾命大臣之一，于是年仅六岁的上官氏就被父亲和祖父想办法送入皇宫且被立为皇后，上官氏是汉朝年龄最小的一个皇后。十六岁那年昭帝就去世了，于是上官氏又成为汉朝最年轻的皇太后。

父辈相谋划，小女进宫来

汉武帝驾崩以后，将皇位传于年仅八岁的幼小太子刘弗陵，是为昭帝。因皇上年龄幼小，武帝生前委托大臣霍光、上官桀、桑弘羊、金日磾四人为顾命大臣，辅佐昭帝。又因为昭帝只不过一幼小孩童，尚需要人抚养，群臣推荐鄂邑公主入宫养护照顾昭帝生活，鄂邑公主被尊为鄂邑长公主，从此入住宫中。

鄂邑长公主虽身负养护昭帝的重任，但并不太遵守妇道，反而与儿子的一个门客丁外人私通。这种事情传出去，原本是非常让皇室蒙羞的事情，不料几位顾命大臣都各有各的打算，都是为自己着想，而并不在乎大汉皇室是否有不成体统之事。并且当时，原本四个顾命大臣之中的金日磾也已经病故，四巨头如今只剩下三巨头，三巨头各自的权力就更大了。

在这剩下的三巨头当中，权势最大的就数霍光的霍家，其次就是上官家。上官家与霍家早已结成儿女亲家。这上官氏就正是上官桀的孙女，霍光的外孙女。其实到了这样，上官家已经是有权有势吃喝不愁的了，可是上官家并不满足，他们的野心更大，一心想着自己坐拥江山那才是最痛快的，因此他们早早就开始谋划了。

在鄂邑长公主与丁外人私通之事曝光之后，霍光和上官氏等权臣不仅没有扼杀这种歪风邪气，反而是投其所好，干脆让这丁外人光明正大去侍奉鄂邑长公主。因为鄂邑长公主是抚养昭帝的人，毕竟是值得巴结的资源。除了让丁外人去侍奉公主之外，上官父子与丁外人关系还特别好，以期通过丁外人来达成与公主的密切关系，这丁外人即是鄂邑长公主的情人，公主对丁外人很信任，也很愿意按他的思想办事。

昭帝即位后，鄂邑长公主决定给昭帝选一个小美女，恰好她看上了一个姓周的小女孩，于是将女孩选入宫中，许配给昭帝。见鄂邑长公主已经开始给昭帝选妃，上官父子开始着急了。上官安也有一个女孩，年方六岁，他们早打算把自己的女儿嫁给昭帝，这样就可以更加紧密地把握住昭帝了。然而，如果鄂邑长公主已经选好了皇后的人选，上官家的打算不就落空了吗？上官父子立刻想到了去找霍光，上官安想霍光是自己的岳父，自己的女儿就是霍光的外孙女，他总会不会不帮他们。可是没想到的是，霍光真没打算帮上官家。一方面，小外孙女才六岁呀，年龄太小，昭帝也还是个黄毛幼儿，还无需考虑立后之事。当然另一方面，也许是更重要的一方面，虽然霍家与上官家是儿女亲家，但毕竟还是各自有各自的利益，上官家若权势增大，霍家的权势就会被削弱，霍光当然不会这样做。

遭到霍光拒绝的上官父子并没有放弃，他们又想到了另外一个人，没错，这个人就是鄂邑长公主的情夫丁外人。上官父子找到丁外人以后，对他许诺，如果他帮助在鄂邑长公主面前说好话，让上官家的女儿顺利当上皇后，那以后一定将丁外人封侯封爵。丁外人一听别提多高兴，这简直是举手之劳，而且此后自己还可以光明正大地为官，不仅仅是靠侍奉一个女人来维持自己了。他回去就在鄂邑长公主面前夸尽上官女儿的好话，鄂邑长公主也没有不采纳之理，情夫推荐的肯定没错，至少会有他的道理。于是，六岁的上官氏被召入宫中，不久就立为皇后。

上官家族被灭

上官父子在丁外人的帮助下如愿让上官氏进入宫中，当上了皇后。这时候上官父子得兑现对丁外人的诺言，要封他为侯。但是权力最大的是霍光，这事得霍光点头才算，所以上官安就不断地去央求岳父，请求他同意给丁外人封一个侯爵之位。可是霍光是一个主意非常坚决的人，他说不同意就不同意，哪怕是得罪上官家，得罪丁外人，甚至得罪鄂邑长公主。上官父子见霍光如此不近人情，非常非常恼怒。鄂邑长公主听说上官父子要为丁外人谋取侯爵之位，然而这种好事霍光居然从中作梗而不同意，对霍光也恨得咬牙切齿。

上官父子想既然这样，那就只好除掉霍光了。可是霍光权倾朝野，不是那么容易就能得手，必须要联合别的力量。上官父子就拉拢与霍光结有冤仇的燕王，他们一同搜集了霍光的一些犯罪证据，让燕王呈给昭帝，弹劾霍光。霍光在朝廷可谓一手遮天，自然有很多时候目无王法，将自己置于权法之上，找点证据也确实很容易。燕王想借这些理由诬告霍光企图屯兵谋反，希望昭帝下令让燕王带兵去讨伐霍光。昭帝知道大臣们相互耍的什么把戏，于是将诏令下压，并没有颁布，上官父子这一次的阴谋没得逞，以失败告终。

上官父子的最终愿望是自己一统江山，所以这些失败他们当然不甘心。他们决定一定要除掉霍光，然后废除昭帝，自己上位。因丁外人封侯之事未成，鄂邑长公主对霍光也很不满，所以她自然就站到上官家族这一边。他们打算让公主宴请霍光，然后在宴会上杀掉霍光，让他这次无可逃脱。

诛杀霍光无妨，但是如果废除昭帝，这就意味着上官安的女儿上官氏这个皇后也要被废掉。上官父子决定牺牲这个皇后，他们的目标是享尽荣华富贵，不能为了一个女儿而放弃整个家族的利益。

但是很可惜，这阴谋还没有实施就被霍光这个老狐狸察觉了。霍光当机立断，也不顾什么亲家的情面，也不管自己女儿是嫁给了上官家，直接将上官父子和丁外人等人全部绞杀，上官家被灭。

在这一次变故中，上官皇后算是极为幸运的。虽然父亲和祖父想密谋除掉权臣霍光，甚至想废掉皇帝谋位，但霍光却并没有因此而迁怒给自己的小外孙女，毕竟她并没有参与此事，甚至对此一无所知，而且如果上官父子阴谋得逞，那她也将是受害人之一。所以霍光不仅没有诛杀她，而且还让她继续安稳地做她的皇后。

上官氏是霍光的外孙女，终究是自家人，自家人为自家人着想。如果上官氏能为昭帝生下皇储，这上官氏和霍家的地位就能更加巩固了。因此霍光就想办法让昭帝不能够亲近其他女色，只让自己的外孙女给昭帝侍寝。不过很可惜，即便是这样，上官氏也没能怀上孩子，昭帝在二十一岁的时候就留下十六岁的皇后离开人世了。

最年轻的皇太后

公元前74年，昭帝去世。年仅二十一岁的昭帝没有留下子嗣，所以皇位继承人只好从皇族其他人中间寻找。霍光等人拥立了武帝的孙子刘贺为皇帝，上官皇后被尊称为皇太后。可是这刘贺上位没几天就开始荒淫无度，霍光等权臣后悔不已，于是果断地上书皇太后要废黜刘贺，另立明主。上官氏没有不同意之理，准奏。之后霍光等人又找到流落到民间的刘病已，即刘询，扶持他登上皇位，是为汉宣帝。宣帝尊上官氏为太皇太后，此时年仅十六岁的上官氏就成为汉朝最年轻的太后。上官太皇太后一辈子待在宫中，虽然也称不上幸福，至少她没有享受过正常人家的家庭美满幸福，但也算享尽荣华富贵，而且上官氏不理朝政，不参与政治斗争，得以在后宫中清静地颐养天年。

公元前37年，上官氏去世，死后与昭帝合葬。

许平君　西汉宣帝刘询皇后

□ **档案：**

姓　名： 许平君
生卒年： 公元前88~ 前71年
籍　贯： 昌邑（今山东金乡）
婚　配： 西汉宣帝刘询
封　号： 皇后
谥　号： 恭哀

许平君，昌邑人，西汉宣帝刘询的第一任皇后，汉宣帝是太子刘据的后人，因巫蛊之祸牵连，所以与汉宣帝成婚时两人皆为平民。但是许平君对平民时的汉宣帝也不离不弃，最终汉宣帝登上帝位也仍然记挂着结发之妻，将其封为皇后。可惜遭到霍光之妻嫉妒，为扶自己女儿为后而将许皇后毒死，宣帝对她一直念念不忘。

结婚前欧侯病逝，刘许结为平民夫妻

宣帝刘询和许平君的这段婚姻，还得从巫蛊之祸说起。刘询是刘据的孙子，刘据就是巫蛊之祸里被冤枉的太子，皇后卫子夫之子。当年巫蛊之祸起，太子刘据被迫起兵，后被武帝误认为是起兵叛乱谋夺皇位，太子和卫子夫都被逼自杀，刘询虽然刚出生不久，但也受到牵连，同其他人一起被关进了监狱。太子刘据应该说是个宅心仁厚的人，所以深得下层官员和民众的喜爱，再加上刘询毕竟是个襁褓中的婴儿，因此得到负责巫蛊一案的官员的照顾。昭帝即位以后，巫蛊一案得到赦免，刘询被送往张贺掌管下的掖庭生活，张贺是刘据的旧部下，因此对刘询照顾有加。这时候许平君的父亲许广汉在张贺手下做事，因此认识了刘询。

许广汉有一个女儿，就是许平君。当时许平君已经被许配给内谒者令欧侯氏的儿子为妻，但恰好就在结婚前夕，对方因病不治而亡，这许平君就没嫁。刘询也到了结婚的年纪，所以经过大家一撮合，刘询就和许平君结婚了。当时两人都是一介平民。

故剑情深，宣帝册封许皇后

刘询与许平君结婚时是公元前75年，一年后许平君生下儿子，同一年刘询被拥戴为皇帝。说起为何刘询突然间被拥为皇帝，这中间还是有点小故事的。在刘询和许平君的儿子出生后不久，当时在位的昭帝就驾崩了，而昭帝无子嗣，所以要另找人选为皇帝。昭帝一直都是由霍光等人辅佐，因此霍光在朝廷的势力已经很大了，当时霍光等人就拥立当时的昌邑王刘贺为帝。没想到这刘贺只是个吃喝玩乐的料，登基没几天就原形毕露，无法无天，荒淫无度。最后大臣们只好奏请上官皇太后废掉刘贺，上官皇太后应允。经众人权衡，觉得刘询是个合适的人选，奏请上官皇太后后也得到通过，因此才拥立刘询为皇帝，是为汉宣帝。

刘询登上皇位，妻子许平君就是皇妃，当时就被封为婕妤。立皇后也算是国家大事，所以群臣都上奏宣帝早日册封皇后。

霍光有一个女儿霍成君，他十分想让自己的女儿成为皇后。但是宣帝感念患难与共的结发之妻，他心里寻思的是立许平君为皇后。所以有一天，宣帝"莫名其妙"地下了一道"寻故剑"的诏书，说以前我身份贫微，但是有一把故剑，我们感情深厚，现在十分地想念它。不知道众爱卿中有没有人能帮我将那把旧剑找回来呢？朝中大臣心思各异，但毕竟都不是草包，众人一听就知道宣帝的意思，这不明摆着宣帝是打算要让许平君为皇后吗？于是群臣就奏请立许平君为皇后。

霍光的心思落空，心里当然不开心。按照惯例，皇后册封以后，皇后的父兄也要被册封的，但是霍光却始终不答应。许平君的父亲许广汉在武帝时本来是武帝的一名随驾人员，但是有一次不小心将别人的马鞍放在了自己的马上，这在当时也是一项大罪，被处以腐刑。后来上官桀发动政变，许广汉正好负责部索，但是上官桀要绳子的时候许广汉又恰恰没找到，最后又被贬为苦工。霍光就是抓着这些把柄不给他封赐，最终才勉强封给他一个"昌成君"。

但是毕竟宣帝没让任何人阻止许平君成为皇后。在当皇后期间，许平君尽心尽力打理后宫，贤德节俭，对得起宣帝力排众议立其为后。

霍家嫉妒暗中下毒，宣帝最终晓其究竟

但是霍家始终没有放弃追求皇后的位子，因而始终对许平君不满，尤其是霍光的夫人。对于很多女人来说，钩心斗角地谋夺权势好像是她们一生的使命，霍夫人就是这样一个人，她时刻没有放松，就像一只老鹰一样在盯着皇后的宝座。第二年，许平君又生了一个孩子。当时侍奉许皇后的御医恰好私下里和霍夫人比较交好，霍夫人一看时机来了。于是她就与御医串通，让御医将一种有毒的草药附子随身带进宫里，放进许皇后的药汤。许皇后喝完药之后觉得十分不舒服，不久就毒发身亡。宣帝十分悲痛，他无法忘记情意浓厚的结发之妻，但是现在只能将其厚葬，追封为"恭哀皇后"。

后来有人说，皇后死因蹊跷，一定是御医捣鬼。霍夫人一听，害怕宣帝抓御医询问，于是就把事情原委都告诉了霍光。霍光一听冷汗都下来了，但是他也没办法，他觉得最好的办法就是将事情如实禀报给宣帝。宣帝听后悲愤交加，但是在朝廷霍光一手遮天，暂时还不能得罪他。

后来霍成君如愿当上皇后，但是她骄横跋扈，生活奢侈，宣帝十分不悦。在霍光去世以后，宣帝大松一口气，于是又加封许平君的父亲许广汉，并且立他和许平君的儿子为太子。这时霍家母女又起歹意，想要毒死太子，但阴谋没有得逞。之后霍家又发动政变，宣帝趁机将霍家一举消灭，霍皇后也被废黜，算是替许平君出了一口恶气。

霍成君 西汉宣帝刘询皇后

□ **档案：**

姓　名：霍成君
生卒年：公元前 86~ 前 53 年
籍　贯：不详
婚　配：西汉宣帝刘询
封　号：皇后

霍成君，权臣霍光的小女儿，西汉宣帝的第二任皇后。成为皇后，对于古时候想在后宫有地位的女子来说也许这已经是她们的最高理想了，可是身居高位，却并不见得幸福。霍成君就是这样，可谓是权势之争下的牺牲品。

宣帝即位，群臣上书奏请宣帝早日册立皇后，权臣霍光就希望自己的小女儿能被册封。可是宣帝一心只念着自己的结发之妻许平君，下诏寻故剑，群臣揣摩出皇上的心思，于是一同奏请册立许平君为皇后。皇后人选虽然已定，但是霍光的夫人霍显却始终不甘心，她时刻想着要让自己的女儿爬上皇后的位置。

公元前71年，也即是本始三年，许平君被霍成君的母亲派人毒死，父亲霍光就趁皇后位缺，将女儿霍成君送入皇宫，被宣帝封为婕妤。第二年，霍成君被正式册封为皇后。霍光毕竟是几朝元老，是辅佐昭帝的重臣，而且宣帝登上皇位也是霍光等人的拥戴，因此他对皇后霍成君还是比较包容的。但是霍成君毕竟是出身大家族，生活上比较奢侈一点，而且刁蛮任性，同许平君来比真的是有些逊色。再者，当时的上官太后正是霍光大女儿的女儿，这样排下来，霍成君还是太后的小姨，如果不是皇宫重地，完全可以说后宫就是她自己家呀。

地节二年，也就是公元前68年的时候，霍成君的父亲霍光去世，宣帝对霍家可以稍微敞开一些了。第二年，即地节三年，宣帝加封许平君的父亲为平恩侯，霍光在世时一直没同意的事，宣帝终于完成。此外，还立许平君的儿子为太子。这一举动又深深惹恼了霍成君的母亲霍显，于是她就怂恿霍成君加害于太子，想置太子于死地。她们准备在太子的食物中下毒，但是没想到太子身边每次都有人亲身试菜，无法下手。再后一年，地节四年的时候，霍家发动政变，结果导致霍家一族不是被杀就是自杀，招致族灭。宣帝就以毒害太子之名，将霍成君的皇后位废黜，并让霍成君迁往上林苑的昭台宫。在昭台宫独居十二年后，宣帝再度命她迁往云林馆，霍成君知道此生无望，于是自杀。

王氏　西汉宣帝刘询皇后

□ 档案：

姓　名：王氏
生卒年：? ～前16年
籍　贯：房县
婚　配：西汉宣帝刘询
封　号：皇后

王氏，房县人，西汉宣帝刘询的第三任皇后。王氏一生，既苦涩，也很幸运。说其苦涩，是因为她曾经有五次订婚经历，而五个未婚夫都在婚前病死，因此落下克夫传闻，再无人敢娶她。后宣帝刘询封她为皇后，但彼此并没有感情，生活是寂寞的。说她幸运是因为，在古代一个嫁不出去的女子，应是命运艰难。但因民间传说王氏父亲会托女儿之福，因此老夫妻俩虽为孩子伤透脑筋，但一直视为掌上明珠。被立为皇后以后虽一生未育，但儿孙们对她都很好，最终还成为太皇太后得以安享天年。

其父伴月光照室而生，女儿却有克夫传闻

王氏，是房县王奉光之女。汉宣帝早年因武帝时期"巫蛊之祸"的牵连落入民间，因而与王奉光结识，也算是宣帝登上皇位之前的老友。相传王奉光出生时，夜晚月光照耀，将产房照得透亮透亮，蔚为奇观，因此民间都认为这是吉兆，表明将来这人定会大

富大贵。但是王奉光自己倒是没有什么特殊的地方可以凭此去做大官，王奉光夫妻俩生有一个女儿，老夫妻俩觉得将来一定能托女儿的福。

可是这女儿，却让老夫妻俩伤透了脑筋。这女儿王氏，在入宫为妃之前，已经有过五次婚约，而每次都是在即将成婚之前未婚夫就突然病死，在民间来说这是非常不吉利的，分明就是个克夫的命，所以后来就再也没人敢娶她。王氏只好自己伤感，命运不是她自己能左右的事，虽然未婚夫生病不治并不是她害的，可是这名声她得背着。好在父母虽然为孩子嫁不出有点发愁，但并没有嫌弃她。王父甚至还想着相传他有大富大贵之命，一定会是女儿带来的，所以他始终将女儿当宝贝一样。

入宫册封为皇后，一生未育尽心抚养太子

宣帝对这王奉光是认识的，他也知道这王氏女儿的事情。古时候怎能让一个女子嫁不出去呢？于是宣帝就将王氏选入宫中，还将她封为婕妤。可是登基才三年，许平君许皇后就被霍光的夫人霍显毒死，接下来立霍显女儿霍成君为后。可是霍成君不但没有母仪天下，还受其母亲怂恿意图毒杀太子，于是地节四年霍皇后也被废。

经历过这些事件的宣帝，对皇后的人选就变得格外谨慎。他不仅要选一个足以有能力管理后宫之人，又必须是宽厚善良，能够爱护他的儿子的人，更明确一点说，他需要给他年幼的太子找一个好母亲，保其平安健康地长大成人，并接管天下。

这王氏入宫，宣帝并不是因其美色或者爱慕之意，而是相当于照顾老友的情谊，因此对王氏并无过多的接触，王氏也没有怀上宣帝的骨肉。王氏秉性善良，宽厚仁慈，不与人争风吃醋也不参与钩心斗角，没有子嗣也就不会为自己的儿子争权争势，于是宣帝打好主意，她是最好的皇后人选。

元康二年，宣帝册封王氏为后，借女儿之光，王奉光果然被封邛成侯。不过宣帝并没有在王氏被立为皇后以后过多地照顾她，感情上两人并没有过多的进展。这王氏也并不因此而心生嫉妒与不满，反而是将她的全部热情都投注到年幼的太子刘奭身上，对他如同对亲生孩子一样。我们经常听到说自古后母毒如蝎，尤其是在这是非更多的宫廷之地，王氏能做到这样真是表明其心地善良修养过人。不仅如此，由于总担心有人会加害于太子，王氏不仅全心全意照顾太子的生活起居，而且每次用膳用药王氏必亲自试口，确定没有危险才让太子吃下。所谓真心必有回报，王氏与太子刘奭建立了深厚的感情，宣帝也对她十分感激。

缺夫妻之爱，但善心终得安享天年

宣帝去世以后，太子刘奭即位，是为汉元帝。元帝将王氏尊称为皇太后，并对养母王氏的父亲和兄弟也都加以封赐，对王氏家族都很关怀。元帝在位十五年病逝，长子刘骜即帝位，将王氏尊为太皇太后，并且对她也十分尊敬。因刘骜是刘奭皇后王政君之子，于是太皇太后王氏被称为"邛成太后"。公元前16年，邛成太后以高龄辞世，与汉宣帝合葬于杜陵。

张氏　西汉宣帝刘询婕妤

□ 档案：

姓　名： 张氏
生卒年： 不详
籍　贯： 不详
婚　配： 西汉宣帝刘询
封　号： 婕妤

张婕妤，西汉宣帝刘询的宠妃。刘询在位期间一共有三位皇后，第一位皇后许平君是他在民间时候的结发之妻，感情很好，但许平君当了三年皇后便被第二任皇后霍成君的母亲毒死。第二任皇后霍成君后来也被废，那时在宫中，宣帝最为宠爱的妃子当是张婕妤。

在霍成君之后，宣帝曾非常想立张婕妤为皇后。可是霍成君在皇后位时发生了意图毒杀太子之事，霍成君尚没有子嗣都这么妒忌太子，这张婕妤生有一子封为宪王，宣帝害怕旧事重演，皇宫中争权夺利之事又不少见，有时候为了权势一个善良的人也有时会人格扭曲。为了稳妥起见，宣帝在选择皇后人选的时候就尽量谨慎，最后选取了没有子嗣、人品也很好的王氏为皇后，让她尽心尽力照顾太子，抚养太子长大。

但是宣帝并不宠爱王皇后，最受宠爱的仍然是张婕妤。而且张婕妤的儿子宪王不仅聪明活泼，还非常好学，熟读经史，很有才能，宣帝非常疼爱他，觉得这才是自己的儿子啊。很多时候宣帝都想立张婕妤母子为皇后和太子，从感情上来说这是他最倾心的妻子和儿子。然而太子是他和许平君所生的孩子，结发之妻不可抛，而最重要的是现在的妃子都是同他共享富贵，却只有许平君在他患难时相扶相伴不离不弃。许氏当上皇后没过上几天好日子又被人毒死，儿子刘奭年幼就失去了母亲，所以欲废太子之位，宣帝又非常不忍心。

所以最终，皇后王氏不负宣帝所望，尽心尽力将太子养大，太子刘奭顺利即位。张婕妤仍是最受皇上宠的婕妤，也算是两相安好。

王政君　西汉元帝刘奭皇后

□ 档案：

姓　名： 王政君
生卒年： 公元前 71～公元 13 年
籍　贯： 元城（今河北正定）
婚　配： 西汉元帝刘奭
封　号： 皇后

王政君，今河北人，西汉元帝刘奭的皇后。王政君相貌平平，才能也平凡，本是很平常的一个人，却因偶然的机会，在历史上却产生了很不平凡的影响：可以说大汉江山就毁在这个女人的手上。王政君本是一个没什么主见的人，但是母凭子贵，她当上皇后，又当上皇太后，最终掌握了汉朝实权。但是一个女人治理江山，必定多靠娘家人，结果最终导致王家外戚篡权，被侄子王莽夺了天下。最后，身为太皇太后的王政君悲愤而死。

一朝陪侍太子侧，一次临幸得皇子

据说王政君的母亲在怀她时也有传说，说曾经梦到月亮到了自己的怀里，之后就怀上了王政君。不过王政君的童年不是很幸福，因为她的父亲王禁是个花花公子，好美色，因此家有很多小妾。王政君的母亲因受不了他父亲好色的秉性，于是改嫁他人，而王政君留在王家，从此很少享受到母亲的关怀。

好在王禁也算是官宦之家，家境尚可，所以王政君衣食无忧，也受到一些教育，很是温婉可人，也比较贤惠，远村近邻的人对她还颇多赞扬。

到了及笄之年，父亲王禁就把她许配人。可是还没进门，未婚夫婿就生病而亡了。其后父亲王禁又把她许给东平王为妾，没想到类似的事情又发生了，这东平王在她还没进门的时候又一命呜呼了。这种事遇到一次是偶然，如果每次都这样，就会让人产生联想，所以父亲也很奇怪，莫不是女儿有克夫的命？于是父亲王禁就去找相士给王政君算上一卦，这人看过卦象之后对王禁说：你女儿不是克夫，而是富贵之命，只是这是天机，我暂时不可泄露。这王禁听后不禁喜上眉梢，于是也不再继续将王政君许配他人，而是转而大力栽培女儿，请人教她读书练琴。

宣帝甘露元年，王政君已经十八岁了，正好就被选入宫里，但只是一名地位很低的宫人。进宫以后，她默默无闻，没什么崭露头角的机会，但是很快转机就来了。

当时还是皇太子的刘奭非常宠爱妃子司马良娣，但她却抱病而死。死前司马良娣对太子凄凄怨怨地说，她的死并非真的宿命到头，而是因为其他的妃子因嫉妒太子对她的宠爱而将其诅咒，结果才生病不治。她很舍不得离开太子殿下，也死不瞑目。太子悲痛欲绝，也对妃子们心存忌讳，甚至决心不再碰其他妃嫔，要跟她们保持距离。

可是这时候太子还没有子嗣，不孝有三，无后为大。即使是一个普通人，也不可没有儿子，更何况是皇家子孙，还是身为太子呢！这不仅关系刘家血脉，更关系到汉家江山。所以宣帝见太子如此，非常地焦虑，他敦促皇后务必要为太子选一些侍女伺候他。

这一天，太子去拜见皇后。皇后就趁机将选好的五名宫女叫上来站在太子面前，让他挑选出喜欢的来伺候他。当时的太子还沉浸在痛失爱妃的悲痛之中，完全无心去挑选宫女，但是又不得不应付母后，所以头也不抬就随手指了一个。而这偶然的是，王政君恰恰是这五个宫女之一，更加偶然的是当时她就站在离太子最近的位置。太子这么一指，皇后再看看这宫女也长得五官端正，于是满心欢喜地就将王政君送到了太子的寝宫。

太子并不喜欢王政君，这一夜过后，王政君居然就怀上了太子的儿子。十月怀胎，生下一个大胖小子，孩子降生，最乐的自然是宣帝。好不容易有了孙子，江山后继有人，宣帝当然十分开心，所以经常没事的时候带小孙子玩，逗他乐，还亲自给他取名，即刘骜，于是王政君也就成了太子妃。

母凭子贵，飞上枝头当皇后

小刘骜三岁的时候，爷爷宣帝驾崩，时年为公元前49年。刘骜的父亲，当时的太子刘奭登基为元帝，作为长子嫡孙的刘骜自然就被立为太子。按道理，太子的母亲理所当然地会被选为皇后，可是这刘奭却犹豫了，他很纠结。当时刘奭有两个宠爱的妃子，一个是傅氏，一个是冯氏，而且傅氏和冯氏也都在王政君生下刘骜之后不久就给刘奭生下了儿子刘康和刘兴。他多想立宠爱的傅氏为皇后啊！他不想立一个自己对她一点感情都没有的皇后。可是，即使是皇帝也有难以改变的传统规制，还有一群拥护传统的忠心朝臣，他怕再不作出决定就会闹出非议了，于是元帝也只好委曲求全，立太子的母亲为皇后。

于是这王政君，就真的完全是母凭子贵，当上了万人之上的皇后。虽然不能如愿地立自己的宠妃为皇后，但是元帝不会忘了她们。于是他专门为宠妃设了一个名号：昭仪。这昭仪，就是后妃中地位仅次于皇后的人。这傅氏和冯氏，自然就升为昭仪了。而这皇后，有了名，有了权，有了地位，却没有皇帝的爱，后来甚至这地位都受到了威胁。

刘骜小时候倒还很积极上进，熟读经书，谦恭有礼。但是后来逐渐贪图享乐，抛弃经书，越来越不上进，元帝对他也越来越失望，甚至萌生了废太子的想法。这想法传到王政君和太子刘骜的耳朵里，两人很是惊恐。而这个时候，幸亏元帝的一个贴身近臣史丹向元帝请求保留太子之位，元帝才长叹同意，毕竟太子深得宣帝宠爱啊！王政君母子这才得以保全自己的地位。

儿子即位，太后掌权，兄弟同日封五侯

公元前33年，元帝病逝，太子刘骜即位，是为成帝，王政君被尊称为皇太后。成帝刘骜并没有因为登上帝位而觉得有义务担起江山之责，反而是继续沉迷酒色。因此朝政大权就落入到太后王政君手里，她开始大力任用外戚王家人。

王政君的父亲有不少妻妾，因此王政君的兄弟也比较多。王政君非常重用她的兄弟们，以长兄王凤为首，官至大司马大将军领尚书事。并且其兄弟都得到了封侯，甚至同一天有五个兄弟同时封侯。从此这王家就有些恃宠傲物，大兴土木，扩充自己的势力。

一旦太后掌权，政权就很容易落到外戚手里，这是很容易想到的。一个女人，她再大的能耐，也不能一个人统领天下，她得靠别人支撑。而一个女人她能靠谁呢？自然是娘家人。所以这个时候最容易受重用的，就是娘家的人。如果这外戚都是贤人能人，便能辅佐其将国家治理得更好，如果是只贪图权势和享乐的，那江山就存在危险了。而王家，显然不是什么追求江山社稷，保百姓安居乐业之辈，所以在成帝沉迷酒色，王太后和外戚家族控制的政权下，朝政腐败，百姓生活苦难，贪官污吏横行，民间治安也很混乱，西汉的盛世局面逐渐衰落下来了。

外戚专权日盛，侄子王莽终篡权

元帝在位的时候，有想过废除刘骜的太子位，转而立傅昭仪的儿子定陶王刘康为太子。这刘康比较贤能，熟读经书，通晓礼节。成帝即位以后虽沉迷于玩乐，但是对这个

弟弟还是很欣赏的，将其从定陶召到身边陪伴自己。由于成帝没有子嗣，他甚至有意将皇位传于刘康。但是王氏家族见成帝和刘康走得很近，于是就想尽计谋将刘康遣回远离成帝的定陶藩国，以免威胁自己的利益。

这个时候的王家，个个都骄奢淫逸。唯独王莽像一颗光洁的明珠，在这一群奢靡的人中间洁身自好，孝顺有礼。这王莽就是王政君三哥的儿子，三哥去世以后王莽母子无所依靠，生活窘迫，但是这王莽侄儿却举止有礼，对叔伯姑母恭敬有加，因此深得王政君大哥王凤的欢心。王莽也对王凤尽心尽力，因此王凤在离世前就拜托王政君母子一定要给这可怜的侄儿一官半职，从此这王莽就得到王政君的重用。

王莽代汉

成帝驾崩以后，因没有子嗣，于是定陶王刘康之子刘欣即帝位，即哀帝。这哀帝就是元帝宠爱的昭仪傅氏的孙子，因此哀帝即位，傅氏也得利，结果王氏家族和傅氏又产生了利益纠葛。此时的王莽已经得到大司马的职位，两家争斗比较厉害。为了使争斗降降温，王政君就建议侄儿先离开大司马的职位。

没几年哀帝驾崩，在哀帝临终前，王政君逼迫其将军政大权交给侄儿王莽，王莽又得到大司马的职位。哀帝无子嗣，因此王政君和王莽就迎中山王刘兴年仅九岁的儿子即位，史称平帝，王政君以太皇太后的身份临朝称制。

这时候王莽就开始耍弄他的小心思了，他对王政君说太皇太后不宜操劳，朝廷小事交给他来处理就行。结果王政君没看出王莽的意图，反倒以为是为自己着想，就非常高兴地答应了，说是除了分封王侯的事情之外，其他的就交给王莽一手包办，于是这朝政大权就落到王莽手里。

平帝逐渐长大，对王莽专权有些不满。王莽也觉察出小皇帝的不满情绪，于是先下手为强，将小皇帝杀害，又拥立一个两岁的小儿，自己一手把持朝政。太皇太后王政君没想到自己一手栽培的侄儿竟然有谋夺皇权的野心，她悲愤交加，可是也没有办法，此时王莽的势力已经很庞大了。

公元8年，王莽连只坐个位子的小皇帝也忍不了，将小皇帝废去，将皇冠戴到自己头上，还亲自坐上龙椅。为了真正取代汉室江山，他竟然恬不知耻地向太皇太后王政君索要汉室玉玺。王政君此时已无法阻挡王莽的新政权，她即使想愤怒地诅咒王莽，但也无力回天，她再不忍将玉玺交出，也无法保证王莽不会拿到，所以她使劲将玉玺砸向王莽。王莽终将天下收为己有，从此建立了新朝政权。

公元13年，太皇太后王政君悲愤而死，享年八十四岁，与元帝合葬于渭陵。

傅瑶　西汉元帝刘奭昭仪

□ 档案：

姓　　名：傅瑶

生卒年：不详

籍　　贯：河内

婚　　配：西汉元帝刘奭

封　　号：昭仪

傅昭仪，西汉元帝妃嫔，汉哀帝的祖母。她本为上官皇后的才人，后侍奉太子刘奭，太子刘奭即帝位，因宠爱傅昭仪所以想立其为后，但因王政君为太子母亲，所以立王政君为后，又专门设了昭仪这个封号给傅氏和冯氏两位宠妃。后因成帝无子，傅氏的孙子刘欣即位，傅氏又重新回到了宫中。

深受宠爱，但无法封后

傅瑶可谓是个八面玲珑的人，非常善解人意，因此很得太子刘奭宠爱，不仅如此，她在后宫里的人脉关系都非常好，这一点实属不易。皇室后宫是是非之地，被冷落就注定孤苦，若被宠爱，又容易遭人嫉妒，但唯独傅瑶既得到刘奭的爱宠，又能让身边人对她毫无嫉恨之意，身怀这种才能，也难怪刘奭会一直疼爱她，甚至后来当了皇帝还想让她做皇后。刘奭即帝位以后，皇后的人选还在考虑之中。

太子妃王政君，刘奭其实并不喜欢她。只因王政君被偶然地选给刘奭，又只经一次临幸就怀上了刘奭的第一个孩子，这长子嫡孙，当然受到宣帝的百般疼爱，并亲自给他取名为刘骜。就在这之后不久，刘奭就宠爱上了傅氏和冯氏，二人在王政君生下孩子不久也各自生下皇孙。可是，这儿子毕竟还是迟了一步。

宣帝驾崩以后，太子刘奭即位，是为汉元帝，长子刘骜被封为太子。傅氏知道她的孩子晚来一步，是没有被立为太子的命，她也没有成为皇后的命了，可是她还是很想争取，毕竟她有刘奭的感情，刘奭也很爱她的儿子。确实，元帝十分宠爱她，甚至十分想立她为皇后，以至于元帝为了立皇后这事迟疑了三天。三天，足以表示元帝内心的纠结。他想，但不能做。王政君是太子的母亲，顺理成章地就该立为皇后，可是没有感情啊。可是若皇后另有人选，一定会招来众人非议。罢罢，元帝为避免非议，只好立王政君为皇后，但是，他要给心爱的妃子一个特殊的地位，所以他专门为两个爱妃设了一个新的封号：昭仪，一个地位仅次于皇后的封号。于是傅氏和冯氏，就被封为昭仪。

时机一转，孙子即帝位

元帝去世以后，傅氏跟随儿子定陶王到定陶藩国定居。这时成帝刘骜即位，期间刘骜还邀请兄弟定陶王刘康来朝廷陪伴他，两人甚为投机，因成帝没有儿子，因此还曾想传位于兄弟刘康，只是被太后和王家势力阻拦，又把定陶王刘康遣回了定陶藩国。刘康年纪轻轻的就去世了，白发人送黑发人，这对傅氏的打击很大。当时刘康已经和丁氏留有一个儿子刘欣，傅氏亲自抚养，想把他好好抚养成人。

等到刘欣长大，成帝依然没有子嗣，而且还被赵飞燕、赵合德姐妹迷得神魂颠倒。当时成帝的另一个兄弟还在，即冯昭仪的儿子刘兴，中山孝王。一次，定陶王刘欣（刘康死后儿子刘欣为定陶王）和中山王刘兴一同入朝见成帝，刘欣表现比刘兴表现好很多，成帝对定陶王刘欣很满意，也有心想让他成为接班人。

傅氏作为刘欣的祖母，非常希望孙子能登上帝位，于是她就为孙子四处奔走，能够贿赂的地方，能够拜求的人，她都不惜一一去找。当时赵飞燕、赵合德姐妹受宠，于是傅氏就趁机贿赂赵氏姐妹。赵氏姐妹都不能生育，而且她们也看出成帝有心栽培刘欣为接班人，为了自己的利益，她们就同意傅氏，于是两方相互利用。经过多方奔走斡旋以及打点，成帝最终立定陶王刘欣为太子。

可是，孙子刘欣立为太子之后，太后王政君担心她们势力越来越大，就限制傅氏和刘欣的母亲丁氏，使她们不得与太子同住，只能十日见一次太子。

公元前 7 年，成帝暴亡。太子刘欣即位，是为哀帝，傅氏终于苦尽甘来。

冯媛　西汉元帝刘奭昭仪

□ **档案：**

姓　名：冯媛
生卒年：？～前 6 年
籍　贯：上党潞县
婚　配：西汉元帝刘奭
封　号：昭仪

冯媛，西汉元帝刘奭的宠妃，为元帝生有一子，即中山王刘兴，是汉平帝的祖母。元帝特别宠爱冯氏和傅氏，因此专门为其设了地位仅次于皇后的"昭仪"的封号，冯氏曾因黑熊事件护驾有功因而受到元帝特别的宠爱，但与傅昭仪结下过节，后哀帝即位，作为哀帝祖母的傅昭仪得势，将冯氏诬陷为有"诅咒罪"，冯氏被逼喝毒药自杀。

在元帝身边地位比较突出的女人有三个，一个是王政君，虽然元帝对她没有感情，但她为他生了第一个儿子，因此身份就特殊了。还有两个就是冯昭仪和傅昭仪，元帝最宠爱的两个妃子。

当时元帝宠爱傅氏更甚，元帝即位时非常想立傅氏为皇后，可是太子当立长子嫡孙，自然是王政君的儿子，立好了太子，皇后自然应该是太子之母，于无奈之下元帝只好册封并不宠爱的王政君为皇后，但是他还是想给两位宠妃一些特别的待遇，那就是重新为她们设一个封号，一个地位仅次于皇后，但高于婕妤的封号，即昭仪。冯氏和傅氏都被封为昭仪。两位昭仪都为元帝生下了皇子，冯氏所生即中山王刘兴，傅氏所生为定陶王刘康。

两个女人一起伺候一个丈夫，自然免不了有争风吃醋和分外眼红的时候。据传有一次黑熊上殿，冯昭仪非常英勇地跑到元帝身边护卫元帝，才让人有时间制服黑熊，保元帝无恙。因护驾有功，元帝因此更加宠爱冯昭仪。这事儿在傅昭仪眼里，可不是救了自己丈夫应当感恩，而是冯氏大大抢了她的风头，夺得了元帝更多的青睐，所以这事儿在她心里就留下了阴影，这也为冯昭仪后来的悲惨命运埋下了隐患。

元帝以后成帝即位，因成帝没有子嗣，所以要在刘氏血脉中选一人当继承人。当时傅氏的儿子定陶王刘康已经过世，冯氏的儿子中山王刘兴还在，另外就是刘康的儿子刘欣，也就是傅氏的孙子。成帝召两人同时进京，一番考察后，觉得傅氏的孙子刘欣更有君王之范，刘欣在祖母傅氏的一番走动打点之下，被成帝立为太子。立太子同年，中山王刘兴过世，留下两岁的小儿箕子继承中山王位，由祖母冯氏亲自照料。

成帝驾崩以后，刘欣即位，即哀帝。孙子登上皇位，祖母傅氏的权力又回来了。恰好冯氏的孙子小中山王体弱多病，冯氏要照顾他，于是经常祷告祈求孙子身体健康。结果傅氏本来就和冯氏有一些过节，虽然先夫都已经过世多年，但她心里的阴影始终挥之不去，于是趁此机会诬陷冯氏是在诅咒皇帝和她，意图让自己的孙子即位为皇帝，对冯氏身边的人严刑拷打。冯氏始终不招，后来终于知道是傅氏从中作梗，知道她一心想置自己于死地。事出这种原因，她知道怎样都脱不了清白，于是喝毒药自杀。

后哀帝崩，冯氏的孙子即位，即汉平帝。臣子孔光上书澄清冯太后为被人诬陷，于是才为祖母平反，冯太后的清白也得以昭告天下。

许娥　西汉成帝刘骜皇后

□ 档案：

姓　名：许娥
生卒年：？～前8年
籍　贯：昌邑（今山东金乡）
婚　配：西汉成帝刘骜
封　号：皇后

许娥，昌邑人，西汉成帝刘骜皇后。许娥也是名门之后，她是当朝宰相的女儿，汉宣帝皇后许平君的侄女。许娥在很长一段时间里都备受成帝宠爱，并且生下一个皇子。但最终皇子莫名丢失，再加上多年以后毕竟年老色衰，因此逐渐被成帝冷落。后因赵飞燕等人诬告打入冷宫，最后因想求淳于长为自己多说几句话让自己重新回到成帝身边，不料被误认为与淳于长有不正当关系，被成帝勒令自杀。

送宠入东宫，一见钟情

成帝刘骜是宣帝刘询的孙子，而这刘询的命运同其他顺利接替皇位的皇孙们经历可不一样，他本是武帝的太子刘据的孙子，可是刘据当年被卷入巫蛊之祸里被迫起兵，最后自杀而亡。刘据的子孙们也都受到牵连，要么被诛杀要么也都没有逃离牢狱之灾。昭帝即位以后，将刘询带回宫廷让人抚养，后来因昭帝无子嗣，刘贺又荒淫无度，德才兼备的刘询被拥为汉朝天子，成为汉宣帝。宣帝立在民间结婚并生下孩子的许平君为皇后，他们的儿子刘奭为皇太子。只可惜没两年，刘奭的母亲许皇后就遭人嫉妒，被毒害致死，于是刘奭很小就失去了生身母亲的疼爱。

宣帝驾崩以后，太子即位，是为元帝。元帝因从小失去母亲，这心里的痛一直都在。为了补偿缺失母亲的情感，元帝对母亲家族也比较关照。太子刘骜长大以后，元帝就将自己的表妹，母亲许平君的侄女许娥许配给太子，并将她送到东宫。没想到太子刘骜一见到许娥就格外喜欢，真可谓一见钟情，从此就特别宠爱她，甚至是将所有宠爱都集中于许娥一身。元帝看见这种情况也特别欢喜，因为许娥不仅是母亲这边的亲戚，也是自己给太子选的人呀！

许娥修养极好，不仅模样可人，还有一身的才艺。除女子擅长的事情之外，许娥还擅长写文章，尤其写得一手好字，有才有艺又长得好，又懂得温柔体贴逗太子开心，这样的女子不由得刘骜不喜欢。几年以后，许娥很争气地生了一个儿子，这是朝廷上下都为之欢呼雀跃的事情，此后刘骜几乎只宠爱许娥一个，其他的美人妃子刘骜都懒得关注。不过比较遗憾的一件事是，许娥所生的孩子有一天突然莫名其妙不见了，而且怎么都没找回来，最终也就不了了之。其实宫廷里明争暗斗，各种怪事层出不穷，很有可能就是其他后妃嫉妒许娥受宠还生有皇子才出毒手相害。儿子的丢失，对许娥来说是生命中非常重要的一个转折，毕竟对于母凭子贵的后宫来说，孩子是保护自己的一个重要筹码。

成帝刘骜即位以后，仍旧立许娥为皇后，并且后来的几年也一直还很宠爱许娥。成为皇后的许娥，自然要尽皇后之责，努力打点后宫之事，处理后宫各种事务，替成帝分忧。另一方面，即使是努力管理后宫，成为一个女强人，照顾好丈夫，保证自己一直受丈夫宠爱也是很重要的一件事，许娥也要做很多事情逗成帝开心，让成帝留在自己身边。

无奈的是，岁月不饶人。女人最大的敌人，莫过于这严酷的岁月，尤其是那些嫁给必须用美色才能留住注意力的男人的女人们。后宫里的女人正是这样一个群体，她们侍奉的君主大多后宫佳丽三千，妻妾成群，太容易将注意力转移了。许娥虽然仅是个花瓶，但年纪是挡不住的，她怎敌得住那些花季少女呢？所以渐渐地，成帝便也冷落了她，寻觅新欢去了。

皇太后与皇后的势力之争

除了在成帝那边逐渐受到冷落，还有更为危险的事情日益接近着她。成帝刘骜即位以后，沉迷于酒色之中，大权几乎被太后王政君把持。王氏大力任用自家兄弟，发展壮大自己的势力。皇后和皇太后是两家外戚，是两方的势力，不可能同时得利，一方总要被另一方打压。皇太后为了巩固自己这一方的势力，将皇后许氏家族的朝廷重臣免职，许氏的父兄就不再身居朝廷高官，朝廷大权就被皇太后和王凤等人把持，于是宫中的许皇后就成为势单力薄的孤家寡人了。

可是这成帝不图自己励精图治将国家治理好，只顾美色和游玩，并且母后和舅舅们掌握大权，凡事他们说一，成帝也不敢说二，大多数情况下还是看母后王政君和舅舅王凤的眼色行事。许皇后则本本分分做好自己分内的事，将后宫打理得一丝不乱。无奈太后权力虽大，但是野心更大，王氏兄妹对皇后还是不怎么放心，所以经常别有用心地在皇帝面前说一些言过其实的话。许娥并没做什么错事，但是却被人毁谤，热血之人当然也要为自己讨回公道。其实成帝虽然没什么魄力和作为，但皇后所做之事到底合理不合理他是懂的，别人的话是真是假他也还是能分辨的，只是无奈他扛不住权臣和皇太后的压力，只能委屈皇后，下旨让她更加恪守本分。

无人支撑，连丈夫都不为自己说话，这孤苦和无依可想而知。然而，事情并不止于此。成帝时汉室江山已经逐步衰落，百姓孤苦，天下秩序一片混乱。这原因其实明摆着，外戚专权又不精于治天下，而是不断扩充自己势力和财力，朝政荒芜，自然导致国势衰落。然而，为了逃避责任，王凤等人居然污蔑这原因在于后宫，后宫没有管理好于是影响国家运势，可怜的许娥，备受排挤。

兢兢业业掌后宫，不料美人早有预谋

到鸿嘉年间，不思进取的成帝刘骜干脆将国事全权交给母亲和舅舅们处理，他就专门负责游山玩水和搜索民间佳丽去了。这时候赵飞燕等美人陆续进宫，飞燕身材苗条，舞姿绰约，直把成帝迷得神魂颠倒。听说飞燕还有个妹妹一样也生得国色天香，于是把飞燕的妹妹合德也召入宫中成为妃子，从此赵飞燕和赵合德姐妹将成帝迷得团团转。

正所谓红颜祸水，这祸水不仅在于红颜美貌勾人魂魄使人忘记政事，更在于红颜不怀好意地挑唆或者陷害。赵氏姐妹就是这样为一己私利愿意将别人置于死地之人。

赵飞燕虽貌美，可内心狠毒，她早对许娥的皇后位子觊觎已久。而现在，许氏被皇帝冷落，又被太后及权臣排挤，许氏的儿子也早就丢失，也再没什么优势了。一直到这时候成帝都没有子嗣，太后和群臣都十分焦虑，太后也不断地给成帝寻找美人，希望能早日生下皇子。这时候恰好有一个王美人怀了身孕，飞燕一看，正是大好时机。于是，飞燕上书一封，诬告说许后的一个姐姐诅咒王美人和她腹中的胎儿，不想让她生下成帝的骨肉。太后一听说这事，立刻大发雷霆，这还得了！这是涉及汉室血脉相传的大事！怎能容得别人诅咒！于是许后的姐姐就直接被处死，毫无辩解的余地。这还没完，太后及王凤等人一思忖，这事没这么简单。诅咒成帝的妃子，这事应该是嫉妒她的人才做的呀！那谁嫉妒有身孕的王美人呢？当然是许皇后！这么一联想，许后无论如何都脱不了干系，于是皇后地位就被废掉，许氏家族其他成员也都被遣返回老家。不久以后，赵飞燕如愿以偿，被成帝封为皇后。

可是，赵飞燕高兴得太早了。虽然被立为皇后，但是毕竟有一个严酷的现实她不得不面对：她无法生孩子，而且她妹妹赵合德也不能。这意味着皇子这个重要的筹码她们是不可能有的，那么终有一天，随着岁月老去，美丽容颜尽失，她们姐妹也终究会被她人取代。

再盼回到君王侧，可怜被误淳于长

皇后之位被废后，许娥就被幽禁于昭台宫。一朝宠尽，终入冷宫。这是后宫宠妃最不愿意面对的事情，没有一个女人愿意后半辈子在冷宫里孤单度过，连个宫女宦官都会给她们脸色。但是既然命运如此，又不得不面对。可是不甘心呀！谁又甘心呢？外面的世界何其美好。所以，虽然住进昭台宫，许娥没有放弃重新回到成帝身边的希望，而恰好，机会也好像是来了。

许娥还有一个姐姐，叫许孊。许孊原本是嫁给一个叫韩宝的人，但是韩宝去世了，她成了一个寡妇。可是她也是个不甘寂寞之人，后与淳于长私通，淳于长干脆娶她为妾。这淳于长是王太后的侄儿，身居要职，是成帝面前的大红人，也是个好色之徒。一天，许孊去看许后。许后知道淳于长在成帝面前比较受宠，心想若是他能在成帝面前美言几句，那离开冷宫回到成帝身边应该不成问题。姐姐回去就跟淳于长商量，淳于长也答应了，于是和许后有几次书信往来。许后一心想回到成帝身边，她甚至已经不在乎再能不能做皇后，她只期盼离开冷宫，哪怕做一个婕妤也好啊！但是没想到这淳于长却并不是真心想帮许后，在给许后的信里居然充满了暧昧之词。

当时王莽已经野心勃勃，他一心想掌管朝政事务，坐上大司马之位。而淳于长也是皇上身边的红人，当时比较可能的人选也就他们两个人，所以王莽决心要将淳于长踩下去。恰逢这个时机，王莽发现许后与淳于长有书信往来。如果污蔑淳于长企图对许后不轨，那他还能安然坐在他的位子上吗？当然不能。所以王莽上书，说许后与淳于长有染，还将他们的书信呈上。可怜许后跳进黄河也洗不清了。成帝大怒，严惩淳于长，赐药于许后，许后只能悲愤与失望并生，饮药而终。

赵飞燕 西汉成帝刘骜皇后

□ 档案：

姓　名：赵飞燕
生卒年：？～前1年
籍　贯：不详
婚　配：西汉成帝刘骜
封　号：皇后

赵飞燕，西汉成帝刘骜的宠妃，在将皇后许娥陷害之后，被成帝立为皇后。赵飞燕是个耳熟能详的名字，与唐朝杨玉环有"环肥燕瘦"之称，是历史上有名的美人，文人骚客笔下的宠儿。她可以称得上是中国古代史上有名的舞蹈家，但她同样也可以担当阴谋家的称号。在赵氏姐妹的魅惑下，成帝不理朝事，国家日益衰落。而且赵氏姐妹得势以后，居然频频害死成帝子嗣，以至于成帝至死无子，最终要另选皇侄继承皇位，真可谓是红颜祸水。

穷苦燕燕飞上天

赵飞燕虽然后来在宫中深受成帝宠爱，要风得风要雨得雨，但其实她出身卑微，甚至一出生就被父母遗弃，却不料是大富大贵之命。飞燕的父亲是官家的奴隶，日子穷苦，并且也没有办法改变自己家里的处境，按照正常的发展，应该是子子孙孙都将世袭他的官奴身份。飞燕出生以后，家里无法承担起养育一个女儿的负担，自己的日子都快过不下去了，哪还养得起一个姑娘呢？夫妻俩心一横，把这刚出生的婴儿送到野外丢弃了。

可是孩子毕竟是娘身上掉下来的肉，哪有父母不心疼的。三天以后父亲放心不下，就去丢弃婴儿的地方看看，没想到这小家伙还活着！父亲大为惊讶，刚出生的婴儿一点没保护好就容易夭折啊，她在野外三天没人照顾都能挺过来，一定是命不同凡人。所以父亲又将她抱回了家，将她精心喂养着。

那时候穷人家的小孩养不起，稍大一点就送到官家的府上做丫鬟奴婢，飞燕就来到了阳阿公主家。阳阿公主一看这丫头身材苗条柔软，长相清丽出众，就让她学习歌舞，做了府上一名歌舞伎。这飞燕真是天生的舞蹈家，她跳起舞来整个舞池里就她最耀眼，无疑是当之无愧的明星。除此之外她还精通音乐，能弹得一手好琴。

一天，成帝同往常一样出外游玩，来到阳阿公主家。阳阿公主就派府上的歌舞伎出来助兴，这就是飞燕登场的时候了。在一片金杯银盏之中，飞燕翩翩而来，婀娜的身姿已经将成帝的魂魄勾住，目光在她身上无法流转。随着音乐声起，那身姿便如同花枝，如同燕尾，那轻盈与妖娆已经让成帝无法自拔，一曲过后便无法回转神来。遇如此艳丽美人，成帝十分开心，宴会过后就要带飞燕一同回宫，要将这绝世美人据为己有。

飞燕随同成帝入宫以后，瞬间就将后宫其他佳丽比了下去。原本成帝还比较宠爱皇后许氏，许氏属于贤惠端庄有修养的美人，但毕竟此时的许氏同年轻妖娆的飞燕比较，早就没了颜色。飞燕从下层社会而来，从小家境贫苦，所以很是懂得如何博取别人的欢心，如何争取自己的利益。不消几天，成帝就同飞燕如胶似漆，一日不见如丢失魂魄。

甩袖舞俑　西汉

虽然非常得宠，但是飞燕也十分清楚，身在后宫就不仅仅是抓住成帝一个人的心那么简单，后宫是一潭深不见底的水，现在虽然被成帝宠着红极一时，但却也防止不了其他后妃会暗害于她，孤身一人在后宫里，怎斗得过群芳的联手呢？于是飞燕就想到了那出落得比她还艳丽的妹妹赵合德。她要把合德也介绍给成帝，姐妹俩一起同心协力维护其在宫中的地位。

成帝对于美色，从来都不拒绝，应该说迎之而唯恐不及。听说飞燕还有一个比姐姐还水灵的妹妹，别提有多开心。见到合德以后，果不其然，成帝简直乐得合不拢嘴，两个天仙站在自己面前，谁能比自己更有艳福呢！当即就下旨封赐，封两姐妹为婕妤，地位高于众妃嫔之上，仅次于皇后。

恃宠谋图皇后位

人的贪婪和欲望总是无止境的。飞燕姐妹在宫中百般受宠，成帝几乎是她们俩的专属丈夫了，可是飞燕仍不满足。她要的不仅仅是这些，不仅仅是被成帝宠着，她还要权力，要位子，她要当皇后，要当后宫最高的统帅。

可是皇后位子上早就有人了，平白无故是不可能轻易让皇后退下来，也不能凭着皇帝宠爱谁就让谁当皇后，更不可能有人会主动让出位子来，所以这一切必须得用脑子，用计谋。

当时的皇后许氏已经不怎么受宠，并且皇太后以及权臣王凤等人对其也颇有微词，许氏的地位也没什么保障。本来有孩子的许氏，又不慎将孩子丢失，这无疑是给她增加了一个致命伤。所以这许氏的威胁也不是很大，找个借口就能将她拉下来。但是许氏下台以后，要怎样才能保证成帝一定立她为后呢？这里面剩下的最重要的一个就是，要保证其他的后妃不能有成帝的儿子，否则，其他人还是能对她造成威胁。所以赵飞燕一边谋取皇后位，一边同妹妹联手，将所有被成帝宠着，以及怀上成帝骨肉的妃嫔都视为自己最大的障碍，要将她们全部铲除。

这一个时机很快就到了。当时后宫一个王美人正好有身孕，此时许氏与王氏两派外戚斗争比较激烈，太后已经将许氏家族的势力都基本清除朝廷，朝政大事由王凤一手把持。飞燕趁此机会想出了一个妙招儿，她上书一封给成帝，说许皇后的姐姐诅咒王美人，并且诅咒权臣王凤，想让王美人腹中胎儿无法生产，分明是想让成帝无后。而这王凤，现在朝廷大小事务几乎都是他来处理，若他有个三长两短，对大汉江山来说是何其大的损失！这两个人加起来，不就是诅咒汉室无后，汉室江山无继吗！这事情传到王太后耳朵里，无论如何都不能姑息，一定要严惩！一怒之下，王太后赐予许皇后姐姐死罪，并且王太后和王凤等人推测一定是许皇后在背后指使，因为这样做对她最有利，王氏兄妹怎么可能放过许氏呢？一纸诏书下来，许氏皇后位子就被废掉，还被打入冷宫，在昭台宫幽禁。

这几乎是不费吹灰之力，一个小小的假造的事情就将许皇后踢到冷宫里了，可见赵飞燕的阴谋是多么缜密。

姐妹联手霸成帝

赵飞燕和赵合德姐妹俩在宫里将成帝迷得神魂颠倒，对她们几乎百依百顺。飞燕的舞姿自不必说，据说赵飞燕跳起舞能在荷叶上站立，有似轻功水上漂，婀娜多姿体态轻盈，在水上扬起轻衫犹如仙女在风中飞舞一样。有一次飞燕正在表演她的拿手舞蹈，忽然一阵风吹过，吹得飞燕那娇小的身躯差点跌进水中，后被人拉住裙摆才没有掉下，这种美妙的视觉盛宴和瘦弱惹人怜爱的身姿，任哪个男人都无法放下。合德的美貌，相对于飞燕来说甚至更胜一筹，姐妹俩围绕在成帝身边，成帝再无心想起其他人，可是姐妹俩并不满足。

觊觎皇后位子很久的赵飞燕设计陷害许皇后，后成帝将许氏打入冷宫，不久飞燕坐上了久盼的皇后位子。可是，飞燕姐妹俩和成帝在一起很久了都没有孩子，后来她们终于知道是自己不能够怀孕。据说为了保持美丽和身体的吸引力，赵氏姐妹就用各种香料掺和在一起做成一种叫作香肌丸的香料，姐妹长期使用这种香料以保持对成帝的吸引力。可是没想到这香料是有毒的，这种毒不仅能使女性内分泌失调，更重要的是长期使用能够导致不孕不育，而姐妹俩过度使用，结果导致二人均不能够怀孕。

这对于想长期在后宫独领风骚的姐妹俩，无疑是一种绝望性的打击。但是，赵氏姐妹是不会轻易认输的。既然不能有孩子，那么对她们威胁最大的就是后宫里有孩子的其他嫔妃。只要别人也没有孩子，那么最受宠的仍然只会是她们姐妹俩。于是，她们便魅惑皇帝，让他不能够临幸其他的妃子，不许去其他妃子住处，更不许去其他妃子那边过夜，成帝必须同意以表示对姐妹俩的真心。成帝一时色迷心窍，一把年纪了还没有儿子竟还答应了两姐妹的无理要求。

可是，皇帝虽答应了，但传宗接代也很重要，临幸不同的妃子也是为江山社稷需要，所以总难免有别的妃子幸运地怀上龙子。但是这种情况对赵氏姐妹俩来说，就是绝对不允许存在的，凡是听到如此信息，姐妹俩必定要设计将其母子害死，以绝后患。更为过分的是，她们甚至会魅惑成帝将自己的孩子弄死。

一次，听说许美人生下了皇上的孩子，待成帝来到合德住处，合德居然倒地大哭，说成帝欺骗她们姐妹俩，说好疼她们姐妹俩一辈子再不踏入别的妃子房门半步，可是却有许美人生下了皇上的孩子。成帝哪见过这阵势，心爱的美人居然伤心成这个样子，他当然得尽一切力量来把美人哄开心。于是他向合德许诺，绝对不会失言于赵氏姐妹，飞燕的皇后位任何人都无法取代。不久后成帝还将自己的亲生儿子交到合德手上，结果那幼小的生命竟被合德偷偷埋掉了。

就这样，赵氏姐妹联手将成帝死死地控制在手上，凡是有成帝骨肉的妃子宫女等都一一被害死，孩子也全部夭折，最终一直到成帝终老，膝下都无子。

助哀帝登上皇位

成帝膝下无子，但总归要找个继承人来继承汉室江山的。当时比较有希望的也就是中山王刘兴和定陶王刘康的儿子刘欣。刘欣是元帝宠爱的妃子傅昭仪的孙子，这傅氏一心想让孙子继承帝位，于是不惜一切代价多方奔走，为孙子打点铺路。当时飞燕姐妹几乎掌握后宫生杀大权，并且成帝也对其言听计从，因此傅氏就找到赵氏姐妹俩，希望她们为孙子说情，将来他当了皇帝也一定不会忘记二位。

这赵氏姐妹虽能将成帝迷得神魂颠倒，但是太后王政君却并不喜欢她们。当时立飞燕为后，太后就嫌弃她出身卑微，最后是先封飞燕父亲为侯，然后才立飞燕为后，以提高其身份。飞燕姐妹俩对自己在宫里的情势也是非常清楚的，太后一手掌权，姐妹俩又没有一儿半女，将来成帝一命呜呼了，两人在宫里的地位就不保了。再加上成帝先前对刘欣也很赞赏，曾在她们面前提起，因此姐妹两人一合计，这是非常划算的生意，于是就同意帮助傅氏，在成帝面前多美言，助刘欣顺利被选定为继承人。

果不其然，在赵氏姐妹的帮助下，公元前 8 年，成帝刘骜立刘欣为太子，公元前 7 年成帝驾崩，刘欣即帝位，是为哀帝。

一朝春尽香消玉殒

成帝跟赵氏姐妹一起，日子过得有些荒淫无度，最终，成帝还是死在了合德的床上。

这消息一出，群臣都讨伐赵氏姐妹，这不是相当于赵合德害死成帝吗！而事实上这么说也不过分，合德知道自己逃脱不了干系，就自己自杀了，而飞燕则幸运一些，成帝驾崩，太子刘欣即位，是为哀帝。哀帝登上皇帝宝座毕竟赵飞燕是出了力气的，双方当时也有约定，哀帝对飞燕还是充满感激的，将其尊为皇太后。可是哀帝在位不长，哀帝去世后新皇帝即位，大权则落到大司马王莽手里，王莽对飞燕可没什么好感，将其贬为庶人，还揭露飞燕有杀害皇子的罪名，最终将飞燕逼到绝路，自尽身亡。曾经在后宫风光无限的飞燕，就这样归于尘土，再也无法展现其美妙绝伦的曼妙舞姿了。

赵合德　汉成帝刘骜昭仪

□ **档案：**

姓　名： 赵合德
生卒年： ？～前 7 年
籍　贯： 不详
婚　配： 西汉成帝刘骜
封　号： 昭仪

赵合德，赵飞燕的妹妹，两个姐妹花在历史上也相当有名气：非常著名的红颜祸水。自从合德入宫以后，赵氏姐妹就将成帝狠狠地握在股掌之中，将成帝迷得神魂颠倒不思朝政，整日与姐妹俩一起厮混。后宫里若有人怀有成帝的骨肉，也定将会被姐妹俩消灭，最终成帝到死都没能留下子嗣。后来，成帝终于暴毙在合德床上，合德难辞其咎，被迫自杀。

姐姐倾国貌，妹妹好颜色

成帝在阳阿公主家见到飞燕以后，就被她的曼妙舞姿和美丽容颜所倾倒，宴会结束就将飞燕带回宫里了。飞燕是聪明人，心思特别缜密。她知道一个人在深宫生存不易，必须有帮手才好，于是把自己的妹妹合德也介绍给成帝。成帝本来就喜好女色，对飞燕爱得不得了，又听说飞燕还有一个妹妹也貌美如花，自然是乐得合不拢嘴。见了飞燕和妹妹合德之后，立马将二位美人都封为婕妤，非常宠爱。

赵氏姐妹进宫以后，成帝就更加地乐在后宫不思前朝了，对姐妹俩言听计从。后来合德同飞燕两姐妹设计陷害许皇后，丢失儿子又卷入外戚斗争的许氏很快就被废去了皇后之位，还被打入冷宫，而合德的姐姐飞燕则终于心想事成，坐上了觊觎已久的皇后之位。

姐姐飞燕登上皇后的宝座之后，却发现她是不能生孩子的。这对于一个女人，尤其是一个皇宫里的女人来说，无疑是一件几近绝望的事情，这样发展下去，假使有一个嫔妃有了龙种的话，这皇后位就很难保住了。为了保住皇后位，合德帮助飞燕一起，姐妹俩将成帝牢牢握在手中。

姐妹齐联手，终成祸国红颜

成帝特别宠爱合德，甚至跟合德在一起的时间还要多于同姐姐飞燕在一起的时间。成帝曾很荒唐地跟合德说，他很想立合德为皇后，只是无奈一国只能有一个皇后啊。虽说当今皇后是自己姐姐，成帝也最疼她们姐妹俩，可是毕竟这是后宫，时间久了合德和飞燕之间也逐渐开始争宠了。但姐妹毕竟是姐妹，何况自己还是姐姐给引荐给成帝的，所以在对付后宫和朝中大臣这方面，两人还是特别地齐心协力，总是联手出击。

在宫里，姐妹俩一个是皇后，一个是昭仪，身份地位高于其他妃嫔之上，唯一的威胁就是姐妹均不能生育，所以她们最大的敌人就是怀有成帝骨肉的人。于是，姐妹俩双剑合璧，飞燕操纵，合德在成帝面前谗言，后宫妃嫔宫女被残害无数，甚至连皇子也被她们害死。

成帝曾答应赵氏姐妹，不再去和其他妃子亲近，更不去过夜。但是成帝还是没忍住，偷幸过一个姓曹的宫女，并且这曹宫女还为成帝生下一个男婴。这事传到飞燕和合德耳朵里，怎可容忍！于是合德立刻行动，将曹宫人毒死，并且派人偷偷抱走幼小的婴儿，还未曾好好看过这世界一眼的孩童就就被合德送走了。

又一年，许美人有孕，生下一个儿子。成帝当时岁数已经不小，按古代皇帝来说，得孙子都不足为奇，可是成帝膝下连个儿子也没有。这时候算是老来得子，所以别提有多高兴了。可是成帝的高兴在合德眼里，那是何等的让人愤怒啊！他居然为别的女人生的孩子高兴！所以她完全不顾成帝的感受而是顿时怒目以对：你让别的女人有了你的孩子，难道你不要我们姐妹俩了吗？难道你要让有孩子的人去当皇后吗？你这个负心汉，你要怎么对我们姐妹负责？可怜昏庸无能的成帝被合德一哭闹，立马乱了方寸，只好哄着合德说他绝不可能立别人为皇后，飞燕的皇后位子没有任何人可以动的，他心里只有她们姐妹俩。为了表示真心，成帝将幼儿从他母亲那里抱过来，送到合德的住处。可怜的小生命落到合德的手上，便只落下早早夭亡的命运了。

合德姐妹俩就是如此歹毒，为了一己之私，最终害得成帝终年无子。公元前7年，成帝因与合德一起纵欲过度，最终暴毙合德床上。朝中群臣愤慨，要讨伐这个祸国祸君的女人，合德因知道自己难逃罪责，畏罪自杀。

班氏　西汉成帝刘骜婕妤

□ **档案：**

姓　　名：班氏
生卒年：公元前 48～ 前 2 年
籍　　贯：楼烦（今山西朔州）
婚　　配：西汉成帝刘骜
封　　号：婕妤

班婕妤，西汉成帝刘骜的妃子，被封为婕妤。班婕妤谈吐气质不凡，有很高的文学素养，是西汉女作家，尤其擅长辞赋。班婕妤不仅很有才气，也生得貌美，所以成帝一见到她就感觉非常不一样。班婕妤不仅能像其他妃子一样给予他美貌的享受，更重要的是她通晓古今，可以与成帝分享精神上的享受，用古人的事迹来开导成帝，在后妃中能找到一个亦妻亦友的人，实在难得，所以成帝对她甚为宠爱，一度形影不离。只是后来赵飞燕进宫以后，成帝终日沉迷美色不理朝政，班婕妤逐渐被冷落，她对成帝也逐渐丧失信心，选择离开是非争端多的后宫，孤寂地过完后半生。

初相见，甚欢喜

班婕妤进宫时间还算早，在成帝刘骜即位以后，宫里就在全国各地选妃以充实后宫。班婕妤这时候被选进宫里，但是当时身份很低，只是"少使"的身份。有一次成帝召班氏侍寝，第一次见班氏，成帝就感觉这女子与别人不同，她身上有一种非凡的气质。这种气质在美貌之外，由内而外透露出一种与其他美人不同的感觉。她行为举止端庄，谈吐优雅不凡，见到皇上既不是捡到馅饼的欣喜若狂，也不是初见人君的颤颤巍巍，而是相当淡定和稳重，一开口更显示出她具有很丰富的知识，满腹才华。成帝对这个貌美又有才华的女子刮目相看，于是封班氏为婕妤，从此常让她相伴左右。班婕妤在成帝身边，不仅仅是有美女在身侧，更是有如一个知心朋友。成帝在日常苦闷的时候，班婕妤都能给他排忧解闷。随便说几句话便是引经据典，古人古事张口就来，每当成帝内心烦躁，班婕妤都能安抚成帝。班婕妤想让他学习圣贤之辈，勤于政事，将天下治理好。

古时君王出行是乘坐辇车，皇上和后宫妃子的辇车规格是不一样的。但是成帝非常喜欢班婕妤，一同出行时希望班婕妤坐在自己身边，为此他专门让人做了能够两人坐一起的比较宽敞的辇车。可是班婕妤却拒绝了成帝的特别宠爱，并对成帝说，古来的贤君身旁所陪伴的都是忠诚有才干的重臣，只有商纣和夏桀这种亡国的暴君才让美女和妃子坐在身侧，所以我觉得皇上让我一同乘坐辇车是不合适的。成帝听完觉得十分在理，对班婕妤更加深了一层好感。这事后来传入到太后王政君耳里，她对班婕妤大加赞赏，还将其与春秋时的樊姬相比，认为班婕妤就是今天的樊姬。樊姬是春秋时楚庄王的夫人，在她的辅佐和劝解下楚庄王终成大业，留下千古佳话。经太后这么一比喻，班婕妤在后宫的地位又突出一些了。班婕妤也希望自己能对成帝有耳濡目染的影响，就常讲圣贤之事给成帝听，希望他能精于治国。

秋风落，悲团扇

只是无奈，世事无常变化快。成帝并不是可以被感化得好的楚庄王，无论班婕妤怎么努力，成帝却没有将古来圣贤故事半点装入到耳里。尤其是自从赵飞燕姐妹入宫以后，成帝更加沉迷美色，整日与赵氏姐妹混在一起，沉迷声色犬马，对政事不闻不问，对班婕妤也逐渐冷落，班婕妤对这样不求上进的成帝也日渐失望。

鸿嘉三年，赵飞燕找机会诬陷皇后许氏诅咒怀有龙种的王美人和当时的权臣王凤，结果害得许氏丢了皇后桂冠还被打入冷宫。赵飞燕不仅是觊觎皇后的宝座想整垮许皇后自己坐上去，还想将她进宫之前最受成帝宠爱的班婕妤也一并打下。没想到色迷心窍的成帝居然听信飞燕的谗言，班婕妤镇定自若，最终说服成帝，才没追究班婕妤。

眼看着后宫逐渐成为赵氏姐妹的天下，成帝又几乎被二人操纵，自己和后宫其他人都常无故遭受打击和陷害，班婕妤决心逃离这是非之地。于是她上书一封，请求去太后的长信宫专心伺候太后。成帝正和赵氏姐妹欢乐，哪有心思顾及其他，直接准奏。从此班婕妤就搬到长信宫，日日陪同太后一起，离开了成帝也就远离了赵氏姐妹的迫害，得以能够比较平静地生活。可毕竟是怀才不遇，她常常用诗词表达自己苦闷的心境，留下《团扇诗》等佳作，后人有许多诗词讲述班婕妤同团扇的故事，众口相传的纳兰容若词句"人生若只如初见，何事秋风悲画扇"便化典如此，所以可以说，班婕妤为后人留下了许多的精神财富。

公元前7年，成帝终因与赵氏姐妹纵欲过度暴毙，班婕妤也被王太后派到成帝陵守陵，一代才女班婕妤在此度过了她悲寂的余生。

傅氏　西汉哀帝刘欣皇后

□ 档案：

姓　名：傅氏
生卒年：公元前15~ 公元1年
籍　贯：河内温县
婚　配：西汉哀帝刘欣
封　号：皇后

西汉哀帝刘欣的皇后傅氏，是傅太后的侄女，大臣傅晏的女儿。刘欣是傅太后的孙子，所以说起来这傅氏还是刘欣的姑姑。不过在古代这样婚嫁并不为奇，主要就是为了亲上加亲。在刘欣还是定陶王的时候，祖母傅氏就自己做主让孙子刘欣娶了姑姑傅氏，后随着刘欣当上皇帝，傅氏也被封为皇后。但是傅氏却很少得宠，因为皇上并不怎么宠幸女眷。

再后来哀帝崩，大权又落到王氏家族手中，王莽重新揽得大权，为报复傅氏家族，于是就狠狠针对傅氏父女，将哀帝皇后傅氏幽禁，后还将其贬为庶人，傅氏不堪其辱，自杀身亡。

亲上加亲，被安排的婚姻

汉末，定陶王这一支汉室里，祖母傅氏拥有很大的话语权。傅氏的儿子刘康去世以后，孙子刘欣继承定陶王的位子，傅氏一心想要为孙子谋取皇帝之位。在孙子刘欣十五六岁的时候，祖母便自己做主，将自己的侄女、兄弟傅晏的女儿许配给刘欣，于是刘欣就娶了自己的姑姑。

当时的皇帝成帝刘骜膝下无子，最终要在族人里找继承人。刘骜见过刘欣以后，觉得刘欣挺适合，祖母傅氏抓住这个机会多方奔走打点，最终于公元前8年刘欣被成帝立为太子，入皇宫居住，傅氏就成为太子妃，一同前往宫中。

一朝为君后，不料宠男不宠女

一年以后，成帝驾崩，太子刘欣即位，是为哀帝，祖母被尊为皇太后，不久傅氏被立为皇后。可是，虽然贵为皇后，傅氏的生活并没有因此而变得幸福起来。

有一次，哀帝看见董贤，一下子就被董贤的美貌所倾倒，他很惊奇世间居然有如此貌美的男子，从此便爱上他了。董贤从此以后也一直官运亨通，一直从黄门郎做到驸马都尉、侍中，最后居然官至大司马。他同哀帝一同外出，同乘一辆车，吃饭也在一起，甚至一起睡觉。哀帝对董贤小心翼翼呵护备至，同男人对待自己深爱的女人没有区别。因对董贤喜爱有加，另将董贤的妹妹也召进宫，还封为昭仪，甚至连董贤的妻子都允许进宫，因为董贤可在宫中自由出入，于是允许董贤的妻子可入宫中陪伴董贤。这在外人看来，是极为荒唐的事情，可是在哀帝的皇宫里就这样实实在在地存在着。无奈的皇后被冷落在一边，日日与清风相伴，夜夜与烛光为伍，却无可奈何，只能叹命运轻薄。

家族落势，含恨而死

公元元年，哀帝病死，年仅26岁。因原本掌握大权的祖母傅太后在两年前已经去世，这时候太皇太后王政君又出来行使汉室的最高权力，她重新任用自己的侄儿王莽为大司马，并与王莽一起迎了年仅9岁的中山王刘衎为帝，但大权被王氏所掌握。

王莽以前曾经也是大司马，但是哀帝登基以后，王氏外戚和傅氏外戚争权厉害，王政君担心两家矛盾激烈，就让王莽暂时辞去大司马的职位。所以王莽是被傅氏逼迫辞官的，因此一直怀恨在心。再次掌权以后，王莽第一件事就是要报这个仇，要去掉傅氏家族

彩漆鼎　西汉
施木胎，黑漆底，口沿饰菱形图案，盖和器身饰彩色云纹图案，华美鲜艳。

这个眼中钉。可是傅太后已经去世，他只能将仇恨转移到哀帝的傅皇后和傅皇后的父亲傅晏身上，他上书太皇太后王氏称傅氏当权跋扈，将傅晏的官职拿掉，还将其流放，把傅皇后幽禁在冷宫里。可是即使这样他还觉得不解气，终于将傅皇后废为庶人。

可怜的傅氏除了生在皇室家族之外，一辈子其实未曾与人结怨，也未曾体会过人世间夫妻的温暖情谊，到头来却被人诬告遭致贬为庶人，无法忍受耻辱的傅氏遂带着对生的恨意而自杀。

王氏　西汉平帝刘衍皇后

□ 档案：

姓　名：王氏
生卒年：公元前 9～ 公元 23 年
籍　贯：长安（陕西西安）
婚　配：西汉平帝刘衍
封　号：皇后
追　封：孝平皇后

王氏，西汉平帝刘衍皇后，也是西汉历史上最后一位皇后。王氏本为后来篡权的王莽的女儿，但是她并不与父亲为伍，相反，她一心忠于汉室，最终在起义军火烧王莽宫门的时候，众人皆逃，王氏却跳入火海结束了自己的生命，后被东汉王朝追封为"孝平皇后"。

父亲的一颗棋子

王氏这一生，也是悲戚的一生，年少时是父亲的一颗棋子，然后早早就成了寡妇，后来父亲还是汉室江山的叛徒。

自从王政君被尊为太后以后，王氏家族就逐渐掌权，前朝的大权几乎都掌握在王凤手上，后来王莽受到重用，大权就逐渐落到王莽手里。哀帝即位以前，王莽就已经官至大司马，已经是政府事务的首脑了。后来哀帝即位，王氏和傅氏两派外戚有些一山不容二虎之意，为避免矛盾激化，王莽辞去了大司马的职位。哀帝过世以后，太皇太后王政君出来主持政务，王莽又恢复了大司马的职位。后来王氏选择九岁的小皇帝平帝即位，太皇太后临朝称制。王莽一心想掌握朝廷大权，上书太皇太后不要过于操劳，朝廷大小事务就交给他处理。王政君误以为侄儿王莽是一片孝心关心自己，开开心心地让王莽处理政事去了。

三年以后，王莽的势力已经巩固得差不多，朝中异己被清除得也差不多了。这时候他自己的女儿王氏已经十二岁有余，出落得大姑娘模样。王莽就上书太皇太后，说皇帝已经登基几年，可是还没有立皇后，是该给皇帝找个贤德的皇后了。王政君自然没什么不同意的，于是就开始展开这项工作。给小皇帝选皇后，还是从外戚王氏家族开始，一些合适的女子都列入了花名册，王莽的女儿也在其中。这王莽心里早就盘算过，如果自己什么都不做，只等着宫里选人的话，女儿不一定能选入皇宫当皇后，他必须要保证不能有外人被选入，万一有人给皇上生了孩子，那汉室江山就后继有人了。他要牢牢控制住皇帝，以达到他最终的目标：自己一统天下。

于是这一天，他就对王政君说，作为皇后的人选，一定要有很高的德行和修养方可母仪天下。他觉得自己女儿可能没这个才能，就请太皇太后不要将他的女儿同其他女子一起选入宫中了。王政君哪知道王莽的用意，还以为他说的是实话呢。谁知道他真正的目的是让女儿不要混在人群之中，以免被忽视。

大司马的女儿居然没有在入选的名单之中，朝中王莽的爪牙们当然不会错过这个机会为王莽说话，以表示对王莽的忠心。于是王莽的爪牙们天天上书王政君，要求将王氏女儿入选。王政君哪经得起这么多人的上书，这广大舆论的压力她也受不了。果然，太皇太后就选定了王氏女儿为皇后了。

同其他的父亲不一样，别人努力为女儿铺路，尽量让女儿成为后宫之主是因为想让女儿享尽荣华富贵，也算是光宗耀祖。王莽努力让女儿当上皇后则完全是为自己着想，是想将平帝操纵在自己手中，为自己夺取汉室天下打下基础。

心怀对汉室的忠贞

这个时候的平帝已经逐渐长大，能够感受到王莽的野心，并且对他把持朝政是十分不满的。所以面对这个新皇后，小皇帝对她态度并不好。王氏也深深知道这些，所以她总是容忍小皇帝对她的脾气与不理睬，还总是好心道歉，尽力地对他好。时间久了，小皇帝也渐渐感觉出王氏对自己是真心的，并不是她父亲的爪牙之类。可是，这个时候已经来不及了，小皇帝还没来得及好好疼爱这个一心照料自己的皇后，就被国丈给毒死了。

王莽知道小皇帝对自己越来越不满，为了防止小皇帝长大真的自己掌权，王莽就先下手为强，在腊八的这一天将毒酒送给平帝喝。这王莽想害死皇帝也就罢，可是居然放的慢性毒药，平帝喝完酒在寝宫里痛苦好几天才咽气，可怜的小皇后一直陪在他身边，最终也没能让小皇帝活过来，他就这样痛苦地死在皇后王氏的怀里。也就一年零十个月，王氏就在他父亲的策划下变成了寡妇。

平帝死后，王莽又拥立了一个两岁的小孩子为帝，王氏就被称为皇太后。后来王莽仍旧不甘心，干脆将皇帝废去，自己亲自登上了皇位，还改汉朝为新朝，将女儿的封号改为黄皇室主。

自此以后，不管名号怎么变，王氏只是将自己关在房间里闭门不出。王莽对女儿很是生气，觉得她不仅不支持自己，还居然跟自己闹气。这整个新朝，似乎就只有女儿还在跟自己对抗。因此，王莽想到一个妙招，只要女儿重新嫁人，她不就不与自己作对了吗？一个美男计想出来了，他将朝中第一美男子孙豫伪装成御医送到女儿身边，他以为女儿对美男子定会一见钟情。可是，他太不了解自己的女儿了，王氏将通报的宫女杖责，这第一美男也讨了个没趣，被赶了出去。后来王莽也没招儿，就顺着女儿了。

王莽刚称帝三年左右，就天下大旱，百姓民不聊生，四处有人揭竿而起，"匪盗"丛生，天灾人祸不断。公元 23 年，另一支汉室后人趁势起兵，刘秀此时声势得以壮大，最终绿林军攻破都城，满朝文武各自逃窜。

王莽的未央宫门被起义军攻破，城门已经失火。众宫女拉着王氏想要逃走，可是王氏见这熊熊大火，想着已去的汉室江山，不觉泪流满面，不管怎样，她都是叛贼王莽的女儿，是窃取汉室江山的逆贼的女儿啊！她身为汉室的皇后，有何脸面见汉室宗亲？于是，纵身一跃，王氏跳入火中，将自己这短暂而苦闷的一生结束了。

后东汉皇室念其对汉室忠贞不贰，追封其为"孝平皇后"。

王氏　新朝王莽皇后

□ 档案：

姓　名： 王氏
生卒年： 公元前 46~ 公元 21 年
籍　贯： 不详
婚　配： 新朝王莽
封　号： 皇后

王氏是王莽的妻子，王莽称帝后封其为皇后。可是王氏注定是个苦命的人，即使后来身份贵为皇后了，却不能够享受家庭的温暖与幸福，她为王莽生了四个儿子一个女儿，结果大儿子和第二个儿子都被王莽逼死，女婿被王莽毒死，女儿年纪轻轻就守寡，可是他不能改变王莽，更不能阻止他，唯有整日以泪洗面，眼睛都哭瞎了，公元 21 年病逝。她死后，小儿子也被王莽逼得自杀，如若她早知道，一定死不瞑目。

王莽早年的生活在王氏外戚中算是比较清贫的，因为当时王氏家族在京城已经是近乎第一大户了，王氏兄弟都被封侯，王凤位至大司马，可谓权倾朝野。唯独王莽的父亲早逝，王莽和母亲相依为命。当时王氏家族恃宠傲物，花天酒地，唯独王莽小心翼翼地伺候着姑姑和叔伯，以致得到王凤的赏识，拜托王政君将其好好栽培提拔。这之后王莽逐渐得到重用，到公元前 8 年，王莽当上了大司马。

可是，大司马的位子没有享受两天，成帝驾崩哀帝即位，王氏外戚和傅氏外戚相互争斗，姑姑王政君为保持内部势力平衡，就让侄儿王莽辞去大司马的职位，王莽好不容易爬到这个位置，却没有办法，只好含愤离开。

王莽是时而风光，时而得回到自己的封地。可是妻子王氏就不一样，王莽官至大司马时，王氏还是得生活简朴，以向世人昭示王莽的勤俭与谦恭；王莽回到封国，王氏也要一同奔波。最为让人忍受不了的是，王莽的概念里好像没有什么亲人感情，似乎每一个人都是他的棋子，都是他前进路上的一颗铺路石。

作为王莽家的二少爷，脾气躁一点也很正常。所以有一次王莽的次子就因事情发脾气，一怒之下杀了一名家奴。在封建社会，家奴的命也许连牲畜都不如，在大户人家里的家奴因少爷公子而失去性命的不计其数，见怪不怪了。可是王莽觉得这是自己显露名声的大好时机，于是逼迫儿子要以死谢罪。王氏苦苦相求，王莽却一定要求儿子要自行了断。王氏就看着儿子被逼自杀，却毫无办法。

哀帝即位后，重用男宠董贤为大司马，可是董贤是以色侍人之辈，并没什么本事，结果哀帝在位期间民生更加疾苦，于是群臣呼吁，又让王莽返回朝廷。王莽回来以后，愈发地要大展宏图了。没多久，哀帝驾崩，太皇太后王政君钦点王莽为大司马总理朝政，王莽的好日子来了。

几年后，要为皇上选妃立后，王莽利用欲擒故纵之计将自己的女儿送上皇后之位。可是不到两年，王莽便亲手将自己的皇帝女婿平帝毒死，导致女儿在十四岁就成了寡妇，做母亲的王氏，怎能不伤心！可是，她无法阻止王莽的野心，也无法让王莽不那么绝情。

在这之前，大儿子也曾因为一些事情惹怒了王莽，王莽不顾父子情谊将儿子夫妻两人全部打入死牢，大儿子直接服毒自杀，儿媳当时还怀着孩子，王莽居然连一个孕妇都不放过，吩咐待孩子出生，就处死自己孙子的生身母亲，这是何等残酷之人呀！

看着自己的儿女们一个个被父亲害得如此不幸，做母亲的王氏只有心中悲愤，每天躲在房间里哭泣。

公元8年，王莽直接取代汉朝，自己另立了新朝，登上了龙椅。他将王氏立为皇后，小儿子立为皇太子。这时候，他的四个儿子当中，也只剩下小儿子一个是正常人了，其余两个儿子均已被他逼死，第三个儿子精神失常。

被立为皇后的时候，王氏两眼经不住多年眼泪的侵袭，已经失明了。王莽于是吩咐小儿子侍奉母亲。就这样，王氏在儿子的照料下继续过着她不是味道的日子。

公元21年，王氏病逝。没多久，小儿子又被王莽逼死。也许，这是王氏的命，命中注定遇到这样一个丈夫。也许，这也是王莽的命，也注定是要将自己的孩子都逼死。

史氏　新朝王莽皇后

□ 档案：

姓　名：史氏

生卒年：不详

籍　贯：杜陵

婚　配：新朝王莽

封　号：皇后

公元21年，王莽的皇后王氏病逝，从此皇后位空置，一直没有立后。原本西汉末统治就比较腐朽，王莽的新朝统治期间形势更加严峻，民不聊生，义军四起，人民流离失所。公元23年，大批起义军攻下无数城池，直奔都城长安而来，王莽心存恐慌，但是仍要做垂死挣扎。

他想，也许是后宫无主的缘故，如果把后宫重新立一个主子，也许能安定民心，他也能顺利将各地义军镇压下去。于是在全国一片揭竿而起的讨伐声中，年近七旬（当年王莽68岁）的王莽开始在全国各地选妃，准备立后。

王莽毕竟是统治者，君王一声令下，无论女子是否同意都得进宫，还得谢主隆恩。一把年纪的王莽看上了史家的女儿，选她为皇后。准备好黄金布帛等财宝作为彩礼，王莽就将杜陵史家的女儿娶了回来。

新婚的幸福没有持续多久，半年多以后，强大的绿林军就攻破长安，一把火烧到王莽的未央宫门外。王莽自然少不了被杀的下场，新立的史皇后从此下落不明，估计也在战乱中丧命了。

东 汉

郭圣通　汉光武帝刘秀皇后

□ 档案：

姓　名： 郭圣通
生卒年： 公元 7~52 年
籍　贯： 真定（今河北）
婚　配： 东汉光武帝刘秀
封　号： 皇后

郭圣通，真定人，出身尊贵，是东汉光武帝刘秀的第一任皇后，却不是刘秀的结发之妻。后因刘秀宠爱阴丽华而逐渐受到冷落，经常在刘秀面前抱怨，使得刘秀对她无法忍耐，终将其皇后位废黜。但她比较幸运的是被废以后刘秀对她还算善待，让她去儿子的封国做了中山王太后，所以她可以称得上是失宠后妃中的幸运儿了。

西汉末年大乱，刘秀异军突起

西汉末年，汉室皇族日益败落，政权逐渐落入外戚手中，国家统治日益衰落，民众生活疾苦。公元前 1 年，王莽实际操纵政权，公元 8 年王莽称帝，正式建立新朝，取代汉朝。但是天下大乱之势已定，王莽为稳定政权，缓解这空前激化的社会矛盾，于是想托古改制。改制并未成功，加上天下大旱，蝗灾严重，结果烽烟四起，揭竿而起的义军连绵不断。

这时候，汉高祖后裔刘秀开始崭露头角，他从小失去父母，跟随叔父长大，很具有军事才能。公元22年，刘秀和哥哥刘縯也起兵反抗新政权，在和王莽新军的决战昆阳之战中，刘秀充分发挥了他卓越的军事才能，将王莽军队的大部分主力给消灭掉，为新朝政权的覆灭奠定了基础。

公元23年，因刘秀哥哥刘縯的威望日益高涨，更始帝刘玄害怕他威胁自己的政权，并且当时也有许多人对更始政权不服，于是刘玄就找了个莫须有的罪名将刘縯杀害，一方面消灭他的势力，一方面想起到杀一儆百的作用，告诉其他带兵首领认真服从领导，否则后果自负。刘秀与哥哥感情深厚，此事对他打击非常大。可是，现在是关键时刻，还不可以冲动，不可以意气用事。所以具有非凡智慧的刘秀忍受着巨大的痛苦，亲自到更始帝面前请罪，并把自己所有的战功都推到别人身上，以免遭更始帝怀疑而加害于他，他也可以继续保存自家的实力。果然，刘玄见刘秀这么做就放过了刘秀，几个月后还封刘秀为司隶校尉，先行去洛阳。

这时候，刘秀已经结识爱慕已久的阴丽华，而刘秀也得到阴丽华兄长的欣赏，就撮合刘秀与阴丽华成婚，这也是后来郭圣通后宫争宠危机的起始。

政治联姻，河北王室女嫁与刘秀

更始帝刘玄移都洛阳，派刘秀为破虏将军行大司马事，征讨在北部割据的王郎。这时候有一个非常重要的力量就是河北真定王刘扬集团，他手握十万兵力，谁争取到他就几乎可以决定谁胜谁败。为了拉拢刘扬的势力，刘秀就娶了郭家的女儿郭圣通。这刘扬就是郭圣通的舅舅。舅舅非常疼爱这个外甥女，既然刘秀娶了自己的外甥女，刘扬当然站在刘秀这一边。

有刘扬的军队助力，刘秀很快便扫平了河北一带的异兵，黄河以北的地区也基本上都在刘秀的掌握之下。这几年中，郭圣通一直陪伴在刘秀身边，还为刘秀生了一个孩子刘疆。

东汉后方稳固，郭圣通入主中宫

公元25年，刘秀在部下的拥戴下即位称帝，重新建立汉王朝，史称东汉王朝。这时候的刘秀，还是非常宠爱这个陪在自己身边的郭圣通的。这个女人陪他南北征战，为他生下皇子，更重要的是若不是她舅舅借兵，刘秀可能就无法建立东汉王朝了，这个女人于立国有功啊！所以，刘秀就立郭圣通为贵人。

这时候尽管刘秀已经称帝，但是势力还只是在黄河以北，他还需要率兵南下，平定中原，真

朱雀衔环杯　汉

该器造型丰满别致，制作精美，朱雀所衔环可摆动，为汉代出土文物中不可多得的艺术珍品。

正夺取天下。一直到刘秀亲带将领攻下洛阳并定都洛阳以后，他才派侍中去接分离三年的结发之妻阴丽华入宫，封为贵人。

阴丽华出身南阳豪强名门，刘秀很早就对她仰慕，曾感慨说"娶妻当得阴丽华"，后果然与阴氏结为夫妻，也算是美梦成真。但是生逢乱世，聚少离多，刘秀与阴丽华结婚三个月便分离开来。如今阴丽华再回到刘秀身边，却已发现他有了别的妻子和孩子，可是尽管内心难受，阴丽华毕竟出身名门，懂修养知礼节，安安分分地做她的贵人。

郭圣通在开始的时候也并没有将阴丽华放在眼里，即使其也是贵人，地位高于其他妃嫔之上，但她始终觉得她是唯一的。她于刘秀立国有功，她生有他的大皇子，这些优势无人能比。

重定的汉室江山，也需要一个女主人。可是身边有两个女人，刘秀此时非常为难。阴丽华是结发之妻，也是他感情上最爱慕的一个，这个女人美丽大方温婉善良，他四处征战，对她亏欠也很多。而郭圣通，理由也明摆着。他多想立阴丽华为皇后呀！阴丽华知道刘秀的难处，便主动跟刘秀说，这皇后当然应该是郭圣通，她有功于国，还生下皇子，皇后位毫无疑问该是她的。刘秀于是立郭圣通为皇后，立郭氏长子为太子。他对阴丽华充满感激，觉得对她的亏欠更多了，也更加宠爱她了。

凄凄怨怨争宠，一纸诏书废后

郭圣通也是名门之后，她气质优雅，端庄高贵，她母亲就有母仪之德，她也深受家族的熏陶。在接阴丽华到来之前，刘秀对她也是十分宠爱的，而她对刘秀的感情自不必说，刘秀就是她的天，是她的一切。然而，这一切在阴丽华入宫以后就变了，刘秀的感情逐渐转移到了阴丽华的身上，并且随后阴丽华还有了刘秀的孩子。而她自己，虽身处后宫主人的位置，却越来越受到刘秀的冷落。她不甘心，她也不能忍受！每一个女人，她在感情面前可能都是感性的，这时候什么大家闺秀，什么窈窕淑女的风范早就无心顾及，她只要他回转心来，她只要他知道没有他的关心，她有多苦闷。于是郭皇后就三番五次在刘秀面前抱怨和吵闹，甚至将怨气波及阴丽华身上。这时候郭皇后和阴丽华两人若一对比，郭皇后确实处于劣势。往往就是抱怨和唠叨将男人对女人的感情送诸坟墓的。刘秀对郭圣通越来越无法忍受了，在这种抱怨声中，他没有增加对郭圣通的理解，反而更增加了对她的反感。也许，他心里也在盘算着要废去这个皇后，册封他最爱的阴丽华。

在此之前，郭氏外戚的势力已逐渐得到削弱，郭圣通舅舅因谋反也被杀害。曾经出于政治原因考虑要与郭家联姻，如今已经不用担心这些。再加上刘秀对郭圣通的抱怨实在厌烦，遂下一诏书，说郭皇后怨念太多，无法抚养其他的孩子，要将其废去，而阴丽华与他分开多年，雅兴宽仁，要立她为后。并嘱咐这于家庭来说不是一件幸事，大臣们不必庆贺。

于此，郭圣通只好交出皇后的玺绶，默默离开皇后的寝宫。不过，刘秀并没有从此将郭圣通幽禁于冷宫，而是念在两人的感情，让她去往儿子中山王的封地，并封她为中山王太后。母后被废，太子在位上也颤颤巍巍，最终也请辞去太子位，刘秀封其为东海王。

被废十一年后，郭圣通病逝，葬于洛阳近郊邙山。

阴丽华　汉光武帝刘秀皇后

□ 档案：

姓　名：阴丽华
生卒年：？ ~64 年
籍　贯：南阳新野（今河南新野）
婚　配：东汉光武帝刘秀
封　号：皇后
谥　号：光烈

阴丽华（？ ~64 年），南阳新野人，东汉开国皇帝光武帝刘秀的结发妻子，在历史上以美貌著称，史称光烈皇后。据历史记载，阴后在位之时，端庄贤淑，不喜言笑，有母仪之美；内持恭俭，外抑宗族，为一代贤后。

一见钟情，千古美谈

阴丽华，生于南阳新野富甲一方的显赫门第，后为东汉开国皇帝刘秀的皇后。她端庄美丽，温良贤淑，十五六岁时其美丽和孝顺在新野一带已名声在外。当时南阳还有一位小有名气的人物刘秀，他是汉高祖的后裔，九岁失去父母而成为孤儿，寄养在叔父刘良家里。刘秀人如其名，长得一表人才，十分秀气，性格温和，待人慷慨，喜爱读书。对于阴丽华的美丽和孝顺早有耳闻，只是没有机会亲眼得见。二十五岁那年，姐夫邓晨领着他去拜访阴丽华的哥哥阴识，恰好遇到阴丽华在院子里给牡丹花浇水，年轻的刘秀对这个比自己小近十岁的美丽少女一见钟情，自此有了"娶妻当得阴丽华"的心愿。然而身为一介布衣，想娶阴丽华为妻似乎是不着边际的空想。对阴丽华而言，那时还只是一个天真的少女，远未到出嫁的年龄。她除了对这个爱慕她的大哥哥有些好感之外，决然想不到，三年以后她竟然嫁给了他，她更没想到的是，他后来居然成为东汉的开国皇帝。

"娶妻当得阴丽华"这句话也随之流传了千年，成了中国古代君王爱情故事的一段千古美谈。

相濡以沫，共度时艰

公元 22 年，刘秀和他的哥哥刘縯抱着推翻王莽重建汉室的目的在南阳起兵，阴丽华同父异母的哥哥阴识也参加到了刘縯的起义队伍中。阴识的加入，为刘秀和阴丽华的结合创造了条件。

公元 23 年六月，威望日增的刘縯被更始帝刘玄以莫须有的罪名杀害。正领兵在外的刘秀自知势单力薄，为保住刘家军，刘秀只好主动回到宛城向刘玄谢罪。刘秀把功劳都推给了别人，自己主动承担罪责，这倒使得刘玄有了点内疚，暂时放过了刘秀。此时，一直跟随刘秀作战的阴氏兄弟，对刘秀的所作所为十分钦佩，认为他是个能成大事的人，于是便说服家人，把妹妹阴丽华嫁给了刘秀。二十八岁的刘秀终于实现了"娶妻当得阴丽华"这个多年的愿望。那年，阴丽华是十九岁。

刘秀和哥哥刘縯的感情非常深厚，对于刘縯的死，刘秀表面上只能强颜欢笑，到晚上却偷偷流泪。在宛城那段前途暗淡、生死未卜的日子里，与他相濡以沫的，便是他的新婚妻子阴丽华。阴丽华，当是世上唯一一个看过光武皇帝流泪的女人。

三个月后，刘玄迁都洛阳，并封刘秀为司隶校尉，先行抵洛，为自己打前站。此行生死未卜，因此只有少量人马可同行。为了妻子的安全，刘秀只好派人把阴丽华送回了南阳老家。从新婚到离别，仅短短的三个月，两人便天各一方。

回到老家的阴丽华随着家人几经辗转，惶恐度日，在家里待了近三年的时间。直到刘秀定都洛阳，派侍中傅俊接她到洛阳。可是在洛阳等待她的，却已物是人非，刘秀身边不仅多了一个女子，而且还有了一个孩子。那女子名叫郭圣通，刘秀在河北征战时为了借助真定王刘扬的十万大军而娶了其外甥女郭圣通，此时阴丽华的心情是可想而知的了。

雅性宽仁，甘为"滕妾"

面对着阴丽华和郭圣通这两个红颜知己，刘秀左右为难。一个是深爱着的结发妻子，另一个是有了孩子，背后还有着十万大军的征途伴侣，无奈的刘秀只好把她们暂时都立为贵人，但在他的心底，始终是向着自己的结发之妻的。公元26年，郭贵人的舅父刘扬因谋反被杀，刘秀乘此机会以阴氏"雅性宽仁"、有"母仪之美"为名，要立她为后。可没想到阴丽华对这个天大的好事却拒绝了，推辞说："患难时的情谊不能忘，何况郭贵人已经为你生了孩子。"坚持不肯接受皇后的册封。迫不得已，刘秀只好立郭圣通为皇后，阴丽华为贵人。

身为原配，却甘为"滕妾"，这使得刘秀非常愧疚，于是总想方设法弥补自己对阴丽华的亏欠。立郭皇后不久，他提出要把阴丽华的兄弟们封为侯爵，但再次被她拒绝。她认为自己如今的身份只是滕妾，自己的兄弟们没有封为侯爵的资格。如此宽仁谦让的胸怀，真是古今罕有，到了令人赞叹的地步，刘秀也因此更加地宠爱她了。

当时的东汉天下还没有完全平定，为了能更多地和阴丽华在一起，刘秀每次出去征战都把阴丽华带在身边。公元28年，在刘秀征讨彭宠的战役期间，阴丽华生下了她和刘秀的第一个孩子，即后来的汉明帝刘庄。

母仪天下，友爱天至

阴丽华有了儿子，是天大的喜事，可对郭皇后来说，却造成了极大的忧虑。当年她之所以能登上皇后的宝座，正是因为阴丽华无子的缘故，而一场突发事件，则把她的担忧变成了现实。

公元 33 年，洛阳附近发生了一场叛乱，阴丽华的母亲和弟弟都死于这场叛乱中。当年刘秀曾要对阴丽华的家人封爵，只因阴丽华的推辞而作罢，假如刘秀坚持封爵，也就不会有这场灾难。面对着悲伤欲绝的阴丽华，刘秀对此深深自责。他伤感于阴氏家族遭逢的变故，下诏书表达了对自己的自责和对阴丽华只能列为"媵妾"身份的一种深深的愧疚。并在诏书中说到郭皇后能成为皇后，完全是贵人阴丽华"固辞"的结果。这道诏书对阴丽华是安慰，但对郭圣通，却是天大的刺激。这等于是在提醒世人，郭皇后的位置，是阴丽华"让"出来的，这让身为皇后的郭圣通无论是在面子上还是在感情上都是难以接受的。

由于失宠和忧思过重，没有调整好心态的郭皇后多次在刘秀面前发出自己的不满和怨气，而阴丽华则表现得通情达理，总是默默退让，以避免矛盾激化。公元 41 年，光武帝终于决定废掉郭圣通的皇后之位，立贵人阴丽华为皇后。

郭圣通被废后，改称"中山王太后"，和儿子一起生活，成为中国历史上唯一一个没入冷宫反得尊崇的废后。同时她的家人也得到了极大的封赏，算是作为一种补偿。刘秀死后，阴丽华的儿子刘庄即位，史称汉明帝。汉明帝对阴氏、郭氏的族人也都一视同仁。阴丽华身为皇后虽然不过问政事，但刘秀和她儿子刘庄对郭氏家族的善待，不能不说与阴丽华为人宽仁有着直接的关系。亲身经历了建武、永平两朝，对阴皇后极为熟悉的老臣第五伦在上书中说道："光烈皇后友爱天至。"就是说她天性善良，不愿去伤害别人。

永平七年（公元 64 年），阴丽华薨，死后与光武帝合葬于原陵，东汉明帝君臣上其谥号为"光烈皇后"。

马氏　汉明帝刘庄皇后

□ 档案：

姓　名：马氏
生卒年：公元 39~79 年
籍　贯：扶风茂陵
婚　配：东汉明帝刘庄
封　号：皇后
谥　号：明德

马氏，汉明帝刘庄的皇后。她本为名臣马援的小女儿，马援是光武帝刘秀的大将，随刘秀征战，也于开国有功。因为人正直不善阿谀奉承反倒得罪了皇亲国戚，这些人便趁马援死后将其诬告弹劾，导致马家失势。马氏十岁便开始主持家事，十三岁被选入宫，一生无子，但德冠后宫，被立为皇后。因处事贤德，被谥为"明德皇后"。

马家有女初长成

马氏的父亲马援，是东汉的一位开国功臣。当时割据地方的隗嚣、公孙述和刘秀，其中除刘秀之外，另外两方都是马援的老相识，而且都非常信任马援，可是马援却料定刘秀能打出天下，跟随了并不熟识的刘秀。马援非常有才能，有这样的父亲，难怪马氏能如此贤惠。

但是，马援却不善于拉拢钻营之事，而当时光武帝刘秀对他又十分重用，因此就遭人嫉妒，得罪了一些皇亲国戚，其中就包括光武帝的女婿梁松。一次出征，马援不幸染病不治，于是梁松等人趁机诬告弹劾马援在民间大肆掠夺珍宝财物，刘秀误以为真，大为光火，下令收了马援的官印，还不许入生前所定的下葬之地。后马夫人苦苦相求，刘秀才允许其入葬祖坟。但是马援去世后，又经这么一折腾，马家势力远不如从前，小儿子在父亲去世后不久也夭亡，母亲受不了种种打击悲伤不已。朝臣故友见风使舵，见马家失势就更加纷纷远离，各家与马家女儿有婚约的也纷纷给以眼色，堂兄马严一气之下将马氏姐妹们的婚约全部取消，希望她们在选妃中能入选，以重振家业。

父亲去世那一年，马氏才十岁。可是家里一大堆烂摊子却没人主持，于是十岁的马氏就站出来主持家务，像模像样地指挥家奴做事，将家里操持得井井有条。

十三岁这一年，马氏在选妃中被选中，随后就到了太子宫。

太子刘庄是皇后阴丽华所生之子，光武帝也最疼爱这个儿子。皇后阴丽华雅兴宽仁，所以刘庄也非常喜爱类似的人。恰好马氏进入宫中，举止行为十分得体，不恃宠傲物，与宫中上上下下都相处融洽，温和善良的马氏很快就得到了太子的青睐。可是，几年过去了马氏也仍然没有生孩子的迹象，而太子岂可无子呢？所以她常常为太子找一些年轻侍女侍寝，以期给太子生下孩子。这是多么难得啊！后宫倾轧之地，没有孩子很难立足，马氏不仅不对其他妃嫔大加打击，反而特别善待她们，还希望她们多给太子生育，也正是因为如此宽厚善良明白事理，马氏虽然没有孩子，却很受阴皇后和太子刘庄的喜爱。

德冠后宫，母仪天下

公元57年光武帝刘秀驾崩，太子刘庄即位，是为明帝，阴皇后被尊为皇太后，马氏被封为贵人。明帝另一位贵人贾贵人给明帝生下皇子刘炟，明帝将孩子交给马氏抚养，马氏待他如同亲生，呵护备至，这养子与马氏也没有嫌隙，关系如同亲母子。马氏仍然很得宠，但是若想立为皇后仍然困难重重。马氏没有孩子，而且当时刘庄的贵人里还有一位是明帝母后的侄女。不过多亏明帝和阴太后都是贤明之人，以能治理后宫德才兼备为选择皇后的条件。公元60年群臣上奏请立皇后，明帝又奏请阴太后，太后便说马氏足以担当皇后之位。于是，马氏从后宫佳丽中脱颖而出，成为一国之母，养子刘炟被立为太子。

册封为皇后以后，马皇后便尽心地打理起后宫来，就像小时候操持家务一样将后宫打理得井井有条。虽贵为皇后，但是她十分节俭，只穿粗布衣服，也不好食山珍海味，日常所用都出于平常之物。后宫妃嫔多喜好游玩，喜好皇上打赏，而马皇后则总是提醒皇上要勤于政务。

公元 70 年，喜好黄老之法以及多结交游士的楚王刘英有谋反的嫌疑，论罪当诛，但是明帝念及兄弟手足之情只将其封爵废黜，公元 71 年刘英自杀。受此事牵连的人很多，有很多是无故受牵连的，明帝查此案一直查了好几年。马皇后见到事情越闹越大，非常担心，于是就向明帝奏请应尽早了结案子，不应该连累无辜的人，如果案情无限扩大，只会造成更多的冤狱而不会有什么好的结果。明帝听罢非常有感触，为马皇后忧国忧民的情思感动，半夜都无法入眠，仔细思索皇后的话语。后来明帝果然迅速将案件了结，马皇后才展开了笑颜。从此以后，明帝一旦有什么比较难以解决的问题，下朝后就经常找皇后商量，皇后尽自己之力帮助皇上排忧解难，监督他不要犯下失误。如此贤后，明帝对她也怀有深深的敬意。

质朴为家，一心为国

公元 75 年，明帝驾崩，太子刘炟即位，是为章帝，马皇后被尊为皇太后。刘炟并非马太后亲生，但养母子之间关系特别好，章帝对马太后十分尊敬，也愿意对马家的人加封晋爵。他的生身母亲，倒是几乎快忘却了。

章帝即位以后想封几个舅舅为侯，结果马氏不许。她认为借前代之鉴，不能让外戚掌握太多权力，以防外戚借权特宠，不做事反而无度挥霍。

一次马太后经过娘家，发现马家奴仆们都衣着华丽，门口车辆和来人络绎不绝，她知道定是有许多人巴结外戚，自己一片朴素的心意兄弟们完全没有领会呀！看到这样的情景，马太后很难过，但是她并没有说什么，回到宫中就停了对马家外戚的接济，希望他们从中悔悟。马太后一向提倡节俭之风，凡是听闻节俭朴素的事例就大加赞扬，给以封赏，若听到挥霍无度的，则加以惩罚，在太后的倡导下，天下朴素之风盛行。

朝中一些心术不太正的大臣一直猜测太后手握大权却不分封自己的兄弟，一定是故意如此做给天下人看的。因此就趁天下大旱，上书请求给国舅封侯，认为这天下大旱就是因为亏对国舅而遭致的惩罚。章帝一直想加封舅舅，可是马太后听闻却大怒，说上书之人只是谄媚，理由荒谬，坚持无功者不受禄，终不允许。

公元 79 年，此时举国安定，国泰民安，农业丰收，天下太平。章帝认为此时应该加封舅舅，也表示对母后的尊敬。

马太后见章帝意见坚决，于是将兄弟们召集在一起，再次表达自己的意愿，希望他们要尽心为国，克己复礼，兄弟们均听从。后三位国舅加封，但一年后他们便辞官归隐回家养老了。

公元 79 年，马太后去世，年仅四十岁。她勤俭质朴，明理通义，对她的丈夫明帝和养子章帝两朝都有很大的正面影响，也是百姓的福气。

窦氏　汉章帝刘炟皇后

□ 档案：

姓　名：窦氏
生卒年：？ ~97 年
籍　贯：扶风平陵
婚　配：东汉章帝刘炟
封　号：皇后

窦氏，扶风人，东汉章帝刘炟皇后。窦氏出身显贵，其曾祖父是窦融，是东汉的开国功臣，官至大司徒。她母亲是东海恭王的女儿沘阳公主，所以她从出生开始身上就带有一种贵族气质。公元78年，窦氏被封为皇后，对其他受宠妃嫔加以迫害，在章帝去世后掌握大权多年，于公元97年忧郁而死。

天生丽质得赏识

窦氏出身显贵，母亲是光武帝先前立为太子后被废封为东海王的儿子刘彊的女儿，曾祖父窦融也是开国大将，名门望族之后。但窦融病逝后家族支撑力量就不多，到窦氏的时代窦家逐渐没落。但这窦氏生来就天生丽质，在家族的熏陶下知书达理，并且非常聪慧，六岁便能写字做文章，因此一家人便将光复家族的希望寄托在她的身上。

公元77年，窦氏同妹妹一起被选入宫中。因为她举止言谈有礼，又生得花容月貌，马太后很是喜欢，章帝更是对她钟爱，试问哪个皇帝不爱美人呢？窦氏进宫以后，与宫中上上下下的人关系都处理得很融洽，这如同当年马太后入宫一样，群众基础很牢固。一年以后，深得章帝和马太后喜欢的窦氏就顺利地被立为皇后，与她同时进入宫的妹妹也被封为贵人，窦氏家族放在姐妹两人身上的心血算是没有白费。

嫉妒心强扫除眼中钉

可是窦氏虽然被立为皇后，章帝也仍然还有其他的宠妃，尤其是宋贵人和梁贵人。就在窦氏被立为皇后的这一年，宋贵人生下皇子，也就是章帝的大儿子刘庆，第二年章帝就立长子刘庆为太子。母以子贵，宋贵人的儿子是当今太子，她当然非常开心，而且将来某一天她还会被册封为皇后也说不定。于是，这让没有孩子的窦皇后非常嫉妒，她容不下宋贵人享受她的欢愉时光，更留不得她成为自己的威胁。窦氏回去就同母亲密谋，要陷害宋贵人。窦氏在章帝身边不断挑唆，说宋贵人有诅咒之嫌疑，结果章帝果然对宋贵人和太子生疏了。公元82年，也即建初七年，章帝废掉宋贵人儿子的太子之位，另封为清河王，太子位由窦皇后抚养的儿子刘肇接任。宋贵人无法忍受，服药自杀。

刘肇并不是窦皇后所生，而是章帝宠妃梁贵人所生。梁贵人自知窦皇后嫉妒心强，也更加清楚自己不是窦皇后的对手，于是将自己的儿子交给窦皇后来抚养。后来儿子果然被立为太子，梁贵人觉得自己很有远见，儿子是太子，将来还不得好好对待自己这个生母吗？结果没料到这话传到了窦皇后的耳朵里，她为梁贵人这个如意算盘感到非常不满，心里再也容不下梁贵人了。为了整垮梁贵人，窦皇后又找个事由诬陷梁贵人，梁贵人也中计，同宋贵人一样服药自杀。此时，后宫里的眼中钉几乎被窦皇后全部扫除。在马太后过世以后，这后宫里权力最大的莫过于窦皇后，她在后宫中几乎是为所欲为了。

章帝驾崩，窦太后掌权

公元88年，章帝驾崩，窦太后抚养的太子刘肇即位，是为和帝。此时和帝年仅十岁，尊窦皇后为皇太后。皇上年幼，就由皇太后辅佐，临朝听政，于是窦太后的权力就越来越大了。有她撑腰，窦太后的几个兄弟在朝中就越来越嚣张，窦太后也大力任用自己娘家的人，以巩固自己的地位和势力。

窦氏在登皇后位不久，其兄窦宪就已经得到重用，现在为掌权的太后，兄弟们就更加受到重用了，所以她的三兄弟窦宪、窦笃和窦景都成为朝中重臣。但是朝中都是自家兄弟，必定会有些人不服。所以窦太后就起用了跟随光武帝打天下的功臣邓禹的后代邓彪，将政局稳定下来。

为了增加军费以充实攻打匈奴的军力，窦太后改变章帝时的做法，增加了盐铁税。然而至于派谁去攻打匈奴，还是一件很费脑子的事。恰好这时候，窦宪出事了。窦宪此时手握重权，已经位列三公之上。但是窦太后对齐殇王的儿子很是喜欢，见这小子很讨妹妹窦太后的欢心，窦宪担心他会削弱自己的权力，于是想暗中将他置于死地，消灭这个可能分权的对手。没想到这事还没得手就被窦太后发觉，大怒，窦宪见太后发怒有些恐惧，于是主动请缨去征讨匈奴，以弥补自己的罪过。太后正在寻找合适人选，就准了窦宪的请命，窦宪也不负众望，连战连捷，在汉朝声名大震。

窦氏权势收回，死后仍被控罪

窦宪手中握有兵权，加上征讨匈奴又名声大震，所以就有点按捺不住，预谋起兵谋反。结果谋反未成又走漏了消息，和帝和宦官们一起遂将窦宪诛杀，并且将窦氏家族为官者全部免掉，消除了窦氏外戚的势力。窦太后也一样，和帝将其软禁起来，不许她再参与政事。公元前97年，窦太后忧郁而逝。

窦太后死后，大臣们都来揭发窦太后的罪行，要求和帝将窦太后的名号废黜。可毕竟和帝是窦太后一手养大，念在养育之恩，和帝没有听从，并且在她去世时仍将其按照太后的身份葬于敬陵。

阴氏　汉和帝刘肇皇后

□ **档案：**

姓　名： 阴氏
生卒年： 公元 80~102 年
籍　贯： 南阳新野
婚　配： 东汉和帝刘肇
封　号： 皇后

阴氏，东汉和帝刘肇的皇后。她的曾祖父是光烈皇后阴丽华之兄阴识。十三岁那年被选入宫中，因多才多艺长相娇美而受和帝宠爱，后册立为皇后。但因嫉妒被和帝更加宠爱的邓贵人，与其姨母邓朱一起合谋诅咒邓贵人，事情败露，阴、邓两族都受到牵连，皇后之位也被废去，最终病死。

多才多艺，选入宫去

阴氏算起来，也是皇亲国戚。她父亲的祖父是光烈皇后阴丽华的哥哥阴识，母亲的祖父是光武帝刘秀的开国大臣邓禹，所以也是出身名门。阴氏从小就得到了很好的教育和栽培，音乐绘画各方面都有涉猎，又因为聪慧好学，因此才艺非常突出。

公元 92 年，桂花飘香的时节，十三岁的阴氏被选入宫去。正值豆蔻之年的青春少女，美丽和活力自不必说，已经十分讨人喜爱，再加上若是一个多才多艺的才女，必然在众人中脱颖而出，因此很快和帝就对她十分宠爱，不久就将她封为贵人。

几年以后，和帝也已经十八岁，后宫无主，群臣自然进谏奏请皇帝册立皇后，和帝就选择了这位他非常喜欢的阴氏。

十七岁的阴氏于是登上皇后的宝座，统领起整个后宫。阴氏家族也都因此而册封，一人得利，全家沾光。

后宫争宠，谋生歹意

就在阴氏被册封为皇后的这一年，和帝又诏封了另外一位贵人邓绥。邓绥是邓禹的另外一位孙女，跟阴氏还有很深的亲戚关系。可是这邓绥自进宫起，其美貌就让群芳黯然，有如天仙下凡，所以立刻受到了和帝的关注，每次注目邓绥，都会痴痴地看上半天，目光总无法从她身上挪开。日子久了，和帝渐渐就将对阴氏的热情转移到了邓绥身上，阴氏逐渐受到了冷落。

阴氏可不是一个受到冷落就可以忍气吞声的人，她必定会争风吃醋。何况她是皇后，地位和权力都高于邓绥，所以她在宫里就处处打压邓绥，逮着借口就找邓绥的麻烦。而邓绥除了美貌出众，品性也非常温和。见皇后这样，她并不是以牙还牙地还回去，或者在和帝面前挑唆，而是选择忍让和退避。

对于在深宫中的女人来说，让皇帝在众姐妹中发现自己尤为重要，所以每一次在能见到皇上的场合，都是后宫佳丽们的机会，务必要打扮出众，耀眼夺目，谁能成为场上的明星，谁可能就会成为皇上的新宠，于是所有人都会在那里比美竞艳，争出风头。然而，邓绥却总是一副天然去雕饰的模样，不与群芳争宠。然而，这样更显得她素雅高洁，在一群胭脂俗粉中更加夺人眼球，于是和帝就愈发地对她爱而不能自拔了。

阴皇后诅咒邓贵人

两个女人在眼前，一个对别人充满嫉妒，处处打压别人，一个通情达理，处处忍让。作为男人，当然会选择后者。和帝也一样，他选择了温和美丽的邓绥，对阴皇后更加疏远了。

被冷落的阴氏在她冷清的寝宫里非常不是滋味，失去皇上的宠幸对她来说是太大的打击，可她无法挽回君心，只能在忧伤中一天天憔悴下去，对邓绥的恨意也越来越深，她发誓，若有一天她阴氏得势，定让那邓氏没有好下场。

皇宫重地，虽然不允许随便进出宫，但如若得到皇上的恩准，家人是可以入宫探视的。和帝怜惜邓绥，准许她的家人进宫看她，可是邓绥知道后宫环境复杂，阴皇后对她又如此嫉恨，不想再添乱，所以拒绝了。不过皇后的家人则是可以入宫走动的。这一天，皇后阴氏的姨妈邓朱进宫探视阴氏，见她如此憔悴，非常心疼。可是她想出帮的方法却是用巫蛊之术来诅咒邓绥，以保全自己不受威胁。

公元101年，和帝患病卧床，邓贵人常伴左右悉心照料，日日为和帝诵经祷告，祈愿和帝早日康复。然而这关爱和帝的大好时机，阴皇后不仅没有想到要如何更好更快地让和帝康复，而是转而将目光投向邓绥，心想是治理她的好时机。于是她就按照姨妈所献之法，在宫里诅咒邓绥，甚至诅咒和帝。

一朝败露两族株连

和帝病好以后，有人揭发阴皇后诅咒邓绥的事情。和帝派人去阴皇后那里搜查，证实这事情果然是真的。和帝对阴皇后实在太失望，太气恼，所以他一怒之下将阴皇后的皇后之位废黜，认为她实在不能担当起母仪天下之责，并将其软禁于桐宫——宫里的一个待罪之地。阴氏族人和邓氏族人也受到牵连，凡相关人士，都以大逆不道之罪论处，阴后受封的几个兄弟全部免官，父亲也自杀了。

在冷宫中不堪忍受的阴氏很快就一病不起，忧郁病逝。

邓绥　汉和帝刘肇皇后

□ 档案：

姓　名：邓绥
生卒年：公元 81~121 年
籍　贯：南阳新野（今河南新野）
婚　配：东汉和帝刘肇
封　号：皇后
谥　号：熹

邓绥，东汉和帝刘肇的第二任皇后。邓绥外貌出众，身材高挑，很得和帝的喜欢。得宠以后，阴皇后对她嫉恨有加，多次想加害于她，后行巫蛊之术败露，被和帝废黜皇后之位，立邓绥为后。邓绥自小喜好读经史之书，奠定了她非凡的政治才能。和帝去世以后，朝中大权就由邓绥掌握，一直亲政直至病故。邓绥一生宁静致远，勤恳为国，不过毕竟是女性掌权，外朝大臣多有微词，她死后邓氏外戚多有蒙冤。

邓家女儿多奇志，不爱女工爱诗书

邓绥乃东汉开国功臣邓禹的孙女，她从小就非常善解人意，通情达理，深得祖母的喜爱。祖母常常亲自带着她玩耍，甚至帮她梳洗剪发。

古时候男女分工比较明确，女孩要熟做女工，针线活和操持家务是主业，男孩子则要诵读诗书，为官报国。但是邓绥从小爱好奇特，她并不喜欢在家里做家务，相反却是特别喜爱读经史和诗书。六岁的时候就能通读史书，十几岁对《论语》《诗经》等书就非常熟悉，并且很有自己的见解，还可以和兄长们相互讨论。母亲对此非常不满，希望她好好学做女儿该做之事，好在父亲通达，对她读书比较支持，甚至认为她在这方面的造诣可以高于几个哥哥。因此在邓家这个大家庭中，身为女孩子也还是有机会博览群书的。但是毕竟是为女儿身，家事和女工不可避免，因此邓绥就白天和母亲一起学做女工，晚上就孜孜不倦地捧读诗书，这种良好的习惯到邓绥被尊为皇太后摄政还一直保持。

入得宫门得幸宠，无奈深宫恩怨多

十几岁的邓绥已经出落得亭亭玉立，身长眉宽。十五岁那年，邓绥被选入宫中。此时和帝十八岁，也正是对异性充满感情的时期，见到如此貌美的邓绥，一时就陷入爱河不能自拔，第二年就将她封为贵人，地位在宫中大大上升，仅次于皇后之位。

邓绥进宫以后，对人对事都非常谦恭有礼，尤其是对皇后阴氏，处处礼让，处处小心翼翼。这阴氏的母亲是邓禹的孙女，算起来邓绥和阴氏是亲戚，且邓绥还长阴氏一辈。可是在宫中可不讲求这些，阴氏是皇后，在后宫妃嫔中就是最大的。

随着邓绥的到来，和帝原本在阴氏身上的目光就逐渐转移到了邓绥身上，阴氏对此非常嫉恨，所以常常拿皇后的身份来压制邓绥。深知后宫关系复杂微妙的邓绥，做事更加小心翼翼，生怕一不小心落下把柄到阴皇后手里。她对宫里的人也非常客气礼貌，即使是下人也经常赞赏和打点，因此非常得人心。在面对阴皇后时，她从来不会去争她的风头，有皇后在的地方她绝对不会和皇后站在同一个层次，更不可坐同排，甚至说话也一定等阴皇后先说，从不会乱插一句。

若宫里举行宴会，大小妃嫔们一定争相斗艳比美，以突出自己夺得皇上的青睐。而邓绥则总是一副高洁素雅的装扮，不过分装饰自己，不弄得自己花枝招展，更加不会让自己的装扮盖过皇后，甚至在选衣服颜色上都一定不和皇后的颜色一致。尽管如此，皇后还仍然视她为

羽人骑马玉雕　汉

采用白玉圆雕而成，阴线刻绘细部，仙人双手扶马，马四蹄蹬在刻有云纹的长板上，作飞腾遨游状，雕刻精细，形象优美，是难得的艺术珍品。

眼中钉。长久下来，和帝逐渐感受到邓绥对皇后的谦恭礼让，他感慨邓贵人是有多深的涵养啊！于是对邓贵人更加宠爱，而对阴皇后更加疏远了。

失宠的阴皇后非常忧伤，十分憔悴。邓绥见此情况，还常常避免被和帝多召见，经常找一些借口避开和帝。可是，这也无法减少和帝对邓绥的钟爱，更无法唤回他对阴皇后失去的感觉了。而阴皇后，一直觉得是邓绥导致和帝失宠于她的，所以她对邓绥恨得咬牙切齿。

一次和帝重病卧床，邓绥一直伴随着和帝，替他祝福祈祷。阴皇后见和帝病重，心想和帝看来是无法好转了，一旦和帝病逝，那作为皇后的她岂不就掌权了？她想那个时候邓绥就失去了和帝这个保护伞，她要狠狠地处置邓绥！这事传到邓绥耳里，她十分吃惊也十分害怕，谁也不知道和帝什么时候能好，万一真如同阴皇后所说，和帝驾崩，大权确实有可能落入皇后之手，到时候自己岂不是阴氏砧板上的肉，想怎么切就怎么切？尤其是汉朝还曾有过戚夫人被吕后做成人彘的先例，不仅潸然落泪。这时候，她想到唯一的解脱之法就是死，只有死，才能避免悲惨的厄运。她哀叹一声，自己一生小心翼翼对待阴后，却没料到会得到这样的报偿，是多么伤悲啊！身边人都替她落泪伤心，对她更为同情和敬重，也更加地憎恶阴氏了。

阴氏这边，其姨妈邓朱还常入宫中走动探视皇后，见阴皇后如此憔悴，甚为可怜，就想到方法帮她。当时汉朝颇为流行巫蛊之术，据说诅咒别人十分灵验。于是阴皇后就和邓朱合谋，诅咒邓绥，望她早死。好在和帝的病治愈康复，邓绥也不用害怕到要自杀，这才破涕为笑，阴皇后巫咒邓绥的事情也被人揭发，和帝派人搜寻也证实证据确凿。和帝非常生气，一纸诏书说阴皇后没有母仪天下之德，犯大逆不道之罪，废黜皇后位，打入冷宫。

谦恭礼让有大体，众人支持主后宫

阴皇后同邓朱行巫蛊之事暴露后，邓绥还替阴氏求情，希望和帝宽恕。可是巫蛊之事祸害过很多人，一直有人因此而死于非命，在汉宫中是严令禁止的。但是和帝见邓绥

这么宽仁，内心里更加喜欢她，也对她更加深了一层敬意。

　　早在先前，邓绥也经常为和帝出谋划策排忧解难，从小通读诗书的她也懂些治国之道。并且她见阴皇后和她自己都未能为和帝生下子嗣，为了汉室后代，她还常亲自为和帝挑选一些年轻妃子陪侍和帝，以留下汉室血脉，承继江山大业。邓绥的事迹大臣们闻之也觉得她是非常之人，谦恭礼让又识得大体，所以在阴氏皇后位被废黜以后，群臣奏请立邓绥为皇后，和帝当然满心应允。不过邓绥自己还觉得德行不够，多加推让，和帝坚持，最终邓绥坐上皇后之位。

　　当上皇后以后，邓绥并没有恃宠傲物，而是保持一贯谦虚谨慎，勤俭克己的做法，后宫之事尽量节俭。那时候按照惯例，皇后的父亲和兄长应该要封为列侯的，和帝也想按照惯例行事，但是邓绥拒绝了。她秉持着控制外戚势力才能保持外戚能持久不衰的理论，不想让自己族人趁此机会行奢侈跋扈之事。所以在和帝在位时，邓绥的兄长等人都没有当什么特别高的官，更不像有些外戚垄断朝野。

一身肩负天下任，太后摄政勤治国

　　公元105年，和帝病死。死时和帝也才27岁，即使有孩子也可想年龄之小，更何况和帝生的子嗣大多都早夭，当时只有一个大儿子刘胜被封为平原王，然而他却有痼疾。另外一个小儿子刘隆不过百天，藏在民间。此时支撑天下的大任就落到了皇后邓绥的肩上。邓绥立即迎立养在民间的小皇子回朝即位，也就是历史上的殇帝。因皇上太小，邓绥就作为皇太后，辅佐小皇帝，实际上就是临朝称制，是朝廷的实际掌权者。

　　邓太后掌权以后，首先就大赦天下，对阴氏以及前朝马氏等被废黜的皇后家族都加以赦免，不再是罪人，回复平民的身份。对宫里的吃穿住行，全部实行节俭，大兴节俭之风。

　　邓太后有一个很大的特点，自小喜读诗书，因此深谙政治之术，很懂得治理国家，做事和处理案件也都明察秋毫。因此邓太后时冤案就比较少。有一次，有人告发和帝时的一个宠臣行巫蛊之术，那个人不堪刑法的折磨就屈打成招了。案件呈上来，太后一看，觉得事有蹊跷。这个臣子一直兢兢业业勤勤恳恳，对先帝很忠诚，从来没有逆行的苗头呀。再说一个臣子又怎么会此种法术，还要等先帝死后再实行？于是太后亲自来审问这个案件，经过一番调查，证明他是被冤枉的。众人无不对太后叹服：实在是明察秋毫的典范啊！

　　要管理政事，所以白天太后很是操劳，但尽管如此，邓太后一直保持着晚上翻读史书的习惯。她自己热爱学习，所以也很提倡学习之风，凡爱好读书者她都加以封赏和鼓励。因为经常读书，她也发现很多书中都存在谬误，为了不让这些谬误误导后人，邓太后专门派一些人修订典籍，并且让宫里的人每天诵读这些典籍。这无疑可以教化宫里的人，而且修订史书典籍也是功在千秋的事情。

　　但是古来女性专权也有一个缺点，那就是必定会大力任用外戚，导致外戚势力膨胀。邓太后当政以后也一样，大力任用其兄弟，邓氏兄弟几乎是她的左膀右臂。不过邓太后任用邓氏之人并非出自一己私欲，巩固自己家族势力，而是为了更好地治理国家。太后本身一个女流之辈，古时候是不兴女子抛头露面的，所以太后不便经常出面与大臣谋事，大多时候只是待在后宫之中，有事即传召哥哥入宫商议。其兄邓骘等人也并没有因为自己妹妹专权而飞扬跋扈，反而都是勤恳为国，方方面面都是为国家社稷着想。邓太后一直深知外戚势力过分庞大不好，和帝曾经想加封她的兄弟，她都婉言谢绝，现在重用也实在是自己亲弟更容易信任一些。为了牵制邓氏家族以防止他们乱来，邓太后吩咐臣子们一旦发现他们有人越矩礼法的，都可以上报，太后绝不姑息。

除了任用外戚之外，太后也大量任用身边的宦官，这为东汉后期政治的混乱埋下了隐患。在这些宦官之中，东汉著名的造纸家蔡伦，就得到太后的重用。

在邓太后的勤恳治理之下，国家政治还算稳定，国民生活也比较和谐。

女性专权遭非议，身后冤屈史家叹

在汉朝，女性专权也不足为奇了，从吕雉时候开始就已经有了太后临朝称制的先例。但是从中国的传统来讲，对女性专权还总是有所非议的。邓太后在统治期间，遇上诸多天灾，水旱蝗灾都有，而且自然灾害又难以治理，当时的预防措施也不强。邓太后在遇到灾情的时候总是积极治理，并常自我反思，检查治理是否不当，查证民间是否有蒙冤之事，宫内生活也更加节俭。然而，有些臣子则多认为天灾是老天对朝廷的一种惩罚，一定是太后当政导致上天不满。

更为让大臣不满的是，殇帝在位不到一年的时间便夭折，太后和她的哥哥仍然以平原王刘胜有痼疾为理由，不迎他为皇上，反而是去迎立了和帝兄弟之子刘祜为帝，是为安帝。平原王刘胜是和帝的儿子，而这刘祜是和帝的侄子，哪有皇子不为皇上而立侄子为皇上的呢？大臣们当然不满，猜测太后是想自己掌权，甚至有人想私谋刘胜为王。邓太后对这些持有异议的人会毫不留情地加以打击，她会兢兢业业地治理国家，但她也不允许别人撼动她的权力。也许，有一句话说女人是天生的政治动物，女人也难以逃脱对权力的欲望吧。

公元121年，邓太后病重，身体状况一日不如一日，似乎无好转的迹象。她深知自己可能将不久于人世，但还是坚持出朝处理朝政事务。因操劳过度，当年太后就去世了，享年40岁。

安帝已经逐渐长大成人，自己亲政的愿望也比较强烈，但是太后却一直不放手，所以安帝心里本来就有些不满。太后去世以后，一些臣子就开始鼓动安帝，说邓氏家族中有些人之前设立阴谋想拥立平原王，安帝就拿邓氏家族来开刀，导致邓氏家族许多人被诛杀或者被逼死。邓氏家族勤恳为政，却蒙此大冤，大司农朱宠冒死为邓家申冤，安帝这才赦免邓氏兄弟的罪行。

东汉从这以后，也就逐渐走向了衰落。

阎姬　汉安帝刘祜皇后

□ 档案：

姓　名：阎姬
生卒年：？~126年
籍　贯：河南荥阳
婚　配：东汉安帝刘祜
封　号：皇后

阎姬，也是皇亲国戚之后，祖父阎章有两位妹妹都是宫中贵人。而阎姬的阿姨，也就是阎姬母亲的妹妹，是邓绥弟弟的妻子。阎姬聪明伶俐且长相甜美，被选入宫中之后就很得安帝喜爱，不久就封为贵人，入宫第二年就被封为皇后。可是阎姬也是一位嫉妒心强的皇后，在后位时对被安帝宠幸过的妃子连下毒手，后来在夺宫之变中失势，不久郁郁而死。

才色入宫

阎姬生得水灵，长得甜美可爱，家里四个兄弟，唯独她一个女儿，因此全家人都将其捧为掌上明珠，浸养在爱的蜜罐里长大的女孩儿有得天独厚的优势，所以她不仅外貌出众，也聪明伶俐，很有才气。

公元114年，才貌都很出众的阎姬也不负众望地被选入宫去，而且很快就得到了安帝的青睐。安帝当时已经是成年人，然而邓太后却一手掌权，不让他亲政，因此心里也多有苦闷，唯有沉浸在后宫女眷之中寻找寄托。安帝一见阎姬，就立刻被她的美貌所吸引，对她宠爱有加，不久便封她为贵人。第二年，阎姬就被册封为皇后。

后宫倾轧

阎姬从小到大，可谓是一帆风顺，小时候在家被父母兄长疼爱，到宫中立刻得到皇上的宠爱，这种环境让她养成了想要什么就必须有什么，是自己的东西就不允许别人抢夺的这样一种意识。然而在后宫，皇帝不是某一个人的，他后宫佳丽三千，即使不考虑感情，他也要经常临幸其他的妃子贵人。可是，这在阎姬的眼里可不能容忍，她是皇后，她觉得后宫就是她的，皇上就是她的，所以任何被安帝碰过的女人她都非常嫉妒，对人大加打压，严重的甚至要让对方丢掉性命才罢手。

阎姬一直很受安帝宠爱，安帝对她也百般顺从，不管阎姬在宫中怎么撒泼耍威风，安帝都不责骂她。但比较遗憾的一件事是阎姬一直没能给安帝生孩子。偶尔被安帝临幸的一个宫女李氏，却非常幸运地怀孕了，后生下一个孩子取名叫刘保。原本，生下皇上的孩子对李氏来说是一件非常荣幸的事，甚至还可以母凭子贵，身份从此改变。然而，李氏却因此招来杀身之祸，因嫉妒李氏有子，阎姬居然将李氏毒死。

皇后阎姬无子，于是在邓太后的主持下，被毒死的李氏所生的孩子刘保就被立为太子，阎姬对这个太子一直心怀不满，将其视为眼中钉。

太后病逝以后，安帝终于得以亲政，他掌权后首先就是对邓氏家族加以清理，结果邓氏外戚大多蒙冤受诛。在邓氏外戚势力大为削减的同时，阎姬不断让安帝加强对阎氏家族的提拔，阎姬还不时参与朝政，她的四个兄弟也全部加官晋爵。

这时阎姬想到太子刘保不除，一定会留下很大的隐患，万一有一天他知道他的生母是自己毒杀的，等他掌权的时候还会放过自己吗？所以这太子一定不能留，至少也绝对不能让他继续做太子。此时阎家的势力也越来越大，阎姬就在安帝面前诬告太子刘保企图造反。安帝一向有些软弱，对阎姬的话都很听从，所以就废黜太子刘保，封他为济阴王。阎姬以为这下刘保不会成为她的威胁，没想到却仍然算错一招。

夺宫之变

太子被废后，安帝没有重新立太子。安帝于公元125年驾崩，并没有直接安排接班人，阎姬就迎立了汉章帝的孙子刘懿为帝，阎姬学起邓太后，自己临朝听政。可惜刘懿在位不过半年就去世了，阎姬有些始料不及。她和兄弟们密谋，想要重新找一位接班人，于是就将皇帝驾崩的消息隐瞒，秘不发表。但他们还没有谋出结果之时，宫里几位掌权的宦官就开始行动了，他们早就将之前被废的太子刘保接回，迎立他为帝，即汉顺帝，并且将阎太后等人软禁起来，阎姬的兄弟也都被顺帝处置。这件事即被称为"夺宫之变"，失势后不久，阎姬在禁宫中忧郁而死，与安帝合葬。

梁妠　汉顺帝刘保皇后

□ **档案：**

姓　名： 梁妠
生卒年： 公元106~150年
籍　贯： 安定乌氏
婚　配： 东汉顺帝刘保
封　号： 皇后
谥　号： 顺烈

梁妠，东汉顺帝刘保皇后。梁妠一生历经四朝，在顺帝去世以后，她先后拥立了三个皇帝，都由她监督朝政大事。梁妠本人很贤惠也甚为明白事理，但是由于任用外戚不当，导致当政不太成功。

顺帝加爱，抽签立后

梁妠可谓是个秀外慧中的女子，她不仅精通女红，且很喜爱读书学习。这在女子无才便是德的古代社会里，算是一朵奇葩。懂得修内的女人会更加得到有识之士的垂青，所以在后宫中除了美貌十分出众者之外，这种才女也很容易被宠幸，若是既有美貌，又具有才华，内外兼修之人，被皇上宠幸的机会就更大了。梁妠在十岁前就能够诵读《论语》，等到十几岁，自然能够出语不凡。

公元128年，梁妠同姑姑一起同时被选入宫中，顺帝封二位梁氏都为贵人，梁妠就被称为小梁贵人。顺帝对这位小梁贵人尤为宠爱，几乎天天让梁妠陪着自己。梁妠见顺帝只和自己在一起，不临幸其他的妃子，于是对顺帝说，如果后妃之间关系良好，皇上对妃子多加宠幸，就能够多子多孙，这样国家必定多福。顺帝见梁妠如此能为自己为皇室和为国家着想，也就更加对她宠爱不已。

阳嘉元年（公元132年），朝廷百官认为顺帝该册封皇后来统领后宫，也昭示国家和顺。但是当时顺帝对好几个贵人都很宠爱，又不能同时将宠爱者都立为皇后，所以对于到底选谁为后就有点为难。这时候顺帝居然想出了一个很"公平"的方法：抽签。结果也真是天作之合，恰巧就抽中了小梁贵人，于是梁妠就被册封，成为母仪天下的皇后了。

按照汉朝的惯例，要册封皇后的父亲及兄弟。梁妠的父亲梁商是非常清廉且正义的人，被封为大将军。可是梁妠有个哥哥叫梁冀，他则是一个纨绔子弟，属于整天不做正事游手好闲的人，但是借妹妹的身份，他也被赐予官位，可是他当官就和他父亲完全不一样。梁商梁大将军清廉为政，谦虚谨慎，用人唯贤，全心全意辅佐皇上，梁冀则是借着官位为非作歹，危害一方。可是大将军虽为官清廉，却不知道自己的儿子在外为非作歹，所以没有加以管教。而如若有人敢与梁冀对抗或者是揭发梁冀，则必定没有好下场，因此梁冀在外一直很逍遥。

公元144年，大将军梁商去世。梁商去世以后，大将军的位子就由梁妠的哥哥梁冀接替，这时候梁冀就更加地无法无天，再也无人管他了。梁冀原来当的河南尹就由梁妠的弟弟梁不疑来补缺，因此梁氏兄弟逐渐开始手握大权了。

顺帝本人无所作为，但是生活奢侈，荒淫无度。但凡国君不勤政治国而奢侈浪费，国家必定会逐渐衰落，因为宫中的费用都是从百姓那里征税而来，宫中支出大，必定要征收更多的苛捐杂税才能弥补，老百姓的负担加重，然而农业收成一般变化不会太大，遇到灾荒年份，农民的生活则会更加困苦。农民负担重了无法生活，所以很多地方就闹起了起义。顺帝在这种混乱的时候一撒手就走了，朝廷这个重大的担子就落在了梁妠皇后的身上。

梁妠当政，起用外戚

梁妠一直没有生子，所以在顺帝去世以后，梁皇后只能立顺帝另一个妃子虞美人的儿子为太子，并扶持他即位。这便是汉冲帝刘炳，登基时仅为两岁。皇帝年幼，尊梁妠为皇太后，由皇太后辅佐皇帝，临朝听政。不过汉冲帝原本一直身体不大好，所以在位只几个月便夭亡了，梁太后只能另行选择登基的人选。当时渤海王刘鸿有个儿子刘缵，聪明伶俐，充满智慧，已经八岁了，故梁妠又扶持他来接替皇帝之位，是为质帝。因顺帝过世，梁太后得管理朝政，她必须找一些得利助手，自家兄弟们是她最容易相信的人了，更何况在她父亲梁商去世以后，哥哥梁冀就接替了大将军的职位，早就位高权重，不重用他重用谁呢？但这梁翼在朝中飞扬跋扈，非常蛮横。质帝虽年纪小小，但对梁翼的做法非常看不惯，然而又没有什么心机，不懂得伺机而动，而是直接在朝堂上骂大将军梁翼。梁翼听过之后，心里并不认为这是小皇帝无心之言，相反，他认为皇帝这么小就知道知道针对自己，如果等他一天天长大，最终手握实权的时候，那岂不是要狠狠对付自己？所以他心里就萌生了歹意，要将这危害扼杀在摇篮里，要杜绝威胁他的势力出现。为了去掉质帝以绝后患，梁翼指使下人将毒药放进质帝的食物中，质帝吃完以后中毒难受，梁翼却阻止了质帝寻求帮助的机会，结果质帝不治而亡了。

新皇帝又过世了，梁妠又得重新找一个皇帝。这时候梁妠和梁翼扶持了十五岁的蠡吾侯刘志为帝，是为汉桓帝。刘志娶了梁妠的妹妹为妻，即位后立其为皇后，这样一来宫中上上下下的人都是梁家人，没有人可威胁梁家的势力了，桓帝目前也无实力，大权仍然掌握在梁妠的手中。

和平元年（公元 150 年），梁太后病重，她自觉不治，知道该把实权交还于皇帝了，于是下诏把自己手中的权力交给桓帝，让桓帝亲政。不久梁妠去世，政权也归于桓帝之手，梁家势力又逐渐衰落，梁翼也没有靠山了。

当时除了外戚势力壮大以外，宫中宦官的势力也越来越强大。桓帝掌握实权以后就想将外戚势力扫除，于是和宦官们密谋除掉梁氏家族，最终梁家被抄，没收财产三十多亿钱。

其实梁妠一生，经常用古代烈女勉励自己，希望自己能像她们一样。为政期间也很勤于政事，只可惜任用外戚不当，最终仍然有负于天下。

梁女莹　汉桓帝刘志皇后

□ **档案：**

姓　名：梁女莹
生卒年：？ ～160 年
籍　贯：安定乌氏
婚　配：东汉桓帝刘志
封　号：皇后
谥　号：懿献

梁女莹，东汉桓帝刘志的皇后。梁女莹为梁妠的妹妹，也是梁商的女儿，哥哥就是飞扬跋扈的大将军梁翼。

汉顺帝死后，朝中大权几乎落到梁妠和梁翼兄妹手中，梁妠先后拥立了三位皇帝，即年仅两岁的汉冲帝刘炳、年仅八岁的汉质帝刘缵，后又拥立汉桓帝刘志。早在梁翼毒死质帝之前，刘志就希望与梁妠和梁翼的妹妹梁女莹成婚，当时梁氏兄妹手握大权，与他们的妹妹结亲显然对自己是十分有利的。果然，质帝被毒死以后，梁氏兄妹就拥立了刘志这个准妹夫为皇帝。

刘志登基以后就娶了梁女莹，两个月后又册立她为皇后。梁女莹与姐姐不一样，各方面同姐姐相比都要差很多，属于要姿色没姿色，要才学没有才学的人。然而她命好，有着手握大权的姐姐和哥哥，自然也是她所掌握的资源。就凭借这个，她在后宫非常跋扈，生活非常奢侈，每天都要穿上好材质的衣服，吃的也要山珍海味。除此之外，她不思大力照顾后宫，以让桓帝有多子多孙之福，反而嫉妒桓帝临幸其他后妃。又由于她也没有生育，因此对为桓帝生育孩子的后妃就更加嫉妒，常常对她们加以打击。桓帝本人爱好美色，所以逐渐对梁女莹冷淡，但因当时仍由梁妠和梁翼掌权，他对梁女莹还必须忍气吞声。

后来梁妠生病不起，下诏还政于桓帝，之后病逝。掌握了实权的桓帝就开始清除梁家的势力，他与宦官们一起密谋拿下梁翼的办法，最终率军包围了梁翼的大将军府，梁翼没了太后妹妹的靠山，又知道自己确实罪恶多端，自杀身亡。

在梁妠去世以后，桓帝逐渐就敢光明正大地冷落梁女莹了，梁女莹忍不住心中郁闷，长期郁闷导致疾病，结果也病死了。

梁女莹死后，桓帝废黜了她皇后的封号，另立邓猛女为皇后。不仅如此，他还将梁女莹的坟墓从皇后陵迁出，移到贵人的墓地。所以凡是基于交易而建立的婚姻，总免不了悲剧的结尾。

邓猛女　汉桓帝刘志皇后

□ 档案：

姓　名：邓猛女
生卒年：？~165 年
籍　贯：南阳新野（今河南新野）
婚　配：东汉桓帝刘志
封　号：皇后

邓猛女，东汉桓帝刘志的第二任皇后，生于官宦世家，受过良好的教育，但因身处后宫，桓帝宠幸人多，她又嫉妒心强，与宠妃争风吃醋，结果被桓帝打入冷宫，废去皇后之位。

因美色受宠，几次改姓

自古美女总是更容易受宠，即使在家里，谁长得漂亮一点，也许就更容易得到爸爸妈妈的爱。邓猛女出自官宦世家，生得貌美如花，她的家里家底丰厚，因此女孩子也可以受到良好的教育。又美貌又聪慧的姑娘，父母自然捧为掌上明珠。

后来邓猛女的父亲去世，母亲改嫁，恰好嫁入梁家，当时太后梁妠和大将军梁翼掌权，梁翼之妻又觉得这邓猛女姿色可人，于是提议将她送入宫中。

刚进入宫中的时候，邓猛女地位很低，仅仅是一名采女。在宫里，是否能出头有时靠机遇和运气，然而邓猛女就是这样好运的人。身份低微的采女是很难见到皇上的，但邓猛女进宫不久就见到了桓帝。桓帝本人是个好色之徒，见到美女自然是垂涎三尺。不过当时的皇后梁女莹仗着姐姐和哥哥手握大权，对桓帝管得很严，不允许他随便宠幸别的妃子，桓帝慑于梁氏的势力，对皇后很顺从。

后来掌权的太后梁妠去世，还政于桓帝，桓帝又与宦官一起扳倒了梁冀，因此桓帝对梁皇后也没什么惧怕的。梁皇后失宠忧愤，最终病死，桓帝将其皇后位废掉，改立了受宠的邓猛女为皇后。

丈夫好色成性，争宠失利

先前邓猛女因为随母亲改嫁到梁家，于是也改成了梁姓。不过桓帝毕竟长期受到梁家的挟持，梁妠在世时桓帝几乎没有自己的权力，甚至在后宫中受到梁女莹的压迫他都不敢怎么反抗，但内心里对梁氏已经很为反感和厌倦，因此得势以后不仅将梁氏势力铲除，连邓猛女姓梁他也要改掉，将她改为"薄"姓。

直到又过了两年，桓帝这才得知邓猛女原来是邓家的女儿，并不是梁家的人，因此想到不需要给她姓氏的，又还她姓邓了。并且既然女儿都是皇后了，父母也应该被封赏，于是追封邓猛女死去的父亲为安阳侯，其母亲也受封为"昆阳君"，邓氏家族的兄弟亲戚等也大量被封列侯或者得到赏赐。

然而，因美色得到青睐，也必有一天再因别人的美色而失去自己的优势。桓帝好色，后宫中充斥着全国各地选送的美女，可以说后宫里有不少缺乏的东西，但绝对不缺美女。因此，受宠的时候是开心幸福的，失宠的那一天也会到来。当时有一个妃子郭氏，长得特别漂亮，桓帝被她的美貌吸引，渐渐对邓猛女冷落了。

邓猛女虽受过良好的教育，也知书达理，但同样她也有非常强烈的嫉妒心。所以当她失去宠爱的时候，她就对那些受宠的妃子非常嫉妒，要大加打击。这郭氏也不是省油的灯，于是两人在后宫中明争暗斗，诋毁辱骂，想尽办法来迫害对方。桓帝对此非常反感，于是喜新厌旧的桓帝忍受不了两人的争斗，于延熹八年（公元165年）颁下一纸诏书，废去邓猛女的皇后之位，并将她打入冷宫。

不久，邓猛女也同其他失宠的女人一样，也没逃脱进入冷宫终日忧愤的生活，不久就死去了。随着邓猛女的失势，邓氏家族势力也衰落了。

辌车　东汉

窦妙　汉桓帝刘志皇后

□ 档案：

姓　名：窦妙
生卒年：? ~172 年
籍　贯：扶风平陵
婚　配：东汉桓帝刘志
封　号：皇后

窦妙，汉桓帝第三任皇后，她的曾祖父是大司徒窦融。在邓猛女皇后被废的那一年，她有幸选入宫中，被封为贵人，同年冬天，邓猛女就被桓帝废去皇后之位，窦妙则成为后宫之主。窦妙虽然为皇后，但并不得宠，皆因桓帝新宠太多。桓帝去世以后，窦妙也临朝称制，然而当时宦官势力已经很庞大，最终窦氏家族被宦官所灭。

贵为皇后，却不得宠

窦妙也是出身名门，曾祖父是窦融，其父亲窦武也是朝中大臣。但也许正是这样的家庭环境，造成她嫉妒心强，眼里容不得人。

窦妙虽然被选入掖庭之后封为贵人，并且在同一年还被封为皇后，但是桓帝对她却并不怎么宠幸。桓帝所宠爱的人非常多，尤其喜欢采女田圣，对其他好几位采女也都非常钟情。两年以后，桓帝将他宠爱的这些采女都封为贵人，这让窦妙不能忍受，她简直怒火中烧，如果可以，她当时就想将那些女人一把火烧死。

时隔不久，桓帝一命呜呼，撒手人寰。桓帝一生虽宠幸过多名女子，然而并没有子嗣。窦妙成为太后，手中握有大权，窦妙第一时间是要报复那些被桓帝宠幸的人，也是发泄她自己失宠的怨恨情绪，因此包括田圣在内的多名采女在桓帝死后不久就被窦妙给杀掉了。

临朝称制，败于宦官之手

桓帝去世以后，总得需要一个人登基为帝。窦妙与父亲窦武商议，最终立刘宏为帝，即汉灵帝。灵帝当时也只有十二岁，所以由窦太后临朝执政，朝廷大权几乎都落入到窦氏家族的手里。

灵帝即位以后，窦武是拥立皇上的功臣，被封为大将军，窦武的儿子和侄子也都封侯封爵。

当时朝中宦官势力已经很大，对窦氏有很大的威胁。窦武早就感觉到得势的宦官不可留，于是他就自己秘密做好准备，并且常对自己的太后女儿密奏，让她提防宦官，早日削弱宦官的势力。

只可惜窦妙在铲除和报复自己情敌的时候相当有决断之力，下手快、准、狠。然而在父亲告诉她宦官势力威胁大的时候，她却犹豫了，迟迟不做决定。结果宦官曹节先于窦氏找到机会，一举将窦武等人杀死，并将窦太后也赶出了宫中，软禁起来。

公元172年，窦太后病死，与桓帝合葬。

宋氏　汉灵帝刘宏皇后

□ 档案：

姓　名：宋氏
生卒年：？～178年
籍　贯：扶风平陵
婚　配：东汉灵帝刘宏
封　号：皇后

宋氏，扶风平陵人，东汉灵帝刘宏的第一任皇后。宋氏端庄贤淑，秀美聪慧，很有气度。她有美貌，够端庄，但不及其他的后妃妩媚，再加上她被立为皇后之后遭到众多妃嫔的妒忌，经常在背后恶语中伤她，灵帝逐渐对她疏远，最终被宦官诬告而冤死。

贤淑端庄立为后，不懂妩媚终失宠

综观东汉后宫皇后及贵人，不难发现尽是些皇亲国戚，至少也是名门望族，比如阴氏、窦氏、马氏、邓氏、梁氏等。汉灵帝宋皇后听上去好像家族不够响亮，但其实她也是皇亲国戚的后人。汉章帝时曾有宋氏姐妹被封为贵人，按辈分排下来恰好就是灵帝宋皇后的曾祖母辈。所以宋氏的家世也还可以，也得到了比较好的教育和培养，知书达理，温柔贤淑。

公元167年，十二岁的刘宏被窦太后拥立为帝。三年后，灵帝已经十五岁了，这时有一批美女被送入宫中，宋氏就是在这一年被封为贵人的。再一年以后，美丽聪慧、端庄贤淑的宋贵人又被灵帝册封为皇后。

成为皇后以后的宋氏并没有骄横跋扈，反而是更加小心翼翼地在宫中行事，她明白后宫中环境的微妙，后宫众妃嫔为争宠而互相倾轧陷害的事情不计其数，所以她要尽量避免。但是你不欺负别人，别人就会来欺负你。先前几朝的皇后比较威猛，后宫中的妃子就像温柔的小猫一样不敢猖狂，而到宋氏这里，众妃嫔嫉妒她的皇后之位，就经常在背后搞小动作，常在皇上面前说她的坏话，她只能一一容忍，尽量不生事端。

灵帝经常听到众妃嫔对宋皇后的闲言碎语，自然对她印象要打个折扣，再加上宋皇后是端庄贤淑一类的人，不懂得妩媚之法，不知道怎样吸引灵帝勾住灵帝的心，灵帝就逐渐离她越来越远，宠幸其他的妃嫔而冷落皇后了。

宦官诬告渤海王，可怜宋后受牵连

当时有个宦官叫王甫，这王甫是个小心眼儿。他与渤海王刘悝曾有过节，因此一直怀恨在心，想伺机报复。渤海王有个妃子恰好是宋皇后的姑姑，她们关系也很亲近。王甫没想到这宋氏进宫以后还被封为皇后，并且刚开始的时候灵帝对她也算是宠爱有加的，于是就不敢贸然行动，怕触怒了宋皇后。后来灵帝渐渐疏远了宋皇后，一个失宠的皇后威胁不是很大，于是王甫就开始着手报复渤海王。这渤海王是汉桓帝的同胞弟弟，也是汉灵帝的叔叔。王甫设计告发说渤海王想伺机谋反，夺得皇帝之位。汉灵帝居然信以为真，结果渤海王刘悝被逼无奈只好自杀，宋皇后的姑姑宋妃在狱中就含冤而死。王甫终于报了与渤海王的仇，然而他还不是很放心。他担心万一哪一天宋皇后想起来为姑姑报仇怎么办？为绝后患，一不做二不休，宋皇后也不能留。他又鼓动太中大夫程阿等人，一起联手诬告宋皇后，说宋皇后在宫中偷偷地行巫蛊之术，想诅咒其他受宠妃嫔，诅咒灵帝没有子嗣，以保全她在宫中的地位。

巫蛊之术在汉宫里本来就是非常敏感的事情，而且一想到自己的皇后居然诅咒自己，灵帝就气不打一处来，还没冷静思考整个事件的经过，就冲动地将宋氏的皇后位废去，还将其软禁在冷宫。

本本分分的宋皇后哪经得起这一连串的打击？在冷宫中含冤忧郁而死。

何氏　汉灵帝刘宏皇后

□ 档案：

姓　名：何氏
生卒年：？ ～189 年
籍　贯：河南南阳
婚　配：东汉灵帝刘宏
封　号：皇后

何皇后，今河南南阳人，东汉灵帝刘宏的第二任皇后。何氏出身卑微，她的父亲是一个屠夫。后何父通过走后门将何氏送入宫中，因生有一子而最终被立为皇后。何氏也是生性嫉妒之人，毒杀过灵帝宠妃。何氏后来被董卓毒死。

贿赂掖庭采选人员，父亲将女儿送入宫中

何氏出身卑微，是屠夫之女。按照当时的地位来说，作为屠夫的女儿，何氏是不能够入宫侍奉皇上的，好在何家家境殷实，何氏的父亲就重金收买选美的人员。对于那些掖庭采选人员来说，所有选取的美人都是送给皇上的，选谁都一样是选，既然有这么好的事情在眼前，当然可以睁一只眼闭一只眼。况且这何氏姿色很好，也是一个大美女，

送入宫中以后皇上也不会有闲暇来翻阅一个采女的家世的。就这样，何氏被选入宫中，送入掖庭。

进入掖庭以后，灵帝见到了姿色非凡的她，就对她加以宠幸。汉宫中已经好几个皇帝都少有子嗣，灵帝先后也有几个孩子，但是健康长大成人的没有几个。这何氏进宫被灵帝宠幸之后，怀上了皇上的孩子，这孩子就是皇子刘辩。皇上得皇子是一件多么开心的事啊！灵帝见这个孩子乐得合不拢嘴，何氏也就很快被封为贵人了。

母凭子贵，何氏一举成为皇后

公元178年，灵帝的皇后宋氏被人诬陷，灵帝将她的皇后位子废去，此后皇后位一直空着。公元180年，皇后位已经有几年的空缺了，后宫不可无主，是该重新册立一个皇后了。这时候只有何氏有灵帝的孩子，于是皇后位就落到了何氏的头上，何氏也就成了母凭子贵的典型。

何氏被立为皇后以后，按照往常惯例，何氏的父亲以及兄弟等都要被封侯，因此她的屠夫父亲被封了车骑将军，连她母亲也被封为舞阳君。何氏并非大家闺秀的风范，被立为皇后以后自然就忘不了摆皇后的架子，最重要的是她为灵帝生下了皇子，这对皇家来说是莫大的功劳，她自然地位不同，也有骄傲的资本。

被立为皇后一年后，又有一个美人生下了灵帝的孩子，这就是王美人，生下的孩子为刘协。王美人生下小皇子刘协以后，何皇后就非常不淡定了，毕竟她当时当上皇后的法宝就是孩子啊，现在孩子已经不是只有她独有了，她就失去了核心竞争力，于是她感觉到了威胁，她无法容忍。一狠心，她将刚刚生下皇子不久的王美人给毒死了。灵帝知道了这件事以后感觉非常心寒，也觉得何氏非常可怕，对何氏逐渐冷淡了。他多想废掉这样残忍的皇后！可是朝中宦官都很拥护何氏，替她求情，才得以保留她的皇后位。这恐怕也是后来何氏的哥哥何进要除掉宦官时何氏保护宦官的原因，但终究何氏也可以算作是毁在宦官的手上了，这是后话。但是经历过这件事以后，灵帝知道何氏这女人心狠手辣，王美人已经被毒杀，他要保护好他的小皇子不被皇后加害。因此，他就把小皇子刘协交给了母亲董太后抚养。

宦官为患，发起宫廷政变

公元189年，灵帝驾崩。何氏的儿子刘辩是皇长子，按长子嫡孙的世袭制度，刘辩继承皇位，是为汉少帝，作为少帝的生身母亲，何氏就以太后的身份临朝称制，辅佐少帝了。

何氏以太后身份临朝称制以后，手中就握有大权。加上当时她还有个同父异母的哥哥何进，这何进手上握有重兵，是个实力派的人物，朝中上下对他们都有些惧怕，何氏兄妹也算是权倾一时。

何进眼见着宦官权力越来越大，感觉这个群体得赶紧除掉，不然必定会生出许多乱子。但是何氏在诛杀宦官的时候犯了同窦妙一样的错误，结果宦官们觉察出何进的意图，反过来诛杀了何进，引起宫中一片慌乱。

董卓趁此机会就率兵进入都城洛阳。他与灵帝母亲董太后是族人，刘协又是董太后抚养长大，因此掌握大权的董卓就废掉了少帝刘辩，转而立刘协为皇帝，是为汉献帝。不久以后，董卓将何太后毒杀。

王氏　汉灵帝刘宏美人

□ **档案：**

姓　名： 王氏
生卒年： ？ ~181 年
籍　贯： 赵国
婚　配： 东汉灵帝刘宏
封　号： 美人
追　封： 灵怀皇后

王氏聪慧美貌，才华横溢。除了有才华之外，王氏还有一点同其他女子非常不一样，她非常精通于算术。这样一位亭亭玉立的妙龄女子，在皇上广选美女以充后宫的时候没有理由不被选上，于是王氏也来到了宫中，来到了掖庭。灵帝在几次接触过王氏以后，就非常宠爱她。毕竟她美色不输于旁人，才气高于旁人，最重要的是她善解人意，大家闺秀的风范同何皇后粗暴的样子完全是两种不同的风格。

公元176年，何氏为灵帝生下一个皇子刘辩，灵帝特别开心。两年后，皇后宋氏被人诬陷，灵帝冲动之下就将其皇后位子废掉。皇后位子空缺，正好何氏有皇帝子嗣，母凭子贵，何氏就被立为皇后。何氏原本就是屠夫之女，与大家闺秀们的气度总是有所差别的。所以她一当上皇后就放言若哪位后妃有了皇帝的子嗣，她一定不会轻饶她们，所以后妃们都对她特别惧怕。

然而，这王美人在被灵帝临幸过后就怀上了孩子。有了身孕的王氏非常担忧，为这个孩子也为自己忧惧，她不知道这个孩子出生后会是怎样的结果，更加不知道自己会因此而遭遇怎样的打击。反正不会有好下场，王美人就忍受巨大的痛苦，决心将腹中的胎儿打掉。

然而说也奇怪，王美人喝了好几剂打胎药，结果胎儿居然都没有反应。然后接连几日王美人都梦见自己背着太阳行走，她想这一定是吉兆，肯定是意味着腹中的胎儿将来必定多福。因此王美人就改变主意，打算生下这个孩子。

公元181年，孩子降生，取名刘协。刘协出生以后，何皇后十分愤怒，居然有人敢生孩子，居然有人可以对她造成威胁！是可忍孰不可忍，她要兑现她之前的诺言，凡是生下孩子的后妃没一个好下场。没几天，刚刚生完孩子的王美人便被何皇后给毒死了。

知道事情真相的灵帝大为愤怒，真想把何氏的皇后位给废掉。无奈当时何氏的同父异母兄弟何进手握重兵，而且众多宦官都为何氏求情，结果灵帝对何氏无可奈何。但从此以后，他对何氏就很冷淡，还时常怀念那个善解人意的王美人。为了保护小皇子刘协不要像他母亲一样被何氏所害，灵帝将刘协送到自己母亲董太后那里抚养。

公元189年，灵帝驾崩，长子刘辩即位，是为少帝。后来董卓掌权，他将少帝废掉，立董太后养大的刘协为帝，即汉献帝。王美人的梦果然没错，儿子最终是当上了皇帝。

献帝即位后，于兴平元年追封其生母王氏为灵怀皇后。王美人该为生下这个孩子感到无憾了。

伏寿　汉献帝刘协皇后

□ 档案：

姓　名：伏寿
生卒年：？～214年
籍　贯：琅琊东武（今山东诸城）
婚　配：东汉献帝刘协
封　号：皇后

伏寿，东汉献帝皇后。伏寿父母皆有地位，父亲伏完是侍中，母亲刘华是公主。因父亲很博学，母亲也是在皇家长大，因此伏寿从小受到很好的教养。献帝一生悲戚，是东汉的最后一位皇帝，一直生活在动荡之中。公元189年灵帝驾崩以后，宫中发生一系列的事情，年仅九岁的刘协被董卓挟持，立为皇帝，但并没有皇帝的实权，董卓反而借助自己控制皇帝而四处为非作歹。多行不义必自毙，全国各地的人都看不惯董卓的暴行，纷纷起兵讨伐董卓，董卓无奈之下，挟献帝将都城从洛阳迁到了长安，以暂时躲避混乱的局面。随着献帝一同过来的伏完将自己的女儿伏寿送到献帝身边陪伴他，两人感情很好，后来就封伏寿为皇后。也幸亏两个人有个伴儿，可怜的小皇帝和小皇后不仅没有享受到皇宫里荣华富贵的生活，反而是一再躲避战乱，四处奔波动荡。

公元196年，献帝和皇后伏寿在臣子的护送下又回到了洛阳。然而此后曹操先于其他割据势力攻占了洛阳，挟持了献帝，即是历史上的挟天子以令诸侯，独揽大权。

汉献帝此时已经十七岁，非常明白自己的处境，对自己被曹操挟持做一个傀儡皇帝非常不满，他想除掉曹操自己掌握实权。于是他起草了一个密令，让董承带出，以召集人马诛杀曹操。但没料到事情暴露，曹操抓住董承到献帝面前反告董承谋反，献帝又不能坦白这密

双羊铜饰　东汉
这件铜饰作双羊伫立状，羊首低俯，双目圆睁，长角盘曲，短尾上翘，显得活泼可爱。

令是自己所发，只好将董承给处决了。曹操对这件事恨咬牙切齿，他要给献帝一个下马威，不能只处决董承一人，他要将与董承有关的人员全部处决。董承的女儿是献帝的贵人，并且已经怀有身孕，曹操完全不顾及她腹中有胎儿，将董贵人也处死，任献帝苦苦哀求他都不放。

伏寿见曹操如此心狠，因此想与父亲伏完密谋除掉曹操。结果这事情又败露了，曹操就逼她上吊而死。在死前她非常希望献帝能为她求情，留她活命，她还有两个小皇子啊！可是献帝已经放弃了对生的希望，他连自己哪一天会死在曹操手里都不知道，哪儿还有闲心保护皇后呢？再说保得了一次能保第二次吗，谁知道哪天曹操不高兴了将他们全部处决掉？

伏皇后被曹操软禁在冷宫里，最终不得已上吊自杀。伏寿死后，她的两个小皇子也全部被曹操毒死，甚至兄弟族人数百条命，全部丧于曹操手中。

曹节　汉献帝刘协皇后

□ **档案：**

姓　名：曹节
生卒年：? ~260 年
籍　贯：沛国谯
婚　配：东汉献帝刘协
封　号：皇后
谥　号：献穆皇后

曹节，东汉献帝的第二任皇后，也是东汉的最后一位皇后。曹节本为曹操的第二个女儿，被曹操送入宫中，献帝封其为贵人。公元 214 年，献帝的皇后伏寿因想与父亲伏完密谋除掉曹操，事情暴露，曹操将伏寿幽禁于宫中，逼伏寿自己上吊而亡。此后，曹操逼迫献帝立自己的二女儿曹节为皇后，因惧怕曹操的威力，献帝只好顺从，曹节遂成为皇后。

曹操于公元 220 年病死，曹操的儿子曹丕想取代汉朝，自立为帝。曹丕称帝以后，想拿到汉朝的玉玺，曹节对此很是不满，屡次拒绝曹丕索要玉玺。虽然曹丕是自家兄弟，但既然她曹节已经嫁给了汉献帝，那她就是汉室的人，自然要为汉室着想。

但曹丕取代汉室的心意已决，任何人都阻挡不了，不管是他的亲兄弟，还是亲姐妹。于是他再次向献帝和曹节索要玺绶，并且不惜以武力来威胁，曹节没有办法，只好将其交出，并仰天痛哭，身边的人都为之悲戚动容。

至此，汉室江山覆灭。汉献帝被封为山阳公，曹节改为山阳公夫人，从此独居一隅。公元 234 年，献帝病亡。公元 260 年，曹节病逝。

 三国

魏

卞氏 魏武帝曹操皇后

□ **档案：**

姓　名：卞氏
生卒年：公元 161~230 年
籍　贯：琅琊开阳
婚　配：魏武帝曹操
封　号：王后
谥　号：武宣皇后

卞氏，魏王曹操的王后，琅琊开阳（今山东临沂）人。卞氏出身卑微，家族几代都是从事说唱卖艺的事业，但因卞氏容貌姣好，曹操便纳她为妾。后曹操结发之妻丁氏与曹操分开，卞氏就被立为正室。公元 216 年曹操被封为魏王，卞氏被立为王后。

歌舞伎出身，遇曹操身份逆转

传说卞氏名为玲珑，但史上并无明确记载。卞氏出身低下，其祖父、父亲已经好几代都为倡优出身，虽然倡优是卖艺之人，在今天也许就是大明星，受万众瞩目，但在汉朝那个时候倡优是身份很低微的。西汉的时候，因为高祖本身也出身微贱，所以在身份地位上没什么特别的计较，然而发展到东汉，出身已经很重要了，出身低微的人即使长得再漂亮都没办法进入皇宫侍奉皇帝。不过，此时已是东汉末世，卞氏也没想着进入汉宫成为一个皇妃。

据说卞氏出生的时候，房间里有奇异的景象，有满满的光聚在室内。相士解说这是好的预兆，说明卞氏以后定是大富大贵之人。话虽如此，卞氏父母倒是没因此而刻意去将卞氏培养成一个高贵的人，而是让她继承家族衣钵，继续街头卖艺。

就这样，卞氏一直长到二十岁。这一天，在安徽亳县的一个地方，正在家闲养的曹操见到了飘零到这里卖艺的卞氏，年轻貌美的卞氏很快就吸引了曹操的眼球，于是曹操纳了卞氏为妾。曹操祖上也是皇室亲信，朝中大臣，所以歌舞伎出身的卞氏也没什么好拒绝曹操的，古时候二十岁的姑娘也该嫁人了。就这样，卞氏从此跟了曹操。

聪慧又宽容，深得曹操喜爱

卞氏嫁给曹操的时候，曹操已经有妻子了，还有一个小妾。卞氏也没有想过要和曹操其他的妻妾争宠，只安安心心地陪在曹操身边。不过曹操的结发之妻丁氏则不一样，她对卞氏没什么好脸色。丁氏虽为曹操的结发之妻，但是没有生孩子，一个没有孩子的妻子，心里苦闷也很正常。当时曹操已经有个儿子曹昂，这曹昂的母亲去世得早，恰好丁夫人又没有生，就一直抚养曹昂，对曹昂也很好。但令丁夫人伤心的是，在汉末的战乱之中，有一次曹昂为了救曹操，在战场上被乱箭射死了。丁夫人这一个很重要的情感寄托从此就没有了，从此以后对曹操就甚为埋怨，经常在曹操面前凄凄怨怨。曹操对多有抱怨的丁夫人有些忍受不了，就想将她送回娘家。结果丁夫人不但不反对，反而在回到娘家之后不愿意回到曹操身边了，最终逼得曹操离婚了。

公元 189 年，灵帝驾崩以后汉室皇宫里频出乱事，何太后的哥哥大将军何进死于非命，何太后带着少帝和刘协两人逃离宫中，又被带兵进入洛阳的董卓劫持，董卓随后毒杀何太后，废掉少帝转而立刘协为献帝，自己依仗拥立有功而为非作歹。董卓认为曹操很有才能，想让他为己所用。结果这曹操知道董卓成不了气候，不打算跟随董卓。董卓已经封曹操为骁骑校尉，这时候曹操只有两个选择：要么去上任，跟随董卓一起。如果不上任，那只好逃跑，甚至自己起兵。因为不上任就意味着是跟董卓对着干，他一定不会放过曹操的。曹操选择了逃走。果然，曹操出逃以后，袁术就四处放话说曹操已经在乱世中死掉。这话传回到曹操部下的耳里，众人军心大乱，首领已经葬身乱世，曹操的军中不就是群龙无首，再待下去也没有指望。所以曹操的旧部下都准备离开曹营，重新投奔明主了。

这时候的卞氏心里也很慌乱，曹操在外生死不明，军中又大乱。一方面她很担心丈夫到底怎样，另一方面假如军中人都散了，曹家的势力就要落下去。于是她毅然决然地站了出来，对众将领说，各位将领先安勿躁，虽然有传言说曹操已经身亡，但毕竟还是传言，并没有得到证实。现在曹操虽然下落不明，但如果他还活着，总有一天会回来，那个时候众将领如果再想回来就是很难堪的事了。各位将领在战场上都是英雄，不能因为几句传言就置一世的名节于不顾。听完这番话后，将领们觉得言之有理，如果就此离开的确是太冲动了，大家又安心回到自己的岗位。其实这个时候的曹操，不仅没有死，而是已经在各处拉拢兵力，在筹备自己的野心计划。

果然，曹操没跟随董卓是明智的。不久以后，天下英雄和诸侯都起兵反抗董卓，曹操趁势率军出击，并且先行一步占领雒阳，挟持献帝。知道卞氏替他留住军中将领的事迹之后，对卞氏就更加另眼相看了。

在曹操府中，有很多妻妾，因此也有很多的孩子。光卞氏就为曹操生了曹丕、曹植、曹熊、曹彰等好几个孩子，其他小妾也有不少。在这样一个大家庭中，矛盾多自然是不可避免的，如果是心胸狭窄之人，估计早就能气死，或者每天也会跟众多小妾和儿孙闹气。曹操的妻子丁氏就是不能忍受这些，她对卞氏经常没有好脸色，但是卞氏也不太计较。丁氏后来同曹操分开，卞氏还常常照顾丁氏，或者请丁氏回曹府吃饭。对其他的小妾以及他们的孩子，卞氏也都很宽容，从不刻意制造矛盾或者是排挤他们。曹操将这些看在眼里，心里非常开心，觉得自己讨对了老婆。在和丁氏分开以后，曹操就将卞氏扶为正室。

献帝封曹操魏王，卞氏母仪为王后

曹操攻入雒阳以后，挟持汉献帝，献帝就成了一个傀儡皇帝。虽然献帝曾想要除掉曹操，恢复自己的势力，但却不能实施，他已经没有办法逃离曹操的手掌心了。

曹操虽掌握了献帝，但他还要继续巩固自己的实力。他将自己的三个女儿都送入献帝的宫中，将献帝紧紧包围。在逼死伏寿皇后之后，还逼迫献帝立二女儿曹节为皇后，这汉室天下等于已经是曹操的了。

公元216年，献帝封曹操为魏王。

曹操当时的实力，大可以自己称帝。但是他却一直没有动献帝一根汗毛，虽然献帝已经没有实权了。曹操的顾虑，也许是反正已经掌握实权了，就没必要让自己成为出头之鸟了。

在曹操被立为魏王之后，曹操的儿子们之间展开了一场权力之争，尤其是曹丕和曹植。曹丕甚至都想置曹植于死地，曹植因此留下诗作："煮豆燃豆萁，豆在釜中泣。本是同根生，相煎何太急。"曹丕和曹植都是卞氏所生，因此在这场争斗中卞氏作为生母，却始终保持沉默，任由他们自己去处理。

公元217年，曹操立曹丕为王太子。在得知曹丕被立为王太子之后，卞氏也没有什么过分的喜悦之情，她一直保持冷静，可见身在如此家庭里，必定要练就出一身钢铁般喜怒忧愁都没法侵身的本领。

两年后，曹操觉得卞氏有母仪天下的风范，遂立卞氏为王后。成为王后的卞夫人仍然节俭朴素，遵循曹操的倡导，基本上粗茶淡饭。

公元220年，曹操病逝，曹丕即位魏王。后曹丕逼迫献帝退位，自己取代汉朝建立魏朝，并追封曹操为魏武帝，尊母亲卞氏为皇太后。

公元230年，卞氏病逝，与曹操合葬。

丁氏　魏武帝曹操夫人

□ 档案：

姓　名：丁氏
生卒年：不详
籍　贯：不详
婚　配：魏武帝曹操
封　号：夫人

丁氏，曹操的正室夫人，结发之妻。丁氏是一个非常有个性，非常有脾气，同时又非常美丽的女人。当然，曹操为一代枭雄，也是著名的好色之徒，若丁氏不美，也不可能得到曹操的垂青。

　　曹操一生宠爱的女人特别多，孩子也很多。丁氏虽是曹操的正室，但遗憾的是她没有生孩子。在曹操娶丁氏之前，曹操另外一个妾就已经给曹操生过一个儿子，就是曹昂。只是曹昂的生母命薄，很早就去世了。曹昂母亲去世以后，丁氏就将曹昂当作自己的儿子抚养大，所以，她对曹昂感情很深，同时曹昂也是她重要的感情寄托。

　　然而，曹操好色就算了，却还因为美色惹祸，还害得曹昂因此失

牵马俑　东汉晚期

去性命。当时是公元197年，曹操准备率军讨伐张绣，张绣兵败投降。张绣有个叔叔叫张济，张济已经过世。曹操感兴趣的倒不是这个张济，而是张济的老婆。曹操听说张济的这个老婆有倾国倾城的姿色，于是就起了占有之心。

　　叔叔之妻被曹操占有，侄儿当然咽不下这口气。已经投降的张绣又准备反曹操。在一个夜间，张绣率兵突袭曹操，曹操猝不及防，身上多处受伤。后来曹操的大儿子曹昂将自己的马让给曹操，曹操骑上马就跑，这才逃过了张绣的追兵。然而，曹昂因为没有战马，结果被追兵乱箭射死了。

　　曹操回去以后，丁氏始终无法为此事释怀，好不容易养大一个孩子，倾注了她多少心血啊！况且这曹操女人多，丁氏所得的关心不可能多到哪里去，现在孩子也没了，在感情上肯定无法接受。丁氏对曹操一直很埋怨，几乎天天都是满肚子怨气。曹操深知此事确实自己脱不了干系，所以也不敢对恼怒的丁氏发脾气。但是无论怎样有耐力的人，都无法一直忍受着没完没了的抱怨。曹操有一天终于是忍不了了，他就想将丁氏先送回娘家冷静一段时间，等她渐渐从悲痛中走出来了，再把她接回来。

　　没想到丁氏回去以后，她就不想再回到曹操身边了。那个时候时局混乱，诸侯割据，汉室江山危在旦夕，曹操已经是最有势力的一方了，所以按说许多女子应该是争着向曹操投怀送抱才是，可是这丁氏不为荣华富贵所动摇，是一个真性情的女子。

　　曹操自觉得对丁氏有些愧疚，就到丁氏的娘家去接丁氏回去。可是丁氏已经非常淡漠，坚决不跟随曹操，曹操无奈，只好将丁氏这个正室废掉，不久立卞氏为正妻。但是尽管这样，他还是经常将丁氏接回去吃饭，卞氏对丁氏也很照顾。

　　丁氏毕竟也是比较厚道的人，她对卞氏说，既然自己已经是被废的人了，以后就不需要再将她请回去了。再后来丁氏也就不再进入曹操的宫中，几年之后染病身亡。

　　曹操对丁氏还是很有愧疚之心的，听到丁氏病逝的消息很是伤心。这时候卞氏也很理解曹操，于是她提议由她来主持丁氏的葬礼，曹操同意了。卞氏为丁氏举行了一个很体面的葬礼，也算是对她在天之灵的告慰。

郭照　魏文帝曹丕皇后

□ 档案：

姓　名：郭照
生卒年：公元 184~235 年
籍　贯：安平广宗（今河北邢台广宗）
婚　配：魏文帝曹丕
封　号：皇后
谥　号：文德

郭照，魏文帝曹丕皇后，安平广宗人。郭照并不是曹丕的原配夫人，因其不仅具有美貌，而且具有非凡的智慧，经常能为曹丕出谋划策，尤其是在曹丕与众兄弟争夺王储之位时献出许多妙计，终助曹丕谋位成功，立下汗马功劳，为自己在曹丕心中的地位打下坚实的基础。郭皇后一生贤德，但因陷于甄洛之死的迷雾，最终被魏明帝逼死。

家有女王，少却不幸

郭照，魏文帝曹丕皇后，聪明智慧，但是少年时却并不是很幸运。

郭照的这种不幸，完全是出生于乱世的社会环境所造成。其实她出生于一个很幸福的家庭，父亲郭永，是东汉末年的大官，兄弟姐妹共有五人，她既不像独生子女那般寂寞，又不至于因为是女孩子而不得父母的疼爱。她的聪慧从小就显示了出来，常常出语不凡，做事也不像庸庸之辈，所以做官的父亲认定这个女儿将有不凡的作为，非常喜爱她，也常夸赞她，说郭照这个女儿有女中之王的风度，甚至还将她取字"女王"，所以郭照也有"郭女王"之称。

然而，这种完整的家庭幸福并没有享受多久，既然出生于东汉末年的乱世之中，命运的起伏在情理之外，却也在意料之中。黄巾军起义爆发，身为南郡太守的父亲郭永以及她母亲董氏，甚至包括她的兄弟们，都在战乱中死去，孤苦无依的少女郭女王，只好沦落去做官宦家的婢女。

自董卓毒杀何太后，废掉少帝拥立献帝上位以后，各地守军将领都纷纷割据讨伐不得人心的董卓。董卓被诛，曹操此时先行一步进入洛阳将献帝挟持，从此实力大振，曹操不仅已经掌握了所有实权，献帝还封其为魏王，曹家夺得天下之势似乎不可抵挡，于是就有更多的地方势力和权贵就来巴结曹府。郭照也是这个时候被铜醍侯家当作礼物送给了曹操的儿子曹丕。

曹丕当时已有家室，侯家将郭照送给曹丕并不是希望她进入大户人家过上幸福美满的生活，而只是出于一个美女也就是一件美丽的礼品，送给曹丕也许就能帮忙做一件事，仅此而已。而大多数美女因为美貌被所谓的英雄们欣赏过一段时间之后，也逐渐会被别的更加年轻貌美的美女们代替，从此先前的美女们也就被淹没在历史的洪流中再无人记起。郭照进入曹丕府中的时候，情况也是很严峻的。当时曹丕的正室夫人甄洛非常有实力有地位，她不仅姿色秀丽端庄优雅，而且能文擅赋非常有才，并且对曹丕的母亲卞氏非常孝顺，深得王后的喜爱，真可谓是德才兼备。有这样一个竞争对手，对郭照这样一个从婢女身份过来的人说，想翻身无疑是很难。但是，郭照并没有因此而放弃任何一个夺得曹丕青睐的机会。

聪明智慧，终得所爱

郭照进入曹府以后，只是一个地位低下的宫人，曹丕依旧宠爱着出身高贵气质脱俗又温柔贤惠的正室夫人甄洛。甄洛才色俱佳，然而总会有逊色的地方，那就是她能将曹丕的后院打理得好，却没能够在曹丕成就功业的第一战场上书写篇章，而这郭照恰恰有这方面的才能。所以郭照来到曹丕身边之后，经常为曹丕出谋划策，总有些非常精辟的点子让陷入迷惘的曹丕眼前一亮，于是渐渐地，曹丕就对这位足智多谋、屡出奇计的郭女王萌生宠爱之情。

曹丕的父亲曹操，足智多谋为一项，其风流也不亚于他的任何一项事业，他一生妻妾成群，儿女众多。所以在继承魏王之位这件事情上，众多的儿子中间产生了激烈的争斗，其中最为激烈的就是曹丕和曹植两兄弟，他们虽为同父同母的亲兄弟，然而谁得天下终究还是有区分的，母亲卞氏没有为任何一方多出一份力，但是曹丕能被曹操立为嗣子，多亏有郭女王一直在他身边谋划，才得以将众兄弟打压下去。而只有首先得到曹操的传位，手中真正掌握住了曹家的天下，也才能够进一步将汉朝天下夺得，所以这一次的胜利对曹丕来说非常重要，郭女王自然功不可没，从此在曹丕心中的地位就更加稳固了。

公元 220 年，魏王曹操病逝，曹丕继承曹操的位子，成为魏王，郭女王直接被晋封为夫人。郭氏的地位越来越高，甄洛就日渐被冷落了。登上魏王之位以后，曹丕并不满足，他要突破他父亲曹操的顾虑，他要直接取代汉朝，他再不要给那个傀儡皇帝留个名号。所以在即位魏王之后，他还有许多事情要做，他要继续带兵出征，要继续谋取更为广阔的天下大业。所以他带着能帮他出谋划策，能像军师一样的郭女王奔赴洛阳，而将曾经恩爱的甄洛夫人留在邺城，去向献帝逼要玺绶去了。

最终，曹丕将献帝的玺绶索要到手，将献帝废去，贬封献帝为山阳公，带着自己的几个姐妹移居到了山阳县，曹丕自己登基为帝，建立了魏朝，是为魏文帝，他封甄洛为皇后，将郭女王封为贵嫔。

曹丕称帝以后，身边更加不缺美女。众人皆知英雄爱美女，所以为夺得英雄信赖，美人计是非常奏效的一招儿，所以群臣都努力地往曹丕身边进献美女，首先是自己的宝贝女儿，然后是侄女、外甥女乃至八竿子打不着的美女们，都努力地往皇宫里送，甚至连被废掉的汉献帝刘协都将自己的女儿送给了曹丕。幸亏郭女王在文帝身边屡出计谋屡立大功，不然此时的她在文帝心中立足也难。

离间甄洛，登上后位

曹丕称帝以后，除了事业上还有一些地方需要巩固之外，注意力也转移到大后方，后宫也是很重要的一个方面，唯有后宫安定，前方才可以军心稳固，所以此时皇后位就变成了一个焦点问题。

如若按照传统，皇后之位自然无需争论便是正室夫人甄洛。甄洛论出身有出身，论才华有才华，只是论美貌，现在年近四十，略微不及，但是文帝的天下是一步一步得来的，他是魏国的开创者，甄洛一直陪同他一路走到现在，美貌不是选人的重点。更重要的是，甄洛无可挑剔，她为曹丕生下了两个孩子，儿子曹叡是曹丕长子，在封建社会里，这种地位简直无人能够撼动了。还有很重要的一点，自古婆婆也是很重要的一个砝码，能得到婆婆喜爱的媳妇儿是很不容易的，恰恰甄洛就是这样一个好媳妇儿，婆婆卞氏经常夸赞她。就在这样一个众人觉得立甄洛为皇后是十拿九稳的事情的时候，出人意料的事情发生了。

也许这个时候最清楚自己处境的人，就是甄洛自己。她虽然占有许多重要的条件，但她却也失去了最重要的一个，那就是文帝曹丕的爱。曹丕对她的冷落，谁都能感受得到，何况是她自己？两年之间居然没能见一次面，这又何谈感情的事？感情的花束，当然需要夫妻双方精心打点，相互呵护，否则分离久远，得到的必定是距离有了、美没了的结果。甄洛想唤回曹丕对自己的感情，自古女子多情处，泪滴轻点入愁肠。于是才女甄洛拿起纸笔，一书泪两行，写下了流传至今的《塘上行》。写完之后，甄洛还期待着曹丕见诗能回心转意，重新燃起对自己的爱意。

在文帝身边的郭女王，不可能没想过皇后之位。不想当皇后的妃子不是好妃子，这是皇上的后妃们事业的最高境界。她也深知甄洛的优势，可是她深深地相信自己能够打败甄洛。因为，在文帝身边的是自己，而不是甄洛。所以这个时候，她就集中力量突出自己，离间甄洛。恰好甄洛此时以诗传意，诗里表达的是对文帝的爱恨情谊，爱在字里行间，可是怨也在字里行间。曹丕一心没想着爱，他只看出了怨，这怨就让他心头大火烧了起来，这时候郭女王就趁机提出让曹丕赐死甄洛，从此再不担心她会跟自己争抢皇后之位了。

甄洛死后，郭女王更加受宠，公元222年，文帝曹丕册封她为皇后。然而决定一出，众大臣却纷纷反对。是啊，这是册封皇后，就不仅仅是一个家庭里丈夫立谁为正室那么简单了，身为天子，家事也就是天下事。大家都觉得，皇后贵为一国之母，当然必须出身高贵啊，曹宫里出身高贵的后妃多了去了，为什么偏要册封这样一个出身卑贱之人？郭女王知道大臣们的异议，心里觉得十分悲凉。然而她也知道，正面争取不如以退为进地争取好，何不表现自己大度的一面呢？既然群臣反对，那我就告诉文帝，告诉天下，我郭女王不在乎这个皇后位子。于是一纸上书，谢绝皇上好意：皇后之位是多么高贵啊，当然需要出身高贵的人且要品德高尚修养深厚的人才能胜任，而我，不仅比不上娥皇，比不上女英，也没有姜氏、任氏的品德，所以实在是不能够胜任皇后的职位。曹丕看了这个谢表，本来在他心目中地位非凡的郭女王此时又更多了一份贤良之德，他觉得更加要坚持先前的想法，郭女王就是最好的皇后人选。郭氏遂当上皇后。

其实历史上，并没有明确地记载郭女王同甄洛之死有关，也没有明确地说与她无关。然而后宫之事，有如丝麻之乱，况且后来被立为皇后的不是别人，正是郭女王，所以她毕竟是脱不了干系的。

勤俭为后，抚养曹叡

尽管在怎么当上皇后这件事情上，也许郭女王在背后做过一些小动作，但是，郭女王还是无愧于这个皇后之位的。曹操是个比较节俭之人，所以曹操的王后卞氏就顺同曹操，也很节俭，在曹宫中节俭之风盛行。郭女王当上皇后以后，也顺应这个节俭之风，从不奢侈浪费。并且，她对娘家人也管束得很严格。

郭女王在年少的时候就失去了双亲及兄弟，所以在她被封为皇后之后，就将其堂兄郭表当作最亲的兄弟了，好在她姐姐还在，还有个外甥。按照一种思路，小时候这么不幸，如今也算是光宗耀祖出人头地了，当然得好好封赏这些还在人世的亲人，让他们好好享福。可是郭女王不这么想，她要好好克制娘家人，以免骄奢成性。当时姐姐的孩子孟武想娶妾，那个时候男人三妻四妾多正常啊，就说这魏文帝曹丕，他后宫里多少美女啊！如今姨妈是皇后，自己娶个妾是多么顺理成章的事。没想到姨妈郭女王非常严肃地制止了他，并且说如今战乱，多少将士在外征战，他们也需要娶妻生子。你们在家，已经建立家室，拥有完美的家庭，好好跟老婆孩儿在一起把家建设得和和睦睦多好，何必还要四处纳妾呢？如果以后再发生这样的事情，一定要严格惩罚。这种决定，也许是出于一个女人对男人花心、三妻四妾的一种反感厌恶，但是也确实是有积极意义的。

郭皇后不仅在这件事情上干预过她的外甥，后来姐姐去世，这个外甥希望将娘亲厚葬，又被郭皇后拒绝。可见，她真的是提倡简朴的生活，对奢侈浪费的事情管理很严格。

除了在外戚上严格控制之外，郭女王将后宫也管理得井井有条。其实后宫之事，烦恼也不会少于治理一个国家，但是郭女王以其广阔的胸怀和智慧将许多烦恼都化解掉了。

首先她知道后宫干涉政务，一定会引来许多的麻烦，所以被册封为皇后之后她就不再去管曹丕的政治事宜了，专心打理后宫。其次在处理后宫各妃嫔之间以及妃嫔与曹丕之间的关系上，郭女王充分表现了一个领导者的手腕，每当有人对文帝伺候不周到或者犯错的时候，郭氏就尽量安抚文帝，不仅不会将自己的错误推到别人身上，更是常常主动担当别人的错误，以免妃嫔们被文帝怪罪。有这样的心胸，自然能够得到妃嫔们的敬重。

再次，甄洛生前对婆婆卞氏是极为敬重的，甄洛被赐毒酒以后，郭女王就承担起了孝敬婆婆的任务，人人可见她的孝顺之心。

还有难能可贵的一点，甄洛死后，曹丕就将甄洛的儿子曹叡交给作为皇后的郭女王来抚养。作为一个女人，能尽心尽意去抚养自己丈夫和别的女人所生的孩子，真的很不容易。但是郭女王做到了，她对曹叡照顾得非常好。也许，是她自己没有孩子的缘故，也许，是她真的觉得对甄洛有一些愧疚，所以好好补偿在她儿子身上。这些原因都只能是猜测，但不管怎么样，若不是一个贤德的女人，不可能做到这样。所以这种种事情，为郭女王赢得了一致的赞誉。

明帝怨恨，被逼自杀

身为皇后的郭女王，一心一意地抚养甄洛夫人的儿子曹叡。曹叡同她感情也还好，每天早上和晚上都会去给郭女王请安问好。

公元 226 年，曹丕去世，曹叡即位，即魏明帝，郭女王被尊为皇太后。

可是，曹叡毕竟是甄洛的孩子，这个养母对自己再好，他也还是会思念自己的生身母亲，并且，他始终对自己母亲的死耿耿于怀，所以他常常向郭女王追问："我母亲到底是怎么死的？"郭女王是多么为难！她只有对这个孩子说，你母亲是你父亲赐毒酒致命，与我有什么关系呢？你也不能因为这样去怪罪你的父亲呀！

尽管得到这样的答复，曹叡仍打心眼里不太相信。怀疑是致命的，只要你执着地去怀疑，不管真假，你都能将事实变成你怀疑的样子。魏明帝的母亲甄洛死前其实是将他交给一个李姓的妃子照顾的，只是后来被文帝交给郭女王。这李氏就告诉明帝，母亲甄洛的死就是郭太后背后闲话所致。明帝听完怒不可遏，他终于知道真相了！居然隐瞒他这么久，他却要把害死自己母亲的人当作母亲一样！他要报仇。

此心一绝，郭太后肯定没有好日子过，后来在明帝的逼迫下，选择自杀，了结了自己的性命。

魏明帝为报母亲之仇，在下葬郭太后的时候，就效仿他母亲被下葬时候的样子，让她披头散发，头发全盖在脸上，嘴巴里还塞满了糠。

但是对外，明帝还得扮演自己的孝子模样，颁下孝子哀诏，并且加封郭氏族人。

可是这一切，对郭女王来说，都是没有意义的了。

甄氏　魏文帝曹丕皇后

□ **档案：**

姓　名：甄洛

生卒年：公元 182~221 年

籍　贯：中山无极（今河北无极）

婚　配：魏文帝曹丕

封　号：夫人

追　封：文昭皇后

甄洛，中山无极人，魏文帝曹丕夫人，因美貌与非凡的才情著称。甄洛出身显贵，祖上曾官至东汉宰相，富甲一方。她本为袁绍的儿媳，但袁绍父子兵败之后，曹丕垂涎其美貌，遂娶她为妻。后因曹丕移情他人，感情日渐生疏，甄洛作《塘上行》表达自己对曹丕的爱意和失宠的哀怨之情，被曹丕怒而赐死。

少而不凡，美名远扬

甄洛也出生在战乱年代，但和其他女孩不同的是甄洛有一个十分幸福的童年，她生在一个官宦世家，祖上曾做到宰相之位，家境十分殷实。甄洛兄弟姐妹人数也不少，上面有三个哥哥，还有四个姐姐，作为全家最小的一个小女儿，甄洛得到全家人的宠爱，被父母当作掌上明珠一样捧在手心里。如果说有唯一的不幸，那就是父亲在她刚三岁的时候就去世了。可是因为当时年幼，而且还有兄长，父爱的缺失也还是有一定的弥补。

就像许多后来成为皇上宠妃的女子一样，甄洛小时候就有一些非凡之兆。据说在甄洛还是婴儿的时候，家里就有一种奇观，每当甄洛小婴儿要入睡的时候，家人总能看到一种奇怪的景象，半空中有一件玉衣自动地盖在小小甄洛的身上，保护她不受寒冷和梦魇的侵袭。家人对这种景象实在太吃惊了，不由得去请来相士为甄洛看相。没想到相士一看，顿时惊呆了，认定这小女孩的命相贵不可言。所以也许是宿命注定甄洛这一生，将与其他的女子不一样。

命运非凡的女人，一般还有另外一个共同的特征，喜好读书，或者喜好治国论道之事。甄洛从小就十分喜爱读书，并且聪慧异常，记忆力非常好，几乎能够过目不忘。可是古时候并不是十分鼓励女子读书，甄洛没有自己的书房，也没有笔墨纸砚。不过没关系，她可以偷偷到哥哥们的书房去学习。所以九岁的甄洛，已经学会了用哥哥们的纸和砚写字了。哥哥们发现之后，对甄洛的这种"奇特爱好"大为不解，小小女孩子，当然应该是学绣花，哪有跑来写字的呢？哥哥们就取笑她，没想到这个九岁的小丫头一本正经地说，自古以来，凡是比较贤能的女子，没有一个不是从前人成功和失败的事例里吸取经验教训，我不读书，从哪里学习这些呢？这下惊得哥哥们目瞪口呆，为妹妹的大智所折服。

其实早在甄洛八岁的时候，就已经和姐姐们不一样了。那时候的女孩子，只要能做一些女红，把自己打扮得美美的，找到一个如意郎君，然后好好侍奉夫君和婆婆，一辈子也就很好了，哪还顾虑其他。所以姐姐们日常只想着戏耍玩闹，见到屋外有耍马戏的就纷纷挤到阁楼上去看热闹。唯独这最小的妹妹甄洛不去，还说这种东西怎么是女孩子应该看的呀！姐姐们听过之后反倒都觉得自己不如妹妹。

十岁那一年，众人讨伐董卓，董卓在雒阳待不下去了就挟持献帝迁都到长安，一把火将雒阳的宫殿全部烧掉，导致很多的人流离失所，缺衣少粮。这个时候的甄家却是家财万贯，不愁吃穿，还囤积了大量的财物和粮食。发国难财是一些奸商巨贾所热爱的，甄家也趁机提高粮食价格，想要从中大捞一把。十岁的孩子应该还什么都不懂，然而甄洛却已经懂得多行不义必自毙的道理，况且灾荒年份，这样做势必会遭到盗贼抢匪们的注意，所以建议母亲不如将粮食发给邻里，赈灾济民。好在母亲还很认同甄洛，所以就听了姑娘的话，多做善事。

然而，家里总会遇到不幸。几年以后，甄洛的二哥去世，留下侄儿和嫂嫂孤儿寡母在家。这个时候家里已经没剩下几个男人了，对这样一个战乱时候的家庭打击非常大。而她的母亲在二哥去世之后，对二嫂就刻薄了起来，婆婆和媳妇儿之间本来也就容易产生矛盾，再加上此时儿子也没了，婆婆心里也许有更多的难受，很容易发泄到媳妇身上来。甄洛见母亲这样，就很同情嫂嫂，也觉得母亲这样做是不对的，二嫂年纪轻轻就守寡，还得照顾一家子人，多不容易啊，所以母亲一定要对她好一些才行。这一次，母亲又听从了小女儿的劝，嫂嫂对甄洛也很感激。

就这样，年纪小小的甄洛已经名扬乡里，这名声也传到了袁绍的耳里。那个时候，袁绍威震一方，在东汉末年是很有势力的了，似乎天下就要被他收入囊中。袁绍听说甄家有这么一个好女儿，就想讨来做儿媳妇儿。求过亲下过聘礼之后，甄洛就嫁给了袁绍的二儿子袁熙。

袁家兵败，嫁与曹丕

也许这就是天有不测风云，嫁到袁家还没多久，袁家军就被曹操父子打败，曹丕直接率军冲入了袁绍的府邸。男人们都征战在外，此时也无法顾及家眷们。惊慌失措的甄洛紧紧依偎在婆婆刘夫人身旁，等待着命运的判决。曹丕进入袁府，看到这两个女人，并没有格杀勿论，而是与袁绍夫人对话之后，仔细地端详了一下这个袁家二公子的新媳妇儿。就在抬起头四眼相望的那一刹那，曹丕被这美人给惊呆了，那美比不上惊心动魄但也足以让曹丕震撼，从此愿意将魂魄附在甄美人的身上。于是就这样一个定睛之神，注定了甄洛的命运此后就与曹丕分不开了。

正所谓祸兮福所倚，此后袁绍府上的家眷都由曹操父子接管，但甄洛的命运反而更好了。曹操也被甄洛的美所吸引，他一代枭雄，享美色无数，怎可对眼前这大美人不动心呢？可是他知道这是儿子所好，于是就将甄洛许配给了曹丕。

夫恩妻爱，婆媳相敬

成亲之后，甄洛同曹丕感情非常好，曹丕对甄洛很是宠爱，他爱她的美貌，爱她的贤淑，也爱她的才气。不久，甄氏就为他生下一儿一女，家庭生活非常美满。有了甄洛之后，曹丕对其他女人的感情就全部转移到了甄洛身上，这时候必然引起其他姬妾的嫉妒，尤其是任氏。曹丕就觉得这任氏太不大度，想要将她废掉，赶回娘家去。甄洛知道以后就替她求情，说曹丕宠爱她已经足够，再不需要将别人赶回家。然而甄洛虽然大度，曹丕却已经心意已决。这个时候，应该是甄洛同曹丕感情最好的时候。

甄洛不仅同曹丕夫妻恩爱感情很好，婆媳关系也处得非常好。曹丕的母亲卞氏对曹操的各妃子也都不错，甄洛之前为任氏求情这件事就已经很受卞氏赞赏，在日常，甄洛对卞氏也非常孝顺。

据说有一次婆婆卞氏生病，甄洛非常着急，坐卧不安。曹丕为了让甄洛放心，假传母亲卞氏身体已无大碍，早已痊愈。可是甄洛始终不相信，还是要亲自去侍奉婆婆才放心。战乱年代，谁会放心让自己貌美如花的妻子独自上路去往别处呢？那是随时都有可能被抢走的危险。无奈之下，曹丕只好让母亲亲笔写了手谕，甄洛这才放心。

公元216年，曹操出兵东征，婆婆卞氏随行，甄洛的小家庭也理应全部一起跟随，但是甄洛却不小心染上疾病，只好自己独留，丈夫和儿女们随同公公婆婆一起，一年多之后才回来。在这一年里，虽然儿女都跟婆婆一起，但是甄洛一点也没有担心，她知道婆婆能比自己将孩子教育得更好，所以自己在家就安安心心养病和调养身体，等婆婆们回来的时候她精气神更好了。婆婆卞氏知道甄洛对自己如此信任，不由得心头大喜，婆媳感情就更加融洽了。

塘上行诗，恩绝赐死

感情虽好，却不是永恒的，每一段感情都有致命伤。曹丕虽宠爱甄洛，但他宫里美人无数，尤其是后来更加宠爱一个叫郭照的妃子，她聪明伶俐，总能替他出谋划策，这种女人能对他的事业有更为直接的帮助，所以以后常留在的身边的就变成了这位郭氏。

郭氏妃子出身低微，但是在曹丕与众兄弟争夺嫡位的时候策划了很多计谋，以至于曹操立曹丕为嗣子，这些郭氏都功不可没。甄洛虽然是温柔贤淑通情达理的好妻子，但相对来讲，郭氏就更加与曹丕志同道合了。所以后来，甚至有整整两年的时间曹丕都是同郭氏在一起，与甄洛连面都没见过。

被冷落的甄洛心里非常苦闷，她多渴望再得到丈夫的爱，被丈夫冷落又有几多哀怨和闲愁呢？这种种情愫的交织，让她不禁想拿起笔，将感情宣泄出来。于是，甄洛写下了《塘上行》，将自己对曹丕的爱与恨，都写进了诗里。她想，曹丕一定是懂她的，看完这首诗以后，也许还会回心转意。

然而，她错了。她不知道这时间的潮水和地域的距离早就将感情击得粉碎，再加上背后还有郭氏的闲言。这首诗到曹丕眼中，全部变成了怒火，在这怒火熊熊燃烧的时候，郭氏再继续加点料，最终就引来了赐毒酒的结局。

她多希望平日里宠爱她的婆婆站出来说句话，只谋一条生路也好。可是这不是一个普通的家庭，一步不慎，都会将自己陷进去。当初两个亲儿子闹得要互相残杀都没站出来说句话的卞氏，这时候怎会为一个儿媳妇儿出头？

绝望的甄洛只好拿起毒酒，一饮而尽。落葬时还被弄得披头散发，头发掩面，口里塞满米糠，连去阴间说理申冤的权利都被剥夺。

直到儿子曹叡即位，才追封甄洛为"文昭皇后"，给了她应有的封号。

洛神赋图卷（局部）　东晋　顾恺之
传说甄洛就是洛神的原型。

薛灵芸　魏文帝曹丕宫人

□ 档案：

姓　名：薛灵芸
生卒年：不详
籍　贯：常山真定（今河北正定）
婚　配：魏文帝曹丕
封　号：无

薛灵芸，常山真定人，魏文帝曹丕的宫人。薛灵芸天生秀丽，明眸皓齿清新宜人，并且还非常擅长女红，她绣的花完全可以以假乱真。后来被当地的郡守谷习聘走献给魏文帝，得文帝宠爱。

常山有女儿，美貌才艺两相全

薛灵芸出生在常山一个亭长之家，父亲是亭长，母亲就跟随父亲驻守。听起来还好像是一个官，但是顶多也是芝麻绿豆大的官，而且当地是特别贫困的地方，所以薛灵芸家也逃脱不了贫穷的命运。

当地丝织业比较发达，女眷几乎都会女红针黹，绣花缲丝是当地女人的强项。薛家家底不富裕，所以薛灵芸从小就跟着妈妈一起绣花，针技非常了得。她的作品在当地非常有名气，绣出的牡丹花栩栩如生，恨不得引来几只蝴蝶停在上面。

除了出了名的绣花技能之外，薛灵芸还生得十分美丽，那清丽脱俗的模样不知道让多少男孩子动心。她身上那种美，散发着乡野中淳朴清新的味道，放在今天，就是城市脂粉中的一支野百合，十足的小清新。不过倾慕也好，动心也罢，那些男孩子只敢在薛家窗户缝儿里偷偷地看看薛灵芸在灯下认真绣花的模样，别的心思可不敢有。因为一来这薛家虽然穷，但是非常有气节，和邻里关系也非常好。这样的家庭里面养出来的女儿，自然很懂得洁身自爱，不会随便和男孩子接触。

就这样，到十六七岁的时候，方圆几十里都知道薛家有这样一个好姑娘。

郡守千金聘，献给文帝得宠爱

当时驻守常山有个郡守叫谷习，他听说薛家虽然比较穷，但是有个好姑娘。当时魏文帝正准备在全国广选美女，谷习就想，这还真是大好时机呀。所以这谷习就带上金子银两，去敲开了薛家的门。

薛家一看，郡守亲自上门啊，还带着这么多聘金，自然是隆重地接待。郡守也不含糊，开门见山地说明了来意。薛姑娘的父亲听郡守是要将自己女儿送给皇帝的，就开始有些犹豫了。宫中生活，稍有不慎就是要在冷宫度过余生，严重的甚至要株连满门的，富贵是一回事，可是能不能得到皇上垂青获得富贵又是另一回事呀。

谷习可当当这是巴结皇上的一个大好机会呢，岂可由于薛父的一丝犹豫就放弃，于是这谷习就做起说客，好歹得到薛家的同意。

进入皇宫以后，这薛姑娘来自乡野，又生得如同一个绝世美人，又没受什么尘世的污染和侵扰，虽生活比较贫困些，但心里非常纯粹干净，来到久经各种生活困扰和战乱洗礼的魏文帝身边，那简直如同一股清新之风，让文帝内心也纯澈了起来。得到关注的总是那些比较特别的人。在一群乡巴佬中间，城里来的大姑娘自然惹人眼目，但是在相互倾轧的后宫里，突然出来一个与世无争的清冷美女，自然就很容易吸引文帝的眼球，这位出色的诗人，当然爱这灵动的女孩，后来还将她改名为"夜来"。

文帝只穿"针神"衣，野史留下"红泪"典

自从这薛灵芸进宫之后，魏文帝好像感受到了一种普通家庭生活的感觉，也是他很想要的那种温暖。因为薛姑娘不懂得恭维巴结，也不懂得宫廷倾轧，也没有皇亲国戚可以依赖，甚至连宫廷礼节都不懂，她只有曹丕这一个夫君。而曹丕在她眼里，不是高高在上的一国之君，他只是她的丈夫而已。虽然进到了宫里，再不用过以前贫穷的生活，也不用在夜晚点上灯，在昏暗的灯光下绣花了，可是，她仍然像在家里一样节省。宫里的灯火辉煌，她觉得太浪费了，她只需要一支细细的蜡烛，就可以将蜜蜂引到布上来采花。

久在宫中的曹丕，实在太喜欢这一股清新之风了，他任她在宫里灭掉所有的灯，他包容她时常忘记了宫廷礼节，他被她认真刺绣的样子迷醉了。有时候，陪坐在昏暗烛光旁边看着薛氏女绣花，曹丕也似乎有了虚幻的感觉，幻想自己是一个乡野村夫，他出门打猎，娇妻在家纺纱。

薛灵芸的绣花功夫非常好，简直到了闭着眼睛都能绣出栩栩如生图案的境界了，有如"针神"一般。所以自从薛灵芸进宫以后，文帝几乎只穿薛灵芸所做的衣服，宫里众人也无不对薛氏的针黹功夫叹为观止。

这里还有一件轶事。一天，文帝曹丕在花园里赏花，一不小心将袍子钩在了树枝上，刮出一道口子来。虽然从曹操开始，曹家就比较兴盛节俭之风，但也不至于要穿破衣服，所以曹丕顺手就将这刮破的衣服扔掉，重新换上一件。没想到这衣服被薛灵芸看见，她就不声不响地捡起来，将刮破的地方缝上，为了不让被缝的地方显得有点不同，她就根据破掉的纹路顺势做出相应的花纹，缝好之后比没破之前还更好看了。薛灵芸对着缝好的衣服很是满意，又轻轻地挂回文帝更衣的地方。然后又有一天，文帝突然发现这件被扔掉的衣服怎么又回来了呢？拿起来一看，才知道是薛灵芸动了一番心思啊！堂堂天子，也为这一小小举动感动了一番，文帝立刻拿起这件旧衣服，穿了起来。

除这之外，据说文学中常用的"美人红泪"的典故，也出自灵芸。当时送灵芸进宫，从没离开过父母的薛姑娘哭得死去活来，在马车上用玉唾壶接下泪水，最终这泪水都变成了红色，让曹丕更加地疼爱这位清澈的姑娘了。

不过虽得宠爱，可好时日也没持续多久，没多长时间魏文帝就病逝了。文帝病逝以后，像曹操一样，将所有妃嫔人等遣散回家，可以重新改嫁，好歹不需要陪葬。薛灵芸之后大概也就是辗转回家了。

莫琼树　魏文帝曹丕宫人

☐ **档案：**

姓　　名：莫琼树

生卒年：不详

籍　　贯：不详

婚　　配：魏文帝曹丕

封　　号：无

莫琼树，魏文帝曹丕宠妃。

被文帝宠幸，首要一点，莫琼树生得美，美貌是博得皇帝喜爱的第一个条件。但是后宫妃嫔众多，美貌大家都有，这不是稀缺品，所以要吸引文帝的注意力，博得他的欢心，肯定得有点特殊的地方才行。莫琼树的独特之处就在于，她有一双巧手，总能弄出非常好看的发型，女子的头发是非常重要的，能将一头乌发梳出不同的发髻，当然也是赏心悦目的呀。

魏文帝特别宠莫琼树的一个重要原因，就是冲着她这发髻的。可是文帝后宫佳丽众多，众人对莫琼树难免嫉妒。既然她最吸引人的地方就是这发髻，只要在她的头发上做文章不就行了？于是，其他几个宠妃就合谋，趁莫琼树不注意，将香油抹到了她的头上。盛夏季节，蚊蝇滋生，闻到这味道，各种昆虫大将纷纷而至，莫琼树好好地被欺负了一番。

不过后来文帝查明真相，将恶作剧的人都加以惩罚，莫琼树也就更加卖力地去钻研她的发型之术了。

毛氏　魏明帝曹叡皇后

☐ **档案：**

姓　　名：毛氏

生卒年：公元 209~237 年

籍　　贯：河内（今河南武涉）

婚　　配：魏明帝曹叡

封　　号：皇后

谥　　号：悼

毛皇后，河内人，魏明帝曹叡的第一任皇后。毛皇后出身比较低微，父亲非官宦也非富豪家，而只是一个车工。但是毛皇后天生丽质，因此得明帝曹叡宠爱。不过年轻和美色总有逝去的一天，毛皇后在曹叡心中的地位也逐渐被更年轻貌美的郭氏取代，毛皇后则被曹叡赐死。

出身低微，貌美上位

毛皇后本是一位车工的女儿，在那个时候来说，从事这种工作的人地位都是很卑贱的。但是毛家女儿却天生丽质，美貌可人，所以毛氏女就被送入曹叡宫中。当时曹叡还是平原王，毛氏被送入曹叡的东宫以后，曹叡立刻被她的美貌所吸引，天天与她形影不离。

公元226年，魏文帝曹丕病逝，太子曹叡登基即位，就立毛氏为贵嫔。在毛氏进宫之前，曹叡已经娶了一个正妻虞氏，曹叡登基以后立虞氏为妃。若按正常的思路，皇后的人选肯定应该是正妻为先，不可能首先选妾的。然而，明帝曹叡在立皇后的时候，居然完全忽视正妻虞氏的存在，而立了自己宠爱的毛氏。作为受冷落的虞氏，心里肯定不好受，这时候曹叡的奶奶卞氏就出面安慰虞氏。没想到虞氏心里悲愤，竟然当着奶奶卞氏的面说，你们曹家一向就是喜欢册封地位卑贱的人！作为在这样一个家庭里生存的卞氏，她知道这里女人的欢喜和悲苦，所以她早就学会了在这里的生存之道。出面同虞氏说话，本来是想安慰她，让她不要计较，毕竟男人就是这个样子，作为一个柔弱的女人，只能认命。没想到好心居然落得一肚子气，因为她自己就出身卑贱，她在嫁给曹操之前只是一个卖唱的倡家！况且，虞氏说的话也并没有假，从曹操开始，曹操也是将发妻丁氏废去，再立她卞氏为正室；儿子曹丕赐死甄洛，立郭女王为皇后；现在的孙子曹叡，又抛开正妻立妾为后，这是事实，这是她心里的痛。她一直将这些痛埋在心里，她不愿任何人再提起。然而，这个被冷落的孙媳妇儿居然直指她的伤疤，她也不想容忍了。于是不怎么管这些事的卞氏，一怒之下就将虞氏的话原封不动地转达给了孙子曹叡。明帝听完很是恼怒，既然已经将毛氏册封为皇后，又有人嫌毛家地位比较低，这件事很好办呀，将他们家提拔起来就好。于是将毛氏的父亲兄弟等都封侯爵，封其父亲为车骑都尉，弟弟为郎中。这个充满嫉妒心的虞氏，直接打入冷宫，然后明帝毫无障碍地和他宠爱的毛皇后过着幸福快乐的日子。

得以善始，未能善终

然而，时光流转，毛氏也不再年轻貌美了。而后宫之中不断有各地送来的年轻女子，她们有着美丽的容颜、光洁的皮肤以及充满活力的身体。所以渐渐地，明帝对毛氏就开始冷落了。这之后，明帝非常宠爱的一个妃子是郭氏，年轻漂亮的郭氏很快就取代了毛氏在明帝心目中的位置，明帝常常半个月一个月地同郭氏在一起，几乎想不起来去看一下毛皇后。

有一次，明帝打算带着众妃嫔一起游园观花，他将各种地位不同的妃子都叫来同往，紧紧陪在身边的自然是正热宠着的郭氏，但唯独没有被明帝叫来的，竟然是地位最高的毛皇后。在明帝身边的郭氏有些担心，皇后毕竟是皇后，这样是对皇后不敬，万一被皇后抓着自己的小辫子，怎么斗得过人家！郭氏还向明帝进言，这大好时光，应该叫上毛皇后一同欣赏才对。没想到明帝居然说，如果毛氏来了，他就什么赏乐的心情都没有了。不仅如此，他还吩咐左右所有的人，不许任何人透露消息给皇后，让她压根儿就不知道有这回事，省得回去听她闲话。

可是，就在第二天，毛皇后就在曲廊见到了明帝，于是就上前问候："不知皇上昨天在御花园玩得可尽兴？"这一问不得了，惹得明帝大怒：我都吩咐了不许人透露这消息的，你是怎么知道的？到底谁告诉你的？毛皇后看见明帝发这么大脾气，赶紧悻悻地回了自己寝宫。但此事可没有完结，明帝回去就将那天身边随行的人员叫来审问，并且一下就处死了十多个，可见他的怒气有多大。

毛皇后闷闷不乐，对受宠的郭氏很是嫉妒。女人的嫉妒心是最可怕的，这嫉妒心往往不是害了别人就是害了自己。因为嫉妒，所以时常免不了要和郭氏发生磕磕碰碰的事情，明帝实在无法忍受，干脆就下诏赐毛皇后一死。

毛皇后死后，曹叡并没有将她的皇后封号废去，也没有像以前各朝代皇帝那样，皇后或者妃子获罪被打入冷宫或者被赐死以后连累家人，甚至尽诛多人，曹叡没有动毛家任何人一根手指头，而且还将毛氏按照皇后的礼仪下葬，还给毛皇后上了一个谥号"悼皇后"。

可是杀妻总是会心虚的，表面工作做得再好，也掩饰不住内心里的一些愧疚之情。所以在毛皇后被他赐死以后，明帝常做噩梦，梦到毛皇后带领好多小鬼凶神恶煞地向他扑来，要他偿命。不久，明帝就病倒了。明帝死后，八岁的曹芳即位，曹爽和司马懿辅政。

郭氏　魏明帝曹叡皇后

□ 档案：

姓　名：郭氏
生卒年：？～264 年
籍　贯：西平（今青海西宁一带）
婚　配：魏明帝曹叡
封　号：皇后

郭氏，西平人，魏明帝曹叡的第二任皇后。郭家也是一个大家族，祖上比较富裕。公元 220 年，也就是曹操病逝、曹丕即位的那一年，凉州各郡抵制曹丕，西平发生叛乱。曹丕派苏则去西平平定了叛乱，并且还将郭氏女带回宫中。

公元 226 年，曹丕病逝，太子曹叡即位，是为明帝。明帝抛弃了正妻虞氏，册封爱妃毛氏为皇后。可是不久以后，曹叡又逐渐爱上了年轻漂亮的郭氏，郭氏逐渐取代了毛氏在明帝心里的地位。曹叡宁愿天天让郭氏陪同自己，不愿意见到毛氏，他封郭氏为夫人。

对毛氏的冷落程度到何种地步呢？据说有一次明帝让众妃陪同去御花园赏花，就连地位最低的才人级别的妃子都叫上了，唯独不叫上地位最高的毛皇后。郭氏觉得这样做并不是很妥当，还向明帝进言，说最好叫上毛皇后一起。明帝直截了当地跟郭氏说：她要是在身边，我的心情就全没了。真是所谓一朝春尽红颜老，再无他处觅心情。

毛皇后被冷落后时常与郭氏作对，明帝实在忍受不了，遂将毛皇后赐死。毛皇后死后第二年，他就册封最宠爱的郭氏为皇后了。

公元239年，明帝也去世了，年仅八岁的小皇帝曹芳即位，尊郭氏为皇太后。明帝曹叡生前命曹爽和司马懿辅政，郭太后也常参与大事的决策。

公元264年，郭太后去世。她也是曹家少有的几个没被皇帝赐死的皇后，算是比较幸运的了。

蜀 汉

吴氏　蜀汉昭烈帝刘备皇后

□ **档案：**

姓　名: 吴氏
生卒年: ?　~245年
婚　配: 蜀汉昭烈帝刘备
封　号: 皇后
谥　号: 穆

吴氏，蜀汉昭烈帝刘备皇后。吴氏到底是刘备的第几任妻子已经不得而知，传言刘备命中克妻，桃花运很旺的他确实娶过很多妻子，也亡过很多，不过这个吴氏跟着他算是比较幸运的了。吴氏有说其名为莥，叫吴莥。吴莥是吴懿的妹妹，兄妹两人从小父母双亡，多承蒙刘焉的照顾。

吴莥是一个活脱脱的大美女，并且相士说她命中显贵。当时这个刘焉一方面贪其美色，一方面也有自己得天下的想法，所以有将吴莥娶为妾的想法。可是这毕竟是世交的女儿啊，这样一来面子上总归过不去。后来他就想了一个折中之法，将吴莥许配给自己的儿子刘瑁。不过刘瑁命薄，很早就去世了，留下吴莥年纪轻轻就守了寡。

后来刘焉的企图被献帝看破，就让他儿子刘璋接了他的位置，吴莥的哥哥吴懿也被派去蜀中抵抗刘备。吴懿见刘璋也没什么前途，指望不上了，就干脆倒戈，投靠了刘备。这样，吴莥就认识了刘备。

刘备这一生经历也比较坎坷，虽然他丢过很多个妻子，也丢弃过兄弟，更丢弃过不少城池，然而那也是不得已为之。相士说刘备注定命中克妻，到现在身边确实陪伴的没几个人。这时候有人进言，说他可以娶吴莥为妻，这个寡妇不仅十分漂亮，也很聪明稳重，适合陪伴在刘备身边。

这个时候刘备已经年过半百，对年轻貌美的女子，刘备不是不动心，但是这吴苋是刘瑁的妻子，刘瑁是汉室宗亲，他自己也是汉室宗亲，如果是一家人该怎么办呢？大臣法正觉得这有什么关系呀，你们两个刘难道有父子同亲吗？历史上连父子俩同娶姐妹俩的事情都有，你还惧怕什么呢？消除了疑虑的刘备于是就娶了吴苋为妻，刘备称帝以后，立吴氏为皇后。

刘备死后，诸葛亮辅佐刘禅称帝，尊吴氏为皇太后。公元 245 年，吴氏去世，与刘备、甘夫人合葬，谥号为"穆皇后"。

甘氏　蜀汉昭烈帝刘备皇后

□ **档案：**

姓　名： 甘氏
生卒年： 公元 188~209 年
婚　配： 蜀汉昭烈帝刘备
封　号： 夫人
追　封： 昭烈皇后

甘氏，蜀汉昭烈帝刘备的原配夫人，死后被追封为皇后。汉末、三国时期有不少非常著名的美女，比如貂蝉、大小乔等，甘夫人也是其中之一。甘氏生平经历也比较坎坷，嫁给不平凡的人，就需要承受一些不平凡的磨难，她多次被刘备丢下落为人质，又多次安全脱险。最终于二十二岁时病逝，后与刘备合葬。

命中注定贵人命，嫁给刘备为夫人

甘夫人是汉末非常著名的美女之一，肤色白如雪。在很小的时候，相士就坦言这姑娘是个贵人，一定会嫁给天子之类的人物。等甘氏长大以后，果然出落成一个绝色美人。但是甘氏家庭比较穷苦，地位也比较低微，直接嫁给天子的可能性不是那么大。当时正好刘备在出任豫州刺史，就娶了貌美的甘氏为妾。

刘备这人命硬，有克妻之说。是真是假且无法考证，但是刘备先前确实有好几个妻子已经过世，也正是这样甘氏才有可能被刘备立为正室夫人。

嫁给刘备以后，甘夫人就随同刘备各处奔波和迁徙，还生下了刘备唯一的儿子阿斗。

甘夫人的肌肤胜过白雪，胜过美玉，令男人垂涎，女人嫉妒。非常著名的一个故事就是刘备有一次得到一个玉人，非常非常美，晶莹剔透。刘备就让甘夫人和玉人一起站在夜色下，结果刘备居然分不清这谁是甘夫人，谁是玉人了，直把刘备迷得神魂颠倒，所以夜夜将玉人和甘夫人放在一起，又抱美人，又玩弄玉人。不过日子久了，甘夫人倒是嫉妒起这个玉人来。于是对刘备说，不可天天抱着玉人玩耍，谨防玩物丧志。刘备听从，就将玉人收了起来。这故事充分地说明了甘夫人的美，是多么动人心魄。

生前坎坷多磨难，几次被丢成俘虏

　　甘夫人嫁给刘备以后，打心眼里来说真没过上几天安稳的好日子，前后三次被刘备给抛下，多次成为俘虏。要不是福大命大，一个如此美貌的柔弱女子，在战乱年代被人抛下而落入对手手中，还真不知道会遇到什么样的事情。

　　与刘备新婚不久，徐州地区就遭到吕布的偷袭，当时刘备正好接管徐州，刘备不敌吕布，于是就三十六计走为上计，抹了抹鞋底就噌地一溜烟跑了，老婆也不要，地盘也不要了。他这一下就跑到了广陵，到那边静下来才发现自己不仅连地盘丢了，连刚娶的美人也丢了，可是有什么办法呢。

　　吕布顺利拿下了徐州，也顺便将刘备丢下的夫人捡了回去，扣为俘虏。他想着，你这么貌美如花的夫人，总不会舍得不要吧，我就等着你来，看你刘备还能往哪里逃。结果吕布还真想错了，刘备丢了老婆和徐州之后，在广陵又娶了一个美艳艳娇滴滴的美人糜夫人，糜夫人的哥哥是一个生意人，手上有钱，刘备娶了他妹妹之后，他就把他的财产都拿出来，充作刘备的军费了。失魂落魄的刘备一下子又站了起来，有钱就有兵，身边还有美人。吕布见这刘备前脚刚刚把夫人抛弃，后脚立刻娶美女进门，即使扣押着甘夫人估计也对刘备起不了什么作用，顶多就是白白帮刘备养一个大活人，干脆不如做个顺水人情，把夫人送回去。于是，甘夫人安全地回到了刘备身边。

　　回去之后，这边心里被抛弃的疼痛还没好，那边又发现刘备又娶了个妾。可是那时候的女人多逆来顺受啊，甘夫人一句怨言都没说，而且还跟糜夫人认了个姐妹。那时候的男人三妻四妾实属正常，怨也不会改变什么，倒是不如多个姐妹相互照应，结果甘夫人和糜夫人两人倒是真的感情越来越好，情同姐妹了。

　　刘备见这吕布将夫人毫发无伤地送了回来，还大胆地想让吕布允许他在小沛休整，吕布也是一时脑子发热，不仅没有趁机除掉刘备，还真答应了刘备。他想将刘备收为麾下，好一同对抗其他实力派的人。但刘备可不这么想，刘备只想借助吕布给他喘息的机会，等他休整好了就要立刻踹掉吕布。

　　果然，公元198年，吕布觉得要添一些好马以供军中之用，增强战斗力，所以就派人去往河内购马。刘备知道这个消息，偷偷在半路埋伏，结果吕布的部下连人带马的都被刘备给劫了。消息传到吕布耳里，他咬着牙狠狠地说，好你个刘备，看我不扒你的皮泄愤！立刻调集大军讨伐刘备。刘备一看这阵势，立刻拔腿就跑，一边还在找救兵，根本无暇顾及甘夫人和糜夫人两位夫人。曹操接到刘备的求救信息，毫不含糊地率军前往相救：这不是抢地盘的大好时机吗！这就是各个政权之间，没有永远的朋友，也没有永远的敌人，只有永远的利益。曹操出马，吕布大败，刘备顺势投奔了曹操。吕布也是难得的将才，曹操也是爱才之人，本打算将吕布留用。刘备眼珠滴溜一转，那可不行，自己背叛吕布，若是留

侍女俑　三国蜀汉

下吕布，有朝一日自己落入他的手中，那就再无活命的机会了。所以他就进言，万不可留这吕布！于是刘备就借着曹操的刀，将吕布除掉了。当然，二位夫人又回到了刘备身边。

建安五年，刘备又和曹操大战一场。刘备怎么是曹操的对手呢？自然是一败涂地。这一次，又没有想到两位夫人，就一个光杆司令跑了。这次他还得找一个靠山，他选择了当时比较有势力的袁绍。这一次，是由关羽救出了两位夫人。

再后来，甘夫人替刘备生了个儿子刘禅，但是又一次遇到刘备与曹操大战。刘备面对战争已经习以为常，反正打得赢就打，打不赢就跑，留得青山在不愁没柴烧。于是在眼看着不敌曹操大军的时候，刘备又准备一溜烟跑掉。不过这一次，他丢下的就不止夫人了，还有夫人手上的孩子，当然，还有两个好兄弟，张飞和赵云。

以往的每次，夫人总是安然无恙地回去了。而这一次，糜夫人和甘夫人走散，赵云虽然找到了甘夫人和阿斗，糜夫人却在此次战乱中丢失了性命。

在经过又一次劫难之后，甘夫人回到了刘备身边。本以为今后可以过上安稳日子了，可是没多久甘夫人就病逝了。这一年，是公元209年。十几年后，刘备终于称帝，建立蜀汉。他怀念他最美的夫人甘夫人，追谥她为"皇思夫人"，准备以后让甘夫人与他合葬在一起。刘备去世以后，一直很尊重甘夫人的诸葛亮向刘禅上表，又追谥甘夫人为"昭烈皇后"。

孙氏　蜀汉昭烈帝刘备夫人

□ 档案：

姓　名： 孙氏
生卒年： 不详
籍　贯： 江东
婚　配： 蜀汉昭烈帝刘备
封　号： 夫人

孙氏，蜀汉昭烈帝刘备夫人，孙权的妹妹，有巾帼不让须眉之范。也有说孙氏名尚香，全名孙尚香，不过正史上没有详细记载。

孙氏一共兄妹四人，父亲孙坚，母亲吴国太，哥哥孙策、孙权等人都是叱咤风云的政治人物，一个妹妹在这些英雄堆里长大，受他们的影响非常大，从小就喜欢舞刀弄枪，耍刀弄棒，功夫非常好。除一身武术之外，孙氏长得也很端正，不愧为一个大美女。

东汉末年时局混乱，孙氏的父亲和兄弟们一起打拼出一片天地，但是创业艰难，父兄也都于乱世中离世，打天下的大担子就落到了年轻的孙权肩上。在曹操大败袁绍之后，剩下的势力里比较强的应该就是孙权、刘备和曹操，刘备当时虽然比较窘迫，不得不向孙权暂借荆州以谋求一个栖身之地，但是刘备麾下有许多的将才，这让曹操和孙权都比较惧怕他。尤其是有神机妙算的诸葛亮，屡出妙计，屡打胜仗，曹操好几次都被打得落花流水，落荒而逃。所以刘备虽然只是占据荆州一隅，势力却不可小觑。

在赤壁之战中，刘备和孙权结盟，打败曹操大军，曹魏、孙权以及刘备三足鼎立的局面已经逐渐形成。此后，孙权就想收回荆州，不想让刘备再占据如此要地了。可是刘备却开始耍赖了，虽然当初说是借荆州，日后会还给孙权的，但到了孙权要收回荆州的时候，刘备始终不肯。荆州是个好地方，那里物产富饶，易守难攻，自古就是兵家常争之地。刘备不肯还荆州，孙权也不会轻易放弃。

当时孙权手下也有一员非常有名的谋士，就是周瑜。周瑜英气不凡，通晓音乐也晓兵法，足智多谋。他给孙权出了一个主意，利用"美人计"将刘备引到孙权的地盘上，然后扣留刘备，再让诸葛孔明出让荆州之地以换回刘备，这美人计就是利用孙权的小妹孙氏。

刘备和孔明也有心思与孙权联手，先将曹操给打败下去再说，所以既然孙权主动提出将妹妹嫁给刘备，刘备当然欣然接受。

刘备到孙权的吴地去了之后，先去拜吴国太，没想到这吴国太对刘备很满意，就真把他当作自己的女婿了。孙权和周瑜本来只是想借计将刘备骗过来而已，没想到还要假戏真做，真把妹妹嫁给刘备。这妹妹孙氏年方二十岁，刘备却是个年近半百的老头儿，孙氏怎么可能同意呢？但是没办法，为了哥哥的政权，这桩政治联姻是必须要完成的。就这样，年轻的孙氏就嫁给了刘备。

不过，孙氏虽然嫁给了刘备，但是身边随从还是一个都没少，全都配着刀护卫着孙氏，她自己也刀不离手，即使是新婚之夜也如此。所以刘备一直对孙夫人心存着恐惧，虽然她现在已经是自己的夫人，但是她毕竟是孙权的妹妹呀，说不定哪天夜里就要了自己的小命，所以也不得不多提防着点。孙夫人本来就不是一个顺从的人，尽管刘备应该算是个典型的大男子主义者，但她不管，她不要做一个小女人，反正她还有她哥哥撑腰，无需将刘备看在眼里。

刘备和孙夫人在吴地住了一段时间，诸葛亮就想办法让刘备回去。想什么借口呢？说是曹操派兵攻打荆州来了，这荆州不能丢失，十万火急。刘备向孙权请示，孙权虽然想扣留刘备，但是荆州也不能落到曹操的手里啊，只好将他放回去，孙夫人也得一起陪同，所以这刘备不仅娶了孙权的妹妹，又完完整整地回去了。

等周瑜回来，刘备人早已经走了，问明了孙权是怎么回事后，只好哀叹一声：您这是赔了夫人又折兵啊。

刘备带回孙夫人以后，其实也有几分惧怕，不过毕竟两边政治联姻，好处更多，尤其是曹操见刘备孙权联盟，之后就不太敢轻举妄动了。

再后来，孙权对刘备也没什么办法，就想将妹妹骗回去。孙氏很孝顺，于是孙权就派人捎来消息说老太太病危，急着想见夫人一面呢。孙夫人听得这话，当然得立刻动身啊，只是此时刘备不在军中，孙夫人想向军师诸葛汇报一声，但是被孙权派来的周善制止了。所以孙夫人就带着阿斗，去往吴国。半路上诸葛亮听说孙夫人带着阿斗要回吴国去，立刻派人半路拦截，这才把阿斗给抢了回去，但是孙夫人却还是回到吴国去了，这一回去，孙夫人就没再回到刘备这来。

刘备对总是配着刀剑的孙夫人也心存恐惧，所以在她回去之后也没派人去吴国接她，此后就没什么消息了。

张氏姐妹　蜀汉后主刘禅皇后

□ 档案：

姓　名：张氏
生卒年：不详
籍　贯：不详
婚　配：蜀汉后主刘禅
封　号：皇后

张氏姐妹，就是张飞的两个女儿，都嫁给蜀汉后主刘禅，并先后被立为皇后。

大张皇后

大张皇后是张飞的大女儿。张飞和刘备关系特别好，兄弟之情非常深厚，《三国演义》里面第一回就是桃园三结义，讲的就是关羽、张飞、刘备三兄弟的故事。张飞不仅是刘备的好兄弟，更是刘备手下的得力大将，性格自然是非常豪爽。张飞这样的父亲，生出豪爽大方的女儿这种概率比较大，所以大女儿，也就是后来的大张皇后，就是这样一个性格开朗、聪慧伶俐、落落大方的女孩儿。张飞和刘备关系这么亲密，刘备也是看着张飞女儿长大的，所以两人很早就有心思与兄弟结成儿女亲家，让张飞的女儿嫁给儿子刘禅。公元219年，刘备已经占据汉中，准备在汉中称王。这时候兄弟几个的事业也算是蒸蒸日上，刘备就准备张罗此事，同张飞商量让她的女儿进宫。再两年，刘备称帝，建立蜀汉政权，长子刘禅就是太子，张飞的大女儿顺理成章被纳为太子妃。

刘备刚称帝没多久，就在白帝城病死了。他嘱托诸葛亮辅佐儿子刘禅即位，但是他也深知这个顽劣儿子也许不是建立大业的材料，于是补充说如果刘禅确实朽木不可雕了，那丞相也可以自己来治理国家。诸葛亮忠心耿耿，当然不会自己夺位，而是更加尽心尽力地辅佐后主，处理好各种大事。刘备死后，后主即位，大张就被立为皇后。做了十五年皇后，大张病逝了。

小张皇后

大张皇后去世以后，张飞的小女儿随即被召入宫中，第二年也被册封为皇后。小张皇后也是比较贤良爱国之人，但是刘禅却不善于治理国家，小张皇后常常深感无奈。诸葛亮还在世的时候，事事辅佐刘禅，但是他又总是亲力亲为，刘禅没学到什么本事，反而可以尽心将政事交给丞相，自己去逍遥快活。但是诸葛亮并非长生不老，也有走向生命尽头的一天。诸葛亮去世以后，更加没什么人能约束刘禅了，只知道贪图享乐的后主，几乎完全忘了要治理国家这回事。终于，魏国政权就将手伸向了蜀汉的土地。

直到魏军兵临城下，刘禅还没有一丝惊恐的感觉，他只觉得大不了就投降啊，只要还让他继续吃喝玩乐就好，他也没想过要对自己的臣民们负责，反正他自己完全不介意做俘虏，做亡国奴。

果然，刘禅主动地率众人投降了，并且对魏国给他的待遇非常满意，有吃有喝有人伺候，也还有美女相伴。但是他的儿子刘谌觉得太窝囊太屈辱，就自杀了。刘禅完全没有悔悟之意，仍然在魏国的屋檐下过着乐不思蜀的生活，九泉下的刘备都快要被他气活过来。小张皇后也只好跟着刘禅，过着寄人篱下的生活，但是却不能像刘禅一样内心无虑，每天只顾逍遥快活，她心里始终惦念着蜀国。公元 271 年，刘禅去世，不久小张皇后也忧郁而终。

吴

潘氏　吴大帝孙权皇后

□ **档案：**

姓　　名：潘氏

生卒年：? ~252 年

籍　　贯：会稽句章（今浙江宁波）

婚　　配：吴大帝孙权

封　　号：皇后

潘氏，东吴大帝孙权的宠妃，后被立为皇后，也是孙权在世时唯一被册封的皇后。潘皇后是会稽句章县人，她本为一个官差的女儿，但是父亲因触犯律令犯下死罪，她和姐姐也受到牵连，被发配到皇宫里负责纺织的部门里做苦工。但是潘氏不是一般人，她生得非常非常美，一同做苦工的女子数百人，就数她相貌最美，鹤立鸡群。因为她长得实在太美了，其他的女工反而都和她保持距离，她们觉得潘氏一定不是凡人，凡人是不可能生得如此水灵脱俗的。

有一天，孙权偶然间见到了正在做苦工的潘氏，一下子就被她的美貌吸引了。这个女人虽然满面愁容，但是看起来就和别人非常不一样。孙权想，皱着眉头都能如此娇媚，不知道她开心的时候会是什么样子呢？随后就把潘氏从纺织女工那里召到后宫中，成为孙权的一个妃子。潘氏进了后宫之后，果然心情大好，非常开心，面色也更加红润了，孙权对她很为宠幸，不多久，她就怀上了孙权的孩子。这个孩子就是孙权的小儿子孙亮。孙亮就是吴国第二代国君，他是典型的命中注定是君主的命。潘氏在怀孕的时候就梦到有人送龙头给她，她就顺势接住了。这样的梦自然是超级好兆头，之后就生下了儿子，注定是不平凡的命。

孙权原本是已经立了王夫人的儿子孙和为太子的，但是孙权的大女儿鲁班公主非常讨厌王夫人，所以在孙权面前说尽王夫人的坏话，最终挑拨离间成功，王夫人因此而丢失了性命。王夫人就是典型的往前一步是富贵，退后一步是地狱的例子。儿子已经是太子了，她离皇后的位子也就很近很近了，这充分说明在宫廷生活里，谁都不能得罪。后来在鲁班公主的继续挑唆下，孙权将孙和的太子位也废去了。孙权这时候最宠爱的就是潘氏了，潘氏见机就不断为儿子争取，孙权也很疼爱这个小儿子，所以最终孙亮就被立为了太子。儿子被立为太子以后，潘氏就请求将她的姐姐外放嫁人，得到了孙权的同意。第二年，太子的母亲潘氏母凭子贵，被孙权正式立为皇后。

成为皇后以后，潘氏在宫里就很嚣张了，生性嫉妒的她，要将后宫所有反对她和与她不和的人都除掉，所以很多人都被她所害。除了潘氏以外，孙权有好几位夫人，其中袁夫人是品性最好的一个。袁夫人就是袁术的女儿，嫁给了孙权，她出自大家，为人修养极好，但是唯一可惜的是她没有生孩子。在孙权的步夫人去世以后，孙权有意想立袁夫人为皇后，但是袁夫人认为自己没有儿子，不可以被封皇后，就此推辞。待潘氏为皇后以后，居然将袁夫人陷害。

不仅如此，除了不断进行后宫争斗之外，潘氏对政权还很感兴趣。潘氏被立为皇后这一年，孙权已经近七十岁了。后来孙权生了一场大病，这潘氏就开始琢磨着等老头子一命呜呼之后，她想要自己掌握政权，也来个太后专政，于是这边孙权还病着，那边潘氏已经在向与她狼狈为奸的孙宏打听西汉吕后的故事，也想来学一学。宫中的宫女对她都很恐惧，这样一个奸诈有野心的女人，确实让人觉得很恐怖。孙权还在世的时候她都这样，如果孙权去世了，而她也真的掌握了大权，那宫中的人日子肯定不好受。所以，这一天，趁着潘氏因侍奉孙权而累得睡着的时候，宫女们冒着生命危险将潘氏给勒死了。

孙权将潘氏厚葬，但是又觉得事有蹊跷，于是派人查清事情原委，最后知道是宫女们下手，孙权就一下处决掉了六七个涉事的宫女。

朱氏　吴景帝孙休皇后

□ 档案：

姓　名： 朱氏
生卒年： 公元 234~265 年
籍　贯： 吴郡（今江苏苏州）
婚　配： 吴景帝孙休
封　号： 皇后

朱氏，吴郡人，吴景帝孙休皇后。朱氏是孙权宠妃步夫人的小女儿鲁育公主的女儿。步夫人有两个女儿，大女儿鲁班公主，小女儿鲁育公主。这两个女儿虽为一母所生，性情却很不相同。大女儿鲁班公主不仅害得孙和太子被废，孙和生母王氏的死也与她脱不了干系，后来连自己妹妹鲁育公主也害死了。鲁育公主则性情温和善良，朱氏继承了她母亲的优点，也是一个温柔贤惠的美丽姑娘。

孙休与鲁育公主应是同父异母的兄妹，所以也是朱氏的舅舅，只不过古时候这种婚姻也不奇怪就是了。

孙权去世以后，太子孙亮即位，孙休前往自己的封地丹阳。后来鲁班公主诬陷妹妹鲁育公主，说她有份参与谋害孙綝，结果孙綝就将她处死。朱氏是鲁育公主的女儿，孙休害怕她受到牵连，就把她送到南京避嫌。好在孙綝觉得这事是她母亲所为，同朱氏没有关系，不仅没有追究朱氏，还把朱氏送回了孙休身边。更让孙休意外的是，孙綝等人废掉了孙亮，还选择扶持他为皇帝，公元 258 年孙休即位，是为景帝。

孙休当上皇帝以后，立朱氏为妃，四年后将她立为皇后。

没过两年，孙休就一病不起，最终病逝。当时太子孙谭年幼，大臣们觉得当时形势非常严峻，必须要有一位可以支撑国家大事的皇帝才行，所以没有选择让年幼的太子登基，而是打算让孙休的侄子孙皓登基。这时朱氏已经被尊为皇太后，大臣们按照礼节向她请示了一下。她本来就是温柔善良，一切听从丈夫安排的类型，现在虽然丈夫去世，但她自己也没有把持政权的野心，所以就随着大臣们安排。

不过，孙皓登基以后，并没有善待她，而是将她的皇太后位子废掉，贬她为景皇后，最后还被孙皓给逼死，后与吴景帝合葬。

滕氏　吴乌程侯孙皓皇后

□ **档案：**

姓　名： 滕氏
生卒年： 不详
籍　贯： 北海剧县
婚　配： 吴乌程侯孙皓
封　号： 皇后

滕氏，吴乌程侯孙皓的皇后。孙皓本是乌程侯，孙休即位以后册封的，也不是孙休的继承人。但是孙休去世以后，太子太过于年幼，不可能亲理朝政，当时的形势又比较严峻，原本魏、蜀、吴三足鼎立的局面逐渐被打破，蜀汉被魏国政权吞并，吴国政权也危在旦夕。大臣们合计着现在立主子必须要找一个能扛得住魏国攻势的人，所以群臣商议，就选定了孙皓。在大臣的拥护下，孙皓即位，封滕氏为皇后。

孙皓也不是一个能撑起国家大梁的人，治理国家不怎么样，在家里也不怎么样。封滕氏为皇后不多

甘露元年五月造青瓷灯　三国吴

久，他的心就被后宫众多美丽的妃子给抓走了，滕氏就受到了冷落。受冷落就算了，他还想要废掉滕氏的皇后位，另立宠妃。后来他母亲何氏以及太史等人进言，认为废掉皇后不利国运昌盛，他只好作罢，才没将滕氏的皇后位废去。但是虽然没有废掉皇后，他却做出了更加荒唐的事情，他将后宫宠妃每个人都佩上一个原本只有皇后才有的玺绶，滕氏的地位也就名存实亡了。

公元280年，西晋灭吴，孙皓投降，迁往洛阳，滕氏也随孙皓一同前往。

 两晋

西 晋

杨艳　西晋武帝司马炎皇后

□ **档案:**

姓　名: 杨艳
生卒年: 公元 238~274 年
籍　贯: 弘农华阴(今陕西华阴)
婚　配: 西晋武帝司马炎
封　号: 皇后

杨艳,西晋武帝司马炎的皇后。她生于曹魏贵族之家,是曹魏末期大臣杨文宗的女儿。因为她不仅长得漂亮,而且传言她有皇后之命,非常有野心的司马昭就想取巧,将她聘来给自己的大儿子为妻,以借她命中的贵相来助司马家族一臂之力。杨艳性格狭隘,有些小心眼,善嫉妒,为了保护她的白痴儿子以及巩固她娘家人的势力,为西晋政局的动荡埋下了祸根。

命中显贵,司马昭有借用之心

杨艳的父亲杨文宗和司马昭同是曹魏大将,司马昭是很有野心的一个人。当时曹髦为帝,但是大权都被司马昭掌握,他一心想要自己取代曹髦,对此大臣们以及曹髦自己都非常清楚,因此说"司马昭之心,路人皆知"。不过尽管司马昭已经手握大权,但是当他听说同僚杨文宗有一个聪明貌美的女儿杨艳,并且在小时候就有人看相说这姑娘命中显贵,将来必定是皇后之命,因此司马昭就替大儿子司马炎提亲,杨艳就嫁给了司马炎。

曹髦虽然少年登基,并且自己已经没什么大权,近似于一个傀儡皇帝,但是他心里还是十分清楚司马昭的野心,他迟早会取代自己,而不可能让自己继续保住皇帝之位,哪怕只是一个空有虚名的傀儡。他不想坐以待毙,就召集亲信,想要讨伐司马昭。

然而,司马昭耳目众多,曹髦要讨伐司马昭这件事早就有司马昭的耳目跑去向司马昭报告了,结果曹髦不仅没有讨伐到司马昭,反而在半路就被司马昭的人马所劫,曹髦也被杀掉。

曹髦被杀以后，司马昭并没有急着自己登基为帝，所以他仍是曹魏之臣。不过他的儿子司马炎确实做了帝王，而且是西晋的开国皇帝。所以说不定，真的和杨艳命中注定的贵相有些关系。公元265年，司马昭的大儿子司马炎继承了司马昭的晋王之位，但是他比父亲心急，继承王位没多久就逼迫曹魏最后一个皇帝曹奂退位，自己登基建国，就是晋朝，史称西晋，司马炎也就是晋武帝，妻子杨艳也被册封为皇后。

一己私心，立储糊涂

晋武帝在建立晋朝以后，显示出了他非常杰出的政治才能，他首先做的一件事就是伐吴统一全国，这也是秦皇汉武之后全国再一次统一，贡献是非常杰出的。国家统一以后，武帝还采取了一系列的经济措施，将国家治理得井井有条，非常繁荣，出现了历史上的"太康之治"。

杨艳不仅当上了皇后，而且还给司马炎生了六个孩子，其中有三个皇子，三个公主。皇子分别为大儿子司马轨、二儿子司马衷和小儿子司马柬。然而这三个儿子虽为同父同母所生，命运却非常的不一样，首先是长子司马轨早逝；次子司马衷身体健康，长得也很强壮，但是脑子不好使，就如同白痴一样；小儿子司马柬比较正常，而且有胆有识也非常有先见之明，只是位居老小。

晋武帝和皇后杨艳两个人都是非常聪明的人，然而在立太子这件事上却被私情迷惑，一再犯糊涂。按照嫡长子继承皇位的制度，本来太子应当是大儿子司马轨。然而司马轨没有这命，两岁的时候就夭亡了，次子司马衷就成了长子。尽管晋武帝与杨艳皇后都非常明确地知道司马衷有些白痴，不适宜将国家交给他，否则很可能给国家造成不可挽回的损失。然而，这时候的司马炎和杨艳却忽略了自己天子和国母的身份，从情感上回到了普通父母的立场上，他们觉得这个孩子从小就白痴，所以对他很有愧疚之心，就像那些没有照顾好孩子后来就拼命弥补孩子的父母们一样，所以对他百般娇宠，甚至觉得这皇位也非给他不可，否则就是对不起他。皇位继承人是大事，这关乎国家的命运，按说既然他们有一个聪明伶俐的儿子司马柬，应当让司马柬来总理国家事务，而对司马衷，则对他大加照顾，让他不愁吃喝还能继续享乐就好。可是武帝和杨艳偏不这么想，偏要将最好的全部都给这个白痴儿子。

然而司马衷的白痴是无可救药的。他经常发出非常荒唐的言论，朝中比较明智的大臣都觉得立司马衷为太子太不明智了，很多人就婉言谏劝司马炎。太子的老师卫瓘也忧心忡忡，就旁敲侧击地告诉司马炎说"此座可惜"，表示他觉得太子的人选是不恰当的。

武帝心里明白，也非常担忧。毕竟晋朝是他的心血，好不容易才统一天下，如果在儿子手里将大权弄丢，该是多痛心啊，因此他萌生了废掉司马衷重立太子的想法。

青瓷虎子 西晋

可是当这想法被皇后杨艳知道了以后，她就在后宫发起泼来。她说你这没良心的，居然要废掉儿子！你这是不遵循古法，自古以来太子位都必须是长子继承，管他是不是有才能呢！司马炎对杨艳非常宠爱，看她这么不满意，他居然就再没有反对了。

夫妻俩对太子人选没有异议之后，太子也到了适婚的年龄，这下他们又该为太子考虑太子妃的人选了。这个时候杨艳又因为一些小的利益而犯了大糊涂。其实在武帝的心里，对太子妃早就有了人选，他看上的是卫瓘的女儿。

卫瓘是一代名臣，忠心耿耿，还是太子的老师。卫家的女儿不仅长得美，而且受到很好的教养。然而，当时贾充家里也有一个女儿贾南风，贾南风的母亲事先贿赂了杨艳，让她在选太子妃的时候一定要选贾家的女儿。杨艳这个时候倒是说一不二，收了贾南风母亲的贿赂她就立场坚定地要立贾氏女为太子妃，最后在她的坚持下武帝又妥协了。

贾南风是一个生性嫉妒的女人，然而在皇家的后宫，哪个王子不是佳丽成群，况且是太子或者是天子呢，这不仅在于他们爱好美色，还在于他们必须要生下大量的儿子，以表示家族繁盛。但是因为贾南风生性嫉妒，凡是有妃子为司马衷怀孕的，母子必遭毒害。司马昭终于也忍受不了这个儿媳妇，想要将她废掉。但是这时候杨艳仍然记得贾母对她的贿赂，早把为家为国的事忘到脑后，千方百计说服司马炎不要大动肝火，保全了贾南风。

这个贾南风倒是很厉害，虽然长得丑，居然还一直位居太子妃之位，司马衷即位以后她还登上皇后之位。不仅如此，贾南风造成八王之乱，还一度专权，把晋朝弄得乌七八糟。

二杨继宠，福极灾生

除了儿子的事，自己的事也够杨艳焦心的。武帝前期励精图治，到后期也逐渐沉迷于女色，广选妃嫔。以前杨艳得到武帝百般宠爱，到后来贵嫔胡芳和夫人诸葛婉等人逐渐抢占风头，大有取代杨艳在武帝心目中的地位之势，杨艳逐渐越来越焦虑，最终不幸病倒。

眼见着自己的病入膏肓，杨艳心里担心的还是儿子的太子之位。她生怕她死后武帝会重新选一个宠妃当皇后，这样她白痴儿子的太子地位就很难保全了。另外她即使死了都不想让那些狐狸精爬上她生前的宝座。所以在临终前武帝来看她，她紧紧握着武帝的手，让他一定要立她叔叔的女儿杨芷为皇后，她温柔贤淑，是最适合的人选。武帝对杨艳的感情是难以割舍的，于是答应了她。实际上，她只是害怕她死后她儿子和娘家人的势力就此落下去。

杨艳死后不久，武帝果然将杨芷册封为皇后。然而，杨芷的父亲杨骏是一个野心勃勃的人，女儿被封为皇后以后他就更加嚣张，想要夺权。武帝后期沉迷于女色，身体也越来越差，朝中政事就开始混乱。武帝去世以后，司马衷即位，贾南风为皇后，政局更加混乱，不得不说西晋历时这么短暂，跟杨艳犯下那么多的错误是有关系的。

杨芷　西晋武帝司马炎皇后

□ 档案：

姓　名：杨芷
生卒年：公元 258~292 年
籍　贯：弘农华阴（今陕西华阴）
婚　配：西晋武帝司马炎
封　号：皇后

杨芷，西晋武帝司马炎的第二任皇后，晋武帝皇后杨艳的堂妹，父亲杨骏。堂姐杨艳因为武帝沉迷女色而自己逐渐失宠，最终病倒。为了保护她的白痴太子儿子，堂姐杨艳在临死之前请求武帝将堂妹立为皇后，武帝听从。杨艳还拜托杨芷一定要尽全力保全太子夫妻二人，因此杨芷也多次护着太子妃贾南风。杨艳死后，武帝将杨芷娶入宫中，立为皇后。

杨芷的父亲原本是一个小人物，属于无才无德之辈。然而，因为女儿现在是皇后，他自然身份地位就大为不同，最终官至太傅。虽然满朝文武都知道这个杨骏没什么能耐，武帝也很清楚，但是唯独这个杨骏自己不知道，不仅没有自知之明，还非常想要搬弄权势，对专权非常感兴趣。

武帝却一直重用这个杨骏，他的用人哲学使真正有才能的人不能掌握大权，这些人有能耐，也就很容易真的掌握大权，所以实权是不能交给他们的。对于那些没什么才能的人，反正他们没本事，就算把大权交给他们，他们也做不出什么惊天动地的事情来。本着这种思想，武帝就放任杨骏，而且这杨骏什么身份啊，是他皇后的父亲，皇帝的老丈人，这本身就是值得信任的关系。

然而他没有想到，这个老丈人超出了他的想象，正是因为没什么才能，才更觉得自己有本事，要掌握朝廷实权，于是对有能耐的异己势力大加排斥，朝野上下任用他觉得可信的，愿意巴结他的人。就像卫瓘这样一直忠心耿耿的贤能人士都遭到他的排挤。

当武帝终于明白过来的时候，已经太迟了。卫瓘已经要告老回乡，摆脱这是非之地，而武帝自己再回归朝野的时候，他才发现以前他熟知的值得信任并重用的人，都已经被他的老丈人杨骏统统替换掉了，现在满朝上下居然都是新出现的面孔，然而他这个时候的身体也越来越差，再无力改变什么了。甚至在他临终之前，也还是只能让杨骏成为顾命大臣，辅佐太子即位。

司马炎去世以后，司马衷即位，贾南风为皇后，杨芷被尊为皇太后，杨骏为顾命大臣。除杨芷之外，他们这样一个组合，一个昏庸无能，一个貌丑但是性子又嫉妒又喜欢把握权势，一个没有才能但是喜好弄权要术，这样一个组合在一起，自然矛盾重重。虽然皇帝是司马衷，杨骏却完全没把他当回事，在他心里自己简直就是事实上的皇帝。司马衷还没什么大的反应，但是贾南风就看不过去了，她才不能让这老头这么嚣张。公元291 年，贾南风开始发力了。她先是指使亲信上书诬告杨骏谋反，而司马衷一直就类似一个白痴，连民间有人饿死他都十分诧异，他以为平民跟他一样，没有饭还有肉吃。所以有人说杨骏谋反，他也不去调查，直接全城戒严，于是贾南风就有借口诛杀杨骏了。

不管怎么样，杨骏始终是杨芷的父亲，杨芷又没有兄弟，她不救老父亲谁救呢？然而她却又是身居深宫的皇太后，也没什么好的方法救父亲，就用布帛传书，说如果有人能救太傅，定当有重赏。本来女儿救父亲乃是人之常情，但是因为贾南风一直对她有误解，心里早对她怀恨在心，所以就污蔑她和杨骏太傅父女同谋。

杨艳去世前一再交代她要保全太子夫妻，为何贾南风会和她有误会呢？原来是贾南风一直生性嫉妒，在宫中常做出为一己私利而坑害别人的事情，武帝一度要废掉这个太子妃。但是杨芷出于对姐姐的承诺，就尽量保全贾南风，并还要保全太子不被废掉。在武帝面前说尽好话，她也要适当教训贾南风注意行为，多加改正，不然不可能次次都能够得到武帝的谅解。贾南风见杨芷教训她就非常不满，还将武帝要废她的意思也强加到杨芷头上，认为一切都是杨芷与她作对，处处针对她，从此就在心里埋下嫉恨之仇，等待报复她的一天。

这下机会来了。贾南风污蔑皇太后杨芷与她父亲是一伙的，想要谋反篡位。司马衷就听从皇后贾南风的谗言，把皇太后杨芷贬为庶人，还将她押送冷宫。送到冷宫之后，贾南风非常恶毒地将宫内外的宫女和侍卫全部遣散，不让任何人伺候她，甚至连食物都不给。忍饥受冻几天之后，杨芷再也熬不住了，饥饿而死。

左棻　西晋武帝司马炎贵嫔

□ **档案：**

姓　名：左棻
生卒年：？～300 年
籍　贯：临淄（今山东临淄）
婚　配：西晋武帝司马炎
封　号：贵嫔

左棻，西晋武帝司马炎的贵嫔。除了后宫妃子的身份之外，左棻还有一个身份，就是西晋著名的女诗人。

左棻同她哥哥左思一样，非常有才。左思在西晋的时候，几乎是无人不知，无人不晓。当年他苦练多年，终于写出《三都赋》，一时轰动文坛，洛阳的人都竞相传抄，因为传抄众多，结果一时之间，洛阳的纸都供不应求，纸价飞涨，便有了"洛阳纸贵"的典故。因为左思名声在外，大家也逐渐知道左思还有一个非常有才的妹妹左棻。左棻从小就非常好学，而且天资聪颖，很会作诗写文。后来武帝也听说左棻了，可能先前并不知道这女子长相如何，就知道从名声来看一定是满腹才华，长相应该不会简陋到哪里去。而且反正后宫多一个人少一个人无妨，至少也可以显示他武帝是很爱惜有才华之人的，于是将左棻召入宫中。左棻开始入宫的时候只是个修仪，后来又晋封为贵嫔。

进入宫中的左棻并没有感受到多少幸福，虽然宫里可以享尽荣华富贵，但是感情上很空虚。武帝晚年的时候生活荒淫无度，后宫妃嫔无数，根本无暇顾及左棻。据记载，左棻虽然很有才华，但是长相很一般，甚至还有记载说左棻和左思兄妹都很貌丑，因此从男女感情上说，武帝肯定不会宠爱到左棻头上来。在宫中又没有自由，妃子也不能随便出宫，连家人都不得见。左棻在宫里百无聊赖，生活孤寂，也只能寄情于写诗了，诗里充满着宫怨之情。

武帝虽然并不宠幸她，但是还经常让她写写诗，武帝对左棻的才识很是欣赏。每次没事的时候，武帝就四处闲着慢慢溜达。假如某一天恰好溜到了左棻住处附近，他也一定会去看看左棻，然后和她讨论讨论诗词歌赋之类的话题。若是得到什么稀奇玩意儿或者是地方进贡来的好东西，也必定会让左棻出来赋几句诗。除此之外，她也担当起了皇家的御用文书，皇室有什么红白喜事，各种文赋也都由左棻来执笔。

尽管这一辈子也没闲着，始终有诗文相伴，但是仍然不能够解除她内心的孤独和寂寞。凡是喜欢阅读和善做文章的女子，她和普通的女子必定有所不一样，也会有更多的寂寞之感，因为她们对感情的需求也许更加强烈，物质的丰裕也不能弥补，甚至有时候在丰裕的物质中更显得精神的缺乏。

左棻忍受了二十八年孤独的宫廷生活。各种孤苦、凄凉的心情都有，最后只能写成一篇篇注满愁绪的诗和赋。比如钱锺书先生对她的《离思赋》评价极高。

晋武帝司马炎去世以后，左棻在深宫里更加无人问津了，最终于公元300年默默病逝。

胡芳　西晋武帝司马炎贵嫔

□ 档案：

姓　名：胡芳
生卒年：不详
籍　贯：不详
婚　配：西晋武帝司马炎
封　号：贵嫔

胡芳，西晋武帝司马炎的贵嫔。她父亲胡奋当年跟随司马懿征战，官至校尉，后来还升到征南将军等职，并且文章也写得非常好，名声不错。胡芳的祖父在曹魏的时候为车骑将军，所以出身于官宦世家的胡芳性格耿直。

武帝后期荒淫无度，沉迷女色，后宫妃嫔达万人。他广选良家妇女以充实后宫，开始的时候皇后杨艳很不满，专替他挑选姿色中庸的，凡看到武帝色眯眯盯着不能转移视线的，杨艳都认为不合适，但是武帝终于不满，对皇后动怒，自己出面挑选。被他选中的女子就在手臂上用红绳结一个结，以此表示被选中的记号。胡芳因美貌过人被选中。但是选中以后，她可能觉得进入后宫就意味着将要埋葬她的青春，所以就很不开心，当即就在殿下大声哭泣起来。她的哭声很大，身边的人都很着急，担心被武帝听到，会惹怒皇上，可能会带来祸患，所以都纷纷劝她不要哭。她却大声地反驳说，我现在死都不怕了，还怕被皇上听见吗？

然而，武帝不仅没有生气，反而将她封为贵嫔，并且对她非常宠爱，其宠爱程度仅次于皇后，而且大有取代皇后之势。当时武帝的后宫，人数多得数不过来，武帝自己对于临幸哪一位妃子也非常没有主意，最后只好采取荒唐的羊车随机挑选法，每天驾着他的羊车，车停在哪里就夜宿哪一位宫人。那些后宫女子为了留住武帝，就采取了很多种方法来留住拉车的羊，有的种青草，有的种嫩竹，有的撒盐巴，各种取巧之术层出不穷。但是，武帝最宠爱的仍然要数胡芳了。

胡芳一直以本色面对武帝，这也许是她受宠的极大原因。从第一次见面开始，她对武帝就毫无惧怕之意，武帝问话也从来都不惊不惧。后来，皇后杨艳因为武帝宠幸过多的妃子而忧虑过度，终于病倒。在临终之前她仍然担心胡芳会夺取她的皇后之位，为了防止武帝在她死后立胡贵嫔为皇后，且不利于她的儿子，因此她强烈请求武帝一定要立她的堂妹杨芷为皇后，武帝答应了她，也就决定了胡贵嫔虽然受宠，但无缘皇后之位了。

贾南风　西晋惠帝司马衷皇后

□ 档案：

姓　名：贾南风
生卒年：公元 256~300 年
籍　贯：平阳襄陵
婚　配：西晋惠帝司马衷
封　号：皇后

贾南风，西晋惠帝司马衷的皇后，贾充之女。贾南风是历史有名的乱国毒后，她不仅身材矮小，长相奇丑无比，还心如蛇蝎，操控白痴丈夫司马衷，恶毒对待后宫之人，还个人专权，造成八王之乱等，好不容易在三国之后被司马氏统一起来的国家又被贾南风搞得一团糟，西晋的短命可以说与由贾南风有着重要的联系。在害人无数之后，她终于也被自己所害，公元 300 年，被司马伦用毒酒赐死。

家有妒母，女儿学样

贾南风，父亲贾充，母亲郭槐。要说到贾南风的性格和教养等方面，还必须得从贾南风的父母亲说起。

贾南风的父亲贾充，本是曹魏大臣，官位曾达到大将军司马、廷尉之职。曹魏末期已经大权旁落，大将军司马昭权力庞大，一手遮天，有取代曹髦帝位之意。贾充这人老奸巨猾，能说会道，嘴巴像蜂蜜一样，很快就成为司马昭的心腹，是后来杀掉曹魏末期皇帝曹髦的主谋之一，深得司马昭信任。

司马炎是司马昭的长子，但是却并不怎么受司马昭重用，甚至在继承晋王王位的时候他首先考虑的也不是长子司马炎，而是次子司马攸。而司马炎能够继承晋王之位乃至后来逼迫曹魏元帝退位而建立晋朝，多亏贾充在司马昭面前屡次为司马炎美言，说他能够成就大事，这才让司马昭决定立他为继承人。因此贾充在司马炎心里可以说地位非常重要，也是晋朝的开国元勋。

尽管贾充也很有能力，也很善于巴结和社交，在事业上可谓风生水起，但是他却有一个很大的弱点——惧内。贾充本来有一个非常温柔贤淑的原配夫人李氏，李氏是曹魏末期大将李丰的女儿。李丰当时为曹芳的心腹，曹魏末期大权被郭太后和司马师掌握，为了帮助曹芳夺权亲政，李丰征讨司马师，结果被株连三族，女儿李氏因此受连累，遭到流放，之后贾充又娶了郭槐。这郭槐生于官宦之家，父亲郭配是城阳太守。但是这郭槐却没有大家闺秀的气质，反而是以善于嫉妒而出名。

郭槐的嫉妒达到什么程度呢？说出来非常令人发指。就因为这嫉妒，她的两个儿子就是活生生死于她的嫉妒之下。贾家已经是大户人家，郭槐嫁给贾充之后，先是生了大女儿贾南风，后来又陆续生了几个孩子。即使已经生了好几个孩子了，郭槐仍然不许贾充接近任何女人，凡是距离近一点她就会疑神疑鬼。这天，乳母带着贾南风三岁的弟弟贾黎民玩耍，这时候恰好碰见父亲贾充，儿子见到父亲当然就很亲热，伸出手要让父亲抱抱。贾充当然高兴，就伸出手来要抱儿子。这是再正常不过的一个场面，然而被郭槐看见了，她脑子里只出现一个场面，忽略掉儿子，变成了贾充同乳母关系很亲密。郭槐二话没说，出来就将乳母拉开，用鞭子抽打起来，只打到皮开肉绽最后竟连一口气也没有了。而贾充这个害怕老婆的草包，竟不敢说一句话，乳母竟莫名其妙地被郭槐活活打死。孩子一直是由乳母带着，当然同乳母亲近，没了乳母孩子连奶也没得吃，最终病死。后来，郭槐又生了一个儿子，但是这次她不仅没有吸取上次的教训，居然还发生了同上次一样的事情，乳母又被郭槐给打死。而贾充已经以丢一个儿子为代价，这次依然没有阻止郭槐，任凭她没来由地吃醋发疯，然后这个儿子又因为乳母离世而不吃不喝，又遭到惊吓，最终也没活多久。

如果是平常人家，家里有这样一个母夜叉，还活活害死这么多条命，做丈夫的应该早就把这女人休了。而贾充不仅不敢，甚至连原配夫人回来了都不敢接回家。

李氏是因为父亲讨伐司马师而被牵连，司马师是司马昭的哥哥，也就是司马炎的伯父。到司马炎称帝建立晋朝，他宣布大赦天下，因此李氏就被赦免，得以回家。司马炎与贾充关系非常好，司马炎能有今天也多亏贾充，所以他特意传诏给贾充说，他可以迎回原配夫人。结果这事被现任夫人郭槐知道了，她暴跳如雷，才不管什么听从夫婿三从四德的东西，她只管在贾充面前撒起泼来，坚决不允许把李氏接回家。李氏在被流放之前就已经给贾充生了两个女儿，女儿见母亲能够回来自然喜出望外，但是父亲竟然慑于郭槐淫威而不敢将母亲接回来，就非常伤心，来找父亲哭诉。可是贾充不敢招惹郭槐，要是把李氏接回家弄成两个夫人，说不定郭槐又能闹出人命来，所以就派人将前夫人在城中安置下来，自己连面都不敢露。

贾南风在家里一直目睹母亲的行为，她并不觉得母亲的做法有何不妥，相反，她从母亲身上看见，只有像母亲这样才能够震慑住男人，震慑住别人，才能够维护和巩固自己地位，得到任何自己想要的东西。这是她从她母亲身上继承下来的"最好的财富"。

父母行贿，丑女为妃

贾充在朝中势力很大，但是也容易引起别人的嫉妒，遭到排挤。当时鲜卑长期扰乱边境，总是骚扰山西和甘肃一带，晋朝刚刚统一全国还不是十分稳定，所以这些边患是武帝司马炎的一大块心病。而朝中，贾充和任恺等人正好分为两个派别，两组人马相互斗争，互相打压对方。边患问题出现的时候，侍中任恺心生一计，就让贾充这个老狐狸带兵扫平边患，这样表面上可以说是因为他有能力才派他出去，而实际上则是趁机将他派到边远地区，远离朝廷，这样就可以将贾充的势力排挤，而任恺等人正好就可以扩充自己的势力了。

贾充当然也是聪明人，他岂能不知道侍中任恺的意图呢。但是这一时半会儿也找不出合适的借口推辞，他正发愁着。

这一年太子司马衷已经有十三岁了。在当时的宫廷，十三岁已经是适婚年龄，该给太子选太子妃了，所以武帝司马炎和皇后杨艳就开始为傻太子司马衷张罗选妃的事情。

太子司马衷是个天生的傻子，他除了吃喝玩乐之外什么都不懂，他的父母亲武帝司马炎和皇后杨艳甚至还担心他不懂男女之事，专门派才人谢玖去教他。这样一个傻子如果生在普通人家应该连老婆都找不到，但是他生在帝王之家就不愁了，只有他们挑选别人的分儿，而且还会有大量人主动送上门来。

这个时候正好贾充为带兵平患的事情焦虑，突然想到太子选妃是个大好机会，他贾充目前只剩下几个女儿了，如果能把女儿送入宫中成为太子妃，不仅他不用出去带兵，顺带着还能更加巩固家业。这么一合计，和贾充一派的荀勖、荀颢当然鼎力支持，于是他们就开始兵分几路，合谋着要把贾家女儿推上太子妃之位。荀勖、荀颢等老臣就负责在司马炎耳边煽风点火，努力夸赞贾家的女儿，贾充的妻子郭槐出面贿赂皇后杨艳，杨艳见到郭槐送的礼品别提多高兴了，就不遗余力地帮助贾氏说话。说也奇怪，杨艳乃一国之后，什么珍奇异宝没见过，竟然会被大臣的夫人行贿，在自己儿子选妃的时候站到别人一边。

司马炎当时心里已经有了人选，他看好大臣卫瓘的女儿，卫瓘生性秉直，又是太子的老师。卫瓘的女儿也通情达理，还生得眉清目秀，相貌出众。但是因为贾充亲信众多，再加上皇后也被收买，所以选卫家女儿这事除了武帝坚持之外，其他人都强烈建议要选贾家的女儿。卫瓘自己是当事人，所以也不便说什么。武帝说，这贾家的女儿和卫家的女儿简直不能比啊，无论从相貌还是从品性，那都不是一个档次的。再说，贾家的女人出了名的爱嫉妒，娶到宫中后果不堪设想，肯定不利于后代。但是皇后杨艳却丝毫不松口，再加上众多大臣的为贾家美言，说这贾氏是大功臣，选贾家的没错。最后武帝立场也松动，就确定选贾家的女儿。贾家除了大女儿贾南风之外，还有个幼女贾午。贾午和太子年龄相仿，所以武帝就选贾午为太子妃人选。结果出人意料的是，贾家的女儿都生得丑，身材矮小，大婚当天众人才发现贾午完全无法穿起结婚的礼服，如果由贾午出面，则非常难看，连仪式都无法顺利完成。最后，大家居然荒唐地让大女儿替换小女儿，穿上礼服去大婚了。好在那个时候除了家人和亲信之人以外，谁也不知道谁是谁，就这样，贾南风被轿子抬到了太子宫中。

傻夫丑妻，天生绝配

贾南风比妹妹贾午年长三岁，所以选妃当时贾午十二岁，贾南风已经十五岁。再加上古时候女子早熟，这时候的贾南风已经懂得很多事情。当她入宫见到她的丈夫的时候，她其实非常不喜欢这个傻子的。当然，也许从继承她母亲的秉性来看，她根本没打算把丈夫放在眼里，要好好爱护好好对待。应该说，在她们眼里，丈夫就是用来欺负的。

这个贾南风长得又黑又丑又矮，但是她一点也不因此自卑，反而还高调得很，非常懂得利用她太子妃的身份压迫身边的人。也真是好在太子是个傻子，否则怎么会容忍这个丑女在宫中为所欲为呢！不仅如此，太子对这个大他两岁的太子妃还有几分畏惧，因为但凡他有点让太子妃生气了，贾南风就会对太子大吼大叫，太子就被吓到了，因此他很容易被贾南风操控。

贾南风没把这太子放在眼里，对太子也没什么感情，但是她可不允许太子亲近别的女人。宫中被她打击的人无数，尤其是那些被太子临幸过的。如果哪一位妃子被太子临幸过且怀上皇子的话，这对她不仅不是幸运的事，反而会给她带来巨大的灾难。因为只要贾南风知道，她一定要让这母子不得好下场，经常就是一尸两命。有一次，一位宫女怀了太子的孩子，这孩子都快出生了，但是还是被贾南风知道了。她自己没能给太子生孩子，所以她可能对自己的无能十分恼怒，而这恼怒之情就转移到其他女子的身上。知道这位宫女怀孕了之后，她就派人将这位宫女拉到面前，不由分说就拿起利器直接捅向宫女隆起的大肚子，顿时鲜血如注，一尸两命。旁边的宫女太监们虽然觉得十分残忍，但也不敢说什么，否则自己的下场也是这样啊。宫里的人完全是谈贾色变了。

太子妃贾南风就这样公然将怀有太子孩子的宫女当场戳死，这么大的事件很快就传到了武帝司马炎的耳朵里。司马炎本来对这贾南风就没有什么好感，现如今她居然做出这么恶劣的事情来，司马炎非常生气，他决定要废掉贾南风的太子妃之位，再选一位温柔贤淑的太子妃。

然而荒唐的是，贾南风做下如此缺德恶劣的事，武帝要废黜她，宫中居然有很多人替她求情。首先是她父亲贾充的党羽，一定竭尽全力来保护她，这样也就等于是保护贾充的势力，也就巩固他们自己的利益。再一个就是皇后杨芷。杨芷是武帝司马炎的第二任皇后，她是前任皇后杨艳的堂妹。她之所以能当上皇后，全靠堂姐杨艳在临死前苦苦哀求武帝，武帝才答应的。杨艳临终前叮嘱她当上皇后以后一定要尽全力保护太子和太子妃。为了不辜负堂姐所托，她就在武帝面前尽量替贾南风开脱，说太子妃年纪尚小不懂事，等她长大了自然就知道错了。另外还有一位妃子赵粲，算起来她应该是杨艳的表妹，开始被册封为充华，后来晋封为夫人，她一直追随太子妃贾南风。这时候见贾南风有难，她立马站出来在武帝面前帮她说好话，结果在众人的维护下，武帝又一次软弱了，将贾南风教训了一番就再没追究。

从这之后，皇后杨芷知道再不警示贾南风的话，她也许还会做出更加出格的事情来。所以她就几次三番地警告贾南风要守妇德，不要再闯出大祸。贾南风还真是狗咬吕洞宾不识好人心，她不知道皇后这是在帮她，反而误以为武帝之所以要废她都是这杨芷在背后捣鬼说她坏话所致，这还不止，居然还当面教训她，所以越想心里越气愤，对杨芷也就产生了恨意。

说到家里她那个傻丈夫，常常傻得连她这个丑女都哑口无言。有一次太子和随从们在园里散步，正好是夏天，青蛙出没的季节，所以到处都能听见青蛙呱呱地在叫。太子忽然来了兴致，就开口问了一句，这呱呱叫的青蛙是公还是私？左右面面相觑，这时有个随从就顺着太子的意也白痴地回答了他，青蛙在哪家的地盘上就是哪家的，在公家的就为公，在私人的地方就为私。傻太子这才若有所悟地点了点头表示懂了，旁边的人却被弄得哭笑不得。

再提到当时本来要嫁给太子的贾南风的妹妹贾午，她因为穿不了礼服而没能成为太子妃，但是她却在历史上留下了一段追求爱情的有名故事，她也算是古代少有的几个自主追求爱情的人了。贾家势力很大，所以家里经常搞搞才俊聚会之类的活动，拉拢聚集人才。贾午在家就经常能看到这些人。有一次她在家里发现了一个长得特别俊俏的人，这个人叫韩寿。韩寿是贾充手下党羽之一，长得玉树临风，风流倜傥，贾午第一眼看到他就被他迷住了，从此思念不已。贾午也不是羞怯之人，她看上韩寿以后就主动表白了，尽管这表白词是让贴身丫鬟传达的，因为小姐不能够轻易踏出门户。韩寿听完这表白之后就翻墙进入贾府，开始了两人的幽会。但这事没多久就让贾充知道了，因为他知道她女儿身边有一种很奇特的香味，而这香非常名贵，除了她女儿之外几乎没人再有，所以他就知道韩寿和贾午之间有秘密。经过暗中调查之后，他确定了贾午看上韩寿这件事。当时两个家庭未有任何盟约，男女双方如此幽会是件很丢人的事，所以贾充就当作什么都没发生一样，然后按照正常的礼仪，将女儿许配给了韩寿。

争夺权力，初次出手

武帝司马炎是个很有所作为的皇帝，他对选继承人和选太子妃其实有着比较正确的看法，但是无奈一直被皇后杨艳干扰。杨艳去世以后，武帝对这个太子能否继承大位还是有些犹豫，再加上这个太子妃太过于恶毒，武帝一直有动摇的念头。但是杨艳早就考虑好了这一步，为了保护白痴太子和太子妃的地位，她在临死前还苦苦哀求武帝立她的堂妹为皇后，让堂妹接替她来保护太子夫妻。所以傻太子一直没有被废掉，贾南风也得以保全。

朝廷里虽然有不少只管阿谀奉承的人，但是贤能的人也还是有很多的，这些人为太子感到担忧。因为太子是皇位的继承人，而皇帝是否有能力则关乎国家的前途。这太子傻傻的非常白痴，当了皇帝肯定无法为国家社稷着想，所以众大臣从国家前途出发，就经常委婉地向武帝传达司马衷不适宜太子之位。武帝心里也有自知之明，只是在大臣面前他不能公然承认他的儿子是白痴，但是他心里也在犯嘀咕，毕竟晋朝是由他开疆辟土一手建立的，不想很早就被断送掉。但是朝廷上下经常为这个话题议论纷纷，武帝没法堵住众口，就想出一个方法，一方面也是检验一下太子是否思维正常，另一方面也好堵住众人的议论。这一天，他就出了一些题，让太子作答。但是并不是让太子当面作答，而是将这些试题送到太子府上。为了让众人见识一下太子是智力正常，有能力胜任太子之位的，武帝特意将朝廷中大大小小的官员都邀请来一起摆了一场宴席，众人在吃酒聊天的间隙，太子也有时间作答。

贾南风虽然长得丑，但是脑子还是很好使的。她一见这试题就明白了武帝的用意，心想如果让太子亲自作答那岂不是玩完了，她的太子妃也别想再做了，于是她果断地请人来代太子答完了题目，然后让太子送给武帝。武帝看过太子的答卷以后非常满意，因为从答卷上来看思路和条理都非常清晰，看上去完全没有问题。他兴冲冲地将这些东西交给旁边的卫瓘，让他评定。卫瓘一看非常吃惊，但也说不出什么来，又没有证据指责说这不是太子亲自作答的。但是卫瓘是太子的老师，对于这个学生有个几斤几两他怎么会不清楚呢！但是这答卷确实是没有问题的，卫瓘只好摇头叹息但毫无办法，大臣们也明白了这场宴会实际上是为了说明太子是能胜任太子之任的合适人选，大家都不是糊涂虫，所以日后也再没有人议论这件事了。

虽然在贾南风的安排之下太子总算渡过了这一难关，但是贾南风也受惊不小。她觉得一定是卫瓘等人在背后捣鬼，就是想把太子拉下位来，所以在心里就想着一定要找机会报复这个"老不死"的。

武帝在皇后杨艳去世以后又听从杨艳的话，娶了杨艳的堂妹杨芷，并封她为皇后。杨芷的父亲杨骏本没什么才能，但是借着女儿是皇后，就一步步得以升迁。武帝又觉得杨骏既是岳父，又没什么本事，重用他最好，所以杨骏就逐渐掌握了大权，渐渐将太子妃贾南风也不看在眼里。贾南风本来就误会杨芷在武帝面前说她坏话，再加上杨骏一手遮天，就埋下了贾南风报复杨氏父女的隐患。

武帝去世以后，杨骏为顾命大臣辅佐太子司马衷，司马衷即帝位，贾南风被册封为皇后，杨芷为皇太后。但是这时候的杨骏甚至已经不把皇帝和皇后放在眼里，时常连奏折都不呈给皇帝而是他自己批阅，贾南风早对他恨得牙痒痒。

杨骏在朝廷也越来越嚣张，这引起司马氏几个王爷也很不满。贾南风看出这些王爷也早看不惯杨骏了，于是心生一计。她先派心腹去找汝南王司马亮，司马亮正是由于杨骏的排挤才远离朝廷的，她想利用司马亮与杨骏的矛盾来铲除杨骏。但是司马亮也不是个容易被利用的人，他本身就老奸巨猾，不想被贾南风利用，所以他即使跟杨骏有仇，也不想理贾南风这妇人之辈。贾南风找司马亮不成，转而将目标精准定位到年轻气盛的司马玮身上。司马玮一听这消息就非常振奋，这种美差他很喜欢，立马就摩拳擦掌，带兵赶往洛阳。人手备齐以后，就差一道诏书了。这对于贾南风来说也不是难事，司马衷早就被她操纵，她骗一道诏书不费吹灰之力。很快，贾南风指使李肇等人到惠帝面前诬告杨骏企图谋反，糊里糊涂的司马衷就立刻洛阳全城戒严，司马玮等人分兵驻守，杨骏全府被包围。当时有人建议杨骏突击出去，但是杨骏本人无胆无识，畏畏缩缩，最终被乱箭射死。

当惠帝下旨全城戒严并包围杨骏府的消息传入皇太后杨芷的耳朵时，她心急如焚，只好将一个写有"救太傅者有赏"的布帛用箭射出城外，但又恰恰落入了贾南风之手，于是贾南风趁机污蔑说皇太后与太傅是合谋，正好将皇太后杨芷也铲除掉了。因为贾南风对杨芷充满恨意，所以杨芷死得非常惨，先是被惠帝废为庶人，然后被贾南风关

瓷女俑　西晋

起来，贾南风不给她任何吃食，最终杨芷被活活饿死。

这是贾南风在宫中发动的第一次政变，这次政变取得很大的成绩，几乎一手遮天的杨骏被铲除，皇太后杨芷也被除掉，现在内宫里几乎已经没有贾南风的对手了。

再次出手，八王之乱

上次出手大获全胜，让贾南风尝到了甜头。但是异己势力还没有完全铲除，贾南风还没有完全掌握大权。朝廷中尤其是卫瓘这些人，他们位高权重，深得人心，但是他们又处处公正，为国家社稷着想，并不与贾南风之辈同流合污，贾南风也早看他不爽。

在除掉杨骏之后，被杨骏排挤出朝的司马亮就回到朝中担任太宰的职务，同担任太保的卫瓘一起辅佐惠帝。同时司马玮也得以晋升，成为卫将军，掌握兵权。

司马玮是个刚愎自用、见利忘义的人，同时也很不尊重生命，动不动就杀人。这种人掌握兵权是很危险的事，司马亮和卫瓘两人都很看不惯他。司马玮知道司马亮和卫瓘的心思，就投靠了贾南风。贾南风一看司马玮手握兵权，又可以利用他把卫瓘和司马亮两个重臣给斗下去，又有一计上心头。

贾南风又根据原来的招数，骗惠帝司马衷写下诏书，连个莫须有的罪名都没有就要将司马亮和卫瓘的官职免去。司马亮和卫瓘都不敢相信，自己素来对皇室和国家都忠贞不贰，为何突然会招来杀身之祸？所以坚决地认为他们身清自明，不想反抗也不想辩解什么，当司马玮带兵来抓他们的时候，两个人都不听部下的劝诫，没有任何反抗地就被司马玮抓起来。然而他们哪里明白，这是有人要置他们于死地，完全没有说理之处，也许反抗才有活命的机会。两个老臣在这一夜之间，全部丧命于贾南风和司马玮的刀下。所以说忠者遇贤君则可惜，遇愚君则可悲。

一夜之间除掉两位心腹大患，贾南风觉得很畅快。然而她还是有担心的地方，那就是这个司马玮。司马玮这人容易被利用，但是这人也很奸险，如果任凭他发展壮大下去，将来很难被掌控，反而对自己不利。恰好张华有一条妙计点醒了贾南风，他建议贾南风趁机告发司马玮杀戮，两位大臣一夜之间死于他的刀下，他也无处狡辩。就这样，司马玮正想着可以去邀功的时候接到这样的命令，说他司马玮居然无故杀害两位国家重臣，罪不可恕，罪当处斩，他一下没转过弯来，当即就懵掉了。

就这样，一夜之间，贾南风就将这三个有实力的对手给清除掉了。这之后，朝廷大权就落入到了贾南风手中，但是也正是因为这次政变，直接酿成了八王之乱，为争夺中央政权，司马氏的几个王爷不断内乱，继而引发起各种经济矛盾、民族矛盾、社会矛盾等，晋朝国运逐渐衰败下去。八王之乱一直持续了16年，直到最终司马越夺权才结束，而贾南风自己也死于这场斗争之中。

独掌大权，淫乱后宫

继除掉太傅杨骏，又除掉司马亮、卫瓘以及司马玮等人之后，整个朝廷上几乎再没有人能与贾南风为敌了，贾南风也就一手掌握了大权，可以为所欲为了。惠帝几乎对贾南风言听计从。为了扩展自己的势力，贾南风还大量任用亲族，一时之间朝野里布满了贾家的亲族。

除了权力欲望非常强烈以外，贾南风还是个淫欲非常强烈的女人。可能是因为惠帝司马衷是个白痴，贾南风对他不怎么感兴趣，所以对其他男子就非常有欲望。虽说这个贾南风长相奇丑，但是她却很喜欢美男子。再加上现在手里也有权，就完全可以将这个野心变为现实。

当时有个太医叫程据，他不仅因为医术高明而得以能够出入内宫，而且仪表堂堂。对于在内宫里的女人，平常除了能经常看到皇帝和太监之外，就很难见到别的男人了，所以程据就更加难能可贵，在贾南风眼里也就更加高大帅气了。所以贾南风就对这程据打起了主意，想让这程据伺候她。

程据有太医的身份，可以自由进出后宫，只要贾南风随便装个头疼脑热的就可以传令程据进宫，她就隔三岔五地让程据夜宿宫中，实则是与她同床共枕。至于程据，一方面慑于贾南风的威力，另一方面与贾南风交好则他也有享不完的荣华富贵和锦衣玉食，所以也算乐得效劳。

虽然有一个太医程据可以供贾南风享用，但是她还不满足。为了满足她的淫欲，她公然派自己身边的贴身宫女出宫给她四处寻找美男子，而且很多时候这些美男子被带入宫中的时候根本就不知道是去哪里，去干吗。当这些小美男被贾南风玩腻了之后，她就秘密把这些人给处决掉，否则万一被他们泄密说皇后把他们弄进宫来是当男宠的，岂不是国丑？贾南风虽然敢于做这些丑事，但她还没那么大的胆子公然暴露自己的癖好。所以她虽然给司马衷戴了许多顶绿帽子，司马衷却仍然浑然不知。这也是傻子的好处，从来不会为这种事影响情绪而恼怒。

然而，百密总有一疏。尽管贾南风做得很秘密又处理得很坚决，但还是有一个美男让贾南风非常动心，最后不忍心杀他，把他送出宫了。这小帅哥之前本来是穷困潦倒的一个穷小子，就是长得像女孩一样俊俏。结果就莫名其妙失踪了几天，没有任何人知道他去了哪里，谁能想到他是被抓去伺候当今皇后了呢。但是几天之后，这人又出现了，反而摇身一变成为衣着华丽的一个公子哥儿。正好当时遇到一桩偷窃案，几天都没有侦破，所以就有人怀疑是这个人偷窃。

这小哥见被人抓起来就非常害怕，还没等人逼问就一五一十地把他这几天的遭遇说了一通。但是他仍然不知道他被带去了哪里，是什么人把他带走的，他只能描述出那个让他陪睡的女人。但是这相貌一描述，众官员就知道这人是谁了，长得黑黑矮矮，眉头还有一颗肉瘤，明摆着就是皇后贾南风，所以众人皆掩口而笑，贾南风四处抓取美男子满足性欲的事情也不胫而走。

嫉妒成性，谋害太子

贾南风虽然淫欲很强，但是生子却很少，她只给惠帝司马衷生下一个女儿。没有儿子对于皇后来说是一大憾事，如果皇后贤良，可能还能抚养一个孝顺有能力的养子，或者是另选一个有能力的贤者。而这贾南风恰恰不是贤良之人，她见自己没有儿子就十分嫉妒他人，后宫妃子凡怀有司马衷骨肉的都会遭殃。当贾南风还是太子妃时，残害宫人的名声已经传到武帝司马炎耳中，想废掉她但是没能成功，但从此也知道这个儿媳妇的本性了。所以当太子的妃子谢玖有了太子的骨肉以后，武帝司马炎就将她们母子仔细保护了起来，甚至连司马衷自己都不知道自己已经有了儿子。直到有一天，司马衷和儿子一起玩耍，他还以为这个小男孩是他的一个弟弟，于是同他一起握手。在一旁的父亲司马炎说：这是你的儿子。他才知道原来自己早就有了儿子了。他们父子相认的时候这个孩子司马遹已经有好几岁了。

因为太子的痴傻，司马炎心里其实不是十分舒畅的，但是这个小孙子却让他觉得有些弥补，因为司马遹虽小小年纪，但是非常聪明可人，而且也非常懂得疼惜祖父。《晋书》记载，在司马遹五岁的时候，有一次皇宫里有个地方失火了，司马炎就带着小孙子登上城楼观看火势。但是上了城楼以后，司马遹一直用小手拽着祖父的衣角，直把他拉到火光照不到的暗处。司马炎很不解，他一本正经地解释说，这黑天瞎火的突然皇城失火，非常不吉利，所以不能让这火光照到身为皇上的您。

司马炎对孙子的表现很是惊奇，没想到他这么小就这么懂事，他就把发扬家业的大任寄托在了这个孙子身上。

公元290年，武帝司马炎去世，太子司马衷即位，是为晋惠帝，立司马遹为太子。贾南风对这个太子分外眼红，这孩子这么小就这么聪明伶俐，将来肯定不会听从她的管教，所以她从一开始就想将太子废掉。

司马遹年龄虽小，但是心里也有数。不过毕竟是小孩子，不会想到太长远。再加上当时他也就十二三岁的年纪，正好贪玩，贾南风安插几个亲信在太子身边，专门教太子不学好只学坏，每天纵情享乐。司马遹很热衷于买卖之事，很喜欢假扮商人，他的外祖父就是一个屠夫，以杀羊为生，所以他也从外祖父那里学得一身的好本领，拿起猪肉用手掂一掂就能分毫不差地说出斤两，所以他在宫里也弄了一个集市，可以进行买卖，他在这集市上玩得不亦乐乎，却不料危机正在一步步逼近他。

他原本可能觉得只要不思政事，并且保持对皇后敬重，皇后就不会加害于他。他哪里料到皇后是只有将所有眼中钉都赶尽杀绝了才放心的人。如今他每日只顾玩耍和享乐，恰好给了皇后废掉他的理由。

这天皇后贾南风又设了一个计谋来陷害太子。她先让下人传话给太子说皇后召见。司马遹对贾南风很畏惧，不敢不去。但是当他到了之后，贾南风并不露面，只是拿了酒让司马遹喝。司马遹酒量不行，但是皇后的命令又不得不喝，结果他强忍着将酒灌下肚子立刻就晕乎乎神志不清了。

贾南风趁这个时候，让手下的爪牙拿出事先写好的文字让司马遹照着抄写一遍。这时候的司马遹早就找不着北了，让他抄写什么就写什么，自己完全不知道在干什么，笔画还写得歪歪斜斜。尽管笔画这么可疑，不像是正常状态所为，但毕竟是司马遹亲笔所写。而抄写的内容大意是逼迫父皇司马衷和皇后贾南风退位自杀。司马衷哪里分得清真假，只知道太子居然这么大逆不道，居然逼迫他自杀！贾南风就在惠帝面前继续大说坏话，说这样论罪当处斩。但是大臣们还是觉得事有蹊跷，应当查明。并且废太子这事一定要慎重，否则会动摇国家社稷。因为来自大臣的阻力，贾南风最终松口，只让惠帝将司马遹贬为庶人，逐出皇宫。

司马遹很落魄地来到宫外，远离宫城。但是贾南风还是放心不下，觉得不够安心，又派她的情人太医程据给司马遹配制巴豆杏仁毒药，想毒死司马遹。但是司马遹小心谨慎，坚决不吃药。当时贾南风的一个爪牙孙虑见迟迟不能下手，竟然直接将司马遹打死。可怜的司马遹死的时候年仅十三岁，后被称为愍怀太子，贾南风一个四十来岁的丑女人居然对他下如此毒手。

害人害己，善恶有报

正所谓善有善报，恶有恶报，不是不报，时候未到。贾南风的结局也许并不能扯上善恶相报的关系，但是每一个物种都有个克星还是不假的。正当贾南风在宫中一手遮天十分嚣张的时候，早有人看不惯专制的贾后，想要密谋废掉她了。

贾南风害死太子以后引起民愤，早就一直在争夺权力的八王之一赵王司马伦见时机成熟，就联合了齐王司马冏和梁王司马彤等人一起起兵讨伐贾南风。当齐王司马冏进入内宫将贾南风羁押的时候，贾南风还厉声问他干什么，凭什么。司马冏也毫不惧怕地说来了就是为了抓你的。贾南风还想拼死反抗，还想让惠帝司马衷救她，她不知道惠帝早就被赵王等人控制了。

就这样，嚣张一世的贾南风被废为庶人，还关进了专门关押罪妇的冷宫金墉城。即使被废，司马伦等人还是容不下她，不久以后赐给她毒酒，了结了她罪恶的一生。

话说天下大事，分久必合，合久必分，贾南风被除掉以后，西晋王朝的八王之乱也进入高潮，西晋司马氏家族内部起了政权纷争，直接导致西晋走向衰落，刚刚统一不久的中原又陷入分裂之中。

羊献容　西晋惠帝司马衷皇后

□ **档案：**

姓　名：羊献容
生卒年：？ ～322 年
籍　贯：泰山南城
婚　配：西晋惠帝司马衷、前赵皇帝刘曜
封　号：皇后
谥　号：献文

羊献容，西晋惠帝司马衷的第二任皇后，前赵皇帝刘曜皇后，她是历史上的一朵奇葩，一个成为两国皇后的女人。但是她的前半生虽是皇后，却过的是朝不保夕的生活，几经废立，受尽屈辱。直到最后一次被刘曜立为皇后，且被刘曜一直宠爱，才过上富裕安定的生活。死后谥号为献文皇后。

被推上亡国暗主的皇后之位

羊献容，出生于泰山南城。父亲羊玄之，为晋朝尚书郎。西晋是历史上一个短命的王朝，武帝司马炎统一三国的分裂局面建立西晋以后，意欲大展拳脚，建立一个疆土辽阔的大国。然而遗憾的是，他的皇后杨艳却生了一个白痴儿子司马衷。由于长子早夭，按嫡长子继承制太子之位就落到司马衷的身上。为国家社稷着想，贤明的满朝文武都觉得司马衷不适合继承太子之位，然而武帝因为过于宠爱杨皇后，面对杨皇后的坚持，武帝在立储这件事上妥协了，按照立长不立贤的原则维护了傻儿子司马衷的太子之位。

因为太子是白痴，所以本应该选择一位更加贤淑的太子妃才对，然而又因为杨艳受到贾南风母亲的贿赂，坚持选择了又黑又丑、嫉妒心超强的贾南风为太子妃，结果造成了贾南风专政的局面。

对于贾南风的专政，司马家的王爷早就看不惯了，于是在贾南风害死愍怀太子之后，赵王司马伦就起兵而将贾南风杀之。

贾南风被杀之后，皇后位就空缺，需要找一个人填补空缺的皇后之位。这个时候已经换由司马伦掌权，惠帝司马衷完全由司马伦掌控，所以选择谁为皇后就由司马伦说了算。司马伦在选皇后的时候很是费了一番心思，因为这皇后选得好与坏，与成就他自己的野心也是很有关系的，一定要选一个能被他控制、听他话的人。这时候平南将军孙旂的外甥女羊献容就落入司马伦的眼中，孙旂的四个儿子都投靠了司马伦，而且这孙家与司马伦的亲信孙秀还是走得非常近的本家，选羊献容对司马伦来说是有百利而无一害。对于惠帝来说，这个皇后虽然是他自己的，但又与他关系不是非常大，因为他完全被司马伦所掌控，一切得听司马伦的安排。但是不管怎样，这羊献容相对于他的前任皇后贾南风来说，已经是貌若天仙美如天使了，也没什么可疑议的。羊献容本身，也许她并不愿意在这个风雨飘摇的时候嫁给这个白痴皇帝，但是她有什么办法呢？作为一个女子，她只能听从家人的安排。而父亲羊玄之有这样可以发达的机会早就是求之不得的，当然会举双手赞成。

于是，在这样比较特殊的情况下，年轻貌美的羊献容就被推到了万众瞩目的皇后之位。但是她这个皇后，注定是不平凡的，在大婚当天就发生了意想不到的事情。

尽管这时候西晋王朝已经风雨飘摇了，但是惠帝的迎亲队伍还是很壮观的。一行人锣鼓喧天抬着大轿子就来到了羊家的门前。羊献容穿着雍容华贵的大婚礼服走出闺阁，准备上轿。然而，这时候不知道从哪里带来了火星儿，沾到了准备出嫁的羊献容的礼服上，瞬间礼服就着火了，只剩下一件焦衣。幸好身边的侍女发现得早，大火只是毁了礼服，而没有伤到羊献容，婚礼仍然得以继续进行。羊献容就此成为白痴皇帝司马衷的第二任皇后。

乱世中浮沉，四废五立

羊献容虽然贵为皇后，但是并没过上什么好日子。一来她的夫君司马衷连个正常人都算不上，脑子不好使，所以一直被别人控制。另一层面来讲，这个司马衷除了只知道吃喝玩乐之外什么都不懂，所以肯定不指望他有什么气质和才华可言，身材估计长得也如同肥猪一样，所以每天面对这样一个丈夫，本身就是一件痛苦的事。

宫中是个特殊的地方，很多女人都只带着名号却没有夫妻生活，所以假使说可以不考虑夫君的情况，也还有锦衣玉食，权势财力。然而这个时候的晋朝后宫，又得另当别论了。此时朝廷大权被赵王司马伦所掌控，司马衷这个傀儡皇帝说话也没有任何分量，所以这个皇后也没有什么实力可言。而且，苦难很快就开始了。

羊献容刚做皇后不到一年的时间，司马伦对于间接掌控权力已经不耐烦了，他要自己亲自登上皇位才过瘾。在权势面前，他们全然不管什么叔叔侄子或者兄弟之情，只要杀死对方夺到权力就行。于是司马伦就让他的得力助手孙秀表演了一场起兵的事件，借机把司马衷和皇后羊献容送到了晋朝建起来为囚禁犯罪之人的金墉城，自己跑去登上皇帝的宝座，当起了皇帝。惠帝被废，羊献容这个皇后也做不成，反而被囚禁在冷宫之中。

但是这一次被废却并不是终结，接二连三的打击和屈辱随之而来。面对司马伦独霸大权，其他王爷又看不惯，司马颖和司马冏等人又起兵反对司马伦，结果司马伦战败被杀，司马颖和司马冏掌权，惠帝和皇后又被迎回。司马冏掌握大权之后又开始嚣张了，河间王司马颙又起兵反抗司马冏，长沙王司马乂表示支持，二王联合又将齐王司马冏绞杀。如此几次三番，最终司马颖夺权，因为羊献容这个皇后是司马伦所立，所以算是司马伦的人，尽管羊献容本身可以是没有任何烙印的一个工具，她其实没想为任何人服务，但是司马颖不可能容忍得下她，于是将她的皇后之位废掉，她被贬为庶人。

但是争权还没有完，羊献容的故事也还没有终结。东海王司马越此时又起来反对司马颖，因为司马颖的根据地不在洛阳而在成都，司马越得以再次恢复羊献容的皇后之位，以此来宣示他的威力。司马颖闻讯又率兵赶来，司马氏之间继续内斗，结果趁这空隙，司马颙的前锋张方径自进入洛阳，又将刚刚恢复皇后之位的羊献容给废掉。张方废掉皇后以后，还将惠帝和司马颖都抓了起来，因为张方是司马颙的部下，所以惠帝和司马颖都落入了司马颙的手中，司马颖被处决，但是无能的惠帝还是一块可以利用的招牌，被司马颙留了下来。考虑到稳定局面的需要，司马颙又迎回了惠帝和羊皇后，但是这个时候都城已经又从洛阳迁到了长安。

张方是司马颙手下大将，屡次立功，所以权势很大，接下来张方居然连续两次将羊皇后给废为庶人，无论如何都看不惯她占据皇后之位，也许是张方天生就和羊献容有仇，因而羊献容总共被废了四次。这之后司马颙想将羊献容赐死，他觉得羊献容是个不祥之人。但是羊献容被刘暾等人保护，得以大难不死。

绝望中的转折，终收获乱世情缘

这时候的晋朝随着贾南风专政，以及经过十多年的八王之乱以后，国家已经千疮百孔，各种矛盾激发，少数民族开始起兵。

北方比较强大的匈奴族就趁此机会，一举攻打到中原，而且很快就攻占了长安。当时匈奴部族的单于叫刘渊，匈奴部族因为与汉室和亲的原因而与汉朝结下渊源，刘渊称自己是刘备的后人，自称汉帝，建立了政权。刘渊有个很厉害的侄子刘曜，他虽是匈奴人，但早就熟悉了汉族文化，已经脱离野蛮的部族文化，是一个有勇有谋的人。就是他率兵攻入洛阳，然后直入后宫，将被丢到一旁的羊献容给带走了。

带走羊献容之后，他发现这个女子非常有美貌，于是将她留在了身边，并立为王妃。

后来刘曜建立了赵国，历史上称其为前赵，他就是前赵的开国之君，羊献容受到他特别的宠爱，又得以封为皇后之位。

这时候的羊献容就像是做梦一样，历经磨难，如今能得到这样的优待。曾经因为家族想依附司马伦争夺权势而被利用，嫁给白痴丈夫，又被众多王爷和武将当作物品一样时而被废时而又立，过着朝不保夕担惊受怕的日子。如今能跟从一个高大帅气有勇有谋的丈夫，还如此宠爱自己，成为真正有尊严的一国之后受万人崇拜尊敬，羊献容忍不住泪花闪闪。

羊献容从此告别了担惊受怕的日子，为刘曜一气生下了两个儿子，过上了美满幸福的生活。

谢玖　西晋惠帝司马衷夫人

□ **档案：**

姓　名：谢玖
生卒年：？ ～299 年
籍　贯：不详
婚　配：西晋惠帝司马衷
封　号：夫人

谢玖，西晋惠帝司马衷的夫人。谢玖出身低微，她父亲是一名屠夫，做买卖羊肉的生意。但是谢玖却天生丽质，在武帝广选妃嫔时被选入宫中，还封其为才人，并得到武帝的临幸。

武帝司马炎的皇后杨艳生有三个儿子，大儿子不幸早早夭折，次子司马衷是个白痴，但是长子夭折后次子就是实际上的长子，按照嫡长子继承的制度，武帝和皇后就选取了这个白痴儿子为太子。司马炎和皇后杨艳深知这个儿子天生就如此，所以当他到适婚年龄的时候，他们担心他不懂得男女之事，武帝觉得有必要派一个年长的宫人去教会太子，于是谢玖就被派去侍奉太子，教他练习男女之事。

谢玖到太子身边以后，不久就怀上了孩子。武帝和皇后知道这件事以后非常高兴，于是赶紧张罗着给太子选娶太子妃。

司马衷白痴到什么程度呢，直到谢玖生下这个孩子，取名为司马遹，一直长到可以自己玩耍了，司马衷还不知道自己有了儿子。这一天司马衷到司马炎身边，同他的兄弟们一一问好，走到司马遹身边的时候父亲司马炎才告诉他这位不是他的兄弟，而是他的儿子，他才知道原来他已经有儿子了。这个儿子同司马衷非常不一样，他聪明伶俐，人虽小但非常懂事明理。

据说在司马遹还是五岁的时候，有一天皇城中有一处起火了，武帝于是带着孙子一起登上城楼观察火情。没想到这个小孙子拉着祖父的手说，城中突然失火怕是不吉利，爷爷最好不要露面为好，怕火光照到爷爷带来灾祸，说着就拉司马炎躲避到暗处。司马炎很惊奇，没想到他的傻儿子居然生出这么个智慧超群的孙子来，于是对这个孙子百般疼爱和保护。

酒具　西晋

但是在选太子妃的时候，由于贾南风的母亲贿赂皇后杨艳，杨艳一直左右武帝要选贾家的女儿贾南风为太子妃。这贾南风不仅长得丑，还生性嫉妒。她入宫以后，对凡是对自己不利的人都大加打击，因为她自己没有生儿子，凡是怀有太子孩子的宫人，都一定逃不过她的毒手。谢玖不仅为太子生下了儿子，这个儿子还那么聪明，她就将他视为眼中钉，对谢玖的这个儿子一直虎视眈眈，要找机会除掉他。

司马炎去世以后，司马衷即位，是为西晋惠帝，贾南风被立为皇后，司马遹被立为太子。贾南风害怕太子以后会对她形成威胁，所以一直想要谋害太子，还不允许太子与他的母亲谢玖相见。太子司马遹那时候虽然年幼，但是他已经感觉到皇后对他心有不轨。但是他想，他也不需要巴结贿赂皇后，只要自己装得笨一点，每天过得糊涂一点，不要表现得很有能力很积极进取的样子，应该就不会让皇后感觉到他会威胁她，从此也应该会放松对他的警惕，至少不会加害于他。于是，从此以后他就尽量沉迷于玩乐，不学习，也不做正事，但是贾南风却一直不甘心，一定要置他于死地。

公元 299 年，贾南风见时机成熟，于是将太子骗去用酒灌醉，然后让司马遹在酒醉失去意志的情形下抄写她事先准备好的材料，内容是太子和母亲合谋想要谋害皇上司马衷和皇后贾南风，司马衷那个白痴只知道儿子要谋害自己，哪里能思考事情是否蹊跷，在贾南风的煽风点火之下，司马衷将太子废为庶人。但是贾南风仍然不放心，还是派人将司马遹杀死，司马遹的母亲谢玖也没逃过贾南风的毒手，最后被毒打致死。

直到永康初年，司马遹才得以平反，以太子的身份得到改葬，谢玖也与儿子合葬在一起，并且得以追赠夫人之称。

东 晋

虞孟母　东晋元帝司马睿皇后

□ **档案：**

姓　名：虞孟母
生卒年：公元 278~312 年
籍　贯：济南黄外
婚　配：东晋元帝司马睿
封　号：皇后
追　谥：元敬皇后

虞孟母，东晋元帝司马睿的结发之妻，后来被司马睿追谥为皇后，但是她生前并没有皇后的封号，司马睿是在她去世以后才成为皇帝的。虞孟母家里也算是名士之家，可谓书香门第，她的父亲虞豫在年轻的时候就美名远扬了，后来州郡想聘他为官，但他没有从命，最后就任一个南阳王文学的官职，不过他福气不大，很早就去世了。

虞孟母从小受到父亲的熏染，也知书达理，尤其是生得端庄美丽，深得司马睿的宠爱。司马睿世袭琅琊王，他也是司马懿的后代，但是却并不是嫡长子的血脉延续下来的，所以地位比嫡长子们的世袭地位要低，他因此也很低调，不参与激烈的政权纷争，结果得以保全他自己的实力。

虞氏嫁给司马睿以后，夫妻感情特别好，司马睿一直非常宠爱她。但是事情总是有所缺陷，尽管司马睿十分宠爱虞王妃，结婚多年却一直没有生子。不过即使没有儿子，这也没有影响司马睿对她的宠爱，他把其他宫人所生的孩子交给虞夫人抚养。可是虞孟母却显示出了小家子气，司马睿有一个宫人荀氏，她为司马睿生了两个儿子，大儿子司马绍就是荀氏所生。所以尽管孩子是交给虞孟母抚养，荀氏也仍然地位卑微，并且对虞孟母一直忍气吞声，虞孟母却还是常忍不住欺负她，嫉妒她能生儿子。不仅如此，她还常常在司马睿面前说荀氏的坏话，导致司马睿对荀氏逐渐厌烦，很少理她。

公元 312 年，年仅三十五岁的虞氏病逝，司马睿心痛不已。但是人死不能复生，再怎么思念都不能再将她复活，这是必须接受的事实。不过虞孟母虽然已经人不在了，但她始终在司马睿的心里，这也是虞孟母的强大之处。虞孟母是司马睿的原配夫人，所以是琅琊王司马睿府上的女主人。如今女主人不在了，他必须要找一个新的人选来补上，料理全府上下的内部事务。但是因为虞孟母生前对他的其他妃子和妾都有不满，司马睿打算重新在外面找一个可以主事的人，于是选择了寡妇郑阿春。

郑阿春让司马睿很满意，但她也仍然没能够占据虞孟母在他心里的地位。司马睿称帝以后，追封虞孟母为皇后，上谥号为"元敬皇后"，郑阿春为夫人。终其一生，郑阿春都没能取代虞孟母在司马睿心中的核心地位。虞孟母对于司马睿来说，实在是太有魅力了。

郑阿春　东晋元帝司马睿夫人

□ 档案：

姓　　名：郑阿春
生卒年：?　~326年
籍　　贯：河南荥阳
婚　　配：东晋元帝司马睿
封　　号：夫人
追　　尊：简文太后

郑阿春，东晋元帝司马睿的夫人，河南荥阳人。在嫁给司马睿之前，郑阿春其实已经嫁过人，但丈夫早逝，她是带着一个孩子的寡妇，因为人气度和举止非常好，被司马睿选为续弦夫人。司马睿登基以后封其为夫人，虽没封后，但是对她很是宠爱，得以过完幸福的一生。

父亲早逝独撑家

郑阿春出生于一个太守之家，父亲郑恺是一个很小的地方太守，所以家道并不是很发达。早年的郑阿春也很不幸，父亲很早就去世了，她无兄也无弟，只有三个妹妹，父亲去世以后一个可以支撑家庭的男丁都没有了，作为家里的长女，支撑家庭的重任就只能落到她的肩头。而作为一个女子，最好的选择就是嫁人，然后借助夫家的力量解决娘家的困难。在这种情况下，她草草地选择了一个人家，匆匆地嫁为人妻了。

那个时候可能并不太在乎爱情，只要觉得门当户对或者能够帮扶一下苦难的家就可以，所以选婿条件可能真的简单到三个基本条件：一、人。二、男的。三、活的。所以她的第一任丈夫田某就符合条件，两家结合。但是好景不长，郑阿春为田家生下一个儿子后，丈夫就去世了。这时候郑阿春不仅没有男人的帮扶，反而还是一个带着孩子的寡妇，娘家里还有一个老母亲和三个没有出嫁的妹妹，生活的艰难可想而知，已经无以为生计了。这个时候她已经别无选择，只能走最后一条路，寄人篱下，带领家人投奔舅舅家。

郑阿春的舅舅吴氏是濮阳士族，家境不是很差，但也不是很显贵。舅舅家还有一个表妹吴氏，长得年轻貌美。郑阿春一家住在舅舅家里也还算过得和谐，日子波澜不惊。

然而这时候琅琊王司马睿家里发生了一件事，他非常宠爱的原配夫人虞王妃不幸病逝，司马睿非常重情谊，同王妃的感情非常好，所以对于王妃的逝世非常悲痛。虞孟母生前与他的其他妃妾不和，由于司马睿的感情一直偏向虞孟母，所以在夫人去世以后，他决定再不理府中的其他妃妾。但是他也是王侯之家，家业庞大，需要有一个夫人主持家事，所以他决定要重新在外选一个适当的人选续为夫人。就这样，他看中了年轻貌美的吴氏女，也就是郑阿春舅舅家的表妹。

郑阿春舅舅家见有人提亲，而且这个人居然是琅琊王，这对于他一个小小士族的家庭来说是多么荣幸啊！至于女儿嫁过去是为妻为妾这都不要紧，古时候哪里有多少人顾虑女儿是否能嫁给一个疼惜自己的人呢，最重要的是家庭要好。所以这琅琊王司马睿虽然是娶续弦，但是他这身份对于吴氏家里来说已经无可挑剔，反而是吴家高攀了才是。

接到提亲以后，吴家就热热闹闹地张罗开了，要帮小姐弄一个热烈宏大的婚礼。因为这个表妹还待字闺中，总要了解一些为人妻子的事宜，正好表姐郑阿春有过结婚的经历，于是教导表妹的重任就落到了郑阿春的头上，她每天和表妹在一起，详细地给她讲述各种礼仪和应该遵守的规矩。

出人意料嫁王侯

正当表妹吴氏学得不亦乐乎，郑阿春也教得不亦乐乎的时候，这一天她们突然在游园时偶遇了司马睿的一个部下。这个部下观察了一下后觉得，表妹虽然年轻貌美，但是琅琊王更需要一个能够主持家务的人，这样一来表姐郑阿春应该是更合适的人选。回去后他就把自己的看法向琅琊王叙说了一遍，琅琊王觉得有理，就听从了这位部下的建议。

但是琅琊王改变主意的事情却没有事先向吴氏家里说明，一直到结婚这天，琅琊王派人带着聘礼去吴氏家里，郑阿春的舅舅和舅母还兴致勃勃地准备热闹地嫁女儿，谁知道来人却没有理会吴小姐，而是直接将郑阿春给带走了。所有人都被这突如其来的变化弄得目瞪口呆，作为当事人的郑阿春更是惊愕不已！她哪里料到这种事会发生在自己头上呢？她可是从来没有想到带着一个拖油瓶的寡妇还能嫁给位尊的琅琊王啊！可是来人确实是来迎接她的，舅舅一家即使非常不高兴，但是也不敢违抗琅琊王的意思。就这样，在一片惊愕声中，郑阿春被轿子抬到了琅琊王司马睿的府上。

郑阿春因为从小就支撑自己的家，所以非常通情达理，主持家事的能力非常好，全家相处得也很和谐，所以很受司马睿的宠爱，深感他娶对了人。但是司马睿心中最重要的仍然是原配夫人虞孟母，这地位是任何人都取代不了的，郑阿春在琅琊王府上虽然是家里内部主事的角色，但是对外仍然是一个妾的身份。司马睿尽管在各方面都可以对她很好，但是在这一点上无法弥补她。郑阿春也没太大的非分之想，但是确实心头有些焦急。司马睿很懂得体谅人，见郑阿春似乎眉头紧锁，就问她是什么原因，遇到什么难事了。于是郑阿春就一五一十地说出她焦虑的事情。原来她是家里的大姐，一直要照顾妹妹们。现在她的三个妹妹当中，大妹子已经嫁人，但是还有两个妹妹在家中仍未有人上门提亲，她害怕是因为她这个大姐为人妾，所以导致再没人愿意娶她的妹妹了。司马睿一听，这事好办，他来解决。于是叫来散骑常侍刘隗，把这个为夫人的妹妹寻找佳偶的光荣任务交给了他，还嘱咐他一定要办得漂亮。刘隗得令就立刻下去把这事办得妥妥的，郑阿春的两个妹妹风风光光地嫁出去了，郑阿春紧锁的眉头也舒展开了。

公元316年，匈奴部族的刘曜围攻长安，晋愍帝投降，短暂的西晋王朝也就随之灭亡了。琅琊王司马睿是司马懿的曾孙，他于公元317年在南京即位，建立东晋。一年以后西晋愍帝被杀，司马睿在众人的拥戴下正式称帝，史称晋元帝。郑阿春也随之被封为夫人，但是皇后之位仍然是虞孟母的，司马睿追封虞孟母为"元敬皇后"，并且此后一直都没有册立皇后。郑阿春虽得不到皇后的名分，但是在宫中主持内宫事务，并且元帝吩咐所有人都必须听从郑阿春，太子都不例外，所以她在事实上是享受的皇后的待遇。

儿孙满堂身后敬

元帝虽然开创了东晋，但是局势也不太平，后来发生了王敦叛乱等事情，最终元帝司马睿在十分忧虑的情况下生病不治，在公元323年去世。司马睿去世以后，由长子司马绍继承帝位，他对郑阿春还是很敬重，封其为"建平国夫人"。她的亲生儿子对她更是孝顺，在司马昱还是会稽王的时候就尊其为"会稽太妃"，因为郑阿春于公元326年已经去世，后来司马昱在临终时仍然不忘吩咐自己的儿子要祭祀祖母。受到父亲的教诲，郑阿春的孙子司马曜仍然对祖母念念不忘，当司马曜称帝后，他更是追尊祖母为"简文太后"，郑阿春也终于得到了太后的称号。

庾文君　东晋明帝司马绍皇后

□ **档案：**

姓　名： 庾文君
生卒年： 公元 299~330 年
籍　贯： 颍川鄢陵
婚　配： 东晋明帝司马绍
封　号： 皇后
谥　号： 明穆

庾文君，颍川鄢陵人，东晋明帝司马绍的皇后。庾文君姿色很美，且性格非常好，温柔仁慈。元帝司马睿听闻庾文君个性这么好，就做主将她选为太子司马绍的妃子，立为太子妃。

公元321年，庾文君为太子生下儿子司马衍。第二年，元帝去世，太子司马绍即帝位，是为明帝，再二年册封庾文君为皇后，其父亲和母亲都得到册封，父亲为车骑将军，母亲为安阳县君。

司马绍在位时间很短，公元325年就去世了，也就是说他只当了三年左右的皇帝，庾文君则只当了两年左右时间的皇后。明帝去世以后，太子司马衍即位，是为成帝，尊生母庾文君为皇太后。

因为成帝司马衍当时年纪太小，是个刚刚五岁的小儿，所以皇太后庾文君就临朝辅政。皇太后毕竟是一个妇道人家，要治理国家必须借助于得力大臣的帮助，所以庾文君就起用哥哥庾亮。

庾亮也是江南名士，他虽为掌权的外戚，但是很有节气，一直忠心辅政。忠心正直者总难免办事公道，办事公道则会损害某些人的利益，所以很多时候他也并不被朝臣所理解，被大家认为是一个不合群，为自己谋利的人。

公元328年，苏峻、祖约叛变，率兵攻入当时的都城建康，后来庾太后也忧愤而死，时年三十一岁。

杜陵阳　东晋成帝司马衍皇后

□ 档案：

姓　名： 杜陵阳
生卒年： 公元 321-341 年
籍　贯： 京兆（今陕西西安）
婚　配： 东晋成帝司马衍
封　号： 皇后
谥　号： 成恭

杜陵阳，京兆人，东晋成帝司马衍的皇后。杜陵阳的父亲杜乂性格温和，长得非常俊俏，是个很有名的美男子。他与杜陵阳的母亲裴穆结婚以后，只生了一个孩子杜陵阳，是个女儿。这杜陵阳完全遗传到了父亲的优点，长得非常美，皮肤白白嫩嫩，水水灵灵的。但美中不足的是，杜陵阳各方面条件都很优越，唯独却一直不生牙齿，由于这个缺陷，即使有很多人很爱慕她的美貌，却也没人敢上门求亲。

然而，也许是她天生就是后妃之命，成帝司马衍不计较她没有牙齿，要迎娶她入宫。也就在成帝做好这个决定之后，杜姑娘的牙齿也奇迹般地长出来了，好像是天作之合，就等着成帝决定娶她这一刻一样。

由于牙齿也长起来了，杜陵阳嫁给成帝的时候就是十分完美的一个美人，婚后两人感情也特别好，成帝对她非常宠爱，册封她为皇后。两人原本就年龄一样，又有很多的共同点，在一起的生活十分和谐。

仍然有所美中不足的是，杜陵阳入宫好几年却一直没有生孩子。杜陵阳年纪也不大，入宫时约十六岁，一直到她死的时候是二十岁，其实生子的机会还很大。但是她同她父亲一样，命薄，二十岁那年就去世了。

杜陵阳去世以后，成帝十分悲痛，给她上谥号为"成恭皇后"。

褚蒜子　东晋康帝司马岳皇后

□ **档案：**

姓　　名：褚蒜子
生卒年：公元 324~384 年
籍　　贯：河南阳翟
婚　　配：东晋康帝司马岳
封　　号：皇后
谥　　号：康献

褚蒜子，东晋康帝司马岳的皇后，河南阳翟人。褚蒜子出身于官宦世家，爷爷褚洽官至武昌太守，父亲褚裒也官至兖州刺史。所以褚蒜子不仅有机会受到良好的教养，也有很多的机会增长见识，很小的时候她就已经非常聪明且见识过人了。又因为家世好，被选为琅琊王妃。琅琊王司马岳是司马衍的弟弟，司马衍去世以后，因为儿子年纪太小，所以由弟弟司马岳继承皇位，褚蒜子也因而被册封为皇后。但是司马岳当了两年的皇帝就去世了，接下来褚蒜子一路扶持了六位皇帝，曾经三次临朝，完全可以称之为女政治家。

聪慧美貌入琅琊王府

褚蒜子，家世非常好，祖父和父亲都是在朝为官之人，褚蒜子也因此受到非常良好的教育。褚蒜子的名声传入皇室，成帝司马衍觉得这个女子非常好，就替弟弟司马岳做主，将她讨为琅琊王司马岳的王妃。

成帝司马衍在二十一岁的时候就病逝了，去世的时候他的儿子还小，都只有几岁的样子，无法上朝理政，因此由司马衍的弟弟琅琊王司马岳继承帝位，是为康帝。司马岳即位以后，册封褚蒜子为皇后。褚蒜子和司马岳只生了一个儿子，就是司马聃，司马聃被立为太子。

司马岳在皇帝位上只有两年，然后就追随他的哥哥司马衍而去了，年轻的褚蒜子就成了寡妇。这一年，褚蒜子才刚刚二十岁。

年幼的太子司马聃才两岁，但是没有办法，必须将他推上帝位。

身不由己的三次垂帘

公元 344 年，两岁的司马聃登基即位，是为晋穆帝。由于穆帝年龄太小，无法亲政，朝臣一致推荐皇太后褚蒜子临朝辅政。根据后来每次临朝辅政，当皇帝到了成年的年纪褚蒜子就立刻归政来看，她其实不是那种自己有掌权野心的人，所以临朝执政完全是形势所迫，被逼而为的，也许她自己是更想过一些比较简单清净的生活。

但是既然被推上这个位置，在其位就要谋其政，褚太后非常体恤民生，曾下诏要减轻赋税，照顾百姓生活。只是国家在那个时候也是处于危难之中，内部矛盾不断，外族侵犯也时有发生，内外交困的情况下即使太后有心抚恤百姓，也没有什么能力拿出物质来支持。

　　这个时候大将桓温的势力越来越大，他是一个很有能力也很有野心的人。他从小就结交名流，人际交往非常广泛，因此仕途也很顺利。他先是因为除掉四川的"成汉"政权为自己打下基础，后来又陆续平定了前秦、姚襄、前燕等北方小政权，在朝廷中的地位就更加坚固，从而也开始暴露他的野心，一心想要自己独揽大权。

　　朝廷大臣和褚太后都对桓温的野心十分明了，但是他势力庞大实力雄厚，太后常常迫于他的威力而不得不屈服。褚蒜子在太后辅政的位置上倍加煎熬，因为她虽然是有权辅政者，但凡事都得从大处着想，要顾及大多数人的利益。然而朝廷上辅政大臣们有自己的心思，桓温这种野心家也有他自己的心思，太后即使全都心知肚明，但也得两面受气，还必须得忍，肩上的担子非常沉重。

　　但是尽管如此，她仍然没有大量发展她的外戚势力。从她当皇后的时候开始，就一直很注意克制外戚的势力，从来没有委任亲族大权。她的父亲褚裒是有战功之人，当年曾平定了苏峻之乱，确实是很有能力，并非一个庸人。但是他不仅能力好，品行也非常好，并不会因为女儿是皇后、皇太后就想夺取更大的权力。相反，当褚蒜子被立为皇后以后，康帝曾想让他出任侍中和尚书等职，但是他觉得在朝中为官不好，主动远离朝廷，到地方上去任职。直到褚蒜子当上太后且要辅政，这时候她面临朝野上下那么大的压力，却也没有主动想到说把父亲调到身边来帮助她，因为外戚被委以重要职位是很犯忌的大事。但是朝廷中有人上奏应当将褚裒重用，他有能力有节操，要让他参与朝政。褚裒自己却再三推辞，最后实在无法推辞才出任了官职。他虽然是太后的父亲，但与太后相处的时候仍然以臣子的身份面对，只有在家里而且是太后因为省亲回家的时候，才以父亲相称。因为褚裒父女深明大义，所以东晋当时状况那么糟糕，却始终没有发生外戚专权的混乱局面，他们父女二人也倍加受到朝廷上下的敬重。

　　就这样在巨大的压力下，褚太后坚持朝政十多年，国家局面取得一定的稳定。到晋穆帝司马聃十四岁的时候，在那个时候十四岁已经相当于大人了，可以自己负责自己的行为，所以褚太后就立即将政权还给皇帝，让他自己亲政，而太后对政权则一点留恋的野心都没有。她想着，终于可以撒手不管，过几天不用操心的日子了。

　　然而，这种清心的日子没过多久，晋穆帝司马聃亲政后没两年就病逝了。司马聃去世的时候才十九岁，没什么后代可言。没办法，刚刚退居幕后的褚蒜子太后又必须出面，因为她代表的是皇家的身份，下一位继承人需要由她出面选择。这时候她选择了晋成帝司马衍的大儿子司马丕来即位，是为晋哀帝。晋哀帝已是成年之人，即位之后无需褚太后操心。但是，虽然从年龄上是不需要操心的，然而他却不是一个好皇帝，每天不思政事，年纪轻轻却居然迷信长生不老的仙丹，结果反而被这些"仙药"所害，褚太后又一次被朝臣请出。

　　公元 365 年，哀帝身体虚弱不治，褚太后又扶持哀帝的弟弟司马奕即位。这时候桓温已经急不可耐地想要控制大权，想逼迫太后废掉司马奕。太后非常明白这是桓温野心膨胀，但是自己又不便直接出面，于是就借用她褚太后之手。只是她面对桓温也没办法拒绝他，遂废掉司马奕，另立了桓温所推荐的司马昱，是为简文帝。太后顺从了桓温的意思，但是桓温却还不满足，他还想将司马奕彻底废为庶人，但是这次太后实在不忍心，就保护了司马奕一次。

简文帝执政以后，几乎事事听从桓温以求自保。但是尽管这样，却仍然感觉自己是朝不保夕，长期处于忧惧当中，因而刚在皇位上坐了两年也就一命归西了。简文帝去世以后，孝武帝司马昌明即位，他是简文帝的第三个儿子，即位时才十一岁，权臣桓温入朝辅政。这时候桓温可开心了，他以为他登上皇位的时机已经到了。但是因为要综合考虑各方利益，桓温没有直接采取强硬措施逼迫皇帝让位，还是采取迂回的战术。但是这时候他身体已经很差了，谢安等人知道桓温的野心，也知道他身体状况每况愈下，拖不了多久，就慢慢跟他周旋，结果桓温果然没等到夺权就忧愤而死。

听政结束，花甲而卒

桓温死掉以后，朝廷上由谢安等人主持，他是非常有名的宰相。但是这时候孝武帝还未成年，所以他还是建议褚太后临朝辅政。这期间也有朝臣反对，觉得一般都是太后辅政，而现在孝武帝和崇德太后褚太后已经不是母子关系了，这样恐怕不再合适。但是因为他相信褚太后的能力，觉得她才是最合适的人选，所以就坚持了自己的主张。

孝武帝是褚太后最后辅政的一个皇帝，当孝武帝成年以后，褚太后就下令归政于他，她自己回到后宫，当她的太后，真正要颐养天年了。

孝武帝前期，由于有谢安等名臣的辅助，取得了很好的政绩。在谢安的亲自带领下，东晋取得了一系列的胜利，最著名的要数历史上赫赫有名的淝水之战，此后谢安还趁势将洛阳等地也一举收复。

公元384年，年过花甲的褚太后在宫中安静地去世，她操劳的一生也随之结束，享年六十岁。

张氏　东晋孝武帝司马曜贵人

□ 档案：

姓　名：张氏
生卒年：不详
籍　贯：不详
婚　配：东晋孝武帝司马曜
封　号：贵人

张氏，东晋孝武帝司马曜的贵人，深得司马曜的宠幸。司马曜早期因为有良臣谢安等人的辅佐，还做出了一些政绩。但是晚期，在谢安等人过世以后，司马曜没人鞭策，逐渐沉迷于酒色。

张氏受宠是因为她有两个很大的优点，一方面必须是相貌出众，这是皇帝宠爱的基本条件。除此之外，就是她有很多同孝武帝一样的爱好，比如说饮酒。说她是千杯不醉也许不为过，所以对于同样爱好喝酒的孝武帝来说，张氏是一个绝佳酒友。

从十四岁进宫，张氏就一直受到孝武帝的宠幸，有了张氏的陪伴，孝武帝可以终日与她一起饮酒作乐，不知疲倦，其他人若想见孝武帝一面，则是非常困难。

然而，时间是一把尖刻的刀子。皇帝虽然宠爱她，但这爱都不是发自真心的，只是出于年轻美貌。而随着日子一天一天过去，美貌终究会消逝的，皱纹总会爬上额头，一眨眼张氏年近三十岁，除了还能饮酒之外，许多的优势都已经没有了。这一天，孝武帝司马曜又喝得酩酊大醉，但是他还在继续要酒喝。恰好张氏这天心情也不太好，就是不愿意陪司马曜喝酒。司马曜这时候已经醉得不省人事，迷迷糊糊中对张贵人说，你已经年纪大了，我不喜欢了，可以把你送到冷宫，我再选更年轻漂亮的妃子伺候我。张贵人听完这话心里又恐惧又愤怒，愤怒的皇上对她居然这么没有情谊，恐惧的是真的被他废掉打入冷宫。

当这些情绪涌上张贵人的心头的时候，她决定先下手为强，她想，等你废我，不如让我先干掉你！所以当他看到喝醉的司马曜像一头猪一样沉沉地打着呼噜睡去的时候，就悄悄将孝武帝身边的太监们全打发走，然后自己带了几个贴身婢女留下来。趁没有外人在，她一狠心，将熟睡的孝武帝给闷死了。

当孝武帝停止呼吸的时候，她又恐慌了。在想要弄死孝武帝的时候，根本没有考虑过这件事的后果是什么。直到事情真正发生，总得继续将事情解决。为了掩人耳目，她把自己平常留的私房钱全都拿出来贿赂了皇帝身边的侍从，然后向外宣传说皇上突然暴毙而亡，她自己再收拾一些金银细软，从此逃离了皇宫这个是非之地。

因为当时的朝廷，从太子到当权大臣全都昏庸无能，因而张贵人得以幸运逃脱，并且从此再没人追查此事。堂堂一国之君就这样稀里糊涂地送了命。

 十六国

贾氏　前凉成昭公张寔皇后

□ **档案:**

姓　名: 贾氏
生卒年: 不详
籍　贯: 凉州（即今武威）
婚　配: 前凉成昭公张寔
封　号: 皇后

贾氏，前凉成昭公张寔的皇后。

历史上关于这位皇后的记载只有寥寥数语，她出身名门，是西晋时凉州大族贾氏之女，嫁得也是门当户对，嫁与时任凉州最高军政长官的张轨的长子为正室；她的夫君是十六国时前凉政权的建立者，她的弟弟是手握大军的大将军；她的婚姻由政治斗争而开始，也最终结束于政治斗争。

西晋末年，张寔的父亲张轨被派往凉州担任刺史，为巩固张氏在凉州的地位，张寔与当地世家大族贾氏通婚，取贾夫人为正室。

公元 314 年，张寔继承父位为凉州西平公，封贾夫人为西平公夫人。

公元 317 年，西晋灭亡后，张寔建立前凉王朝，但他仅仅在位七年便被自己的部下阎沙所杀。张寔死后，他的弟弟张茂继承王位，赐封贾氏为皇后。贾皇后的弟弟贾摹在当时手握重权，所以张茂很不满，认为他拥兵自重。恰巧当时民间也有传言说贾摹想要图谋政权，张茂就觉得更加不能够再容贾摹了。

为了除掉这个眼中钉，张茂设计引诱贾摹进入自己的圈套，然后将他除掉。夫君被杀，弟弟被害，短短几年内，失去了两大依靠。至于她本身的结果如何，则很少有人知道。

也许这位年轻的皇后幸运地被继任的皇帝所善待，在宫廷安享晚年；或者被逐出宫廷流落街头；也或者受弟弟所累被一起诛杀……总之，她的结局，始终成为一个谜，隐藏在历史的深处。

马氏　前凉文公张骏妃

□ **档案：**

姓　名：马氏
生卒年：公元 310~363 年
籍　贯：不详
婚　配：前凉文公张骏
封　号：凉王太后

马氏，前凉国文公张骏的侧室，后来被封为凉王太后。她的一生，说不上传奇，却也复杂多变；算不上惊天动地，却也足以令人惊叹咋舌。

张骏在位时，马氏虽极受恩宠，但始终因为她是侧室，故未得被封为后。

公元 346 年，张重华（即马氏为张骏所生之子）继承父位，母凭子贵，马氏也被顺理成章地被尊为凉王太后。

按理说，一个女人，活到如此地步：被丈夫宠爱，被儿子尊敬，享受人世最高荣耀与权力，理应心满意足。熟料，这马氏却因长在宫中，难耐寂寞，竟先后与长宁侯张祚及大臣张邕私通。

长宁侯张祚，文公张骏的庶长子，论名分，他理应尊马氏为母亲。但野心勃勃的他并没有按伦理要求的来做，反之，抓住马氏难耐寂寞的弱点，与之私通，并企图借她来操纵前凉大权。

公元 353 年，张重华去世，张祚怂恿马氏废掉年仅十岁的张曜灵，成功夺取王位。尔后，马氏却被过河拆桥，未再得张祚恩宠。

张祚继位，马氏被弃之一旁，但这样的教训并没有改变她放浪不羁的本性，之后不久，她便与大臣张邕暗通款曲。

张祚虽然被立为王，却缺乏治国安邦的德操，继位后，荒淫无道，滥杀无辜。

公元 355 年，河州刺史张瓘起兵讨伐张祚，同年，宋混、宋澄兄弟也起兵，张祚部将赵长、张涛等投靠马太后，希望她废掉张祚，另立张玄靓为前凉国君。

此举正合马氏欲报复张祚的心意。于是，她令宋氏兄弟杀死张祚，拥立年仅七岁的张玄靓为王。从此，前凉大权又由马氏掌控。但是，马氏毕竟一介妇人，朝廷各个有野心的人趁机作乱，宋混、马氏、张瓘争权不断。

不过，马太后借助张邕的力量居然将整个宋氏家族都消灭了。张邕也不是个能干大事情的人，他自以为自己是马太后的情夫，又对马太后有实际的功劳，就开始嚣张，胡作非为起来，终于被前凉国的最后一位君主张天赐所杀。这位情夫的死对马氏打击很大，此事件以后她的精神就完全不一样了，不久马氏也去世了。

任氏　成国武帝李雄皇后

□ **档案：**

姓　名：任氏
生卒年：不详
籍　贯：不详
婚　配：成国武帝李雄
封　号：皇后

任氏，成国武帝李雄的皇后。任氏很早就跟随李雄在一起，陪伴李雄打天下。李雄在即位十一年后终于将任氏立为皇后，给她一个实至名归的名分。

可惜任氏虽然跟了李雄很多年，却遗憾地没有生个一男半女。好在她嫉妒心不那么强，反而很大度很有爱心，对李雄的其他妾室所生的孩子都照顾得挺好。

公元334年，李雄去世。没有儿子的任氏，丈夫的去世对她打击很大。李雄死后，即位的不是他的儿子，却是他的侄子李班。因为任氏对李班也很好，所以李班即位以后对任氏还很好，尊任氏为皇太后，并且大权也都由任氏掌握。可是既然皇位不是前任皇帝的儿子来继承的，肯定会引起夺权之争。果不其然，没多久李雄的儿子就将李班给杀死，然后由李期即位。这样，任氏其实还是皇太后。但是李期即位以后，皇位还是没有稳定下来，李期又被李寿取而代之了，任氏的皇太后之位也被李寿的生母取代了。

阎氏　成国幽公李期皇后

□ **档案：**

姓　名：阎氏
生卒年：不详
籍　贯：不详
婚　配：成国幽公李期
封　号：皇后

阎氏，成国幽公李期的皇后。李期是成国武帝李雄的儿子，由李雄的皇后任氏抚养长大。李雄在选立太子时，不知道是出于什么考虑，没有从自己的儿子中挑选人选，反而是册封自己的侄子李班为皇位继承人，这为后期李雄的儿子们争夺皇位埋下了隐患。

公元334年，李雄去世，身为太子的李班即位。但是他在位还没到半年，就被李雄的儿子们给杀掉，由任皇后抚养长大的李期即位。

阎氏是李期的妻子，她长得非常美，所以得到李期的青睐，娶她为妻。在李期即位以后，阎氏也被封为皇后。

李期当了几年的皇帝以后，他的叔叔李寿又率兵起来将李期推翻，自己登上帝位。

但是李寿对李期还算客气，给他赏了一个邛都县公的封号，阎氏也由皇后被贬为邛都县公夫人。由于李期忍受不了这种落差，他选择了自杀来了结自己的生命。至于阎氏，则不知所终了。

李氏　成国后主李势皇后

□ **档案：**

姓　名：李氏
生卒年：不详
籍　贯：不详
婚　配：成国后主李势
封　号：皇后

李氏，成国后主李势的皇后。历朝历代，一到后主，国运必当衰微，但是皇室生活一定奢靡。李势也是这样一位后主，只管满足自己的各种享受，从不体恤民情民意。

李势是李寿的儿子，李寿在位时封李势为太子。李寿去世以后，作为太子的李势就即位登基，李氏也被封为皇后。

荒淫的生活肯定避免不了亡国的下场，成国最终被东晋所灭，后主李势成为亡国君主，被带到东晋的都城建康，李氏则不知所终。

呼延氏　汉国光文帝刘渊皇后

□ **档案：**

姓　名：呼延氏
生卒年：不详
籍　贯：不详
婚　配：汉国光文帝刘渊
封　号：皇后

呼延氏，汉国光文帝刘渊皇后，匈奴族人。呼延氏是匈奴贵族之后，刘渊娶其为妻。

刘渊是匈奴族人，汉朝时为了保障边疆的稳定，汉朝皇室采取与匈奴族和亲的政策，从而让匈奴归附汉朝。刘渊是匈奴王室之后，由于和亲的关系，所以匈奴贵族自认是汉室的外甥，从而姓刘，取了汉族的名字，并且长期在中原生活，对中原的形势和文化都比较了解。

刘渊已经完全脱离了游牧打猎的生活，而是非常有文化有谋略的人。他在洛阳的时候就注意结交权贵，广集人脉。当晋朝发生八王之乱的时候，他就趁机返回匈奴，想要一举统一中原。

刘渊在其父亲去世以后就承袭父亲的匈奴左贤王之位。公元289年，刘渊与贵族少女呼延氏成婚，呼延氏为刘渊生下一子，即刘和。

在晋朝内乱四起的时候，刘渊看时机已到，就自称"大单于"，又借着自己是汉室刘备后人的外衣，起兵向中原进发，掀起反晋的大旗。公元304年，刘渊在平阳这个地方称帝，建立汉国政权，呼延氏被册封为皇后，他们的儿子刘和被立为太子。

刘渊去世以后，太子刘和即位。

在刘渊反晋的过程中，有两个得力助手，一个是刘渊的第四子刘聪，一个是刘渊的侄子刘曜。刘聪既有匈奴族人强大的体格和力量，又善书法诗文，是一个文武全才，有谋有略。但是刘渊死后，太子刘和即位，这让刘聪很不满，所以刘聪就将刘和杀掉，自己取得代之。

张氏　汉国光文帝刘渊皇后

□ 档案：

姓　名：张氏
生卒年：不详
籍　贯：不详
婚　配：汉国光文帝刘渊
封　号：皇后
谥　号：光献

张氏，汉国光文帝刘渊的皇后。张氏因为年轻貌美，非常有姿色，被光文帝刘渊纳为妾室，刘渊称帝以后原本是立呼延氏为皇后，呼延氏去世以后便立张氏为皇后。张氏为刘渊生下第四子刘聪。

刘聪是个很典型的危险品，他能文能武，但是生性残暴，且非常好色。在光文帝刘渊死后，即位的是刘渊的长子刘和。但是刘聪却将刘和杀死，然后自己夺了帝位，他登基以后尊生母张氏为皇太后。

刘聪在前期征战打天下的时候很勇猛，但是后期在统治国家的时候则非常昏庸，尽显残暴和荒淫好色的本性，后宫佳丽无数，每天沉迷于酒池肉林之中。尽管儿子是这副本性，但是母亲张氏却很清醒，她为儿子这样忧虑不已，每每总是耐心劝诫，希望儿子好好治理国家。然而，这时候的刘聪哪里能听得进母亲的话呢？

公元313年，张氏去世，上谥号为"光献皇后"。

匈奴人黄金铠甲

单氏　汉国光文帝刘渊皇后

□ 档案：

姓　名：单氏
生卒年：不详
籍　贯：不详
婚　配：汉国光文帝刘渊
封　号：皇后

单氏，汉国光文帝刘渊的皇后。单氏本为氐族酋长的女儿，长相非常美，史称"有绝色"。当时刘渊的势力一步一步壮大，单氏的父亲作为酋长，带领氐族部落投靠刘渊，这是壮大自己的实力，刘渊当然欣然接受。于此，刘渊也得以见到单氏，发现她是一个绝色美人，于是就纳她为妾。单氏得到刘渊宠幸，生下一子，即刘乂。公元308年，单氏被立为皇后。

在刘渊的儿子当中，最有实力的一个应当是刘聪，是刘渊的第四子。刘聪是刘渊的得力助手，但是也是个好色之徒，他对父亲的这个皇后单氏的美色也无法抗拒，一直对她垂涎不已。刘渊死后，太子刘和即位，刘和是呼延氏的儿子。刘聪将刘和杀掉，本来想将单氏的儿子刘乂立为皇帝，但是刘乂比较识时务，将兄弟这番美意婉言推辞了，刘聪就自己当了皇帝。刘聪登基以后就再无顾忌，单氏也不得不听从于他，两个人之间就发生了一些不正当的关系。从辈分上来说，单氏是刘聪的嫡母，在中原人看来就是乱伦的关系，是完全不可思议的。单氏是慑于刘聪的威权，而儿子刘乂则无法忍受，觉得发生这种事非常屈辱，非常丢人。他虽然是匈奴族人，但现在已经基本上都受到汉族文化的熏陶，无法接受这种乱伦的关系发生在自己母亲和兄弟的身上。

因为无法忍受，刘乂就对他的母亲单氏说她需要注意自己的行为，要检点一些。自己的儿子都这样说自己，单氏也实在觉得无脸见人，从此后一病不起，不久后就去世了。

呼延氏　汉国昭武帝刘聪皇后

□ 档案：

姓　名：呼延氏
生卒年：？ ~312年
籍　贯：不详
婚　配：汉国昭武帝刘聪
封　号：皇后
谥　号：武元

呼延氏，汉国昭武帝刘聪的第一任皇后，也是汉国光文帝刘渊呼延皇后的堂妹。她容貌美丽，否则刘聪那个大色鬼也不会看上她。

呼延氏出身名门望族，在匈奴部族里呼延氏的声望非常高。由于汉国立国以后很少任用汉族的官员，朝臣大多都为少数民族，又由于呼延一族发展很旺，所以朝廷中的官员姓呼延的非常多。昭武帝刘聪呼延皇后既有美貌，也有温和的性格，但同样也很有为自己利益着想的野心。

刘聪的帝位并不是按照子承父位而自然继承的，他父亲光文帝刘渊死后，皇位由太子刘和继承，是刘聪将刘和杀害，然后自己登上皇位。在杀掉刘和以后，他其实还想假装推辞一下，于是推刘渊单皇后的儿子刘乂，但又被刘乂推辞，所以他就不客气地自己登上了皇帝的宝座。

他当了皇帝以后，就对早已垂涎已久的嫡母单氏下手了，这单氏正是刘乂的生母。虽然单氏是长辈，年纪也不小了，但是她依然非常美丽，刘聪这个好色之徒就管不了什么乱伦之类的，只想将单氏的美色放在手中把玩。他开始也没有立自己的儿子为太子，而是将弟弟刘乂立为继承人，封他为皇太弟。

呼延氏见刘聪不立自己的儿子反而立自己的弟弟，心里很不满意，她想让她的儿子刘璨被立为太子，成为皇位的继承人。所以她就常常在刘聪耳边挑拨刘聪和刘乂两兄弟的感情，并说，自古以来都是子承父位，皇上您也是继承的您父皇的家业啊，现在您自己反而想将皇位传给你的弟弟，这叫怎么回事呢？这样下去的话，等您百年之后，刘璨兄弟们就任何地位都没有了！

在呼延皇后去世五年以后，刘聪最终还是将刘乂的皇太弟身份废掉，另立了呼延氏的儿子刘璨为太子。

呼延皇后于公元312年去世，她的谥号为"武元皇后"。

张徽光　汉国昭武帝刘聪皇后

□ 档案：

姓　名： 张徽光
生卒年： ？～313年
籍　贯： 不详
婚　配： 汉国昭武帝刘聪
封　号： 皇后
谥　号： 武孝

张徽光，汉国昭武帝刘聪的第二任皇后。她出身显赫，其父亲张寔是前凉的君王，也是汉国昭武帝刘聪母亲张氏的哥哥，所以张徽光与刘聪是表兄妹关系。

张徽光虽然出身显赫，但是姿色平平，这对于刘聪来说，实在是太没有吸引力了。之所以选她入宫，纯粹是碍于母亲这一层面的关系。他看在母亲的面上将这个表妹选入宫中之后册封为贵人，之后就对她很冷落，也不管这是不是自己表妹，所以张徽光很少受到宠幸。

公元 312 年，刘聪第一任皇后呼延氏去世以后，刘聪需要另立一位皇后。如果按照刘聪的本意，张徽光这个姿色平平的表妹是完全没有机会被立为皇后的，但是那个时候张徽光的姑母，也就是刘聪的生母张太后还在世，她说什么也要将自己的侄女册封为皇后，刘聪再怎么喜好美色，也不敢忤逆母亲，所以张徽光就是在这种情况下被册封为皇后的。但是尽管被册封为皇后，她的日子仍然不好过，刘聪不会因为立她为皇后就对她好一点，她依然是独守空房，没有什么好心情。

公元 313 年，刘聪的生母张太后去世，张徽光在宫中的这个唯一靠山倒下了，心里不仅忧郁，更加深了一股恐惧感，没多久也就抑郁而死。她死后的谥号为"武孝皇后"。

刘娥　汉国昭武帝刘聪皇后

□ 档案：

姓　名：刘娥
生卒年：？～314 年
籍　贯：不详
婚　配：汉国昭武帝刘聪
封　号：皇后
谥　号：武宣

刘娥，汉国昭武帝刘聪的皇后，刘英的妹妹，刘殷之女。刘娥与刘英姐妹国色天香，知书达理，父亲刘殷非常为之骄傲。

刘殷本为晋朝的大臣，后来投靠了汉国的刘聪。刘聪得知他有两个美貌非常的女儿十分垂涎，想要将这两名美丽的女子召进宫中纳为妾室。

一开始的时候，因为刘氏姐妹同刘聪一样都是刘姓，有些朝臣认为同姓通婚多有不妥，尤其是刘聪的皇太弟刘义坚决反对，但是刘聪总有办法找到支持者，很快大臣里就有些看刘聪眼色行事的人表示支持，还认为这完全没什么关系，于是刘聪就得以顺利地将美貌的刘氏姐妹娶进宫，将姐姐刘英封为左贵嫔，妹妹刘娥封为右贵嫔。

刘聪对刘英刘娥姐妹非常宠爱，在第一任皇后呼延氏去世以后就有心想册封刘娥的姐姐为皇后，但是因为母亲张太后的阻挠而没有成功，转而立表妹张徽光为皇后，不久刘英也就去世了。张徽光在后位上也就两年左右的时间，因为一直得不到刘聪的宠爱，加上后来姑母张太后也去世，遂郁郁寡欢而亡。

张徽光去世以后，刘聪就大张旗鼓地将他宠爱的刘娥册立为皇后，并且还追谥刘娥已经去世的姐姐刘英为皇后，刘英被称之为大刘后，刘娥被称之为小刘后。刘娥立为皇后以后，刘聪更加宠爱她，为她做出许多奢侈之事，其中比较轰动的一件事就是建造仪殿。刘聪想要仿照"金屋藏娇"的历史故事，来给他心爱的刘娥皇后建造一座专属宫殿，这必将大兴土木，大耗人力，因而当朝臣陈元达知道这件事以后就极力阻挠，结果惹恼了刘聪，他下令斩杀陈元达。

刘娥因受到父亲极好的教育，所以是非常通情达理的一个人，刘聪暴戾、好女色，经常荒废朝政事务，刘娥在刘聪身边的时候都及时劝谏，刘聪才有些收敛。所以这一次当刘娥知道这件事之后，立刻亲自出马救下陈元达，还写了一封奏疏呈给昭武帝刘聪，表示陈元达正是因为为国家为朝廷着想才这么做，他的做法是完全正确的，不应该斩杀陈元达，而应该将他放掉。刘聪看过奏疏后冷静一想，觉得皇后和陈元达说得很对，于是就放弃建造这个奢侈的殿堂。

刘聪如果一直有刘娥这样贤明的皇后辅助，朝政一定会慢慢好转。然而刘娥却于公元 314 年就去世了，总共在皇后位上也就一年的时间。刘娥死后，刘聪荒淫的生活再没有约束，但是他非常悲痛，给刘娥上谥号为"武宣皇后"。

靳月光　汉国昭武帝刘聪皇后

□ 档案：

姓　名：靳月光
生卒年：？～318 年
籍　贯：不详
婚　配：汉国昭武帝刘聪
封　号：皇后

靳月光，汉国昭武帝刘聪的皇后，是刘聪另一个皇后靳月华的姐姐。昭武帝刘聪非常好色，后宫佳丽无数。不仅如此，他非常荒唐地封了许多皇后。在封靳月光的时候，其实他已经有皇后刘娥了，并且将刘娥的姐姐刘英也封为了皇后，只是刘英已经去世。

靳月光和靳月华姐妹是靳准的女儿，靳准是个野心家，他早就对他的两个出落得天姿国色的女儿寄予很深的希望。这天，昭武帝刘聪正好来到他们家，恰巧见到了他这两个女儿，顿时眼睛就直了，那被色迷醉的样子连身边的侍从都有些不好意思。靳准当然明白刘聪的心思，心里早偷着乐了，这下可以将女儿都送进皇宫，日后自己的好处当然是显而易见的。于是宴后靳准就投其所好，将自己两个貌美如花的女儿送给皇帝刘聪，刘聪兴冲冲带着新猎的两名女子入宫了。

靳氏两姐妹都长得十分漂亮，令人销魂，已经阅历过无数美女的刘聪也招架不住两姐妹的魅力，尤其被姐姐月光所吸引。两姐妹进宫没到半个月的时间，刘聪就迫不及待地想将她们册封为皇后。

这个时候宫里已经有皇后了，怎么办呢？刘聪想出了很荒唐的方法，设了上、左、右几个皇后的位置，刘娥为左皇后，月光的妹妹为右皇后，月光为上皇后，一个后宫里同时三个皇后并存，仅仅是出于刘聪对于美色的需要，对于什么三纲五常之类的东西刘聪早就抛诸脑后了。

这种荒唐事刘聪虽然做得出，但是许多大臣无法容忍，其中尤其要数陈元达反对得最厉害。陈元达在刘聪想要为刘娥皇后修建华殿的时候已经出面反对过一次，弄得刘聪差点将他的脑袋砍掉。但是他这次还是不顾掉脑袋的危险，仍然直言相谏，让刘聪不要这么荒唐。但是刘聪哪里会听？索性直接来个给他调离官职，把他的兵权给拿掉，给了个好听却没什么实际大权的右光禄大夫的职位，然后就把他晾在了一边。

刘聪虽然对于美色不满足，一直四处寻找猎艳，但是当真正把她们都收进内宫的时候，他也不能全部照顾得过来，因而平均到每个宠妃或者宠后身上的时间都是有限的。所以刘聪每天是忙得不亦乐乎，但是那些后宫的美女们却仍然是寂寞的，月光就是其中一个。大多数宫妃虽然寂寞，却也只能默默忍受。但是月光不一样，她非常有个性，她知道她的需要，因此就大胆地出去物色美男子，然后把他们弄进宫来。本来这事刘聪是不知道的，这样偷偷摸摸也无所谓，刘聪有那么多美女相伴。但是偏偏不巧，月光给刘聪戴绿帽子的事又被陈元达知道了，他就是不能容忍这些乱七八糟的事。他之前劝谏刘聪说不能立这么多皇后，刘聪不听，非要搞个上皇后、左皇后和右皇后，现在这个上皇后在宫里与美男子偷情，他当然得再奏本一番。

由于陈元达这次是有备而奏，将所有的证据都搜集齐全了，所以当刘聪拿着奏本去和月光对质的时候，月光毫无狡辩的理由，刘聪大怒，非常生气，一下就将月光给贬为了庶人。

被贬的靳月光一下受不了这种落差，自己服毒自尽了。

靳月华　汉国昭武帝刘聪皇后

□ **档案：**

姓　名：靳月华
生卒年：？～318 年
籍　贯：不详
婚　配：汉国昭武帝刘聪
封　号：皇后

靳月华，汉国昭武帝刘聪的右皇后，刘聪上皇后靳月光的妹妹，靳准的女儿。靳准利用这两个女儿的美色，将她们送给喜好美色的昭武帝刘聪，从而在朝廷中的官位不断上升。

靳氏姐妹有着闭月羞花之貌，刘聪见到她们就已经垂涎三尺，得到她们之后更是心花怒放。带她们入宫以后就立即册封为贵嫔，十几天之后就将姐妹俩分别封为上皇后和右皇后，宫中同时有三位皇后同时存在。尽管大臣们反对这么荒唐的做法，但是荒淫无道的刘聪不予理会，还大力任用靳氏的父亲靳准。

彩绘陶灯 十六国

靳月华的姐姐由于刘聪要很多天才能临幸她一次，所以就守不住寂寞，经常找一些美男子来宫中排遣寂寞之情。这事被刘聪的大臣陈元达知道之后就向刘聪揭露，导致月光被废，然后自杀。月光差不多已经是刘聪最宠爱的皇后了，都还是要很多天才被临幸一次，可见刘聪宫中的美人数目真是无法细数，其他宫人的生活就更多凄苦了。

月华同姐姐不一样，比较能够安分守己，所以一直很安全，还很受刘聪宠爱。但是宠爱时间也不长，公元318年，刘聪就因得病不治而撒手人寰，后宫那么多妃子虽让他留恋但挽回不了他的性命。

刘聪去世以后，由他的儿子刘璨即位。这刘璨跟他的父亲一样，为了美色什么都能干得出来。当年他父亲刘聪也看上了刘聪父亲刘渊的皇后单氏，在刘渊死后就把单氏占有了，身为嫡母的单氏就落为刘聪这个儿子的玩物，后来被她的亲生儿子刘乂责骂，不甚羞辱忧郁而死。刘璨则是看上了父亲的右皇后靳月华，在父亲刘聪去世以后就立刻将靳月华也弄到了手中。靳月华乃一介女子，在宫中只能听从。而且父亲靳准一心想要夺取刘家的皇位自己称帝，所以女儿也必须忍受这些屈辱。

后来月华的父亲靳准果然将刘璨斩杀，自称汉天王，不过没多久也就又被其他势力所灭了。

王氏　汉国昭武帝刘聪皇后

□ 档案：

姓　名：王氏
生卒年：不详
籍　贯：不详
婚　配：汉国昭武帝刘聪
封　号：皇后

王氏，汉国昭武帝刘聪的皇后。刘聪的皇后有多少位，估计前前后后加起来说有十位也不止。

这个王氏，是中常侍王沉的养女，十四岁的时候已经出落得非常俊俏。刘聪尽管这时候皇后有多位，后宫的妃子更是让他忙得照应不过来了，但是只要听说有美女，他还是想继续往后宫中填充，反正只要能在他想起来的时候这些人能够等着伺候他就行。

皇帝看上了自己的养女，王沉当然是很开心的。但是朝中有几位大臣却反对了，其中要数尚书令王鉴反对得最凶，他还联名其他几位大臣一起上书反对。这让刘聪很是恼怒，这些不识好歹的家伙居然敢阻拦他选美女！一气之下，命令将反对的王鉴处死。有了这次杀一儆百的例子，从此再没其他人敢反对刘聪纳妾了。刘聪就将王氏接进宫中，还将她封了一个左皇后的称号。

但是这个时候的刘聪已经几乎到了生命的晚期，王氏被立为皇后仅仅三个月后，刘聪就因病去世了。刘聪去世之后，和刘聪一样好色的儿子刘璨即位，他把父亲的几位美丽的妃子皇后都据为己有，王氏也不例外。

这些女人，都是因为美色而被刘聪看上，继而又被刘璨看上，其实都仅仅是这父子二人的玩物而已。

刘氏　前赵刘曜皇后

□ **档案：**

姓　名：刘氏
生卒年：？ ~326 年
籍　贯：不详
婚　配：前赵刘曜
封　号：皇后
谥　号：献烈

刘氏，前赵刘曜皇后。这里包括两个刘氏，都是刘曜的皇后，她们是堂姐妹。刘芳是堂妹，刘氏为堂姐。

刘氏非常端庄贤惠，很有母仪之德，刘曜非常宠爱她。在第一任皇后羊献容去世以后，刘曜将刘氏立为皇后。

公元 326 年，刘氏患病，非常严重。在临死前，望着尚有一丝气息的刘氏，作为一国之君的刘曜非常难过，都忍不住哽咽了。刘氏知道自己命不久矣，深情地拉住丈夫的手，像是道别一样，但是她临死前还有个心愿没有了结。刘曜看皇后嘴角微动，知道她有话要交代，就鼓励她无论什么事情都可以说出来。刘氏就把自己的心结告诉了皇上，希望他在她死后能够照顾他们刘家的人，并且希望刘曜能够再把堂妹刘芳娶进来。刘曜答应了她的所有要求，刘氏这才没有遗憾地闭上了眼睛。刘曜将她安葬好，上谥号为"献烈皇后"。

刘氏的后事办完以后，刘曜并没有忘记答应刘氏的事情。他将刘氏的叔父提拔好几级的官，让他过上富足显赫的生活。堂妹刘芳也被召入宫中，刘曜还将她封为皇后，也就是刘曜的第三任皇后。可惜的是刘芳刚做皇后三年，刘曜就被石勒所杀，前赵也灭亡了，刘芳则不知所终。

刘氏　后赵高祖石勒皇后

□ 档案：

姓　名：刘氏
生卒年：？~333 年
籍　贯：不详
婚　配：后赵高祖石勒
封　号：皇后

刘氏，后赵高祖石勒的皇后。石勒也是一个传奇的人物，他应该是历史上第一个，也是唯一一个原本是奴隶，最后却做到皇帝的人。而他取得这些成就，肯定跟他的妻子刘氏也有关系。

石勒本是一个穷困潦倒的奴隶，后来投奔汉国刘渊，为刘渊打败晋国立下了汗马功劳，他在汉国和前赵都受到重用，官位不低。这其中结发夫人刘氏也常常给他很多很好的建议，使他作战和行事更加得心应手。在刘氏的帮助下，他最终杀掉了前赵国君刘曜，自己登上帝位，建立了新的政权——后赵。石勒当了皇帝以后，刘氏就毫无悬念地当上了皇后。

由于国家已经建立，丈夫登上了皇位，自己也当上了皇后，所以刘氏则过了几年比较安稳的生活。

公元 333 年，石勒病死，太子石弘即位。可是，这时候石勒的一个侄子石虎露出了野心，他是非常暴戾的人，非常野蛮，杀人不眨眼。石勒在位的时候他还有点害怕叔叔，不敢乱来，现在看着叔叔已经去世了，他就没把什么人放在眼里，尤其是这个新登基的石弘，他更加觉得这应该就是个傀儡。于是他在朝堂上下大力排除异己，把重要的官职都让自己的党羽来担任。他这些行为明眼人都能看出来，位居太后的刘氏当然更加清楚不过。

石弘看上去确实没什么能耐，刘太后非常着急。再这样任凭石虎胡作非为下去，他迟早是要夺走皇位的。情急之下，刘氏想到了石勒的一个养子石堪，这个人还有一些能耐，而且比较忠心。刘氏秘密地把石堪叫到宫中，跟他说出了自己的担忧。石堪明白刘氏的意思之后，就全盘思考了一下，然后两人商量了一个对策，由石堪去执行。

但是没想到，石虎的力量很强大，而石堪本来准备就不是很充分，原本打算在兖州先起兵达到一定的效应，然后再好找大家一起反对石虎，结果在兖州的第一仗中石堪就失败了，并且连命也丢了。

这下，可以指望的人也没了，而且事情还暴露了。有人向石虎报告，这一切都是太后刘氏在背后操作的，石虎听完咬牙切齿，一定要将这个女人除掉。没过几天，太后刘氏果然被石虎所害。不久石弘也被石虎赶下台，他自己登上了皇位。

程氏　后赵高祖石勒皇后

□ **档案：**

姓　名：程氏
生卒年：不详
籍　贯：不详
婚　配：后赵高祖石勒
封　号：皇后

程氏，后赵高祖石勒的皇后。她本是石勒的妾，石勒的结发夫人是刘氏，并且感情也不差。石勒原本有一个儿子叫石兴，可是这孩子小小年纪就没了。后来程氏又给石勒生了一个儿子石弘，从此程氏的身份就水涨船高了。

不过，程氏也没有因为有这个儿子就和皇后刘氏争宠，娇纵儿子。相反，她虽然很高兴，但是还是很谦虚谨慎的，尤其是在教育儿子方面，管教非常严格，总是敦促他学习，所以石弘很贤能，性格也很好，非常具有儒雅的气质。石勒将石弘立为太子，定为皇位的继承人，程氏也就更加尊贵了。

程氏地位高涨以后，她的哥哥程遐也得到了很大的好处。当时在朝堂上与他分庭抗礼的人叫张宾，这个人是高祖石勒非常器重的一个人，所以程遐就对他非常嫉妒。现在看外甥被立为太子，妹妹也很受宠，程遐就想利用这个机会打击打击张宾。程氏听从哥哥的，就说了一些事情，石勒也想搞个清楚。结果后面发生一些误会，然后张宾就被石勒处死，程遐果真达到了他的目标。从此朝堂上程遐的势力就大大增加了。

可惜风光的日子没过多久，石勒在公元333年病死，太子石弘即位。石弘虽然受到很好的教育，但是儒气太重，导致魄力不足，大权很快落到石勒的一个很有野心的侄子石虎手里。石虎完全不把石弘放在眼里，几乎当他是个傀儡。太后刘氏容忍不了石虎，准备和石勒的养子石堪联手将石虎除掉，结果被石虎知道，石堪在战场被杀死，刘太后被石虎杀死，不久以后石弘也被石虎赶下皇位，最终石虎将石弘与其母程氏都杀害了。

郑樱桃　后赵太祖石虎皇后

□ **档案：**

姓　名：郑樱桃
生卒年：？～349年
籍　贯：不详
婚　配：后赵太祖石虎
封　号：皇后

郑樱桃，后赵太祖石虎的皇后。郑樱桃并不是石虎的结发之妻，原本只是他一个小妾。她出身很低微，最开始只是一个家伎的身份。但是她很有姿色，并且颇有些才艺，石虎被她的美貌所吸引，于是就把她娶进门来。

郑樱桃跟石虎在一起以后，生了两个儿子，一个叫石邃，一个叫石遵。由于有了两个儿子，郑樱桃就更加受宠了。而从一个婢女、家伎出身的郑樱桃，在这种宠爱下很快就有点飘飘欲仙的感觉。为了争宠，她就在石虎耳边进谗言，就这样把石虎的两个妻子郭氏和崔氏都陷害了。

石虎是后赵高祖石勒的侄子，在石勒病死以后，石勒的儿子石弘即位，但是石弘没什么权力，大权都掌握在石虎手上。后来石虎将刘太后以及石弘和石弘的生母程氏都杀掉，自称赵天王，封石邃为天王太子，郑樱桃则被称为天王皇后。

石虎是个非常残暴的人，所以当郑樱桃在他耳边说妻子崔氏或者郭氏的坏话，他就将二人给杀掉。他的几个儿子完全继承了他残暴的本性，以杀人取乐。石邃已经被封为太子，整日游手好闲，经常去杀几个人割下头颅，不仅如此，他还觉得杀他的父亲可能更刺激更好玩。可能他们体内也有一种变态的基因，如果说是为了夺取皇位，这皇位迟早有一天是他的。最主要恐怕还是觉得杀别人都是轻而易举的，只有去杀自己的天王父亲，才惊险刺激又好玩，如果成功还能早点捞个皇帝当当。

这么想着石邃就真的行动了。他带着一些人马出发了。他计划着这个夺位不仅仅是直接将他的残暴父亲石虎给杀掉，还要把石虎的心腹也杀掉，于是他要从石虎的心腹开始。可是，虽然石邃是连自己的生身父亲都敢杀的人，但跟在石邃后面的那些小兵都是有父母有老婆孩儿的，他们不但怕自己被杀，也怕让家里遭殃，于是半路上都偷偷地逃跑了，最后剩下石邃一个光杆司令，他也就没有胆量再继续了。

郑樱桃一向很担心这两个儿子，因为他们残暴得太可怕了。就说她自己，也不见得是十分贤德的人，她为了自己的利益也让石虎亲自将自己的两个妻子杀死了，可是这儿子现在连父皇都要杀，郑樱桃实在是心痛不已。当石邃垂头丧气地回到宫中时，郑樱桃准备将这个儿子大骂一顿，企图让他改一改。这儿子也不会来向她请安，所以她就派了一个太监去传达她的话，结果这石邃本来就暴躁，这会儿又正窝火，这太监还来责骂他，他不仅不听，当即挥刀，太监就身首异处了。郑樱桃吓得不得了，心想着儿子是完全野了没法管教了，再不交给他父亲来管理，以后恐怕真的得在家里闹出人命来。迫不得已，郑樱桃就向石虎说了儿子所干的好事。石虎一听，那还得了啊，得赶紧治。父亲就是父亲，他一出手就不会像郑樱桃一样柔声细语地责骂几句，他直接把这个忤逆的儿子关进小黑屋，面壁反省。做母亲的都这样，孩子做错事了生气，生气的时候进行管教，管教完了又心疼。所以这石邃才被关了几天，郑樱桃又开始心疼了，就要求丈夫把儿子给放出来，说儿子一定已经受到教训了。这个石虎也很听话，放就放，好歹是自己的亲儿子。不过这石邃放出来可不得了，他在看到他父亲的时候那眼神，像是要把父亲生吞活剥了似的。石虎收到这种信号，心里对这儿子就再也没有任何亲情了。石虎没等他儿子找到机会对自己下手就先下手为强了，当天晚上就把石邃全家全部杀光，一个不留。

这之后，石虎又重新立了太子石宣，跟着太子的改变，郑樱桃的身份地位也有了变化，她从皇后的位置降到了东海王妃。不过也许这个石虎也是作恶不少，他这个儿子又是一个狂暴之徒，还想着弑父夺位，结果又被石虎给先解决了。

石虎死后，石虎的一个叫石世的儿子继承了王位。这时候郑樱桃的另一个儿子石遵跳了出来，将这个兄弟杀掉，自己夺了帝位。就这样，郑樱桃的儿子最终还是当上了皇帝，她自己也当上了皇太后。

不过，石虎的儿子们好像都是杀人成瘾了，这之后不多久石遵又想将冉闵杀掉。这个冉闵虽不是石家的人，但也是石虎的养孙，他为石家打天下时立下很多功劳。由于石遵想预谋杀掉冉闵不成反被冉闵杀掉，郑樱桃也因为这件事而被冉闵所杀。

杜氏　后赵太祖石虎皇后

□ **档案：**

姓　名：杜氏
生卒年：不详
籍　贯：不详
婚　配：后赵太祖石虎
封　号：皇后

杜氏，后赵太祖石虎的皇后。杜氏本来出身低微，大概长得很美，得到石虎的宠幸，并且生下一个儿子石宣，杜氏被封为昭仪。

杜氏估计也没有想过会被封为皇后，而当皇后的这一天来得也十分偶然。石虎本来是已经册封郑樱桃为天王皇后，郑樱桃的儿子石邃为天王太子的。然而，这个石邃不仅残暴无比，还想将父亲杀掉，谋夺皇位。石邃的事情被郑樱桃和石虎知道了，他们就将他管教了一番，但是石邃却毫无悔过之意，石虎一怒之下把石邃和他的妻儿们全杀掉，母亲郑樱桃都被贬为东海王妃，又重新立了儿子石宣为太子，这个石宣就是杜氏的儿子。因为儿子被立为太子的缘故，杜氏也就被封为天王皇后，一举成为皇后了。

不过，杜氏的皇后也没做多久，她这个儿子当上太子之后也是荒淫无度，非常残忍。他先是杀掉了石虎非常疼爱的一个儿子石韬，杀人手法非常残忍，就连有深仇大恨的人也未必能做得出来，但他竟然这样对自己的兄弟下毒手。杀死兄弟不算，他还打算再趁机把父亲石虎也杀掉。石虎痛失爱子非常伤心，当他知道这事就是太子所为时，他暴怒了，就像发怒的狮子一样，然后同样非常残忍地把石宣也杀死了。

作为石宣的母亲，杜氏不免受到牵连，好在石虎还没有杀她，只是将她废为庶人。

金错泥箱　十六国

刘氏 后赵太祖石虎皇后

□ **档案：**

姓　名：刘氏
生卒年：? ~349 年
籍　贯：不详
婚　配：后赵太祖石虎
封　号：皇后

刘氏，后赵太祖石虎的皇后。同石虎的另外几个皇后相比，刘氏出身最为尊贵，她是前赵建国皇帝刘曜的女儿，本是前赵的安定公主。然而，刘曜却被石勒所杀，前赵也被石勒所灭，由石勒建起了后赵，安定公主就被石虎掳走。由于她是公主，养尊处优，教育良好，相貌也美，石虎自然不会放过这样一个大美女，于是刘氏就成为石虎的一个妃子。

石虎本人非常残暴，他好多妃子都出身低微，不乏婢女和家伎，儿子的教养也都不太好，大多都跟他一样残暴。石虎的第一个太子是石邃，但石邃打算要杀掉自己的父亲石虎而谋夺皇位，被石虎所杀。又改立石宣为太子，结果石宣又想杀父再夺取皇位，并且把石虎非常疼爱的一个儿子也杀掉，所以石虎又把这个太子给杀掉了。

再后来石虎就把太子的人选定位在石世身上，他是刘氏的儿子，从性格等上来说都比其他的儿子要好，比较温和一些。石世被立为太子，母亲刘氏也就被封为天王皇后了。

石虎病死以后，由太子石世即位。可是石世虽然不像其他的兄弟们一样暴戾，生性就软弱许多。他刚登上皇位一个多月，就被郑樱桃的另一个儿子，石虎的第一个太子石邃的弟弟石遵给杀掉并夺取了皇位，刘氏也被石遵所杀。

慕容氏 代王拓跋什翼犍皇后

□ **档案：**

姓　名：慕容氏
生卒年：? ~360 年
籍　贯：不详
婚　配：代王拓跋什翼犍
封　号：皇后
谥　号：昭成皇后

慕容氏出生于前燕宗室，是燕王慕容皝的女儿。她天生丽质，容貌姣好，深得父亲慕容皝的喜爱。公元 339 年，慕容皝为了与代王拓跋什翼犍交好，特意将他的妹妹，也就是慕容氏的姑母嫁给拓跋什翼犍做皇后，但是在公元 341 年，姑母嫁给拓跋什翼犍才两年的时间，就不幸去世了。

为了用政治联姻巩固自己的统治地位，公元 343 年，拓跋什翼犍再次向燕国求婚。

为了探究代王的诚意，燕王慕容皝要了丰厚的聘礼，至少要良马千匹，但是拓跋什翼犍却一口拒绝了，而且表现非常傲慢，完全没有为人婿的礼节，这让慕容皝非常生气，联姻也不了了之。这一年的八月，慕容皝派世子慕容儁攻打代国，拓跋什翼犍提前得到了消息，果断率领众军避退，因为代王有备而战，燕军出军却什么收获也没有，只好悻悻而归。经历了这一番波折，两国都觉得在政治上有进一步谈判协商的需要。公元344年，慕容氏作为政治联姻的牺牲品还是被迎娶到了代国，被册封为皇后。

尽管拓跋什翼犍与慕容氏的婚姻是政治联姻的需要，双方最初并没有多少感情基础，但是慕容氏聪慧机敏、有勇有谋，出了许多好主意，对拓跋什翼犍治理代国有很大帮助，这让拓跋什翼犍对她的感情逐渐加深，成为真正受宠爱的皇后。有了皇后在背后兢兢业业地料理后宫事务，拓跋什翼犍就安心地开疆扩土。一个有所作为的男人，背后一定有一个默默支持的女人，慕容氏陪同代王，夫唱妇随，代国也逐步具备了国家的规模，疆土东起涉貊，西抵破落那，南达阴山，北边接近沙漠，周边的部族都归服于代，光军队人数就达数十万。

慕容氏做事很低调，从不张扬，其实，她很早就在政治上显示出了她过人的天赋。有一次，拓跋什翼犍安排刘悉勿祈回到刘悉勿祈的弟弟刘卫辰的部落里去，慕容氏早就觉得这个刘卫辰有点问题，于是就暗中叮嘱刘悉勿祈要提防刘卫辰，所谓防人之心不可无。然而刘悉勿祈认为那是他弟弟，所以对慕容氏的话不以为然。结果在刘悉勿祈死后，他的儿子就被弟弟刘卫辰给杀害了。

慕容氏恪守妇道，不但在治国谋略上有所成，更为拓跋家族开枝散叶，她先后为拓跋什翼犍生下拓跋寔、拓跋翰两个儿子，也就是后来的献明帝和秦明王。

公元360年农历六月，慕容皇后去世。公元376年，前秦苻坚率众攻打代国，拓跋什翼犍不敌苻坚，结果大败。他儿子拓跋寔又听信谗言，居然将自己的几位弟弟都杀害，最后连父亲拓跋什翼犍也被他杀掉，一代枭雄拓跋什翼犍就此陨落，死的时候年仅五十七岁。拓跋什翼犍死后，代国也就此灭亡，他所打下的地盘也被并入前秦。公元386年，拓跋什翼犍的孙子拓跋珪乘前秦衰亡之际起兵复国，并改国号为魏，史称北魏。北魏道武帝拓跋珪尊称拓跋什翼犍为高祖，追封祖母慕容氏，谥号昭成皇后。

可足浑氏　前燕景昭帝慕容儁皇后

□ **档案：**

姓　名：可足浑氏
生卒年：？～386年
籍　贯：不详
婚　配：前燕景昭帝慕容儁
封　号：皇后

可足浑氏，前燕景昭帝慕容儁的皇后，鲜卑族人。慕容儁称帝之前身为文明王，可足浑氏是他的王妃。公元352年，慕容儁登上皇位，成为前燕的皇帝，第二年将王妃可足浑氏立为皇后，两人内外结合，共同治理国家。

公元360年，慕容儁去世，可足浑皇后的儿子太子慕容暐即位为帝，可足浑氏被尊为皇太后。当时慕容暐年幼，因此皇太后可足浑氏就掌握了政权。当时辅佐皇上的还有一位大臣慕容恪，对朝廷来说他是一位正直忠心的大臣，但是毕竟是他与可足浑皇太后共分权力，可足浑皇太后对他有些隔阂。恰好当时慕舆根想离间可足浑氏和慕容恪两人之间的关系，以得到渔翁之利，可足浑皇太后差点就中了慕舆根的招，动了这个歪心思。不料小皇帝非常反对，皇太后也发现了慕舆根的野心，众人联手又将慕舆根给处理掉了。

在慕容恪死后，可足浑皇太后的权力更大了。但是前燕政权并不是很稳定，可足浑氏也需要一些得力助手来帮助她将国家和朝廷稳固下来，这个时候她不得不用她比较讨厌的慕容垂。慕容垂很有本事，正是因为他亲自带领士兵与桓温战斗，打败桓温，从而延缓了前燕的灭亡。慕容垂在打完胜仗之后回到朝廷，希望能得到应有的奖赏，结果被可足浑氏拒绝。她本来就很不喜欢慕容垂，是因为需要人才才不得已听从慕容恪生前的推荐，可是在心里还是讨厌慕容垂。并且，因为战争已经摆平，可足浑皇太后就想把慕容垂除掉。这消息传到慕容垂耳中，他对前燕已经放弃希望了，于是投靠了当时比较强大的一个政权——前秦。公元370年，前秦苻坚率军攻打前燕，前燕无力抵抗，被前秦所灭，可足浑皇太后和前燕皇帝慕容暐都成了前秦的俘虏，后又都被苻坚杀掉。

强氏　前秦景明帝苻健皇后

□ **档案：**

姓　名： 强氏
生卒年： ？ ～356年
籍　贯： 不详
婚　配： 前秦景明帝苻健
封　号： 皇后
谥　号： 明德

强氏是氐族人，姿色平庸，是前秦开国皇帝景明帝苻健的皇后。公元351年，苻健建立前秦，自封为天王，强氏也被封为天王皇后。强氏为苻健生育了三个儿子，太子苻苌、淮南公苻生和晋公苻柳。

公元352年，苻健正式称帝，强氏被册封为皇后，她的哥哥强平也被重用，成为权臣，强氏一族显赫一时。公元354年，东晋桓温北上讨伐前秦，太子苻苌率军迎敌，不幸在作战时中箭，虽穷尽上好的医药，仍然没能痊愈，终于在当年的十月箭疮发作，不治身亡。强皇后非常悲痛，但是为了稳定政权，她劝说苻健，立晋公苻柳为太子。

苻健没有听从强氏的建议，他笃信谶文"三羊五眼"之说，坚持立生性残暴的苻生为太子。苻健对强氏并没有太深的感情，东晋将领张遇投奔前秦，继母韩氏也同时跟随而来，符健被韩氏的美貌吸引，将她选入宫中，封为昭仪，宠爱有加。强氏虽贵为皇后，见到韩昭仪还要避让三分。后来，张遇因不满符健经常戏称自己为"儿子"，便暗中策划诛杀符健，不料事情败露，张遇被杀，韩昭仪也因此受到株连，不知去向。强皇后自此才重新得到符健的宠爱。

公元 355 年，符生继位，尊强氏为皇太后。符生生性暴虐，无故诛杀了许多朝廷重臣，朝野上下，人心惶惶。公元 356 年，谣言四起，谎称将有强盗来袭，势必杀进国都长安，这引起了长安城内百姓的极大恐慌。符生知道这件事后，迅速清查，将传播谣言的人全部剖开胸膛、剜心处死。强太后的哥哥强平认为这种刑罚过于残忍，劝谏符生摒弃这种手段，可是符生不但不听，还用铁锤敲裂了强平的颅骨，将自己的亲舅舅残忍地处死。

强太后听说强平被处死后，又震惊又悲痛，从此卧床不起，一个月后含恨而终，谥号明德皇后。这个并未过多干政的本分女人，终究被残暴的儿子逼入了死亡的深渊。

梁氏　前秦厉王符生皇后

□ **档案：**

姓　名：梁氏
生卒年：？ ~355 年
籍　贯：不详
婚　配：前秦厉王符生
封　号：皇后

梁氏是前秦左仆射梁安的女儿，性格温顺，容貌姣好，景明帝符健在位时就被许配给淮南公符生为妻。符生生性暴虐，而且荒淫无度，但是符健迷信谶文"三羊五眼"之说，就不顾符生品性不好也把他册立为太子。公元 355 年农历六月，符健病死，太子符生即位，是为前秦厉王，梁氏则被封为皇后。

符生对梁氏并没有感情，但梁氏恪守本分，残暴的符生也没有虐杀她的理由。可是，伴君如伴虎，每天在这样一个残暴的人身边，无论是谁也总会有遭殃的一天，灾难还是降临到梁氏的头上了。公元 355 年农历八月，中书监胡文、中书令王鱼打算通过迷信的手段旁敲侧击，让动辄就杀人的符生能够感受到他们的用心并有所收敛，于是上奏说天象显示有灾星出没，恐怕国家会有大灾难，所以皇上应该更加勤政，多为黎民百姓着想，以避免天灾。符生听完之后，居然想出一条妙计，他对上谏的臣子说："既然天象显示国家会遇到天灾，那的确是要想办法抵挡的。不如这样，皇后身份尊贵，她一直陪在我身边治理天下，皇后的命绝对可以换取很多人的命的，就用皇后和她们族人的生命来抵挡天灾吧。"于是，残暴的符生竟然毫不顾及多年的夫妻之情，将皇后和外戚们全部杀掉。

毛氏　前秦高帝苻登皇后

□ 档案：

姓　名： 毛氏
生卒年： 公元 369~391 年
籍　贯： 不详
婚　配： 前秦高帝苻登
封　号： 皇后

毛氏出生于武将之家，她的父亲是前秦负责镇守边关的毛兴。因为家庭环境的影响，她自幼就学习武术，骁勇善战，尤其擅长骑射。尽管毛氏是自幼就习武之人，但并不是像人们想象中肌肉发达面容粗犷的样子，她像舞蹈演员一样有着姣好的身材，白皙的皮肤，许多世家公子都对她非常爱慕。后来，毛氏嫁给了太子苻登，成为太子妃。公元 386年，苻登继位为前秦皇帝，毛氏被封为皇后。

羌族首领姚苌击杀苻坚后，自立为帝，建立后秦，与苻登展开了激烈的战争。由于毛皇后是习武出身，所以与一般柔弱的女子不同，她很有才干。苻登不仅不排斥皇后能够像男人一样挑起大梁，反而对皇后很是欣赏，觉得自己娶了一位得力的助手。在与姚苌作战的时候，苻登还放心地调拨了一支一万余人的军队来交给毛皇后独自统领。毛皇后治兵有方，夫妻俩都在前线作战，配合得非常好，所以姚苌一直没能够取得突破性的进展。那时候毛皇后主要负责驻守的地方叫作大界营，姚苌本来是直接与苻登作战，因为一直不能够战胜，姚苌就想先偷袭大界营这个战略要地，取得突破然后再给苻登以毁灭性的打击。可是他没料到苻登也不是吃素的，早就洞察到他有这一手，于是在半路上就给他来了个堵截，守在大界营的毛皇后收到苻登的消息也果断地出来迎敌，结果在大界营这个地方，由于夫妻俩同心协力，姚苌损失惨重。

但是，这次胜利之后，苻登就产生了轻敌之心，更加享受进攻占领新的土地的乐趣，而忽略了后方的防守，苻登对毛皇后驻扎的大界营就逐渐很少注意，只剩下毛皇后单枪匹马驻守了。

老奸巨猾的姚苌知道这时候偷袭大界营一定是绝佳的机会，所以就带足兵力对毛皇后发起了攻击。由于寡不敌众，毛皇后的兵力损失无数，最后连身边的护卫都全部被姚苌射杀，宁死不屈的毛皇后最后被姚苌活捉。

姚苌抓住毛皇后以后，并没有立即将她处死。像毛皇后这样的绝色美人，哪个男人看了不心动呢？所以姚苌也动了这种心思，他想让毛皇后转而做他的妃子。可是，毛皇后是宁为玉碎不为瓦全的巾帼女子，一身豪气，怎可忍受又为姚苌的妃子呢？所以她对姚苌破口大骂，只求一死，也不求姚苌放过她。姚苌终于被她骂怒了，虽然觉得很是可惜，仍然将毛皇后给斩首了。

毛皇后是中国历史上唯一一位在军营中英勇赴死的皇后，她"宁为玉碎，不为瓦全"的凛然正气，令后人永世难忘。

段氏　后燕成武帝慕容垂皇后

□ **档案：**

姓　名：段氏
生卒年：公元 325~358 年
籍　贯：不详
婚　配：后燕成武帝慕容垂
封　号：王妃
谥　号：成昭

成昭皇后段氏是前燕人，段部鲜卑段末丕的女儿，后嫁与后燕成武帝慕容垂。

慕容儁做前燕国主时，段氏的丈夫慕容垂只是一个吴王。婚后，生有两个儿子：慕容令、慕容宝。段氏因出身于鲜卑贵族，性子又十分刚烈，与景昭皇帝慕容儁的皇后可足浑氏不睦，可足浑氏对她十分憎恨。又由于慕容垂功高名重，令慕容儁对这个有贤德之名的弟弟忌妒不已。因此，兄嫂对其二人极尽陷害之能事。

可足浑皇后令人诬告段妃及吴国典书令、辽东高弼行巫蛊之术，想借此把慕容垂牵连进来。慕容儁向来对慕容垂不满，于是顺水推舟将段妃及高弼打入大牢，进行拷问。但二人"志气确然，终无挠辞"。慕容垂心痛不已，曾暗中派人对段妃说："人终究都有一死，你何苦受这样的酷刑折磨，不如认罪算了。"段妃回答道："我并非不爱惜自己的生命，只是我若认罪，祖宗因我蒙羞，还会连累大王。我虽死不足惜，但绝不认罪。"段妃受尽酷刑，最终在狱中被活活折磨而死。

慕容垂之后又娶了段氏的妹妹为新王妃，可足浑皇后竟然强迫慕容垂废掉段氏，以她的妹妹长安君可足浑氏作了吴王妃。慕容垂虽不敢拒绝皇后的旨意，但表现得十分不悦。因此，可足浑皇后对慕容垂更加憎恨。公元 360 年农历正月廿一，慕容儁去世，太子慕容暐即位，改年号为建熙。二月，可足浑氏被尊为皇太后。从此，可足浑太后开始干预朝政。由于对慕容垂的成见，她宁可相信一些腐败的官员，也不愿让慕容垂为朝廷出力，致使前燕元气大伤。

公元 369 年农历四月十五，东晋大将桓温攻打前燕，慕容暐的兄长乐安王慕容臧战败。慕容暐无心恋战，向前秦苻坚求救，同时准备逃回故都和龙，放弃中原。慕容垂劝阻了慕容暐，并自愿与桓温一战。此后不久，慕容垂联合前秦的援军，几乎全歼桓温的军队，使得前燕幸免于难。然而，可足浑太后依旧怨恨慕容垂，拒绝向慕容垂和他的军队给予赏赐，还想处死慕容垂。慕容垂听说后，投奔前秦苻坚，被封为大将。

公元 370 年，前秦以前燕违背与前秦的约定，未将洛阳地区割让给前秦为借口，派宰相王猛统兵东征前燕，王猛以少胜多，击败了慕容评的军队，继而攻克燕都邺城，前燕灭亡。后来，苻坚在淝水之战大败而归后，慕容垂以及慕容儁的儿子慕容泓、慕容冲起兵反秦，意欲恢复燕国。

公元 386 年，慕容垂自称皇帝。他仍然记得发妻被残酷折磨致死，他要为她复仇，所以他把可足浑太后废为平民，然后以无子之妃段昭仪来配享慕容儁。慕容垂同时追谥逝去的结发之妻段氏为成昭皇后，并追封段氏已死的大儿子慕容令为献庄太子，立段氏的小儿子慕容宝为太子。

苻训英　后燕昭文帝慕容熙皇后

□ **档案：**

姓　名：苻训英

生卒年：？～407 年

籍　贯：不详

婚　配：后燕昭文帝慕容熙

封　号：皇后

苻训英是前秦中山尹苻谟的女儿，她天生丽质，有倾城之姿。苻谟后来投降了后燕，于公元 397 年担任后燕中山太守。时值战乱之秋，北魏南下，苻谟被杀，苻氏家族惨遭屠杀，不过苻训英和姐姐苻娀娥侥幸逃脱，流浪民间。

公元 401 年，慕容熙即位称帝，第二年就把苻训英和苻娀娥纳入宫中，给予极大的恩宠。公元 403 年，慕容熙册封苻训英为皇后，苻娀娥为昭仪，他对苻训英的宠爱也与日俱增。

苻训英生活极端奢华，慕容熙却不以为意，反而倾尽国力去满足。慕容熙为她修建承华殿，让民工把土从很远的地方挑到北门，导致一时间土和谷物价格等同，劳民伤财。苻训英不愿久居深宫，喜好游山玩水，她提议去各地游乐，得到了慕容熙的支持，公元 404 年农历十一月，慕容熙陪同苻训英在众多兵士的保护下出游，北登白鹿山，东越青岭，南临沧海，所到之处都是偏僻的山区，环境恶劣，结果有几千名士兵成为豺狼腹中之食，或者死于严寒之中。

苻训英对饮食有很高的要求，酷暑之夏，她却想吃冻鱼；隆冬时节，她又想吃反季的鲜地黄。慕容熙言听计从，马上派专人为她采办。负责饮食的官员四处奔波，但她的要求在当时的条件下很难满足，大多无法完成任务，慕容熙认为他们办事不力，全部处死。

公元 405 年，慕容熙东征高句丽，苻训英也随之同行，就在即将攻陷城池时，慕容熙突然下令，要求士兵先把城墙铲平，以便他与皇后乘辇而入。这样延迟了攻城的时间，给了高句丽喘息的机会，所以最终都没有攻陷辽东城。

公元 406 年，苻训英又随慕容熙北征契丹，大军到达后，发现契丹兵强马壮，不宜攻打，打算撤军。苻训英却非常不悦，认为兵将已出，不应该不战而退。慕容熙竟然对苻训英的宠爱已经到了不计后果的地步，他要求减少辎重，用轻兵攻打高句丽，认为高句丽更好攻克，不想高句丽也有所准备，只好铩羽而归。

公元 407 年，苻训英病逝，慕容熙悲痛万分，决定为苻训英修一座宏伟的祭庙，他发现嫂子高阳王妃张氏非常漂亮，于是逼迫她自杀为苻训英殉葬，同时强迫官员们为苻训英哭丧，没有哭出眼泪的还要重罚。官员们没有办法，只好在嘴里放上花椒，刺激出眼泪来完成任务。

苻训英的灵车过于高大，无法出城，慕容熙下令拆毁皇城的北门，让灵车出城。城中百姓见到这种场景，都认为这种自毁城门的行为预示着慕容政权即将衰亡。葬礼期间，慕容熙命令开启棺木，再次仔细看苻训英的样貌，竟然又情不自禁地和苻训英的尸体性交。

慕容熙外出治丧期间，城里的士兵在冯跋的领导下发动叛乱，慕容熙在回城的路上被擒杀。公元408年，高云命人将慕容熙和苻训英合葬。苻训英虽然红颜命短，却享尽了恩宠和富贵，不过对后燕国来说，她的死不失为一件幸事。

彩绘侍女俑　十六国

慕容氏　北燕昭成帝冯弘皇后

□ **档案：**

姓　名： 慕容氏
生卒年： 不详
籍　贯： 不详
婚　配： 北燕照成帝冯弘
封　号： 皇后

慕容氏，北燕昭成帝冯弘的皇后。她并不是冯弘的正妻，早先只是一个侧室，因为她长得很美，所以得到冯弘的喜爱。因为很得宠，慕容氏为冯弘生了一个儿子取名叫王仁，全名是冯王仁。

冯弘即位以后，封慕容氏为皇后，儿子王仁也被立为太子，慕容氏就这么一个儿子，所以疼得像心肝宝贝一样。

北燕势力弱小，根本不能同当时强大的北魏相抗衡，所以冯弘对北魏是很惧怕的。因为害怕北魏的强大兵力，冯弘打算向北魏投降称臣。北魏深知各个小国都是心怀异心的，为了证明北燕是诚心投靠北魏，北魏就要求北燕要出一个人质，而且就挑北燕的太子，这样最能证明诚意。冯弘不敢拒绝北魏，但是慕容氏却坚决不同意，结果冯弘没办法满足北魏的要求，被北魏打了一个落花流水。

为了保存实力，或者说只是为了保命，冯弘又带着皇后和太子投靠了高句丽。但是他们又与高句丽不和，最终慕容氏也被高句丽王处死。

苻氏　西秦武元王乞伏乾归皇后

□ 档案：

姓　名：苻氏
生卒年：不详
籍　贯：不详
婚　配：西秦武元王乞伏乾归
封　号：皇后

苻氏是前秦东平公主，地位尊贵。公元394年，前秦国主苻登被姚兴的军队击败，被迫向西秦求救，封乞伏乾归为梁王，并将妹妹苻氏许配给乞伏乾归。苻氏从此成为乞伏乾归的第二任妻子。

乞伏乾归与苻登通过政治联姻确立了盟友关系，于是率领骑兵两万余人前往援助苻登。苻登非常高兴，出兵和姚兴再次作战，不料还是失败了，苻登战死。

乞伏乾归虽然没有解除和苻氏的婚姻关系，却驱逐苻登的儿子苻崇。苻崇对乞伏乾归这种背信弃义的行为非常不满，他策划袭击乞伏乾归。不料乞伏乾归兵强马壮，获得胜利后继续进攻，苻崇与心腹大将被杀，前秦灭亡。

公元409年，乞伏乾归复国，苻氏这个政治联姻的工具已经失去了利用价值，被乞伏乾归罢黜后位，他的原配妻子边氏重新册立为皇后。苻氏这个出身高贵的公主，最终成为政治斗争的牺牲品。

边氏　西秦武元王乞伏乾归皇后

□ 档案：

姓　名：边氏
生卒年：不详
籍　贯：不详
婚　配：西秦武元王乞伏乾归
封　号：皇后

很多年后，一个历经沧桑的女人望着她失而复得的凤印，不由得感慨万千，从皇后到普通妃嫔到重登后位，这个平凡的女人经历了太多。她就是边氏，乞伏乾归的第一任妻子。

那时的乞伏乾归还未封王侯，他们过着普通而平凡的日子，直到公元388年，乞伏乾归的兄长过世，生活才开始改变。乞伏乾归被拥立为河南王，他立刻封边氏为皇后，以感谢她这些年来的不离不弃。然而，政治斗争永远没有生活这么简单。

公元394年，乞伏乾归为了与前秦交好，迎娶前秦皇帝苻登的妹妹东平公主，即使没有任何感情，这个身份高贵的公主也立刻成为常伴乞伏乾归身畔的皇后，边氏从此过着屈尊逢迎的生活。

直到公元409年，乞伏乾归复国，罢黜东平公主的后位，重新立边氏为皇后。此时，已是漫长的悠悠十五载，一个女人最美丽的年华已经逝去，感情如何回到最初的样子？不久，乞伏乾归被杀，乞伏炽磐即位，边皇后从此成为太后。

秃发氏　西秦文昭王乞伏炽磐皇后

□ 档案：

姓　名：秃发氏

生卒年：？～423年

籍　贯：不详

婚　配：西秦文昭王乞伏炽磐

封　号：皇后

公元423年，一个满腔悲愤的女子昂首迈向刑场，她一生都挣扎在夫妻之义和杀父之仇之间，也许，死对她来说是一种解脱。

故事要从公元397年说起。那一年，还是太子的乞伏炽磐被战败的父亲乞伏乾归留在南凉做人质，南凉国君秃发利鹿孤的弟弟秃发傉檀非常欣赏乞伏炽磐的才干，将女儿秃发氏嫁给了乞伏炽磐。

公元400年，乞伏炽磐抛妻弃子，计划逃跑后投奔后秦找寻他的父亲，不料失败被抓回。秃发利鹿孤大怒，想杀掉乞伏炽磐，但是秃发傉檀不忍心看着女婿被杀，于是劝阻秃发利鹿孤，说乞伏炽磐有孝义，值得宽恕。秃发利鹿孤听从建议，赦免了乞伏炽磐。

公元402年，乞伏炽磐再次逃跑，成功到达后秦的国都长安。秃发傉檀此时已经继位成为南凉国主，他为人宽容，认为女儿应该和女婿团聚，于是将女儿送至乞伏炽磐身边，秃发氏从此和丈夫在后秦生活。

公元409年，乞伏炽磐被复立为太子，三年后，乞伏炽磐即位，成为西秦国主。乞伏炽磐野心很大，一心想开疆扩土，于是在公元414年，趁着秃发傉檀率军在外征战之时，偷袭南凉国都，并将秃发傉檀的亲属全部俘虏。秃发傉檀回师之后，无力抗衡，只得投降后秦，南凉从此灭亡。最初，乞伏炽磐非常尊重岳父，封他为骠骑大将军，俸饷优厚。可是渐渐地，乞伏炽磐的心思产生了变化，最终，他还是以怨报德，将秃发傉檀秘密毒死了。秃发傉檀为了保全亲属的性命，在临终之时拒绝任何治疗，秃发氏伤心欲绝，虽然丈夫对她依旧宠爱如初，并且在公元414年正式册封她为皇后，可是秃发氏痛恨丈夫令她亡国丧父，决心为父报仇。

从此，秃发氏虽然表面对乞伏炽磐温柔恭顺，暗中却在培植自己的势力。经过近十年的努力，公元423年，秃发氏觉得时机成熟，联合哥哥秃发虎台，策划暗杀乞伏炽磐。

不料，他们的计划被左夫人告密，乞伏炽磐提前得到了消息。他前去质问秃发氏，秃发氏发现计划失败，怒火攻心，大骂乞伏炽磐忘恩负义，愧为天子。乞伏炽磐震怒之下，将秃发氏及其同党十几人全部处死。

秃发氏最终没有得报父仇，她慷慨赴死，留给后世一个倔强的身影。五年后，乞伏炽磐病死，秃发氏被处死后的这五年，他并没有册立新的皇后，也许，秃发氏已经成为他心中永远的痛。

杨氏　后凉灵帝吕纂皇后

□ 档案：

姓　名：杨氏
生卒年：?　~401 年
籍　贯：不详
婚　配：后凉灵帝吕纂
封　号：皇后

杨氏，后凉灵帝吕纂的皇后。她父亲是后凉的大臣杨桓，杨桓这个人是见谁有利可图就巴结谁的那种人，所以可以推测，将女儿嫁给吕纂估计也是杨桓的主意。

吕纂是后凉开国皇帝吕光的儿子，他手握兵权，势力很大。杨氏生得非常美，但不是个只有美貌的花瓶，而是非常有魄力有气节的女子。

吕纂本为吕光的庶子，所以吕光死后皇位的继承人不是他，而是嫡子吕绍。但是吕纂握有兵权，吕绍登基没几天，吕纂就起兵反了吕绍，吕绍没有等到吕纂来杀他就自杀了，此后吕纂登基，是为灵帝，将杨氏封为皇后。

但是这个后凉的政权也并不稳定，吕纂刚刚反了弟弟自己登基为帝也就一年左右的时间，他的兄弟吕隆、吕超等人就暗中将吕纂杀害，以谋取帝位。杨皇后闻讯非常悲痛，她首先就想到了要讨伐这弑兄夺位的吕隆两兄弟，但是当她派卫兵的时候，杜尚却不允许，于是卫兵也不敢听从她的调动。杨皇后无奈，只好自行去处理吕纂的尸体，她一面将丈夫的尸体搬运到自己的房间以便进行保护，一边命人去挖掘坟墓。在她准备将丈夫的尸体送往坟墓安葬的时候，吕超兄弟居然还将她拦截，以防她随身携带珠宝出去。杨皇后愤怒交加，把吕超骂了一个狗血淋头，然后继续去埋葬吕纂。

吕超之所以能够忍受杨氏的咒骂，是因为杨氏确实长得很美，吕超贪恋她的美色，只是一点兄嫂之情都不顾，不仅杀害哥哥，还想霸占嫂嫂。当晚，杨皇后将吕纂的尸体埋葬好以后回去，她父亲就来传达吕超的意思，想让嫂子做他的妾室。杨皇后听完又恼怒又羞愧，自己的父亲居然来跟她说这种话！她也没顾什么情面，将父亲骂了一顿，把父亲堵了回去，然后在深夜上吊自杀了。

孟氏　北凉武宣王沮渠蒙逊王后

□ **档案：**

姓　名：孟氏
生卒年：不详
籍　贯：不详
婚　配：北凉武宣王沮渠蒙逊
封　号：王后

　　孟氏，北凉武宣王沮渠蒙逊的皇后。沮渠蒙逊本为北方少数民族，然而他却熟读诗文史书，心怀雄图大略，最终把四周的部族都聚集到他的手下。

　　他原本是跟随后凉君主吕光，见吕光不善内政，几个儿子背地里相互拉帮结派，觉得跟着他没什么前途，就投奔段业，跟着段业一起反对后凉。

　　战胜后凉以后，他先是继续假装臣服于段业，在他手下默默地聚集实力，当实力许可的时候，他就一举将段业除掉，自己终于成了龙头，称了河西王，史上称他的政权为北凉。

　　孟氏是他的妻子，他称王以后就封妻子为王后。孟氏虽为一介女流，但是反应十分敏捷，而且身手不凡。有一天夜里，一个叫王怀祖的太监偷偷摸摸地拿着刀子溜进沮渠蒙逊和王后的卧室，想将熟睡中的蒙逊杀死。他拿出刀狠狠地向蒙逊刺去，说时迟那时快，孟氏觉察到动静以后立刻从睡梦中醒来，一个翻身就将那个太监给擒住。然后她再麻利地将蒙逊的伤口包扎好，以防流血过多。由于王后的保护，蒙逊只是脚部受伤，而没有性命危险。

　　蒙逊后期经常与诸国征战，而且还喜欢游乐，因而北凉的政权也并没有持续多久。

李氏　北凉哀王沮渠牧犍王后

□ **档案：**

姓　名：李氏
生卒年：不详
籍　贯：不详
婚　配：北凉哀王沮渠牧犍
封　号：王后

　　李氏，北凉哀王沮渠牧犍的皇后。她本是西凉的公主，西凉皇帝武昭王的女儿。父亲去世以后，李歆即位，李氏的母亲尹夫人也被尊为太后。但是西凉在李歆统治时期和北凉河西王激战，李歆不敌被杀，西凉也就灭亡了。西凉皇室的两个女人李氏和她的母亲尹太后都成为沮渠蒙逊的俘虏，被沮渠蒙逊带回了北凉。

尹夫人毕竟曾是王后，所以必定是个大美人，女儿李氏充分继承了她的优势，也生得非常美，因而沮渠蒙逊将她许配给了自己的儿子沮渠牧犍，李氏同沮渠牧犍婚后生活也很幸福和谐，并没有人在意她其实是北凉政权的俘虏。

公元433年，六十六岁的沮渠蒙逊去世，身为世子的沮渠牧犍即位，李氏也被封为王后。

但是这种夫妻相好的日子在沮渠牧犍登基后遇到了挑战。当时北魏的势力逐渐扩大，大有统一华北的气势，而且统一之势也确实无法阻挡，沮渠牧犍就投靠了北魏太武帝。公元437年，北魏太武帝将妹妹嫁给沮渠牧犍，这是一桩政治色彩非常浓厚的婚姻。李氏知道她和沮渠牧犍的感情虽好，但是这个北魏的公主无疑对他们的婚姻有着极大破坏力。她知道，对于沮渠牧犍来说，政治比感情重要，沮渠牧犍一定会给北魏太武帝面子，封他的妹妹为王后的。李氏非常痛苦和悲伤，但是现实已经逼迫他们走到了这一步。于是，她就主动将王后之位让出，然后和母亲尹夫人一起离开了北凉的都城姑臧，不久后离开了人世。

拓跋氏　北凉哀王沮渠牧犍王后

□ **档案：**

姓　名： 拓跋氏
生卒年： 不详
籍　贯： 不详
婚　配： 北凉哀王沮渠牧犍
封　号： 王后

拓跋氏，北凉哀王沮渠牧犍的第二任王后，北魏太武帝拓跋焘的妹妹，在北魏称武威公主。

公元437年，由于政治上的需要，武威公主的哥哥北魏太武帝想将妹妹嫁给北凉君主沮渠牧犍，用和亲的方式来巩固双方的关系。北魏这个时候势力逐渐强大，周边小国也都依附于北魏，在华北一带北魏已经是最强的一个国家。沮渠牧犍的势力不及北魏，也没有什么理由拒绝，于是武威公主作为一个政治联姻的和亲工具就嫁到了北凉。

那时候沮渠牧犍已经有了王后李氏，李氏曾是西凉的公主，只是西凉已经被沮渠牧犍的父亲沮渠蒙逊所灭。沮渠牧犍与李氏的感情很好，而与武威公主没什么感情，但是出于对北魏太武帝的敬意，沮渠牧犍也必须将武威公主封为王后。李氏知道她的后位是必须让出来的，于是没等沮渠牧犍来废后，她自己就主动让位，然后离开了当时的都城姑臧城，与母亲一起搬到了酒泉，武威公主就成了沮渠牧犍的第二任王后。

由于沮渠牧犍对武威公主没有感情，所以只是出于礼节性地对武威公主比较客气，但对她并没有什么感情上的关怀。在私生活上，沮渠牧犍居然与嫂子李氏勾结成一团，知道这事的武威公主当然很生气，她堂堂北魏公主嫁过来居然遇到这种遭遇。但是，沮渠牧犍就是无法割断与嫂子的感情，而嫂子李氏居然也不顾大局，想下毒害死武威公主。

在吃完李氏下毒后的饭菜以后，武威公主却没有被毒死，但是也是中毒不浅。这事传入北魏太武帝的耳中，他大发脾气，一边派人到北凉宫中给妹妹医治，一边直接派兵攻打北凉，沮渠牧犍招架不住，只好归降于北魏。

沮渠牧犍投降以后，太武帝对他还很礼遇，毕竟这位是他的妹夫。经过此次事件以后沮渠牧犍和武威公主也逐渐在感情上好了起来，慢慢过上了比较幸福的家庭生活。但是，这种安定的日子没过多久，又有人告发说沮渠牧犍企图谋反，太武帝这回就再也容忍不了沮渠牧犍了，也不考虑妹妹，一纸诏书下令赐死沮渠牧犍。武威公主非常伤心和悲痛，但是她无法阻止哥哥这么做，只能眼睁睁看着丈夫被哥哥赐死。此后，她和女儿相依为命，终日不见笑颜。

太武帝见妹妹这样也有些过意不去，毕竟是因为他政治上的目的，牺牲了妹妹一生的幸福。因此，他又给妹妹找了个人家，是北魏的将军李盖。

不过武威公主去世以后，还是同沮渠牧犍埋葬在一起的。

段氏　南燕献武帝慕容德皇后

□ 档案：

姓　　名：段氏
生卒年：不详
籍　　贯：不详
婚　　配：南燕献武帝慕容德
封　　号：皇后

段氏，据记载其名为段季妃，南燕献武帝慕容德的皇后。段氏还有个姐姐段元妃，她也是个比较了不起的人物，为后燕开国皇帝慕容垂的皇后。段氏姐妹的父亲段仪是鲜卑族的部落首领，段氏姐妹都是鲜卑族的美女。

慕容德是后燕君主慕容垂的弟弟，慕容垂在大败于晋军之后先是投靠了前秦苻坚，并且妻子段元妃也被苻坚看上，段元妃为保存慕容垂的实力，就委屈自己和苻坚在一起，终于让慕容垂有机会翻身反前秦，并建立了后燕。但是慕容垂却没有选一个好的继承人，慕容垂死后，继位者慕容宝是个昏庸无能的人，结果后燕遭到大乱而分为两部。慕容德率领他的残存部队自立为燕王，公元400年的时候，他在广固建都正式称帝，妻子段季妃被册立为皇后。

五年后，山东发生了一场地震，当时前燕的都城广固就在山东，结果慕容德被这场自然灾害吓倒，一病不起。段氏并没有儿女，慕容德也还未选继承人，段氏观势，遂向慕容德推荐册封慕容德之兄慕容纳的儿子慕容超为太子，慕容德同意。慕容德病逝以后，南燕末主慕容超即位，段氏被尊为皇太后。

呼延氏　南燕末主慕容超皇后

□ 档案：

姓　名： 呼延氏
生卒年： 不详
籍　贯： 不详
婚　配： 南燕末主慕容超
封　号： 皇后

呼延氏，南燕末主慕容超的皇后，前秦狱吏呼延平的女儿。

公元 384 年，慕容超的父亲慕容纳和叔叔慕容德一起反对前秦，结果除慕容德逃出之外，慕容纳一家以及慕容德的儿子们都被苻坚抓住并且处死，唯一幸存的是慕容纳的母亲公孙氏和慕容纳的妻子段氏，因为段氏那时候已经怀上了儿子慕容超，所以苻坚就稍微仁慈了一点，暂时保留她们母子的性命，并将婆婆公孙氏也留下以便照顾段氏。尽管暂时没有生命危险，她们的命运仍然掌握在苻坚的手上，等到孩子出生以后，也许还是不能够逃脱被处死的结局。

但是她们很幸运地遇到一个狱卒，就是后来慕容超的皇后呼延氏的父亲呼延平。他虽然现在是苻坚的一个狱卒，但是之前他曾是慕容超叔叔慕容德的一个部下，在慕容德手下的时候慕容德对他有救命之恩，所以这一次正好是他看守段氏婆媳，他觉得报答慕容家的机会来了。趁别人不注意的机会，他偷偷地将怀着孩子的段氏和婆婆公孙氏从监狱里放了出来，偷放犯人也是大罪，他自己也不可能再继续留在前秦，于是带着女儿呼延氏，一路护送段氏婆媳，安全逃到了羌族部落所在的地区，在这里一个小生命降生了，他就是慕容纳唯一在世的血脉慕容超。

在羌族地区生活了十多年，当年还在段氏肚里的慕容超已经长成了一个小男子汉，但是奶奶公孙氏却在这里去世了，只剩下慕容超母子二人。呼延平又带着女儿和慕容超母子，投奔了后凉吕氏政权。但是吕氏政权也没支撑多久，公元 403 年，后凉最后一个君主吕隆被后秦打败投降，后凉灭亡，他们又不得不继续迁徙，最终到达后秦的领地长安。

到长安之后，他们以为能够暂时安定下来过一过平静的生活，但是没料到这时候又一个重要的人物离开了他们：他们的救命恩人呼延平去世了。当时从后秦逃出来的一行四人加上一个没出生的婴儿，如今已经变成了三人，慕容超和呼延平的女儿都已经成年。段氏觉得无以回报呼延平父女，而如今也只剩下呼延平的女儿了，于是在母亲段氏的主持下，慕容超和呼延氏成婚，结为夫妻，从此一行逃难的呼延和慕容两家就变成了一家人。

公元 405 年，慕容超的叔父慕容德已经在山东广固称帝五年了，当他得知哥哥还有个儿子在长安的时候，就让慕容超秘密从长安逃到南燕。此行吉凶未卜，又刚刚成婚不久，他不敢将这件事告诉刚刚在长安安定下来的母亲和妻子，就一个人先偷偷上路了。到达广固以后，慕容德果然没有轻待他，他就一下由一个难民变为了南燕的北海王。不久山东发生地震，叔父慕容德受惊吓而病倒，在慕容德皇后段氏的力推之下，慕容超被确定为南燕的继承人。慕容德去世以后，慕容超即位。

当上南燕皇帝的慕容超没有忘记还在长安的母亲和妻子，这时候他就以南燕君主的身份，请求后秦将他的母亲和妻子放回广固，一家人团聚。但是后秦不肯轻易放人，最终以慕容超向后秦称臣的代价将母亲和妻子换回。

对于从小到现在一直在颠沛流离中的呼延氏来说，也许心里终于安定，觉得可以过上踏实且比较殷实的生活了。然而，事情仍然不如她想象的那样。回到南燕慕容超的后宫以后，她才知道慕容超早已经又娶了夫人，并且对其十分宠爱，而对自己却没什么男女感情，只是类似于一种弥补罢了。回来之后慕容超还是将呼延氏封为皇后，只是对她来说皇后只是个虚名，因为已经没有慕容超对她的爱的滋养了。

但是，即便是这样的日子也没过几年。公元410年，南燕又被东晋攻陷，慕容超和呼延皇后都成了俘虏。至于呼延皇后的结果，不知道有没有逃脱东晋的屠刀。

尹氏　西凉武昭王李暠皇后

□ 档案：

姓　名：尹氏
生卒年：公元 362~437 年
籍　贯：冀州
婚　配：西凉武昭王李暠
封　号：皇后

尹氏，西凉武昭王李暠的皇后，父亲尹文。尹氏是一个天资聪慧的女子，与同时期其他女子不同，她特别喜欢看书学习，钻研儒学经典，加上记忆力过人，只要认过的字和读过的文章基本上可以达到过目不忘的境界，因此小小年纪就学过许多的儒家经典，《论语》《孟子》等都不在话下。

尹氏的父母原本只觉得女儿比较聪明，这就足够让父母开心了。但是几年以后，他们发现女儿的发展超出了他们的想象，她不仅很有文化，而且还非常有思想有见解。所以尹氏的父母就觉得，一定要将女儿嫁到名士的家里。

到了结婚的适宜年龄，尹氏与马元正结为夫妻，马家是陇西的名门望族，而且马元正本人也有官职，这个婚事两家人都很满意，小夫妻的感情也挺好。但是好景不长，尹氏嫁给马元正没多久，年轻的马元正就病死了。当时医疗卫生条件比较差，即使是家境比较好的人家，生病也很难得到及时的治疗，所以很多人年纪轻轻就被病魔夺去了生命，于是正是花一般美好年纪的尹氏就成了年轻的寡妇。

在差不多的时间，陇西李暠的妻子也去世了，还留下好几个没有成年的孩子。李暠也是陇西世族，家庭背景很好。由于这两个人条件都不差，又同为不幸的家庭，有人就想撮合他们生活在一起。

尹氏接受了这段新的婚姻。但是据说这段新的婚姻在开始的三年里，李暠并没有得到尹氏正常的为人妻的关怀，因为尹氏为她死去的前夫守节了三年，这和她从小就一直接受的儒家思想分不开。不过即便是如此，李暠也并没有因为尹氏的不正常而将她休了，一直等到三年期满，她就立刻变身成为一名非常合格的妻子，李暠的耐心等待终于换来了满意的果实。

从这之后，尹氏不仅对李暠完全尽到了为人妻的职责，给他温暖和关怀，帮助他打理全家上上下下各种事务，帮助照料李暠前妻所生的孩子，还在事业上给予李暠非常大的帮助。

由于尹氏读过大量的经史古籍，因此对时局的分析非常到位，也非常有远见和政治眼光。李暠也是一个很聪明睿智的人，他很欣赏妻子，并且会认真采纳妻子的建议，不会像有些大男子主义的人在家庭以外的事情上从来不听妻子的话。就这样，夫妻两个人双剑合璧，李暠的实力也越来越强大。

李暠在公元397年的时候就跟随了段业，被段业封为敦煌太守。后来他发现段业也不是什么能够成就大事的人，就于公元400年自己建立了西凉政权，尹氏也被封为王后。这时候李暠虽然为西凉王，但是他还是事事与尹后商量，采取有利于国家发展的政策，大力发展农业。所以西凉在李暠的带领下，逐步走向繁荣和安定，在当时北方各种政权林立相对，战乱频繁的年代，西凉所在的敦煌地区却如同沙漠中的一块绿洲。

李暠在位十八年以后病死，西凉王位由李暠的太子李歆即位，尹氏被尊为太后。李歆同他的父亲不一样，他喜好征战，想不断地向外发展，却忽略了国家内部的发展。为了扩大疆土，李歆于公元420年发起对北凉沮渠蒙逊政权的攻击。尹太后觉得国家政权还没有完全稳定，当务之急应当是发展生产巩固政权安抚民生，而不是四处征战，所以想劝李歆不要出战。但是李歆哪里听得进去？他一味想要体验战争的快感，结果被沮渠蒙逊一举打败，尹太后和女儿都成为沮渠蒙逊的俘虏。

尹太后一路陪同丈夫李暠从一个太守走到建立西凉政权，可谓什么事情都见过、经历过，所以当她面对沮渠蒙逊的时候，一点惊慌失措的感觉都没有，而是表现得非常有气节。沮渠蒙逊也算一代豪杰，他被尹太后这种气节所感染，对她非常佩服，所以一点都没把她们母女当战俘对待，反而对她相当有礼。由于她的女儿李氏长得也很有姿色，沮渠蒙逊干脆让自己的儿子沮渠牧犍娶李氏为妻，就这样，作为战俘的母女就又变成了北凉王室的人了。

沮渠蒙逊去世以后，儿子沮渠牧犍继承王位，尹太后的女儿李氏也被封为王后。但是后来因为北魏政权更加强大，沮渠牧犍向北魏称臣，北魏太武帝也将妹妹武威公主嫁给沮渠牧犍，两国和亲。由于武威公主是北魏皇帝的妹妹，尹太后和女儿李氏都十分清楚这在政治上意味着什么，李氏的王后之位也休想再继续保留。因此，李氏同母亲尹太后相互商量之后，决定主动辞去王后之位，并且离开北凉的王宫，武威公主被立为王后。

虽然是主动作了这样的决定，但毕竟是迫不得已而为之的，女儿李氏心里非常难过。由于郁闷和痛苦的积压，女儿离开沮渠牧犍之后不久就病逝了，只剩下尹氏一人。

后来，尹氏得知孙子李宝还在人世并且有一定的势力，就偷偷投奔到孙子所在的伊吾地区。在与孙子团聚之后，由于年事已高，尹氏在伊吾去世，享年七十五岁高龄。

 南北朝

南 朝

臧爱亲 南朝宋武帝刘裕皇后

□ **档案：**

姓　名：臧爱亲
生卒年：公元 360~408 年
籍　贯：东晋东莞（今山东沂水）
婚　配：南朝宋武帝刘裕
谥　号：敬

臧爱亲，南朝宋武帝刘裕的结发妻子，东莞（今山东沂水）人。祖父臧汪当过尚书郎，而父亲臧隽只是一个郡的功曹。臧爱亲嫁给刘裕时，刘裕尚未发迹，还只是一介布衣平民，生活穷苦潦倒。臧爱亲在家操持家务，养育儿女。

婚后不久，臧爱亲生下了一个女儿，起名刘兴弟，后来被封为会稽宣长公主。这时，初为人父的刘裕却起了离家从军的念头，臧爱亲拗不过丈夫，只得眼巴巴地看着刘裕离开家乡。从军后的刘裕英勇善战，很快被提拔为军官，后又因镇压叛乱有功，被升为郡太守。

东晋义熙元年（公元 405 年），刘裕率军平定桓玄之乱后，被升为相国，封宋王，掌握了东晋实权。一时间，从前不肯雪中送炭的"亲戚"们，现在都拼了命地来锦上添花了，阿谀奉承和送礼的人在门外排成了长长的队伍。但臧爱亲并不为这些所动，虽然丈夫成为权臣，她仍然过着非常俭朴的生活，布衣粗食，勤劳持家。想通过巴结臧爱亲升官发财的亲属们，一个也没有达到目的。

臧爱亲始终与刘裕患难与共，心心相印。可惜的是臧氏福分有限，没能等到丈夫登基称帝的那一天，就病逝于东城（今安徽定远东南），时年四十八岁。这个时候刘裕爵位为豫章郡公，朝廷追封臧氏为"豫章公夫人"，并归葬丹徒老家。

刘裕对这位患难发妻的感情非常深厚。臧爱亲虽然没有生过儿子，但同刘裕患难与共，甚为情深，所以刘裕后来称帝之后，追封已辞世十二年之久的臧爱亲为"敬皇后"，其他姬妾们不得再册立为后，另外七个儿子（包括皇太子）的母亲仅仅封为妃嫔而已。

元熙二年（公元 420 年），刘裕代晋称帝，国号宋，即宋武帝。永初三年（公元 422年）春，刘裕病危时，留下遗嘱，迎回已故臧爱亲皇后的遗骨，同自己一起葬于建康的初宁陵。这对九泉之下的敬皇后来说，也是莫大的欣慰了。

胡道女　南朝宋武帝刘裕婕妤

□ 档案：

姓　名： 胡道女

生卒年： 公元 368~409 年

籍　贯： 淮南（今安徽寿县）

婚　配： 南朝宋武帝刘裕

封　号： 婕妤

谥　号： 章皇太后

公元 405 年，即东晋安帝义熙元年，胡道女嫁给刘裕为妾侍，但并不得宠。两年后为刘裕生下儿子刘义隆，即后来的宋文帝。

公元 409 年，胡道女因口角，一时激怒了刘裕，被赐死，时年四十一岁。刘裕建立宋朝以后，念及旧情，追封胡氏为婕妤。

公元 424 年，胡氏之子刘义隆即位，即宋文帝，追封其母为皇太后，谥号为"章皇太后"。

司马茂英　南朝宋少帝刘义符皇后

□ 档案：

姓　名： 司马茂英

生卒年： 公元 393~439 年

籍　贯： 河内温县（今河南温县）

婚　配： 南朝宋少帝刘义符

封　号： 皇后

司马茂英是晋恭帝司马德文的女儿，是晋朝的海盐公主，母亲是晋朝的褚灵媛。身为公主的她，总有一种高贵的气质。

公元 420 年，刘裕逼迫晋恭帝司马德文让位，自己做皇帝。第二年，又将司马德文杀死。为了缓和与司马家的矛盾，刘裕便让长子刘义符迎娶司马德文的女儿司马茂英为妻。当时司马茂英二十八岁，而刘义符才十岁。但刘裕并没有顾及他们年龄的悬殊，为了政治需要，还是将司马茂英娶进门。

元熙二年（公元 420 年），刘裕灭晋建宋后，封刘义符为太子，司马茂英被立为太子妃。永初三年（公元 422 年）春，刘裕死后，刘义符即位，司马茂英也登上了皇后的宝座。但是刘义符荒淫无度，即位才两年，就不问朝政，整日和一些戏子混在一起，引得朝堂辅政大臣强烈不满。

后来，以司空徐羡之为首的大臣们闯入皇宫，逼刘义符交出皇帝玺缓，又召集文武百官，以太后的名义，列数其罪恶，将其帝位废去，将他降为营阳王，司马茂英也自然被降为营阳王妃。

不久，刘义符被诛杀，司马茂英又被改称为南丰王太妃。公元439年，司马王太妃过世，年四十六岁。

袁齐妫　南朝宋文帝刘义隆皇后

□ **档案：**

姓　名： 袁齐妫

生卒年： 公元 405~440 年

籍　贯： 陈郡阳夏（今河南太康）

婚　配： 南朝宋文帝刘义隆

封　号： 皇后

谥　号： 元

公元 405 年，袁齐妫出生在一个世代为宦的家族，曾祖父袁耽曾在晋朝做过历阳郡（今安徽和县）太守、祖父袁质做过琅琊（今山东临沂北）内史，父亲袁湛做过左光禄大夫的大官。袁齐妫因为是小妾王氏所生，所以在家庭中的地位并不高。但是袁氏天生丽质，长大后更是娇美动人。

公元 420 年，袁齐妫嫁给宋武帝刘裕的第三个儿子刘义隆。当时的刘义隆被封为宜都郡王，袁齐妫被封为宜都王妃。公元 424 年，刘义隆称帝，袁齐妫被立为皇后。

起初，宋文帝刘义隆与袁氏情谊深厚。不久，皇后生下皇太子刘劭，后来又生东阳献公主刘英娥，更是十分得宠。因为袁齐妫的娘家贫穷，便常请求刘义隆拿钱资助。但是自从貌若天仙的潘淑妃入宫，宋文帝很快就将视线转移到潘氏身上，对她千依百顺。潘淑妃常自称只要请求皇上，没有什么办不到的。

袁齐妫起初还不相信，有一次便特意假借潘淑妃的名义向刘义隆要求三十万，没想到才一晚上刘义隆就将钱拨下来了。宋文帝因生性节俭，每次给袁皇后娘家补贴生活的钱，也不过三五万钱。可是通过潘妃，一夜之间，宋文帝就将三十万钱一文不少地送到了。为此，袁齐妫感到分外怨恨，至此假托自己身体不适，不再与刘义隆见面。刘义隆每次来到她的寝宫，她都回避到别处。就连儿女们前来探望她，她也不见。最后，袁氏终于怨恨成疾。

公元 440 年，袁皇后病危，宋文帝急忙前来探视。刘义隆执起她的手，流着眼泪问她有什么遗言要交代时。袁齐妫慢慢睁开眼睛，只是看着刘义隆，一句话也没说，过了一会，便用被子把头蒙起来，不再也看他了。

不久，袁皇后便在显阳殿过世，年仅三十五岁。袁齐妫死后，刘义隆相当哀痛，命当时的文学家颜延之作了一篇文辞华丽的哀策。刘义隆并以"抚存悼亡，感今怀昔"八字致意，表达了自己对袁皇后的怀念。有大臣建议用"宣"为谥号，后来宋文帝亲自定其谥号为"元"，故称其为"元皇后"。

沈容姬　南朝宋文帝刘义隆婕妤

□ 档案：

姓　名：沈容姬
生卒年：公元 415~453 年
籍　贯：不详
婚　配：南朝宋文帝刘义隆
封　号：婕妤
谥　号：宣

沈容姬貌美且聪敏，初被文帝刘义隆纳入后宫为妃，十分宠爱。刘义隆经常在退朝以后，前往沈氏宫中饮酒取乐。公元 439 年，沈容姬为宋文帝刘义隆生下第八个儿子刘彧后，被封为婕妤。

有一次沈容姬因为一些小过失触怒了刘义隆，皇帝一时间气得想要处死她。当时宫中有个徽音殿，自从袁皇后死后常有显灵一说，因此就关闭起来了。沈容姬于是来到徽音殿前哭喊："今天我没有罪而要被处死，如果先后在天有灵，应当知道这件事！"结果徽音殿里每个窗户竟然都应声而开。侍从随即将此事禀报刘义隆，刘义隆惊讶地前往去看，也认为是皇后显灵，遂饶过了沈容姬。

公元 453 年，沈氏和宋文帝刘义隆先后去世，被安葬在建康（今江苏南京）附近的莫府山上。

宋孝武帝即位后，追赠沈氏为湘东国太妃。公元 465 年，明帝刘彧即位，追赠其生身母亲沈氏为皇太后，谥号"宣太后"，称其陵为崇宁。

路惠男　南朝宋文帝刘义隆淑媛

□ 档案：

姓　名：路惠男
生卒年：公元 412~466 年
籍　贯：丹阳建康
婚　配：南朝宋文帝刘义隆
封　号：淑媛
谥　号：昭皇太后

路惠男，南宋文帝刘义隆的妃子，被封为淑媛。她年轻的时候也是非常美丽的一个少女，宫中在民间选取美女，路惠男就被选进宫里，成为文帝刘义隆众多妃嫔中的一个。

路惠男长得杏眼桃腮，千娇百媚。刘义隆对路妃还算宠爱有加，在被临幸过后，路惠男怀孕生了儿子刘骏。母凭子贵，所以在生下刘骏之后，路惠男的身份地位也有所上升，有一个正式的封号：淑媛。但是，随着年纪的增大，路妃逐渐失去了少女时那样出色的容貌，皱纹也爬上了脸颊和额头，于是她也逐渐被皇帝冷落了。路惠男只好跟着儿子刘骏出居外藩。

公元453年，她的儿子刘骏在建康城外登基为帝，是为南宋孝武帝，孝武帝尊她为皇太后。据传，刘骏是非常非常淫荡的一个人，无论亲疏贵贱，只要有几分姿色的女子，他都要召入宫中临幸。因为他是皇帝，别人也不敢不从。路太后溺爱儿子，对这种事情从不禁止，不久刘骏的丑事便已传得沸沸扬扬。

也许正是生活上的荒唐，导致刘骏年纪轻轻就死了。刘骏死后，其子刘子业即位，路惠男是祖母，因此被尊为太皇太后。有一个淫魔父亲，刘子业也好不了哪里去，身在皇位却不好好为政，结果被路惠男的养子刘彧杀掉，并且皇位也被刘彧夺走。

刘彧是路惠男的养子，二人虽然没有血缘关系，但是感情还不错，所以刘彧仍按照对待母亲的礼仪，尊她为皇太后。

公元466年，路惠男去世，谥号为昭皇太后。

王宪嫄　南朝宋孝武帝刘骏皇后

□ 档案：

姓　　名：王宪嫄
生卒年：公元427~464年
籍　　贯：琅琊临沂
婚　　配：南朝宋孝武帝刘骏
封　　号：皇后
谥　　号：文穆

王宪嫄，南宋孝武帝刘骏的皇后。王宪嫄的姿色虽不是十分出众，但却是大家闺秀，举止端庄，仪态万千。王氏是琅琊王家之后，琅琊的王家出了很多的后妃佳人，是一个名副其实的名门望族。东晋有个著名的丞相王导，就是她的祖辈。

王宪嫄嫁给刘骏的时候，他还没有登上帝位，所以只是一个亲王，这时候刘骏与王氏的感情是非常融洽的，刘骏对王氏也很宠爱。刘骏登基之后，就将王氏封为皇后。刘骏非常淫荡，王氏能够被封为皇后，说明她确实有过人之处，但是之后宠爱肯定就没那么多了。

刘骏死后，王氏的儿子刘子业即位，尊王氏为皇太后。可是，刘子业不仅不是个好皇帝，也不是个好儿子，对母亲很不孝。王宪嫄被尊为皇太后不久就染病卧床不起，她感觉自己很快就要离开人世了，所以想见一见儿子。她派人去叫儿子刘子业，刘子业和一群少年宦官正玩得高兴，不愿意去看望母亲。宫人们不敢隐瞒，就据实情回禀了太后。结果王氏就在这种遗憾和愤怒中孤独地离开了人世，时年只有三十七岁。不久与孝武帝刘骏合葬于景宁陵。

王贞凤　南朝宋明帝刘彧皇后

□ 档案：

姓　名：王贞凤
生卒年：公元 436~479 年
籍　贯：琅琊临沂（今山东临沂）
婚　配：南朝宋明帝刘彧
封　号：皇后
谥　号：明恭

王贞凤自幼有着良好的修养，熟读儒家典籍。长成大姑娘以后，更是端庄秀美，大方得体。

公元 449 年，年仅十四岁的王贞凤嫁给当时的淮阳王刘彧为妃。王氏为刘彧生有两个女儿，一个是晋陵长公主刘伯姒，另一个是建安长公主刘伯媛。在公元 465 年，刘彧称帝，她也被封为皇后。

公元 472 年刘彧驾崩，刘昱即位，身为皇太后的王贞凤经常耐心地劝导刘昱要勤学上进，关心国家大事。但刘昱无道，引起了内乱，后被大将萧道成杀死。萧道成自立为帝，王贞凤被贬为汝阴王太妃。

公元 479 年，王贞凤去世，时年四十三岁。萧道成追封其为"明恭皇后"。

江简珪　南朝宋后废帝刘昱皇后

□ 档案：

姓　名：江简珪
生卒年：不详
籍　贯：济阳考城
婚　配：南朝宋后废帝刘昱
封　号：皇后

江简珪（生卒年不详），济阳考城人，出身寒微，宋废帝刘昱的皇后，其祖父江智渊曾任官北中郎长吏。

公元 469 年，南朝宋明帝刘彧下令在全国各地为太子刘昱选妃。明帝喜欢那种身材小巧玲珑的女子，而名门之女多不合意。只有江简珪因自幼体材弱小，又因与刘昱八字相合最为吉利，便被选为太子妃。

公元 472 年，宋明帝刘彧死后，年仅十岁的刘昱即位，为后废帝。江简珪被册封为皇后。宋明帝刘彧生前一直担心自己死后刘氏宗室不能对幼主尽忠，于是杀尽了孝武帝的儿子及自己的亲兄弟们，仅留下伪装白痴的兄弟刘休范。没想到的是，刘昱刚即位两年，刘休范便从浔阳（今江西九江）起兵，直捣都城建康（今江苏南京）。幸亏当时任右卫将军的萧道成率军镇压，才使得叛乱平息。由于王室内部倾轧，致使萧道成的权势日益壮大。

公元477年，权力日益膨胀的萧道成杀死刘昱，还追贬他为苍梧王，江皇后也被贬为苍梧王妃。其后情况，便不可考究了。

谢梵境　南朝宋顺帝刘准皇后

□ 档案：

　姓　　名：谢梵境
　生卒年：不详
　籍　　贯：陈郡阳下（今河南太康县）
　婚　　配：南朝宋顺帝刘准
　封　　号：皇后

谢梵境，宋顺帝刘准皇后。陈郡阳夏（今河南太康县）人。曾祖父谢弘微，官太常，祖父谢庄，官光禄大夫；父谢飚，官太守。

刘准是宋明帝刘彧的第三子。明帝死后，由长子刘昱即位。当时的刘昱才十岁，后被萧道成所废，立刘准为帝。谢梵境在公元478年，被立为皇后。

没过几年，萧道成自立为帝，国号为"齐"。封宋顺帝为汝阴王，谢梵境降为汝阴王妃。

谢梵境和刘准移居丹阳宫，在当年五月份，刘准被杀，谢梵境不知所终。

何婧英　南齐郁林王萧昭业皇后

□ 档案：

　姓　　名：何婧英
　生卒年：不详
　籍　　贯：不详
　婚　　配：南齐郁林王萧昭业
　封　　号：皇后

何婧英，南齐郁林王萧昭业皇后，其祖父是南朝宋朝的司空，出身名门。萧昭业为南郡王时，与何氏结亲，聘何氏为王妃。

然而，何婧英与萧昭业真不愧是一对夫妻，双双都是恶习遍身，并且首要的恶习都是十分淫乱。

萧昭业是个花心大萝卜，他在祖父萧赜去世以后，以皇太孙的身份即位为帝，何婧英从而被封为皇后。萧昭业后宫佳丽三千，爱好女色的他整日流连在后宫众多美女中间，自然就没什么时间和心思想到皇后何氏了。何氏是个不甘寂寞的女人。皇上不陪伴她，她就自己主动找人了，而且还经常从萧昭业的朋友中选。

有一个美男子马澄，是萧昭业的臣子，何氏就常借机会接近这个马澄，一来二往地就开始眉来眼去了，当着萧昭业的面也会经常有暧昧行为，萧昭业不知情况，常常还跟他们一块玩乐。

青瓷五盅盘　南北朝

五盅盘是南北朝的流行器具之一，因在浅腹平底的盘内环置五个小盅而得名。此盘为南朝制品，属五盅盘早期制作阶段的产品。盘胎骨厚重，通体釉色青中闪黄，聚釉处呈玻璃状，釉面开细小纹片。浅腹平底，器内五小盅腹较浅，略高于盘沿，并利用釉的粘连与盘联成一体。此盘做工精细大方，为南北朝时期的青瓷佳品。

何氏和马澄最喜欢一个游戏就是掰手腕，因为常常是何氏、萧昭业以及马澄三人一起，所以就是何氏与马澄掰手腕，萧昭业在一旁做裁判，三个人煞有介事，实际上何氏只是借机与马澄亲近而已。

萧昭业还有一个比较得宠的臣子杨珉之，也是长得很俊俏的一个美男子，何氏与他走得非常近，还经常让他到宫中陪侍，据《南史》记载，何氏与杨珉之一同出入，犹如夫妻一般。萧昭业也是个人间奇葩，何氏这么大胆，他不可能一点都没察觉，但是他仍然对她放任不管，完全不介意自己被戴绿帽子。

反而是萧昭业的臣子们觉得这样实在是太丢人太不成体统，于是就有人上奏参本，认为何氏太不像话，希望萧昭业予以处罚。

何氏是皇后，不便将这些事情公布，所以当然就从杨珉之下手，建议将他处死以作警示。何氏不知私情外漏，替杨珉之求情，但是大臣们坚持，萧昭业迫不得已只好将杨珉之处死。

萧昭业其实是真的舍不得杨珉之。对于杨珉之这个美男子，不仅他老婆喜欢，他自己也喜欢。而且这个杨珉之的母亲是个女巫，他总觉得这个女巫是对他很有帮助的。因为他在登上皇位之前，他爷爷还在世的时候，就已经对权力有着非常强烈的欲望，为此他不惜请来女巫，也就是杨珉之的母亲来助他一臂之力，后来果然登上了皇位。但是，现在大臣们容不下这么个在皇帝和皇后之间乱搞的杨珉之，为了不遭到更多人反对，萧昭业也不得不妥协，将杨珉之给杀掉，以平息大臣们的不满。

何氏与萧昭业两个人在宫中都十分挥霍，祖上积累的钱财很快就被他们两个挥霍一空，更谈不上治理国家。

终于，萧昭业在位仅一年左右，萧鸾就起来反抗萧昭业了，他本是南齐的尚书令。萧鸾毫不客气地将萧昭业处死，又拥立萧昭业的弟弟萧昭文为帝。萧昭业虽然死了，还被萧昭文追贬，名号为郁林王，何氏也随之被贬为郁林王妃。

王韶明　南齐海陵王萧昭文皇后

□ 档案：

姓　名：王韶明
生卒年：不详
籍　贯：琅琊临沂
婚　配：南齐海陵王萧昭文
封　号：皇后

王韶明，南齐海陵王萧昭文的皇后，父亲王慈，南齐的司徒左长史。

十一岁的时候，王韶明与萧昭文成亲，萧昭文为齐武帝萧赜的孙子，当时被封为临汝公，王氏也就被称为临汝公夫人。

萧昭文的哥哥萧昭业即位以后，封萧昭文为新安王，这时萧昭文也不过十四岁左右，与丈夫萧昭文同龄的王韶明则被封为新安王妃。

萧昭业即位以后很是荒淫无度，大肆挥霍，大约一年左右，萧鸾就起兵反了萧昭业，并将萧昭业杀死。原本想杀死萧昭业之后自立为帝的萧鸾觉得时机还不到，因此先拥立萧昭业十五岁的弟弟萧昭文为帝，因而王氏也得以被立为皇后。

但是，这个时候的萧昭文和王氏夫妻虽为皇上和皇后，却完全没有自己的权力，甚至连自由都没有，所有的一切完全掌控在萧鸾的手中。就这样大约过了四个月，萧鸾终于本性全部暴露，将萧昭文废掉，贬为海陵王，王氏也被贬为海陵王妃，萧鸾自己登基为帝了。

虽然萧昭文这个时候已经被萧鸾夺去帝位还贬为海陵王，但是萧鸾还是没打算放过他，要置他于死地。萧鸾常让太医送药给海陵王萧昭文，并且逼迫他一定要喝下去。这些汤药表面是为了给萧昭文医治病症，实则是萧鸾专门为萧昭文配制的毒药。就这样，年仅十五岁的萧昭文就被萧鸾给毒死了，至于王氏，想来也一起被杀死了。

刘惠瑞　南齐明帝萧鸾皇后

□ 档案：

姓　名：刘惠瑞
生卒年：不详
籍　贯：彭城（今江苏徐州）
婚　配：南齐明帝萧鸾
追　封：敬皇后

刘惠瑞，南齐明帝萧鸾的夫人，萧鸾即位以后追封其为敬皇后。刘氏出身于官宦之家，祖父和父亲都在朝为官，刘氏在良好的家庭条件下成长，颇有气质。再加上天生貌美，于是被萧鸾看上，娶她为妻。

刘氏为萧鸾生了两个儿子，一个儿子是萧鸾的次子萧宝卷，一个是萧宝寅，排行老六。

刘氏与萧鸾一起大概做了二十年的夫妻，公元489年先萧鸾而去。后来由于萧昭业昏庸无能，萧鸾趁机将萧昭业杀死，扶持了傀儡皇帝萧昭文。几个月后，萧鸾觉得时机成熟，于是将傀儡皇帝萧昭文废掉，自立为帝，是为南齐明帝。这时候刘氏虽然已经去世好几年，但是萧鸾还没忘记她，将她追封为敬皇后。

公元498年，萧鸾去世，与刘氏合葬。

褚令璩　南齐东昏侯萧宝卷皇后

□ 档案：

姓　名：褚令璩
生卒年：不详
籍　贯：河南阳翟（今河南禹州）
婚　配：南齐东昏侯萧宝卷
封　号：皇后

褚令璩，南齐东昏侯萧宝卷的皇后。褚令璩出身名门，知书达理，非常有教养。萧宝卷是南齐明帝萧鸾的第二个儿子，萧鸾的夫人敬皇后刘惠瑞所生。

萧宝卷与褚令璩的结合，并不是因为两人有感情，而是仅出于门当户对。褚令璩的父亲是非常有名的医生，母亲是庐江公主。古代娶妻要娶门当户对且温柔贤惠、能操持家务管理内政的，而娶妾就要娶美丽漂亮的。妻子职责虽大，感情上可能没有妾室得到丈夫的疼爱多。

公元495年，萧鸾病逝，萧宝卷即位，褚令璩也被封为皇后，但是却并不得宠。一个温柔贤淑知书达理的女人，从感情上往往会输给那些使尽力气讨好君主又年轻漂亮的妃子。萧宝卷登基以后，梅虫儿等臣子为了得到萧宝卷的青睐，广选美女来贿赂萧宝卷，萧宝卷当然不亦乐乎地全盘接受，并且对一些美女非常宠爱，褚皇后则早就不在他的眼里了。

被冷落在一旁的褚皇后都没有机会与皇帝接触，更谈不上生孩子的事，所以她不仅得不到丈夫的温暖，连有孩子的机会也丧失了，孤单地生活在后宫中。好在后来褚皇后收养了一个儿子，感情上终于有所寄托。这个儿子叫萧诵，是萧宝卷一个妾室所生，但是很早就去世了，只留下一个幼小的孩子。这个孩子很小就没了母亲，父亲又是整日穿梭于百花丛中，也不可能得到多少疼爱。褚皇后在收养他之后就如同亲生儿子一样对他，两个人同时都得到了感情滋养，关系相处得非常好。

由于萧宝卷整日饮酒作乐，公元501年，当时为雍州刺史的萧衍轻而易举地就率军进入了含德殿，手下的太监将萧宝卷杀死，政权从而落入到萧衍的手中。萧宝卷死后，被追贬为东昏侯，连带着皇后褚令璩和她的养子萧诵也被贬为庶人。

王华 南齐和帝萧宝融皇后

□ 档案：

姓　名：王蕣华
生卒年：不详
籍　贯：琅琊临沂
婚　配：南齐和帝萧宝融
封　号：皇后

王蕣华，南齐和帝萧宝融皇后。琅琊王氏家族出了很多的皇后和妃子，王蕣华就出自这个家族。萧宝融为南齐明帝萧鸾的第八个儿子，是南齐东昏侯萧宝卷的弟弟。

王蕣华嫁给萧宝融的时候，萧宝融还是随郡王，那时候的生活也许比当皇帝以后的生活更加惬意。公元501年，荒淫无度的哥哥南齐东昏侯萧宝卷被萧衍所杀，萧衍掌握大权，但是由于时机还不成熟，因而没有自立为帝，而是拥立了年纪尚小的萧宝融即位，是为和帝，王蕣华因而得以被立为皇后。

但是萧宝融这个皇帝和王蕣华这个皇后，也只是有名无实。第二年，萧衍在掌握所有军政大权之后，就将和帝萧宝融给废去，贬为巴陵王，并且从都城建康搬迁到姑熟（今安徽马鞍山当涂），王蕣华也随之被贬为巴陵王妃，同萧宝融一起迁移出建康。

郗徽 南梁武帝萧衍皇后

□ 档案：

姓　名：郗徽
生卒年：公元 467~499 年
籍　贯：高平金乡
婚　配：南梁武帝萧衍
追　封：皇后
追　谥：德皇后

郗徽，南梁武帝萧衍的皇后。郗徽出身名门，其先祖几代人都是东晋名臣，父亲郗烨曾任太子舍人，母亲为浔阳公主，身份都很尊贵。

据传郗徽出生的时候，她出生的那间房间里满屋里被红光笼罩，屋子里的所有物品都被照耀得透亮，一眼看过去全部都清清楚楚，家里人都觉得很是奇怪。一般遇到这种情况，不是大吉之兆，就是不利之兆。家里请来女巫，女巫说这个女孩出生时候的这个光很不一般，可能有些不利的地方，于是就在水边给她整治了一下。

郗徽果然是从小就十分聪明，记忆力好，脑子也转得特别快，最重要的是有勤奋好学的热情。她不仅通读史书，书法文笔也非常好，善隶书。尽管花了很多功夫学习知识，但是她在女红方面的功课也一点儿都没落下，于是很快才貌双全的她就美名远扬，各名门望族家的公子都看上了她，上门提亲的人络绎不绝。其中提亲的一个是南朝宋朝后废帝苍梧王刘昱，他有意想娶郗徽为皇后。郗徽的父亲对刘昱比较了解，这个人聪明是很聪明，但是非常残暴，简直杀人成性，稍有不合意的事情可能就要将身边的人处死，郗徽的父亲郗烨不愿意把女儿送入虎口，就找借口说女儿身体有重大的疾病，不适宜结婚，这样才推辞掉这门求婚。后来，安陆王萧缅又想要娶郗徽为妻，萧缅的条件很不错，然而还是没被郗徽的父亲看上，又以同样的借口拒绝了。

最终，郗徽的父亲觉得萧衍是个好小伙子，前途不可限量，于是同意将女儿许配给他，郗徽这才与萧衍结为夫妻。夫妻二人感情很好，并且生了三个孩子。不过可惜的是，这三个孩子都是女儿，并没有儿子。萧衍虽然很喜欢郗徽，但是生儿子传宗接代继承家业也是很重要的事，于是他准备纳妾，为生儿子做准备。可是郗徽却不高兴，她容忍不了丈夫还和别的女人在一起，但是萧衍还是娶了一个丁氏。不过即使有了妾室，郗徽对萧衍管理还是很严格，是不可以轻易接触到丁氏的，因而在郗徽还在世的时候，丁氏也没能有身孕。

公元499年，郗徽病逝，时年才三十二岁。她死后萧衍也得以有机会亲近丁氏，丁氏果然不负所望，接连给萧衍生了两个儿子。

公元502年，萧衍登基，建立梁朝。当上皇帝以后，他还是对结发之妻郗徽念念不忘，追封她为皇后，而且此后也没有再立其他的皇后了。

丁令光　南梁武帝萧衍贵嫔

□ **档案：**

姓　　名：丁令光
生卒年：公元 485~526 年
籍　　贯：谯国（今安徽亳州）
婚　　配：南梁武帝萧衍
封　　号：贵嫔
追　　尊：穆太后

丁令光，南梁武帝萧衍的贵嫔，谯国（今安徽亳州）人。丁令光生于农家，从小在家劳作，因此身体状态很好，性情也很宽仁。萧衍的正妻郗徽嫁给萧衍以后，两人感情虽好，但是郗徽接连生了三个孩子都是女儿，眼见生子无望，萧衍非常希望能有儿子传后，所以就萌生了纳妾生子的想法。

一天，萧衍和手下一行人到汉水之滨的镇樊城，众人雅兴正好，就登楼观望。登上城楼，汉水的景色尽收眼底，美不胜收。恰好这时河边还有一位女子，正聚精会神地在水中击絮，画面十分完美和谐，萧衍霎时就喜欢上了这个女子。此时的他正寻思想要娶一个妾室，于是这个女子就被他锁定了。

之后他就派人调查这女子的底细，知道她为附近的丁姓人家之女。据说丁令光出生的时候就很神奇，虽是出生于一个普通家庭，但是出生之日整个房间犹如有神光一样，满屋子紫气缥缈，十分壮观。然而十多年来除了同其他姑娘一起劳作的时候很多姑娘都被虫子袭击，唯独她却一点伤都没有之外，命运似乎没什么不同，每天都是在家帮扶父母劳动。看来这次是她命运的转机到了。此时的丁令光已经有十四岁，按当时习惯，十四岁的姑娘就可以嫁人了。丁家确实已经在和同乡的魏家在商讨这件事情，魏家已经上门提亲，只是两家还没达成什么实质性的协议。

对丁氏有一番了解之后，萧衍对她更满意了。他要的是一个能生儿子的妾室，所以对出身什么的也没什么要求。况且这个丁氏性格这么好，娶进家里不会乱套，他在外打仗打江山都很安心。但是娶妾这个事情遭到了妻子郗徽的反对，作为一个女人，当然不希望自己的丈夫被别的女人一起分享，并且郗徽生性妒忌，比一般的女人更加地小心眼。为了生儿子，萧衍没有妥协，坚持要娶丁氏。而在丁家那边，萧衍当时已经是赫赫有名的人物，能攀上这样一门亲事丁家当然乐歪了嘴，迫不及待地同魏家那边停止商量，高高兴兴地准备女儿的出嫁事宜了。

刚嫁给萧衍的时候，丁令光的日子非常不好过。之前阻挠丈夫纳妾没有成功，这回郗徽肯定不会给丁氏什么好脸色看。妻子欺负小妾是太正常的事情了。郗徽虽然是正室，但是她还是十分害怕这个新进门的小妾会夺走丈夫对她的感情，另外她又没有儿子，万一丁氏真的进门就生下儿子来，对她的地位也是威胁。所以一方面，她百般阻挠萧衍与丁氏同房，另一方面，她还经常将丁氏当下人对待，让她做各种体力活。萧衍忙于事业，家里的事情估计大多也不太清楚。就算他对妻子的行为有所耳闻，也就睁一只眼闭一只眼过去了，他总不会为了小妾而对妻子大打出手，所以这些苦头丁氏是必须得吃。不过好在丁氏已经十分习惯劳动，而且身体也能经受得住，所以还能坚持，加上她性格宽厚仁慈，也没有对郗徽怀恨在心。

转机在于两年后。两年后郗徽生了一场大病，不久就病死了，那时候郗徽还相当年轻，才三十出头。萧衍虽然很是悲痛，但是人死不能复生，他给妻子的后事办好以后，生活还是要继续的。没了郗徽之后，萧衍就有更多的机会亲近丁氏了，萧衍的眼光果然没错，没多久丁氏就怀孕了，十个月的辛苦孕育，丁氏生下了一个男孩，可把萧衍高兴坏了。之后丁氏又给萧衍生了一个男孩，总算是补上了萧衍没有儿子的遗憾。

响铜酒器　南北朝

公元502年，见各方面时机都差不多已经成熟，萧衍就逼迫齐和帝让位给他，此后他登基为帝，建立梁朝，史称南梁。萧衍登基以后，因为郗徽是正妻，并且二人感情还很好，萧衍就追封她为皇后，并且皇后之位一直再没册封别人，这大概也能显示出在政治上很有野心的萧衍在生活中还是很有感情的。这个为他生下儿子的全家功臣丁氏则被封为贵嫔，地位仅次于皇后，丁氏的大儿子被立为太子，也就是历史上十分有名的昭明太子萧统。

萧统酷爱读书，对文学很有兴趣，就召集了一大批人专门作文学研究，最后主持编著了中国古代第一部文学作品集《昭明文选》。但是昭明太子命薄，三十岁就去世了，他父亲萧衍在位四十多年，因而昭明太子没能即位就去世了。昭明太子萧统去世以后，萧衍又立萧统的弟弟萧纲为太子，萧纲也是丁氏的儿子，即后来的简文帝。

丁氏现在已经是过上了常人所过不上的好生活，权力也有，地位也有，钱财更是不缺。但是她没有因为生活的变化而改变本性，仍然是一副宽厚谦恭的模样，在后宫不对任何人苛刻，无论对上还是对下都以礼相待，大家对她都很是爱戴。尤其是她曾出身低微，现在有能力提拔家人，但是也还是十分注意控制娘家的势力，只给他们该得的，并不会为他们谋取更多不合理的利益。

丁氏生性宽容，大概与信佛教也有些关系，她对佛家典籍非常精通，还把自己的私人财物大量捐赠给佛门。

公元 526 年，四十一岁的丁贵嫔去世。武帝萧衍非常悲痛，专门为丁氏写了一篇哀册以赞扬她生前的美德，给她谥号为"穆"。她的小儿子萧纲即位以后，又追尊她为"穆太后"。

阮令嬴　南梁武帝萧衍修容

□ **档案：**

姓　名：阮令嬴
生卒年：公元 477~542 年
籍　贯：会稽余姚（今浙江宁波余姚）
婚　配：南梁武帝萧衍
封　号：修容
谥　号：文宣太后

阮令嬴，南梁武帝萧衍的妃子，会稽余姚人。阮令嬴一生有三次婚姻，在嫁给梁武帝萧衍之前她已经嫁过两次人了，由此而能得知阮令嬴一定是美艳惊人。

阮令嬴实际并不姓阮，她父亲姓石，母亲姓陈，都跟阮没有关系，所以原本她也是姓石的。阮姓是在她被萧衍封为修容之后才被赐的姓。

阮令嬴第一次嫁的人是萧遥光，阮令嬴为其妾室。萧遥光想要谋反，除掉南齐东昏侯萧宝卷，结果谋反未成的他反被萧宝卷除掉。萧宝卷是个十足爱好美色的人，见到萧遥光的姬妾阮氏（当时为石氏）的时候，就被她的美色所吸引，于是将她直接收进后宫了。萧宝卷这个昏君在帝位上也没多久，萧衍就起兵反抗，废掉了萧宝卷，并且把他的后宫全部遣散，有些宠妃被分配奖励给萧衍手下一些大功臣，有些就各自回家，唯独这个石氏姿色出众，萧衍就自己留了下来，封名号为采女。由于她真的很有几分姿色，所以萧衍也经常"光顾"她，她竟然怀孕，并且生下了一个儿子，这个儿子就是萧绎，后来的梁元帝。萧衍见她给自己生了儿子，非常高兴。古时候的女人，谁生了儿子谁就是家里的功臣，在家里的地位也不一样，在皇宫里尤其如此。所以有了儿子之后，她在萧衍眼里就更加不一样了，地位也要上升。萧衍因此封其为修容，并且赐给她一个新的姓氏：阮。

公元542年，阮氏去世。此时的阮氏有六十五岁，已经算是高龄了。梁武帝萧衍下诏封她谥号为"宣"。后来她的儿子萧绎即位，即梁元帝，又追封母亲为"文宣太后"。

徐昭佩　南梁元帝萧绎妃

□ 档案：

姓　名：徐昭佩
生卒年：？～554年
籍　贯：东海郯县（今山东郯城北）
婚　配：南梁元帝萧绎
封　号：妃

徐昭佩，南梁元帝萧绎的皇妃，出身名门。其祖父徐孝嗣和父亲徐绲都在朝中为官，徐昭佩也颇受几分熏陶，有些文学才能。徐妃长相并不是很出众，与萧绎的感情也不是很好，但是她在历史上却留下了"半面妆"和"徐娘半老"这样两个典故让人们记住她。

"半面妆"的典故是这样来的。徐昭佩是萧绎的原配夫人，也就是正妻，两人结婚的时候萧绎还是湘东王。萧绎与徐妃感情并不是很好，一方面是徐妃长相并不出众，另一方面，徐妃出嫁当日接连发生了许多妖邪之事，先是起狂风，后是下暴雪，最终雷鸣大作，大家都认为这是不祥之兆，萧绎自己心里也有这种想法，所以从一开始就对徐妃心有芥蒂。

萧绎登基以后，只将徐氏封为妃，而不将其封为皇后，就是因为对她有成见。而且萧绎也很少临幸徐妃，经常是两三年才到徐妃那里留宿一次，徐妃心里也非常不满。起初的时候，徐妃对萧绎还百般迎合，企图讨他的欢心。但是经过种种努力之后，萧绎对她的感觉不仅没有改变，反而仍然是双眉紧锁，透出一股厌恶之情，渐渐地徐妃也就放弃了讨好萧绎。由于后宫生活百无聊赖，徐妃就寄情于酒，结果常常在萧绎的宴会上也喝得酩酊大醉，还会直接将污秽物吐在萧绎的身上，萧绎更加对她厌恶不已。

在后宫里，无论哪一个妃子，得知皇上要来临幸自己，都是极大的荣耀，一定会像赴盛宴一样装扮自己，以博得皇上的好感，加深对自己的印象。然而，由于徐妃对萧绎已经没有什么感情寄托了，就在他面前非常不顾及形象。有一次，知道萧绎要来自己这里，徐妃居然故意化了一个半面妆，只将自己的半张脸加以修饰，而另外半边脸就保持原样。萧绎来见了她之后，十分生气，就甩袖出门而去。萧绎之所以那么生气，一来是因为这么不注意形象是对他的不敬，另外还有一个特殊的原因就是萧绎这个人不知何故瞎了一只眼，因此是个独眼。对于他这个身份来说，本来对这个缺点就有些在乎，而徐妃公然这么画半边脸，就是揭他疮疤嘲笑他是个独眼，他岂有不生气之理呢！

再说徐娘半老。在后宫中生活本来就寂寞，又得不到皇帝的宠爱和临幸，徐妃也是有七情六欲之人，因此就想到找别的男人。当时元帝萧绎有一个朝臣季江，长相非常好，是一个风流倜傥的潇洒美男子。徐妃见到他之后就对他起了私心，两人就开始有了通奸之情。这"徐娘半老"的典故就是出自季江，他自己说"徐娘虽老犹尚多情"。

徐妃不仅与季江这样的美男子往来，还常勾搭瑶光寺的僧人，这人经不住诱惑，也就跟徐妃混在一起了。

后来，徐妃又听说有一个叫贺徽的美男子，于是对他也起了私心，还主动写出火辣辣的情诗送给他。男人收到女人主动给自己的情诗，何况这个女人还是当今皇帝的妃子，贺徽居然没有拒绝，两人一来二往地不断有情诗往来。这事终究被萧绎发觉，他终于忍无可忍，让徐妃自杀。徐妃知道这回是没什么退路了，于是投井而死。徐妃已经死了，萧绎还觉得不解气，也不安葬她，还把她的尸体送回了她的娘家，让他们自己处理，并且说不要这个妻子，要休了她。徐妃长期与丈夫梁元帝萧绎作对，终究没落到什么好结果。

徐妃的这些做法不仅害了自己，还连累了自己的儿子。她为萧绎生了一个儿子萧方等，还有一个女儿益昌公主。母以子贵、子以母贵的社会，母亲不受父亲待见，儿子也会不怎么受到父亲的待见，萧方等就是这样，常年生活在不安之中，生怕父亲不知道什么时候降罪于母亲，然后再降罪于自己，所以他时常要向父亲表明忠心。其实萧方等是颇有些才能和志气的人，在侯景之乱时表现得很勇敢而且也很得军心，但是徐妃一再地挑衅萧绎的忍耐力，连累至他对萧方等的感觉也很不好。萧方等则常常请求带兵出征，以弥补这些。终于在讨伐萧誉的时候，萧方等溺水而死，葬送了年轻的性命。

王氏　南梁敬帝萧方智皇后

□ 档案：

姓　名：王氏
生卒年：不详
籍　贯：琅琊临沂（今山东临沂）
婚　配：南梁敬帝萧方智
封　号：皇后

王氏，南梁敬帝萧方智的皇后。王皇后出身名门，父亲官至太子中庶子，然而这个末代皇后一生恐怕从没有享受过什么超乎常人的幸福和快乐。

萧方智是南梁元帝萧绎的儿子，被封为晋安王时娶王氏为晋安王妃。当时无论是萧方智还是王氏，年龄都仅为十岁左右，还处于什么都不太懂的年纪，所谓的婚事也都是由家里安排，身不由己。

后来陈霸先掌握了朝中大权，他在除掉平定侯景之乱的王僧辩之后，又扶持年纪尚小的太子萧方智为皇帝，是为南梁敬帝，也是南梁的最后一位皇帝。敬帝即位，封王氏为皇后。

没过多久，陈霸先就逼迫敬帝让位，陈霸先自立为帝，建立新的陈朝政权，敬帝被贬为江阴王，皇后王氏也被贬为江阴王妃。后事不详。

章要儿　南陈武帝陈霸先皇后

□ 档案：

姓　名：章要儿
生卒年：公元 506~570 年
籍　贯：吴兴乌程（今属浙江）
婚　配：南陈武帝陈霸先
封　号：皇后
谥　号：宣太后

章要儿，南陈武帝陈霸先的皇后。章要儿本不是南陈武帝陈霸先的原配夫人，而是陈霸先的续弦，但是两人婚后感情很好，还生有一个儿子，取名陈昌。

章要儿本来应该姓钮，但她的父亲是被养父母养大，而养父姓章，所以后来就改姓章，女儿也就跟着姓章了。

章要儿从小就不是等闲之辈，她修习文学，精通文墨，《楚辞》和《诗经》这些书里的内容能够信手拈来。陈霸先在夫人去世之后，便将章要儿娶为续弦。章要儿跟随陈霸先的时候，正是南梁末期，国家政治动荡，陈霸先不得不率兵四处作战。侯景之乱爆发以后，陈霸先辅助王僧辩一起平定侯景之乱，但是章氏却被侯景俘虏了。后来侯景之乱终于被平定，章氏被救出，陈霸先也由此立功官位更升一职。

此后，陈霸先就称章氏为夫人，也就是在家里的地位上升了。而陈霸先的势力也越来越雄厚，逐渐掌握了南梁的大权，终于于公元 557 年，陈霸先逼迫萧方智退位，自己称帝，建立陈朝政权，代替了梁朝的政权，陈霸先即陈武帝，夫人章要儿则被封为皇后。

但是两年之后，陈武帝陈霸先就病逝了，这时候还没来得及立太子。当时刚刚新生的陈朝政权还没有稳定，南梁的旧臣还心存恢复梁朝政权的梦想，周边的政权也在觊觎着陈朝的土地，北齐、北周等政权正在与陈交战，外患非常严重。此时武帝驾崩，无疑是对新生政权的一种巨大考验，如果没有人及时出面稳定这个局面，很可能刚刚建立的陈朝政权就要夭折了。

这个时候，身为皇后的章要儿十分清楚当时的形势，如果率兵在外作战的将领们知道自己的皇帝已经驾崩，无疑对军心是一种摧毁性的打击，而敌军知道这件事必定大为振奋。尤其关键的是，如果这个时候有野心家想要篡位，那就是轻而易举的事情。所以章要儿一边与还留在朝中的大臣们商量后事，一方面把武帝驾崩的消息隐瞒，然后另一方面又紧急将武帝的侄子陈蒨从战场上调回都城，让他来继承皇位，稳定局面。这样三管齐下，果然陈蒨顺利登基，也没有影响到前线作战情况，武帝的丧事最终也完成，陈朝的政权也稳定了下来。

大局稳定，章要儿有莫大的功劳。侄子陈蒨即位以后对她也很尊敬，尊其为皇太后，陈蒨就是陈文帝。

没几年以后，陈文帝去世，继位者是陈文帝的长子陈伯宗。陈伯宗即陈废帝，尊章要儿为太皇太后。由于陈伯宗即位时年少，当时才十一岁左右，因而政权很快就被辅佐大臣之一，也就是他的叔父，陈文帝陈蒨的弟弟陈顼掌握。由于大势所趋，章太后遂召集众大臣一起商讨，决定废去陈伯宗的皇帝位，由他的叔父陈顼为帝。之后陈伯宗被废为临海王，陈顼则登基为帝，是为宣帝。由于陈顼与陈蒨是兄弟，只比章要儿晚一辈，因此章要儿由太皇太后又变成了皇太后。

公元 570 年，六十四岁的章太后去世，被谥为"宣太后"。

沈妙容　南陈文帝陈蒨皇后

□ **档案：**

姓　名：沈妙容
生卒年：?　~605 年
籍　贯：吴兴武康（今浙江湖州）
婚　配：南陈文帝陈蒨
封　号：皇后

沈妙容，南朝陈文帝陈蒨的皇后。沈妙容的父亲是南陈之前的南梁的大臣，官至南梁参军。在南陈建立之前，沈妙容就已经嫁给陈蒨了。陈蒨是南陈开国皇帝陈武帝陈霸先的侄子。

南梁末期发生了一场侯景之乱，当时南梁的皇帝萧衍被侯景软禁了起来，陈家也有很多人成为侯景的俘虏，其中就包括南陈武帝陈霸先的夫人章要儿，还包括陈霸先的侄子陈蒨和夫人沈妙容。所以沈妙容和陈蒨，也可谓是一对患难夫妻了。

陈霸先协助王僧辩一起平定了侯景之乱以后，因立了大功，所以官位进一步得到升迁，野心也越来越大，想要建立陈氏政权，并且最终确实建立了陈朝政权取代了南梁，陈霸先称帝，是为陈武帝，陈蒨作为陈霸先的侄子，被封为临川王，沈妙荣自然被称为临川王妃。

公元 560 年，武帝陈霸先病死，陈武帝的皇后章要儿临危不乱，秘密急召陈霸先侄儿陈蒨回朝，于危急关头扶持他登基，以稳定陈朝政权。陈蒨登基，即陈文帝，沈妙容则被封为皇后。

沈妙容为陈蒨生了长子陈伯宗，陈伯宗被立为太子。

几年以后，陈文帝陈蒨去世，皇位由太子陈伯宗继承，陈伯宗即陈废帝，沈妙容被尊为皇太后。然而，这个陈伯宗很是懦弱，即位的时候年纪也比较小，所以政权很快就落入辅政大臣陈顼的手中。陈顼本是陈伯宗的叔父，父亲陈蒨的弟弟。他对权力很有欲望，陈顼觉得他这个侄儿陈伯宗也确实太没有帝王的能耐了，所以想取而代之。

沈妙容虽是妇道人家，但是她对时局很是了解，知道这个陈顼很有野心。为了保护儿子，她就与另外几位辅政大臣一起，企图将陈顼摆平，不让他威胁陈伯宗的地位。当时一起谋事的是张安国等人，没想到他们的计划暴露，陈顼反过来先发制人，将张国安等人斩首处决。

后来，在形势的逼迫下，由太皇太后章要儿出面主持，将陈伯宗废为临海王，陈顼即位为帝，是为宣帝。陈顼即位以后，沈妙容由皇太后改称为文皇后。

公元589年，隋朝大军突起，南陈被灭，陈宗室许多人被俘虏，沈妙容也被虏至长安。最后隋朝统一全国，沈氏离开了长安，准备返回江南，但在返回的途中就去世了。

柳敬言　南陈宣帝陈顼皇后

□ 档案：

姓　名： 柳敬言
生卒年： 公元 533~615 年
籍　贯： 河东解（今河南洛阳）
婚　配： 南陈宣帝陈顼
封　号： 皇后

柳敬言，南陈宣帝陈顼的皇后。柳敬言出身名门，她是南梁皇室之后，她母亲是南梁武帝的女儿长城公主。柳敬言长得非常美，从身材到面貌都无以挑剔，身材修长，貌若桃花。

虽然家世很好，但是她从小也吃过不少苦头。她并不是那种只有美貌而没有智慧和胆识的人。九岁那年，她父亲在任鄱阳太守的任上突然死去，全家顷刻之间就失去了大靠山，年幼的柳氏在家庭受到如此打击的时候，勇敢地站出来支撑家庭，将家务处理得井井有条。

公元548年，侯景之乱爆发了。在战乱年代，众多的人流离失所，备受战乱之苦，她的外公梁武帝也死于这场战乱之中。柳氏就在这个时候带着弟弟一起去投奔舅舅梁元帝萧绎，萧绎很热情地接收了他们姐弟。

侯景之乱对梁朝的打击很大，陈霸先在这个时候得到重用，率兵去平定侯景之乱。考虑到皇室安危，陈霸先派自己的侄子陈顼去保卫梁朝皇室，于是柳氏和陈顼便认识了。

确切地说，是梁元帝这时候开始赏识陈顼的。陈顼也是长得特别帅的那种人，要身材有身材，要外貌有外貌，如今率军保护皇室安危，要能力有能力，前途不可限量。梁元帝于是就觉得，把外甥女嫁给这陈顼是很相配的事。就这样，在梁元帝的撮合下，陈顼就娶了柳氏。柳氏和陈顼感情和美，还生下一子陈叔宝。

陈叔宝出生以后，由于战乱，柳氏和陈顼整整分离了八年，她一直都是独自在照顾儿子陈叔宝。

这个过程中，南梁政权也灭亡了，柳氏的舅舅家也没了。陈霸先逼迫南梁敬帝萧方智让位，自己登基为帝，建立新的南陈政权，但是陈顼还一直在外率兵作战。直到陈霸先病死以后，陈顼的哥哥陈蒨回朝即位，陈顼被哥哥封为安成王。又过了两年之后，柳氏才得以带着儿子回到丈夫身边。

陈顼的哥哥陈蒨去世以后，由他的侄子陈伯宗即位。这个侄子懦弱无能，陈顼作为辅政大臣逐渐大权在握，就有心自己为帝。不久他废掉这个侄子，将他降为临海王，自己登基为帝，是为南陈宣帝，柳氏被封为皇后。

其实柳氏不是陈顼的原配夫人，陈顼早在与柳氏成婚之前就已经娶了一个钱氏，陈顼即位以后也将钱氏接到身边，还封其为贵妃，两个人感情非常好。假使柳氏因此而嫉妒钱氏的话，也是很正常的事。但是柳氏虽是皇后，事事都以钱氏为先，仍然把她当作陈顼的原配夫人对待，非常有礼。

除了把夫妻关系相处得很好以外，她在处理朝廷事务上也是雷厉风行。陈顼死后，即位者是她的儿子陈叔宝，陈叔宝尊她为皇太后。陈叔宝就是著名的南陈后主，杜牧《泊秦淮》诗里的"商女不知亡国恨，隔江犹唱后庭花"指的就是陈后主陈叔宝。陈叔宝是个荒淫无度的皇帝，也没什么本事。在父亲去世后政权就相当不稳定，那时候他的兄弟陈叔陵就企图篡位，如果不是柳氏对他加以保护，恐怕他就被陈叔陵给杀掉了。登基之后由于他又不太善于处理政事，在他生病不能理政的那段时间朝政大事都由柳太后来定夺，柳太后将朝政事务都处理得井井有条。当陈后主病好了，柳太后就不能够再以太后的身份处理政权事务了。但是陈后主只顾贪图享乐，最终将陈朝葬送了。

陈朝灭亡以后，柳太后也成为隋朝军队的俘虏，被带到长安，后于八十二岁时去世。

沈婺华　南陈后主陈叔宝皇后

□ 档案：

姓　名：沈婺华

生卒年：不详

籍　贯：吴兴（浙江湖州）

婚　配：南陈后主陈叔宝

封　号：皇后

沈婺华，南朝后主陈叔宝的皇后。沈婺华为名门之后，她的母亲就是南陈建国皇帝陈霸先的女儿会稽公主。陈宣帝陈顼即位以后，立儿子陈叔宝为太子，娶沈婺华为太子妃。

沈氏从小就喜读诗文，性格娴静，是那种很安静又没什么欲望的人。她非常有孝心。在她很小的时候，她母亲会稽公主就去世了，她非常伤心，常常因为思念母亲而独自哭泣。

在与陈叔宝成亲以后，父亲又在这期间去世了。为了守孝，沈氏就与陈叔宝分房而睡。陈叔宝本来就是个见异思迁贪图享乐的人，由于两个人分居，陈叔宝很快就忘了沈氏，众妃子中有一个叫张丽华的，对陈叔宝百般顺从，深得陈叔宝的宠爱，后宫中的各种事情陈叔宝甚至不是让沈氏去打理，而是让张妃去打理。

陈叔宝的父亲陈顼去世以后，陈叔宝即位为帝，沈氏被封为皇后，但是也只是空有皇后之位，陈叔宝如今已经对她感情淡漠，大部分的注意力都在张丽华张贵妃的身上。但是，沈氏本来就清心寡欲，因此对此事也不太计较，反而更加潜心地去研究经史子集和佛法之类的东西。

虽然在感情上沈氏可以容忍陈叔宝这样，但是她却不能忍受陈叔宝在政务上的荒废。所以她常常会劝谏陈叔宝多理政务，少沉迷于享乐。但是陈叔宝哪里听得进去，正所谓忠言逆耳，他不仅没有从皇后的劝谏中醒悟，反而觉得沈氏惹恼了他，管得太宽。与言听计从的张丽华张贵妃相比，沈氏实在是太可恶了，张贵妃也显得更加善解人意和可爱了。于是陈叔宝决定，要将这个讨厌的沈氏废掉，不让她当皇后了，皇后之位自然要让给他可爱的张贵妃。

不过，他这想法还没得以实施，就连这个废后新立的资格都没有了。陈后主注定是个亡国的君主，陈在他手里被隋军所灭，陈叔宝和沈皇后都成为俘虏，由隋军押至长安。

陈后主先沈氏而亡，沈氏非常悲痛，她不计较陈后主对她的薄情，为他写了非常深情的赋文来哀悼他。隋炀帝也是个非常赏识才华的人，所以对沈氏非常礼遇，甚至出行都让沈氏相伴。但是隋朝也是个短命的朝代，隋炀帝后来被宇文化及所杀，隋朝也很快就被唐朝所取代。在隋炀帝被杀以后，沈氏就在天静寺出家为尼了，法号观音。

她在天静寺出家为尼的时候，正是隋末唐初混战的时候，许多百姓都被抓为壮丁参战，有时候连老幼妇孺都不能幸免。当时一个农民起义领袖李子通抓了一千多老弱妇孺，让他们去参战，于是有人就跑到天静寺，祈求让观音救他们。沈氏不忍心这些人白白去送死，于是设妙计，终于将这些人救下。后来许多人存活下来以后感激她的恩德，就把她的画像画下来，当神仙一样供奉着。

此次事件以后，沈氏觉得不能再留在原处，因为李子通的人马肯定不会放过她。所以她就偷偷地逃到了山东的白云庵，在这个庵里继续修行。

沈氏于贞观初年去世。

张丽华　南陈后主陈叔宝贵妃

□ 档案：

姓　名： 张丽华
生卒年： 公元 560~589 年
籍　贯： 不详
婚　配： 南陈后主陈叔宝
封　号： 贵妃

张丽华，南陈后主陈叔宝的贵妃。与皇后沈婺华不一样，张丽华出身贫寒，她的父亲以织席来谋生计。张丽华之所以比沈氏更得陈后主的欢心，一方面是她长得非常美，另一方面就是她善于迎合陈后主。

张丽华很小就入宫了，只是入宫不是为贵妃，而是为奴婢，她开始只是龚贵妃的一个婢女。有一天，身为太子的陈叔宝到龚贵妃那里，看到了这个年仅十岁的小美人。陈后主本性荒淫好色，看到她之后眼睛就直了，他还责怪龚贵妃说她这里藏有这么美丽的女子，居然不献给他。龚贵妃说事实不是这样的，她只是觉得张丽华年纪太小，才十岁呢，怎么献给你啊。然而这张氏年纪虽小，但是已经被陈叔宝给看上了，不久就让她侍寝了。

陈叔宝的父亲陈宣帝陈顼去世以后，皇位就由他来继承，他就是南陈后主，那个亡国的陈后主。陈后主将他的正室夫人沈氏立为皇后，张氏立为贵妃，但是他的感情却不在皇后身上，大多都放在张贵妃身上了。

张贵妃可谓是个七窍玲珑之人。她不仅貌美，记忆力还特别棒，另外凡有点什么事情进入她的耳朵，她基本上就能知道全部事情的原委了。因此这朝野上下或者是民间有点什么事情，基本上都瞒不过她。她在陈后主面前表现得非常乖巧善解人意，她才不会像沈皇后那样傻到劝谏他认真治理国家，怎么样快活就让他怎么快活去吧，只要陈后主开心了，那她也就想要什么就有什么了。因为她非常懂得怎么迎合陈后主，讨他欢心，因而后宫之事几乎都听她来定夺，而不是后宫之主皇后了。

陈后主不仅喜好美色，生活还十分奢侈。他当皇帝以后，嫌弃之前的居室都不够华丽，于是又重新建立起几座豪华的阁楼，其中包括临春阁、结绮阁和望仙阁。他把他最宠爱的几位妃子都安排住在这些楼阁里，并且每座楼阁之间都是相互连接着的，可以非常容易地从这座楼走到那座楼，以便他在看完了这位妃子之后，再去看那位妃子。这个张贵妃就是住在结绮阁里面的。

张氏不仅貌美，才艺也非常出色。她十分聪明，不管什么曲子或者什么舞蹈，总是一学就会，陈后主尤其喜好歌舞，专门为她作了一曲《玉树后庭花》。每日，陈后主就和张贵妃一起，伴着这些靡靡之音，饮酒作乐。

沉迷于美女和歌舞之中，陈后主完全没有心思处理政事，朝廷上的事情基本上就交给蔡临儿这些宦官处理。实在是需要后主处理的事情，他也一定要和张氏在一起，要让贵妃坐在自己的膝盖上，然后一起来商讨。由于张贵妃记忆力超好，所以她看过的东西都能记得，当陈后主处理事情的时候基本上她都可以将奏折上的内容一一地说出来，无需陈后主再去查阅了，因此陈后主更加喜欢她。一开始，后主可能只是在处理宫中事务的时候听张贵妃的，后来逐渐地，朝内外的大事都有张氏参与了。

每天游戏花丛，不亡国才怪。公元 589 年，隋朝的军队趁陈后主没有防备，轻而易举就打到了长

山水画像　南北朝

江之南，然后迅速攻破台城，接着就进了陈后主的皇宫。饮酒作诗是一把好手的陈后主，听到隋军已经进入皇宫了，顿时吓得六神无主，和张贵妃、孔贵嫔慌忙之间躲到一口废弃的枯井里，自己闭着眼睛捂住耳朵，装作什么都不知道地躲在枯井里，以为肯定不会有人发现他们。然而隋军却很轻易地就找到了这对风流夫妻，把他们押到长安去了。

当时还不是皇帝的隋军主帅杨广看到张贵妃的时候，也被她的美色迷惑住了，难怪陈后主宁愿沉迷于她的温柔乡里也不愿处理政务。杨广原本也想将张氏收到他的后宫里，但是遭到了群臣的反对：你看就是因为她，你才得以轻易就灭掉了陈朝。难道你想像陈后主一样吗？这话虽然不好听，但确实是这样，沉迷于色就容易弃国，英雄能打得下江山，往往在美人面前就没了抱负。

最终，杨广将张氏处死，时年二十九岁。

北 朝

慕容氏　北魏道武帝拓跋珪皇后

□ 档案：

姓　　名：慕容氏
生卒年：不详
籍　　贯：后燕中山（今河北保定）
婚　　配：北魏道武帝拓跋珪
封　　号：皇后

慕容氏，北魏道武帝拓跋珪的皇后。她本出身于后燕皇室，是后燕最后一个皇帝慕容宝的小女儿。

公元396年，北魏道武帝拓跋珪派兵发起对后燕的攻击，弱小的后燕无法挡住北魏庞大的攻势，很快就败下阵来。公元397年，慕容宝带领皇室和大臣们都放弃都城逃命去了，但是慕容氏却不知何故没有逃走，结果被拓跋珪抓住成了俘虏。

拓跋珪把慕容氏抓走以后，发现这个后燕的公主长得很漂亮，尤其是那一双眼睛，非常迷人，拓跋珪早就被那一双眼睛给勾住了。于是，拓跋珪就干脆把这个被他俘虏的后燕公主收入后宫，成为他妃嫔中的一员。

公元400年，拓跋珪该立皇后了。拓跋珪自己心中最理想的皇后人选是在慕容氏之前的夫人刘氏，他对刘氏非常宠爱，并且刘氏也为他生了一子一女，几乎是完美的皇后人选。然而，拓跋家族有一个铸造金人的习俗，所以拓跋珪的皇后也要通过铸造金人来决定谁更适合做皇后。

铸造金人的习俗是这样的，让皇后的候选人刘氏和慕容氏各自铸造一个金人，谁能够铸造成功，谁就是皇后的人选。结果刘氏不知何故，怎么弄金人都不能铸造成功，而慕容氏则很顺利地把金人给铸造起来了。于是慕容氏就在群臣的拥护下成为拓跋珪的皇后。

拓跋珪毕竟是一位很有野心的皇帝，他甚至梦想着要统一北方，假使能够将北方统一，也许他还愿意打到长江以南，将全国也都统一了。所以女人对于他来说，远远没有政权重要，况且作为一个君主，他根本就不缺女人。于是，为了进一步扩大自己的势力，公元402年，他想用与后秦和亲的方式来逐渐将后秦纳入麾下，就向后秦皇帝姚兴的女儿求婚，条件是将她封为皇后。不过，姚兴也没那么傻，他知道拓跋珪刚刚立皇后才两年，提出这个条件肯定不是出于对自己女儿的喜爱，而是另有图谋，因而就拒绝了他的求婚。所以慕容氏还是拓跋珪的皇后，只是后来也没有慕容皇后的记载了。

赫连氏　北魏太武帝拓跋焘皇后

□ 档案：

姓　名：赫连氏
生卒年：？～453年
籍　贯：统万城（今陕西榆林）
婚　配：北魏太武帝拓跋焘
封　号：皇后
谥　号：太武

赫连氏，北魏太武帝拓跋焘的皇后。赫连氏本是大夏国的公主，父亲是赫连勃勃，夏国的建立者。

当时的北方，势力最大的国家应当要数北魏，北魏不断吞并周围的小国，逐渐有统一北方的势头。

公元427年，北魏太武帝攻占夏国的都城统万城，赫连氏姐妹都成了拓跋焘的俘虏。三姐妹生于皇室，体貌都生得十分美。拓跋焘见到三个美女，于是一起带回宫中，成为他的妃子。

北魏拓跋皇族选皇后是要通过一个铸造金人的方法来确定的，这与中原的传统很不一样。后来，赫连氏铸造金人成功，于是成为拓跋焘的皇后。

公元452年，太武帝拓跋焘被太监宗爱暗杀，太武帝的小儿子拓跋余被拥立为帝，赫连氏被尊为皇太后。同一年，由于幼小的拓跋余又被宗爱暗杀，大臣们就群起将宗爱杀死，然后拥立太武帝的长孙拓跋濬为帝，他就是历史上赫赫有名的北魏文成帝。由于文成帝登基时赫连氏还健在，因而她被尊为太皇太后。

第二年，公元453年，太皇太后赫连氏去世。

冯氏 北魏文成帝拓跋濬皇后

☐ **档案：**

姓　　名：冯氏
生卒年：公元 442~490 年
籍　　贯：长乐信都（今河北冀州）
婚　　配：北魏文成帝拓跋濬
封　　号：皇后
谥　　号：文明

冯氏，北魏文成帝拓跋濬的皇后。她是北魏历史上非常有名的一个皇后，对北魏的政治有很深的影响。她本是北燕皇室之后，因为北燕被北魏打败，她父亲投降北魏，在北魏任西城郡公。后来不知何事，北魏认为她父亲冯朗有罪，将其诛杀，她也因此被没入宫廷做奴婢。因得到宫中姑母冯昭仪照顾，得以温馨长大，后因才貌出色，嫁给文成帝拓跋濬。文成帝去世以后，政事基本上都是由冯氏主持，她大量学习汉人之法，逐渐把北魏建立成一个比较文明的国家，对北魏产生了深远的影响。

北燕皇室之后，株连没入北魏宫廷

冯氏，原本是北燕皇室之后，祖父冯文通就是北燕的国君，父亲冯朗，也是北燕的皇子。后来北燕被强大的北魏打败，冯氏的父亲冯朗与冯氏的叔叔和伯父等人向北魏投降，并在北魏谋取了一官半职，冯朗时任西城郡公。

冯氏是在父亲投降北魏以后才出生的。公元 442 年，冯氏的母亲在长安生下了这个女儿。冯氏的父亲不管怎么说也是北燕皇室之后，所以这个时候虽然北魏已经基本上统一了北方，他也得以在北魏有不错的官职，但是别人可以过安定太平的日子，也许他心里却不是十分痛快。也许，他的内心深处，还时常想着要光复祖先的家业。所以后来，冯朗因罪而要被杀。史书上只记载"其父因罪被杀"，至于何故却不甚明了，很可能是他的身份使然。

由于父亲是死罪，冯氏就是死罪罪犯之女，受到连累，因此要被没入宫廷里充当奴婢，做苦役。年少的冯氏只能听从命运的安排，来到了北魏的内宫。

然而，不幸中的万幸是，她在宫里还有一位姑母冯昭仪，这位姑母也是北燕拿来和北魏交易，换取停战言和的，但是好在她在北魏的宫里还不是非常悲惨。冯昭仪见冯氏年幼，非常疼爱她，几乎是像母亲一样地关照她，因而冯氏虽然沦落为北魏宫廷的奴婢，但是也还是没有缺少太多的温暖。

姑母对冯氏的照顾非常全面，不仅向皇上请求不要让她干过重的苦役，像母亲一样关爱她，还不忘让她学文识字，向一个大家闺秀的方向发展。冯氏也没有辜负姑姑的栽培，她聪明伶俐，又非常好学，学过的东西很快就能掌握，并且对宫中的礼仪和宫廷内部的形势以及政治态势都有很深的理解，这为她以后的发展打下了坚实的基础。

才貌出色登上后位，与文成帝夫妻恩爱

到十岁左右的时候，冯氏就出落得如同一朵含苞待放的荷花，加上她勤奋好学，又懂宫中礼仪，气质非常不凡，因而被太子拓跋濬看上，把她选入了太子宫，从此她就告别了奴婢的身份。

公元 452 年，太监宗爱将太武帝暗杀，却没有立太武帝嫡孙拓跋濬为帝，而是拥立了太武帝的小儿子拓跋余为帝。宗爱将拓跋余视为傀儡，但是拓跋余却想摆脱他，宗爱看他不好掌控，于是又将拓跋余暗杀。这一段时间皇宫里非常乱，在一年之内接连两位皇帝都"莫名其妙"死去。拓跋余去世以后，拓跋濬即位，是为文成帝，封冯氏为贵人。

两位皇帝之死，其实满朝文武包括文成帝拓跋濬其实都心知肚明，知道是宗爱这个大太监干的。因此，拓跋濬一登基首要解决的事情就是将这个大奸大恶的太监给剪除掉，朝廷内外的奸臣佞臣都被文成帝给梳理了一遍，该杀的杀，该撤的撤，然后换了一批新鲜血液，任用良臣，于是朝廷局面很快就好了起来。

冯氏和文成帝的感情很好，她一直陪伴在文成帝的身边，将文成帝的生活照顾得很好。文成帝很有作为，知人善用，一改往日少数民族政权排斥汉人的做法，只要是有才有德之人，他都不拘一格起用，所以文成帝在位期间有大量的汉人被朝廷委以重任，冯氏对丈夫很是钦佩和崇拜。

公元 456 年，也就是文成帝即位的第四年，文成帝将他宠爱的冯氏册封为皇后。因为拓跋家族的传统，只有能铸造金人的人才可以被立为皇后，所以冯氏一定是将金人铸造成功了。其实铸造金人这件事，冯氏一定也研究过。毕竟这应该说是手艺上的事情，如果发挥不出失误，然后手法得当的话应该没有问题。冯氏从小就在宫中，必定知道拓跋家族铸造金人立后这件事。

登上皇后之位，就是后宫之主，自然身份贵不可言。但是冯氏倒是没有因为被立为皇后就要弥补当年被罚为奴婢的遗憾，还是一如既往地合理照顾文成帝的生活，把后宫打理好，不让文成帝为后宫之事烦忧。每每文成帝从外征战归来，冯氏必定尽量让文成帝感受到宫中的温暖，家庭的温馨，让他忘记在外征战的劳累与辛苦。除此之外，她对政治还非常感兴趣，所以对政事非常关注。

冯氏还有一个非常令人赞叹的地方，那就是在她对太子的抚养这件事上。文成帝即位以后，立拓跋弘为太子，太子并非冯氏所生，而是另外一个妃子李氏的儿子。当年拓跋弘被立为太子的时候，他还不到两岁，非常幼小。尽管两岁的小孩还不能够脱离母亲的，但拓跋家族已经立下了家规，不管是谁被立为太子，太子的母亲都要被赐死，这是北魏的开国皇帝拓跋珪定下的规矩。根据他对汉族政权的研究，他得出的结论是汉族很多政权都是因为母后掌握政权或者政权落入外戚手里导致政权衰落的，所以在他这里要坚决避免此类悲剧发生，于是他定下这个有些残忍的家规。拓跋弘被立为太子的那一天，也就是他亲娘被赐死的那一天。李氏去世以后，幼小的太子就交给皇后冯氏来抚养，冯氏对他视如己出，非常疼爱，太子虽然没有母亲，但是也收获到了母爱。

冯氏在后宫做了将近十年的皇后，这段日子过得很幸福，她和文成帝之间非常恩爱。可是，公元 465 年，年仅二十六岁的文成帝驾崩，此时冯氏年纪年仅二十三岁。最重要的是，她与文成帝的感情已经非常深切，没有文成帝的日子她真的不知道该怎样继续。在开始的那段日子，冯氏真的不知道该怎么过，只知道内心疼痛无比，食不下咽，夜不安寝，只有眼泪有永流不止的欲望。在安葬文成帝的时候，她恨不能跟着丈夫一起去死。在这种巨大的悲痛中，她几乎哭死过去。

当她从这种悲痛中醒来之后，她有了巨大的成长，就像换了一个人一样。是的，她已经跟着丈夫死了一次了，她有一部分生命已经跟随丈夫一起去到另一个世界了。但是，她又学会了坚强，她知道还有很重的担子需要她来挑，她是后宫之主啊！

聪明果决，狠心杀帝王而临朝执政

文成帝去世以后，太子拓跋弘即位，是为献文帝。拓跋弘是冯氏的养子，她对他的抚养很尽心，所以两人的感情还不错，拓跋弘即位以后尊冯氏为皇太后。由于献文帝年纪尚小，冯太后又为一介妇人，所以有些朝臣，比如乙浑等人，就觉得是自己夺权夺利的好时机到了。于是，乙浑就准备发动叛乱。冯太后虽然以前没什么参与朝政的经验，但毕竟也在后宫那么多年，耳濡目染也多少知道一些政治门路，但是最重要的是她的聪明果决。当冯太后收到乙浑有叛乱之心的密报时，就迅速在朝廷布置起来，很快就将乙浑之乱镇压下去了。这是冯太后第一次在政治上有所作为，从此她更加坚定地相信自己在政治上的能力了。

通过这次乙浑之乱，冯太后认识到很多人都想趁着献文帝还小，把朝廷弄乱，再浑水摸鱼。冯太后不能让这种事情发生，一定要将北魏的好好稳定下来。于是，她宣布由她来临朝称制，将大权掌握在她的手里，不让任何人有机会钻空子。

献文帝在十四岁的时候做了父亲。冯太后喜得皇孙，心情很是畅快，她想她也该退居后宫，安享晚年了。所以，公元467年，冯太后将朝廷大权交回到献文帝手上，自己退居幕后。献文帝在皇位上也坐了好几年，但一直被太后把持政权，自己没有亲政过。这次太后终于放权了，献文帝当然想要自己狠狠地把握住政权。于是，他一上台亲政，就来个大换血，太后所亲近的人全部被献文帝给换了，都换成了他信得过的人。更重要的是，献文帝杀掉了冯太后一位很宠爱的男宠李奕，这更加深了冯太后对献文帝的不满。尽管她与献文帝有母子之情，可是皇宫里的亲情总是会被利益所左右的。

冯太后由于心里不满，所以就对献文帝施加压力，要让他退位。献文帝这时已经成年，他心里都有数，所以他就干脆让位给自己的太子拓跋宏。拓跋宏即位，是为孝文帝。这时候的献文帝自己才十八岁，可以想见拓跋宏是多么小，他当政肯定需要人辅佐。献文帝就做太上皇，辅佐小皇帝拓跋宏。孝文帝那么小，所以实际的权力当然还是在太上皇拓跋弘的手里。拓跋弘这样做就等于是针对冯太后的一个对策，冯太后被他气得牙齿都快咬掉几颗。冯太后想，又该她出面临朝听政了，献文帝是她养大的也不行，也得干掉他。于是，趁献文帝去拜见她的时候，她就将献文帝给毒杀了。

献文帝被毒杀以后，冯太后自然就可以再次出面临朝听政了。孝文帝是冯氏的孙子，所以尊冯氏为太皇太后。

冯氏再次掌握政权之后，野心就更大了。首先就是先把献文帝重用过的，以及在朝廷上非常有野心的人全都除掉，然后再笼络一大批人，以作为她自己的后备人才备用，所以没多久的时间，满朝上下都是冯太后的人了，再没什么人敢对她碍手碍脚了。

不过，这时候的冯氏年纪也不小了，所以她也没想把朝廷变成她一个人的朝廷，她还是很注意培养孙子孝文帝的。虽然冯氏毒死了孝文帝的父亲，但是她对拓跋宏这个孙子却没什么偏见，着力培养他的政治和领导才能，她对孝文帝的影响是非常大的。

冯氏非常注重学习汉法，她在朝廷上大刀阔斧地改革，推行太和新制。就是在冯氏的主持下，北魏的朝廷命官才有了一些俸禄。本来，在北魏早先的时候，朝廷命官都是没有俸禄的，只是地位比较高。只有地位没有收入则意味着，官员们一边得替朝廷做事，另一边还得照顾全家老小的柴米油盐，这必定会导致官员们借助地位来获取财物，所以北魏才会贪官污吏盛行。冯氏就是为了改变这种贪污的现象，所以效仿汉人做法，实行俸禄制，官员按等级领取俸禄，这样他们就可以安心为朝廷出力，大大减少了社会上的贪污腐败。

除此之外，冯氏还推行了一系列的汉制，在冯氏的影响下，孝文帝亲政以后也大力推行汉制，将北魏逐渐带往一个文明的国度，汉化的程度非常高。

不甘寂寞，私找男宠

冯氏在政治上算是有所作为的，是一个很有魄力和政治才能的女人。然而，她终究也只是一个普通女人，也有七情六欲。文成帝去世的时候，冯氏才二十三岁，正是花一样的年华，也正是生理欲望逐渐强烈的时期。不堪寂寞的她，开始寻觅男宠了。

冯氏最贴心的两位面首应当要数王叡和李冲两人了。这两人完全是两个不同的类型，王叡是勇武挺拔，非常阳刚的男人，而李冲则具备阴柔之气，长得白白净净，是很美的男人。冯氏对这两个人都很爱，这两个人对冯氏也很忠心、贴心。王叡是有家室的人，他儿女都成人了。但是冯氏看上他以后，他也没有拒绝的理由，于是就按照冯氏的要求，尽量满足冯氏，给她带来无上的刺激之感。李冲恰恰又给她带来温柔的感觉，这两个男人让冯氏感受到了作为女人的美妙，也享受到了原本所享受不到的幸福。为了表示对这两个男人的感恩，她对他们的赏赐都很大度。王叡是朝廷命官，所以冯氏就一路护他高升。不仅如此，她甚至有把自己和王叡的家庭看在一起的感觉，对王叡的女儿们就像对她自己的女儿一样。李冲并不是一个很富裕或者有很高爵位的人，所以冯氏就打赏他大量金钱，也算是给的都是对方想要或者需要的东西。正因为如此，这些男宠们对冯氏都是死心塌地的。

但是，私藏面首终究是件不光彩的事，朝廷大臣以及百姓们知道了都会议论的。不过冯氏却并不是十分在意别人的议论，但是对有一点她还是很在意的，万一有人拿这个弱点来对付她以夺取她的权力，或者是威胁到她的地位，她是万万不干的。所以对这件事，她还是尽量采取温和收买的方法，尽量给大臣们好处，并且与宫中上下的人都相处好，这样她行事方便许多。只是这样一来，宫里的太监们就逐渐受到冯氏重用，权力逐渐集中在宦官手里了。

但是不管怎样，冯氏都还是一个很善于笼络人心的人，所以到后来，朝廷上下对冯氏都是很敬爱的。冯氏的野心却一直都在，一直到死，她还在为冯氏家族谋取利益，巩固冯氏家族的利益。在她临死之前，还让孝文帝将她的侄女娶为皇后。

公元 490 年，四十八岁的冯氏因病去世。四十八岁还是很年轻的年纪，所以冯氏的病应当与过度操劳国事有一定的关系。她对北魏历史产生了非常重大的影响，死后谥号为"文明"。

冯清　北魏孝文帝元宏皇后

□ 档案：

姓　名：冯清

生卒年：不详

籍　贯：长乐信都

婚　配：北魏孝文帝元宏

封　号：皇后

冯清，长乐信都人。她是北魏文明太后的侄女。文明太后是北魏非常有影响力的一个太后，多次临朝听政，所以政治欲与权力欲都比一般的北魏皇后要重。为了巩固自己的地位和自己在皇宫里所打下的基础，让冯家的势力一直保持下去，她又将自己的几个侄女选入宫中。先入宫的是冯清的大姐和二姐，但是大姐命薄，入宫不久就病逝了，二姐冯润得到孝文帝的深宠。然而时隔不久，二姐也生病了。孝文帝虽然对二姐很为宠爱，但是也不能耽误她治病，所以让她回家安心静养。于是，小女儿冯清则又担负着两个姐姐没有完成的使命入宫。

孝文帝对冯清的姐姐很是宠爱，按说从相貌等来说冯清不会比她们差多少，而且还更年轻，所以应该得宠才是。但是孝文帝对冯清却总是有着一份类似朋友的敬意，始终保持着一份距离，对她不怎么亲近，也许是因为她和姐姐冯润的性格差异比较大的缘故。

文明太后去世之前就留下旨意，要孝文帝册封冯清为皇后。在孝文帝守完孝以后，大臣们一起上表请求皇上册封皇后，孝文帝就按照太后的懿旨将冯清册封为皇后。这时候北魏的制度已经改了很多，文明皇后大力学习汉制，孝文帝更是受文明皇后的影响，大力推行汉制和汉文化，所以无需像拓跋家族原来的那些皇帝那样以铸造金人来册立皇后。

被册封为皇后，冯清就是后宫之主，统领三宫六院了。但是，虽然身份地位在后宫已经无人能比，生活却是寂寞的，孝文帝对这个冯皇后并没有给予太多温存之情。

公元 494 年，终于有一件事可以让冯皇后摆脱寂寞了，那就是这一年孝文帝要将六宫迁到洛阳，而这事就由冯后负责。只有在忙忙碌碌的生活中，才能少想一些感情上的寂寞。

在这之后，冯后的姐姐冯润也逐渐痊愈，孝文帝知道后非常开心，忙把她接回宫中。他对她到底是有多爱呀！如果是一般的妃子，即使前几天还在一起卿卿我我，形影不离，只要有几天不见面，皇帝一定就已经把她忘了又找新欢去了。可是冯润却能做到让孝文帝如此挂念，实在是一名不平凡的女子。冯润入宫以后，孝文帝对她宠爱如故，册封她为左昭仪，对冯皇后也更加冷淡了。

冯后对此也并没有太多心，好歹冯润毕竟是自己的姐姐。然而，姐姐却不这么想。她心里思忖着如果不是生病，就凭孝文帝对她的宠爱，这个皇后之位显然是她的呀！结果这位子居然被妹妹占据了，她现在要把它夺回来！所以她也不管什么姐妹之情，只管有机会就在孝文帝耳旁说妹妹冯后的坏话，日子久了，本来对冯后就没什么感情的孝文帝对冯后大加厌恶了起来。冯润见时机差不多成熟，就向孝文帝暗示要废掉妹妹，重新立她为后。

就这样，冯清被孝文帝废为庶人。在被废为庶人以后，冯清就在瑶光寺出家为尼，并终老于瑶光寺。

冯润　北魏孝文帝元宏皇后

□ **档案：**

姓　名：冯润
生卒年：公元 474~499 年
籍　贯：长乐信都
婚　配：北魏孝文帝元宏
封　号：皇后
谥　号：幽

冯润，北魏孝文帝元宏的第二任皇后，长乐信都人，太师冯熙的女儿，北魏文明皇后冯氏的侄女。文明太后还在位的时候，就把自己的几个侄女都选到宫里来，这样就可以巩固自己家族的势力，冯润和姐姐都被选入宫中了。

冯润生得漂亮，又很有妩媚之情，所以深得孝文帝的宠爱。但是，在宫中没两年冯润就得了一种怪病，没办法侍奉皇上，于是她被姑姑遣回家中休养。而姐姐冯氏就更惨，很早就死在宫里了。文明太后本意是想在冯氏姐妹中间挑一个当皇后的，但是目前这姐妹俩都没有考虑的机会了。文明太后也不甘心，又把冯润的小妹冯清召入宫中。

冯清虽然更年轻也更有气度和修养，可是孝文帝就是不怎么喜欢她，对她提不起男女之间的那种热情。但是，也许是鉴于文明太后这一层关系，孝文帝对冯清还挺客气，她在宫中比那些一直受冷落的妃子又要好一些。

可惜文明太后在孝文帝册立皇后之前就不行了，但是临死前她留下遗诏，一定要将冯清立为皇后。于是在守孝期满以后，孝文帝就按照文明太后的旨意，将冯清立为皇后了。但是，她只是有皇后的地位，却仍然没有得到皇上的宠爱。

冯清的姐姐冯润因病离宫回家休养，但是孝文帝却仍然对她非常思念，所以不时就回去打探冯润病情如何。就在妹妹冯清被册封为皇后不久，冯润的病也差不多痊愈了，冯润

玉龙凤形佩　南北朝

就请求回到皇帝身边来。思念已久的孝文帝当然是迫不及待地将冯润接回了宫中，对她更加宠爱了，册封其为左昭仪，在宫中地位是仅次于皇后的。

冯润和皇后冯清虽然是同父的姐妹，但是心性却完全不同。冯润回来以后就不把妹妹这个皇后看在眼里，仗着皇上对她的宠爱，从来都不对皇后行礼，还专门和她作难。冯清则宽宏大量不和她计较，还念及她们的姐妹之情，并且总是觉得皇上既然对姐姐非常宠爱，自是有自己不如她的地方，所以她的行为总是很谦虚谨慎。然而，冯润可不这么想，她总是得寸进尺，不仅不尊重皇后，还想把皇后的位子夺过来。因此，她常常趁着陪伴孝文帝的机会说尽皇后的坏话，给她编造各种事情。谎话听多了也就成了真话，何况冯润总是在和孝文帝温存的时候说，加上他对这个皇后也没什么很深厚的感情，逐渐地孝文帝就对这个皇后很有意见了。

后来，经不住冯润的煽动，孝文帝就把冯清废为庶人。冯清一向很有节气和品格，被废以后她就去瑶光寺出家为尼，念佛修行了，最终终老在瑶光寺。

冯清被废以后，冯润当上皇后也就没有什么悬念了。公元496年，孝文帝册封冯润为他的第二任皇后。

孝文帝比较悲哀的是，他虽然对冯润十分宠爱，要什么给什么，连皇后位也给了，可冯润对他的回报却极度让人伤心。能够得到孝文帝的宠爱也是因为她的妖媚，能够捕获男人，但是也正因为这样，她比别的女人更加不甘寂寞。那时候的北魏还需要南征北战，周边还是有很多政权威胁着北魏的统治，虽然北方大部分都已经统一，但是南方还有很多林立的政权，所以孝文帝难免还要经常带兵出征。

在孝文帝出征的日子里，就没有人陪伴这个风流皇后了，她果然守不住寂寞，于是就勾搭上高菩萨，与他通奸。一开始的时候他们还秘密往来，冯润只敢在天黑以后才叫高菩萨到后宫中去。日子久了他们居然光天化日之下也不怎么避讳了，于是宫里宫外许多人都知道了这件事，唯独带兵在外的孝文帝还蒙在鼓里，还对他亲爱的皇后日思夜念。由于不断的征战劳累，孝文帝在外病倒了。然而，这时候的冯润冯皇后，不仅不关心孝文帝，反而在宫中请巫师诅咒孝文帝早死。

公元499年，冯润想逼迫孝文帝的妹妹彭城公主嫁给她的弟弟冯夙。本来是冯夙看上了这个彭城公主，他想让姐姐冯润牵线搭桥，冯润的搭桥方法就是直接逼迫彭城公主下嫁。彭城公主不喜欢这个皇后嫂子，现在还要逼迫她嫁给一个她根本不喜欢的人，她就十分恼火。本来她也不想揭露冯润在宫中干的这些丑事，可是现在她要是再忍让包庇，自己就得遭殃。为了自己的终身幸福，不嫁给这个冯夙，彭城公主亲自出宫找到孝文帝，把冯润在宫中的荒淫故事一五一十地给孝文帝说了一遍。孝文帝听罢当场就咳出血来，但是他还不怎么相信，他深爱的皇后怎么可能是这个样子的呢？但是，妹妹千辛万苦跑来找自己，不可能是为了编造一些事情来侮辱皇后的。为谨慎起见，孝文帝还是派了几个心腹亲自去调查。调查的结果是，彭城公主说的话没有一句是假的。

孝文帝无法控制他的怒气和悲伤。回到宫中，他把那个奸夫高菩萨给处决掉，但是暂时还没有动皇后，甚至连她的皇后之位都没动，可见他对这个女人有多深厚的感情。但是，他已经对她绝望了，任凭冯润怎么逢迎讨好他都再不动情。

只可惜这个时候孝文帝的身体也无法支撑太久，不久就无法下床。在临死前，他吩咐自己的两个弟弟，在他死后也要将皇后冯润处死。但是，因为这是很大的丑事，宣扬开来会令冯家蒙羞，所以处死冯后以后要按照皇后的礼仪厚葬她，给足冯家面子。之后孝文帝便离开了这个世界。

孝文帝死后，他的弟弟元勰就拿着毒酒进入冯润的寝宫，逼她饮酒。冯氏还没享受够呢，她也不会为孝文帝的死而悲伤，只想继续逍遥快活，所以哪里愿意喝酒自杀啊！但是，元勰不可能留她，硬是撬开她的嘴将毒酒灌入口中，冯润中毒身亡。

冯润死后，元勰等人按照孝文帝的遗言，将她以皇后的礼仪厚葬，谥为"幽皇后"。她这一生，真的是没什么人对不起她。

冯小怜　北齐后主高纬妃

□ **档案：**

姓　名：冯小怜
生卒年：不详
籍　贯：不详
婚　配：北齐后主高纬
封　号：淑妃

冯小怜，北齐后主高纬的淑妃。冯小怜是个绝世美女，她不仅相貌长得美，还有傲人的身体，该柔软的地方软如棉花，该暖的时候如暖袋，该凉的时候如冰块，所以当高纬见到她的时候，就彻底被她给征服了。

冯小怜原是后主高纬皇后穆黄花的一名贴身婢女，也正是因为有如此机会，冯小怜才得以见到高纬，或者说高纬才得以见到冯小怜，总之，见到之后高纬就被冯小怜给吸引了。这冯小怜有一身的好本领，音乐舞蹈样样精通，到高纬身边之后直把他迷得神魂颠倒。从此，高纬就不再迷恋与穆黄花一起的饮酒作乐了，每天只让冯小怜陪就足够了。冯小怜被他封为淑妃。

高纬同其他即位的高家皇帝一样，荒淫无道。对性有着变态似的追求。他想，冯小怜这样的尤物被他占有实在是一大幸福快乐的事情，但是，如果能够让天下男人都欣赏一下他手上的这个绝色尤物，那一定是更加快乐的事情。所以，他不仅在同众大臣商议国事的时候会让冯小怜陪在身边，还要让她娇滴滴地坐在他的膝盖上，甚至不时还来点亲昵的动作，直让那些大臣们恨不得找个地洞钻下去。

公元 575 年，北周武帝趁北齐空虚，率军大举攻打北齐。而北周攻打得最激烈的时候，北齐后主高纬和冯小怜也正打得最激烈，只是此打非彼打也。高纬不是在对抗北周的战场上，而是和冯小怜一起在郊外打猎，正在兴头上。

当时急报传来，高纬正犹豫不决，冯小怜说正在兴头上呢，继续打猎。于是高纬也不顾亡国的危险，继续陪着这个女人打猎去了。然而，光沉迷于玩乐之中，贻误了最好的战机，最终北齐被北周所灭，高纬和冯小怜都成为北周的俘虏。

被俘虏以后，后主还念叨着只要有冯小怜在，失了天下也不怕。在被俘到北周后，他第一件事就是请求北周武帝将冯小怜归还给他。在高纬死后，北周武帝又将冯小怜赏赐给了宇文达，这冯小怜一边思念后主，一边又和宇文达的妃子李氏争宠，迫害李氏。后北周又被隋灭掉，宇文达也死掉了，冯小怜又落到隋文帝杨坚手里。因为她是一个绝色美人，所以虽然已经几次易主，杨坚还是将她赏给了李询。这个李询恰好就是冯小怜在宇文达府上争宠并迫害的妃子李氏的兄弟，这回落到李家，婆婆知道她曾经对自己女儿非常不好，就不给她好脸色。冯小怜最终在婆婆的逼迫下自杀。

乙弗氏　西魏文帝元宝炬皇后

□ 档案：

姓　名：乙弗氏
生卒年：公元 510~540 年
籍　贯：河南洛阳（今河南洛阳市）
婚　配：西魏文帝元宝炬
封　号：皇后
谥　号：文皇后

乙弗氏，河南洛阳人，西魏文帝元宝炬的第一任皇后，以容貌娇美、勤俭节约、仁慈宽容著称于史。

乙弗氏出身显赫，其祖先世代都是吐谷浑的部落首领，她的先世为吐谷浑渠帅，居于青海，号青海王。其高祖莫环在北魏太武帝拓跋焘时期归附北魏，任定州刺史，并封西平公。随后，乙弗氏的家族日益受到当权者的重视，莫环以后的三代子孙均与北魏皇族、宗室通婚。到乙弗氏的父亲乙弗瑗，已官至仪同三司、西兖州刺史。乙弗氏的母亲为孝文帝的四女淮阳长公主。

乙弗氏从小不仅容貌美丽，而且端庄大方。据史记载，其父母曾经当着别人的面称赞女儿："生女何芳也。若如此，实胜男。"在封建时代一个年幼女子能够得到父母这样的称赞，可见其优秀。更加难能可贵的是，出身于贵族的乙弗氏勤俭节约，吃穿均不过分讲究，穿着甚至没有珠宝、玉石等装饰物。也正是具有这些美德，她在十六岁的时候，即被北魏孝文帝元宏之孙、南阳王元宝炬娶为王妃。

在乙弗氏成为南阳王妃的十年后，经过多番权力斗争，在权臣宇文泰的支持下，元宝炬于公元 535 年登上帝位。改元大统，史称西魏。元宝炬在登上帝位的当年即册封乙弗氏为皇后，而且因其容貌姣好、勤俭节约，而且仁慈宽恕，没有妒忌心理，文帝很尊重她。两人感情深厚，生育 12 个子女，但其中 10 个都不幸夭折，只有后来的太子、西魏废帝元钦和秦州刺史、武都王元戊存活了下来。

在那样一个纷乱的历史条件下，由北魏分裂而出的西魏，不仅需要与东魏进行斗争，而且北部的柔然还不断侵扰边疆。因此，元宝炬在实际控制西魏政权的宇文泰的劝说下，采取与柔然和亲的方式，来缓解北部压力，并进一步借助柔然的势力以对抗东魏。

在这样的背景下，元宝炬迎娶了柔然阿那瑰可汗的女儿郁久闾氏为妃。在郁久闾氏刚入宫的时候，乙弗氏还是皇后。但是，郁久闾氏生性嫉妒，而柔然可汗依仗着自身的势力，甚至以武力胁迫，要求元宝炬立其女儿为皇后。元宝炬虽不忍，但迫于压力与身份，不得不于公元538年农历二月，废去了乙弗氏皇后之位，并让其出家为尼。

乙弗氏被废出宫后，郁久闾氏仍心有不甘，担心乙弗氏与元宝炬私下仍有交往、旧情复燃，便又借助其父亲的势力逼迫元宝炬将乙弗氏赶出长安。元宝炬只好无奈地让乙弗氏离开长安，来到秦州（今甘肃天水），依附其子秦州刺史、武都王元戊生活。

十多年的感情自然不是说断就断的，元宝炬在乙弗氏离开都城后，仍念念不忘，并暗中让她蓄发，也想着找机会让其返回宫中。可是他自己也没有想到，这样做反而更加害了乙弗氏。

郁久闾氏还是知道了元宝炬暗中对乙弗氏的关爱，而且对于元宝炬一直没有除掉乙弗氏还耿耿于怀，她在如愿当上皇后之后的两年时间里，多次请求父亲阿那瑰可汗逼迫元宝炬除掉乙弗氏，阿那瑰可汗禁不住女儿的要求，遂于公元540年春出兵南下。

元宝炬得知柔然已经出兵，并已渡过黄河的消息后，为了政权的安危，只能牺牲乙弗氏了。"岂有百万之众为一女子举也？"随后，"遣中常侍曹宠赍手敕令后自尽"。

乙弗氏在接到自尽的敕书后，哭着对曹宠说："只要皇上能够活千万岁，天下能够康宁，我就是死了也没什么遗憾。"说完，又叫儿子武都王元戊前来诀别并遗语皇太子，希望他好好做人。随后，乙弗皇后叫来僧侣，亲手为服侍她的侍婢削去头发，令她们出家为尼。最后，回到卧室，自己盖上被子，就此死去，终年三十岁。

乙弗氏死后，元宝炬非常伤心，他在麦积崖凿了一个石窟纪念她，并亲手写下文书，表达了自己死后想与乙弗氏葬在一起的愿望。

公元551年，元宝炬病逝，太子元钦继帝位，追封母亲乙弗氏为文皇后，与魏文帝合葬在永陵。

郁久闾氏　西魏文帝元宝炬皇后

□ 档案：

姓　名：郁久闾氏
生卒年：公元525~540年
籍　贯：柔然
婚　配：西魏文帝元宝炬
封　号：皇后
谥　号：悼

郁久闾氏是柔然可汗阿那瑰的长女，西魏文帝元宝炬的第二位皇后。

郁久闾氏虽然容貌端正、年轻娇美，而且年幼时便有才智，但是为人却刁钻、嫉妒、多疑。

她因为政治联姻的缘故，于公元 538 年嫁与西魏文帝元宝炬。在迎亲的途中，当时柔然以东方为贵，所以一路上营帐的席位均朝向东方。西魏迎亲使节王孚请其面向西魏以为贵的南方，没想到郁久闾氏回答："我还没见到魏主，所以仍然是柔然的女儿。你们魏国的队伍面向南方，我自己面向东方就行了。"可见，年纪轻轻的郁久闾氏就已很有才智。

只可惜她的才智没有用对地方，嫁到西魏的两年时间里，几乎以嫉妒元宝炬原配乙弗氏、胁迫元宝炬为主要任务。

她在刚入西魏后宫不久，即凭借父亲的势力，逼迫元宝炬废除原配皇后，改立自己为皇后。随后又因嫉妒，要求元宝炬将乙弗氏赶出都城。更有甚者，公元 540 年，其父在其一再要求下，出兵侵犯西魏，只为逼迫元宝炬除掉原配皇后乙弗氏。元宝炬只能在无奈之下赐乙弗氏自杀，郁久闾氏可以说也达到了她一生的目的。

要说这命运也是公平的。在逼死乙弗氏的同年，郁久闾氏住在瑶华殿，临盆在即，忽然听见狗吠之声，同时又见到一名妇人盛装打扮来到其居所，但是其他人均没有看到有人出没。所以，就有传说，认为她看见的是乙弗氏的冤魂。

后来郁久闾氏因难产而死，年仅十五岁。

郁久闾氏死后先葬于少陵原。在元宝炬死后，与之合葬永陵，谥为悼皇后。

宇文氏　西魏废帝元钦皇后

□ 档案：

姓　　名：宇文云英
生卒年：? ~554 年
籍　　贯：不详
婚　　配：西魏废帝元钦
封　　号：皇后

宇文云英是西魏权臣宇文泰的女儿，西魏废帝元钦的皇后。

宇文氏在元钦为太子时，即下嫁于他。公元 551 年，元钦登上帝位，即册封她为皇后。

宇文皇后品行端庄、贤良淑德，深得元钦的喜爱与尊重。更有甚者，元钦在位期间，只守着唯一的宇文皇后，没有再册封任何嫔妃。

公元 554 年农历四月，元钦被宇文皇后的父亲宇文泰废掉，随后又被偷偷害死。宇文皇后心痛不已，也自饮毒药，自杀殉夫。

宇文皇后与元钦之间相偎相依、一夫一妻也传为佳话。

元胡摩　北周孝闵帝宇文觉皇后

☐ **档案：**

姓　　名：元胡摩

生卒年：公元 542~616 年

籍　　贯：平城

婚　　配：北周孝闵帝宇文觉

封　　号：皇后

元胡摩，这个女人的一生并没有多少浓墨重彩的经历，作为皇后，她真正在位不过八个月。乱世之下的皇帝通常都是来也匆匆，去也匆匆，更何况是在一个需要依附男人才能获得尊重的封建社会，纵然元胡摩贵为西魏皇帝元宝炬的女儿晋安公主，但这也无法改变她悲惨的命运。

元胡摩的父亲是西魏的文皇帝元宝炬，元宝炬是在宇文觉的父亲宇文泰的支持下才当上皇帝的，所以对宇文泰非常敬重。元宝炬要尽可能地给宇文泰好处，即使那个时候宇文泰的公子宇文觉才七岁，他也将其封为略阳公，并将自己的女儿许配给宇文觉。如果元宝炬事先知道宇文觉是一个短命鬼，他肯定不会为自己的女儿安排这样一桩婚事吧。不过历史没有如果，历史已经发生。公元 556 年底，宇文觉在废黜了元胡摩的兄弟西魏恭帝后，自称天王并建立了北周。次年宇文觉册封元胡摩为后，可惜，同年八月，宇文觉就被宇文护所杀，皇帝宝座还没坐热就易主了。宇文觉被杀之后，元胡摩的皇后位也没了，她便出家为尼。

不过后来宇文邕上位后，恢复了元氏的后位，称其为"孝闵皇后"。元胡摩比较长寿，她一直活到隋朝，七十余岁的时候去世。

独孤氏　北周明帝宇文毓皇后

☐ **档案：**

姓　　名：独孤氏

生卒年：不详

籍　　贯：不详

婚　　配：北周明帝宇文毓

封　　号：皇后

独孤氏出身名门，是大名鼎鼎的北周大司马，被称为"八柱国"之一的河内公独孤信的长女。这位短命皇后更像是中国历史上的一颗流星，匆匆闪过，而且是悄悄闪过，以至于她的名字都无法考证。

独孤氏十几岁的时候便长得美艳动人，求亲的人如同过江之鲫，将独孤家的门槛都

宁懋石屋　南北朝

北方鲜卑族建国后，舍弃原有的游牧业，转入农业生产，劝课农桑，定居乐业。这件当时的石屋摈去汉族建筑的繁复，掺入鲜卑人的理念，使石屋更加简单实用，代表了当时建筑的一种风尚。即使是在魏分东西以后，这种风格也承延下去，一直传到隋唐，影响至今。

踏破了，最后她的父亲为她选择了宇文泰的儿子宇文毓。宇文毓仪表堂堂，风流倜傥，更重要的是他文采出众而且性情温和，于是，独孤氏十五岁这年与宇文毓喜结连理，独孤氏对这门亲事十分满意，婚后两人也是恩爱有加。

北周的开国皇帝孝闵帝宇文觉即位的时候只有区区十六岁，虽然贵为宇文泰的三子，但是这位皇帝并没有任何实权，一切朝政事务都是由宇文护来打理。这一切都被孝闵帝的心腹、柱国大将军赵贵和独孤信看在眼里，然而他俩准备密谋干掉宇文护的时候，不料事情败露，宇文护抢先一步干掉了赵贵。而独孤信因为声望比较高，再加上是皇亲国戚，宇文护也不好动手，就逼他在家里自杀。

没过多久，孝闵帝宇文觉也被宇文护杀掉了，为了找一个容易被控制的人选，宇文护就选择了看起来比较听话的宇文毓来继承这个皇帝之位。宇文毓确实一直看上去比较温顺，但是有一件事却让宇文护超乎意料之外，那就是在立皇后的问题上。独孤信是反对宇文护的人，所以他坚决不同意宇文毓册封和他一直感情很好的独孤信的女儿独孤氏为皇后。但宇文毓对妻子一往情深，他知道也许宇文护迟早有一天会对独孤氏下手，如果不给她一个名分来保护她，那她就更容易被宇文护加害，所以他不顾很多人的反对，一直坚持，终于在即位四个月之后立独孤氏为皇后。

然而此时此刻，朝中大权依旧被宇文护掌握着，丈夫宇文毓始终是要看宇文护的脸色行事。独孤氏生性刚烈，她一心想要为父亲报仇，但是宇文护势力强大，她根本没有任何机会。更不能忍受的是，现在丈夫虽贵为一朝皇帝，却一直活在宇文护的魔爪之下，朝不保夕，就连册立皇后这件事也是拼了命坚持才换来的，因此独孤皇后整日郁郁寡欢，最终愤懑而死，年仅二十来岁的独孤氏匆匆走完了她的一生，作为皇后，只有两个月而已。

宇文毓作为一国之君能对独孤氏一往情深也算难能可贵，独孤氏去世之后，宇文毓对后宫也没有太大的兴趣，于是注意力就悄悄地转移到军政事务上来了。然而这是宇文护最不希望看到的，他需要的皇帝是一个昏庸无能、不顾虑朝政又容易掌控的人，如今宇文毓对朝政事务感兴趣，他深爱的皇后也算是因为自己的原因而死，于是宇文护就再不敢将宇文毓留下了，又将这位他亲自选出的皇帝给害死了。在独孤氏去世两年之后，宇文毓也走完了他的一生，最终和独孤氏葬在一起，也算是在天愿作比翼鸟，在地愿为连理枝了。

阿史那氏　北周武帝宇文邕皇后

□ **档案：**

姓　名： 阿史那氏
生卒年： 公元 551~582 年
籍　贯： 突厥
婚　配： 北周武帝宇文邕
封　号： 皇后
谥　号： 武德

阿史那氏，突厥木杆可汗的女儿，少数民族头领的女儿嫁到了中原，从这上面我们大抵能看出点婚姻以外的东西，而事实也确实如此，阿史那氏是政治联姻的桥梁，正是她的牵线搭桥，宇文邕才得以借助突厥的力量统一了中原。

当时北方的草原原本是由柔然占据着统治地位，突厥也是被柔然踩在脚下，受尽了屈辱，也许是"穷则变，变则通"吧。突厥在这样一种情况下居然奇迹般地击垮了强大的柔然顺利崛起，成了北方草原新的带头大哥，而大哥的领导者正是阿史那氏。

此时在南方的中原，北周和北齐都在蠢蠢欲动，试图统一中原，然而不管怎样，他们都无法忽略突厥的存在，谁都想把强大的突厥拉拢到自己的阵营来对抗另一方。当时的北齐因为几位昏庸无能皇帝的折腾已经元气大伤，大势渐去，当然北周也着实好不到哪里去，十八岁的宇文邕已经是宇文护换的第三位皇帝了。一方面宇文邕也关心着自己的身家性命，说不定什么时候就被宇文护废了，甚至性命不保，让他在这样的状态下去考虑统一中原大业，实在够呛。所以如果能得到突厥的帮助，宇文邕身上的压力就可以减少很多，所以他想出了和亲这样一种最简单但也最行之有效的方法。

但是，事情并没有宇文邕想象的那般顺利。宇文邕的老爹宇文泰在位的时候就曾向突厥提出和亲，突厥那边本来都已经答应了，后来不知道为啥又出尔反尔，宇文泰没能等到突厥的公主嫁过来就去世了，突厥的那位公主也逃过了一劫，要不然年纪轻轻就成了寡妇，应该没有人喜欢这样的事发生吧。

宇文邕坐上皇帝的宝座了，便轮到他去完成他父亲的夙愿，娶个突厥公主做老婆，从而借助突厥的力量一统中原。

既然是向人家求婚，宇文邕知道礼品和诚意的重要性，所以他三番五次地向突厥进贡，不停地强调北周与突厥联姻的好处。木杆可汗虽然摇摆不定，他一直想通过这种模棱两可的态度让北周和北齐不断地给他好处，不过这次面对宇文邕的游说攻势，他也有点招架不住了，就答应将自己另一个十来岁的女儿嫁给宇文邕。

这下宇文邕开心了，原本他以为这会是一场持久战，但没想到突厥答应了，不过后面发生的事情着实让宇文邕心凉了半截，显然，他高兴得太早了。

北齐人知道如果这桩婚事成功了，统一中原的天平就会倾向北周那边了，所以北齐必须竭力阻止这桩婚事。他们就暗中找人挑拨北周和突厥的关系，偏偏又遇上一个不讲信誉的突厥首领，最终木杆可汗悔婚了。值得称赞的是，宇文邕并没有因此而放弃与突厥联姻，而是一直在努力着，不懈的努力加上利益的驱使，终于再次让突厥答应了这件婚事。

保定五年，时年二十三岁的宇文邕派出了一支豪华的迎亲队伍去迎娶突厥公主，北周的准皇后。不过事情还真没有那么顺利，北齐人再次挑拨了北周与突厥的关系，同时他们自己也试图与突厥联姻。突厥也真够遭人鄙视的，居然又一次悔婚，同时答应将自己的女儿嫁给北齐的后主高纬。这下轮到北周的使臣着急了，尽管他们一再恳求突厥遵守原来的约定，显然，对于一个不讲任何信用的人来说，这无疑是对牛弹琴。公主没迎娶到，回去也无法复命，所以他们就留在突厥，等待事情出现转机。

也许是天助宇文邕吧，此时草原的天气突然变得恶劣起来，大风加雷暴，使得长期居住在草原上的突厥人的居所损失了大半。这时木杆可汗有些心虚了，他怀疑这是不是老天在惩罚他，毕竟三次悔婚实在太不像话了。天意难违，这次木杆可汗终于下定决心把女儿嫁出去了，至此，和亲算是成功。这次迎娶的过程前后持续了四年，要是再算上更早之前折腾的那几年，前前后后竟然持续了八年，此时的宇文邕已经二十七岁了，而突厥公主也十九岁了，在那个崇尚"早婚"的年代，这位公主已经算是一个大龄女子了，不过人家是公主，不愁嫁，而且成了中原的皇后。

不过我们可以想象，一桩完全为了政治利益而促成的婚姻，两人之间几乎毫无感情可言，加上木杆可汗千方百计，一而再再而三地刁难北周，这换作平常人都无法接受，何况堂堂的一国之君宇文邕呢，所以宇文邕冷落皇后阿史那氏也在情理之中了。

当时武帝特别宠爱的一个外甥女窦氏，刚刚五六岁，武帝对皇后冷漠的态度连她都看不下去了，就劝她的舅舅武帝说："四边未静，突厥尚强，愿舅抑情抚慰，以苍生为念。但须突厥之助，则江南、关东不能为患矣！"这句话的意思就是现在中原还没统一呢，您需要借助突厥的力量去统一中原，所以您得对皇后好点啊！这个小女孩是谁呢，就是后来嫁给唐高祖李渊并生下李世民兄弟的太穆皇后。

自从这次谈话以后，武帝宇文邕对皇后的态度改变了很多，尽管他心里有一千个一万个不愿意，但谁让他要借助自己老丈人的力量去统一中原呢。九年的夫妻生活，阿史那氏并没有能够生下一儿一女，三十六岁的宇文邕去世的那年，阿史那氏刚刚二十八岁。丈夫的去世对她来说不知道是不是一种解脱，尽管丈夫成了一统中原的英雄，但这些对她来说貌似已经没有任何实际意义了。二十岁的宇文赟即位以后，尊阿史那氏为皇太后，不过宇文赟对阿史那氏的封号从来没满意过，他不停地给这位突厥族过来的皇后更改尊号，从天元皇太后到天元上皇太后。后来宇文赟一命呜呼了，三十岁的阿史那氏成为太皇太后，此时继位的宇文阐仅八岁。

随后杨坚夺权，北周后宫的这些女人逃脱不了被赶出皇宫的命运，不过杨坚给了这个前朝皇后一点面子，给了她一定的礼遇。就在九岁的宇文阐被毒死后，又过了一年多的时间，阿史那氏去世，时年三十一。杨坚将她葬入武帝孝陵，上谥号为"武德皇后"。

李娥姿　北周武帝宇文邕皇后

□ 档案：

姓　名：李娥姿
生卒年：公元 535~588 年
籍　贯：江陵
婚　配：北周皇帝宇文邕
封　号：天元圣皇太后

李娥姿，相比其他那些出身名门的皇后，她的家世背景不禁让人惊讶不已，因为她其实只是一个普通百姓。公元 554 年，李娥姿的家乡江陵被攻陷，梁元帝萧绎也成了刀下鬼，李娥姿就是在这样的背景之下被西魏大将于瑾掳掠到长安的，当时一起被掳掠到长安的还有江陵其他的十多万百姓。

可以说，十九岁的李娥姿是作为战利品被献给宇文泰的。不过当时宇文泰年过半百，加上国事繁重，所以面对这样一个可以做他女儿的美女，他并没有表现出多大的兴趣，而是将李娥姿赐给了自己的四儿子，当时年仅十二岁的宇文邕做侍女。

正如前文所说，李娥姿的出身并不好，所以现在能得到这样的待遇也算是三生有幸了，所以她也很珍惜这次机会，也可以说，正是她的美貌救了她一命，而且从此改变了她的命运。

从年龄上来说，李娥姿可以当宇文邕的大姐姐了，而事实上李娥姿也确实像大姐姐一样无微不至地照料宇文邕。空闲的时候，李娥姿给宇文邕讲述南方家乡的美景和那些流传在民间的故事。

随着宇文邕年纪的增长，加上两人在一起的时间长了，男女之间难免会碰撞出一些火花，李娥姿刚进宫的时候宇文邕年纪还小，还不了解男女之事，然而现在的宇文邕已经大了，对这位整日精心照料自己的大姐姐的感情也发生了变化。最后果不其然，武成元年（公元 559 年），李娥姿为宇文邕生下一个儿子，这就是宇文赟。此时李娥姿二十四岁，宇文邕十七岁。

用今天的话来说，李娥姿和宇文邕只算是同居关系，不过宇文赟的出生，加上两人长久以来的情感积淀，李娥姿事实上已经是宇文邕的夫人，并且她的夫人身份也已经得到了认可。

次年，宇文邕顺利登上皇位，李娥姿也顺理成章地成了皇后。公元 578 年，宇文邕驾崩后，其子宇文赟继位，不久李娥姿被尊称为天元帝太后，又改为天皇太后，天元圣皇太后。宣帝宇文赟死后，静帝又尊称她为太帝太后。

不过随着隋朝的建立，周静帝被杀，李娥姿也没有摆脱被逼出宫的命运，这时的李娥姿丧子又丧孙，出家为尼，改名"常悲"。公元 588 年，五十三岁的李娥姿去世，隋朝将她以尼姑下葬的礼仪葬于京城的南边。

杨丽华　北周宣帝宇文赟皇后

□ 档案：

姓　名：杨丽华
生卒年：公元 561~609 年
籍　贯：不详
婚　配：北周宣帝宇文赟
封　号：天元皇后

杨丽华，前朝的皇后、当朝的公主，这样的身份转变看起来不免有些荒诞，但是如果联想到她的老爹杨坚前后角色的改变，这一切就不难理解了。原本杨坚只是一个武将，游离在权力的边缘，所以他想把女儿嫁到宫中，通过女儿地位的提升从而让自己在朝廷有一定的话语权。

于是，杨丽华在十三岁那年嫁给了当时还是皇太子的宇文赟，在宇文赟继位成为皇帝后，便立杨丽华为皇后，一切都按照杨坚的如意算盘进行着。杨丽华成为皇后后，杨坚便一路高升，先后任上柱国、大司马，旋迁大后丞、右司武等要职，每当宣帝出去巡游的时候，总是让杨坚留守都城。

可惜，宇文赟并不是一个好皇帝，一点儿都没有要励精图治、强兵富国的意思。相反，混账事情倒是一件接着一件。在他小时候，父亲对他的管教比较严，希望他将来能让国家强盛起来，也因为宇文赟不听话有过杖责，不过宇文赟对父亲的管教很有意见，一点儿都没有体谅父亲的苦心，反而对父亲的杖责耿耿于怀。所以在他父亲死的时候，他一点儿都不伤心，反而说："这老家伙死得太晚了！"就在武帝发丧期间，他整天泡在后宫饮酒作乐，甚至也没有一点儿要收敛的意思，就好像去世的人与他没有任何关系似的。武帝死了不到半年，他不顾大臣们的极力反对，夜以继日地在殿前大演游龙戏来庆贺天下太平。

尽管杨丽华也是天生丽质，美人一个，不过自古以来，又有哪个帝王只宠幸一个女人的？何况是宇文赟这样荒淫无度的人。宇文赟网罗天下美女来充实后宫，他自己也不问朝事，每天左拥右抱，完全沉迷在女色之中，朝廷的事务全让宦官去处理。

杨丽华受到冷落能开心吗？但是她自己很清楚，她一个人荣辱关系到她整个家族的命运，所以她只能忍受着痛苦每天赔着笑脸待在宇文赟身边。宇文赟也真够有意思的，网罗天下美女充实后宫勉强能够接受，偏偏他还要封好几个皇后：天中皇后元乐尚、天右皇后陈月仪，加上杨丽华，已经有了四位皇后了。不过他还不满足，还要在洛阳修筑宫殿，继续增加后宫的实力。为了保证工程质量，他带领几位皇后去亲自监工，好不威风。闹剧还没结束，最无耻的是，从洛阳回来后，他连自己堂侄宇文温的女人尉迟炽繁也不放过，照样抢过来立为皇后。

宇文赟曾经向大臣们询问关于他立好几位皇后这件事的意见，显然宇文赟并不想听到不和谐的声音，所以当辛彦之提出反对意见时，宇文赟就毫不犹豫地将他的官给免了，太学博士何妥就很聪明，将宇文赟与上古的舜相类比，这下宇文赟开心了，还赞赏了何妥。

宇文赟由于长期泡在女人堆里，年纪轻轻就精疲力竭了，于是他开始吃一些乱七八糟的补药，谁知药品质量不过关。长期服用这种药使他变得喜怒无常，宫中人心惶惶，生怕不小心得罪了皇帝被惩罚。

大臣们见皇帝变成这个样子，再怎么样也不敢开口说什么不好听的招惹皇帝了，谁知道就连皇后说了几句皇帝不爱听的，皇帝也一样翻脸不认人，一点儿都不顾及夫妻感情。所以当杨丽华好言相劝，希望宇文赟能够回头，重新治理国家的时候，宇文赟照打不误。也许宇文赟觉得皇后会服软求饶，偏偏刚烈的杨皇后一点儿都不示弱，依旧据理力争，这下宇文赟火了，直接下令让她自杀，幸亏他的丈母娘来冒死求情，磕头磕得额头都流血了，这下宣帝才饶了自己的皇后一命。

宇文赟做了一年的皇位就让位给自己八岁的儿子，不过他的太上皇也没做多长时间，让位翌年，宇文赟就去世了。这时杨坚乘虚而入，看到年幼的皇帝无法主持政务，他终于得以实施自己的计划了。虽然杨丽华对自己的父亲总揽政权怀有戒心，但毕竟是自家人，总比外人要好，所以最终还是支持了。公元581年，杨坚成功篡位，建立隋朝，史称隋文帝。

公元586年（隋文帝开皇六年），隋文帝封杨丽华为乐平公主。当时杨丽华才二十几岁，她否决了父母劝她改嫁的建议，决定孤老一生。公元609年（隋炀帝大业五年），杨丽华陪隋炀帝到甘肃张掖出巡，病死于酒西（今甘肃省武威县），时年四十八岁。炀帝返回京城时，把她的棺木带了回来，祔葬于周宣帝的定陵。

从皇后到公主，外人看起来都是风风光光的，但杨丽华毕竟只是她父亲谋权篡位的一个棋子罢了，当她明白过来的时候，她的丈夫已经死去，自己的儿子被外公赶下皇位，这个女人心中的复杂情感，又有谁能知道呢？

朱满月　北周宣帝宇文赟皇后

□ 档案：

姓　名：朱满月
生卒年：公元 547~586 年
籍　贯：吴
婚　配：北周宣帝宇文赟
封　号：天大皇后

朱满月同李姿娥一样，出身卑微，虽然最后两人都成了皇后，但两人的命运却有着不一样的轨迹，李姿娥终究得到了皇帝的宠幸，朱满月只是因为她儿子成为皇帝之后，才给她补上了本该属于她的封号。

为什么朱满月要靠儿子才能得到皇后的名分呢？这得从她进宫时说起。朱满月并不是什么皇帝明媒正娶的富贵人家的姑娘，她进宫是因为家人犯罪，她被发配到东宫做婢女，负责当时还是太子的宇文赟的起居更衣之事。就是在这样的情况下，宇文赟和朱满月发生了关系，不久，朱满月怀孕了，并生下了一子，宇文阐。

用今天的话来说，朱满月和宇文赟之间是不折不扣的姐弟恋，因为朱满月比宇文赟足足大了十二岁，不过有点悲剧的是，宣帝宇文赟似乎并没有恋上出身卑微的朱满月，何况两人之间岁数相差实在大了点，估计代沟也不小，所以当宇文赟当上皇帝之后并没有给朱满月什么名分。

直至后来宇文赟让位给宇文阐，自称天元皇帝。宇文阐即位以后，当然要大力为母亲争取名号，他先是尊母亲朱满月为"天元帝后"，但还是觉得不痛快，三个月后又改称"天皇后"，这还不算，第二年继续折腾，改称为"天大皇后"，地位仅仅比杨丽华低一点。宇文赟去世之后，宇文阐又尊称朱满月为帝太后。

后来杨坚杀害宇文阐，自己上位当了皇帝。朱满月则出家为尼，于公元586年去世。

陈月仪　北周宣帝宇文赟皇后

□ 档案：

姓　名：陈月仪
生卒年：公元 565~650 年
籍　贯：颍川（今河南禹州）
婚　配：北周宣帝宇文赟
封　号：天中大皇后

陈月仪，北周宣帝宇文赟的第五个皇后，当时因为西阳公宇文温之妃尉迟炽繁进宫，得到宣帝的宠幸，所以宣帝宇文赟便将原来的四个皇后增加为五个，增加了天中大皇后的称号，陈月仪便是此封号的获得者。

陈月仪是大将军陈山提的第八个女儿，在她十四岁那年，也就是大象元年（公元579年）被选入宫中，封为德妃。与她同时进宫的还有元乐尚，陈月仪进宫一个月后被封为天左皇后，第二年二月又改封为天左大皇后，尉迟炽繁的到来让宣帝宇文赟增加了天中大皇后，并将此封号给了陈月仪，而与她一起进宫的元乐尚就是为人所知的天右大皇后。

宇文赟对陈月仪和元乐尚没有厚此薄彼，加上两人是同时进宫，而且是一同册封的，所以这两个女人的关系比较好，后来宣帝去世，两人也一同削发为尼，陈月仪法号华光。陈月仪活到唐朝的时候才去世，八十多岁的年纪在当时绝对是高寿了。

陶风帽立俑　南北朝
此俑面颊丰腴，眉清目秀，戴皮风帽，外披小袖长袍，是少数民族武士装束。

元乐尚　北周宣帝宇文赟皇后

□ 档案：

姓　名：元乐尚
生卒年：不详
籍　贯：河南洛阳
婚　配：北周宣帝宇文赟
封　号：天右大皇后

元乐尚，开府晟之第二女，十五岁便进宫成为贵妃，随后大象元年（公元579年）七月被封为天右皇后，七个月之后又被改封为天右大皇后，她只是宇文赟众多皇后之中的一个。

史书关于元乐尚的记载并不多，现在从为数不多的资料中可以知道的是元乐尚和天中大皇后陈月仪是同一年进宫，而且两人所有的册封都是同时进行的，加上宣帝宇文赟对她俩都没有偏心，所以她和陈月仪之间就少了那些后宫中常见的钩心斗角，相反的是两人的感情很好。

宣帝去世之后，他的五位皇后都出家为尼了，其他三位都只活到了隋朝，而感情比较好的元乐尚和陈月仪都活到了唐朝，实属不易。

尉迟炽繁　北周宣帝宇文赟皇后

□ 档案：

姓　名：尉迟炽繁
生卒年：公元566~595年
籍　贯：不详
婚　配：北周宣帝宇文赟
封　号：天左大皇后

尉迟炽繁成为皇后这件事，不管在什么时候看起来都难免让人感到有些荒唐，一个荒唐的皇帝干了一件有违皇家体统的荒唐事，尉迟炽繁就这样阴差阳错地成了皇后。

尉迟炽繁是西阳公宇文温之妃，北周的时候规定宗室的妇孺每年都必须入朝朝见。颇有姿色的尉迟炽繁就是在一次例行朝见的时候，被好色的宇文赟盯上了。宇文赟虽贵为一国之君，倒一点儿也没觉得不合适，在宫中找机会将尉迟炽繁灌醉并将其奸污。后来，尉迟炽繁的公公宇文亮因为谋反被诛杀，宇文亮的儿子，也就是尉迟炽繁的丈夫宇文温为了保命，就将自己的妃子尉迟炽繁献给了宇文赟。

当时刚刚十四岁的尉迟炽繁得到宣帝宇文赟的宠幸，刚入宫就被册封为长贵妃，翌年被封为天左大皇后。不幸的是，宣帝没过多久就死了，尉迟炽繁就出家为尼。

公元 595 年，尉迟炽繁去世，时年仅仅二十九岁，在人生最美好的时候离开了这个荒唐的乱世，到底是幸运还是不幸呢？只等后人去评说。

司马令姬　北周静帝宇文阐皇后

□ **档案：**

姓　名： 司马令姬
籍　贯： 不详
生卒年： 不详
婚　配： 北周静帝宇文阐
封　号： 皇后

在封建社会，几岁的小皇帝似乎不少见，但七八岁的皇后还真的不多，而司马令姬就是在七八岁的时候进了宫，而且成了皇后，这样一场更像是闹剧的婚姻全得拜宇文阐的老爹宇文赟所赐。

当时宇文阐的老爹宇文赟刚当了一年多的皇帝就不想干了，他在位的这一年多实事没干多少，奇葩的事情却从不少，立了五位皇后可以算一件，自己不到二十二岁就退位，让位于七岁的太子，年纪轻轻就当上了太上皇，这也足以载入史册了吧。

光有皇帝还不够，所以宇文赟就着手给自己找个儿媳，虽然儿子才七岁，媳妇娶回来大概也就是陪小皇帝玩耍，也许宇文赟觉得没有皇后的皇帝不能称之为皇帝。

就这样，宇文赟相中了北周尊贵的八柱国之一荥阳公司马消难的女儿——司马令姬。不过不幸的是，宇文赟刚当了一年的太上皇就去世了，此时他的岳父杨坚乘虚而入，总揽大权，宇文阐成了不折不扣的傀儡皇帝，随时可能被这个所谓的外公搞点花样给做了。北周宗室的人遇到这样的事当然不能接受，所以司马消难也就是司马令姬的父亲，就和几位大臣起兵讨伐杨坚，不过实在技不如人，最后兵败。司马消难见情况不对，三十六计走为上，就率领部下投靠到陈朝去了。

不过司马消难逃走的时候似乎并没有想起他这个还在宫里做着皇后的女儿，司马令姬随后被杨坚贬为庶人。不久杨坚就自立为皇帝，年幼的宇文阐也难逃一劫，被杨坚杀了。从这件事看来，司马令姬被贬为庶人似乎又是一件挺幸运的事，倘若她一直待在宇文阐身边，她还会不会活着走出那个皇宫呢？

正如前文所说，司马令姬被封为皇后的时候不过一个七八岁的小孩，所以当皇后这件事对她以后的生活并没有造成什么影响，等她长大之后，改嫁给了隋朝的司州刺史李丹，在唐朝贞观年间依然在世，此时的司马令姬已经五十来岁，历经三个朝代的更迭，在人生暮年，她回想起自己年幼时的这些事，不知会做何感想？我们无从知道。

 隋唐

隋

独孤氏　隋文帝杨坚皇后

□ 档案：

姓　　名：独孤氏
生卒年：公元 543~602 年
籍　　贯：北周云中（今山西大同）
婚　　配：隋文帝杨坚
封　　号：皇后
谥　　号：文献

独孤氏，隋文帝杨坚后，名伽罗（正史未有记录其名，后人考据），北周云中（今山西大同）人，北周大司马独孤信的女儿。独孤信是北周的名将，作战勇敢，战功卓著，官拜上柱国大都督，被封为河内公，可谓名门望族。独孤伽罗是独孤信的第七个女儿，被许配给杨坚做妻子，时年十四岁。

隋文帝即位之后，封独孤氏为皇后。据史书记载独孤皇后懂礼貌、识大体，崇尚节约，公私分明，很有政治才能。朝廷大臣曾感叹"有此国母乃大隋之幸"。

出身显赫，一门三后

独孤氏的祖先出自漠北的鲜卑族（中国古代游牧民族，兴起于大兴安岭山脉）。随北魏拓跋氏入主中原而南迁，最终定居在中原境内，其父独孤信雄才大略，曾助北周宇文泰开创霸业，后来在北周政权中享有崇高地位，出任大司马。后被封为河内公，是北周的建国功臣。

公元 543 年，独孤信家中又添了一个女儿，她是独孤信最小的女儿。因为生在将门，时常听父亲讲征战沙场的故事，这个小女儿自幼便不喜欢女红等家事，而偏爱读书，独孤信对她尤为宠爱，视作掌上明珠。

独孤信不仅雄才大略，而且看人也是眼光独到，独孤信的大女儿嫁给了后来成为北周明帝的宇文毓，大女儿因此成为皇后。四女儿嫁给了唐高祖李渊的父亲，后被追封为"贞元皇后"。独孤氏十四岁那一年，便已出落得亭亭玉立，面如满月，眸如点漆，而且举止端庄，知书达理，许多名门望族的子弟都纷纷慕名前去求婚。作为独孤信的第七个女儿，独孤迦罗被父亲许配给了杨坚，也就是日后建立隋朝的隋文帝，母仪天下，成为皇后。

一门三皇后（北周、隋、唐），历史罕见，也被传为佳话。独孤氏嫁给杨坚属于门当户对，同样的政治环境、家庭熏陶，让他们之间很有共同语言，独孤氏比杨坚小八岁，嫁给杨坚时正值妙龄，人也漂亮，属于那种美丽又大方、温柔又贤惠型的。最重要的一点，名门之后的独孤氏家教甚好，知书达理，"柔顺恭孝，不失妇道"。独孤氏父母早亡，所以对长辈非常尊敬，懂礼貌、识大体，绝对是中国

团花铭带纹铜镜　隋
此镜内饰六朵团花，中间饰忍冬纹。

优良好儿媳，"见公卿有父母者，每为致礼焉"，朝中上下无人不夸，在当时也是声名远播的。夫妻感情十分和睦，举案齐眉，杨坚还曾发誓，日后不再与其他女子欢好、生子。

巾帼不让须眉，崇尚节约，公私分明

据《隋书》记载，独孤氏很有政治才能，"每与上言及政事，往往意合，宫中称为二圣"。最早在杨坚称帝这件大事上，独孤氏就表现出超常的政治敏锐性。北周宣帝死后，独孤氏就预感大局已定，告诉杨坚："大局已经是现在的样子，不如早日取得政权！"让杨坚当机立断，从而促使杨坚废周自立。杨坚对独孤氏从心眼里佩服，杨坚"每事唯后言是用"，做什么事都得听取独孤氏的意见，不管是生活上还是政治上简直就是离不开独孤氏了。

隋文帝治政时期，厉行节约，这与独孤皇后的宣导有很大关系。有一次，突厥人向幽州总管索卖一箱价值八百万的明珠，明珠光明剔透，质量上乘，幽州总管怂恿独孤氏买此珍品。但是她说：我现在不需要明珠，目前边关不宁，经常受到威胁，边防将士浴血奋战，劳苦功高，若将此八百万分赏有功者，岂不是比我独自一人享用更有意义？此语传出，美名远播，朝廷大臣上下欢呼，谓有此国母乃大隋的幸事。隋文帝也因此更加敬重独孤氏。

独孤皇后公私分明，她的表弟犯罪当斩，文帝想要看在独孤皇后的面子上赦免他的罪行。然而，独孤氏说：这涉及国家刑法大事，怎能为了我一个人的情面而更改国家刑律？文帝听到这样的话更加感动，遂将独孤皇后的表弟处死。独孤皇后诸如此类的举动以及对国家大事的看法，令当时许多有识之士倾倒，因此她与文帝并称为"二圣"（比武则天和唐高宗更早被称此名）。独孤氏精明的头脑让杨坚对她很依赖，独孤皇后谈论政治头头是道，朝中大臣们没有不服气的。

女权主义，倡导一夫一妻制

杨坚在政治上和生活上很依赖独孤氏，独孤皇后和隋文帝感情也十分和睦，但自古皇帝都是三宫六院，隋文帝自然也想充实后宫。独孤皇后不愿别人与自己共享一个丈夫，

所以她并没有给杨坚这样的机会。她因此改革后宫，被认为是历史上一个货真价实的女权主义者，一个一夫一妻制的忠实捍卫者。

说到独孤氏特殊，不仅因为她的显赫身世、她的才干以及她的美貌，还因为她能让自己的丈夫隋文帝一辈子服服帖帖，一生只娶她一个。单论这手段，也让人不得不赞叹。

独孤皇后以嫉妒闻名，她改革后宫，嫔妾、三妃，一概不设，并把这样的制度推广到满朝文武，营造一种举国上下推崇一夫一妻制的良好氛围。在这样良好氛围的带动下，皇帝自然就不觉得委曲，否则，底下大臣三天两头娶一个，而皇帝就这么一个，肯定早晚"起义"。于是她让皇帝下旨，规定满朝文武乱娶妻妾者，一律不予提拔重用。所谓前途和女人只能选一样，自己掂量着办，孰轻孰重，自有定夺。为了让大家能有个切身的感受，她甚至将太子杨勇废掉。

杨勇这人宅心仁厚，没什么心计，就是一个毛病：贪图美色。杨勇的原配元氏很得独孤氏喜欢，偏偏杨勇瞧不上，宠爱别的姬妾，这就戳到独孤氏的软肋上了，你说我最看不上左拥右抱，一夫多妻，你偏整天花天酒地，恣意玩乐，什么时候你爹再受你影响纳几个姬妾，我不是白忙活一场了吗？你这不仅是向你爹示威，也在向我示威！这还了得！再加上杨广在旁边煽风点火，于是独孤氏常给杨坚吹耳边风，说连你这个皇帝都是一个老婆，他做太子的就敢妻妾成群，将来肯定是个败家子儿。杨坚一听，是这个理儿，找个机会就把杨勇废了。独孤氏让杨坚废掉太子，可谓一石二鸟，一方面是肃清不利于一夫一妻制实行的氛围，好叫那些大臣们看看，亲儿子我都敢下手，你们还不是小菜一碟？一方面也是在提醒杨坚，少动别的心思。所以说独孤氏在氛围营造上也是煞费苦心。

隋文帝也不是没犯过错误，《隋书》记载文帝曾经倾心于宫中一女奴，刚刚临幸过后，就被独孤皇后察觉，竟然趁文帝上朝之时，将此女处死。独孤氏杀掉宫女之后，杨坚一下子血往上涌，愤怒到了极点，这愤怒里更多的是一种憋屈，是面子问题，杀宫女这不明摆着让杨坚难堪吗！

作为一个男人，一个皇帝，连保护一个宫女的能力都没有，满朝文武嘴上不敢说，心里一定会嘲笑自己。杨坚怒是怒了，但还是敢怒不敢言，这怒火愣没敢和独孤氏发，打落牙齿和血吞，自己总得想办法发泄，又惹不起独孤氏，怎么办呢？杨坚别无他法，也只能气急败坏地拽过一匹马骑着就出了宫，相当于现在的叛逆少年离家出走，不同的是少年反抗的是父母，他怕的是老婆。于是越想越憋屈的他漫无目的地狂奔二十多里，皇帝被妻子所逼离家出走在历史上这还是第一次，"单骑从苑中而出，不由径路，入山谷间二十余里"。这场景我们可以想象一下，那马跑得不定多快呢，好似酒后驾车，神经麻木会令速度变得飞快，超速行驶也能释放压力啊。杨坚在荒僻的山谷中一直待到将近后半夜才回，平生第一次发出渴望自由的心灵呐喊："吾贵为天子，而不得自由。"这个皇帝当得还真不如一个平民百姓啊，皇帝被皇后挤兑成这样，也够可怜的。天子的颜面扫地，大臣们还得反复劝他，说你为了一个女人而置天下于不顾不值得，其实都是为你好，隋文帝当然不会不懂这些大道理。

说归说，闹归闹，堂堂一国之君总不能老在荒僻的山谷待着。聪明的独孤氏也懂得给皇帝台阶，等杨坚一回来，"后流涕拜谢"，喜极而泣，又是哭又是谢罪，在大臣高颍、杨素的劝解调停之下，这事总算过去了，不过二人自此也就有了嫌隙，不像以前那么好了。

在独孤皇后去世后，杨坚终于可以纵情声色，隋文帝身体一天不如一天，就在生命岌岌可危之时，杨坚又想起了独孤氏的好，对左右说："使皇后在，吾不及此。"要是她还管着我点，我也不至于落到如此田地啊，说到底还是命重要，自己苦苦追寻的美色只会把身体弄坏，独孤皇后的严厉也不是没有好处啊，这下算是明白了，可惜已经晚了。就在独孤氏死后两年，隋文帝也一命呜呼，追随而去了。

仁寿二年八月，文献皇后病逝永安宫中，终年五十九岁，葬于太陵。

萧氏　隋炀帝杨广皇后

□ **档案：**

姓　　名：萧氏
生卒年：？～647 年
籍　　贯：江陵（今湖北江陵）
婚　　配：隋炀帝杨广
封　　号：皇后
谥　　号：愍皇后

萧皇后，梁朝昭明太子萧统曾孙女，西梁孝明帝萧岿之女，母为张皇后，南兰陵（今常州武进万绥乡）人。由于江南风俗认为二月出生的子女不吉利，所以出生于二月的萧氏只能由萧岿的堂弟萧岌收养，因此不能同其他姐妹一样享受荣华富贵。养父萧岌过世后，萧氏辗转由舅父张轲收养。但由于张轲家境贫寒，因此本贵为公主的萧氏亦随之操劳农务。萧氏出身显赫却只能寄人篱下，幼年吃了很多苦。也由于萧氏这些不同于其他嫔妃的经历，最终使她能够始终陪伴杨广，成为隋炀帝最为敬重的嫔妃。

性情温婉，谦虚好学

隋文帝即位后，立长子杨勇为太子，封次子杨广为晋王。之后文帝挺待见萧岿，表现之一，就是希望从向来关系良好的西梁国选位公主为晋王之妃。萧家三位公主兴冲冲地走上了政治婚姻的舞台，哪里知道经过占卜，结果三个女儿生辰八字都不合、不宜，这时有人就跟萧岿提议，不如让四公主试试，四公主就是被寄养在民间的后来的萧皇后。姐姐们享受荣华富贵，她却是衣衫褴褛，正吃糠咽菜自己动手自食其力。最后萧岿不得以接回萧氏，占卜之，结果大吉，于是萧氏成为晋王杨广之妻，封晋妃，由此奠定了大隋一桩极其重大的政治婚姻。

杨广窥伺皇位，想要取代太子杨勇，因此韬光养晦。为了挤垮太子，其十年如一日地矫饰和伪装，使隋文帝和独孤皇后情感逐渐向他倾斜。这个时候估计只有萧妃才是真

青铜玻璃镶嵌纹镜　隋

正地了解杨广用心的人。为博得独孤皇后的好感，杨广只有萧妃一个妻子。杨广假惺惺地装扮仁德君子，萧妃也跟着过了几年苦日子。对于萧妃来说，日子虽然清苦，但总比舅舅家的生活宽绰。因为起点较低，萧妃还是很满足的。而且一夫一妻，不用像其他女人那样争风吃醋，也不失为一种幸福。杨广天天夹着尾巴过活，每天都上演争夺储君之位这出韬光养晦的好戏，这出戏最终以杨广顺利当上皇上告终，是与萧妃忠诚的陪伴以及女性的隐忍和耐力分不开的，说白了是靠夫妻二人联袂演出才得以成功。

萧妃的忠诚来自对夫君的服从，也是对于杨广的爱。萧妃随和聪慧，深得独孤皇后的喜爱，她的随和绝非装出来的，是本性的流露。她小时候与人为善，习惯了。否则对于寻常女人，哪个能丢开虚荣，甚至抛弃对未来的幻想，跟一个戏子式的男人往前奔呢？萧妃也算是"糟糠之妻"，难怪后来杨广从不颠覆萧氏的皇后地位。

云开月明，母仪天下

大业元年（公元 605 年），萧妃晋升为皇后。这是她和杨广苦守了十年的酬劳。杨广颁诏，慷慨地称赞自己的原配："妃萧氏，凤禀成训，妇道克修，宜正位轩闱，式弘柔教，可立为皇后。"杨广没有忘恩负义，对萧皇后的表面文章还是做得非常漂亮。当初，杨广许诺的好日子终于来了，可是这样的好日子对于萧氏来说仅仅是后宫中拥有至高无上的权力。丈夫却不再只属于自己一个人的。杨广即位后荒淫无度，不用取悦父皇母后的杨广终于露出自己的本性，纵情淫乐，杨广一口气在西苑修了景明院、迎晖院等十六院。然后，他广征天下美女，分别入住各院。另外挑选三百二十名美女学习吹弹歌舞。聪明过人的萧皇后也相当知趣，她一步一步地退让，直到靠边儿站。人老珠黄，色衰爱弛，何必搬个醋坛子，招皇帝烦呢？皇帝对她也算异于其他妃子，无论到哪儿，不管干什么，都捎上萧皇后。于是萧氏便更死心塌地过日子、无怨无悔地追随丈夫。也正因为萧皇后的忍让大度，让沉湎于酒色的隋炀帝对她一直十分礼敬。萧皇后和隋炀帝共同生活了二十多个年头。

好大喜功的隋炀帝，把隋文帝攒下的家底挥霍得一干二净；官府横征暴敛，民间盗贼蜂起；远征高句丽的军队和挖掘运河的民工，天天都在哀号、死亡……隋朝恢宏的大厦，摇摇欲坠，随时可能土崩瓦解。

对于炀帝的暴政，萧皇后因为惧怕而不敢直述，《隋书·后妃列传》写道："后见帝失德，心知不可，不敢厝言。"于是萧皇后作《述志赋》委婉劝诫。昏庸无道的隋炀帝哪里听得进去糟糠之妻的劝告？依然我行我素，直到最后自取灭亡。公元 618 年春天，觊觎皇位已久的宇文化及率领禁军造反，率兵进入离宫，刚满五十岁的隋炀帝在烟花三月的扬州被勒死了。萧皇后亲自收尸，手边什么也没有，只能拆几块床板，草草地拼了一副薄棺材。五十岁的杨广与萧皇后互相搀扶着过了二十三年苦日子，为的是一朝称帝，可现在死得却像个叫花子。

国破家亡，历尽沧桑

宇文化及觊觎的不只是皇位，还有风韵犹存的萧皇后。他以萧皇后儿子的性命相要挟，逼她做自己的妾室。萧皇后为保全儿子只能逆来顺受，忍辱偷生。但是，宇文化及不过一时得势，此时在中原一带起兵的窦建德节节胜利，宇文化及一败再败，最后，他带着萧皇后退守魏县，并自立为许帝，改称萧皇后为淑妃。然而不久，魏县又被攻破，窦建德率军最后攻下聊城，杀死了宇文化及。

窦建德本也是好色之徒，萧皇后又一次面临屈辱的境地。这时，北方突厥人的势力迅猛地发展起来。之前远嫁给突厥可汗和亲的隋炀帝的妹妹，也就是萧皇后的小姑义成公主，终于打听到了萧皇后的下落，就派使者到乐寿迎接萧皇后。窦建德不敢与突厥人正面对抗，只好乖乖地把萧皇后及皇族的人交给了使者。

公元 630 年，即唐太宗贞观四年，唐朝派大将李靖打败了突厥大军，迎回了曾是前朝皇后的萧氏。

萧皇后在唐宫中度过了十八年平静的岁月，贞观二十一年（公元 647 年），萧皇后溘然而逝。李世民以皇后礼仪将萧皇后葬于杨广之陵，上谥愍皇后。

唐

窦氏 唐高祖李渊皇后

□ **档案：**

姓　名： 窦氏
生卒年： 约公元 569~613 年
籍　贯： 京兆平陵
婚　配： 唐高祖李渊
追　封： 皇后
谥　号： 太穆皇后

窦氏，京兆平陵人，生卒年大约在公元 569 年到公元 613 年之间，是唐高祖李渊的结发妻子。她父亲是北周的大司马窦毅，后来北周政权被隋文帝杨坚取代之后，她父亲又在隋朝做官，为定州总管神武公。母亲是北周武帝的姐姐襄阳长公主，北周武帝是她的舅舅。

窦氏出生的时候头发就长到颈子了，三岁时候头发已经垂地，与她的身体同长，除了这一特点之外，她从小就聪明伶俐，和别的小孩很不一样，因此很得舅舅喜爱，北周武帝把她接到宫中抚养，其他外甥都没有这种待遇。她还非常喜欢读书，一点大的年纪就开始阅读《女诫》《列女》等传记读物，学习前人的经验教训，而且读书能够过目不忘。也正是这样，她很小的时候就有很高的政治觉悟和很成熟的政治看法。当时她舅舅武帝的皇后是突厥族的姑娘，但是婚后武帝和皇后感情并不是很好，武帝不想宠爱这个皇后。只有五六岁的窦氏就到舅舅面前，对舅舅说，现在突厥的力量还很强大，而我国的国情还没有稳定，所以希望舅舅能够控制你的感情，好好对待皇后，与突厥联合，这样可以增强我们的实力，周边的边患也不足为惧了。武帝听后非常震惊，也非常认同她的观点，就采纳了小外甥女的进言。

杨坚取代北周建立隋朝政权，窦氏听闻这个消息非常悲痛，痛哭流涕地说，真恨自己不是男儿身，不能够救舅舅家于危难之中。她的父亲赶紧捂住她的嘴巴，说这话可不能乱说啊，会给家族惹来杀身之祸的！

窦氏不仅生得美貌，还非常有见识有才华，所以有很多人上门提亲。父亲窦毅对她母亲说，我们家的女儿相貌又好，又见识不凡，我们可不能随便给她找个人嫁了，一定要挑选一个贤能的夫婿。她母亲也很赞同。后来夫妻俩商量，找人在屏风上画了一只孔雀，然后把屏风摆在屋子中间，凡是上门提亲的人都必须先拿起箭来射这只孔雀。听说窦家以此种方式选婿，不少贵族子弟就纷纷上门，但是前前后后来了几十人，都没有满意的。这天李渊也来了，他拿起箭就嗖嗖地射了两箭，正好一支箭射中了孔雀的左眼，一支箭射中了孔雀的右眼，窦氏父母两人一看顿时喜上眉梢，女婿就定这个了！这也就是"雀屏中选"的典故。

窦氏和李渊结婚以后，感情一直非常好。窦氏不仅对李渊感情好，对李渊的家人也都非常好，尤其很孝敬婆婆。李渊的母亲年纪大了，一直卧病在床，但是她脾气又特别坏，其他的儿媳妇都不敢近前去照顾侍奉她。只有窦氏，不怕辛苦不怕脏，也不怕老人家骂，始终尽心尽力地照顾老人，甚至很多天衣服都不换洗地在床前伺候，让李渊以及家人都特别感动。

除了温婉贤良之外，窦氏还很会写文章，也擅长李渊的书法。把她写的书法和李渊写的书法如果混在一起，外人是很难分清楚哪些是窦氏的作品，哪些是李渊的作品。

窦氏在五六岁的时候就展示了她非同一般的政治见解，所以她对李渊的政治生涯帮助也很大。隋文帝之后隋炀帝执政，炀帝很喜欢各种珍奇的马匹。有一次李渊得到几匹好马，就自己留了下来。李渊是骑马打天下的人，岂有不爱马之理？窦氏见到就对他说，隋帝非常喜爱马匹，如今你得到这几匹珍稀好马，最好是献给皇上，不然若有人将此事传入皇上耳中，恐怕会引来祸患。李渊还是舍不得敬献，结果果然被隋炀帝知道，他因此遭到了贬谪。隋炀帝后期贪图享乐，大兴土木，国家很混乱，李渊想起窦氏的话，就经常四处搜集良马敬献给隋炀帝，果然保全了自己。李渊后来还常常想起窦氏的话，有时候涕泪齐下地对几个孩子说，如果及早听从你们母亲的话，早就得到现在可以得到的东西了啊！

炀帝末期，李渊一直在外征战，窦氏又要照顾家里又要替丈夫担心，劳累生病而死。李渊取得帝位以后，下诏命名窦氏所葬的园陵为寿安陵，追封她为皇后，上谥号为"穆"。唐高祖李渊死后与窦皇后一起合葬于献陵，窦皇后也被尊称为"太穆皇后"。

长孙氏　唐太宗李世民皇后

□ **档案：**

姓　名： 长孙氏
生卒年： 公元 601~636 年
籍　贯： 河南洛阳
婚　配： 唐太宗李世民
封　号： 皇后
谥　号： 文德顺圣

长孙皇后，是历史上非常有名的一代贤后。她是唐太宗李世民的结发妻子，李世民登基以后封其为皇后。长孙皇后出身名门，她母亲也是大家闺秀，祖父是隋朝的扬州刺史。长孙氏的父亲文韬武略，不仅骁勇善战，还精通文史，常广泛涉猎各种史书。在这种家庭氛围下，长孙氏从小就很懂规矩，知道如何在封建大家庭里行事，并且非常有修养，喜好读书，能写诗著文。她是太宗的贤内助，去世很多年以后太宗还对她念念不忘。

与李世民定亲，天赐良缘

长孙家和李渊家都是隋朝的官员，长孙氏的父亲长孙晟是隋朝的大将，官至右骁卫将军，李渊家世也很不错。时人都知道李渊娶得一名贤妻，也就是窦氏。窦氏从小不凡，美名远扬，尤其是她五六岁的时候在宫中就能劝说其舅舅周武帝要好好善待她的突厥皇后，以便和突厥搞好关系，增强国势，从此她非同凡人的贤德和才能就流传开来。后来她父母以玉屏画孔雀的方式招女婿，从而选中李渊，给李渊生下了李建成、李世民等几个儿子。

长孙皇后不仅生得貌美，既有她母亲大家闺秀的风范，又从父亲身上学到勤学好学的品质，既懂得规矩和礼教，又十分善于做人和做事，因此她父亲也希望给她找一个好人家。

隋朝末年，国家也是混乱纷纷。长孙晟看上了李渊家的二儿子李世民，这李世民不仅一表人才，还有勇有谋，是打天下的一把好手。最让长孙晟放心的

鎏金葡萄纹镜　唐

277

是，李世民是窦夫人的儿子，他一直都知道窦夫人是非常贤能的一个人，所以他相信窦夫人教育出来的孩子一定不会差到哪里去。就这样，既然看中了，他就拿出将军的果断，直接找到李渊来谈这门儿女婚事。李渊见长孙家都亲自上门，而且也早就知道长孙家的女儿是才貌双全，果断地同长孙晟一拍即合，当即定下这门亲事，两个人高高兴兴喝酒去了。

长孙晟喝得微醺，回到家里跟他的儿子长孙无忌说，我给你找了个妹夫，就是李世民，他将来一定前途不可限量。从此这长孙无忌就多了一名伙伴，就是李世民。他们两个年纪相仿，很合得来，所以常一块玩耍。

但是不多久，长孙氏的父亲长孙晟就病逝了，那年长孙皇后才八岁。在封建的大家庭里，都是三妻四妾，所以父亲是一家之主，也是一家的台柱子。父亲倒下了，难免会有些比较柔弱一点的母亲带着孩子就会被欺负，而如果母亲更早去世的话，那孩子的生活就更悲惨，异母兄弟姐妹们很难相处得好。长孙无忌兄妹也一样，在家里处得不太融洽，好在他们有个好舅舅高士廉，高士廉将两个失去父亲的可怜孩子接到府上管吃管住，还带着他们学习，所以长孙无忌学了一身的本领，文才非常好。在这一个时期里，他们同李世民的关系仍旧非常好。

长孙氏十三岁，是差不多该嫁人的年纪了，这一年她同李世民成亲。隋炀帝后来日益享乐，四处大兴土木，弄得民怨载道，天下起兵者无数。李世民也怂恿父亲李渊要趁机起兵，打出一片天下。加上当时李渊身边有一个武士彟可以给他提供物质上的支持，还假借李渊腾达的梦来怂恿李渊，于是李渊父子在晋阳起兵，从此声势逐渐浩大。长孙无忌在李渊父子起兵以后一直跟随李世民，并且对李世民忠心耿耿。

公元618年李渊称帝，李世民为次子，虽然战功赫赫但被封为秦王，长子李建成被立为太子，长孙氏为秦王妃，长孙兄妹同李世民的感情都很好，可谓是一桩天赐良缘。

有女子的贤柔，也有智有谋

嫁到李家，并不是说直接去享受荣华富贵就行，李家也是一个充满矛盾的家庭。李世民兄弟的母亲窦氏虽然是一个非常贤德的母亲，对子女教养都很严格，但是当时的家庭条件并不能说是非常好，李家父子常年在外征战，窦氏在家里要照顾老人，操持家务，家里还有李渊的其他妻妾和孩子，在家里非常劳累，还十分牵挂在外征战的父子，积劳成疾，没等到李渊称帝就病逝了，儿子们后来也都不是一条心。

到李渊称帝以后，后宫无主，妃嫔争宠，儿子之间的斗争更为严重。李世民一直跟随李渊南征北战，为打下李家大唐江山立下赫赫战功。相对来说大哥李建成则要逊色得多。无论从人品还是从能力来说，显然都是李世民更适合做继承人，更能够将江山统治得更好。但是李建成是嫡长子，他也不愿意放弃手中的权力，弟弟李元吉和他走得很近，二人以李世民为敌。不仅兄弟之间联合，李建成、李元吉兄弟还同李渊的妃子张婕好、尹德妃等人结成联盟，各自以巩固自己的利益为目的。李渊一直对李世民很赞叹，他心里也深知李世民是最适合的继承人。但是李建成等人一心想要拔去李世民这颗眼中钉，时时想办法陷害他，内宫中张婕好、尹德妃等人常常在高祖李渊耳边说李世民的坏话，结果李渊听信他们，逐渐同李建成、李元吉兄弟走得近，而渐渐疏远了李世民。

长孙妃深知丈夫要成就大业，妻子必须要助其一臂之力。但是她不是盲目地去正面帮李世民谋取，而是小心翼翼地伺候公公，将家庭里的关系搞好，并且对众妃嫔和妯娌之间的关系也都处理得十分得体，尽量多做事而少谋求自己的利益，保持低调之风，不给丈夫添麻烦。她这么做深得李渊满意，对这个儿媳妇十分赞叹。

公元 626 年，李氏兄弟之间的矛盾激化到不可调和，李世民决定要除掉李建成等人。在长孙无忌等人的一同谋划下，秦王决定发动政变，这场政变历史上称为"玄武门之变"。在玄武门之变的前一天，李世民密奏李建成、李元吉兄弟在后宫淫乱，第二天，李世民和长孙无忌等亲自到玄武门率兵等候李建成等人的到来，然后将李建成、李元吉兄弟杀死。这场战斗是惊心动魄的，亲兄弟之间手足相残，不成功就只能成仁，不是你死就是我亡，跟着李世民的人都是拿性命出来的，甚至连李世民自己都决定抛开性命一搏了。这时候不仅哥哥长孙无忌亲自到最前线，连长孙王妃也抛弃女儿柔弱的形象，亲自给秦王的将士们打气，激励他们。在这种气氛下，士兵们士气大涨，一鼓作气，一举取得玄武门之变的胜利。李渊听闻这场政变之后虽然极度吃惊，但是也毫无办法，三天之后就将秦王册封为太子，当年便退位让贤，让儿子接替了他的皇帝之位。

李世民登基以后，长孙氏就被册封为皇后。从此以后，应该说长孙皇后就是人中之凤了，但是她仍然兢兢业业地管理后宫，她知道丈夫每天要处理国事已经非常劳累了，所以她必须替他分担更多忧愁和烦心事，要把后宫打理好，给丈夫一个温馨的家，不为后宫事情操心。

统领后宫，却能深明大义

后宫争斗，似乎是永远都谈不完的话题。但是长孙皇后首先所想的，却不是怎样用一些奇招怪招来巩固她自己的地位和利益问题，而是想到要尽量让后宫和谐，不让皇上白天操心政事，晚上还操心宫中之事。所以尽管她和皇帝关系非常好，她也不要求专宠，反而让李世民有更多机会去亲近其他妃子，广泛地开枝散叶。对待后宫妃嫔以及宫女等，她态度都十分温和，宫中上上下下关系都处得非常好。如果说哪个妃子或者宫女遇到一些难事或者身体不舒服什么的，长孙皇后都会亲自去慰问，甚至还将自己的物品送给她们。所以作为回报，宫中上上下下对她也都十分爱戴。

长孙皇后不仅不在宫中做恶毒皇后，还十分注意控制外戚的势力。她的哥哥长孙无忌和李世民是在打天下之前认识的，后来李家父子打天下的时候，长孙无忌一直跟随李世民，忠心耿耿，两人感情十分要好。长孙无忌本身就十分有才华，他父亲是武将出身，但也十分精通文才，后来在舅舅家更加潜移默化地受影响，才华大长。在玄武门之变中，他尤其显示他的才能和胆识，冲锋陷阵从不惧怕，李世民为他所做的事非常感动，常常在别的大臣面前毫不避讳地说他之所以有今日，多亏长孙无忌的功劳。

所以在李世民即位以后，他多次想将长孙无忌提拔为宰相。宰相是朝中最重要的职位了，掌握大权。太宗和长孙皇后提起的时候，长孙皇后就非常忧虑，她觉得她已经是皇后，统领后宫，已经是三宫之首，她的家人已经有皇家的财粮供应，不愁吃穿，享受荣华富贵。如果再让哥哥任此大职，她恐怕外戚势力变大会招来不好的结果。为了向太宗明确说明此事，她还大量引经据典，用古代的例子来说明她是正确的。外戚势力庞大以后，大多是日渐恃宠傲物，或者权力欲望更强，最终换来家族灭门的结果，像汉朝吕氏家族、上官家族以及霍氏家族等，都没有好下场。太宗每次都很听从长孙皇后的话，但是这一次真的哭笑不得。他给长孙皇后解释说，他是真的很想重用长孙无忌，这不是因为长孙无忌是皇后的哥哥，而是因为他真的很有才能，多次为自己立下大功，并且忠心耿耿。他知道谁都有可能背叛于他，只有长孙无忌不会。所以这宰相的位子不给他给谁呢？一个英明的皇上，当然得选贤任能，这也是百姓的福气啊！

不过长孙皇后还是觉得不妥，就亲自与哥哥商议。哥哥长孙无忌深知妹妹的用意，就同意了妹妹的看法，向太宗辞去有实权的职务，太宗没法，只得同意。不过大臣们仍然知道，如果有什么棘手的事情，还是得去找长孙大人才行，只有他能办妥。

不干政事，及时劝谏

历史上后宫里很多女人都对权势有着极大的欲望，临朝听政的事情也层出不穷，但长孙皇后从来没有这种欲望，她一直坚持不干预朝政。

但是不干预朝政不表示她不关心国家大事，不关心百姓疾苦，不给太宗分忧解难。她尤其懂得在太宗做事不妥的时候要及时劝谏，让他尽量少做错事，而做更多有利于国家和百姓的事情，最有突出代表的事情就是针对大臣魏徵和房玄龄。

魏徵是有名的谏臣，他总是直言不讳，每当太宗李世民有事情做得不妥，他总是当面就斥责，毫不留情面。唐太宗对魏徵是又爱又恨。爱的是，有这样的臣子是做皇帝的福气，他深知"以铜为镜可以整衣冠，以史为镜可以知兴亡，以人为镜可以明得失"，他把魏徵当作他的一面镜子。所以魏徵敢于在他面前谏言，一方面是魏徵的品格，另一方面当然是太宗的品格，不然早就把他拉出去外放或者怎样了。

太宗在准备嫁长乐公主的时候，想多给她嫁妆。因为这长乐公主是长孙皇后的女儿，太宗对她格外疼爱，所以希望嫁妆也要多给。其实一个父亲疼爱女儿的心情，是绝对可以理解的，但是他们不是一般的家庭，必须凡事还要注重礼节。按当时的规矩，公主们的嫁妆规格一定不能超过长公主的规格，公主是皇上的女儿，长公主是皇上的姐妹，所以长公主是公主的姑姑，是长辈，嫁妆得多。但是按太宗的想法，长乐公主的嫁妆就多于长公主嫁妆的一倍了，这是不合礼法的，因此魏徵就建议太宗不能这么做，必须要减少长乐公主的嫁妆才行。太宗知道魏徵的讲法是有道理的，只是从感情上还是有点不服。回到宫里，他就将这事原原本本对长孙皇后说了一遍，他原本还担心长孙皇后会不高兴，因为这公主是长孙皇后的女儿。没想到长孙皇后听完之后，对魏徵大为赞赏，还恍然大悟似的对太宗说，常听说皇上很喜欢这个魏徵，以前还不知道魏徵有什么特殊才能，今天听皇上这么一说，他果然是个贤能的大臣啊！这是皇上的福气！她不仅不生气，反而还派人送许多布匹和银两到魏徵的府上，表示对他的嘉奖。太宗见皇后这样，也就完全宽心了。

从道理上说有这样的大臣很好，但是从感情上说，这种人确实常让人恨得牙痒痒。

有一个非常有名的故事，可以说明太宗对魏徵都是惧怕的。有一次太宗在赏鸟，恰好魏徵来了，太宗怕魏徵说他，就赶忙把鸟藏在袖子里。魏徵多聪明呀，他知道太宗将鸟藏在袖子里，就故意在太宗身边不走，太宗也一直不敢把鸟拿出来，结果就把鸟憋死在袖子里了。所以太宗有时候也实在忍受不了魏徵这人。有一次下早朝，太宗怒气冲冲地回到后宫，说他一定要找机会狠狠整治魏徵这个家伙。长孙皇后很少见太宗这么生气，赶忙问是何缘故。太宗就将魏徵的事说给长孙皇后听，告诉她这个魏徵总是不分时间、不分场合地不给他面子，让他难堪，让他无法下台，他实在忍受不了这个直来直去的家伙了。长孙皇后听太宗发完脾气之后，什么话都不讲，而是径自去内房换了一身庄严的礼服出来，在太宗面前行了一个大礼，说恭喜陛下，贺喜陛下。太宗被皇后这莫名其妙的举动搞得半天回不过神，不明所以。皇后解释说，有这样的大臣，是皇上的福气呀。只有在明君的统治下，大臣才敢这么直接地明谏。试想如果是一个昏君，这种劝谏不是早被拖出去处斩了吗，哪一个大臣不怕死呢？所以魏徵是充分知道皇上是一位可以信任的明君，才敢冒着生命危险直言相谏的。有这样的明臣，难道不值得恭喜皇上吗？太宗听完，不仅不再根着魏徵了，也对皇后更加敬重了。

不仅仅是对于魏徵一个人，长孙皇后经常保护一些老臣。就在长孙皇后生病快不治的时候，她还想着老臣房玄龄。她对太宗说，要继续任用房玄龄，他是一位能做好事情的大臣。太宗也听从她的建议，再次起用房玄龄。

《春游曲》显才能，也是晒幸福

长孙皇后深明大义，好在唐太宗李世民也是一代好皇帝，不仅很开明，也很公正廉洁，并且对长孙皇后很是情深。否则的话，贤德的人就很容易被奸佞之人欺负或者打击，而长孙皇后即使病重，还没有人敢对她怎么样。她即使不主动让太宗对她专宠，太宗心里也始终有她。所以，她是幸福的，她也为这幸福而感到骄傲，甚至有些自负。她从不缺吃穿，而且吃穿皆为上等。她即使只是一双鞋子，都缀满珍珠。但是相对历代奢侈的皇宫生活，她又是节俭的，她只用她所需要的，超过需要的便不要了。整个宫里宫外，从朝臣到百姓，都赞扬她和李世民的爱情，都赞扬她贤德助夫，整个世界都对她不薄。

所以当大好的春日里，百花竞相开放，花园里莺歌燕舞的时候，这位美丽而贤惠的皇后也会到花丛中翩翩起舞，是的，她也很懂得生活。当穿梭于花丛间，伴着蝴蝶在肩膀两旁的时候，她也忍不住诗兴大发：

上苑桃花朝日明，兰闺艳妾动春情。
井上新桃偷面色，檐边嫩柳学身轻。
花中来去看舞蝶，树上长短听啼莺。
林下何须远借问，出众风流旧有名。

这首诗就是长孙皇后的传世作品《春游曲》，展示出的是她活泼开放的一面，甚至能表现出她骄傲自负的一面。你看那桃花红艳艳惹人侧目，那是因为偷了她的面色呀！檐边的嫩柳细腰扭扭的，也是跟她学的呢！从这首诗中还能生动地看出皇后在花丛中穿梭舞蝶的景象，好似还带着银铃般的笑声，多么美丽惬意的画面呀！画中的女子又是多么幸福！而这幅画的场景，就是长孙皇后的生活场景，可见她是多么幸福的一个人！所以说，能边游玩还能边作出诗来，这表示她很有才气，而这诗的内容，就是她生活的写照，明摆着就是在晒幸福呢！

一代贤后去世，太宗伤怀

长孙皇后纵使万般美好，也逃不过命运的安排，她还是病倒了。但是即使是被病魔缠绕，她也仍然不忘以太宗为重，以国事为重。太宗和太子都十分挂念她的病，请了最好的太医用了最好的药仍然没用。后来没有办法，太子对她说，也许行善积德可以让母亲长寿，既然用药已经不见好，应该尝试一下大赦天下、大修佛寺的方法。长孙皇后听完费力地说，不可以的，大赦天下是国家的事，哪能因为她一个人生病就采取这样的做法呢？大修佛寺就更没有依据，每个人的生死都是上天注定的，所谓生死有命，富贵在天。若是只靠行善积德，我长孙皇后一辈子做了很多好事，如果要灵验，也该灵验了。所以她阻止了太子的做法。

再后来，长孙皇后的病一天比一天重，病魔可不管她是一个平民还是一个皇后，是不是受人尊敬受人爱戴，只要被它看上它就不松手的。眼见着病是好不了了，死神一步步在逼近她，她很从容地对太宗说，她死后葬礼要一切从简，不可奢侈浪费，太宗不得不听她的，只好含泪答应。

公元636年，长孙皇后不治而亡，葬于昭陵。

皇后去世以后，太宗失魂落魄。他最爱的伴侣不在身边，他总觉得生活像是缺了一大块角的圆，总觉得心里是空落落的。他甚至在大臣面前失声痛哭，因为他失去了一位贤内助。

长孙皇后去世以后，为转移对她的思念，太宗就亲自抚养长孙皇后留下的幼子幼女，李治就是太宗亲自留在身边养大的。在他看来，带着长孙皇后的孩子，就像见到他们的母亲一样。

太宗还在宫中建起了层观，以便于他想念长孙皇后的时候就登上远望昭陵。层观建好以后他还带着魏徵等亲信大臣一同观看，但是魏徵又跑出来大煞风景了，说这是不合礼法的，婉言劝谏太宗放弃层观。太宗无奈，又将层观拆除。

长孙皇后去世以后，太宗还是重用了她的哥哥长孙无忌。太宗不可以不重用他，他是太宗的心腹，是太宗的左膀右臂呀！长孙无忌也没有让太宗失望，兢兢业业为唐朝出力。太宗去世前将太子李治交给长孙无忌和褚遂良等重臣，让他们辅佐太子李治，这些忠厚的老臣又拿过接力棒，继续为新的皇帝效力去了。

不过很可惜，李治和他父亲母亲相比差远了，又看上了他父亲的才人武则天，最终几乎被武则天一手控制。而长孙无忌和褚遂良等老臣，因为反对立武则天为皇后，最终被武则天一一陷害而死。

王氏　唐高宗李治皇后

□ **档案：**

姓　名： 王氏
生卒年：？～655 年
籍　贯： 并州祁县（今山西文水）
婚　配： 唐高宗李治
封　号： 皇后

王氏，并州祁县人，唐高宗李治的结发妻子，李治登基为皇帝以后被封为皇后。王氏和高宗也是世家亲戚，王氏的曾祖母与高宗的祖父李渊是同母的兄妹，曾祖父在唐朝之前是西魏的大将军，她的母亲也是出身豪族，是关中柳家的女儿，舅舅在太宗朝上为官，所以论出身，王氏毫无瑕疵。但是后来因为遇到武媚娘这个强大的对手，最终惨死在武媚娘手下。

纤纤王氏女，嫁入李家门

名门望族出身的王氏是一个纤纤美女，她娇小玲珑，眉清目秀。待她长到豆蔻之年，就愈发地显示出美女的气质，而这个时候，唐太宗十分宠爱的长孙皇后的小儿子李治也到了该选妃的年纪，太宗就张罗着要给李治选一个合格的妃子。当时的李治还没有被立为太子，还是晋王的封号。

王氏本来就条件优越，再加上她的曾祖母是太宗的姑姑同安长公主，同安长公主十分喜欢她，对她赞扬有加，就在太宗面前极力推荐，有了这层关系，太宗看王氏就更加入眼了，所以没怎么犹豫就将她选为了晋王妃。

王氏和李治年纪差别并不太大，当时两人都处于十四五岁的年纪，感情刚刚萌发，对彼此也都很看得上眼，所以婚后早期感情还是很好的。结婚第二年，晋王李治就被封为太子，王氏也就跟着晋升为太子妃。李治生性有些懦弱，所以一度太宗曾有废掉李治重新立太子的念头，但是李治有长孙无忌等人的保护，也没发生太大的变故，仍旧保持了太子的位置。几年以后，太宗病故，太子李治登基，王氏也就顺理成章地登上皇后之位。

女儿为皇后，家族当然都得册封，王氏的父亲就被封为魏国公，母亲也得到魏国夫人的称号，舅舅更加官升一级，最终达到中书令的职位，这个时候，王氏心里是舒畅的。

未能生子，萧淑妃风头占尽

可是，这种舒畅的日子并没能持续太久。在与王氏成婚之后，高宗又娶了一些妃子，其中有一个萧淑妃不仅美貌，还非常有激情，年轻女子的那种活泼在她身上体现得非常好，她要妩媚有妩媚，要温柔有温柔，十分具有母性美。李治生性懦弱，所以他更需要的也许是那种具有母性的，稍微强势的，还带有性感的，能给他新奇感的女性。而王氏，则是规规矩矩、纤纤弱弱的那种女子，与萧淑妃一相比，王氏就显得黯然失色了。

而且更加要命的是，王氏与李治结婚以来，一直没能生育，这对她来说是一个十分巨大的劣势，不仅她自己很着急，甚至连高宗李治都很着急，传宗接代是一件大事。而萧淑妃则很争气，给高宗生下了儿子李素节，高宗也因此更加宠爱萧淑妃而冷落王皇后了，逐渐地，萧淑妃就成了高宗的专宠，王皇后虽贵为皇后，却很少能和高宗同寝，这样一来生子也就更加无望了。

萧淑妃得宠，她在宫中就很趾高气扬，不把皇后看在眼里，甚至想要取代皇后的地位。本来皇后王氏对此就忧心忡忡，加上萧淑妃本身就有意对她构成威胁，王氏就更加担心自己的地位和处境了。她不能坐以待毙，她必须想办法。

在李素节出生之前，李治其实还有一个儿子李忠，李忠是高宗李治的长子。但是他的母亲很没有地位，只是一个歌舞伎出身，偶尔被高宗临幸，很幸运地怀上了他而已，此后也一直不怎么受宠。王氏心里想，她自己没能生孩子，如果能将长子李忠收养，再努力栽培他，将来立他为太子，成为皇位的继承人，那么对她还是有利的，仍然能够巩固她自己的地位。因此，王皇后就收养了李忠。

但是这仍然改变不了高宗对萧淑妃专宠的局面，王氏的处境仍然没有根本性的改变，她仍然一筹莫展。然而，偶然间，王氏想到了对付萧淑妃的方法。

太宗周年祭的时候，王皇后陪同高宗一起去感业寺拜祭。事有凑巧，高宗在感业寺遇到了父亲太宗的遗孀武才人武媚娘，武媚娘见到高宗涕泪俱下，毫不掩饰对高宗的相思之苦，而高宗又何尝不是呢，他也难以控制自己思念的情怀。原来，高宗和武媚娘早就相识，并且彼此都有感情。武媚娘曾经陪同太宗上朝，她虽然站在帘子之后，但李治已经深深被她吸引，对她一见钟情，再难忘却了。太宗生病期间，两个人还曾一同在病床前伺候太宗，从此感情更进一步。但是武媚娘是他父亲的女人，他不能对她怎样，只能在心里思念，或者私下里两人交往。原本，高宗以为他和武媚娘的感情只能如此，不可能有机会在一起，没想到今天在感业寺重逢，而她对他仍然如此情深！在一旁的王氏怎能看不出端倪，这个时候她却一点醋意都没有，脑中反而灵光一闪，她的转机到了！是的，她想到要利用这个武媚娘来对付那个讨厌的萧淑妃，只要高宗对萧氏不再专宠，那么她皇后的位子还是稳固的。

离开感业寺之后，皇后就开始布置起来了。她首先暗中让武媚娘注意保养自己，尤其再也不能光头，另一方面就在宫中同高宗商议，将武媚娘接回宫中。高宗早有此意，只是不好自己开口，没想到皇后这么体贴，全帮他想到了。他喜不自禁，当即就同意了皇后的提议。在太宗三年祭满以后，武媚娘也长出了一头乌黑的长发，高宗李治则迫不及待地将武媚娘接到了宫中。皇后以为武媚娘是她计中的一颗棋子，自然要对她大加照顾，所以先将她留在自己身边，让武媚娘先熟悉宫中的环境，在宫中稳固下来。武媚娘盼这一天不知道盼了多少个日夜，她当然很珍惜这次机会，所以她十分小心翼翼地伺候皇后，很快便得到了王皇后的信任。王皇后在高宗面前就对武媚娘赞不绝口，高宗对武媚娘本来就很喜欢，所以没多久，武媚娘就顺利地登上了昭仪的位置。

银镀金人物图香宝子　唐

搬来武媚娘，结果埋祸患

王皇后为武媚娘受宠而感到很开心，她看到自己的计策果然成功了。她很赞赏自己的眼光，武媚娘果然没让她失望，进宫不久就将高宗俘获，高宗越来越离不开武媚娘，也就逐渐冷落了萧淑妃，萧淑妃气得直哼哼，王皇后越见这样就越开心。不仅如此，在进宫不到一年的时间里，武媚娘就顺利地怀上了高宗的孩子，十月怀胎，顺利产下一个男孩儿，高宗对这个儿子十分宠爱，将他取名为"弘"，对武媚娘也更加宠爱了。王皇后此时还没有意识到武媚娘对她的威胁，她仍旧对这种局面很满意，她一直觉得高宗和武媚娘都会终身对她感恩戴德，因为她是武媚娘的恩人，也给高宗带来很多欢乐。所以趁高宗十分开心的时机，她就赶紧建议高宗立她的养子李忠为太子，高宗也十分爽快地答应了。

然而，她不知道她的危机真正地来了。武媚娘这人才是最大的敌人，因为她手段高超，心计毒辣。当李忠被立为太子以后，武媚娘就觉得是该她出手的时候了，她才不想让外人被立为太子，她不要留这个碍手碍脚的皇后，这些必须都是她的，她要成为宫中的女主人。但是，武媚娘可不会直接就明显地出手宣战，她所有的一切都在暗中操作，表面上却要显示出她的柔弱与贤淑。她在进宫的时候就暗暗观察了宫中的形势，并且不断收买王皇后和萧淑妃身边的人，在她们身边插满了眼线，她要随时知道她们的一举一动。然后，她就要死死抓住高宗的心，她要控制他。

到这个时候，高宗已经基本上是武媚娘的人了，王皇后这才意识到，她将武媚娘召来，确实打击了萧淑妃，萧淑妃再也不是专宠了，但是，武媚娘却成了专宠。而这个武媚娘显然比萧淑妃更加难以对付。王氏苦闷的心情又回来了，她又陷入了苦难的境地。这个时候，她再想不出别的办法，只有想到同萧淑妃联手，再将武媚娘打压下去。

高宗此时已经被武媚娘迷得神魂颠倒，而王氏和萧淑妃此时还只顾着消除心头之气，直接在高宗面前说武媚娘的坏话，高宗怎么可能能听得进呢？尤其是看到本来水火不容的皇后和萧淑妃，现在居然一个鼻孔出气，目的就是要诋毁他宠爱的武媚娘，他就更加气不打一处来，他决定，从此要更加疼爱他的武昭仪，而再不理会这可恶的皇后和萧淑妃了。

这个时候，王皇后和萧淑妃几乎已经是完全被高宗冷落了。但是，武媚娘还不罢手。她知道即使高宗很宠她，对王皇后很冷落，但是高宗也不会自己谋出心思要将她扶上皇后之位，她知道她自己的路还得她自己走，而且，她必须下点狠招。而她的狠，不仅是对别人狠，连自己的亲生女儿的性命都变成她前进路上的一块小石子。

这一次，武媚娘为高宗生下一个小公主，可把高宗高兴坏了。王氏身为皇后，自然要前去看望，尽管对没有孩子的她来说，她很嫉妒。但是当她看到孩子的时候，她还是被这个小生命深深地吸引了，多可爱啊！所以她也忍不住伸出手，逗了逗小公主。但是刚一会儿，高宗就来了。王皇后不想和高宗直接打照面，便轻轻地走了。而武昭仪心里早就想好计谋，她趁皇后出去的一会儿，自己走进屋内将小公主闷死，然后又什么事都没发生一样出来接待皇上。皇上迫不及待地要去看小公主，但是当他看到小公主的时候，小公主早被她狠心的母亲给闷死掉了。高宗怎么也没料到，他心爱的公主已经没有了气息。而武昭仪进来之后更是号啕大哭，那哭声几乎惊动了整个皇宫，所有人都知道武昭仪失去了女儿是多么伤心，引得宫女太监都一一为她掉眼泪。高宗要查明事情的原委，这些宫女们都说除了王皇后来过，再也没其他人进来了。高宗听完一口咬定，是王皇后害死了他的女儿！王皇后本来就嫉妒武昭仪，所以他对此深信不疑，他坚信他的皇后就是凶手！这无疑是王皇后的一次巨大灾难，她在高宗心里的地位，再没回旋的余地了。高宗已经有了废掉皇后另立武氏的想法，所以皇后的寝宫，无疑已经成了一座冷宫。

但是，王皇后的位子是没那么容易动的，大臣们都拥护她。而武昭仪，大臣们都不赞同。因为武昭仪出身低微，她父亲原本是一个木材商人，后来虽然在朝廷为官，但是改变不了他低微的出身。而且，她还是高宗父亲太宗的才人，本来儿子娶老子的老婆就有违伦理了，还要将她立为皇后，那就太过分了。但是武媚娘可不管这么多，她要得到的东西，就一定要得到。当时朝廷最有话语权的一个人，莫过于李治的舅舅长孙无忌了。为了得到他的支持，高宗和武昭仪两个人亲自去长孙无忌府上同他商量，但长孙无忌就是不松口。武媚娘没有达到目的，心里恨死了这个无忌老头儿，她发誓有一天一定要整得他满地找牙。

一边争取大臣们的支持，另一边武昭仪还继续迫害王皇后。王皇后失宠以后，王氏家族的人都觉得靠山要倒塌了，心里都很慌张。她的舅舅柳奭更在这个时候提出辞去中书省的职务，以为这样就可以给自己解困，但是这样更加削弱了外甥女王皇后的力量，弄得她内外无援。武媚娘见还没能够将王氏置于绝境，则继续告发她和她母亲柳氏在宫中行巫蛊之术，高宗遂将王皇后和萧淑妃两人都禁入冷宫，并将王皇后废为庶人。

武昭仪后来也找到了支持者，逐渐有一批人看到武昭仪说话非常有分量，就投靠了她，并拉拢更多说客为武昭仪开路。有了支持，高宗也就更加大胆了，终于于公元655年将他心爱的武昭仪立为皇后，满足了武媚娘的皇后野心。

高宗念旧情，武氏断绝路

王氏和萧淑妃已经被废为庶人，还关进了冷宫，但是武媚娘却不放弃折磨她们的机会，她派人监禁她们，连正常的食物都不给，两个人如同在监牢里，过着猪狗不如的生活。

有一天，高宗又想起了昔日同他恩爱的两个妃子，就一个人偷偷地来到幽禁王氏和萧淑妃的地方。当他到的时候，他都不敢相信他眼前的悲惨状况，他眼里含着泪花呼喊，他问他的皇后和萧淑妃，你们还好吗？两个悲惨的女人只有用一声声的痛哭来表达她们现在的处境。高宗非常伤怀，为什么会弄成现在这个样子呢，为什么呀！他对他的两位前爱妃说，你们放心，我一定会想办法，一定会救你们脱离苦海的。王氏和萧淑妃稍微安了安神，她们在内心里还指望着这个男人能够救她们，因为这个男人是她们的丈夫，是当今皇上呀！

但是，她们仍然错了，这个男人根本不能够救她们。而恰恰是这个男人来看她们，让武媚娘觉得她必须要对这两个女人更加决绝才能够永绝后患，让她们两个人再也无力对她武媚娘反击。所以在高宗走了之后，武媚娘就派人将王氏和萧淑妃的手足都砍去，然后不管不顾地扔在那里，任凭两个女人悲惨地哀号了几天几夜，这才慢慢断气。高宗说要救她们两个的诺言，始终来不及实现。

武则天　唐高宗李治皇后

□ **档案:**

姓　名: 武曌
生卒年: 公元 624~705 年
籍　贯: 并州文水（今山西文水）
婚　配: 唐高宗李治
封　号: 皇后
帝　号: 武周神圣皇帝
谥　号: 则天顺圣皇后

武则天，姓武，名曌（这是武则天特意为自己造的字，意思是日月之上，目空一切），又名媚娘，尊号武则天。武则天不是生下来就叫武则天的，甚至在她死的时候都不叫这个名字，这是后人的称谓。

术士预言，不平凡的女儿命

武则天的父亲叫武士彟，他出身于一个农民家庭，就像中国最大多数的老百姓一样，在武士彟之前，他们家世代务农，在黄土高原贫瘠的土地上耕种、劳作。看着身后的一片黄土地，武士彟心想，他不能一直局限在这片黄土地上，他要走出去，他要出人头地。所以他放弃了祖祖辈辈耕作的生活，而是选择了出去贩卖木材，而当时正处于隋炀帝晚期时候，隋炀帝在全国各地大兴土木，木材具有非常大的市场，于是武士彟正生逢其时地赶上了，并因此积聚了很多的财富。

武士彟的眼光还不仅仅局限在弃农从商这件事情上，事实上证明他真的是一个非常好的投资家，而他那个时代也给他创造了最好的时机。隋炀帝大兴土木，四处建设，虽然会带来很多好处，但是生产建设的规模和数量也一定要符合当时国家和人民的力量才行，也就是要和经济基础相符合。炀帝所设想的广建扩建显然超过了民力所能承受的程度，赋税和劳力都严重不足，人们不堪重负，自然就会发生到处起兵，反对暴政的局面。

这个时候的武士彟已经和李渊父子结识，并且还是比较要好的朋友。李渊是个朝廷命官，武士彟是个贩卖木材的商人，他们怎么会成为好朋友呢？这又要说到武士彟的投资眼光了。在那个时候，士农工商是有差别的，地位悬殊。武士彟在贩卖木材得到一些财产之后，并没有急着把这些财产拿去享乐，去买好吃的好玩的去讨三妻四妾，建豪华的房子，他首先拿出一笔钱为自己买了一个小官职。卖官卖爵不是新鲜事，他要通过这些途径来改变他的社会地位，来结交更多的达官贵人，也就是这样他才得以认识唐朝的开国皇帝李渊。

当时是在晋阳起兵前夕，隋炀帝的朝廷已经是风雨飘摇，李渊虽有心反隋，但还犹豫不决。第一，起兵是冒风险的事，成功固然好，但万一时机不对失败的话，后果不堪设想。第二，李渊同隋朝皇室关系也很密切，他是隋炀帝独孤皇后的外甥，也算是很亲的亲戚关系了。武士彟这人早觉得李渊气度不凡，将来也许有帝王之相，所以他就去劝李渊要果断起兵。为了让他更加坚定，他还编造谎话说他梦见李渊必胜，还能成为天子。

并向李渊承诺，军费由他支撑，反正他是个商人，他的工作就是弄钱财的。有了物质保障，再加上那个梦的蛊惑，李渊就没什么好犹豫的了，率军在晋阳起兵，并且取得了决定性的胜利。后来隋炀帝也被部下杀死，李渊果然建立了唐朝，取代了隋朝，实现了天子梦。

李渊既然夺得天下，武士彟就是大功臣，封官赏爵，一下升到正三品的官位。这时候也算是位高权重了，可是武士彟还是不开心。因为朝中的大官们一般都有显赫的出身，他们论地位是一定要按出身来算的。武士彟出自农商家庭，所以即使官位高，但也仍然是出身卑贱。他还得改变他的出身才行。快速换血提高自己地位的方法，当然是娶一个贵族出身的老婆，当时恰巧又遇到武士彟原配老婆去世，李渊就趁机撮合了他和隋朝宰相杨达的女儿杨氏的美事，从此身份大变样。这个杨氏，就是武则天的母亲。

杨氏嫁给武士彟以后，一共给他生了三个孩子，只是可惜三个孩子都是女儿。夫妻两人本来一心想生一个儿子，无奈第一胎女儿后，接连生下两胎仍然还是女儿。最后不得不放弃生儿子的理想了。

当时有个很著名的相士，名叫袁天罡。据记载，他看相非常非常准，几乎就没有不灵验的。这天武士彟也让他来家里给家人看看相，现在的武家不同以往，府上是有很多人的，孩子也都有奶妈照看。当小武则天被抱出来的时候，袁天罡当即就很吃惊地说，不得了啊，如果这孩子是个女孩儿，那就是女皇帝的命啊！只可惜是个男娃。武士彟夫妇听完当场就惊呆了，因为她就是个女孩儿啊！只是因为夫妻俩太想要男孩子，所以就把这个二女儿当作男孩子养，平常也都把她装扮成男孩子的样子。相士的话真不得了，惊得夫妇俩面面相觑。不过充满野心的武士彟对相士的预言很满意，这样说意味着至少这个丫头前途不可限量，做不做女皇帝并无所谓，但是做个皇后也许还是很有可能的。所以从此以后，他就更加疼爱这个女儿了，对她加大培养。

被选入宫，封为才人

在十二岁之前，小武则天的生活都是幸福的。然而，十二岁那年，一直疼爱着她庇护着她的父亲去世了，她母亲是继室，所以她们母女就遭到了父亲前妻几个孩子的排斥和欺负，过了两年很悲惨的生活。十四岁时，武则天已经出落得亭亭玉立，加上她喜好读书，内在和外在气质一并显露出来，非常迷人。这时候在位的是唐太宗李世民，太宗听说武家二女儿姿色非常美，就把她召入宫中。相士袁天罡的话还犹在耳边，没想到真的有女儿进宫的一日。父亲已经去世，这时候就剩她们姐妹和母亲，似乎无依无靠。二女儿此次进宫，也不知道未来会怎么样，能不能得到皇帝欢心，会不会惹怒皇上而遭到不测。想到即将要面临的别离和种种不确定，母亲杨氏忍不住流下泪来。然而，年仅十四岁的武则天可不像母亲一样哭哭啼啼的。她觉得此番进宫，应该是她大展拳脚的时候，当然不值得哭哭啼啼。安慰了母亲，她就上路了。

入宫得宠，莫名冷落

进宫也不是一条容易的路。到宫里以后，并不是能够马上见到皇帝的，不仅如此，有很多很多人进宫后一辈子都没见到皇帝。不过十四岁的武则天进去以后就被赐予了才人之位，但是先要接受各种训练，要注重各种礼仪，要怎么说话，要怎么笑，面部表情，肢体语言，等等。最重要的是，一定要将皇上伺候得开心了。经过了一段时间的训练，武则天才得以见到皇上。而美女们被送给皇上，自然最主要的一件事就是侍寝。武才人的美貌和气质，也真的艳压群芳，连阅女无数的太宗见到她也不觉被她吸引，一夜过后就无法离开她。武才人一下子就受宠了，太宗还赐她"武媚娘"的名字。

武媚娘不是一个很低调的人，她觉得受宠了就是她有本事有资本，所以对身边的太监宫女也不太客气，她要享受那种有资格傲慢的感觉。

可是这种傲慢的感觉没能够享受多久，突然的冷落就来了。没有任何预兆，就再也接不到太宗侍寝的传令了，武媚娘不得其解。而太宗冷落她，确实是有原因的。袁相士在武媚娘小时候就曾看相说她有女皇帝的命，而宫中也传来这样的传闻，有武氏女主将取代李氏天下。太宗并不能想起宫中有何人是姓武的且会对他的江山造成威胁，而唯独想起，不久前给他侍寝的武媚娘，正是姓武啊！所以不管真假如何，至少是不能离她太近了。太宗算是英明神武的皇帝，将天下治理得井井有条，所以尽管武媚娘对他很有吸引力，他也会以江山社稷为重，不会因为一个女色而将大唐江山断送在他的手里的。

不明所以的武媚娘面对突如其来的冷落非常不甘心，她要知道原因，她要知道到底是为什么，她一定要抓住皇帝的心，她不会甘心在宫里孤单终老的。为了知道这个原因，她不惜重金四处打听，将能够打通的关系都打通了，这才知道，原来是因为那个传言。她知道，这是很严重的事情，她必须要小心翼翼，这样才能避免杀身之祸。所以从此以后，她就变得收敛一些，在宫中尽量处理好上下的关系，再不恃才傲物了。同时，由于没有皇帝传侍，所以空闲的日子很多，她就继续利用这些日子读书，充实自己。正是这些特质，让她比一般的美女志向更高远，也许一般的女子只想得到皇帝宠爱，能享尽荣华富贵即可，而她，则越来越想要得到全天下，当然，这是后话。

隔了一段时间，太宗又想起了那个被冷落的武媚娘，让她又回到了他身边，每天陪他上早朝，当然，肯定是不可以在朝廷上直接露面，侍女都得站在太宗的身后，隔着帘子侍奉皇帝的。但是正是这样一段经历，让她了解了更多的朝廷大事，也认识了很多的朝廷命官。

一晃儿，在宫里已经过了十几个春秋，但是自从因为传言被太宗冷落过后，她就没有机会给太宗侍寝了，更加不会有机会怀上太宗的骨肉，这对于宫里的女人来说，预示着她们是没有前途的。十几年过去了，武才人从入宫时候开始，一直还是个才人，地位没有变过。太宗也年纪大了，身上毛病也多了，公元649年，太宗病情恶化，不久去世，将皇位传于太子李治，而后宫之人，凡是没有生过孩子的侍妾都必须离开宫中，且不可以改嫁他人过正常生活，而是被发配到感业寺剃度为尼，伴青灯孤影过完余生。

武媚娘也要承受这种命运，也要年纪轻轻就出家为尼，要和这外面繁华美丽的大千世界告别，去清冷的尼姑庵里吃斋念经。

感业寺重逢高宗，入后宫智战群妃

尽管是有百般不想，纵然是有百般抗拒，但是太宗的命令是不可违抗的，没有人疼惜这些内宫的女人。武媚娘只好也随着其他内宫侍女一起，离开锦衣玉食的生活，来到感业寺。

　　然而命运对她总是眷顾的。太宗周年祭的时候，接位的高宗李治和皇后王氏都要去感业寺上香拜祭，事有巧合，他居然与在此出家的武媚娘再度相遇。其实李治和武媚娘在宫中的时候就早已相识，那还是武媚娘在太宗身后做侍女，每天随太宗上朝。但是帘子隔不住眼光，挡不住武媚娘清丽的脸庞，她秀美的身姿早就深深印进李治的眼睛里，刻在了他萌动的心里。后来太宗生病卧床不起的时候，武媚娘又有幸和太子李治一起侍奉太宗，两人的感情更进了一步。只是当李治知道武媚娘是父皇的妃子时，他就知道这个女人他不可能得到，只有无限的眷念。所以此时感业寺相遇，两个人都感慨无限，彼此都是充满思念的。

　　在一旁的皇后王氏看出了端倪，立刻打起了她自己的小算盘。当时的皇后王氏在宫中也遇到了困难，因为有一个劲敌需要处理，那就是萧淑妃。皇后王氏没有子嗣，这一点对她的地位有很大威胁，而萧淑妃很受高宗宠爱，为高宗生下了孩子，她在宫中可谓是恃宠傲物，把谁都不放在眼里。皇后此时心想，如果让武媚娘进宫，分散一下高宗对萧淑妃的宠爱，这样萧淑妃就不敢再那么飞扬跋扈了。有了此种心思，她就向高宗献计说接武媚娘进宫吧！高宗心里正想着这事啊，皇后都替他想了，当然同意都来不及。只是守孝也必须要满三年，还得等两年之后，高宗才能光明正大地把武媚娘接进宫。而也正好有两年的时间，媚娘可以养出秀美的长发。就这样，两年以后，武媚娘又重新回到了她做梦都想回的宫中。

　　到宫中以后，皇后王氏主动将武媚娘收留在她的身边，她希望把武氏收为她自己的人！再一次进宫的武媚娘，知道这个机会是多么难得，也知道她必须要抓住这个机会，所以她很小心翼翼，对皇后小心伺候，不引起她的嫉妒。皇后对武媚娘非常满意，她只想着将萧淑妃打败就行，其他的暂时不顾了。而武媚娘趁着大家不怎么注意她并且皇后也很信任她的这种时候，充分利用她的聪明才智将宫里的情况打探清楚，不久她就知道宫里的战况和实力了。她对自己重新翻身很有把握，她不仅要打败萧淑妃，她还要打败皇后呢！只是，这想法不能让人知道，低调行事才是最保险的。

　　同上一次侍奉太宗不一样，这次到宫中侍奉高宗，武媚娘则很幸运，很快就怀上了高宗的骨肉，而高宗对武媚娘又是宠上加宠，武媚娘也就接连生下好几个孩子，在武媚娘为高宗生下皇子弘的时候，高宗高兴坏了，武媚娘的地位也就自然升了，她被封为昭仪，昭仪是妃子中地位非常高的一种封号，萧淑妃自然而然也就被打败了。

　　王皇后果然有眼光，一下子就选对人了，武媚娘来了之后萧淑妃很快就战败。皇后如果没有孩子，一般也都会有一个养子，将其他妃子的孩子养大。皇后王氏也有一个养子，如果养子被立为太子，然后太子又懂得对养母报恩的话，那即使她自己没有生孩子，也算是功德圆满了。所以王皇后现在可以指望的，就是让这个养子登上太子之位。萧淑妃不敌武媚娘，现在显然已经失宠，所以太子位也轮不到萧淑妃的儿子，皇后也不必有什么担心了。

　　然而，王皇后轻松得太早了。她哪里料到斗倒了一个萧淑妃，又来了一个武媚娘呢！当时怕的就是萧淑妃得专宠，而如今萧淑妃是失宠了，但武媚娘却成了专宠！而且这武媚娘显然比萧淑妃还可怕，还难以对付。这个时候的王皇后，又想起了萧淑妃，她们俩现在倒是同是天涯沦落人了，于是两人都意识到她们联手的时候到了。

这一天王皇后正在萧淑妃处同萧淑妃密谋除掉武媚娘的方法，恰巧高宗觉得很久没见过萧淑妃了，就来看看她。进门他才发现，皇后那个黄脸婆居然也在这里，顿时就不高兴了。可是皇后和萧淑妃这个时候还没看懂皇上的脸色，只想到要把武媚娘抹黑，两人一同说她的坏话，还劝说皇上要勤政为国，不要败在了女人手上。本来就不开心的高宗，现在又听到这些，他终于明白一向不和的皇后和萧淑妃到一起居然是要针对他正热宠的武媚娘的，于是他甩手就走掉了，这两个女人，他决定再也不要理她们了。

武昭仪是多么聪明的人，她当然知道皇后和萧淑妃背后的行动，她也早已经在全盘筹划了。她不仅仅是要得宠，她还要得皇后的位子。而她，离皇后的位子也越来越近了。高宗因为特别宠爱武昭仪，在武昭仪的提议下，特意给武昭仪设了一个特别的封号："武宸妃"。这是一个新的称号，之前并没有这一级，她的地位就仅次于皇后了。

不久，武媚娘又生了孩子，是一个小公主。皇上的爱妃喜得小公主，皇后当然也得表示表示，她亲自去看摇篮中的小宝宝。武媚娘想，好时机来了。为了陷害皇后，她竟然在皇后走后将自己的亲生骨肉给捂死了，然后号啕大哭，哭得惊天地泣鬼神，任谁看了都不忍心。高宗特别心疼，派人查明此事，宫女和太监们都说没别人来，只是皇后来过。皇后对武媚娘本来就嫉妒，这下跳进黄河也洗不清了，高宗对皇后太失望，已经在寻思着找借口废掉皇后了。

皇后深知自己的处境，就非常担心。高宗和武媚娘那边已经在试探大臣们的口风，只是大臣们都不怎么赞成废王氏皇后而立武氏皇后，这虽然貌似只是皇帝的家事，但是天子立皇后也是关乎国家的大事，废后终究不是好事情。皇后的厄运也注定是要来了，王氏的母亲柳氏也是一个非常要强的人，她不可能看女儿受冷落还面对被废的风险而不顾的，而她所想到的方法，居然是收买精通巫术的人，对武媚娘进行诅咒。这是非常危险也非常愚蠢的一个做法，宫廷里出现了太多这样的悲剧。但是王氏此时也不知道有其他什么法子，只好孤注一掷了。然而，这种事怎么能够瞒得过武媚娘的眼睛？事情暴露之后，王氏就再也没翻身的机会了，若不是高宗考虑废后会遇到大臣们阻挠，估计知道事情的当时就会把王氏废掉而立武媚娘为皇后的。现在，王氏几乎是被冷在宫里，只等着命运的裁决了。

而此时，赞成武媚娘被立为皇后的声音出现了，当时朝廷上有个叫李义府的官员，他见高宗非常想立武媚娘为皇后，武媚娘那么得宠，巴结她总没错。得到朝廷命官的支持，高宗就像有了救星一样，别提多兴奋了。在这个官员的带动下，一大批官员都站出来力挺武媚娘，武媚娘集团的势力越来越大，反对党逐渐被他们排除，最终武媚娘终于实现了她的梦想，成功登上皇后的宝座。

临朝听政，政治才能显现

对于女人的宫廷斗争，这个并不陌生，历朝历代都有，有人要尽手腕得来财力和权势，有人落入冷宫终此残生，但不管在宫廷里斗争得多么厉害，在政治上取得成就的女人还是寥寥无几。而武则天，则是一个又善于宫廷斗争，又能够将国家治理得还不错的这样一个女人。在武则天统治期间，她前面连起了贞观之治，后面承接了开元盛世，在政治上算是成功的了。有人说，女人是天生的政治家，但是中国五千年的历史证明，真正的女皇帝只有武则天一个，她的政治才能是哪里来的呢？

武则天从小天资聪慧，这是一个基础条件。她喜好读书，却不喜欢习练女红，所以别的女子花在绣花上的功夫都被她利用到学习上去了，当然更重要的仍然是从两个皇帝身上学习和自己的实际历练。

武则天先是在太宗身边待了十几年，这十几年时间对她是很重要的，虽然从妃子的地位上她一直是才人没有得到提升，但是她学习到的东西为她的后来奠定了基础。太宗是一代明君，十分有政治才能，他在位期间开辟了贞观之治，虽然他在玄武门之变中杀了自己的兄弟，但事实证明他夺这个皇位是正确的。武才人进宫以后本是很受太宗宠爱，但是因为有"武氏女主"的传言存在，太宗在女色和天下之间选择了天下，冷落了武媚娘。不过后来他还是将她放到了身边做一名侍女，每天有机会近距离接触文武百官，观看上朝下朝，群臣进谏，讨论国家大事，她在这里认识了朝中的官员，也学会了处理政事的一些知识，当然还有一点重要的，她在这里认识了对她一见钟情的太宗的儿子李治，这是她的第二个政治导师。

李治在朝堂上对站在帘子后面的武则天一见钟情，从此念念不忘。太宗死后，没有生孩子的武则天同其他无子女的宫妃们一起被迫到感业寺出家为尼，李治登基，是为高宗。高宗又到感业寺将旧爱接回宫里，并且大加宠爱，乃至还让她统领后宫，成为一国之后。这中间必定经历各种考验和磨难，高宗和武后夫妇俩在这里面又练就了更深的政治本领。

在武则天当皇后以后，就逐渐有参与朝政的倾向。武则天也确实有这方面的才能，能够帮高宗处理政事，所以后来高宗身体不适，就直接让武则天垂帘听政了。

渐渐地，高宗感觉皇后好像太过分，他自己渐渐没什么分量了，他感觉到了这个女人的威胁，就找宰相上官仪商量废后的事情，然而废后诏书还没拟好，这事就被武则天给知道了，无奈高宗只好牺牲老臣上官仪，上官一家几代人也都成了殉葬品。自此以后，高宗更加懦弱，朝政大事几乎全权由武则天掌握，高宗连发表意见的机会都很少了。高宗对武则天的政治才能是很信任的，他也知道这个女人野心很大，但是身体上的不适，加上种种事情，他也无心跟皇后一斗高低，好歹那是他的皇后，有人主动替他分担，他也乐得清闲自在。

武则天在后宫中风生水起。

除老臣，除异己，任用酷吏

武则天是从太宗的一个才人逐渐成为高宗皇后的，按民间的说法，也就是原本是父亲的小老婆，结果变成了儿子的正室，这本来就是需要冲破各种阻碍的，更何况她当上皇后后还逐渐处理朝政事务，朝中老臣们自然对她不是很赞同。所以武则天当政期间虽然国家治理得还算成功，但是大量任用酷吏，并且非常严重地排除异己和排除老臣，所有阻碍她的人，她都要将他们除去。

早在高宗要废去王皇后而立武则天为皇后的时候，就遭到了一群老臣的反对，其中最厉害的莫过于褚遂良和长孙无忌。皇后的废立是很严肃的一件事情，当然容不得皇帝一个人一时兴起说了算，皇后必须出身名门，有极高的个人修养，有母仪之德。武则天出身寒微，她父亲虽然后来也官至三品，但是毕竟是贩卖木材出身，所以无论官做得有多大都改变不了出身。大臣们不支持武则天，反对的一个最大理由就是出身问题。

褚遂良反对武则天被封为皇后，反对得非常激烈，甚至以死相逼。高宗对反对这件事的人很反感，但他还不敢对这些老臣怎么样，毕竟他们都是受先朝遗命，对先朝有功，又兢兢业业为此朝献力。然而，武则天可不管这么多，她直接当着高宗和朝臣们的面，对高宗说，何不将这个老臣杀掉？长孙无忌等老臣绝不可能袖手旁观，都替褚遂良求情，褚遂良这才免死，但遭到贬官流放，最终死在贬官途中。其他反对者的下场都和褚遂良一样，不断遭到贬官和流放，唯独长孙无忌势力雄厚，扳倒他还需要一番功夫。这时候武则天想到，必须要精心设计一个案件才能将长孙无忌的势力铲除，好在她有许敬宗这个忠实的追随者。当时朝廷在处理一个朋党案件，本是一个结党营私的小事，但他们却趁机宣扬说这几个人与长孙无忌勾结，想造反。长孙无忌身居要职，在宰相位几十年，对身居高位的他来点闲话实在太容易了，许敬宗就开始在高宗面前造谣，说着长孙无忌现在势力太庞大，太得民心，百姓无不听从他，官员也无不慑于他的威力，这对皇上是一个很大的威胁。优柔寡断的高宗将此事全权交给许敬宗处理，经过他一番抹黑描述，高宗竟然信以为真，将长孙无忌官职罢去，流放四川。流放之后许敬宗等人还不放过他，派人将长孙无忌逼死，永远扫除心头大患。

将这些大的绊脚石一一扫除以后，武则天就开始大展拳脚了。这一路上她想要的基本上都实现了，所以小时候刚进宫被太宗宠幸时那种骄傲情绪又回来了，对高宗也不怎么温柔体贴了，高宗逐渐感受到这个女人有很大的威胁。他很苦恼，他知道这样下去大权势必要被皇后掌握，所以高宗找来宰相上官仪秘密商量，上官仪赞同废去皇后，他去拟定废后诏书。可怜上官仪时运不济，事情被武则天知道了。听闻高宗和上官仪商量这事，武则天非常愤怒，直接跑到高宗面前质问他。高宗见到武则天就像老鼠见到猫一样，立刻吓得哆嗦着不敢说话，只好把责任全部推到上官仪身上，说是他出的主意。武则天咬着牙说，上官仪这老贼，活得不耐烦了！结果将其全家抄斩，只有女眷，包括刚出生不久的孙女上官婉儿和婉儿的母亲免去死罪，但被发配到掖廷充当官奴。

除了铲除这些不怎么配合她的老臣之外，武则天还起用了一大堆酷吏，武则天当政期间各种刑罚不计其数，严刑逼供害死诸多无辜的人，弄得人心惶惶。当时有两大酷吏，来俊臣和周兴，他们的乐趣就是开发出各种严酷的刑罚，然后看着别人受刑，弄得朝臣人人自危，这些酷吏也让武则天背上了骂名。

任用酷吏可能是武则天害怕自己当政期间朝臣及民众不服，所以必须要使用一些非常规的严酷的手法来镇压不服从者，后来政权逐步稳定之后，武则天就利用这两个酷吏，先让来俊臣除掉了周兴，然后又除掉了来俊臣，这样才结束了酷吏恐怖的统治。

一代女皇，青史留名

武则天开始参与政权，是在除掉长孙无忌集团之后，公元660年高宗身体不适，头晕目眩，武则天开始临朝听政，再到公元664年上官仪被除，武则天已经和高宗一起并列临朝了。再十年，武则天又有了新想法，高宗自称天皇，武则天贵为皇后，自然就称为天后了。她认为她是承天命而来，注定要作为女主治理天下的。称为天后之后，武则天雄心勃勃地提出了自己的政治主张，主要分为十二条，基本上延续太宗休养生息的思想，鼓励农桑，对发展生产很有好处，主张由她提出，由高宗颁布执行，高宗配合得非常好，武则天非常满意。

这个时候的武则天已经过了五十岁，高宗也年事已高，身体又一直不好，越来越觉得不太适合继续天子之位。此时太子李弘已经二十多岁，他是武则天的亲生骨肉，是她的第一个儿子，生性宽厚，很得人心，高宗也很喜欢他。正当高宗酝酿着要让太子即位时，武则天却深深地忧虑起来了。她太留恋这种把握权势的感觉，如果高宗是皇帝，她仍然可以把他吃得死死的，就像她自己掌握实际政权一样。然而这个儿子没有父亲那么温顺，不会对她这个母亲言听计从的，她掌握不了他，如果李弘登基为帝，那权势势必不能再由武则天掌握。更加可恶的是，当李弘想起曾经被母后害死的萧淑妃的两个女儿还一直被幽禁的时候，居然提出来要将她们释放。在李弘看来，这是他为姐姐做的一点事，而在武则天眼中，就是儿子与自己作对！她不能忍受，从此她心里就没有这个儿子了，他就同任何一个眼中钉一样，她要将他除掉。

一天，正在陪同高宗和武则天一起吃饭的太子李弘突然暴毙，武则天很镇定，因为她早就知道这种结果，是她用药将自己的儿子毒死的。但是这件事对高宗却是一个很大的打击，他似乎感觉心力交瘁，再无力支撑了，他想把所有事情都交给武则天来打理。当然，这种荒唐的想法自然是又遭到了群臣的反对，他只好再继续培养新的太子。

李弘被毒杀以后，次子李贤被立为太子。然而，武则天感觉李贤又是她的威胁，她要李贤顺从她，但是这个儿子依然还是不顺从，母子矛盾重重。当时有一个叫明崇俨的巫师，他很懂得讨好武则天，还认为武则天有天子之相，深得武则天欢心。然而有一天明崇俨突然遇刺身亡，武则天非常气愤，又无法缉拿到凶手，她断定一定是太子李贤派人所为，又将李贤给废去，再派人将自己的第二个儿子杀死。李贤被废以后，又立第三个儿子李显为太子。同年冬天，高宗逝世，李显即位，是为中宗，尊武则天为皇太后。然而中宗在位不过两个月，武则天又耐不住，将中宗废掉，再改立第四个儿子李旦为皇帝，即睿宗。睿宗即位，就纯粹是武则天的傀儡，政事由皇太后处理和裁决。

公元690年，武则天废掉睿宗，正式称帝，改国号为周，史称"武周"，自号"神圣皇帝"。

在武则天统治期间，她平定了边患，也换来了政通人和的局面，为开启开元盛世奠定了基础。武则天虽任用了酷吏，但也用了大量贤臣，比如狄仁杰等。她很重视任用有才之人，也有非常大度的一面。当时扬州一些官员反叛，其中就有"初唐四杰"之一的骆宾王，骆宾王写了讨伐武则天的一篇檄文，言辞激烈充满谩骂，武则天读过之后不仅没有生气，还大赞他有才华。还有上官仪的孙女上官婉儿，在祖父因和高宗商议废掉武则天的事情家族被诛以后，她和母亲被发往掖廷为官奴，但是她聪慧好学，非常有才华。武则天得知此事，不仅没有因为她是上官仪的后人而将她除掉，反而将她留在身边重用，做了贴身秘书，这些都是武则天爱才的表现。所以在她的统治下，国家并没有退步，政局也很稳定。

只是到晚年，武则天在选继承人的时候又犹豫了。如果让位给儿子，则天下就不姓"武"而要改姓"李"了，如果要让天下姓"武"，就得让位给侄子。这时候宰相狄仁杰进言说，儿子和侄子谁亲，陛下应该能够明断。这么一句话让武则天明白，当然是儿子更亲。

晚年的武则天生活奢靡，有一群男宠，这些男宠在武则天的宠爱之下，权势大增。公元705年，张柬之等人发起政变，将武则天身边两位红极一时的男宠张昌宗、张易之兄弟杀死，武则天被迫退位，还政给中宗李显，恢复李唐国号。

同年冬，武则天病逝，与高宗合葬，留无字碑。她死后也并没有留下帝号，而是称为"则天顺圣皇后"。

赵氏　唐中宗李显皇后

□ 档案：

姓　名：赵氏
生卒年：？～675年
籍　贯：京兆长安（今陕西西安）
婚　配：唐中宗李显
封　号：英王妃
谥　号：恭皇后

赵氏，京兆长安人，中宗李显的原配夫人。赵氏是个很可怜的女人，她原本身份高贵，是常乐公主的女儿，唐高祖的外孙女。祖上是赵绰，立有战功，曾做官到右领军将军的职位，父亲叫赵瑰，除了是娶常乐公主的驸马爷之外，官位也达左千牛将军。就这样的家世，赵氏可谓是在蜜罐子里长大。

李显被立为太子以前还是英王，那时候他就娶了赵氏为妻，赵氏是他的结发妻子，为英王妃。这门婚事是高宗决定的，论亲戚关系，赵氏与高宗是同辈表亲，所以赵氏比英王李显其实要高一辈。从李显复位后对赵氏的追封来看，李显对赵氏感情还很好，所以原本她可以过很幸福的生活。然而，当时的宫中还有一个很厉害的女人——武则天，她是个连自己儿子都不放过的女人，何况只是个儿媳妇。赵氏的母亲常乐公主得罪了武则天，武则天一直记恨在心，她对这门亲事也非常不满，因此当赵氏嫁给英王李显之后，这个英王妃就没过过几天好日子，武则天把对她母亲的怨恨都发泄到了她的身上。

结婚没多久，武则天就找到了借口将赵氏给幽禁了起来，关在一个小黑屋子里，没有窗，每天大门紧闭。更重要的是，都不给她送正常的食物，送的全是生冷的东西，从一个小洞里扔进去。赵氏这样的出身，哪里能经受得住这样的折磨。而这种待遇，也分明不是对一个犯错误的人的惩罚，就算是死囚犯也有正常的食物供应的，这种待遇分明就是报复，就是将人往死里逼。开始几天，她还有力气在屋子里哭喊呼救，再后来就渐渐没力气了。也没有人能听到她的声音，她多渴望英王李显来救她，多渴望母亲或者父亲来看她一眼，可是没有人知道她在此受这种罪。

几天以后，屋子里就悄无声息了。连看守都觉得太安静，打开门进来一看，发现赵氏已经断气，尸体都开始腐烂了。可怜二十几岁如花似玉的一个姑娘，正当享受人生中最美好的年华时，却遇到武则天这样一个克星，如此悲惨地结束了性命。接到看守的报告，武则天非常镇定地看过赵氏的尸体，然后吩咐人找个地方给埋掉了。在偌大的宫廷里随便埋一个人，后来找都找不到。虽然赵氏是英王妃，不是一个普通的宫女，此事却也无人追查，可见武则天对做这种事已经是太轻车熟路了。

在处理完赵氏的尸体以后，武则天还找了借口将她的父母也都发配出京城，让他们远离京城，再不许回京。

后来武则天临朝，赵氏的父亲赵瑰同越王李贞一起谋反，事情暴露，赵瑰被杀，母亲常乐公主也一起被赐死。

直到公元705年，中宗李显复位，才将赵氏追封谥号为"恭皇后"，算是对她的一个交代。等到睿宗即位，因中宗是被韦皇后所毒害，韦皇后是有罪之人，不可与中宗合葬，又追谥赵氏为"和思皇后"，赵氏遇害后被武则天草草埋葬，也不知道葬在了何处，故按照招魂复葬之礼将她的衣物与中宗葬在一起。

韦氏　唐中宗李显皇后

□ **档案：**

姓　名： 韦氏
生卒年： ？　~710年
籍　贯： 京兆万年（今陕西西安）
婚　配： 唐中宗李显
封　号： 皇后

韦氏，京兆万年人，是唐中宗李显的第二任正妻。李显为太子时纳韦氏为太子妃，高宗驾崩以后李显即位，即中宗，韦氏被立为皇后。中宗和韦氏感情很好，李显皇位被武则天废掉以后，韦氏不离不弃地陪伴在李显身边十几年，直到他又复位当上皇帝，所以中宗对韦氏言听计从。韦氏是个很有野心的女人，她一心想要效仿武则天，成为女皇帝，所以经常干预朝政，把持政权，后来为了把握大权竟然人性丧失，同女儿安乐公主一起将中宗毒死。最后临淄王李隆基和太平公主里应外合，将韦氏等人诛杀。

十几年夫妻患难

李显在被立为太子之前是英王，那时候已经娶了一个妻子赵氏，但是赵氏的母亲是常乐公主，她得罪了武则天，结果赵氏就被武则天给害死了。其实在李显之前，还有好几任太子，先是太子李忠，李忠不是武则天的儿子，结果被废掉，又立武则天的大儿子李弘。李弘是很得人心的，不管是高宗还是朝臣，都很喜爱李弘。可是李弘宽厚，有自己的见解，并不能够完全听从武则天的，武则天觉得对自己有威胁，万一李弘当上皇帝，她就没办法临朝了，于是将李弘废去，改立次子李贤。这样武则天还是不安，最终又改立李显。李显当太子之后，娶了韦氏为太子妃，两人感情很好。后高宗驾崩，李显即位，是为中宗，封韦氏为皇后。

韦氏当上皇后以后，惦念着家人，她的父亲原本官位并不高。中宗知道韦后的心意，就提高韦后父亲的官位，甚至还想将他提拔到朝内当大官。韦氏的父亲又没有做过什么贡献，就这样凭着韦皇后在中宗面前的几句话就连连升职，朝臣是不能接受的，自然有人反对。没想到中宗见人反对，不但不反思自己是不是真的做得不合理，反而大怒，还放出狂言说，给岳父升个官算什么呀，就算是让他把这皇帝宝座让给他的岳父，他也愿意！当然，中宗说这话并不是真的说把皇位让给他的岳父，他只是想表达只要是他的皇后想要的，他都愿意给而已。然而这话招来大臣的不满，甚至还传到了武则天的耳朵里。在高宗的时候，武则天就已经临朝听政，尤其到高宗后期，几乎实权就在武则天的手里，她对权势已经上瘾了，为了保住自己的权势，她甚至不惜废掉和害死自己两个亲生骨肉，但皇位仍然还是让给第三个儿子李显了。李显是成年人，又不需要她辅佐，所以本身她就闲着很失落。听到这样的话，她就立刻走到李显面前，要将他贬为庐陵王。中宗李显不服，问是为何缘故。武则天说，你不是扬言要将天下让给韦氏吗，这还不是天大的错误？可怜的李显哑口无言，默默地收拾东西上路了。

中宗被废除皇位，韦皇后也被废掉后位，跟随着中宗赴任庐陵王。夫妻俩带着随从和儿女一路奔波，吃尽苦头，还时刻担心着武则天会不会派人来取他们的性命。好在一路上虽然艰苦，倒是还很平安。在途中，韦氏给李显生下了小女儿安乐公主，当时的条件完全不像是皇家添小公主的样子，简陋得什么都没有，李显亲自脱下自己的外套将小公主包住，也许正是因为这样，他们夫妻俩对这个小公主格外疼爱，以至于过分纵容她了。

在被废为庐陵王的这段日子里，中宗的生活是十分苦闷的。不管中宗个人是否有雄才大略，这种登上皇位又被人硬生生拉下来的挫折无疑是巨大的，心理上始终是有阴影的。武则天在宫中也并不是完全对外放的李显放心，尽管是自己的亲生儿子，她也怕他会不满，一时起来反了也是有可能的，所以她时常派人来看看他们，以表关心。实际上当然是窥探李显有没有想法，要时刻关注他的心理和各种动向。有两个哥哥被害死在先，每每这些使者前来"慰问"李显的时候，他都格外紧张，他时常因为受不了这种担惊受怕的生活而想了结自己的生命，以此摆脱这种恐惧的生活。韦氏总是陪在他身边，还总是宽慰他，让他坚持，告诉他说这么艰苦的日子都熬过来了，不愁没有出头之日。正是因为有韦氏的陪伴和支持，李显才一直坚持了下来。正是这段日子，更加奠定了中宗李显和韦皇后的感情，他发誓如果有一天他能重登皇位，一定满足他心爱的女人提出的一切要求。

再度回宫，恢复皇后之位

在废掉中宗李显之后，武则天又另立了第四子李旦为帝，是为睿宗，睿宗完全是武则天的傀儡。但是这样她还是不够过瘾，后来干脆废掉李旦，自己亲自称帝，还将唐国号改为周，做起了女皇帝。到晚年的时候，武则天身体越来越差，她的侄子一心想让她传位给他，她有些犹豫不定。宰相狄仁杰等人对武则天说，儿子和侄子当然是儿子更亲，因此她才坚定了要传位于儿子的想法。公元705年，大臣张柬之等人将武则天的男宠张昌宗等人杀死，这场政变让武则天看清自己大势已去，于是让中宗李显复位，继续恢复唐的国号。中宗再度回到皇宫，韦氏也跟着中宗回宫，重新做回了她的皇后。

这次回到皇宫以后，韦皇后就尽情享乐了，吃喝玩乐不说，朝政大事她也要插手，还要学武则天的样子，要临朝听政，和中宗一起上朝。对于朝廷大臣来说，让妇人插手国家之事成何体统。综观历史，凡是妇人插手国事的，没有几个政权走得远。即使是武则天，她虽然将国家治理得还可以，但是李唐天下在她手上也变成了武周的天下。

但是中宗又怎么能听得进这些话？当时患难的时候，是他心爱的韦氏一直陪在他身边，他发过誓要满足她一切要求的。韦氏和武则天确实有很多相似之处，对于这些不满她的老臣，她也记在心里，发誓有一天要对他们进行报复。

宫中还有一个女子，就是武则天身边的红人上官婉儿。上官婉儿很有才华，武则天一直留她在身边做贴身女秘书，大小差事和公文都让她起草。中宗李显复位以后，仍然任用上官婉儿。上官婉儿不仅非常有才，外貌也极佳，李显便将她宠幸，还封她为婕妤。实际上，这李显和婉儿其实早就相识，婉儿十四岁便跟随着武则天了，李显还是太子的时候就已经和上官婉儿认识了。在武则天身边那么多年，婉儿也学得一身政治本领，她看出来韦皇后野心很大，并且能够把中宗吃得死死的，所以婉儿就主动靠近韦皇后，和她结盟了。上官婉儿早就与武三思有染，这下正好又将武三思介绍给韦皇后。韦皇后也是欲望非常大的人，很快就和武三思勾搭上了。这武三思是武则天的侄子，武则天下台以后武三思也就失去了一个大靠山，所以他得靠着这些女人，才能够让他的地位和权势保住，并且不断获得新的权势。大家各取所需，上官婉儿、韦皇后和武三思很快就成了一个铁三角。这个铁三角里还有另外一个角色，她就是韦皇后的小女儿安乐公主。安乐公主聪明伶俐，同样有很大野心，她也非常希望能够像祖母武则天那样，做一个女皇帝。回到宫里以后，她嫁给武三思的儿子武崇训，这样韦氏母子和武三思父子关系更加密切了。

权力欲望膨胀，昏庸乱政

韦皇后和安乐公主母女二人都是权力欲极强的人，都想要做女皇帝。安乐公主痴心妄想着父皇能封自己为皇太女，然后自然而然地继承皇位。她觉得这个梦很真实，但实际上这种事情发生的概率实在太小。中国是怎样一个社会，她还身在皇家，居然摆不正自己的位置。

中宗复位以后，朝臣和太平公主以及相王李旦等人要求册封太子，于是匆忙之中中宗还没来得及和韦皇后商量就定了太子李重俊。这个太子不是韦皇后的儿子，让韦皇后很是不满。而安乐公主则更甚，莫名发很大的脾气。她一直在自己做梦，梦想着父皇应当册封她为皇太女，没想到父亲却是将继承人的位子留给了李重俊！他李重俊算什么，在她安乐公主的眼里，他就是个傻子，就该是个奴才，居然也敢跟她争储位！安乐公主常毫无顾忌地欺负李重俊，驸马武崇训也常常教她更多的馊主意。日子久了，李重俊就无法忍受了，并且他也非常明白地知道韦皇后对他是不满的，他时刻都有危险。因此，他想先发制人，先把韦后和武三思等人给解决掉。

但是综观朝野上下，几乎所有人都是武三思和韦后的走狗，只剩下李多祚等少数几个正直朝臣。太子于是联合这些人，想要将韦氏党羽除掉。公元707年，李多祚率领几百名羽林军，同太子一起，直接杀入武三思府上，将武三思父子当场正法，随后又直逼内宫，要将韦皇后和上官婉儿拿下。

当天，韦皇后以及上官婉儿都在同中宗一起用餐，刚刚用餐完毕听有人报称太子谋反，中宗吓得直哆嗦。上官婉儿很镇定地说请陛下和皇后先登上玄武门，此处位置高，比较安全，另外还可以颁旨调集救兵。中宗和韦氏哆哆嗦嗦地被扶到城楼上，李多祚已经率兵到城楼下。李多祚等人只是想铲除韦皇后等人，她们扰乱朝政，淫乱后宫，与武三思私通，确实罪不可恕，他向中宗承诺，只要将上官婉儿以及韦皇后交给他，他立刻撤兵。韦氏和婉儿一边苦苦求着中宗，一边要让中宗报仇，中宗犹豫不定，他舍不得交出身边的这两个女人。太子和李多祚时运不济，当时中宗救兵已经到了。李多祚等人被围困，当场被乱箭射死，太子虽然逃跑，但是仍然没有逃脱被追杀的命运。

此次事件以后，韦皇后母女并没有收敛，反而还是一样奢侈腐败。安乐公主在宫中卖官鬻爵，还常常自己颁布诏书，所有内容全出自安乐公主之手，但是她让中宗给她盖上皇帝的玉玺。凡是她们母女想要的，不管有多荒唐，都会毫不犹豫地向中宗提出，中宗只有很少时候会拒绝。

有一次安乐公主看上了昆明池，非得让中宗宣布那个池子归她安乐公主私人所有。中宗很为难，祖祖辈辈都没发生过这样的事，他怎么能开先河这么做呢？但是安乐公主脾气很大，中宗还不敢义正词严地拒绝她，只能找些借口再满足她。为了得到补偿，安乐公主派人挖了一个更大的池子，在池子上修建更豪华的宫殿和亭台，这才得到满足。池子和亭子建好以后，中宗和韦皇后不仅不管教她奢侈浪费，还很开心地率人去游玩，这更加助长了安乐公主的嚣张气焰。

有的时候，中宗可能忘记了身为天子，要以天下为重。中宗更多的是想到他曾经吃过很多苦，如今能再登上皇位，就应该好好享乐，妻子和儿女们也一样。所以尽管当时天下闹各种灾害，他都不是十分介意，不想过分烦神，他要好好享受他的生活，带着妻儿四处游玩赏乐。

他们自己乐还不够，独乐乐不如众乐乐，因此，还要率众多宫女一起乐。公元710年的农历正月，韦皇后和上官婉儿一番打扮，拉着中宗假扮平民就出宫了，他们要去繁华的长安城游街走市观灯。私自出宫便罢，他们还带了大批的宫女，一大群人往街上拥挤。结果，宫女们趁着四处乱走的人流偷偷逃跑了，谁稀罕宫中永无天日的生活呢？他们几个一路玩得很尽兴很疯狂，谁也没注意到。但到宫中一数才发现，宫女们有近半数都逃走了。但这事本来就是他们先不合礼法，也不能去追究，只能不了了之。像这种荒唐的事情肯定不止一件两件。

母女联合，害死中宗

韦皇后生性淫荡，给中宗戴了不少绿帽子。上官婉儿把武三思介绍给韦皇后之后，两人就勾搭上了，甚至当着中宗的面眉来眼去。二人的丑行几乎人尽皆知，只有中宗一人蒙在鼓里。武三思被除掉以后，韦皇后遇到美貌的人也会起色心。有一次游春赐宴，韦皇后见到两位年轻貌美的男子马秦客和杨钧，当时心里就打起了算盘，宴会后就留下二人，也丝毫没有女性的矜持和顾忌就密令二人给她侍寝。这事后来泄露出去，有人揭发上告给中宗，结果韦后在中宗处理事情之前就知道了，先行将事情掩盖掉了。但是从此以后，韦皇后觉得不能再留着中宗了，她得及早行动，除掉中宗然后自己掌权。安乐公主一心想着当女皇帝，当时中宗没有将她封为皇太女她已经很不满了，所以就将希望放到了母亲身上，她希望韦皇后能临朝听政，然后她再顺其自然地接替母亲。因此母女两人一拍即合，联手将中宗，也即韦氏的丈夫、安乐公主的父亲给毒死了。

风云突变，临淄王平定韦氏之乱

中宗被毒死以后，韦氏害怕群臣反对她，也不敢将尸体下葬，所以就秘不发丧，然后和哥哥韦温商议，先立李重茂为太子，以免一步直接掌权受到的阻碍多。

正当韦氏以为自己一切安排妥当，准备自己临朝听政的时候，临淄王李隆基联合宫中的太平公主，先下手为强，一路杀到了宫中，要除掉这个淫乱后宫还谋杀亲夫的女人。

李隆基率军到内宫，将上官婉儿和韦氏母女都诛杀掉了，然后迎立李隆基的父亲相王李旦为帝，是为睿宗，李旦由此第二次登上皇帝宝座。至此，韦皇后的荒唐女皇帝梦就此全部破碎。

做皇帝哪有韦氏所想的那么简单，她以为皇帝就是玩玩权势，多享受一些美貌的男人，多拥有一些物质上的欢乐。凡是能担当国家重任的人，必定会懂得选贤任能，也必须心怀百姓，这绝不是一个空有占位野心、只顾淫乱后宫的女人所能做到的。

狩猎纹高足银杯　唐

上官婉儿　唐中宗李显昭仪

□ **档案：**

姓　名：上官婉儿
生卒年：公元 664~710 年
籍　贯：陕州陕县
婚　配：唐中宗李显
封　号：昭仪

上官婉儿，陕州陕县人，唐中宗李显妃嫔，被封为昭仪。她本为名臣之后，然而却经历家族被灭，仅她与母亲幸存并被送入掖廷，前后侍奉过武则天、中宗、韦皇后等人，她姿色出众，才高八斗，很有心计，也很有政治手段，因此有"巾帼首相"之称。然而，她的一生是灿烂多奇的，但也是凄冷的，以为她能够自己掌握命运，却总是由命运来掌控她，落到权势的漩涡里，最终死在李隆基的手上。

家族籍没，母亲带着襁褓中的婉儿配没掖廷

一代才女上官婉儿，是上官仪的孙女。上官仪是一代名臣，唐高宗对他十分赏识，上官家族地位也逐渐变高，连武则天对他都很欣赏。可是政治就是这样一种东西，你把你的心交给皇帝，在关键时刻皇帝却不保你的命。而上官婉儿的祖父上官仪，就败在这种政治上。

在太宗的治理下国家昌盛，所以高宗即位以后天下太平。但是李治生性懦弱，皇后逐步大权在握。高宗李治感觉到武则天越来越是个威胁，所以找来上官仪商量。上官仪给高宗出了主意，要废掉武皇后，并且他已经起草好了废后诏书。不想这事情被武则天发现，原本对上官仪还很欣赏的她立马对他恨之入骨，一定要处死这个老家伙才解恨！高宗对武则天本来就有一丝恐惧，当武则天知道他有要废后的打算时，他更加慌乱了。这个时候，他完全不知道怎么去保护上官仪，也许他只是希望牺牲一个上官仪赶紧将此事了结。武则天找了借口，将上官仪全家抄斩，当时的上官婉儿还在她母亲的襁褓中，父亲和祖父以及其他家人全部在这场事故中被处死，唯独她和她的母亲活了下来，被送入宫中罚做官奴。官奴是一种很可怕的身份，如果没有特殊原因，从此世代将是官奴，生活穷苦，遭人压迫，不得翻身。

出手成文，成为杀父仇人武则天的心腹

婉儿的母亲在掖廷里是一个奴婢，婉儿长大了也是一个奴婢，这就是她们原本的命运。然而，上官婉儿聪慧过人，能过目不忘，且勤奋好学，在宫里坚持学习，博览群书，通晓经史古籍，能写得一手好字，也能吟得一手好诗，似乎完全得到了她祖父的真传，眉宇神色间似乎都有她祖父的影子。

随着一年一年长大，上官婉儿不仅才学惊人，也逐渐出落得亭亭玉立，俨然一朵刚出水面的荷花，娇脆欲滴。十四岁那年，武则天听说了上官婉儿的事，就召见婉儿。作为一个小小的官奴，婉儿见到武则天的时候居然十分大方，没有一丝惧意。要知道这个武则天，她将成为中国历史上第一位女皇帝，是上官婉儿的杀父仇人，有不共戴天的灭族之仇，也是因为那个女人，她才和母亲沦落到宫中成为官奴的！如果一不小心，很可能十几年前的灭门惨案要再度发生，她和母亲的性命就都难以保证了。可是，十四岁的上官婉儿并没有惊慌，非常镇定地站在武则天面前。

武则天当场命题，让她做文章。听完题目，上官婉儿拿起笔就一气呵成，文章如行云流水一般通畅，浑然天成。武则天读过之后，对她大为赞赏，认定她必定很有成就，从此就将她留在了身边。

武则天和上官婉儿，都是一代奇女子。武则天明明知道这是上官仪的孙女，她不但不杀她灭口，也不怕这小女子要找她报仇，她仅仅因为认定这上官婉儿非常有才学，就将她留在了身边。也许，是因为她料定上官婉儿不会杀她？也许，是她料定上官婉儿即使想杀她，也没有能耐？没有人知道原因，总之，她对这个上官婉儿越来越委以重任。而上官婉儿，自然也不是一般常人，她将过去的事情狠狠地划分为过去，而现在就是现在，现在就需要好好把握时机，谋取将来。至于眼前这个女人，管她是不是杀父仇人，她只知道她手握大权，跟着她，能有享不完的荣华富贵。

武则天几乎让上官婉儿全权负责她的秘书事务，起草公文，草拟诏书，这些事情都由上官婉儿负责。当然，如果是品评众人诗文，更加是由婉儿负责。

一开始，婉儿对武则天还有些恨意，也许心里真在寻思着合适时机，报仇雪恨。但是，日子久了，她就对武则天越来越敬佩，那个女人，处理政事井井有条，办事雷厉风行，做选择时非常果断，而且非常爱才，只要是有才之人，她都能有一颗宽容之心。当时武则天取代李唐天下自己称帝，天下多有不服，这是必然，臣服是需要时间的。被称为"初唐四杰"之一的一代才子骆宾王，当时也写了讨伐武则天的檄文，文章里充满谩骂，但武则天读完之后，不仅没有生气，反而夸赞骆宾王好文采，认为这种人应当要受到重用。

当然，武则天不可能时时这么美好，她对李氏子孙就相当残忍，即使是对她的亲生儿子也不例外。她想立谁为太子就立谁为太子，她想让谁死就让谁死。

废了太子弘，扶立太子贤，又将太子贤废掉，再立太子显，反正武则天耐得住折腾，只要能达到她的目的。

公元683年，唐高宗去世。一年后，武则天将唐中宗李显废掉，改立李旦为皇帝，即睿宗，武则天以皇太后的名义临朝称制，实际掌握和操纵政权，李旦只是个傀儡皇帝。

又五年，武则天将睿宗李旦也废去，自己做上了皇帝，改国号为周，以"武周"代替了"李唐"。而这一切，上官婉儿都在武则天身边，见证着她杰出的政治才能和手腕。

韦后掌权，适时易主

公元705年，也是武氏的气数将尽，在宰相张柬之等人的逼迫下，武则天退位，中宗李显恢复皇帝称号，武周又变回李唐。但是中宗李显是一个生性懦弱的人，他完全没有遗传到他母亲那种果断干练的品质，更没有继承到他母亲强势的政治作风，倒是跟他父亲有几分相似，最终实权又握到了皇后韦氏的手里。

李显从小就是在他母亲的阴影下长大的，之前曾登基过一次，然后又被他母亲废掉，然后是再次登基，也可谓是大起大落，九死一生，在当上皇帝又被废掉的那段痛苦的日子里，韦后是一直陪在他身边的女人，这种患难之中的不离不弃，使中宗对韦后容忍顺从。而韦后呢，她又是一个很有野心的人，她希望她能像婆婆武则天一样，做一个女皇帝。

那时候的武则天，已经年老体弱，并且逐渐失势。李显回宫以后，上官婉儿很快就得到了李显的宠幸。自从婉儿的才华被武则天发现，她就一直留在武则天身边，李显还是太子的时候他们就已经认识了。中宗李显封婉儿为婕妤，并且让她继续做她之前的工作。但是婉儿知道真正有野心和有权的人是韦皇后，所以婉儿很快就和韦皇后结成了同盟。韦后还有一个女儿安乐公主，聪明伶俐，韦后特别疼爱她，武则天活着的时候就将她嫁给了武三思的儿子，因此这韦后、武三思、安乐公主以及上官婉儿若干人等，很快就组成了一个权力联盟。

安乐公主不愧是韦后一手调教的，死死站在她母亲那一边。中宗复位以后，立第三子李重俊为太子。韦皇后一心想把持政权，效仿武则天，而李重俊不是韦后亲生，并且同韦后完全不是一条线上的，这必将造成两者之间的矛盾。韦后对李重俊深感不放心，一直在找寻机会想将他的太子位废掉。李重俊也能感受到韦皇后对他的敌意，心里一直惶惶不安，他想一定要先下手为强，除掉韦氏和武三思等人。后来他联合了李多祚和魏元忠几个人，带着几百羽林兵冲到武三思府上，将武三思父子当场处死。解决武三思之后，太子等人直逼宫中，要继续消灭武三思余党。中宗李显听说太子叛乱，吓得六神无主，最后是上官婉儿出来稳定了局面，不久中宗的援兵到来，太子一行落败，最终被杀。

此后，中宗和韦后更加信任婉儿，把她当心腹看待，她在宫中的地位愈发地高了。试问皇上皇后身边的红人，有几个人敢不巴结她？

一代才女，私生活开放

上官婉儿的才气，自不必说。她在宫中勤学奋进，加上天资聪颖，才学胜过男儿。她祖父上官仪不仅是一代名臣，也是一个诗人。他爱好作诗，有"上官体"存在。只是"上官体"并不出名，但是孙女上官婉儿却将"上官体"发扬光大了。如果她没有才学，武则天和中宗也不可能把她留在身边做贴身秘书！宫中如果有什么文臣比诗斗赋的，婉儿就是裁判，一切诗词文章的优劣等次都由婉儿裁定，并且大家对她的裁判和评语都会赞不绝口。一直到今天，她仍有许多作品在流传，并且相当脍炙人口。其中流传最广的，也许就要算抒情作《彩书怨》：

叶下洞庭初，思君万里余。露浓香被冷，月落锦屏虚。
欲奏江南曲，贪封蓟北书。书中无别意，惟怅久离居。

除了才学丰富之外，婉儿也很有政治眼光，她鼓励中宗设立修文馆，发展文化事业，推举有才学的人士。她的很多智慧，也许是因为在武则天身边的缘故所学来的，另外还有一样也从武则天身上学到了。武则天的私生活比较放纵，婉儿也有不少男人。

武则天当时有一个男宠张昌宗，张昌宗是一个长得很美的男人，他在和武则天一起的时候，婉儿自然也不是小姑娘。婉儿一直在宫中，接触的除了武则天就是太监，很难见到几个男人，对张昌宗逐渐有好感也正常。而婉儿长得貌美，且比武则天年轻许多，从感情上来说张昌宗自然也会喜欢婉儿。二人都是伺候武则天的，经常能在一起碰面，时间久了难免不会眉来眼去。只是后来武则天发现了这件事，张昌宗是她的男宠，怎么可以允许他同别的女人有关系呢？所以武则天一怒之下差点将上官婉儿处死，但是张昌宗苦苦哀求，武则天也舍不得浪费一个人才，这才留了她活命，只是在婉儿额头上刺了一道疤。脸上有一道疤，是女人所不能容忍的，那岂不是毁容吗！然而，婉儿找了巧心的工匠，在疤痕处纹了梅花的花纹，不仅遮掩了疤痕的丑陋，还让她看起来更加迷人了。

中宗复位以后，封婉儿为婕妤，宠幸婉儿。但是，婉儿却和武三思有着私交。不仅与婉儿，武三思同韦皇后也有私情。在武则天下台以后，李唐天下恢复，所以武家的势力也就一下倒塌了。然而这个武三思，因为和婉儿的私交关系，婉儿极力向韦皇后推荐他，他才又有了出头之日。只是韦皇后不仅利用武三思在政治上相互勾结，私下里还继续利用武三思，中宗甚至对此还睁一只眼闭一只眼。

武三思跟了韦后，上官婉儿得继续找人排解寂寞。后来，婉儿大加提拔崔湜，崔湜也很有才华，与婉儿在一起就是才子佳人。不仅如此，崔湜后来还将他的几个兄弟全引荐给上官婉儿，几人一起陪侍婉儿，与男人宠幸女宠没有区别。

香魂何处，追逐权势终失利

一心想着专权的韦氏，终于等不及了，她嫌她的丈夫中宗实在是太碍事，一直占着皇位，所以就和女儿安乐公主一起，于公元710年将中宗毒死。其实想一想，真的很不理解。丈夫当皇帝或者自己当皇帝就真的那么重要吗？最重要的是，对于安乐公主来讲，一个是她父亲当皇帝，一个是她母亲当皇帝，为什么就一定要杀掉父亲而让母亲去登上皇位呢？且不管这些无解的问题，韦后毒死中宗以后就自己把持朝政，但是天下不服。李唐天下又一次面临易主，不安和愤怒的人无数。这个时候，临淄王李隆基开始密谋除掉韦后。婉儿也预见了事态的发展，她也联系了太平公主。她想在这一次事件中再向太平公主靠近，日后还是有她的天地的。谁知道杀进皇宫的是李隆基，太平公主并没能救她。李隆基对婉儿不是没有好感，他小时候，婉儿还给他送过书呢。他曾经觉得婉儿像母亲一样温暖。然而，在多年前，一次不经意的机会，他居然看见上官婉儿在和别的男人偷情，这让他很不能接受。所有美好的印象全部化为泡影，换来的是美好破碎后的失望。如今，这个女人还和韦皇后联合，是韦皇后的帮凶，他不能放过她。这时候的婉儿，才四十六岁。

婉儿这一生，似乎都在追逐权势。谁有权她就依附于谁，至于公平和正义，难分，她亦不想分，她只知道只有权势可以给她带来她想要的，也只有有了权势，她才可以左右别人。从她的出生，到入宫为奴，又到被武则天重用，等等，她感觉她的路都是被别人选的，她不能够自己去掌握自己的命运，而能够掌握她的命运的那些人，都是有权势的人。但当这权势不在了，那个能够左右她命运的人又要换一个主子。所以她决定，什么都不管，只追逐有权势的人。所以她这一生，既悲，但也享受到了能够享受的东西。不管怎样，作为一代才女，她被历史铭记了。

刘氏　唐睿宗李旦皇后

□ 档案：

姓　名： 刘氏
生卒年： ？～693 年
籍　贯： 不详
婚　配： 唐睿宗李旦
封　号： 皇后
追　谥： 肃明皇后

刘氏，唐睿宗李旦的皇后。刘氏出身于官宦之家，她的祖父官至刑部尚书，父亲曾任职陕州刺史。李旦还是豫王的时候，刘氏嫁给李旦，李旦即位之后被封为皇后。

刘氏和李旦的感情很好，很多年都相亲相爱，她为李旦生下两个女儿，一个儿子。

只是，李旦虽出身皇家，但父亲懦弱，母亲强势。母亲武则天是个只要自己想要，就会不择手段地去要的那种人，她不在乎前面是她丈夫，还是她儿子，只要可以为她利用，她不管他们死活，不管他们是否愿意，是否开心，是否觉得舒畅。她曾生下一个小公主，那时候小公主还是褓褓中的婴儿。为了陷害王皇后，她不惜将自己的亲生骨肉杀死，以嫁祸给王皇后。所以李旦也是一样，作为武则天的儿子，他只是她手上的一枚棋子。

武则天在公元 684 年以皇太后的身份临朝称制，看中宗李显不顺眼，就将李显废去，又立李旦为帝，是为睿宗。改立李旦为帝，并不是因为武则天喜欢李旦，而是因为李旦很听话容易被掌控。丈夫李旦为皇帝，刘氏就被封为皇后。可是这一对皇帝皇后，只是武则天手上的傀儡而已，刘氏心里非常不满这种状况。

这样过了五年，武则天还是不满足，将李旦也废去，自己亲自登上皇位，将唐的国号改为周，从此政权就姓武不姓李了。武则天重用武家的人，尤其相信她侄子武承嗣。武承嗣为了消除异己，巩固武氏政权，努力制造各种舆论，将所有不利于武氏的势力都要消除。

睿宗李旦被武则天废了以后，恢复到太子的待遇，刘氏就由皇后变为了太子妃，刘氏对这种生活和状态十分不满。武承嗣看她就很不顺眼，因此他就跑到武则天面前告状，说刘氏不满意武则天，想利用巫蛊之术将武则天咒死，然后李旦重新即位，这样刘氏就可以恢复她的皇后之位了。武则天是心狠手辣之人，只要她心里对谁不舒服，或者谁对她不利，她一定要想办法将其除掉。

经过武承嗣这么一挑唆，武则天就起了除掉刘氏的心思。这一天，武则天趁刘氏来拜见她，顺势就派人将她秘密杀害，从此刘氏就在宫中消失。

而李旦，他明知道这是母亲所为，但是他什么办法都没有，他为有这样的母亲感到难过，感到恐惧，但是却毫无解脱之道。

直到武则天最终被迫退位，中宗复位，李唐恢复，又经过除掉韦氏势力之后，李旦重新即位，这才将刘氏追谥为"肃明皇后"。

窦氏　唐睿宗李旦皇后

□ 档案：

姓　名：窦氏
生卒年：？ ~693 年
籍　贯：不详
婚　配：唐睿宗李旦
封　号：德妃
追　谥：昭成皇后

窦氏，唐睿宗李旦的妃子，唐玄宗李隆基生母，非常具有大家闺秀的风范，不仅是姿色一等一的美人，礼仪修养等方面都非常好。

李旦没有被立为皇帝的时候，还是豫王，窦氏是他的侍妾，封为孺人，很受李旦宠爱。公元 684 年，武则天看不惯中宗李显，就把李显给废掉，立另一个儿子李旦为皇帝，李旦即位后封刘氏为皇后，窦氏为德妃。其实之所以封刘氏为后，窦氏为德妃，并不是因为李旦更爱刘氏多一点，这里面更大的原因可能是因为窦氏没有孩子，而当时刘氏已经为李旦生下了长子李成器，而且睿宗即位以后他也顺理成章被立为太子。窦氏是后来才生了儿子李隆基的。

睿宗李旦本人对皇位没太大的野心，而这估计也是他被武则天选为傀儡皇帝人选的原因。他就是武则天手上的一个傀儡，凡事都得听他母亲武则天的安排和摆布。李旦正是因为有皇后刘氏和德妃窦氏的陪伴，才觉得生活还有些颜色。

然而，当时的天下是武家的天下，武则天大力栽培和任用武家的人。她的侄儿武承嗣借力努力往上爬，武则天对他很信任。曾经一度，武承嗣差点就成了武则天的继承人，他也一心想要坐拥江山，所以不遗余力地排除异己。

做了几年幕后皇帝之后，武则天觉得不过瘾。睿宗李旦做了五年的傀儡皇帝，又被武则天给废掉，贬回到太子的位置，皇后刘氏和德妃都各自恢复太子妃和太子妃嫔的身份，同太子一起迁居东宫。

但是，李旦还是太子，这意味着武则天一旦离位，李旦还是皇位的继承者，这对武承嗣是非常不利的。他要她姑姑将皇位传给他，所以他首先要除掉现任的太子，这样才会有机会轮到他来占据这个太子之位。

抱着这种心思，武承嗣就指使正受武则天宠爱的奴婢诬陷刘氏和窦氏，说她们合伙利用巫蛊之术在诅咒武则天，咒她早死，咒她早日离开皇帝之位，将皇位还给李旦，然后她们也好恢复她们的身份。武则天听完之后，她最忌讳别人对她不利，不管真假，除掉总不会错，所以她也没有去调查事情的真相，或者说看在她们是她儿媳妇的分上给她们一个申辩的机会，全没有。趁一次刘氏和窦氏去拜见武则天的机会，武则天派人将两个儿媳妇抓起来秘密处死，一直到最终都没有找到二人的尸首，就像在人间蒸发了一样。

二位爱妃一起失踪，对李旦是一种很大的打击。但是，他也没有办法把她们从阎罗殿里救回来。

直到睿宗重新即位以后，才将二位爱妃重新殡葬，将窦氏追谥为"昭成皇后"。

王氏　唐玄宗李隆基皇后

□ 档案：

姓　名：王氏
生卒年：? ~724 年
籍　贯：同州下邽（今陕西渭南）
婚　配：唐玄宗李隆基
封　号：皇后

王氏，同州下邽人，唐玄宗李隆基皇后。她出生于将门之家，父亲王仁皎，还有一个同胞兄弟王守一。王氏被临淄王李隆基纳为妃，后李隆基主谋除掉了韦皇后，其父李旦继承李唐天下，封李隆基为太子。又因太平公主一事发生，李旦就退位给太子，李隆基登基，王氏理所当然地成为皇后。但是，自从玄宗在宫中发掘出武惠妃以后，王氏的生活就发生了转折，从此失宠，最终导致皇后位被废，不久病死。

患难夫妻，苦尽甘来

大唐经过贞观之治开始走向繁荣昌盛，但是李唐在武则天之后就发生了一些转折，政权被武则天把握，她一度废去李唐的国号，李唐的天下成为武家的天下。中宗复位以后，恢复李唐的国号，但是中宗没什么能耐，皇后韦氏野心勃勃，还一心想着效仿武则天成为女皇帝，李唐政权再度陷入危机。

当时的李隆基还只是一个临淄王，王氏就是在李隆基还是临淄王时嫁给了他。

韦皇后想成为像武则天一样的人，中宗又很无能，完全任由韦皇后摆布。即使这样，韦皇后还是不甘心，还要将丈夫中宗害死。就在李唐政权十分危急的紧要关头，李隆基和张说等人密谋要除掉韦皇后，在与太平公主等力量联合在一起的情况下，临淄王李隆基发动宫廷政变，终于将韦氏除掉，李隆基的父亲李旦又重新登上了皇位。李旦登基之后就将李隆基立为太子，王氏被封为太子妃。

王氏是李隆基的结发妻子，两人感情也一直很好。不过李隆基不管怎么说都是王孙贵族，妻妾成群是少不了的。从玄宗以后的内宫生活来看，玄宗可能有专情的一面，但是滥情也是肯定的。不过，至少在开始的时候两人感情一直很好，宠妃虽多，玄宗也不会忘了这个结发之妻。

王氏不愧是将门虎女，除美貌之外，智慧也相当了得。当时的李唐政权仍然不是很稳定，虽然韦氏已除，但是又杀出了另外一个女人：太平公主。这时候王氏站在李隆基背后，积极为他提供支持，还让自己的父兄都站到李隆基一边，终于将太平公主党羽消灭，为李隆基顺利得到大唐天下扫清了障碍。

王氏和李隆基夫妻俩真的是共患难，一直等到江山到手，这种感情真的是很难得的。

王氏再遇武氏，又酿成悲剧

太平公主的事情对李隆基的父亲李旦是一种很大的打击。对于他来说，也许他并不想争江山，他只想要一个幸福完整的家庭。而他的家，却千疮百孔，兄弟姐妹们全都因为宫廷争斗或者其他原因而被杀，他见过好多起的亲人间的相互残杀，所以不论是什么理由，他都不愿意再见到这种事情发生。但是，现在他唯一还在人世的妹妹又被自己的儿子杀了，他脆弱的心灵无法承受这些压力，所以他觉得也许他该退位让贤了。接下来就是太子李隆基登基，重新开辟唐朝的繁盛局面。

李隆基登基以后，立王氏为皇后。王氏也终于盼到了出头之日，成为母仪天下的皇后。但是自古以来，共苦容易，同甘则比较难。玄宗登上帝位，前期兢兢业业治理国家，唐朝在玄宗的治理下逐渐走向昌盛，出现了前所未有的繁华和安定局面。但是有了这些基础之后，玄宗开始广思春色了，后宫宠爱者逐渐增多。

然而对王氏产生最大威胁的，是玄宗后来在宫中发掘出的一名美女——武氏。武氏是武则天的侄孙女，自幼入宫，对宫中生活非常了解，她自小被武则天培养，加上相貌姣好，气质尤为出众，很快就得到玄宗宠幸，并成为玄宗最宠爱的妃子，其他宠妃都因为武氏的出现而被玄宗抛到脑后，成为冷落的旁人了。

王氏对玄宗专宠武氏很不满，她像所有面对丈夫被抢时笨女人的表现一样，选择在玄宗面前说武氏的坏话。这个时候的玄宗，和武氏正陷入热恋中呢，情人眼里出西施，她身上的优点会被无限放大，缺点会被美化为很可爱的优点，怎可容得别人说她坏话呢？玄宗不仅不再理会王氏，久了还生出厌烦的感觉。武氏对王氏本来就不大尊重，背后也不断说皇后王氏的坏话。玄宗当然是听宠妃的，逐渐对王氏产生厌弃的感觉，并且这王氏虽是玄宗的结发之妻，但多年来并未生子，玄宗就生起了废掉她皇后之位的想法。

玄宗对武氏过度宠爱，给她的待遇都同皇后一样，就差给她一个皇后的名号了。玄宗有心将王氏废掉，立她心爱的武氏为皇后，但是，这事肯定不那么容易，大臣们一定会反对的。首先王氏无论从出身还是从地位来说，做皇后是实至名归的。而武氏，经过武则天之后，李家和武家就已经结下很深的仇怨了，李唐天下不能够再发生一起武氏谋夺李氏天下的剧情来，大臣们绝不容许的。但是玄宗只知道自己爱着这个女人，她只是恰巧姓武而已，他不想在乎。于是他同姜皎密谋，想完成自己这个心愿。玄宗是想让姜皎同他一块密谋，想出完美计策，但是不料这姜皎却将玄宗废后的心思透露了出去，王皇后的兄弟王守一知道后非常不安。他们家族能够振兴，就是因为皇后的原因。而皇后一旦失宠甚至被废，那家族也要连带着遭殃，甚至都要被杀头的。为了帮助妹妹巩固皇后之位，王守一情急之下找到了一个很通灵的和尚，让他为妹妹作法。他觉得王氏的皇后位之所以会被动摇，很关键的一个原因就是她没有孩子，如果她有孩子了，事情不就解决了吗？所以这和尚为王氏求了一块神牌，嘱咐说只要佩戴神牌，定能早生贵子。

王氏兄妹应该都是聪明之人，然而在这件事情上却犯了大糊涂。王皇后自此身上带着那块神牌，希望能早早给皇上生一个孩子。然而，这事很快就被武氏知道了。她添油加醋，歪曲事实本意地向玄宗告密一通，玄宗派人查证确实找到神牌，那和尚居然还说定能同武则天一样，玄宗大为恼怒。武则天是谋夺李唐天下的人，谁人能够容忍？难道王皇后也有此意？发生这种事情，即使玄宗没有废后的打算，这次也不能放过王氏！王氏被废为庶人，她哥哥王守一先是被流放，但是在半路上玄宗就赐他死了，王氏彻底再没希望了。

被废以后没几个月，王氏就忧郁而死。直到唐代宗即位，王氏的冤屈才得以昭雪。

杨玉环　唐玄宗李隆基贵妃

□ 档案：

姓　名：杨玉环
生卒年：公元 719~756 年
籍　贯：蒲州永乐
婚　配：唐玄宗李隆基
封　号：贵妃

杨玉环，唐玄宗李隆基宠妃，从小在四川长大，十岁左右因父亲去世才迁到洛阳叔叔杨玄璬家，由叔叔照顾。因为她姿色超群，被纳为寿王妃，从此进入皇室。唐玄宗的爱妃、寿王的母亲武惠妃去世以后，玄宗非常思念，这时候恰好看见了儿媳妇杨玉环，被她的回眸一笑深深迷住，从此杨玉环就从寿王身边转移到了玄宗身边，集三千宠爱于一身，享尽荣华富贵。后安史之乱发生，杨国忠被将士们处死以泄民愤，被认为是祸国殃民的杨贵妃也被众将士要求处死，玄宗无奈，将其缢死，时年三十八岁。

杨家有女初长成，一见钟情寿王侧

杨玉环，父亲杨玄琰，杨玄琰也是名门之后。只是隋末炀帝暴政，导致天下大乱，民怨载道，起义不断，最终天下被李氏夺得，建立唐朝。因父亲杨玄琰在四川任职，杨玉环就在四川出生，并在四川长大，也许杨玉环的天姿国色与物产富饶、风景秀丽的天府之国养人的水土也有一定的关系。直到大约十岁的时候，父亲杨玄琰去世了，家里的顶梁柱倒下了对他们家是一个很大的打击，她就离开了成都，来到洛阳的叔叔杨玄璬家。

虽然家道生过变故，但是杨玉环还是受到了很好的教育。其实在隋末的时候，隋炀帝就已经很重视教育，还开创了科举，所以杨家也非常注重对子女们的教育和培养。杨玉环小时候就接受多种教育，她能够作一些诗词歌赋，更加精通音律，非常擅长舞蹈，各种乐器也都能弹奏，尤其擅长琵琶。本来一个人有一种突出的才能就已经很了不起，很能引起身边的人侧目了，况且杨玉环身兼这么多才艺，自然是气质风度不凡，待人接物落落大方。

她还有更厉害的、更让人羡慕但又无法效仿和学习的资本：倾国倾城的姿色。美，是一种宝贵的资源，美女是一种稀缺资源。杨玉环有着羞花的美貌，中国上下五千年的历史，她是历史上留名的四大美女之一，其他三位分别是"闭月"的貂蝉，"沉鱼"的西施，"落雁"的王昭君。相传在进宫之后，杨玉环在宫中赏花，走到一处摸到一枝花，花居然收起了花骨朵儿，连叶子都收了起来，经过随行宫女的宣传，从此人们知道了杨玉环同花比美，花都害羞的了典故，于是她便被称为"羞花"。

有这些令人艳羡的资本，也难怪杨玉环有夺尽宠爱，享尽荣华富贵的命了。

开元二十二年，咸宜公主大婚，咸宜公主是当时玄宗最宠爱的武惠妃的女儿，女凭母贵，所以在众多的儿女之中，玄宗也更加宠爱武惠妃的子女。咸宜公主出嫁，玄宗自然会为她举办一个巨大豪华的婚礼，这婚礼就在洛阳举行。当时玉环的叔叔都被邀请了，玉环也在邀请之列。在婚礼上，咸宜公主和她的同母弟弟寿王都见到了国色天香的玉环，寿王当时就被玉环给迷住了，对她一见钟情。

杨玉环虽然与当时的王孙贵族子女的身份不能相比，但是她的姿色远超常人，并且自小受到音乐舞蹈的熏陶，气质上落落大方，见谁都能够不惊不惧，从容自如，咸宜公主自然非常喜欢。站在身边的弟弟寿王早已被杨玉环的美色所倾倒，身为寿王的姐姐，岂有不懂弟弟心思之理？于是就向母亲武惠妃透露了弟弟看上杨玉环的事情，众人在婚礼上相识，从此杨玉环的命运就开始运转了。

武惠妃知道儿子的心思之后，当然得替儿子做主，遂向玄宗请示，玄宗准奏，于是杨玉环就嫁到了寿王府上，成了寿王的妻子。嫁到寿王府以后，寿王对如此美丽的妻子自然是百般疼爱，两人的感情也十分要好，新婚宴尔，夫妻俩过着幸福的生活。

寿王是玄宗的第十八个儿子，因为母亲很受宠，所以玄宗对他也很宠爱，但毕竟不是长子嫡孙，不能立为太子。但是他母亲武惠妃很希望玄宗将他立为太子，所以积极拉拢李林甫，想要合谋将当时的太子废掉，改立她的儿子，这样她在宫中的地位也可以恒久稳固。武惠妃是武家人，她和武则天一样也是有美貌有才气又聪明机警懂得后宫事宜的人。所以如果不发生变故，寿王的前途还是不可限量的。然而，就在杨玉环成为寿王妃的第二年，武惠妃就因病去世了。这样一来，寿王的太子梦想显然就断送了，毕竟他最大的靠山就是他母亲，现在母亲去世了，无疑相当于给他遮风挡雨的大树倒下了。

武惠妃去世以后，难过的当然不止寿王一个人，还有一个就是唐玄宗。唐玄宗对武惠妃深爱至极，虽然她只是一个宠妃，但是给她的待遇是同皇后没有区别的。没有了武惠妃的陪伴，玄宗像是丢了魂魄一般，每天食不知味，寐不安寝。

回眸一笑百媚生，玄宗不寐思佳人

当时玄宗身边最为看重的人之一就是高力士，高力士这个宦官在武则天时就得到赏识，后又帮助玄宗平定太平公主之乱，玄宗对他就更为信任，于是高力士就留在玄宗身边，每天几乎贴身进出。因为武惠妃的事，玄宗大受影响，整日郁郁寡欢，高力士就想让玄宗高兴起来。既然是因为失去爱妃引起的，如果再找到让玄宗非常动心的女人，事情不就解决了吗？玄宗也觉得非常有道理，可是到哪去找这样一位让玄宗心动的美女呢？这时候高力士突然灵机一动，有了！他问玄宗，陛下可记得寿王妃？天姿国色呀！玄宗在脑子里想了一想，是啊，这个儿媳妇儿真的是不一般的美，而且身上还确实有几分武惠妃的影子。可是，玄宗心头又叹了一口气，那是自己的儿媳妇儿啊。高力士这个老太监怎么不知道玄宗的心思，他对玄宗说，陛下不必担心，这事交给他高力士办就行。

没想到便罢，自想到这个儿媳妇儿，玄宗心里就急得不轻，那股思念的劲头就越来越浓厚，不得到她就好像不能甘心一样。趁着玄宗要去华清宫的时候，高力士派人接杨玉环到骊山伺候玄宗。使者来到寿王府，身为皇宫之人寿王自然明白使者的意思，可是他身为玄宗的儿子，自然不能忤逆玄宗的意愿，否则很容易就会招来杀身之祸。也许这就是身在皇室必须忍受的没有自我，没有自由，甚至连爱妻也不能留。

对于杨玉环来讲，也许宫中的诱惑更大，毕竟像她这样一个女子，对于富贵有着追求不尽的热情，到皇帝身边更利于她自己，更利于她的家族，哪怕和寿王相比玄宗已经是个老头子，但是那有什么关系呢？说她和寿王已经有很深的感情了吗？然而，也许感情比不过各种新奇的诱惑，而只有到皇帝身边，她才能有更多的机会。当然更重要的，他们都明白，玄宗的意思是不能违背的。所以，杨玉环同寿王挥泪告别，到了玄宗的身边。

当时还是唐玄宗开元年间，玄宗统治前期国家昌盛，百姓安居乐业，这时候的唐朝是名副其实的天朝大国，国土疆域辽阔，广纳四方人才，风俗开明，创造了开元盛世的局面。但是后来，到开元后期，唐玄宗逐渐沉迷于声色犬马之中，他自己是一个音乐舞蹈的爱好者，而且造诣非常深厚，是名副其实的艺术家，还培养了众多的艺术才子，梨园弟子都出于他的培养。所以也许正是因为这层原因，才强化了玄宗和杨玉环的气质相吸，导致他们必须要在一起，玄宗需要这样一位美女在她身边，弥补他内心的空虚。

有一种关于杨玉环来到玄宗身边的说法是这样的：杨玉环还在闺中的时候，就听说当今天子玄宗沉迷美色，

玄宗当政后期沉迷歌舞。

每天酒池肉林，朝政荒芜。所以她心里就立下一个愿望，希望有一天能够到皇帝身边，让他重新振作起来，管理朝政，恢复开元盛世的局面。只是没想到进入宫中以后，玄宗更加沉迷于她的美色，连早朝都不上了，她又没办法阻止玄宗，结果导致玄宗后期更加荒废朝政。这种说法只是表明杨贵妃是抱着单纯的目的，但实际上，杨玉环似乎不是那样的人。

杨玉环来到玄宗身边后，玄宗的生活立刻就鲜活了起来。当年的杨玉环才二十二岁，正是女人最美的时候，无论是青春活力还是才色美貌，都是最佳的黄金时期。杨玉环体形丰满，很是性感，自然能撩起玄宗更多的热情。她回眸的嫣然一笑，能让玄宗神魂颠倒，百花草木都变得羞愧，媚态无人能比。玄宗心里坚决地认定，这女人他一定要。

可是当时杨玉环还是他的儿媳妇儿，自然不能直接将她接进宫里封为妃子，光明正大地陪在身边日夜侍寝，所以中间必定要安排一个过渡环节。玄宗和杨玉环说好，让她先出家为道姑，到合适的时候玄宗就册封她为妃。所以杨玉环有一段当道姑的时光，道号为太真。

时机差不多的时候，玄宗先是帮寿王再娶一个贤良的妻子，算是对他的一种弥补。但是不管怎么样，寿王心里肯定是难过的，但是他却毫无办法，这种内心的愁苦，自然无法发泄，还必须闷在心里。从另外一个角度来说，发生这种事情总会觉得很丢人。但是有什么办法呢？老爹是皇帝，他想要什么不就能得到什么吗？玄宗将其他的一切安排好以后，就将道姑杨玉环封为贵妃，此刻他娶的不是儿媳妇儿，而是一个道姑而已，再不怕别人在背后闲话，从此杨玉环也就光明正大地待在了玄宗的身边。

后宫佳丽三千人，三千宠爱在一身

杨玉环进宫以后，确实是六宫粉黛无颜色。只要她在场，其他的美女就全部变成了陪衬，她实在是太光彩夺目，是后宫里最耀眼的明星。随着杨玉环的受宠，接下来必然是杨家受益无穷。果然，杨玉环死去的父亲被追封为济阳太守，还被封为齐国公，母亲也受封为陇西郡夫人，在世的兄弟和叔父们不用说，全都一律受封，杨家风风光光扬眉吐气了，就连杨贵妃的三个姐姐也都分别被封为韩国夫人、虢国夫人和秦国夫人，当然最得势的要算杨贵妃的堂兄杨国忠了。

杨国忠原不叫杨国忠，而是叫杨钊，从小放荡不羁，也没什么特别的才能。但是仪表堂堂，看上去很像是一表人才。他早年就喜欢喝酒赌博，所以擅长钻营拍马，当杨贵妃得到玄宗宠爱时，他也就顺势得利，一直官至宰相，权倾朝野。

玄宗宠爱杨贵妃到什么程度呢？杨贵妃曾几次被玄宗赶出宫外，但是都不超过五天就被玄宗接回宫中，每次都还要在宫中大摆筵席欢迎她回宫。如果是别的妃子，相信一次惹恼皇上可能结局就是轻则被打进冷宫，重则是杀头之祸，可见杨玉环多么不一般。

其中一次惹恼玄宗是因为杨贵妃嫉妒虢国夫人。虢国夫人是杨贵妃的二姐，叔叔杨玄璬的女儿。她本已经嫁人了，但夫婿早亡，就成了个寡妇。这个寡妇姐姐姿色也很好，并且还非常自信，别的姐姐都还要浓妆艳抹，她觉得自己姿色一等，根本就不需要打扮，常常大清早就骑着马直奔宫中了。不仅是仗着妹妹受宠她才享尽富贵，她还想与妹妹争宠。在宫中她常常对玄宗大抛媚眼，玄宗虽然很爱杨贵妃，但是也招架不住她姐姐的诱惑。有一次出门游玩，这玄宗和虢国夫人就趁着杨贵妃和众人外出赏景之时贪欢，被杨贵妃发现。杨贵妃非常恼怒，一气之下就提早回宫了，任凭玄宗怎么哄也无济于事。后来玄宗也生气了，回宫之后就让高力士传话，把杨玉环送回到杨府去。杨贵妃不是个认错的主，这事本来就是她姐姐和玄宗的错，哪有这样的姐姐和丈夫？她鼻子里哼了哼，回去就回去，谁怕谁。回到杨府之后，杨玉环倒是没怎么担心，但可急坏了杨府的人，他们毕竟都是因为杨贵妃得宠才有的今天啊！

杨贵妃是高力士一手谋划才抢到玄宗身边的，所以高力士不可能放弃她不管。杨国忠能有今天也是杨玉环的原因，所以杨国忠和高力士自然要想方设法将杨玉环迎回宫中。过了几天，玄宗气也消了，又十分想念那个让他销魂的杨贵妃，于是就派人带上好吃的，到杨府去接杨贵妃回宫。杨贵妃见来人接她，还摆起了架子，人来了三次才成功将她接回宫中，而玄宗早在宫中备下了宴席，众人一起等着她用餐呢。

像杨贵妃这样几乎受到玄宗专宠，自然少不了宫廷斗争的。相传，在杨玉环之前玄宗还宠爱一位梅妃，梅妃是福建人，原名江采苹，不仅长相出众，还能诗善画，就像一朵清新淡雅的梅花，她最喜欢的花也是梅花，在她的宫前种满了各式的梅树，每当梅花盛开的季节，她就会兴致勃勃地在院里赏花。也因此，玄宗就赐她梅妃的称号。

梅妃和杨玉环是两种完全不同的类型。梅妃是那种小清新，很清纯的美，淡淡的，静静的。杨玉环是那种很耀眼很热烈的美，很能勾起男人的欲望。再加上梅妃进宫已经接近二十年了，对玄宗来说自然是杨玉环更有新鲜感。所以自从杨玉环来到宫中，梅妃就逐渐受到冷落，常常陪玄宗去华清宫沐浴玩耍的就是杨玉环了。

其实梅妃和杨玉环在才能上很有一拼，所以这两人有斗文还斗舞。在杨贵妃来之前，玄宗非常喜欢梅妃跳的舞，即使是在杨玉环得宠后，玄宗还经常观看梅妃跳舞，有时候还让梅妃侍寝，这让杨玉环很是嫉妒。为此，她在舞艺上更加勤学苦练，后来玄宗创霓裳羽衣舞，杨贵妃和玄宗一起完成，玄宗就更爱杨玉环的舞蹈了。她为玄宗还经常光顾梅妃而嫉妒而生气，所以更加地想办法留住玄宗的心，最后终于让玄宗把梅妃迁到冷宫，过清冷的生活了。

为了讨杨玉环的欢心，玄宗真的是什么都能做，不管会耗费多少人力和物力。杨玉环很喜欢吃荔枝，但是荔枝生长在南方，运到北方就要过很久，等运到的时候已经不新鲜了。为了保证杨玉环能吃到新鲜的荔枝，玄宗派人快马加鞭，就像战时送快报那样修出专门的驿道，任何人不可拖延送荔枝的速度，要确保在七天之内送到。这样的兴师动众，不过是为了博得杨玉环在吃上新鲜荔枝时浅浅一笑！于是有流传至今的传世作词："一骑红尘妃子笑，无人知是荔枝来。"

玄宗遇到杨玉环，也确实是遇到知己。如果玄宗不是皇帝，他们两个真的可以做一对非常逍遥的夫妻，当然，如果玄宗不是皇帝，也不知道杨玉环会不会嫁给他。唐玄宗酷爱音乐舞蹈艺术，杨玉环也精通音乐舞蹈，她的技艺比唐玄宗培养出来的梨园弟子都厉害，玄宗自然将其视为尤物。两个风流人物加在一起，玄宗就不会感到空虚了。可是两个人还始终是不够的，杨玉环最终还将李白也招来凑热闹，李白虽是一醉鬼，但他会写诗啊！"云想衣裳花想容，春风拂槛露华浓。若非群玉山头见，会向瑶台月下逢。"这把贵妃给夸的，直让杨贵妃心花怒放。李白得了贵妃和玄宗的赏识，也就更加狂妄起来，居然让高力士给他脱靴磨墨。高力士是何许人也，那几乎是一人之下万人之上的角色了，皇帝身边的大红人，谁不敬着他几分呢！只有李白，敢这么藐视权贵。高力士恨得牙痒痒，可是贵妃和玄宗都允许了，他不怕李白，但是玄宗他还是怕的。然而这一切的一切，都是因为玄宗宠着杨玉环，为了满足她，才会把醉倒在大街上的李白直接衣衫不整地请进宫，才会逼着高力士为他脱靴子。

六军不发无奈何，宛转蛾眉马前死

杨玉环进宫以后虽然不问政事，但是最后的安史之乱却不能说跟她没有关系。

安禄山本是一个胡人，但是受到玄宗的重用。他老早就有图谋不轨的打算，所以在拜见玄宗的时候，他就讨好杨贵妃，尽管他比杨贵妃年长二十多岁，但是他还恬不知耻地拜杨贵妃为母亲。杨贵妃也知道身后有越多的人撑腰越好，而且安禄山白白胖胖，她自己也体形偏胖，所以看安禄山还挺顺眼。安禄山非常会甜言蜜语，每次恭维别人还让人觉得他非常地真诚。玄宗和杨贵妃见他挺个老大的啤酒肚，就问他那肚子里装着什么宝贝呢？只见他不紧不慢正儿八经地说：臣这肚子里什么宝贝都没装，就装着一颗忠心耿耿的大红心呢！听得玄宗和杨玉环生生觉得这安禄山就像是亲儿子一样，谁都不会想到这么大一颗红心的安禄山会叛乱。

安禄山拜杨玉环为母亲之后，两人走得就非常近。一个一把年纪的大男人叫年纪轻轻的杨玉环为母亲，杨玉环居然听得十分舒服，一点都不别扭。当时朝野上下，遍布李林甫的人，李林甫是个老奸巨猾的奸臣，对顺从自己的人大加提拔，对不顺从自己的人就狠狠打击。所谓一山不能容二虎，有李林甫就不能有杨国忠，有杨国忠就不能有李林甫，两个人明争暗斗，一定要把对方给打下去。

杨玉环也深深地知道李林甫和杨国忠的争斗，于是鼓励他与安禄山结成同盟，先把李林甫打下去再说。安禄山和杨国忠联手，李林甫果然元气大伤。只不过最后李林甫还不是杨国忠和安禄山给杀掉的，是他自己病死的。

李林甫病死以后，其余党也就没什么威力，朝廷就剩下杨国忠和安禄山了。这个时候这两个人又对立起来了，毕竟是两个势力。虽然杨国忠是杨贵妃的堂兄，这安禄山也是杨贵妃的"儿子"，可到自己的切身利益上，谁都不管这些所谓的亲戚了。除掉李林甫之后，杨国忠的对手只有安禄山，所以他接下来就要把安禄山处理掉。他又不能派人暗杀安禄山，所以就不断向玄宗告密说安禄山有叛乱的意向。安禄山确实有叛乱的意向，可是杨玉环不知道这是真的，她要保护她儿子安禄山，所以杨国忠那边告密，她这边就不断安抚玄宗说这是不可能的，玄宗也觉得不大相信，即使安禄山一时想歪了有点坏心思，也应该马上自己反省然后好好孝敬他们这两个"父亲母亲"。

当安禄山叛乱的消息传到玄宗和杨玉环耳中的时候，两个人都如在梦中一般，觉得这不是事实。但是，事实就是事实，即使是梦，也该醒了。于是慌慌忙忙的，玄宗就打点行李，带上随行人员，打算逃到蜀地去避难。杨国忠等人护卫着玄宗和杨玉环，太子李亨就带人从后面护卫，一行人走到了马嵬坡。到了那里的时候，将士们突然不走了，一群人拿着刀剑守候着玄宗说，务必要处死杨国忠以泄民愤，都是这杨家害得大家流落至此。若不是他招惹安禄山，怎么会有安禄山反叛？玄宗如今虽还是皇帝，但是他知道，如果不听从将士们的话，很可能他的命都保不了，无奈只得同意，将士们遂处死了杨国忠。杨国忠被处置以后，将士们还不走，玄宗又问还有什么事呢？将士们说，杨家祸国殃民，虽然杨国忠已经被处死了，但是杨贵妃还在。若不是她魅惑玄宗，玄宗怎么会不理朝政，导致政事荒芜，乱兵反贼反叛呢？玄宗心如乱麻，他舍不得啊！高力士赶紧出来打圆场，说安禄山之乱确实与贵妃无关，她对此事完全不知，饶过她一命吧！可是将士们不许，他们实在太恨杨家了。玄宗确实没有办法，就让高力士赐她死吧。于是享尽一生荣华的杨玉环，就被一根白绫给勒死了。

天长地久有尽时，此恨绵绵无绝期

杨玉环死后，玄宗非常想念，思念之心切之又切。不过，杨玉环在马嵬坡到底死没死，还是没有定论的，但是大概是没再和玄宗见过面了。

有一种说法是，杨玉环在马嵬坡没死，是一个丫鬟代她死去的，后来的棺木里只有她几件衣裳，并没有她的尸体。她后来去了尼姑庵里做了一名尼姑，从此隐姓埋名，终老在尼姑庵里。

还有一种说法是，杨玉环确实死了，但是不是死在马嵬坡，而是死在佛堂里。为什么要在佛堂圣地去处死她呢，后人不得而知。

另外还有一种说法，说是杨贵妃在高力士的帮助下逃到了四川，然后从长江乘船又到了上海，从上海辗转又逃到了日本。不仅逃到日本活命了，还在日本受到天皇的接待，并且为天皇立了大功，在那边受到很好的优待，继续享受荣华富贵，直到老去。

不管到底怎么说，玄宗是真的很想念她，玄宗和杨玉环的这段爱情故事是一场时代悲剧，在马嵬坡这里也算告一段落了。

张氏　唐肃宗李亨皇后

□ **档案：**

姓　名：张氏
生卒年：？～762年
籍　贯：河南南阳
婚　配：唐肃宗李亨
封　号：皇后

张氏，河南南阳人，唐肃宗李亨皇后。李亨还是太子的时候，张氏为太子的良娣（一种妃子封号），故多称其为张良娣。张良娣出身很好，她的祖母窦氏是唐玄宗的姨妈兼养母，张良娣又生得丰盈貌美，所以天宝年间李亨为太子时，将其选入太子宫，封为良娣。李亨即位以后，晋张良娣为淑妃，公元758年进一步册封其为皇后。张氏早年同肃宗同甘共苦，肃宗对她很是感激。但是后来逐渐恃宠自傲，权力欲望增大，与宦官李辅国勾结，图谋陷害太子李豫，最终因与李辅国发生矛盾，被李辅国所杀，因她多次图谋陷害李豫，代宗即位以后将其废为庶人。

原配绝婚姻，张氏得专宠

张良娣的祖母是昭成皇后的妹妹窦氏，这个窦氏是唐玄宗的养母，玄宗对窦氏的后人都很器重，所以良娣出身显赫。玄宗的母亲昭成皇后早年被武则天所害，玄宗幼小，但是聪明伶俐勤学好问，连上官婉儿也很喜欢他，并断言他将来必定有所作为，还亲自给他送书去读，武则天对这个小孙子也很喜爱，所以就允许他的姨妈窦氏入宫来抚养玄宗，玄宗对这个抚养他长大的姨妈很为感激。玄宗天宝年间，张良娣被选入太子李亨宫中，为良娣。

当时李亨已经有了太子妃韦氏，韦氏是李亨的结发之妻，他们结婚的时候李亨还是忠王，并非太子。后来太子李瑛以及李瑶、李琚三兄弟被武惠妃所陷害，被废为庶人，不久又被害死，武惠妃因害怕三人鬼魂找她报仇，从此精神恍惚一病不起，病逝以后，她想让儿子李瑁当太子的计谋也落空，而太子位按长幼顺序就落到李亨的头上。李亨当太子以后，将韦氏立为太子妃。李亨当年与太子妃韦氏的哥哥韦坚关系非常要好，韦坚比较正直，而当时朝廷上李林甫的势力非常强大，那个口蜜腹剑的小人亲近一切对他有利的人而残害一切对他不利的人，韦坚将李林甫得罪，最后被其陷害，死在流放途中。

李亨的一生也算命运坎坷，他好不容易当上太子，宫廷斗争和政权已经有太多流血牺牲，而李亨的太子位也不是十分牢固，当时正得宠的杨贵妃与李林甫等人对李亨还很不满意，所以韦坚得罪李林甫以后让李亨非常害怕，他就上书玄宗，说与太子妃感情非常不和睦，希望玄宗允许他们解除婚约，实际上他是想同韦氏划清界限，以免遭到连累。

与太子妃断绝关系以后，李亨的感情就逐渐转移到了张良娣身上，这个时候他愈发觉得这个女人才是他命中的女人，很快张良娣便得到了专宠。从某种意义上说，李亨的家庭生活是不完整的，他虽生在帝王家庭，但是她母亲并不受宠，一直被父亲冷落，他所得到的母爱父爱以及家庭的温暖都不够完整，而且在宫中又诸多斗争，他内没有受宠的母亲作为强大的依靠，外面朝臣大多都被李林甫等人控制，所以他的存在感很弱，总是生活在一种惧怕之中。而张良娣则比较果敢，很是秀外慧中，李亨很需要这样的女人，而且事实上在共同面对安史之乱那段苦难的动荡时期，张良娣也多次扮演保护李亨的角色。

安史之乱同患难

安史之乱爆发以后，唐玄宗和杨玉环等人西逃避难，杨国忠在前面开路，太子李亨带着一队人马断后，张良娣也跟随李亨一起。一行人至马嵬坡时，士兵忽而不走，要求玄宗将祸国者杨国忠和杨玉环赐死，最终红极一时的二位杨氏魂断马嵬坡，玄宗才得以继续上路。后来士兵请求太子李亨留下收复长安，李亨优柔寡断，说要一路保护父皇玄宗，不能离开玄宗一步。这时候张良娣果断地站出来劝谏李亨听从士兵们所言，以收复长安为重，李亨这才决定留下。于是玄宗继续西行，而李亨则先前往他曾经驻守过的朔方，这是他的实力最为巩固的地方，他准备先从朔方开始，然后去收复长安。玄宗得此消息也即刻下诏命太子李亨监国。当李亨到达朔方的时候，大将李光弼和郭子仪也率军赶到，公元 756 年，李亨在文武官员的拥戴下在朔方灵武登基为帝。

在前往朔方的路途中，一路险阻，条件艰苦，但是张良娣不仅没有怨言，反而时刻不离地陪伴在李亨身边。战乱时期，路上来往士兵与逃难民众相互混杂，十分混乱，时不时还有野生动物出没。为了保证李亨的安全，张良娣不顾自己柔弱的女儿之身，每天晚上都要在李亨的帐前守候，时刻保持警觉，以免有突发危险。李亨对良娣说，这不是你们女流之辈所做的事，你就安心下去休息吧。良娣说，现在这么混乱，我怎么能安心休息呢？我知道我没有力气抵御敌人，但是假如有危险，我总能先将他们拖一拖，这样总能为你争取一些时间，也许就足够逃命了呀！李亨不再言语，但心中充满对这个女人的感激。不仅如此，其实在这途中，张良娣一直带着身孕，本来对于一个孕妇来说，这么艰苦的条件已经很不容易，她还主动担当起保护李亨的职责，可见张良娣也确实十分坚强，十分强大。

到达朔方灵武以后，张良娣也终于要生了，她十分幸运地生下一个儿子，李亨欣喜不已。良娣此时心里仍旧念着要尽力帮助李亨，所以孩子才刚刚落地三天，良娣已经无法耐心躺在床上休息，而是赶紧着又组织了能够劳动的女眷，马不停蹄地为将士们缝制衣服。李亨很心疼地说，你刚刚生产完，不能劳动，需要好好休息调养。良娣很开明懂事地说，现在是非常时期，我哪里能休息呢？李亨只能将这些恩情记在心里。

李亨在灵武已经称帝，身边有这么好的妻子，又是自己的得力助手，李亨也充满了战斗力，再加上大将郭子仪和李光弼的得力辅佐，长安得以收复。回到长安以后，肃宗李亨就晋封良娣为淑妃，良娣的父母和兄弟姐妹全部得到晋封，家族也因此更加显赫。没过多久，李亨便正式册封张良娣为皇后，统领后宫，母仪天下。

国事好转，张良娣野心勃发

回到长安并被封为皇后以后，张良娣的野心就越来越大，开始追逐权势了。她觉得她战功赫赫，是一路辅佐肃宗李亨的贤能人士，并且李亨又如此宠爱她，就变得非常骄傲。她一心想让肃宗立她所生的儿子为太子，但是肃宗比较疼爱李豫，李豫是一个吴氏妃所生。李豫的地位基础比较牢固，一方面唐玄宗也很喜欢他，另一方面大臣们尤其是李泌等人，都积极支持和保全着李豫，所以张良娣虽然时常在李亨面前对李豫加以谗言，但是还是很难撼动他的地位。

当时的宫中，虽然李林甫、杨国忠等的危害已经解除，但是到肃宗的时候又有一个当权宦官李辅国，这人见张皇后得宠得势所以对其不断谄媚，两人很快就结成同一阵线。这两个人相互勾结以后，就大肆干预朝政，甚至让肃宗自己都感到非常不满。但是肃宗对张氏过于宠爱，以致对她做任何事都很纵容，所以尽管心里不舒服，但仍然对皇后没有采取一点措施，任凭她放肆而为。

张氏弄权

肃宗的儿子、建宁王李倓支持哥哥太子李豫，非常反感张皇后。他多次对父亲进言，让父亲不要过分相信皇后的话。尤其当皇后想要废掉李豫的太子位而立她自己亲生的儿子李侶时，李侶强烈反对，张皇后的美梦没有实现，李侶没多久也去世，从此张皇后和李倓就势不两立，张氏发誓要除掉这颗眼中钉。后来，张良娣就联合李辅国，对建宁王李倓加以诬陷，说他想要谋害哥哥太子李豫，夺取太子之位。肃宗信以为真，下诏将他赐死。

太子李豫此时在外征战收复失地，虽然艰辛，但也频频告捷，因此满朝文武以及天下百姓都对他充满希望，玄宗也寄希望于这个孙子，希望他能够继续将唐朝恢复盛世局面。李豫知道弟弟李倓被皇后陷害致死，非常难过也非常害怕，他们兄弟两人感情不错，他知道这个弟弟不会是想夺取他的太子之位，更不可能加害于他，他害怕的是迟早有一天皇后会将毒手伸向他，所以从此以后，他对皇后也百般讨好，考虑到大儿已经夭折，而她的小儿子还非常幼小，张良娣因此也就没急着想要将李豫赶尽杀绝，但是，她对政权的野心始终是在的。

李泌是一个非常重要的人物，他同肃宗的感情非常要好，他本人非常有才能，且非常正直，对太子李豫帮助非常大。因为发生过建宁王被害的事情，李泌便来到肃宗面前，说想要请辞官职，回归乡野享受悠然自在的生活。肃宗当然不从，要其给出理由。于是李泌便婉转地说出建宁王被陷害的真相，让肃宗明白这个内幕，并且一再叮嘱肃宗，再不可听信谗言而对自己的儿子下手了，这实际上是在暗示肃宗，如果再有人想要加害太子李豫，你一定要明断真相，不可武断行事啊！也正是有李泌的一路保护，李豫才躲过了许多劫难。

与李辅国反目，谋害太子失败

张良娣为了夺权，不仅是想加害太子和肃宗的其他儿子，连高龄的玄宗都不放过。肃宗收复长安以后，将玄宗也接回长安，安置在兴庆宫。这个时候肃宗已经登基为帝，玄宗在西逃的路上就已经宣告让太子监国，所以他回来也不可能再有什么心思想要将儿子赶走，自己再回去享受当皇帝的乐趣，他只是一个老人，想要安度晚年罢了。但是他一直是支持太子李豫的，所以张良娣对他就很不满意。肃宗得以顺利即位，其中两位非常重要的拥护人就是张良娣和李辅国，李辅国也以为玄宗此次回来是想要夺回皇帝之位，因此这两个人又不谋而合，开始诬陷玄宗，肃宗将玄宗移居太极宫，并极力排挤和贬黜玄宗身边的亲信，玄宗受此打击忧郁而死。经过接二连三的事件，肃宗心理难以承受，遂一病不起。

　　眼见着肃宗身体衰微，而太子李豫似乎不怎么听从自己，张良娣废掉太子的心又开始骚动了。但是李辅国此时观势，觉得还是太子李豫最有前途，所以放弃张良娣而站到了李豫一边，张氏和李辅国就反目成仇了。但是张氏想要放手一搏，她拉拢越王李系，让李系靠拢她，一同图谋杀害李豫，然后拥立李系。结果阴谋还没有实行，李辅国的耳目早就将这一重大信息通告给李辅国，于是李辅国急忙在半路上拦下了被张良娣骗入宫中的太子，告知他张氏的阴谋，救了太子一命。然后李辅国就率军冲入内宫，直接捉拿张良娣和李系等人，这些人统统被囚禁起来。两天以后，肃宗驾崩，太子李豫即位，是为代宗。

　　代宗即位以后，和众大臣一起讨论处置张良娣等人的方案，因她图谋加害代宗，所以代宗将她废为庶人。而李辅国是不可能放过这个女人的，他将张良娣以及李系等人全部斩杀处决。

　　张良娣一生追逐权势，终为权势而死。

吴氏　唐肃宗李亨皇后

□ 档案：

姓　　名：吴氏
生卒年：不详
籍　　贯：濮州濮阳
婚　　配：唐肃宗李亨
谥　　号：章敬

　　章敬皇后吴氏，唐肃宗李亨的妻子，唐代宗李豫的生身母亲。吴氏的父亲原是朝廷官员，后因为犯事被罢官，吴氏受到连累被没入掖廷充当官奴，她一直在掖廷养护花草和洒水，做些非常琐碎的小事，日子波澜不惊。

　　当时的李亨已经被立为太子，但是太子的日子并不好过。玄宗后期宫廷里也是乱糟糟一片，众多人觊觎太子之位，明争暗斗的漩涡一不小心就会陷入进去。在李亨之前的太子是李瑛，但是武惠妃想当皇后不成，又想让自己的儿子被立为太子，所以与当朝掌权的李林甫等人勾结，陷害太子，并且连带着将其他两位皇子李瑶和李琚一起陷害，将三人都废为庶人。三人最后被玄宗赐死。只是这次事情之后，武惠妃终日不安，最后病死，最终还是没能将她的儿子送上太子宝座，反而是李亨被众人推上了太子之位。

　　李亨当上太子，却并不是高枕无忧的，相反，他一直忧心忡忡。一方面，他并没有什么非常强大的靠山，他的母亲并不是玄宗的宠妃。另一方面，他也没有十分坚固的人缘基础，而且朝中得势之人杨国忠以及深受玄宗宠爱的杨贵妃，不仅跟他不是一条线，几乎都是跟他反着来，尽管之前已经发生过"三庶人"的事件，但仍然有人在觊觎着太子之位，所以他每日都过着比较煎熬的生活，甚至连修饰自己的事情都经常忽略。

玄宗对此很不满意，堂堂太子，整日没什么精神，头发凌乱胡子拉碴的像什么话呢！有一天他亲自到太子府上，这一看不要紧，萧条的景象让他特别难过，太子府上就像没有人打理一样，书桌上到处落满了灰尘，整个宫中连个侍奉的丫鬟都找不到。他一阵难过，想着是该给太子找些妃嫔和侍女好好陪侍他了，府中没有女眷打理怎么行呢，于是立刻派高力士去办这件事，赶紧给太子选几个姿色和品质都很好的女子。高力士一向办事得力，立刻在掖廷中挑选，长相姣好又温善的吴氏被选中，送到太子身边。

吴氏来到太子宫中以后，尽心尽力地照顾太子，对太子非常体贴周到，将府上也料理得井井有条，太子对她也很是宠爱，两个人感情很好。一年以后，吴氏就生下了太子李亨的孩子，取名李俶，也就是后来的代宗李豫。

李豫出生以后，李亨非常高兴，玄宗也非常高兴，对吴氏也非常满意。然而，老天总是不会让事情十全十美，在李豫还很小的时候，吴氏就生病去世了，当年吴氏也才十八岁，太子李亨非常悲痛。

公元762年，肃宗驾崩，李豫即位，是为代宗。朝廷重臣郭子仪等人认为吴氏生前即有母仪天下的风范，上书请求代宗将吴氏追封为皇后，与肃宗一起合葬，代宗同意，追谥其生母为"章敬皇后"，并将吴氏与肃宗合葬于建陵。

沈氏　唐代宗李豫皇后

□ 档案：

姓　名：沈氏
生卒年：不详
籍　贯：浙江吴兴（今浙江湖州）
婚　配：唐代宗李豫
封　号：皇后
谥　号：睿真

沈氏，相传名为珍珠，唐代宗李豫皇后，浙江吴兴人。当时吴兴的沈家是一个大家族，所以沈氏出身良好，并于玄宗开元后期被选入宫中。沈氏是典型的江南美女，用貌美如花来形容完全不为过，所以当时还是太子的李亨就将这个江南美女赐给自己的儿子李豫。李豫是李亨的长子，为他所宠爱的吴氏所生，只是很可惜，吴氏很早就去世了。

李豫对沈氏非常满意，这样一个又有美貌，很温柔贤惠的女子，谁不爱呢？沈氏很快就成为李豫最宠爱的女人，并且结婚没多久就给李豫生下了儿子李适，是李豫的长子。李豫对她们母子宠爱有加，李适对她也很孝顺，一家人也很和睦平静。

然而，公元755年发生安史之乱，玄宗和杨贵妃还沉迷在酒醉歌舞之中，突然传来这惊天动地的消息，玄宗只好匆忙之中带着儿孙和他宠爱的杨贵妃出逃，很多后妃女眷都没来得及逃走，连他曾非常宠爱的梅妃都留在宫中，后死于乱军之手，其中沈氏也没来得及逃走，被叛军掳至洛阳。

在西逃半途，又发生诸多事宜。先是将士们要求玄宗务必要处死杨国忠这个大奸贼，后又让玄宗忍痛赐杨贵妃死，这才让玄宗继续西行。然后兵吏们又请求太子留守，收复长安，玄宗知道此意便下诏命太子监国，太子李亨遂到灵武，在李国辅等人的拥护下称帝改年号，是为肃宗。

肃宗即位以后，原本想让儿子建宁王为天下兵马大元帅，去扫平叛军。后经李泌进言，认为应当将此重任交给长子李豫，这样可以巩固李豫的地位，肃宗遂命长子李豫为天下兵马大元帅，后来陆续收复洛阳等失地。在洛阳之时，李豫找到了在之前失散的沈氏，二人再次见面，忍不住相拥而泣。后肃宗立李豫为太子，但是他仍然要继续收复失地，所以没有来得及将沈氏接回长安好好安顿。但是继安禄山之后，史思明又起叛乱，攻入洛阳，洛阳再度失守，沈氏从此下落不明。

李豫即位以后，派人四处寻找沈氏的下落，但终无所获。沈氏的儿子李适被立为太子，他仍然没有忘记寻找母亲的下落。

公元779年代宗李豫去世，太子李适即位，遥尊沈氏为皇太后，另外还派大量人手寻访生母，但始终没有音讯。这期间，天下人皆知道皇上在大力寻母，有些胆大包天的人就想借此机会冒充天子母亲，以享荣华富贵。所以接二连三有人谎称自己就是沈氏，但是德宗李适怎么可能连自己的母亲都不认识呢？所以一一揭穿了这些假冒之人。德宗身边的人非常恼怒和生气，想加大处罚这些假冒身份之人，但是德宗阻止了他们，他说只要有一丝希望，他都不会放弃，虽然会认错许多人，但是只要他母亲回来，认错多少都没有关系。可见德宗对母亲真的是情真意切，思念颇深，连这些冒充之人都不追究，这种诚意感动了许多人。

但是一直寻找数年，仍未找到。后来，德宗也不得不放弃，追谥沈氏为"睿真皇后"。

王氏　唐德宗李适皇后

□ 档案：

姓　名：王氏
生卒年：? ~786年
籍　贯：不详
婚　配：唐德宗李适
封　号：皇后
谥　号：昭德

王氏，唐德宗李适的皇后。王氏是秘书监王遇的女儿，从小受到良好的教育，能够处事不惊。李适的父亲李豫即位以后，封长子李适为天下兵马大元帅，这表示对他非常器重，后来将出身良好的王氏许配给他。

代宗和李适的母亲沈氏感情非常好，但是在安史之乱中沈氏下落不明，从此失踪。

不过，代宗对李适仍然很好，即位后仍将这个长子立为太子。李适对母亲也非常孝顺，一直在寻找母亲的下落。

李适和王氏结婚以后，两人感情也非常好。婚后王氏为李适生下一子，取名李诵，添了儿子让李适更加开心，也更加宠爱王氏了。代宗病逝以后，太子李适即位，即德宗。德宗即位以后很快就将王氏封为淑妃，这是众妃嫔里排位最高的称号，在没有册封皇后之时，淑妃就是后宫妃子中地位最高的一个。

德宗即位以后，仍然一直广派人手寻找母亲沈氏的下落，还经常遇到有人冒充沈氏的，但真正的母亲却一直没有找到。

追究起来，为什么德宗的母亲沈氏会失踪？具体来讲就是因为安史之乱，而再追其根本原因，就是藩镇势力逐渐增大，然后各藩镇就有实力独自割据，甚至反过来反朝廷。因此德宗一面在寻找母亲，一面也在寻思着要将藩镇的势力削弱，从根本上改变这个局面。但是，这个时候藩镇势力已经非常巩固，要改革不是一天两天的事情，而德宗却又操之过急，结果酿出了新的矛盾，又造成了泾原兵变，叛乱的将领又攻入长安，德宗只好又如同安史之乱时玄宗带妃出逃一样，匆忙地逃离长安，前往陕西。

到了陕西之后，德宗这才发现当时只顾着逃命，连那么重要的玉玺都没有一起带出来，如今公文完全无法批阅。正在德宗焦头烂额之际，王氏不慌不忙非常镇定地将玉玺拿出，原来在出逃的时候王氏已经想到了这些，细心的王氏将玉玺藏在随身的衣物里一同带了出来。突然解此燃煤之急，德宗对王氏的感激无法言表。但是，这样东奔西跑，王氏不堪劳累，身体越来越差。几年以后回到长安，她却早已落下病根。

公元786年，德宗准备立王淑妃为皇后，给她举行了一个非常盛大的册封典礼，文武百官全部出席朝贺，王氏带病与满朝文武相见。但是，热烈的气氛还没完全褪去，王皇后已经支撑不住，离德宗而去。德宗非常伤心，但是唯一能做的，只剩下给她再举行一个盛大的葬礼，让她一路安心。王皇后葬于崇陵，德宗给她的谥号为"昭德皇后"。

王氏　唐顺宗李诵皇后

□ 档案：

姓　名：王氏
生卒年：公元 763~816 年
籍　贯：琅琊临沂（今山东临沂）
婚　配：唐顺宗李诵
封　号：皇后
谥　号：庄宪

王氏，唐顺宗李诵的皇后，琅琊临沂人。王氏出生于将门之家，从其曾祖父一直到她的父亲，都在朝廷为官，其曾祖父是太子宾客，父亲王子颜历任紫金光禄大夫、检校尉卫卿。出身良好的她是典型的良家女，代宗在位的时候即被选入宫中，当时为代宗的才人。可是那时候，她才十三岁不到的年纪，代宗看她年纪太小，就将她赐给嫡皇孙李诵。

当时李诵的父亲李适还是太子，李诵为宣王，于是她就被纳为宣王孺人。第二年，也即公元779年，代宗去世，太子李适即位，是为德宗。长子李诵被册封为太子，时为宣王孺人的王氏也晋封为良娣，只是却不是太子妃。也是在这一年，她为李诵生下了儿子李纯。

李诵的父亲德宗李适在位二十七年，故李诵一直在东宫做太子二十多年。这二十多年间，王氏一直不离太子身边，全心全意地伺候他，并且从没有因为和太子关系好而挤兑打击其他妃嫔，反而和众姐妹们相处得非常融洽。李诵的父亲德宗在位前期还一直励精图治，想要改变藩镇割据的局面，杜绝安史之乱这样类似的情况发生，所以即位后就开始变革削藩。但是当时的藩镇割据局面已经根深蒂固难以改变，削藩反而导致了泾原兵变，局面越来越复杂。兵变平息以后，天下局面已经很难改变，宫中宦官专权严重，德宗面对这样一个难以改变的大烂摊子，逐渐放弃了改变的想法，晚期就尽量沉迷于享乐之中。深居东宫的太子李诵却没能像父亲这样宽心，他一直为政局而忧心忡忡，尽量勤恳敬业地解决各种政事，企图扭转局面。但是，长期的勤奋还没能够转变大唐的衰势，太子李诵已经积劳成疾，在继承皇位的前一年就得了患风病，行动不便，话也不能说。王氏非常焦虑，深为太子的身体而担心，从此日夜守候在太子身边，亲自端茶送饭熬汤喂药，太子宫中的生活和花费都厉行节俭，对身边的侍女妃嫔宽容友善，在宫内形成了良好的风气，与社会上的享乐之风完全不一样。

王氏不仅在宫中大行节俭之风，对自己的儿女管教也非常严格。除儿子李纯之外，王氏还为李诵生下了另外一个儿子李绾，还有三个公主，即汉阳公主、梁国公主和云安公主。当时在宫里，所有的公主生活都极尽奢华，唯独王氏的几个女儿谨遵王氏教诲，生活节俭，并懂得以大局为重，在需要的时候就会献出自己节省的珠宝细软作为公事之用。一直到唐文宗即位，想要改变宫中奢靡之风盛行的弊病，他去请教汉阳公主，汉阳公主才透露说直到现在她们姐妹所穿衣物和所用器具都还是出嫁之时母亲王氏赐赠，之后再没有添置，日常生活开销她们姐妹都懂得量入为出，按能力办事，从不超过家庭不能负担的范围，因此她们各自府上风气都还很好，这都得益于她们以身作则的榜样作用。唐文宗若有所悟，将汉阳公主的话大为传诵。

王氏的良好作风还体现在对待外戚上面。自古女子进入后宫，得到宠爱，则娘家人都会跟着飞黄腾达，大量妃子都会极尽所能为自己娘家人谋取物质财富和官位等的赏赐，而王氏却知道外戚一旦倚仗后妃恃宠而骄甚至参与权力争夺的话，后果将不堪设想，所以她对娘家人也一直要求严格，不许奢华，不许请求加官赐爵，个个都必须行为端正，清正廉洁。

公元805年，也即贞元二十一年，唐德宗病逝，太子李诵登基，是为顺宗，年号永贞。顺宗在东宫为太子的时候，就已经知道藩镇对朝廷的威胁，他父亲想改革都没有改掉，所以他登基以后，第一件事还是想着整除藩镇的弊病。这个时候他已经患病，很多时候都不方便，大量的时间只能卧床不起，但是，他仍挂念着国家大事。所以一登基，他就起用东宫旧臣王伾和王叔文，他们对顺宗一直忠心耿耿，另外重用刘禹锡、柳宗元等具有革新思想的大臣，一起组成了与宦官和藩镇相对的一个新的政治势力，颁布了一系列的改革措施。但是，改革虽然是具有进步性的，却深深触怒了宦官集团和地方势力，所有的革新派成员在反对派势力的打击下纷纷被贬官，或者罢黜或者被赐死，进行了一百余日的永贞革新也宣告失败。

永贞革新失败以后，宦官俱文珍和地方节度使就反对顺宗的统治，借口顺宗久病不起，不再适宜继续处理政事，要求顺宗退位，让太子李纯登基。李诵无奈，自己的政治抱负无法实现，却又无能为力。在顺宗在位的这段时间里，因为身体缘故，很多事都不能亲自同大臣们交代，大多数事情都是由王氏间接传言的，一边要尽力照顾顺宗，一方面还要充当他的联络人，这种种辛苦，王氏却毫无怨言。尽管国事很不如意，但顺宗有王氏陪在身边，至少也是一件值得欣慰的事。但是顺宗即位以后，却一直没能册封王氏为皇后，顺宗心里一直为此遗憾，多次提出要给王氏册封。但是顺宗的身体情况越来越差，无法主持册封大典，册封仪式也一再耽搁，最终一直到顺宗病逝，都没能实现这个愿望。

在宦官和藩镇的逼迫下，顺宗李诵只好让位于太子，太子李纯登基，是为宪宗，李诵被尊为太上皇，王氏被尊为太上皇后。公元806年，顺宗李诵病逝，宪宗将王氏尊为皇太后。势力巨大的宦官集团为了自己的利益，为了完全控制宪宗李纯，逼迫其将皇太后从内宫迁出，皇太后王氏从此居兴庆宫，见儿子一面都十分困难，而宪宗也完全沦为一个傀儡皇帝。

元和十一年，王氏病逝。临终之前，王氏还不忘给宪宗留言，告诉他不要给侍奉她的太医妄加罪名，丧事不要过分隆重，一切按照旧制不可以太铺张浪费，不可以对老百姓有太多约束。

宪宗将王氏与顺宗合葬，尊谥号为"庄宪皇后"。

郑氏　唐宪宗李纯皇后

□ 档案：

姓　名：郑氏
生卒年：? ~865年
籍　贯：丹杨
婚　配：唐宪宗李纯
谥　号：孝明皇后

郑氏，唐宪宗李纯的宫人，唐宣宗的生身母亲。《新唐书·后妃列传》中记载郑氏原本为尔朱氏人。在儿子宣宗即位以前，郑氏一直默默无闻，直到儿子李忱登基，也就是宣宗，尊郑氏为皇太后，郑氏地位终于尊贵起来。

郑氏同其他的后妃不太一样，宪宗李纯是她的第二任丈夫。她的前夫叫李锜，这个人也是唐朝宗室，是唐高祖李渊的后人，论辈分算下来是李渊的八世孙。宪宗在位的时候，他任镇海节度使，唐朝后期藩镇割据非常严重，李锜也野心膨胀，割据一方，想要成为皇帝。当时有人曾给郑氏看过面相，说郑氏有皇后之命。李锜知道之后就娶了郑氏为妻，他心里打算的是，既然郑氏有皇后之命，现在郑氏是他的妻子，那么很显然就是他要做皇帝。然而，他没想到郑氏有皇后之命与他能否做皇帝

唐武宗时，宦官专横跋扈，皇帝无法驾驭。

这是两件事，根本就不是个充要条件，结果当他野心勃勃地割据叛变想要称雄时，却被宪宗果断地镇压下去，他自己也兵败被杀。李锜被杀以后，郑氏就被没入掖廷充当官奴，但是比较幸运的是，到宫中以后，她成了郭贵妃的侍女。

当时宪宗的宫中并没有册立皇后，郭贵妃在后宫是地位最高的，因此郑氏也得以有很多机会见到宪宗。而宪宗本人也是个好色之徒，他希望后宫里那些妃子和宫女都全部向他示好，然后他每天见谁顺眼就召幸谁，郑氏就充分抓住这些机会，有幸被宪宗召幸，并生下儿子李忱。

郑氏母子在宫中还算低调，没有参与权力之争。宪宗在长子李宁病逝以后又册立郭贵妃的儿子李恒为太子，李恒在宪宗之后登基，也就是唐穆宗。但是穆宗只在位四年，接下来的敬宗、文宗、武宗在位时间都不是很长，公元846年，武宗在位六年后也病逝，武宗儿子尚小，于是一直小心谨慎的李忱就被推举为皇上，即是宣宗。

宣宗即位以后，尊母亲为皇太后。这时郑氏觉得扬眉吐气大为舒畅。然而她还有一件不开心的事，那就是郭氏，她当年的主子郭贵妃。郭氏在唐朝后期算是影响非常大的一位女人，从穆宗开始到唐敬宗、唐文宗、唐武宗，几个皇帝对她都十分尊敬，身份非常尊贵，然而到宣宗的时候，就大不一样了，因为宣宗的母亲郑太后对郭氏很不满。当年郭贵妃是郑氏的主子，郑氏身为侍女，有伺候不周到或者做事不周到被郭氏教训过也很正常，这些事情郑氏都记在心里，如今儿子当了皇帝，她就想到要报复郭氏，所以宣宗对郭太后就很是不敬。从前到现在待遇的差别，让郭太后心里很不舒服，非常伤感，郭氏想要跳楼自杀，不过被随行侍女救下，但当天晚上仍然无故暴毙。

而郑氏却恰恰相反，宣宗对她极为孝顺，郑氏家族也跟着被封官赐爵，家族显贵。郑氏于公元865年逝世，谥号为"孝明皇后"。郭氏和郑氏一个被称为"懿安皇后"，一个被称为"孝明皇后"，但都是谥号，并不是宪宗亲封的皇后。

杜秋娘　唐宪宗李纯妃

□ 档案：

姓　名：杜秋娘
生卒年：约公元 788~835 年
籍　贯：润州（今镇江）
婚　配：唐宪宗李纯
封　号：秋妃

杜秋娘，唐宪宗李纯的妃子。杜秋娘为典型的江南女子，出生于润州，成长于今天的南京。她的一生大起大落，极其富有传奇色彩。杜秋娘从小就多才多艺，能歌善舞。然而她同孝明皇后郑氏一样，第一任丈夫是镇海节度使李锜，李锜叛乱失败之后她与郑氏等人一起被没入掖廷为奴，因姿色出众得到宪宗宠幸，被封为秋妃。后来因为她所扶养的漳王李凑得罪朝中当权宦官，她被赐归润州，最后死在南京。

江南女子杜秋娘，艳名远扬李锜耳

幼时的杜秋娘算不上是非常幸福。她的母亲是一名官妓，在同一个杜姓官员好上以后，怀上了她。但是这名官员最后却将她们母女抛弃，母亲艰苦地生下她，并于妓院中将她养大。但是，她生得貌美如花，是典型的江南美女，并且学得一身的好本领，多才多艺，能歌善舞，所以刚十几岁的她就美名远扬。时为镇海节度使的李锜听闻她以后，就将她买入府中，最开始时她只是府上的一名歌舞伎，给李锜等人在宴会饮酒时起舞奏乐助兴。但是，她的美貌和才艺不可能不让李锜动心。

杜秋娘不仅能歌善舞，自己也能作词谱曲，所以她不仅仅表演别人的作品，自己也会经常有新的作品，其中最广为流传的就是《金缕衣》：

劝君莫惜金缕衣，劝君惜取少年时。
花开当折直须折，莫待无花空折枝。

据说，正是这首曲子触动了李锜，杜秋娘此后便被李锜纳为侍妾，再也不仅仅是一名歌舞伎了。然而，李锜并不是一个普通的官宦人家，他是地方节度使，而且是非常有野心且有一定实力的节度使，他一直蓄谋发动叛乱，想要夺天子之位。却可惜没有天子之命，兵败被杀。所以杜秋娘也没能像一般嫁为官宦家庭的普通侍妾一样从此平淡过一生，她的命运此后大为不同。李锜兵败被杀以后，她被没入宫中为奴，但是身姿曼妙的她很快就被宪宗发现，将她宠幸，纳为妃子。

日日伴宪宗，宪宗唯秋妃

杜秋娘曼妙的舞姿和出众的才华深深打动着宪宗，宪宗对秋妃一往情深，从此常让秋妃相伴。秋妃和宪宗非常投机，既有美貌和才艺，是他深爱的妃子，又能陪他游玩赏乐，甚至在政治上，秋妃都很有见解。因此，宪宗不仅是让秋妃陪他消遣玩乐，政事上有问题也常常让秋妃参与讨论，真可谓是志同道合的好夫妻。

宪宗原本只是贪图享乐的一个人，政事上荒芜不少，当时的朝廷也乱得难以治理，藩镇割据局面难以摆平。但是秋妃常常劝诫宪宗要勤于政事，宪宗也比较听从，所以在宪宗统治时期，唐朝有一段安定的时光。唐宪宗对她评价也非常高，有言曰：朕得一秋妃足矣！

柔姿曼态葬何处？天红腻白愁荒原

宪宗末期沉迷于仙丹，身体日衰，脾气也很暴躁，后来被宦官陈弘志毒杀，拥立太子李恒为帝，是为唐穆宗。穆宗对杜秋娘仍然比较敬重，甚至将自己的儿子李凑交给她抚养。杜秋娘一生无子，此时算是找到一个好的事情来打发宫中的日子，因此她就全身心投入到抚养李凑的事业中去了。

唐朝后期，衰败的颓势无法挽回，杜秋娘在宫中眼见着皇帝一个一个登基，又一个一个早亡，要么沉迷于炼丹，要么被宦官谋害，要么就完全被宦官把持，地方节度使仍然割据叛乱。

唐敬宗被宦官谋害以后，文宗即位，文宗仍然是宦官手中的一个玩偶。这时候由杜秋娘所抚养的李凑已经长大，并且有胆有识，他想好好干出一番事业。然而，他的计划不胫而走，得罪了当权宦官，于是他的抱负还没有实现就被宦官们打倒，贬为庶人，杜秋娘也因此被赐归润州，回到老家。

回老家以后的杜秋娘无依无靠，又辗转来到南京，但是生活窘迫，也没有了花样年纪，境况十分悲惨。最终于公元835年左右死在南京，结局悲凉凄惨。

何氏　唐昭宗李晔皇后

□ **档案：**

姓　名：何氏
生卒年：?　~905年
籍　贯：梓州
婚　配：唐昭宗李晔
封　号：皇后

何氏，唐昭宗李晔的皇后，梓州人。何皇后家族并不显贵，但是她清新脱俗，得以入宫。在李晔还是寿王的时候，何氏就已经在寿王身边伺候李晔，因为何氏不仅长相貌美，还机灵灵巧，很得李晔的欢心，多次召幸她，生子李裕和李祚。

唐僖宗病逝以后，李晔被宦官们拥立为帝，是为昭宗。昭宗登基以后，封何氏为淑妃。

何氏虽然贵为妃子，但是这个时候的唐朝已经非常衰落，宦官和地方藩镇割据严重，皇帝几乎已经没什么实际的大权。因而何氏这个妃子也并没有得到妃子该得到的尊重，反而在宫中要处处小心。

公元896年，李茂贞叛乱，率军直逼长安，昭宗和何淑妃只好匆忙逃离，最后逃到华州。在华州，昭宗又被韩建挟持，处境堪忧，何氏每天一步不离地陪在昭宗身边。两个人常常伤心哭泣，何氏对昭宗一直不离不弃。昭宗对何氏满心感激，所以即使他前面已经有好几位皇帝都没有再册立皇后了，昭宗还一心想将他心爱的何氏立为皇后。所以在华州，尽管两个人都已经没什么自由，且条件十分艰苦，昭宗还是按仪式正式将何氏立为皇后，并且册封何皇后的儿子，当时的德王李裕为皇太子，定为皇位的继承人。

光化三年的时候，有一天昭宗出去狩猎，晚上才回到宫中。何皇后遣太子李裕回府，但是半途中遇到刘季述，刘季述将李裕扣留在紫廷院。第二天，刘季述率部下一起挟持德王，并且号召百官一起到昭宗宫中，逼迫昭宗退位给德王。刘季述身边带着兵，个个手里都拿着明晃晃的刀剑兵器，昭宗和皇后都非常害怕。何皇后怕刘季述被逼急而对昭宗造成伤害，就将玉玺交了出来，以保全昭宗的性命。拿到玉玺得到满足的刘季述没有为难昭宗和皇后，但是从此将他们软禁在少阳院，随行只派了十几个宫人，也没有补充适当的衣物和用具，冬天天气寒冷的时候，皇帝、皇后和妃子们连御寒的衣物都没有。

公元901年，孙德昭趁刘季述大宴饮酒作乐而放松警惕的时候，率军将昭宗和皇后从软禁的东宫救出到长乐门楼，但后来又被韩全诲与李继昭劫持。

当时地方节度使里比较有势力的一个人应当是朱全忠，眼见昭宗和皇后被韩全诲等人劫持，壮大他们的势力，朱全忠不服，就出面抢夺，将韩全诲与李继昭所在的凤翔围困，昭宗和皇后所有人都被困在城内，缺衣少食。后凤翔被攻破，朱全忠等人假意称是救驾前来，得到昭宗的信任。昭宗将朱全忠等功臣都大加封赏，希望他们能为国家社稷做贡献。但是朱全忠可没那种心思，他是想要自己篡位。再加上他也常怀疑昭宗对他戒备，公元904年，朱全忠的心腹蒋元晖率军冲入昭宗休息的寝殿，将昭宗杀死。在何皇后的哀求下，蒋元晖放过何皇后，何皇后希望蒋元晖能够保全唐朝天下。朱全忠非常心急地想要夺取天下，蒋元晖则觉得这件事还不能一时心急，得慢慢来，结果朱全忠不高兴，将蒋元晖也杀掉。

这之后，朱全忠连何皇后也不放过，在积善宫里将何皇后杀死，这样还不满意，还以何皇后小儿子李祚的名义将何皇后废为庶人。作为唐朝最后一位在世时被皇上封为皇后的何皇后，一生真是多苦多难。

 五代

张惠　后梁太祖朱温皇后

□ **档案：**

姓　名：张惠

生卒年：? ~904 年

籍　贯：单州砀山（今安徽砀山）

婚　配：后梁太祖朱温

封　号：贤妃

谥　号：元贞皇后

张惠，单州砀山人（今安徽砀山），长得十分漂亮，真真正正是集美貌与才艺于一身。张惠和后梁太祖朱温共同生活了二十余年，虽最初身份不相匹配，却也能够结成连理，琴瑟和鸣。

豪富之女，一见钟情

张惠是单州豪富之女，家里是当地有名的富裕之户，既有教养，又懂得军事与政治谋略，其父亲张蕤还做过宋州的刺史，她的学识教养来自父亲对她的教育。

她和朱温是同乡，都是砀山人，朱温出身寒微，孔武有力，蛮勇凶悍。朱温从小不喜耕田，专喜打猎，常常带着弓箭到深山里猎取一些山鸡野兔。有一次，朱温和二哥朱存在宋州郊外打猎，遇到了到龙元寺进香还愿的富家少女张氏。见到张氏的那一刻，他就想到了东汉光武帝刘秀的皇后阴丽华。

朱温对二哥说："汉光武帝曾经说过：'仕宦当作执金吾，娶妻当如阴丽华。'当日阴丽华也不过如此，而我未尝不可以成为汉光武帝呢！总有一天，非把张氏女娶为妻子不可。"他在心里暗暗下了个决心，他知道张惠家里家境不一般，自己这个穷小子和其并不般配，所以他要好好奋斗。他看中的并不只是张惠的美貌，因为张惠还有"阴丽华"的能耐。

僖宗乾符二年（公元 875 年），黄巢起义爆发，朱温参加黄巢起义军后，仍然念念不忘张氏，他不愿像其他农民军将领一样，任意将掳来的良家女子作为妻房。甚至为了再见张惠，朱温曾怂恿黄巢出兵攻打宋州。

由于朱温在战场上英勇善战、屡立战功，遂被倚为黄巢的亲信。在朱温为同州防御使的时候，他与自己的心上人张氏意外相逢。

此时张氏已父母双亡，孤女落难，蓬头垢面也难掩其美貌，朱温部下见她美貌出众，便进献给朱温。朱温认出了张氏，欣喜若狂。为了不让张氏觉得突兀，他还特地先跟她拉了拉家常，谈了过往与他们的故乡情况，倾诉了很早以前就开始对她的爱慕之情。这对于当时的张氏，即使她本来对这个男人并不了解，但一听他那么多年以来对自己的思念之情，心也自然快被融化了。朱温说起自己至今未娶，就为等她，张惠不禁十分感动。朱温趁机提出要娶张氏为妻。张惠见到朱温如此痴心，点点头答应了。

朱温与张氏自此成婚，虽然是在军营中，为了表示隆重，朱温还千辛万苦地寻访到张氏的族叔，按照古礼，如聘礼、定金、媒婆、洞房布置等都处理得井井有条，该有的一样都不能少，可见其对张氏独特的情与爱和尊重，张氏在他心中的地位也由此可见。

屡次进谏，辅佐夫君

张惠生活上温柔贤惠，但在辅佐朱温上又有英武的一面，并非一味顺从男人，这使得暴躁的朱温也收敛了许多。朱温生性粗浅，虽也狡诈，但有时在军事决断上总是犹豫不定。在这位刚柔相济、贤惠机智的妻子面前，朱温到了特别敬重的地步。朱温不但让张惠在后宫做主，在政治上和军事上也常听取她的意见。凡遇大事犹豫不能决断时就向妻子询问，而且张氏所说的道理在实践上也的确经常被验证为真理，让朱温茅塞顿开，受益匪浅。

有一次朱温用兵不当，虽然已率兵出征，张氏意识到有所不妥，于是派使者阻拦，朱温的部队中途被张惠派的使者赶上，说是奉张夫人之命，进军对朱温不利，请他速领兵回营，朱温虽未了解具体情况，还是立即下令收兵返回。他知道张氏的考虑一定是周全的，最终也确实避免了不必要的损失。

朱温性格暴戾，喜欢乱杀无辜，而且动不动就处死将士。张惠看在眼里，记在心上。她知道这必然影响到内部的团结和战斗力，一个残暴的首领是很难得到手下的真心拥护的。于是她就尽最大努力来约束朱温的行为，使朱温集团内部尽可能少地内耗，一致对外。每当朱温大动肝火要降罪无辜人等时，只有张氏敢于与其碰硬，继而进言规劝，挽救无辜。

有一次，朱温长子朱友裕曾被命令领兵攻伐企图独立的族人朱瑾，朱瑾兵败逃走，朱友裕则按兵不动，没有追击余党。有人向朱温进

后梁太祖纵情歌舞女色

言指朱友裕实是与朱瑾勾结，才有意按兵不动，放过朱瑾。事后朱温果然相信，立即命令解除儿子的兵权，无辜的朱友裕对父亲的举动深感惶恐，于是带领几名亲信逃入深山躲了起来。朱友裕虽非张氏亲生，但是张氏深明大义，爱子深切，明白朱友裕是无辜的，于是命人四处找寻朱友裕，她认为躲避不能解决问题，要他回来负荆请罪。朱友裕听从她所言，归来向父亲请罪求死。张氏得知儿子归来，并得知朱温预备赐死朱友裕，来不及穿鞋赤脚走到朱温跟前，并捉住朱友裕的手，痛哭说："如果他要谋反就不会回来向你请罪，他是你的亲生儿子，既然并未谋反为何还要杀他？"朱温看着妻子的苦心和请罪的儿子，心软了下来，便放过朱友裕，最终赦免了儿子。张惠用自己的诚意感动了朱温，救了朱友裕。

朱温除了生性残暴多疑外，还十分好色。朱瑾被朱友裕打败逃走之后，朱温见他的妻子相貌端庄，便动了邪念。朱瑾和朱温是同姓兄弟，当初如果没有朱瑾的援兵相助，他也不会大败秦宗权，在河南站稳脚跟。如果这时他强占朱瑾的妻子于情于理都让人非议。张惠也十分同情朱瑾的妻子，于是便让人把朱瑾的妻子请来，对她说："我们的夫君本来是同姓，理应和睦共处。他们兄弟之间为一点小事而兵戎相见，致使姐姐落到这等地步，如果有朝一日汴州失守，那我也会和你今天一样了。"说完，感同身受地流下眼泪。朱温在一旁听出了张惠的用意，确实自己也愧对朱瑾，不应再强占人妻。张惠的话中也不赞成自己这样做，于是朱温将朱瑾的妻子送到寺庙里做了尼姑，对于朱瑾的妻子来说这也是最好的归宿。张惠常让人去送些衣物食品，尽量让她们生活的舒适些，也算为朱温弥补一点过失。

临终嘱托，成就美名

张惠和朱温共同生活了二十余年，在朱温灭唐建后梁前夕却生命垂危。朱温得到张惠病重的消息，急忙赶回家中，张惠对他来说不单单是相互扶持的妻子，还是一个不可多得的军师。张惠临终前，难舍夫婿，也担心夫婿。张惠太了解朱温了，朱温有成就霸业的大志，但为人粗暴残忍，贪恋酒色，张惠知道这是朱温的致命伤。于是张惠临终嘱托说："你英武超群，别的事我都放心，但有时冤杀部下、贪恋酒色让人时常担心。所以'戒杀远色'这四个字，千万要记住！如果你答应，那我也就放心去了。"

张惠的话不仅是对丈夫的惦念，还有对跟随朱温左右士兵的关心。她不想丈夫成就不了霸业，也不想有无辜的士兵因为丈夫的鲁莽而死。这怎能不让朱温感伤流泪，众多将士悲伤不已？朱温知道自己虽妻妾无数，可能真心对自己的也就张惠一人，所以这么多年才真心听从她的劝谏。如今贤妻临终嘱托还记挂自己，那一刻真是要痛下决心不再贪恋酒色了。可是张惠去世后，朱温还是本性难移。

张惠为人和善，常常解救被杀的将士，许多被救的将士都对张惠感激不尽，其他将士对张惠这种爱护将士之情也充满了敬仰。对朱温的两个妾也是谦让有礼，没有丝毫嫉妒，更不用说加害她们了。张惠是后宫的典范，也因此成就一代美名。梁末帝继位时，将母亲追加谥号为"元贞皇后"和"元贞皇太后"。

刘玉娘　后唐庄宗李存勖皇后

□ 档案：

姓　名： 刘玉娘

生卒年： ？～926 年

籍　贯： 魏州成安（今河北成安）

婚　配： 后唐庄宗

封　号： 皇后

刘玉娘，魏州成安（今河北成安）人，父亲为刘叟。为后唐庄宗李存勖的皇后。她自幼与父亲相依为命，虽家境贫寒，却因为貌美如花和恶毒手段最终登上皇后的宝座。她曾经为瞒出身棒笞生父，为掌朝政残害忠良。她勾结伶官，过于贪财，干预朝政，以致民间荼毒，军心离散。后被新皇帝李嗣源逮住，被赐自尽。

出身贫寒，骤得大贵

刘玉娘的父亲刘叟是江湖游医。刘玉娘自幼生活艰困。在五代十国这一动荡不安的时代中，曾随父亲刘叟乞讨，稍大后在市井中拍鼓卖唱为生。因自小就懂得生活的艰辛，刘玉娘曾暗下决心，要不惜一切代价改变这样的命运。

晋王李存勖攻讨后梁，在战火纷飞中，李存勖的将领袁建丰遇见刘玉娘，这时的刘玉娘已经是亭亭玉立、容貌出众，即使粗布麻衣也掩盖不住过人的姿色。于是袁建丰将她掳走，刘玉娘和父亲就此分离。

战后，袁建丰将掠夺的包括刘玉娘在内的众多女子献给晋王府。初入宫时，刘氏还时刻想着自己的生身父亲，总是哭着求着要求回家。曹夫人看到刘氏楚楚可怜的样子，非常疼惜，便好言安慰她，给她好吃的，好穿的。日子久了，宫里的人也都混熟了，她也适应了王府的生活，毕竟这里比家里富裕多了，每天可以吃得饱穿得暖。玉娘到了十一二岁的时候，出落得更是漂亮，而她也将往事刻意忘得一干二净。

她因貌美艳丽出众，顺利地做了贞简太后（即曹夫人）的婢女，刘玉娘看到了自己改变命运的机会，因此格外努力学习吹笙歌舞等技艺，她聪明伶俐，侍奉贞简太后时极会察言观色，她又聪明乖巧，很快便能歌善舞，技压群芳了，曹夫人喜欢得不得了。

一次，李存勖去给母亲问安，曹夫人便有意让刘玉娘装扮之后，吹笙助兴。尔后，刘氏又为他们母子表演歌舞。李存勖从小就精通音律，听着刘氏悠扬婉转的曲子，惊喜不已，又见刘氏娇媚百态，楚楚动人，便目不转睛地看得有些入神，曹夫人见李存勖已经对刘玉娘格外着迷也就成人之美，便将她赠给李存勖为妾。李存勖谢过母亲，又选择了良辰吉日举行了婚礼。玉娘吉星高照，得到了李存勖的喜爱，真是麻雀变凤凰，她做梦也没有想到，竟能骤得大贵，刘玉娘终于守得云开，委身为妾对出身贫贱的她来说，物质生活已经有了天壤之别，因此她和李存勖非常融洽，在生下长子李继岌之后，更加受宠。

但是刘玉娘知道这样的爱是要和其他人分享的，要想自己得到专宠，必须使出浑身解数。李存勖曾经强占梁将符道昭的漂亮妻子侯氏。庄宗带兵四处征战，常常带着侯氏。

刘玉娘看着侯氏专宠，十分不甘，于是使出浑身解数，暗中较劲，媚惑李存勖。果然李存勖渐渐被拉拢。除此之外，刘玉娘还有两个对手，就是韩氏和伊氏，李存勖的两位夫人。韩氏为正妃，伊氏为次妃。刘氏出身低微，无法与出身名门的两位夫人相比。但是和侯氏争宠成功激起了刘玉娘的斗志，再加上刘氏生了儿子李继岌，李继岌长得很像李存勖，并得到李存勖的喜爱，这样，刘氏也就愈加受到李存勖的专宠，这使她信心倍增。不久，刘氏就被封为魏国夫人。在黄河边战斗的十余年间，李存勖总是带着刘氏，随军同往。刘氏也善于迎合庄宗的旨意，趁机殷勤侍奉，使李存勖对她痴恋不舍，而韩氏和伊氏便被冷落了。

为瞒出身，棒笞生父

刘玉娘自知出身微贱，却又不想受人轻视。在宫中一直不提自己的身世。为了争宠，声称自己其实出身富贵，这当然被其他夫人们嗤之以鼻，认为她胡搅蛮缠，因为并没有真凭实据。刘玉娘想父亲也许已在战乱中身亡，自己不说就永远没人知道自己的身世。但是让她意外的是，有一次，她的父亲刘叟，发现晋王的爱妾和自己的女儿长得极其相似，也是思女心切，他祈求自己的女儿刘玉娘还活着，于是急忙赶来相认。经人通报后，庄宗也想要以隆重之礼去迎待，这也是对于刘氏的尊重。但刘玉娘听说后，却惊慌失措，大乱阵脚。她已经不是那个哭喊着回家的小姑娘了，她喜欢现在的生活，现在的权力，没有意外，正室的头衔早晚是自己的。可偏偏意外出现了，他来干什么？即使是自己的生父也没有夺走自己幸福的权力。刘玉娘整理妆容，十分平静。

她指着生身父亲说："他根本不是我的父亲。"刘叟看着已出落成人的女儿惊呆了。他想也许是自己太苍老了女儿已经不认得了，他迫切地说出刘玉娘小时候的事情想唤起女儿的记忆。刘玉娘冷笑几声，说："臣妾小时候被乱军掳走时，明明记得父亲不幸在战乱中被乱兵杀死，我还伏在父亲的尸首上痛哭过。臣妾的父亲既然已经死了，那现在这老翁，分明是想要荣华富贵，因而冒名顶替臣妾的父亲的！"刘玉娘狠下心来，一不做二不休，为了让众人相信自己说的话，竟然命令下人将生身父亲刘叟处以笞刑。

可怜的刘叟痛哭流涕，羞辱难当，自己的亲生女儿竟因为自己出身贫寒不但不肯认生父却还要棒笞生父！平心而论，哪有女儿不想与父亲相认的。但刘氏爱慕虚荣，贪图富贵，她正与后宫韩氏夫人争夺皇后之位，互相攀比门望高低。宫中嫔妃都以出身高贵为荣，刘氏平常对大伙说父亲是个名医且早死，因此最怕闪失。

每个在场上的人看完这出棒笞生父的戏码后都心知肚明，李存勖也不例外。李存勖才艺精通，喜欢和伶人一起演戏，对刘氏不认生身父亲这件事他决定进一步探明虚实，他便发挥自己演戏化装的特长，扮成一个老者，他身背一个蓍草（古代用来占卜的一种草）袋子，还让儿子继岌戴着一顶破草帽。他在前边走，儿子在后边跟，就像当年刘氏父亲行医占卜的样子。李继岌学着刘叟的声音大喊：刘衙推（时人对乡村医卜人的称呼）寻访女儿来了，刘衙推寻访女儿来了。刘氏正在午睡，惊醒之后见是儿子和丈夫乔装改扮来戏弄自己，无疑戳了她的痛处，气得讲不出话来。盛怒之下，令左右将儿子痛打一顿，赶出门外。李存勖赶忙劝止，告诉她不过是开开玩笑。刘氏却不依不饶，又趁机哭闹一番，李存勖好言相劝，散了很多赏赐这才罢休。后来，李存勖干脆也就不再探根溯源地追究了。

费心封后，敛财无度

李存勖攻灭后梁，建国号唐，史称后唐。后宫之中一妻两宠妾的地位几乎相当：正室卫国夫人韩氏、侧室燕国夫人伊氏和最得宠的魏国夫人刘玉娘。韩夫人是正室，伊夫人位次在刘氏之上，为此刘玉娘费尽心机。她知道立皇后是朝廷大事，凭自己的出身，要取得母仪天下的皇后宝座，那简直是做梦。没有当朝权臣的支持，绝对不行。于是她私下派遣心腹的伶人与宦官去拉拢宰相豆卢革和掌军权的枢密使郭崇韬。

善于见风使舵的豆卢革早就想找机会巴结刘氏，现在看到机会，自然满口应允，一拍即合。于是在朝廷上颇有影响力的郭崇韬联合豆卢革等大臣密奏李存勖，请立刘氏为皇后。郭崇韬和豆卢革不但迎合了刘氏的意图也迎合了李存勖的想法。李存勖满心欢喜，他正好也是这个意思，只是名不正言不顺无法晋封刘氏。因为韩夫人是他的原配，伊夫人的地位也在刘氏之上。本来晋封刘氏阻碍重重，李存勖觉得此事难办就迟迟没正式公布。

现在，有了宰相豆卢革、枢密使郭崇韬上书请封，迎合皇帝的旨意，再加上刘氏苦心拉拢朝廷其他大臣，立刘氏为皇后反而变得顺理成章。同光二年（公元924年），庄宗临朝文明殿，派使者正式册封刘氏为皇后。刘玉娘受封以后，乘着羽毛装饰的翟车，在皇后专用仪仗和乐队的簇拥下到太庙祭祖。

就是因为知道自己的出身寒微，如今却能被册立为皇后，刘玉娘认为除了自己尽心尽力使尽手段，还一心以为这是佛祖的保佑，因此在她有生之年，对于佛门的推崇和敬供可以说是源源不绝。四方的贡献和钱财，刘玉娘必将之一分为二，一份用以供养佛法，另一份则全归自己所有。

刘氏被册封为皇后之后，尽显其贪婪的本性。她不但没有成为李存勖的贤内助，也没能帮他出谋划策好治理国家，反而和李存勖一道聚敛钱财，贪婪而且吝啬。

税收本应收入国库，为民所用。刘氏却只顾宫中享乐不顾民间疾苦。李存勖听信刘皇后的主张，将税收一分为二，一半充当军事和政治费用；一半供酒宴、游玩和赏赐伶人所用。宋代文学家欧阳修有篇著名的《五代史伶官传序》，借用后唐庄宗李存勖的故事，揭示了忧劳可以兴国，逸豫可以亡身的自然之理。

由于李存勖连年征战，所以军队人数众多，消耗庞大，财政经常枯竭。所以本应税收向军队倾斜，但实际的情况却是国用不足，而内府库的钱财却堆积如山。刘皇后看不到士兵已经食不果腹，她只知道自己的享用不能少半分，舍不得拿出一点以解国家急需。同光四年三月，天象异变，国内又连年大旱，这无疑是雪上加霜，众兵将的父母和妻儿都难以生存，一开始都以树根草枝艰辛地撑着活下去，但到了最后，草根树皮都挖完也都枯死了，那些士兵的亲族们一一饿死。这时民怨沸腾，不患寡而患不均，为何宫中依旧奢华，人民出生入死却还要挨饿？连朝中大臣都看不过去，请庄宗以宫中的金银绸缎来赈灾，庄宗应允，刘玉娘却不依。最过分的是她只拿出自己的两口银盆和三个儿子送到大臣面前，说："我平时节衣缩食，宫中也只不过有这些值钱的东西了，就请大家用以筹备军饷吧！"不管是她的儿子还是在场的大臣都知道这只是刘氏的敷衍，她只是不想拿出财物罢了。

此后尽管后唐已经是国势衰败，民不聊生，怨声载道，李存勖与刘皇后依旧奢侈享乐，毫不收敛。大臣请求废除地方的苛捐杂税，以收揽民心，刘皇后反而鼓动李存勖预先征收河南第二年的夏秋两季赋税。身为国母，不为民着想，反而让民众的生活雪上加霜。

刘皇后占有内府库无数财宝还不满足，她还派人到全国各地经商贩卖物品，从中渔利，成了一个不务正业的商人皇后，将干鲜果品以自己的名字"玉娘"命名出售，让人叹为观止。

为了钱财，刘皇后还曾不要脸面，下跪认父。她曾棒笞生父，那是因为生父没有地位，身份低下，这次她自己认了一个有权有势的父亲。张全义历侍三朝，地位尊崇，又是当时的豪富之家，于是刘皇后觉得如果有这样的父亲那就又多了一条生财之道。因为李存勖夫妇经常到张家做客，有一次刘皇后趁酒喝得高兴，对李存勖说："我小时候遭遇战乱，不幸失去父母，我也希望身边有自己的家人啊，看见老人就想起父亲，现在张公对我们这么好，我一定得拜他做义父。"李存勖当场便同意了，刘皇后立刻不顾廉耻地下跪拜见干爹。张全义虽然不乐意但也推辞不过。他知道受了皇后一拜，就得拿出大量珍宝作为给义女的见面礼。此后，刘皇后不但可以名正言顺地到张全义家去享乐，还可以索取财物，无形中又多了一条生财捷径。

张全义虽然损失了大量钱财，但他转念一想，有了刘皇后这个义女撑腰，也就从根本上保住了自己的权势和富贵，于是他就投其所好，不断向后宫送钱送物。张全义也确实是因为刘皇后的缘故而能呼风唤雨。

各处的藩镇见状，也纷纷巴结刘皇后，以巩固自己的权势。藩镇每次向朝廷进献财物，都要准备两份，有一份是专门孝敬刘皇后的。许州节度使温韬因为刘皇后迷信佛教，就把自己的私宅让出作为佛寺，为刘皇后荐福，从而得到宠信。

李存勖灭掉后梁之后，自以为天下平定，便开始昏庸享乐起来，封了刘皇后之后，常常玩乐于宫中。刘皇后本来就能歌善舞，李存勖又喜欢与伶人化妆演戏，从此逸豫无度。

干预朝政，妄杀大臣

除了贪财，刘皇后还直接干预朝政，妄杀大臣。郭崇韬是一个上马能治军，下马能安民的能臣。不仅军事上有谋略，政治上也有远见。他灭梁建立首功，被任命为镇州和冀州节度使，晋封为赵国公，获赐铁券，可免十死。灭梁过程中，一些降将叛臣向他贡献财物，他都收下，其实他并非想占为己有，而是认为后梁刚刚灭亡，旧将刚刚投奔过来，如果不收下这些财物，降将心里就会疑惧而反叛，反而不利于国家的安定。后来他在李存勖举行郊祭登基的时候，把所收财物如数贡献出来，交给朝廷赏赐众将和大臣们。李存勖被围杨刘，登城四望无计可施的时候，又是郭崇韬率领上万人夜里渡河南下救驾。

前蜀王衍叛乱，李存勖命令郭崇韬带着太子李继岌前去四川。一路上，郭崇韬尽心尽力，用智慧和谋略很快平定了蜀地，并且日夜教导太子读书。灭亡前蜀，郭崇韬尽心尽力，太子李继岌却乐得逍遥，本是分工明确，但是李继岌身边的小人开始调拨。

李存勖称帝后，曾下令召集逃离在各地的原唐朝旧宫中的太监作为心腹，派他们去监管宫中各执事和诸镇。将领们受宦官的监视，自然愤愤不平，十分痛恨宦官伶人，郭崇韬也不例外。因此，郭崇韬常劝诫魏王李继岌一定在日后远离佞臣，多近忠良。

这样一来，那些宦官、伶人也就十分痛恨郭崇韬，千方百计地在李继岌面前挑拨是非，陷害郭崇韬。

一次朝廷派宦官命郭崇韬班师回朝，郭崇韬没有按照常礼去迎接，这给宦官们诬陷他制造了借口。于是他们诬陷郭崇韬不把魏王放在眼里。

李继岌不但听信，而且更是添油加醋地挑拨一番，吓得刘皇后哭着请求李存勖想办法保全儿子李继岌。

在李从袭等宦官的挑拨和撺掇下，李继岌和郭崇韬的矛盾愈来愈深，李继岌便有了杀心。李存勖派郭崇韬入蜀平叛，却又听信谗言，命宦官前去调查郭崇韬。而刘皇后私欲膨胀，竟向使者下了诛杀郭崇韬的教令，轻易地毁掉了国家栋梁，从而使后唐的锦绣江山毁于一旦。应该说，郭崇韬对刘玉娘做皇后出过大力，而刘玉娘却恩将仇报，竟向使者下了诛杀令，死得委实冤屈，也实在窝囊。

然而李存勖也没有追究刘皇后的责任，还是贪贿如常。

庄宗为除后患，遍诛郭崇韬在洛阳诸子。朱友谦与郭崇韬平素交情深厚，郭崇韬被斩杀，因为担心朱友谦心怀怨恨，又杀掉朱友谦。

一时之间，朝野骇惊，人心大乱。庄宗不自反省，依旧高枕无忧，和刘皇后一道日夜唱戏吟曲、百般娱乐。那一刻他无论如何也想不到一年之后，他自己会死在这些他深爱的伶优们之手！

后来，庄宗为了平定李嗣源的叛变，准备御驾亲征汴州，途中不断有士兵向敌军投诚，庄宗派人赏赐士兵，众兵将都对皇后刘玉娘的所作所为大感失望，士兵们都说："我们的亲族都已饿死，皇上这样子做，为时太晚了。"庄宗只能难过得垂泪。战乱之中，庄宗被敌军的流箭射中，伤得非常严重，倒卧在绛霄殿廊下。此时重伤的庄宗想喝水，刘玉娘闻讯却命人送酪浆。庄宗驾崩后，刘玉娘命人焚毁嘉庆殿，并带着大量的金银钱财，欲和庄宗之弟李存渥出逃宫城，并带兵出奔太原，准备在那边造筑尼寺出家，却被之后继位的后唐明宗李嗣源命人赐死。李存勖所建立的后唐在他死后不久就灭亡。后世学者多认为皇后刘玉娘有不可推卸的责任，她的贪腐吝啬，刻薄寡恩，是直接导致后唐败亡的主要原因。

后晋天福五年，刘玉娘被追谥为神闵敬皇后。

曹氏　后唐明宗李亶皇后

□ 档案：
姓　名：曹氏
生卒年：? ~936 年
籍　贯：不详
婚　配：后唐明宗李亶
封　号：皇后
谥　号：和武宪皇后

和武宪皇后曹氏，后唐明宗李嗣源（李嗣源登基后改名为李亶）的皇后。曹氏机智勇敢，善于应变。是历史上的一位福后。她的女儿嫁给石敬瑭，后来也成为后晋的第一位皇后，成为历朝历代中非常少见的母女都做了皇后。

至清泰三年（公元 936 年）闰十二月，石敬瑭兵临城下，曹太后其实大可不必寻死，但是她不愿背叛国家，于是跟随末帝李从珂一起在洛阳后楼自焚殉国。

冷静沉着，救出全家

后唐同光元年（公元 923 年），李存勖灭了后梁，建立后唐。在李存勖建立政权的过程中，李嗣源功劳显著，因此被封为后唐蕃汉内外马步军总管，其妻曹氏被封为楚国夫人。两年后，魏博镇发生叛乱，庄宗派李嗣源前往讨伐。这时的后唐在李存勖的统治下早已民怨沸腾，士兵不想再为昏庸的李存勖和贪婪的刘玉娘卖命，于是想要起兵谋反，胁迫李嗣源转而攻打汴梁。李嗣源其实也早已看透局势，可是他也是左右为难。因为这时李嗣源的妻子曹氏和自己的一家老小都被庄宗所挟制，性命堪忧，也就是说随时都有被杀的可能，命悬一线。

在被庄宗挟制的过程中，全家老小都因为恐慌而哀号不止，每个人都担心自己的生命会随时失去。他们有人埋怨李嗣源为何要谋反，有人只知道哭泣，只有曹氏最为沉着冷静。她知道李嗣源谋反是众望所归。李存勖早已大势已去，既然李存勖只是在做最后的挣扎，他们就要尽最大的努力杀掉监护军，否则就会被全部杀死。于是她机智勇敢地指挥全家人与庄宗派来的监护军周旋，并与赶来救助的牙门都校王建里应外合，将监护军全部杀死。不久，李嗣源攻克了洛阳，庄宗被乱兵杀死，李嗣源即位，即后唐明宗。

性情谦逊，明辨是非

李嗣源称帝后，封后成了难事。李嗣源宠爱王氏，王氏年轻貌美，但曹氏的勇者之风已经令上下臣服。她沉着冷静，坚定勇敢，除了有临危不惧的勇敢之外还有很多优良的品德，比如为人俭朴大方，和善慈祥，端庄严肃，正是明宗最好的选择，也应该是全国最合适的皇后。可明宗却偏偏有意立王氏为后。曹氏宽容大气，她见王氏得宠，便主动提出让王氏当皇后。她不想为后位使李嗣源为难，也许是因为大气的她已不需要这样的头衔显示自己的尊贵。朝廷内外见到此举更是呼声一片，格外拥护曹氏，坚决反对王氏为后，他们需要一个宽厚仁慈的皇后。于是民心所向，后唐长兴元年，李嗣源下诏，正式册立曹氏为后。

自焚殉国，千古气节

三年后，李嗣源命丧黄泉，闵帝李从厚继位。他本人优柔寡断，又重用毫无才干的朱弘昭和冯斌二人。后唐局势动荡。李从珂最终不得不造反自保，李从厚自己也最终丧命，李从珂即位。后唐清泰二年（公元935年），石敬瑭在晋阳发动兵变，攻占太原，自立为大晋皇帝，继而率军逼近洛阳。末帝李从珂走投无路，便与曹太后、王太妃及皇族老少登上玄武楼，堆积柴草，准备自焚。王氏害怕，拉着曹太后说："我们还有活着的希望，等到石敬瑭来了看看能不能给我们一条生路！"曹太后果断地回答说："我们的国家灭亡了，子孙沦落于此，我也有责任啊，老妇有何颜面偷生，贤妹好自为之吧。"说罢同末帝及家人一起自焚而死。

石敬瑭进入洛阳后，派人寻找岳母曹太后的尸骨，诏令罢朝三日，举行盛大的哀悼仪式。后晋天福五年（公元940年），石敬瑭又追谥曹氏为"和武宪皇后"。

波斯银壶　唐

刘氏　后唐末帝李从珂皇后

□ **档案：**

姓　名：刘氏
生卒年：? ～936年
籍　贯：应州浑元（今山西应县）
婚　配：后唐末帝李从珂
封　号：皇后

刘氏，后唐末帝李从珂的皇后，应州浑元（今山西应县）人，父亲刘茂威。后唐明宗天成年间，被封为沛国夫人。

清泰元年（公元934年）七月，百官数次上表，刘氏遂被李从珂立为皇后。刘皇后性格强戾，末帝李从珂平素很害怕她。她弟弟刘延皓开始是李从珂的牙将。牙军，唐朝节度使的亲兵名称。牙将就是牙门将，是警卫部队的指挥官，他们有时也被派到外地作战。刘氏当上皇后后，刘延皓便被升为宫苑使（掌皇宫内苑之事的实职官）、宣徽南院使。刘延皓青云直上，升为枢密使，出为邺都留守，皆由刘皇后一手操作。李从珂即位的第二年，即清泰二年（公元935年），为枢密使、天雄军节度使（驻邺城），这都是因为刘皇后的缘故。刘延皓原本为人谨厚，受重任后却贪污受贿，掠人园宅，在邺城不能体恤军士，军士皆怒。有司请求杀掉刘延皓以正军法，李从珂却因为惧怕刘皇后，只是削了他的官爵。后晋高祖石敬瑭攻入洛阳后，刘皇后与李从珂一起自焚。

李氏　后晋高祖石敬瑭皇后

□ 档案：

姓　名：李氏
生卒年：？　~950 年
籍　贯：不详
婚　配：后晋高祖石敬瑭
封　号：皇后

李氏，是后唐明宗李嗣源三女儿，是后唐公主，她的母亲是明宗的皇后曹氏。曹氏果断勇敢，贤良淑德，李氏继承了她母亲的诸多美德，深为明宗李嗣源所喜爱。

喜结连理，屡次晋封

当时，石敬瑭还是她父亲手下的亲兵将领，作战英勇兼足智多谋，李嗣源就是在石敬瑭的策划下，于河北发动兵变，率军攻占洛阳，因此称帝后，李嗣源常疑石敬瑭会造反。于是，李嗣源便把自己的女儿嫁给了他。应该说两人结合有政治联姻的倾向，但是李氏继承了她母亲的诸多美德，石敬瑭也十分敬重她，因此两人十分恩爱。后唐天成元年（公元 926 年），李嗣源自立为帝。天成三年（公元 928 年）四月，封李氏为永宁公主。长兴四年（公元 933 年）九月，李嗣源将她又晋封为魏国公主；李嗣源屡次加封公主，其实是意在让她设法使石敬瑭服从于后唐的统治。李氏也不愿看到自己最亲的人互相残杀，所以也常常劝阻石敬瑭的一些想法。因此在李嗣源在世期间石敬瑭也算安分守己。

李嗣源死后，继位的闵帝优柔寡断，朝政全由枢密朱弘昭等人把持。后来李从珂起兵攻占了洛阳，后唐由李从珂继位，是为末帝。后唐末帝李从珂称帝后一直猜忌石敬瑭，因为那时候，他的王朝已经日益衰落，石敬瑭手握重兵，唯恐他伺机造反。石敬瑭这时也是步步小心，唯恐李从珂怀疑他有反心，为图自保，在晋阳城内称病不理政事。

清泰三年（公元 936 年）正月，唐末帝李从珂于生日之机，在宫中摆下酒宴庆贺，石敬瑭让夫人李氏只身一人前去祝寿。说起来李氏是后唐末帝的妹妹，曾在清泰二年（公元 935 年）九月，被末帝封为魏国长公主。当然，末帝这样做也是为了安抚石敬瑭。

当文武百官齐集一堂举杯畅饮时，魏国长公主石敬瑭的夫人李氏向他祝寿。末帝举杯一饮而尽，问道："石郎可好？"公主答道："敬瑭多病，每日卧床静养，需我回去侍奉，明天我就向陛下告辞回归晋阳了。"末帝说："妹妹刚到京城，就急着回去，莫非想同石敬瑭一起造反吗？"

公主一听，吓出了一身冷汗，她知道两方征战一触即发，于是回到晋阳如实告诉夫君这边的情况。石敬瑭不得不反，他一边公开反唐，一边派人向契丹国主耶律德光求援。后唐清泰三年（公元936年），石敬瑭联合契丹人在晋阳（今山西太原南）起兵攻入洛阳，后晋正式代替了后唐。李氏的母亲，后唐的曹太后在女婿进洛阳之际，与末帝李从珂及宫中老小自焚于玄武楼。当李氏看到母亲惨死，哭得呼天抢地。她如果知道刚烈的母亲会这样做，她是无论如何也不会让自己的夫君攻打后唐的，但是，她这样一个小小的女子，何尝真的能改变已乱的时局啊。

劫后余生，命途多舛

石敬瑭建立后晋后，天福六年（公元941年）十一月，李氏被尊为皇后。李氏曾生过几个孩子，但都不是早殁就是被杀，仅剩下幼子重睿，这对于一个母亲来说无疑是残酷的。天福七年（公元942年）六月，石敬瑭病死。这时重睿的年龄还小，不能继承皇位，于是石敬瑭的侄子齐王石重贵继承皇位，即晋出帝。第二年，李氏被尊为皇太后。

李氏经历过重大的历史变故，再加上为人强敏，这也是遗传了其母曹氏的性格，所以石敬瑭在世时也是十分敬重她的。在石重贵继承皇位执政期间，每次决策有误，太后或直言训斥，或耐心劝谏。石重贵算不上一位尽职尽责的好皇帝，早在石敬瑭治丧期间，就和寡居的婶母冯氏私通，最后还把冯氏弄进宫来，立为皇后。她哥哥冯至，本是粗俗之人，也跟着官运亨通，一直做到枢密使（管理军事、边防等实权超过宰相）。李太后非常不满冯氏兄妹弄权，常常加以训诫，但石重贵不听，由此李太后知道后晋的时日无多了。

开运三年（公元946年），辽主耶律德光发动大兵南侵，一举攻克汴京，后晋全军溃败。耶律德光致书李太后，希望她携重贵快快归顺。李太后没想到失败来得这么快，不禁悲从中来，边哭边对石重贵说："我屡次训诫你，让你不要只贪恋美色，冯后兄妹弄权误国，祸国殃民，现在内忧外患，你有何面目去见先帝！"李氏没有母亲曹氏的勇气自焚殉国，迫于无奈，只能命范质帮助起草降表。

耶律德光览表后，立即令人将李太后和石重贵驱出皇宫，囚禁在开封府中。后晋至此宣告灭亡。后又把石重贵、李太后等赶出开封府，顷刻不得留。这只是流亡生活的开始。出帝与李太后、皇后和宦者等随行人员徒步走出开封城外。耶律德光命李太后带着石重贵及晋室宫眷全部迁入封禅寺内，以重兵看守。

当时雨雪交加连日，封禅寺内奇冷无比，李太后她们没有食物，衣物饥寒交迫难以忍受，李太后虽曾赏赐封禅寺很多粮食衣物，可如今落魄，僧徒又不敢忤逆辽主，不敢给太后食物，太后哭泣不止。石重贵难忍饥饿，只好偷偷向守兵乞求，同太后等人勉强充饥。

颠沛流离，客死他乡

开运四年（公元947年）三月，李太后和石重贵又被迁于契丹之黄龙府（今吉林农安）。李太后，冯后，出帝之弟重睿，帝子延煦、延宝举族随石重贵向北出发。临行前，辽太宗曾听闻李太后正直英勇，曾劝谏石重贵，就对她说："石重贵有这样的下场，是不听从你的意见的结果，你可以不跟随他去。"李太后不愿独自苟活，她说："我不能只顾自己，我不能违背了先君的意思。同为后晋之人，让我们一起去吧。"在前往黄龙府的路上，李太后一行人吃尽苦头。没有粮食加上路途艰难，不得不采野果充饥。又行七八日至锦州，卫兵强迫他们跪拜辽太祖画像。到达黄龙府后，太后一行人住了六个月，又遵照契丹国母之命迁居怀密州，尚未抵达，又传来新当权的契丹永康王命令，要她们折返辽阳，这样往返几次，太后一行备尝艰辛。

五月，耶律阮立，是为辽世宗。辽世宗曾带走石重贵住霸州（今河北省冀中平原东部），李太后亲自前往到霸州见世宗，请求赐地种牧为生。天禄三年秋（公元949年）春，太后等人又由辽阳迁到建州。

临近晚年，李太后生病，无药可医。去世之前她叮嘱石重贵把她的骨灰带回家乡。后汉乾祐三年（950年）八月二十五日，李太后逝于建州。就这样，聪明能干、温良仁厚的她，由公主成为皇后又成为皇太后，但最后成了辽国的阶下囚，颠沛流离，客死他乡。

冯氏　后晋出帝石重贵皇后

□ **档案：**

姓　名： 冯氏
生卒年： 不详
籍　贯： 不详
婚　配： 后晋出帝石重贵
封　号： 皇后

冯氏，后晋出帝石重贵的皇后，其父为邺都副留守冯濛。她和石重贵本是叔侄的辈分关系，但后来冯氏却做了石重贵的皇后，并开始干预朝政。石重贵对他这个婶娘也是言听计从，宠爱有加。皇后的哥哥冯玉本来不识字，但凭借妹妹的关系，竟做了高官。原来任礼部郎中，官职很小，后来一下子被石重贵提升为端明殿学士、户部侍郎，参与朝政。后来，冯氏和石重贵一起流亡契丹，不知所终。

美貌出众，荒谬乱伦

冯氏，生得异常美艳。不但风姿绰约，顾盼流转，而且举步轻摇，艳冠群芳，远近闻名。冯氏的父亲是冯濛，晋高祖石敬瑭一向与冯濛关系很好，于是就做主将冯氏许配给自己的弟弟为妻，并且封冯氏为吴国夫人。而石重贵是石敬瑭的养子，他们二人就是叔侄关系。但不幸的是，石敬瑭之弟无福消受美人，不久便死去，留下冯氏在家里寂寞地守寡。

石重贵少年时做事谨慎，为人厚道，石敬瑭非常喜爱他，到各处任职时总是带着他。石敬瑭对他这个侄子很是器重，想把皇帝之位传给他。石敬瑭死后遗诏命石重贵继位，石重贵就是后晋出帝。

在石敬瑭尸骨未寒，石重贵还在守灵期间，其荒淫的本性就开始显露。石重贵早已贪恋婶母的美色，现在大权在握终于可以为所欲为。石重贵放开胆子与婶母冯氏勾搭，当时二十多岁的冯氏前来给石敬瑭哭丧，石重贵毫无顾忌地命左右在行宫找了一所僻静的房间让冯氏居住。在石敬瑭的灵柩还停在宫内的时候，他和冯氏就在后宫里寻欢作乐起来。

寡居封后，干预政事

石贵重与冯氏在幽室内欢恋数日，石重贵拉着冯氏的手回到宫里，张灯结彩歌舞吹弹喧闹成一片。等到酒喝得差不多了，冯氏亲自起来歌舞，彩袖飘飘。石重贵虽想起自己的养父石敬瑭，还说了句醉话："皇太后有命，与先帝不必大庆！"引得左右皆笑。石重贵荒淫成这种样子，其败亡之兆不言自明。朝中大臣都知道了这件事，石重贵也不再避嫌疑，天福八年（公元943年）十月，干脆就册封冯氏为皇后。

李太后虽然生气，几次相劝，石重贵并未听取，她也无可奈何。如果说石敬瑭能够听从皇后李氏的许多建议是明智的表现，那石重贵一味纵容冯皇后就是荒淫本性的显露。

石重贵每天与冯皇后不分昼夜地纵乐，冯氏得专内宠，于是冯氏的哥哥也跟着鸡犬升天，冯玉本来没读过几本书，最善于找人替他写文章。但因为冯氏的缘故，冯玉擢升为户部侍郎，枢密使等。冯氏也参与议政事，屡屡干预朝政。

亡国之殇，惨淡收场

石重贵早年励精图治，契丹兵先后两次入侵都被石重贵击溃。自此以后，他便以为没有了后顾之忧，越发地贪恋酒色。四方贡献的珍奇全部收入内宫，并召入优伶日夜歌舞吹弹。此时的石重贵只知道在后宫与冯氏寻欢作乐，不关心前线战事。而耶律德光却不甘心失败，仍旧连年出兵入侵。

后晋的土地接连被契丹兵夺去，一州接一州的将士都投降了契丹。石重贵不得不起草降表，向契丹投降。

五代十国的政权像走马灯一样更换，虽说后晋的灭亡是因为政权结构缺陷，但是石重贵与其叔母冯氏的不伦关系成为最被人诟病的污点。石重贵与皇太后李氏，皇太妃安氏，皇后冯氏，弟弟石重睿，皇子延煦、延宝一起被掳北行，几经辗转，最后在辽阳住下。途中饥寒交迫，凄惨异常。而冯氏此后就没有了记载，不知所终。

李氏　后汉高祖刘知远皇后

□ 档案：

姓　名：李三娘
生卒年：公元 913~954 年
籍　贯：榆次鸣李
婚　配：后汉高祖刘知远
封　号：皇后
谥　号：昭圣皇太后

李三娘在民间应该是家喻户晓的人物。好多爱听戏的都听过"刘备哭泣江山稳，孟姜女哭倒万里长城，秦雪梅哭倒机房里，李三娘哭倒磨房门"。这是因为刘知远与李三娘的爱情故事曾被元人刘唐卿改编成《刘知远白兔记》。充满传奇色彩的故事被改编成京剧以及川、滇、湘、豫、汉、潮剧等地方剧种，有《磨房产子》《井台会》《磨房会》《红袍记》等剧目。

对爱情的忠贞，对生活的坚忍

李氏和刘知远都是出身平民，她与刘知远的婚姻充满了传奇色彩。刘知远少时家贫，无奈充军，在晋阳牧马。这时的刘知远已经三十八岁，样貌平凡，又毫无背景，而李三娘则是正值妙龄的富家千金。单凭两情相悦，估计很难把他们凑在一起。一个美丽的小姐是很难看上一个已是半大老头的小卒子的。据史书记载，他们是男方邂逅女方，顿生爱慕，并没提女方的反应。刘知远曾托人向李父求亲，李父嫌刘家贫而拒绝。

于是刘知远请了几位朋友，乘夜到李家抢亲，李三娘就这样被抢到军营成了刘知远的"押班夫人"。公元 930 年，李三娘生子刘承祐（后来的隐帝）。按照《新五代史》的记载，当时，刘知远才回来将李三娘母子留在了她的老家。十六年后，已经封王拜将，节度一方的刘知远接走了李三娘，并封她为魏国夫人。

聪颖贤惠，深得人心

李三娘的聪慧曾在历史长河中发挥过重要的政治作用。公元 947 年，刘知远起兵太原之际，由于军饷不足，要向百姓征收重税。深明大义的李氏进谏道："现在才刚刚起兵，参加起兵的农民还没得到什么好处，如果现在要征收赋税，很可能就失去这部分人的拥护，因为他们看不到起兵的好处啊！现在后宫所有的财物，我们一并拿出，虽其不足，士亦不以为怨也。"刘知远采纳建议，果然因此赢得人心。

公元 947 年，刘知远乘契丹南下攻打后晋之机，自立为帝，国号为"汉"，历史上称为后汉，立李三娘为皇后，刘承祐为太子，而且很快控制了原来后晋的统治区域，赶跑了契丹军队。不幸的是，刘知远面南背北称帝不到一年，就驾崩了，于是，刘承祐继位做了皇帝，李三娘顺理成章成了皇太后。

公元 950 年，隐帝刘承祐在宠臣郭允明、李业的怂恿下，准备杀死枢密使杨邠和都指挥使史弘肇，太后劝阻，却再不能像先帝在世时意见被采纳。杨邠、史弘肇被杀后，隐帝又准备杀死枢密使郭威。李太后又劝道："郭威本来是我们的家人，不到万不得已是不可动杀机的。"隐帝不听，终于迫使郭威反汉，攻入开封，后汉亡。

郭威入京后，不马上称帝，而是以李太后名义发布法谕拟立湘阴公刘赟为帝，郭威出征契丹，军士拥之以归，郭威仍尊李太后为母。公元 951 年郭威称帝，建立后周，后汉灭亡。李太后终因反对杀郭威，而没有被杀，上尊号昭圣太后。夫亡子丧之后，李三娘独自在冷清的后宫生活，免不了遭受势力小人的白眼黑手，几年之后，心力交瘁的李三娘以太皇太后的身份薨逝（因为这时郭威已经去世，周世宗柴荣继位），时年四十一岁。李三娘出生于公元 913 年，病逝于公元 954 年，经历了后梁、后唐、后晋、后汉、后周五个短命王朝。

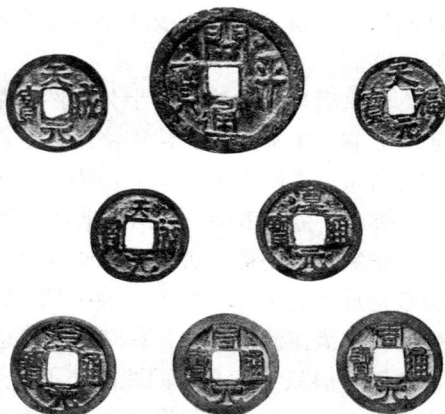

钱币　五代

五代时期，由于长期混战，黄河中下游地区的社会经济受到严重破坏，当时的币制也极为紊乱，钱币缺乏，盗铸不绝，而且质量低劣，很多是铅铁小钱。货币紊乱说明当时经济残破，同时也严重阻碍了商业的发展。

柴氏　后周太祖郭威皇后

□ 档案：

姓　名：柴氏
生卒年：不详
籍　贯：邢州（今河北邢台）
婚　配：后周太祖郭威
封　号：皇后
谥　号：圣穆

柴氏祖籍邢州（今河北邢台），曾是后唐庄宗李存勖后宫中的一员。但庄宗在位仅三年而亡，她实际上未曾获得恩宠。郭威之所以能在后汉政权的一群赳赳武夫中标新立异，还是由于他的夫人这位落魄宫嫔、柴家闺秀的启迪。

萍水相逢，两情相悦

郭威本是刘知远的手下。刘知远建立后汉政权后，认为国家大事不可同书生商量，所信任的人都是武夫，所以后汉政治比前几朝更残暴、更混乱，灭亡也最快，立国不过四年。这群武夫中，只有郭威还算有些知识，留心搜罗有才能的文士，博得文官们的好感。

柴皇后与他的相遇是十分偶然。柴皇后曾是后唐庄宗李存勖后宫中的一员，李存勖武功显赫，国势强大，建都洛阳，威震天下，骄恣荒淫，朝政紊乱，在宫廷政变中终为伶人所杀，李嗣源率兵进入洛阳，平定叛乱，连刘皇后及诸皇子也一并杀戮。于是尽革庄宗弊政，务从节俭，放出大批宫女及妃嫔，其中就有日后的柴皇后。

柴家姑娘是被礼貌地遣送回家的，有车驾从人，一行人来到孟津渡口，准备过黄河。柴家是邢州的大家，家人已经听到了消息，所以柴家姑娘的父母也匆匆地渡河南来迎接爱女，在孟津渡口会合，在旅舍中休息一天，准备第二天过河，谁料晚上一场滂沱大雨，第二天早晨只见黄河水面浊浪滔天，舟楫难行，当时正是夏秋之交，风雨连绵，数日不停，河水暴涨，连道路都被淹没，柴家一家人伴着绵绵雨水，羁留在旅店。

第二天起床后，梳洗罢，柴家姑娘站在窗前望着一览无际的天地，在迷蒙的雨水中，一壮汉大踏步冒雨而来，衣衫尽湿，但不掩英爽之气。这壮汉也投宿在旅店中，从婢仆的口中，柴家姑娘慢慢地知道这个壮汉叫郭威，也是河北邢州人，十八岁投军；在潞州以军功升为小校，后来因与市井无赖相斗，失手杀人而获罪，州将爱他的才能而暗地里放他逃命，如今正是前途茫茫，不知何去何从。听到这里，联想到他雨中行走的英爽之气，柴家姑娘为之怦然心动。

秋风瑟瑟，秋雨萧萧。柴家姑娘看着旅店的被褥很单薄，又被阴雨润得潮湿，就命侍女送给郭威一床自家带来的毯子御寒，谁料郭威这人硬气，不但没领情，还倔强地说萍水相逢，互不相识，以不能平白无故受人东西为由婉拒。柴家姑娘干脆亲自去见郭威，以同乡之谊说服郭威，话匣子一拉开，柴家姑娘就絮絮叨叨地说个不停。郭威对柴家姑娘充满了感激之情，也隐隐地觉得柴家姑娘似乎对自己饱含着一份爱意。一个是大家闺秀，而且是刚从皇宫中出来的娇贵仕女，一个却是起自贫寒，出身行伍的粗犷人物，原本毫不相干的两个人，在黄河渡口的荒村茅店中，撞击出了爱情的火花。

大雨时断时续，天从人愿，郭威与柴家姑娘有了更多的交谈机会。因隋、唐政权都起自关陇士族，与鲜卑渊源很深，受少数民族习俗影响，男女礼防是不太严密的，五代承唐余风，又值乱世，男女交往似乎了无顾忌，至于男女授受不亲，那是宋代以后的事了。郭威轻快地讲述了一些军旅生涯的小故事，以及江湖风貌，柴家姑娘听得津津有味。偶尔她也讲一些朝廷大事和宫中生活，郭威又睁大了眼睛，傻乎乎的好奇神情煞是可爱，柴家姑娘抓住机会，乘机劝说："如今属于乱世，乱世正是英雄豪杰建功立业的大好时机，应该砥砺志节，进德修业，抓紧机会，为自己的未来创造出一番轰轰烈烈的事业，要知道时不我予，不能白白地蹉跎岁月。"郭威庄肃地听着。

郭威是爱慕、感激、知遇几种感情交织在一起，然而功未成，名未就，现在是孑然一身，又是在逃的杀人犯，连起码的生活都有问题，又怎能消受佳人的美意？柴家姑娘看穿了郭威的顾虑，直截了当地告诉她："士有穷通显晦，婚姻关键在于两情相悦，至于生活用度，不必为此发愁。"

柴家原本就是财大势大的家庭，柴家姑娘此番出宫，更携带了大批的金银珠宝，生活自然不成问题，既然生活无虑，郭威也就无话可说，欢愉之情溢于言表，柴家父母认为以柴家的声势，加上女儿出自宫中，如欲嫁人，起码也应是封疆大吏一类的人物，现在抓住一个落魄汉子不放，总是耿耿于怀。柴家姑娘向父母解释，郭威虽然现在什么都没有，但他日发展，不可限量，自己阅人多矣，相信不会走眼。虽然父母犹豫，她已决心以身相许，天涯相随，将来不管是吃苦受罪还是享受荣华富贵，都是命中注定，决不埋怨父母。柴家姑娘把宫中带出来的金银珠宝分成两份，一份孝敬父母，一份留作己用，快刀斩乱麻般地和郭威结为夫妻。天晴雨住水退，但夫妻双双不再过河，折返洛阳。

夫唱妇随，琴瑟和鸣

在洛阳，柴家姑娘温婉地为郭威准备了一个幽静的读书环境，一个幽静的小院，让郭威"进修"，埋头学习，以图将来成就大业。她还画了一张作息时间表：每日上午读书，午饭过后夫妻二人品茗闲谈。妻子成为丈夫的老师，解释书中的疑难问题，旁通处世之道，讲授用人之法，纵论国家政事与天下大事。一年多的时间，郭威从这里"毕业"了。郭威惊异于妻子的才学，但柴氏丝毫没有炫示的意味。一年多的时间，郭威受到妻子的关怀、熏陶、教导，他的性情变了，谈吐举止迥异往昔，在勇毅的基础上增加了思想、智慧。

柴家姑娘说："你要追随一位气度恢宏的领袖人物，以图将来有出头之日。"于是，郭威先后跟随石敬瑭、张彦泽、杨光远、刘知远等人。在柴氏的参赞下，逐渐爬上了权力的巅峰。

郭威先是参加石敬瑭的军队，而后又投到张彦泽的麾下，不久又转归杨光远，最后成为河东节度使刘知远的左步兵指挥使。他不停地迁转，目的是要追随一位气度恢宏的领袖人物，以图将来有出头之日，这些都是柴氏的意见。刘知远对郭威的重视始于一次与契丹人的战争，郭威以两千伏兵大败契丹，刘知远后来夺后晋建后汉，更多方倚重郭威。但刘知远在位一年就死去，他的儿子刘承祐继位后，大杀功臣，当时郭威正领兵担任邺都留守，家人留在汴京，也全部遇害，柴氏也未能幸免。

郭威挥军由邺都直指京师，隐帝一战即溃，为乱军所杀，郭威入京，从容进谒太后，商议由刘知远的侄子刘赟入继大统，恰好契丹人入侵，太后命郭威率军出征，到达澶州，将士哗变，拥郭威称帝，仓促之间，无法制备黄袍，就撕裂黄旗披在郭威的身上权充黄袍加身，将士环跪，三呼万岁，回军南行，入汴京，太后下诏郭威监国，第二年开春，正式称帝，建立后周。

郭威登基，而他的患难之妻柴氏却已是千里孤坟，荒山寂寂无以为报，郭威力排众议，以死去的柴氏为皇后，收她的侄儿柴荣为养子，以慰她的九泉之灵，柴荣后来继位为帝，就是周世宗，也是位英勇的皇帝。郭威说：没有柴皇后，也就没有我后来做皇帝。

符氏　后周世宗柴荣皇后

□ 档案：

姓　　名：符氏
生卒年：公元 929~955 年
籍　　贯：陈州宛丘
婚　　配：周世宗柴荣
封　　号：皇后
谥　　号：宣懿

符氏，陈州宛丘人，出身尊贵，为将门世家。祖父符存审是后唐大将，曾出任宰相，赐姓李氏。父亲是魏王符彦卿，曾任后晋天雄军节度使，与郭威交情甚好。她是后周世宗柴荣第二位皇后。符氏为名门闺秀，是个明理而胸怀大志的女人。

符氏曾嫁给大将军李守贞之子李崇训，后来李守贞据河中反叛，后汉枢密使郭威奉命讨伐，李氏父子畏罪自杀。

李崇训临死前，想要先杀死全家人。符氏躲藏在帷幔之后，李崇训唯独找不到妻子，这时汉军已经进来，李崇训不想落入敌手，只好自杀身亡。符氏毕竟是将门之后，见过一些场面，她知道现在最重要的是保住性命，因此她处乱不惊。符氏从帷幔中走出来时，对着冲进来正欲对她不轨的军士说："我是魏王之女，郭将军与我的父亲交情很深，交往甚厚，你们胆敢无礼，我定不轻饶，还不速报太尉，就说我在此！"说完，面不改色，稳稳当当地盘脚坐下。郭威闻报，立即前来相认，并把她带回符彦卿的魏王府，让她与父母团圆。郭威非常欣赏符氏的沉稳勇敢，于是认符氏为义女。符氏的母亲古板，认为女儿既然守寡，就该去当尼姑，但符氏可不是这么想，她说："死生有命，我大难不死，本该好好活着，为什么还要苟且偷生呢？我不当尼姑！"此时，郭威的养子柴荣镇守澶渊（今河南濮阳），他的夫人刘氏死了，于是，郭威为柴荣提亲，遂纳符氏为继室。郭威死后，柴荣即位，是为世宗，册封符氏为皇后。符皇后谦和有教养。世宗脾气暴躁，自从与符皇后成婚以后，符皇后总是从容劝说，免得他对兵将施暴而影响军心。世宗要率兵征讨淮南，皇后以为不宜亲征，世宗不听，硬要前往。皇后只好同行，正如符皇后所料，战果不佳。时值炎暑又遭暴雨，皇后身染重病，回到京师后，公元 955 年农历七月二十一日于汴梁滋德殿病逝，终年仅二十六岁。世宗对符皇后之死十分悲痛，为她服丧七日，谥为"宣懿皇后"，安葬于新郑，其陵墓叫"懿陵"。

白瓷象形烛台　五代

周氏　南唐后主李煜皇后

□ 档案：

姓　　名：周娥皇
生卒年：公元 936~966 年
籍　　贯：不详
婚　　配：南唐后主李煜
封　　号：皇后
谥　　号：昭惠

南唐最后的皇帝李煜更多是以善填词句被后人称道。"问君能有几多愁，恰似一江春水向东流"就是出自李煜之手。李煜精通诗词，被公认为才识清瞻，书画兼精，他的爱情生活也充满了浪漫色彩。历代帝王嫔妃无数，很少有真正的爱情，李煜却是个例外，在他一生短短的四十二个年头，爱上了一对姐妹大小周氏，并先后立她们为皇后。李煜的爱情生活丰富多彩，这些风花雪月的岁月，也成就了他的诗词创作，因为很多诗词都是爱的颂歌。

大周后，名娥皇，生于公元 936 年，比后主李煜大一岁。公元 955 年，李煜与大司徒周宗的女儿周娥皇成婚，当年周娥皇十九岁。公元 961 年，南唐元宗李璟病逝，李煜被历史推上了政治舞台，继位于金陵，年仅二十五岁。李煜即位，立周皇娥为皇后，也就是大周后。

精音律歌舞，多情而贤惠

在文史记载中，大周后是个多情而贤惠的女人。周娥皇长得花容月貌，肤白似雪；眉弯似月，唇小似樱，腰细如柳，以天仙般的容貌压倒群芳；她诗画双绝，举止谈吐无不集天地之灵气于一身，令人见之忘俗。凤眼星眸，朱唇皓齿，冰肌玉肤，骨清神秀，容色照人，明艳不可方物。关于她的美貌，在李煜为她写的词中就能略知一二。李煜写《一斛珠》描写周娥皇妖艳："晚妆初过，沉檀轻注些儿个。向人微露丁香颗；一曲清歌，暂引樱桃破。罗袖裛残殷色可，杯深旋被香醪涴。绣床斜凭娇无那，烂嚼红茸，笑向檀郎唾。"

大周后虽精心梳妆打扮，却并没有浓施脂粉，只是"沈檀轻注"，给人留下了极好的印象。她娇媚温婉地"微露丁香颗"转动着香舌，轻轻绽开樱桃小口，让一曲曲清歌从她的喉中吐出。歌罢，饮酒时她表现出一副撒娇的神态，小口深杯娇滴滴又忘情地饮，芳香的醇酒旋即沾湿了她的"罗袖"，变成深红色她也满不在乎。有些微醉，她娇态千般地斜靠在绣床上，轻轻地嚼碎束发用的红绒线。

在词中我们可以看到李煜眼中的大周后真是风情万种。

周娥皇之所以能得到李煜的专宠，还因为她是真正的才貌双全。她不仅容貌美丽，而且深谙音律，弹得一手好琵琶。周娥皇由于琵琶演奏技艺很高，一时在后宫名气很大。一次，李璟听了周娥皇弹奏的琵琶后，大为赞赏，叹其灵巧，当即就将他收藏的一把上好琵琶"烧槽琵琶"给了她，这是中主最钟爱的宝物。

周娥皇出身南唐世家，父亲周宗早在徐知诰任刺史的年月，就已经跟随于这位未来南唐烈祖的左右，是不折不扣的元勋功臣。周娥皇嫁给李煜的时候十九岁，这桩婚事是南唐元宗李璟亲自定下的。中主李璟觉得她与第六子李煜很般配，就把她赐给了儿子。对于这个亲自选定的儿媳妇，李璟是非常满意的。

据说，李煜得到至五代已经绝响的唐代《霓裳羽衣曲》残谱，大周后同李煜一起根据音律的规律变易讹谬，去繁定缺，于是将《霓裳羽衣曲》补充得清越可听，夫妻唱和，举案齐眉，双方都陶醉在艺术创造的天国里。周后还为李煜作过一支《恨来迟曲》。李煜也投桃报李，专为周后填写了许多动人的诗词，如《一斛珠》《浣溪沙》《玉楼春》《子夜歌》等。无论是周后的曲还是李煜的词，都充满着旖旎绮丽的风光，尽显两人的恩爱之情。李煜的兴趣爱好本来就倾向在文艺方面，再加上得到一个志同道合的伴侣，因此即位之后，从不关心国事，每日谱词度曲。他与大周后情好甚笃，才完全意识到了自我价值的存在，才真正体尝到了人世间爱的幸福和甜蜜。

大周后通书史，就连采戏弈棋，也没有不精通的。对于时尚和流行文化也颇有研究，曾"创为高髻纤裳及首翘鬓"的宫装，纤丽袅娜，很能表现出女性的体态美，宫中争相仿效。

古代帝王们，多是后宫佳丽无数，环肥燕瘦，百花争艳，很少能将全部灵魂寄托在一个后妃身上的，更很少不变迁其爱情，但是历史上记载，大周后却能得到一个多情帝王的专宠。那靠的也许不单单是美貌，还有资质佳惠，美艳多才。

香消玉殒，香奁染尘

人生总没有不散之筵席，不幸的事总要有一天降临到最欢乐的人们身边的。

李煜被大周后迷得神魂颠倒，周娥皇遂拥有专房之宠。"专房之宠"使得周娥皇为李煜生了三个儿子。李煜也喜欢这三个俊秀雅逸的孩子，对大周后的爱更是节节增长。

没过多久，大周后生病了。本来并无大碍，但是两个消息最终击垮了大周后。

在她病重期间，她发现了丈夫和妹妹的奸情。李煜一直对周娥皇专宠，后宫嫔妃都视若无睹，但却趁着周娥皇患病的机会将她的妹妹接入宫中，两情缱绻了起来。谁知小周氏虽然才貌出众，却年幼无知，不但被周娥皇发现了踪迹，还告诉周娥皇自己已经进宫好几天的实情。翌年，大周后的小儿子仲宣夭亡，周娥皇最为钟爱的便是小儿子仲宣。作为皇后，养育儿女这样的活儿，都是侍从婢佣承担的，但周娥皇实在是太爱仲宣了，这个孩子的衣食住行她样样都要亲自操心，亲自抚养。听说爱子夭折，正在病中的周娥皇几乎晕厥过去，这样的丧子之痛大周后已经无法面对。

李煜相伴左右，"后主朝夕视食，药非亲尝不进，衣不解带者累夕，如侍父母之痴"。但她病情迅速恶化，最终去世，谥昭惠，下葬懿陵。

大周后终被秋风吹去了。据记载，因感念大周后，后主不扶杖就无法站立，消瘦异常。自制诔词数千言，皆极酸楚。写下一首诗：

珠碎眼前珍，花雕世外春。未销心里恨，又失掌中身。玉笥犹残药，香奁已染尘。前哀将后感，无泪可沾巾。

艳质同芳树，浮危道略同。正悲春落实，又苦雨伤丛。秾丽今何在？飘零事已空。

沉沉无问处，千载谢东风。

这首诗表达了后主对大周后深挚情意以及深哀巨痛的心情。

大周后去世，卒年三十岁。

周氏　南唐后主李煜皇后

□ **档案：**

姓　名： 周嘉敏（周女英）
生卒年： 公元 950~978 年
籍　贯： 不详
婚　配： 南唐后主李煜
封　号： 皇后

小周氏史称"小周后"，名叫周嘉敏，后改名周女英，其姊周娥皇，史称"大周后"。她是五代十国后期闻名天下的绝色美人，因娘家姓周而称为周后。小周后比娥皇小十四岁，李煜与娥皇结婚时，小周后年仅五岁。小周后生于公元 950 年，死于公元 978 年，享年二十八岁。南唐灭亡之前受尽宠爱，在南唐灭亡之后受尽侮辱。

午睡惊梦，画堂偷情

大周后是小周后的姐姐，在姐姐得宠时小周后还是个小女孩。小周后天生活泼，美丽可爱，深受李煜母后的喜爱，时常派人接她到宫中小住。小周后酷似初入宫时的娥皇，只是她比娥皇更年轻、更活泼。

大周后生病期间，小周氏引起李煜的兴趣。北宋建隆四年七月初七乞巧夜，李煜和大周后共度佳节，开怀畅饮，因为过于尽兴，大周后多饮了几杯酒着了凉，生起病来。当李煜召周后的家属入宫省视看到小周氏后，便心生倾慕。

这便有了画堂偷情的故事。李煜偶遇睡倒在了珊瑚床上的小周氏，被小周氏那醉人的曲线，乌黑的秀发，均匀的呼吸声，少女特有的体香吸引。后主看得如痴如醉血脉偾张，更是对小周后说："自古风流帝王，哪一个不惜玉怜香呢，大舜有一个让人羡慕的幸福美满的家庭，他有恩爱的一后一妃，这一后一妃不但有倾国倾城之貌，而且都对他一往情深。王后叫娥皇，和你姐姐同名，王妃叫女英，是娥皇的胞妹。她们姐妹俩双双嫁给了舜帝，舜帝南巡时病死于苍梧山，她们姐妹俩哀毁而死。姐妹俩的眼泪洒在竹子上，后来的竹子就出现了斑点，后人叫作'湘妃竹'。我不想做什么圣君，只想和大舜一样有一双美丽多情的后、妃，此生足矣！"李煜说完，聪慧的小周氏懂得他的弦外之音。李煜经历"午睡惊梦"事件之后，连睡梦中也常常与小周氏相会。此后李煜和小周氏月夜到御苑红罗小亭私会。

大周后去世后，北宋开宝元年（公元 968 年），大臣们开始讨论为李煜册立新后的事情。开宝二年，南唐立国以来第一次，也是最后一次举行了在位君主娶后的典礼。小周氏终于成为正式的国后，史称小周后。此时的南唐正处于内外交困之际，久被国事折磨的李煜在小周后的柔情下才能感到生活的乐趣。

小周后爱绿色，所服的衣装，均为青碧，艳妆高髻，身服青碧色的衣服，裙裾飘扬，逸韵风生，妃嫔宫女见小周后身穿青碧之裳，飘飘然有出尘之气质，便都效仿小周后，争穿碧色衣裳。宫女们又嫌外间所染的碧色不纯正，便亲自动手染绢帛。有一个宫女，染成了一匹绢，晒在苑内，夜间忘了收取，被露水所沾湿。第二天一看，颜色却分外鲜明。李煜与小周后见了，都觉得好。此后妃嫔宫女，都以露水染碧为衣，号为"天水碧"。陪在小周后身边的李煜不但给碧绢起名字，还致力于钻研美人新妆、佳肴美点，小周后雅好棋艺并沉迷于其中，做丈夫的李煜也乐于与娇妻消磨时光。小周后的柔仪殿里香雾弥漫，恍惚是世外仙境。

李煜与小周后每日寸步不离，竟视六宫粉黛如尘土。小周后不但相貌生得美丽，并且知书识字，素擅音律，较之已故的大周后尤为精妙。

北宋太祖开宝七年（公元974年），北宋向南唐发动了全面进攻。李煜为了不使金陵成为涂炭战场，按照宋兵的要求，率领王公后妃、百官僚属在江边码头集结，投降宋军，登上宋船北上。数月后，李煜来到开封，朝觐赵匡胤，得到了一个带有极大侮辱性的封爵"违命侯"，还要违心叩头谢恩，高呼万岁。

江南剩有李花开，也被君王强折来

此后，宋太祖赵匡胤在"烛影斧声"中不明不白地驾崩，他的弟弟赵匡义继位称帝，为宋太宗，改元"太平兴国"。小周后随后主归朝，封郑国夫人。北宋太宗太平兴国三年（公元978年）的元宵佳节，各命妇循例应入宫恭贺，小周后也照例到宫内去庆贺。不料小周后自元宵入宫，过了数日，还不见回来，一直至正月将尽，小周后才从宋宫中被放出来乘轿归回府邸。宋太宗垂涎小周后的花容月貌，将她强行占有，"例随命小周后入宫。每一入辄数日而出，必大泣骂后主，声闻于外，多宛转避之。"后来元代文人冯海粟写诗曰："江南剩有李花开，也被君王强折来。"李煜唯有长叹一声，仰天流泪，李煜破碎的心灵再次受到这奇耻大辱的重创。优柔寡断的李煜除了逃避和忍耐之外再没有别的办法，于是一首又一首地填写思念故国的词曲，既是表达丧国之痛，又寄托爱妻受侮辱之恨的词曲，如：

> 林花谢了春红，太匆匆。无奈朝来寒雨晚来风。
> 胭脂泪，留人醉，几时重。自是人生长恨水长东。

为了李煜的安全，小周后只能忍耐屈辱和痛苦。同年七夕之夜乞巧节，这天恰好是李煜的四十二岁诞辰。李煜勾起了对不堪回首诸多往事的苦思苦恋，决定再填一阕感旧词，《虞美人》：

> 春花秋月何时了，往事知多少。小楼昨夜又东风，故国不堪回首月明中。
> 雕栏玉砌应犹在，只是朱颜改。问君能有几多愁，恰似一江春水向东流。

小周后对于这样的愁思悲吟略微担心，隔墙有耳，怀思感旧会被怀疑是缺望怨恨。李煜的牢骚传到了太宗赵光义的耳中，他命李煜饮了御酒，小周后吓得魂飞魄散，双手抱住了李煜，李煜头依小周后的怀里，已是气息全无，痛苦而亡了。李煜死于非命之后，凄美的小周后失魂落魄，太宗仍时时寻机要强召小周后入宫。小周后悲愤难禁，拒绝再入宫，以死相抗，终是暂免再遭逼幸。她终日守在丈夫灵位前。短短几个月后，守丧结束，小周后终因经不起悲苦哀愁与绝望惊惧的折磨，于当年自杀身亡，追随李煜而去。小周后为后世文人墨客留下了一个吟咏爱情题材的美好形象。小周后香消玉殒之时，年仅二十八岁，恰巧与她的姐姐大周后病逝之时同岁。

周氏　前蜀高祖王建皇后

☐ **档案：**

姓　　名：周氏

生卒年：? ～918 年

籍　　贯：许州（今河南许昌）

婚　　配：前蜀高祖王建

封　　号：皇后

尊　　号：昭圣皇后

谥　　号：顺德皇后

周皇后，前蜀高祖王建的结发夫妻，许州（今河南省许昌市）人。周氏是王建的同乡，随王建来到蜀中。武成元年（公元 908 年）八月初八，王建立周氏为皇后。永平年间加尊号昭圣皇后，但王建更宠爱大小徐妃。光天元年（公元 918 年）六月初一王建去世，大徐妃的儿子王衍继位，周皇后于当年八月廿四去世，谥号顺德皇后。

李氏　后蜀高祖孟知祥皇后

☐ **档案：**

姓　　名：李氏

生卒年：公元 873～932 年

籍　　贯：不详

婚　　配：后蜀高祖孟知祥

封　　号：皇后

李氏，李克用弟弟李克让的女儿，后成为李克用养女，亦即后唐庄宗李存勖义姐，同光三年（公元 925 年）十一月封琼华长公主。天成三年（公元 928 年），后唐明宗改封琼华公主为福庆长公主。长兴三年（公元 932 年）正月去世，四年，追册为晋国雍顺长公主。李氏于孟知祥称帝前去世，后孟知祥称帝，追封李氏为皇后，葬和陵。

陈金凤　闽惠宗王延钧皇后

□ 档案：

姓　名： 陈金凤
生卒年： 公元 893~935 年
籍　贯： 不详
婚　配： 闽惠宗王延钧
封　号： 皇后

陈金凤，五代十国时闽王王延钧的王后，民间称她为"万安娘娘"。她生于公元 893 年，十七岁时被闽王王审知选入宫中充才人，王审知死后又成了他儿子王延钧的皇后。

家道淫乱，寡妇再醮

陈金凤名义上的父亲是当时的福建观察使陈岩，是个同性恋者，当时他手下有一个小吏侯伦，成为陈岩的男宠。陈岩的妻子姓陆，和侯伦私通，生下陈金凤。

陈金凤虽非天姿国色，但她玉肌滑肤独具特色，是王审知的贴身侍姬。王审知起自乱世，励精图治，积极建设，节俭爱民，深知江山得来不易。王审知也算是明主，因此，陈金凤的"才能"只好埋没于宫中。可惜虎父犬子，他的儿子王延钧和父亲的侍妾陈金凤暗中私通。陈金凤的媚眼和若隐若现的不同一般的肌肤，引得王延均时常涌起强烈的欲望。

王审知死后，王延钧在福州即皇帝位，由此开始了穷奢极侈的生活。王延钧把原本出家为尼的陈金凤召进宫来，两人不再避讳，开怀取乐。当时王延钧除了宠爱陈金凤外，还有贵妃李春燕，此外还有一个男宠，叫归守明，王延钧疲于奔命，最后终于得了风瘫症。

王延钧得了风瘫症后，归守明和陈金凤私通，陈金凤和百工院使李可殷也有奸情。王延钧虽然行动不便，但依赖薛文杰和吴英两位大臣的支撑，对于权力的掌握仍然不肯放松。但王延钧一切军政大权都交给薛文杰处理，引起内枢密使吴英的不满。王延钧竟至于听信了薛文杰的一面之词而杀害了吴英。

这时吴国的杨行密趁机发兵攻打建州，王延钧立即征发大军抵御，不料军队却迟迟不肯遵命开拔，迫不得已，王延钧只好交出薛文杰，军士们杀死了薛文杰。吴军被打退了，但闽国内部却形成权力的真空。

后唐清泰二年（公元 935 年）二月，王延钧立陈金凤为皇后，并筑长春宫让她居住。

因陈金凤的争宠而使李春燕组织起来的小集团势力迅速膨胀，首先遣壮士击杀了李可殷。陈金凤失掉一个情夫，简单就像断了一条胳膊。这时李傲召集皇城禁卫军鼓噪入宫，王延钧当即被乱军所杀，陈金凤与归守明也被乱军杀死。

善歌舞，精通音律

陈金凤虽在后宫淫乱，但她善歌舞，精通音律，还能填词。后唐长兴四年（公元933年），延钧称帝，端阳日，在福州西湖造彩舫数十艘，各载宫女二十余人，穿短衣，鼓桨争先，延钧乘大龙舟观看。金凤作《渔歌子·乐游曲》，命宫女同声歌唱：

龙舟摇曳东又东，采莲湖上红又红。波淡淡，水溶溶，奴隔荷花路不通。

西湖南湖斗彩舟，青蒲紫蓼满中洲。波渺渺，水悠悠，长奉君王百岁游。

以后，延钧令各乡于每年端午节出龙舟，民间唱这支曲子以醵钱，称为"采莲"。因此，《乐游曲》又叫《采莲歌》。

金凤是福建第一个知名的女词人，可惜她的作品留存下来的只有《乐游曲》。

李春燕　闽康宗王昶皇后

□ **档案：**

姓　名：李春燕
生卒年：？ ~939 年
籍　贯：福建福州
婚　配：闽康宗王昶
封　号：皇后

李春燕是闽国王昶的皇后。

李春燕本是王延钧的侍妾，李氏姿色出众，因惠宗对其宠爱，故特为其精心营造了"东华宫"。此宫从上到下，从里到外，都用众多珍贵建筑物装饰而成。李春燕姿貌原比陈金凤艳丽，只因狐媚技艺略逊一筹，因而始终被冷落在东华宫中。在长久向隅的孤寂生活中，把欲念的触角伸到了王延钧的长子王继鹏身上。王继鹏也倾心于她，因碍于父王在位，不敢随意表露。

李春燕利用王延钧已经瘫痪这一有利条件，抓住陈金凤与归守明、李可殷私通这一点，与陈金凤谈判，动之以利害，施之以要挟，要陈金凤从中疏通，劝王延钧同意将她赐给王继鹏。王延钧在陈金凤的花言巧语之下，居然同意了这件事情，王继鹏当时被封为福王，李春燕堂而皇之地由东华宫移居到福王的府中。

公元935年，王继鹏杀父自立为康宗。改名王昶，康宗为表对春燕的厚爱，下令为其建造"紫微宫"，此宫比先前的"东华宫"更为超然绝伦。开始他封李春燕为贤妃。次年（公元936年）三月，改元通文，再封李春燕为皇后。

当时原王审知（王昶祖父）的亲军"拱宸""控鹤"因赏赐不如王昶自己的亲军"宸卫"而屡有怨言。

通文四年（公元939年）闰七月十二，拱宸、控鹤军使朱文进、连重遇因被王昶怀

疑他们对皇宫纵火，恐惧之余遂先发难，迎皇叔王延羲进宫，并攻击王昶，王昶逃亡后
为追兵所获，与李春燕及诸子一同被其弟王继业所杀。

马氏　南汉高祖刘龑皇后

□ **档案：**

姓　名： 马氏
生卒年： ？～934 年
籍　贯： 不详
婚　配： 南汉高祖刘龑
封　号： 皇后

马氏（？～934 年），南汉高祖刘龑的皇后，楚武穆王马殷的女儿，后梁贞明元年
（公元 915 年）八月，清海节度使刘龑到潭州迎娶马氏做他的妻子，这应该算是门当户
对。乾亨元年（公元 917 年）七月，刘龑称越帝，封马氏为越国夫人；次年，刘龑改
国号为汉；乾亨三年（公元 919 年）正月，册封马氏为皇后。大有七年（公元 934 年）
十二月十五日，马皇后去世。

郭氏　北汉睿宗刘钧皇后

□ **档案：**

姓　名： 郭氏
生卒年： ？～968 年
籍　贯： 不详
婚　配： 北汉睿宗刘钧
封　号： 皇后

郭氏容貌美丽，且聪慧，嫁给北汉的创建者世祖次子刘钧为妻。公元 945 年，刘钧
即位为睿宗，郭氏被册立为皇后。

刘钧没有儿子，收养外甥刘继恩和刘继元为养子，以郭皇后为其养母。后刘继元娶
妻段氏。郭皇后和刘继元的妻子段氏有矛盾，段氏病死后，刘继元怀疑妻子是被郭皇后
所害。

公元 968 年，刘钧死，刘继恩即位为少帝。但不久便被刘继元杀死。随后，刘继元
即位，成为北汉英武帝。即位不久，刘继元便派人将郭皇后刺死，并屠杀了刘氏宗室，
世祖诸子皆被其所杀。

 宋朝

北 宋

王氏　宋太祖赵匡胤皇后

□ **档案：**

姓　名：王氏
生卒年：公元 941~963 年
籍　贯：不详
婚　配：宋太祖赵匡胤
封　号：皇后
谥　号：孝明

王氏，宋太祖赵匡胤的第二位皇后，很可惜她只活到二十二岁，也没能陪伴宋太祖享受太多的荣华富贵。赵匡胤和王氏夫妻恩爱，共处 4 年，王氏不幸在二十二岁时病逝，宋太祖伤痛欲绝，并鳏居 4 年以示怀念。

说起来他们两个人也应算是政治联姻，当宋太祖赵匡胤的第一个皇后贺氏去世的当年，十六岁的王氏便嫁进了赵家，婚礼办得极尽隆重。赵匡胤在为自己挑选续弦妻子时，他选择了极有威望声誉的彰德军节度使、巢国公王饶第三女为继室。赵氏兄弟急于娶妻的真实用意其实很明显，他们虽然得到周世宗的信任，又有很多心腹，毕竟还是出身比不过世家大族，联姻便成了他们抬高身份地位的最佳选择，事实上他们也确实达到了目的，借此迅速扩大了声望。作为身在权力中心却又出身寒微的实干者来说，这也可以说是一种不得已的选择。

王氏之所以能够得到宋太祖的厚爱，不光是家世显赫，她自身条件也很出色，不但相貌出众，性情也是正直贤良，心善仁厚，并且多才多艺，"善弹筝鼓琴"。

王氏经常还"常服宽衣"，亲自下厨为丈夫操办膳食。宋太祖也因此感受到来自一个妻子而不是政治联姻的关爱，由此对她更为宠爱。王氏虔信佛教，每日晨起，必定先焚香诵经，然后到婆婆杜太后宫中问安侍候，深得婆婆欢心。

王氏虽集万千宠爱于一身，但是她也有自己的不

莲花式注碗　北宋

幸，她生了三个孩子，但均不幸夭折，这对于一个母亲来说是一个莫大的打击，同时她的身体也是倍受损伤。宋乾德元年（公元963年），王氏大病一场，没想到仅一个月，王氏病逝，年仅二十二岁。宋太祖痛苦万分，他命令对王皇后以隆重殡仪安葬。次年三月二十五日赐谥号"孝明"，史称"孝明王皇后"，同年四月初九把王氏葬于安陵之北。太平兴国二年（公元977年）五月十九日，宋太宗赵光义将宋太祖的神主祔祭于太庙，以孝明皇后为配祭。

宋氏　宋太祖赵匡胤皇后

□ **档案：**

姓　　名：宋氏
生卒年：公元952~995年
籍　　贯：河南洛阳
婚　　配：宋太祖赵匡胤
封　　号：皇后
谥　　号：孝章

宋氏，河南洛阳人，出自名门，温柔婉约动人，举止端庄。

三朝国戚，出生显贵

宋氏的父亲是左卫上将军、忠武军节度使宋偓，她是长女。生母是后汉永宁公主（后汉太祖刘知远之女）。宋偓是后唐庄宗外孙，其生母为后唐义宁公主。宋家可谓三朝国戚。

宋氏出生于显贵之家，因此自幼出入宫廷，因而见多识广，温顺恭敬，进退有度。幼时随母入见，即为后周太祖郭威所喜爱，赐给她以冠帔。

乾德五年（公元967年），宋氏再一次随母来贺长春节，又得到宋太祖垂青，再次赐以冠帔。孝明王皇后死后，皇后位置空缺，到开宝元年（公元968年）二月，宋氏被纳入宫中封为皇后，时年十七，成为宋太祖继孝惠贺皇后、孝明王皇后之后的第三位皇后。

老夫少妻，相敬如宾

太祖比宋皇后大二十五岁，虽为老夫少妻，但是夫妻相处和洽。太祖原配贺皇后生的长子赵德昭（公元951~979年）也比宋皇后要年长一岁，然而宋皇后性情柔顺好礼，识大体。《宋史·后妃传》记载，每当太祖退朝，宋氏都"常具冠帔候接，佐御馔"，穿着隆重侍奉赵匡胤，可见夫妻相敬如宾。

宋皇后每天把宋太祖照顾得无微不至，太祖退朝必然整衣相迎，所以深得太祖欢心，他们的夫妻感情之好，甚至引起赵匡胤的弟弟赵光义的嫉妒。

宋皇后没有子嗣，她在太祖仅存的两个儿子德昭和德芳中，似乎更为偏爱幼子德芳。

迁居洛阳，忧郁病逝

开宝九年（公元976年）十月初十夜，宋太祖赵匡胤暴崩，皇弟光义嗣位为太宗。宋皇后由此开始了她坎坷的命运。

第二年太宗命她移居西宫。雍熙四年（公元987年），又命她移居东宫。

至道元年（公元995年）四月，宋皇后忧郁去世。太宗却不让群臣临丧，完全不合宋氏身为前朝皇后应享有的礼仪。

翰林学士王禹偁曾对宾客说："宋皇后曾经母仪天下，当遵用旧礼。"竟遭到贬黜。结果宋皇后权殡普济佛舍，既不与太祖合葬，神主亦不祔庙。

后世史家如李贽等据此痛责太宗，认为太宗的薄情之举与宋后在"烛影斧声"当夜的行动有关。太祖死后太宗继位，这畸形的皇位继承的真实内幕，恐怕有鲜为人知的秘密。

北宋一朝，太祖建立政权，却被太宗的后代占据皇位，而开国太祖的后代却短命飘零，宋皇后死后也得不到丧仪礼遇。

宋后的父亲为宋朝立国有功，兄弟多富贵，幼妹则嫁与名相寇准为妻。宋后病重时，曾对晋国长公主（太祖原配贺皇后所生）说："我死后唯有一件事不放心，我怕我们的族人内部不和睦被人笑话。"

宋皇后在太祖崩后的举动，与"金匮之盟""烛影斧声"一起，成为大宋宫闱的谜案。

尹氏 宋太宗赵光义皇后

□ 档案：

姓　　名：尹氏
生卒年：不详
籍　　贯：相州邺（今河南安阳北）
婚　　配：宋太宗赵光义
封　　号：皇后（追封）
谥　　号：淑德

太宗尹皇后，父亲是滁州刺史尹廷勋。兄长是尹崇珂，保信军节度使。太宗在后周时娶她。尹氏没有为太宗生有任何一子一女。尹氏死于太宗即位前。太宗即位后，追封她为皇后，并谥淑德，葬孝明陵西北。神主享于别庙，后升祔太庙。

李氏　宋太宗赵光义皇后

□ **档案：**

姓　名：李氏
生卒年：公元 960~1004 年
籍　贯：潞州上党（今山西长治）
婚　配：宋太宗赵光义
封　号：皇后
谥　号：明德

明德皇后李氏，初聘为妃子，太平兴国二年（公元 977 年），赵光义把她迎入宫中，封为德妃，雍熙元年（公元 984 年）十二月立为皇后。

皇后李氏是开国功臣李处耘的二女儿。李处耘是宋朝潞州上党（今山西长治）人，曾在赵匡胤部下当都押衙，为陈桥兵变谋士之一，也算是开国功臣，日后赵匡胤常常思念他。于是到了开宝年间，太祖就替太宗赵光义娶处耘的二女儿为第二位夫人，就是明德皇后。

李氏进宫后，对赵光义的儿子及嫔妃十分宽厚，对那些遭遇坎坷的人怀有恻隐之心。赵光义的长子赵元佐，是位聪明英俊的少年，只因替叔叔廷美求过情，就被父亲疏远，以致神志错乱，患上了癫狂之症，而李氏对元佐深表同情。

李氏曾生过一个儿子，但不幸夭折。宋真宗赵恒即位后，尊李氏为皇太后，居住在西宫嘉庆殿。赵恒对李氏十分孝敬，专为她建造了一座万安宫。李氏生病，赵恒亲手调剂药饵，升朝的时候也露出忧伤的神情。李氏病重，赵恒连说话都带上了哭腔，屡次下诏悬重赏求请民间名医。景德元年（1004 年）三月十五日，李氏病死于万安宫，终年四十四岁，谥号"明德"。葬永熙陵。

潘氏　宋真宗赵恒皇后

□ **档案：**

姓　名：潘氏
生卒年：公元 968~989 年
籍　贯：大名（今河北大名）
婚　配：宋真宗赵恒
封　号：皇后
谥　号：章怀

潘氏，宋真宗赵恒第一任妻子。大名（今河北大名）人。父亲为潘美（真宗章怀潘皇后，《宋史·真宗章怀潘皇后》记载是潘美之女，而《宋史·潘美传》记载是潘美之孙女。《潘氏族谱》也同样存有这两种说法）。潘美，官拜忠武节度使，在宋代节度使这个官职还是很大的。从这一点来说，潘氏也算是出自名门。

公元983年，潘氏十六岁的时候，宋太宗念潘美有功，于是将潘氏赐婚给韩王赵恒，封潘氏为赵恒夫人，之后又被封为莒国夫人。

六年后，公元989年就是端拱二年五月，潘氏去世，享年仅二十一岁，遗憾的事情是潘氏一生未留下任何子女。真宗即位后，于至道三年六月，追封潘氏为庄怀皇后，葬永昌陵之侧保泰陵。在我国古代，皇后的谥号一般要与皇上的谥号相连，庆历中，有一个礼仪官员把件事情对宋仁宗说了。于是，宋仁宗遂改谥为章怀皇后，这样就与宋真宗的谥号联系在一起了。

在宋代的历史上，对于潘皇后并没有太多的记载，总体来说，潘氏借着祖辈的功勋，有幸与宋真宗结为夫妇，但是却没有留下子嗣。由于在宋真宗继位登基之前她就已经去世了，也没有什么政绩留下。

郭氏　宋真宗赵恒皇后

□ 档案：

姓　　名： 郭氏
生卒年： 公元 975~1007 年
籍　　贯： 宁晋（今河北宁晋）
婚　　配： 宋真宗赵恒
封　　号： 皇后
谥　　号： 章穆

郭氏，太原人，是宣徽南院使郭守义的次女。公元993年，郭氏由宋太宗赐婚，嫁给赵恒为王妃，被封为鲁国夫人，不久又晋封为秦国夫人。婚后郭氏为赵恒生下了三个孩子，其中皇子赵佑九岁夭折，追加封号——悼献太子。

后来，赵恒继位，即宋真宗，郭氏在同年五月份被册封为皇后。郭氏本性谦和，生活简朴。身为皇后的她，从不干预朝政，对其他嫔妃从不嫉恨。时常约束本家族的人，乐善好施，厌恶奢侈。亲戚们入宫拜见她，如果有人穿戴过于奢华，她总要严厉训斥。有些亲戚想通过她的关系谋取高官，都被她一一拒绝了。有一次，郭氏的侄女出嫁，因为家境不宽裕，想通过做皇后的姑姑得到朝廷的赏赐，也被郭氏当面拒绝了。后来，她把自己当年的嫁妆送给了侄女。

郭氏向来待人宽厚，乐善好施，所以深得众人爱戴。有一次，宋真宗想赏赐给皇后一些珍宝，便让她亲自到收藏奇珍异宝的宜盛殿仓库区挑选。郭氏推辞说，宜盛殿是国家的宝库，不是妇人应该去的地方，陛下您若想赏赐给后宫一些宝物的话，请您亲自斟酌赏赐就好了。

郭氏一共生下三个儿子，有两个先后夭折了，她便将全部希望和心血都寄托在了太子赵佑身上。谁料天不遂人愿，赵佑九岁的那一年，也暴病身亡，郭氏悲痛万分。

1007年，宋真宗巡幸西京，作为皇后的郭氏随行，不幸染疾，回宫后不久就病逝了，年仅三十二岁，葬永熙陵之西北，神主享于别庙。

郭皇后与宋真宗在一起生活了十五年，两人感情深厚。在郭氏病逝后，宋真宗特意下诏释服十三日（据礼部规定，皇后病崩，皇帝释服七日），命翰林学士杨亿撰哀册；不仅为郭皇后大办丧礼，还特意为郭氏一族的人加官晋爵。据记载，郭崇仁（郭皇后的弟弟）由崇仪副使封为壮宅使、康州刺史；大中祥符中，加封郭皇后母高唐郡太夫人梁氏为莱国太夫人，她的两个侄子也得到了升迁。

在宋朝的历史上，郭皇后一生虽然没有突出的政绩，但是值得称赞的是她朴素的可贵品质。宋仁宗即位后，改其谥号为章穆皇后。

刘娥　宋真宗赵恒皇后

□ 档案：

姓　名：刘娥

生卒年：公元969~1033年

籍　贯：益州华阳（今四川成都）

婚　配：宋真宗赵恒

封　号：皇后

谥　号：章献

刘娥生于北宋太祖开宝年间，祖籍太原。刘家虽然家道中落，但是刘娥也算是官宦之女。祖父刘延庆在五代十国的后晋、后汉时官至右骁卫大将军；父亲刘通在宋太祖时官至虎捷都指挥使、嘉州（今四川乐山）刺史，母亲庞氏，因此刘家举家迁至成都华阳，刘娥也就在四川生长。刘娥是一位有作为的皇后，她垂帘听政期间，一方面先是铲除了奸臣丁谓，夺回大权，澄清吏治；遏制了宋真宗末年的狂热宗教活动（宋真宗时期推崇道教），调整了社会风气；另一方面，刘娥主张兴修水利，推动了农业的发展，贡献颇大。在历代史书中，常与汉之吕后、唐之武后并称，史书这样评价她："有吕武之才，无吕武之恶。"当然，人无完人，民间也有一些传闻，对刘娥颇有微词，但是，总体来说，刘娥可以称得上是一代贤后。

天行健，自强不息

相传，母亲庞氏在怀刘娥之时，曾梦到明月入怀，醒来后便生下一女，因此取名刘娥，历代统治者都喜欢将自己的出身神化，以符合君权神授这一传统的统治思想，刘娥的出身也同样披上了神秘的色彩。然而刘娥出生不久，刘通便奉命出征，谁料牺牲于战场上，刘通牺牲后，家中再无男子可以支撑刘家，于是刘家家道中落，庞氏只好带着襁褓中的幼女寄居娘家。也许正是这一段寄居别人屋檐下的经历，锻炼了刘娥不屈不挠的精神，让她在十五年的漫长等待中仍然能坚持不懈地读书识字，来不断地充实自己、完善自己，在垂帘听政以后终成一代贤后。

那么，刘娥远在四川，赵恒远在京城，几乎相隔大半个中国，二人又是如何相识的呢？这还要从刘娥的第一次婚姻开始说起。刘娥十几岁时，被外祖父家嫁给银匠龚美为妻。后来的正史记载龚美是刘娥的邻居，二人以兄妹相称，借此掩盖两人曾经为夫妻的事实。其实龚美与刘娥的婚姻还是比较美满的。所以当龚美的生意不好，决定去京城另谋生路之时，二人又不忍别离，龚美才决定带着刘娥一起，于是二人跨越半个中国来到了京城。二人本来就经济拮据，这一路上的盘缠也不是一笔小数目，只靠龚美很难维持。好在刘娥早年学会一种鼗（tāo）鼓，由于刘娥天生聪慧，这鼓打得非常好，于是夫妻二人一边赶路一边卖艺谋生，辛辛苦苦终于来到了京城。谁知这次的京城之旅竟然成了夫妻二人的分别之旅，也成就了刘娥的一生。

到了京师后，龚美继续操老本行，去做银匠，可是生意依旧不是很好，刘娥也只好继续打鼓，补贴家用。京师虽然繁华，却从来没有见过鼗鼓这种玩意儿，颇感新鲜。再加上豆蔻年华的刘娥，容貌出众，刘娥一出场便一炮而红，轰动一时，一传十十传百，人人争相来观看她的表演。收获银两的同时名气也越来越大，还传到了襄王赵恒的耳朵里，刘娥的命运开始转变。

一日，赵恒带了几个太监和护卫，微服去看刘娥的表演。赵恒初见刘娥的美丽容颜，对刘娥一见钟情，立即命人去向龚美买下刘娥，接进府中，作为襄王府侍女。刘娥天生丽质，聪明伶俐，极得赵恒欢心。二人年龄相当，都是少年心性，很快就如胶似漆，宠幸专房。宋太宗得知此事，便命襄王入宫，当面斥责，令他赶走刘娥。此时的宋太宗乃是一国之君，每日日理万机，儿子娶一个侍妾本来也不是什么大事，为何如此在意刘娥与赵恒之间的事情？原来赵恒乳母秦国夫人对来历不明且出身低贱的刘娥十分不满，且听到传闻这刘娥曾经结过婚，怕有辱皇家的名声，于是要求太宗将刘娥驱逐出去。

赵恒正当少年，且对刘娥用情极深，与刘娥情投意合，怎么能将刘娥送出王府？常言道，父命难违，皇命更不可违，但赵恒实在舍不得刘娥，赵恒也是豁出去了，竟然瞒着宋太宗金屋藏娇。表面上将刘娥送回四川老家，但暗中却将其送到亲信幕僚张耆（原名张旻）的家里，开始了金屋藏娇的日子，从此偷情长达十余年。

要知道在当时的情况下，一旦事情暴露，别说太子没得当，估计连襄王的王位也不保，从此也可以看出赵恒对刘娥的感情真的是很深。让赵恒和刘娥没有想到的事情是，这一藏就整整藏了十五年，一直到赵恒登基为帝之后才将刘娥接回皇宫。说刘娥自强不息，就是在这十五年里，在最初被宋太宗逐出的时候，刘娥并没有哭哭啼啼，没有让赵恒难办，刘娥没有像一般女子一样，因为身份低贱被人无视之时要么自寻短见以表刚烈，要么就死缠烂打，刘娥此时选择了养精蓄锐！刘娥在这十五年中，饱读史书，尽览史书典籍，增长了自己的见识和才干。当然，也有人说，刘娥之所以在这艰难的十五年里依然能坚持，是她心中一直存有一个精神依靠。

据民间传说，早年刘娥曾遇到一位相士，正是这相士的话支撑着刘娥。话说见面之时，相士说："只因你的品貌大贵。我一生相人甚多，今天遇见你这相貌，还是第一次。"

刘娥疑心相士存心说这样的谎话，只不过是为了骗几个相金，不想与这道士多言，便说："我是贫寒之人，没有相金与你的，休要讲谎话骗人了。"相士说："我并不要你的相金，请将手伸出与我一看，就可断定。"刘娥此时也没有什么紧迫之事，心想：既然不要相金，给他看下也无妨，反正也没有其他的事情。相士仔细看过后，连连说："后妃之相，后妃之相。"刘娥贫困到这般田地，可是自己又是一个弱质女子，又不可能像男子那样靠苦读争取功名来改变自己现在贫苦的命运，虽然不知道这相士的话是真是假，但是有安慰总比没有希望的好，从此相士的话就成为刘娥宽解自己的法宝。此后虽然多次身处困境，甚至几乎到了无路可走、山穷水尽的地步，她也没有生过自尽的念头，处在困境的时候，以相士这几句话为精神支柱。

真宗即位，重见天日

公元 997 年，赵恒即位为宋真宗，立召刘娥进宫，从此刘娥才得以重见天日。刘娥进宫后立即被封为美人，不久便晋为德妃，可谓升迁飞快。随着时光的流逝，刘娥已经不复往日的青春貌美，但宋真宗赵恒依旧迷恋她，这大概是旧情难忘。

因为宋真宗的宠幸，刘娥在宫中地位不断提高。刘娥之得宠也不完全是凭借她出众的色艺。刘娥天资聪颖，秉性警悟，成为皇妃以后，更有机会接受上层文化的熏陶，逐渐通晓经史，朝廷之事，听一次就能记住事情的原委。

宋真宗第一任妻子潘氏死后，又续娶宣徽南院使郭守义的第二女郭氏为妻。宋真宗即位后，封郭氏为皇后，刘娥还是没有被册封为皇后，这其中的原因与刘娥出身卑微有着很大的联系。虽然刘娥仍旧没有做成皇后，可是刘娥还是没有放弃，仍然在坚持。终于，迎来了一次转机。景德三年（1006 年），郭皇后去世，刘娥三十七岁，年纪在后宫嫔妃中几乎算最大的了，但在后宫地位也最高，离皇后宝座只有一步之遥。可能是基因的问题，无论是南宋还是北宋，皇帝的子嗣都不多，宋真宗也是如此。宋真宗的发妻潘氏在二十二岁就青春早逝，没有留下子嗣。之后的郭皇后虽然连生三子，但都生下后不久夭折。另一受宠的妃子杨淑妃生子也是如此情形。宋真宗望子心切，又选纳前宰相沈义伦的孙女沈氏进宫为才人，可是依旧没有为宋真宗生出儿子来。就在这时，刘娥竟然怀上了孩子，与刘娥一同怀孕的还有李氏，终于等到生产，可是天不遂人愿，刘娥生出来的孩子竟然夭折了，毕竟姜还是老的辣，精明的刘娥于是将李氏生下的儿子抱养过来，声称是自己所生。

宋真宗一向宠爱刘娥，即使知道这孩子是李妃的，也默认了刘娥的作为；李氏为人又比较软弱，虽然宫中的人都知道宋仁宗不是刘皇后亲生的，但是谁也不敢说明。关于这段历史，历来是众说纷纭。民间广为流传的一种说法是，"狸猫换太子"。说是在宋真宗的后宫中，德妃刘娥与李宸妃同时怀有身孕，李宸妃先生下皇子，刘德妃用一只剥皮狸猫换去了皇子，宋真宗以为李宸妃产下怪胎，便对李氏加以惩处。本来应该是皇后的李氏被驱逐出宫，历经艰辛。另一种说法则是李宸妃产下皇子，刘娥却不慎流产，只好抢来李氏的皇子，还使李宸妃被迫流落民间。直到包拯包青天出世，彻查此案，才使这件事情真相大白。还有人说，李氏原来是刘娥的婢女，刘娥和宋真宗看李氏有生子的福相，于是夫妻二人就决定借腹生子，果真李氏生下了儿子，但是也失去了母子相认的权利。

民间的说法很多，却无法一一考证。但是当下最为重要的是刘娥为宋真宗产下龙子，一心想立刘娥的宋真宗终于有了名正言顺的理由，就开始找大臣来商议立刘娥为皇后的事情。

宋真宗先找参知政事赵安仁商量，想取得他的支持。本来皇帝亲自屈尊来争取自己的支持，作为臣子的赵安仁该卖个面子才对。可是宋代的文人一向都自视清高，门第观念也很严重，赵安仁以刘娥出身卑微为由，坚决反对立她为后，宋真宗生生是憋了一口气。宋真宗见赵安仁这里很难得到突破，于是又找来了大臣王钦若商量，并把赵安仁的意见告诉了他。王钦若并没有正面回答这个问题，又推到赵安仁那里，赵安仁老老实实地建议说："沈氏是前朝宰相沈义伦的后人，出身显贵，可以做皇后。"宋真宗很是失望。

刘娥立后的事情，一波三折，惹来了当朝宰相的强烈反对。宰相王旦忽然称病，不再上朝。这其中的含义是明摆着的，不过是在以委婉而坚决地表示反对立刘娥为皇后。

聪明的刘娥，见群臣因为自己的出身卑微而坚决反对立自己为后，她也深知这群知识分子骨子里的门第观念深重，也知道文人骨子里的清高，知道自己此时若是硬来恐怕会朝堂震荡，于是以退为进，上表请求宋真宗不要立自己为后。刘娥知道不能强求，只好故作谦虚，向宋真宗"固辞"，表示自己可以不做这个皇后。

一来，告诉朝中的群臣，我刘娥是不贪图皇后宝座，我刘娥虽然出身卑贱但是我的个性清高着呢，不比你们这些识文断字的男子差，二来也是在向宋真宗显示自己的贤德，为了不让宋真宗难办，我刘娥甘愿放弃皇后的宝座。这样一来，宋真宗看见自己宠爱的刘娥这般贤德，立她为后的决心是彻底下定了，群臣此时也不好太过于苛刻，否则就显得自己太过小气，就这样，大中祥符五年（1012 年）十二月二十四日，刘娥终于被册立为皇后。

册后礼仪一切从简，以免激怒众臣。可见，堂堂一个真命天子九五之尊，为了能让自己心爱的女人成为皇后，竟然也向大臣讨好，宋真宗是真正爱着刘娥的。两人之间的爱情，让后人羡慕不已，然而，宋真宗却先离刘娥而去，乾兴元年（1022 年）二月甲寅，五十四岁的宋真宗赵恒病逝于延庆殿，遗诏曰：太子赵祯即位，皇后刘氏为皇太后，杨淑妃为皇太妃，军国重事"权取"皇太后处分。而小皇帝赵祯这时只有十一岁，实际上就是由刘娥处理政务，开创了北宋太后垂帘听政的先河。

垂帘听政，设计江山

宋真宗在死后，让刘娥处理政务，刘娥就此开始了她长达十一年之久的垂帘听政。自古垂帘听政之事，最怕的就是到最后变成了外戚专权，甚至像唐朝一样，江山都改了姓。但是，刘太后却是一个聪明的人，知道自己出身卑微，垂帘听政也是大臣看着宋真宗的面子，如果自己再想谋朝篡位，恐怕是性命都难保的，于是张弛有度地安稳度过了这垂帘听政的十一年。

在垂帘听政的十一年里，可以说是政绩斐然。

首先，是除掉了奸臣丁谓。丁谓看到宋真宗已死，剩下刘娥母子孤儿寡母的，就有了不臣之心，在朝堂上张扬跋扈，甚至还擅自篡改宋真宗的遗诏。看到丁谓的不臣之心，刘娥也心生一计，她让丁谓来掌管先帝的陵墓相关事宜，但是丁谓哪有时间管这些琐事，实际掌权的是一个内侍太监，雷姓。这雷姓的太监为了讨好皇室，号称选了一块利于子孙繁衍的阴宅，选就选了，偏偏没有上奏没有向刘太后禀报，结果这陵墓修到一半，地下水就渗出来了，刘太后见机会来了，没有给丁谓任何机会，直接将丁谓贬官到现在的海南省，比当年的寇准贬官贬得还

仁宗即位时年纪尚小，刘氏辅政。

远，是永远没有了翻身的地步。刘太后还起用了一批有才能的朝臣，王曾、张知白、吕夷简、鲁宗道都得到了她的重用。

然而，说刘太后没有私心也不是不可能的，登上皇后宝座的刘娥，心里始终都是有一块心病：那就是自己出身卑微。其实，刘皇后也曾经试图改变过，她一共做了两件事情——第一，在朝中寻找地位高、出身高贵的刘姓权臣，希望与他们认同宗，这样就改变了自己的低贱出身。相传，她先找开封知府刘综攀亲，又找继任的开封府刘烨。这两个人一个是河中府人，一个是洛阳人，在地域上和四川差得远呢，可是一心想改变出身的刘娥刘皇后可不在乎这个，直接就说："说不定咱们是亲戚，拿出家谱来让我看看。"在宋朝，士大夫可谓是中国历史上最清高的一群知识分子，一向就看不起出身卑微的刘娥，于是直接就把刘皇后给拒绝了。刘综的答复是："我家没人在宫里。"刘烨则根本不把家谱给刘妃看。 龙图阁直学士刘烨自十二代祖先北齐中书侍郎刘环俊以下，代代为官，家世显赫，结果被刘娥看中。刘娥主动找刘烨攀亲，以明显暗示的口气说："听说你是名门望族，我想看你的家谱，说不定咱们是同宗呢。"然而，刘烨却清高得很，看不起刘皇后的出身，但是身为臣子也不好太直接拒绝，也只能连连摇头说："不敢，不敢。"碰了这个钉子，刘娥刘皇后更加发现出身高贵的重要，于是就一直追要家谱。刘烨不想与刘娥同宗又不敢得罪刘娥，急中生智下，假装晕倒在地，这才将这认同宗的事情不了了之。之后，刘烨坚决请求外放为官，刘娥才只好作罢。第二件事情就是给自己伪造出一个高贵的出身。刘娥自知出身卑微，宋朝以士大夫为尊，因此大力抬高母家，一直追封自己的祖宗：曾祖父刘维岳成了天平军节度使兼侍中兼中书令兼尚书令，曾祖母宋氏最后封到安国太夫人；祖父刘延庆为彰化军节度使兼中书令兼许国公，祖母元氏封齐国太夫人；父亲刘通为开府仪同三司魏王，母亲庞氏封晋国太夫人，就连自己的前夫也被改姓为刘，加官晋爵成了自己的哥哥。

刘娥充分吸取了武则天的教训，绝不用人唯亲，以免落人话柄。刘娥把百官公卿亲族表挂在自己的卧室。有人推荐某某当官，刘娥就查看那张表，除非证明此人确实是奇才，对江山社稷有用，才准许提拔，否则列入者基本不用。这张表是怎么来的呢？据说，

在一次封赏仪式上，刘娥让大臣们把自己的子女亲朋的名单报上，大家以为是要择优提拔，纷纷上报，名单列得长长的，能包括的全包括了，结果没有想到，刘娥竟然是这般用意，让大臣好不后悔。此外，刘娥还搞了"约束子弟诏"，要大臣百官带头教训子女亲朋，奉公守法；违反了子弟诏，刘娥严惩不贷。但是，刘太后却还是很好地把握了这样一个度量，她没有像武则天一样修一个刘氏家庙，这也许就是为什么宋仁宗对她还是很尊敬的原因吧。

然而，据说刘太后也曾经动过登基为帝的念头，毕竟面对这权力的诱惑还是很难不动心的。一次，她问参事鲁宗道："唐武后如何？"回答是："唐之罪人也，几危社稷。"刘娥听了，沉默不语，估计心里也在沉思。有些庸臣试图向刘娥献媚取宠，例如，方仲弓奏表上书，竟然请刘娥像武则天那样建立刘氏宗庙。一开始，刘娥飘飘然，却有些犹豫不决，于是跟老臣商量，老臣坚决表示反对，几经挣扎刘娥才放弃了这个念头。后来，更有甚者，程琳竟然献上武后临朝图，称刘娥为当代武则天。刘娥看到这幅图，当然明白这其中的含义，立刻把图抛在地上，呵斥道："我不能对不起祖宗先辈；我不是、也不想作武则天第二！"

明道二年（1033年）二月，按照宋朝惯例举朝要行祭太庙大典，可能刘娥觉得自己命数将尽，竟然想要在生前穿一次天子衮冕，便提出自己要着衮冕祭祀太庙。群臣大大吃惊，可是刘娥大权在握，大臣也只好将皇帝衮衣上的饰物稍减了几样，给刘娥穿上。

二月乙巳这天，皇太后刘娥穿着天子衮衣、头戴仪天冠，在近侍引导下步入太庙行祭典。为了将这场典礼搞得功德圆满，亚献者为皇太妃杨氏、终献者为仁宗皇后郭氏。仪式结束后，刘娥在太庙文德殿接受了群臣给自己上的尊号：应天齐圣显功崇德慈仁保寿皇太后。自此，彻底还政于儿子宋仁宗，做回一个普通的宋王朝的后妃。穿着这一身天子衮衣祭祀祖先这也许是刘太后一生当中最大胆的一次，也是最后一次。在临死之前，她还是不敢穿龙袍去见宋真宗，终究没有走上武则天的道路。

另外，在宋人司马光笔记《涑水记闻》记载了这样一段文字：

真宗晚年不豫，尝对宰相盛怒曰："昨夜皇后以下皆去，刘氏独留朕于宫内。"众知上眊乱误言，皆不应。李迪曰："果如是，何不以法治之？"良久，上悟曰："无是也。"章献在幄下闻之，由是恶迪。

大概的意思就是说：晚年的宋真宗有些糊涂，有点像现在的老年痴呆症，有一天有些老年痴呆的宋真宗大怒，对宰相说：昨天晚上所有人都出去了，皇后却留下我一个人。群臣怕是宋真宗的胡言乱语，谁也不敢接这个话茬，可是一个叫李迪的大臣开口接话：果真是这样，为什么不依法处置？宋真宗过了一会醒悟了说：不是这样的。刘娥在帐下听见了，从此开始记恨李迪。根据这段文字，有人曾经推测，在宋真宗晚年，两人关系失和，刘娥皇后甚至将宋真宗软禁。但是这也只是一家之言，无法考证。

一代贤后，终得善终

明道二年（1033年）二月，刘娥病重，宋仁宗大赦天下，同时四处征召名医，希望挽救刘太后的性命。然而，最终还是无法挽留刘娥的生命，几天后，刘娥病逝于宝慈殿，享年六十五岁。在这六十五个年头里，刘娥创造了很多"第一"：

北宋第一位垂帘听政的太后，并建立了完整的太后垂帘听政的制度，清代的慈禧是她的崇拜者，曾经下令自己一切听政的体制都要参照"宋代章献皇后故事"。此后，宋朝共有八位太后垂帘听政，且政绩斐然。

第一个身穿龙袍祭祖却没有称帝的女子，也是最后一个身穿龙袍的皇后。

在刘娥之前的太后谥号均为二字，从刘娥开始，参照女皇武则天，称制太后谥号为四字。

史学家将其和汉代吕后、唐代武后并称三大女主，并称其为"有吕武之才，无吕武之恶"的大宋女主，但是却被历史学家及后世称颂的女人，在权力和名誉之间，她还是选择了名誉。然而她在实际上拥有了武则天拥有的一切权力，可没有背负上武则天和吕后所背负的骂名，足见她其实比这两个更为智慧。

刘娥的一生，充满了曲折离奇。刘娥可以说是中国历史上最具传奇性的皇后之一。从一个卖唱的孤女，到一国之母，再到垂帘听政，再到身披龙袍，这一生的千折百转，成就了她一代贤后的美名。

郭氏　宋仁宗赵祯皇后

□ 档案：

姓　名：郭氏
生卒年：1012~1035 年
籍　贯：应州金城（今江苏南京）
婚　配：宋仁宗赵祯
封　号：皇后

郭皇后，宋仁宗赵祯皇后，应州金城（今江苏南京）人。郭后出身官宦之家，祖父郭崇官至平卢军节度使，父亲郭允恭，历任授殿直、安德军节度使（天圣三年）、忠武军节度使兼侍中（天圣六年），官至崇仪副使，母李氏，郭皇后是他们的次女。宋仁宗明道二年（1033 年）隆冬某一天，郭皇后糊里糊涂地抓伤宋仁宗赵祯。本来宋仁宗就不是很喜欢郭氏，于是颁下了诏书，说："皇后以无子愿入道观，特封其为净妃、玉京冲妙仙师，赐名清悟，别居长宁宫以养。"也就是说，皇帝让皇后去出家了。此后虽与宋仁宗有过传书，却终究未能回到皇宫。于 1035 年农历十一月初八暴病而薨，年仅二十三岁。宋仁宗念及夫妻情分，在郭皇后死后又恢复了她皇后的称号。

出身名门，直登宝座

天圣初，故骁骑卫上将军张美曾孙女张氏与郭氏一同入宫，然而宋仁宗比较喜欢张氏，对出身名门的郭氏并没有什么好感。但临朝主政的刘太后（刘娥）坚决支持立郭氏为后。天圣二年（1024年）十一月二十一日，在刘太后的支持下，郭氏被立为皇后，当时的郭皇后年仅十三岁。相传，宋仁宗的初恋情人是另一个女子，但是，刘太后却因为这个女子的父亲是出身不高的人，家世不够与皇家结亲，而拒绝了宋仁宗。由此可以看出，刘太后是很看重门第和出身的。也许，正是因为自己的出身卑贱，所以刘太后才特别看重出身。郭皇后是名门之后，出身官宦世家，祖父郭崇官至平卢军节度使，可见郭皇后的出身还是比较高贵的。此时没有亲政的宋仁宗，也只好听从刘太后的懿旨，封郭氏为皇后，郭氏不费力气就登上了皇后的宝座，可惜，这皇后的宝座她并没有坐稳。

废后的悲惨情路

天圣二年（1024年）十一月二十一日，郭氏被立为皇后，时年十三岁，由于年纪尚幼，不免在为人处世上很幼稚，太过自我；又仗着有刘太后给自己撑腰以及太后对自己的宠爱，就与太后结成了"防卫小组"，一起限制宋仁宗与其他嫔妃接触。本来就不是很喜欢郭氏的宋仁宗，对郭皇后越来越疏远，这也导致了郭皇后的嫉妒心越来越强，两个人的感情最终陷入了一种恶性循环之中，最终导致了郭皇后被宋仁宗一纸诏书废掉了。

对于郭皇后被废这件事情，官方史书是这样记载的：

《宋史·后妃传》载："初，帝宠张美人，欲以为后，章献太后难之。后既立，而颇见疏。其后尚美人、杨美人俱幸，数与后忿争。一日，尚氏于上前有侵后语，后不胜忿，批其颊，上自起救之，误批上颈，上大怒。入内都知阎文应因与上谋废后，且劝帝以爪痕示执政。上以示吕夷简，且告之故，夷简亦以前罢相怨后，乃曰：'古亦有之。'后遂废。诏封为净妃、玉京冲妙仙师，赐名清悟，居长乐宫。"

也就是说，后宫两个美人尚氏和杨氏都极为得宠。那么得宠到什么样的地步呢？尚美人的父亲因女而得宠而封官加爵，恩宠无遇，一时竟然倾动京城。而且尚美人经常向宋仁宗诉说郭皇后的不是，就算郭皇后与宋仁宗的感情不和，就算郭皇后不得宠，但是郭皇后毕竟是中宫之主，毕竟还是一国之母，竟然被自己手下的嫔妃们议论纷纷甚至讥笑讽刺，这明显是有违礼制的，可是，宋仁宗却不加以管制。直到有一天，尚美人在宋仁宗的面前讥讽郭皇后，刚好被郭皇后听见。谁也没有想到郭皇后这个时候会出现，此时的郭皇后心里又是嫉妒又是愤怒，也不顾仪态举止，大步上前就直接举手打算狠狠地打尚美人一个耳光，谁知道宋仁宗见势不妙，急忙过来劝架，挑起事端的尚美人倒是反应快抽身躲在一旁，可是郭皇后已经举手而出，这一巴掌出尽全力，想收也收不住了，这举起的手竟然落在了宋仁宗的脖颈上。一来郭皇后的指甲很长也颇为锋利，二来一向养尊处优的宋仁宗也是细皮嫩肉的，这一掌下来，虽然没有打到九五之尊的脸上，但是让宋仁宗的脖颈上出现了两条血痕。当时没有发作的宋仁宗却把这件事拿到了朝堂上，曾经被郭皇后得罪过的宰相吕夷简等人，就进言说这位郭皇后有失仪态，最终，这位嫉妒心极强的郭皇后一个耳光把自己的皇后宝座打翻，把自己打入了道观。

郭皇后被废后，宋仁宗也加倍宠幸二位美人，昼夜厮混在一起，颇有从此君王不早朝的光景了。杨太后听说后，为了宋朝的江山社稷着想就命宋仁宗将尚杨两美人送出宫去。宋仁宗颇为不舍，表面应付杨太后，但暗中却照旧宠幸美人，颇有当年父亲金屋藏娇的意思。当年的刘娥就是被宋真宗金屋藏娇藏了十五年之久，这样就勾起了杨太后的痛楚，杨太后干脆下令宦官阎文应送二位美人出宫。于是，尚美人被逼入洞真宫出家作了道姑。杨美人也被别室安置，从此无缘再睹天颜。

可是中宫不能无主啊，遗憾的事情是宋仁宗废除郭皇后后，还是没有把自己宠爱的张贵妃扶上皇后的宝座，登上皇后宝座的是曹氏，这个曹氏也不得宠，而且干涉朝政，宋仁宗不愿与她亲近，身边又没有别的嫔妃，这时候，他又想起了废后郭氏。毕竟郭氏是他的原配，他对废后一事开始觉得愧疚。郭氏此时已经出居瑶华宫，宋仁宗就派人到瑶华宫慰问郭氏，赐号金廷教主、冲静元师，又赏赐乐府（指仿古乐府体的诗笺）给郭氏。郭氏久居别宫，很是孤独寂寞，内心也颇为凄苦。突然看到皇帝派遣使者前来问候，心中悲喜交集，于是亲自和答乐府篇章，所写诗词凄婉悲苦，尽宿衷肠，缠绵无比。

宋仁宗看到郭氏的和诗后，思念加深，愈发觉得割舍不下，心内对废后一事愈加后悔难当，于是密召郭氏回宫。不料郭氏却是个有气节的女子，认为皇帝如果再召见她，必须要百官见证，重新册立她为后。宋仁宗此时已经立曹氏为后，如果再册郭氏，就是二后并立，这可让皇帝左右为难了。这件事就这样搁置了，谁知道，郭皇后在1035年农历十一月初八暴病而薨，年仅二十三岁，从此两人是天人永隔了。宋仁宗念及夫妻情分，在郭皇后死后，又恢复了她皇后的称号。

死亡之谜

郭氏染病，于是宋仁宗派宦官阎文应携御医前去为郭氏看病，不料几天后，郭氏就暴毙而亡。

宫中和朝廷都怀疑是阎文应下毒害死了郭氏，宋仁宗对郭氏之死很是悲痛，下诏重新恢复了郭氏的皇后封号，用厚礼殓葬。

郭皇后的死成了一个不解的谜团。按照常理，郭皇后这一生虽然争风吃醋，但是并没有滥杀无辜，也没有残害忠良，更没有干涉朝政，有什么人要置郭皇后于死地呢？有人推测有除了阎文应就是当初极力主张废后的宰相吕夷简。吕夷简又为何一定要废后，还要置郭皇后于死地呢？原来，宋仁宗在亲政之初为了聚拢皇权，就将大部分刘太后所用的大臣革职，唯独留下对自己生母葬礼有功的吕夷简。刚好有一天宋仁宗在后宫与郭皇后谈论此事，还特意提到吕夷简忠诚可嘉。宋仁宗格外赞赏吕夷简，郭皇后却认为吕夷简其实也是阿谀奉承刘太后之辈，不过为人机巧，善能应对而已。宋仁宗略一思忖，认为郭皇后的话有道理，于是将吕夷简也罢相。宦官阎文应与吕夷简交好，告诉吕夷简是因为郭皇后随口一句话导致他被罢相。吕夷简得知后，愤恨异常，从此就记恨了郭皇后，在自己官复宰相之后，就借着耳光风波，极力主张废后，不料宋仁宗对郭皇后情缘未了，毕竟当初在讨论废后之时，吕夷简说："废后之事，古亦有之。光武帝是汉代的明主，其郭皇后仅因为怨怼而被废。何况今日皇后打伤了陛下。"话都说到这个程度上，而宋仁宗却回答说："皇后虽然可恨。但废后一事，却有干情意。"可见宋仁宗将郭皇后接回皇宫，郭皇后再次得宠也是有可能的，思虑及此，吕夷简怕郭皇后报复，只好将郭皇后毒死。当然这也只是猜测并无史料可考。

郭皇后只活了二十三岁，可以说她的一生很短暂，在这短暂的一生当中，她与宋仁宗分分合合，情路坎坷，除了她自己不懂得相处之道之外，其中有奸人作梗也是原因之一，她没有什么政绩可也没有什么劣迹，称不上贤后，也成不上毒后，比较平凡。

曹氏　宋仁宗赵祯皇后

□ 档案：

姓　名： 曹氏
生卒年： 1016~1080 年
籍　贯： 宁晋（今河北宁晋）
婚　配： 宋仁宗赵祯
封　号： 皇后
谥　号： 慈圣光献

曹氏，宁晋（河北宁晋县）人，宋仁宗赵祯的皇后。其祖父曹彬，是北宋的开国元勋。曹氏十八岁奉诏入宫，第二年九月，册立受封为皇后。

1080 年冬，曹后逝世，终年六十四岁。谥号为"慈圣光献皇后"，葬永昭陵。

出身名门，风范非凡

在宋代历史上，皇后的出身不如其他朝代要求严格。在北宋的历史上，曹皇后的出身算是比较高的了。曹皇后出身官宦家庭，其祖父曹彬是北宋的开国元勋，可以说是文武兼备，是一个内外兼修的不可多得的人才。出生、生长于这样良好的家庭，受到如此良好的家风的熏陶，成年的曹皇后也是一个令人敬佩的女子，颇具胆识和谋略。在面对危机之时，可以临危不惧，稳若泰山，心思缜密，颇有巾帼不让须眉之风范。

1048 年，就是庆历八年闰正月的一晚，宋仁宗留宿于曹皇后宫中，宋仁宗与曹皇后的感情一直不是很合拍，今天好不容易来到曹皇后这里，好梦没有，倒是在生死边界上走了一遭。就在这一夜发生了历史上著名的夜半平宫乱事件。闰正月十八日，亲军武官颜秀等人作乱，乘夜直逼皇帝寝宫。宋仁宗与曹皇后睡至夜半，突然听见宫外一片杂乱之声，期间还听见宫人的惨叫之声，想到恐怕是有人乘夜逼宫，曹皇后心下立马警惕起来。宋仁宗此时无比惊慌，跳下床就要往外跑，曹皇后一把将他抓住，关上门，对宋仁宗说："皇上若是此时出去身边没有护卫，万一惨遭毒手，天下黎民百姓该怎么办啊？"听曹皇后所言甚是，于是宋仁宗回到寝殿，才幸免于难。但是，宋仁宗此时已经不知道调兵遣将了，而曹皇后在这时却是处变不惊，很快就整理出思路，派人速召卫士护驾。外面的颜秀等杀到殿下，乱砍宫人，宫人惨叫之声愈加凄惨，给人一种叛兵已经直达寝宫的感觉。宦官何承用怕皇帝受惊，谎称是乳母殴打小宫女弄出来的怪声。曹皇后一听，心生愤怒，正色呵斥道："反贼在殿下杀人，皇上正想往外跑，你还敢胡说！"可见曹皇后在危机之时勇敢面对，并没有选择逃避，可谓是胆识过人。

可是，这皇宫卫队一时没赶到，但是情况已万分危急！此时再有迟疑只怕皇上性命难保，一番深思熟虑，一向举止娴静的曹皇后显露出将门之后的风采，杀伐果断，颇有大将之风。心思缜密的曹皇后，料到反贼必会放火纵烧，她当机立断召来宫内宦官，命令宦官们提着水桶暗中跟踪。然而，在这危急时刻，谁都想保住自己的性命，于是曹皇后立即下旨：平贼后论功行赏。为了鼓励宦官们，曹皇后亲自剪下愿意出力的宦官的头发作为论功行赏的凭据，谁出了力，以此为证，以此为赏。宦官们听了，心知这是一个好机会，生死荣辱富贵贫贱就在此一搏了，于是宦官个个奋勇当先，与赶到的卫队一起擒灭了反贼。宫内那些做内应者，向宋仁宗宠爱的一个妃子求情，宋仁宗竟答应赦免他们。曹后又郑重提出："对敢生祸乱者，理应绳之以法，不然，无以肃清禁掖。"于是诛杀了那些人。"杀退了叛逆者临危不惧，应变有方，指挥若定，不愧为将门之后。"事后，宋仁宗大为佩服曹皇后，出口赞扬。为何曹皇后能料事如神呢？原来1048年农历正月，江宁府驻兵纵火致灾，此事引起了一向心思缜密的曹皇后的警惕，所以在危机没有来临之时，聪慧大胆的曹皇后已经想好了应对之策，历代王朝宫廷这样的事情都有，但是仅凭一个女子就这样化解江山易主的危机的，曹皇后还是第一人。

鞠躬尽瘁，保卫皇权

曹皇后一生经历了北宋王朝的两次变法，经历了宋仁宗、宋英宗、宋神宗三朝，在这一生中，曹皇后都在为了保护皇权，保住大宋江山社稷而鞠躬尽瘁。

文学史上有名的大文豪范仲淹所主持的"庆历新政"，深受宋仁宗的认同与支持。然而，曹皇后在政治上一直是采取保守的态度，不愿意做出大幅度的政治改革，所以在新政之初，曹皇后曾经提出过一些反对的意见，但是北宋历来后宫不能干涉朝政，所以在总体上，曹皇后保持了一个旁观者的身份，处理得当，至少在庆历新政没有危及朝堂的前提下，曹皇后并没有多加干涉。但是，这毕竟是一场变法，新党和旧党的激烈论争，终究是会带来人心动荡的，如何驾驭朝局这正是宋仁宗的高明之处，这高明之处以及变法的有利有害之处等这一切曹皇后都看在眼里，成为日后她极力纠正宋神宗变法的经验之源。这些经验是曹皇后在王安石变法之中谋划决策的根据，使曹皇后很好地化解了这次危机，挽救了大批真正对国家对江山社稷有用的人才，大文豪苏轼就是其中之一。

据史书记载，神宗即位后，立志发愤图强，主张新政的王安石与宋神宗可以说是意见相合，在神宗的大力支持下，王安石的变法正式开始。然而不幸的是，宋神宗与王安石所倚重的变革大臣，一个个都不是堪当大任之辈，甚至还有一部分是贪官污吏。但是王安石在新政推行举步维艰不见成效的情况下，依然不肯回头仔细深思这其中的原因，提出了更加激进的变革新政。一时之间王安石在朝廷上大有专断之势，颇有结党营私之嫌疑。深居后宫的曹后，在经历了宋仁宗时范仲淹的变法之后，这其中的利害之处她早有警觉，她最担心的就是朝廷上只有一种声音，这样大臣之间无法达到制衡，进而是会危及皇权的。

曹太皇太后将宋神宗叫至跟前劝说他："为何新政在推行上如此困难，还不见成效，不但没有为江山社稷打开新的局面，反而让民怨沸腾？新法是有其弊端的，现在民间深怨青苗法和募役法，难道皇帝不该想想吗？"可是，一心只图快些出成效的宋神宗却没有听进曹太后的一番肺腑之言，仍旧支持激进的新政。政策上的劝说宣告无效，曹后转而致力于人事问题，以此维系朝政的平衡，不至于出现向改革派一边倒的情形。

常言道，福不双至，祸不单行。就在曹太后努力维持朝堂的平衡之时，乌台诗案爆发，可谓是雪上加霜。1079 年，在欧阳修、韩琦、富弼等名臣相继因反对变法而被贬黜之后，轰动朝野的"乌台诗案"爆发了，苏轼在出任地方官期间，对新法推行中的弊端体察深刻，深知新法的不足之处，心系江山社稷黎民百姓的苏轼于是就写了些讽喻诗，希望感悟宋神宗。没有想到的是，混入变法派的投机政客纷纷对政敌展开倾轧报复，苏轼就是这样卷进了乌台诗案。变法派投机政客李定等人于 1079 年摘录苏轼几句诗，弹劾他诽谤皇上。苏轼祸从天降，银铛入狱，朝臣都不敢说话；而李定等人企图利用文字狱，将异己一网打尽。人们都说苏轼必死无疑，深深地为这位名满天下的大文豪的悲惨下场哀叹，也为宋朝安危担忧。

面对这样的情况，曹太后心急如焚，怎奈自己年事已高，又身体染疾，几乎是命危，可是她依旧以江山社稷为重，弥留之际的曹后，把宋神宗叫到病榻前："当年仁宗在科举考试中得到苏轼、苏辙两兄弟，高兴地对我说：'皇后，我替子孙觅得了两个宰相之才。'现在苏轼入狱，你怎知不是仇人中伤呢？就算他的诗有所不妥，也只是小过错，不可伤了朝廷的中正平和之本。"宋神宗听了，点头称是，于是将苏轼流放，苏轼性命由此得以保全，乌台诗案也告一段落。

王安石的新政触动了贵族的利益，但爱惜人才的曹太后并没有责怪王安石，反而想保住王安石，以图后计。曹太后也叮嘱神宗："王安石的确有才学，可惜仇人太多，你若真爱惜人才，不如让他暂时离京外任。"可见，就知人善任这一点上，可看出曹太后有非一般的政治才能，也正是曹太后的才能，保住了在变法中动荡不安的北宋赵氏王朝的皇权。

殚精竭虑，辅佐新君

宋朝常常出现无嫡亲子嗣继承大统的局面，这可谓是一个奇怪的现象。赵氏帝王一般都是子嗣不盛，这可苦了身为后妃的女人们。然而，面对这样的状况，精明的曹皇后也是有所准备，可以说是未雨绸缪。曹皇后十八岁嫁给仁宗赵祯，为皇后多年，可惜久无子嗣。一朝没有后续的储君，这件事情是非同小可的。于是，景祐二年（1035 年），宋仁宗决定把四岁的侄子、濮王赵允让的十三子宗实接入宫中，由曹后来亲自抚养，打算把他作为继嗣，一来江山社稷后继有人，二来也可以免去储君之争给朝廷带来的动荡。巧合的是，曹皇后把她妹妹生的女儿高滔滔作为养女，养于宫中。高滔滔与宗实同岁，两人在曹后身边结伴玩耍，感情甚好。当时宫中称高氏为"皇后女"，宗实为"官家儿"。有一天，仁宗对曹后说："吾夫妇老而无子，前些年十三（宗实）、滔滔同养宫中，现在都已长大，不如我为十三，你为滔滔主婚，使他二人结为夫妇，这样，岂不是件喜事！"曹后欣然同意，这也正是曹皇后内心所想，由曹皇后一手培养的宗实也确实堪当大任。于是，庆历七年（1047 年），年已十六岁的高氏与赵宗实结婚，当时宫中称"天子娶妇，皇后嫁女"，一时传为美谈。常言说男子只有成家立室之后才会有男子应该有的担当，为了尽力培养宗实，曹皇后甚至连高氏都是悉心栽培，正是这一对由曹皇后亲手培养起来的皇上皇后，继承了这北宋的江山。

然而，宋仁宗毕竟也是一代帝王，储君的人选，他也是自有主张的。虽然他在晚年体弱多病，选立嗣君成为朝廷中的热门话题，一直议论纷纷，朝中的权臣重臣又各有所重，大臣司马光、包拯、韩琦、富弼等都纷纷建议早定人选，这样有利于江山的长治久安。有一次，包拯曾当面劝说仁宗，早定太子，勿使储君之位久虚，以定人心。仁宗问："爱卿看谁合适？"耿直廉洁的包拯闻听，直接奏道："臣职任御史中丞，有言事之责，奏立太子，是为大宋江山着想。陛下这样问臣，是怀疑臣有异心。臣已年过七十，且无子孙，岂是邀取后福之人？"宰相韩琦也乘机奏言："皇嗣，身系天下安危。自古祸乱，皆由不早定人选。陛下年事已高，为何不从宗室中选贤而立？这是为宗庙社稷呀！"仁宗听了，释然一笑，仍表示："此事当从长计议！"并无结果可见，面对这未来储君的人选，仁宗心内还是犹豫不决，颇多思量。曾作为仁宗养子的宗实希望最大，况且是由曹皇后亲手培养长大，曹后对他也格外看重，所以不时地向仁宗吹风。仁宗便在诸大臣与曹后的劝说下，同意选立宗室之子为嗣，经过斟酌，选宗实为皇子，改名赵曙。赵曙继位登基，功劳最大的其实曹皇后，虽然宋英宗在位时间不长，但是也充分证明了宋英宗是一代仁君，曹皇后在储君的选择上，还是很有眼光的。

嘉祐八年（1063年）三月的一天夜里，宋仁宗突然病危。一更天，把曹后召来时，宋仁宗已不能再讲话，只用手指着自己的心，不一会儿，就驾崩了。自古帝王驾崩，君王更替之时都是最容易发生政变的，熟读历史书籍的曹皇后又怎会不知？为了保证朝廷政权平稳过渡，曹皇后强忍住丧失夫君的痛苦，当机立断地密召两府，让他们黎明入宫。为了封锁宋仁宗驾崩的消息，她决定在三更天仍令向宋仁宗进粥，四更时还召御医，并命人看守，她传旨下去，宫门一律不得开启，并亲自掌管各个宫门的钥匙，生生将宋仁宗驾崩的消息封锁，防范了一场政变的发生。第二天一大早，召皇子赵曙嗣位。赵曙惊叫道："某不敢为！某不敢为！"说着转身就往外走，曹皇后看到此情此景，深知如果让太子离开，定会引起朝变，于是命令韩琦抱住太子，命人给太子解发戴冠，给他穿上了御衣龙袍，立为新君，是为宋英宗。曹后被尊为皇太后，高氏随之入宫，被立为皇后。等到太子登基为帝，这一个过渡算是平稳完成。

值得一提的是，曹后临终前，曾交给神宗一个封闭甚严的锦盒，并告诫他："等吾死后你再打开！"曹后逝世，宋神宗打开木匣，见里面装的全是宋仁宗时，反对选立英宗为皇嗣的奏章。可见，就连神宗的皇位，也有曹皇后的汗马功劳在里面。曹皇后对宋英宗父子的恩情，是多么深厚。

严于律己，贤德可彰

曹皇后的出身比较好，在一直怕外戚干政的北宋王朝，这其实是一个劣势，身为皇后的曹氏也深知这其中的利害，所以对这方面她一直都是严于律己，不敢越礼半点，以求曹氏一门太平。曹皇后不希望自己曹氏一门也惨遭汉高祖皇后吕氏一门灭门的痛苦。

所以曹皇后自从入宫为皇后之后，就再也不曾单独和娘家人见面，即使是见面也定要有外人在场，这样才能避免嫌疑，不给旁人落下话柄，即使对自己的亲弟弟曹佾也不例外。在曹皇后晚年，有宋神宗在场的情况下，两鬓斑白的姐弟才得以见面。据史料记载，册封皇后的当天，她的叔叔曹琮上奏，辞谢皇帝的封赏："我既然成了皇后的亲属，就不应该再受恩典了。"另一个亲戚曹仪也自请辞去军职。曹皇后执掌凤印的几十年里，曹氏一门没有任何人在朝堂中官居要职，只有她的一个弟弟在京外做官，政绩比较突出，在民间略有威望。神宗时，觉得曹后年事已高，一定很想念自己的亲人，想让曹太后与家人见面。但是，宫中有着严格的规定，外姓男子，不得随便入宫相会。神宗便几次提议让曹后已上了年纪的弟弟曹佾入宫，好和她拉拉家常，但曹后遵守祖制，坚决不同意。有一天，曹佾入朝，神宗又提出这一问题，曹后只得答应，但要求由神宗带弟弟来。当年迈的姐弟俩一见面，神宗起身离开，想让他们共叙手足之情。没承想，他前脚出门，曹后就对弟弟说："皇上已去，这里也非你久留之地。"说着，让曹佾也离开了后宫。相传，曹皇后的弟弟便是传说八仙中的曹国舅，又叫曹景休，当时曹国舅弟曹景植因不法杀人而服罪，曹国舅耻见于人，因而隐居山岩，葛巾野服，矢志修道。当然，这都只是民间传说而已。

在处理娘家人问题的时候，曹皇后一直小心翼翼，在自己垂帘听政之时，更是遵从祖制不敢有半点逾越。

英宗即位不几天，由于这么多年一直身处高度的精神紧张状态，突然发起了精神病，不但不能管理朝政，就连语言也混乱不堪，口里胡言乱语，甚至在皇宫内狂奔，就连先皇的葬礼也不能完成。于是，朝廷大臣请皇太后曹氏于内东门小殿垂帘听政，暂且处理军国大事。曹后垂帘时，只在偏殿，每日往往有内外奏章十几份，她都能一一记其纲要。而且，她从来不专断，有什么大事都要召集几个大臣共同作决策。治平元年（1064年）五月，英宗病愈。韩琦想让曹后撤帘归政，便取来十多份奏章请英宗批答，然后又向曹后覆奏，曹后见英宗政事处理允当，知道自己可以归还朝政。于是，曹后道："老身早该安养深宫，每日在此垂帘，实在是不得已的事。"说罢，曹后起身退走，韩琦立即命人撤帘，曹太后主动归政权于皇上，可见她是多么深明大义，气度非凡，颇具魄力。

治平四年（1067年），仅做了四年皇帝的英宗病死皇宫，儿子赵顼即位，是为宋神宗。宋神宗这一朝，曹太后也是尽心尽力辅佐，同样不敢有半点逾越，这使宋神宗与曹太后的感情极为融洽，胜过亲生的祖孙之情。宋神宗即位，尊母亲高后为皇太

仁宗在位时是北宋兴盛时期。

后，居宝慈宫，曹后为太皇太后，居庆寿宫，在神宗时期，两宫太后相处甚好。高后处处追随曹后，堪称亦步亦趋。有一天，神宗让人制作了一辆装饰精美的车辇送给曹后，曹后坐上后，神宗与母亲高太后左右扶持，这使曹后大为开心，她笑眯眯地说："皇上和皇太后为我扶辇，有谁能比得上这种尊贵呀！守在曹家未出嫁时，连想都不敢想呢！"待曹后死去之后，宋神宗为她服衰三年，尽孝至极。并破例把曹佾封为济阳郡王，曹氏晋官者有四十余人。可见，祖孙二人的感情确实是很好。

历来后宫争宠是在所难免的，而曹皇后却从未与其他嫔妃争过一次宠。仁宗时，张贵妃仗着得宠，越礼提出要借皇后的仪仗出游，而曹皇后并不介意，为了保持后宫和谐，曹皇后就将自己的仪仗借给了张贵妃，不明事理、得意忘形的张贵妃还以为曹皇后对自己有所忌惮，回宫后向宋仁宗炫耀。宋仁宗十分生气，狠狠地训斥她扰乱礼仪，内心也更加钦佩曹皇后的深明大义，气度非凡。曹皇后出身将门，熟读经史，善飞白书（书体之一），谦谨节俭。她亲自带领宫嫔们在苑内种植谷物，采桑养蚕。虽然曹皇后没有子嗣，但是无论是对英宗还是对神宗都是很慈爱的。相传，曹后经常亲自喂宋神宗吃饭。

宋仁宗有三个皇后：第一个郭皇后是"包办婚姻"，是刘太后一人全权做主，很是不随心意，等到垂帘听政的刘太后一死，宋仁宗就将郭皇后废除，第三个是深受宠爱的张贵妃，不幸早亡，仁宗思念之下追封为后，可是宋王朝上至王公贵族下至权臣宰相并没有真正承认这个皇后。第二任皇后曹氏，虽然不如张贵妃得宠，却是真正陪伴了他大半个帝王生涯的。史书记载她"性慈俭，重稼穑"。曹氏在皇宫中四十五年如一日，清廉德厚，仁慈爱人，恪守"母仪"清规；佐治仁宗、英宗、神宗三朝，高风亮节，垂范后世，被后世所敬爱尊重，是北宋的一代贤后。

高滔滔　宋英宗赵曙皇后

□ 档案：

姓　名：高滔滔
生卒年：1032~1093 年
籍　贯：亳州蒙城（今安徽蒙城）
婚　配：宋英宗赵曙
封　号：皇后
谥　号：宣仁圣烈

高氏，宋英宗皇后，名叫高滔滔，宋神宗生母。四岁时被接入宫，由曹皇后一手栽培。1065 年被英宗册封为皇后。1093 年病薨，终年六十一岁，葬于永裕陵，与神宗同处。

高太后，亳州蒙城（今安徽省蒙城县）人，宋朝名将高琼是她的曾祖父，曹彬是她的外曾祖父，北宋一代贤后曹皇后是她的小姨，她从小就在这位贤后身边长大。元丰八年（1085 年）神宗病逝，宋哲宗继位，因宋哲宗年幼，无法亲政，于是高太后以太皇太后身份垂帘听政。高太后垂帘听政期间，没有巨大的政绩，主要是支持司马光废除宋神宗的新政。但高太后自觉抑制外戚高家的举动却是值得称道的，这也是宋王朝比较普遍的特征，虽然历代太后垂帘听政却都没有外戚专权的现象，终其一生，高太后为后人所知晓的还是她与宋英宗的完美爱情。

青梅竹马，旷世奇恋

"郎骑竹马来，绕床弄青梅"，这是唐朝诗人李白有名的诗句，这青梅竹马的爱情让后世的痴情男女们无比向往，这样的爱情发生于帝王家，就更是难得了。宋英宗和高氏是幸福的，生在帝王家的他们也拥有了这样一份纯真的爱情，并且能一辈子保持对彼此的爱恋，更是让人钦佩。

可惜的是，英宗由于在皇宫中日夜提心吊胆，多年以来身心俱疲，在宋仁宗驾崩的那一年继位登基之后，就发了精神病，四年以后，宋英宗就驾崩了，留下了高氏一个人面对朝政和年轻的宋神宗。宋英宗的驾崩对高氏的打击很大，可是，面对夫君留下来的江山和年幼的新君，高氏强忍住悲伤，为死去的夫君撑起这一片江山。虽然未能白头到老，但是曾经的山盟海誓、曾经的痴情缠绵，也足矣，普通百姓都难以拥有的爱情，身为帝王子弟的宋英宗却可以拥有这样一份平凡的爱，已经足矣，帝后夫妇能彼此忠贞不渝相守一生，执子之手，只与子偕老，这是一个童话。

说起这份发生在帝王家的旷世奇恋，媒人还是宋仁宗和曹皇后。景祐二年（1035年），宋仁宗由于没有嫡亲子嗣继承大统，决定把四岁的侄子（濮王赵允让的儿子，他在濮王诸子中排行十三，仁宗在位时长辈皆唤他"十三"，仁宗为了锻炼他的能力，便封他为团练使，因此十三团练也是指赵曙）宗实接入宫中，由曹后抚养，打算把他作为继嗣。这时候，曹皇后也把她妹妹生的女儿高滔滔作为养女，养于宫中。当时宫中人称高氏为"皇后女"，宗实为"官家儿"，由于两人年纪相同，天天在一起玩耍，随着年龄的增长，渐渐产生了感情。有一天，宋仁宗对曹后说："我们都没有子嗣，十三和滔滔从小一起在你身边长大且感情深厚，如果由你我做媒让他们结为夫妻，这不是一件喜事吗？"曹皇后其实内心也是这般计划的，欣然同意。于是，庆历七年（1047年），十六岁的高氏与赵宗实结婚，当时宫中称"天子娶妇，皇后嫁女"，二人的婚姻一直被传为美谈。这青梅竹马的一对成婚后，很是恩爱。高氏婚后被封为京兆郡君，在濮王府，他们生活了近十五年。

那么两人的感情好到什么程度呢？在《宋史》《长编》《续资治通鉴》乃至其余宋代笔记里都没有宋英宗晋封妃嫔的记载，在蔡京之子蔡绦所著的《铁围山丛谈》中曾提及英宗"左右无一侍御者"。这说明宋英宗很可能没有妃嫔，只有高皇后这一位妻子。身为帝王的赵曙面对后宫的三千佳丽竟然都不曾动心，在赵曙的眼里也只有高氏。两个人的感情，完全抛却和皇帝和皇后这样的身份，在彼此的眼里，对方不是什么九五之尊的皇帝，也不是一人之下万人之上的六宫的掌权者，对方只是自己的爱人而已。后来英宗治平年间，赵曙身体好转，但皇后仍不让他临幸其他的宫人。曹太后觉得不妥，就让亲信悄悄劝皇后："官家即位已久，如今身体又已痊愈，怎么可以左右无一侍御者呢？"高皇后听后颇不高兴，回答说："去跟娘娘说，我嫁的是十三团练，又不是嫁他官家！"可见，在高氏的眼里，赵曙只是自己初识的宗实，只是自己的夫君而已，而不是什么皇上。真是今生之只爱君一个，至死不渝。赵曙与高氏婚后婚姻生活美满，两人共生育了四子四女。皇帝所有的子女皆由皇后所出，后来即位的宋神宗，就是高氏所生。宋代帝王的子嗣一向不繁盛，而宋英宗和高氏就有八个子女，可谓是儿女双全，也许这也是上天对二人忠贞的爱情的嘉许。

赵曙虽然有点优柔寡断，大家都觉得英宗乾纲不振，以致皇后强悍如此，甚至因高皇后那番痴情小儿女的话："去跟娘娘说，我嫁的是十三团练，又不是嫁他官家。"而笑话宋英宗的"惧内"。但是，谁又能说，这不是宋英宗对高氏的宠爱呢？一个九五之尊的皇帝，又怎么会因为害怕皇后而不敢染指其他女子？就算高氏有着王熙凤的毒辣，宋英宗也完全可以像贾琏一样、像宋真宗一样，金屋藏娇啊，可是宋英宗并没有，这也许就是对高氏的爱吧。宋英宗在历史上是有名的脾气好，但是为了高氏却倔起来了，跟养母曹太后作对，只是为了尊重皇后，按她意见不纳嫔御，足见宋英宗对高氏用情极深。

垂帘听政，女中尧舜

赵曙十六岁时与高氏在宋仁宗与曹皇后的主持下结为夫妻，后来因宋仁宗皇子夭折，又是在曹皇后的支持下得以即位为帝，高氏也顺理成章地入主中宫。宋英宗死后，宋神宗继位登基，但是宋神宗的命也不长，元丰八年（1085年）神宗病逝，宋哲宗继位，因哲宗年幼，高氏以太皇太后身份听政。高氏在执政期间虽然没有什么突出的政绩，但是，却为后世树立了良好的典范：执政期间，高氏从来是严格要求娘家人，不肯逾礼半点，也没有造成外戚干政的局面。这一点对后世垂帘听政的太后们影响是很大的，有宋一朝，垂帘听政的太后很多，却没有一个像吕后和武则天一样，外戚干政甚至到了谋朝篡位的地步。高氏保证了赵氏王朝的安稳，保住了高氏家族的清名。由于高太后廉洁自奉，处事公正，所以她垂帘听政期间，朝政比较清明，她因此也被称为女中尧舜。

高太后拒绝了为自己弟弟升官的请求。高后的弟弟高士林任内殿崇班很长时间，当时宋英宗想升他的官，高后谢绝说："士林能在朝做官，已经是过分的恩典了，怎么好要求更多？"

高太后拒绝了朝廷为高氏修建宅第的请求。宋神宗时几次要为高氏家族修建豪华的宅第，高太后都不答应，最后由朝廷赏赐了一片空地，自己出钱建造了房屋，没用国库一文钱，这实在是难得。

高太后拒绝了为自己侄子升职的请求。高太后的两个侄子高公绘、高公纪都该升观察使，但她坚持不允，一来不想落人话柄，二来也是保全两人的性命，但是宋哲宗一再请求，高皇后才答应官升一级。

高太后拒绝了为自己家族封尊号的请求。一次高公绘呈上一篇奏章，请朝廷尊崇哲宗生母朱太妃和高太后的家族。高太后见奏知道这不是高公绘的文章，担心有人从旁唆使，于是召来高公绘问道："到底是谁让你写的这奏章？"高公绘见瞒不了就说出了这主意的是邢恕，并代自己起草的奏章，高太后不但不允所请，还把邢恕逐出了朝廷。

以上只是几个事例，但是从这几个事例中我们就可以看到，无论是给自己高氏家族人升官，况且升的官都不是什么宰相之类的要职，还是给高氏家族封一个虚名的封号，高太后都没有准许，足见高太后的清廉圣明。

一代贤后，终得善终

元祐八年（1093年）秋，高太后病重，几天后，病逝于汴京。终年六十一岁，谥号为宣仁圣烈皇后。

向氏　宋神宗赵顼皇后

□ **档案：**

姓　名： 向氏
生卒年： 1047~1102年
籍　贯： 河内（今河南沁阳）
婚　配： 宋神宗赵顼
封　号： 皇后
谥　号： 钦圣

向氏，河内（今河南沁阳）人，曾祖父向敏中曾经任过宋朝的宰相，也算是出身官宦之家。向氏生于1047年，卒于1102年，享年五十五岁。宋神宗在王安石变法未成后死去，还是皇后帮他收拾残局。

治平三年（1066年）春，向氏嫁给比她小三岁的赵顼为妃。

治平四年（1067年）正月，英宗赵曙去世，赵顼继位，是为神宗。

治平四年（1067年）二月，向氏被立为皇后。此后不久她便生下了一生中唯一的孩子燕国公主，虽然向氏不受宋神宗的宠爱，但是向氏为自己生下公主，宋神宗对她还是很尊敬的。

元丰元年（1078年）二月，年仅十二岁的燕国公主病死，这对向氏的打击很大。

1085年，神宗去世后，赵煦继位，就是宋哲宗，向氏被尊为皇太后。宋哲宗驾崩后，向氏临朝听政，但是并没有什么显著的政绩。

元符三年（1100年）正月初八，向氏拥立端王赵佶为帝，是为宋徽宗。

七月初一，当向氏看着朝政纳入轨道后，她便归政于赵佶。

不久，向氏因病逝于慈宁殿。

向氏生前不贪恋权力，没有给娘家人什么特殊的权力，但是在向太后薨后，赵佶追念不已，特命向氏的两个弟弟向宗良和向宗回为开府仪同三司，分别封汉东郡王、永嘉郡王，自向敏中以上三代也破例追列王爵。

孟婵　宋哲宗赵煦皇后

□ 档案：

姓　　名：孟婵
生卒年：1076~1135 年
籍　　贯：洺州（今河北永年）
婚　　配：宋哲宗赵煦
封　　号：皇后
谥　　号：昭慈圣献皇太后

孟氏名叫孟婵，洺州（今河北永年）人。父孟彦弼，并不显赫，但是她的祖父孟元却曾官至眉州（今四川乐山）防御使兼军马都虞候。1092 年，她十六岁，由于出身名门，性情温柔贤良，因此被太皇太后高氏和向太后看中，认为她是母仪天下的合适人选，于是册立她为宋哲宗的皇后。贵为一国之母的皇后，一人之下万人之上的至尊地位，身为皇室成员，过着锦衣玉食的生活，享受万民敬仰，这样的生活是古代多少女人一生的梦想。然而，身为皇室成员就不免要卷入汹涌的政治斗争的湍流之中，历代帝王都是三宫六院七十二嫔妃，这众多的女人，哪一个不是国色天香仙女下凡的美貌？哪一个不是心较比干多一窍心机深重？想在这样的一群女人中脱颖而出，得到帝王的宠爱，不拼上身家性命又怎么能成事？再加上或明或暗的政治斗争，王朝的兴衰，有时她们的命运甚至比普通人的命运更难以预测和把握。能求得一生安稳算是好的结局了，否则就会很悲惨。宋哲宗的皇后孟氏的一生就充满了坎坷，她的一生都成为政治和后宫争宠的牺牲品，就算她端庄贤淑，温婉如玉，但政治斗争的漩涡始终把她裹挟在风口浪尖之上，一生可谓命运多舛。

"婚"不逢时

元祐七年（1092 年），赵煦已到了大婚和亲政的年龄，高太皇太后和向太后于是下令在百余名世家少女中选秀。经过认真挑选，与赵煦同岁的孟氏，由于生得文静，端雅贤淑，而且出身名门，同时被两位太后看上。两位太后亲自教她妇道礼仪，甚至一颦一笑、一举手一投足，都亲自言传身教。孟氏也是冰雪聪明，一学就会，不久宫中烦琐的礼仪，就都做得娴熟自如，优雅有度，于是这两个太后都决定立她为后，可是这件事情却没有得到新郎官的认同。新郎官不是别人，正是宋哲宗，是北宋皇帝神宗的儿子。神宗死后，他继位为帝，由太皇太后高氏临朝听政。所以，此时在朝堂上掌权的并不是宋哲宗，而是高太后，婚姻大事哪里容得宋哲宗说一个不字！于是这桩包办婚姻就这样在新郎反对、新娘不知的情况下定下来了。本来就对高太后掌权不满，现在连婚姻也来干涉，宋哲宗是恨屋及乌，还没有见面就已经开始对孟氏不满了，可是高太后已经发话了，这皇后是不娶也得娶啊。

高太后在历史上是有名的提倡节约型王朝的太后，一生也都很节俭，但是在孙子的婚礼这件事情上却无比大方豪华。高太后亲自出面，命翰林学士起草制词、召见台谏会同礼官，议定一套正规的册立皇后的六礼仪制。并组建了主持六仪的一套专班，成员都是来自内阁的各部长官，这阵容是非常强大的。皇家的大婚典礼，自是盛况空前。卤簿仪仗，导舆簇拥，百官宗室，列班迎候。笙乐喧天，钟鼓和鸣，赵煦就在文德殿册立孟氏为皇后。

到了洞房时刻，宋哲宗心里更是不开心了，为什么呢？人生四喜之一，新郎官怎么还愁起来了呢？原来，太史官查阅了大量的文献记载，认为五月十六日是个黄道吉日，是举行册礼大典的日子，皇帝和皇后一乾一坤，正是天和地、阴和阳的象征，此日交合，五谷丰登，国泰民安。但是，按道教的说法，这一天是天地交合之日，夫妻不宜同居。否则将损福折寿，宋哲宗比较信道教，所以心里颇感忌讳。再加上盖头揭去后，赵煦见孟氏姿容并非想象中的美艳，心里就有些失望，虽然高太后安慰宋哲宗说：得贤内助，是国家的幸事。孟氏能执妇道，足以胜任皇后的职责。可是宋哲宗赵煦对皇后的判词仍旧是：皇后有德，只恐无福，将来国家遭遇不幸，她怕是要承担责任了。这新婚之夜，新郎官就给新娘子下了这么一句判词，这婚姻生活能好吗？

可以说，孟氏这坎坷的皇家生活路，就此开端。谁举荐她做皇后不好，偏偏是让宋哲宗讨厌的高太后；什么日子结婚不好，偏偏要在这一日出嫁；嫁给谁不好，偏偏要在这个日子嫁给笃信道教的宋哲宗，可以说是"婚"不逢时啊。

本来就不喜欢皇后的宋哲宗，越来越疏离了皇后，但是也没到结仇的地步。直到元祐七年（1092 年）十一月，赵煦前往南郊祀天，大文豪苏轼担任卤簿使。突然在前行的路上，出现了十余辆红伞青盖的牛车（宋时宫人乘坐牛车），面对皇上的仪仗，也不回避。苏轼派御营巡检使上前查问，这一查不要紧，苏轼也吓出了一身冷汗，原来是皇后和高太后的女儿魏国大长公主。若是一般的百姓，苏轼定会给她定一个欺君罔上的罪名，即使不杀头流放也是免不了的。可是，这是皇后，清官还难断家务事呢，这两口子的事情，苏轼他一个外臣也掺和不起啊，两边谁也得罪不起，还是乖乖地汇报了事。于是，苏轼向哲宗汇报了此事。赵煦觉得憋气，还说皇后贤德呐，连皇家的规矩都不懂。与皇帝争道，皇后和大长公主也太不把自己放在眼里了。赵煦越想越气愤，当即就命苏轼在车中草拟了一道急就奏疏，快马牒呈给高太后。虽然高太后第二天便下诏整肃仪卫，但是这样一个裂痕还是留在了夫妻二人之间：你不就是有高太后宠爱吗？就敢不给我堂堂一朝真命天子九五之尊让路？那边的皇后就想了：不就是没有及时给你让路吗，就算你不宠爱我，我好歹也是名义上的皇后啊，在宫里你不宠幸也就罢了，到了皇宫外面这点面子也不留给我？

谁知还有更加不幸的事情等待着这位婚不逢时的皇后，那就是宋哲宗一纸诏书彻底结束了这段不逢时的婚姻。

事情的始末是这样的。绍圣三年（1096 年）九月间，不到三岁的福庆公主突然得病，孟氏病急乱投医，竟然允许了姐姐将符咒带入宫中，荒唐的是在女儿死之后，更是让各种宗教人士在宫内摆各种祭坛。一向对孟氏不满的刘贵妃终于抓住机会置孟氏于死地。对哲宗大吹枕头风，添油加醋，捕风捉影，说皇后在诅咒赵煦，还拿出纸钱作为"证据"，说孟氏的目的是要把五月十六日结婚的不吉利的运气转嫁到赵煦头上。这可是宋哲宗赵煦的一块大心病，赵煦听到这些挑拨之言后，不禁触动心病，宁信其有，不信其无，勃然大怒。于是宋哲宗拿出皇帝的威严，下令入内押班梁从政、勾当御药院苏圭，到皇城司立案审查。

于是孟皇后的养母燕氏、尼姑法端与供奉宦官王坚等三十余人被逮捕。赵煦命侍御史董敦逸复审。董敦逸见宦官、宫女们一个个遍体鳞伤、血肉模糊的样子，就知道这是屈打成招。可是真相却又没有那么容易在短时间内查明，也没有足够证据证明孟皇后的黑或者白，董敦逸疑惑满腹，也不知道自己该如何下笔。宰辅等人见他犹豫，就向他施加压力，甚至威胁恫吓。董敦逸权衡利害，立场发生了动摇，只求明哲保身，遂将原案（伪造的供词）奏呈皇上。哲宗赵煦于是立即下诏，废去孟后，说："皇后孟氏旁惑邪言，阴挟媚道，废居瑶华宫，号化阳教主，玉清妙静仙师，法名冲真。"

宋朝的历史有一个很奇特的现象，就是皇后被废之后，直接就是被废为道姑，不知道这是帝王们的什么用意，是让已经被自己所废的皇后在出家的时候有时间为自己念经来祈祷自己长命百岁吗？不管这用意是什么，随着这一纸诏书，两个人的婚姻结束了。

宋代的"女胤礽"

说起孟氏，大家可能不熟悉，但是说起康熙帝的二儿子胤礽，大家绝对是知晓的，这个一生经过二立二废的"皇太子"，历来是谜团较多的一位皇太子。说孟氏是宋代女版胤礽，是因为，在孟氏这充满坎坷的一生当中，也曾经历过数次废立，不过胤礽终究还是比孟氏幸运的，因为就算胤礽在宗人府里面受到囚禁，但是在宗人府外毕竟还有康熙帝为他牵挂，可是几次被赶出皇宫的孟氏，却是无人问津，更谈不上有何人能够牵挂于她。

一立：元祐七年（1092年）四月，在高太后的支持下，孟氏被立为皇后。

一废：绍圣三年（1096年），在刘贵妃等人的挑拨下，孟氏被废，并被赶出寝宫，居瑶华宫。孟皇后居住的瑶华宫，名为宫，实际上只是几间透风漏雨的破屋子，围成一处小院，杂在街巷之内。孟皇后一夜之间高峰变深谷，从母仪天下的皇后到沦落为凡尘的平民，更何况她一直身处于富贵的环境中，在强烈的前后生活反差之下，心里的失落和悲苦尤为沉痛。在这里，她不能随便走动，一举一动都有人监督，形同软禁。自然没有人敢与她往来。更可笑的是，那些在瑶华宫周围摆摊小贩们的叫卖声，也会无辜受她株连。据《鸡肋集》记载，汴京城里有个卖饼子的商贩，他吆喝时，拖腔吆喝："亏便亏我也！"每逢来到瑶华宫附近，总要如此吆喝。不料这日倒霉，才吆喝了几声，就被抓进了监狱。原来官差以为他说"亏便亏我也"是明目张胆地为孟氏叫屈鸣冤，这小贩也是，你在哪里吆喝不好偏偏在这里吆喝，你吆喝什么不好，偏偏吆喝这个歧义句，最终这小贩吃了官府一百大板，此后再不敢如此吆喝了。

二立：徽宗赵佶即位，向太后垂帘听政，下诏接孟皇后回宫，向氏当年和高太后一起举荐孟

青玉鹤衔枝佩　北宋

氏为皇后，如今再下诏把她召回，也是情理之中。但是，因为刘氏已被尊为元符皇后，所以只能尊孟氏为元祐皇后。

二废：崇宁元年也就是 1102 年，向太后薨，赵佶改元"崇宁"。先是，昌州判官冯懈上书，主张解除孟氏的位号，接着是御史中丞、殿中侍御史等人又联合上书，言辞恳切："韩忠彦、曾布听信布衣何大正的狂言，复立瑶华宫废后，当时议论就已汹汹，就连远方小臣都至阙上书，忠义激切，坚决反对，现在应断以大义，不要受流浴非正之论的牵制，有累圣朝之德。"宋徽宗就没有好好思考一下，地方小小官吏认识这孟氏吗？根本连见面的机会都没有，哪有什么弹劾的资格？明明就是有人在胡编乱造。重量级的选手还是孟氏的老对头——刘氏。元符皇后刘氏更是从旁煽风点火，再次兴风作浪，与蔡京内外勾结，逼徽宗下诏废去孟皇后。就这样，孟氏被再次贬居宫外的瑶华宫做女道士，号为妙静仙师。

三立：北宋靖康二年也就是 1127 年农历四月的时候，侵宋的金兵立当时的张邦昌为新皇帝后北返。剩下的事情，金兵就撒手不管了。这个时候家不家国不国的，赵氏皇族大部分人也都被金兵掳去了北国，做了阶下囚。此时，就有人想起了孟氏，这位曾经的皇后，更由于她特殊的身份，已经是皇室里唯一有号召力的成员了，虽然已经被废了两次，但是可以两废两立，那也不差这三立了，于是张邦昌听取了大臣吕好问的意见，重新迎元祐皇后孟氏入延福宫，而且她也重新被宋臣尊称为元祐皇后并请她垂帘听政。

四立：北宋靖康二年五月的时候，康王赵构在南京即位，是为高宗。同日，元祐太后在京城宣布撤帘还政。后来元祐太后离汴南下，她被赵构尊奉为隆祐太后。公元 1135 年春，孟太后患了风疾，死于越州行宫，终年五十九岁。谥号"昭慈圣献皇太后"，葬于宋六陵。

一代慈母贤后

孟氏虽然一生没有得到宋哲宗的宠爱，但是在短暂的夫妻缘分里，孟氏生下一个女儿，这个女儿虽然只活了两年，与孟氏只有两年的母女情缘，但是，孟氏的一生却都与这个女儿有这千丝万缕的联系。

元祐八年就是 1092 年，孟氏入宫的第二年生了一个女儿，唤作福庆公主，然而宋哲宗不宠爱孟氏，孟氏只得与女儿静静地厮守空房，"朱颜未衰恩先断，斜倚纱笼到天明"。就这样清冷度日也好，然而，宫闱无情，若是母女可以就这样安稳度日也不错了，可天总是不跟随人的心愿。

绍圣三年（1096 年）九月间，不到三岁的福庆公主突然得病。经多方医治，不见好转。而皇宫中的御医们又都是束手无策，于是爱女心切的孟皇后就有些病急乱投医。恰巧此时京城里新来了一个道士，善能书符治病。颇懂医理的姐姐，以前也曾治好过孟氏的急症，这次被召进宫为外甥女治病，可是她也没有起死回生之术，遂出宫去延请名医，她听说了这道士，于是便向道士求了书符咒水，带入皇宫为公主治病，所以实际上把符咒带进皇宫不是孟氏，而是皇上的大姨子，可是承担这恶果的却是孟氏，但是为了救自己唯一的女儿，孟氏也豁出去了。等哲宗闻讯来看望女儿时，孟皇后还是有些害怕，还是向宋哲宗一一说明了。宋哲宗当时并未介意，也觉得不妨一试，说："此乃人之常情，做父母的，哪能不操心儿女的健康呢？"但是孟氏仍旧当着赵煦的面将符咒烧掉了。

在《宋史·后妃列传·哲宗昭慈圣献孟皇后》中这样记载了这件事情："会后女福庆公主疾，后有姊颇知医，尝已后危疾，以故出入禁掖。公主药弗效，持道家治病符水入治。后惊曰：'姊宁知宫中禁严，与外间异邪？'令左右藏之。俟帝至，具言其故。帝曰：'此人之常情耳。'后即热符于帝前。"原本这件事情得到了宋哲宗的许诺也就过去了。可是谁知小公主福薄，后来医治无效就死去了。孟皇后万分悲痛，也许是爱女心切，一时失去理智，竟一反常态地允许道士在后宫大张旗鼓地做祈福法会，开水陆道场，为女儿的亡灵祈福。也正是因此，让刘贵妃得到机会，刘氏捕风捉影在宋哲宗面前搬弄是非，宋哲宗一气之下，就将孟氏废掉，让她出家。若不是因为爱女心切，孟氏就不会乱投医，也不会让刘氏找到机会。但是，常言道福祸相依。也正是因为自己成了废后被赵氏王朝赶出皇宫，才躲过一劫。

宋靖康二年也就是1127年的时候，金兵攻陷了当时北宋的都城汴京，大抢一番之后，便把当时的徽宗和钦宗两位皇帝和三千多后妃、皇子、公主，以及那些皇亲国戚掳往北国。这就是当年的"靖康之耻"，北宋也随之亡国了。而这一次的孟氏，又一次被幸运之神照顾了一下，由于被贬居宫外已经二十多年的时间了，所以在皇室的名册之上已经被除了名，就是皇室成员中并没有孟氏这个人了，所以孟氏在这场浩劫里，幸免于难，奇迹般地保全了自己，没有被金国掳去。孟氏晚年，经常回想起与自己仅有两年母女缘分的福庆公主，由衷叹息："我一生因祸得福，都是因为她，她确是我的救星啊！"

孟氏对自己唯一的女儿几乎是倾尽生命去爱，这是作为一个母亲的天性，然而，作为一位皇后，她的贤德也是值得称颂的。

北宋靖康二年，侵宋的金兵立当时的张邦昌为新皇帝，之后北返。剩下的事情，便撒手不管了。此时的宋朝已经不复存在，赵氏王族也都跟金兵去了北国，做了阶下囚，谁还能有这个号召力呢？此时，有人想起了孟氏，这位曾经的皇后，更由于她特殊的身份，已经是皇室里唯一有号召力的成员了，于是张邦昌听取了大臣吕好问的意见，重新迎孟氏入延福宫，而且她也重新被宋臣尊称为元祐皇后并垂帘听政。孟氏在北宋危难的时候毅然地挑起了重担，在这段时间里她最主要的事情就是收拾由于金兵入侵给百姓和官员带来的严重的灾难，以及稳定朝中的政治还有国人的心。更重要的事情是她在积极地寻找北宋逃过此劫难的皇室后人——康王赵构。在孟氏听政之后，她便立即派遣尚书左丞为奉迎使，执诏书到济州去迎接因出使而同样逃过一劫的徽宗九子康王赵构，请他即皇帝之位，是为南宋高宗。正是孟氏在这危急时刻保住了赵氏王族的皇权，没有让宋王朝的历史在北宋灭亡的时候就终止。后来，护卫统制苗傅、刘正彦发动政变，拥立三岁的皇太子为帝，并企图让孟太后听政，被孟太后拒绝。不久，韩世忠、张浚等平息兵变。孟氏的不恋权又一次得到了最大的体现，在这一点上，她也得到了高宗皇帝和朝臣们的尊敬和爱戴。赵构对孟氏的眷顾之情感激涕零，尊孟氏为隆祐太后，礼之如母，特别是后来孟氏晚年患病，赵构经常几日几夜衣不解带，在她的床边侍疾，足见赵构对她的爱戴。

在历史上，后宫争宠是在所难免的，但是，孟氏为了顾全大局，却从未与其他嫔妃一争长短，甚至有些时候委屈自己，尤其是对刘氏的忍让，真可谓大度。孟氏被废后，很大程度上是刘氏一手策划的，但是当孟氏受到向太后的支持而复位的时候，她并没有报复刘氏，足见其胸襟广阔。要知道刘氏可没少刁难这位贤德的皇后。

这位刘氏是在宋哲宗十四岁那年，以招收"乳母"为名，秘密招进宫的。刘氏不但貌美，而且才艺双绝，很快被封为婕妤。刘氏很会揣摩哲宗的心意，又能曲意加以侍奉，所以哲宗面对美人言听计从。因为得到皇帝的专宠，刘氏恃宠成骄，孟皇后她也不放在眼里，经常冒犯皇后，见面也不循礼法。绍圣三年，孟皇后率诸嫔妃等朝拜景灵宫，礼毕，依礼只有孟皇后可以就座，诸嫔妃只能站在一边恭敬地侍立。刘婕妤不但不肯侍立，反而独自退至帘下拈花。孟皇后侍女陈迎儿口齿伶俐，高声喊道："帘下何人不肃立？"刘婕妤听了，不但不过来，反而还以颜色，双目冒火，似乎要将陈迎儿燃为灰烬，接着扭转身躯，竟然背对孟皇后。公然藐视之态，形之于色。陈迎儿还想再说，孟皇后示意她就此打住，孟皇后虽内心不快，却为了顾全大局并没有发怒。孟皇后返宫后，刘婕妤脸上犹带三分怒意。后来冬至来临，后妃依例要到隆祐宫谒见向太后，有人捉弄了刘氏，刘氏诬赖皇后，宋哲宗虽然不相信，但是对皇后的感情却越加冷淡了。

然而，面对刘氏一次次的诬赖和顶撞，孟氏始终为了顾全大局，不曾记恨在心。孟氏这一生不与人争宠，不谋取权力，在北宋的皇宫中也算是一代贤后了。

刘清菁　宋哲宗赵煦皇后

□ 档案：

姓　名： 刘清菁
生卒年： 1079~1113 年
籍　贯： 不详
婚　配： 北宋哲宗赵煦
封　号： 皇后
谥　号： 昭怀

刘清菁，籍贯不详，宋哲宗赵煦的皇后。刘清菁"明艳冠后庭，且多才多艺"。因此得到哲宗的盛宠，嫉妒心强烈的刘氏仗着宋哲宗对自己的宠爱，一再不顾后宫礼仪对皇后孟氏屡次冒犯，一再不顾后宫不得干涉朝政的家法，与奸臣勾结残害忠良，虽然她爬上了皇后的宝座，但是最终众叛亲离人人不耻，她是北宋王朝唯一一个自缢而死的皇后。她一生爱慕权势，千方百计踏上皇后的宝座，可是手段极其低劣，她一生酷爱争风吃醋，到了晚年却晚节不保，她既没有武则天的魄力，也没有曹皇后的贤德，不是毒后更不是贤后，说是一代愚后，可能会恰当一些。

与皇帝的"母子恋"

元祐初年，十四岁的宋哲宗秘密派人外出物色美艳的女子，说是宫中需要一个乳母。身为帝王，三宫六院什么样的女子没有，怎么还要去民间找美艳的女子，就算去民间寻找美艳的女子也可以大大方方的选秀就是了，皇上选秀又何必秘密？原来，此时真正掌握朝政的是高太后，宋哲宗年龄刚刚十四，为了好好保护宋哲宗，高太后想出一个办法——在他身边安排了二十名年龄在四五十岁以上的老宫女负责照料他的日常生活。小皇帝天天与这些老态龙钟的婆婆们待在一起，怎么会满足？于是才有了"乳母"这一说，名义上是为神宗的公主找乳母，实际上是为宋哲宗寻找侍妾，就这样，宋哲宗与刘氏的爱情，就在乳母与义子的名义下如胶似漆地开始了。这宫中规矩多，人也多，人一多嘴就杂了，十四岁的皇帝就开始沉迷女色？这话传到大臣耳朵里，这还怎么得了？于是大臣们纷纷上奏章，其中礼部侍郎兼侍讲范祖禹说：皇上年方十四，不该是亲近女色的时候，劝皇上进德爱身，又请高太后保护好皇帝，言辞十分激烈。左谏议大夫刘安世也上书批评，高太后见大臣们反对这么激烈，如果不快些解决这件事情，怕大臣们以此为理由废了这小皇帝。毕竟，在历史上孤儿寡母失掉江山的事情太多了，宋太祖不就是从柴氏孤儿寡母手中得来的大宋江山吗？于是，高太后一方面替自己的孙子解释：刘安世上书中所言宫中找乳母，这不是官家的要求，乃是神宗的一个小公主需要喂奶。官家常在我榻前阁内就寝，在我的眼皮子底下，哪儿会有这种事发生？另一方面，高太后颇有贾府王夫人的架势，只是王夫人翻检的是大观园。高太后开始翻检宋哲宗的寝宫，她把伺候赵煦的宫女轮番叫去审问训斥，宫女一个个吓得要命，哭红肿了眼睛。见着宫女们这番景象，赵煦开始害怕起来。刘氏不但姿色超群，容貌明艳冠于后宫，而且能诗善文，稍具才气，自己担惊受怕、偷偷摸摸把这么个色艺双全的刘氏弄到手，岂能就这样被这高太后赶出宫。不过，高太后没有王夫人那么决绝，她并没有深究，这件事情就算过去了，经过高太后这么一翻检，宋哲宗对刘氏不但没有疏远，反倒更加宠爱了。等到高太后死后，两个人就开始明目张胆了，刘氏这位乳母也一下子降了辈分，却升了身份，由一个名义上的奴才乳母，升级为御侍，地位逐步提高，很快由美人晋升为婕妤、贤妃，最终踏上了皇后的宝座。

恃宠而骄，屡违宫规

这位刘氏，可以说是北宋历代帝王妃子中最受宠的一个，宋哲宗宠爱她到什么地步呢？据史料记载，绍圣二年（1095 年）九月，赵煦祭祀明堂，斋宫中的生活就由刘氏侍奉。祭祀结束后，赵煦又带她去大相国寺游玩，且用教坊奏乐，大吹大擂，好不气派，惹得汴京百姓群出观看。皇上撇下朝政不管，带着她去游山玩水，游山玩水尚可接受，但是就连去祭祀明堂也要带着她，可见已经到了寸步不离、分秒离不开的地步。虽然，宋哲宗这样宠爱她，可是因为这个时候由高太后做主册立的孟皇后还在，而且孟氏还为宋哲宗生下了公主，哲宗格外地喜爱这个小公主。嫉妒心极为强烈的刘氏，在心里把孟皇后杀了几万次。但是，孟皇后就算与皇上感情不和也不得宠，毕竟是皇后，自己也不能轻易下杀手，于是，就在小事情上处处欺辱孟皇后。

相传，绍圣三年，孟皇后率诸嫔妃等朝拜景灵宫，礼毕，依礼只有孟皇后可以就座，诸嫔妃只能站在一边恭敬地侍立。当时还是婕妤的刘氏不但不肯侍立，反而独自退至帘下拈花。侍女陈迎儿高声喊道："帘下何人不肃立？"刘婕妤听了，不但不过来，反而还以颜色，接着转过身，竟然背对着孟皇后。公然藐视之态，形之于色。明明是自己违背皇宫的礼数，反倒怪罪善良谦厚的孟皇后。

绍圣三年冬至，孟氏又率众到隆裕宫拜谒向太后，向太后尚未升殿，大家原本在这里等候，突然有人喊"太后驾到"。于是孟皇后与众嫔妃相率而起，哪知等了片时，太后的身影并未出现，后妃们又都坐下等候。刘婕好也随着坐了下去，不料她的椅子已被人悄悄搬走，她一屁股坐空了，结结实实地摔了一个四脚朝天。原本，刘氏是想借着自己坐着朱漆金饰的椅子这件事情来告诉孟皇后和众嫔妃，我刘氏和你们是不一样的，与皇后可以平起平坐。谁知道现在是威没有树立起来，脸倒是丢光了，满脸通红，可是太后还在宫中，自己也不能发作，明知道被别人捉弄了也不能发作的样子，让众嫔妃见状齐声哄笑，孟皇后也忍俊不禁。

这时外间忽传哲宗驾临，刘婕好借机赌气，不去迎驾。刘婕好只是哭闹，似有满腹委屈，只是不肯诉说。她哭得非常真切，宋哲宗很是心疼，连声问是何人惹她生气。一太监随即在一旁跪奏，陈述大概，最后断定这是出于皇后的阴谋。如此谎言，就连哲宗也有些不信："皇后循谨有礼，断不会有此等失仪之事。"刘婕好反唇相讥说："既非皇后，那是贱妾失仪了。陛下干脆撵妾出宫好了。"刘婕好伏在哲宗膝上，玉肩抽搐，娇啼如梨花带雨，好不惹人怜爱。宋哲宗怜惜异常，免不得软语温存，又赏赐丰厚，答应为她解气，刘婕好始微露笑容，但是却对自己越礼坐皇后椅子的事情只字不提，明明是自己越礼，气焰太嚣张，过于张扬跋扈引起别人不满才遭别人戏弄，却把这件事情全部诬赖在孟皇后身上，目的只有一个——取而代之。后来刘氏勾结奸臣，利用宋哲宗的心里禁忌，编造谣言，终于让宋哲宗废掉了孟皇后。可惜，孟皇后被废掉以后，她也没有如愿被立为皇后，只是晋升为贵妃，但是离皇后也只是一步之遥了。

一代愚后，后人不耻

元符二年（1099年）八月，刘氏生下赵煦平生唯一的儿子，于是赵煦决定在九月诏立刘氏为皇后，但是遭到了群臣的激烈反抗。第一个站出来也是反对最激烈就是右正言邹浩，他说："立皇后以配天子，乃是为天下择母，怎能不慎？但今天立的竟是刘贤妃，一时公议，莫不疑惑。当年郭皇后与尚美人争宠，仁宗既废皇后，又斥美人，以示公正。再立皇后就不从嫔妃中选择，而是别择贤族，以求避嫌，这应当为天下后世所效法。孟氏被废之时，天下谁都清楚是贤妃之所为，臣等听到陛下慨叹，以为国家不幸，人们遂释然不疑。现在这样做，岂不上累圣德！臣见诏书所说，不过称其有子，还引用永平、祥符之事作为依据。臣以为若说有子便可立为皇后，那么永平时马贵人并未有子，所以得立，是因为德冠后宫；祥符刘德妃也并未有子，能为皇后，是因为出身钟英甲族。并且永平贵人乃马援之女，祥符德妃亦无废后之嫌，与今日事体大相径庭。去年冬天，刘贤妃从享景灵宫当天就雷变甚异，今日宣诏之后，又霖雨飞雹，自奏告天地宗庙以来，阴霾不止。天意昭然，望停止册立，别选贤族。"这一大篇议论总结起来就是说，刘贤妃并不是贤德之人，连上天也不同意立她为后，您这九五之尊也不能违背天意，不能立刘贤妃为皇后。谁知这一番话，不知怎么就被刘氏知道了，在刘氏枕边风的作用下，糊涂的宋哲宗第二天就下令将邹浩除名，发配新州（今广东新兴）羁管，同时受到牵连的还有宗正寺簿王回、尚书右丞黄履。

更惨的是，在等到向太后和朱太妃相继去世后，刘氏就勾结当了宰相的蔡京再次向邹浩、孟氏进攻，定要赶尽杀绝。刘氏为了加罪邹浩，在崇宁元年（1102 年）五六月间，授意蔡京找人伪造了一份谏章。同时，蔡京又根据刘氏的指使，平白伪造了一份刘氏在元符二年申辩自己并没有杀卓氏、夺其子的表章，连同伪造的邹浩谏章一起交给了徽宗赵佶。赵佶也昏庸至极，竟信以为真，勃然大怒，在崇宁元年闰六月下达一道诏令说："朕在元符末年，就知道皇后确实为哲宗皇帝生育了越王，但奸人造谤，竟说不是皇后所生。等到朕阅览臣僚旧疏，恰好见到了皇后当时的申诉表章，事实确凿，皆有明证。从哪里来的人，能入宫禁私行杀母夺子？朕为人之弟，岂能使沽名之贼臣，害友恭之大义，诋毁欺罔，罪莫大焉！邹浩应予重责，以戒为臣之不忠者。今将其原奏劄子及元符皇后的诉章，宣示中外。"邹浩被贬为衡州别驾，押赴永州（今湖南零陵）安置。

崇宁二年（1103 年）二月，刘氏被尊为皇太后，住处定名为崇恩宫。到了此时，她的权力欲望越来越强烈，竟然开始干涉朝政。宋徽宗对她开始不满，但是一时之间也无计可施。天作孽尤可活，自作孽不可活，耐不住寂寞的刘氏，做出了偷奸养汉的勾当，晚节不保，宋徽宗就和大臣商议，将刘氏除去尊号。失势的刘后，还不知道收敛自己的气焰，依然张扬跋扈，对待下人更加苛刻，于是，下人们也拿她偷奸养汉的事情讽刺她，刘氏羞愤不堪，无地自容。政和三年（1113 年）二月，盛极一时的刘氏在卧室自缢身亡，终年三十四岁。

王氏　宋徽宗赵佶皇后

□ 档案：

姓　名：王氏
生卒年：1083~1108 年
籍　贯：开封
婚　配：宋徽宗赵佶
封　号：皇后
谥　号：初谥靖和，后改谥惠恭

王氏，开封人，德州刺史王藻之女。共生育宋钦宗赵桓和崇国公主两个孩子，初谥靖和，后改谥惠恭，葬于裕陵之侧。

元符二年（1099 年）六月，时为端王的赵佶与王氏结为夫妻，当时王氏正是二八妙龄最美丽的年华，结婚后王氏被封顺国夫人。

元符三年（1100 年）正月，赵佶登基为帝，王氏也顺理成章地被册立为皇后。

当皇后是古代每个女子的梦想，可是身处皇后宝座的王氏却并没有感觉到幸福。

王氏虽然出身名门，但是遗憾的是她的相貌一般。赵佶是历史上有名的风流皇帝，对王氏又怎么会宠爱？在皇宫中没有皇帝的宠爱，这皇后的头衔也是虚名一个。宋徽宗不但不宠爱王氏，甚至还怀疑王皇后的品德。虽然身为皇后的王氏从来不摆架子，但是她毕竟坐在皇后的宝座上，自然成为觊觎皇后宝座的人的眼中钉肉中刺，古语有云：枪打出头鸟，树大招风。王氏被宦官杨戬在宋徽宗面前告了一状。宋徽宗虽然不宠爱王氏，但是也不能接受皇后红杏出墙，于是不管事情的真假，直接就命令刑部调查此事，最终也没有找到证据证明王皇后有失德之处。

不被宋徽宗宠爱也得不到宋徽宗的信任，王皇后已经很悲惨，可是，得宠的郑贵妃，还是不肯放过王皇后，经常与其他的嫔妃嘲讽王皇后不得宠。王皇后为了大局着想，却从来不与其他的嫔妃计较。

大观二年（1108 年）十月，王氏病死，年仅二十五岁。王皇后秉性恭俭，老实端庄，在历史上没有值得称赞的政绩，但是她宽广的胸怀值得后人敬佩。

郑氏　宋徽宗赵佶皇后

□ 档案：

姓　名：郑氏
生卒年：1079~1130 年
籍　贯：开封
婚　配：宋徽宗赵佶
封　号：皇后
谥　号：显肃

郑皇后，宋徽宗赵佶皇后。郑皇后在北宋的历史上是升迁最快的一位皇后，也是遭遇最为悲惨的皇后。郑皇后的出身并不是很高贵，她的父亲郑绅，一开始是一个直省官，后来郑氏做了皇后，她的父亲才被封为太师、乐平郡王。

大观四年（1110 年）十月，郑皇后入主中宫，成了皇后。

宣和七年（1125 年）冬，郑氏被尊为道君太上皇后，迁居撷景西园。

靖康二年（1127 年），郑皇后和宋徽宗被金国军队俘虏，被押解北国。从高高在上的皇室成员变成了敌国的阶下囚。

建炎四年（1130 年）九月，死于五国城，终年五十一岁。

绍兴七年（1137 年），南宋王朝才闻知了她的死讯，谥号"显肃"。

绍兴十二年（1142 年），郑氏与赵佶的梓宫运回南宋，两人合葬于会稽永佑陵，终于回到了自己的国家，但却是受尽金人欺辱命丧黄泉之后回到的故国。

飞上枝头变凤凰

据史料记载，郑皇后最初只是向太后的侍女，一个小小的侍女最终却成一朝飞上枝头做凤凰，这还要依靠向太后的大力提拔。

向太后身边有两个极为得力的助手，其中一个就是郑皇后。向太后虽然在历史上没有留下太多的记载，但是确实是一位有作为的皇后，她的心机和才能是不言而喻的，能成为这样人物的得力助手也必定不是等闲之辈，由向太后就可以对郑皇后的才能学识胆魄推测一二。原本在太后身边听差，是难以得见天颜的，郑皇后也没有想过自己会坐上皇后的宝座。直到当时还是端王的宋徽宗出现在她的生命里。

郑皇后深知自己如果不想一辈子只做一个小小的宫女的话，就要把握住这位端王，于是每次端王到向太后这里请安，郑皇后就眉目传情，郑皇后颇有姿色，宋徽宗又是历史上有名的风流天子，怎能不起火花，向太后又怎会不知这二人的绵绵情意？于是干脆就爽快地吩咐郑皇后和后来的王皇后共同服侍宋徽宗，直到宋徽宗正式登基即位之后，向太后才将郑皇后赐给宋徽宗。

风流成性的宋徽宗，终其一生不知道爱恋过多少个女子，任何后妃，无论她怎样得宠，守着赵佶这样一个多情的君主，都不可能得到皇帝专一宠爱的待遇。赵佶爱恋的女子数不清，都各领风骚，得一时的专宠，为何单单将郑氏立为皇后呢？有学者分析有以下两点原因：

芙蓉锦鸡图 北宋 赵佶

第一，郑皇后比较有才气，文采突出，这与文人气质极为浓厚的宋徽宗颇为投契。郑氏天资聪颖，过目不忘，善于词工。自入宫以后，很爱读书，由此能识字解文，以有才气著称，给皇帝的章表都是她自己亲自下笔写成的，文辞也很优美。赵佶自命儒雅，身上的文人气质很浓。于是，对才貌双全的女子也格外欣赏，两人还常常写一些情词艳曲互相唱和。文人讲求知己二字，在文学上两个人能互相应和，这也许是宋徽宗最眷恋郑皇后的原因吧。据传当年，宋仁宗被废的郭皇后因为一首应和之诗让宋仁宗念起早年的夫妻情分，只是可惜郭皇后福薄，就在宋仁宗准备接她回宫之时，暴病而亡了。可见，北宋的帝王们，唯独对会吟诗作画的女子情有独钟。

第二，郑皇后善于使用美人计。历史上的宋徽宗是出了名的风流皇帝。相传郑皇后对此不但不吃醋，反而经常向宋徽宗举荐姿色艳丽的女子。这叫作投其所好，所以宋徽宗对郑皇后宠爱有加。这个说法也是有一定道理的，韦贵妃不就是乔贵妃推荐给宋徽宗的吗？可见当时这种姐妹互相推荐是很平常的事情，也是宋徽宗比较喜欢的事情，于是郑氏的地位很快提升，几个月间就从贤妃晋封为淑妃，又晋封为贵妃，大观四年（1110

年）十月正位中宫，成了皇后。至于郑皇后受宠的原因，史学界也没有统一的看法，但是郑皇后的聪明确是大家公认的。

过河拆桥的郑皇后

郑皇后不是贵族出身，不够高贵的出身对郑皇后来说可不是什么优势，所以郑皇后一直在想办法提高自己的出身——那就是找一些出身高贵的人拉亲戚，往人家的家谱里面挤。据史料记载，有一个姓郑的开封人叫郑居中，刚考中进士，当了礼部员外郎，本来他与郑氏只是同姓而已，最多也就是五百年前是一家，可是他到处自称是郑氏的叔伯兄弟。郑氏听说了，居然默认了这种关系，并且向赵佶竭力引荐，很快使郑居中升为同知枢密院事。这样一来，自己好歹也和进士是同族了。

大观四年，郑居中因与蔡京钩心斗角，这时郑氏刚刚当了皇后，政治斗争可是说不清的，可能一步登天也可能一脚落地，此时的郑皇后可不希望这风云变幻莫测的政治斗争给自己惹上什么麻烦，于是对赵佶说："妾回娘家省亲，见居中与父亲相往来，人们都说他在招权市贿，应该加以禁绝，并允许御史弹劾。"结果，郑居中宰相没当上，反而被罢为观文殿学士，可怜的郑居中做宰相的梦想也只能是梦想了，他万万想不到当年与自己结盟的郑皇后会单方面毁约，而且是在自己毫不知情的情况下给自己来了一石头。

当然也有人说郑皇后是一位贤后，册为皇后时，有司要给她制作一套新的冠服，她推辞说：如今国用不足，财政有困难，制作新冠，费用很多，请求把当贵妃时用的旧冠改制一下就行了。无论郑皇后的话真心还是假意，这笔开支确实是省下来了。

末代皇后的人生末路

政和七年（1125年）冬，金兵南犯，北宋王朝灭亡几乎就是一夜之间的事情，赵佶不想做亡国之君，急急忙忙禅位于太子赵桓，被尊为教主道君太上皇帝，迁居龙德宫，郑氏被尊为道君太上皇后，迁居撷景西园。但是此时至少还没有亡国，至少自己还是一个皇太后，郑皇后一生最凄苦的日子，是从靖康元年就是1126年开始的。从这一年开始，郑皇后先是在各地流亡。好不容易敌人撤兵了，以为自己可以安度晚年了，谁知竟然亡国了，堂堂的大宋太后成了阶下囚，这还不是最惨的，最惨的是堂堂的大宋太后成了妓女，更惨的是，在有生之年都没有回到宋朝，与韦贵妃比起来，郑皇后的结局比较悲惨。

靖康元年二月初，金兵从汴京城下撤走，郑氏决定回京。赵桓亲自到郊外迎接郑氏，安置到了撷景园改名的宁德宫，称为宁德太后。郑氏深受感动，写信告诉了赵佶。赵佶遂打消了顾虑，回到汴京，依旧住在龙德宫。

靖康元年闰十一月二十五日，金兵攻破汴京。

靖康二年二月初六，金人掳宋宗室，赵佶、赵桓两个皇帝自然免不了是要被废掉的。郑皇后一个弱质女流也只能任人摆布。可是郑氏的父亲郑绅作为宋徽宗的老丈人却得到了赦免。原来郑氏不愿意父亲受自己连累，大胆去找金军统帅粘罕，说道："臣妾有罪，自该随上皇北迁。但臣的家属未尝干预朝政，敢请元帅开恩留下。"粘罕点了点头，果然派人把郑绅送回了城中。金将对郑绅说："你女儿很会说话，进退有法，容止雅丽，所以元帅才特别开恩的。"从这一点上看，郑皇后还是很有胆识的，只是英雄已近末路，无力回天了，再怎么有胆识，郑皇后还是被押往了北方，受尽屈辱而死。

朱琏　宋钦宗赵桓皇后

□ 档案：

姓　名：朱琏
生卒年：1101~1127 年
籍　贯：汴京（今河南开封）祥符
婚　配：宋钦宗赵桓
封　号：皇后
谥　号：仁怀

朱琏，汴京（今河南开封）祥符人，其父亲朱桂纳（字伯材）官至武康军节度使。北宋徽宗政和六年（1124 年）六月，宋徽宗亲自主婚，由于赵桓当时还是太子，所以册封朱氏为皇太子妃。朱氏一共生有一男一女，北宋徽宗政和七年（1125 年）十月，朱氏生下一子，取名赵谌。

贞洁皇后

朱皇后在靖康之难中，是唯一一个以死明志的皇室成员。在靖康之难之时，上至宋钦宗宋徽宗，下至皇室成员，没有几个人有勇气去死，在金国苟且偷生。金军把宋皇室成员押解到北国之后，竟然要求皇室成员行"牵羊礼"。金人是游牧民族，牛羊被视为这个民族最为宝贵的财产，另一方面，牛羊也带有私有的色彩，具有奴隶的性质。这个所谓的牵羊礼，就是把宋皇室成员当作牛羊一样献给金人的祖先，这是明显的侮辱。更加野蛮的事情是，金人竟然让所有皇室成员裸露上身，北宋是一个礼仪之邦，这让后妃们很难接受。更灭绝人性的事情是，金军把皇室女性成员都关入金军的官方妓院。这让贞烈的朱皇后实在无法接受，于是朱皇后以死明志。朱皇后在死前说道："东京城破之时，臣妾不能身殉社稷，已是大错。今日虽尚未受虏酋玷污，又有何面目苟活于人世？臣妾死后，可将手帕蒙面，掘土埋葬，不可立墓。臣妾便是在九泉之下，亦是羞见大宋的列祖列宗，羞见自家祖宗！"她还有两首表达面对国破家亡身受侮辱而极度悲苦烦闷的诗：

幼富贵兮绮罗裳，长入宫兮奉尊斝。
今委顿兮沉落异乡，羞造物兮速死为强。
昔居天上兮，珠宫玉阙；今居草莽兮，青衫泪湿。屈身辱志兮，恨何可雪；誓归泉下令，此愁可绝。

最终，朱皇后趁众人不备，投入冰冷的湖水而死，年仅二十七岁。按照朱皇后的遗愿，没有为她立墓碑，在她的脸上盖了一方手帕，葬在湖水旁边。事后金太宗特地下诏追封她为靖康郡贞节夫人，称赞她"怀清履洁，得一以贞。众醉独醒，不屈其节"。虽然金太宗给她这样的封号，但是朱氏终究是死在异国他乡，无法落叶归根，这终究是一个遗憾。

善良的皇后

北宋钦宗靖康元年（1126年）底，金兵第二次包围汴京。不知道为什么那一年的天气特别寒冷，北宋的士兵很多被冻死，朱皇后很是焦急，于是她带领后宫的嫔妃们亲自给广大士兵织围脖，虽然围脖很小，但是足见朱皇后的善良。

据说朱氏不但貌美且工于诗画，尤其擅长山水花鸟作品，在作品上使用"朱氏道人"的名称，可惜的是流传于后世的只有上文提到的两首诗。

姐妹情，妯娌义

北宋徽宗政和七年（1125年）十二月二十四日，赵桓即位，是为宋钦宗，朱氏被立为皇后，其父被追封为恩平郡王，朱皇后的几个兄弟也各有官职和封赏。关于这段册封的历史，大家比较熟悉，但是对于朱氏的妹妹却鲜有人知，关于这姐妹二人嫁与赵氏兄弟二人的故事，也就更少有人知道了。

朱氏的亲妹妹朱凤英，嫁给了颇具才情，文采非凡且最受徽宗赵佶喜爱的三皇子郓王赵楷。据说，宋徽宗也很喜爱三皇子，如果北宋没有灭亡，或许这兄弟二人之间还会有一场皇位争夺战，但是这姐妹情妯娌之义在朱氏姐妹之间却是任何事情都难以磨灭的。

南宋宁宗庆元三年（1197年），追谥她为仁怀皇后。朱皇后的一生可以说是不幸的，生于没落的北宋王朝，就算朱皇后有武则天一样的才华，曹娥曹皇后的气魄，面对北宋的局面恐怕也是无力回天的，所以在历史上没有什么可以记述的政绩，但是她以死明志的贞烈品格绝对值得后人称赞。

南 宋

邢秉懿　宋高宗赵构皇后

□ **档案：**

姓　　名：邢秉懿
生卒年：1106~1139 年
籍　　贯：开封祥符
婚　　配：宋高宗赵构
封　　号：皇后
谥　　号：宪节

邢秉懿，开封祥符人，父亲邢焕。高宗为康王时，聘娶邢氏，封为"嘉国夫人"。靖康二年（1127 年）五月初一，宋高宗即位，建立南宋。建炎元年（1127 年）七月，宋高宗遥册邢秉懿为皇后，并授予她的亲属二十五人为官。绍兴九年（1139 年），邢秉懿于五国城去世，年三十四。绍兴十二年（1142 年），迎回韦贤妃时，才得知邢秉懿已死，此时中宫已经虚位长达十六年。高宗为她辍朝，谥为"懿节"。邢秉懿的梓宫送回后，安置在圣献太后梓宫西北。淳熙末年，改谥邢氏为"宪节"，祔高宗庙。

南宋的开国皇后

靖康二年，就是 1127 年农历五月初一，赵构建立南宋，赵构即位后，第一件事就是封邢秉懿为皇后，邢秉懿也就成了南宋王朝的第一位皇后，也是南宋王朝的开国皇后。与其他的皇后不同，邢秉懿没有经过宫廷争斗，没有与其他妃子争宠就直接坐上皇后宝座，足见赵构对她用情至深，在宋高宗赵构登基为帝之时，身边还有一位妃子吴氏吴芍芬，一直追随着赵构，却没有被封为皇后。然而，作为南宋的开国皇后，邢氏却没有享受应有的尊重和衣食无忧的皇后生活，是历史上最悲惨的皇后之一。

纷繁战乱，与君生离

北宋的灭亡，间接成全了高宗的另一位皇后吴氏，却直接毁掉了邢氏的一生。据史料记载，原本想借助金国灭掉辽国的宋国每年都会给金国进贡"岁币"，谁知，虽然金国灭掉了辽国，可是金国这只老虎也彻底长成了，由积贫积弱的大宋王朝一手养成。金国早就对大宋的万里河山垂涎三尺，刚刚灭掉辽国，金国就举兵南下，金戈铁马，十万铁骑直奔北宋的都城——汴梁。而此时的宋钦宗却还在抱着求和的美梦，希望时为康王的赵构带着大臣和金银去磕头作揖，来换取赵氏王朝的残延。于是，宋钦宗派出赵构求和。

接到圣旨的赵构也希望尽快求和成功，以保宋朝江山，于是马不停蹄地开始准备去求和。然而，多次与金军交兵的宗泽却有另一种看法。他说："金朝要你去议和，这是骗人的把戏，他们已经兵临城下了，求和还有什么用？你此去岂不是自投罗网！"听到这里，赵构一颗求和的心也动摇了，他也怕自己求和不成，不但保不住大宋王朝，自己再丢了身家性命就不值了，也怕自己死在金国，客死他乡的滋味可是不好受的。于是，赵构心生一计，他停下来驻扎相州（今河南安阳县），自称河北兵马大元帅，举着抗金的旗帜，却始终不能驱除金兵。赵构受宋钦宗之命去金国求和，此时的赵构已是有家之主，然而出使求和又怎么可能带着全家大小，就算赵构想带着全家大小，但是宋钦宗又怎么可能同意呢，万一求和不成，你赵构投降了怎么办呢？赵构也只好把妻儿留下。靖康二年（1127年），金兵终于攻陷汴梁，北宋政权宣告结束，宋朝皇帝、大臣、宗室等三四千人全部做了俘虏，包括赵构的一家八口。邢秉懿就此与高宗赵构分开，今生再也未能相见，两个人谁也没有想到这次竟是死别，只能盼望下辈子再相聚。

可怜金贵体，陷于泥沟

靖康之难起，邢秉懿与康王另外两位侧室田春罗、姜醉媚以及康王的五个女儿都被金人掳走，当时邢秉懿已有身孕。不幸的是，在被金人押往北方之时不慎从马上坠落，她与高宗赵构的孩子也流产了。国破家亡，与夫君生离，又痛失爱子，这一层层的悲痛几乎让邢秉懿精神崩溃。但是，她没有想到，还有更加悲惨的命运在等待着她。且不说这押往北方的一路上，美貌非凡的邢氏受到金国士兵的百般调戏，金国统治者更是没有人道，在邢氏刚刚小产没几天，金国的盖天大王就要强占她，绝望中的她差点自尽。

靖康二年（1127年）五月初一，宋高宗即位，建立南宋。高宗遥立原配夫人邢氏为皇后。为了对高宗进行羞辱，金人将其相关女眷包括生母韦贤妃、妻妾邢秉懿与姜醉媚，以及其两个女儿赵佛佑、赵神佑等，皆送入浣衣院。所谓的洗衣院，表面上是为军队洗衣服的地方，实际上是官营的妓院。据史料记载，当时的金廷把从北宋的所掳掠来的女子关进"浣衣院"的地方，然后看中哪个就可以把她带走过夜。这种惨无人道的羞辱直到绍兴五年（1135年）才结束，邢秉懿等人被送至五国城与宋徽宗等人一起安置。1127年农历七月，宋朝前武义大夫曹勋受宋徽宗之托逃回南方。临行之前，邢秉懿脱下一只金耳环，命侍者交付曹勋，请他转交给宋高宗，说："请代我告诉大王，我希望能像这只耳环一样，早日与他相见。"高宗得到耳环后，想起当初夫妻二人相亲相爱的日子，不禁泪如雨下，心生无限怜惜，但无奈此时无力营救邢氏，于是睹物思人，对这只耳环相当珍惜。而远在北方的邢氏，日夜盼望着高宗赵构来营救自己，可怜她这个愿望最终也没有实现。宋高宗赵构对邢氏用情极深，也曾多次派人和金国商量，把母亲韦妃和妻子邢氏赎回宋国，然而金国国主认为邢氏是南宋的皇后，高宗又用情极深，利用邢氏可以向高宗讹诈海量的金银和国土。

客死他乡，香魂一缕返故乡

绍兴九年（1139年），邢秉懿于五国城去世，年三十三。金熙宗下诏以一品礼祔葬，但金国却秘不发丧，并没有告知宋高宗邢氏已死的事实，而是依旧借用死去的邢氏的名字继续敲诈着高宗赵构。可怜的高宗赵构，还在杭州盼望着与邢氏相聚。绍兴十二年（1142年），迎回韦贤妃时，才得知邢秉懿已死，此时中宫已经虚位长达十六年。高宗为她辍朝，谥为"懿节"。邢秉懿的梓宫送回后，安置在圣献太后梓宫西北。至此，邢氏终于返回了自己的故乡，却与高宗天人永隔了。

邢氏当了十六年的南宋皇后，却从没有穿过皇后的礼服凤冠，没有执掌过凤印，从没有享受过皇后的待遇，甚至于从没有住进过皇宫，从没有接受过百官的朝拜，更没有下达过一道懿旨，从没有接受过子民的敬意！

所幸的是，邢氏这一生受到高宗赵构的宠爱。即使邢氏不在身边也要封她为后，为了等待邢氏归朝，生生地将中宫之位空悬了十六年之久。

吴芍芬　宋高宗赵构皇后

□ 档案：

姓　　名：吴芍芬
生卒年：1114~1197年
籍　　贯：开封
婚　　配：宋高宗赵构
封　　号：皇后
谥　　号：宪圣慈烈

吴芍芬，南宋高宗皇后，开封人。出身武将世家，其父为吴近。1128年被选入宫侍奉赵构，1143年被正式册立为皇后，1197年病逝，终年八十三岁，谥号"宪圣慈烈皇后"，葬永思陵。据史料记载，吴氏在位之时，品行端庄，严于律己，颇具一国之母的风范；为人谦和友善，垂首孝母，躬身教子，忠君爱夫，是一代贤后。

姻缘天定，吾为君生

古人常说，缘分是天注定，吴氏与高宗赵构的爱情也充满了传奇的色彩。这传奇的一段"金婚"还要从吴氏的出生开始说起。

在中国的历史上，帝王将相的出生带有神奇的色彩，帝王的妃子们也充满了传奇的色彩。在元代人所编撰的史书中这样记载了吴芍芬的出生，颇具神奇色彩："吴（吴芍芬的父亲吴近）尝梦至一亭，匾曰'侍康'；傍植芍药，独放一花，殊妍丽可爱，花下白羊一，近寤而异之。后以乙未岁生，方产时，红光彻户外。年十四，高宗为康王，被选入宫，人谓'侍康'之徵。"

就是说吴近在梦中，来到一个亭子，亭子上方有一个匾额，匾额上书"侍康"二字，更巧的是在小亭子旁边有一株芍药花正在迎风怒放，鲜艳美丽无比，在这株怒放的芍药花下有只白羊，这只白羊温顺而双眼充满灵气。这个梦让吴近感觉很是奇怪，百思不得其解。不久，吴芍芬出生了，其母分娩之时，吴府窗外红光辄降。自古但凡有圣人出生都会天现异象，或是天现明星或是紫气漫天，吴近看到窗外的红光，心中顿时明白此女定非常人。等待吴氏长到十四岁时，已经出落得亭亭玉立。恰巧身为康王的赵构选侍女，吴氏便在这古代的"选秀"中一举夺冠，脱颖而出，被选为赵构侍女，其时赵构封爵恰好是康王，正应了这"侍康"二字。

在史学界也有人认为这是吴氏在进宫之后她的父亲为了她虚构的一个梦境，只是为吴氏增加神秘的色彩而已。当然，这个说法也不是不可能。众所周知，在宋代，修道成仙几乎是全民的追求，道教盛行，就连当时的文人士大大夫也不能"幸免于难"，迷信在宋代如此盛行，吴近为了巩固女儿在宫中的地位来编造这样一个带有预言性质的梦境，也不是没有可能的。抛却这个带有预言性质的梦境的真假的问题，出生于1114年的吴氏，和宋高宗赵构之间的"金婚"确实是让宫中女子羡慕的，让后世人传为佳话的。

天生我命，掌印六宫

出身武术世家的吴氏，又是怎样坐上皇后这一人之下万人之上的宝座的呢？这与吴芍芬的出生一样，充满了传奇的色彩，说吴氏成为皇后是天注定，也不为过。吴氏如何成为皇后还要从北宋灭亡开始说起。

吴氏出生于1114年，靖康元年（1126年），也就是在吴氏十二岁那年，她的命运与北宋的灭亡紧紧连在了一起。吴氏开始皇后之旅也终于有了可能性。

靖康二年（1127年），金兵的十万铁骑终于踏破了北宋都城汴梁，北宋再也无法继续下去。靖康之耻发生了，宋徽宗、宋钦宗以及众多王族贵戚被掳去了今天的黑龙江依兰，北宋至此灭亡。可是赵氏还有一个赵构在，宋王朝在中国的历史并没有就此结束，北宋王朝有了自己的"接班人"——南宋。

赵构丢掉"河北兵马大元帅"这个称号，给自己换了一个更高级的称号——皇帝。在当时的南京应天府（今河南商丘南）即位，康王殿下一下子成了皇帝陛下，年号"建炎"。然而，这个皇上却居无定所，甚至还做过四个月的"海上皇帝"。经过一路逃难，终于在杭州安定下来，开始了偏安一隅的生活——南宋王朝。吴氏成为皇后的第一个条件成立了——赵构成为皇上。

前文说到，赵构受宋钦宗之命去金国求和。不幸的是，随着北宋的灭亡，赵构的嫡妻邢氏和另两个爱妃都随着宋徽宗、宋钦宗去了黑龙江依兰。直到赵构成为皇帝，这邢氏也没能回到夫君身边，而是不久就命归黄泉了。吴氏成为皇后的第二个外在条件也准备充足了。

若是赵构去了金国求和，被金国斩于刀下，他就做不成皇帝；假若邢氏红颜命长，这皇后的宝座恐怕也轮不到出身武术之家的吴氏来坐。然而在三宫六院七千二百人中脱颖而出，艳冠后宫，执掌凤印，单单靠运气也是不可能的，吴氏能

玉带钩　南宋

够掌控六宫，集万千宠爱于一身，还是依靠了她独特的个人魅力和才能。

吴皇后出身于武林世家，身上充满了武侠气息，这使吴氏与一般弱柳扶风的娇弱女子不同，自然给宋高宗一种全新的感觉，让宋高宗倍加关注。但是，宋代的帝王们身上或多或少地都带有着文人的气质，也正是因为这样，文人在宋代是最幸福的，无论犯了何种罪行，文官都不用担心掉脑袋。宋高宗赵构也不例外，他也颇具文人气质。如果吴氏只是一个会武功而斗大的字不识一箩筐的文盲，恐怕宋高宗也不会倾心于吴氏的。从海上归来后，吴氏每日饱览史书，勤学翰墨，可谓是一位能文能武的女子，明代书法鉴赏家陶宗仪在他的《书史会要》说："高宗善真、行、草书，天纵其能，无不造妙，或云初学米芾，又辅以六朝风骨，自成一家。"而其皇后吴氏，"善书法，其书能与高宗乱真，人莫能辨"。能文能武的吴氏在后宫中的地位也一路飙升，堪称三级跳：由一个小小的侍女，升级为和义郡夫人、才人、贵妃，在1143年，由宋高宗亲自执笔下诏书封为皇后。

宋高宗赵构在靖康二年就已经登基为帝，为何直到1143年，吴氏才得以封后呢？前文提到，宋高宗赵构的原配并不是吴氏，而是邢氏。邢氏是宋高宗赵构的原配，却从来没有做过一天的皇后。在靖康之难时，本来怀有龙种的邢氏因在马背上颠簸痛失爱子，更有金国的盖天大王对她意图不轨。原本是养尊处优的康王妃，此时不仅是沦为阶下囚，连一个女人最起码的尊严都被践踏，她几乎要自尽身亡。谁知，金国为了羞辱已为天子的赵构，竟然将她送入官营妓院之中，这无尽头的羞辱直到绍兴五年才结束。对黎民百姓不怎么关心的宋高宗赵构却对妻子极为用心怜惜。赵构自己登基为帝之后，一直念念不忘远在金国的原配邢氏，念邢氏在北方蛮夷之邦所受之苦，迟迟不肯另立新后，使皇后之位空虚长达十六年整，直到绍兴十二年（1142年）迎回生母韦氏时，才得知邢秉懿已死，于是在母后韦后的劝说之下，册立吴氏为后。由于高宗时常思念这位发妻，内心郁郁寡欢。吴皇后知道高宗的心事，于是请求让自己的侄儿吴珣、吴琚分别迎娶邢家的两个女儿为妻，以安慰高宗。吴芍芬正式由贵妃晋升为皇后，同时"追王三代，亲属由后官者三十五人"，可说是得到了空前的待遇，可谓皇恩浩荡。当然，吴氏并不是吕后也不是武则天，并没有纵容自己的家族，吴芍芬的家族也并非全都靠着吴皇后的头衔才得以升官。其弟吴益，其侄吴琚都可算是一代能吏，是不可多得的人才。

患难与共，风雨同舟

南宋建朝初期，外有金兵的围追堵截，内有兵痞、刁民时不时的捣乱，甚至宫中内廷的侍卫也时不时来一场小型的政变，好在都没有成功。高宗赵构即位初期，金军大举

进兵，高宗只好带着群臣出海航行，也客串了一次"龙王"，在温州海域整整漂流了四个月之久。在这期间，吴氏虽然还只是一个侍女，却对高宗忠心耿耿，整日陪侍在高宗身边。一日，皇帝君臣在海上航行，突然"有鱼跃入御舟"，前有汹涌的风浪后有凶狠毒辣的金兵，高宗赵构也是整日郁郁寡欢，心中忧虑难解，整日愁眉苦脸。吴氏却不知该如何劝解，现在看到有鱼进入船中，灵机一动，想起典故，于是吴氏不失时机地解说道："此周人白鱼之祥也。（周武王兴起）"赵构此时听了这样的吉利话，心里自然非常高兴。吴氏想方设法宽慰高宗，足见对高宗的一片深情，高宗也马上封她为和义郡夫人，回到越州之后又晋封才人。

除了言语上宽慰高宗外，为了保护高宗赵构的生命安全，身为女儿身的吴氏更是舍弃了红妆，反倒穿起了戎装，一个女人作出如此巨大的牺牲，足见其深情。《宋史》记载，高宗即位之初，她"常以戎服服侍左右"。一次，叛军作乱，面对气势汹汹、满脸杀气的士兵，吴氏勇敢过人，镇定对答，哄骗过了叛军，帮助高宗躲过一劫。在危险面前，身为女子的吴氏屡次挺身而出，保护着高宗，用生命爱护着高宗，谁又能说这不是爱情呢？面对混乱的时局，面对朝不保夕的日子，吴氏一直坚持守护在高宗赵构身边，足见其用情至深。

谦和贤淑，一代贤后

颇受高宗赵构宠爱的吴氏，并没有恃宠而欺凌弱小，甚至不嫉妒高宗一度极其宠爱的张妃，为人非常谦和。前文提到其父吴近的梦给了吴皇后一个带有神秘色彩的出生，这个神秘的出生在迷信道教的大宋王朝里，不说是神灵转世说是仙姑下凡也不为过了。但是，吴芍芬没有因此而表现出丝毫的骄傲和盛气凌人，更没有随意地欺凌他人。虽然出身武术世家，她并没有一般武夫的鲁莽，而是秉承温顺谦和的家教，以"贤德"为立身之本，待人处世讲求"顺适"，不强求。在侍女位上做到不可求、不奢求，即使赵构登基为帝，她也没有提出任何名分要求，只是一心一意地照顾高宗，实在是难得。

高宗赵构因为在战乱中经受太多的惊吓，留下了严重的后遗症，不能生育，在他唯一的儿子病死之后，便再无嫡亲的子嗣。但是，一国岂能没有储君？无奈之下，高宗只好过继宗室中的子嗣，召宗室赵伯琮入宫，收为养子，并让张贤妃养育。当时还是才人的吴氏，也想为替皇帝分忧，也打算为皇帝"育一子"，于是收宗室赵伯玖为养子。然而很不幸，备受宠爱的张贤妃红颜薄命，竟然一病不起，驾鹤西去了。善良的吴氏于是奏请将赵伯琮一并收养，不使赵伯琮失去母爱。面对储君之争，吴氏并没有像一般后妃一样，设法毒害赵伯琮，好使自己的养子顺利登基为帝，而是对两个养子一视同仁。甚至在推荐储君之时，吴氏说：伯琮恭俭勤敏，聪慧好学，堪当大任。吴氏竟然积极说服高宗将其立为皇太子，并没有推举自己的养子赵伯玖。值得一提的是，赵伯琮是宋太祖赵匡胤的后代，而高宗是宋太宗赵光义的后代。因此，赵伯琮即位，皇权便又由太宗一系转入太祖一系。吴氏用人不唯亲，更没有拘泥于"血脉"之见，足见其深明大义，是一个不可多得的明智的女子。如此深明大义以宋朝江山社稷为重的女子，其贤其德连历史上大奸臣秦桧都感动了，一次一次上表请求立吴氏入主中宫。

吴皇后还是一个孝顺的儿媳妇。高宗赵构的母后韦太后自从金国还朝之后，饮食起居都是吴皇后自己亲手照顾料理。高宗赵构的生身母后韦氏，后人只有三字评价道："性严肃。"在《随园随笔》和《窃愤续录》里还说，韦氏被俘以后，曾跟柔福帝姬共侍金国盖天大王完颜宗贤。后来柔福帝姬逃回，韦氏为了保全自己的名誉，杀柔福帝姬以灭口。这样的女人，一般心思细腻而敏感多疑，心机深藏不露，手段毒辣利落，绝不是好相处之辈。与这样的"婆婆"相处，难处是可想而知的。这样的婆婆，躲还来不及，吴皇后却主动服侍她的日常起居。

吴皇后并不是只想讨韦太后的欢心，确实是想替高宗赵构孝敬母后。韦太后从早上起床到晚上上床，吴皇后都亲自躬身服侍。无论韦太后想什么做什么吴皇后都尽量满足，低眉顺眼、轻声细语地陪伴韦太后，让韦太后着实喜欢这个谦和孝顺的儿媳妇。史书上还记载了一个耐人寻味的细节，说吴氏曾经"绘《古烈女图》，置坐中为鉴"，同时，"取《诗序》之义"，在自己后宫的居所挂了一块"贤志"的牌匾。这两件事看似普通，其实寓有深意。要知韦太后曾以"亡国之妃"遭金人掳掠，甚至被送入官营妓院之中，肯定受过不少"非人之苦"，心里也有许多难言之隐。挂上"烈女图"以明志，是在告诉韦太后，儿媳知道您的气节，这样的理解和体谅，让"忍辱偷生"的韦太后心里自然欣慰许多。

吴皇后上孝敬长辈，下爱护子孙。宋孝宗在位期间，有一位夫人姓吴，称之为吴夫人。宋孝宗即位之后，吴皇后已是太后。在宋高宗赵构驾崩之后，宋孝宗为了守孝而不进荤食，日子一久，宋孝宗很是消瘦，吴夫人担心孝宗的身体，就私自命令御厨将鸡汤偷偷放在宋孝宗的饭食里，宋孝宗知道后，勃然大怒，定要将吴夫人斩首。而吴皇后念及吴夫人也是担心宋孝宗的身体，而极力劝阻宋孝宗，终于保住了吴夫人的性命。

吴皇后不但为高宗赵构掌管好了六宫，还帮助高宗的赵氏王朝一次次渡过宫廷危机，辅佐了一位位赵氏君王，为赵氏君王守住这剩下的半壁江山，赵构于绍兴三十一年内禅时，亲自手写诏书，称吴芶芬为太上皇后，跟他一起迁居德寿宫。可见赵构对吴氏多年来的细心呵护是心存感激的，夫妻情分显然不浅。

南宋的历史有一个有趣的甚至可以称之为奇怪的现象：不爱做皇上只爱做太上皇！这与历朝历代的父与子、兄与弟为了皇位而骨肉相残、兄弟反目不同，真是一个奇怪的现象。首先是宋高宗，宋高宗在1162年，禅位于赵眘（即赵伯琮），从此做了二十五年的太上皇；宋孝宗也效仿宋高宗，做了五年的太上皇。光宗又因与孝宗不和（宋光宗的皇后李氏是历史上有名的妒妇，甚至有的时候很张狂不讲理。李皇后奏请宋孝宗让自己的儿子嘉王为太子，而宋孝宗没有准奏，皇后就去宋光宗那里告状，而宋光宗对李皇后又过于宠爱，因此宋孝宗与宋光宗父子失和），只做了五年的皇帝就不想做了，在绍熙五年（1194年），孝宗驾崩，光宗心神俱疲，颓然病倒，觉得"历事岁久，念欲退闲"，也想做个太上皇。甚至，宋孝宗的"祭奠之礼"，他也以病推托，直接禅位给宁宗了。面对这一个个喜爱做太上皇的南宋皇帝，吴皇后也只好挺身而出，以保赵氏王朝的江山社稷。再如她过八十大寿时，对侍奉身边的嘉王赵扩"勉以读书辨邪正、立纲常为先"，为这位未来皇位继承人传授君王之道。譬如当年光宗向奶奶讨教用人之道，吴太后深知政权交替平稳的重要性，也知道这个孙子很是平庸，所以意味深长地告诫他"宜崇尚旧臣"。尤其当宋孝宗驾崩，光宗却又撒手不管之时，面对乱成一锅粥的朝堂，年已八旬的吴皇后，被朝臣推举出来垂帘听政，古语有云，国不可一日无君，吴皇后于是在梓宫前垂帘听政。其侄吴琚"言于后曰：'垂帘可暂不可久。'后遂以翌日撤帘。"然后宣光宗手诏，立皇子嘉王为皇帝。第二天，她又按程序册封嘉王夫人韩氏为皇后，然后马上撤帘，干脆利落地化解了一场宫廷危机，再一次在危难中保住了赵氏的皇位。吴皇后甚至在临终之时还不忘宋王朝的江山社稷。吴太后病逝，时年八十三岁，特地留下遗诰，告诫她的孙子和曾孙"宜于宫中承重"，服哀五日，以日易月。言外之意，是告诫后人要以江山黎民百姓为重，勿因此耽误了朝政。

古语有云，一入豪门深似海。但是，吴皇后在宋王朝赵氏的皇宫里整整生活了五十五年，吴氏的个性不像一般女子那样柔情，她和赵构之间的"钻石婚风雨情"也不是一两个字就可以说得清。在为了争夺皇位而尔虞我诈的环境下，吴氏淡泊名利，笑看天外云卷云舒，在宫中只做本分之事，相夫教子，孝敬婆婆，用自己不多的言语向世人证明着她作为一代红颜武侠，终不愧为一国之母，被后人称为一代贤后。这里有吴皇后的两首诗：

吉祥亭下万千枝，看尽将开欲落时。
却是双红深有意，故留春色缓人思。

农李天桃扫地无，眼明惊见玉盘盂。
扬州省识春风面，看尽鲜花总不知。

夏氏　宋孝宗赵昚皇后

□ 档案：

姓　　名：夏氏
生卒年：？ ~1167 年
籍　　贯：袁州宜春
婚　　配：宋孝宗赵昚
封　　号：皇后
谥　　号：成恭

夏氏，袁州宜春人，传说夏氏降生时，有异光穿入室中，这估计也是后人为了给她的出生渡上神秘色彩而杜撰的。

夏氏父亲叫夏协，据说为了送夏氏进宫，这位夏老爷倾尽家财，最后寄居在寺庙，因此也号为"夏翁"。由于出身不够高贵，美貌的夏氏在入宫之后成了吴太后的侍女，但是也正是因为在吴太后身边，她才能常常见到宋孝宗，可以说是因祸得福。

夏氏貌美贤淑，聪明伶俐，很快就得到了吴氏的喜爱，常常来探望吴太后的孝宗怎么可能会不注意到这美貌而聪慧的女子，不产生儿女情愫？于是，因为在宋孝宗即位之前，原配妻子郭氏已去世，吴太后就将夏氏赐给了他，封夏氏为齐安郡夫人。接下来，夏氏的皇后之路无比平坦。

绍兴三十二年（1162年），孝宗即位，夏氏被册为贤妃。没多久又被册立为皇后。

乾道三年（1167年），夏皇后去世，谥号安恭。宁宗即位后，又改谥成恭。夏皇后一生没有什么可以记述的政绩，是一位平凡的皇后。

谢苏芳　宋孝宗赵昚皇后

□ 档案：

姓　　名：谢苏芳

生卒年：1132~1203年

籍　　贯：太康

婚　　配：宋孝宗赵昚

封　　号：皇后

谥　　号：成肃

谢苏芳，南宋孝宗赵昚的第二任皇后，在历史上以美貌和贤能著称。在中国的历史上，南宋是一个"软弱"的王朝，在江南偏安一隅，不思北上收复失地。在南宋的诸多帝王中，南宋孝宗是一个主战思进取的皇帝。宋孝宗在位期间创造了南宋历史上有名的大宋中兴，谢苏芳一直在一旁辅佐着宋孝宗。首先，谢氏协助宋孝宗恢复抗金名将岳飞名誉，为收复中原失地开了一个好头。宋孝宗在位二十多年间，南宋经济呈现一片繁荣，政治有序，官员清廉，文化发展，史称乾淳之治。这里面和谢皇后的贤德分不开，谢苏芳是南宋历史上的铁腕皇后，一代贤后，死后与孝宗合葬于永阜陵。

寒门贵女，人穷志不短

自古以来，帝王将相的爱妃侍妾，或多或少都与皇家有着政治牵连，普通百姓家的女子不要说飞上枝头做凤凰，就是进入皇宫都是不可能的，然而，南宋孝宗的第二个皇后，恰恰就是历史上的一个例外，出身寒门的谢苏芳，凭借自己的美貌和贤能，一路高歌坐上了皇后的宝座。

绍兴二年，也就是1132年，在今浙江绍兴出生了一名女婴，名叫谢苏芳。然而不幸的是，谢氏在幼年就失去了父母双亲，这对一个年幼的孩子来说是非常大的打击。也许正是这幼年的经历磨炼了谢苏芳的意志，在以后执掌凤印的道路上，才能一直坚持自己所想所做，不畏艰难险阻。不幸中的万幸是，谢苏芳被翟姓人家收养，所以改姓翟，被收养的谢苏芳，免于冻饿而死。

虽然出身寒门，但是，谢氏并没有因此而自卑，更没有在自己荣登宝座之后为自己编织一个高的门第，而是大方坦率地接受自己的出身，这在当时极其重视门第的南宋，是一个极其需要勇气的事情。常言道，大难不死必有后福。躲过此难的谢苏芳，果真是有福之人。

时来运转，扶摇直上

1146 年，这个美丽的年头，是谢苏芳幸运的一年，她的命运就此改变。

这一年，谢苏芳因为美貌而被选入宫，做了宋高宗吴皇后的侍女。宋高宗赵构的吴皇后是南宋史上有名的贤能之人，一生经历了南宋高宗、孝宗、光宗、宁宗四朝皇帝，一直在掌握着南宋王朝的帝王更迭。这样一位吴皇后，是善于发现人才的，可以说吴皇后是谢苏芳的第一个贵人。吴皇后出身武术世家，在这一点上谢苏芳和吴皇后是相似的，也可能正是因为这个原因，吴皇后才对谢苏芳另眼相看，一直倍感亲切，宠爱有加，大力推荐提拔。

1156 年，又是谢苏芳命运转折的一年。

这一年，因其长相美艳绝伦，又懂得书法绘画，被赏赐给当时的宋高宗养子赵昚，即后来的宋孝宗。赵昚因她长得像他已经死去的爱妻郭氏，再加上谢氏聪慧灵敏也颇通晓诗文，因此深得赵昚喜爱。

1156 年，宋高宗的宪圣太后把谢苏芳配给普安郡王赵昚，封咸阳郡夫人。

1162 年，宋高宗退位，传位于赵昚，赵昚即位，就是宋孝宗。宋孝宗即位后，立即册立谢氏为贵妃，代掌后宫，时年二十九岁。

1164 年，被册立为皇后，时年三十一岁。据史料记载，由于谢氏对宋高宗和吴皇后极为孝敬，宋孝宗才立其为皇后的。另外，另有一说，淳熙三年（1167 年）十月，成恭皇后死后，后位空缺，才被立为皇后的，恢复谢姓，其亲属有十人受到封赏。

1189 年，即是淳熙十六年，宋孝宗禅位于宋光宗，谢氏上尊号为寿成皇后。

宋孝宗死后，谢氏被尊为皇太后；庆元初年加号惠慈，嘉泰二年（1202 年）加晋封"慈佑太皇太后"，次年崩逝，谥号"成肃"，与孝宗合葬于永阜陵。宋宁宗在成肃谢皇后去世后恩赐其弟谢渊金两千两、钱十万缗、田十顷，后封和国公，足见宋宁宗对谢皇后敬爱有加。

铁腕皇后的平凡生活

据史料记载，在南宋的帝王中，宋孝宗是最节俭的。在宋孝宗执政期间国库里的银钱几乎不曾动用，时间一长，用来穿铜钱的麻绳竟然断了，而且在宋孝宗的后宫中，每日的开支也是有规定的。由于宋孝宗本人比较节俭，带动朝中文武百官以及后宫也很盛行节俭之风。其实，在宋孝宗一朝，皇后谢氏的节俭才是最彻底的。谢苏芳出身寒门。也许正是这样的成长环境，养成了谢氏勤俭节约的良好习惯。当上皇后后也仍然保持着艰苦朴素的优良作风。她甚至自己洗衣服，一件衣服常常洗了又洗穿了又穿。

这位谢氏皇后，虽然生活节俭，但是在政治上却颇有魄力，可以说是杀伐决断、毫不犹豫。

南宋历代帝王中，宋光宗是有名的惧内帝。宋光宗的皇后李氏是南宋历史上有名的第一妒妇。这李皇后为人自私冷酷、张扬跋扈、阴损泼辣，手段阴毒。对长辈更是不尊重，对赵氏宗亲更是没有骨肉之情。据史料记载，宋光宗的皇后李氏平时不注重个人修养，行为举止没有一国之母应该有的仪态。于是，身为皇太后的谢氏，特意提醒了她要注意个人仪表，要有一国之母的风范。谢氏本是出自好意，谁知这张扬跋扈的李氏却反而讥讽谢氏出身卑微，而且还不是孝宗皇帝的原配。谢氏听后大怒，立即去找宋孝宗，要求惩治这不懂礼数的李皇后。可是，又考虑到光宗刚刚即位，立即废后会引起朝堂的震荡而作罢。

据史料记载，由于李皇后的挑拨，宋孝宗和宋光宗的关系渐渐失和，使孝宗抱憾终身。这一点让身为皇后的谢氏倍感气愤，于是在得到宋高宗吴皇后准许的情况下，联合朝廷重臣，将光宗拉下皇位，让宁宗即位，好好惩治了宋光宗和李皇后这一对不懂孝道的夫妇。

谢氏是当之无愧的草根皇后，她的一生充满了传奇色彩。后人这样评价她："谢妃敬夫教弟，性俭朴仁慈。"谢太皇太后晚年生活虽然有儿孙相伴，但是自从夫君去世后，没有人陪伴她说说话，她心中十分寂寞。1203 年，在度过失去夫君赵睿的第十个年头中的一个秋天后终于解脱，也追随其亡夫而去，享年七十一岁，史称成肃皇后，是南宋历史上有名的一代贤后。

李凤娘　宋光宗赵惇皇后

□ 档案：

姓　名：李凤娘
生卒年：1144~1200 年
籍　贯：安阳（今河南安阳）
婚　配：宋光宗赵惇
封　号：皇后
谥　号：慈懿

李凤娘，安阳（今河南安阳）人。父亲李道，官庆远军节度使。李皇后是南宋历史上有名的妒妇，逼疯皇帝，气死太上皇，遗弃幼帝，可以说是在历史上是独一无二的。她在位期间，将后宫弄得人心惶惶，人人自危，扰乱朝纲，滥杀无辜，赏罚不分，南宋也从宋孝宗的中兴走向没落。

黑凤盘旋，夜叉降世

在我国古代，历代史官修史书都喜欢将帝王将相以及帝王将相的后妃的出生神秘化，使之附带上神秘的色彩，来附和君权神授的统治思想。身为宋光宗皇后的李氏也有一个颇带神秘色彩的出生。只是，这李后的出生不与其他帝王将相相同，没有什么代表吉祥的动物或者天象出现，而是与历代的帝王将相恰恰相反，宋光宗李皇后的出生，充满了凶兆。

相传，宋光宗的李皇后的出身是格外地诡异。李凤娘出生之时，在军营中出现了数只黑色的凤凰，而且盘旋于上空久久不肯离去。看着这数只浑身漆黑的凤凰，李道也是一个久经官场的老油条，心中早就生有一计，于是就借着这几只黑凤凰，给女儿取名为：凤娘，这样就给女儿的出生带上了神秘的色彩。事情正如李道所希望的那样，自己的女儿李凤娘果真成了皇后，自己也贵为国丈，只可惜，这皇后是一个历代大骂不止的皇后。

道士为媒，祖父之命的"包办婚姻"

李凤娘和宋光宗的婚姻，是一桩彻头彻尾的包办婚姻，这桩婚姻的媒人不是体态肥胖、嗓门奇高的媒婆，而是一个老道士，只是这老道士的嘴却比普通媒婆的嘴还要不靠谱，还要能说会道。自古婚姻之事都要遵从父母之命，可是光宗的婚姻却是宋高宗亲自赐婚的，宋高宗为南宋选择了一个好皇帝宋孝宗，却没有为自己过继的孙子选择一个好的妻子。

这位道士，就是有名的皇甫坦。要知道在道教盛行人人梦想修道成仙的宋朝，这道士的话还是很有力度的。况且皇甫坦不是一般市井骗吃骗喝的糊涂道士。相传，皇甫坦为宋高宗的母亲韦太后治好了她的眼疾，因而宋高宗对皇甫坦是极其信任的。

有一次，皇甫坦来到了庆远节度使李道家中，李道知道皇甫坦深受宋高宗的信任，天赐良机，怎么能错过？于是，李道借口说请皇甫坦为自己的女儿们相面，实际上只是为了向皇甫坦介绍自己的二女儿李凤娘。直到李凤娘出来，让皇甫坦为她相面，李道就将李凤娘的出生添油加醋说了一遍。这皇甫坦也是一个明白人，当然明白李道的用意，看这李凤娘也是国色天香，眼角眉梢也带着精明，立马就开口说道：

"令千金乃是娘娘的命，小道不敢受拜。"

皇甫坦此言一出，李道一家好生把这皇甫坦送出李府，就只等着这道士的好消息了。这道士也是不负李家所托，回到宫中，立即求见对自己极为信任的高宗皇帝赵构。说已为他找来了一名好孙媳，期间又是添油又是加醋地把李凤娘的外貌说得堪比仙子下凡，说这李凤娘是大富大贵的命，是旺夫的，又提议以面相大贵的李凤娘为孝宗三子恭王赵惇之妃。后来，孝宗太子病亡，太上皇高宗与嗣皇帝孝宗决定以排行第三的赵惇为太子，恭王妃李凤娘也随即成了太子妃。后来孝宗禅位太子，赵惇即位，是为光宗，以嫡妻李凤娘为皇后。

按照惯例，这婚姻大事也应该由宋孝宗来做主。其实，对于这桩婚姻，贤明的宋孝宗是不同意的，但是宋高宗都已经发话，一手操办了，身为儿子，宋孝宗也只好不言不语。事实证明，宋孝宗的反对是正确的，当这位历史上有名的张扬跋扈的李凤娘大闹赵氏王朝的时候，宋高宗赵构的肠子已经悔青了，说自己生生误了孙儿宋光宗的婚姻。

古今第一妒后

汉朝吕后是一个嫉妒心很强的人，但是和这位李皇后比起来也是要"退居二线""略逊一筹"的。吕后虽然将戚夫人残害得生不如死，那也只能说明吕后心狠手辣，因为毕竟吕后并没有对汉高祖身边所有的嫔妃下手啊，至少刘恒的母亲还是好好活下来了，还做了皇太后。而这位李凤娘可是就连一个侍女也不会放过的。相传，有一次宋光宗洗手，看到一位侍女的手生得甚是好看，就随口说了一句：此手堪比柔荑了。就是这一句话已经让这位嫉妒的皇后怒火中烧，这笔账就记在了她的心里。转过身宋光宗早就把这宫女忘得一干二净了。直到有一天，李皇后派人给宋光宗呈上一个锦盒，宋光宗还以为是什么点心之类的，打开锦盒竟然是一双鲜血淋漓的手，此时想起那位被自己称赞过一句的侍女，心里又是怕又是气愤，可是又不好发作，只好生生咽下这口气。

不过与黄贵妃相比，这位宫女算是幸运的了，黄贵妃可是生生被李凤娘乱棍打死。相传，由于李凤娘妒忌心太强，宋光宗的后宫嫔妃很少。这其中宋光宗比较宠爱的就是黄贵妃。有一次，李凤娘要立自己的儿子嘉王扩为太子，自己去找宋孝宗要求宋孝宗同意，可是没有想到却被宋孝宗大骂一顿，回来之后却发现宋光宗竟然又跑去了黄贵妃那里。于是，这所有的火气都爆发出来，她怒发冲冠，脚不沾地直接就去了黄贵妃的寝宫，到了黄贵妃寝宫的门口，连礼仪都不顾了，也不准许内侍通报，直接就进了门，一眼撞见宋光宗正在与黄贵妃促膝而谈。嫉妒的火焰使她冲口而出："皇上的病刚好，应该节欲保重龙体啊。"见到这李凤娘如狼似虎的样子，黄贵妃早就吓得魂飞魄散，双膝如筛糠一般给李凤娘行礼，可是李凤娘连看都没有看一眼黄贵妃，直接拉着宋光宗就走。宋光宗看这般情景也是不敢看黄贵妃，甚至一句宽慰的话也没能说上，就这么走了。过了几日，宋光宗出宫祭祖，李凤娘就直接命人把黄贵妃用木棍打死，就连尸体也是随便处理，可怜黄贵妃死也没有得到个好死。等宋光宗回宫之后，就假说黄贵妃突然身染恶疾暴病而亡。本来就身体抱恙的宋光宗听说黄贵妃死讯身体就更加虚弱了。但是，宋光宗明明知道是李皇后害死的，却也不敢言语，甚至连去看看黄贵妃的遗体也没能如愿。宋光宗剩下的两个比较得宠的妃子，看到黄贵妃这么悲惨的下场，当李凤娘让她们下嫁给地位低贱的粗野武夫时，也只能唯命是从，毕竟性命最重要。

可见这李凤娘李皇后，嫉妒之心是多么强烈，手段更是毒辣阴狠。

目无尊长

宋光宗拿这悍妇没有办法，可是已为太上皇的孝宗与太上皇后谢氏早就留意到李凤娘的所作所为，早就下决心要好好劝诫一番。谢氏为皇后时，对太上皇高宗和吴太后孝顺有礼，恭敬非常；可是如今李凤娘不仅对丈夫光宗无礼，更处处顶撞太上皇，想到这里，谢太后就将李凤娘召来，对李凤娘说：你应该学学我，孝敬长辈，不要失去一国之母应该有的气度和仪态。谁知道，这张扬跋扈不讲道理的李凤娘却张口顶撞说："我与皇上是结发夫妻，名正言顺，又有何不可？"这明明就是暗讽太上皇后谢氏非孝宗嫡妻，这句话让谢太后一时之间也不知道

李凤娘操纵权术，控制宋光宗。

该如何对答。这句话触到了谢太后的痛楚，把谢太后气得直奔宋孝宗的寝殿，对宋孝宗哭诉儿媳妇是多么不懂得孝道，又如何顶撞自己。宋孝宗本来就不同意这桩婚姻，如今看到这李凤娘如此目无尊长，于是与谢太后商议打算废掉李凤娘。可是，这时太师史浩却出来全力阻挠。史浩说："新皇刚刚登基即位，刚刚册封皇后，现在就突然要废后，只怕会引起朝廷震荡，对新皇不利。"宋孝宗和谢太后为了让儿子宋光宗坐稳江山，也只好作罢，废后一事也不了了之。

李凤娘不但顶撞谢太后，就连宋孝宗也不放在眼里，与谢太后一样的待遇，一起顶撞。光宗身体一向不好，时常卧病在床。这日，宋光宗病终于好了。李凤娘一改往日彪悍的作风，温柔地摆上了酒席。原来光宗最初即位时，没立嫡长子赵扩为皇太子，令李凤娘忐忑不安。于是趁着这次宋光宗病愈，就摆上酒席，乘着酒兴说："嘉王年已长成，何不立太子？也可助陛下一臂之力。"明明是让宋光宗立自己的儿子为太子，为自己的儿子谋权力，却打着关心宋光宗身体的旗帜。宋光宗沉吟说道："朕亦是此意，但须禀明寿皇，方可册立。"李后一听立马就火了可也不好发作，忍着怒火道："这事也要禀明寿皇吗？"过了几日去重华宫拜见寿皇，李凤娘开口说道：皇上多病，臣妾愚见，不若立嘉王扩为皇太子。寿皇说道："内禅才及一年，又要册立太子，也觉过早了，况立储君也要择贤，稍待数年，尚未为晚。"李后说道："立嗣以嫡，古以常理，妾乃六礼所聘，嘉王扩系妾所生，年又长成，如何不可立为太子？"孝宗随即呵斥："你也太无理了，竟然敢拿这话揶揄我？"谁知道这张扬跋扈的李氏竟然拂袖而去，把太上皇也不放在眼里。

挑拨父子关系

历史上，宋孝宗与宋光宗的父子关系不和，这其中多是受了李凤娘的挑拨。

从重华宫回来，李凤娘拉着自己的儿子赵扩跪在宋光宗面前，说有很大的事情要和宋光宗说。于是就将宋孝宗不同意立自己儿子嘉王扩为太子的事情添油加醋地说了一遍，甚至说宋孝宗有把宋光宗也废掉的打算，听了这些，宋光宗也不管事实的真假，就这样信了李凤娘的话，说自己以后再也不去重华宫，自此父子的关系就时好时坏。

一年九月，是孝宗的生日，光宗仍然不去为宋孝宗贺寿。时任宰相的谢深甫上书："父子之亲，天理昭然，太上皇之爱陛下，亦犹陛下之爱嘉王。况太上皇春秋已富，千秋万岁后陛下何以见天下？"言外之意，皇上啊，太上皇爱你就像你爱自己的儿子赵扩一样，而且太上皇也活了这么久了，估计也没有几个生日可过了，你现在不去为太上皇贺寿，等太上皇驾崩了，你还有什么脸面来面对天下百姓？话都说到这个分上了，光宗于是答应去重华宫看望宋孝宗，正准备传旨起驾去重华宫。谁知李后却在屏风后拽住光宗，这时大臣陈傅良也快走几步拽住了光宗的衣袖。李氏见此情况，遂更加用力拽光宗，不料陈傅良也随之入内，可见李凤娘这用了多大的力气啊，生生把两个男子拽进了屏风！李氏横眉竖眼喝道："此是何地，你敢入内？奴才家不怕砍头吗？"陈傅良也只是一个臣子，当然也怕掉脑袋的，只好松开手退出屏风，在屏风外哭泣。李皇后又不耐烦地问："为何哭泣？"言外之意，你有什么好哭的？陈傅良说道：子谏父不从，则号泣随之，臣之事君犹如子之事父，力谏不从，如何不泣？臣子的话已经说到了这个分上，李皇后却还是没有和宋光宗去看望宋孝宗。后来宋孝宗身体抱恙，接连三月，光宗依旧不去问候。彭龟年叩头流血谏光宗去看望孝宗，可是宋光宗却和李皇后去游园赏景了，直到宋孝宗驾崩也没有见到儿子宋光宗，甚至宋孝宗的丧礼，宋光宗也借口身体不好，就是宋高宗的吴皇后下旨也没有起到任何作用，宋光宗依旧不肯为宋孝宗主持丧礼。

可见，这宋光宗对宋孝宗有绝大的误会，才会如此绝情，这李凤娘也是狠辣，生生将父子弄得跟仇人似的。遗憾的事情是，李凤娘不但目无尊长，就连对自己的丈夫和儿子也没有真正的爱意，宋光宗的精神分裂和抑郁症多半是李凤娘造成的。

河东狮吼，气疯皇上

李后为安阳人，出生之时有黑凤聚集在集市之上，故得名凤娘。李后所倚仗的都是内侍，光宗有意将这些内侍尽数除去，可是李后一直从中庇护，时间久了，光宗就此得了抑郁症。孝宗得知自己的儿子身染疾病，就召回御医为光宗诊治，并开出了药丸，然而这一切被内侍所知道，并禀告了李氏，孝宗就不见光宗来诊治，心里很是着急。光宗病重，李凤娘却在前廷垂帘听政。寿皇终究还是爱自己的儿子，亲自来探望宋光宗，李氏听说后立马赶回，见了孝宗却不行礼，孝宗问道："你在何处，因何不侍上疾？"李后答道："妾因皇上未愈，不能躬理政务，外廷奏章，由妾收阅，转达宸断。"孝宗说道："我朝家法，皇后不预朝政。便是慈圣曹太后、宣仁高太后两朝也要与宰相商议，未尝专断。我听说你自恃才能，一切政事擅自主张，这是我家法所不允许的。"李氏说："妾何敢有违祖制，所有裁决事件，仍请皇上做主。"孝宗说道："皇上的病因何而起你自己还不清楚吗？"孝宗顾忌光宗的身体，就离开了。光宗想恭送自己的父亲，却被李氏的一个眼神给瞪回去了。光宗内心是多么的苦闷，身为一朝天子，却连送送父皇都不能，这换了谁都会得抑郁症啊。

终于，宋光宗再也无法忍受这傀儡生活了，恰逢宋孝宗驾崩，可是光宗又不肯去为宋孝宗主持丧礼，朝廷大臣和太后确实是无法再让这样一个无德的皇帝统治宋王朝了。于是赵汝愚、韩侂胄等人就请示高宗遗孀吴太皇太后，逼宋光宗退位，拥立嘉王赵扩登基，是为宋宁宗。这一逼宫举动，让宁宗很为难。一方是自己的父母，虽然父亲有病，但生身母亲在掌权，这样做了，不是造父母的反吗？一方则是公义所在，祖父丧事要办，且太祖母也出面了，实在不能拒绝。他在喃喃自语"使不得"中，硬是被韩侂胄拖上皇位。如果不是母后李凤娘一贯张扬跋扈逼疯了父皇，使得父皇不能理朝政，使得父皇失去德行，自己也不用做这造父母反的皇帝，自己完全可以名正言顺地登基为帝。可是，就在宁宗赵扩万般无奈之下登上皇帝宝座之后，就在刚刚即位的儿子正需要母亲的时候，李凤娘却又抛弃儿子不管，反而去诵经念佛。应该管理朝政的时候去念佛，不该管理朝政的时候却到处插手。李凤娘辅政时期，她封娘家三代为王，侄子孝友、孝纯官拜节度使，一次归谒家庙就推恩亲属二十六人，一百七十多人授为使臣，下至李家门客，都奏补得官。李氏家庙也明目张胆地僭越规制，守护的卫兵居然比太庙还多。李凤娘外戚恩荫之滥，是南宋建立以来所没有的。李氏给自己家修建家庙，其规模竟然与太庙不相上下。这位李皇后是生生地扰乱了大宋赵氏王朝的朝纲，弄得后宫鸡犬不宁，弄得前廷上下震荡。

破席裹尸，悍后归天

庆元六年（1200年），有人算出李皇后今年有大的灾难，于是李凤娘这个一生彪悍的悍妇也开始害怕，她竟然开始念佛，一生滥杀无辜的李凤娘竟然在宫里开出一块地，建立佛堂，念佛为自己祈福去了。可是，谁知她在精室中染病，又没有人来关心照顾，没有人愿意照顾她，更没人去通报宋宁宗，于是李凤娘也没有得到医治，在孤寂中死去。

李凤娘死后，这也得办丧事啊，尸体也不能就这么放着啊。于是，宫人到中宫为其取礼服，管理钥匙的人拒不开启中宫殿门，可见这李凤娘是多么令人讨厌，就连死也得不到别人的原谅，结果礼服自然是没有取到，宫人们只得用席子包裹尸体，准备抬回中宫治丧。半路上忽然有人大喊："疯皇来啦！"宫人们一向怕遇见疯疯癫癫的光宗，一听到喊声，便丢下尸体，急忙散去。过了很久，他们才知道这不过是旁人故意喊叫，再回去寻找李氏尸体，尸体已经发臭了，宫人们只好燃起很多香料，来掩盖这难闻的尸臭。

李凤娘在位期间内不能管理六宫，外未能辅佐朝政；上不孝敬长辈，下不能躬身教子，又不能忠心护夫，把整个宋光宗一朝弄得是鸡犬不宁。自宋光宗一朝之后，本来就积贫积弱的南宋光景日下，开始走上了真正的下坡路，这位张扬跋扈、骄横无理、心狠手辣的李皇后也为后人所批判谴责。

韩氏　宋宁宗赵扩皇后

□ **档案：**

姓　名： 韩氏
生卒年： ？～1200年
籍　贯： 相州（今河南安阳）
婚　配： 宋宁宗赵扩
封　号： 皇后
谥　号： 恭淑

恭淑皇后韩氏，南宋宁宗皇后，相州（今河南安阳）人。韩皇后出身名门，韩侂胄（宋宁宗时期的权臣）的族人。淳熙十二年（1185年）八月，韩氏与赵扩结合，被封为新安郡夫人，之后又被晋封崇国夫人。赵扩即位为宁宗后，韩氏被册封为皇后，父亲被封为扬州观察使，母亲庄氏被封为安国夫人。庆元六年（1200年）病逝，谥曰恭淑，葬永茂陵。

虽然韩氏出身名门，但是最初与自己妹妹进宫之时，韩氏只是吴皇后的侍女。但是，韩氏美丽聪慧，深得吴皇后的喜爱。吴皇后见韩氏堪当大任，就将韩氏赐给了宋宁宗。可惜的是，韩氏命里无福，只做了短短六年的皇后就死去了。

杨桂枝　宋宁宗赵扩皇后

□ **档案：**

姓　名： 杨桂枝
生卒年： 1162~1232 年
籍　贯： 会稽山阴
婚　配： 宋宁宗赵扩
封　号： 皇后
谥　号： 恭圣仁烈

恭圣仁烈皇后，原名杨桂枝，南宋宁宗皇后。《宋史》《历代妇女著作考》《绍兴县志》《绍兴市志》等史书对杨皇后的评价很高，说杨皇后是一位杰出的女性，但是也有人认为杨皇后是一个善于心计、扰乱朝纲的狠毒的皇后。

一般认为，杨皇后是宋会稽山阴人，《浙江名人大辞典》里面就明明白白写着："杨皇后，女，上虞人，次山妹。少以姿容入宫，宋宁宗嘉泰二年立为皇后。善诗词、工书法、颇涉书诗、知古今。性机警，诛韩侂胄、立理宗，皆出其谋。理宗立，尊为皇太后，同听政，谥恭圣仁烈。"但也有人认为她是宋睦州青溪（今淳安）辽源（今里商乡）十五坑人，祖父杨宇，河南开封人。相传，杨桂枝出生的地方，后来被称为"皇后坪"，这个遗址一直保存在淳安。关于这位杨皇后，入宫之前的生平史实很难考证，后世也只能猜测。在《宋史》一书中，对杨皇后也很少笔墨，只简单记载了杨皇后如何登上皇后宝座以及如何害死韩姓权臣，反对宁宗皇帝遗诏另立新君等几件事情。

戏子的皇宫升迁

1195 年，时宋宁宗二十七岁，杨皇后已三十三岁，被宋宁宗看中，得太皇太后赐婚，并封平乐郡夫人。随后受宋宁宗宠爱，一帆风顺：1197 年晋封婕妤；1199 年晋婉仪；1200 年晋贵妃（这年韩皇后去世）；1203 年册封皇后。

虽然对杨皇后入宫之前的记载很少，但是杨皇后出身戏子这一史实却是准确无疑的。杨皇后的养母张氏，也是因为宋高宗吴太后的宠爱才得以进宫。宁宗的韩皇后也是受到吴太后的宠爱才得以成为皇后的，但是韩皇后命里福薄，仅仅做了六年的皇后就去世了，如果韩皇后还活着，或许杨皇后就没有机会干涉朝纲了。原来张氏的母亲在生前常常为吴太后歌舞，到她死后，吴太后还是念念不忘，内

杨皇后对权力十分热衷。

侍告诉吴太后，张氏继承了她生母的遗传也是一个能歌善舞的女子，于是吴太后把张氏接进皇宫，留在身边为自己歌舞，当然，一起接进皇宫的还有杨桂枝也就是后来的杨皇后。

杨皇后是一个聪明漂亮的女子，也善于洞察人心，连一向机警的吴太后也被她哄得团团转，对她是百般宠爱。史书对此事曾有记载，说杨皇后"举动无不当后意"。相传，吴太后对杨皇后的宠爱几乎到了纵容的地步。自古以来都是枪打出头鸟的，吴太后对杨皇后的宠爱招来许多宫女的不满和嫉妒。于是有一次，吴太后沐浴，宫女们故意撺掇杨氏试穿吴太后的衣服，并且假意说如果她穿上吴太后的衣服一定会很美丽，定会艳冠群芳。受宠的杨氏一时之间也迷失心智丢了理智，经不起众多宫女的怂恿，竟然真的去试穿吴太后的衣服。结果可想而知，宫女们在吴太后面前狠狠地告了一状，说她有僭越行为，意图不轨。不料，吴太后不但没有怪罪杨氏，还训斥捉弄杨氏的宫女说："你们用不着大惊小怪，也许她（指杨氏）将来就会穿上这身衣服，拥有我这样的地位。"可见，吴太后对杨皇后的宠爱到了纵容的地步。都说世事难料，谁知吴太后不过是随口之言，后来竟然应验。

宋高宗赵构的皇后吴氏是南宋历史上有名的贤能皇后，后世子孙虽然不是她亲生的却对她都很尊敬，就连当初宁宗继位登基也是看在吴太后的一道懿旨上。宋宁宗与吴太后的感情非同一般的深厚，颇有康熙和孝庄太后的意味。宋宁宗常常去吴太后的宫中询问治国用人之道，时间久了，就发现了吴太后身边这位聪明伶俐的女子——杨桂枝。杨桂枝见宋宁宗对自己有意知道机会来了，她长得楚楚动人，常常与宋宁宗眉目传情。但是杨桂枝当时虽然受宠也还是一个歌女，宋宁宗当时也只是太子，这二人也只能眉目传情而已。后来，赵扩继位登基为帝，虽已有众多妃嫔，但仍是对杨桂枝念念不忘，常常借着问政的理由去吴太后宫中，实际是为了与杨皇后接近，最终两人好事已成，吴太后才知道这二人情意。吴太后知道后虽然心有不悦，但是吴太后一直都很喜爱这杨桂枝也真是舍不得将她处死。再说这种事情关系到皇家体面，千万不能让外人知道。吴太后竟然下了一道懿旨，将杨桂枝赐给宋宁宗，还要求宋宁宗看在自己的面子上要好生对待杨桂枝。二人自从名正言顺之后，更是日夜缠绵，不舍分开。

然而，宁宗此时已经有了一个皇后——韩氏。韩氏是北宋名臣韩琦六世孙，也是权臣韩侂胄的侄孙女。最初，韩氏与姐姐一起被选入宫中，但并非做嫔妃，而是专门伺候太皇太后吴氏。韩氏善解人意，深得吴太后欢心，吴太后为了她的前途着想，将其赐给了当时还是嘉王的赵扩。韩氏出身名门，加上是吴太后所赐，身份格外不同，一到赵扩府邸就被封为新安郡夫人，后来又晋封为崇国夫人。赵扩当上皇帝后，韩氏也跟着水涨船高，晋封为皇后。不过，韩氏的富贵并不长久，她只当了六年皇后，便得病死去。正因为韩氏死得太早，中宫虚位，才使得以工于心计闻名的杨氏得以封后。此后，杨氏走上南宋的政治舞台，直接导致了南宋王朝的气势衰败。

关于杨皇后是怎样登上皇后的宝座的，还有一段曲折的故事，从故事中可以看出，杨皇后确实是一个善于心计的女子，她的谋略不简单。当时后宫里面只有杨贵妃和曹美人最得宁宗的宠爱。杨贵妃尽览史书典籍，为人性情更是机警，曹美人为人柔顺。杨贵妃此时心生一计，于是就来看单纯的曹美人。杨贵妃对曹美人说道："闻得皇上欲立中宫，谅来不过你我二人，何不各自设下酒筵，请皇上临幸，借卜圣意。"心思单纯的曹美人也没有多想，于是就答应下来。杨贵妃为了表现自己的贤德，还让曹美人先设宴，自己甘心落在后面，谁知这正是杨贵妃的高明之处。曹美人在宫中设宴，一向宠爱曹美人的宁宗自然会来赴宴。在酒席上，宁宗和曹美人一直把盏言欢，谁知酒到半酣，杨贵妃突然就来了。还出口说道："皇上您应该对我们姐妹平等对待，如何在妹妹这里饮酒作乐，是不是也应该去臣妾宫中陪臣妾也小酌一杯？"宋宁宗此时虽然不愿意离开这里，但是听这话语，也不好拒绝。这时杨皇后看宁宗不回答，就走到曹美人身边说："妹妹放心，姐姐只是请皇上到宫中喝几杯酒，过一会就把皇上还给你，妹妹都已经摆了酒席，怎么就这么一会儿也舍不得？"曹美人听了也知道杨贵妃是在向自己要人情，也只好同意了。于是，酒喝到一半，宋宁宗就被杨贵妃带走了，谁知道一同带走的还有曹美人唾手可得的皇后宝座。到了杨贵妃的宫中，杨贵妃可以说是使出全身解数，把宁宗彻底地灌醉，醉眼蒙眬的宁宗想要求欢。杨贵妃却在此时推拒，偏要让宋宁宗封自己为皇后才肯，已经醉意蒙眬的宋宁宗于是大笔一挥写了一道诏书，杨贵妃怕有变故，让宋宁宗又写了一道圣旨，才肯与宁宗宽衣解带。

第二天一早，百官入朝，杨氏冒认的兄长杨次山匆匆上殿，从袖中取出昨夜宋宁宗写的诏书，当众宣布宋宁宗册封杨氏为皇后。韩侂胄得知消息后，即使不同意也无济于事了。这一年，杨氏四十一岁，她终于如愿以偿，凭借自己的聪明才智登上了皇后的宝座。

美女皇后的复仇

杨皇后虽然登上了皇后的宝座，但是她对韩侂胄曾经阻挠自己封后一事怀恨在心，一直要伺机报复。不过，当时韩侂胄任枢密都承旨，加开府仪同三司，执掌朝政大权，权位在左右丞相之上，加上曾有定鼎之功，深得宋宁宗信任。而杨皇后充其量不过是在后宫呼风唤雨，她意识到必须要结交朝臣，才有可能彻底铲除韩侂胄。杨皇后便通过杨次山牵线，主动向礼部侍郎史弥远示好。史弥远与韩侂胄素来不和，也正想寻找宫中内应，来为自己谋取更大的权力，自然与杨皇后一拍即合，勾结在一起。

杨皇后让荣王在宁宗面前说韩将军轻易挑起战事。史料记载开禧三年（1207年）十一月初三，韩侂胄入朝，被主管殿前司公事夏露以兵呵止，拥至玉津园夹墙内活活打死。嘉定元年（1208年），史弥远按照金人的要求，凿开韩侂胄的棺木，割下头颅，送到金国。如果早知道有今日，当初在立后的问题上，韩侂胄也许就不会因为忌惮杨皇后聪明不好控制，而选择拥护温柔和顺的曹美人了。当初如意算盘打空，还丢了自己的身家性命，甚至死后也不得安宁，还要被剖棺割下头颅，身首异处。

养虎为患，终误江山

前文提到，杨皇后与史弥远合谋害死了韩侂胄。谁知韩侂胄死后，史弥远渐渐在朝中开始专权，甚至不把赵氏王族放在眼里，最终确立新君变成史弥远说了算。

嘉定十七年，宁宗一病不起，史弥远夜召赵昀入宫，杨后竟然一无所知。史弥远假传诏旨，另立赵昀为皇太子，封成国公。又过了五天宁宗去世，史弥远才将废立太子的事告诉了杨皇后。杨后愕然说："皇子赵竑是先帝所立，怎么能擅自变更？"后来史弥远先后七次派人与杨后商议，杨后禁不住一再的劝说，加上赵竑也不是她生的，便答应了史弥远的要求。赵昀入宫见杨后，杨皇后抚着赵昀的背说："你现在是我的儿子了。"可见这杨皇后充其量也就是一个只会耍心机的小气女子，没有什么政治谋略，更没有什么大智慧。

绍定五年，七十岁的杨太后去世。

才女皇后

杨皇后刻苦好学，"善通经史"，工诗、善书画，有三十首宫词等诗词和题画书法作品流传至今。她的书法"波撇秀颖，妍媚之态，映带漂湘"，被称为"宋代最杰出的女书法家"。她容颜美丽，而且擅长翰墨，有诗传世：

小小宫娥近水居，雕楣绣额映清渠。

忽然携伴凭低槛，好似双莲出水初。

日日寻春不见春，弓鞋踏破小除芸。

棚头宣入红妆队，春在金樽已十分。

另有诗《题层叠冰绡图》：

浑如冷蝶宿花房，拥抱坛心忆旧香。

开到寒宵尤可爱，此般必是汉宫妆。

这位杨皇后，倒是具有赵氏王朝的气质，赵氏帝王都带有文人气质，杨皇后的才学在历代皇后中算是群芳之首。也许是这文人气质，让杨皇后也变得"多情"起来。

杨皇后，在宋代历史上是一位最神秘的皇后：不知道父辈是谁；不知道祖居何处；不知道哥哥杨次山是真是假，等等。杨皇后一生没有什么政治建树，因此称不上贤后，也没有李皇后那么心狠手辣，因此也称不上毒后，但是她报复韩侂胄，任用史弥远，不能不说对南宋后来的走向产生了深远的影响。

谢道清　宋理宗赵昀皇后

□ 档案：

姓　名：谢道清
生卒年：1210~1283年
籍　贯：临海
婚　配：宋理宗赵昀
封　号：皇后

谢道清，南宋临海人。为渠伯之女，宰相谢深甫远房孙女。十七岁入宫为通义郡夫人，十九岁册立为皇后，五十七岁尊为太后，六十五岁又尊为太皇太后。时恭帝五岁，经"大臣屡请"，随恭帝垂帘听政。谢道清胸怀豁达，顾全大局，她在后宫一直和睦稳定。咸淳十年（1274年），忽必烈第二次进犯，元军进入临安城，谢太后等被掳往大都，挂个寿春郡夫人虚衔，七年后病故，享年七十三岁。

洗菜桥边的金凤凰

在南宋赵氏王朝的历史上有两位姓谢的皇后，一位是宋孝宗皇后谢苏芳，另一位就是宋理宗皇后谢道清。这两位谢姓皇后都具有传奇的色彩。宋孝宗皇后谢苏芳，是南宋历史上有名的铁腕皇后，为在皇后期间一直协助宋孝宗整顿朝纲，大力重用提拔主战的大臣，为南宋这个一直偏安江南一隅的王朝带来一个中兴，值得后人传诵。然而，宋理宗的皇后谢道清，在位期间确实也为江山社稷做出过贡献，临危受命，力拒迁都稳定人心，不过还是没有扭转南宋王朝灭亡的命运，自己还是成为末代的太皇太后，死后也只有元朝封号而已。然而这两位皇后却有一点是相似的——均是出身寒门。

据史料记载，南宋中期，台州府城东门外有一条江，名叫通灵江，江水清澈见底，碧波粼粼，清风徐来，景色很是美丽别致。在这江上有一条石拱桥，有护栏可供人凭吊河道风景，两岸绿柳成荫，草色碧绿，花香沁人，是东门外一个游憩的好去处。桥下有几个台阶，供乡民日常洗米洗菜使用，民众称此桥叫洗菜桥，或叫水菜桥。这水菜桥附近居民都不是本城居户，大都是外乡迁往城厢的贫民，不是什么显赫的家族，都是普通贫苦人家。在这众多的百姓中，有一家姓谢的贫民，他与妻子膝下没有儿女，有个堂兄夫妻俩因瘟疫亡故，留下一个女儿无人抚养，他们就将她抱过来，认作亲生女儿养着。这个孤女是宁宗时的宰相谢深甫的远房孙女，还是名相后裔，这姑娘有个男子名字，叫谢道清，就是后来南宋历史上宋理宗的皇后。

吃得苦中苦，方为人上人

出身寒门的谢道清，幼年时吃过很多苦。道清年幼丧父，由叔叔收养。可是叔叔是一个小商贩，家境贫寒。年幼的谢道清从小起就在叔伯家过日，天天除了洗菜淘米，还要干粗活，生活得极度困苦。她家住在台州城的东门外，村前有一条小溪，道清从小就在溪边浣衣洗菜，甚至寒冬时候顾不得江水寒冷依旧要去江边洗衣洗菜，操持家务。长大成年之后，不便于继续抛头露面，就在家做一些针黹刺绣来补贴家用。叔父家境贫寒，好在叔父家隔壁有一秀才娘子，颇有学识，名叫屈三春，是当地有名的才女。这屈三春很是喜爱面目清秀的谢道清，时常与谢道清一起聊天谈话，教给谢道清一些学识。相传，谢道清入宫选妃能够成功，屈三春是第一大功臣。谢道清入宫选妃这事要从谢道清与屈三春的交往说起。

坎坷的选秀路

屈三春是当地屈员外的女儿，在当地是一个很有名望的家族。然而这屈三春却颇具反叛精神，与一个叫王仁瑜的秀才私订终身，被屈员外逐出家门，二人便屈居在谢道清叔叔家隔壁。这屈三春是一个奇女子，有咏柳絮之才，又不失豪气大方。相传，秀才王仁瑜的书友，也就是将谢道清选入秀女的官员杨俊来来到她家时，未施粉黛的屈三春，毫不畏惧地问道："请问客官，这大清早起，端门闯户为着何来？"足见其勇敢机智。一时间让杨俊来也只有招架之力，只得躬身说道："特来拜见嫂嫂！"本以为这一句会让屈三春无言以对，谁知她接着问道："请问你是我郎君哪家的兄弟？""学生杨俊来，是仁瑜兄的学中学弟。难道不该叫你一声嫂子吗？"杨俊来回答。

此时，听见外面报名，内里的王仁瑜听见了，三脚两步走了出来，一看果然是书友杨俊来，连忙高叫："原来是杨书兄光临寒舍，失迎失迎，娘子，你该请他们进来拜茶呀！"说着迎了出来，将杨俊来及同行的二人引进家来。

书友相会难免有番客套，客套过后，秀才娘子且不烧饭，急忙烧水泡茶，顷刻间四碗天台云雾茶热气腾腾地送了上来，口中赔罪道："不知贵客临门，唐突有罪，请伯伯们原谅。"一番话说得落落大方，既道歉又解释了原因，让人一点话柄也挑不出来。屈三春就是这样一位传奇的女子，就是她一眼看出了谢道清的不同寻常。

这杨俊来本是当朝太子的门客，是一个乡试的举人，这次是奉命出差为帝王家选妃的。自古这帝王选妃就是一件劳民伤财的事情，其间又涉及各个政治势力的利益，以致原本简单的选秀也变得纷繁复杂起来，百象从生。夹在皇家和秀女之间的钦差大人就变成了一个刀头舔血的江湖儿女了。若是选得皇家满意的妃子又能顾得各个政治势力的利益那就是皆大欢喜了；稍有差池，得罪了任何一位皇亲国戚，且不说这乌纱难保，就是性命也将堪忧。身为太子门客的杨俊来，处于这种环境之中又怎会不知，所以这次奉命出来为皇家选秀女，他可是如履薄冰，十分小心。杨俊来今天到屈三春家来拜访，正是为此事而来。按照正理说，屈三春已经是人妇，杨俊来来这里选妃这不是自己找砍头吗？杨俊来其实不是为屈三春而来，而是为了与屈三春相处较好的谢氏谢道清而来。这件事的缘由还要从杨俊来求签说起。

杨俊来为求神助，一行人便到了国清寺，在如来佛祖前祷告，请赐一签，结果求了五十一签上上签，拿起签词一看，原来是一首打油诗：

问津桃源上天台，谢女咏絮灵水边；
道是琼台夜月凉，清辉不露霓裳仙。
寻人至，婚姻吉，财源进，鸿运来。

他们看了似有几分不解，但一点是肯定的，所要选的后妃在天台，但是天台县已选遍了，再没有出类拔萃的名媛淑女，难道这天台是泛指的台州？因台州府治，曾经一度称天台郡，灵水边又在哪里呢？仔细一想，过台州城那条江就称灵江。

一日清晨，杨俊来从临海城悦来客店起身，准备到大田东乡这一带台州东郊鱼米之乡去访察，希望寻得一两个奇女子自己也好交差。杨俊来经过一番打探，从媒婆口中得大田刘员外有一女子叫刘紫茵堪称绝色，又有一个是屈员外之女叫屈三春的更是美貌，只是这屈三春不守闺阁之礼，已经为人妇。于是杨俊来决心先将刘紫茵考察一番，列入册内。杨俊来出了崇和门，在东水沟上随意行走。忽然听得上流水响，顺着水声方向看去，看见一个头堆观音髻的姑娘正埋头洗菜，奇怪的是姑娘洗菜的衣袖与手一道浸在水里，在水流荡漾中，隐隐有一种青光粼粼，一时惊奇了就发出"姑娘，你洗菜为何不抓袖？"的问话。

当姑娘以玩笑口吻回答"奴家这是真龙不露爪，露爪非真龙"时，杨俊来心中一动，似有所得，不觉多看了几眼。一时间杨俊来愣在那里倒是忘了问这是哪家的千金，回过神来之时，只见这洗菜的姑娘已经提着篮子走远了。正在懊恼之时，忽然想起书友王仁瑜就在这附近了。于是才来到这王仁瑜与屈三春的家舍一问究竟，谁知杨俊来这一句话问出口，竟惹来秀才王仁瑜的大笑。"你哪里见到她美好的模样？若是前三年贤兄来或可一见，可如今贤兄可是见不得了。""这，此话怎讲？"杨俊来越听越糊涂，心里是丈二的和尚摸不到头脑了，自己早上看见的明明就是美女一位。

谢家小妹，前三年确实是美人一个。可是，话说也怪，灾难突然就降临了。谢家小妹十六岁那一年，身上突然发出一身恶疮，开始在手指上发起，逐渐上延，不到半年，全身长遍，连脸部也是一块一块的，不痒不痛，这块好了，那块长上，断断续续，连连绵绵，把个美貌如花的姑娘变成一个丑八怪。贤兄不是看花了眼吧？"

杨俊来还是不想放弃，早上明明看到的是美人，这怎么一瞬间就变成了丑女？于是便问："敢问芳名？"

"这谢家小妹，身为女子却起了个男子名，谢道清。"王秀才慢慢说来。听到这三个字，杨俊来心中一动似有所悟，拿出先前所求之签，发现每句诗首字相连，竟是"问谢道清"四字。心下顿时没有了主意。

正在这时，屈三春走上前来为谢道清说了一番话，才使谢道清进宫选妃有可能，真是谢道清的贵人。屈三春说道："谢姑娘的毛病不痒不痛，妾身猜测这天生丽质，决不容凡人染指，大凡女子奇才奇貌必为应运或应劫而生。两者必居其一，否则像谢姑娘这样奇颖奇才，冰雪聪明，求婚者必然络绎于道，若非突生怪病，早就已成别人堂上妻子了。今听杨伯伯与拙夫所论，京城所谣传那话儿应了。只因府县官员没有公开征召，民间不晓不知罢了。原来谢姑娘竟然真的是皇妃之命。"听到屈三春这番话语，杨俊来心中也颇为认同。在迷信盛行的宋朝，这番话还是很有力度的，当下，杨俊来就决定让谢道清入册，进宫选妃。

自己与别的秀女不同，谢道清自己心里很是不安，好在有屈三春在旁劝解，谢道清也横下心来，横竖也得走这一遭了，就去吧。

可是到了知府这里，知府犯难了，谢道清这般样子，若是送进宫中去，皇上还不治自己一个欺君之罪？可是杨俊来却执意要把谢道清带上，知府也只好从命，勉强将谢道清入册，和其他秀女一起在府中接受训练。话说这屈三春虽然看出谢道清的非凡之处，可是，自己心中也略有些担忧，毕竟这里面不但有着自己和相公的身家性命，还有杨俊来一家大小老少的性命在里面，所以对谢道清寸步不离，事事亲身为办，半点不曾含糊。直到训练结束，谢道清和其他秀女要与家人别离，正式上京了。与别人的哭哭啼啼不同，谢道清一家却没有如此感伤。就这样谢道清走上了入京的道路。

相传，这奇迹就发生在这入京的一路上。谢道清在这一路上腹泻不止，快到京城之时，这腹泻突然神奇般地止住了，更神奇的是，腹泻症好了之后，谢道清身上的疮竟然在一夜之间结痂脱落，露出了光洁的皮肤。一夜，屈小姐在迎宾客店准备了沉香冰片檀香参片，熬成药汤，帮助谢姑娘脱衣沐浴。镜中现出一个巧笑倩倩的丽影，望着镜中的自己，她一时间不知是真是假，傻傻地问："镜中的天仙她是谁啊？"屈小姐拍拍她的肩头说："谢姑娘，你不要迷了本性，这就是谢道清你呀！贺喜你脱胎换骨，还你本来面目了。你是应运而生的国母娘娘呀！"又说："孽由心生，喜亦是心生，是喜是孽全在你一念之间，切记，成则应运，败则应劫。此后一切皆是顺境，姑娘好自为之。"

过五关，斩六将，只为与君共天长

话说，第三天是廷陛吉日，这一天是皇帝亲自点后的日子，选取未来后妃，她们都有随驾的教习，各自想方设法，将自己的姑娘打扮得光彩照人，都争坐皇后宝座，这是选国母娘娘，成败在于一举手，一投足之间。

这五位候选皇后，四位是大家千金，满身绫罗绸缎，满头珠翠，满手套满钏环戒指，名贵得不得了。而屈三春却反其道而行，谢道清听从屈三春的指导，素面朝天淡扫蛾眉，宽衣广袖，打扮得朴素大方。宋理宗看到谢道清朴素自然，一身端庄稳重，不炫不耀，宽衣广袖，连手指都陷在袖内，便惊奇地问："卿卿为何不舒指？"他目的要看她的玉手，谢道清答道："见龙方可伸手！"理宗明白此女目的是要皇帝自己动手为她展袖验看，立刻伸出手来，为这姑娘卷袖出手，只见谢道清素手如玉，不环不钏，晶莹明亮，同时散出出一种说不出的舒心舒肺的淡雅幽香，不觉在她的手背上摩挲起来，口中不觉赞道："好一双清白的玉手！"谢道清急忙跪地奏道："妾手与皇上合手共扶社稷！"这一赞一谢，就确定了两人的身份，一帝一后，谁也不能更改了。谢道清就是这样被选中皇后的。

当然了，史学界还有另一种说法。有人认为，谢道清入宫选妃只是杨皇后报答的结果。相传，谢道清的祖父谢深甫任宰相时援立过杨皇后。杨皇后出于对谢氏的感激，在宁宗死后，理宗议择中宫时，指定要从谢氏诸女中挑选。按说这是一件好事，但是，谢道清的叔父却极力反对，原因竟然是不想为谢道清出嫁妆。过了几日，正逢元宵节，忽然不知从何处飞来好几只喜鹊，停落在谢家的花灯上，于是全家都认为这是一个大吉兆，是道清的"后妃之祥"。迷信的叔父这才同意谢道清入宫。谢道清因而得以入宫，被封为通议郡夫人。

1227年，就是宝庆三年，谢道清又被晋封为贵妃。

1227年农历十二月，决定谢道清命运的日子终于来临。宋理宗想立贾氏为后，而杨皇后却说：谢女端重有福，宜正中宫。宋理宗只好立谢道清为后。

见或不见，我就在那里，不悲不喜

不管是哪种说法，谢道清是被立为了皇后，然而，遗憾的事情是，道清虽被立为皇后，却并没有得到理宗皇帝的爱，宋理宗所宠爱的还是贾贵妃。甚至在贾氏去世后，宋理宗又转宠阎贵妃。可是，谢道清却始终对宋理宗用情极深，一直包容着宋理宗的冷漠淡然，一直为自己心爱的帝王打理江山，不曾有一句怨言。得不到宋理宗宠爱的谢道清，在政治上虽然比不上吴皇后和谢苏芳皇后，但是也颇有作为。

开庆元年（1259年），元兵一度渡过长江，局势顿时紧张起来。宋理宗和朝臣们非常害怕，他们秉承着赵氏王室的传统，遇到战事三十六计走为上计，不是商量怎么抗敌而是连忙商议着往平江或庆元迁都，直接就要弃百姓于不顾。谢道清知道后，即登殿极力阻谏。谢道清振振有词说道："要知一旦迁都，就会造成人心动摇，会失去民心，会让军心不稳，万万不可。"在谢皇后的极力反对下，宋理宗和朝臣才中止了这一次的迁都动议，稳定了军心。虽然身为女子，然而谢道清却颇具政治眼光也颇有胆识。要知道在中国的历史上，宋朝对后宫干政可是管束最严的，但是为了宋王朝的江山社稷，谢道清也将个人的生死置之度外了，可以说是巾帼不让须眉。

德祐元年（1275年），元兵攻破鄂州，继续沿长江东进，朝中的确也没有一个像样的人才。为了改变眼前的现状，挽救国家的命运，已是太后的谢道清命人起草了一道榜文，张贴于朝堂。榜文写得一针见血："我国家三百年，待士大夫不薄。吾与嗣君遭家多难，尔大小臣不能出一策以救时艰，内则畔官离次，外则委印弃城，避难偷生，尚何人为？亦何以见先帝于地下乎？天命未改，国法尚存。凡在官守者，尚书省即与转一官；负国逃者，御史觉察以闻。"从榜文中可以看出，当时的情况确实是很危急，所以谢道清才会不再顾虑所谓的皇家颜面，直截了当地说出实情，期盼有才之士能够帮助赵氏渡过难关。果真如谢道清所想，真的出现了几个忠心而又才能的人。谢道清陆续起用了一些有作为的文臣武将，文天祥、张世杰、陆秀夫辈皆脱颖而出。在国将不国的关键时刻，在江山危亡的紧要关头，他们用生命实践着自己忠君护主的誓言，描绘了一幕幕可歌可泣的悲壮场面，为后世留下一个又一个感人肺腑的英雄故事，滋养着一代代人的心灵，传承着一脉爱国深情。

1276年农历正月，元兵围潭州，谢道清升信王赵昺为广王，出镇泉州。对于她来说，这算是最后一次人事安排，大概意在为赵氏留一脉香烟吧。为不致都城临安全部生灵涂炭，谢道清带领宋廷拜表请降。这一年二月，元兵进入临安，恭帝和道清相继被送往元大都，降恭帝为瀛国公，谢氏为寿春郡夫人，这就是一个虚衔。七年后，她卒于元大都，年七十三岁，后归葬于临海西郊。

褒贬不一的历史评价

南宋理宗皇帝赵昀是个贪图享乐的皇帝，他对后宫后妃的贤惠是不大注意的，也不会使用贤人，结果将两个才女遗漏了，她们就是仙居朱静芬、大田的刘紫茵，她两人重才不重貌，因此落选了。有人说，谢道清和理宗一样也是一个没有才能的皇后，因为她虽然留住朱静芬和刘紫茵却没有委以重任，也没有留住屈三春这个难得的才女。

相传在谢道清登上皇后的宝座之后，立即奏请宋理宗封自己的恩人秀才王仁瑜为官。然而屈三春却看到内忧外患的宋王朝其实气数已尽。当时的宋王朝，外有强敌日夜虎视眈眈，元朝的铁骑随时会踏足宋皇宫，而内在，宋理宗又是一个只知道享乐的无用皇帝，没有国力，朝政紊乱，群臣又无治国之才忠君之志，于是婉言谢绝了福建总督一职，而是选择远离京都，来到岭南，做那与世无争的岭南人。后人评价道，没有挽留屈三春来辅佐朝政，足见谢道清没有治国之伟才，还举出了这样三个例子：

第一，恭帝德祐二年，元军伯颜部攻破临安，不久就传来元世祖忽必烈的诏书，要求自皇太后以下嫔妃全部到元大都去朝见元朝皇帝。谢皇太后原本不该命令孙子向元朝伯颜元帅跪拜，只行作揖礼即可。这样既能保住赵氏的血脉，又能不丢掉一个大国的君主气概和志气，还能给民众以不屈不挠的国体意志，或许复国还有希望。然而，这时候的谢太皇太后，却哭着对恭帝说："承蒙天子仁慈，留你一条性命，还不赶快拜谢！"当时年仅八岁的恭帝还是一个孩童，对此事并不知晓，在大人们的搀扶下行了三跪九拜大礼。虽然是年幼的孩子的跪拜，可是却是宋朝的帝王的屈膝，这一跪拜失去了大宋皇朝的气节，亡国了。

第二，谢太后与年幼的恭帝到了大都，朝见了元世祖忽必烈。于是，忽必烈封谢太后为寿春郡夫人，将她囚禁在深院之中，而谢道清竟然接受这样一个封号。更加让后人议论的是谢道清在深院之中苟且偷生。至于在谢道清在元朝到底过着怎么的生活，受过什么样的屈辱，历史上没有资料可查，元朝统治者更是讳莫如深严禁提起。但是，我们依然可以从与谢道清一同生活的四个宫女的悲惨经历上推知一二。

朱静芬在衣衿上题词曰：

既不辱国，幸免辱身，世食宋禄，羞为北臣；
妾辈之死，守于一员，忠臣孝子，期以自新。

刘紫茵衣衿内写的是四句诗：

宋女凌辱洗铅华，千里跋涉不见家。
名建高标应自赏，愿辞红粉到天涯。

可见两位才女都是在以死明志，宁愿失去宝贵的生命也要换取自己的清白和名节。到底受了怎样的屈辱，才让两位才女心甘情愿地放弃宝贵的生命？相比之下，身为太皇太后的谢道清是不是过于贪生怕死了？然而，最终谢道清也没有对自己下手，谢道清知道人君之位已到尽头，就自剪头发，请求削发为尼。从此青灯古佛，了却终生。

第三，德祐元年（1275年），元兵攻破鄂州，继续沿长江东进，谢道清罢了贾似道的职。对于贾似道，朝野臣民早已恨之入骨，恨不得人人得而诛之。谢道清却没有杀他以平民愤朝议，生生错过了鼓舞士气的一个好机会，大大挫伤了军民抗敌保家卫国的信心。然而，谢道清没有诛杀贾似道的原因，竟然是顾忌贾贵妃的面子和情感，竟然是念及同乡之情，为了自己的同乡之情却置广大黎民百姓不顾，这怎么能让民众不伤心，文武百官不痛心疾首？

生不逢时的谢太后

虽然后人对谢道清颇多微词，但我们也应该清醒地认识到这样一个事实，南宋末期，国家内忧外患，已是到了溃散的边缘。南宋的灭亡也好，幼帝屈膝之辱也好，并不是谢道清一个人可以掌握和扭转的，南宋的灭亡是一个历史发展的必然。

相传，谢深甫出任宰相时，他对形势的认识就已经非常清楚了。谢深甫已经看到了虎视眈眈的北方帝国那强大的实力，也知道如果再不励精图治，即使不愿意屈服，也只能以身殉国。可是，南宋的统治者们却都抱着保守的态度寄希望于求和而不思进取。于是，在宰相的三年任期之间，谢深甫一直在寻找强国之道，一直保存着应有的气节。

据史料记载，有一次金使来朝，昂首倨傲，气势凌人。深甫也以其人之道还治其人之身，坐着不予理睬。金使没有办法，只好按旧时的礼仪向宁宗进书。虽然没有得到什么物质上的利益，但是保住了一个王朝应该有的气概和威严。就是这样一位有才能的宰相，依然没有使积贫积弱的南宋王朝富强起来，南宋王朝依旧还是在风雨中飘摇。后人又怎能苛求谢道清一人扛起兴国的重任？又怎能让她一人背负亡国辱主的罪名？只能说，谢道清是生不逢时。

全玖　宋度宗赵禥皇后

□ 档案：

姓　名：全玖
生卒年：不详
籍　贯：浙江会稽
婚　配：宋度宗赵禥
封　号：皇后

全玖，南宋度宗皇后，平和近人，不善妒忌，却因为在被元朝军队俘虏后没有殉国而倍受后人非议。

名门之后，胆识非凡

全玖，浙江会稽人，是宋理宗之母慈宪夫人的侄孙女。

在宋理宗妻子人选的问题上，大臣们认为全氏小小年纪经历艰险，应该较有见识；加上她是宋理宗之母慈宪夫人的侄孙女，理宗于是将其召入宫中，问"尔父昭孙，昔在宝祐间没于王事，每念之，令人可哀"。她回答"妾父可念，淮、湖之民尤可念也"，被宋理宗认为见解深刻。于是在景定二年十一月封她为永嘉郡夫人。十二月封为太子妃。度宗即位后又于咸淳三年正月封为皇后，并追赠三代，其兄弟、姻亲等都晋了官位。

十四载夫妻情

在宋代经常出现这样一个状况，就是皇帝竟然没有嫡亲子嗣继承大统，正是这样的状况，使并不是皇子的理宗当上了皇帝。

宋理宗顾念母族，于1261年册封全氏为皇太子妃。

1264年，宋度宗即位，全氏成为皇后。她和丈夫十四年夫妻，是个贤惠顺从的妻子。

然而谁也没有想到这皇后竟然是南宋赵氏王朝最后的一位皇后。

1274年，三十三岁的宋度宗病逝。儿子赵㬎即位，全氏成为太后——货真价实的生母皇太后。可是，当时宋朝已经是外有强敌，内乱丛生了。此后，全太后不问国事，谢太皇太后听政。

末代皇后的末路人生

1276年，谢道清太皇太后宣布投降。宋恭帝赵㬎、赵㬎母亲全太后，还有宋朝的宗室大臣像当年"靖康之耻"时一样，被押解去大都。

路经瓜州（今江苏扬州东南）和真州（江苏仪征）时，宋军曾经两次袭击押解队伍，希望能夺回幼帝和太后，但没有成功。五月，母子到达大都。

亡国奴的生活极为屈辱，全太后和儿子选择含辱偷生。忽必烈本来就对全太后不能殉国非常鄙夷，宫女的自杀更加深了他的这种情绪。他命人把这四个宫女的头颅砍下，悬挂在全太后的寓所，以示羞辱。全太后顾念儿子太小，不肯轻生。但是一定也承受了很多非人的折磨。

1282年底，忽必烈寻机命令全太后削发为尼。后来，全太后默默死在大都的正智寺。

 # 辽朝

述律平　辽太祖耶律阿保机皇后

□ **档案：**

姓　名：述律平
生卒年：公元 879~953 年
籍　贯：不详
婚　配：辽太祖耶律阿保机
封　号：应天大明地皇后
谥　号：淳钦

述律平小字月里朵，辽王朝的开国皇后，父为述律婆姑。耶律阿保机即位后，群臣上尊号称她为"地皇后"，公元 926 年，太祖死，她以皇后身份摄军国事，断腕服众。述律平生有三子，次子耶律德光即位后，尊她为"应天皇太后"，后因发动政变，兵败被禁，七十四岁病死。

创立基业，助夫建国

《辽史·后妃传》记载，辽王朝的开国皇后述律平以"简重果断，有雄略"著称。据说，她曾经在老哈河与西拉木伦河的交汇处远远地看见一个美丽的女子乘青牛而来，可是一转眼的工夫，女子和青牛都不见了。人们据此说，述律平因为"文能安邦富国，武能克敌制胜"，连神女在她面前也感到自惭形秽，主动让路，述律平就成了契丹人心目中女神的化身。

述律平十四岁的时候按照氏族的习俗，嫁给了二十岁的表哥耶律阿保机，婚后第九年，阿保机成为本部酋长，开始东征西讨，而述律平也紧紧地跟随在阿保机的身边，为他出谋划策，和他一起四处征战，是阿保机不可或缺的参谋与帮手。以汉高祖刘邦自居的阿保机把述律氏比作汉相萧何，赐萧姓为述律家族的姓氏，共享富贵。

公元 916 年，阿保机建契丹国，自号"大圣大明天皇帝"，封述律平为"应天大明地皇后"。同年，阿保机率军攻党项，后方空虚，室韦部乘机来袭，述律平得知后，亲自率军出击并大破敌军，述律平的名声从此威震四方。

述律平非常重视人才，只要她认为确有才华又能够忠心的人，不论民族和出身她都向阿保机推荐并加以重用。幽州节度使刘守光派韩延徽为使向契丹求援，韩延徽晋见时不肯跪拜，阿保机大怒，述律后谏道："韩延徽守节不屈，是个忠臣。"于是阿保机把韩延徽召来任命为参谋，最终成为他的左膀右臂。

偏爱次子，狠心断腕

耶律德光是耶律阿保机的次子，自小随父征战，在二十岁的时候就做天下兵马大元帅，阿保机对他寄希望很大，在阿保机的三个儿子当中，他和长子耶律倍都很受阿保机的喜爱，但耶律德光更像他的父亲。在阿保机到各处征战的时候，耶律德光都跟着出征，因此立功甚多，述律平对这个二儿子另眼相看，在继承皇位的问题上全力支持他，反对喜欢汉族文化的长子耶律倍继位。

述律平虽然足智多谋，却是一个极其偏心的母亲，她有三个儿子，长子耶律倍才华横溢，喜爱汉学；次子耶律德光文采有限，但是武略出众，时任契丹国的兵马大元帅，东征西战，立过赫赫战功，更重要的是耶律德光"性孝谨，母病不食亦不食"。这样的儿子当然会讨得母亲万分的欢心；幼子耶律李胡最是一无所长，只是凶残嗜杀。述律平最看不上眼的就是长子耶律倍，她认为儒家文化并不适合契丹民族，会把勇悍的契丹人改造成唯唯诺诺的胆小之辈。

公元926年，阿保机死在了返回皇都的路上，述律平并不甘心将契丹国的帝位传给太子耶律倍，为了达成变换皇储的心愿，她在阿保机去世后的第八天宣布，主少国疑，由自己临朝称制代行皇权——实际上这时耶律倍已经二十八岁。为了铲除她认为可能会妨碍自己易储大计的"异己"，述律平开始了对大臣们的杀戮。

述律平利用民族习俗，以给先帝送信和侍奉先帝为名，送了上百名重臣去见阿保机，搞得朝中人人自危，又无计可施。有一天，她选择了一个比较特殊的送信人赵思温，赵思温是阿保机最为器重的将军之一，统领着契丹中的汉军，述律平说："先帝和你最好，你去最合适。"汉人出身的赵思温不肯就范，反驳说："若论和先帝的关系亲近，没人能比得上太后，若太后肯亲去，我自当随后同往。"大殿上所有大臣们的目光一同投向了述律平，赵思温显然说出了大家的心里话，只见述律平略一沉思后回答说："我是很想去啊，可是几位皇子还年幼，国家无主，实在是离不开啊。"说完抽出侍卫的刀，将自己的右腕一刀砍断，面不改色地说道："暂且先拿这只右手去伺奉先帝吧。"众人望着断了手还在振振有词的述律平，无不畏惧胆寒。

在阿保机死后的第二年，述律后主持了推选新皇帝的仪式，为了保证自己易储大计的顺利进行，述律平搞了一个"群臣自主择明君"的把戏。述律平让耶律倍和耶律德光骑马并立于自己帐前，然后对群臣说："两个儿子都是我亲生的，我对他们一样重视，但皇位只有一个，我不知该如何选择，你们认为谁可以当皇帝，就去牵谁的马缰绳。"众大臣当然明白述律平的用意，更畏惧她派人"侍奉先帝"的杀人手段，于是纷纷争抢着去拉耶律德光的马缰绳，二十五岁的耶律德光于是正式即契丹帝位，即辽太宗，述律平被尊为"应天皇太后"。

反对南征，幽禁至死

因为述律后重视牧业而轻视农业，所以她对于向中原用兵不太热心，只希望在草原地区建立稳固的统治。她曾说过："我们有这么广阔的地方，羊马无数，在这里享受无人可比，又何必兴师动众地远征得那么点利益呢！"耶律德光继位之后，也继承了父亲念念不忘用兵中原，扩疆土至黄河以北的志向，屡次兴兵南下，但述律后总是拦阻，述律平认为应以"争取民心，胡汉和好为上策"。

在南征的问题上，述律平并不赞成儿子的主张，她有雄心，但更冷静。她认为入主中原并不能给契丹带来真正的好处。述律平在了解到后晋派使者议和时，也极力劝说辽太宗罢兵讲和，她对儿子说："如果汉人做契丹王，行吗？"辽太宗说："不行。"述律平又说："那你为什么非要当汉王呢？"述律平劝他："你就是得了汉地也不能久留，万一有什么意外，后悔就来不及了。"后来的事实说明述律后还是有先见之明的，公元947年，辽太宗在南征归途中病死，年仅四十六岁。

耶律德光死后，述律后还想按照自己的意愿让三儿子耶律李胡继位称帝，但这个老三为人极为残忍，又没有什么威望，以前述律平因为偏袒耶律德光不让耶律倍继位，得罪了一大批人，而且杀掉了很多大臣，到这时，被杀大臣的儿子们也已经成人，而且多在军中，这些人联合起来，商议共同对付述律平。他们选中了耶律倍的儿子永康王耶律阮，此时他恰好随从在耶律德光的队伍里，群臣拥立耶律阮为帝，班师北归。耶律阮的父亲耶律倍当年的命运实在不济，因为述律平的偏心，这位本该是契丹国主的人才三十八岁就落得客死他乡的下场，契丹国人都愤愤不平，拥戴他的儿子也就是理直气壮的事情。

述律平接到报告后异常恼怒道："我儿南征东讨，功业卓著，当立者应该是在我身边的孙子，而耶律倍弃我而奔后唐，是大逆不道之人，怎么能立这种人的儿子为帝呢？"于是派三儿子耶律李胡领兵阻击正在北归的军队，但耶律李胡不但不得人心，而且毫无本事，双方一交战，很快就被打得大败而归。

述律平怒火难耐，亲自整顿兵马，和耶律李胡一起率部和孙子决战。然而，一生随心所欲的述律平这一次好运似乎走到了头，不但耶律阮营中的将领没有一个肯临阵倒戈，就连京城里的官员们也没有全数站在述律平一边。述律平抓到耶律阮手下的萧翰，质问萧翰为什么背叛？萧翰理直气壮地反驳："当初你为了立威易储，无辜杀掉我的父母，我怨恨你已经很久了！"

此时有大臣趁机劝说述律平罢兵言和，四面楚歌的述律平眼见无力左右局势，只好承认了既成事实。但她的内心里仍留恋昔日的权势，所以又寻机暗中谋划废耶律阮立耶律李胡为帝，最后事泄，被幽禁到阿保机的陵墓旁。公元953年，"应天皇太后"述律平终于走完了她七十四年的人生历程，与已经去世二十七年的丈夫阿保机合葬在了祖陵之中。

玉兽 辽

萧温　辽太宗耶律德光皇后

□ **档案：**

姓　名：萧温

生卒年：? ~935 年

籍　贯：契丹族述律部

婚　配：辽太宗耶律德光

封　号：皇后

谥　号：靖安皇后

萧温，辽太宗耶律德光皇后，父亲是述律平皇后的弟弟室鲁，母亲质古是述律平皇后和太祖耶律阿保机唯一的女儿。契丹各部落中实行的氏外族通婚制，而且耶律氏和述律氏之间又有着互相嫁娶的习俗，因此，外甥女嫁舅舅是屡见不鲜的。就这样，长大后的萧温就嫁给了自己的二舅，当时还只是担任天下兵马大元帅的耶律德光。

公元 927 年德光即位以后，萧温被立为皇后，聪慧素雅的萧温很受德光宠爱，四年后生下长子耶律璟，即后来的辽穆宗。耶律德光每次外出，无论是打仗还是狩猎，都把她带在身边，夫妻之间的感情非常好，公元 935 年十二月，萧温随德光在百湖西南的行宫中，生下了次子阿钵撒葛里，可能因产后感染患了重病，次年正月逝于行宫。

公元 936 年五月初一，契丹开始为她服丧，三天后葬于今内蒙古自治区巴林右旗岗根苏木床金沟的奉陵。德光亲自撰写哀册，追谥为彰德皇后，辽兴宗时改谥号为靖安皇后。

甄定徽　辽世宗耶律阮皇后

□ **档案：**

姓　名：甄定徽

生卒年：公元 904~951 年

籍　贯：山西颍川郡

婚　配：辽世宗耶律阮

封　号：皇后

两朝宫女，一代皇后

大辽的契丹族皇族姓耶律，后族姓萧。当年在阿保机为统一契丹东征西讨时，皇后述律平或策划于帷幄，或驰骋于沙场，为此，崇尚中原文化、以汉高祖刘邦自居的阿保机把述律平比作汉相萧何，赐萧姓为述律家族的姓氏，定萧家世代为皇后。所以从辽太祖耶律阿保机开始，耶律氏和萧氏就建立起了铁板似的嫁娶关系。在大辽皇后中，基本是清一色的萧姓贵族女子，甄氏是大辽唯一的一位异族、异姓皇后。可以说，她是大辽皇后中的一位不速之客。

公元 926 年，甄氏奉诏到洛阳以选淑女，因她的品貌靓姣而被当时后唐明宗的曹皇后选中做贴身宫女，曹皇后教她宫中礼仪，甄氏天资聪慧，对宫中的礼数掌握得非常好，因她儒雅端庄，心细眼快而深得曹后的青睐。公元 936 年后唐被后晋灭亡以后，许多的宫女都在战乱中离散了，但这个甄氏却依然留在宫中，又被后晋高祖的李皇后选中做了侍女，因甄氏琴棋书画样样精湛，深得宫中上下喜爱，后被晋出帝的冯皇后提拔为宫女领班，掌管皇后绶玺。也算是命中注定，这个在宫中举止出众的甄氏，在当了两朝六帝的宫女后，终于遇到了一个相中了她的男人，使她从一名两朝宫女成了第三朝的皇后。

公元 946 年，辽太宗耶律德光攻破大梁，灭掉后晋，甄氏时年四十一岁，随耶律德光进入大梁的耶律阮虽比甄氏小十二岁，却深为甄氏风姿绰约、仪态万方的英姿所倾倒，遂纳甄氏为妃，对她宠爱备至。次年，耶律德光死于撤军途中，耶律阮在诸将拥戴下即帝位，随即将甄氏册封为皇后，授予皇后紫袋及皇后印玺。

德行典范，苦涩宠爱

甄氏是大辽历史上唯一不姓萧的皇后，她不仅是个汉族女子，而且比辽世宗耶律阮大了十几岁，可以说她是辽史上的一朵皇后奇葩，甄氏除了举止和风姿胜过那些契丹女人，她的品德和情操也很值得称颂，她待人友善，处事慎重，注意方式方法，身为皇后，她以身作则，从来没有为自己谋取一针一线。《辽史·后妃传》用"内治有法，莫干以私"八个字，对她的这种精神给予了高度评价。耶律阮一直对甄氏非常敬重，非常爱恋，并生下了三皇子。后来，耶律阮迫于反对势力的声讨，又把萧撒葛只册立为皇后，但仍保留了甄氏的皇后地位，这就使得大辽的历史上出现了两个皇后并存的局面。

耶律阮和他父亲一样倾慕汉族文化，作为叔叔的辽太宗也一直很喜欢这个侄子，所以南征时才会把他带在身边。等到耶律阮即位，他和他爷爷阿保机一样进行了一些改革，进一步完善了官制，结果自然和他爷爷一样引来诸多契丹贵族旧势力的挑事，但后来的几次谋反都被他给平息了。

耶律阮把甄氏立为皇后，自然也引起了极大的非议，开国太后述律平听到耶律阮立甄氏为皇后时，当时就断定这个孙子已是不可救药了。且不说这件事破坏了有权有势的萧氏一族对皇后一职的世袭利益，单就是甄氏那一段经历过六个汉室皇帝的经历，就无法被大辽的贵族们接受，所以在辽史中只是把她说成是妃，而且只是寥寥数语一带而过。

不过耶律阮对甄氏倒是一往情深，一直是非常敬重、非常爱恋的，坚持立她为后并宠爱有加。他不顾契丹贵族如潮般的声讨，尽管甄氏出身微贱，却因阅历丰富而具有远见卓识，耶律阮每逢大事，总爱与她商量。遗憾的是，甄皇后的一些正确见解，如她反对攻掠中原等，耶律阮并没有认真采纳。

情深缘浅，生死戚戚

耶律阮当年随叔父子耶律德光出征，耶律德光猝死后，被拥立为帝。即位后，又通过打击耶律平、耶律李胡一伙的势力，封赏有功之臣，设置北枢密院强化辽朝中央的权力机构等措施，巩固了自己的皇权统治地位，且深得人心。但耶律阮在辽国推行改革，触动了不少契丹酋长贵族的利益，从而埋下了杀身之祸。

公元 948 年，原先参与拥戴耶律阮的萧翰、耶律安端等人企图谋反，被耶律阮镇压。安端的儿子察割以揭发父亲的罪恶为名，骗取了耶律阮的信任。察割表面上恭顺老实，背地里却在积极策划夺取皇位的叛乱活动。大臣耶律屋质几度提醒耶律阮要当心耶律察割这个人，耶律阮却不以为意。耶律阮以为察割是舍弃父亲而投向他，必得重用，每次打猎都喜欢带着他，察割俨然已经成了辽世宗身边的一代宠臣。屋质劝说无效最后只能叹息：一个人连父亲都可以背叛，又怎会可能忠心于陛下您呢？叹息归叹息，耶律阮终究听不进屋质的话。

公元 951 年，刚刚建立北汉的刘崇向辽朝称侄，要求派兵支持，合攻后周。耶律阮认为此时后周刚刚建立，正是南征的好时机。他与甄氏商议这件事情，甄氏却认为此时南征不妥，然而耶律阮仍然坚持，他的生母萧氏以及甄后、萧撒葛只等后妃也都从军随行。当抵达归化州的祥古山时，耶律阮在行宫大摆宴席，祭奠生父。他与群臣都喝得酩酊大醉，沉睡过去。当天傍晚，密谋已久的察割纠合耶律盆都、耶律郎五等人发动了叛乱。他们派兵杀入宫帐，把耶律阮和甄后杀死在梦乡之中，随后，萧撒葛只也遭残杀。

除了耶律阮，在其他契丹人的眼里，无论生前还是死后，甄氏始终都是一个陌生人，甄氏死后，悲剧接踵而至。她的尸体被草草地埋葬在荒野，十八年后才被正式收葬，并且始终没有得到应有的谥号。明明已被世宗"立为皇后"，在《辽史·后妃传》中，却被史官称之为"妃"，且位列萧氏之后。《辽史·世宗本纪》中，至少应该记载"某年某月册立某氏为皇后"，但史官对她竟只字未提！直到耶律阮与萧氏的儿子辽景宗即位时，他才把母亲萧氏、甄氏合葬于父亲的显陵。

萧撒葛只　辽世宗耶律阮皇后

□ 档案：

姓　名：萧撒葛只
生卒年：? ~951 年
籍　贯：契丹族述律部
婚　配：辽世宗耶律阮
封　号：皇后
谥　号：怀节

萧撒葛只，辽世宗耶律阮皇后，小字撒葛只，父萧阿古只（辽太祖的皇后述律平的弟弟）。在辽世宗耶律阮还是永康王时就娶了她，生下景宗耶律贤，公元 949 年农历十月立为皇后。公元 950 年秋，又生下萌古公主。

情场失意，两后并存

萧撒葛只在感情生活上可以说是比较不幸的，自从耶律阮在征讨后晋的战争中得到了比他大了十多岁的宫女甄氏以后，全部的心思就都放到了甄氏身上，公元947年立了甄氏为皇后，萧撒葛只几乎被冷落到了一边。只是由于大辽有世代只能是萧氏为后的规定，在不得已的压力下，萧撒葛只才被耶律阮也并立为皇后，成为大辽同时存在的两个皇后之一。

大辽烈女，以死随夫

公元951年，耶律阮不听甄氏和萧撒葛只的劝阻，以及主将们的反对，强行率兵南下，欲攻后周。出征途中，大臣耶律察割发动政变，杀死了耶律阮和甄皇后，萧撒葛只之因在别帐，没有当场被杀。当她得到叛乱的消息后，不顾自身安危，找到耶律察割，请求为耶律阮和甄氏收尸，被耶律察割将其拘押。

接着大臣耶律屋质和耶律璟将耶律察割包围，耶律察割见情况不妙，派人将萧撒葛只杀死，萧撒葛只死后被谥为孝烈皇后，和甄氏一起葬于当地，直到她的儿子耶律贤即位为辽景宗时，才把母亲萧撒葛只和甄后一起合葬于父亲耶律阮的显陵，1052年改谥为怀节皇后。

由于甄氏身份的尴尬，在《辽史·世宗本纪》中，萧撒葛只的地位排在了甄氏的前面，成为大辽承认的皇后。

萧氏　辽穆宗耶律璟皇后

□ 档案：

姓　名：萧氏
生卒年：？　~969年
籍　贯：契丹族述律部
婚　配：辽穆宗耶律璟
封　号：皇后

萧氏，辽穆宗耶律璟皇后，父亲是内供奉翰林承旨萧知璠，萧氏出生时有香气环绕，出身名门的萧氏，年幼就遵守礼仪，性情温婉，在耶律璟为寿安王时就嫁给了他，辽穆宗即位，萧氏正位中宫。公元951年，辽世宗耶律阮被害后，耶律璟趁机镇压叛乱，夺取帝位后，萧氏被册封为皇后，可她却是个不幸的皇后。

辽穆宗耶律璟是辽太宗耶律德光的长子，他所有的爱好就是杀人、打猎、酗酒和睡觉。每天天亮才睡，中午才醒，长时期不理朝政，人称之为"睡王"。

耶律璟不近女色，他生前只有一个皇后萧氏，再没有任何其他嫔妃，他厌恶见到女人，服侍他的人都是些阴阳怪气的宦官。身为皇后的萧氏却总是独守空房，两人没有交流，也没有子女。

由于辽穆宗喜欢杀人，而萧皇后性格柔婉，不能规劝皇帝，这使得耶律璟身边的人个个如履薄冰，终于被近侍和厨子所杀，而萧氏也同时遇害。

萧绰　辽景宗耶律贤皇后

□ **档案：**

姓　名： 萧绰
生卒年： 公元 953~1009 年
籍　贯： 契丹族述律部
婚　配： 辽景宗耶律贤
封　号： 皇后
谥　号： 睿德神略应运启化承天皇太后

萧绰，小字燕燕，是辽国中期女政治家、军事统帅。景宗皇后，圣宗生母。她足智多谋，文武全才，在辽摄政四十余年中，对辽的安定和发展做出了极大的贡献，是辽国诸多萧太后中最杰出的一位。

天生慧质，代夫执政

萧绰是大辽北院枢密使兼北府宰相萧思温的三女儿，自幼聪慧、美丽，而且成熟得很早。十六岁被辽景宗耶律贤选为贵妃，公元 969 年被册封为皇后。由于景宗体弱多病，时常无法上朝，她便代夫临朝，处理国事，国家大事多由她裁决，那时的她还不到十八岁。

在萧绰的努力下，辽国的事务被处理得井井有条，耶律贤对皇后萧绰的才干也已经非常了解，他将妻子的地位升到与自己等同的程度，他对大臣说：在书写皇后的言论时也应称"朕"或"予"，这可作为一条法令，这说明他给了萧绰可代行皇帝职权的权力。

公元 972 年，十九岁的萧绰在治理国家的同时，为耶律贤生下了长子耶律隆绪，辽景宗后继有人，对萧绰更是宠爱无比，景宗对萧绰几乎可以算是专宠，在他们十四年的夫妻生活里，萧绰不但几乎全权掌握了景宗朝的军政大事，而且还一共为景宗生下了四子三女共计七个孩子。

公元 982 年，辽景宗驾崩，萧绰的儿子耶律隆绪即位，即辽圣宗，萧绰被尊为摄政皇太后，当时萧绰三十岁，圣宗才十二岁。在大臣耶律斜轸和韩德让等人的辅佐下，太后和圣宗的地位才巩固下来。第二年六月，辽圣宗率群臣给萧绰上尊号为"承天皇太后"，萧绰以"承天皇太后"的身份总摄军国大政，就此开始了辽代历史上著名的"承天后摄政"时期。

明达治道，善驭左右

萧绰知人善任，重用汉官，拜汉人韩德让为大丞相，位于诸亲王之上，以"智略宏远"的耶律休哥和"有经国才"的耶律斜轸主军，多创战绩，故被誉为"明达治道"，"善驭左右"。

在军事上她屡对宋用兵，以契丹诸京为基地，东降女真，西攻党项、回鹘，北攻铁骊，南攻宋，扩展了辽国的统治地区。

公元986年，宋太宗认为辽圣宗年幼而母后摄政，大举北伐，以期收复石敬瑭献给契丹的幽云十六州。正月，宋军兵分三路，东路攻幽州，中路攻蔚州，西路攻云州、朔州，其中西路军中有宋朝名将杨业。萧绰命耶律休哥守幽州，耶律斜轸抵御中路及西路宋军，她自己亲率辽圣宗驻扎驼罗口居中策应。这一仗宋军大败，在撤退途中，辽军俘宋将杨业，后者不降，绝食而死。

自幽云大捷后，萧绰更进一步经略军事，在实力雄厚之后，她开始主动地向宋朝挑战，甚至多次亲自披挂上阵，跃马疆场。在所有的战事中，她几乎都能取得胜利，成为威名远扬的一员女将。辽国的声势也在她的一次次旗开得胜中扶摇直上，党项、女真等周边部族都纷纷向辽国称臣纳贡。

1004年，萧绰乘宋真宗多次丧师，畏惧怯战之机，再度亲征，挥军南下千里，直趋澶州（今河南濮阳）城北。因遭宋军反击受挫，萧绰利用宋真宗急于求和的心态，与宋朝谈判，达成澶渊之盟，平安撤回。宋朝此后每年需向辽朝缴纳白银十万两、帛二十万匹，从此，契丹与宋百余年无较大冲突。

萧绰在摄政期间，励精图治，选用汉人，开科取士，消除番汉不平等待遇，劝农桑，薄赋徭，内政修明，军备严整，纲纪确立，上下和睦，与宋讲和，坐收岁币之力，经济文化高度发展，对外的军事日渐强盛，对内的政局经济也步入正轨，使辽朝达到鼎盛时期。

太后再嫁，圆满人生

在萧绰的亲信重臣里，有一个特殊的人物，他就是汉族官员韩德让，韩德让比萧绰大十三岁，据传，他本来自幼与萧绰订有婚约，只是由于景宗即位为帝，萧绰奉命入宫，姻缘才中途中止。辽景宗死后，萧绰看中韩德让的政治与军事才能，于是决定改嫁给韩德让，这在当时契丹族的风俗中是允许的。她私下对韩德让说："我曾经许嫁于你，愿谐旧好，当国王是你的儿子。"

萧绰一向对韩德让另眼相看，早已不是什么秘密。在一次朝会上，韩德让因争执砸死了涿州刺史耶律虎古，萧绰竟没有加罪。而在一场马球赛上，大臣胡里室将韩德让横撞落马，萧绰却勃然大怒，立即就将胡里室斩首示众。大臣不能冒犯韩德让，而韩德让可以随意处置大臣，即使是契丹显贵也没有问题，这几乎就已经将韩德让摆在了与皇帝等同的位置。

萧绰又秘密派人鸩杀了韩德让的妻子李氏，从此之后，韩德让就无所避讳地出入于萧绰的帐幕之中，过着事实上的夫妻生活。他们出则同车，入则共帐，就连接见外国使臣的时候都不避忌，辽圣宗对韩德让也以父事之。

公元 988 年农历九月的一天，萧绰一反从前在皇宫中宴请皇亲众臣的惯例，在韩德让的帐室中大宴群臣，并且对众人厚加赏赐，面对这样一场以韩德让和萧绰为主人的大宴，所有的人都心知肚明，这就是萧太后改嫁韩德让的喜宴。从此以后，汉官韩德让就是大辽国的太上皇帝了，不久，韩德让成为辽国权力最大的人物——官拜大丞相、加封齐王。

韩德让毕竟是一个汉族人，如今不但位高权重，还俨然成了太后的后夫、皇帝的继父，契丹贵族议论纷纷，有些人更以韩德让"非我族类"为由，坚决反对太后对他的宠信，甚至于散布一些韩德让不忠于太后和辽国的流言蜚语，而萧绰面对所有的挑拨和挑衅，都不为所动，仍然对韩德让始终如一。众人议论归议论，看太后如此坚持，也就不了了之了。

自从萧绰正式表示下嫁韩德让之后，对于韩德让的继父身份，辽圣宗耶律隆绪不但毫无反感，而且还对韩德让非常地尊敬，享受着儿女孝顺、丈夫恩爱的萧绰在 1009 年农历十一月将皇权交还给了耶律隆绪，决定从此结束她四十余年的摄政生涯，去南京（今北京）安享晚年。不幸的是，在南行的途中，萧绰染上了疾病，当年十二月初，逝于行宫，终年五十六岁，葬于乾陵。

萧绰生前曾经侍奉景宗十四年，景宗死后又辅佐儿子圣宗二十七年。她在位时不仅采取了使辽由奴隶制向封建制转变的一系列汉化措施，还解决了悬而未决的战争问题。在她统治时期也有过骨肉相残的事情，她的两个姐姐因阴谋篡权和毒害太后而被赐死，史书记载说她喜好华丽而不节俭，神机智略且善驭左右，大臣多愿为她效其死力。作为契丹的一位有作为的女统治者，她对契丹的兴盛和发展做出了重大的贡献。

中国历史上的后妃数不胜数，然而通观下来，只有萧绰，不但建功立业、彪炳史册，而且作为一个女人，她真正享有了完整的人生。

萧菩萨哥　辽圣宗耶律隆绪皇后

□ **档案：**

姓　名：萧菩萨哥
生卒年：公元 983~1032 年
籍　贯：契丹族述律部
婚　配：辽圣宗耶律隆绪
封　号：皇后
谥　号：仁德

辽圣宗小名文殊奴，是辽国在位时间最长的皇帝，他在位时正是辽王朝的鼎盛时期，但辽圣宗却没有管理好他的后宫，他在世时，皇后与元妃萧耨斤为争夺抚养太子的权利，结下了仇怨，而在辽圣宗耶律隆绪死后，萧耨斤便杀害了皇太后萧菩萨哥，继之是重用娘家人，专权主政，败坏辽廷朝纲，终使辽帝国由盛世步入衰败之路，

幼子夭折，埋下祸根

萧菩萨哥出身显赫，她的姑姑就是大名鼎鼎的睿智皇后萧绰，她父亲是萧绰的弟弟萧隗因。在她十二岁时，由于貌美多才而被选入宫廷。1001 年，十八岁的萧菩萨哥被册为齐天皇后。同年，第一位皇后被降为贵妃。这里的原因就不言而喻了，萧太后的侄女这个身份，是一定要当皇后的。

心灵手巧的萧菩萨哥常用草茎作宫殿的模型给营造单位，依据模型营造清风、天祥、八方三殿。她所乘的车设置龙首鸥尾，以黄金装饰。皇后又造九龙辂、诸子车，以白金为佛塔模型，各有巧思。

辽圣宗很宠爱萧菩萨哥，夫妻间很是恩爱，萧菩萨哥多才多艺，擅长弹琵琶，辽圣宗也擅长音律，两人有共同爱好，对弹唱酬，鸾凤和鸣，夫唱妇随，伉俪情深。然而，遗憾的是齐天皇后为圣宗生下的两个龙子——天保奴和地保奴，先后不幸因病夭折，这让做母亲的齐天皇后悲痛欲绝，整日以泪洗面。

皇帝软弱，恶妇得志

1016 年，宫人萧耨斤生耶律宗真，萧菩萨哥很喜欢萧耨斤的儿子，把他抱在自己宫里精心抚养，爱如己子，把母爱全部倾注到他的身上。随着光阴流逝，宗真慢慢长大，齐天皇后渐渐淡漠了丧子之痛，并以这个孩子的生日为"顺天节"。

但萧耨斤是个野心极大的人，对自己的儿子被萧菩萨哥抚养怀恨在心，开始与萧菩萨哥争斗起来，这时别的宫人也有了孩子，但萧菩萨哥只是喜爱耶律宗真，故此对萧耨斤只是处处忍让，并让皇上把萧耨斤从宫人升为妃子以作为补偿。

1031 年农历六月，辽圣宗病危，遗命以耶律宗真继承皇位，就是辽兴宗。齐天皇后萧菩萨哥为皇太后，萧耨斤为太妃。临死前嘱咐耶律宗真："皇后事我四十年，以其无子，所以收你为养子，我死后，你们母子切不可杀害她。"这时的萧耨斤已是得意忘形，对萧菩萨哥骂道："老东西，宠爱亦有尽头啊。"辽圣宗死后，萧耨斤以皇帝生母的身份自立为皇太后，是为钦哀皇后。

萧耨斤原本是萧菩萨哥的宫人，萧菩萨哥以为萧耨斤是自己人，谁知奴大欺主，萧耨斤的心眼太坏，恩将仇报。萧菩萨哥打错了如意算盘，给自己培养了一个掘墓人。萧耨斤一开始被封为顺圣元妃，也算是为皇帝生子的补偿，但是这个封号她是不满足的，她想当皇后，想当太后，想掌握天下大权。

辽兴宗耶律宗真性格懦弱，萧耨斤很快就掌控了实权，上台后的萧耨斤，指使护卫冯家奴、喜孙等诬陷萧菩萨哥和北府宰相萧浞卜、国舅萧匹敌参与谋反，辽兴宗听说后问道："萧菩萨哥侍奉先帝四十年多年，还抚育了我，本该为太后，现今不但没当太后，反而有罪，这样做不好吧？"萧耨斤说："此人若在，恐为后患。"辽兴宗求情道："萧菩萨哥没有孩子而且已经老了，虽然在，也没能力做什么了。"萧耨斤不听，将萧菩萨哥押往上京。

无辜惨死，荒凉结局

掌握大权的是萧耨斤，辽兴宗只是傀儡，他说话不算数，萧耨斤就把萧菩萨哥押送到上京，并乘皇帝打猎外出时派人去杀死她。萧菩萨哥对杀她的使者说："我是无辜的，天下人都知道，让我沐浴完，再杀死我，可以吗？"使者就退出去，等他们回来时，皇后萧菩萨哥已经自杀了，享年四十九岁，死后被葬于白马山。

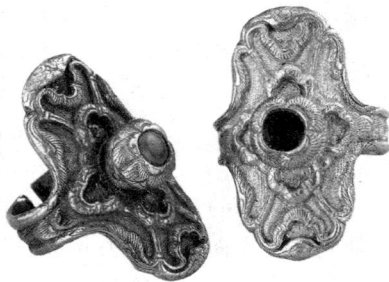

盾形嵌玉金戒指 辽

1034 年，好不容易掌握实权的辽兴宗因打猎经过祖州白马山，见萧菩萨哥的坟冢荒秽，又无影堂及扫洒人，只是空山中一个孤冢，恻然落泪说："我要是早像现在这样，你就不至于如此了。"左右同行的人都闻之泪下，兴宗下诏让上京留守耶律贵宁将萧菩萨哥移葬到祖陵，并追封萧菩萨哥为仁德皇后。

萧耨斤　辽圣宗耶律隆绪妃

□ 档案：

姓　名：萧耨斤
生卒年：?　~1057 年
籍　贯：契丹族述律部
婚　配：辽圣宗耶律隆绪
封　号：元妃
谥　号：钦哀

萧耨斤，辽圣宗嫔妃，辽兴宗之母，辽太祖皇后述律平的弟弟阿古只的五世孙女。在辽圣宗耶律隆绪死后，萧耨斤杀害了皇太后，继之重用娘家人，专权主政，败坏辽廷朝纲，终使辽帝国由盛世步入衰败之路。

改换容颜，诞育龙子

据传，萧耨斤本来长得非常丑陋，面色黝黑，但由于出身后族，辽圣宗耶律隆绪还是把她娶进了后宫，不过隆绪从未把她当妃子看待，而只是把她排到母亲萧太后帐中当宫女使唤。一天，她给萧太后打扫床榻时，偶然拾到一只金鸡，忽然萧太后进帐，慌忙之下，她吞下了那只金鸡。没想到这金鸡却是太后的养颜之药，不多日，萧耨斤的黑色面孔奇迹般地慢慢变得洁白，有光泽，别有一番美丽了。

别看萧耨斤平日里寡言少语，却是个极有心计的女人，她调动浑身解数，百般取悦萧太后与圣宗。萧太后也没有排斥这个手脚勤快、甜言蜜语的宫人，辽圣宗耶律隆绪也开始宠幸她了，时常去到她的宫室谈情说爱，寝宿宫中。不久，萧耨斤就身怀有孕，生下一个麟儿，名耶律宗真，也就是后来的辽兴宗，萧耨斤因此被册封为元妃。

母凭子贵，明争暗斗

没有儿子的皇后萧菩萨哥看到萧耨斤生了儿子，马上抱过去当作亲生儿子抚育，不许他同生母见面。被夺去儿子的萧耨斤妒恨交加，但碍于圣宗对皇后的万般宠爱，自己又处于妃妾之位，只能将失子之恨藏于心底，伺机报复。在随后的几年里，萧耨斤又接连为圣宗生下一子两女，她把全部的母爱都给了小儿子耶律重元，而对被萧菩萨哥夺走的大儿子耶律宗真则是不冷不热。

随着所生儿女们接连成长，日渐得宠的元妃萧耨斤也就敢于对皇后萧菩萨哥当面辱骂："你这个不能生养儿子的老废物，仗势得宠的日子快要到头了，等着难受遭罪吧。"继之又数次向辽圣宗诬告萧菩萨哥与宫中制作琵琶的工匠私通，终因辽圣宗耶律隆绪拒听谗言，未能得逞。在多次陷害皇后萧菩萨哥无果后，萧耨斤便开始在暗中收罗亲信，培植势力，为日后专权奠定了基础。

自立太后，祸乱社稷

1031年农历六月，辽圣宗耶律隆绪病死，临终前他嘱咐萧耨斤要善待皇后，并告诫耶律宗真，千万不可与生母合谋杀害养母萧菩萨哥，并安排萧菩萨哥为齐天皇太后，而萧耨斤则立为皇太妃。但辽圣宗刚刚咽气，萧耨斤就将遗诏烧了个干净，年仅十六岁的耶律宗真即位后，她立即以新皇帝生母的身份，自立为法天太后，临朝称制。

对于萧耨斤来说，首先要除掉的对手就是萧菩萨哥，她要一吐压抑在她心中多年的怒气，与同党罗织罪名，诬陷菩萨哥与其弟谋反，于是菩萨哥的两个兄弟被处死，继而，萧耨斤又开始加害菩萨哥。实在看不过去的兴宗耶律宗真恳求亲母放过萧菩萨哥，说她年纪已大，且没有儿子，不可能有所作为，但萧耨斤根本没有理会兴宗的劝告，依旧我行我素。1032年春，她趁兴宗出巡之际，派人到上京，加害被软禁的齐天皇后。《辽史》记载，齐天皇后临死前对前来行刑的使者说："我实在无辜，天下共知。"被迫自缢身亡，享年五十岁。萧耨斤听到齐天皇后的死讯，下令将她按庶人礼草草葬在祖州城外的白马山。

在萧菩萨哥一案中被牵连的还有囚禁的卫士一百多人，四十多名贵族大臣也都被杀，家产籍没。辽圣宗丧期未满，萧耨斤就令宗真为其上尊号，她不但把她弟弟们都封了王，竟然还让四十多个奴仆也当上了高官，在不到一年的时间里，萧耨斤几乎把萧太后与耶律隆绪的封建化改革措施全部废弃，统治集团内的矛盾，变得再度紧张起来。

母子反目，至死不改

由于在萧菩萨哥的事上耶律宗真为其说了几句好话，萧耨斤便认定当皇帝的儿子已经被萧菩萨哥教坏了，于是就和朝中掌权的兄弟们商议，想废除耶律宗真，另立少子耶律重元。此时，耶律重元还是个孩子，根本不懂做皇帝意味着什么，听到消息后，竟然偷偷跑来向皇帝哥哥告了密。耶律宗真立即调动兵马，将萧耨斤的党羽全部抓了起来，最后把萧耨斤送到庆陵囚禁，自此，萧耨斤集团就被铲除了。

1034 年，辽兴宗因打猎经过祖州白马山，见到萧菩萨哥的坟冢荒秽，恻然落泪。他当即命令在祖陵内择吉地改葬齐天皇后。兴宗余怒难消，有三四年之久没去见萧耨斤，直到 1039 年，兴宗才将萧耨斤从幽禁她的庆州七括宫迎回皇宫奉养。

年近七旬的萧耨斤毫无悔意，于是母子间的积怨越来越深。1055 年宗真辞世，萧耨斤却一点也没有悲伤的样子，见儿媳皇后萧挞里悲泣如礼，对她说："你还年轻，何必哀痛如此！" 1057 年农历十二月，萧耨斤病逝，第二年五月，辽道宗耶律洪基加封她谥号钦哀皇后，葬于庆陵。

萧挞里　辽兴宗耶律宗真皇后

□ 档案：

姓　名：萧挞里
生卒年：？～1076 年
籍　贯：契丹族述律部
婚　配：辽兴宗耶律宗真
封　号：皇后
谥　号：仁懿

萧挞里，兴宗耶律宗真的皇后。父亲萧穆之，是钦哀皇后萧耨斤的弟弟，1035 年，萧挞里被立为皇后。

辽兴宗耶律宗真即位后，他的母亲把弟弟的长女萧挞里聘纳为后宫，当了宗真的妃子。萧挞里性情温顺，待人宽厚，容貌秀美。她不仅能歌善舞，还能猎杀猛兽。耶律宗真虽然放荡不堪，但对萧挞里却是格外喜爱。即便是耶律宗真后来与母亲反目为仇，也丝毫没有影响他对萧挞里的感情。

1032 年农历八月，萧挞里生下耶律宗真的长子耶律洪基以后，被立为皇后，后来她又连续生育了二子二女。1055 年，耶律宗真病死，长子耶律洪基即位，尊萧挞里为皇太后。

萧挞里生性俭朴，当了太后之后仍能严格要求自己，她是非分明，憎恶爱贤，深受人们的爱戴，每年宋朝和其他诸部向她贺寿的贺礼，她都很少用，几乎全部赏赐给贫困的人。

辽兴宗在位时曾封他的弟弟耶律重元为"皇太弟"，道宗耶律洪基继位后，尊重元为皇太叔、天下兵马大元帅。重元的儿子涅鲁古，在兴宗时，已晋封楚王，耶律洪基更是委以重任，官至知南院枢密使事。重元父子权势日重，在 1063 年农历七月，乘道宗耶律洪基往宁城秋猎之机发动叛乱，身为皇太后的萧挞里临危不惧，指挥有方，亲自率卫士冲入敌阵，才得以平息叛乱，稳定了局面。

1076 年农历三月，萧挞里病故，葬于庆陵，谥号"仁懿皇后"。

萧观音　辽道宗耶律洪基皇后

□ 档案：

姓　名：萧观音
生卒年：1040~1075 年
籍　贯：契丹族述律部
婚　配：辽道宗耶律洪基
封　号：皇后
谥　号：宣懿

萧观音，辽道宗耶律洪基的第一任皇后，父萧惠为辽兴宗母亲萧耨斤的弟弟，她爱好音乐，善琵琶，工诗，能自制歌词。曾作《伏虎林应制》诗、《君臣同志华夷同风应制》诗等，被道宗誉为"女中才子"。后来，由于谏猎秋山被皇帝疏远，作《回心院》词十首，抒发幽怨怅惘心情，1075 年，遭耶律乙辛等人诬陷，含冤自尽。

北国才女，佳人皇后

契丹人保持着尚武的习俗，喜欢打猎，辽国虽自开国君主耶律阿保机开始，命大臣制出契丹文字，但相对中原来说还是比较落后。辽国宫廷内，一向严禁读书，他们认为读书不但浪费时间，还会把一个人的脑筋弄得太复杂，所以皇后也大都温柔不足，英爽有余。辽国皇后多能指挥千军万马冲锋陷阵，但辽道宗的皇后萧观音却是辽国萧后系列中的一个例外。

萧观音四岁时就许配给当时为燕赵国王的耶律洪基为妃，称得上是青梅竹马。成年后的萧观音端庄秀丽、婀娜多姿，深得耶律洪基宠爱。有一次，耶律洪基在伏虎林纵猎完毕，饮酒聚会，萧观音豪气勃发，即席赋诗一首："威风万里压南邦，东去能翻鸭绿江。灵怪大千俱破胆，哪叫猛虎不投降！"此诗气势雄浑，彰显出北国女子的飒爽豪情，并借打猎为题，表现出雄心万里，威震四方的气概与豪迈。耶律洪基大喜，对众臣说："皇后可谓女中才子。"

萧观音生下皇子后，更一度备受道宗恩宠，然而好景不长，危机和悲剧随之而

玻璃项饰　辽

来。耶律洪基粗野强悍，喜欢打猎，经常带着后妃们一起游猎，怠于朝政。萧观音对辽道宗不顾死活的狩猎活动十分担忧，常常谏劝辽道宗停止狩猎活动，辽道宗正乐此不疲，哪里听得进妇道人家的唠唠叨叨，为了眼不见心不烦，渐渐疏远了萧观音。

笛琴合奏，惹祸上身

受到冷落的萧观音在寂寞之余，作了十首《回心院》词，表达自己渴望耶律洪基能够回心转意的心情，这十首《回心院》还真写得很不错，但可惜耶律洪基不是个多情书生，萧观音的这些动人词句并不能打动他。

《回心院》情致缠绵，萧观音叫宫廷乐师赵惟一为《回心院》谱上音乐，赵惟一殚精竭虑地把《回心院》乐曲发挥得淋漓尽致。一支玉笛，一曲琵琶，萧观音与赵惟一丝竹相合，每每使听的人怦然心动，后宫盛传这两人情投意合，一时间流言四起，一些别有用心的人利用这些谣言，恶意中伤，有意陷害萧观音。

奸人中伤，有口难辩

先前辽国皇太叔造反作乱，皇族耶律乙辛平乱有功而加封太子太傅，辽道宗长期打猎在外，耶律乙辛渐渐地大权独揽，朝臣无不阿附，这使他野心日益增大。萧观音的儿子即太子颇为英明，耶律乙辛对他有些忌惮，于是就想利用萧观音与赵惟一之间出现的谣传来打击萧观音。

这个叫赵惟一的乐师长得十分俊雅，萧观音和他一起研究音乐时间一长难免产生一种得遇知音的情感，据说她为这个赵惟一写了一首叫《十香词》的艳诗，在末尾还特意去附加了一首题为《怀古》的小诗："宫中只数赵家妆，败雨残云误汉王。惟有知情一片月，曾窥飞燕入昭阳。"

当时萧观音身边一个叫作单登的宫女，也会弹琵琶，耶律洪基曾经召她弹奏，可能也想宠幸她吧，萧观音对耶律洪基说："单登是叛臣的婢女，难保她不会像豫让那样为主报仇。"于是耶律洪基就没有过于亲近她，这个单登因为此事，对萧观音恨得牙根痒痒。她见到萧观音手书的《十香词》及那首怀古诗后，认为这是个陷害皇后的机会，就把它偷了出来，交给了耶律乙辛。

耶律乙辛于是把这个萧观音亲自誊写的《十香词》和怀古诗拿给辽道宗看，外加证人单登。道宗起初不相信，认为这是"皇后骂飞燕也"，宰相张孝杰却回答：这是皇后心念赵惟一所作，道宗问何以见得，张孝杰面不改色心不跳地回答说：诗中正好有赵惟一的名字，这怎么可能是巧合？

蒙冤而死，后代翻案

耶律洪基听闻后勃然大怒，让耶律乙辛和张孝杰将赵惟一捉起来审问，在严刑逼供下，赵惟一就算没有此事，也只得承认，以求速死。耶律洪基看到赵惟一的供状后大怒，下令将赵惟一全族满门抄斩，皇后萧观音赐死。

萧观音请求临死前再见道宗一面但不获准，她对道宗的一片思念落得个三十五岁自尽而死，在这之后发生了所谓的太子谋反篡权案，"上大怒，废太子为庶人"。诏命囚太子于上京。后太子被耶律乙辛派人谋杀于囚室，又杀太子妃于回京途中灭口。

1081年，耶律洪基察觉上了当，便废黜了耶律乙辛及其党羽。1083年，道宗追封故太子为昭怀太子，以天子礼改葬。同年十月，耶律乙辛企图带私藏武器到宋朝避难，事泄被诛。

辽道宗死后，皇太孙耶律延禧继位，他就是辽朝的最后一个皇帝天祚帝。1101年，天祚帝为他的奶奶萧观音的冤案洗雪，首先将已死去的宰相张孝杰剖棺戮尸，再搜捕耶律乙辛的子孙及亲旧，尽行诛戮，并追谥萧观音为宣懿皇后，与辽道宗耶律洪基合葬在一起。

萧夺里懒　辽天祚帝耶律延禧皇后

□ 档案：

姓　名：萧夺里懒
生卒年：不详
籍　贯：契丹族述律部
婚　配：辽天祚帝耶律延禧
封　号：皇后

辽天祚皇帝耶律延禧是辽朝的最后一位皇帝，耶律延禧的皇后萧夺里懒，是宰相萧继先的五世孙，1087年入宫。第二年，封燕国王妃。1101年耶律延禧即帝位，萧夺里懒被天祚帝册为皇后。

萧夺里懒性格贤淑，有仪表。她的兄弟萧奉先、萧保先等都因她的原因而受宠掌权。1114年春，女真族完颜阿骨打正式起兵反辽，辽军到处被女真战败，与此同时辽朝国内也发生叛乱，耶律章奴在上京叛乱，1116年农历四月才被平定，但是在五月，女真就借机占领了东京和沈州。萧夺里懒在跟随天祚帝向西逃跑的过程中因疾病去世。

 # 金朝

唐括氏　金太祖完颜阿骨打皇后

□ **档案：**

姓　名：唐括氏

生卒年：不详

籍　贯：黑龙江

婚　配：金太祖完颜阿骨打

封　号：皇后

谥　号：圣穆

唐括氏来自"塔塔喇"，"塔塔喇"为满族古姓氏，亦称"他塔喇""他塔拉""他他拉""塔塔拉"，金代为唐括氏，世居松花江支流少陵河（今黑龙江省巴彦县西南郊），辽宁抚顺、吉林安图、长白山等地方。当时，巴彦县域内有三支生女真部落，即唐括部（在今富江乡富乡村）、泥庞古部（在今少陵河一带）、术甲部（今黄泥河，巴彦、木兰两县交界处），多保真即生在唐括部。

唐括氏是金太祖完颜阿骨打的夫人，后被追谥为"圣穆皇后"。她为金太祖生有三子：嫡长子金徽宗完颜宗峻，名绳果，七子丰王完颜宗朝，名乌烈，赵王完颜宗杰，名没里野。

裴满氏　金熙宗完颜亶皇后

□ **档案：**

姓　名：裴满氏

生卒年：？ ~1149 年

籍　贯：婆卢火部

婚　配：金熙宗完颜亶

封　号：皇后

谥　号：悼平

金熙宗完颜亶，金朝第三位皇帝，女真名合剌，汉名亶，是金太祖完颜阿骨打之嫡长孙，其父为金太祖嫡长子完颜宗峻，母为蒲察氏。在位十五年，终年三十一岁，悼平皇后裴满氏，是金熙宗完颜亶皇后。

儿子夭折，干预政事

1135 年熙宗即位，封裴满氏为贵妃，1138 年农历十二月，立为皇后。皇后的父亲裴满忽达拜为太尉，赠其曾祖裴满斜也司空，祖父裴满鹘沙为司徒。1141 年，金熙宗接受尊号，初御衮冕，册封裴满皇后为慈明恭孝顺德皇后。1142 年，裴满皇后生子完颜济安，当时，熙宗二十四岁，非常高兴，大赦天下，祭告天地宗庙。完颜济安满月后，被册为皇太子，可是在当年十二月，皇太子未满一岁而卒。

金熙宗刚即位的时候，有一帮老大臣宗翰、宗干、宗弼等相继主持政务，完颜宗弼（即金兀术）虽然是南宋不共戴天的寇仇，他本人在金国却是个"汉化派"，相对宗翰、宗磐、完颜昌等人保守势力而言，他实实在在属于"改革派"。在宗弼主持下，金熙宗时代对女真旧制已经进行了非常大的改造。虽然当时是立国之初，国家事务繁多，然而朝廷吏治清明，政务宽简，百姓安居乐业。而熙宗本人在上朝时只是端庄地坐在龙椅上，一言不发，很少发挥作用。宗弼去世以后，前朝旧臣也大多已死，裴满皇后开始干预政事，无所忌惮，朝廷官员往往通过她谋取官衔和职位。

皇帝嗜杀，后妃遇难

自从皇太子完颜济安死后，后宫好几年没有再生皇子，裴满皇后对熙宗多加掣肘要挟，熙宗心里非常不满，因而情绪消沉，经常酗酒发怒，亲手用刀杀人，而裴满氏则趁机专权肆虐，许多朝臣无端遭贬遇害。

1149 年，左丞相完颜亮生日，金熙宗命侍卫大兴国给弟弟送去赏赐之物，裴满皇后得知倜傥英俊的皇弟生日，也让大兴国顺便捎带去自己的礼物。金熙宗闻之，老大不悦，知道自己老婆惦念英俊的兄弟，顿起快快之意。他唤大兴国近前，让卫士狠揍了这位近侍一百大棍，并追还对完颜亮的"赐物"。完颜亮本来就有篡夺帝位的野心，由于发生了这件事，更加疑虑害怕，这使完颜亮如履薄冰，寝食难安。

在金熙宗当政的前期，由于有老臣们的执政辅佐，国家治理得还算很好，可到了后期，政事昏庸，且金熙宗嗜杀成性，搞得大臣们人人自危，1149 年农历十一月末，积怒已久的金熙宗杀死了皇后裴满氏。紧接着又无故杀掉了妃子乌古论氏、夹谷氏、张氏、裴满氏等，因而使群臣震恐，

金熙宗后期，皇权独揽，但此时的他已经变成一个酗酒狂，长期受抑的政治气氛使得他从青年时代起就以酒缓解压力，"日与近臣酣饮，或继以夜，莫能谏之"。喝喝酒，撒撒疯，打碎些东西，如果仅止于此，于皇帝而言不算大过。可怕的是，这位爷醉酒杀人，杀近侍，杀大臣，杀妃，甚至连自己的皇后也杀，弄得他身边人人自危。当然，醉人心内醒，金熙宗杀皇后裴满氏，也与这个女人干政有关。

生无赞誉，死后殊荣

1149 年农历十二月初九夜二鼓，阿里出虎当内直，完颜亮与驸马唐括辩、寝殿护卫十人长忽土等里应外合，杀死了完颜亶，众人遂奉完颜亮为帝。完颜亮杀害熙宗之后，为了收买人心，因为裴满皇后无罪被杀，降熙宗的称号为东昏王，追谥裴满皇后为悼皇后，又封她的父亲忽达为王。到了世宗年间，才追复熙宗帝号，并加谥裴满皇后为悼平皇后，与熙宗合葬在思陵。

徒单氏　金海陵王完颜亮皇后

□ **档案：**

姓　名： 徒单氏
生卒年： ？ ～1170 年
籍　贯： 婆卢火部
婚　配： 废帝海陵王完颜亮
封　号： 皇后

徒单氏，金朝海陵王完颜亮的皇后，父亲是太师徒单斜也。初为完颜亮的岐国王妃，1150 年封为惠妃，九月立为皇后，号第一娘子，生太子完颜光英。

完颜亮是金朝历史上很有政治抱负的皇帝，篡位之前，任熙宗朝宰相，为了达到自己的政治目的，他沽名钓誉，收买人心。在生活上极为检点，妻妾只有四人，除发妻徒单氏外，还有妾大氏、萧氏和耶律氏。即位后，徒单氏受封为皇后，大氏被封为元妃，萧氏被封为宸妃，耶律氏被封为丽妃。

完颜亮篡位后，后宫美女日渐增多，对皇后的宠爱日衰一日，徒单氏到后来已是很少得见皇上的面了。完颜亮是靠勾结熙宗裴满皇后而发迹的，即位后，吸取了这一教训，不许皇后干政。而徒单皇后也是一直以贤妻良母自居，后期的完颜亮荒淫而凶残，多亏皇后性格柔顺，为人宽厚，且不问政事，从而在完颜亮荒淫无度的情况下，保住了地位和性命。

完颜亮伐南宋，徒单皇后与完颜光英留守汴京。完颜亮遇害后，陀满讹里也在汴京开封府杀死了完颜光英。徒单皇后回到中都，住在完颜亮母大氏的故居。不久，金世宗可怜她无依无靠，下诏让她回归上京的父母家，一年赐钱二千贯，奴婢都是官府供粮。1170 年，徒单皇后去世。

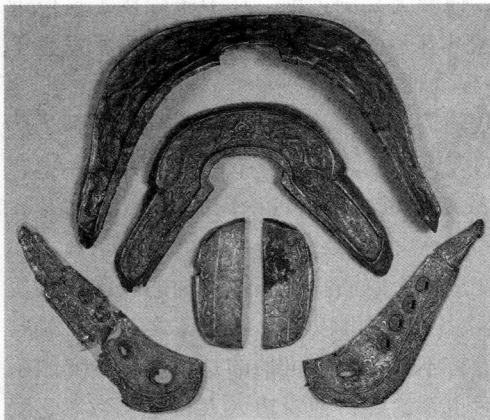

二龙戏珠纹鎏金银马鞍饰

李洪愿　金睿宗完颜宗辅皇后

□ 档案：

姓　名：李洪愿

生卒年：? ～1161 年

籍　贯：辽阳

婚　配：金睿宗完颜宗辅

谥　号：贞懿

李洪愿，金睿宗完颜宗辅之妻，金世宗完颜雍的生母，完颜宗辅病故后出家，1161年，李洪愿在辽阳大清安寺圆寂。完颜雍按照母亲遗愿，将她安葬于垂庆寺塔园，尊谥为"贞懿皇后"。

贞懿皇后李洪愿生于辽阳一个世族之家。金太祖完颜阿骨打天辅年间，朝廷令有姿色及贤德的女子赴上京会宁府选秀，李洪愿被选中，同完颜阿骨打的第三子完颜宗辅成婚，走进了金朝的宫室。1123 年，她生下完颜雍。由于丈夫常年在外征战，教育幼子的重任就落在李洪愿的肩上，她"教之有义方"，常夸奖儿子说："吾儿有奇相，贵不可言。"

1135 年，完颜宗辅病故，为避"妇女寡居，宗族接续"的旧俗，寡居后的李洪愿到辽阳大清安寺削发为尼。朝廷得知李氏出家的消息后，金熙宗完颜亶特拨内府金钱三十万营建寺院，并为其另建尼院"垂庆寺"独居，并赐给她法号"通慧圆明大师"，这时她的儿子完颜雍年仅十三岁。

就在李氏潜心修佛的时候，中京留守完颜亮弑杀金熙宗完颜亶，自立为帝。完颜亮在为帝其间多行不义，并逼死了完颜雍的妻子乌林答氏。1155 年，完颜雍来辽阳就任东京留守兼府尹，母子别离十年后终于相见。此时，李洪愿虽已脱离红尘，且年逾花甲，但仍与其弟弟李石广结人脉，积蓄力量，并暗中辅佐儿子完颜雍策划东京政变。

1161 年，李洪愿在辽阳圆寂。李洪愿死后五个月，完颜雍在辽阳发动政变，登上了皇帝宝座，是为金世宗。他封自己的父母为皇帝、皇后。

乌林答氏　金世宗完颜雍皇后

□ 档案：

姓　名：乌林答氏

生卒年：1122～1154 年

籍　贯：黑龙江

婚　配：金世宗完颜雍

封　号：皇后（追封）

谥　号：明德

乌林答氏，生于女真贵族之家，世居黑龙江的海罗伊河畔（牡丹江流域）。乌林答氏是石土黑的女儿，金世宗完颜雍称帝前的原配妻子，完颜雍称帝后，册封已故妻子乌林答氏为昭德皇后。完颜雍十三岁丧父，母亲远离宫廷，削发为尼，天会五年（1127年），完颜雍与乌林答氏订婚，那时他俩只有五岁。到了天眷三年（1140年），他们十八岁的时候才结婚，生子完颜允恭。

聪颖敏捷，助夫贤妻

乌林答氏聪颖敏捷，孝顺慈善，容貌端庄，仪表肃穆，在父母家中的时候，同宗族的人都对她十分敬重。嫁给完颜雍之后，孝顺谨慎，治理家务井井有条，在尽妻子职责方面做得很出色。

金熙宗晚期，酗酒发狂，喜怒无常，悼平皇后裴满氏趁机专权肆虐，许多朝臣无端遭贬遇害。这使官居兵部尚书的完颜雍如履薄冰，寝食难安。对此，乌林答氏建议丈夫把公公宗辅攻宋时得的一件稀世之宝白玉带献给熙宗。因为此物是父亲留下的传家宝，完颜雍有些犹豫不决。乌林答氏说："人若不在，宝传谁家？"完颜雍听取了乌林答氏的意见，将白玉带献给了熙宗，于是熙宗和皇后裴满氏都大为高兴，认为完颜雍诚信忠厚之至。金熙宗在位后期，时常酗酒，杀戮亲贵大臣，唯有对完颜雍比较好。

海陵王完颜亮篡位自立以后，对宗室非常猜忌，完颜雍能文能武，在女真贵族中威望较高，海陵王对他很不放心，经常调动他的官职，以防止他形成势力。乌林答氏又劝完颜雍多向完颜亮进献珍异，以打消他的猜疑，免遭诛身之祸。完颜雍照妻子的话，把骨睹犀佩马、良玉茶器之类的珍宝，送给完颜亮，完颜亮认为完颜雍怕他，对他又很恭顺，疑忌之心稍解。但在完颜雍任东京留守时，完颜亮还是派了心腹高存福任东京副留守去监视他。

命途多舛，饮恨以行

乌林答氏性情不妒忌，甘为世宗选择婢妾，以便多生子嗣，即使自己的儿子允恭降生后，这种做法也没有变。一次乌林答氏患病，世宗亲自来探视护理，好几天没有离开，乌林答氏说："大王对待我过好，知道的人明白是在探病，不知道的人一定会说我专宠妒忌。做妻子的职责，最重要的是端正家风，怎么能一心只为自己打算呢？"

完颜亮久闻乌林答氏贤而美，便在完颜雍当济南尹的时候，诏乌林答氏去中都。一直以来，乌林答氏始终跟在完颜雍身边出谋献策，两人甘苦与共，非常恩爱。海陵王这一命令，顿时给完颜雍的家庭带来极大的不幸，乌林答氏知道，如果不去，丈夫必遭其害，如果在去中都的途中而死，丈夫既无罪责，自己又可保持贞节，于是她随着来接她的人踏上了赴中都的路，在行至良乡时，趁同行的人不注意，乌林答氏投湖自尽。乌林答氏死了以后，完颜雍由济南调任西京留守，路过良乡，让女儿鲁国公主前去把乌林答氏埋葬在宛平县土鲁原。

乌林答氏临终给完颜雍留下一封遗书，希望丈夫不要为她的死而悲伤，而要修德政，肃纲纪，延揽英雄，务悦民心，以仁易暴，目前还要卧薪尝胆，等待时机到时"一怒而安天下"和以"妾之一死，为后世'为臣不忠，为妇不节'之劝也！"并说道："逆亮罪恶滔天，其亡立待！"

正隆六年（1161年），海陵王完颜亮动员了大量的兵力、物力南下伐宋，在南宋境内的瓜洲渡江作战时死于内乱，完颜雍被部属推举为帝，是为金世宗，从此开始了他为期二十九年的统治。完颜雍即位以后，追册乌林答氏为昭德皇后，单独立庙，追赠三代，命令有关机构改葬乌林答皇后，让皇太子允恭前去祭奠。完颜雍后来在位的二十九年间，一直没有再立皇后，就是为了怀念深明大义的乌林答氏。大定十二年（1172年），完颜雍将乌林答氏改葬到兴陵，当乌林答氏的棺材运到近郊时，百官都去奉迎，完颜雍亲自前往杨村进行祭奠，哭得非常伤心，在金世宗死后，与乌林答氏合葬在了一起。到了金章宗时，有关机构上奏：太祖谥号中有"昭德"二字，于是改谥乌林答皇后为明德皇后。

王霓　金宣宗完颜珣皇后

□ 档案：

姓　名：王霓
生卒年：不详
籍　贯：中都
婚　配：金宣宗完颜珣
封　号：皇后
谥　号：仁圣

宣宗皇后王霓，中都人，明惠皇后的妹妹。她的父亲王彦昌曾梦到两个玉梳化为月亮，不久姐妹俩出生，王彦昌死后，灵枢上长了灵芝，后来果然姐妹俩都成了皇后。

生逢乱世，姐妹入宫

仁圣皇后王霓，是金宣宗完颜珣的皇后，她的父亲是平民王彦昌，母亲马氏，金宣宗淑妃王氏的妹妹，史书上没有记载姐姐王氏的名字。完颜珣当翼王的时候，金章宗下诏为诸王求平民家女子，以广继嗣。当时，王氏姐妹与庞氏一起入翼王邸，完颜珣见王氏有姿色，又纳了她的姐姐。1213年农历九月封王氏为元妃，其姐为淑妃，不久王淑妃生金哀宗完颜守绪，王元妃无子，养完颜守绪为己子。

迁都燕京，晋为太后

1214年，王元妃被册立为皇后，当年，金宣宗完颜珣下令国都迁往南京（今河南开封）。他任用尚书右丞相完颜承辉、左副元帅抹然尽忠等辅太子完颜守忠一起留守中都。五月十七日，以骆驼三千匹，满载宫室的珠宝；车三万辆，载运文书先行一步。百姓指着这些装着文籍书画、图史文物、珠宝珍玩的车辆，十分感慨地说："靖康之难一扫而北，未满百年，陵谷变迁，天道循环如此！"

1215年，刚刚从中都归来不久的皇太子完颜守忠突然病倒，终于一病不起，完颜守绪被立为皇太子，不久金宣宗在忧患中驾崩，完颜守绪即位，是为金哀宗。

金哀宗尊王氏为仁圣宫皇太后，其姐为慈圣宫皇太后，晋封王彦昌为南阳郡王。

南北碰壁，无力回天

金哀宗孝期满了后，在太庙中换上冕服，哀宗请仁圣、慈圣两宫太后到内殿，试衣给她们看，两宫大悦。哀宗换上便服，奉觞为两宫上寿。仁圣太后对哀宗说："祖宗初取天下甚不易。何时使四方承平，百姓安乐，天子能在中都祖庙穿此法服？"哀宗说："臣亦何尝忘。"慈圣太后也说："恒有此心，则见此当有期矣。"可见当时的太后和金哀宗还想重返中都，1231年，金哀宗的生母慈圣太后去世。

1233年农历八月，经过与蒙古军的几次大战后，金哀宗命秦州元帅粘哥与他在九月中会师绕风关，想乘宋不备，攻取兴元府，向四川扩地。在金人的眼中，他们虽然打不过蒙古兵，但宋兵还是不堪一击的，他们想进占四川存身，以避开蒙古人的锋芒。但没料到南宋京西兵马统帅孟珙大败来犯的金军，并乘胜攻克金朝境内的邓、唐等州，这不仅使金哀宗入蜀计划成为泡影，还使金国本来就已危急的局面更加雪上加霜。

城破金亡，被俘失踪

当年九月，蒙古军将金哀宗的人马包围在蔡州，十一月，南宋军亦加入对蔡州城的合围，蔡州被围三月，粮食断绝，居民以人畜骨和芹泥充饥，1234年农历一月，蒙古军攻西城，宋军攻南门，蔡州城破，金哀宗自缢身亡，金亡。王霓及诸妃嫔被蒙古兵俘虏后北迁，不知所终。

西夏

卫慕氏　西夏景宗李元昊王后

□ 档案：

姓　名：卫慕氏

生卒年：？ ~1035 年

籍　贯：卫慕氏部

婚　配：西夏景宗李元昊

封　号：王后

卫慕氏是西夏一个大族，曾出了西夏创建者李元昊和他的父亲李德明两代的王后，1035 年，因国舅卫慕山喜阴谋篡权而被李元昊灭族。

崛起甘州，卫氏后族

1020 年，西平王李德明迁都自西平府，1028 年，李德明派其子李元昊领兵消灭了甘州回鹘。两年后，又攻取了瓜州和沙州，西夏势力直抵玉门关，据有整个河西走廊，册立妻子卫慕氏为惠慈敦爱皇后，李元昊为皇太子。

李元昊的生母卫慕氏是银、夏一带的党项大族。为了扩大自己的政治势力，李元昊便与党项酋豪结亲，于是最先娶了母亲的侄女、自己的表姐、舅舅卫慕山喜的女儿卫慕氏为妻，1031 年，李元昊继承王位，立妻卫慕氏为后。

元昊称帝后，从 1040 年到 1043 年，经过三川口、好水川和定川砦与宋朝的三次战争，西夏皆大获全胜后，1044 年与宋签订了宋夏和约，同年西夏与辽之间的战争爆发。元昊采用诱敌深进之计，在河曲大破辽军，双方通过议和，战事暂停。夏与宋、辽的关系趋缓，内部却出现了严重的问题。

亲舅谋反，惨遭灭族

元昊性格多疑、猜忌，滥杀无辜。1034 年，卫慕山喜也就是李元昊的亲舅舅，以太后卫慕氏为靠山，争夺最高统治权，密谋杀害元昊。阴谋败露后，元昊不仅杀了卫慕山喜，还把卫慕氏全族都绑上石头沉入河底。诛灭了卫慕氏一族后，李元昊又手捧毒酒来至母亲卫慕氏的寝宫。卫慕氏含泪看着跪地声称"国法难容难以尽孝"的亲生儿子，接过毒酒一饮而尽。卫慕氏死后，元昊以其不幸病逝为名，予以重葬。

失去了靠山的卫慕氏王后也因为她父亲谋反案件被连累而下狱，但是卫慕氏这时却正巧怀了孕，于是李元昊只是将其幽禁，第二年的五月，卫慕氏产下一个男婴，李元昊动了恻隐之心。他本想给这对母子一条活路，而此时李元昊的另外一个妻子野利氏为了争夺皇后和太子的位置，就四下散播谣言说卫慕氏的儿子不是李元昊亲生，于是李元昊处死了卫慕氏和小王子，卫慕氏一族至此不复存在。

野利氏　西夏景宗李元昊皇后

□ 档案：

姓　名：野利氏
生卒年：？～1048 年
籍　贯：野利部
婚　配：西夏景宗李元昊
封　号：宪成皇后

西夏景宗李元昊，是西夏开国君主，元昊雄毅大略，不甘臣服于宋，遂称帝，建国号夏。西夏于三川口、好水川等战役给予宋朝沉重的打击，宋不能克，乃封其为夏国主。野利氏是李元昊成为西夏皇帝后的首任皇后，最后在宫廷的争斗中失败，1048 年为没藏氏所杀，无谥号。

首任皇后，宠冠后宫

元昊娶的第一位妻子是他的表姐卫慕氏，是元昊母亲的侄女，结果因为太后弟弟卫慕山喜要造反，卫慕氏全族被绑在石头上沉入河底，太后卫慕氏被李元昊下令毒死，妻子卫慕氏也被连累下狱，但是卫慕氏却正巧怀了孕，于是李元昊只是将其幽禁，最后生下了一个儿子。而此时野利氏散播谣言说此子不是李元昊亲生，于是李元昊又处死了卫慕氏和小王子。

野利氏最初只是李元昊的姜室，但却成为李元昊称帝后的第一任皇后，她的两个舅舅野利遇乞和野利旺荣都是西夏大将，堪称西夏的支柱。

野利氏身材颀长，容颜美丽，有智谋，又为元昊生有三子，是元昊女人中生育子女最多的一位。元昊对她宠爱有加，野利氏喜欢戴用金丝编制的"起云冠"，元昊就下令其他任何人不准再戴这种冠。当李元昊在 1038 年正式称帝后，野利氏毫无悬念地成为皇后，她的长子李宁明被立为太子。

元昊长子宁明天资聪颖、知礼好学、深明大义，在李元昊称帝后，被立为皇太子，但他生性仁慈，不喜欢荣华富贵，笃信道教并幻想以此成仙。他的道家思想不符合元昊称霸的野心和政治主张，引起了元昊的反感，于是下令不许他入见。1042年，宁明因修炼不当，不能进食而死。第二子宁令哥，相貌酷似元昊，元昊对他十分喜爱，被继立为太子。

荒淫君主，后宫纷争

李元昊跟很多皇帝一样，后宫莺莺燕燕从来就不缺少，后妃多了，也就开始女人为难女人了，李元昊一生有记载的妻妾一共有八个，分别是卫慕氏、耶律氏、野利氏、索氏、都罗氏、咩迷氏、没移氏、没藏氏。这些女人之间互相争宠，最后也因为各种原因死亡，而李元昊在杀害这些女人的最后，也被这些女人里面的一些人间接害死了。

李元昊封野利氏的第二个儿子宁令哥为太子后，为他选了党项大族没移皆山之女没移氏为妻。可是元昊见这位未来的儿媳妇貌美，竟然夺子所爱，自纳为妃，称呼为"新皇后"，还为她在天都山大兴土木、营建行宫，吃喝玩乐、共度良宵。对这件事李元昊倒没觉得丢人，太子宁令哥可觉得面子丢尽了，太子的母亲正宫皇后野利氏自然也非常生气，而李元昊另外一个妃子没藏氏更是生气。

功高震主，乐极生悲

没藏氏是野利氏亲哥哥野利遇乞的妻子，在与宋军的多次生死决战中，野利家族的战绩最为显赫，成为宋朝军队的心腹之患。然而战绩是柄双刃剑，既能对付敌人，又能对付人主，元昊坐稳了宝座之后，对部族首领的依赖没有那么大了，为了把权力统统集中到自己手里，于是开始对付这些有实力的大臣了，其中包括势力最庞大的野利家族。

不久，野利仁荣病死，随后元昊假借宋将的反间计处决了野利遇乞。元昊杀害了野利遇乞，怕野利族不满，为了安抚野利家族，将野利遇乞的妻子没藏氏接到兴州，好生供奉，其实元昊是为了日后霸占她。天都大王野利遇乞的爱妻没藏氏，美丽大方，高贵典雅。野利与没藏两大家族联姻，可谓珠联璧合。没想到丈夫屡立战功，却招来杀身之祸，没藏氏一下子沦为罪犯家属。

没藏氏成了戒坛寺的"没藏大师"，应该说没藏氏颇有佛学所说的慧根，竟然小有成就，很快就能开坛讲经，成为佛学大师。佛门圣地，清静无尘，外人都知道没藏大师在这里潜心修行，殊不知这是李元昊特意选择的偷情之地。起初，李元昊借口礼佛，到戒坛寺和没藏氏幽会，后来干脆以出巡的名义，直接带上没藏氏外出游玩，大臣们私下也都知道皇帝新纳了一个尼姑做妃子。这时，失宠的野利皇后已无权过问后宫事务了。元昊频频驾临寺院，很快让"没藏大师"怀上了龙子，1047年，在两人外出打猎途中，生下了儿子李谅祚，元昊如愿以偿，将没藏氏收入了自己的后宫。

没藏氏不是平常女子，儿子的降生把她推向人生的风口浪尖，她只有拼杀出一条血路，没藏家族才能出人头地。为此，她和哥哥精心策划出一套连环计。首先，没藏氏极力推荐没藏讹庞为国相；然后鼓励李元昊废掉野利皇后，册立没移氏为新皇后；紧接着教唆太子宁令哥弑杀李元昊，他堂而皇之平叛，处决太子宁令哥及其生母野利氏。

第一个感到大祸临头的是野利氏。她的担心很快变成现实，没藏氏把元昊迷得神魂颠倒，很快就把她的哥哥没藏讹庞提拔为国相，一切军国大事交由他全权处理。绝望中的野利皇后新仇旧恨一齐发作，与元昊大吵大闹，有了儿子的没藏兄妹野心爆发，不甘心居于人下，也在元昊面前攻击野利氏。1047年农历五月，野利氏被废黜，打入冷宫，新宠没藏氏取而代之成为皇后。

父子相残，母子遇害

靠着妹妹没藏氏的裙带关系当上国相的没藏讹庞非常狡猾，见元昊迷恋酒色，乐于游宴，怠于政事，便开始与妹妹没藏氏密谋策划，除掉太子宁令哥，立没藏氏的儿子谅祚为太子。他深知太子宁令哥与当今皇帝元昊有废母夺妻之恨，从中挑唆宁令哥去刺杀元昊，不管成败如何，没藏家族都可达到一箭双雕、坐收渔翁之利的目的。

太子宁令哥亲舅舅被李元昊杀死，母亲陪着父亲那么多年却被幽禁了起来，如花似玉的妻子没移氏又被李元昊抢去，这一切都使他耿耿于怀，想要报复。1048年农历正月的一天，元昊与诸妃饮酒作乐至深夜，酩酊大醉的他被侍从扶入宫中就寝时，在没藏讹庞的教唆下的宁令哥手提钢刀，怒气冲冲地闯进寝宫，对着元昊迎头便砍，元昊躲闪不及，被一刀削去鼻子。次日，李元昊因流血过多而死，没藏氏的哥哥没藏讹庞以托孤大臣自居，将太子宁令哥及其母野利氏以弑君之罪杀死，没藏氏年仅周岁的儿子谅祚被立为帝，是为毅宗，没藏氏被尊为没藏太后，与其哥哥没藏讹庞同掌朝政。

不甘寂寞的没藏太后又与野利遇乞的财务官李守贵和李元昊的侍卫官保吃多已私通，两个情夫彼此争风吃醋，斗得不可开交。福圣承道四年（1056年）十月，争风中处于下风的李守贵气急败坏，将没藏太后与姘夫保吃多已劫持并杀死。

没藏氏　西夏毅宗李谅祚皇后

□ **档案：**

姓　名：没藏氏
生卒年：？～1061年
籍　贯：没藏氏部落
婚　配：西夏毅宗李谅祚
封　号：皇后

没藏氏，西夏景宗李元昊没藏皇后的侄女，父亲是权臣没藏讹庞。天授礼法延祚十一年（1048年）正月，废皇后野利氏所生的太子宁令哥在没藏讹庞的挑唆下杀死父亲李元昊，没藏讹庞随即以弑逆罪，将太子宁令哥和其母野利氏一并杀死，立妹妹没藏皇后的儿子、年仅1岁的李谅祚即位。没藏讹庞自任国相，总揽朝政，权倾朝野，没藏太后临朝听政。

提倡佛教，风流太后

掌权后的没藏太后大兴佛教，调动兵民数万人，在兴庆府西侧建造一座规模宏大的寺院，并在院中修造一座高大的佛塔。大寺竣工后，赐名承天寺，没藏太后把宋朝赐来的《大藏经》珍藏塔内，并邀请回鹘高僧登座译经讲经，她带着八岁的李谅祚不时前来聆听，因而导致西夏佛教盛行。

没藏太后本就淫逸无度，又好出游玩乐，常与众骑士侍卫夜出游乐。当年她出家为尼之时，便同前夫野利遇乞的财务官李守贵私通，后又与李元昊的侍从保吃多已通奸，李守贵对此又嫉又恨，便图谋杀死没藏太后与其奸夫，1056年农历十月，没藏太后与保吃多已又到贺兰山出猎，夜归途中，忽有蕃兵数十骑跃出，击杀没藏氏等人。

阴谋反叛，没藏灭族

没藏太后被杀后，她的哥哥没藏讹庞诛杀了李守贵，并族灭了他的全家，没藏讹庞唯恐大权旁落，便在当年十一月将自己的女儿嫁给年仅九岁的李谅祚，成为西夏历史上第二代没藏皇后，至此没藏讹庞独揽朝政，手握兵权，对内诛杀异己，贪赃枉法；对外兴兵侵略，与邻为敌，根本不把年幼的李谅祚放在心上。1059年农历八月，没藏讹庞又借故杀害李谅祚乳母之夫高怀正和毛惟昌，并诛其全家，李谅祚曾出面说情，没藏讹庞却当作耳边风，这使李谅祚无比愤怒。

1061年，李谅诈已十四岁，他想要行使皇帝至高无上的权力，可要扳倒没藏讹庞谈何容易？大将军漫咩，本来位居没藏讹庞之上，但没藏讹庞专权，则每事漫咩都屈居其下，因此心怀愤怨。李谅诈发现了漫咩对没藏讹庞不满后，于是秘密召进宫来，结为心腹，授以密机，没藏讹庞预感将有变故发生，便预谋先下手，正在寻找时机。

这时，没藏讹庞的儿媳梁落瑶正与谅祚私通，没藏讹庞得知后与他的儿子密谋要在梁落瑶的寝室中设伏刺杀谅祚，但此事被梁落瑶探知并提前告诉了李谅祚。李谅祚立刻召没藏讹庞入宫议事，没藏讹庞还不知事已败露，入宫后被大将军漫咩领兵执杀，随后诛杀了他的全家，并下令废没藏皇后，囚禁冷宫，不久赐死。李谅祚从此开始亲政，迎梁落瑶入宫，册封为皇后。

梁落瑶 西夏毅宗李谅祚皇后

□ 档案：

姓　　名：梁落瑶
生卒年：1045~1086 年
籍　　贯：甘肃
婚　　配：西夏毅宗李谅祚
封　　号：皇后

梁落瑶是西夏毅宗皇帝李谅祚的皇后，大约生于 1045 年左右，是个汉人之女。她自幼生长于西夏，天生丽质，容貌倾城，被西夏权臣没藏讹庞的儿子看中，十二岁便嫁入了这个西夏赫赫有名的豪门。这个梁落瑶也是个不本分的人，小小年纪就已开始红杏出墙，成了少年皇帝李谅祚的秘密情侣。

没藏讹庞是当朝皇后没藏氏的父亲，他手握兵权，独揽朝政，根本不把年幼的李谅祚放在心上。任意杀害李谅祚的亲信，当时李谅祚已十四岁，对没藏讹庞的行为恼怒于心，故联系大将军漫咩欲除去没藏讹庞，而没藏讹庞对李谅祚的心思也有察觉，也在寻机对李谅祚下手，但由于儿媳梁落瑶的通风报信，终于使没藏讹庞功亏一篑，败于李谅祚之手。

史书上记载：这一天，梁落瑶忽然秘密来告，说是两人的私情已被没藏讹庞发现，没藏讹庞和儿子暗中商议，打算杀死谅祚，另立新君。于是李谅祚与梁落瑶设下计谋，联络大将漫咩，借在密室中召见没藏讹庞的机会，一举将其擒杀，随后没藏讹庞的儿子即梁落瑶的丈夫也一齐被杀死，没藏家族整族诛灭，皇后没藏氏被赐死，梁落瑶登上了皇后宝座。

年仅十四岁的夏毅宗李谅祚完全靠自身的努力夺回政权，谅祚的父亲元昊和母亲没藏氏都是留下好色之名的人，甚至连死，也都是双双死于各自不同的情杀中。似乎是遗传因子作怪，李谅祚身为皇帝，与臣妻私通，还公然迎娶入宫，这本身就已是很不光彩，但他还有更荒唐的事，史载他："谅祚凶忍好淫，过酋豪大家辄乱其妇女，故臣下怨恨。"

1061 年秋，梁落瑶生下了皇子李秉常，不久即被立为太子。在梁氏做了七年的皇后之后，她的丈夫西夏毅宗李谅祚去世，据说是由于好色过度，以致弄坏了身体，死的时候才二十一岁。次年，年仅七岁的李秉常嗣位，为西夏惠宗。于是，梁落瑶升格为皇太后，代替儿子摄政，正式成为西夏王朝的执掌人。

梁太后一朝权在手后，任命其弟梁乙埋为国相，大力培植私党外戚，加强对朝政的控制，然而她的执政，和前任执政的没藏太后最大的不同是，她的压力不是来自国家外部，而来自国家内部。她是一个汉人，党项人的国家，怎能容一个汉人来发号施令？这使梁太后执政初始，就受到朝中上下来自各党项部族的压力。

梁太后尽管当时只有二十多岁，但不平凡的人生经历，已将她锤炼成为一个成熟的职业政治家，她深知古语"矫枉必须过正"的道理。因此，为了消除国内对其汉人身份的疑惑，重新取得各部落党项贵族的支持和认可，她表现得比党项人更像一个党项人，她下令废除了丈夫李谅祚所实行的一切汉化政策，全面恢复了元昊时期党项族的蕃礼，并频频对宋发动战争。

1076 年，惠宗亲政，汉人李清建议联宋，以削弱梁氏势力。梁太后定计杀李清，囚禁惠宗于兴庆府西皇陵所在的水砦。拥帝势力拥兵自卫，西夏统治集团面临分裂。宋神宗赵顼发兵来攻，五路并进，梁氏家族梁乙埋、梁永能、梁格嵬、梁讫多埋等领兵抵御，尽皆溃败，形势危急。梁太后改行坚壁清野，引敌深入，抄绝饷道，聚兵歼灭的战略，击退宋军。

1083 年，为了缓和国内矛盾，梁太后决定让秉常复位，但仍然牢牢地控制着朝政大权，并将其弟宰相梁乙埋的女儿嫁给了秉常，册封为皇后。1085 年农历二月，国相梁乙埋病死，梁太后又任命梁乙埋之子梁乙逋继为国相，进一步巩固了梁氏家族在西夏的统治地位。1086 年，梁太后去世，结束了她长达近十八年的干政。

梁氏 西夏惠宗李秉常皇后

□ **档案：**

姓　名： 梁氏
生卒年： ？ ～1099 年
籍　贯： 甘肃
婚　配： 西夏惠宗李秉常
封　号： 皇后
谥　号： 昭简文穆

梁皇后，惠宗李秉常的皇后，夏崇宗李乾顺的生母，惠宗母亲梁皇后弟弟梁乙埋的女儿。大安九年（1083 年）立为皇后，天安礼定二年（1086 年）惠宗病逝，崇宗即位，尊母亲为皇太后。永安二年（1099 年）正月，辽道宗耶律洪基遣使臣至西夏，设计毒杀梁氏，崇宗给母亲上谥号昭简文穆皇后。

一家二后，专权两朝

1076 年，惠宗李秉常亲政，汉人李清建议联宋，以削弱太后梁落瑶的势力。梁落瑶定计杀李清，囚禁惠宗于兴庆府，遭到拥帝势力的反对，西夏统治集团面临分裂。1083 年，为了缓和国内矛盾，太后梁落瑶决定让秉常复位，但仍然牢牢地控制着朝政大权，并将其弟宰相梁乙埋的女儿嫁给了秉常，册封为皇后。

惠宗李秉常虽然复出亲政，但朝政依然牢牢地掌握在梁氏家族手中，梁太后与她的侄子梁乙逋掌控着实权，这个梁乙逋就是现任皇后的亲哥哥。

1086 年，太后梁落瑶去世，梁氏集团声势低弱，皇族的仁多保忠趁机与后族的梁乙逋争权夺利，李秉常身为皇帝，却无能为力，心中充满了屈辱。1086 年农历七月，李秉常忧愤而死，年仅二十六岁。李秉常死了以后，夏崇宗乾顺继位，年仅三岁，他的母亲梁皇后升格为太后，临朝摄政，这样一来，夏国政权又归于梁乙逋和梁太后兄妹，一对新的梁氏兄妹取代了上一届的梁氏姐弟继续把持朝政。

兄妹内斗，走向衰落

在上一届的梁氏集团内部，梁乙埋一生亦步亦趋、俯首听命其姐梁太后，姐弟一心，团结合作。而这一届新梁氏兄妹却是矛盾重重。梁乙逋野心勃勃，不甘于相位，阴谋篡权。他多次假传圣旨，聚揽兵权，甚至在公开场合指责他的妹妹小梁太后，目中无人，刑赏自专。这就使得小梁太后不得不想方设法遏制、削弱他的力量。

梁乙逋鉴于统治集团内皇族与外戚之间的矛盾斗争日益激化，为了转移矛盾，对宋沿边诸州发动了一系列的掠夺性的战争。连年战争，使宋夏两国边界人民饱受战争灾难。

梁乙逋在国内专权，连梁太后都不放在眼里，这就必然要加深统治集团内部矛盾的激化。1092 年，宋夏环庆之战，梁乙逋请求领兵出战，梁太后不许，亲自领兵，从而引起了梁乙逋心怀不满，加紧篡权活动。

1094年农历十月，梁乙逋叛乱的迹象愈加明显。很快，大首领嵬名阿吴、仁多保忠等率兵诛杀梁乙逋及其全家。至此，梁乙逋政权终于倒台。处死了梁乙逋后的梁太后开始独揽夏国军政大权，并继续入侵宋朝边境。1098年，梁太后亲自将兵四十万，挑起了与宋的平夏之战，结果大败而回，西夏人士气大挫，梁氏家族的威信也降到了冰点，西夏许多大首领投奔宋廷。

穷兵黩武，黯然结局

此时的梁太后最为倚重的左右臂都已失去，已经陷入内外交困的绝境。1099年，乾顺年满十六岁，按理应该让他亲政。但梁氏专权，不许夏崇宗乾顺主事。西夏崇宗永安二年（1099年），辽朝派使臣来夏，用毒酒害死了梁太后，夏崇宗乾顺在辽朝支持下开始亲政，从而结束了长达十三年之久的梁氏专政的局面。

对于梁氏的死因，《宋史》分析最有可能是成年的夏崇宗为了亲政而将其毒杀，梁氏家族最早靠与毅宗私通入宫，并且连续两代为后，把持西夏朝政权三十余年。梁氏虽然是汉人，但为了保持其统治地位，却极力反对汉化，倒行逆施，并且连年发动与宋朝的战争，耗尽了西夏的人力和物力，最终把西夏的国势带到了悬崖边上。

耶律南仙　西夏崇宗李乾顺皇后

□ **档案：**

姓　名： 耶律南仙
生卒年： ？ ～1125年
籍　贯： 辽
婚　配： 西夏崇宗李乾顺
封　号： 皇后

耶律南仙，西夏崇宗李乾顺皇后，辽国宗室女，1105年被立为皇后，1125年因悲伤绝食身亡。

辽国公主，西夏皇后

1099年，辽朝派使臣来夏，用药酒害死梁太后，崇宗乾顺在辽朝支持下开始亲政。他亲政后整顿吏治，减少赋税，注重农桑，兴修水利，在李乾顺的励精图治下，西夏国势强盛，政治清明，社会经济得到很好的发展。西夏崇宗贞观五年（1105年）三月，崇宗为了巩固与辽国的关系，向辽国请婚。辽天祚帝封宗室女子耶律南仙为成安公主，嫁李乾顺为后。至此，夏辽两国结为秦晋之好，夏国更依托大辽，两国关系亲密无间。

西夏崇宗贞观八年（1108年），南仙为李乾顺生下一子，取名李仁爱，被李乾顺立为太子，耶律南仙颇会处理西夏国君及其后妃的关系，与李乾顺恩爱，与其他妃子也相处融洽，这在和亲公主中是少见的。

国亡子丧，绝食身亡

这时，女真族金国建立，南下进攻辽朝，攻克辽中京，又进至西京。元德四年（1122年）三月，李乾顺派出五千兵马援助西京，西京失守遂还师。五月，李乾顺得知辽天祚帝逃入阴山，便派大将李良辅领兵三万前往救援，与金将完颜娄室战于宜川河畔，夏兵大败。

七月，李乾顺遣大臣曹价向天祚帝恭问起居，并馈赠粮饷。这时金太祖也派人进入夏国，向崇宗李乾顺提出如天祚帝逃入夏境，应将其擒捕送金，金会割辽部分土地以作酬赏，李乾顺见辽大势已去，为了保全夏国的割据地位，权衡利弊之后，答应了金国的要求。

灰陶菩萨头像

西夏崇宗元德七年（1125年），辽天祚帝被俘，辽朝灭亡。耶律南仙知故国已亡，悲痛不已，气愤李乾顺无情无义，这时太子李仁爱又因病身亡，悲伤过度的耶律南仙在宫中绝食身亡。

罔氏　西夏仁宗李仁孝皇后

□ 档案：

姓　名：罔氏
生卒年：？ ~1167年
籍　贯：甘肃
婚　配：西夏仁宗李仁孝
封　号：皇后

罔氏是西夏仁宗李仁孝的第一任皇后，在西夏建国的一百九十年中，仁孝统治五十四年，是西夏在位最长和寿命最长的皇帝。他以外交手段求得了一个和平的环境，又在国内大力提倡文治，以先进的汉族文化来促进西夏封建社会的发展，为国内的经济繁荣创造了一个较为安定的环境。在他统治期间，西夏经济繁荣，出现了前所未有的盛况。

罔氏自幼受其出身的党项大族熏陶，知书达理，聪颖贤能，并酷爱汉学汉礼。西夏崇宗大德五年（1139年）十二月，罔氏被册封为皇后。

进行社会变革的仁宗仁孝酷爱汉文化，罔氏聪慧知书，爱行汉礼，仁孝在儒学上的建树，得到她不少帮助。人庆元年（1144年），仁孝下令在各州、县设立学校。同年，仁孝又在皇宫内建立小学（皇家学校），凡宗室子孙七岁至十五岁都可以入学，仁宗和罔氏也常前往调教训导。

有一次，仁宗去贺兰山狩猎，因为道路不平，跌伤了马足，气愤不已的仁宗下令要杀负责修路的官吏，皇帝的尚食官阿华谏道："为一匹马而杀人，是贵畜而杀人，岂能服国人？"仁宗回宫后，将此事说与罔后听，罔后立即重赏了阿华，并以此鼓励大臣直谏。所以说，仁宗时期达到"上无勿知之隐，下无不达之情"，罔皇后可说功不可没。

夏乾祐二年（1171年）五月，仁孝重用刚介直言的斡道冲为中书令，以后又让他担任国相。因此，在仁孝执政时期，群臣敢于直言，敢于对时政提出自己的看法，这对社会的发展和经济的繁荣，是非常必要和有益的。

西夏仁宗天盛十九年（1167年），李仁孝因宠爱汉女罗氏，罔皇后遭到罗氏陷害而被打入冷宫，不久郁郁而终，罗氏被立为皇后。

罗氏　西夏仁宗李仁孝皇后

□ 档案：

姓　名：罗氏
生卒年：不详
籍　贯：宋
婚　配：西夏仁宗李仁孝
封　号：皇后

罗氏是西夏仁宗李仁孝第二任皇后，汉人。1167年，她陷害罔皇后，使仁孝将其打入冷宫，自己取而代之，成为李仁孝的第二任皇后，号章献钦慈，生夏桓宗李纯祐。

崇文虔佛，国道中落

仁孝年享古稀，于1193年驾崩，罗氏之子即位，是为桓宗，时年十七岁，尊罗皇后为皇太后，罗太后好佛，令人抄写、刻印全部西夏文大藏经，此举花费了不少人力、物力、财力。

罗太后的儿子夏桓宗基本上还能奉行仁宗时期的政治方针和外交政策，对内安国养民，对外附金和宋。但随着国家的安定和封建体制的发展，党项地主阶级开始贪图安逸，日益腐朽堕落，而这时正是蒙古崛起并日渐强大的时期。1205年，成吉思汗统军首次进攻西夏，从此拉开了六战西夏的帷幕。当时的夏桓宗李纯祐见蒙古军强大而惧战，四月，因盛暑将至，蒙古军撤退后，夏桓宗命修复被破坏的城堡，改都城兴庆府为中兴府，表达了意图中兴的愿望。

助侄害子，下落无踪

蒙古军的大举进攻，让西夏感到了恐慌，虽然蒙古军最后退兵，但还是导致了西夏王朝内部的一场宫廷政变。1206年农历一月，罗太后与侄子镇夷郡王李安全与发动了政变，废除了桓宗，李安全即位，是为襄宗，政变后不久，关押中的桓宗暴卒，时年三十岁，谥昭简皇帝。

六月，李安全让罗太后派人上表金朝，但金朝开始不予承认，专门派人出使夏廷查问，经罗太后再次上表请封，金才勉强答允。罗太后废自己的儿子，另立侄子为帝原因无考，其后，罗太后不知所终。

 # 元朝

孛儿帖　元太祖铁木真皇后

□ **档案：**

姓　名：孛儿帖
生卒年：不详
籍　贯：蒙古弘吉剌氏
婚　配：元太祖铁木真
封　号：皇后
谥　号：光献翼圣

弘吉剌孛儿帖，姓孛思忽儿弘吉剌氏，元太祖成吉思汗正妻，父亲德薛禅，母亲名叫速坛。成吉思汗一共有后妃40多人，并同时册立数位皇后。她们分居在五个斡儿朵（原意为毡帐，后指宫室）中。每个斡儿朵排名第一位的，既是该斡儿朵的首领，其余后妃按实际地位排名。所有后妃中，又以第一斡儿朵的正妻孛儿帖地位最高。孛儿帖居于第一斡儿朵，并且排行第一，地位最高，她也最得成吉思汗敬重。

草原美女，新婚被掳

孛儿帖，是弘吉剌部人，弘吉剌部是蒙古高原上的一个大部落，最初游牧在今呼伦贝尔地区的根河、得尔布尔、额尔古纳河流域，后迁到锡林郭勒一带。弘吉剌的居民以面貌秀丽、肤色光洁著称。孛儿帖就是弘吉剌部一个美丽非凡的女人，在蒙古语中，"孛儿帖"的意思是"苍白色"。

铁木真与孛儿帖成亲后，全家大小四个毡帐，跟着水草放牧的畜群，迁到了克鲁伦河的源头布儿吉地方去了。铁木真带着新婚的妻子孛儿帖一直扎营于克鲁伦河上游之不儿吉岸。当时，他们二人新婚还不久，一天，在晨光曦微，天方欲明之时，一队人马像龙卷风似的扑来。来袭的蔑儿乞骑兵有300人，铁木真的母亲诃额仑夫人就是他父亲当年从蔑儿乞部落抢来的，现在他们是来报蔑儿乞部妇女昔日被掳之仇的，结果铁木真抛下新婚妻子逃了，孛儿帖却被掳走了。一年后铁木真打败了蔑儿乞部，救回了孛儿帖，不久孛儿帖生下了长子术赤。

丈夫贤助，福荫子孙

孛儿帖的年纪比成吉思汗长一岁，她为人贤明，帮助成吉思汗创立大业。原本成吉思汗与札达兰的部长札木合有结拜之谊，但孛儿帖深知札木合有要与成吉思汗兼并的意思，便劝成吉思汗与札木合分离。成吉思汗与札木合分离后，果然独霸一方。蒙力克的第四个儿子阔阔出，假巫术之名挑拨成吉思汗与其弟合撒儿的感情，又羞辱斡赤斤，于是孛儿帖进言，请成吉思汗杀阔阔出，从此安定了族人。

孛儿帖为铁木真生了四个儿子和五个女儿，四个儿子分别是术赤、察合台、窝阔台和拖雷。四个孩子中间，长子术赤性格内向，平日寡言少语，待人不够热情，但做事认真，心地耿直，是一个外冷内热的人。察合台与窝阔台兄弟俩性格开朗，热情豪放，为人处世灵活多智，善与人交往，大有成吉思汗小时候的遗风。在1219年，窝阔台被确定为成吉思汗的继承人。十年之后，窝阔台成为蒙古汗国的第二代大汗。孛儿帖夫人后来被尊称为"光献翼圣皇后"。

孛儿帖卒年不详，但可以确知的是当成吉思汗过世时，她尚在人间。元世祖忽必烈至元三年，追谥她为光献皇后；元武宗至大二年，加谥为光献翼圣皇后。终元朝之世，弘吉剌氏的女子作为正宫皇后者有十一人，被称为皇后与追尊为皇后者有九人，娶公主为妻者有六人，娶公主又被封王爵者十三人，这些福荫都是由孛儿帖所开始。

忽兰　元太祖铁木真皇后

□ 档案：

姓　名：忽兰
生卒年：不详
籍　贯：蒙古兀儿思蔑儿乞部
婚　配：元太祖铁木真
封　号：皇后

在成吉思汗陵，后殿寝宫供奉着三个灵包，中间的主灵包，供奉着皇后孛儿帖的灵棺，而主灵包右边的灵包，则供奉的是忽兰皇后。

仇家之女，受宠后宫

忽兰，在蒙古语中是"红色"之意，她是兀儿思蔑儿乞部酋长答亦儿兀孙之女。后来成为成吉思汗铁木真的妻妾，在铁木真的五大斡儿朵（后宫）中，她是第二斡儿朵之首，地位仅次于大皇后孛儿帖。当初她的父亲曾经与蔑儿乞酋长答儿马剌袭击成吉思汗，掳走孛儿帖。又与乃蛮酋长太阳汗拜不花一起在纳忽山对抗成吉思汗，战败后，答亦儿兀孙又想投靠铁木真，并献上自己女儿忽兰请降。

答亦儿兀孙带了女儿去向成吉思汗投降，走在路上，遇到成吉思汗部下的一名将领纳牙阿。纳牙阿说："现今战事激烈，你们父女俩如在路上遇到军队，恐怕会遭难，你们留在我这里，等战事结束，我护送你们去见大汗。"于是父女俩在纳牙阿的帐幕里住了三天，再去见成吉思汗。成吉思汗怀疑纳牙阿在路上与忽兰有私情，直到成吉思汗临幸忽兰，发现她还是处女之身，从此对她相当宠爱。

随军征战，军旅一生

忽兰皇后是唯一跟随成吉思汗征战一生的人，成吉思汗征战西域七年，在妻妾当中只让忽兰随行。忽兰皇后的儿子阔烈坚，年方十三时，就跟随大军出征。蒙古人成熟得早，男孩子们刚会走路就开始学习骑马、射箭，长到十二三岁就开始具有作战能力的士兵的身份，被编入部队。因为母亲很得宠的关系，阔烈坚被视为嫡子一样看待，后来阔列坚随拔都西征，在俄罗斯中箭而死。

和成吉思汗的几位皇后相比，忽兰的一生有着更多迷人的光芒。她曾跟随成吉思汗西征南讨，亲历蒙古汗国洪水般的扩张过程中种种惊天动地的壮举，作为一个女人，尤其是一个军旅中的蒙古女人，她无疑是极具魅力的。她在欧亚大陆上辗转万里，即使生下儿子阔烈坚后依然随军征伐，最后在蒙古大军远征突厥的途中，逝于冰天雪地的军帐中。

也遂　元太祖铁木真皇后

□ **档案：**

姓　名：也遂
生卒年：？～1228 年
籍　贯：蒙古塔塔儿部
婚　配：元太祖铁木真
封　号：皇后
谥　号：贞仁

也遂，元太祖成吉思汗皇后之一，在众皇后中排行第三，地位次于孛儿帖皇后及忽兰皇后，统领第三斡儿朵，深受铁木真宠爱，铁木真死后第二年病没，追封贞仁皇后。

部落灭亡，入宫为妃

1202 年，蒙古各部都归附铁木真，唯独塔塔儿部没归顺。当年九月，铁木真率部征剿塔塔儿部，发誓要"尽杀高过车轮者"。塔塔儿部首领也客扯连无力抵挡，携家带眷败逃，藏匿于乔巴山。也客扯连惧铁木真，恐家族不保，无奈之下，只好把女儿也速干献给了铁木真。铁木真见之大喜，遂立也速干为妃，厚待也客扯连，并下赦其族人。

成吉思汗消灭塔塔儿部族后，先纳也客扯连之女也速干为妃子，但也速干推荐其姐也遂。成吉思汗随即派人将逃难至山林中的也遂追回，并纳其为妃子。因也遂成为妃子后向人群长叹，引发成吉思汗怀疑，成吉思汗部下随即在人群中找到也遂的夫婿，接着将其杀死。

女中尧舜，追尊贞仁

成吉思汗的皇后妃子很多，他让她们分住在五个地方，蒙古人在帐幕里居住，所以称为五个斡儿朵，第一斡儿朵的正后是原配孛儿帖皇后，第二斡儿朵的正后是忽兰皇后，第三斡儿朵的正后就是也遂皇后，而她的妹妹也速干则是第五斡儿朵的正后。在诸后之中，她和忽兰皇后两人最为得宠，成吉思汗出征，有时带忽兰同行，有时带也遂同行。

蒙古骑兵牵马玉雕　元

也遂皇后不仅貌美聪慧，而且胆识过人，敢于进言，因而深得成吉思汗宠爱。成吉思汗西征花剌子模之时，也遂向成吉思汗建议选定汗位继承人，从而促使成吉思汗考虑继承人问题。成吉思汗临终时，也遂伴随其身旁，传达其遗训。

由于也遂常进谏于铁木真，铁木真也常听取和采用她的意见，世人无不尊敬她，称她为女中尧舜。

1227年七月十二日，铁木真崩殂，也遂皇后也一病不起，她悲伤地说："必葬妾与帝侧，以明我不敢离太祖。"1228年农历十二月十八日，也遂病薨，窝阔台汗追尊她为贞仁皇后，以太后礼仪下葬。

完颜氏　元太祖铁木真皇后

□ **档案：**

姓　名：完颜氏
生卒年：不详
籍　贯：金
婚　配：元太祖铁木真
封　号：皇后

完颜氏，她是金国卫绍王的第四个女儿，母亲是钦圣夫人袁氏。她是成吉思汗第四斡儿朵之首，因为身份地位高贵，所以又被人称为"公主皇后"。完颜氏没有生育，享寿颇高，当阿里不哥在和林自行即位的时候，八十多岁的公主尚在人世。

父亲被杀，公主和亲

1213 年农历八月至九月，金朝国内一名将领胡沙虎弑其君卫绍王，改立王室的另一成员为君，即宣宗。成吉思汗立即抓住金国宫廷发生政变和混乱的良机，于同年秋大举入侵金国。

1214 年农历三月，成吉思汗的蒙古军队打到了当时金国的首都中都（今北京）。金人被蒙古大军围困在中都城里，出于无奈，金宣宗只好向蒙古求和，接受成吉思汗提出的撤兵条件，其中之一就是要金国的公主嫁给他和亲，金宣宗此时也只好答应。

当时金朝众皇家的女儿里，还没出嫁的一共有七人，其中岐国公主完颜氏最为秀慧，就把她嫁给了成吉思汗，随公主陪嫁的有护驾大将十人、军队百人、童男童女五百人、采绣之衣三千套、御马三千匹，另有不少金银珠宝。而公主的母亲钦圣夫人袁氏以放心不下自己的女儿为由，也一同随行到了蒙古，就此离开了危机四伏的金国朝廷。当送亲的队伍到了蒙古汗国的时候，蒙古族人都非常高兴，尊称她为"公主皇后"，而成吉思汗也因为她是高贵公主的关系，对她相当厚待，并且在洹水西边为她建筑专属她的斡儿朵。

出身高贵，受封为后

金朝怀着让蒙古人快点儿撤军的心情，火速送公主出嫁。完颜氏应该是很满意这次和亲的，因想来她在金朝宫廷中，尽管赞誉颇多，而实际上她生存如履破冰，全是因为她的父亲是被杀后又被贬的。

由于出身金室帝胄，公主皇后在成吉思汗后妃中的地位颇高。波斯史家拉施特在谈到成吉思汗诸妻时，指出"作为长后与获得充分尊敬者"只有五人，其中公主皇后名列第四，其他四位皇后分别为大皇后孛儿帖、二皇后忽兰、三皇后也遂、五皇后也速干。

岐国公主被成吉思汗封为皇后以后，曾跟从成吉思汗南征北战，最远一直打到印度的恒河流域。当时，西域各国都被成吉思汗征服，他们上表朝贺时按照风俗礼节，都把岐国公主的名号和成吉思汗并称，各部派人觐见大汗的时候，岐国公主也是和成吉思汗并座接受拜见的，可见岐国公主在当时的蒙古汗国是有一定的地位的，成吉思汗死后，岐国公主受到继位的元太宗窝阔台的尊重，而且在宫中有着相当的地位。

成吉思汗陵内供奉的马鞍具

乃马真氏　元太宗窝阔台皇后

□ **档案：**

姓　名：乃马真氏脱烈哥那

生卒年：? ~1246 年

籍　贯：蒙古蔑儿乞部

婚　配：元太宗窝阔台

封　号：皇后

乃马真氏，史称乃马真皇后，名脱烈哥那，窝阔台汗的第六位皇后。1241 年窝阔台汗去世，其长子贵由远征尚未归来，于是，乃马真皇后利用手段，狡诈地夺取了国家的暂时摄政权。此事件史称"乃马真摄政"，乃马真那皇后统治时间达五年之久。

谋权有道，代子摄政

1241 年冬，窝阔台在汪吉河附近冬猎后，因饮酒过度而死，时正宫皇后孛剌合真已故，六皇后脱烈哥那通过巧妙手段获得察合台等宗亲赞同，摄掌国政。脱烈哥那原是蔑儿乞部首领之妻，蒙古灭蔑儿乞时被窝阔台收纳。她在诸后中地位本不高，但其他皇后无子，而她生贵由、阔端、阔出、哈剌察儿、合失五子，又机智多谋，遂成为最有权势的皇后。

脱烈哥那皇后掌政四年后，推选新汗的忽里勒台大会才于 1246 年春天在哈剌和林举行。脱烈哥那皇后经过四年称制，变得更不好对付了。最终，忽里勒台大会上的蒙古诸王大臣们不得不按照她的意志，推举窝阔台的长子，也就是脱烈哥那的亲生儿子贵由为新任大汗。

治国无方，败于儿手

乃马真皇后摄政时期，迫害成吉思汗、窝阔台汗时期的忠臣，清洗宫廷中的一切反对官员，任命波斯商人剌合蛮为宰相。内政腐败，法度不一，政出多门，朝中诸王滥发玺书、牌子，任意向百姓搜刮财富，造成民力困乏。

元定宗贵由四十一岁登基称汗，在位三年，时间虽短，但是他做事刚毅果断，首先杀掉西域来的巫师，因为他凭借主子也就是贵由的母亲乃马真皇后的权势陷害忠良，搜刮民财，胡作非为，定宗亲政后第一个决定就是除掉他杀一儆百，另外重用前朝重臣镇海整肃吏治。据英国和意大利来的传教士回忆，贵由大汗神情严肃，不苟言笑。

脱烈哥那万万没有想到，贵由继位后的首要大事就是扫清自己这个保举人兼生身母亲在汗廷中的影响，她的宠臣一个接一个地被贵由杀死，她终于败在了儿子手里，不久就郁郁而终。

海迷失　元定宗贵由皇后

□ 档案：

姓　名：斡兀立海迷失
生卒年：？ ～1251 年
籍　贯：蒙古塔塔儿惕部
婚　配：元定宗贵由
封　号：皇后
谥　号：钦淑

蒙古汗国贵由汗皇后，名斡兀立海迷失。1248 年贵由汗卒，海迷失在拔都等诸王支持下，抱幼子失烈门垂帘听政，称制三年。在位时两个儿子另建府邸与其母相对抗，以致一国三主，使汗国陷入了混乱之中，1251 年忽里勒台大会，另立蒙哥为大汗。蒙哥即位后，海迷失被蒙哥下令投入河中溺死。元朝建立后，追谥海迷失为钦淑皇后。

母子相争，各自为政

1248 年初，贵由打着"养病"的旗号，带着浩浩荡荡的大军往拔都封国所在的西方出发了。然而，就在距拔都封国不到十天路途的地方，才当了三年大汗的贵由就莫名其妙地死在了营地里。

当时随驾西征的皇后斡兀立海迷失秘不发丧，只是派人将此事告之拖雷妃以及拔都之处，继而怀抱窝阔台的幼孙失烈门匆忙赶回和林，自行称制。在元朝的历史上，定宗贵由的皇后斡兀立海迷失是继窝阔台汗的六皇后乃马真脱烈哥那之后又一位摄政的皇后。

按照惯例，新汗未被推举出来之前，蒙古汗国的事务由皇后掌管。于是贵由汗的长妻海迷失皇后抱着幼小的失烈门临朝称制，对于这种情形，无论是拔都还是拖雷家族，在刚开始的时候都是表示了默认的。然而海迷失皇后并没有婆婆脱烈哥那的本事。她的两个亲生儿子都想当大汗，蒙古汗国相当一段时间内竟出现了母子三人各自为政的情形。

皇权转移，惨遭杀害

术赤的儿子拔都决定排除窝阔台系，他与拖雷的遗孀唆鲁禾帖尼联合起来，唆鲁禾帖尼非常精明，在她看来，她家族的转机来到了，她可以说服拔都提名她与拖雷所生的长子蒙哥为大汗。1250 年，在拔都的阿拉喀马克营地，召开了忽里勒台，会上拔都推举和强加于大会的人选正是蒙哥，然而，投票赞成蒙哥的只有术赤和拖雷家族的代表，窝阔台和察合台家族的代表们或是反对，或是根本未出席这次集会。

1251 年农历六月另一次忽里勒台上，蒙哥在当时有着很高威望的堂兄拔都支持下被推举为大汗。海迷失得知此事后，以其没有在东方召开诸王都要参加的忽里勒台大会为由，拒绝承认蒙哥即位的事实。蒙哥在拔都的支持下进攻和林，海迷失与失烈门的生母一起被逮捕，结束了她的政治生涯，于是，汗国的统治权最终从窝阔台家族转归拖雷家族。

海迷失以摄政者的身份向蒙哥的使者斥责："各系宗王们曾经发过重誓，誓言大汗之位只能由窝阔台家族传承，绝不与他的子孙为难。现在你们却自食其言，不守信用！"面对海迷失皇后的责备，蒙哥无法自圆其说，只能避重就轻地指责海迷失皇后想正式当女王。蒙哥严厉地惩罚了这些不幸的堂兄弟们。前摄政皇后海迷失被剥去衣服受审，然后被装入一口袋，投入水中淹死。

克烈氏　元睿宗拖雷皇后

□ 档案：

姓　　名：克烈唆鲁禾帖尼
生卒年：1192~1252 年
籍　　贯：蒙古克烈氏
婚　　配：元睿宗拖雷
封　　号：皇后
谥　　号：显懿庄圣

克烈唆鲁禾帖尼，克烈部王罕的弟弟札合敢不之女，拖雷的正妻，蒙哥、忽必烈、旭烈兀、阿里不哥的生母。拖雷死后，她抚育诸子成长，统领并团结部众，周旋于诸王矛盾斗争之间，为其子蒙哥取得大汗位准备了条件，她执掌拖雷系大权二十年，是促使汗位由窝阔台系转移到拖雷系的关键人物，元宪宗蒙哥和元世祖忽必烈都做过大汗或皇帝，旭烈兀在西亚开创了伊儿汗国，阿里不哥 1260 年在蒙古本土被部分宗王贵族推举即位，由于她的四个儿子都做过帝王，所以她被后世史学家称为"四帝之母"。

拖雷之妻，抚育四子

唆鲁禾贴尼的父亲和铁木真是结拜兄弟，两人同甘共苦，一起联手打天下。但是很不幸，唆鲁禾贴尼的父亲和铁木真共同只走过了十年，在一次争战里，为了保护铁木真中箭而亡，留下一对儿女和美貌的妻子。为此，铁木真一直把唆鲁禾贴尼当作自己的女儿看待，并把她哥哥培养为将军。当然，唆鲁禾贴尼的母亲当时正值三十几岁，年轻美貌，也成了铁木真的妃子。

1203 年成吉思汗灭克烈部后，把唆鲁禾帖尼嫁给拖雷为妻，唆鲁禾帖尼出身于部落贵族，从小和拖雷青梅竹马，让铁木真很看好他们这一对年轻人，并在托雷十六岁那年，将美丽的唆鲁禾帖尼许配给了自己最得意的儿子。她是拖雷诸妻中年纪最长、最早嫁给拖雷，也是最受宠的，在拖雷的十一个儿子中，有四人是她所生。

审时度势，顾全大局

拖雷是一位军事家，他掌有蒙古军队的百分之八十，拥有强大的军事实力，在攻金战役中，他更表现出卓越的军事才能。在蒙古宫廷斗争中，这不能不引起其兄窝阔台的忌恨。1232年夏，由于天气酷热，在北归的路上，窝阔台突然患病，巫师得出的结论是：由于蒙古军队灭金之时杀戮过于惨毒，触怒了金国土地上的鬼神，除非大汗自己死掉，或者堪与大汗地位相比拟的皇族死掉。这时，拖雷站了出来，将巫师揎来的一碗水饮下之后，窝阔台果然霍然而愈，而四十来岁的拖雷却死了。

在拖雷死后，唆鲁禾帖尼谨慎机智地处理与窝阔台的关系，当窝阔台派人送诏书给唆鲁禾帖尼，要她下嫁给自己的儿子贵由时，唆鲁禾帖尼向使者委婉地说："我怎能违背诏命呢？但我要抚养我的儿子，使他们懂得道理，团结互助，直到他们成年自立才行。"她用客气的借口拒绝了诏命，使自己长期留在拖雷的子女身边。

唆鲁禾帖尼是一个很有心计的女人，托雷死后，窝阔台把属于拖雷管领的三千户授予自己的儿子阔端，拖雷属下大臣们不服，诉于唆鲁禾帖尼，要求提出质问，唆鲁禾帖尼审时度势，顾全大局，还是说服了他们应该遵从大汗旨意，而且所部财产充足，不予计较。她不想内讧，也想借机笼络阔端，后来阔端真的站在她和拖雷诸子一边。

励精图治，铺垫基石

缠枝牡丹纹青花瓷罐　元

1241年，五十六岁的窝阔台因为饮酒无度离开了人世，由于他的六皇后乃马真脱烈哥那企图篡改窝阔台的遗愿，又想要自己称制掌权，致使汗位虚悬了五年之久。在这五年间，无数的宗王都打这个汗位的主意，互相打来打去，搞得乌七八糟。反倒是实力最强的拖雷一族，由于唆鲁禾帖尼的审时度势，没有蹚这浑水。因此她和自己的儿子在宗亲中享有较好的名声。由于她做了一些受到大家称赞的好事，这就为蒙哥以后取得皇位铺垫了基石。1246年，元定宗贵由即位，但贵由体质虚弱，患有疾病，加以他纵情酒色，在位不久就病死了，海迷失随后临朝执政。可惜的是她没有唆鲁禾帖尼那样的头脑，更没有她管教儿子的本事，蒙古汗国又陷入混乱之中。唆鲁禾帖尼当即与宗亲中的长兄拔都合谋召开选举大会，在拔都的一力主持下，蒙哥被术赤家族和拖雷家族推举为新汗，他们镇压了窝阔台家族的反抗，辅助蒙哥登上了大汗宝座，可以说，正是由于唆鲁禾帖尼的经验和能力，蒙哥才取得汗位。

助子登基，四子皆帝

1251年，宗王大臣们共同拥戴蒙哥登基即大汗位，史称元宪宗。蒙哥登基后，尊唆鲁禾帖尼为太后。此后，为了巩固汗位，唆鲁禾帖尼镇压反对者毫不留情，并亲自下令处死元定宗贵由的皇后海迷失。元宪宗蒙哥即位的第二年，唆鲁禾帖尼因病去世。1266年，元世祖忽必烈为生母唆鲁禾帖尼上谥号为庄圣皇后。1310年，元武宗海山为唆鲁禾帖尼加上尊谥显懿，从此之后，唆鲁禾帖尼的谥号变为显懿庄圣皇后。由于生出了这么几个影响力巨大的儿子，拖雷和唆鲁禾帖尼的身后待遇极高。至今在成吉思汗陵的东殿里，仍然供奉着他们。

忽都台　元宪宗蒙哥皇后

□ 档案：

姓　名：忽都台
生卒年：? ～1256 年
籍　贯：蒙古弘吉剌氏
婚　配：元宪宗蒙哥
谥　号：贞节

忽都台，弘吉剌氏，元宪宗蒙哥的皇后，其姑祖母是元太祖成吉思汗的皇后孛儿帖，父忙哥陈。1256 年卒，妹妹也速儿继之为后，1266 年农历十月，太庙建成，制尊谥庙号，元世祖忽必烈为忽都台上谥号为贞节皇后。

也速儿　元宪宗蒙哥皇后

□ 档案：

姓　名：也速儿
生卒年：不详
籍　贯：蒙古弘吉剌氏
婚　配：元宪宗蒙哥
封　号：皇后

也速儿，弘吉剌氏，元宪宗蒙哥的皇后，贞节皇后忽都台的妹妹，曾祖德薛禅，姑祖母是元太祖成吉思汗的皇后孛儿帖，1256 年忽都台皇后去世，她的妹妹也速儿继之为后。

姐妹皇后，聪明贤德

也速儿虽出身显赫豪门，但性情温顺且聪明美丽。她是忽都台皇后的妹妹。忽都台病逝后，也速儿遵照她姐姐忽都台临终的遗愿成为蒙哥的皇妃。

蒙哥登大汗位后，委其弟忽必烈领漠南汉地军政事宜，颁发政令，革除前朝弊政。1252 年，命忽必烈征大理，诸王也古征高丽。

正当也速儿还是新婚宴尔之际，有人向蒙哥告发他的弟弟忽必烈想在中原谋反，从中离间他们兄弟间的感情。才刚入宫的也速儿反复思索此事的利害关系，她引举大量史实劝谏蒙哥：兄弟之间应想办法谋和为好。蒙哥采纳了她的建议。正值忽必烈因为哥哥对自己有所顾忌，他听从谋士姚枢的建议，将自己的妻子弘吉剌氏察必及儿女送到汗廷为人质，以表示自己无异心。

兄弟同心，妯娌融洽

为了表示对弟弟的信任，蒙哥交给忽必烈一个任务，要他率领蒙哥汗四支军队中的一支去征服南宋。如果蒙古汗国想要巩固对北方的控制，他们就必须迫使南宋王朝投降。南宋的存在会对蒙古汗国的统治造成威胁，蒙哥决定发动一场征服南宋的战役，而忽必烈将在这场战役中发挥关键作用。

同时，皇妃也速儿也热情地接待了察必，妯娌二人相谈融洽，她们取得一致的看法：无论如何不能酿成一场战祸，遂商议如何使蒙哥兄弟二人和睦的办法。忽必烈因此十分感激这位年轻的新嫂嫂及哥哥的宽容大度。同年十一月，忽必烈谒见蒙哥于河西之地。兄弟二人见面之初情景相当局促，但在也速儿的解劝下，双方终于消除疑虑，从而避免了一场不测之祸。

他们兄弟二人团结一心，1257 年春，展开了对南宋的全面进攻，并取得了节节胜利。同年秋天，蒙哥率大军进入四川，1259 年农历七月，蒙古军队在四川的攻势受阻，陷入困境，又正值酷暑季节，蒙古军人水土不服，军中暑热，疟疾霍乱流行，蒙哥也患上了病，在撤兵途中因病而亡，其弟忽必烈即位，是为元世祖。

元世祖忽必烈念兄嫂之情，蒙哥死后，每年赏也速儿银五百万两，折宝锭三千贯，善良的也速儿遂即过起了富裕而孤寂的生活，平安地度过了自己的一生。

察必　元世祖忽必烈皇后

□ **档案：**

姓　名： 察必
生卒年： 1227~1281 年
籍　贯： 蒙古弘吉剌氏
婚　配： 元世祖忽必烈
封　号： 皇后
谥　号： 昭睿顺圣

察必皇后，弘吉剌氏，元外戚济宁忠武王按陈之女、元世祖忽必烈的皇后，太子真金的生母。察必生性仁明，随事讽谏，同时又勤俭自律，事事用心，史称"其性明敏，达于事机，国家初政，左右匡正，后有力焉"。1281年病逝，死后追尊昭睿顺圣皇后。

随事讽谏，勤俭自律

在元朝建国以前，忽必烈积极辅佐他大哥蒙哥治理汉地，因小人挑拨而受到猜疑，察必便带着儿子到蒙哥所在的都城充当人质，终于帮助丈夫消除了因兄弟猜疑可能酿成的大祸。蒙哥死后，忽必烈之弟密谋争夺王位，身居都城的察必觉察到政治事态有异，一方面据理力争，阻挡军队异常调动，一方面派人火速赶赴鄂州，通知远在征宋前线的忽必烈迅速回都，终于使忽必烈坐上汗位。

史载察必皇后性格节俭贤德，曾经将宣徽院废置的羊前腿皮收集起来缝为地毯，又带宫人把废弓弦加工编织成布匹。有次忽必烈打猎回来，抱怨太阳刺眼，察必皇后将传统的帽子加上前檐以遮阳。察必皇后的性格善良，1276年，元军攻占南宋都城临安，俘虏宋恭帝和谢太后，满朝庆祝的时候察必皇后却很感伤，忽必烈询问，她说："妾闻自古无千岁之国，毋使吾子孙及此，则幸矣。"

明敏事机，左右匡正

有一次，忽必烈批准禁卫军将领在大都城外圈一片土地改作牧场，以便畜养马匹。察必当即劝阻说："我们蒙古人只知放牧而不知发展农业，现把农田改为牧场，不是要使农民流离失所吗？"终于促使忽必烈收回成命，并下令建立"司农司"，大力发展农业生产。她以敏锐的政治眼光，辅佐丈夫忽必烈建立帝业，安邦治国，可算是中国历史上一名出色的女政治家。

1281年农历三月二十日，察必皇后去世。忽必烈很悲痛，感叹没有人再像皇后一样关心自己了。元成宗登基后谥其为昭睿顺圣皇后。

伯蓝也怯赤　元裕宗真金皇后

□ 档案：

姓　名：伯蓝也怯赤
生卒年：？～1300年
籍　贯：蒙古弘吉剌氏
婚　配：元裕宗真金
封　号：皇后
谥　号：徽仁裕圣皇后

伯蓝也怯赤，又名阔阔真，弘吉剌氏，元朝世祖忽必烈之子元裕宗真金的妻子，生元显宗、元顺宗、元成宗，1294年农历五月初十元成宗即位，尊为皇太后。大德四年二月初十丙辰日（1300年3月1日）去世，谥曰裕圣皇后，至大三年（1310年）十月，又追谥为徽仁裕圣皇后。

明书达理，入选为妃

元裕宗真金自七岁就开始习儒，推崇汉化，深得儒生们的拥戴，后来因忧郁成疾，未登基便离开了人世。真金死后，他的妻子阔阔真正式登上历史舞台，和先辈唆鲁禾帖尼、脱烈哥那、海迷失、察必一样，这位贵族女子在皇位传承上发挥了决定性的作用。

据说这位伯蓝也怯赤很是知书达理，忽必烈有一次出门打猎，半道口渴，路过她家门口，于是便向她讨口马奶喝，伯蓝也怯赤回答说，马奶是有，只是家中的人都不在，自己不便接待他。忽必烈一听也是，转身要走时，她又说自己独居于此，你这样自来自去不好，家长马上要回来了，请他稍等一下。事后忽必烈感叹如能娶这样的儿媳过门才好，后来给真金选太子妃的时候，果然把伯蓝也怯赤娶过了门。

偏心母后，保举幼子

伯蓝也怯赤嫁入皇家以后，待人接物应对时，言谈非常得体，口碑很好，并且生活节俭。有一次太子病了，忽必烈前去探视，见到床上铺一床金丝被子，有些生气地说："我以为你贤惠，怎么也这样呢？"伯蓝也怯赤回答说："太子病了，怕有湿气，所以用了一下。"随即叫人把被子撤去了。

元裕宗真金死后，伯蓝也怯赤有三个儿子，但她一心偏向小儿子铁穆耳，在选储大会上她叫长子与铁穆耳共背忽必烈的语录，这看似公正，其实她知道自己的长子一着急就有口吃的毛病，在她的努力下，铁穆耳终于登上了皇位，是为元成宗。

达成心愿的阔阔真被满心感激的成宗尊封为皇太后，居于隆福宫。大德四年（公元1300年），阔阔真病逝，谥裕圣皇后。

失怜答里　元成宗铁穆耳皇后

□ 档案：

姓　　名：失怜答里
生卒年：不详
籍　　贯：蒙古弘吉剌氏
婚　　配：元成宗铁穆耳
封　　号：皇后
谥　　号：贞慈静懿

失怜答里，斡罗陈的女儿，元成宗的皇后，生皇子德寿，被正式立为皇太子。失怜答里早薨，1299 年册封为皇后，1310 年农历十月，追尊谥贞慈静懿皇后。

元成宗是个守成的皇帝，1299 年农历十月，弘吉剌失怜答里被册封为元妃，生皇子德寿。元成宗铁穆耳同时有两个皇后，一个是伯岳吾氏卜鲁罕皇后，一个是弘吉剌氏失怜答里皇后。卜鲁罕皇后很有智谋，代铁穆耳施政也做得比较公允，颇得好评，只是她偏偏没有生育，铁穆耳唯一的儿子德寿是失怜答里所生。卜鲁罕因此对失怜答里妒恨交加，她担心有朝一日失怜答里会取代自己的位置。

黑釉剔花钵　元

1305 年农历六月，成宗病重，不能视朝，于是立子德寿为皇太子，十月，由皇后卜鲁罕执政，朝中大事委于右丞相哈剌哈孙。十二月，皇太子病逝，这对失怜答里来说无疑是一个致命的打击，不久她也因悲伤过度而亡。由于元成宗常年多病，加上他与独子相继病逝，未及安排皇位承继事宜，从而引起了元朝政局的动荡。

卜鲁罕　元成宗铁穆耳皇后

□ 档案：

姓　名：伯岳吾卜鲁罕

生卒年：不详

籍　贯：蒙古弘吉剌氏

婚　配：元成宗铁穆耳

封　号：皇后

伯岳吾氏卜鲁罕，元成宗铁穆耳第二任皇后，驸马脱里思之女，1295 年被立为皇后，成宗病重时卜鲁罕曾摄政两年，颇有政绩，成宗死后，卜鲁罕被即位的元武宗赐死。

专权摄政，夺取帝位

卜鲁罕皇后很有智谋，代铁穆耳施政也备受好评，只是她没有生育，铁穆耳唯一的儿子德寿是失怜答里所生。1305 年农历五月，德寿被正式立为皇太子，但却在当年十二月夭折。失怜答里受此打击，精神失常，也很快离开人世。

元成宗铁穆耳的二嫂答己寡居，她有两个孩子，海山和爱育黎拔力八达。元成宗病危时，由于无嗣，就立侄子海山为太子，而卜鲁罕皇后想要专权，为防止海山即位，就将他们从大都迁到怀州居住。

1307 年，元成宗铁穆耳去世，终年四十一岁，因没有明确的继承人，卜鲁罕皇后与左丞相阿忽台等人定下计划，命铁穆耳弟忙哥剌之子、安西王阿难答失里来京师，由自己摄政，并准备最终将帝位传给阿难答。但右丞相哈剌哈孙却暗地里派人通知在北方带兵的海山、在怀州的答己与爱育黎拔力八达，让他们立即以奔丧为名赶赴上都夺取帝位。

侄子即位，赐死废后

得到成宗去世消息的答己与次子爱育黎拔力八达连夜赶回大都，到大都后很快取得朝臣的支持，卜鲁罕皇后本想除掉她母子二人，可是答己先动了手，在三月初二这一天将卜鲁罕皇后一伙一网打尽，稳定了局势。然后他们一同迎海山还朝，答己的长子海山即位为元武宗。

海山称帝后的第一件事就是收拾母亲答己的情敌兼政敌卜鲁罕皇后。这时的卜鲁罕已经不是那个摄政女主，她已被爱育黎拔力八达诬以"私通安西王阿难答"的罪名，贬居东安州。元武宗海山则更进一步，废掉卜鲁罕的皇后头衔，并将她就地赐死。

答己　元顺宗答剌麻八剌妃

□ **档案：**

姓　　名：答己
生卒年：？～1322 年
籍　　贯：蒙古弘吉剌氏
婚　　配：元顺宗答剌麻八剌
封　　号：妃
谥　　号：昭献元圣

昭献元圣皇后答己，出身于蒙古弘吉剌部，按陈之孙浑都帖木儿之女，是元朝的一位著名皇太后，她是忽必烈之孙元顺宗的妻子，元武宗及元仁宗的母亲。经历三朝皇帝，由于她重用奸佞，最后导致了元朝中期混乱的局面，为元朝的灭亡埋下了祸根。

入宫未遂，被贬怀州

答己是元成宗铁穆耳的二嫂，所生海山与爱育黎拔力八达两个儿子。她的夫君答剌麻八剌死得很早，留下了孤儿寡妇。铁穆耳一向非常喜欢答己所生的两个皇侄，很早便将海山封为怀宁王，让他统领六万五千军户。由于铁穆耳当时没有子女，他打算按"兄死妻嫂"的风俗，将寡妇二嫂答己纳为妃子，顺便一举两得地解决继承人问题。

1305 年，元成宗病危。成宗就想立答己的儿子海山为太子，但卜鲁罕皇后想要专权，为防止海山即位，就将他们从大都迁到怀州居住。成宗逝世后，在右宰相哈剌哈孙的帮助下，答己母子取得朝臣们的支持，入朝稳定了局势。答己的儿子海山入朝即位，是为元武宗，答己成了皇太后。

用人不明，搅乱朝纲

　　元朝是我国历史上后妃干预政治的现象最为突出的朝代，先后有十三位称帝的君主，较深介入政治的皇后即多达十一人。在元成宗的皇后卜鲁罕被赐毒酒了结此生后，接踵而来以太后身份干政的是武宗海山和仁宗爱育黎拔力八达的母亲答己。

　　海山称帝后当天即将母亲答己尊封为皇太后，将其弟封为"皇太子"，而海山自己的两个儿子和世㻋和图帖睦尔却只称为皇子，约定从此以后"兄终弟及，叔位相继"，皇位由兄弟二人的家族轮流继承，海山仅仅当了四年皇帝，才三十一岁就去世了。元武宗海山去世后，爱育黎拔力八达继任为帝，是为元仁宗，答己依然为太后。

　　答己太后本是十分聪慧，她一生一共辅佐过武宗、仁宗和英宗三位皇帝，对内宫的管理也非常有方法。可惜答己以太后、皇太后、太皇太后的身份干预朝政，宫内宠信黑驴母亦烈失八，朝中亲信失烈门、纽邻以及铁木迭儿，相互间狼狈为奸，致使朝政混乱，直到仁宗之子英宗硕德八剌上台后，大刀阔斧实行整顿，才抑制了答己的气焰，但已为元朝的灭亡埋下了祸根。

真哥　元武宗海山皇后

□ **档案：**

姓　　名：真哥
生卒年：？ ～1327 年
籍　　贯：蒙古弘吉剌氏
婚　　配：元武宗海山
封　　号：皇后
谥　　号：宣慈惠圣

　　弘吉剌氏真哥，元武宗的皇后，脱怜子进不剌之女。她出生于元代最显赫的家族，所以养成了雍容大度、举止不凡气质，加之她天生丽质，能歌善舞，深受武宗的宠爱。

　　海山虽有众妃，但很晚才册立皇后。1310 年，封弘吉剌氏真哥为后，真哥的从妹速哥失里也被封为皇后。在海山的妃子中，亦乞烈氏生了和世㻋（后为明宗），唐兀氏生了图帖睦尔（后为文宗）。三宝奴曾劝说武宗重新立自己儿子为太子，因右丞相康里脱脱的反对，才维持原状，依然以他的弟弟为太子。

　　真哥皇后得到好色的元武宗宠爱，但元武宗因纵欲过度，身染重病，在位只有四年，因沉耽淫乐、酗酒过度，于 1311 年驾崩于玉德殿，葬于起辇谷，年纪轻轻的真哥皇后从此也只有独守空房。1313 年，立长秋寺，掌皇后宫政，秩三品，1327 年农历十一月崩，上尊谥曰宣慈惠圣皇后，升祔武宗庙。

阿纳失失里　元仁宗爱育黎拔力八达皇后

□ 档案:

姓　名: 阿纳失失里
生卒年: ? ~1322 年
籍　贯: 蒙古弘吉剌氏
婚　配: 元仁宗爱育黎拔力八达
封　号: 皇后
谥　号: 庄懿慈圣

阿纳失失里, 弘吉剌氏, 仁宗即位, 册为皇后。阿纳失失里观书习礼, 精琴棋书画, 酷爱汉学, 与仁宗志趣相投。她以长孙皇后为榜样, 谨言慎行, 宽仁待下, 竭力辅佐夫君, 在仁宗受到母后答己与权臣铁木迭儿的刁难时, 柔声劝慰, 在精神上支持仁宗。

元仁宗时期, 大张旗鼓地进行改革, 平定了察合台后人的叛乱, "中国的元朝, 作为其他蒙古汗国的唯一的宗主而存在。大都(北京)成为远至多瑙河和幼发拉底河的世界之都"。

国泰民安, 可在皇位的传接上却有个大问题, 仁宗的位置当年是从他的哥哥武宗海山那儿得到的, 武宗海山曾与仁宗爱育黎拔力八达约定, 兄终弟及, 叔侄相传。皇位由兄弟二人的家族轮流继承, 仁宗死后, 当传位于武宗子和世瓎, 可仁宗违背了这一约定, 把自己的儿子硕德八剌立为太子, 而把武宗的两个儿子由皇子降为王子, 并派他们出镇云南, 实际上等同于流放。太后答己、仁宗与皇后阿纳失失里违背诺言, 招致朝野不满, 为日后的皇位斗争埋下祸根。仁宗死后两年, 阿纳失失里病逝, 英宗谥为庄懿慈圣皇后。

速哥八剌　元英宗硕德八剌皇后

□ 档案:

姓　名: 速哥八剌
生卒年: 1301~1327 年
籍　贯: 蒙古乞烈氏
婚　配: 元英宗硕德八剌
封　号: 皇后
谥　号: 庄静懿圣

速哥八剌, 也译作苏格巴拉, 元英宗皇后, 母亲是乞烈氏公主益里海涯, 速哥八剌美丽聪慧, 善写诗文, 1317 年农历正月, 十七岁的她嫁给还是皇太子的英宗。1321 年, 元英宗册封速哥八剌为皇后, 元英宗同时有三位皇后, 分别是速哥八剌、朵儿只班、牙八忽都鲁。三个女人中最为聪慧的要数长后速哥八剌, 英宗的得力助手拜住也是得到了她的大力推荐而为相的。

推行新政，清除奸党

英宗自幼受儒家教育，崇尚汉学，通汉族封建文化。速哥八剌体谅民情，进谏善言，协助英宗修史，促进了汉蒙文化的交流。英宗即帝位时，元仁宗的母亲也就是英宗的奶奶答己太后任过去被仁宗罢黜的权臣铁木迭儿为右丞相，与他相互勾结，排除异己，权倾朝野。元英宗为巩固自己的地位，立太祖功臣木华黎后裔拜住为左丞相，极力抑制答己、铁木迭儿一党的势力。

对于元英宗急切推行新政，过于年轻气盛的态度，速哥八剌却非常担忧，她每每穿戴整齐地去迎接英宗下朝，利用一切机会向英宗进谏，希望他不要操之过急，要多栽培一些亲信后再行事，然而英宗和拜住都没能真正把皇后的话放在心里。

元英宗为平息开国以来的皇位争斗，欲废除选汗制度，推行汉家嫡长子制度，遭到以太皇太后答己为首的守旧势力的反对，速哥八剌始终坚定地支持英宗的革新政策，最终帮助英宗褫夺了答己一党的势力。

"南坡之变"，抑郁而终

不久，权重三朝的太皇太后答己去世，元英宗立即大刀阔斧地推行新政。英宗一方面推行新政，一方面清除铁木迭儿余党，查处他们的贪赃枉法事件。当时天下为之风动，政治为之一新。但这些措施遭到一部分保守的蒙古贵族反对，由于元英宗大规模诛杀答己与铁木迭儿的余党，引起了众人的恐慌，没过多久，速哥八剌最担心的事终于发生了。

反对新政的人和不甘坐以待毙的铁木迭儿余党因此联合了起来，他们联合几位有实力的蒙古宗王，密谋拥立新帝。他们选中的继任人，就是晋王也孙铁木儿，即元成宗铁穆耳长兄甘麻剌的长子。

1323年农历七月，元英宗在上都，接连数日心绪不宁，夜里失眠，困扰之下，便决定离开上都返回大都，叛党们打算在还都途中下手。七月初五，英宗从上都起驾南返大都，驻跸在离城三十里的南坡，铁失等以阿速卫亲军为外应，发动了政变，英宗和拜住等人同时遇害。英宗即位三年，为旧贵族所害，年仅二十一岁，史称"南坡之变"。

铁失等发动政变后，当夜遣使奉玉玺至漠北晋王镇所，九月，也孙铁木儿在漠北即位，次年改元泰定。然而发动"南坡之变"的叛党们太小看也孙铁木儿了，这位泰定帝不但比英宗精明，手段凶悍程度尤有过之。他为了洗脱自己暗中参与政变的嫌疑，更是从刚继位一个月的时候就开始大清洗，不到三个月，就将拥立自己的所有政变大臣都诛杀个干干净净。

与此同时，泰定帝对元英宗的遗孀们也给予了面子上很过得去的照料。就这样，元英宗的长后速哥八剌又度过了虽然衣食无忧，却弥漫着寂寥疑忌的四年光阴。

作为发动这次政变头脑铁失的妹妹，速哥八剌虽未涉案被杀，但心情忧悲至极，不仅老公被弑，娘家人转眼又被杀个溜光，可怜的皇后几年后即抑郁而死。1327年，速哥八剌去世，年仅二十六岁，泰定帝追谥这位弟媳为"庄静懿圣皇后"。

八不罕　元泰定帝也孙铁木儿皇后

□ **档案：**

　　姓　名：八不罕

　　生卒年：不详

　　籍　贯：蒙古弘吉剌氏

　　婚　配：元泰定帝也孙铁木儿

　　封　号：皇后

花瓣式銮耳金杯　元

　　八不罕，弘吉剌氏，生卒年不详。八不罕是弘吉剌氏按陈孙干留察的女儿，长得十分美丽，嫁晋王也孙铁木儿为妻。八不罕共有两个儿子，阿速吉八和麻亦儿间卜，也孙铁木儿在政变中意外得到皇位后，随即册立八不罕为皇后。元泰定帝泰定元年三月，八不罕被册立为皇后，同时册封八不罕所生的儿子阿速吉八为皇太子，另一个儿子麻亦儿间卜继承晋王之位。八不罕本是一个非常强悍泼辣的女人，她不但参与朝政，还毫无顾忌地把泰定帝宠幸过的婢女宫姬随意赐给与自己勾结在一起的大臣亲信，以此铲除情敌和收买人心。

　　意外捡了个帝位的泰定帝来自漠北，即位时已经是三十一岁的成年人，没受过汉式教育，他的主要官员大多数是从漠北带来的王府高官。也孙铁木儿本人及其主要大臣的背景，决定了他不可能继续进行前两任皇帝那样的改革，也孙铁木儿的朝政主调是调和，以赢得所有关键性政治集团和宗教集团的支持。

　　1328年，三十六岁的泰定帝驾崩，八不罕立即以皇后身份执掌朝政，此时的大都留守燕帖木儿由于感激武宗当年的知遇之恩发动了政变，拘捕了八不罕和她的儿子以及拥护她的大臣，并派人前往江陵，请武宗海山的次子怀王图帖睦尔返京登基，是为元文宗。燕帖木儿因此被封为太平王，八不罕的儿子在政变中下落不明，而八不罕等泰定帝的后妃们后来都成了燕帖木儿的王妃，从此销声匿迹。

卜答失里　元文宗图帖睦尔皇后

□ **档案：**

　　姓　名：卜答失里

　　生卒年：1305~1338 年

　　籍　贯：蒙古弘吉剌氏

　　婚　配：元文宗图帖睦尔

　　封　号：皇后

　　卜答失里，蒙古弘吉剌部人。父周阿不剌是驸马，封鲁王；母桑哥剌吉，是宗室之女，封鲁国大长公主。太宗窝阔台时曾宣布：弘吉剌家族若生女，则世代为皇后，若生男，则娶皇室公主为妻，世袭罔替，荣耀之极。

落魄王子，天命皇后

当年图帖睦尔的父亲元武宗驾崩时把皇位传给了弟弟元仁宗，说好了到时再"叔传侄"，可仁宗却把武宗的儿子贬逐远方。当时流放到海南的王子图帖睦尔真是落魄之极，据《琼州府志》载："元文宗于至治间徙居琼州，时琼帅陈廉亨有侍女青梅，色艺甚美，文宗屡思得之，而竟不就。因赋诗云：自笑当年志气豪，手攀红杏寻金桃。滇南地僻无佳果，问著青梅价亦高。"贵为王子的图帖睦尔，屈求于卑微的一侍女而不得，然而他人格高尚，不愿以权势强人所难，只好赋诗自晒。

1324 年农历九月，因政变上台称帝的泰定帝也孙铁木儿为了堵塞悠悠之口，将流放海南的武宗次子图帖睦尔召还京师，封为怀王，并传旨将卜答失里嫁给他为妻，以为笼络。当时朝野上下，都以武宗海山后代为当然的皇位继承人。

1328 年，泰定帝驾崩，八不罕以皇后身份执掌朝政，此时的大都留守燕贴木儿发动了政变，并派人前往江陵，请武宗海山的次子图帖睦尔返京登基，这就是元文宗。

元文宗是元朝第十二位皇帝，是个很有才华的人，《元史》中记载，元文宗的汉文化修养超过在他之前的所有元朝皇帝。他的书法"落笔过人，得唐太宗晋祠碑风，遂益超诣"。他还擅长作画，所绘"万岁山画"草图，"意匠、经营、格法，虽积学专工，所莫能及"。而卜答失里父母都是贵族，血统高贵，自然继承了父母优良的遗传基因，更是貌如天仙，举止高雅，很有教养，而且聪颖、成熟，天历元年（1328 年），文宗即位后，立卜答失里为皇后。

文宗忏悔，让出帝位

当上了皇帝的元文宗图帖睦尔有个心病，他是元武宗的次子，元泰定帝死后，照理应当由武宗长子继位，而他只是因"近水楼台先得月"而登上皇位。因此感到名不正言不顺，于是便派出重臣到漠北见其长兄和世㻋，反复说明他想让位之意。和世㻋虽属长子，但远在漠外，见其弟已登上皇位，本来已经抛弃了想当皇帝的念头，没想到弟弟竟这样礼让，便信以为真，南返大都接受群臣朝拜，即位为元明宗。

对于弟弟如此谦让，使自己坐享帝位，明宗非常感激。于是他决定仿效父亲武宗当年的榜样，也来一个"兄终弟及，叔侄相继"。想到兴奋处，也不待返回大都，在半路上便迫不及待地传下旨意，将主动逊位的文宗封为"皇太子"，确定为自己的皇位继承人。

文宗禅位元明宗后，卜答失里降为太子妃，事过不久，新上位的元明宗忽然无故暴毙，文宗自然是悲伤无比，众大臣也陪他洒了一会眼泪。其后不久，文宗大告天下，宣布复位，卜答失里也随之再为皇后，1329 年，授皇后册宝。

据《元史》记载，文宗图帖睦尔在其兄（明宗）当了六个月的皇帝后，暗中将其害死，然后自己做了皇帝。这还不算，为铲除后患，他听任皇后卜答失里所为，毒死了明宗皇后八不沙。

文宗复位后的第二年，立其长子为太子，可不到一个月太子便死去，文宗夫妇俩疑神疑鬼，再也不敢立次子为太子。由于时常受到良心的谴责，元文宗复位才三年亦因病而死，死前立下遗嘱：让被他害死的明宗的儿子继承皇位。卜答失里虽情非所愿，但仍坚遵夫命，舍子立侄，又把帝位还给了明宗次子懿璘质班，是为元宁宗。1332 年农历十一月，元宁宗尊皇后卜答失里为皇太后。

循环报应，母子屈死

不久宁宗驾崩，大臣请立卜答失里的儿子燕贴古思即位。可卜答失里回答说："天位至重，吾子尚幼，明宗长子妥懽帖睦尔在广西，今十三岁矣，理当立之。"于是不听燕铁木儿等人的力劝，奉旨把妥懽帖睦尔迎至京师，1333 年农历六月妥懽帖睦尔即位，是为元顺帝，元顺帝即位后尊卜答失里为太皇太后，仍称制临朝。

妥懽帖睦尔是个极有心计的人，即位之初深自韬晦，下诏尊婶母卜答失里为太皇太后，可待他羽翼丰满后，就开始来对付卜答失里了，他下诏说："卜答失里本朕之婶，乃阴构奸臣，弗体朕意，僭膺太皇太后之号，迹其闺门之祸，离间骨肉，罪恶尤重，揆之大义，削去鸿名，徙东安州安置。"1338 年农历六月，元顺帝下诏去掉了卜答失里的尊号，把她年幼的儿子燕帖古思流放于高丽，并派月阔察儿把燕帖古思害死于中道，然后把卜答失里流放到了东安州。太后到了东安州，人地两生，满目凄凉，不久，便忧愤成疾，郁郁而死，年仅三十余岁。

在元廷的皇后之中，虽然卜答失里具有宫廷斗争的丰富经验和智慧，在元朝中后期帝位更迭的过程中发生过重要影响，但就因为这一念之差，彻底改变了她后半生的人生轨迹，并最终客死异地他乡，临终时含泪说道："我悔不该不听燕铁木儿的话，落得这种下场！"

迈来迪　元明宗和世㻋皇后

□ 档案：
姓　名：迈来迪
生卒年：1303~1321 年
籍　贯：蒙古罕禄鲁氏
婚　配：元明宗和世㻋
封　号：皇后
谥　号：贞裕徽圣

迈来迪，罕禄鲁氏，阿里术兀的孙女，帖木迭儿的女儿，她是元明宗的皇后，元顺帝妥懽帖睦尔的生母。1316 年，元明宗为周王时，纳迈来迪为夫人，1320 年生子妥懽帖睦尔，大概过了一年就死了，时年不及二十岁。1333 年，妥懽帖睦尔继位为顺帝，追谥生母迈来迪为"贞裕徽圣皇后"。

元明宗和世㻋是个不幸的皇帝，泰定帝去世后，留守大都的签枢密院事燕帖木儿原本要立身为元武宗长子的和世㻋为帝的，只是因为路途太远而改立他的弟弟图帖睦尔为帝，即元文宗，可这位元文宗自觉名不正而言不顺，非要和世㻋这位当哥哥的去过渡一下，也是和世㻋不懂这手腕，高高兴兴地去了，结果只当了几个月的短命皇帝就一命归天了。

金手镯　元

按当年和世㻋的父亲元武宗把帝位传给仁宗时双方的协定，仁宗要立和世㻋为皇太子，仁宗死后由和世㻋继承帝位。但仁宗在武宗死后的第五年，就背弃前约，把和世㻋贬到云南，后又赶往漠北，立他自己的儿子为太子。和世㻋被贬往边陲，在途经罕禄鲁部族所在地时，纳迈来迪为妃，带着她一起踏上了远去漠北的旅途。

延祐七年四月丙寅，迈来迪为元明宗生下了儿子即后来的元顺帝妥懽帖睦尔，不幸的是，迈来迪因生子而死。死时还不到二十岁，结束了短暂的一生。元顺帝即位后，加谥号为贞裕徽圣皇后。

八不沙　元明宗和世㻋皇后

□ 档案：

姓　名：乃马真八不沙
生卒年：1307~1330 年
籍　贯：不详
婚　配：元明宗和世㻋
封　号：皇后

乃马真八不沙，她是晋王甘麻拉的外孙女，母亲是寿宁公主。元明宗和世㻋的皇后。1316 年，元明宗为周王时，八不沙应召入周王邸，但因性情懦弱，不为和世㻋所宠爱。后来当迈来迪进入王府后，更加受到冷落。1326 年，生子懿璘质班（宁宗），当时八不沙年约二十岁。

天降皇位，明宗暴死

致和元年（1328 年）十月，上都的泰定帝势力终于在一场内战之后被消灭干净。天下既已太平，元文宗图帖睦尔便开始履行自己在即位诏书中的诺言。十一月，他派遣使者前往漠北迎接异母兄、周王和世㻋返都即位。对于弟弟如此谦让，周王和世㻋非常感激。于是他决定仿效父亲武宗当年的榜样，也来一个"兄终弟及、叔侄相继"，他将主动逊位的文宗图帖睦尔封为"皇太子"，确定为自己的皇位继承人。

天历二年（1329 年）正月，周王继位为元明宗，立八不沙为皇后。同年八月，明宗从漠北赴大都（北京），途径王忽察都时，他的弟弟图帖睦尔邀饮，宴会进行到第四天，一个令人震惊的消息从明宗的寝帐里传出：年仅二十九岁的明宗和世瑓暴崩了。至于明宗的死因，元文宗图帖睦尔嫌疑最大，但也不能排除明宗饮酒过量所致。

祸从口出，惹起杀机

元明宗死后，元文宗坐回了皇帝宝座，重登帝位的文宗册立自己的长妻卜答失里为皇后，又将明宗的遗孀八不沙皇后母子接入宫中赡养。表面上八不沙得到了文宗的礼遇，她在大天源延圣寺邀诸僧做佛事，超度明宗的亡灵，又请道士建醮于宝虚、天宝、太乙、万寿四宫，文宗为了填堵世人之口，一切均满足她的要求。

但是，八不沙认定丈夫之死与文宗有关，心怀怨恨，经常暗中流泪。对文宗皇后弘吉剌卜答失里，她也心中生厌。而按照蒙古习俗，弟有收兄寡妻的陋习，文宗也想纳八不沙为妃。因此，卜答失里虽与八不沙同住宫中，面子上似属通融，但心中互有芥蒂。

妯娌相处，就算是寻常人家也不是一件容易的事情，更何况卜答失里是当今皇后，八不沙是失势皇后。宫闱中的宫女太监们平时无事也要生点非出来，更何况现在有了一个倒霉的八不沙，正好用来讨好献媚主子，于是有个叫拜住的太监在遇见八不沙时，竟不请安，傲视而过。八不沙再是落拓，也轮不到受一个奴才的气，于是对拜住大加训斥。八不沙原本对丈夫的真实死因满怀疑窦，又痛恨弟媳妇对自己态度不恭，何况文宗复位后没有遵照当初的许诺册立明宗之子为太子，气愤中便把心中的积怨带了出来，这一下可叫拜住抓住了把柄，一溜烟地跑到卜答失里处大进谗言，说若不杀八不沙，恐怕留下一条祸根。

为消隐患，赐死宫中

卜答失里听了拜住的转述，决心彻底除掉这根肉中刺，于是便向文宗建议杀死八不沙。文宗开始下不了决心。拜住又向卜答失里献计，诬蔑八不沙勾结外廷大臣，谋立懿璘质班为太子，若心慈手软，将来要吃大亏的。文宗心中虽然同意，却不情愿亲自动手落人话柄，于是对卜答失里的话不置可否，只是叹息说："这事我自己哪里忍心处置呢！"文宗这个模棱两可的态度其实已经是一个暗示，卜答失里和拜住当然立即抓住了机会。

卜答失里遂拟好密旨，命拜住亲捧鸩酒，前去八不沙宫中。八不沙梳洗才毕，骤见拜住入内，令她跪读诏旨，只得遵命。当得知要赐她自尽时，八不沙不禁抚胸恸哭道："既杀我先皇，又要我死，我死必作厉鬼以索命。"说完即从拜住手中夺过鸩酒，一饮而尽，至顺元年（1330）四月，八不沙被赐毒酒自尽，时年约二十三岁。

算起来，八不沙仅仅在小叔子和弟媳妇当家做主的皇宫中生活了半年时间，而且刚好死在自己的亲生儿子与文宗的儿子先后被封王的时候，由此可见卜答失里谋杀八不沙的另一个潜在理由——为自己的儿子当上太子铲除障碍。

答纳失里　元顺帝妥帖懽睦尔皇后

□ 档案：

姓　名：答纳失里
生卒年：1320~1335 年
籍　贯：不详
婚　配：元顺帝妥懽帖睦尔
封　号：皇后

答纳失里，太平王燕铁木儿的女儿，元顺帝妥懽帖睦尔的皇后。妥懽帖睦尔是元明宗的长子，在元明宗遇害后，被相继贬至高丽和广西静江，元宁宗死后，皇太后卜答失里立他为帝，时年十三岁。妥懽帖睦尔登基称帝后，册立权臣燕贴木儿的女儿答纳失里为皇后，时年约十二岁。1335 年，答纳失里的哥哥塔剌海受牵连，逃入后宫，答纳失里皇后用衣柜把他藏起来，事发，被废去后位，逐出后宫，未几赐毒酒而死，时年约十六岁。

贪婪皇后，骄横后宫

答纳失里是在父亲燕贴木儿去世两个月的时候当上皇后的。尽管燕贴木儿已经去世，这个家族的势力还是不容小觑。就在答纳失里受封皇后的同时，她的叔父撒敦进为荣王、左丞相、开府仪同三司、上柱国，不但录军国重事，还食邑庐州。答纳失里的哥哥唐其势则子承父业，做了太平王，同时晋金紫光禄大夫，并成为总管高丽、女真、汉军万户府达鲁花赤。

元顺帝是按元文宗皇后卜答失里的意志，立答纳失里为皇后的。答纳失里为人贪婪骄横，完全不把皇帝丈夫放在眼里，当时徽政院使秃满迭儿进献了一名叫奇氏的女子，专门负责为元顺帝煮茶。奇氏号称高丽绝色美女，美貌惊人，元顺帝对其十分迷恋。答纳失里知道后，怒不可遏，召来奇氏，用鞭子将其打得遍体鳞伤。元顺帝虽然愤怒，却也无可奈何。

兄长政变，皇后惨死

元统三年，皇后叔父撒敦病逝了，右丞相伯颜成为事实上控制朝政的人。答纳失里的哥哥唐其势自出生以来就没有受过什么挫折，早习惯于为所欲为的生活，哪里肯有丝毫的忍让，就也想学他的父亲那样发动一次政变，政变的计划竟事先泄漏了风声，结果唐其势被杀，其弟逃入后宫，躲入妹妹答纳失里的衣柜中，结果也当场被杀。

当时答纳失里才十五岁，虽然骄横，毕竟也不过就是一个孩子，哪见过这种血腥场面！伯颜又命人拖走答纳失里，答纳失里惊慌失措，向丈夫元顺帝求助，元顺帝一言不发，当了三年小皇后的答纳失里随后被伯颜鸩杀。经此一役，燕贴木儿家族完全败亡，自此朝政全由右丞相伯颜把持。

伯颜忽都　元顺帝妥懽帖睦尔皇后

□ 档案：

姓　名：伯颜忽都
生卒年：1324~1365 年
籍　贯：蒙古弘吉剌部
婚　配：元顺帝妥懽帖睦尔
封　号：皇后

弘吉剌伯颜忽都，元顺帝第二任皇后，宣慈惠圣皇后真哥的侄子毓德王孛罗帖木儿之女。元统三年（1335 年），皇后答纳失里的兄弟谋反，皇后答纳失里也被毒死，至元三年（1337 年）三月，元顺帝册封伯颜忽都为皇后。

出身显赫，节俭大量

答纳失里皇后被毒死以后，少年皇帝需要再立一位新皇后，对于谁坐这张宝座，元顺帝的心里早有人选。但是他刚提出这层意思，就被权臣伯颜毫无还价余地地拒绝了，理由很简单：小皇帝心爱的女子，是一名来自高丽国的"贡女"，按照伯颜的思路，元顺帝必须按照成吉思汗定下"弘吉剌氏生女为后，生男尚公主"的规矩，册立一名出身显赫的弘吉剌氏为皇后，元顺帝没有办法，只好立了伯颜忽都为皇后。

伯颜忽都出身于显赫的氏族，是元武宗海山的皇后真哥的侄孙女，其父是毓德王孛罗帖木儿，与权臣伯颜没有任何关系，册后大典进行当日，天降大雨，新皇后还未来得及接受朝贺，典礼便草草收场了，这一年元顺帝年十六岁，伯颜忽都年仅十二岁。

伯颜忽都的性格与第一任皇后答纳失里完全不同，她性情节俭，而且宽宏大量，于是顺帝对她也很好，册立为皇后不久，伯颜忽都生下一个儿子，取名叫真金，可惜真金二岁就夭折了。

淡泊无争，平静一生

元顺帝让自己所喜欢的高丽国贡女奇氏居兴圣西宫，很少去皇后的东宫，奇氏生下一个儿子，取名叫爱猷识理达腊，更加赢得了顺帝的欢心，1340 年，元顺帝册立奇氏为第二皇后。

按照元朝的惯例，皇帝经常来往于上都和大都之间。有一次，伯颜忽都陪元顺帝往上都，中途暂时驻跸，元顺帝忽然想要去皇后的帐中过夜，派宦官前去传旨，伯颜忽都拒绝了，她说："暮夜时分不是皇帝出入往来的时候。"宦官来回传了三次旨，均被伯颜忽都拒绝了。这一次，伯颜忽都虽然放弃了一次亲近皇帝固宠求子的机会，但也得到了元顺帝的尊重。

奇氏生下儿子以后更是专宠后宫，正宫皇后伯颜忽都无形中被冷落了，连伯颜忽都身边的太监宫女都为她抱不平，而伯颜忽都却没有一句怨言。她每日只是端坐在自己所居住的坤德殿，从不随便出门，既不议论国家大事，也不管后宫的是非。1365年，伯颜忽都皇后驾崩，享年四十一岁。

奇氏看见她所遗留下的衣服破旧，大笑着说："正宫皇后，何至于穿这等衣服啊！"但奇氏的儿子皇太子爱猷识理达腊从冀宁回京，哭皇后却哭得非常悲痛。

完者忽都　元顺帝妥懽帖睦尔皇后

□ 档案：

姓　名：完者忽都
生卒年：不详
籍　贯：高丽
婚　配：元顺帝妥懽帖睦尔
封　号：兴圣宫皇后

完者忽都，奇氏，高丽人，她是元朝最后一任皇帝元顺帝的皇后，她原是高丽人奇子敖的女儿，出生于高丽幸州，以高丽贡女的身份被献于元廷，为皇后时，专权乱政，导致元朝灭亡，最后成为明朝的俘虏。

高丽贡女，帝情独钟

奇氏初入宫时，只是为顺帝沏茶的一个小宫女，由于她不仅长得美丽，还十分乖巧伶俐，所以深得顺帝的宠爱。

奇氏在被选为贡女前，在高丽故乡就已有恋人叫朴不花，他对奇氏情深爱笃。奇氏被选为贡女后，朴不花为了能与情人相依相伴，他竟自愿做了宦官，随奇氏一起被贡入宫廷。这证明奇氏确实与其他宫婢不同，她不但早知情爱滋味，而且对异性也有相当的魅力。元顺帝能在相当长的一段时间里对她情有独钟，也就不足为奇了。

奇氏号称高丽绝色美女，美貌惊人，元顺帝对其十分迷恋。皇后答纳失里知道后，怒不可遏，召来奇氏，用鞭子将其打得遍体鳞伤。元顺帝虽然愤怒，却也无可奈何。这样的状况下，元顺帝对答纳失里这位皇后自然没有什么感情可言。1335年，答纳失里的哥哥唐其势发动政变被杀，而答纳失里也因此事件被权臣伯颜毒死。

封后受阻，宠居西宫

答纳失里皇后被毒死以后，元顺帝本想立奇氏为后，可是被权臣伯颜拒绝了，理由很简单：奇氏出身卑微，只是一名来自高丽国的"贡女"。元顺帝没有办法，只好立了弘吉剌伯颜忽都为皇后。

奇氏虽然没有被立为皇后，但元顺帝对她宠爱有加，将她安排在西宫中，几乎从来不到皇后伯颜忽都的东宫去，不久奇氏为元顺帝生下了一个儿子，取名叫爱猷识理达腊，这是元顺帝唯一活下来的一个儿子，从此奇氏就更为受宠了。

飞上枝头，干涉朝政

1340年，丞相伯颜病死，于是嬖臣沙剌班为了讨取奇氏的欢心，引先代皇后曾有数人的祖制，奏请顺帝立奇氏为第二皇后。此举正中顺帝下怀，沙剌班的上奏引来了很多大臣的反对，多数人都认为尊卑有别，何况一介高丽贡女，无论如何也不能封为皇后，这话当然进不了元顺帝的耳朵，奇氏终于还是当上了第二皇后。奇氏为第二皇后，居兴圣宫，上尊号为：兴圣宫皇后。1353年6月，奇氏所生的儿子爱猷识理达腊被册立为皇太子。

奇氏便被扶为正宫皇后，她心机很深，特意在自己的母国高丽选取大量美女，送给朝中的重臣，以此来笼络人心，培植了一大批自己的势力。奇氏首先想到的自己人，就是旧日情侣朴不花。她将朴不花召到自己的宫中，并将自己名下财产集中的资正院也交给朴不花管理，任命他为资正院使，也就是皇后的财务总管，又让他做了荣禄大夫，很多事情都由朴不花出面办理。

元顺帝少年时也曾经是一个善良单纯的人，但随着时间的推移，他逐渐变成一个精于权术、沉湎于玩嬉淫戏的帝王。身为皇后的奇氏开始不满意丈夫所作所为，希望丈夫退位，由自己的儿子爱猷识理达腊继位，朝臣也分化为两派，两派几乎势均力敌，矛盾急剧尖锐，明争暗斗的内讧造成朝纲混乱。

元朝灭亡，后妃被掳

随着农民起义此伏彼起，1368年明太祖建立了明朝，建元洪武。明太祖派征虏大将军徐达，副将军常遇春，率师二十五万北上灭元，元朝仍旧内部纷争不息，顺帝只好集合后妃、皇太子、皇太子妃，半夜北逃上都开平，元朝至此灭亡。

元顺帝被赶出了中原，逃回了发源地蒙古老家，1370年元顺帝病故，朱元璋出兵蒙古，元顺帝的后妃被俘，只有元顺帝的太子爱猷识理达腊率十余骑逃脱。

 # 明朝

马秀英　明太祖朱元璋皇后

□ **档案：**

姓　　名：马秀英
生卒年：1332~1382 年
籍　　贯：安徽宿州
婚　　配：明太祖朱元璋
封　　号：皇后
谥　　号：孝慈贞化哲顺仁徽成天育圣至德高

马秀英，幼年丧母，十二岁时被红巾军首领郭子兴收为义女。当时，朱元璋是郭子兴的下属，二十一岁的时候，马秀英嫁给了朱元璋，她虽生在乱世，却颇具胆识，在危境中，帮助朱元璋成就大业，与他共同度过了十五年患难与共的征战生涯。

患难与共，伉俪情深

马秀英的祖上曾是当地富豪，她刚生下不久，母亲就去世了。因为家中没有其他的孩子，父亲马公从小就把秀英视为掌上明珠。秀英自幼聪明，能诗会画，尤其对历史特别感兴趣，性格也很倔强。按当时习俗，妇女都要缠足，而她坚决不缠，于是大家给她取了个外号，叫"马大脚"。

秀英的父亲马公因为杀人避仇，逃亡他乡，临行时将爱女秀英托付给生死之交郭子兴，郭子兴夫妇对她更是视同己出，义父教她识字，义母则手把手教她针黹刺绣。十几岁的秀英聪明无比，什么事情都是一学就会。

眼看着已经年近二十的秀英，出落得一副上好身材，模样端庄，神情秀越，还有一种温婉的态度，无论何等急事，她总举止从容，并没有疾言厉色，所以郭子兴夫妇很是钟爱，一直想给她找一个好夫婿，使她终身有托，也不负老朋友的遗愿。

1344 年，烈日如火，大旱不收，蝗虫遍野，瘟疫死人无数。朱元璋的父母和哥哥，都在此时相继死去。这时，走投无路的朱元璋便想起了儿时常去村旁玩耍的皇觉寺，于是投奔寺中当了和尚。然而，寺庙的日子也不好过，无奈只好挎起小包，手拿木鱼和瓦钵，和几个化缘讨饭的和尚离开寺庙，过起了乞讨流浪生活。这种生活一过就是三年，受尽了人间的风霜之苦。

元朝末年，郭子兴在濠州起兵反抗当时政府的黑暗统治。这时，朱元璋投军，他作战英勇，每战必胜，深得郭子兴夫妇的器重，于是，郭子兴夫妇决定将秀英许配给朱元璋。二人相见后，志同道合，感情愈加深厚。婚后，秀英随朱元璋南征北战，同舟共济，成了朱元璋的

错金龙纹铜盆　明

得力助手。随着朱元璋逐渐被郭子兴重用，很快在红巾军中崭露头角，周围人的嫉妒和排挤也接踵而至，每当关键时刻，马秀英都会全力维护，这大大地巩固了丈夫的地位。

由于郭子兴性情暴躁，气度狭小，常常听信谗言，曾多次猜疑朱元璋，在别人挑拨下还把朱元璋关了起来，不给饮食。马秀英不忍心看到他挨饿，偷出刚出炉的热饼，揣在怀里给朱元璋送去，以致烫伤了胸前的肉，以这样的方法，朱元璋得以温饱，但是她自己却时常不得温饱。

1355年，郭子兴病死，他的旧部都由朱元璋接管指挥，这时，马秀英怀孕了。

当时，战事十分紧张，军队生活极其困难，朱元璋以身作则，与战士同甘共苦。马秀英没有抱怨，她深深地理解丈夫，宁愿自己忍饥挨饿，也要保证战士们吃饱。在她即将临产时，仍然率全军的妻妾随军渡江。不久，在随从文吏陈迪安的家里，产下了后来的太子朱标。后来，又生下朱樉、朱枫、朱棣和宁国公主、安庆公主等子女。

在朱元璋领兵征战的年代，她还亲手为将士缝衣做鞋。一次，与朱元璋敌对的陈友谅大兵临城，不少官员百姓准备逃难。在人心慌乱的紧急关头，马秀英镇定如常，拿家中的金帛犒劳士兵，稳定了军心，为朱元璋获得胜利起了重要作用。

据记载，朱元璋与陈友谅对垒时，被对方追击，马秀英背着儿子逃跑，朱标把这个事情绘成了画像，放在怀中。后来朱标与乃父政见不合，朱元璋追打他，他故意把图像遗落在地，朱元璋见到，痛哭了一场，也不打儿子了。这个记载未必是真实的，不过马氏不像当时的其他妇女缠足，背儿子逃跑是很有可能的。

在朱元璋创建帝业的过程中，马秀英还亲自掌管一切军状文书，就连朱元璋随手写下的札记、备忘录，她都保管得井井有条。

直到朱元璋一统天下做了皇帝，仍然时时向群臣称赞自己的妻子，说她与自己"起自微寒，忧勤相济"，每次讲到动情处，他按捺不住将妻子比作唐太宗之妻千古贤后长孙氏。对于丈夫的赞美，马皇后说："夫妻之间相互体贴相互保护，陛下不忘记一起贫贱的日子，何况我怎么敢与长孙氏相提并论啊！"

母仪天下，慈德昭彰

1368年，朱元璋在应天（今江苏南京）正式登上皇帝宝座，国号大明，马秀英被册封为皇后，时年三十六岁。从此，她以皇后之尊关心政事，体恤人民，礼待臣下，与朱

元璋齐心协力巩固大明王朝。

马皇后关心人民，体贴嫔妃，保护百姓臣下，功德传于宫内外。一日闲谈，马皇后问朱元璋："老百姓都安居乐业了吗？"朱元璋说："这不是你所要问的。"马皇后说："陛下是天下之父，妾为天下之母，子女的安危，做父母的可以不问吗？"

马皇后非常地爱惜人才。一次朱元璋视察太学回来，马皇后问他太学有多少学生，朱元璋答有数千人。马皇后说："数千太学生，可谓人才济济。可是太学生虽有生活补贴，他们的妻子儿女靠什么生活呢？"当时有些太学生携带眷属在京，他们没有薪俸，无法养家，针对这种情况，马皇后征得朱元璋同意，征集了一笔钱粮，设置了20多个红仓，专门储粮供养太学生的妻子儿女，生徒颂德不已。此后，"月粮"成为明代学校的一项制度。

有一年元宵节，朱元璋化装外出，混杂在人群中观灯，见一灯上写着："女子肩并肩，乘风荡舟去，忽然少一人，却向岸边往。"谜底是"好双大脚"，朱元璋认为这是在讽刺马皇后，大发雷霆，要严惩"刁民"，如不查出具体人，全城百姓一律遭殃。马皇后闻后又进谏道："妾是大脚，自己不嫌，陛下不嫌，别人纵然是嫌，有什么相干呢？陛下不是说幸亏妾脚大，才能逃出死地吗？何况天子为民之父母，子女们随便说自己的父母，并没有伤害父母之心，做父母的怎能大怒不止，要置子女于死地呢？"一席话说得朱元璋怒火全消，遂收回成命，使百姓免去了一场灾害。

明初有个商人沈秀，是"资巨万千，田产遍吴下"的江南第一大财主，在修筑南京城墙时，初建的明王朝财力有限，沈秀提出要出三分之一的费用，又愿意出钱犒军。可惜沈财主偏偏遇上了朱元璋。这位出身赤贫的皇帝对于"富人"有一种近乎畸形的痛恨，听了汇报后立即借题发挥："一介平民竟敢来犒劳军队，莫名其妙！得要立即杀掉。"马皇后虽然明知丈夫是在胡扯，也只得顺情劝说："我听说法令只用于诛杀不法之徒，而不能用于诛杀不祥百姓。沈秀为不祥之民，自有上天降灾于他，您何必动用刑罚？"朱元璋这才悻悻然地改判沈秀，把他流放云南。

作为"国母"，马皇后时刻关心民间疾苦。1372年，发生了严重的春旱，秧苗不能入土，百姓心急如焚。马皇后为此也是焦急万分，命妃嫔公主与自己一道改吃青菜米饭，并让后宫节约衣食，准备迎度荒年。一天夜里，下了一场春雨，第二天，她亲自上朝庆贺，高兴地对朱元璋说："妾知陛下念虑之间全是爱民之心，连上天都被感动了啊。"朱元璋也兴奋地说："皇后能同心忧勤，真是天下百姓的福气啊！"

仁慈微谏，力阻皇帝

在朱元璋建立帝业的岁月里，马皇后一直与他患难与共，因此朱元璋把她封为皇后，对她一直非常尊重和感激，对她的建议也常常听取采纳。朱元璋性情暴烈残忍，为了能使朱家子孙日后能统治天下，他不断寻找借口屠戮功臣宿将。对此，马皇后总是婉言规劝，使朱元璋多少有所节制。

洪武十三年，宋濂因长孙宋慎陷入胡惟庸一案而获罪，朱元璋要处他极刑。宋濂是明朝开国"文学之首臣"，又是太子的师父，这时他已告老还乡，与胡党毫无牵涉。朱元璋要搞胡党扩大化，宋濂眼看要遭殃，马后及时出面救援，她说："老百姓请一位先生，还知道终生不忘尊师的礼节，再说他致仕回籍，京中的事必定不知道，可别冤枉了他。"但是朱元璋一心惩办胡党，不听马后的劝告。一次马后陪丈夫吃饭，她不喝酒，也不吃肉，朱元璋问为什么不吃不饮，她说："听说宋先生获罪，我为他祈福，希望他免祸。"听了这番话，朱元璋动了恻隐之心，饭也不吃了，第二天赦免了宋濂的死罪。

传说有一年朱元璋用"福"字做暗记，准备杀人。马皇后就令全城大小人家必须在天亮前在自家门上贴上一个"福"字。其中有户人家不识字，竟把"福"字贴倒了。第二天，皇帝派人上街查看，得知每家都贴了"福"了，其中还有一家是倒贴的。皇帝大怒，下令把那家满门抄斩。马皇后忙解释道："百姓们知道您今日来访，意为福到，故把福倒贴不是吗？"皇帝一听有道理，便下令放人，一场大祸终于消除了。

朱元璋下令犯罪的囚徒筑城，马皇后认为犯人已经疲惫不堪，若再服苦役只怕不免丧命。朱元璋听从了劝告，便赦免了众犯人。

后宫楷模，宽厚典范

马皇后成为正宫皇后后，勤于内治。在对后宫的管理上，她经常借鉴宋朝的许多贤德皇后，并将其家法摘录下来，经常翻阅查看。有人说："宋朝的皇后太过仁厚了吧？"马皇后反问道："难道仁厚不好吗？与刻薄相比，总要好得多吧？"

马皇后对娘家人极为怀念，每当说到父母早逝就痛哭流涕，朱元璋也因关心她而及于外家，要为马皇后访察亲属，以便封赏。马皇后却拒绝访找，认为封外戚容易乱政，还是不找为好。实际上，马皇后娘家已经没有人了，朱元璋只好追封马公为徐王，郑媪为王夫人，在宿州为他们设立祠祭署，以邻居王姓主持奉祀的事。马皇后说："我家亲属中未曾见有可用人才，况且这样做也不合法。如果不是人才却授其官职，骄淫不法，恃宠致败，这不是我所期望的。"

马皇后克服了女人的嫉妒心，对于妃嫔宫人，如有因被皇帝宠爱而生下孩子的，她都非常厚待，并"命其入朝能以礼相待"。同时，马皇后一直保持过去的俭朴作风，平日穿洗过的旧衣服，破了也不忍丢弃。受元朝的察必皇后煮弓弦织帛衣的启发，她命人在后宫架起织布机，又捡起以往的手艺，亲自织些绸衣料、缎被面什么的，然后以皇家的名义赐给那些年纪大的孤寡老人。而其他料子，则裁成衣裳赐给王妃公主，让她们知道老百姓的不容易，并教导妃嫔不忘蚕桑的艰难。如遇灾年，她便带领宫人去体验民间疾苦，吃一些平民之食。

马皇后与身边的妃子、宫人相处得也非常和睦。马氏以皇后的身份，还要询问丈夫的饮食，宫女认为她不必这样做，她说这是在尽做妻子的责任，再是怕皇帝饮食有不中意处，怪罪下来，宫人担当不起，她好承受着。朱元璋脾气不是很好，在后宫，常看这个不顺眼，那个也不好。一次，朱元璋盛怒，要立即惩罚一个宫中下人，马皇后也假作发怒，下命令把那人捆绑起来，交给有司议罪。事后朱元璋问其原因，马皇后意味深长地说："赏罚分明才可以服众，作为治理天下的君主，怎么可能亲自处理每一个人，如果有犯法的就应当交给有关部门去问罪。皇帝不能因为自己的情绪而奖赏或惩罚，当陛下不高兴之时，一定会给予不公平的惩罚。把他们交给刑部，就能做出公正的判决了。陛下今后要定某人的罪，还是应该移交刑部的。"从这些事中可以看出，马皇后不仅要求丈夫不能因个人喜怒来处罚人，也体现了她对下人的关怀。

勤俭贤慈，以严为爱

马皇后虽身居深宫，但从未改变过勤俭本色，虽居高位，却仍极力保持节俭朴实的生活作风，总是严于律己，宽以待人。她常常告诫子孙，生长富贵，应该知道耕田种地的艰难。贵为皇后，她仍亲自带领公主、嫔妃刺绣和纺织。她自己也是以身作则，穿的都是粗丝织的衣服，而且洗了再穿，穿了又洗。平时，宫里缝制衣服，她把剩下的边边角角都拾起来，拼成被褥，供严冬御寒。织工治丝的一些次等绢帛，她都赏赐给王妃和公主们，并严肃地对她们说："虽然是次等绢帛，在民间仍然难得，赐给你们，使你们知道民间的疾苦，蚕桑之不易。"

在饮食方面，马皇后从不特别讲究，一律是粗茶淡饭。每到荒年，就和后妃们以素食为主。她安排丈夫的生活，也同样以俭朴为原则。由于马皇后的影响和规劝，加上朱元璋也是布衣起家，明代开国初年，一切建筑设备都不许过分奢华，凡是雕刻之物，一律禁用。

作为母亲，她非常重视对子女的教育，朱元璋共有二十六个儿子，十六个女儿，这些皇子和公主的教育大都由马皇后亲自负责。尤其是自己亲生的几个儿子，马皇后对他们管教极严。

一次，皇子的老师李希颜因小孩调皮不听话，用笔管戳伤了他的额角。小皇子哭着到朱元璋那里告状，朱元璋大怒，马皇后急忙在一旁劝解道："李先生以圣人之道教训吾儿，有何过错？制锦的人受剪刀之伤，能责怪他的师父吗？"朱元璋听了以后觉得有道理，也就作罢。

马皇后的小儿子朱橚，平时放荡不羁，被封为周王。到开封赴任前，马皇后就让江贵妃随往，并将纴衣与御杖赐给了江贵妃，叮嘱她，如果朱橚为非作歹，就要按照刑罚处置。这样一来，朱橚在开封就收敛多了。

众人怀念，流芳青史

洪武十五年，马皇后卧病。八月，皇后的病情逐渐变重，而朱元璋的情绪也随着妻子的病情起伏不定，他对着各处召来的名医大发雷霆："如果救不了皇后，我就要你们的命！"

病榻上的马皇后听说了这个消息后劝说朱元璋："人生在世，生死有命，祷祀又有何用？至于医生，也救不了命将结的人，又何必为我而牵连这些医生呢？"此后马皇后拒绝服药，病情急转直下。马皇后临终时对丈夫说："希望陛下招纳贤士广信进谏，好好处理朝政。子子孙孙都这样下去，也是大臣和百姓所向往的。"

1382年，即洪武十五年，积劳成疾的马皇后在南京病故，终年五十岁。葬于钟山之阳，即朱元璋死后合葬的明孝陵。

对于患难与共的妻子如此撒手，朱元璋十分悲痛。临终前，她还嘱咐朱元璋一定要善待子民，求贤纳谏。在朱元璋心目中，世上再没有其他女人配得上享有马秀英的地位。

对于后宫的女人孩子们来说，失去这样一位慈爱善良的皇后就更是无可挽回的损失，从此再没有人能够在易怒好杀的老皇帝面前保护她们，也再没有人能够那样真正发自内心地关爱她们了。宫人们作歌以寄托思念，用歌声表达对她的怀念。

马氏　明惠帝朱允炆皇后

□ 档案：

姓　名：马氏
生卒年：不详
籍　贯：不详
婚　配：明惠帝朱允炆
封　号：皇后

马氏，明朝建文帝朱允炆的皇后，光禄少卿马全的女儿。洪武二十八年，明太祖朱元璋亲册为皇太孙妃。朱允炆即位，册立为皇后。共生育有二子，长子皇太子朱文奎，润怀王朱文圭。

1368年，朱元璋按照立嫡的传统，立长子朱标为皇太子。不料，朱标还没有登基就去世了，由于朱标的长子早夭，于是年仅十岁的次子朱允炆被册立为皇太孙。

朱允炆到了大婚的年纪，经过层层筛选，马氏被册封为皇太孙妃，婚礼按"六礼"顺序进行，场面几乎同于皇帝册后一般隆重。当年，马氏就怀上了龙胎，并生下了龙子朱文奎。

早在明朝建国初期，朱元璋为了确保朱氏王朝的统治，开始大力封自己的儿子为王，分驻在全国各战略要地。然而，这一做法却是自相矛盾的，朱元璋在立太子的同时，大力培植诸王的军事政治力量，使这些藩王变成了皇位的极大威胁。特别是朱元璋去世后，各藩王对王位的争夺越发地激烈。

1398年，朱允炆即位，年号建文。他登基之后，意识到了太祖做法的弊端，便实行"削藩"政策，全力废除诸王，数月间，撤免了周、湘、齐、代、岷五个亲王的藩王爵位，贬为庶人。在众藩王中，燕王朱棣不甘示弱，"智勇有大略"，起兵反抗，经过三年的恶战，朱棣终于攻陷了南京。

建文帝在宫中举火，当时宫中焰火四起，火光冲天，马后不堪被俘受辱，跳入火中自焚，偌大的皇宫烧死的人不计其数。朱棣入宫后，开始清宫搜捕建文帝和皇后。因烧死的人数众多，根本无法确认，就只好胡乱抬出两具，由朱棣按照帝、后礼节安葬，至于安葬地的所在，无人知晓，也没有追赠庙谥号。最可怜的是马氏的两个儿子，皇太子朱文奎当时只有七岁，也随他俩葬身火海，而两岁的小儿子朱文圭落在了朱棣手中，后被幽禁于中都广安宫，称为"建庶人"。

1457 年，英宗复辟后，突然大发恻隐之心，下令释放"建庶人"，拨给朱文圭宦官二十人，宫女十余人，婚娶出入自由，妥善安置在凤阳。

徐妙云　明成祖朱棣皇后

□ 档案：

姓　　名：徐妙云
生卒年：1362~1407 年
籍　　贯：濠州（今安徽凤阳）
婚　　配：明成祖朱棣
封　　号：皇后
谥　　号：仁孝慈懿诚明庄献配天齐圣文

徐妙云，濠州人，父亲徐达为太祖夺取政权立下过汗马功劳，被太祖封为魏国公，官至右丞相，位列开国功臣之首。徐氏美丽与聪慧并存，人称"女诸生"，她为朱棣成功夺位立下了很大的功劳。

良缘天配，为燕王妃

徐氏生于元朝至正年间，闺名徐妙云，是明朝开国功臣徐达的长女。徐氏自幼文静，爱好读书，所学皆过目不忘，父亲给她讲的历史人物，她都能详确复述。由于父亲的书桌上经常摆放兵书战策，徐氏经常浏览，因此对行兵布阵之法也颇为在行，人称"女诸生"。徐家出了个才女，这个消息不胫而走，朱元璋听说后，亲自召见徐达，满脸亲切地说："朕与卿布衣之交，患难与共二十年。自古以来，相处较好的君臣往往互相结为亲家，听说卿的长女贤淑，与朕的四子朱棣正好相配，卿看如何？"徐达一听，能够和皇室攀亲，这可是求之不得的事情，顿时心花怒放，当即"顿首谢"，应允了这桩婚事。

1376 年，十五岁的徐氏嫁给了十七岁的燕王朱棣。大婚当天，徐氏头戴九翚四凤冠，身着青质九翟衣，在隆重的典礼之后成为燕王妃。朱棣"姿貌秀杰，目重瞳子，龙行虎步，声若洪钟"，徐氏一见他，不由得心生爱意。

婚后，徐妃不仅关心体贴丈夫，对公婆更是敬重，谨慎侍奉，令燕王十分满意，婆母马皇后也格外喜爱，常常在公众场合称赞她是朱家的好媳妇。徐妃在马皇后身边生活了四年，马后的言传身教使她深深懂得如何去做一个称职的后妃。

1381 年，即洪武十四年三月，根据朱元璋的安排，朱棣被封为藩王，要到他的封地北平（今北京）就藩，徐妃也辞别了马皇后，随丈夫离开了南京。

《皇都积胜图》之承天门

《皇都积胜图》绘于明朝，重现了北京城的繁华面貌，包括正阳门、棋盘街、大明门、承天门、皇宫等范围。图中所见是承天门内外的商业活动，摆摊的小贩成行成市，热闹非凡。

助夫立业，位居中宫

1392 年，太子朱标去世，年仅十岁的皇长孙朱允炆顺理成章地成为皇位的合法继承人。六年后，朱元璋去世，遗诏令朱允炆继位，改年号为建文。

朱允炆登基后，开始大力削藩，来捍卫自己的皇位。当时，建文帝的王叔们拥兵自重，其中，最有实力的就是燕王朱棣。在不到一年的时间里，建文帝在大臣齐泰、黄子澄的协助下，将实力较弱的周王、岷王、湘王、齐王和代王都削除了。之后，朱允炆积蓄力量，准备对驻守在北平的燕王朱棣下手。

1399 年，建文帝密令官员逮捕燕王府的官属。朱棣早已有所防备，得知消息后，先下手为强，在北平起兵反叛，发动"靖难之役"，号称"清君侧"，讨伐建文帝身边的齐泰和黄子澄等人。得知这一消息，建文皇帝派李景隆带领朝廷军直扑空虚的北平而来，朝廷军在北平城下发起了一次又一次的进攻。当时，朝廷军有十多万人，而北平城内连老幼孱弱都算上也不及一万，面对敌众我寡的危险局势，徐妃与留守北平的长子朱高炽及守城将官一起谋划，沉着冷静地部署起了守城各项事务。

面对兵临城下的强敌，徐氏先是冷静地在宫中告诉儿子如何应变，交代完后，她来到了前线，号召全体守城将士誓死守城，等待燕王回师。同时，徐氏发动城中将领及士民妻子登城作战，每人发给一副盔甲，城中妇女在徐氏激励下，抛石块、掷瓦砾，徐氏本人更是亲自登城督战。时值农历十月，徐氏命令众人向城墙及城下兵将泼水，寒天地冻之中很快结冰，增加了攻城的难度。李景隆措手不及，望城兴叹。在徐王妃的指挥下，北平守军坚持到了燕王朱棣成功收编宁王军队，回师救援的时候。

这场守城之战，徐氏表现出的智谋胆略，在历代皇后中是极为罕见的，作为一代开国勋臣的女儿，她血液中流淌的机智与英勇被彻底唤醒了。建文四年六月十三日，历时整整三年的"靖难之役"终于结束，明王朝的京城南京被燕王军攻陷。皇宫里燃起了熊熊大火，在火光中，建文帝不知所踪。

1402年，燕王攻占京师，夺取了皇位。徐氏也随之离开了生活二十一年之久的北平，回到南京。同年十一月，徐妃被册封为皇后，这时她已经四十岁，皇族内部残酷的权力战争已经让她积累了丰富的政治经验。

理政之才，国之贤后

明朝建立之初，太祖鉴于前代后妃干政的历史教训，规定宫外之事，皇后一概不准干预。事实上，要做一个母仪天下的皇后，不可能完全置宫外之事于不顾，徐后是一个善于发挥主观能动性的女人，她在一如既往关心成祖饮食起居、管理好后宫的同时，也密切关注着朝政，她的一些想法和做法对丈夫产生了积极的影响。

朱棣即位之后，做的第一件事就是清除朝廷中反对自己的人。徐后读过许多史书，深知治国之道：一在关心百姓的疾苦，二在培养爱护国家人才。她提醒成祖说："南北之间，连年战争，兵民疲惫不堪，为政应当宽俭，务必要使百姓得以休养生息。"接着，她建议成祖爱护人才，说："人才难得。从前伊尹辅佐商汤，姜尚辅佐周武王，这些都是杰出的人才。今日的贤才都是太祖高皇帝培养造就出来的，望陛下在选拔任用时，不要分什么新旧，要一视同仁，一体擢用。"在如何选拔地方长官方面，徐后也有建议，她说："地方长官贤明与否，关系着一个地方的民生安危，不能仅仅循资历来选拔地方官，对于那些才能突出的人才要破格使用，而那些才能一般的人，也要根据他们的资格来使用，这两种选拔方法同时使用，必然会取得较好效果。"她还告诫成祖要不惜钱财培养人才。徐后在政治上显示出的卓越见识，令成祖十分欣赏，因而，她所提的建议多被采纳。

徐后不仅在治国方面颇有见识，而且对如何当好贤内助也很有见地。徐后在自己做好成祖贤内助的同时，也在想办法帮助那些天子近臣的妻子们做好丈夫的后盾。

徐后看到明成祖操劳国务很是辛苦，十分心疼。一次，见丈夫下朝回宫，徐后便问："陛下经常和谁一起商讨国家大事呢？"成祖答道："六卿理政务，翰林职论思。"于是，她请示成祖批准她召见六卿、翰林这些国家最重要的官员们的妻子。在表示了对她们的敬意，赐给她们衣服、钱钞后，徐后说："做妻子的，侍奉丈夫，不能仅注意饮食起居，还要在事业上有所帮助。朋友之间，有些话可听可不听，夫妻之间说什么就容易接受。我在宫中日夜侍奉皇上，经常和皇上谈论如何以民生为念，让百姓安居乐业，我的不少建议都为皇上采纳，希望你们也能这样关心支持丈夫们的工作。"这些大臣们的妻子都非常感动，下决心要做丈夫的好后勤。

后来，徐氏又召见了内阁大臣解缙、黄淮、胡广、杨荣等人的妻子，召见仪式在柔仪殿举行。召见时，徐后对内阁大臣的妻子们表示了亲切的慰问，赐给她们礼物，要求她们体谅丈夫，因为她们的丈夫作为皇帝的秘书和顾问，政务非常繁忙，工作十分辛苦，因此要好好服侍他们，使他们没有后顾之忧，一心一意地为朝廷尽忠尽职。内阁大臣和他们的妻子们非常感激成祖及皇后的恩典，皇恩如此浩荡，他们自然更加卖力为成祖效劳了。自此之后，朝廷内外办事效率明显提高，这不能不说是徐后的功劳。

温和仁慈，子之良母

徐皇后为朱棣生有三个儿子，分别为长子朱高炽、次子朱高煦和三子朱高燧。在对待子女的教育上，徐后因人施教。长子高炽，自幼体弱多病，性情温和，沉静好文，为人宽厚，徐后深知其秉性，为了让他将来担当起治理国家的重任，徐皇后从小就注意培养他处事果断，大智大勇的能力，并经常教育他要体恤百姓，待人宽厚。

按明制，立嫡为太子，朱高炽顺理成章地被册为燕世子。

朱高炽的性格和他的父亲正好相反，朱棣本性刚毅，不喜欢被礼法拘束，所以他并不喜欢这个世子，总想废长立幼，改立二子高煦。

知子莫若母，徐后认为高煦以后必是暴君，因而主张立高炽为太子，曾屡次向朱棣进言，指出高煦和高燧的性格不好，不但不能重用，还要为他们选择敢于监督劝诫的僚臣。

在徐后的教导下，高炽很通爱民之道。太祖朱元璋健在的时候，曾命他与秦王、晋王、周王等四世子分别检阅皇城卫卒，其他三人很快便检阅完成，回来交令，唯独不见高炽。等他回来后，朱元璋问他："你为什么回来这么晚？"高炽答道："早晨天气寒冷，卫卒们正在吃饭，我等他们吃完饭才检阅。"朱元璋听后非常高兴，就故意问他："古代尧、汤的时候，如果发生水旱灾害，百姓们靠什么生活呢？"朱高炽毫不犹豫地答说："靠的是圣人恤民之政。"朱元璋不由得对他另眼相看。另外，徐后还教给了高炽一些带兵打仗的常识，北平保卫战也有他的功劳。

1404年，朱高炽被正式册为皇太子，即以后的仁宗。

对另外两个儿子，徐皇后也是极为关心体贴。他们的性情比较暴躁，专横，徐后就教育他们要顾大局，兄弟之间要互相照顾，不能任意胡为。正是因为徐后的教导，他们虽然有不臣之心，但在母亲在世时，始终也没有敢胡作非为。

德才兼具，遗作传世

朱棣称帝的第一年，即永乐元年，一部《梦感佛说第一希有大功德经》颁行天下，这部经书的序言正是徐皇后撰写的。

当时，明朝教育制度和机构已经比较完备了，但是绝大多数都是男子学校，女子可读的书很少。为此，徐皇后决定编一部适于女子读的书，于是著成了《内训》二十篇，内训的一开篇便提出了对待子孙的教育要宽严适度，指出"本之以慈爱，临之以严恪。慈爱不至于姑息，严恪不至于伤恩"，并把自己对子孙教育的经验也写在了书里。另外，她还派人广泛搜集古人的佳言善行，集成一个集子，命名为《劝善书》。这些文字旨在推行针对女性的教育，并倡导修德劝善，在一定程度上，为朱棣赢取了民心。

1407年，即永乐五年，只做了四年皇后的徐氏辞世。临终前，她最后一次劝谏朱棣，希望他爱惜百姓，广求贤才，恩礼宗室。另外，不要娇惯自己的娘家。她还叮嘱太子朱高炽说："我一直惦记着当年在'靖难之役'初起时，为守住北平城而应命作战的将士妻子，感念她们的功劳和付出的伤亡。想要趁着皇帝日后北巡的机会，亲自向她们以及她们的家人赠予嘉奖抚恤。只可惜我再也无法完成这个夙愿，这是我此生唯一的恨事。"

徐后的离世，朱棣十分悲恸，赐谥号曰"仁孝"，并决定从此不再立后。同年，他在昌平天寿山营建自己的陵寝。四年后长陵落成，徐皇后安葬在了里面。十五年后，壮心未已的朱棣病逝于征漠北的途中，享年六十五岁，与徐皇后合葬长陵。

张氏　明仁宗朱高炽皇后

□ **档案：**

姓　名：张氏
生卒年：？~1442 年
籍　贯：永城（今河南永城）
婚　配：明仁宗朱高炽
封　号：皇后
谥　号：诚孝恭肃明德弘仁顺天启圣昭

张氏，明仁宗朱高炽的原配，指挥使赠彭城侯张麒的女儿。洪武二十八年，封燕王世子妃。仁宗即位，册立为皇后。宣宗即位，尊为皇太后。英宗即位，尊为太皇太后。

平凡女子，不凡一生

张氏出生于一个普通的官宦家庭，父亲是兵马副指挥，有三个哥哥和两个妹妹，在一个充满欢乐的大家庭中长大。张氏自幼聪颖贤惠，性格开朗，长大后举止端庄，待人和蔼，深受周围人的尊敬和喜爱。

1387 年，即洪武二十年，张氏被选为燕王世子妃，当时朱高炽和张氏都刚刚满十八岁。张氏入宫后，在宫中谨慎行走，言语得体，深得成祖和徐皇后的喜爱。

1398 年，张氏生下了第一个儿子朱瞻基，即后来的明宣宗。据说，在朱瞻基出生前，皇祖父朱棣梦见太祖朱元璋，给了他一个大圭，上面刻着"传之子孙，永世其昌"八个字。朱棣醒来以后，听说张妃生了一个孙儿，联想到自己晚上做的梦，认为是一个吉祥的征兆，小孙儿刚刚满月，成祖朱棣迫不及待地过来看孙儿。这一看，成祖不由得喜出望外，认为"孙儿英气溢面，正符合我梦中所见"。此后，把小瞻基当成了掌上明珠，爱护有加。到了考虑该由哪个皇子继承皇位时，按祖制，应该立嫡为太子，但是成祖却偏爱二子朱高煦的才干，一时也拿不定主意。于是，秘密召见阁臣解缙，问他有何高见，解缙说："皇长子朱高炽仁孝，一定会使天下归心的。"成祖听后沉默不语，解缙又自言自语地说了句："好一个圣贤的孙子啊！"成祖听后，一想到自己的爱孙，马上就决定立朱高炽为皇太子，封朱高煦为汉王。

张氏在生下了长子朱瞻基后，又生下四子一女。直到仁宗朱高炽即位，她被封为皇后。仁宗去世后，张氏又先后辅佐了宣宗和英宗二帝，为巩固皇权，保持政策连贯，发展国家经济做出了巨大的贡献。

辅佐幼帝，"女中尧舜"

1424 年，成祖驾崩，太子朱高炽即位，是为仁宗。册立张氏为皇后，长子朱瞻基为太子。仁宗在位时，勤于国政，信任内阁，重用能臣"三杨"（杨溥、杨荣和杨士奇），大有开创"太平盛世"之势。但仁宗在位仅十个月就一病不起而离世，终年四十八岁。朱瞻基即位，是为宣宗，尊张氏为皇太后。

宣宗年轻，即位之初，每当遇到重大的军政要事，总不忘向母亲禀报。张太后提出的意见通常都很中肯，她仿效太祖马皇后，恪守马皇后所定规制，参政而不乱政，有权绝不弄权，整顿机构，裁减冗员，重才纳贤，同心辅政，母子之间关系十分融洽。在张太后的辅佐下，社会大有进步，阶级矛盾有所缓解，当时国泰民安，一派盛世景象，与仁宗时期并称为"仁宣之治"。

1435 年，宣宗在位的第十个年头，因遭疾病袭击，不幸英年早逝。朝臣们都十分悲痛，一边料理宣宗的后事，一边期待着新君临位。张太后令太子朱祁镇即位，是为英宗。因为皇帝只有九岁，宣宗弥留之际，遗诏国家政务必须禀报张太后，于是，朝臣们就联合奏请张太后垂帘听政。但是，张太后义正词严地拒绝了，她说："我不能坏了祖宗的规矩。"此后，朝臣们更加敬重张太后的人品。鉴于皇帝年幼，张太后下令将奏疏都交由内阁，由"三杨"决议，然后施行。而自己却全身心地培养英宗，敦促他读书写字，要自小养成勤政之风。

张氏作为一个平凡的女子，不仅具有母仪天下的风范，相夫教子，管理后宫，还能极力支持和辅佐丈夫、儿子、孙子建功立业，治理国家，后人对其评价为"女中尧舜"，这也正是她一生真实的写照。

正直仁慈，忧国忧民

1417 年，即永乐十五年，成祖降旨给心爱的皇孙朱瞻基选妃，结果选中了济宁百户胡善祖的第三个女儿胡氏，册封她为皇太孙妃。宣宗即位后，册立胡氏为皇后。胡氏贞静端淑，但身体病弱，未能生育，为宣宗所冷落。当时，宠妃孙氏虽然也没有生下皇子，但是饶有美色，深受宣宗的喜爱。宣德二年，孙贵妃生下了朱祁镇，宣宗更立皇后的想法变得更加强烈。最后，胡皇后还是被废掉了。

胡皇后被废后，仿照宋仁宗废郭皇后为仙师的事例，号静慈仙师，退居长安宫。对于胡氏的无故被废，张太后十分同情，欣赏她的贤惠，因此经常将她召到清宁宫中，和自己一同居住。每当内廷设宴，她都命胡氏坐在孙皇后的上座，孙皇后经常因此快快不乐。直到张太后病逝，胡氏因悲伤过度，没过一年也去世了。

1428 年，即宣德三年，张太后和宣宗的皇后、嫔妃们一同畅游西苑。宣宗亲自扶着母亲走上万寿山，捧上美酒敬祝母亲万寿无疆。第二年，宣宗陪同母亲拜谒长陵、献陵。经过河桥时，宣宗下马，亲自挽扶太后的坐辇。看到道路两旁欢呼的人群，张太后意味深长地告诫宣宗，百姓能如此爱戴君主，是因为君主能够使他们过上安定的生活，所以国君一定要重视百姓的安危。返回京师的途中，张皇后走访当地的百姓，询问他们生活、生产情况，并赐予了他们一些钱钞。百姓献上的食物和水酒，张太后亲手递给宣宗，让他尝尝真正的农家风味，告诉他百姓的生活艰辛。

1442年，张太后重病在身，仍然不忘关心国家大事。她曾召内阁大臣到病榻前，询问朝中还有哪些急事要办。大臣杨士奇在榻前奏道："尚有三件急事待处。"当时，杨士奇第三件事还没有说出口，老太后就悄然地谢世了，葬于献陵。

胡善祥　明宣宗朱瞻基皇后

□ 档案：

姓　　名：胡善祥
生卒年：1400~1444年
籍　　贯：济宁（今山东济宁）
婚　　配：明宣宗朱瞻基
封　　号：皇后
谥　　号：恭让诚顺康穆静慈章

胡氏，全名胡善祥，父亲胡荣是锦衣卫百户。明成祖永乐二十二年，成祖驾崩，皇太子朱高炽继位，立朱瞻基为皇太子，胡善祥为太子妃。洪熙元年，仁宗病死，朱瞻基即位，是为明宣宗，胡氏又被册立为皇后。

偶然入皇宫

胡氏为人温柔贤惠，贞静端淑，出身于锦衣百户之家，也算得上是地方官宦之家的闺房淑女，小家碧玉。虽然胡氏自幼被父母宠爱，但是家规教养非常严格，凡事都必须遵规遵矩，出落得端庄大方。永乐十五年，皇太孙朱瞻基十九岁，明成祖下令为他选妃。在众多优秀的女子中选中了胡氏，明成祖永乐二十二年，胡氏被封为太子妃。待到宣宗继位后，即被封为皇后。

在胡氏进宫之前，有一个有趣的小故事，明成祖在为太孙选妃的时候，钦天监经过占卜，说是应在济河一带求得这个女子。于是，济宁人锦衣卫百户胡荣的三女儿胡善祥便被选中为皇太孙妃，所以，胡氏的进宫完全是一个偶然的机会。

一位生长在官宦家庭的普通女子，一步登天，嫁给了太子做起了太子妃，胡氏受宠若惊。她之前的生活与皇宫深院有着天壤之别，现实的差距让胡氏很长时间都没有适应过来，入宫后更是谨言慎行。

无辜被废后

虽然胡氏贵为皇后，但是朱瞻基真正喜欢的人却不是她，在宣宗的心里只有爱妃孙氏一个人。婚后九年，胡氏都没有为朱瞻基生下一个儿子，只生了一个女儿常德公主。

宣宗本来就想立爱妃孙氏为皇后，就以这一点为把柄，命令胡氏上表辞位。宣德三年，胡氏的皇后之位被无辜废掉，退居长安宫，成为明代有史以来的第一个废后。

宣宗的母亲张太后怜悯胡氏贤德，常召她来清宁宫居住。内廷每次宴会的时候，也经常召胡氏参加，并且位居孙皇后之上。

张太后的这份疼爱，给胡氏的内心增添了一份温暖。然而，在步步惊心的后宫里，胡氏落得如此结果也未必是件坏事。胡氏退居长安宫后，独自生活了多年，平静且安逸。英宗正统七年，张太后去世，胡氏十分悲伤，终因伤心过度，大病卧床不起，不过一年，也追随而去。

胡氏死后，仅以嫔妃礼安葬。英宗亲政后，正式下诏恢复胡氏皇后的号位，追谥她为"恭让诚顺康穆静慈章皇后"，并下诏为她专修陵寝。

恩怨情仇非人愿

在封建社会里，婚姻都是父母之命、媒妁之言，皇帝也不例外，明宣宗和胡氏成婚并不是明宣宗的意愿，宣宗是不得已而为之。他们成婚后，明宣宗并没有把她放在心中，常常话不投机，最重要的是宣宗中意的人只有孙贵妃。胡氏身体病弱，以未能生育皇子的理由被废，宣宗是不会为这个女人的命运感觉到愧疚的，贵为天子，本就拥有三宫六院的偌大后宫，何况是一个自己并不喜欢的女人。

胡氏是一个典型的忍辱负重的女人，和别的女人一样，只想好好地爱自己的丈夫，母仪天下，但是这样的时间都太短暂，还没有来得及做些什么，梦想就被丈夫无情地打破了，把她的生活搞得一片狼藉。从此，她看不到美好生活的半点希望，也就是她所理解的相夫教子的美好生活，终于，她解脱了，永远地离开了这个悲凉的世界。

孙氏 明宣宗朱瞻基皇后

☐ 档案：

姓　名： 孙氏
生卒年： 1402~1462 年
籍　贯： 邹平（今山东邹平）
婚　配： 明宣宗朱瞻基
封　号： 皇后
谥　号： 孝恭章

孙氏，十岁时入宫，由成孝后抚养，宣宗婚娶时被封为嫔，宣宗即位后被封为贵妃，十分受宠。宣德三年，册为皇后。英宗天顺六年，在皇太后位上坐了二十八年的孙氏病死。

山窝里飞出金凤凰

孙氏出身低微，祖先都是农民，父亲孙忠花钱买了个鸿胪序班的小官，后来，出任永城县主簿。据说，孙氏的母亲去田里干活时，将她生在田地的田头上，当时有几万只乌鸦围住她，噪叫不停。孙氏小的时候，长得如花似玉，并以聪明伶俐而闻名城内外。一次，宣宗朱瞻基的外祖母彭城伯夫人回娘家永城时，偶然见到一个小女孩在路边玩耍，十分中意，当时彭城伯夫人正在为朱瞻基物色合适的嫔妃，和孙氏的母亲商量后，便把十岁的孙氏带入宫中抚养。张氏和明成祖都十分喜欢年幼的孙氏，小女孩在宫中十分受宠，过起了无忧无虑的生活。就这样，孙氏和朱瞻基一起长大，两人情愫渐生，难离难弃，感情相当好。

骄纵成性，获金宝金册

1417年，明成祖为孙儿选妃，对济宁女子胡氏十分中意，便册为太孙正室，而孙氏只能做了妃子。1425年，明仁宗病死，皇太子朱瞻基即位，是为宣宗。在妻妾之间，他最喜欢孙氏，二人两小无猜，宣宗一心想册封她为皇后，但胡皇后是成祖所立，母亲也十分喜欢。无奈，胡氏的皇后地位不可动摇，他只好封孙氏为贵妃。在宫中，孙氏的地位同皇后不相上下，尊贵无比。宣宗心里也只有青梅竹马的孙氏，对她百般宠爱。

孙氏长大后，妖娆聪慧，工于心计，善于博取他人欢心。在成祖、仁宗去世后，孙氏渐渐意识到，虽然宣宗是大权在握的皇帝，但军国大政仍要禀报张太后，皇帝没有实权定会惹朝中大臣非议，宣宗心里肯定也是不情愿，情理不容。于是，她也开始大胆地公开争取自己的地位，不再把心思深藏，采取了切实的措施。

在一个花好月圆的夜晚，孙贵妃向宣宗撒娇，提出一个要求，要宣宗赐她一枚金宝，改封号为"皇贵妃"。这一要求是有违封建社会礼制的，宣宗感到十分为难，但一看孙贵妃那千娇百媚的姿容，便立刻决定为她破例一次。此后，宣宗到清宁宫中去请示太后，张太后起先坚决不肯，但还是架不住儿子的多次请求，也只好答应。宣德元年五月，宣宗下诏封孙贵妃为皇贵妃，赐她金宝。这样，孙贵妃和皇后一样，都拥有金宝金册，称呼中都有一个"皇"，孙氏离皇后的位置又近了一步，她成为明朝第一位得到金册金宝的皇贵妃。

盗子成名，梦想成真

孙氏得到金册金宝以后，虽然取得了和皇后几乎同等的地位，但是看一看拥有的这些，孙氏的心里并没有得到真正的满足。每次看到胡皇后，孙氏都很不服气，不禁在心里做一番比较，自己不仅比胡氏长得漂亮，为人处世也比她灵活，自己又是皇帝外婆和母亲亲自选中的，况且已经在宫中生活了多年，熟知宫中的情况和宫礼宫规，而胡皇后的出身也不比自己高多少，为什么当上皇后的却是她，而不是自己？孙氏越想越不平衡，暗下决心，一定要夺到皇后的宝座。

1428年，宣宗朱瞻基已经三十岁了，还没有儿子。他自己想起来也是忧心忡忡，一天，同宠妃孙氏说起来，愁容满面，孙贵妃忙下跪，骗朱瞻基说自己怀孕了。宣宗大喜过望，亲手把她扶起来，激动之余，他对孙贵妃承诺道："如若爱妃生下男儿，朕当改立爱妃为皇后！"

八个多月后，孙氏竟然生下了一个皇子。宣宗听到喜讯后，笑逐颜开，当即为儿子取名为祁镇，并传旨大赦天下，以庆贺皇子的诞生。

孙氏善于揣摩宣宗的心思，她有脑子更有胆量。实际上，皇子祁镇并非孙氏所生，而是皇帝偶然临幸过的一个宫人的孩子。孙氏对皇后宝座垂涎已久，不择手段也要得到，于是就暗中和已经怀孕的宫人订了密约，用这个孩子欺骗了宣宗。

翼善金冠　明

不久，宣宗决定履行自己的诺言，以胡皇后无子，身体常年不适为由，逼劝她让位。而生性软弱的胡皇后也无力抗争，便强作笑脸地接受了。孙氏和宣宗一唱一和，总算达到了自己的目的，废了胡皇后。宣德三年，宣宗正式册封孙贵妃为皇后，就这样，孙氏终于等到了自己自幼年时就在等待的皇后凤冠。

1435 年，宣宗病逝，皇太子朱祁镇即位，史称明英宗。英宗尊张太后为太皇太后，孙皇后为皇太后。

1462 年，在皇太后位上坐了二十八年的孙氏病死。孙太后过世后，英宗才知道自己的身世。

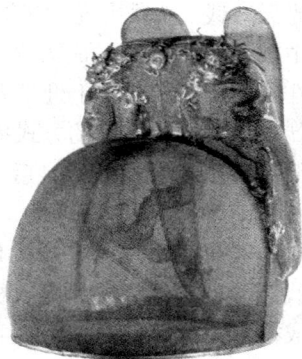

钱氏　明英宗朱祁镇皇后

□ **档案：**

姓　名： 钱氏
生卒年： 1426~1468 年
籍　贯： 海州（今江苏灌云）
婚　配： 明英宗朱祁镇
封　号： 皇后
谥　号： 孝庄圣

钱氏，出身寒微，被张太皇太后选中，成为英宗朱祁镇的皇后，钱氏这年十六岁，比英宗大一岁。钱氏为人贤德，深爱英宗，两人患难与共，相濡以沫。钱皇后死后，葬裕陵，并没有与英宗合葬在一处，而是同隧异室。

一见钟情，情深不寿

1442 年，十六岁的少女钱氏经过重重筛选，最终被张太皇太后看中，成为英宗的准皇后，当时英宗也只有十五岁。在张太皇太后的操持下，钱氏的册后仪式过程极为隆重。

当天，钱氏头戴九龙四凤冠，身着真红大袖袆衣红罗长裙红褙子红霞帔，在一片煊天鼓乐中被迎入紫禁城，成为少年皇帝的皇后。从此，小皇帝有了妻子，他不再是独自一人站在世间至尊的殿宇上迎接万众的仰视。这一天开始，中国古代宫廷一段缠绵凄凉的爱情，就以这般金碧辉煌的方式揭开了序幕。虽然他们姻缘的缔结是出于祖母张太皇太后之命，但英宗仍然对自己的皇后一见钟情，十分喜爱自己的这位原配夫人，对她宠爱有加，关怀备至。

钱皇后虽出身寒微，但是，在皇室人眼中的寒微，是和平民百姓的理解不一样的。钱氏的曾祖父钱整，是成祖朱棣做燕王时的老部下，任燕山护卫副千户，一直以来都对成祖忠心耿耿。祖父钱通官至金吾右卫指挥使，父亲钱贵继承了祖传的武职，多次随明成祖、明宣宗北征，凭借战功升至都指挥佥事。朱祁镇数次要给她的亲戚封侯，钱皇后都深为感激，然而，她并不愿意家族因为自己而无功受禄，所以每次都被她委婉地推辞掉了。钱皇后知道民间生活的不易，即使在做了皇后以后，还经常自己动手做些针线活儿，亲手缝制衣服和鞋子。

钱氏贵为国母，统领六宫，首要的责任就是为皇上添子，然而，在这方面却一直不如人意，婚后七年了，钱氏也未能生育一个子女。不过，英宗和他的父亲不同，他对皇后是否终能生育嫡子一事抱着极大的希望，期待能够将自己的皇位传给发妻之子。英宗本人就是个出生不满百日就得封太子的庶长子，同样的事情，他不想发生在自己的儿子身上。眼看着庶长子朱见深已经两岁，英宗仍然没有将他册封为太子，而是一直耐心地等待钱皇后怀胎的消息。然而，中宫怀娠的喜讯还未等到，意外就发生了。

日夜期盼，盼夫归来

1449 年夏，北方蒙古瓦剌部首领南犯大明，在王振的怂恿下，朱祁镇御驾亲征，不料，大败后被俘，史称"土木堡之变"。朝臣得到消息后，决定先尝试以财帛赎回皇帝，钱皇后毫不犹豫地将自己的所有财物都献了出来，期盼着对方看在财宝的分上放回丈夫。可是英宗依旧未能回朝，作为一个弱女子，她能做的都做了，再也没有其他的办法，于是她只能日夜焚香，祈求上苍，将希望寄托在神灵上。

每当夜深人静的时候，冷清的宫宇中总会隐约响起一个女人哀泣求告磕头求天的声音。无助而近乎绝望的钱后祈求上天能够被自己的诚意感动，没日没夜地祈求，不离禅房，过度的劳累，粗陋的饮食，再加上冬天的严寒长期侵袭着她的身体，钱氏的一条腿受了重伤，再也无法治好。又因思夫心切，昼夜啼哭，一目失明，最后成了一位残伤跛足的独目妇人。

一年后，在于谦等能臣的指挥下，瓦剌被迫归还了英宗。朱祁镇回到了久违的故乡，一进皇宫，他就急促地奔向荒凉的南宫，迫切地想见到钱氏，然而，眼前的景象让他大大吃了一惊，没有了昔日的欢声和笑语，周围一片死寂。但他相信，一定会有一个人在等待着他，即使她不再年轻，不再美貌，苍老了许多，憔悴无比，但是他知道这个人一直守候着他，不离不弃。当钱氏出现在英宗面前时，二人对视了许久也没有说一句话，随后，相拥而泣，从这天起，英宗夫妻在南宫中相依为命，过起了心惊胆战的"太上皇"

生涯。然而，英宗困在南宫中愁闷焦躁，度日如年，并没有得到与"太上皇"头衔相符的生活待遇和政治地位，连日常衣食都难以维持。丈夫的处境钱氏看在眼里，疼在心中，她一面百般宽慰丈夫，一面支撑着病体赶制绣品，以此来换取食用。就这样，二人互相安慰，共同度过了生活中最艰难的一段时光。

1457年农历正月，景帝患病，病情迅速加重，英宗重新登上了皇帝的宝座。重登帝位后，英宗力排众议，不嫌弃钱氏的身体状况，毅然选定了与自己共渡患难的妻子钱氏作为皇后。

英宗复位，合葬风波

当年，英宗被俘后，孙太后下诏立英宗的长子朱见深为皇太子。由于皇太子只有两岁，太后就命郕王朱祁钰监国，辅助皇太子统理国事。

朱祁钰监国后，做了几件取信于大臣的事情，英宗又迟迟未归，后来，大臣们联名上奏请太后立朱祁钰为帝。太后从国家利益出发，答应了百官的要求，命朱祁钰即皇位。

1449年秋，朱祁钰登基即位，是为代宗，改年号为景泰。朱祁钰即位后，遥尊英宗为"太上皇"。

1450年，明朝军队在兵部尚书于谦的领导下，打退了瓦剌兵，英宗也回到了北京。但是此后几年，英宗开始了软禁生活，无法迈出紧锁的南宫一步。

1456年，已经易储的朱祁钰，先后失去了太子朱见济和皇后杭氏，痛失妻儿后，他也一病不起。景帝无其他子嗣，经朝中大臣密议，决定让英宗复位。这样，被囚禁七年的英宗再次成为大明的皇帝，改元天顺，这一年，英宗已经三十一岁。

1464年，英宗病重。由于太子朱见深不是钱后亲生，临终前，他担心将来皇太子继承帝位后，不会像自己在世的时候一样，尊崇钱后的地位，便留下了遗言："皇后千秋万岁后，应与朕同葬。"另外，英宗还在遗诏中明令废止宫妃殉葬，这也可能与钱后有很大关系。

1468年，钱太后去世。但是同为英宗妃子的周太后不愿让她与英宗合葬，因为英宗死后留下过遗言，作为儿子的宪宗也是左右为难，最后在满朝群臣的压力下，也只能违抗母命。

钱太后虽合葬裕陵，但并未真正与英宗葬在一起，而是埋在了距英宗玄宫数丈远的左配殿，还特意堵塞了英宗玄宫与左配殿的通道。而安葬周太后的右配殿，其通道却与英宗的玄宫相通。

1504年，周太后去世。当时孝宗曾提出钱太后的埋葬不合礼制，欲打通甬道。可阴阳家却说："打通甬道怕动及先帝的陵堂及地脉，动则不安，多有不利。"故也只好维持原状，没有再动。

周氏　明英宗朱祁镇贵妃

□ 档案：

姓　名：周氏
生卒年：？ ~1504 年
籍　贯：北京昌平
婚　配：明英宗祁镇
封　号：贵妃
谥　号：仁寿

周氏，北京昌平人。正统十二年，封为明英宗的皇妃，是宪宗皇帝朱见深的生母。天顺元年，周氏被封为贵妃。宪宗皇帝即位，她被尊封为皇太后。成化二十三年加尊号"圣慈仁寿"。孝宗即位后，尊为太皇太后。弘治十七年去世，葬裕陵。

以子为贵，以子为天

周氏是锦衣卫千户、追封庆云侯赠宁国公周能的女儿，她的一生可谓是荣华富贵，享尽了人间的清福。在封建王朝深远的后宫里，有一条无形的潜规则，那就是母以子贵，于是，众妃嫔们都把自己的命运寄托在儿子的前途上。

在周氏生下太子朱见深后，她的命运也随之发生了一个重大的转折。宪宗即位后，她被尊为皇太后，后上尊号为"仁寿皇太后"。孝宗皇帝即位，周太后被尊为太皇太后。

宪宗在位的时候，对周太后十分孝敬，每五天就向她请安一次，每次酒宴必定亲自作陪。事事顺着周太后，博取太后的高兴。

1468 年，思夫成疾又郁郁寡欢的钱太后离开了人世，按照英宗的遗嘱，钱太后应该是唯一一个能够与他合葬的女人。然而钱太后刚死，周太后就坚决反对合葬之说，要求儿子为钱太后另择墓地。宪宗当然不敢违抗母命，自己又不能独自违背先帝的遗愿，于是召来一众辅臣，宣布要商议钱太后的丧葬事宜，希望得到更多人的支持。

大臣彭时立刻识穿了皇帝的鬼把戏，他不等宪宗开口说道："钱太后与先帝合葬裕陵，神主入太庙，这是先帝的遗愿，早就定了的事情，还有什么可议的？"宪宗自知理亏，只得匆匆中断会议。此后，宪宗又多次向辅臣们提及此事，但是都被一一拒绝了，愤怒情急之下，冒出一句话："连生身母亲的命令都不听了，还能算孝顺儿子吗？"

听皇帝这样说，大臣彭时很快就想到了曾经的计划，遂向宪宗建议："可以将钱太后葬于先帝之左，虚右位以待周太后将来。"

然而，对于这个方案，周太后坚决不肯接受。

面对这样的一个结果，夹在群臣和母亲之间的宪宗如风箱中的老鼠般左右为难，实在没有法子了，最后甚至使出了哀求的计策，但是群臣仍然坚持反对，双方对峙在了一起，火药味漫延于宫廷内外，斗争一触即发。

在这样的刺激下，周太后勃然大怒，开始实行强硬的举措，不管廷臣们说什么，宫中发出来的仍然是为钱太后另择葬地的谕旨。

面对周太后的一意孤行，大明的群臣誓死都要赢得这场战斗的胜利，他们刚下早朝就集体跪于文华门外放声大哭，直哭得响震云霄，整个后宫都被笼罩在号啕声中。

听到哭声的周太后，心烦意乱，一时也慌了神，要儿子下令群臣止哭退去，群臣面对一脸苦相的皇帝连连叩头，拒不从命，从上午九点开始跪起，一直跪到下午五点，哭昏晒晕了也不肯罢休。

看见群臣如此一致的誓死决心，宪宗再也顶不住了，周太后也万万没有想到钱太后在百官心目中竟受如此尊崇，她害怕再惹出更大的乱子，百般无奈下，最终还是答应了朝臣们的请求。

恪守法度，仁慈善良

周太后的弟弟长宁伯家中有一块赏赐的田地，当时，有关衙门请求对这块地加以测量，孝宗皇帝不许。周太后听说以后，极力劝阻孝宗皇帝说："怎能因为我的缘故违背皇家法度？"于是，孝宗听了周氏的劝谏，命人严查。最后，长宁伯在姐姐的劝说下，也把这块地交还给了朝廷。

孝宗皇帝生于西宫，他的母亲纪氏死后，是周太后把他抱回自己身边抚养，培养成人。到孝宗皇帝即位后，对周太后十分孝顺，侍奉得极为体贴。一次周太后得了痈疮，孝宗皇帝赶快命最好的太医医治，并在夜间为她的健康向天祈祷。春天祭天时，也因此而停止设宴，并且经常慰问探视，最后得以痊愈。这样看来，周氏的一生是幸运的，她的后半生享受了人间的繁华，晚年更是尽享了天伦之乐，直到生命的结束。

汪氏　明代宗朱祁钰皇后

□ 档案：

姓　名：汪氏
生卒年：1427~1506 年
籍　贯：顺天府（今北京）
婚　配：明代宗朱祁钰
封　号：皇后
谥　号：渊肃懿贞惠安和辅天恭圣景

汪氏，北京顺天人，生固安公主，先为王妃后成皇后，最后又被废黜。汪氏生于宣德二年（1427 年），正德元年去世，活了七十九岁。正统十年，郕王朱祁钰十八岁时册汪氏为郕王妃。正统十四年冬，明英宗朱祁镇被俘，郕王朱祁钰登基为帝，册汪妃为皇后。

刚直个性，波折人生

1445 年，即明英宗正统十年，郕王朱祁钰迎娶了金吾指挥使汪泉世的孙女汪氏为妻。汪氏为人知书达理，在册为郕王妃以后，很受英宗皇帝的养母孙太后的喜爱。

汪氏出身名门，受过良好的教育，也许是从小天性就被禁锢着，她的骨子里有着一股刚烈劲儿。英宗复位之后，一天，英宗问太监刘桓说："我记得我曾经有一个玉玲珑的腰带，怎么找不到了？"刘桓答说："被汪王妃拿走了。"英宗就命刘桓去把腰带要回来。汪氏得知英宗差人来拿这个玉玲珑的腰带，就把腰带扔到井里，对来索要的使臣说："腰带没有了，我找不到了。"然后对旁边的人说，"我夫君当了七年天子，难道还差这区区的几片玉吗？"

后来，汪氏被废以后，有人举报说汪王妃搬出宫的时候携带了大量金银，明英宗派人去核查，如果真有这么多钱，就全部罚没。于是，汪氏就把钱分发给众人，一点儿也不剩。汪氏如此刚直的性情，招惹来了很多的麻烦，让汪氏的生活一度陷于困境，后来，幸得太子和周太后不忘当年的恩德，时常接济援助才能够生活下去。

初为皇后，贤德天下

1449 年，英宗亲征对抗蒙古瓦剌首领也先，于土木堡开战，明军全军覆没，英宗被俘。皇太后下诏，立英宗之子为皇太子，又命郕王朱祁钰监国，总管百官，经理国事。

郕王监国后不久，做了一些让朝臣称赞的改革和措施，于是，大臣们齐荐郕王为新君。皇太后也认为百官所言极是，于是命郕王继皇帝位。郕王登基后，是为代宗，遥尊英宗为太上皇，改元景泰，册封汪氏为皇后。

代宗朱祁钰即位初期，正是国家多难之秋。作为皇后的汪氏，尽自己所能，在内主掌中宫大权，处理皇宫内事，在外协助代宗树立一国之君的新形象。代宗登基以后，也不负众望，任用于谦抗击瓦剌，守卫京师。当瓦剌军战败撤离北京后，血战之后的北京城郊，许多牺牲士兵的尸首及遇害百姓来不及掩埋，暴骨原野，情景十分凄惨。汪氏知道后，心怀不忍，令官校掩埋安葬。这一举动深得人心，当时黎民百姓深感社稷振兴有望。

经过两年的整治，明朝江山渐见平静，人民的生活也安定下来，经济也有所发展，国力也在不断加强，能出现这样的盛世局面，一部分要归于汪氏在代宗背后的贤助之功。

触怒皇帝，废除后位

汪氏婚后只生了两个女儿，一直没有儿子。明代宗景泰三年，杭妃生下了长子朱见济。

随着朝政统治的巩固，代宗产生了让朱见济做太子的想法。但是他没有贸然行事，而是先找到了汪后，和她商量。没想到汪后一听，竟然坚决反对，她说："陛下由监国成为皇帝，已是超越祖训的应急之策了，现在又要易储，是不是有点过分了呢？"代宗听了，心里大为不快，认为立自己亲生的儿子做太子是人之常情，觉得汪后非但不维护自家人，反要帮外人说话，简直是居心叵测。

代宗索性不再找汪后商议，自己有计划地开始了易储行动。他先给内外大臣加官晋爵，当代宗正式提出废立太子时，大臣们都因受到恩赐而唯命是从，只有汪皇后一人极力争执。代宗本来就对汪后有成见，这一回，不由得火冒三丈，盛怒之下立即下诏，废了皇后，改立朱见济的生母杭氏为皇后，册立自己的儿子朱见济为太子，原来的太子朱见深为沂王。不料，朱见济只当了一年多的皇太子就因病夭折了，皇储之位又空了下来。

后来，代宗染病，英宗复位，朱见深的太子之名也得以复立。

李贤进谏，免于殉葬

英宗复位的时候，降景帝为郕王，汪氏复称郕王妃。景帝崩后，英宗让其后宫唐氏等人殉葬，论及汪氏该不该殉葬之时，李贤冒死为汪氏求情，说汪氏已经被废而且幽禁深宫，何况两个女儿年幼，应该得到大家的同情。于是，英宗免除了汪氏殉葬。在皇太子朱见深的请求下，英宗让汪氏出宫安居旧邸，以度晚年，并在皇太子的帮助下，汪氏带走了宫内一些侍从和所有私蓄。

汪氏出居王府后，生活安逸。朱见深对她十分尊敬，加上汪氏又与朱见深生母周贵妃的脾气相投，朱见深经常陪伴母亲一起前去看望，并邀请汪氏进宫叙谈家常，感情十分融洽。后来，太子即位，是为宪宗，对汪氏的晚年生活照顾十分周到。

1475 年，宪宗下令宣布叔父朱祁钰"戡乱保邦，奠安宗社"有功，改谥号"郕戾王"为"景皇帝"，恢复了其皇帝身份，这无疑对仍健在的汪氏是一个极大的安慰。

1506 年，汪氏去世，终年七十九岁。以皇后礼与景帝合葬。

杭氏　明代宗朱祁钰皇后

□ **档案：**

姓　名：杭氏
生卒年：？～1453 年
籍　贯：不详
婚　配：明代宗朱祁钰
封　号：皇后
谥　号：肃孝

杭氏，因生子朱见济而被册立为皇后，是明代宗朱祁钰的第二任皇后。景泰七年，杭皇后崩，死后被谥为"肃孝皇后"。英宗复位，削其皇后号，还毁坏了她的陵墓。她作为明代宗继皇后的身份不被明朝正史认可，是明代后妃中的一位悲剧人物。

平步青云，转瞬即逝

杭氏本是一个普通的民间女子，在朱祁钰还是郕王的时候嫁给了他。入宫后，杭氏历经艰辛，从一个妃嫔一步步成为万人之上的皇后，儿子朱见济也如愿成为当朝太子。杭氏的家人也倍受皇帝的恩赐，她的父亲杭昱被封为锦衣卫指挥使，兄长杭聚则授予锦衣千户。所有的这一切，都让杭皇后沉浸在幸福当中。然而，人生难料，年仅五岁的儿子突然暴病，不幸夭折了。杭氏的希望也随之而去，她的风光已不再，只享受了短短的四年皇后生涯。

香消玉殒，悲痛而逝

儿子的夭折，使杭皇后受到了巨大的打击，悲痛欲绝。她不仅为失去爱子感到难过，也为自己的地位提心吊胆，天天为失宠而恐惧。这样的日子，给杭氏的美貌容颜烙上了岁月的痕迹，她变得憔悴不堪，无精打采。就在太子去世的第三年，杭皇后因终日忧郁，卧病不起，很快就死去了。代宗赐谥号为"肃孝"，葬入代宗为自己营建的寿陵。

风云突变，不得安宁

1457年，明英宗复辟。代宗朱祁钰降为郕王，被软禁在西苑，不久便暴病而死。这时，杭皇后已经去世两年，然而死后仍不得安宁。明英宗尤其憎恶杭皇后，下诏将杭氏"肃孝皇后"的谥号废去，同时还毁坏了她的陵墓。而杭氏所生之子朱见济，也由"怀献太子"降为"怀献世子"。

这个时候，杭氏的父兄已死，明英宗削除其弟弟杭敏的职位，让他还归乡里。风云突变，让本来死后就一无所有的杭氏，连最后的名分也丢了，不得不让人为她同情。

吴氏　明宪宗朱见深皇后

□ **档案：**

姓　名：吴氏
生卒年：1448~1509年
籍　贯：顺天（今北京一带）
婚　配：明宪宗朱见深
封　号：皇后

吴氏，顺天人，明宪宗朱见深的第一任皇后，容貌姣美，贤惠明达。册封皇后一个月后，即被废除，迁居西宫。正德四年，吴氏逝世，仅以妃礼下葬。

无故被废，迁居西宫

吴氏出身于书香门第，父亲吴俊是远近有名的儒生，母亲也是位能琴善诗的才女。吴氏从小就耳濡目染，也非常喜欢看书，加上她天资聪明，很小的时候就能够识很多字，而且可以抚琴。长大后，她读的书越来越广泛，既有四书五经这样的书，也读文学类书籍，且看过后能抒发自己的见解。当她长成一位亭亭玉立的大姑娘时，已经琴棋书画样样精通。

1457年，明英宗朱祁镇下诏为皇太子朱见深选妃，吴氏就是英宗为儿子选定的几位淑女之一，因为当时共有三名妃子，英宗都很喜欢，一时拿不定主意。直到英宗突感身体不适，临终前，交由两位太后合议。由于周太后和钱太后素有矛盾，后经太监牛玉比较，推荐了吴氏。两宫太后也觉得她端庄雍容，知书达理，是个能母仪天下的人，于是被册封为皇后。天顺八年七月十二，朱见深和吴氏大婚。完婚后，吴氏在坤宁宫接受妃嫔和命妇的庆贺，她发现，在庆贺的人群中，有一个约三十岁左右，并不漂亮的女子一直是站着的，并用一种挑衅的目光看着自己。吴皇后急忙问身旁的宫女，才知道这个人就是宪宗宠爱的万氏。吴皇后很早就听说万氏的事情，但是没有和她碰过面，更没有接触过，所以对她失礼的举动也就没有再追究。

吴皇后与宪宗举行完大婚不久，就受到了皇帝的冷落。宪宗觉得她不够热情和体贴，是一个难以接近的冷美人。这也难怪，当时宪宗只有十六岁，而吴皇后自小接受的是传统教育，讲话做事都规规矩矩，没有任何夸张的举动，当上了皇后，就更加端庄矜持，这些都让宪宗感觉到十分陌生，所以不愿与她多接近。这正好随了万氏的心意，但是还不够，她要得到的是皇后的宝座，于是总是找时机让宪宗把皇后废掉。

有一次，万氏故意对吴皇后不恭敬，用言语讥讽她，吴皇后忍了很久，终于爆发了，愤怒地斥责了万氏的粗俗和无礼。万氏逮住了这个时机，要彻底激怒吴皇后，自己才有可能达到目的，于是就跳起来破口大骂。吴皇后愤怒至极，便命令身边的侍女杖打了万氏。万氏借着被打的狼狈相跑到宪宗那里，一通哭闹，寻死觅活。宪宗手足无措，看到心爱的人被欺负得如此可怜，也是怒火中烧，发誓一定要废掉吴皇后，立万氏为后，这样，万氏才破涕为笑。

皇后是一国之母，立后都要费尽周折，若要废掉更不是一件容易的事，单凭无故杖责一个妃子这个理由是不足以让朝臣信服的。万氏很快想到了一个阴险毒辣的计谋。宪宗命人逮捕了当时负责选后具体事务的太监牛玉，关入大牢，对他严刑拷打。牛玉被迫只好作伪证，说英宗在世时已经确定王氏为太子妃，但由于突然驾崩，未及时诏示。在后来选后的过程中，吴氏的父亲吴俊对牛玉进行了贿赂，所以牛玉在对两宫太后启奏情况时，将先帝英宗选定的王氏改为吴氏。两宫太后和内阁大臣们听说这是明英宗的遗愿，尽管都半信半疑，也都不再较真。

废后诏书，惹引非议

两宫太后同意后，万氏笑逐颜开，但是担心夜长梦多，就催促宪宗命人连夜颁发废后诏书，诏书连发了三道，第一道发给吴皇后，上面说道："朕以为作为皇后，应该与朕共同承继祖宗传下来的千秋万代的基业，德行应该成为六宫之表率，否则是不能够成为皇后的。而你被册立为皇后以后，却行为放肆，言语轻佻，留心曲词，德不称位，怎么能与朕共承这天下大业？更谈不上德行成为六宫的表率。因此，特令你交还皇后册宝，移居别宫。"

第二道诏书发至前廷和后宫，诏书中说："朕谨遵先帝之命，册立皇后。本来先帝已经确定王氏，知悉底细的太监牛玉却收贿作弊，蒙骗两宫太后，将王氏改为吴氏，以致错将吴氏立为皇后。吴氏举动轻佻，德不称位，朕承继祖宗千秋大业，册立皇后，以为辅佐帝业，表正六宫。怎奈吴氏有负社稷之重托，朕之重望。现已请命两宫太后，废吴氏别宫。望尽知朕的苦心。"

第三道诏书发给全国各地："先帝为朕求贤淑，已定王氏，育于别宫，以待婚期。太监牛玉却收受贿赂，蒙骗两宫太后，把已选掉的吴氏又重新推荐复选。吴氏被册立之后，朕见她举动轻佻，毫无礼法，德不称位，经过调查其实，才知道她并非先帝所选定之人，实乃不得已而为之，经请命于两宫太后，决定废掉吴氏退居别宫。"

吴氏接到诏书后，如雷轰顶，欲哭无泪。既已成事实，一切都不能挽回，这样，立后还不到一个月，吴皇后就被废除，迁居西宫，从此过起了冷清的生活。

这件事，引起了朝中大臣们的猜测和分析，他们在背地里议论纷纷，大家都觉得牛玉的证词漏洞百出，吴皇后被废得冤枉，他们对宪宗废后的目的愈加怀疑，但是又不能直说，只能曲笔上疏给皇上。南京的给事中王徽、王渊等人在给宪宗的联名上疏中说："太监牛玉隐瞒先帝遗言，收受贿赂，蒙骗两宫太后和陛下，偷梁换柱，易换皇后，把国家大事视为儿戏，屡数牛玉的一系列罪行，不杀不足以平天下人之愤，罪当诛九族。而今牛玉却仅仅被罚去种菜，这不是重罪轻罚吗？"明宪宗自知理亏，本来就非常心虚，这一纸奏折一下子刺中了他的要害。他恼羞成怒，为了压制大臣对废后的猜疑，下令将上疏的大臣贬为边远州镇的官员。这样一来，更是欲盖弥彰，此地无银三百两，真相大白于天下人的心中。

挺身而出，救人危难

1470 年，吴氏听说宫女纪氏被宪宗召幸后怀胎，即将要分娩。为了能让纪氏逃出万氏的毒手，吴氏和太监张敏一起商量对策，决定在离西宫不远的安乐堂偷偷抚养小皇子。在吴氏悉心照顾下，纪氏顺利产下了孩子，母子二人在一间密室中开始了艰苦的生活。

在万氏眼皮底下偷偷哺育一个有可能成为储君的皇子，是一件极其危险的事情，吴氏的挺身而出，使幼小的明孝宗有了依靠，孤苦的纪氏在心中也对她充满了感激之情。几年后，张敏把实情告诉宪宗，宪宗才见到了自己的儿子，他就是后来的明孝宗朱祐樘。

吴氏的援助给了年幼的孝宗生活上很大帮助，孝宗即位后，难忘吴氏的恩情，以生母的礼遇服侍和孝敬她，命人把吴氏迁出西宫，安居到条件很好的仁寿宫。同时，他命令要完全按皇太后的待遇安排吴氏的衣食住行。

1509 年，吴氏病逝，享年六十一岁。明武宗朱厚照以妃礼葬之。

王氏　明宪宗朱见深皇后

□ **档案：**

姓　名：王氏
生卒年：？～1518 年
籍　贯：南直上元（今江苏南京）
婚　配：明宪宗朱见深
封　号：皇后
谥　号：孝贞庄懿恭靖仁慈钦天辅圣纯

王氏，上元人，中军都督王镇的女儿，宪宗皇帝第二位皇后，不得宠。孝宗时，被尊为皇太后，武宗时尊为太皇太后，她待人宽厚，正直仁和，从不误罚一人。正德十三年，王氏去世，葬茂陵。

不幸童年，平步青云

王氏自幼聪明伶俐，喜爱学习，却不善缝织女红。传说，在童年时期，王氏一直受到嫂子的虐待，被逼迫着去山边田野放鹅，常常被雨水淋湿，结果长了一头癞痢。从此，嫂子把王氏当作了眼中钉，逼她去采摘悬挂在池塘水面上的丝瓜，想淹死她。王氏眼看着嫂子逼得紧，不摘不行，没办法，就采了两片天罗叶子放在水面上，双脚踩上去，竟像踩着两只小船，驶向水面上的天罗，一个个天罗被她采回来。嫂子看了，目瞪口呆，半天回不过神来。

1463 年，即天顺七年，明英宗朱祁镇下旨，为十五岁的皇太子朱见深选妃，十四岁的王氏应选入宫。相传，在选妃那天，朝廷使臣搭起了一个很高的砖台，让参选的女孩一个个登上去。别的女孩一登上那么高的砖台，都感到晕眩；只有王氏一直登到顶端，还面带微笑，转过身来一个亮相。没想到就这一转身，把她头上顶了十四年的癞痢给甩掉了，七尺青丝瀑布般挂了下来，一位绝世美人亭亭玉立在高台之上。就这样，王氏通过了层层筛选，被选为太子妃妾之一。

在册立皇后的问题上，当时英宗看中庄重雍容的吴氏，但王氏的灵巧韵味更是让英宗举棋不定，以至于当英宗突然崩逝后，宪宗皇后的人选也没有确定。后来吴氏册立为后，但是，宪宗真正宠爱的是万贵妃，为了能让她取代吴氏的皇后位置，通过逼供的方式编造了明英宗生前已选定太子妃，经办人隐瞒真相易换皇后的骗局，致使吴皇后册立一个月以后被废。废后成功，宪宗极力推荐万贵妃为皇后，但两宫太后坚决反对，她们决定立王氏为新皇后。就这样，王氏就被迷迷糊糊地推上了皇后的宝座。

隐忍度日，稳坐宝座

王氏成为皇后，同样受到了宪宗的冷落。据《罪惟录》载，王氏从十六岁当上皇后，一生被宪宗召幸不超过十次。不幸的童年生活早早地形成了王氏隐忍的性格，忍别人所不能忍受的，也许才能得到别人所得不到的生活，正是这样的坚持，让这位坚强的女子，安稳地度过了平凡的一生。

当时万贵妃宠冠后宫，王氏早已经看出了其中的道道儿，并且接受了之前吴氏的前车之鉴，被立为皇后之后处之淡如，不妒不闹。一直小心翼翼地生活，这样的生活似乎也算是一种幸福生活，有着尊贵的六宫之主的地位，富有的物质生活，只是缺少了丈夫的疼爱。

对于宪宗的疏远，王皇后表面上强颜欢笑，装作无所谓的样子，内心却是痛苦异常。她不愿与万贵妃争宠，也深知自己根本争不过，每当宪宗偶尔要来的时候，都一一借故推掉。后来，宪宗出入一些重要的场合和礼仪，也从不带着王皇后，她很少见到宪宗，甚至连一般的妃嫔都不如，对此，她悲苦万分。但是，王皇后知道本朝历史上的废后事件是屡见不鲜的，自己又没有生育，宪宗想要借此废掉她也不是没有可能。就这样，王氏为避免遭受麻烦，甘愿做一个傀儡皇后，过着寂寞而孤独的生活。

成化三年，明朝讨伐南蛮叛乱时，俘虏了一批人送回顺天，其中，一部分女子被送进皇宫当宫女。王皇后就从中挑选伺候自己的宫女，一眼就看中一个小姑娘，不仅人长得漂亮，而且机智灵敏，便把她留下了。小姑娘纪氏秀外慧中，很多事情一学就会，在王皇后的宫中侍奉，很讨王皇后的欢心。王皇后不仅教她识字，还提拔她到宫廷内库做了"女史"，纪氏对王皇后十分感激。

成化五年，宪宗来到内库，偶遇纪氏，见她聪明秀美，便召幸了她。十个月后，纪氏生下一个皇子，就是后来的明孝宗朱祐樘。

1487年，即成化二十三年，万贵妃死，宪宗因悲伤过度，不久也撒手西去。太子朱祐樘即位，尊王皇后为皇太后。孝宗感念王皇后对生母纪氏的恩德，对王皇后特别孝敬，待她如生身母亲。武宗即位后，尊为太皇太后。

1518年，王氏病故，与宪宗合葬于茂陵，祔太庙。

万氏　明宪宗朱见深贵妃

□ 档案：

姓　　名：万氏
生卒年：1430~1487年
籍　　贯：青州诸城（今山东益都一带）
婚　　配：明宪宗朱见深
封　　号：贵妃
谥　　号：恭肃端慎荣靖皇贵妃

万氏，小名贞儿，本是宪宗的祖母孙太后宫中的一名宫女，诸城人，四岁就选入宫中，长大后选往东宫服侍朱见深。万氏比朱见深年长十几岁，朱见深即位以前，就与万氏关系暧昧。有趣的是，明宪宗朱见深一辈子对万氏都非常宠幸。成化一朝的内宫，基本上是万氏主宰着，进而影响了外廷的政治。

童年记忆，痴恋根源

万氏，乳名贞儿，出生在一个没落的官宦家庭里，她的父亲受到罪亲的牵连而被谪居霸州。当时，正赶上宫廷里选招侍女，万氏的家里一贫如洗，为了日后能有所依靠，年仅四岁的万贞儿被父亲送进了皇宫，在皇后身边做起了宫女。年幼的万贞儿入宫后十分懂事乖巧、聪明伶俐，深得明宣宗皇后孙氏的喜爱。

一眨眼十五年过去了，到了正统十四年，万贞儿已经长成了一位十九岁的妙龄少女。这时的贞儿，姿色虽不出众，但身材却十分丰腴，皮肤白皙，眼睛不大总是秋波频频，诱惑媚人，加上她的性格爽朗，口齿利落，很受人喜爱，宫里宫外都管她叫"小答应"。这些年，她跟随孙太后，识了点字，能粗通文墨，并对很多事情都有自己独特的见解，学会了察言观色及处理错综复杂关系的本领。尽管如此，她并没有如父亲所愿得到皇上的宠爱，宣宗皇帝去世后，她又被孙氏派去照顾年仅两岁的皇子朱见深。

1449 年，英宗被俘，孙太后下诏，立两岁的英宗长子朱见深为皇太子，并派自己的贴身侍女万氏去照料，万贞儿比太子大十几岁。两个人的缘分由此开始，在小太子的眼中，万贞儿既像母亲又如姐姐，幼小的他便和万贞儿形影不离。尤其是在太子被代宗废黜后，其父英宗被放回后幽居南宫，母亲周氏也不便多见，废太子举目无亲，万氏对他更加疼爱和关心。此后，朱见深就把万贞儿当成唯一的亲人，对她依恋万分，以至于后来他做了皇帝仍然对万氏情有独钟，一往情深，居然爱上了这个大他十几岁的宫女。

随着朱见深渐渐长大，他对万氏的情感也由对母亲般的依恋转为男女之间的爱恋。在太子十几岁的一天，他突然发现万氏有一双勾魂的眼睛，一颦一笑都是那么迷人，她的倩影时常出现在脑中，挥之不去。即使刚刚分开一小会儿，就想赶快见到她，朱见深也搞不懂自己是怎么了，这种情感确实是发自内心的，他也控制不了。万贞儿心领神会，早已求之不得，便与太子尽情缠绵，从此两人如胶似漆，恩爱不已。

1464 年，英宗驾崩，只有十八岁的朱见深继位，即为宪宗。坐上了皇帝宝座的朱见深做的第一件事情就是想册封万贞儿为皇后，但是遭到了两宫太后的强烈反对，她们认为万贞儿年纪大且出身微贱，不适合做一国之母。宪宗争执不过，只能后退一步，立万贞儿为贵妃。后来关于立皇后的事，两宫太后费了不少的心思。她们在英宗生前亲自为儿子挑选的十二名淑女中又经过仔细筛选，最后决定立吴氏为皇后。

丰满艳丽，宠冠六宫

万氏为人机警，很会迎合皇帝的心意。由于朱见深的成长环境比较特殊，导致他为人内向，性格懦弱，少有主见。而人近中年的万氏，敢作敢为，颇有几分男子气概，和宪宗在一起，正好形成互补，对于宪宗来说，万氏有着别人不可替代的吸引力，已经成为他生命中的一部分。虽然万氏与宪宗的年龄相差悬殊，却得以专宠后宫而长久不衰，很多人对此都非常不理解，连宪宗的母亲周氏也觉得不可思议，自己的儿子竟然不喜欢年轻貌美的女人，偏偏宠幸一个半老徐娘，这到底是怎么一回事？周氏曾经不止一次地问过宪宗："她哪点美啊，你这么宠着她？"宪宗回答说："有她在身旁，我心里就踏实，不在乎样貌。"这确实是宪宗的心里话,也是他宠爱万氏的实质所在。多年来,万氏一直是他精神上的支柱,生活上的伴侣,甚至还帮他谋划国策,他对她一直无法摆脱童年时期的依赖感,在宪宗的心目中,万氏是其他后妃根本不能相比的。故此,万氏敢对他大发脾气,发号施令,而宪宗对涉及万氏的过失都一概不过问。

宪宗对万贞儿的宠爱人人都知,他一直想立万氏为后,希望她能光明正大地在自己的身边。但是,当时的吴皇后是英宗从万千美女中挑选出来的,两宫太后也非常喜欢,于情于理,都是皇后的最佳人选。万妃恃宠而骄,不把吴后放在眼里,常常公开对她无礼,一次,万氏惹怒了吴皇后,气极之下,将万氏杖打了一顿。万氏找到宪宗告状,宪宗终于找到借口废后,但是两宫太后仍然坚决反对立万氏为后,继后的人选落在了王氏的身上。王后贤淑,吸取了吴氏被废的教训,从不得罪万氏,从此,万氏成了宫中有实而无名的皇后。

坐上皇后的宝座已经无望,万氏开始谋划起将来要做皇太后的事情。这主要取决于是否能够生育皇子,尤其是能立储君的皇子。因此,万氏暂时放弃了谋取后位的目标,开始筹划着为宪宗生皇子,将来做皇太后,她开始百般阻挠宪宗召幸其他妃嫔,紧紧地把宪宗留在身边。天遂人愿,三十八岁的万氏为宪宗生下了皇长子,宪宗大喜,他一面派人到全国各地名山大川四处祈祷,保佑他的皇子健康成长,一面晋封万氏为皇贵妃,并移居昭德宫。

但是,万贵妃所生的皇子不久便死了,此后万氏再也没有怀孕,她的脾气也越来越坏。万氏虽然不能怀孕,但是皇帝却还是很喜欢她。俗话说,皇帝不急太监急。皇帝多年来没有儿子,让外廷的大臣们也着急。大臣们也许都听说是万贵妃在作梗,就上疏请皇帝"溥恩泽",也就是请求皇帝多宠幸宫中其他的嫔妃。

1468年,即成化四年秋,出现了几次彗星。在古代,彗星的出现意味着不祥。于是,大学士彭时、尚书姚夔上疏请求皇帝要扩大宠幸的范围,以广后嗣。彭时更是直言相劝:"现在后宫妃嫔佳丽众多,却没见皇子的降生,大概是皇上宠幸所专,而受宠者又过了生育年龄,还请陛下为祖宗和社稷考虑。"皇帝听了以后,有些挂不住颜面,大臣说的话也找不出任何毛病,于是就不耐烦地说:"这是朕的内事,卿不必过问,朕自会处置。"宪宗何尝不想与其他妃子们亲热?但是他惧怕万贵妃,一旦她争风吃醋,就要发火找自己的麻烦,宪宗也很是无奈,谁让自己离不开万氏呢。

万贵妃在宫中越发骄横起来,太监中谁违背了她的意思,就立即被赶出宫去。万氏面对宫中的年轻女子常常自危,对其他女子的受宠嫉妒到了疯狂的地步,一发现哪个妃嫔怀孕,就派人以治病为名,使其堕胎。即使这样,宪宗不但不敢追究,反而对她低声下气,好言相对。宪宗理解万贵妃的心情和处境,也希望她能再生个皇子出来,因此,对她的行为并不太在意。

成化五年,贤妃柏氏生下了一个男孩,是皇次子,取名为祐极。两年后,宪宗按照祖制立祐极为皇太子,但不到四个月,皇太子就突然夭折了。宪宗十分难过,赠祐极谥号为悼恭。这件事,让全京城的民众热议,大家都在背地里说是万贵妃害死了小太子,但是,没有一个人敢公开提出怀疑,宪宗也就不加细问。事实上,皇太子的死,确实是万贵妃派人所为,她是不能容忍其他妃嫔的孩子被立为皇太子的。

1469年的一天，宪宗在宫中闲逛，偶然来到了内库，被这里的一位女史纪氏深深地吸引住了，她举止娴雅，聪明伶俐，声音柔美，宪宗简单过问了一下内库的管理情况，纪氏都对答如流，说得细致详明。宪宗听完，对她更加喜爱，当天就召幸了纪氏。十个月后，纪氏竟然生下了一个皇

宝杵金冠饰　明

子，她听说过万贵妃为人心狠手辣，如果有一天她知道小皇子存在的话，一定会不择手段地迫害的。纪氏越想越难过，不知道该怎么办是好，于是她抱着孩子来找安乐堂的守门太监张敏。张敏知道实情以后，为了保住小皇子，便偷偷跑到西宫找废后吴氏商量办法。经过商议，张敏把皇子藏在安乐堂旁边的一间密室里，并以米、面调成稀粥再加上蜜糖之类的食品进行哺养，每天过来悉心照料，小皇子总算是活了下来。

1475年，张敏被调到乾清宫伺候皇上。一天，宪宗召唤张敏来给自己梳头，偶然从镜子中看到自己有了几根白头发，不禁触景生情，长叹道："朕即位已经十一年了，不知不觉老之将至啊，可至今仍尚未有子，这江山将来要托付给谁呀！"张敏听了，也不由得悲从心生，他本来不想过早地把纪氏母子的事情告诉宪宗，怕她们难逃万贵妃的毒手，而自己也会厄运将至。可是，看到宪宗难过的样子，想到这样一直隐瞒下去也不是办法，于是就跪倒在地，说："奴才该死，万岁早已有子了，怎么能说没有呢？"宪宗听了以后非常诧异，张敏就把事情的经过从头至尾详细地说给了宪宗听，听罢，宪宗喜出望外，激动万分。立即起驾，来到西宫，派人去安乐堂迎接皇子。

纪氏知道皇上要来见皇子以后，喜忧参半，她多年来受尽折磨，这一天终于等到了，但是想到万贵妃知道后一定不会放过她们，又战战兢兢。她对儿子说："你和这位公公到那边去，看见一个身穿黄袍，脸上有黑长胡须的，便是你的父皇。"说着，纪氏为儿子披了一件红色的长袍，把他抱到车上，让张敏等几个太监推走了。小皇子按照母亲的描述一眼就认出了父亲，父子二人相认，宪宗还流下了眼泪，场面相当感人。

随后，宪宗颁诏天下，皇嗣有人，大臣们纷纷入朝祝贺，礼部送上已为皇子拟好的名字，宪宗看了觉得不满意，便亲自为他取名为祐樘。

惊闻皇子，图害祐樘

万贵妃在听到宪宗有一个儿子以后，如雷轰顶。她无论如何也没有想到，一个六岁的皇子像从地底冒出来一样出现在面前，没有想到宫中的妃嫔和太监竟然敢和她对着干。万贵妃意识到，纪氏母子的存在对她是一个相当大的威胁，一旦这个孩子即位，自己肯定不会有好下场，于是她决定先发制人。

当时的大学士商辂，为人正直，深谋远虑，他知道万贵妃什么事都能做得出来。他见宪宗将皇子留在宫中，而纪氏却仍在安乐堂，他既担心纪氏的安全，也担心皇子重蹈

悼恭太子的覆辙。于是，商辂率众大臣秉启皇上说："皇子为国本之所在，着以贵妃保护，恩谕已出，教养之事仍以其生母纪氏主持好。但现在皇子之母因病别居宫外，致使母子不能相见，于情于理，均有不妥。请皇上降旨，令纪氏就近居住，使之母子朝夕相见，以便教养。"宪宗听后，欣然同意，让纪氏移居永寿宫并召见了她，两人七年后重见，相看无语，眼中含泪。第二天，宪宗册封纪氏为淑妃。从此，淑妃频频受到宪宗的召见，两人饮酒畅谈。

转眼间，这一年六月二十七日，纪淑妃在宪宗召她饮酒时，突然感到腹痛难忍，急忙被人送回了宫中。第二天，万贵妃便派太医方贤、吴衡前去诊治，不几时纪氏就辞世了，距宪宗召见皇子朱祐樘只有四十二天。后经查证，纪妃的死和万贵妃有关，她首先指使人趁宪宗召见纪氏饮酒的时候，在她的酒中下了毒，见没有成功，便又串通太医借诊治之名，置她于死地。

纪淑妃去世的消息一经传出，举朝震惊，大家心里都知道事情的真相。宪宗也不例外，他想派人调查，但又怕如果确是万贵妃所为不好收场，便息事宁人，说纪妃得急病而亡，赶忙让人埋葬了事。

大臣们都是敢怒而不敢言，太监张敏听到纪氏的死讯，心中已经明白了大半，自己抚养皇子的事已经人人皆知，自知难保，随后便吞金而死。

纪氏死时，朱祐樘年仅六岁，看着抚养自己长大的人相继离开，幼小的他似乎也明白了什么，"哀默如成人"。这年十一月，他被明宪宗册立为皇太子。

周太后深知万贵妃的手段毒辣，她看到宪宗经常没有时间顾及年幼的太子，担心小祐樘也遭到万贵妃的毒手，便亲自把太子接入自己所在的仁寿宫中抚育，平日的饮食起居，照顾得无微不至。

一天，万贵妃突然发出邀请，请太子到她那里去进膳。对于这种礼节性的邀请不去是不妥的，但去了又难以保证太子的安全。周太后左右为难，也只好答应，临行前，她反复叮嘱小祐樘不吃万贵妃给的食物，不喝万贵妃给的水，因为里面可能有毒，都安排妥当之后，才让人带着太子前去。

万贵妃见太子如约前来，显得特别高兴，令人摆上宫廷中最好的美味佳肴，让太子入座进膳，朱祐樘却十分坚决地说："我已经吃过了，不能再吃了！"万贵妃心中不禁冷笑，又故作热情地让太监端上热腾腾的汤给小祐樘喝，朱祐樘连看也没看，用愤怒的眼睛直逼着万贵妃："不喝！我怀疑这汤里有毒！"说完，就起身告辞。望着太子远去的背影，万贵妃怔了好一会儿，等她缓过神儿来，暴跳如雷，大声痛斥："这么小的岁数，就对我这样，等他将来长大即位，还不把我当鱼当肉给撕着吃了！"

万贵妃盛怒之下，得了一场大病。此后，她一反常态，再也不阻挠宪宗去召幸其他妃嫔了，反而对宪宗说："历来帝王多子嗣者，基业稳固，国家昌盛，否则就会国本不固，危机四伏。请皇上博恩泽广继嗣，以保国祚绵长。"并替宪宗下诏，广选民女，充实后宫，这正中宪宗的下怀。

此后，后宫陆续传来皇子降生的消息。万贵妃自知不能再生子，这样做是为以后谋易太子之位做好准备。

骄奢成性，结纳外廷

万贵妃独受专宠，她的家人也因此飞黄腾达。万贵妃的父亲万贵，先前被贬，如今贵为皇亲国戚，被封为锦衣卫都指挥使，万贵妃的哥哥万喜被封为指挥使，后又被晋封为都指挥同知，万贵妃的另一个哥哥万通被封为指挥使，弟弟万达被封为指挥佥事。

随着万贵妃的专宠得势，一大群趋炎附势的无耻之徒云集她的门下，正好满足了她利欲熏心的需要。他们为了讨万贵妃的欢心，不惜"苛剑民财，倾歇府库"，以此作为进身之阶，一时间，民不聊生。

万贵妃的骄横，不但影响了成化一朝的内宫生活，而且还间接地影响到外廷。一些士大夫，不顾颜面，巴结万贵妃，并和她的家人相结纳。其中比较著名的是大学士万安。万安虽为进士，但是没有学问，只知道趋炎附势，做大学士期间只知道依从皇帝，被人称作"万岁阁老"。

"阁老"是明人对内阁大学士的称呼。"万岁阁老"的名称有个来历。成化七年（1471 年），已经入阁的万安与另外两名大学士彭时、商辂一同去面见皇帝议事。彭时和商辂向皇帝提出，京官的俸薪不宜削减。皇帝同意了。万安在旁边，立即叩头高呼万岁，弄得彭时、商辂也只得同时趴下高呼万岁，之后退出。

这么一次精心安排的议政会议，大学士们本来是想要解决很多问题的，却因为万安这一声"万岁"，遂告流产（按明朝惯例，大臣呼"万岁"即是奏事完毕）。而且，从此宪宗基本上不再召见大臣。

此后，大学士尹直想得到宪宗的召见直接面谈朝政问题，万安便劝阻道："当初彭公请皇上召见，一句话不对劲，就立即叩头称万岁，让人笑话呀！我们每件朝政尽量做到知无不言，让太监们选择给皇上，比当面议政好得多呀！"一句话，竟然把当初自己演出的丑剧全部归过于彭时，可真算是"不学有术"。

万安作为一个政客，觉得自己最成功之处就是结交上了万贵妃。万安费尽心机与万贵妃联宗，摇身一变成了万贵妃的侄辈。万贵妃则因为出身贫寒，正希望有一个士大夫来撑撑门面。于是，双方一拍即合，成为同宗。

更耐人寻味的是，万贵妃的哥哥锦衣卫指挥万通的妻子王氏，竟然有一个送给别人抚养的妹子成了万安的小老婆！此后，万安利用万通妻子王氏出入宫廷的便利，探听宫中虚实，并依靠着万贵妃的影响力一直安稳地做他的大学士。令万贵妃想不到的是，在她死后不久，孝宗即位，有人上疏要查办曾经与万贵妃交结的人，万安就赶紧申辩说："我和万贵妃早就不来往了。"其实，也许正是万安的无能与软弱，才使万贵妃的影响力没有过度地在外廷扩散。

此外，另一内阁大学士刘吉也得万贵妃之势，为她尽心竭力，颇得万贵妃的赏识。

宦官汪直小的时候就入宫侍奉万贵妃，他为人奸诈，善于奉迎，深得万贵妃的喜爱。太监梁芳生性贪婪，处事狡猾，他靠"日进美珠"取悦万贵妃，得以"擅宠于内"。

万贵妃为了满足自己的私欲，纵容这些奸佞无耻之徒行走于朝中，利用他们控制后宫，左右朝廷，排除异己，为所欲为。

网罗势力，图谋易储

1475 年，宪宗立朱祐樘为太子。

后来，太子的生母纪氏惨遭万贵妃的毒手，这件事在小太子的心里深深地埋下了仇恨的种子。不久，周太后把祐樘接过去抚养，万贵妃还不依不饶，一心想置太子于死地，便借故找他来宫中进膳，小太子在周太后的叮嘱下，躲过了一劫。朱祐樘小小年纪竟然呵斥万贵妃，说她给的餐饭里面有毒，这自然对万贵妃深有影响。图谋废储的事，也许从那以后就埋下了伏笔。

1485 年，即成化二十一年，宪宗发现内库里的金银都花光了，就对当时的大太监梁芳、韦兴说："宫内所积存的金钱已消耗一空，倘要追究责任，在你们二人，你们知道吗？"两人心中害怕，不敢作答。其实，宪宗心里明白，万贵妃生性骄奢，大部分的金银都被用于取悦万贵妃了。他不想追究，于是他接着又说："我不追究你们，后人会责怪你们的。"两个人听后非常担心，知道宪宗所说的后人就是太子朱祐樘。于是，他们找到了万贵妃，撺掇她把朱祐樘废了，改立邵妃的儿子。万贵妃听后，联系到太子对她的仇恨，也愈发感到事情的严重和易储的必要。

但是，自从上次图谋失败以后，别人对她心存戒心，现在恐怕一时找不到废太子的理由。梁芳是最迎合万贵妃的心意的，他一眼就看出了她的心思，趁机说出他已考虑好的计策："皇上如今最钟爱兴王祐杬，只因早已立了太子，不好再改变，要按现在皇上的意思，恐怕是非兴王莫属。贵妃虽然膝下无子，却可以将兴王养于贵妃宫中，再保荐兴王为太子。到那时，兴王就会对贵妃您感恩戴德，待之胜似生母。如此一来，就可使贵妃无子而有子，兴王无国而有国，岂不两全其美。"万贵妃一听，豁然开朗，连称是个好办法。

这样，万贵妃利用宪宗对她的宠爱以及自己所网罗的势力展开了一场易储运动。这一年的三月，宪宗听了万贵妃的谗言，他向来是少主见的，看到万贵妃的态度十分坚决，也就同意，要将朱祐樘废了。

宪宗准备易储的决定，遭到很多正直大臣的反对，就连司礼监大太监也据理力争，宪宗恼羞成怒，一气之下把他贬到凤阳去守陵了。正在这时，泰山连续传来地震的消息。有个大臣马上借机上奏说，皇上是上天派来治理凡间的天子，皇上的一举一动都会引起上天的注意，如今东方泰山大地震，表明上天对改易东宫太子的不满，说明这个太子是上天认可的。宪宗一生好方术，对这种怪力乱神的事情深信不疑，于是，便打消了废储的想法。

改易太子不成，万贵妃无法咽下这口恶气，却也无可奈何。她知道有朝一日宪宗归天后，太子即位，是不会饶恕她和她的家族以及她的党羽的。于是，开始变得郁郁不乐，心情低沉，嚣张之势大有收敛。

不伦之恋，刻骨铭心

到 1487 年，万贵妃的心情越来越坏，动不动就大发脾气。由于她身体发福，肥胖臃肿，一发起脾气来就呼吸急促，好半天喘不过气来。一天，一个宫女因一点小事儿触怒了万贵妃，盛怒之下，她操起蝇拍朝宫女打了几下，气喘之下，一口痰堵在嗓子里，竟气绝身亡，时年五十七岁。

万贵妃死后，明宪宗辍朝七天，并给她上谥号为恭肃端慎荣靖皇贵妃，把她葬在了天寿山。

说起来，明宪宗对万贞儿的感情十分怪异，但也可以说十分真诚，他对万贞儿的宠爱直到她死也没有改变。而万贞儿死后，明宪宗就常常说："万贵妃死了，我怎么还能活呢？"果然，在万贞儿死后仅仅几个月，明宪宗就追随她而去。

明宪宗去世后，太子朱祐樘即位，是为明孝宗。当时，朝廷憎恨万贵妃的人十分多，许多大臣都纷纷上奏章列举万贵妃的残酷恶毒，杀人害命，以及其兄弟的专横霸道。但是孝宗只是根据事实降了万贵妃兄弟的职，仅此而已，并未做过多的处理。孝宗的孝悌观念很强，他正是因为孝敬父母才被后人上庙号称为"孝宗"的。孝宗下旨说，如果究万贵妃的罪过，就会违背先帝宪宗的遗愿，他不能做不孝之事，所以，对有关万贵妃的事情也就不再追究过问。

按照明朝的制度，只有皇帝和皇后死后才能葬于天寿山陵区，像万贵妃这样的妃子只能葬在西郊的金山。万贵妃很幸运，死在宪宗朱见深的前面。作为皇帝最宠爱的妃子，她被朱见深安葬在十三陵陵区内。今天在定陵西南约两公里处的苏山脚下，有一占地约两万平方米的陵园，即是万贵妃墓。墓碑雕云凤纹，中间一"卐"字，既表墓主"万"姓，且寄吉祥之意，真是宠尽于身后！明末的沈德符曾感叹地说："妇人以纤柔为主，万氏身体肥胖，与纤弱相反，而获异眷，就像杨玉环得宠于唐明皇一般！"

张氏　明孝宗朱祐樘皇后

□ **档案：**

姓　名： 张氏
生卒年： ？ ～1541 年
籍　贯： 兴济（今河北青县）
婚　配： 明孝宗朱祐樘
封　号： 皇后
谥　号： 昭圣慈寿皇太后

张氏，明孝宗皇后，河北人。父亲张峦，为国子监生。张氏品行出众，成化二十三年被选为太子妃。孝宗即位，册立为皇后。生育的皇长子朱厚照，即后来的武宗。

恩爱夫妻，相濡以沫

1487 年，天资聪慧的张氏被选为太子妃，同年，朱祐樘即位，是为孝宗，她也被册封为皇后。

张氏和孝宗大婚后，相处得非常好，感情迅速升温并不断地稳固，二人常常形影不离，谈笑风生。张氏活泼开朗，率真坦诚，而孝宗因身世坎坷，性情上阴郁而沉闷，张氏的性格对孝宗有着强大的吸引力。孝宗刚生下来时，生母怕受到万贵妃的迫害，交由太监张敏偷偷地藏在安乐堂内抚养，后来，与父亲相认，但是自己皇子的身份被万贵妃妒恨，他自幼便生活在险恶的环境里，后妃们尔虞我诈的争斗，让他看透了世态炎凉，过早地成熟起来。长期以来，他的感情没有寄托，内心十分孤独。张氏慢慢地知道了这些，对孝宗更是百般体贴，温柔备至，二人的感情越来越深，后宫里美女成群，但孝宗平生所爱始终只有张氏一人。张氏是幸运的，她不用为后宫的妃嫔争宠吃醋，而有了更多的时间和精力照顾皇上的生活。

不仅如此，张氏还替孝宗为国为民出谋划策，在她的支持下，孝宗进行了一系列的政治制度改革，提高了国力，罢免了许多奸臣，边防也得到了巩固。

忧国忧民，女中人杰

张氏共为孝宗生了两子三女，但是，皇二子朱厚炜与皇长女太康公主先后夭折。仅剩下朱厚照，成为孝宗的单传儿子。

1505年，孝宗去世。朱厚照即位，是为武宗。但是武宗在奸臣的唆使下，变得荒淫无度，不理政事，最后因纵情声色而死，没有留下后嗣。为了不让祖宗创立的基业就此毁掉，张皇后与众大臣商量，推荐孝宗弟弟的儿子朱厚熜即位，是为世宗，这样保障了朱氏家族的利益。但是，这样做要冒极大的风险，新的皇帝远在湖北，一时还赶不到京城，以江彬为首的反动势力，控制着首都的禁卫部队，妄图趁朝中无主的机会策动政变。

在这种情况下，张皇后虽然心里着急，但是她知道如果自己乱了方寸，整个朝廷就会乱作一团。张皇后镇定了自己的情绪，决定智斗江彬等人。她先是说服了宦官张永、魏彬等人，又秘密与内阁首辅大学士杨廷和等大臣紧急磋商，草拟出武宗的遗诏，把忠于江彬的一支部队调离京师。接着又在宫中设置埋伏，以太后的名义邀请江彬到宫中参加"观兽吻"的仪式，把江彬逮捕处死。再以迅雷不及掩耳之势抓获了江彬的余党，夺回了首都警卫部队的大权，稳定了人心。在整个镇压政变的过程中，张皇后镇静自若，沉着指挥，为朱氏基业立下了汗马功劳。此后，张皇后又以太后的身份，进行大力改革，裁减宦官，惩治贪官污吏，提拔真正有才干的官员。在张太后主政的四十七天当中，朝政出现了明中期少有的兴盛局面。

优待外戚，悔恨而终

张氏成为皇后且受宠于孝宗，给张家带来了极大的荣华富贵，皇帝追封老丈人张峦为昌国公，妻弟张鹤龄为寿宁侯、张延龄为建昌伯，为皇后建立的家庙也十分壮丽。武宗驾崩后，因为无子，迎立武宗的堂弟朱厚熜为帝，史称明世宗。

世宗继位时只有十四岁，他比武宗强不了多少，虽然年纪轻轻，却个性极强，当他由外藩入继皇位时，以维护自己的名誉为由，不接受以皇太子登基的礼仪迎接他，这让张太后很是苦恼。为了顾全大局，张太后率文武大臣上表劝进，这才以天子之礼在奉天殿即位，改年号为嘉靖。

令人遗恨的是，张皇后冒着生命危险保住的政权，却拱手送给一个心胸狭隘、爱慕虚荣的人。世宗继位后，为了正本清源，下令礼臣议生父兴献王的尊称。是要称自己的父亲还是孝宗为"皇考"，这件事情的实质是，当皇帝后还能不能承认生父。由于情况特殊，首辅大学士杨廷和与群臣商议后援引宋代故事，认为世宗既是以宗藩入统继承孝宗、武宗一系，建议称世宗的伯父孝宗为"皇考"，称生父兴献王为"皇叔父"。世宗一听，怒气冲天，大声说："世上哪有这个道理，父母是可以易换的吗？"后来，世宗的母亲蒋氏进京，听到朝中大臣们的意见后，大发脾气，对陪同的朝使说："你们受职为官，父亲都得到了封诰，我的儿子当了皇帝，却成了别人的儿子，那我还进京做什么？"说完即停在通州，不肯再走。世宗听到消息后，哭着找到张太后说："您另选别人做皇帝好了，我要和母亲一起回安陆，还去当我的兴王。"张太后听罢，一面安慰让他留下来，一面又让内阁妥议。大学士无奈，只好代世宗草敕下礼部，称世宗的父亲朱祐杬为兴献帝，蒋氏为兴献后。

世宗开始还尊敬张太后，日子一久，世宗的本性就慢慢展露出来，开始自行其是，将张太后主政时所下的命令逐一收回。一次，张太后弟弟犯了罪，张太后苦跪求情，世宗也没有同意宽大处理，老太后悔恨交加，一病不起。嘉靖二十年，晚景凄凉的张太后去世，谥号为孝康靖肃庄慈哲懿翊天赞圣敬皇后。而她刚刚死去，世宗就把她弟弟处死了。

剔红花卉长方几　明

这件红色长方几是传世之宝，几面制作极其精美，内雕牡丹、茶花、菊花、石榴花等多种花卉；牙板及四腿都雕有桃花、莲花等。造型敦实，线条圆厚，磨制精美光亮，别具一格。

夏氏　明武宗朱厚照皇后

□ 档案：

姓　名：夏氏
生卒年：?　~1535 年
籍　贯：大兴
婚　配：明武宗朱厚照
封　号：皇后
谥　号：孝静庄惠安肃温诚顺天偕圣毅

夏氏，军都督府夏儒的女儿，正德元年，被册立为皇后。嘉靖元年，尊称"庄肃皇后"。她一生孤寂，郁郁寡欢，嘉靖十四年去世，与武宗合葬康陵。

枝攀凤凰，福兮祸兮

1506 年，正德元年的金秋时节，明朝皇宫内外张灯结彩，热闹非凡，十六岁的武宗正在举行隆重无比的婚礼大典，迎娶他的皇后，军都督府都督夏儒的长女夏氏。这时，夏氏还是豆蔻年华的小姑娘，还在做七彩斑斓的人生之梦，就被册立为皇后，贵为天下母。对于她而言，人生有太多的未知，太多的想象。她想象着，自己要用女性的温柔博得皇帝的宠爱，夫唱妻随，恩恩爱爱，生个龙儿，让自己的地位永保无虞。即使生个公主，也可以作配至尊，享尽人间荣华富贵，过灿烂多彩的生活。然而，现实好像在作弄这位少女似的，本来这些或多或少都会发生在自己身上的事情，又似乎与她毫无关联。

夏氏心中明白，自己嫁进的是"天下第一家"——帝王之家，明朝内廷规制十分严谨，加诸宫廷后妃的是各种禁条苛律，让她们的生活起居全无自由可言。而她嫁的这位夫君，虽贵为天子，却是个荒淫无度、醉生梦死的昏庸之辈，她原本幻想的夫妻二人恩恩爱爱的生活，现在来看，却是那么地遥不可及。

荒淫夫君，幸福渺茫

武宗朱厚照是孝宗皇帝的独子，两岁的时候就被立为太子。因孝宗忙于政务，忽略了对他的培养，陪伴他度过童年的是一批精通文墨的宦官，如刘瑾等，整日只会弄些鹰犬鸟兽之戏供武宗游玩取乐，荒废了学业。

1505 年，孝宗过世，年仅十五岁的武宗继统，不几天就把批阅奏章的朝政大事都交给了宦官刘瑾，自己则沉浸在游乐中。在与夏氏成婚后，武宗又开始纵情于声色，时常微服出宫，到青楼妓馆寻欢作乐。有一次，竟把良家妇女误认为娼妓，任意闯进门去，纵情笑乐。武宗是个荒淫无度的君主，整日过着恣意妄为的淫乱生活，他追求声色犬马的感官享受。这让身处帝王之家的夏皇后懊恼不已，她本性柔和，因看不惯武宗而大力劝阻，但却得到了武宗的训斥，于是，也只好隐忍迁就。少女七彩的梦一点点破灭，而随之带给她的是无穷的寂寞。武宗还大兴土木，修了座多层的宫殿，命名为"豹房"。豹房之内全是各色女子。"豹房"刚一落成，武宗干脆搬出皇宫，住了进去，日夜和一班美妓娈童纵情淫乐。在偌大的皇宫，作为一国之母的夏氏，只能独守空房，除了等待着夫君的改过，她什么也做不了，她离幸福越来越远，甚至根本就没有得到过幸福。她的梦碎了。

终生寂寞，谥号风波

1521 年，即正德十六年，武宗死去。武宗一生虽嫔妃众多，但并无子女，为确保帝统长存，太后召兴王朱厚熜入继帝位，是为明世宗。世宗即位后，给予夏皇后一个尊称"庄肃皇后"。

1535 年，夏皇后孤寂地告别了人世，她比武宗多活了十四年。这位活在世上默默无闻，几乎被人遗忘的皇后，没想到死后却格外引人注目。

夏皇后去世后，尸首停棺未葬之时，礼部朝臣上表，列丧葬礼仪之规制。在议定谥号时，发生了争议，有的大臣认为大行皇后是世宗的嫂嫂，谥号用两到四个字就可以了，有的大臣则认为按照皇室的规定，大行皇后的谥号要至少用十二个字。世宗见大臣们如此放肆，引经据典为夏皇后说情，不由得大怒斥责，要群臣重新商议。大臣们哪敢再议，最后以折中的方案去办，即用六个字，皇帝也勉强同意，这场争论才告结束，夏皇后的遗体也终于可以埋葬了。过了一年，世宗觉得六个字的谥号不完备，不配称武宗皇帝，这才给夏皇后改成十二个字的谥号。

陈氏　明世宗朱厚熜皇后

□ 档案：

姓　　名：陈氏
生卒年：1506~1528 年
籍　　贯：元城（今河北大名东北）
婚　　配：明世宗朱厚熜
封　　号：皇后
谥　　号：孝洁恭懿慈睿安庄相天翊圣肃

陈氏，元城人，父亲陈万言是县学教授。她出自书香门第，端庄秀丽，温婉得体，于嘉靖元年册立为皇后。嘉靖七年，与皇帝争吵，明世宗大怒，陈后惊悸，堕胎致死。

贤淑良女，一朝国母

1521 年，明武宗朱厚照驾崩，因为他没有儿子，于是宪宗皇帝的孙子，兴献王朱祐杬的儿子朱厚熜登上了宝座，是为明世宗，年号嘉靖。

朱厚熜继位后，派遣太监到各地征择良女，陈氏出身书香门第，贤淑秀丽，不仅面姣貌美，而且礼、孝、智、贤四德咸具，琴棋书画样样精通，气质高雅恬静，深得明世宗宠爱。不久，陈氏被封为皇后。

新婚的陈皇后与皇帝十分恩爱，陈后通晓诗文，又能写会画，夫妻二人互相唱和，或弹琴或吟诗，过着和睦甜蜜的生活。然而，这样的好景并不长，过了几年之后，生性专横孤傲的明世宗听惯了谄媚和阿谀奉承的话，对谏诤的人极为反感。而陈皇后往往因替世宗着想，常给他提一些建议，时间久了，就遭到了世宗的冷落。

张太后弟弟张延龄封昌国公，在武宗时，因作风骄奢无度，被人告发。这时，嘉靖并不感激张太后扶他嗣位，反而认为她位高居傲。在处理一件谋逆案时，重翻旧账，硬说张延龄要谋害他，准备诛杀张延龄。张太后知道后十分惶恐，为能救弟弟一命，连忙屈尊求情，甚至自己解散头发，穿上粗布衣服，坐在草席上，乞求皇帝赦免。陈后怀着感恩的心情，向皇帝为张太后求情，带着几分乞求的语气说："皇上对张太后未免也太无情了，她老人家这样，被别人看到，会说皇上刻薄无情的。"嘉靖不以为然地说："她这样做是故意让朕难堪，不要理会她。"陈皇后极力劝阻都无法改变世宗的想法，她非常伤心，失控地说："依照国法，叛逆罪该诛族，太后也是张家人，莫非到时候也要把她拉出去杀头吗？"两个人争执了很久，陈皇后意识到世宗将要怒火爆发，转而细声细语地哀求："张太后受的打击已不小了，陛下也得给她留条后路啊！"世宗还是沉默不语。最后在大臣的据理力争下，明世宗只得把张延龄下在牢里搁置不问。这件事过去后，陈皇后便渐渐失去了皇上的宠爱，世宗一连几日都不会去见陈氏，不仅对她的直言进谏感到厌烦，而且对陈氏的美色也早已失去了兴趣。

流产致死，无人问津

1528年，即嘉靖七年，陈皇后怀了身孕，明世宗为自己即将有子嗣而暗自高兴。一天，朱厚熜和陈皇后坐到了一起，这种夫妻恩爱的情景，对陈皇后来说已经非常难得了，加上她已怀有身孕，日近临盆，想着自己即将生个小皇子出来，她沉醉在欢乐之中。正在这时，张、方二位宫女端着白玉茶具，一个拿壶，一个捧杯，前来进茶。正沉浸在幸福遐思中的陈皇后缓过神来，接过茶杯，一抬头，看到朱厚熜正目不转睛地看着宫女张氏的玉手。世宗最爱美手，此时忍不住色眯眯俯视着张宫女的手仔细回味。坐在旁边的陈皇后看到这样的场景，醋意大发，把手中的杯子扔了出去。这一举动败了朱厚熜的兴致，他立即喝住陈皇后，大发脾气。盛怒之余的陈皇后，大受惊吓，不仅胎儿流产了，连她自己也因血崩被夺去了生命，时年二十二岁。

年轻气盛的陈氏，却有如此悲惨的结局，满朝上下都替她惋惜。然而，陈后的去世，世宗并没有表现出丝毫难过之意，余怒未消的朱厚熜下令将陈氏的丧礼一切从简，并给了陈皇后一个"悼灵"的谥号。

第二年三月，将陈皇后草草埋葬。下葬的那一天，也只是梓宫出王门，大臣们到现场一天，便匆匆把这位国母打发到地府去了。

1536年，朱厚熜因为贪恋美色，纵欲无节制，即位近十年仍然没有儿子，因而怀念起了陈皇后，于是改谥陈皇后为"孝洁"。后来，穆宗即位后，将陈后的墓迁到了永陵。

张氏　明世宗朱厚熜皇后

□ 档案：

姓　名：张氏
生卒年：？-1536年
籍　贯：不详
婚　配：明世宗朱厚熜
封　号：皇后

张氏，容貌秀丽，肌肤白皙。嘉靖元年，选美入宫，册封为顺妃。嘉靖七年，册封为皇后，成为明世宗的第二位皇后。后因触怒明世宗，嘉靖十三年被废。嘉靖十五年，张氏去世，年约三十岁左右，丧葬仪礼简单低调。

纤纤玉手，花瓶皇后

张氏的父亲是锦衣卫带俸指挥佥事张楫，她生性温和。1528年，即嘉靖七年，张氏被册封为皇后。当了皇后以后，她吸取了前任陈氏的教训，在皇帝面前小心翼翼，对世宗的那一套迷恋仙丹的举动也不过多干涉。但是，这并没有改变她悲惨的命运。

张皇后有一双绝妙的玉手，让世宗看得神魂颠倒。一时冲动，就册封她为皇后，两人之间根本没有真正的感情。从嘉靖八年到十二年的五年之中，皇帝大规模的祭祀几乎没有中断过。每逢节日大祭，皇后迎合皇上的喜好，穿礼服陪祭，明世宗除了自己搞祭礼外，还要求张皇后仿效古礼到东郊亲自祭祀蚕神。

有一次，张皇后祭祀的仪式还没有进行完，天空中就下起了倾盆大雨，张皇后因此感染了风寒，回宫后大病了一场，很久才得以康复。

青春逝远，废后为庶

明世宗生性顽劣，喜新厌旧，在他的世界里，找不到一个能够让他完全满意的女人。张氏只不过是为了满足他一时需要的一个牺牲品，他导演了张氏的悲剧人生，重演了废后的悲剧。

在宫中，张氏整天提心吊胆地过日子，为人处世谨小慎微，即使这样也逃不过明世宗的厌弃。随着时间的推移，张后的双手变得粗糙了，渐渐地失去了昔日的魅力。更重要的是，新采选的淑女中有位南国佳丽方妃，光艳照人，世宗的魂早就被勾走了。红颜易逝，张氏早已被遗忘在了一旁，如一朵昨天采摘的鲜花，枯萎后被丢弃，奄奄地蜷缩在路边。

嘉靖十三年（1534年）三月，世宗二十八岁生日时，浙江疆臣左均用奏称：在四明山发现了十株高大异常的灵芝，在挖掘的时候还发现有白龟蛰伏于根下。明世宗听说千年以上的灵芝是紫色的，将紫灵芝煮水服食可以延年益寿。于是他便命人择取几枝煎水，然后赐给张皇后服下。张皇后慑于世宗的淫威，不敢不喝，谁知服药汤后不久，便上吐下泻，差点丧命。这一次她再也忍受不了，于是将多年来压积已久的怨气一下子宣泄出来，开始对世宗反唇相讥，揭露他喜新厌旧的虚伪嘴脸。恼羞成怒地明世宗下令废张皇后为庶人，移居别宫。

张氏听到废后的诏令，如五雷轰顶。张后在冷宫中度过了两年孤苦的日子，还天真地盼望世宗有一天能念及她的好处，回心转意，但一切都如梦幻泡影一般，如此的不真实。

1536年，即嘉靖十五年，早已被人们遗忘的张氏在失望和寂寞中离开了人世，结束了她可怜悲惨的一生。正在纵情享乐的世宗听到消息后，毫无悲伤之情，下令用妃子的葬礼埋掉，无谥号。

方氏　明世宗朱厚熜皇后

□ 档案：

姓　名：方氏
生卒年：？ ～1547 年
籍　贯：江宁（今江苏南京）
婚　配：明世宗朱厚熜
封　号：皇后
谥　号：孝烈

　　方氏，明世宗嘉靖帝第三位皇后，江宁人。嘉靖十年，册封为嫔妃。此后，方氏又被立为德妃。嘉靖十三年，张后被废，方氏终于实现了梦寐以求的理想，登上了皇后宝座，明世宗为她举行了隆重的朝拜仪式。

玉手美女，争宠酿祸

　　1531 年，世宗已经在位十年了，身边嫔妃成群，却没有一个子嗣。在廷臣的建议下，世宗派官在全国选取秀女。经过千挑万选，合格者只有五十人，最后又选出九人，被封为"九嫔"，方氏就在其中。

　　方氏生得花容月貌，身材窈窕，尤其是有一双纤美的手。由于明世宗朱厚熜有喜爱美手的癖好，因此方氏入宫以来十分受宠。在张皇后被废后，世宗选立了玉手美女方氏为自己的第三任皇后。方氏是一个精明世故的人，吸收了前两位皇后的教训，她平时为人处世既小心翼翼、圆滑周到，又不失母仪天下的气度，因此，世宗对她十分地满意。为了保全皇后的地位，她小心隐忍地过着生活，然而，后宫女人之间的争宠吃醋的斗争，把方皇后本来平静的日子打乱了。

　　嘉靖二十一年（1542 年），世宗开始沉迷于炼丹，幻想着能得到长生，成为神仙。他听信妖师的话，广选天下健壮美貌的女子入宫，强迫她们服用催经下血之药，用少女"精血"为自己炼制丹药。不少宫女因此丧命，活下来的都对世宗恨之入骨。这一年的某一天，宫女杨金英等因受不了世宗的虐待而谋逆，准备刺杀嘉靖皇帝。

　　当时，皇帝很宠爱曹端妃，这天夜里又住进了端妃宫。杨金英等十几名宫女想利用这个机会，用绳子勒死皇帝。但是在一片手忙脚乱之中，她们竟将世宗脖子上的绳子打成死结，屡收不死。这时，一起谋逆的张金莲害怕了，当起了叛徒，就去报告方皇后，方皇后急忙赶到，把绳子解开，皇帝才得救。皇后命令太监张佐逮捕叛乱的宫人，进行拷问。在一顿严刑拷打之后，首谋王宁嫔、主犯杨金英被供了出来。曹端妃实际上不知道这件事，但她被世宗宠幸，方后早就嫉恨在心。当时皇帝因为受到惊吓，不能说话，所以方皇后就以皇帝的名义，把曹端妃、王宁嫔，以及杨金英等一同凌迟处死，并且诛杀了这些人的亲族。实际上，曹端妃对这件事并不知情，方皇后不过借这次机会除掉了这个女人。

　　最后，世宗知道了曹妃的死是冤枉的，虽然，对方皇后的救命之恩是不能割舍的，但曹端妃的容颜又不时地浮现眼前，这使世宗不能不怨恨方皇后。

葬身火海，行厚葬礼

1547 年，即嘉靖二十六年，宫中发生火灾，大火在方后的宫中熊熊燃烧，宦官们请求救火，明世宗的眼前又出现曹妃的倩影，竟然拒绝救火。这时的明世宗已经对日益衰老的方氏开始厌倦起来，趁这场火，可以解除心中的怨恨，为曹妃报仇，又可以拥有自己去寻欢的自由。就这样，方后被大火活活地烧死。明世宗竟置救命之恩于不顾，甘心让方后被烧死，足以看到这位皇帝的残忍。

事后，世宗为了掩饰自己险恶的真实用心，为方后举行了隆重的葬礼，以此来掩人耳目。预定葬地名称为永陵，赠谥号孝烈。谥号、葬礼都是由明世宗亲自制定的，所以显得特别隆重。礼成后，颁诏天下，等到出了丧期，礼部的大臣按照制度把孝烈皇后的神主安放在奉先殿的东侧室，祔太庙。

陈氏　明穆宗朱载垕皇后

□ 档案：

姓　　名：陈氏
生卒年：? ~1596 年
籍　　贯：通州（今北京通州）
婚　　配：明穆宗朱载垕
封　　号：皇后
谥　　号：孝安贞懿恭纯温惠佐天弘圣

孝安陈皇后，明穆宗朱载垕的继皇后，未生育子女。为人善良，识大体，全心支持辅臣辅佐幼帝，积极改革，为大明的繁荣和进一步发展做出了不可磨灭的贡献。

1558 年，朱载垕还是裕王，这一年九月，正妃李氏死后，陈氏被选为裕王的继妃。

1567 年，在经历了一番尔虞我诈、惊险激烈的皇位争夺之后，朱载垕如愿继位，时年已三十岁，是为穆宗，成人继承皇位，这在明代是非常少见的。

朱载垕当上了皇帝以后，陈氏即被册立为皇后。谁知，登基不久，曾经饱受压抑与苦难的朱载垕却如同换了一个人一样，性情大变，终日沉迷于声色之中，不理朝政。陈皇后见状，耐心劝说，希望他以大局为重。而穆宗非但对此完全不理，还非常生气，以陈皇后无子多病为由，将她移居别宫，从此，备受冷落，尝尽了孤独滋味。

陈皇后忠言获罪，悲愤交加，日子一

穆宗纵情声色

长，整个人变得阴郁起来，终日闷闷不乐，也不愿和周围的人多说话。终于忧劳成疾，卧床不起。大臣们平日里就对陈皇后敬重有加，听说她病倒了，都纷纷上疏，恳请皇上召皇后回中宫休养。刚开始，穆宗的反应非常大，大发雷霆，所有关于皇后的奏折一律驳回。后来，经过众大臣的坚持，也只得无奈地表示："待皇后调理得稍有好转，就让她回本宫。"

陈皇后生性善良，自己虽然没有生育子女，却也不会嫉妒别的妃嫔。她非常喜欢孩子，当时，还是皇太子的神宗，每天清晨必来给陈皇后请安，她一听到脚步声，都会很高兴，即便身体不适，也要强行起身，和神宗玩耍一番。她和神宗的生母李贵妃的感情也非常好，两宫关系和睦融洽，走动频繁。

1572 年，在位仅仅六年的穆宗因纵情声色，身体虚弱不堪，当了风流鬼，十岁的神宗即位。

神宗即位后，年龄尚轻，不能决定国家大事，政务全由陈太后和李太后二人主持，两人商议后，任命大臣张居正为辅臣，整顿朝政，大力改革。这期间，各方面都取得了显著的成绩，不仅财政出现了剩余，军事也大为改观。张居正的改革成功与陈太后的支持是分不开的。

1596 年，陈太后去世，祭祀神主于奉先殿别室，袝葬于穆宗的昭陵，未与穆宗合葬。

王氏　明神宗朱翊钧皇后

□ 档案：

姓　名： 王氏
生卒年： ？ ~1620 年
籍　贯： 顺天府
婚　配： 明神宗朱翊钧
封　号： 皇后
谥　号： 孝端贞恪庄惠仁明媲天育圣显

王氏是永年伯王伟的女儿，端庄贤惠，容貌姣好。王氏性情温和，做事严谨，体弱多病。她不得宠，也不争宠。

王皇后进宫后一直没有生育子女。眼看着恭妃王氏生光宗朱常洛，郑贵妃又生福王朱常洵，特别是在郑贵妃得专宠后，王皇后选择了谦退，身边的役使只有几个人，整日忧郁不堪，但是随着时间的流逝，她慢慢地都不再计较这些，赢得了宫内外的称赞和尊敬。

1578 年，王氏被明神宗封为皇后。立为皇后以后，王氏对神宗的母亲李太后照顾得无微不至，非常得太后的垂爱。正位中宫四十二年，以慈孝称。

她对李太后关心得无微不至，博得了李太后的欢心。另外，对太子朱常洛也是关怀有加，朱常洛被立为太子几经周折，数次遭遇劫难，王皇后十分心疼他，多次利用自己的身份保护，才使朱常洛幸免于难，充分显示了自己的嫡母气度。

1620 年，王皇后去世，与明神宗合葬于定陵，配祭于太庙。

郭氏　明光宗朱常洛皇后

□ **档案：**

姓　名： 郭氏

生卒年： 1583~1613 年

籍　贯： 顺天（今北京）

婚　配： 明光宗朱常洛

封　号： 皇后（追封）

谥　号： 孝元贞

郭氏，是博平伯郭维城的女儿，明光宗朱常洛的嫡妃，生有一女，早夭。她在朱常洛未登基前就离世了，后来，太子朱常洛即位，是为明光宗，但光宗在位一个月后便驾崩，来不及追封郭氏。一直到明熹宗即位后，追封，而后迁葬庆陵，祔庙。

1601 年，明神宗长子朱常洛被立为太子，册封郭氏为太子妃。时年太子二十岁，郭氏十八岁。郭氏婚后生有一女，但是不久夭折，以后再也没有生育。

1613 年，郭妃去世。当时，朱常洛虽然身为太子，但是由于是宫女所生，其母王氏又失宠受冷落，累牵到太子妃郭氏也没有地位，故郭氏在死后停尸两年，也不筑墓落葬。直到 1615 年才开始选择墓地，葬于泰陵之后的长岭。

在朱常洛即位后，仅做了一个月的皇帝，尚未来得及追封郭氏就死去了。据说，朱常洛因连服两粒"红丸"药而死。当时，神宗的贵妃郑氏，为了讨好皇太子，知道朱常洛本性贪色，于是就特意在宫中筛选了多名美女，送给朱常洛，让他尽情享受，来达到自己夺取大权的目的。这样，朱常洛不分白天黑夜，终日与这些美女缠绵作乐。因其淫欢过度，数日后即瘫软卧床不起。

后来，光宗之子朱由校即位为熹宗，追封其父正妃郭氏为皇后，将其遗体迁葬至光宗庆陵。

王氏　明光宗朱常洛皇后

□ **档案：**

姓　名： 王氏

生卒年： ?　~1619 年

籍　贯： 顺天

婚　配： 明光宗常洛

封　号： 皇后（追封）

谥　号： 孝和恭献温穆徽慈谐天鞠圣皇太后

孝和太后，王氏，新城伯王钺的女儿，为明光宗朱常洛的才人，生有二子，即明熹宗朱由校和简怀王。后因与李康妃矛盾深化，被凌辱殴打，含愤抑郁而死。

万历年间，朱常洛还是皇太子的时候，王氏就是他身边选侍。1604年，即万历三十二年，王选侍被晋封为"才人"。第二年，生下光宗的长子朱由校。

1619年，即万历四十七年，王氏去世。据《明史》载，王氏是被光宗的宠妃李康妃凌辱、殴打致死的。

在当时太子宫中，王氏的地位仅次于太子妃郭氏，王氏的才人封号是由万历皇帝亲赐的。郭氏病死后，按"母以子贵"的惯例，王才人成为太子宫中地位最尊贵的女人。但是当时的李康妃非常得宠，恃宠而骄，根本不把王才人放在眼里，经常当众羞辱王才人，二人素来不和。

万历四十七年，二人的矛盾激化，发生了严重的口角争执，并起了身体冲突，李康妃仗势殴打凌辱王才人。那时候，王才人已经失宠，受太子的冷落，几个月都见不到太子的面，无法申冤，不久便悲愤而死。她临死之前曾经说过这样的话："我与李妃有仇，负恨难伸。"

王氏的儿子熹宗即位后，追封生母，尊上谥号，迁葬光宗庆陵，神主奉祀于奉先殿。

刘氏　明光宗朱常洛皇后

□ **档案：**

姓　名：刘氏
生卒年：? ～1615年
籍　贯：海州（今江苏连云港）
婚　配：明光宗朱常洛
封　号：皇后（追封）
谥　号：孝纯恭懿淑穆庄静毗天毓圣皇太后

孝纯太后刘氏，崇祯帝朱由检的生母，海州人。在失去了光宗的宠爱后，被迫害致死。

刘氏，祖上是海州人，被选入太子东宫，成为朱常洛的姜室。1611年，生下了朱常洛的第五个孩子朱由检，即明思宗崇祯帝。后来，因为一些事情失去了光宗的宠爱，朱常洛在暴怒之下，把刘氏斥责遣送出宫，不久就去世了，这一年，朱由检才五岁。

多日不见母亲，小朱由检啼哭嚷嚷着要找妈妈，周围的人告诉他妈妈已经去世了，他就问仆人有没有母亲的遗像，大家告诉他没有。当他登基之后，听说有一个懿妃，曾经和刘氏一起居住过，自称很熟悉太后的容貌。于是，皇帝就让这个懿妃找一些长相类似刘氏的宫女，画刘氏的画像。完成以后，朱由检在午门跪迎，把画像接到了宫中，并且拿给老宫女观看，问是不是相似，老宫女有的说像，有的说不太像。皇帝听了很伤心，泪如雨下，大家都跟着哭泣。

对于刘氏的死因，史书曰："失光宗意，被遣，薨。"只简单一个字带过，但实际上的情况，极有可能是刘氏被逼上了绝路自尽，甚至有可能是朱常洛亲自或让下人动手将刘氏活活打死了。

当时，万历一直都想找借口改立宠妃郑氏的儿子为太子，刘氏死后，朱常洛惧怕此事被父亲万历皇帝知道，趁机废了他这个碍眼的太子。

朱常洛知道做错了事，心虚有愧，但是出于对皇位的觊觎，对身边的太监宫女威逼利诱，警告他们不能走漏风声，只对外谎称刘氏是病死的，以宫人的身份将她葬在了西山。

朱由校即位后，天启二年，封朱由检为信王，屈死的刘氏也被追封为贤妃。

虽然朱由检成了亲王，但是由于刘氏死得不明不白，他不敢公开去祭祀自己的母亲，只能悄悄向太监打听母亲下葬的方位。朱由检居勖勤宫，问近侍："西山有申懿王坟乎？"回答："有。"又问："傍有刘娘娘坟乎？"答曰："有。"于是，他就偷着拿些钱让侍从去为母亲祭扫。

直到朱由检十七岁这一年，哥哥熹宗无子早逝，将皇位传给了他。这时，朱由检才真正能够光明正大地悼念自己的母亲，将她从简陋的坟墓中迁出，与父亲光宗合葬庆陵。

张嫣　明熹宗朱由校皇后

□ 档案：

姓　名：张嫣
生卒年：？ ～1644 年
籍　贯：祥符（今河南开封）
婚　配：明熹宗朱由校
封　号：皇后
谥　号：懿安

张嫣，小名宝珠，明熹宗朱由校的皇后。天启元年（1621 年）二月选美入宫，四月册为皇后，其父张国纪封太康伯。张嫣容貌艳丽，身材丰腴，精通书史，正直严谨，是全国初选的五千名美女中，连过"八关"选出的第一美女。在明代后期混乱的局势中，张皇后始终清醒。

生性刚直，惨遭陷害

1621 年，张嫣以天香国色被选入宫中，貌冠后宫，同年就被册封为皇后。她清丽脱俗，又通晓古今书史，个性严谨，贤静有谋，很有皇后的风范。与熹宗朱由校成婚以后，二人起初感情很好，慢慢地由于双方性格相差太大，逐渐产生了隔阂。

张嫣好静，她平时喜欢看书、写字，或是做些杂活。而朱由校性格好动，喜欢到处游玩，每次出去都来叫她，她大都找各种理由推脱掉了。实在推不掉的，也只是陪他玩上一会儿，就心神不定，着急回到宫里。时间一长，两个人见面都说不上几句话，关系也变得淡漠疏远。

由于生母早逝，朱由校由奶妈客氏抚养长大。客氏比朱由校只大了8岁，本是一个普通的农家村妇，偶然被选入宫当了皇帝的奶妈，一般说来，皇帝断奶后，奶妈就要打发出宫。但是，熹宗从小就和她生活在一起，客氏离开后，熹宗整天闷闷不乐，不吃不喝，于是又被请回宫中。客氏为人性淫不正，经常挑逗熹宗，二人关系非同一般，熹宗曾封她为"奉圣夫人"。

客氏倚仗着自己独特的优势，野心也进一步膨胀，甚至勾结太监魏忠贤，想搅乱天下，夺取大权。

张皇后早已看穿魏忠贤和客氏二人为非作歹的行径，经常数次向熹宗说起此事，历数两人的过失。更是当着客氏的面，以皇后的身份警告和处罚客氏。

有一天，皇后在读《史记》，皇帝过来看望，询问所看何书，皇后告诉他是《赵高传》，意在劝诫熹宗不要听信阉党太监魏忠贤，否则会成为大明王朝的千古罪人。她说道："赵高是秦王朝权相，曾把揽朝政，指鹿为马，毒如蛇蝎，是坏秦朝锦绣天下的小人。"魏忠贤得知后恼羞成怒，第二天就埋伏下武士想行刺皇后，被熹宗撞见，没有得逞。

此后，魏忠贤和客氏一直怀恨在心，但皇后的地位一人之下万人之上，不同于其他的一般嫔妃容易对付。魏客两人先是在背地里编造些谣言，如张皇后不是张国纪的亲生女儿等，诬陷张皇后，来混淆熹宗的视听。

后来，张皇后有了身孕，这给客氏和魏忠贤复仇提供了一个绝佳的好机会，客氏把皇后的侍女都换成自己的亲信，作为自己的爪牙，布好了天罗地网，见机下毒手。一天，皇后腰痛，宫女们替她一顿捶打，几天后，皇后就流产了。熹宗也因此绝了后。

贤德国母，自缢而终

1627年，熹宗病危，这时魏客两人觉得时机已经成熟，便连夜勾结乱党，加紧了篡夺政权的计划。然而，张皇后智谋身勇，不惧魏客二人的多次迫害，一面命人加强戒备和防范，一面由自己终日守在熹宗的身边，不让他人接近，杜绝了魏忠贤乘机假传圣旨的机会。

张皇后在熹宗病重期间，反复地规劝他不要轻信阉党，揭露魏忠贤的种种倒行逆施，并极力谏言传位给异母弟信王，熹宗同意了，把弟弟召到病榻前，命他以遗命继位为君。熹宗死后，朱由检登基，即后来的明思宗。

后来，朱由检果然不负张后的重望，干脆利落地解决了魏忠贤及其同伙。为了感激张皇后，封她为"懿安皇后"。

此时，明朝已是满目疮痍，早已无回天之力了。

1644年春，李自成领导的农民起义军攻进北京，张皇后自缢身亡。同年，清世祖福临把张皇后的遗骸合葬在熹宗陵。

周氏　明思宗朱由检皇后

□ **档案：**

姓　名： 周氏
生卒年： ？～1644 年
籍　贯： 大兴（今北京大兴）
婚　配： 明思宗朱由检
封　号： 皇后
谥　号： 庄烈愍

周氏，小名玉凤，苏州人，周奎的女儿，明思宗朱由检的皇后，身体瘦弱，性格严谨，执掌六宫宽严有度，后妃关系融洽；她为大明江山还常向皇上进谏，可惜为时晚矣。周后生有两个皇子，朱慈烺（太子）和朱慈炯（定王），在城破前夕，周后吻别儿子，然后自缢而死。

周后掌宫，调理有方

周氏先祖是苏州人，后来移居今北京大兴，她成为朱由检的妻子还有一段波折。

天启年间，朱由检还是信王，熹宗张皇后为信王选王妃，周氏被选入信王朱由检府邸，张氏见周氏虽然美貌文静，但身体却太单薄，恐怕以后难以担当重任。幸亏神宗刘昭妃说："今虽弱，后必长大。"这样，周氏才被册立为信王妃。

熹宗死后，因为没有儿子，便由弟弟信王朱由检继位，就是思宗崇祯皇帝，周氏被册封为皇后。

周皇后执掌六宫后，吸取前朝经验教训，将后宫管理得井井有条。当时，田贵妃因受思宗宠幸，因此骄恃，不把任何人看在眼里，与后宫嫔妃们多有不和，周皇后常用礼仪来约束田贵妃。一年元旦，天气十分寒冷，田贵妃来朝见周皇后。周皇后为了调教她，有意拖延时间，让田贵妃在外冻了很久，才让她进宫。进宫以后，周皇后过了很久才从内室出来。她端坐在御座上受田贵妃的朝拜，礼后，两人一言不发，场面十分尴尬，田贵妃觉得自己自讨没趣，只好愤愤而去。过了不久，袁贵妃也来朝见，周皇后对她则是十分亲热，两人一见，就满屋子欢声笑语，说个没完没了。

田贵妃听说后，对周皇后痛恨极了，于是就跑到思宗那里连哭带闹告起状来。崇祯虽然宠爱田贵妃，但对周皇后一向敬重，便一笑付之，不再提及。然而，枕边风吹多了，崇祯帝对周皇后有了误解。

有一次，思宗在交泰殿与周皇后言语不合，不知因争论什么问题，竟大动肝火，思宗用力把周皇后推倒于地，周后愤而绝食。后来思宗也知自己太粗暴了，派人给周皇后送去貂裘，并且问及起居，以示委婉的道歉。周后争回了面子，也就与皇帝和好如初。

皇帝注定是三宫六院，妃嫔成群，周后并非悍妒的女人，对于皇帝的其他妃嫔，她一向很优容，以姐妹相待。一次，田贵妃因为太过于胡闹，崇祯皇帝就把她放逐到启祥宫，一连几个月不召幸她。不久，周皇后陪着崇祯皇帝在永和门赏花，周皇后乘机提出请田贵妃一起共赏，崇祯还没有完全消气，说什么也不答应。周皇后诚恳地对思宗说："以前我那样对待田贵妃是为了折一折她的傲气，既是为她好，也是为大明江山社稷着想，并没有私怨在里边。"但思宗还是不答应，最后周皇后索性说道："这事我做主了，赶快派人用车把田贵妃接来一起玩。"从此，周皇后与田贵妃的关系也大为改善。

大势已去，刚烈皇后

虽然家事和睦，可国事却日益衰落。熹宗死后，崇祯接过了一个烂摊子，面临着重重的困难。万历四十六年，女真首领努尔哈赤以"七大恨"告天，细说与明朝的不共戴天之仇，正式起兵反明。边患渐深，内患更是难缠，旱、蝗、水、霜、地震、瘟疫各种灾害不断，再加上不断增派的饷银，百姓已经无法生活下去。陕西最早爆发大起义，义军四处流动作战，明朝围堵不利，起义军扩散至河南、山西、湖北、四川等省，从此以后局势就到了无法挽回的地步。李自成、张献忠等起义大军在中原地区纵横捭阖、左突右击，崇祯心急如焚，但却毫无办法。

崇祯每天勤于治国事，却丝毫不见起色，不由得信起佛来，于是，就开始吃素，希望能得到上天的保佑。这样一来，崇祯身体日渐虚弱。周皇后为了崇祯的健康，亲自料理佳肴奉膳。刚好崇祯的岳母进奏说，梦见崇祯的生母刘氏，太后说："皇帝每天这样操劳，不能再这样下去了！而且饮食不要过苦。"崇祯看着奏章，正好周皇后端着佳肴进门，两人相对痛哭。

明朝边患有女真，内有寇乱，局势已经不可为，周皇后对此看得很清楚。如今之计，只有南迁还有一线生机。周皇后曾暗示说："吾南中尚有一家居。"崇祯当然知道周皇后的意思，但北京是祖宗陵寝所在，面对舆论的压力，崇祯始终下不了南迁的决心。

1644 年初，李自成起义军逼近北京，思宗哭着对周说："大事已去了。"周皇后埋怨道："妾身侍奉陛下十八年了，却因为没有听从我的劝告，以致到了今天这样的地步。"当天夜里，周皇后自缢。

曾氏　南明隆武帝朱聿键皇后

□ 档案：

姓　　名：曾氏
生卒年：1612~1646 年
籍　　贯：南阳
婚　　配：南明隆武帝朱聿键
封　　号：思文皇后
谥　　号：孝毅贞烈慈肃贤明承天昌圣襄

曾氏，诸生曾文彦的女儿，十九岁嫁给唐王朱聿键。明朝覆亡，她劝唐王自立政权，倡导抗清。顺治二年（1645 年）六月，朱聿键在福州建立反清政权。曾氏德才兼备，参与批阅奏章，协同听政。后来，清军攻福建，曾氏被俘，船至九龙潭时，投水自尽。

患难与共，唐王贤内

曾氏出身书香门第，知书达礼，与唐王两人志趣相投，经常谈古论今，有着说不完的话题。曾氏把内政打理得井然有序，后宫和睦，唐王心里欣喜万分，夫妻恩爱备至，感情日渐加深。

朱聿键是明太祖朱元璋二十三子唐定王的八世孙。朱聿键八岁时开始读书，十二岁就能读懂文章，他的祖父很不喜欢他们父子两个，便把他们一起囚禁在亲王府的内官机构承奉司内，想活活饿死他们。幸亏暗中有人帮忙送饭，父子二人才不至于饿死。在囚禁中朱聿键借着佛灯日夜苦读，掌握了一身经世致用的本领。

1632 年，朱聿键继承王位，这一年，十九岁的曾氏入宫为三十一岁唐王朱聿键的继妃。

1636 年，清兵犯关，北京宣布戒严。唐王激于义愤，报国心切，毅然起兵北上勤王，不料大明律令规定，藩王没有奉到诏旨，是不得擅自出兵的。于是，崇祯帝以擅发护军勤王为罪，把他贬为庶人，安置在凤阳的监狱中。在狱中，狱卒见他是皇亲国戚，就向唐王勒索，殊不知此时的唐王已是一贫如洗，狱卒认为他装穷，于是变本加厉地折磨他。唐王因受不了皮肉之苦，很快染上了重病。曾氏急得终日不得心安，无计可施的她突然想起春秋时期介子推跟随晋文公流亡的故事。于是，她效法介子推把自己大腿的肉剜下来奉给唐王。没想到，唐王真的奇迹般活过来。唐王病愈后才得知这件事，从心底感激万分，夫妻二人的感情也变得更加地深厚和牢固。

谋略过人，刚烈不曲

1644 年，福王在南京称帝后，改元弘光，宣布大赦，于是唐王被放出来，但弘光帝并没有重用他，而是命他移住到广西平乐。

唐王在南行经过杭州时，途中遇见了由南京逃来的镇江总兵郑鸿逵，他把南京即将陷落的坏消息告诉了唐王。唐王听后，想到国恨家仇，不禁愤慨万千，一腔热血正气涌上心头。郑鸿逵见状，就暗中派人告诉了他的哥哥、驻守福建的安南伯郑芝龙。他们认为这是天赐的良机，在时局激变中，可以用拥立唐王来做自己的资本。

不久，南京失守，苏州陷落，清军兵锋直指南方。在这严峻的形势下，唐王为重振国威，主动劝说在杭州的潞王朱常淓监国。

曾氏不同意唐王的做法，她希望唐王自己登基，于是说："依我看来，潞王为人平庸，定非英主，他怎能挽狂澜于既倒，拯救这个国家呢？你英明睿智，应早为自立计，收拾旧山河。在国家生死攸关的紧要时刻，应该当仁不让，莫做他举。"唐王未置可否。不久，潞王果然投降了清朝，浙西杭、嘉、湖等地，全被清军占领，失去了一次光复良机。

1645 年，朱聿键在郑鸿逵、郑芝龙的拥立下在福州即帝位，建元隆武，是为隆武帝。封曾氏为皇后。由于曾后从前治理内宫很有条理，这时隆武帝就让她开始参与外政，凡是章表奏议，一般都要经过曾后的批阅。她办事效率很高，批阅后指出不合时宜的地方，提出自己的处理意见，多被隆武帝采纳，效果颇佳。隆武帝觉得曾后确实能干，他索性让曾后在他临朝听政的时候坐于帘后，一起帮助他决断朝廷大事。朝中诸大臣对隆武帝的做法都存有异议，并多次上奏疏劝他不可太过于溺爱曾后，但是，都被隆武帝否决了。

这年冬十二月，隆武帝眼看郑氏兄弟操纵兵权，却观望不前，根本无意抗清。自己虽颇思有所作为，又处处受制于郑芝龙，无法开展光复大计。当时的明将何腾蛟正与李自成余部郝摇旗、高一功等领导的队伍联合，形成荆襄十三家军，带甲数十万，抗清形势波澜壮阔。

曾后暗中向隆武帝献计说："咱们再不能依靠郑氏兄弟了，莫不如借机脱离郑氏兄弟，去依靠何腾蛟，倒会有一番大的作为。"

而隆武帝一直处在矛盾之中，他认为只有大军阀才能保障他的政权和生命，对曾后提出的移驻江西、依靠声势浩大的何腾蛟的正确建议，心存很多顾忌，认为荆襄十三家军原是农民军，还不如朝廷命官郑芝龙可靠。于是，他决定让郑芝龙留守福州，自己亲征北伐，恢复国土，曾后也一起随军出征。郑芝龙当然不愿意隆武帝出征，这样会失去他对隆武帝的控制，就指使数万军民遮道呼号，把隆武帝的车驾拥住，不能前进一步。隆武帝没法，只好停驻延平，又失掉了一次光复故土的良机。

1646年，曾后生下儿子。这时，郑芝龙早已暗通清朝坐镇南京的洪承畴，准备投降，尽撤关隘水陆防线，仙霞岭二百里间空无一人。八月，清兵进犯仙霞关，俘获了朱聿键和曾皇后，并将他俩分别押入轿子送往福州。到九溪边停下休息时，曾皇后猛然蹿出轿子，哭喊一声："陛下宜殉国，妾先去了。"投水自尽。朱聿键也几次想自尽，都因清兵的严密监守而未成，于是绝食而死在福州囚处。另有一说是朱聿键是被清军乱箭射死在汀州城衙的大堂上。

王氏　南明永历帝朱由榔皇后

□ 档案：

姓　名：王氏
生卒年：？ ~1662年
籍　贯：浙江
婚　配：南明永历帝朱由榔
封　号：皇后

王氏，粤中郡守王略的女儿，生子朱慈煊。永历十三年（1659年）正月，永历帝逃亡缅甸，生活极其艰苦。王皇后由于长期奔波，染上疾病。缅甸发生政变后，猛白自立为王。为讨好清朝，永历十六年（1662年）二月，猛白将永历帝献给吴三桂。王皇后在被清军押解的途中，与马太后同时在槛车中相扼喉而死。

女中人杰，德容出众

王氏出身大家，父亲王略是粤中的郡守，她从小就受到了很好的儒学传统教育，性格沉静文雅，待人谦逊。王氏嫁给朱由榔后，总持内政，处事得当，不卑不亢，八面玲珑，朱由榔的大小事悉听她决断，得到了宫中上下一致的称赞。

朱由榔是明神宗朱翊钧的孙子，袭封桂王，崇祯年间受封永明王，王氏随之被封为王妃。清兵入关后，她随朱由榔逃难到广西，居住在梧州。

1646年冬，朱由榔在广东肇庆即位，改元永历，册封王氏为皇后，王略被封为长洲伯。这样，南明的最后一个政权建立了，前后达十六年之久，是南明几个小朝廷中坚持最久的一个，而乱世中建立的小朝廷自然是风雨多艰。

永历政权基本上是一个流浪性质的政权，它的历史就是不断逃跑的历史。

1647年春，孔有德、耿仲明率领清军向湖南进攻。何腾蛟的部将刘承胤却放弃湖南，率部进入桂林，名义上是要拱卫皇室，实际上是想挟天子以自重。他们把永历帝等皇族胁迫到了湘西山区的武冈，改武冈为奉天府，作为当时南明的首都。

同年七月，清兵直犯奉天府。刘承胤挡不住清军的猛烈攻势，感到大势已去，永历帝已毫无利用的价值了。于是，就想着把永历帝作为效忠清廷的一份厚礼，暗中派人与孔有德联络。双方进行激烈的讨价还价，利益分歧相当大，一时没有谈拢。

就在这关键时刻，王皇后贤淑的好名声起了作用。刘承胤军营中有一位曾得到王皇后帮助的小校，为了报答皇后的恩情，设法把这消息透露给王皇后身边的一个太监。王皇后急忙与永历帝一起，率领宫中护卫加强防御，一边寻找机会仓皇出逃。路上又遇暴雨，风狂雨骤，一行人像落汤鸡一样，狼狈不堪。王皇后虽在高烧中，但是神色自若，像是什么事也没有发生似的，不断鼓励大家，把慌乱无措的队伍安排得井然有序。她一面派人四处找寻食物，一面联络勤王的武装。当队伍走到湘桂边界时，碰上了前来迎驾的明总兵商丘伯侯性，这才顺利逃到了桂林。在逃难前后，王皇后的镇定自若，有胆有识，处惊不乱的风范，给人留下了深刻的印象，人们也从心里佩服王皇后谋略过人，也极大地坚定了人们对永历政权的信心。

1648年农历三月，王皇后生下了儿子慈烜，永历帝宣布大赦天下。南明政权移至桂林后，清廷加紧了穷追猛打的攻势。王皇后为激励士气，亲自来到前线，带头把后宫积存的粮食、银两、衣物等悉数送给守城的将士，东西不够送，她就把头上的簪子、耳环等饰物当场取下，凡是值钱的东西，全部捐献了出去。瞿式耜的妻子邵氏以及其他将帅之妻，也在王皇后的大义感召之下，拿出全部的金银珠宝捐献了出来。前方将士深受鼓舞，感动得热泪盈眶，士气陡然大振，一次又一次击退了数倍于己的清军，取得了桂林保卫战的胜利。王皇后的贤德之声，一时成为满朝上下竞相传颂的话题，好名声就像高天的流云，被风吹得很远。

风雨王朝，烈女皇后

1659年农历正月，清兵三路追逼，永历帝逃到了缅甸，住在几间竹编的房子里，暂时避开了清军的兵锋，但是生活极其艰苦。王皇后由于长期奔波劳累，心境越来越坏，身体也染上了疾病。

1661年，缅甸发生政变，金楼白象王被他的弟弟猛白杀害，猛白自立为王。为了巩固新的政权，他向清朝讨好，先假意与永历帝的大臣沐天波、庞天寿等四十二人过江盟誓，却暗中派兵将他们全部杀死。这件事情之后，宫中的贵人、宫女以及大臣的妻女都感到南明气数已尽，纷纷悬树自尽。每当听到这些不幸的消息，王皇后就哭着对手下人说：“我不是没有气节的人，我也不是不能像她们那样去做。可是我还有皇上和马太后，他们都需要照顾，我若先走了，那他们不是更凄惨了吗？”于是，王皇后拖着重病的身体，一直坚持着。

第二年，缅甸就将永历帝将给清军将领吴三桂。

吴三桂上书清廷，直言如将永历帝押送北京，可能中途有被反清人士劫夺的危险。经清廷批准，决定就地正法。吴三桂遂于四月十四日，将朱由榔及其眷属二十多人押到昆明箅子坡执行绞刑。王皇后就在被清军押解的途中，想着一代皇后，就这样屈辱而死，心实不甘，与其受辱而死，不如悲壮而死。于是，她与马太后互相勉励，在槛车中扼喉而死。忠烈的王皇后最终没有救得了南明王朝，与它一起消失了。

 清朝

喜塔腊氏　清显祖塔克世皇后

□ 档案:

姓　名: 喜塔腊·厄墨乞

生卒年: ？ ~1569 年

籍　贯: 不详

婚　配: 清显祖塔克世

封　号: 皇后

　　喜塔腊氏，是女真族古老的姓氏之一，在历史上曾与爱新觉罗氏有婚姻关系。大约在明嘉靖初年，喜塔腊氏再次与爱新觉罗氏联姻，厄墨乞是当时明朝的都督阿占的女儿，因为政治方面的原因，厄墨乞嫁给了爱新觉罗·塔克世为妻子。

　　当时，塔克世是建州的左卫军，二人婚后感情非常好，生活美满幸福。厄墨乞曾先

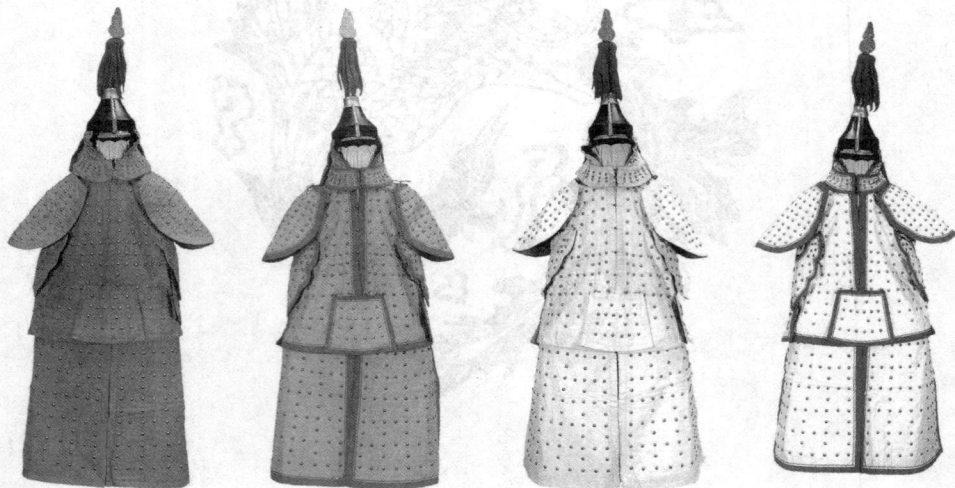

八旗军服

八旗军服以颜色作区别，但只为大阅礼时穿着，平时不用。起初各旗地位是平列的，入关之后才有皇帝自领上三旗的做法。所以正黄旗、镶黄旗、正白旗被称为上三旗，其余五旗为下五旗。

后生下了三个儿子和一个女儿。据说，她第一次生子的情况十分怪异，怀胎十三个月才生下长子努尔哈赤。平时，厄墨乞生活朴实节俭，治家育子有方，温柔贤淑，不仅受到丈夫的尊敬和疼爱，还深受周围人的喜爱。

1569 年，厄墨乞病逝。

1648 年，顺治帝追尊曾祖父塔克世为"显祖宣皇帝"，追尊曾祖母厄墨乞为"显祖宣皇后"。

1658 年，顺治帝将"兴京陵"改名为"永陵"。此为清朝"关外三陵"之一。

叶赫那拉氏　清太祖努尔哈赤皇后

□ **档案：**

姓　名： 叶赫那拉·孟古
生卒年： 1575~1603 年
籍　贯： 海西女真叶赫部
婚　配： 清太祖努尔哈赤
封　号： 皇后

叶赫那拉氏，名孟古姐姐，系出名门，是海西女真势力强大的叶赫部贝勒杨吉砮的女儿。十四岁时嫁给努尔哈赤，婚后生下一子，即清太宗皇太极。孟古端庄妩媚，气度宽宏，不喜奉承，不惧恶言，举止庄重大方，始终如一，毫无过失。

敌对结亲，悲寂人生

明朝末年，还未建功业的努尔哈赤来到叶赫部，想娶贝勒杨吉砮的大女儿为妻，通过联姻的方法来壮大自己的势力。杨吉砮慧眼识人，觉得眼前的这个小伙子有成事之相，就答应把自己心爱的小女儿孟古许配给努尔哈赤。杨吉砮告诉努尔哈赤，他并不是为了推托与他联姻而不把长女嫁给他，实在是自己品貌出众的小女儿才配得上他，是努尔哈赤未来的佳偶，希望他能够耐心地等待。听了岳父一番肺腑之言，努尔哈赤便欣然从命。

1588 年的秋天，十四岁的孟古在兄长纳林布禄的护送下来到费阿拉城，努尔哈赤率众出城迎接，杀牛宰羊，大宴成婚。新娘孟古也显露出了她的与众不同：论相貌，她面如满月，风姿独具；论修养，她口无恶言，耳无妄听。上下诸人都非常喜欢她。

婚后，夫妻恩爱，孟古在四年后生下了一个儿子，就是后来建立大清王朝的皇太极。但是，孟古在嫁给努尔哈赤后并未受到专宠，在孟古为妃期间，努尔哈赤又先后娶了哈达部万汗的孙女阿敏为侧妃，纳了庶妃嘉穆瑚觉罗氏和乌拉部阿巴亥为妾，而皇太极也从来没有被立为储君。

1603 年，孟古病危，这时，她已位居大妃的地位。在弥留之际，孟古想见一见母亲，太祖只好派人去请，但建州与叶赫当时已势同水火，孟古只能带着对母亲的思念，对丈夫与胞兄之间争斗不休的无奈，撒手人寰，年仅二十八岁。

端庄贤德，母以子贵

当年，那拉氏出嫁的时候，努尔哈赤还未称制，而且后宫制度不全，所有的妻子都叫福晋，只不过正妻叫大福晋，其余的都称为侧福晋、庶福晋等。当时的大福晋富察氏还在世，孟古只是一位侧福晋而已。她从不干预政事，为人端庄聪慧，和各位妻妾以其子女的关系处理得非常融洽。

英年早逝，第一皇后

1592年，那拉氏生下了努尔哈赤的第八个孩子，更加受努尔哈赤的宠爱，并亲自为儿子取名为皇太极。皇太极自幼就聪颖过人，凡是所学都过目不忘，出口成章。那拉氏对儿子的教育非常重视，常常勉励他勤奋学习，皇太极的进步也相当快，这一切，努尔哈赤都看在了眼里，心中十分高兴。

1599年，皇太极七岁，因常年征战在外，努尔哈赤便对他委以重任，命他主持家政。那拉氏见儿子年幼，肩负的任务太过于繁重，于是便全力辅佐，以自己的实际行动积极支持努尔哈赤建功立业，为大清王朝的建立做出了一定的贡献。

在那拉氏早逝以后，努尔哈赤和儿子皇太极十分悲痛，并下令所属男女老少，在一个月内不许吃肉饮酒。努尔哈赤为了表达对爱妻的思念，命服侍过孟古的四个婢女生殉，并用牛羊一百只祭祀，而且将孟古葬在自己居住的院中达三年。

1624年，努尔哈赤迁都辽阳东京城，孟古的遗骨也随之迁到东京陵。

清太宗皇太极登基后，那拉氏母以子贵，与太祖努尔哈赤同葬福陵地宫，神位供于太庙备受尊崇。经代代加谥，康熙元年改谥为高皇后。

阿巴亥　清太祖努尔哈赤皇后

□ 档案：

姓　　名：乌拉那拉·阿巴亥
生卒年：1590~1626年
籍　　贯：乌拉部
婚　　配：清太祖努尔哈赤
封　　号：皇后
谥　　号：孝烈武

乌拉那拉·阿巴亥，是乌拉部满泰贝勒的女儿，十二岁时嫁给努尔哈赤，深受努尔哈赤的宠幸，在叶赫那拉氏去世后，被立为大妃。阿巴亥为努尔哈赤生了三个儿子：阿济格、多尔衮和多铎。努尔哈赤病逝，阿巴亥被逼殉葬，终年三十六岁。

魅力独特，宠冠群芳

1593年，努尔哈赤打败了叶赫、哈达、乌拉等九部联军以后，在加强军事进攻的同时，采取了分化和蚕食政策，用结盟联姻的手段拉拢乌拉部首领布占泰，意图拆散海西四部的联合，以便各个击破。努尔哈赤先将自己的侄女嫁给布占泰，又将布占泰的女儿给自己的弟弟为妻，他自己则娶了布占泰的侄女阿巴亥。

1601年，年仅十二岁的阿巴亥嫁给了四十三岁的努尔哈赤。由于阿巴亥年轻貌美，努尔哈赤非常宠爱她。有一次晚宴，努尔哈赤望着年轻美丽的阿巴亥，想着自己逐渐老去，不禁为自己百年之后将阿巴亥托付何人做起了打算。后金一向有收继婚习俗，所以，努尔哈赤考虑在身后由大贝勒、二子代善继娶阿巴亥。代善知道父亲的这一想法，对阿巴亥也有爱慕之情，而阿巴亥也希望在努尔哈赤故去后能找到靠山。

1620年初春的一天，小福晋德因泽向努尔哈赤报告，大福晋阿巴亥不守宫规，和大贝勒有暧昧之情。她说，大福晋多次备佳肴送给大贝勒代善，甚至一天两三次派人到大贝勒家去，像是商量什么要紧的事。进而含糊其词，似有似无地说，大福晋还有几次深夜出宫。努尔哈赤立即派人调查，结果竟是属实，而且探者进一步揭发大福晋在诸贝勒大臣举行宴会、集议国事时，与大贝勒眉来眼去，诸贝勒大臣早就习以为常，只是因为惧怕不敢报告。努尔哈赤听完以后，极为震怒，但是不愿意把家丑张扬出去，也不愿加罪儿子，便借口以私藏金银的罪名而将阿巴亥"离弃"。

阿巴亥被逐出宫以后，大妃的位置出现了空缺，所有福晋都对这一尊贵非凡的封号垂涎三尺。所以，那一段时间，努尔哈赤宫殿中的每个女人，都尽献妩媚，每个人都想拢住努尔哈赤那颗雄心勃然的心。可是，渐渐地，这些妃嫔们都深深地失望了。开始，努尔哈赤对阿巴亥的过失摆出一副深恶痛绝的样子，他规定皇宫中的任何人，都不许在他的面前再提及阿巴亥的名字。但是，阿巴亥住过的华屋，后宫中最是精美的一处宅第，偏偏是完好地保留着原状，努尔哈赤甚至不许任何人移动里面的一椅一桌。

努尔哈赤表面上维持着自己日理万机、荣华富贵的幸福模样，尽量把自己的军政活动编排得满满的，闲下来的时光，不是去了姹紫嫣红的女子檀板银筝的舞榭歌台，就是搂着蛮腰的小秋娘，夜夜畅饮。

可是，不久，努尔哈赤就对这人世间应虚景儿的繁花韵事腻烦了，除了处理政务，他的心一直是空荡荡的，总觉得少了些什么。

从前，阿巴亥在时，她在楼上看着廊下轻捷而过的老汗王，眼睛里流淌着脉脉的温情。努尔哈赤抬头望着她，一身女真族女子天青色的窄袖长袍，发髻编成了尺许长短的横把式，努尔哈赤戏称为把儿头，他的心里暖暖的，甜甜的，那样的感觉真好。

二十来年，努尔哈赤眼看着一支春花般的阿巴亥，成了他的新人，又看了她的三春花事开过，抱了阿济格、多尔衮、多铎三个精灵小鬼头，缠绕在膝边，这平凡的人生轨迹，正是人间寻常夫妻式的长远姻缘。

努尔哈赤对她的感情实在是太深了，往事的一幕幕浮现眼前，很快，他就关注起贬居在近郊的阿巴亥母子。以至于看尽繁花万万千的努尔哈赤，在饱受相思的煎熬之后，一进占辽阳，就迫不及待地召回了冻结近一年的阿巴亥，立马恢复了大妃的尊荣。

1621年，努尔哈赤拿下了辽阳城，这是他人生中无上的辉煌。他亲自把自己心爱的女人，接进辽阳城居住，以赎回自己这一段时间对于阿巴亥的怠慢。这时，努尔哈赤已到迟暮之年，后来，他强势地把阿巴亥塑造成为一个公众人物，就是要向那些嫉恨阿巴亥的势力宣布：他的有生之年，必须给自己心爱的人拨乱反正，捍卫她的地位。

1621年，后金政权第四次择都。在辽阳太子河畔的北岸高地，老汗王努尔哈赤与明媚照人的大妃阿巴亥推出了一台与臣下共乐的庆贺大典，这是后金政权一次精英级的豪华盛会，参加者有诸贝勒、众汉官以及他们的打扮得珠光宝气、暗香盈盈的妻室们。

机智灵巧，大妃风范

阿巴亥入宫后的第三年，大福晋叶赫那拉氏病死，不久阿巴亥被立为大妃。

1622年深冬，屡战屡败的大明皇帝很想在军事的博弈上，挽回一点面子。因此，明军出动三万精兵守卫广宁城。

努尔哈赤来到了冰冻三尺的前沿阵地，给将士们打气。老汗王豪气十足地许诺：打进广宁城，请阿巴亥大福晋领了众福晋到广宁来，给大伙儿补过一个新年！努尔哈赤的一番激将，女真族将士的士气陡增，每个人的眸子中都突突地往外冒着戾杀的怒气！

最终，这一战也是快刀斩乱麻式的收局。大明的骁将刘渠、祁秉忠，成为女真族勇士们刀下的无头之鬼。

当大妃阿巴亥率领的由众福晋组成的慰问团抵达前线时，漫天玉龙飞舞的广宁城，已经沉浸于一种节日的欢快气氛之中了。

努尔哈赤喜滋滋地手捻着胡须，高高地坐在龙椅里，迎接着爱妃的到来。

阿巴亥率众福晋叩见大汗，说道，大汗承蒙上天眷顾，得了广宁城，努尔哈赤听后，心情愈发舒畅，精神倍增。众贝勒的福晋们在殿外三叩首，礼节结束后，举办大宴庆贺。

1623年的农历正月初六，新年的喜气尚在眉心荡漾，游兴大发的努尔哈赤迫不及待地与阿巴亥进行了自己的第一次出巡。他们顺着辽河的岸边游巡而下，白天围猎，晚上就随便找个大户人家住下，仿佛又回到了二十几年前，两个人亲昵说笑着，犹如初恋一般。此后，蒙古贝勒的觐见以及为大贝勒代善之子精心安排的迎亲活动，努尔哈赤都特意拉着阿巴亥一起参加。阿巴亥很会调节会见的气氛，间或亲切和婉地插话，问一点家常的话题，宾主双方的心境顿感轻快，轻松愉悦不少，这对于加强蒙古、女真联盟，收效是相当不错的，这也充分显示了阿巴亥的大妃风范。

忘年夫妻，情深几许

阿巴亥比努尔哈赤小三十一岁，她跟从努尔哈赤的二十多年，正是努尔哈赤势力发展的关键时期。从费阿拉到赫图阿拉，又到界凡，阿巴亥看着努尔哈赤灭辉发，并乌拉，创八旗，征服东海女真，降服萨哈连部；看着努尔哈赤在赫图阿拉创立后金政权，称大汗，也看着努尔哈赤兴师攻明，取得萨尔浒大战的胜利。她是他的忠实伴侣。

1626年农历正月，隐忍数年未发的老汗王努尔哈赤，出手却败在了大明的强将袁崇焕的宁远城下。这对于天性自负的努尔哈赤而言，绝对是一个沉重的心理打击。努尔哈赤哀怜地觉察到：属于他的时代怕是真的要过去了。

这时，一代雄主努尔哈赤也走到了生命的尽头，七月的时候，仍然能够撑着病体处理公务的老汗王，忽然浑身上下都有了一种不舒服的感觉。他接受了二贝勒阿敏的建议，到清河汤泉去泡温泉疗养。

努尔哈赤自己也感觉到了前景不妙，这位六十八岁的垂死老者，一生经历了太多的政治风雨。努尔哈赤在生命的最后时段，对于皇室中一些争斗不已的贝勒子孙们，早已深深地厌倦了。在他的心里，唯一挂念的，只有那个风姿艳丽却又心思单纯的大妃阿巴亥。在疗养期间，他自感不适，传令阿巴亥火速地赶到自己的身边。

努尔哈赤是经验老到的政治家，他早已清晰地意识到了隐藏于阿巴亥身旁的巨大政治涡流，这旋涡可以毫不费力地把阿巴亥吞灭。同时，他也看穿了一群虎狼之心的贝勒子孙们的真实用意，开始用他有力的政治推手，为阿巴亥的今后的道路扫清障碍。由努尔哈赤做坚强的后盾，刻意地抬举起阿巴亥与她的三个儿子，众贝勒们虽然感到郁闷，却也无可奈何，一时间谁也不敢讲什么。

阿巴亥飞奔一样地赶到了老汗王的身边，这时，努尔哈赤已经奄奄一息，对眼前的阿巴亥恋恋不舍，可他仍然坚韧地忍住了从心底涌出的巨大的伤感。他艰难而又迫切地叮嘱阿巴亥，回盛京！他要在众臣面前宣布自己的临终遗命。只是，在走到离沈阳城不远的一个叫瑷鸡堡的小地方时，还是没能挺住，最终，努尔哈赤还是带着满腹遗憾离开了这个世界，离开了他曾经心爱和最爱的人。

不谙世事，含冤生殉

努尔哈赤归天的消息刚刚发布，诸贝勒大臣急忙赶来，大家心急火燎地，轮换肩抬着老汗王的棺椁，迎着一路飘着的小雨，疾步往京城的方向赶。在努尔哈赤离世仅几个小时以后，他的遗体已经安稳地躺在了沈阳的皇宫中。

紧接着，缤纷缭乱、瞬息万变的时局，就不是阿巴亥大妃这样一位孤孤单单的弱女子所能够左右的了。

此时，众贝勒大臣最关心的事情是老汗王在弥留之际，与大福晋阿巴亥单独相处时，是否留下过政治遗嘱，也就是说努尔哈赤究竟把汗位传给了谁。

迎着大家虎视眈眈的目光，大福晋阿巴亥紧张地犹豫了好一阵子。最终，她还是银牙一咬，以一种豁出去了的心情，颤抖着讲出了老汗王的临终遗言：由十四子多尔衮继承汗位，由大贝勒代善辅政，待多尔衮成年后，代善归政。

这样的结果或者早已在某些人的预料之中，可是，这显然是不符合当时在场的多数贝勒大臣的心意的。所以，这一群玩惯了刀枪的武夫，在阿巴亥话音刚落，就有人把不屑写在了脸上，而且质疑声不断。

贝勒大臣们抓住了大福晋阿巴亥的一个致命的弱点：汗王薨逝时，只有阿巴亥一人在身旁，没有其他人可以在旁边为证，所以，只凭大福晋的一张口，这样一条政治遗嘱的真实性还有待核查考证。

为此，当时政坛上真正的大佬级人物，四大贝勒代善、阿敏、莽古尔泰、皇太极便姗姗登场了。他们召开了一次紧急的碰头会议，这是一次决定后金未来政局的十分重要的会议。四大贝勒中，至少有三大贝勒对于阿巴亥设计的那个政治遗嘱嗤之以鼻，在他们看来，这未免也太小儿科了。如此，阿巴亥的政治前途，在会议的伊始，就被大家否定了。

如果大福晋阿巴亥想借政治手段为自己和儿子的前途谋划的话，那么，她真把政治这一碗饭想得太天真了。这些人都不是孬瓜，政治的前景，明眼人一瞥之下，所有的幽明曲直都已尽收眼底。

四大贝勒的长谈结束后，这些努尔哈赤的成年子侄们，脸上有了淡定的微笑，他们稳步地走向了大厅中焦急等待着的同僚，把这场立储继位的大戏推向了高潮。首先，他们断然否定了阿巴亥的那个多尔衮嗣位的临终遗命。随后，四大贝勒怀了一份畅然的愉悦，向阿巴亥传达了老汗王口授于四大贝勒的另一份遗言：大福晋阿巴亥丰容靓饰，与老汗王相处的二十余年间，早已情好如一人，因此，老汗王要走了，却把美丽如画的阿巴亥独自留在这尘世间，委实是割舍不下。所以，老汗王再三叮嘱道：俟吾终，必令殉之！这一奇峰突兀而来的重大变故，又令当时在场的官员们大吃了一惊！

当时，反应最强烈的就是大福晋阿巴亥，顷刻间，她的脸上惨然漫过了一层死神的灰白。这个女子最初的意愿，也不过是想为未成年的儿子们挣得一份最大的政治利益，为自己的生活谋个依靠而已，或者，努尔哈赤的生前，真的有过那样一份的临终遗命。可是，她无论如何都没有预想到，四大贝勒一出手反击，就要置自己于死地。

从前的贵族阶层，从汉族到女真的氏族社会，生殉似乎都不算是一件特别稀奇的事情，这是现代考古学屡屡实证过的。但是，按照当年女真人习俗相沿的习惯，妻子从殉丈夫于地下，至少要符合两个公认的基本条件：一个是死人割舍不下的爱妻；另一个则必须没有未成年的儿子。因此，后来多选择出身较低微的小妾陪葬。阿巴亥位居大妃之位，多尔衮与多铎的年纪还都很小，离成年尚远，以阿巴亥当时的尊荣，如果她不在政治的山呼海啸关头乱讲话，生殉那样的事，即便是八辈子都不一定会落在她的头上。

可是，政治斗争从来都是残酷的，毫无人情可言的。失去了老汗王庇护的阿巴亥，就像从一座崩塌着的巨大冰山顶峰上迅速坠落的一只小羊，她纵然是口舌如莲地辩解，也无法扭转既定的局势。

距离努尔哈赤的崩逝不到一天，以皇太极为首的诸贝勒传努尔哈赤遗诏，要大妃阿巴亥殉死。丰姿妍丽的阿巴亥当时三十六岁，正值盛年，她的三个儿子：阿济格二十二岁已经成年，多尔衮只有十五岁，多铎十三岁。出于对尘世的留恋和对爱子的牵挂，阿巴亥百般支吾，希望事情能有转机。但诸贝勒步不让，阿巴亥在被逼无奈，山穷水尽的情况下，自缢殉死，到一个清静温暖的世界与老汗王继续相依为伴。

同殉者还有两位庶妃，其中包括德因泽。就这样，年仅十五岁的多尔衮登位的可能被皇太极剥夺了，他后来成为清朝顺治帝的摄政王。而顺治帝非常讨厌多尔衮，将多尔衮为他立的皇后——博尔济吉特氏降为静妃，更将多尔衮之母大妃阿巴亥逐出太庙，并追夺一切尊号。

哲哲　清太宗皇太极皇后

□ 档案：

姓　名：博尔济吉特·哲哲
生卒年：1599~1649 年
籍　贯：科尔沁蒙古
婚　配：清太宗皇太极
封　号：皇后
谥　号：孝端文

博尔济吉特氏，名哲哲，蒙古科尔沁贝勒莽古思之女。清太宗时为国君福晋，正宫皇后，居中宫。清世祖时尊为皇太后。无子，生三女，下嫁额哲、奇塔特、巴雅思祜朗。

蒙古公主，远嫁女真

在科尔沁辽阔的、茫茫的大草原上，曾每天都有个漂亮活泼的蒙古小格格跳舞、骑马的身影，大草原上时常回荡着她清脆悦耳的歌声、笑声。她就是哲哲——科尔沁小王莽古思的掌上明珠。世事变迁，她不可预知未来，更无法想到自己的地位一升再升，更不会在意"世事难全"这四个字，毕竟她只是个纯洁的、无拘无束的小姑娘。

她很美，人如白雪，冰清玉洁，尤其是那双温柔似水的眼睛总是让人无法抗拒。

当时，因政治斗争的需要，努尔哈赤与科尔沁蒙古贝勒之间进行联姻，加强联盟，壮大了与明朝斗争的势力。

就在她十五岁那年，为了科尔沁，为了疼她爱她的父亲，她嫁到了建州女真，成了四贝勒皇太极的福晋，从此她的生命开始了一个新的历程。

1614 年，哲哲出嫁那天，努尔哈赤命皇太极亲自出迎。皇太极迎出很远，在辉发扈尔奇山城，大宴亲朋，举行了婚礼。

一个情窦初开的她，一个年少轻狂、意气风发的他。婚后，他们相处得很好，夫妻间恩爱备至，十分甜蜜。他待她很好，他爱她，那个无拘无束的蒙古小格格。

每次哲哲的后母科尔沁太妃看望女儿的时候，皇太极都要亲自迎送，并赏赐给许多金银珠宝，绫罗绸缎。后来追封已去世的岳父莽古思为和硕福亲王，封太妃为和硕福妃。

清太宗皇太极像

端庄明慧，温良大度

1626年秋，努尔哈赤死去，经过激烈的斗争，不久皇太极成为后金的大汗，哲哲顺理成章地成为汗王的正宫福晋。

1636年，盛京（今辽宁沈阳）城内张灯结彩，一片欢腾。后金大汗从这一天起改称皇帝，年号崇德，改国号为清。

她爱皇太极，爱得很深很深，考虑到丈夫的地位，为了兴旺爱新觉罗的血脉，她宁愿自己一个人承受着痛苦，为皇太极纳了许多侧妃，眼睁睁地看着别人来分享丈夫的爱，甚至有人将会取代她在丈夫心中的地位，更痛苦的是为了他，她竟然要忍受着自己的侄女也成为丈夫枕边人的痛苦，恐怕这世上再没有第二个女人能够这么做了吧。"你真不愧是正宫福晋呀，有着正宫福晋的肚量。"皇太极如是说。是呀，恐怕这大清第一夫人也只有她才配做了吧！

随着腐朽不堪的大明的衰败，皇太极称帝，于是她生命又发生了一次历史性的转折，她成为大清朝的第一位皇后——崇德皇帝的皇后，大清朝最尊贵的女人，这个位置几乎让天底下的女人都垂涎欲滴。为了让她深爱的丈夫能够安心地管理朝政，尽可能地施展他的抱负，满足他那颗统一天下的雄心，她以她的宽厚仁慈统领后宫，管理着那个偌大的家庭。有她在，他从来都不必担心后院起火。

大清国母的地位她并不喜欢，她最渴求的是一个丈夫对他的妻子应有的爱，她需要他的爱，可是皇太极不只是她一个人的丈夫，而是后宫众多女人所共有的丈夫呀！更何况他又疯狂地爱着海兰珠，他几乎将所有的爱都倾注给那个叫海兰珠的女人。面对海兰珠的无理取闹，皇太极总是一次又一次地纵容。可是她并不怨恨他，因为她爱他，她觉得爱一个人不一定非得得到这个人的爱，爱他就要包容他，肯为他付出，只要他幸福。有人说她是一生富贵半生痛苦，是啊，这句话来概括她的一生是再恰当不过了。皇太极是给了她高贵的地位，可一个女人最想要的他根本不知道，他不知道自己给了她多少个无眠的夜晚，多少个默默流泪的夜晚，多少个独自发呆的、漫长的白天。

爱一个人就那么执着的她！

她不是他最爱的人，但却是他最信任的人，临终之际他能托付的也只有她。那一天也许对哲哲来说是她这一生中最痛苦的一天，他走了，永远地离开了她，任她再想挽留也无济于事。皇太极是她一生的信仰一生的爱，那晚她终于收起了往日的强作欢笑，她悲痛万分，深情地呼唤着，她忘记了她母仪天下的尊贵，忘记了她大清国母的地位。

统领后宫，仁厚国母

皇太极作为大清皇帝登基之后，对他的后宫也进行了加封。盛京的后宫，包括清宁宫、关雎宫、麟趾宫和衍庆宫，是后妃们居住的地方。

中宫：清宁宫皇后，哲哲，居首位。

东宫：关雎宫宸妃，称东大福晋，海兰珠，居第二位。

西宫：麟趾宫贵妃，称西大福晋，娜木钟，居第三位。

次东宫：衍庆宫淑妃，称东侧福晋，巴特玛·璪，居第四位。

次西宫：永福宫庄妃，称西侧福晋，布木布泰，居第五位。

哲哲皇后为人宽容，从不嫉妒，生活得平平安安。唯一的遗憾是没能给皇太极生个儿子，因此，后来又把两个侄女，海兰珠和布木布泰，进奉给皇太极为妃。皇太极对她们十分宠幸，以至于完全冷落了她。然而，她并不计较这些，始终恭顺地侍奉皇太极，并且关心和照顾着诸宫妃嫔。

1643 年，皇太极突然发病死去。哲哲皇后身不由己卷入一场皇位的斗争中。当时，庄妃急欲立自己的儿子福临为帝，利用了哲哲的仁厚，请她与自己一起说服皇长子豪格放弃争夺，并取得了大贝勒代善支持福临。最终，福临即位，年号顺治，是为清世祖。哲哲与庄妃都成了皇太后，并随同福临一同入关，进驻北京紫禁城。

1649 年，哲哲皇后病逝，终年五十岁。

布木布泰　清太宗皇太极妃

□ **档案：**

姓　名：博尔济吉特·布木布泰
生卒年：1613~1687 年
籍　贯：科尔沁蒙古
婚　配：清太宗皇太极
封　号：庄妃
谥　号：孝庄文皇后

布木布泰，姓博尔济吉特氏，相传叫大玉儿，蒙古科尔沁贝勒塞桑之女，孝端文皇后侄女。后金天命十年二月，嫁与皇太极。布木布泰一生培育及辅佐顺治、康熙两代君主，是史上有名的贤后，杰出的女政治家，清王朝开国史中名声显赫的人物。

天赐良缘，政治联姻

1616 年，后金政权的建立，标志这个新兴的政权已具备与明朝公开抗衡的实力，公开举起反明大旗。

后金对蒙古察哈尔部的斗争也连续取得巨大胜利，科尔沁与后金关系进一步发展，成为布木布泰与皇太极成婚的天赐良机。

皇太极荣升，哲哲作为和硕贝勒福晋，地位也随之提高。当时旗主对属下的隶属关系极强，旗主的福晋也被下属奉为女主子。但哲哲的处境有喜也有忧，与皇太极结婚已经七八年，虽然两人亲密无间，但始终未能生子，这不能不成为哲哲的一块心病。

后金实行的是封建领主承袭制，如果哲哲不能生子，其正福晋的地位将很难长期保持，将来皇太极归天之日，其旗主及大贝勒爵位或许还要包括汗位，必将由侧室所生之子豪格继承。届时，寄人篱下，悲惨命运可想而知。不仅哲哲，她的娘家科尔沁部的亲人为了本部的利益，也会极关心皇太极的继承人问题。

哲哲既然不生，必然考虑皇太极续娶之事，如果续娶人选出自博尔济吉特家族，可让皇太极的后代有博尔济吉特氏的血统，自家姐妹、姑侄共事同一夫君，矛盾总会少些。刚刚十岁的布木布泰，身体健壮，发育良好，体态丰满，一副子孙娘娘的"福相"，年龄小，好调教，容易安于侧室地位，尊重姑母大福晋，而且容貌俊美，皇太极一定喜爱。所以，哲哲和科尔沁部娘家人，积极促成布木布泰与皇太极成婚是情理中事。

1625年，布木布泰嫁给皇太极，时年皇太极二十四岁，布木布泰十三岁。举行婚礼的当天，皇太极到沈阳城北岗出迎，努尔哈赤和众贝勒和后妃也出迎十里，大宴成婚。皇太极得此美女，宠爱不已。九年后，布木布泰二十六岁的姐姐海兰珠也嫁给了皇太极，可谓是姑侄三人同嫁一人。

1636年，皇太极称帝，册封布木布泰为庄妃，居永福宫。两年以后，庄妃生下了皇太极第九个儿子，取名福临。

智勇双全，劝降外患

清初战乱频繁，国库空虚，兵饷不足。布木布泰经常将后宫省下的钱物拿出来赈济兵民。她这种节省宫中开支赈济灾民的做法，一直影响到康熙、雍正两朝。

布木布泰贤惠豁达，政治目光敏锐。她与姑姑同嫁与皇太极，极力地辅助皇太极征明，使其早日完成统一大业。

在旷日持久的松锦大战中，最终皇太极获得了全胜。在大战的最后阶段，皇太极指挥清军战胜了由蓟辽总督洪承畴统率的十三万明援军，将松锦战场中的辽西诸座军事重镇攻克，打通了进军山海关的通道，并活捉了明统军主帅洪承畴。

松锦之战胜利后，皇太极一改父亲努尔哈赤时期的做法，他广泛地起用汉人，重用汉官，并将归服的汉军编制到汉军八旗之中，使之成为满族民族共同体中的成员。因此，对投降的明官，皇太极采用以为我用的策略，加以任用。洪承畴是明廷的重臣，素以军事奇才相称，皇太极对其人早已有所耳闻，此役明军战败，洪承畴被俘后，皇太极极力想让洪承畴归降，并以此来影响明廷的官员，达到动摇明王朝封建统治的目的。然而，被俘后的洪承畴在牢中采取了绝食行动，面对着劝降的官员及自己已降清部属的劝说，一言不发，抱定以死殉国的决心，拒不降清。面对以死抗争拒不降清的洪承畴，求才心切的皇太极显得一筹莫展，束手无策。他深知洪承畴在此后对明战争中的作用，但如何使其归降却苦无良策。

当布木布泰得知这一消息后，立即请求皇太极让自己扮成宫女前去劝说洪承畴归降。她叫来太宗谋士、秘书院大学士范文程，详细了解、掌握了洪承畴的家世、经历、爱好、脾气等方方面面，然后自请为帝分忧，乔装打扮成汉族美女的样子，屈身为侍婢，前去伺候洪承畴。

布木布泰来到羁押洪承畴的居所，对他晓以明廷吏治腐败，民不聊生，以清代明的大义，终于促使洪承畴投降了大清，并在此后的伐明中，立下了功勋。

静观其变，智取帝位

1643 年，清太宗皇太极突然染疾病离世，当时布木布泰三十二岁，而她的儿子福临只有六岁。由于皇太极生前没有指定皇位的继承人，又未留下遗诏，按制应由八王共举"贤者"。宗室贵族，人人觊觎。于是，满洲贵族内部围绕帝位继承问题，展开了一场激烈的斗争。

清宫内部关系复杂，矛盾尖锐。皇太极共有十一个儿子，肃亲王豪格是长子，当时已经三十四岁，战功显赫，实力很强。其他皇子，当时年龄还小，最大的也不过十六七岁，他们既没有战功，也没有地位。另外，皇太极的兄弟多尔衮和多铎也都在盛年，因战绩卓著，被封为睿亲王和豫亲王。努尔哈赤死后，正值多尔衮年幼，母亲被逼殉葬，皇太极趁机夺取皇位，现在他想以兄终弟继的方式继承大统。资历最老的大贝勒代善，因年老体弱，已没有继位之想，但是，他还存有相当的实力，他在一旁观望，分析谁继承帝位对自己最有利。

这样，空置的帝位一时间成为争夺的焦点，爱新觉罗宗族的内讧一触即发。在此关键时刻，静观其变的布木布泰等待着时机的变化。其中，豪格与多尔衮是最有能力继承帝位的，豪格本人统正蓝旗，在满洲八旗中，他已拥有三旗的力量，此外，索尼、鳌拜等大臣也支持他。多尔衮拥有的力量是两白旗，并且有多铎和阿济格的支持。双方可谓是势均力敌，互不相让，大有火拼之势，各属旗下都进入了临战状态。

这一切，布木布泰都看在眼里，她预感到了一场战争即将爆发，这不仅会影响到清朝的未来，更会使清宁宫的地位岌岌可危，后妃们的命运将会任人摆布。为了保住自己的权力和地位，振兴刚刚建立起来的大清国，她必须勇敢地去搏斗，而唯一的希望就是自己的儿子。为了阻止宗族内讧，布木布泰游说于豪格与多尔衮之间，并以宗族中的长者代善与济尔哈朗出面斡旋，推举自己所生之子福临继承帝位，以多尔衮和济尔哈朗等人辅政，从而平息了这场由帝位而引发的争端，并使自己的儿子福临顺利地继承了帝位。

为了确保福临帝位的稳定，布木布泰以其超常的政治手段，利用多尔衮摄政，剪除政敌，并定鼎北京，彻底推翻了明王朝的封建统治。在多尔衮摄政大权集于一身之时，清帝福临在其母的督教中，潜心地等待着权力回握的机遇。当多尔衮猝死之后，布木布泰马上抓住这一天赐的机遇，辅助福临迅速地将旁落的君权牢牢地掌握在手中。在母亲的辅助下，福临严厉地打击了多尔衮余党，昭雪了在宫廷政治斗争中被多尔衮处死的朝臣，重新起用了被其贬斥在外的遭受迫害的部分官员，使亲政真正地得到了实施。

贤德仁厚，再辅幼帝

福临死后，玄烨继承帝位，辅臣鳌拜专权，搅得朝野上下人人自危。在此事关大清社稷安危的紧要时刻，布木布泰不得不再次辅佐孙儿康熙皇帝设计智擒鳌拜，清除了鳌拜的党羽，使康熙在亲政后得以全力地投身到盛世的创建中。

康熙八岁丧父，十岁丧母，幼年由布木布泰抚养成长，有赖布木布泰辅政。布木布泰不过多出面参政，然而康熙处理国家大事，必先征求她的同意而后决。

清代起于康熙朝的东巡之制，玄烨是在祖母的训教中完善的。布木布泰常以"祖宗创业之艰，东北乃龙兴重地"，嘱其不忘故地，勤于巡视，以此来考察民情，整饬吏制。康熙九年，玄烨与祖母东巡谒陵。在恭谒孝陵后，前往盛京恭谒福陵和昭陵。自此以后，玄烨在位其间，数次东巡，察验地方吏制，整顿边务。当三藩叛乱之后，清廷频繁地派兵平息叛乱，国家付出了大量的财力。在国家财力日趋紧张之时，"太后念从征将士劳苦，发宫中金帛加犒。闻各省有偏灾，则发帑赈恤"。当布尔尼叛乱时，康熙皇帝派军出征平息叛乱，大军行前，布木布泰谕玄烨告诫出征将士严禁掠夺，确保征战地区的百姓安居。

布木布泰辅佐三朝帝王，创建了清王朝的基业，在国家政权建设中，她独有建树。布木布泰一生在辅佐帝王中，辅政而不干预朝政。在顺治、康熙两朝，帝王常有无策之时，布木布泰时常勉励两代君主："祖宗骑射开基，武备不可弛。用人行政，务敬以承天，需公裁决。"告诉子孙，将事情由大臣们广泛地提出建议后，再裁定实施。为了使自己的子孙勤于国事，她亲自书写诫语，悬挂在皇帝的书房之中。

温和慈母，祖孙情深

康熙皇帝自幼在祖母的抚育下长大，祖孙二人的感情非常深。在祖母的熏陶培养下，玄烨在执政的六十多年中，勤于国事，励精图治，最终将一个满目疮痍的国家建设成为盛世之邦，在中华民族历史上，呈现出一片辉煌繁荣的景象。在日理万机的同时，玄烨对祖母布木布泰的关爱无时不在。当玄烨东巡时，不时地亲自书写家信向祖母问安，并将山中"落榛、核桃、松子"等东北特产，派人快马加鞭送给远在京城的祖母，以此来抚慰祖母的思乡之情。为了不影响孙儿玄烨处理军国大事，每次布木布泰染病，都令宫人秘而不宣，担心玄烨知道后影响处理国政。康熙外巡时，每每向祖母问安，布木布泰都叮嘱来人不准提起自己染病之事，当玄烨外巡回京后才发现，祖母"已染疾久矣"，止不住泪染龙袍。

为了祖母能够身体安好，健康长寿，康熙二十六年十二月，玄烨亲到天坛祭天，"请减算以益太后"，恳请上苍减少自己的寿命用以延长祖母的寿命。当玄烨泪流满面地读祝词时，陪祭的王公大臣无一人不为之动情，底下哭声一片。

对待自己的后事，布木布泰有着自己独特的看法，生前她叮嘱玄烨："太宗奉安久，不可为我轻动，况我心恋汝父子，当与孝陵近地安厝，我心始无憾！"她决定在自己死后，葬在儿子福临的墓地清东陵，而不去盛京的昭陵与丈夫皇太极合葬。

1687年，七十四岁的布木布泰崩于慈宁宫，留遗诏，写自己盛年丧夫，中年丧子之哀情，全靠康熙一片孝心待自己。综观布木布泰一生，康熙有赞语可作为略评："昔奉我皇祖太宗文皇帝赞宣内政，诞我皇考世祖章皇帝，顾复劬劳，受无疆休，大一统业。暨朕践祚在冲龄，仰荷我圣祖母太皇太后训诲恩勤，以至成立"，"设无祖母太皇太后，断不能敦有今日成立"。

布木布泰死后，玄烨按照祖母的遗愿，将其安葬在清东陵福临的孝陵附近。

海兰珠　清太宗皇太极妃

□ **档案：**

姓　名： 博尔济吉特·海兰珠
生卒年： 1609~1641 年
籍　贯： 科尔沁蒙古
婚　配： 清太宗皇太极
封　号： 宸妃

博尔济吉特·海兰珠，蒙古名字叫哈日珠拉，汉译为海兰珠。她是孝庄太后的亲姐姐，年长孝庄四岁，比妹妹孝庄晚嫁皇太极九年。入宫后，海兰珠深得皇太极的宠爱，被封为宸妃。

娇艳欲滴，神秘佳人

明万历三十七年，海兰珠出生了。

虽然长期过着游牧民族的生活，但是海兰珠却出落得亭亭玉立，冰肌雪骨，可谓是天生丽质。在她嫁给皇太极之前，谁也不知道这位美貌倾城的姑娘过去的生活，有人说她曾经嫁过人，但是，翻遍史料都无从查证。有史料记载的仅有短短的几句，只是简短略过而已，《清入关前内国史院满文档案》中提到："天聪八年（1634 年）十月十六日。科尔沁部乌克善洪台吉率诸臣送妹至。汗偕诸福晋迎至，设大宴纳之为福晋。"这就是关于海兰珠的最早记录了。

海兰珠二十六岁的时候嫁给了皇太极，虽然已过妙龄的年纪，仍然是一副"沉鱼落雁，闭月羞花"的容貌，一点也不输给那些二八佳人，和后宫的后妃们比起来，反而显得更加丰满成熟，娇艳动人，更富有魅力，因此也倍受皇太极的宠爱，以贤淑文静著称。

贤德高雅，居关雎宫

自古以来，常有风流天子，多情嫔妃的佳话。享有九五之尊的皇帝，拥有三宫六院七十二妃嫔，其妻妾之众是可想而知的。但在这美女如云，众多妻妾之中，也有那"三千宠爱在一身"的爱妃，海兰珠就正是皇太极最钟爱的人。

海兰珠性格文静，为人单纯，多愁善感，皇太极对她一见钟情，怜爱有加。虽然两人之间相差十六岁，但是情投意合，自海兰珠入宫以后，形影相随。皇太极虽拥有众多妃嫔，天生丽质者亦不乏其人，然而他唯独钟爱海兰珠，在她的身上倾注了夫妻间的全部感情。

崇德元年，皇太极循古制举行了隆重的册封后妃典礼，以古代名妃的封号，封海兰珠为"宸妃"。并借《诗经》中象征爱情的诗句："关关雎鸠，在河之洲，窈窕淑女，君子好述。"将宸妃居住的寝宫命名为"关雎宫"。不仅饱含了对她姣好容貌的赞美，也表达了对她温柔贤惠高雅品格的称颂。

海兰珠居住的关雎宫，华美至极，屋顶和正脊满铺着五彩的琉璃，其纹饰中为五彩琉璃火焰珠，两侧有作前进状的龙，展翅欲飞的凤凰，含苞待放的荷花和莲藕。这座建筑与中宫清宁宫完全相同，唯台基略低一些，标明关雎宫主的身份和地位在诸妃之首，仅次于中宫皇后而已。它不仅见证了皇太极和海兰珠之间的爱情，也目睹了红颜薄命的人间悲剧。

爱子夭折，红颜伤逝

海兰珠入宫两年多，就为皇太极生下一子，是皇太极的第八子。宠妃生子，有望成为太子，将来继承皇位。何况当时中宫皇后入宫多年，连生三女，一直也没有生育皇子，立嫡似不可能。此时，爱妃海兰珠诞育皇子，"立爱"也合情理。

得知爱妃产子的消息，皇太极喜悦万分，创有清以来之先例，在盛京皇宫举行了重大的庆典活动。当时，皇太极召集文武群臣，颁发了一道因诞育皇子而发的大赦令。这一异乎寻常的举动，引来了八方朝贺，轰动盛京城内外。崇德二年八月，海兰珠生皇子刚刚满月，一些与皇太极有姻亲关系的皇亲国戚和归附的蒙古部落，就不远千里，带着各式各样的土特产品闻风而至。

可是，天有不测风云，这个高贵而幼小的生命，来到这个世界不足一年就夭折了。海兰珠无论如何也难以接受这个事实，她痛苦万分，终日郁郁寡欢，不久便身染重病，撒手人寰，随爱子而去。时年，仅三十二岁。

魂牵梦绕，生死相随

海兰珠病危时，皇太极正在锦州与明军决一死战。

在沈阳的关雎宫，海兰珠的病势越来越严重，她在昏迷中不断地呼喊着皇太极的名字。哲哲皇后见状，只得赶快让人把消息带给前方的皇太极。正在松锦战场上指挥作战的皇太极，听到宸妃病危的消息后，立即将军务托付给将领们，自己则日夜兼程赶回盛京。

九月十七日五鼓时分，皇太极的车驾刚进沈阳城门，就听到宸妃病逝的噩耗。未能与心爱的人诀别，皇太极悲恸欲绝，直扑关雎宫，当出现在他面前的竟是香消魄散的海兰珠遗体时，皇太极实在按捺不住心中的悲痛，声泪俱下，痛哭失声，一时间清宫中上上下下哭得天昏地暗。

面对此情此景，诸王大臣只得以保重龙体为要，都跪在地上劝皇上节哀。为表示对爱妃的悼念，皇太极为海兰珠举行了隆重的丧礼，赐谥号为敏惠恭和元妃，这是清代妃子谥号中字数最多的。

自从失去海兰珠以后，皇太极朝夕悲痛，饮食顿减，身体每况愈下，经常昏迷，"言语无绪"。后来，诸王大臣请他去射猎，借以消愁解闷。不想路过宸妃墓，触景伤情，又引得他大哭一场。在海兰珠死后不到两年，皇太极便追随她而去，命归九泉，他对海兰珠这种真情笃意，在历朝皇帝中都是少见的。

皇太极葬入昭陵之后，海兰珠也被迁葬到昭陵妃园寝内。

博尔济吉特氏　清世祖福临皇后

□ **档案：**

姓　　名：博尔济吉特氏
生卒年：1640~1718 年
籍　　贯：科尔沁蒙古
婚　　配：清世祖福临
封　　号：皇后
谥　　号：孝惠章

博尔济吉特氏，科尔沁贝勒绰尔济的女儿，圣祖玄烨继位，尊为皇太后，居慈仁宫。她温和善良，知书达理，虽不得顺治宠爱，但是与康熙形同母子。圣祖奉太皇太后（孝庄文皇后）出巡皆随行侍奉，太皇太后病重，朝夕相侍，后移居宁寿宫。无子女。

满蒙联姻，遭受冷遇

1654 年，即顺治十一年，博尔济吉特氏在孝庄太后的安排下，告别了远在千里的故乡，来到了紫禁城，同年被封为皇后，开始了她缺乏爱情，但是充满了亲情的一生。

初见顺治，她并没有在这位皇帝身上感觉到一丝的温暖，不仅备受冷落，而且还常常被顺治责备。孝庄皇太后生病的时候，顺治就毫无根据地指责她不懂礼节，照顾不周，命令她停止享受作为皇后的礼节性待遇，并让诸王和大臣讨论执行。后来，孝庄出面干预，才平息了这件事。但是，顺治未改初衷，一直冷落她，直到自己去世。

康熙嫡母，母慈子孝

博尔济吉特氏自己没有孩子，康熙即位后，博尔济吉特氏被尊为皇太后，居慈仁宫。

1680 年农历十月初三，是孝惠太后四十岁的诞辰。这一天，康熙破例"不理政事"。上午，皇室内部举行祝寿活动，太皇太后孝庄、皇太后孝惠、康熙帝、皇太子胤礽等祖孙四代欢聚一堂，

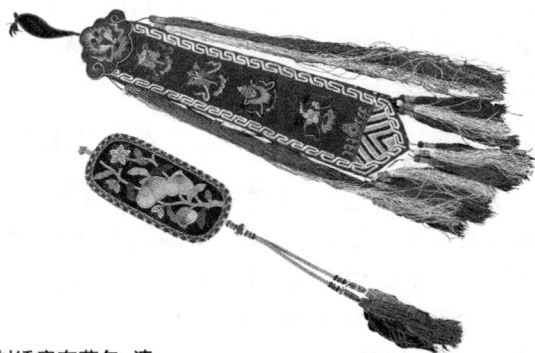

刺绣扇奎荷包　清

庆贺孝惠四十岁整寿。下午，康熙帝先到祖母宫中问安，并率七岁的皇太子胤礽赴太后宫问安。过去，每逢太皇太后孝庄的生日，康熙帝也照常理政，由此可见，康熙帝与嫡母之间有着深厚的感情。

贤德聪慧，备受尊敬

孝庄太皇太后在世的时候，母子之间礼数往来，感情平实没有什么特别的之处。但是，孝庄的去世，对康熙皇帝与皇太后孝惠的关系，却产生了十分重要的影响。

孝庄去世后，康熙帝数日滴水不进，大臣们反复奏请，乞求他"暂离丧次"，"少为休息"，但都无济于事。同在守灵的孝惠，也为皇儿的健康担忧，她知道，此时让皇儿离开是根本办不到的，所以，她一再劝他吃些东西。康熙帝理解嫡母的心意，于是，"免啜少许，竟不能下咽"。

康熙是一代明君，在位期间，人民安居乐业，百业俱兴。尽管如此，家家都有本难念的经，何况是一个泱泱大清王朝，"废立太子"事件对他的身心打击很大，甚至，曾一度陷入痛苦之中不能自拔。他无数次地冥思苦想，想起自己同太子胤礽的父子关系，又联想到自己与皇太后的母子关系，反复比较，感慨万千。

康熙帝将自己的心情告诉了皇太后，孝惠非常理解康熙的苦衷，并有意顺着他的想法去说，这使当时陷入困境的康熙在精神上得到了很大的安慰，同时，也为他内心已经萌发的复立胤礽找到了依据。后来，康熙帝向全体皇子、大臣们解释复立胤礽想法时，曾谈了与皇太后的谈话。实际上，孝惠的表态，不仅使康熙帝内心平衡，而且促使他做出了复立胤礽的决定。

《清圣祖实录》中记载，一废太子期间，康熙帝指责皇长子胤禔说："大阿哥（胤禔）行为很是暴戾无耻，并不念及父母兄弟，杀人害人，毫无顾忌，任意妄为。朕在宫中，伊何能为。倘朕躬在外，伊或挟一不堪太监，指称皇太后（孝惠）懿旨，或朕密旨肆行杀人，猖狂妄动，诸阿哥皆兄弟也，称有旨意，谁敢拦阻，关系甚大。"这表明除了孝庄太皇太后以外，孝惠在宫中备受尊崇，她的懿旨可以与皇帝的谕旨相提并论，具有不可抗拒的威慑力。

然而，胤礽复立为皇太子后，完全没有悔改之意，仍旧恣意妄为，结党营私。于是，康熙五十一年九月，太子第二次被废。事后，康熙把这件事的来龙去脉详细地讲给了孝惠听，可见对她的信任和敬重，太后虽无奈，也很是理解。

寿终正寝，母子情深

康熙四十九年，孝惠七十大寿。正月十六日，宁寿宫内举办了盛大的宴会，因年贡来京的外藩、贝勒、贝子、额驸以及全体皇室人员等齐集。康熙帝兴致大增，随着音乐的节拍，在皇太后面前跳起了满族的蟒式舞，频频向她祝寿，逗得老太后合不拢嘴。

孝庄在世时，因热河避暑山庄尚未修建，所以，康熙帝没能让祖母来此佳地避暑，留下终生遗憾。康熙帝没能为祖母做的事，终于在嫡母身上实现。直到孝惠去世前，每逢入夏，康熙帝都要奉皇太后去热河避暑。每次，康熙帝与嫡母一同离京，走到半路时，他都要率部分皇子、大臣先行，为嫡母到来做好一切准备。当孝惠到来之时，他便率诸皇子、大臣出门跪接请安。

康熙五十六年（1717年）末，孝惠病危，当时，康熙帝身体也不好，双脚浮肿得几乎走不动。他用手帕缠裹双脚，乘软舆来到宁寿宫，跪在嫡母榻前，双手捧着嫡母的手说道："母亲，我在此。"此时，孝惠身体极弱，已经不能说话了，她一只手握着皇儿的手，久久望着他。在生命最后一刻，嫡母眼神里充满了对康熙的眷恋与感激之情。

第二年三月，太后去世，时年七十八岁。葬孝东陵。

康熙出生后三个月便有了这位嫡母，直到他去世前五年，才与嫡母诀别，母子相伴达六十四年。孝惠的逝世，使康熙帝失去了最后一个长辈，每到祭奠之日，康熙悲不自胜，还未开始读祭文，就早已痛哭失声，祭文读毕，仍抽泣不止。

佟佳氏　清世祖福临皇后

□ 档案：

姓　名：佟佳氏
生卒年：1640~1663年
籍　贯：抚顺
婚　配：清世祖福临
封　号：淑妃
谥　号：孝康章

佟佳氏，都统佟图赖的女儿。本姓佟，后改姓佟佳。顺治初年入宫，立为淑妃。1661年，清世祖福临驾崩，孝庄文皇太后册立佟佳氏所生玄烨为皇帝，即康熙皇帝。佟佳氏被尊为慈和皇太后。两年后，体弱多病的皇太后驾崩于北京皇宫。

家族显赫，系出名门

1640年，佟佳氏出生于满洲一个汉军旗家庭。她的父亲是清朝少保、固山额真、都统佟图赖。1652年，佟佳氏被选入宫，成为顺治皇帝之淑妃。佟佳氏入宫后，被封为淑妃，她并没有得到顺治的宠爱，但却十分受孝庄皇太后的疼爱。两年以后，在紫禁城内景仁宫内，十五岁的淑妃佟佳氏产下了皇三子玄烨，即康熙帝。

满族有佟、关、马、索、齐、富、那、郎"八大姓"之说，而佟佳氏之佟姓位列八大姓之首。俗言清代官员佟氏占"佟半朝"。经考证，包括皇后、妃嫔在内，佟佳氏在清廷任职者超过百人，任知府、知县的竟多达六百余人，说"佟半朝"，确实名不虚传。

佟佳氏人丁兴旺、人才辈出，是满族大姓旺族。佟图赖十三岁那一年，也就是1618年农历三月，太祖努尔哈赤挥师攻下抚顺，佟图赖的父亲佟养正带领全家老小主动归附。

在佟佳氏家族中，佟图赖的族叔佟养性在后金历史上是一个很有名的人物，家财万贯且学富五车，归顺后金以后，得到努尔哈赤极高的礼遇，不仅委他以重任，而且娶后金宗室爱新觉罗家族的女儿为妻，在后金国中他被尊称为"石乌礼额驸"。

美丽传说，伊人何在

关于佟佳氏，在东北流传着一个美丽的传说。

相传有一天，顺治皇帝做了一个梦，梦见关外辽西方向松岭山脉的龙脉影壁山附近有一小镇，小镇内有一棵梧桐树发出霞光万道，仔细一看，原来有个绝世佳人站在梧桐树下，他正要起身相迎，那美人却一闪而去，随即消失在一户人家里。

第二天清晨，皇上就把这件事告诉了钦天监的主事（清朝的官名），钦天监主事见皇上诉说此事，随即回答道："陛下，微臣昨晚观天象，也观看到辽西方向星相不一般，在星光笼罩下，有一座酷似卧龙的山峦，那里一定是娘娘所在之地，这是国运亨昌啊！圣上何不早日请入宫中，以结圣缘呢！"顺治帝听罢龙颜大悦，即刻传下圣旨，命钦天监前去访寻。

再说在关外辽西龙脉影壁山脚下的连山镇乌金朝哈拉屯，驻守着一位定南大将军，名叫佟图赖，曾是当年皇太极手下大将，他膝下有两子一女，女儿年方一十三岁，长得天生丽质，亭亭玉立，是附近有名的绝世佳人。

寻妃的官兵经过长途跋涉、舟车劳顿，来到关外辽西影壁山脚下的连山镇，按照皇上梦中所指的地点来找，找到门前栽有梧桐树住户的佟府，寻到定南大将军佟图赖，传下圣旨，佟公便把女儿引见到钦天监近前，钦天监一看，真是国色天香，就把她带回京城的宫中，顺治帝一看其容貌出众、气质非凡，龙颜大悦。

1652年，即顺治九年，佟氏女入宫册封为妃。

当然，这只是一个美丽的传说而已，事实是不可能这样的。因为在清代，皇帝选妃子是有着严格的程序和礼制。清朝的皇帝选妃，第一步是选秀女，每隔三年，由户部主持选阅驻防八旗和外任旗员的女儿入宫为秀女。至于皇后，一般先由太后从近支王公大臣的女儿中挑选，然后再交由皇帝册封。日后，皇帝不喜欢还可以撤换。

平凡淡雅，悲剧人生

皇帝选妃是非常严肃的，绝不可能凭皇帝的一个梦就把一个女子纳为妃子的。事实上，佟佳氏幼年入宫，成为顺治皇帝的妃子，本来就和其他后妃一样，平凡无奇，过着循规蹈矩的后宫生活。

在生下皇三子玄烨后，顺治皇帝正在和董鄂妃热恋，只有十七岁的佟佳氏一直被冷落，这种状况一直持续到顺治皇帝去世。按照皇宫的规矩，后妃生下皇子就被奶妈抱走抚养，作为生身母亲根本见不到自己的亲生骨肉。即便是偶尔见到孩子，母子也只能是匆匆相见，像做贼一样，还来不及多抱一会儿，就被奶妈带走了。

佟佳氏被丈夫冷落，也见不到自己的孩子，每晚只能独守空闺，以泪洗面。也许正是这种经历，使得她身体变得孱弱多病。直到玄烨即位，她的地位才青云直上，与孝惠章皇后并称两宫皇太后。

1663 年，佟佳氏病逝，还没有等到自己的孩子报答养育之恩，也没有享受人间的天伦之乐，就撒手人寰，年仅二十三岁。

唯一值得安慰的是，从玄烨即位到她病故，正是她和儿子接触最多的时期，在患病期间，玄烨日夜在身边服侍，亲自为她尝药，甚至忘记了自己吃饭和睡觉。据康熙皇帝后来回忆，由于幼年的他和母后没有过多的接触，所以对母后并没有过深的印象，母子偶尔相见，佟佳氏黯然的眼神总是流露着无限的忧伤。在康熙继承大统之后，母子才可以毫无障碍地相见，感情正处在上升的阶段，然而，命运却对佟佳氏如此地不公，这也正是大多数顺治朝后宫中嫔妃不幸遭遇的缩影。

康熙二年（1663 年）六月，佟佳氏与世祖福临合葬清孝陵。

董鄂氏　清世祖福临贵妃

□ 档案：

姓　名：董鄂氏
生卒年：1639~1660 年
籍　贯：不详
婚　配：清世祖福临
封　号：皇贵妃
谥　号：孝献端敬皇后

董鄂氏，顺治的第三位皇后，但皇后的身份却是在去世后追封的。十八岁入宫嫁给顺治帝，她的容貌倾城，贤良温雅，多才多艺，宠冠后宫，可谓是一代名妃。她的身世，与顺治的旷世奇恋，以及顺治在她去世后的出家之念，都让董鄂氏短暂的生命耐人寻味。

身世坎坷，千古谜团

董鄂氏究竟是谁，她的身世是怎样的，在历史上，有三种说法。

第一种是官书里的说法，据《清史稿·后妃传》中记述，说董鄂氏是内大臣鄂硕的女儿，她十八岁入宫，颇得顺治帝的宠爱，先是立为妃，后又晋封为皇贵妃，在册立皇贵妃时大赦天下。然而，在清代官方的记载中，对董鄂氏入宫前的身世一直讳莫如深，完全没有提到。

第二种是说董鄂氏就是江南的名妓董小宛。这种说法是最不能让人信服的，董小宛死时二十八岁，此时顺治帝刚十四岁，董鄂妃入宫妃十八岁，顺治帝十九岁，所以，根据年龄的排比和其他史料的记载，董小宛不可能是董鄂妃。

第三个说法，董鄂氏是顺治弟弟博穆博果尔的妻子。德国传教士汤若望在他的回忆录中记载，顺治皇帝对一位满籍军人的夫人，起了一种火热的爱恋。当这位军人因此申斥他的夫人时，竟被天子亲手打了一个极其怪异的耳光。这位军人于是愤恨至死，或许竟是自杀而死。皇帝遂将这位军人的未亡人收入宫中，封为贵妃。后来，这位贵妃产下一子，但是数星期之后，夭折了。其母经受不住丧子之痛的打击，不久也病故。这里说的"满籍军人"，很可能就是顺治皇帝的异母弟，皇太极第十一子，和硕襄亲王博穆博果尔。他在顺治十三年七月突然死去，一个月后，董鄂氏进宫，封为贤妃。

国色天香，温柔贤淑

董鄂氏从小在江南长大，因父亲曾在江南为官，她就跟随父亲身边生活多年。江南的风雨不但滋润了董鄂氏的美貌，也培养了这位满族少女的才情。她的生活方式和服饰打扮，和当时一般北国的满蒙女子大不相同，看起来风韵万种，不仅受到满族女子的艳慕，就是汉族女子对其也是十分羡慕。

董鄂氏不仅有着倾国倾城的外貌，性格温柔，对人体贴，善解人意，她还是一位有着极深内涵的女子，不仅饱读"四书""五经"等古书，而且还多才多艺，写得一手漂亮的书法。

另外，她对禅学的领悟也已经到了登峰造极的程度，很有自己的见解。这与顺治在文化和精神上都志趣相投，两个人在一起，彼此之间总是有说不尽的话题。

对于顺治来说，后宫佳丽虽多，但不是来自蒙古草原就是来自满洲世家，几乎个个目不识丁，别说能畅谈人生和理想，就连平时普通的交谈都是问题，常常话不相投。

熟读经史子集的少年天子，能够寻觅到知音，实在是满心欢喜，顺治不由得暗自庆幸，此生无憾啊！

平心而论，董鄂氏比起那些汉族才女还相差甚远，但对于生活在文化荒漠中的顺治，却是难得的红颜知己。

董鄂氏正式入宫后，对顺治的饮食起居照顾得周详备至；对太后及皇后也十分恭顺，尤其对太后，更能承欢膝下。董鄂氏平日里生活节俭，不喜粉饰，不戴珠翠；虽不参与政事，但她主张宽以待人，垂怜生灵，为人深明大义，常常忧念父兄恃宠而骄横跋扈。当然，她对顺治更是情深意笃，始终如一。

作为一国之君，后宫佳丽三千是件稀松平常的事情。但是，令顺治帝如痴如醉，爱之疯狂的董鄂氏出现之后，他的心中再也容不下别人。顺治一直想给董鄂氏一个名分，于是决定废后，改立她为皇后。但董鄂氏并不看重名分和虚荣之物，待人处世都相当低调，所以，她一再恳请顺治，废后不是一件小事，必定会引起朝臣和民众的非议，有碍政务。同时，孝庄皇太后也坚决抵制，顺治的废后之念才没有实现。

转眼间，董鄂氏入宫已四年有余。在这段时间里，顺治大有"只羡鸳鸯不羡仙"之感，在"江山"与"美人"面前，他宁愿选取后者，整日陪在爱妃的身边。顺治帝炽热而又持久的爱，不仅在后宫，也在董鄂氏的心头荡激起了巨涛。

一代名妃，香消玉殒

董鄂氏就这样，一方面品尝着挚爱，另一方面又要提防着后宫中妒忌的陷阱，对自己的一言一行都慎之又慎。

不久，董鄂氏怀孕了，然而，十月怀胎分娩的喜悦还没有完全退却，小皇子就早夭了。经受丧子的打击，董鄂氏身体极度虚弱，已经难以再承受重负。尽管如此，她每天还要在太后和顺治面前强颜欢笑，没过多长时间，心力交瘁的董鄂氏再也支撑不住，终于病倒了。

1660 年，董鄂氏辞世，享年二十一岁。

为了避免失去理智的顺治做出过激的举动，孝庄皇太后被迫同意追封董鄂氏为"端敬皇后"。顺治心里十分明白，董鄂氏既不是从大清门抬进来的，也不是母以子贵熬上来的，虽然自己贵为天子，但对森严的封建礼数也无可奈何。

正如那首被称为出自顺治手笔的诗中所言："朕乃河山大地主"，"十八年来不自由"！顺治失去董鄂妃后情绪变得失控，做事情也开始极端，这都远远超过了他的父亲皇太极。

董鄂氏去世后，她的堂妹贞妃董鄂氏陷入深深的恐惧中，为了避免引起更多的麻烦，为了避免董鄂氏家族受到牵连，当顺治帝死后，以为顺治殉葬来换取皇太后的宽恕，才二十出头的她也从容地走了。

生死相随，忠贞不渝

董鄂妃的玉殒香消，让顺治的精神几乎崩溃，他寻死觅活，不顾一切，人们不得不昼夜看守着，唯恐他想不开自杀。

在董鄂氏死后第三天，顺治悲恸欲绝，他以超常的丧礼来表达对爱妃的哀悼，下令全国服丧，官员一月，百姓三日。

董鄂氏的梓宫移到景山以后，顺治为她建了大规模的水陆道场，有一百零八名僧人诵经。整天烧纸，香烟缭绕，纸灰飞扬，经声不断，还将宫中太监与宫女三十人赐死，让他们在阴间侍奉自己的爱妃。

在"三七"日（第二十一天），将董鄂妃的尸体连同梓宫一同火化，由茚溪森和尚秉炬举火。火化后，将骨灰装入"宝宫"（骨灰罐）。

清制中，皇帝平时批奏章用朱笔，遇有国丧改用蓝笔，过二十七天后，再用朱笔。而董鄂妃之丧，顺治用蓝笔批奏章，从八月到十二月，竟长达四个月之久。为了彰显董鄂氏的贤德、美言、嘉行，顺治命大学士金之俊撰写董鄂氏传，又令内阁学士胡兆龙、王熙编写董鄂氏语录。顺治还亲自动笔，饱含深情地撰写了《孝献皇后行状》，以大量追悼董鄂妃的《御制哀册》《御制行状》的具体实例，展现了董鄂氏的美言、嘉行和贤德，整篇洋洋达四千字，内容十分丰富。

董鄂妃病逝后，顺治心灰意冷，看破红尘，无所依恋，便舍弃江山，执意要到五台山出家为僧，并让和尚为他剃了发。后来，因为佛法师父玉林琇想法刺激，才逼得顺治打消了出家的念头。

董鄂妃辞世，留给了顺治皇帝无尽的哀思，本来就体弱多病的他，身心遭到了极大的伤害，董鄂妃死后仅半年，就得了当时的不治之症——天花。当时正值寒冬时节，在钦定皇三子玄烨即位，口述了遗诏后，顺治皇帝于正月初七半夜崩于养心殿，追随爱妃而去，时年二十四岁。

顺治皇帝死后，尸体被火化，于康熙二年与孝康章皇后佟佳氏（康熙帝生母）、孝献皇后董鄂氏合葬入清东陵中的孝陵。

从此，这位风流天子不爱江山爱美人的故事一直在民间广为流传。

赫舍里氏　清圣祖玄烨皇后

□ 档案：

姓　名：赫舍里氏
生卒年：1653~1674 年
籍　贯：不详
婚　配：清圣祖玄烨
封　号：皇后
谥　号：孝诚仁

赫舍里氏，满洲正黄旗人，出身名门，金尊玉贵，领侍卫内大臣噶喇布之女，辅政大臣索尼的孙女，康熙四年册封为皇后，时年十三岁。康熙八年生皇二子；康熙十三年生皇六子，后因难产去世，享年二十一岁。

姻缘天定，辅臣之女

康熙帝读书像

顺治十年（1653 年）冬天，一个大雪纷飞的季节里，京城辅政大臣索尼的府中降生了一个小小的女婴，这就是索尼长子噶喇布的女儿赫舍里氏。赫舍里氏一生转折与际遇都与她身后的庞大家族有着极其密切的关系。

1661 年，顺治皇帝突然去世，年仅八岁的皇三子玄烨即位，是为康熙皇帝。按照大清王朝的传统，皇帝年幼的时候，国家的政务应该由一两位宗室的亲王摄政，但由于顺治皇帝在位初年睿亲王多尔衮擅权对皇权构成极大威胁的前车之鉴，顺治皇帝和孝庄皇太后决定不依旧制，而是改由异姓大臣来共同辅政，于是确立了四辅臣制。

这样，在同多尔衮斗争中有功的重臣元老索尼、苏克萨哈、遏必隆、鳌拜成为辅政大臣，其中索尼为首辅大臣。四大臣共同辅佐幼主，最初相安无事。然而，随着四辅政大臣内部势力的变化，本来位居末位的鳌拜的势力日益扩大，他专横跋扈，根本不把年幼的康熙皇帝和其他辅政大臣放在眼里。

眼看鳌拜势力极速扩张，孝庄太皇太后为了遏制这一状况，转而笼络索尼父子，册立索尼的孙女赫舍里氏为皇后。此举改变了太宗、世祖两朝均在蒙古科尔沁部博尔济吉特氏家族中选择皇后的传统。

在四大辅臣之间，关系十分复杂。一方面，旗族利益的争执使索尼、鳌拜和遏必隆走到了一起，矛头直指苏克萨哈。另一方面，鳌拜的飞扬跋扈也引起了索尼、遏必隆的不满。四个人时时因为不同的利益角度变换着权力组合。而在这次册立赫舍里氏的问题上，正好又让除索尼以外的其他三人站在了同一条战线上。

消息宣布不久，以苏克萨哈为首的三位大臣便来到孝庄面前抗议。他们提出："若将噶喇布之女立为皇后，必动刀枪。满洲下人之女，岂有立皇后之理？"这篇陈奏中，直指索尼家族战乱归降的事实，并将此嘲讽为"满洲下人"。但是在这三人中，苏索矛盾由来已久，鳌拜则惧怕索尼因此阻挡了自己的势力，遏必隆更是因自己女儿的落选耿耿于怀。

孝庄太后早已将这些看得明白，三大臣此刻虽是沆瀣一气，但终究是各怀鬼胎，真正到了关键时刻，也不可能同心同志。于是，果断地驳回了他们的上书，维持了原案。果然，最后的结果正像她所预料的那样，鳌拜等人没有采取进一步的行动，三人偷鸡不成蚀把米，反倒是彻底把索尼给得罪了，这也使得皇室从这桩婚姻中获得了更多意想不到的收获。

1665年，十一岁的康熙和十二岁的赫舍里氏遵照孝庄太皇太后懿旨，举行了大婚典礼。

1669年的夏天，康熙皇帝就在赫舍里氏家族的协助之下除掉了权臣鳌拜。

青梅竹马，两小无猜

赫舍里氏虽出身名门，但她善良贤淑，睿智坚强，没有丝毫的娇纵与刁蛮。

刚满十二岁的赫舍里氏与康熙成婚，但实际上，他们还是天真的孩子，慢慢地，两人成为形影不离的玩伴，情投意合。少年初成的康熙皇帝和情窦初开的赫舍里氏，懵懵懂懂中，这对小夫妻的生活恩爱甜蜜，非常和谐，感情颇深。

两个人共同度过了鳌拜专权的日日夜夜。在他们共同生活的岁月里，赫舍里氏以自己"宫闱式化，淑德彰闻"的得力辅佐，把后宫治理得井井有条，使得康熙皇帝无后顾之忧，能够集中精力料理国政，顺利度过了他即位的早期阶段，为日后建立康雍乾盛世打下了坚实的基础。赫舍里氏成为康熙皇帝的贤内助。

皇宫是一个人事复杂的地方，在这里生存，不但需要聪慧的头脑、灵活的技巧和细腻的心思，还要有上天保佑的好运气。所幸的是，赫舍里氏刚好全都具备了。

孝庄太后也在为这个小姑娘担心着，大婚喜轿进入紫禁城的那一天，那一幕，竟与十几年前自己进宫的情景如此相似。孝庄深深地知道，因为政治走进皇宫的小皇后，和处在青春叛逆期的皇帝是否能够和睦相处，能否处理好后宫之间的关系，一切都还是个未知数。

然而很快，孝庄的担忧便消除了。温顺乖巧的赫舍里氏小心翼翼地在康熙面前，展露着妻子的体贴和少女的羞涩。新婚的小皇帝和小皇后不但没有发生任何矛盾，反而相处融洽，情投意合。

长子夭折，难产离世

1670年，赫舍里皇后生下了一个聪明乖巧、活泼可爱的小皇子承祜。这一年，康熙十五岁，赫舍里十六岁。

有了心爱的孩子，赫舍里显得十分满足。年轻的赫舍里用自己最大的热情和精力实践着一个皇后应尽的职责与义务，为了适应国家的经济状况，她紧紧跟随皇帝的意愿，以皇后之尊倡行节俭，成了康熙的名副其实的贤内助。而过去受到过良好教育的赫舍里氏，修养极高，优雅与从容使得她即使是周旋在纷繁复杂的人事关系中，也能得心应手，游刃有余。

快乐的日子总是不能长久，康熙十一年，当玄烨陪着祖母在赤城汤泉休养的时候，年仅四岁的承祜在紫禁城里夭折了。一直以来，康熙就是赫舍里的依靠，只要他在身边，她就可以坚强地面对一切挫折。而如今，他却远在千里之外，只剩下自己一个人，面对病危的儿子，孤助无措地欲哭无泪。

赫舍里氏眼看着心爱的孩子在自己面前一点点地枯萎消逝，却无能为力，这是比自己的死亡还彻骨的痛苦。在别人的眼里，不满二十岁的赫舍里氏有着与她年龄并不相符的成熟，她就像一尊寺庙里的神像，尊贵而端庄，而只有在玄烨的面前，只有在他们独处的时候，赫舍里氏才会暂时卸下所有金碧辉煌的外衣，回归到一个女人的角色。而如今，玄烨又在哪里呢？

承祜的离开带走了赫舍里氏真心的笑容，尽管她为了不让大家，尤其是康熙担心而尽力维持原样，但触及内心的伤痛却久久不能释怀。赫舍里氏的身体渐渐变得越来越羸弱了，秋天到了，康熙再一次陪同孝庄去到遵化疗养。康熙的离去使得赫舍里氏不需要再假装开心，一直提着的一口气终于吐掉了，赫舍里氏也病倒了。

归途中的康熙得知了皇后的病情，焦急万分的他却无法抛下祖母赶回北京，甚至不能完全表露出自己的担心。但终究纸包不住火，御医不顾康熙的警告向孝庄透露了真相。果然，孝庄一听到这个消息，立刻命令爱孙速赶回宫里。

当康熙奔到赫舍里氏的病榻前，她正在昏睡，蒙眬中却仿佛看到了玄烨的身影。也许赫舍里氏并没有将他当作是现实，虽然此刻无助的她是如此热切地盼望康熙能够在她的身边，就像半年前失去儿子的时候一样。但是她却也十分了解康熙的性情，抛下病未愈的祖母回京探望自己，如此有违孝道的事情，赫舍里氏从不敢奢望他能够做到。但是最终，她却惊喜地发现，坐在床边，紧紧握着她冰冷双手的那个人，就是她的丈夫，就是她深深眷恋、朝朝期盼着，却又不敢让人知晓的人。

就这样，康熙在赫舍里氏身边陪伴了整整一天，皇后的病情开始有所改观，夫妇二人的感情便在此时又一次得到了见证与升华。

第二年的秋天，赫舍里氏不但恢复了身体，并且再一次怀上了她和丈夫爱情的结晶。这个时候，发自心底的幸福笑容又一次出现在了赫舍里的脸上。

1674年，二十一岁的赫舍里氏在坤宁宫生下了她的第二个儿子，取名胤礽。然而，躺在床榻上的赫舍里氏却没有多少力气享受母亲的欢乐，生产的过程已经耗尽了她所有的心血，此刻的赫舍里氏感觉自己就像是一片羽毛，轻飘飘、昏沉沉地在半空中翻转，找不到落脚的地方，也找不到可以依靠的肩膀，一阵风吹来，更是彻骨寒冷。

从得到儿子的无比快乐到失去妻子的巨大痛苦，短短两个时辰里，康熙却经历了人生的大喜大悲。而此刻，他却还没来得及跟与他相濡以沫近十年的爱妻说上最后一句话，哪怕是嘱托与道别。

就这样，赫舍里氏离开了，仓促地走完了她短暂的一生。赫舍里氏的离去给了康熙巨大的震撼，他了解为什么皇后会难产，至少他自己始终是这么认为。除了失去她的痛苦，康熙的心里更多了一份难以排解的愧疚与自责。

赫舍里氏与康熙少年夫妻，相濡以沫。她经历了盛世来临前最艰难的岁月，却最终永远地留在了黎明前的时刻。

至爱情深，寄情于子

面对爱妻的突然离去，年轻的康熙一时难以抑制自己的情绪，悲痛地大哭失声。一向理智的康熙，这一次却一反常态。他在一系列的悼念活动中，尽情地释放着自己的悲伤与痛苦。在赫舍里氏去世三天后，将她的梓宫安放在了紫禁城西，此后，康熙几乎每一天都要去梓宫前举哀，一直坚持了将近一个月。随后，他亲自把赫舍里氏送到了京城北郊沙河地区的巩华城。在梓宫安放处，玄烨又独自默哀许久，直到晚上才起驾返宫。

然而，回到皇宫的康熙却仍旧放不下巩华城里的赫舍里氏，一天后，他又一次来到赫舍里氏的身边，静静地陪伴着她。据《康熙起居注》统计，康熙十三年至十六年，玄烨共去巩华城八十余次。

在这几年中，即使是有了第二位皇后，康熙也依然如故地冒着风霜严寒前去。不仅如此，赫舍里氏去世三周年祭日时，康熙于前一天上午便来到巩华城，一直陪伴赫舍里氏直到第二天才返宫。

对于皇后用生命为代价孕育的皇子胤礽，康熙宠爱极深，他亲自抚养胤礽，把对妻子的全部感情倾注到了儿子身上。康熙十四年，康熙便拟诏欲立刚满周岁的胤礽为皇太子，当年十二月，一岁半的胤礽正式受册宝，当上了皇太子。

康熙四十七年，废皇太子，康熙哭骂太子"生而克母"，并于当晚梦到已去世三十四年的皇后，念念不忘发妻。

仁孝皇后赫舍里氏是康熙一生最温馨、最纯真的纪念。

乌雅氏　清圣祖玄烨妃

□ 档案：

姓　名：乌雅氏
生卒年：1660~1723 年
籍　贯：不详
婚　配：清圣祖玄烨
封　号：德妃
谥　号：孝恭圣仁

乌雅氏，正黄旗籍，是护军参领威武之女，雍正帝生母。生性谦谨，处世温和，妩媚动人，比康熙帝小六岁，共生育四子二女。康熙十七年，乌雅氏因生育皇四子胤禛得到德嫔的封号，而在康熙二十年又因生育六阿哥胤祚而被晋封为德妃。

出身寒微，贤德无奢

乌雅氏是护军参领威武的女儿，本是内务府包衣，出身微贱。入宫后，初侍康熙帝，得康熙的召幸。康熙十七年到二十七年间，前后十一年的时间里，乌雅氏共生育了三位阿哥、三位格格，虽然其中有一位阿哥、两位格格夭折，但和一连生五个儿子都早殇的荣妃马佳氏相比，德妃已经是相当幸运的了。

乌雅氏是一个从无奢望的女人，珍惜已经得到的成为她天性的一部分，面对年复一年、平淡无奇的嫔妃生活，她也能过得有滋有味。

乌雅氏在后宫的最高封号就是"德妃"，比她入宫晚的佟佳氏刚入宫就被册立为贵妃，从一开始就比她的地位高，而当佟佳氏病重后，康熙又册封她为皇后。乌雅氏知道虽然佟佳氏是汉人，但自己是不能和佟佳氏比的，佟佳氏的姑姑是康熙皇帝的生母，父亲佟图赖为清王朝捐躯，两个弟弟均在朝中担任高官。为提高外祖父一家的地位，康熙还特意把佟图赖一支赐为满姓佟佳，并把他们从汉军镶蓝旗抬入满洲镶黄旗，这些都是出生在普通满洲之家的乌雅氏无法望及的。

康熙帝先后曾有过三位皇后，第一位皇后赫舍里氏，因生皇子胤礽难产而死。第二位皇后是遏必隆之女钮祜禄氏，连头带尾只当了半年皇后。第三位皇后佟佳氏，在册立后第二天就去世了。康熙所册立的三位皇后，一个比一个命短，也许是鉴于三位皇后都短命而亡，此后，康熙再也没册立过皇后。

睿智淡雅，深得帝宠

康熙二十年，册封了四个妃子，她们的妃位序为惠妃、荣妃、宜妃、德妃。

德妃乌雅氏和荣妃并肩成为生育子嗣最多的后妃，她们同样十年间生育六个孩子。但是，荣妃的辉煌，主要集中在康熙十二至十六年，她连生四孩，在康熙十六年之后，她就再未生育，这一段时间康熙是二十至二十四岁。可以想象那是一段轰轰烈烈的，属于年轻康熙帝的，充满活力的爱情。而康熙宠德妃，是在二十五至三十五岁的时候，这个年龄段的康熙已经阅人无数，心智日渐成熟，但德妃仍然盛宠了十年，可见，他们之间的感情是一种真实而成熟的爱。

德妃生胤禛的时候，已是二十九岁"高龄"，这可是破了康熙朝后妃生育年龄的记录。因为后妃们基本过了二十五岁就可以让位后来人了，唯有德妃，如此特殊，在接近而立之年仍再次生育，也再一次证明了德妃的与众不同，康熙对她的宠爱有增无减。

从一个负责端茶送水等细活的宫女，一步一步登上永和宫主人的位置，这是很不简单的。德妃能够稳居后宫三十三年，她一定是一个聪明女子，一定很有心计，幸运的是她并没有把这当成一种手段，而是巧妙地利用这份敏感和睿智，暗暗地保护着自己和孩子。

康熙二十八年起，德妃就协助处理后宫事务，她处理事情不偏不倚，一丝不苟，深受宫妃们的爱戴。但对于贵妃一类的册封她似乎从来就没动过念头，心态平和的乌雅氏在宫中过着与世无争的生活，而且三十多年如一日。直到康熙四十七年，康熙废太子，从此乌雅氏再也没有得到过安宁。

储位争夺，气郁身亡

自从康熙第二次废太子直至去世，在长达十年的时间里，他再也没有择立太子。

太子被废就意味着康熙要重新选择皇位继承人，虽不立太子，但也只是时间长短而已。其中，四阿哥和八阿哥的实力相当，不分上下，兄弟二人明争暗斗。

虽然，四阿哥小的时候有些喜怒不定，但成年后的性格含而不露，城府极深，德妃还是能感觉到他内心深处对储位的迷恋。他的聪明之处在于不是明争而是暗夺，用最隐蔽的方式加入竞争者的行列，在暗处窥测情况，积蓄力量，以求一逞。在皇太子第一次被废之后，八阿哥表现积极，急功近利，因此，受到康熙的斥责而落得竹篮打水一场空。

康熙本来是位慈父，但一涉及立储就变得非常挑剔，由于他坚持"以朕心为心者"作为择立皇储的条件，结果是对哪个儿子都不那么满意。

康熙六十一年，康熙在畅春园去世，悲痛万分的德妃不知道皇帝在生命的最后一刻是否已找到满意的继承人，而她的泪水还未擦干，就被所发生的情况惊得目瞪口呆：步军统领的隆科多公布康熙"传位于皇四子"的遗诏。

雍正即位后，开始打击异己，先后将五位兄弟置于死地，又将一奶同胞的十四阿哥无情幽禁，这让德妃气郁而病，卧床不起。

在立储问题上，德妃始终没猜透老皇帝的心思，但是她清楚地知道，康熙生前着重培养的是十四子，而不是雍正。所以，她不仅不愿接受群臣的朝贺，还以康熙未曾安葬为由拒绝朝臣给自己上尊号。在宫中的女人只有当上了太后，才算真的熬出了头，然而对于乌雅氏来说，太后的称号竟是一种沉重的负担。

1723年，太后乌雅氏带着困惑和忧虑离开了人世，时年六十三岁，葬景陵。

乌拉那拉氏　清世宗胤禛皇后

□ **档案：**

姓　　名：乌拉那拉氏
生卒年：？ ~1731 年
籍　　贯：科尔沁蒙古
婚　　配：清世宗胤禛
封　　号：皇后
谥　　号：孝敬宪

乌拉那拉氏，内大臣费扬古的女儿，雍正帝第一位皇后。乌拉那拉氏为人温和恭敬，谨慎谦和，雍正帝为皇子时，康熙帝册其为雍正嫡福晋。康熙三十六年生雍正长子弘晖，早夭。雍正元年，立为皇后。雍正九年去世，葬清西陵。她在雍正的藩邸生活了近四十年，亲历了康熙晚年种种残酷的宫廷斗争。

1722 年，胤禛即位，是为雍正皇帝，那拉氏的地位也随之提高，被册封为皇后。

乌拉那拉氏深知雍正公务繁忙，日理万机，所以对他生活上的一些爱好无不满足，经常陪着他一起在园林间漫步，观赏花草。在掌管六宫时，那拉氏和嫔妃、宫娥之间关系也很好，无论在藩邸的年月还是被封为皇后以后，她始终如一。所以，雍正对皇后很尊重，常常称赞她谦和顺从。

乌拉那拉氏曾为雍正生下长子弘晖，长到八岁，不幸夭折了。

1731 年，乌拉那拉氏病故。

雍正帝非常悲痛，虽然刚刚大病初愈，身体极度虚弱，仍坚持要亲临合殓，大臣们怕他触景增悲，加重病情，纷纷谏止，雍正只好服从。他亲上谥号曰"孝敬皇后"。后来，与雍正合葬于泰陵。

钮祜禄氏　清世宗胤禛贵妃

□ **档案：**

姓　　名：钮祜禄氏
生卒年：1692~1777 年
籍　　贯：不详
婚　　配：清世宗胤禛
封　　号：熹贵妃
谥　　号：圣孝宪

钮祜禄氏，满洲镶黄旗人，巴图鲁额亦都的曾孙女，四品典仪凌柱之女，十三岁嫁给雍正为侧福晋，雍正即位封熹妃，复晋熹贵妃。生有皇四子弘历，乾隆即位后尊为崇庆皇太后，移居慈宁宫。乾隆四十二年薨于圆明园长春仙馆，享年八十五岁，葬泰东陵。乾隆曾用六成金三千多两建珍宝台供奉她的头发，她是清朝皇太后中最高寿的。

出身名门，家族兴旺

钮祜禄，满语"狼"的意思。狼是满族先世女真的图腾之一，女真人出于对"狼"的崇拜，而以其为姓氏。在漫长的历史发展过程中，"钮祜禄"这个姓氏的称谓曾几度变化，辽代称"敌烈氏"，金代称"女奚列氏"，元代称"亦气烈氏"，明代称"钮祜禄氏"。

钮祜禄氏的曾祖父是大清王朝的满洲开国大臣之一，父亲是四品典仪凌柱。清初的时候，额亦都参加了讨尼堪外兰、取色克济等城，败萨克察人入扰、击败叶赫九部联军等重大战役，可谓是身经百战，累立战功，先后授一等大臣、总兵官等。额亦都的儿子是遏必隆，他与康熙朝的鳌拜、索尼、苏克萨哈同是四大辅臣，遏必隆一生没有自己的主见，立场不坚定，但是他的官运最长，随着其他三大辅臣死后，他更是百官之首了。到了儿子凌柱这里就没什么官位了，所以，钮祜禄氏当时是被作为秀女指婚给当时的胤禛的。

嫁给贝勒，成为格格

1704年，十二岁的钮祜禄氏被指婚给贝勒胤禛，由于其父亲凌柱身份官位不高，而胤禛的封爵也只是贝勒。钮祜禄氏刚到贝勒府，地位不是很高，只是格格身份，但是钮祜禄氏为人贤惠勤劳，康熙对这个儿媳妇很是夸赞。

1711年，钮祜禄氏生下了弘历。弘历十二岁时，随父雍亲王初侍康熙帝，在牡丹台大宴，康熙帝见皇孙弘历聪颖过人，十分喜爱，便把他接到了皇宫读书，亲自抚养，并称弘历"是福过于予"，连声称钮祜禄氏是有福之人，自此钮祜禄氏的地位大为提升。为此，钮祜禄氏更得雍王看重。

有一次，雍王患上了重病，生命危在旦夕，几乎丧命，钮祜禄氏侍奉殷勤，煎汤熬药，日夜不歇，照顾得无微不至，慢慢地，雍正的病情开始出现了起色。后来，雍王康复后，对她心存感激之情，钟爱有加。

1723年，雍王登基后，先封钮祜禄氏为熹妃，进而晋为熹贵妃。同年，雍正帝密建皇储，将弘历名字书写好，放于乾清宫"正大光明"匾额之后，弘历二十五岁即帝位，根据雍正帝遗命，母以子为贵，封熹贵妃为皇太后，居慈宁宫。

乾隆生母，颐养天年

1711年，钮祜禄氏生下雍正的第五个儿子弘历。因李妃所生的第二子早殇，所以弘历排行第四，称皇四子。后来，弘历继承了皇位，就是清高宗乾隆皇帝。

关于乾隆的出生，有一段传说。据说，弘历是浙江海宁陈阁老的儿子，当年，钮祜禄氏生下的是一个女婴，因为雍正的几个儿子殇逝，没有子嗣，王府便偷偷与陈家换了个男孩。这当然只是个传说而已，是毫无根据的，当时雍正虽有三个儿子夭折，但还有弘时已经八岁，并不是没有子嗣，无需偷换别人的男孩，再说，这时雍正才三十四岁，正当壮年，其妾耿氏已经怀胎五月，不可能急不可待地抱养别人的儿子。所以说，弘历为钮祜禄氏所生是确定无疑的。

乾隆自幼聪颖过人，深得祖父康熙和父亲雍正的喜爱，继位为帝后，非常孝敬自己的生母。

乾隆帝把钮祜禄氏视为国母，有言必遵。有一次，太后偶然提及顺天府东有废寺当重修，乾隆帝立即遣员拨款修盖，并告诫宫监，今后有事应事先看出，不应让太后劳神指派。

作为一代风流皇帝，乾隆一生中经常巡游各地。乾隆在位期间三次南巡，三次东巡，三次巡幸五台，一次巡幸中州，以及谒东陵，狩木兰，他出巡时皆奉陪太后同行，平日与其左右不离。

每逢太后生辰万寿之日，必率王公大臣行礼庆贺。六十、七十、八十庆典，一次比一次隆重。特别是太后八十大寿，一个寿桃竟有几间屋子那么大，年已六十的皇帝还彩衣舞蹈，承欢膝下。乾隆知道母亲喜欢江南风光，还特地在万寿寺旁仿造了几里路长的"苏州街"，奉迎母亲穿行于其间。每次寿典所进寿礼，更是不计其数，先进皇上亲制的诗文、书画，再进如意、佛像、金玉等各类珍宝无所不全。

1777 年农历正月，钮祜禄氏辞世，享年八十五岁，葬于泰东陵。钮祜禄氏为天下母四十余年，时值国家全盛，享尽了人间的荣华富贵。

年氏　清世宗胤禛贵妃

□ 档案：

姓　名： 年氏
生卒年： ? ~1725 年
籍　贯： 湖北
婚　配： 清世宗胤禛
封　号： 贵妃
谥　号： 敦孝皇贵妃

年氏，湖北巡抚年遐龄的女儿，雍正朝重臣年羹尧的妹妹，早年嫁给雍王为侧福晋。她为人谦恭善良，贤淑聪慧，雍正元年，被册封为贵妃。年氏育有三子一女，三子分别为福宜、祖惠和福沛，但都相继夭亡了。

秉性柔嘉，联姻皇家

按照清代的规定，每位皇子到一定的年龄都可以得到一个佐领作为他的仆从，1703年，即康熙四十二年，四阿哥得到了年氏家族所在的佐领。

那一年，皇太子的叔外公索额图被皇帝幽禁，四阿哥已经感觉到了皇太子遇到了麻烦。一旦太子被废，他本人谋求皇储的机会就到了。当然，他也深知，要赢得父皇康熙的认可不是件容易的事，尽管如此艰难，四阿哥还是暗中网罗人才，以便当机会到来时能全力一搏。

年氏家族就是四阿哥颇为关注的一股力量，年遐龄在康熙三十年以后步入官场，任湖广巡抚，他的两个儿子年希尧、年羹尧都是难得的人才，尤其是年羹尧，绝对是个出将入相的人物，是今后能够用得着的人。年家在被拨到四阿哥门下后，整个家族自然同四阿哥的沉浮连到了一起。

碰巧，年遐龄还有个待字闺中的女儿，四阿哥有心，年家父子也有意，于是，年遐龄之女就成了四阿哥的侧福晋。

年氏进雍府较晚，但却得到雍正的喜爱，有专房之宠，接连生下三子一女。除了年氏有自己的可爱之处，也与她的哥哥年羹尧有着相当大的关系。

雍正初年，年羹尧与隆科多镇压反对派拥立世宗有功，备受世宗雍正帝的恩遇。不仅如此，年羹尧的文韬武略，都深为雍正帝所赏识。尤其是他率军平息青海叛乱以后，解除了皇帝治国之忧。雍正更是异常兴奋，把年羹尧视为自己的"恩人"，时常向人述说他的功绩，感激之情溢于言表。雍正还晋封年羹尧为一等公，加太傅，他的父亲、儿子也被加官封爵。这样，年羹尧的妹妹年贵妃深得雍正恩宠也就是顺理成章的事情。

此皇贵妃，彼年贵妃

雍正即位后，立即册封侧福晋年氏为贵妃，其名号仅次于皇后乌拉那拉氏。而为雍正生下弘历的格格钮祜禄氏的封号，也只是熹妃！年贵妃心里明白，是兄长在西北的作用决定了自己的封号。

不久，西陲出现了突发事变。青海的漠西蒙古，和硕特部台吉罗卜藏丹津趁准噶尔部被清军击败的机会，称霸西陲，发动叛乱，而这时，年羹尧正是西北的抚远大将军。

雍正虽然对大舅子并未公开发作，但年贵妃感到刚刚建立殊功的兄长已经失宠了。

在过去，雍正对年羹尧评价过高，年羹尧开始居功自大，目空一切，行事不知检点，做出种种越权枉法的事情来。这样导致了雍正另一部分亲信的不满，不断向雍正耳中吹风，这些谗言大大刺伤了雍正的自尊心，生性多疑的雍正后悔过多地给年羹尧以军政大权，他开始有计划、有步骤地打击年年羹尧。

1715年，雍正公开罪责年羹尧。雍正在朱

雍正妃行乐图

批中正式向年羹尧发出训斥："凡人臣图功易，成功难；成功易，守功难；守功易，终功难。""若倚功造过，必至返恩为仇"，雍正笔锋一转就把能否"终功"推到臣子身上，"在尔等相时见机，不肯蹈其险辙"，"而其枢机，要在尔等功臣自招感也"。

年羹尧在"敬读严训"后，立即在给皇帝的奏折中表明自己"寝食不宁，自怨自责，几无地以自容"。

然而，年羹尧的一再认罪并未能换取雍正的些许宽容，雍正在给大臣奏折的朱批中一再点年羹尧的名，为在政坛上彻底清除年羹尧、隆科多的影响，大造舆论。

年羹尧的兄长年希尧当时正担任广东巡抚，不会感受不到雍正在给封疆大吏的朱批中频频点名年羹尧的压力，在皇宫内院的年贵妃也不会体会不到风云突变所造成的失宠，虽然她料到会有这一天，但这一天也来得太快了。

实际上，在颁布将年羹尧调任杭州将军时，雍正就已经下手了，所谓调任杭州，其实是把年羹尧给监视起来。雍正不会饶过年羹尧，正千方百计罗织罪名，甚至就连当地的民谣都可以成为向年羹尧发难的借口。

身处皇宫的年贵妃已经感到，最可怕的后果在一步步逼向自己，在忧虑、困惑、恐惧的笼罩下，她终于抑郁成疾。

处于弥留之际的年贵妃既没有希望，也没有牵挂。本来年贵妃已经向黄泉之路走去，但命运之神却又伸出强有力的臂膀挡了一下，这也许就是人们常说的回光返照，苏醒过来的年贵妃，变成了皇贵妃。然而，加封、表彰并未挽回年氏病情，可怜的她一病不起，当月死去。

年氏死后仅仅一个月，雍正皇帝便下手了，没等这一年过去，年羹尧即被赐死。

路到尽头，至死不解

在年氏的心中，丈夫是个城府极深的人，成婚都快二十年了，她始终猜不透丈夫的心思。无论是对年氏，还是对储位久虚的现状，雍正从来都是含而不露。

1725年，雍正正式册封年氏为皇贵妃。

雍正对大病中的年贵妃进行册封到底意味着什么？难道仅仅是对一个行将死去的女人进行安抚吗？还是体现皇家的浩大天恩？还是雍正想把年氏同年氏家族区别开？或者皇帝只是希望通过对年氏，这个已经失去联姻价值女人的册封，来掩饰出于某种政治目的缔结这门婚姻的印记，这些困惑萦绕在年氏的心中，始终不得答案。

苏醒过来的皇贵妃既然不能明白地活着，总希望能死个明白。但要做到死个明白，对年氏也是个奢望。太多问题的真相她无从得知，就算有一天能明白，命运留给她的时间也不多了。

还有太多的问题，她甚至理不出一点头绪。年羹尧以及舅舅隆科多为什么同时被雍正从重臣弃为路人？究竟是年羹尧以及舅舅隆科多欺骗了雍正，还是雍正要卸磨杀驴、杀人灭口？雍正并不想把陵寝选在康熙的景陵附近，如果雍正即位真的体现了康熙临终的意愿，为什么总想在易县另择万年吉祥地，而远离康熙的陵寝？以致乾隆即位后不得不兼顾遵化的孝陵、景陵与建在易县的泰陵，而做出今后皇陵的建造要按照昭穆分葬遵化（即清东陵）、易县（即清西陵）的规定。

1725年农历十一月，即雍正三年，年贵妃的身心终于得到了解脱，一个个百思不得其解的问题，不仅是生命的负荷也成为死亡之旅的重负。她的棺椁进入泰陵的地宫，同雍正合葬。

富察氏　清高宗弘历皇后

□ 档案：

姓　名：富察氏
生卒年：1711~1748年
籍　贯：不详
婚　配：清高宗弘历
封　号：皇后
谥　号：孝贤纯

富察氏，孝贤纯皇后，乾隆帝弘历原配皇后，满洲镶黄旗人，其父是察哈尔总管李荣保。她虽出身名门望族，但生性节俭，不喜奢华，办事有条理，主持后宫不偏不妒。富察氏共为乾隆生下了两个女儿和两个儿子，但是有三个孩子不幸早亡。

名门淑女，中宫贤后

富察氏是满洲镶黄旗人，满洲镶黄旗为上三旗中的首旗，由皇帝亲统，地位很高，在清代皇后中，真正出身于满洲镶黄旗的并不多。富察氏不仅旗籍高，而且出身于名门宦家，她的祖父在康熙年间任议政大臣，当过七年的户部尚书，掌管国家的财政大权，曾经大力支持康熙帝的撤藩政策，深受康熙帝的器重，后被追赠为一等承恩公。她的父亲李荣保是祖父的第四子，官至察哈尔总管。她的伯父马齐在康、雍、乾三朝任保和殿大学士达二十三年之久，时间之长，在有清一代是罕见的。她的另一位伯父马武任过都统、领侍卫内大臣，官居一品，位极人臣，多年报效朝廷，深受皇帝的倚重。

富察氏出身于这样一个累世高官的家庭，从小就接受良好的正统教育，娴于礼法，深明大义，并有一定的文化修养，加之天生的端庄文静，可以说是一位标准的名门淑女，大家闺秀。

1727年，在一次选秀女中，十六岁的富察氏一眼就被雍正帝选中，决定将这位名门之女指配给早已秘定为皇储的皇四子弘历为嫡福晋。

婚后，这对小夫妻相敬如宾，感情笃挚，十分恩爱。富察氏不仅聪明美丽，还非常温柔贤惠，她尽心尽意孝敬公婆，每日殷勤地问安侍膳，恪尽儿媳本分，与公婆的关系十分融洽，深受公婆的喜爱。婚后第二年，富察氏生下皇长女，然而这个公主命薄，两岁时就夭折了。婚后第四年，富察氏又生下了皇二子，雍正亲自为这个孩子命名为"永琏"。婚后第五年，富察氏又生下皇三女和敬公主。乾隆即位后，立富察氏为皇后。

富察氏虽然是大家闺秀，却从来不爱在自己的脸上精耕细作，也厌恶金银珠宝之类的华丽恶俗，成为皇后后仍然如此。《清史稿》说，皇后母仪天下十三载，平居恭俭，不过以通草绒花为饰，不御珠翠。

有一次，富察氏随同乾隆在塞外行围，皇帝无意间和皇后聊起，祖上刚刚创建帝业的时候，生活条件比较艰苦，非常节俭，衣物的装饰都是用鹿尾绒毛搓成线缝在袖口，而不是像现在皇宫中那样用金线银线精工细绣而成。皇帝顺口说了这么几句话，但孝贤皇后却将乾隆的一席话深深记在心里，回京后，特意亲手做了一个用鹿尾毛缘边的放火石的小囊送给皇上，以示与皇帝相互勉励，不忘俭朴本色。乾隆非常珍爱，一直带在身边。孝贤皇后的节俭之风和不忘本色之心，深受乾隆的敬佩和尊重。

富察氏为人大度，处事公平，办事有条有理。庞大的后宫，被她处理得安宁静谧，上上下下的宫人对皇后都心悦诚服。

最能体现富察氏贤惠的，要数她对待皇太后的态度了。众所周知，老太后出身不高，一开始不过是个粗使丫头，年纪虽长，仍然终日大说大笑，不改本色。而皇后出身名门，知书识礼，一举一动，都透出骨子里的高雅。这娘俩气质风度迥异，按理说相处起来有点难度。可是皇后从心里把婆婆当成妈妈，关心照顾无微不至。正因为太后出身低微，所以她在太后面前特别注重礼貌，遇到太后吃饭更衣，她都亲自照顾，不让别的宫女伸手。太后微有不适，她彻夜不眠，在跟前伺候。想不到大家闺秀出身的皇后能吃得了这份苦，后宫上下对此都十分佩服。因此，婆媳关系处得非常融洽，老太太甚至一日也离不了媳妇在跟前。对于以孝为天的乾隆，这一点确实给了他极大的安慰。

乾隆在当皇子时，就已经娶了福晋、侧福晋、格格等十人。做了皇帝之后，又纳了不少妃嫔。在乾隆的众多后妃中，皇后富察氏是和乾隆感情最好的，备受乾隆的宠爱。在富察氏容貌一点点褪色的时候，她的魅力，随着时间的流逝却日益增加，如同一坛芬芳的酒，年岁越久，就越醇香。夫妻共同生活时间越久，他们相处得也越和谐，对方的每一个细微的表情和动作，都能读懂，知道彼此的内心需要。正是因为有富察氏在身旁，乾隆才能精力充沛地处理国务，把大清推到了一个前所未有的强盛时期。

宽和仁慈，独擅专宠

富察氏办事很有条理，主持后宫不偏不妒，对待太监宫女宽和仁慈，还把乾隆各位妃子所生的子女都视如己出，因而深得其他妃嫔的敬重，后宫上下都盛赞她的美德。有这样的贤后与和谐的宫闱环境，乾隆毫无内顾之忧，可以专心地处理国家政务。乾隆认为这一切都是皇后富察氏的功劳，对她十分地感激，把富察氏视为自己的贤内助和知己。

富察氏绝非一个平凡的女子，她是草丛中的玫瑰，鸡群中的凤凰，她的出类拔萃一目了然。正像八字所说，"占得妻星最贤最能"，乾隆确实是古往今来难得的幸运之人。

作为一个有深度的男人，乾隆对女人的要求当然不仅是外表，他更在乎的是内涵和性格。在门第、外表和性格这三大因素中，富察氏最为突出的就是性格。富察氏是一位既聪明透顶，又天真烂漫，既精明过人，又大气温柔，既识大体，又重小节，既善解人意，又有原则，是个既含蓄婉约，又可以笑唾檀郎的女人。在他忙于事业时，富察氏以自己的精明协调管理后宫，安排照顾皇子的生活和教育，让他不致分心。在他遇到困扰情绪烦躁之际，富察氏如同一朵解语花，迅速读懂他的内心，恰到好处地轻轻握手触摸，亲手递过来的一片小吃，都能给他极大的安慰，让他的心境迅速走出阴郁。当乾隆心情极佳，精力无处发泄时，富察氏又能陪

粉彩镂空盖盒　清

他纵情玩嬉，陪他在围场纵马奔驰，甚至偶尔也一试挽弓射箭。

由于乾隆对富察氏的宠爱，她的家人也受到了前所未有的恩赐，甚至超出了常制，傅恒与福康安是清代少有的非宗室王，时人记载，福康安"生平所受恩宠，亦复空前旷后，冠绝百僚"。

身在天堂，魂系夫君

1748年，为了能让富察氏开心，淡化痛失爱子的痛苦，乾隆帝奉皇太后南巡山东之际，决定带富察皇后随驾出巡。既然皇太后也来了，虽然富察氏贵为中宫皇后，但也是儿媳妇，所以鞍前马后地照料老太太也是分内之事，可这也苦了富察氏。来回奔波加上痛失爱子还要强作欢笑，免不了疲劳伤身，加上车马劳顿，刚刚行进到泰山行宫的时候，富察氏就病倒了，大病一场及至气息奄奄，甚至昏厥了好几次。乾隆帝慌了手脚，忙下令回京，但是刚走到德州就不行了。皇太后来看她，她只模模糊糊说了"谢恩"两个字。不久，就病逝了。

结发二十二年，乾隆和富察氏如同两棵相互依靠交织成长的大树，彼此早已长成了对方的一部分。皇后离去的半年里，皇帝表面上仍然在全力处理国务，然而悲悼之情像潮水一样经常突然袭上他的心头，悲痛的巨流频频卷起，让他什么也无法专心地做不下去。一连数月，皇帝都睡不踏实，动不动就觉得皇后还在身边，频频惊醒。太监注意到，一向严谨精明的皇帝变得迟钝了，无目的的活动增多，工作没什么效率，常常走到一处，却忘了自己是要寻找哪个奏折。有时刚说过的话，立刻就忘得一干二净，还不时莫名其妙地大发脾气，后宫上下都提心吊胆。

乾隆帝在皇后丧满之日，饱含热泪，十分悲痛地写下了历史上著名的《述悲赋》，表达了自己对爱妻的浓浓真情。

深爱的皇后已经离去，自己再也无法享受她的温存和体贴了，伤感的乾隆对此有着太多的不甘心。他无法阻止爱妻离去的脚步，就只能保留她活着时使用的一些物品，企望以物代人，使自己的哀思有寄托之处，企望让她的影子永远留在自己的身边。

长春宫是富察氏生前的寝宫，为了能使自己时常回到与爱妻在一起的回忆中，乾隆帝下令保留长春宫富察氏居住时的原来陈设，凡是她使用过的器具、衣物等，全都保留，一切按原样摆放，并将孝贤皇后生前用的东珠顶冠和东珠朝珠供奉在长春宫，还将孝贤皇后及已去世的皇贵妃的画像也供在那里。这种陈设和做法保留了四十多年，直到乾隆六十年（1795年）才下令撤掉，允许其他后妃们居住。

乾隆帝还将富察氏在德州病逝时所乘的御舟运到京师保存。因为船只太大，城门洞狭窄，不能进城，乾隆帝甚至想把城门楼拆掉。当时任礼部尚书的海望想出了一个运船进城的方法，即搭木架从城墙垛口通过。木架上设有木轨，木轨上满铺鲜菜叶，使之润滑。千余名人工推扶拉拽，将御舟顺利运进了城内，从而保住了城楼，节省了大量人力和财力。此举虽然是乾隆极度悲哀之下的不明智举动，但确实也体现了他对失去爱妻的痛惜以及对妻子的深厚感情。

在富察氏去世之后，后位不能久虚。在太后的多次催促之下，乾隆十五年，皇帝册立了另一位妃子乌拉那拉氏为皇后。

然而，对于那拉皇后，乾隆一直谈不上喜欢，二人间也没有过多的感情互动。她与富察氏一样在乾隆登基前就成了他的妃子，虽也称得上端庄秀美，性情贤淑，且乾隆也很难确切地指出她有什么不好。但不知为何，在乾隆的心里再也找不出一丝的爱意。

虽然乾隆一再调动自己的感情，无奈真情不能勉强，新皇后始终有名无实。乾隆三十年，一直备受冷落而心情抑郁的那拉皇后终于与皇帝发生了冲突，被打入冷宫。从此，乾隆再也没有立过皇后。

乾隆三十年，皇帝第四次南巡，又一次路过山东。与前三次一样，他没有进济南城。后来，他赋诗一首，说明自己不进济南城的原因：

四度济南不入城，恐防一入百悲生。

春三月莫分偏剧，十七年过恨未平。

为了避免触景伤情，乾隆在以后的南巡中再也没有进入过济南城。时光在流逝，乾隆对富察氏的怀念却从来没有变淡，持续了整整一生。

乾隆五十五年，八十岁的老皇帝暗自对地下的妻子说，我的年龄越来越大，唯一的安慰是可以早日见到你。自己不想活到一百岁，与你相会之期最长不会超过二十年了！八十岁的老人，如此的深情，天地有知，也当感动。

1799 年，时为太上皇的乾隆皇帝在养心殿驾崩，享年八十九岁，在与在富察氏阴阳阻隔五十年后，这对恩爱夫妻，终于在地下团聚了。

乌拉那拉氏　清高宗弘历皇后

□ 档案：

姓　　名：乌拉那拉氏
生卒年：1717~1766 年
籍　　贯：不详
婚　　配：清高宗弘历
封　　号：皇后

乌拉那拉氏，满洲佐领那尔布的女儿，比乾隆小七岁，在雍正年间入侍乾隆的藩邸，被封为侧福晋，是由雍正做主乾隆纳的第三位福晋，但并不得宠。在乾隆即位后，册封乌拉那拉氏为娴妃，在皇后富察氏去世后，册封为皇后，生有三个子女。

太后宠爱，皇帝冷待

乌拉那拉氏是雍正亲自为乾隆指配的妃子，为人聪慧，纯朴贤淑。在乾隆的众多后妃中，乾隆最敬重皇后富察氏，最宠爱贵妃魏佳氏，而乌拉那拉氏就是最容易被皇帝忽略、冷落的一位。入宫多年，那拉氏一生没有生育。作为后宫中的妃嫔，自己不得皇帝宠幸，如果再没有生下一男半女，那么就连"母以子贵"的幻想也破灭了。

对乌拉那拉氏来说，唯一的慰藉就是她同太后特别地投缘，也许正是由于太后对她的好感，她才能得到娴妃的封号。乾隆十年（1745 年），娴妃乌拉那拉氏同纯妃苏氏一起被晋升为贵妃。

三年后，皇后富察氏在东巡途中病逝，奉太后懿旨，乾隆在十四年（1749 年）晋封贵妃乌拉那拉氏为皇贵妃，行摄六宫事务。皇帝对此很是不情愿，但母命难为，于是写下了"六宫从此添新庆，翻惹无端意惘然"的诗句。

一年后，乾隆又在太后的敦促下，册封乌拉那拉氏为皇后，这简直触碰了皇帝的底线，在他的心目中，没有一个人能取代皇后富察氏，此后，对那拉氏更是有意疏远。因此，乌拉那拉氏在刚当上皇后的一年多时间里，乾隆对她相当地冷漠，甚至同处一室都不说一句话。

乾隆十六年（1751 年），孝贤皇后富察氏三周年忌日那一天，乾隆在悼亡的同时，不知怎地，竟然对长期被冷落的第二位皇后流露出些许歉意，开始注意到乌拉那拉氏的存在。于是，皇十二子于次年降生，紧接着乌拉那拉氏又生下皇五女（乾隆十八年），皇十三子（乾隆二十年）。

这样来看，皇帝和第二位皇后那拉氏的关系日趋缓和，可实际上却并非如此。

乾隆对乌拉那拉氏的长期疏远，早已经伤透了她的心；而皇帝对她那种近乎怜悯的情感，也只持续了五六年，当乌拉那拉氏接近四十岁时，年老色衰，皇帝的注意力就已转移到了一批年轻妃子的身上。

从乾隆二十五年之后，皇帝的心思都扑到和卓氏身上，无论是外出巡幸，还是在围场的木兰秋狝，或是去盛京谒祖陵，和卓氏经常随行左右。郎世宁所画的那幅和卓氏戎装像以及那幅乾隆行猎和卓氏紧随其后的场面就是当时的真实写照。

这时，乌拉那拉氏虽然贵为皇后，统率六宫，却连见上皇帝一面都十分困难。

愤起断发，郁郁而终

乾隆皇帝二十五岁登位，做了六十年的皇帝，四年太上皇，享寿八十九岁才云游极乐。这位风流天子坐享前辈挣来的清福，曾六次下江南，巡视途中大肆地铺张。他的两位皇后富察氏和乌拉那拉氏的死都同巡幸有关。

在乌拉那拉氏受冷落以后，又要和从前那样忍受孤独和凄凉，"曾经沧海难为水"，弃之如敝的日子何时才是尽头？她是个既要强又较真的女人，品德贤良，生活俭朴，时常劝诫皇帝不要太奢侈挥霍，可乾隆一个字也没有听进去。

乾隆三十年（1765 年），乾隆第四次南巡，那拉氏一同随行，行至杭州时，乾隆贪恋景色与佳人，不愿回京城。整日美女左右陪伴，挥金如土，奢华至极，经常无视那拉氏的存在，尽情地享乐。那拉氏再也不能忍受被冷落的状态，也看不惯乾隆奢豪的做法，愤而断发，欲出家为尼，以示自己的不满。

满洲人的风俗中，最忌讳的就是剪发。按照习俗，只有丧夫立志不再改嫁的女子才剪发，所以，乌拉那拉氏此举被视为大忌。皇后的行为大大触怒了皇帝，这次，即使对她多有关照的皇太后也不能对皇后有悖宗法的举动予以宽恕。

乾隆大怒，下令让乌拉那拉氏先返回京城。他自己也不愿久留在外，匆匆回京。从这以后，帝后之间视如仇人，乾隆便不再上坤宁宫来。后来，乾隆虽并未公开废后，但在实际上已经把给乌拉那拉氏的所有册封全部收回，乌拉那拉氏形同被打入冷宫，精神与肉体受尽了折磨，心情愤懑，长久不能恢复。

乾隆三十一年（1766 年），乌拉那拉氏病逝，时年四十九岁。

御史上书请求以皇后礼葬乌拉那拉氏，乾隆不同意，仅以皇贵妃的礼仪安葬了第二位皇后。实际上，乌拉那拉氏的葬礼级别比皇贵妃还要低。

乌拉那拉氏的灵柩未能进入乾隆的裕陵地宫，而是被安葬在了裕陵妃嫔园寝，而且也未给她修建单独的地宫，只是将其灵柩放到纯惠皇贵妃的地宫的侧位，既不设神牌，也不放置任何祭祀物品。

和卓氏　清高宗弘历妃

□ 档案：

姓　名：和卓·伊帕尔罕
生卒年：1734~1788 年
籍　贯：叶尔羌
婚　配：清高宗弘历
封　号：容妃

在乾隆帝的后妃中，有一位来自新疆的妃子，长久以来，人们都称之为"香妃"，即和卓氏，后被册封为容妃。她名伊帕尔罕，其家族为和卓，故被称为和卓氏。其父阿里和卓为回部台吉，哥哥叫图尔都，世代居住在叶尔羌。和卓氏深得乾隆帝宠爱，曾随乾隆帝东巡、南巡，特允于宫中着本族服装，专配本族厨师。乾隆五十三年（1788 年）四月病故，时年五十四岁。

1755 年，清政府平定了新疆阿睦尔撒纳的叛乱，解救了墨特的两个儿子波罗尼都和霍集占，即大小和卓。可是这两个人却聚众叛乱，容妃一家反对叛乱，不顺从大小和卓，被迫离乡背井，全家从天山以南的叶尔羌迁移到天山北侧的伊犁居住。

1759 年，这次叛乱被平定。和卓氏的叔叔额色尹和哥哥图尔配合清军平叛有功，一家人受到清政府的重视，被召入京师。于是容妃和叔叔兄长一起，骑着骆驼，浩浩荡荡地向北京进发了。

在他们起程之前，乾隆帝就派人在西长安门外修建了一所住所，供额色尹等人到京后居住，这一带就叫回子营。历经三个多月的长途跋涉，一行人来到北京受到了乾隆的召见后，额色尹和图尔分别被封为辅国公和扎萨克头台吉。为了感谢皇帝的恩德，表示对朝廷的忠心，额色尹和图尔都决定将美丽聪明的容妃送进皇宫，服侍皇上。

其实，乾隆早就听说图尔有一个妹妹，长得端庄秀丽，窈窕娇美，一直想一睹芳容。见图尔有意送她进宫，便欢喜万分。

1760 年，容妃进宫，不久，晋升为和贵人，时年二十七岁。两年后，乾隆奉皇太后懿旨，册封和贵人为容嫔，后又晋升为容妃。

乾隆同比自己小二十四岁的和卓氏的结合虽然充满了政治色彩，但由于乾隆能熟练地使用维吾尔语、蒙古语等语言，使得他与和卓氏之间可以无障碍地进行交谈，两人之间的感情也非常好。和卓氏的生活习惯和宗教信仰受到了皇帝的尊重和特殊的关照。

此后，乾隆皇帝出宫或者巡游，容妃都随驾同行。即使在外，乾隆也会照顾到容妃的饮食习惯，尊重她的信仰。

1786 年，容妃的身体已经开始出现状况，在宫内各种活动中都很少露面。乾隆帝因容妃有病，经常赏给她枣糕、梨膏和西瓜等。后来，容妃的病情加重，对宫中朝夕相处的妃嫔、本宫太监宫女和家里的叔叔、哥哥、姐妹等都寄以无限的深情，把毕生积存的衣物和珍贵首饰分赠给他们留作纪念。

1788 年，容妃因病去世，时年五十四岁，葬清东陵。

喜塔腊氏　清仁宗颙琰皇后

□ **档案：**

姓　名： 喜塔腊氏
生卒年： ？~1797 年
籍　贯： 不详
婚　配： 清仁宗颙琰
封　号： 皇后
谥　号： 孝淑睿

喜塔腊氏，孝淑睿皇后，是总管内务府大臣和尔经额的女儿，是清朝唯一一个生育皇帝的嫡皇后，也是在位时间最短的皇后。她是嘉庆皇帝的原配妻子，备受公公乾隆皇帝青睐，共育有三个子女，分别是皇二子绵宁（后改名为旻宁），即道光帝；皇四女固伦庄静公主；另有一女夭折。

无福的皇后

喜塔腊氏的父亲是总管内务府大臣，并非豪门大族，她于乾隆三十九年被册为嫡妃，这次婚姻是经由选秀女途径为皇子所指的婚姻，与女方家族背景及朝中政治毫无关联。

嘉庆继位后，喜塔腊氏被册为皇后，与丈夫迁到毓庆宫居住。但是喜塔腊氏的身体一直孱弱多病，迁居后就卧床不起，只当了一年的皇后，于嘉庆二年二月去世，结束了自己显贵而平淡的一生。

喜塔腊氏是清朝二百多年历史上唯一生育了皇帝的嫡皇后，但她却没能等到亲生儿子登基那一天。

按惯例，皇后的丧事是国丧，但是奉太上皇之命，孝淑皇后丧仪的规格大大降低了，许多丧礼都被免掉，是清朝皇后当中规格最低的一位。嘉庆和喜塔腊氏的感情一直很好，但是他当时还充当着傀儡的角色，日常行动都受到太上皇乾隆的监督，所以也不敢有太大的过激行为。于是，在治丧期间，嘉庆只是穿戴着常服，周围的太监们也是如此。

嘉庆八年十月，喜塔腊氏入葬昌陵地宫。

身后的风波

嘉庆八年，大臣拟好了一份孝淑皇后的"奉安仪注"上奏给皇帝，奏折内有"掩闭石门，大葬礼成"八个字，仁宗看过以后震怒，批复说，"这八个字写得太疏忽了，非常不合适。石门怎么能关闭呢？既然关闭了就不能复开，此吉地是先皇赐朕之地，非皇后之地，若关闭石门，想要朕另外寻找吉地吗？朕遵先皇之旨，怎么也不敢更易。而'大葬礼成'更不像话！这符合事实吗？"大臣们都无言以对。此事过后，仁宗将涉案的官员都进行了处理，其中，荣郡王绵亿革一切职务，罚俸六年，武英殿大学士保宁革职留任。

长久的思念

在喜塔腊皇后去世的头七里，仁宗每一天都要到梓宫前祭酒。当时仁宗的昌陵地宫刚刚兴建，皇后的梓宫只能暂安放在静安庄。嘉庆八年，孝淑皇后的梓宫送入昌陵地宫。奉移当天，她的独生子绵宁亲自行启奠礼，仁宗也亲自为皇后举行大祭，直到目送皇后入住地宫。

在道光帝、咸丰帝年间，喜塔腊氏的谥号一再增加，被称为"孝淑端和仁庄慈懿敦裕昭肃光天佑圣睿皇后"。

翡翠手镯　清

钮祜禄氏　清仁宗颙琰皇后

□ **档案:**

姓　　名: 钮祜禄氏
生卒年: 1776~1849 年
籍　　贯: 北京
婚　　配: 清仁宗颙琰
封　　号: 皇后
谥　　号: 孝和睿

钮祜禄氏,满洲镶黄旗人,礼部尚书恭阿拉的女儿,嘉庆帝的第二位皇后。在嘉庆帝为皇子时,钮祜禄氏便嫁给了嘉庆,被封为侧福晋。仁宗即位后,封为贵妃。皇后喜塔腊氏去世后,太上皇乾隆帝先封其为皇贵妃,嘉庆六年,册钮祜禄氏为皇后。生有两子,绵恺和绵忻,一个女儿早夭。

是无私也,是利己乎

嘉庆二年,皇后喜塔腊氏病逝,太上皇乾隆诏令钮祜禄氏继位中宫,她进而被封为皇贵妃,1801 年,被正式册封为皇后。

喜塔腊氏去世后,她的儿子旻宁交由钮祜禄氏照顾。这时候,钮祜禄氏已有两个儿子,分别是皇三子绵恺和皇四子绵忻。但是她对旻宁非常好,视如己出,对他倍加爱护和关照,尽量弥补他应该享受的母爱。

旻宁和两个同父异母的弟弟,关系也很好,经常一起玩耍。后来,因为皇后钮祜禄氏的推举,旻宁才能够荣登皇帝宝座,所以,道光帝视她如同生母一般,更称其为皇母。

然而,孝和皇后钮祜禄氏在一些后人的印象中是不佳的,甚至是可憎的。她做事情的方法,给后人带来了很多的想象空间,颇有争议。

1820 年夏,嘉庆起驾去避暑山庄,由于天气炎热和之旅途劳累,原本身体安好的嘉庆猝死。

当远在北京的皇后得到这一噩耗,第一个反应就是把皇帝存放在乾清宫"正大光明"匾额后边藏有立储密旨的匣子找出来,宣布皇位继承人。但是,皇后派去的人在"正大光明"匾额的后面找不到立储密匣。

据记载,雍正以后的清代历朝皇帝,在选定继承人之后并不宣布,只预立密诏二道放好就可以了,一藏于乾清宫正大光明匾额的后面,一藏于皇帝随身所带的金盒中,钮祜禄氏早就知道"立储家法"。

在林清之变、天理教徒攻进皇宫后,嘉庆觉得把立储密匣放在"正大光明"匾后面并不安全,从那以后他就把立储密匣带在身边。

皇后似乎猜到嘉庆很可能把立储密匣带在身边,就让回来报信的人再返回避暑山庄去找,但是始终没有找到。国不可一日无君,情急之下,皇后必须解决这一难题,于是她下达懿旨:令皇二子旻宁继承皇位。

孝和皇后作出的这个决定从多方面讲，都是公正而且无私的。但是从旻宁成为皇帝后对她的厚待来看，又让很多后世人认为她工于心计，这么做是在为自己的利益打算。

这种说法未免太过偏激，退一步讲，即便果真如此，一个人为自己的前途谋划也是情理之事，无可厚非。

当年，乾隆在位的时候，道光就是乾隆指示，嘉庆属意的继承人，乾隆曾于晚年亲自于宫内操办道光与原配孝穆成皇后婚礼，并赐皇孙夫妇婚后仍居宫内，此乃清朝皇帝对皇孙特例之举，也是乾隆暗示道光为皇太孙之举。

嘉庆生前也为道光培植势力，大力封赏，最重要的，道光是嘉庆的喜塔腊皇后所生的嫡长子，以宗法来讲，地位高于妾室的儿子。还有一点，孝和非常了解自己的儿子，一个迷恋皮黄，一个陶醉古籍，别说嘉庆看不上，就连她自己也很失望。

如果，此时孝和以私心辅助亲子即位，不仅不能使朝廷宗室信服，而且一旦密诏找到，母子将死无葬身之地。在这种情况下，她便以皇后名义降旨指定由旻宁继位。

后来，随同嘉庆去避暑山庄的太监终于在大行皇帝的遗物中找到一个不起眼的盒子，打开一看，正是册立皇二子为太子的密旨。

孝和皇后钮祜禄氏此无私之举深得道光的敬服，因而其后母子关系融洽，她也因此被尊为皇太后。

为皇太后，婆媳不和

在道光朝第一大案，修建皇陵的案件中，主犯英和玩忽职守，不仅贪污皇陵款项，而且不顾常识，不给皇陵装任何排水系统，也不修任何防水系统，皇陵成为名副其实的豆腐渣工程，并且百般阻挠言官上奏实情。道光知道后，派人调查，事实明确，实属罪大恶极，且涉及皇帝地宫，孝穆皇后灵柩被淹，按律理当处斩并追究家人。但孝和皇后竟然为英和求情，认为罪不当诛九族，要求道光开恩从轻发落。英和最终仅仅流放一年半就返回原籍，子孙继续做官。

1836年，孝和皇太后六十大寿。一天，道光到太后那里请安，他们在闲谈时聊到了皇后，道光不禁夸奖起皇后的聪颖乖巧，不料，太后却不以为然，认为女子以德为重，仅有点小聪明算不上什么福相。后来，这些话传到了皇后的耳朵里，当下便有些气愤，想一定要出了这口气。

后来，皇后每当和太后接触，言语中都要带些讽刺。慢慢地，太后也察觉到皇后对自己态度的变化，也明白了其中的缘由，顿时火上心头。身为皇太后，又是长辈，晚辈怎么能如此和自己讲话？她几次当面训斥了皇后，在道光面前也斥责他管教不严。

不过，这些都没起到什么作用，皇后毫无悔改之意，甚至当面顶撞太后。这样，婆媳两人之间的关系日益紧张。

三年后，寒冬腊月的一天，皇后因得了感冒，不便去给太后请安，谁知道年迈的皇太后竟不顾严寒，亲自到皇后那里探望病情，皇后见此，心里不由得生出了一分愧疚。过了一段时间，皇后病好以后，赶忙去给太后请安，太后非常高兴，两人说说笑笑，还聊起了家常。

一天之后，太后特地派人给皇后送了一瓶名酒，皇后当着来人的面便饮了一杯，并连连赞美酒的味道不错。但是在当天夜里，皇后就突然去世了。

1849年，孝和皇太后去世，这一年，道光已经六十八岁了。

孝和皇太后死后，道光在丧处"席地寝苫"，恪守孝子居丧的礼节，王公大臣屡次奏请回宫，他都坚持不肯。皇太后的灵柩移置绮春园后，道光仍居慎德堂的"苫次"。

就在孝和皇太后逝世以后的一个多月，道光也在慎德堂悲痛成疾而驾崩。母子二人的感情可见一斑。

佟佳氏　清宣宗旻宁皇后

□ **档案：**

姓　名：佟佳氏
生卒年：？ ～1833年
籍　贯：北京
婚　配：清宣宗旻宁
封　号：皇后
谥　号：孝慎成

佟佳氏，孝慎成皇后，满洲镶黄旗人，康熙年间的一等公佟图赖之后，三等承恩公舒明阿的女儿，道光帝皇后。

嘉庆十八年（1813年）七月初三，佟佳氏生下了绵宁的长女，七岁时不幸夭折。

1803年，佟佳氏入宫成为皇子绵宁的妾室。

1808年，绵宁的原配妻子钮祜禄氏去世，嘉庆皇帝册封佟佳氏为继嫡福晋。

嘉庆十八年（1813年），皇子绵宁被封为智亲王，佟佳氏也成了亲王福晋。

嘉庆二十五年七月，智亲王绵宁即位为帝，改名为旻宁，是为道光帝。

清王朝在经历了康乾盛世之后，及至嘉庆时期，整个社会已呈现出衰世的景象。道光帝继位后，封建制度已经病入膏肓，西方资本主义正在迅速发展，不断东侵。

道光为了挽救清王朝的危局，在即位之初，曾经积极图治，矫正扭曲的社会制度，他非常注重勤俭方面的改革，规定皇宫中一律从俭。

作为皇后的佟佳氏，也是夫唱妇随，以身作则。但是，道光并没有意识到历史的潮流从来都是不可逆转的，封建制度已经走到了尽头，它的弊病根深蒂固，矛盾重重，又怎么是单靠勤俭节约就能解决得了的？

此后，国势如江河日下，急剧衰落。佟佳氏就在这内忧外患的时代，与道光帝共同生活了二十多年。他们只生育了一个女儿，但幼年时就夭折了。

1833年，佟佳氏去世。道光赐谥为"孝慎皇后"，葬入龙泉峪地宫。

钮祜禄氏　清宣宗旻宁皇后

□ 档案：

姓　名：钮祜禄氏
生卒年：1807~1840 年
籍　贯：苏州
婚　配：清宣宗旻宁
封　号：皇后
谥　号：孝全

钮祜禄氏，二等侍卫、一等男颐龄的女儿。道光初年入宫，比道光皇帝小二十五岁，赐号全嫔。三年后，晋封为全妃，又晋为全贵妃。生皇三女、四女，皇四子奕詝（即文宗）。道光十三年晋封皇贵妃，掌六宫事，次年立为皇后。

生长姑苏，聪慧佳人

钮祜禄氏出身名门，曾祖和祖父都是清朝声名显赫的将领，父亲颐龄当时是乾清门的侍卫，世袭男爵。幼年时，颐龄被派往苏州府任职，举家搬迁，钮祜禄氏就随父母在苏州长大成人。明清时期的苏州是全国最大的工商业城市和经济中心，富甲天下，号称"海内繁华、江南佳丽"之地，故苏州女子多聪慧贤淑。

钮祜禄氏从小就长得漂亮，且聪明伶俐，再加上江南名城苏州水土文风的滋养和熏陶，平添了几分灵气，养成了江南女子的纤巧秀慧。平日里，除了刺绣和诗书，钮祜禄氏还学会了苏州女子雅好的七巧板拼字游戏，她在这方面还格外出色，入宫后，曾仿世间常见的七巧板样式，将木片削为若干方，排成吉祥语"六合同春"四个字，难度很大。除此之外，在随父游历中，钮祜禄氏还开阔了眼界，遇事都很有主见和谋划，这更是与寻常女子不同。

因自小生长在苏州的缘故，她除了"明慧"以外，还有江南女儿的温柔，这与其他八旗格格的开朗爽健是大相迥异的，所以在后来能够受到道光帝的宠爱，甚至独宠专房。不仅如此，据说，清宫节庆中的苏造糕、苏造酱等物，都是钮祜禄氏亲自仿制苏州的苏式糕点、酱菜而得名的。此说真实与否，尚待考证，但钮祜禄氏的"才华超群"是有目共睹的，这从她入宫后道光帝对她的宠爱程度和晋升速度就可以略知一二了。

入宫为后，幸得偏宠

道光初年，十三岁的钮祜禄氏被选入宫。明慧温柔、才智过人的她立刻就被道光帝看中，随即留在了宫中，被封为贵人。因她才、智、貌样样都全，特赐徽号"全"字。

全贵人既年轻又聪明，很快就得到了道光帝的偏爱。入宫仅一年多，晋封为全嫔，三个月后，全嫔又晋为全妃，时年十五岁。钮祜禄氏入宫不到两年，就从贵人晋升为嫔再晋升为妃，名位得到如此迅速的提升，也足以证明她几乎已经得到了道光帝的专宠。

道光四年（1824 年）初夏，全妃怀孕，十月怀胎生下了第一个孩子即皇三女（十一岁夭折），虽是女儿，但道光帝仍然大喜，尤其对比之前祥嫔所生的皇二女，待遇差距极大，全妃再晋升为全贵妃。就在当年夏天，全贵妃再次怀孕。

道光六年（1826 年），全贵妃生下第二个女儿即皇四女（后封寿安固伦公主）。宫中称为"四公主"，尽管仍是女儿，依然丝毫没有影响道光对全贵妃的感情，相反，作为道光长大成人的实际上的长女，又是爱妻所出，道光朝唯一的嫡女，四公主是道光皇帝最重视、最宠爱的女儿，日后，为其所选的驸马也是道光女婿中出身最为显赫之人。

道光十一年（1831 年），全贵妃生下皇四子奕詝，即后来的咸丰帝，母以子贵，她的地位越来越尊贵。

道光十三年（1833 年），道光帝的第二位嫡妻，即位后所立的第一位皇后佟佳氏去世，六宫无主，作为理所当然的继后人选，当年，道光帝以孝和皇太后的名义晋升全贵妃为皇贵妃，摄六宫事，实为后宫之主。

婆媳大战，短命皇后

1840 年，孝全皇后钮祜禄氏去世，时年三十三岁。葬清西陵之龙泉峪。

钮祜禄氏可谓是一位春风得意的皇后，升迁神速，按理说，她已母仪天下，坐上了这"万凰之王"的位置，应该养尊处优，延年益寿。然而，她却只做了六年皇后，这不禁让人对她的死亡疑虑重重，联想起孝全成皇后生前与孝和皇太后的冷淡关系和孝和皇太后一些反常的迹象，大家纷纷把矛头指向了孝和皇太后。说法大致分为两种。

鱼毒奕䜣说。奕䜣是道光帝的静贵妃所生，文武双全，而且聪明过人，后来更支持洋务运动，和西方人接近，有"鬼子六"之称；而孝全皇后所生的奕詝则软弱无能，一副老好人模样，难堪大任，道光帝原先最中意奕䜣，有意立他为嗣。孝全皇后为确保自己的儿子能够继承皇位，遂摆下毒鱼宴，企图毒死奕䜣。一天，奕䜣正好来孝全皇后和奕詝所住的钟粹宫找奕詝玩，皇后便派人通知奕䜣之母静贵妃，说让奕䜣在自己寝宫里吃饭。临近开宴，皇后偷偷叫来儿子奕詝，让他不要吃桌上的鱼，并把图谋告诉了他。奕詝生性忠厚，且与奕䜣关系最好，所以在吃饭时，当奕䜣要夹鱼吃时，他狠命地踩了奕䜣一脚，如此数次，聪明的奕䜣自然明白了，便再也没有要吃鱼。皇后的图谋没有得逞。这时，皇后宫中的一只猫在桌底下吃了奕䜣吃掉下来的鱼骨头，但吃完没多久，就倒地而死。奕䜣大惊，回家告诉了母亲静贵妃，静贵妃也大吃一惊，忙去告诉孝和皇太后。太后大怒，便命令道光帝赐死皇后。道光帝虽然不舍得皇后，但母命难违。孝全皇后为了自己的儿子能够保全，只好自尽。

恼羞成怒说。相传，孝和皇太后六十岁大寿时，道光帝为讨太后欢心，亲自制作皇太后六旬寿颂十章，在太后寝宫寿康宫颂读

刺绣棉袍坎肩　清

贺寿。而皇后为了讨得皇帝和太后欢心，也来凑热闹，且她诗词文章无一不精，当下一挥而就，写成"恭和御诗十章"，献给太后。过了几天，道光帝去向太后请安时，随便聊起皇后赋诗祝贺一事。太后却说："皇后敏慧过人，未免可惜。"此后，太后又跟身边的宫女们说了些闲言碎语，还说孝全成皇后没有福气。后来，这些话传到了皇后的耳朵里，她听完后有些不高兴，心想："我乃一国之母，生下皇子，又是皇长子，将来免不了身登大位，我便是皇太后的命，难道能说我没有福分吗？"觉得太后有意损她。才色俱佳的皇后，因道光帝的宠爱，更生骄娇之气，太后小看她，心里很不乐，表面上也就流露出来。有时去给太后请安，言语中时常带着讥讽之意。最后，太后无法忍受，婆媳两人越来越生分了，再加上宫女嫔妃们从中搬弄是非，关系更加不和。道光十九年（1839年）冬，皇后偶然受了些风寒，太后亲自驾临皇后寝宫探视，态度十分慈祥，皇后不免有些愧疚。转眼过了元旦，皇后的病已有起色，便坐上凤辇去寿康宫叩头谢恩，婆媳两人聊得很开心，关系似乎好转。过了几天，太后派人送了一瓶酒给皇后，皇后喝过后当天就暴崩了。

博尔济吉特氏　清宣宗旻宁贵妃

□ 档案：

姓　名：博尔吉济特氏
生卒年：1812~1855 年
籍　贯：科尔沁蒙古
婚　配：清宣宗旻宁
封　号：皇贵妃
谥　号：孝静成

博尔济吉特氏，名不详，刑部员外郎花良阿的女儿，是清宣宗道光帝的妃子，清文宗咸丰帝的养母，恭亲王奕䜣的生母。因抚育咸丰帝的缘故，去世后追封为皇后，成为清朝历史上独一无二的，既非前朝皇后，也非本朝皇帝的生母而被追封的皇后。

止步贵妃，抚养奕䜣

1825 年，十四岁的博尔济吉特氏参加清廷选秀，被道光帝看中，封为贵人，赐封号为"静"，她比道光帝小三十岁。第二年，静贵人便生下了皇次子奕纲，这对已入不惑之年而子嗣甚少的道光帝来讲，实在是一个令人振奋的消息。于是，静贵人便母凭子贵，晋升为了静嫔；四个月之后，皇次子奕纲不幸夭折，道光念及静嫔丧子之痛，又晋封她为静妃。随后，静妃又连生皇三子奕继和皇六女和硕公主，以及皇六子奕䜣，即后来的恭亲王。

1840 年，道光帝的第三位皇后钮祜禄氏突然去世。道光帝非常伤心，坚持不再立皇后，整整一年后，才下诏加封静妃为静皇贵妃，摄行六宫之事。

　　道光帝哀悼孝全皇后，且道光对静皇贵妃以及其他嫔妃的情分也远远不及孝全皇后，所以，静皇贵妃在道光朝不仅始终居于妾室，道光在修建自己妃嫔的园寝时，更钦定次位，将静皇贵妃安排其内，表明静皇贵妃不管生前死后都只是自己的妾室之一，而不是妻子。道光帝晚年，他对静皇贵妃所生的皇六子奕䜣十分重视，但是静妃的地位并没有随之改变。孝全皇后去世后，留下了十岁的独子奕詝，即后来的咸丰帝，道光帝将他交由静皇贵妃抚养。由于奕䜣与奕詝年龄相差只有一岁多，两人小的时候同在上书房学习，十分友爱，犹如同胞兄弟。静妃把奕詝当成自己的亲生儿子一样，处处体贴关怀，奕詝也把静妃视为慈母。

　　后来，两个小兄弟慢慢长大，奕䜣长相极像道光帝，而且文武双全，才能过人，后来更支持洋务运动，和西方人接近，有"鬼子六"之称，这些都是奕詝比不了的。因孝全皇后暴崩，道光始终悲悼，如果不立皇四子为太子，心里总有些过意不去，所以在立储问题上，道光帝一直犹豫不决。

　　道光晚年，外患内讧不断，皇太后也一病而去，种种不如意云集皇家，道光帝忧劳成疾，终于一病不起。在他临终时，召集宫中大臣到正大光明匾额后，取下秘匣，宣示御书，大臣们在建储匣内发现了两份谕旨，一份为"皇四子奕詝立为皇太子"，另一份为"皇六子奕䜣封为亲王"。这两道谕旨，说明了道光帝矛盾的心情，虽决定传位给皇四子，但也不能委屈了另一个自己宠爱的儿子，因而同时决定封奕䜣为亲王。

矫诏封后，爱慕虚荣

　　1850 年，道光帝在圆明园去世，奕詝即位，是为咸丰帝。因多受静皇贵妃抚养和照顾，尊称她为"康慈皇贵太妃"，迁居到绮春园的寿康宫。咸丰元年时，恭上皇贵太妃册宝。

　　据记载，当时的绮春园就是现在"圆明三园"之一的万春园，咸丰帝经常到此给静太妃问安，对她格外尊敬，"一切礼秩，悉视母后，孝养特隆"，孝顺至极。对奕䜣也是待遇有加，命"恭王得朝夕入宫问安"，这些都是因为咸丰帝不忘静贵妃的抚育之恩。

　　然而，静太妃却不知满足，她提出了一个几乎没有任何礼法依据，得寸进尺的要求：封太后。尽管这个要求没有依据也不合情理，但是无论如何，她希望能够以"孝"为名，强迫养子替丈夫抬高自己，摆脱"妾室"的地位。

　　有一天，恭亲王请安完毕回去，太妃又入睡，还没醒，皇帝也来请安了，寿康宫中的太监想要通告太妃，皇帝摇手让他们不要惊动太妃。康慈太妃醒来见床前的影子，以为是恭亲王，就问道："你怎么还在这里？我所有能为你做的都给你了！他的性情不定，不要生了嫌疑了。"话中显然在抱怨咸丰的性情古怪。皇帝知道她误会了，急忙叫了声"额娘"。太妃觉察到原来是皇帝，回头看了一眼，就向里睡去，不发一言。

　　咸丰帝这才明白，静太妃表面上视自己如亲子，实际上却是一直希望自己的儿子夺嫡，取代咸丰继承帝位，只是没有成功。自此，母子间开始有了猜疑。这么一来，咸丰帝对恭亲王的猜忌更加重了。

　　博尔济吉特氏在当上"皇贵太妃"以后，用尽了手段向养子索要"皇太后"的封号。但咸丰认为自己的生母孝全皇后是先帝的嫡妻，又出身高贵，却一天也没有享受皇太后的尊荣待遇；康慈太妃既非先帝皇后，又非自己生母，且出身也远不如先帝另两位皇后，何况还有先帝对其"妾室"身份的明确表态，仅仅凭借作为下一任皇帝六年的养母，就想以嫔妃身份当太后，不要说清朝，隋唐以后，也几乎没有这种例子。而且自己已经提供了皇太后规格的奉养，实在是没有任何理由再封为太后。

咸丰五年（1855年）六月底，静太妃的病情加重。一天，皇帝入寿康宫问安，遇到恭亲王从康慈太妃寝殿中出来，皇帝问太妃的病怎么样？恭亲王说："额娘已经快不行了！现在还屏着一口气是为了等皇上封她太后，就死而瞑目了！"皇帝仁孝，尽管已经知道了太妃的真面目，却仍不免心中酸楚，随口应了声："哦，哦！"就入寝殿了。恭亲王等待皇上允诺已久，就误认为是皇上已经答应，于是，赶忙到军机处传皇帝"口谕"，令礼部准备册封皇太后封号事宜。

礼部将仪典都已经准备妥当，准备尊封皇太后，这虽然不是咸丰帝的本意，但已成事实，如果再拒绝将会闹成天下的大笑话，所以也只得依奏，尊称皇太妃为"康慈皇太后"。但是，咸丰极为不满和愤怒，虽未取消皇太后的封号，但在丧葬礼仪上加以减杀，并且在谥号上不加道光帝的"成"字，昭示天下康慈太妃和真正的皇后嫡庶有别，创下了清代历史上皇后不系皇帝谥号的特例。

咸丰五年，在得到太后封号后的九天以后，康慈皇太后去世，时年四十三岁。

由于咸丰缩减了太后的丧仪，奕䜣非常不高兴，曾和咸丰据理力争，但是都没有什么效果。最后，奕䜣愤而大声斥责道："难道皇上忘了太后的养育之恩了吗？"咸丰不甘示弱："此乃情礼并尽，无可非议！"于是，两兄弟间的矛盾到了不可化解的地步，随后，咸丰令奕䜣退出军机处，回到上书房读书，把他和其他的异母兄弟一样看待，也不再有手足之情可言了。

同治帝继位后，恭亲王奕䜣当国，改康慈皇太后的谥号，并系上了宣宗之谥号，称作"孝静成皇后"，神牌也得以升祔太庙。

钮祜禄氏　清文宗奕詝皇后

□ **档案：**

姓　名：钮祜禄氏
生卒年：1837~1881 年
籍　贯：广西
婚　配：清文宗奕詝
封　号：皇后
徽　号：慈安
谥　号：孝贞显

钮祜禄氏，广西右江道穆扬阿的女儿，在咸丰未做皇帝前就结成夫妻。咸丰二年（1852年），钮祜禄氏被封为贞嫔，又晋为贞贵妃。她为人幽闲静淑，举止端庄，口木讷不善言辞，在众妃嫔中从不争宠，很得咸丰皇帝的尊重。咸丰死后，她晋封为慈安太后，与慈禧垂帘听政。

勤俭德高，总理后宫

1852年，十六岁的钮祜禄氏被选秀入宫，入宫即被封为嫔。由于出身高贵，在四个多月之后，她就已经稳坐在皇后的宝座上，速度之快，在整个清代都十分罕见。从此，钮祜禄氏就开始了总理后宫、母仪天下的生涯。后宫集聚了众多上品女人，作为后宫的统领，无风要起三尺浪，平地都会生波澜。历史上被废黜的皇后数不胜数，善始善终者简直凤毛麟角，而钮祜禄氏却能一直笑到最后。

钮祜禄氏很勤俭，不喜欢穿绫罗绸缎，尤其不愿用进口的洋纺织物，她认为中看不中用，偏偏钟爱穿布衣服，还督促宫女绣鞋，而且每年亲手做一双鞋给咸丰穿。她经常和后宫的妃嫔们说："臣子们送的东西不要收，我们多接受一份礼物，老百姓们就会多一份饥寒。"如果收下了，就是教他们去做贪官。有时，赶上皇后过生日，朝内外大臣官员们为了巴结皇帝和皇后，便纷纷前来献送厚礼，钮祜禄氏一概拒绝，绝没有半点通融。她平时的一举一动，严格遵守各种封建礼法，夏天天气再热，穿衣服也不露出身体来，洗澡时不用宫女和太监伺候，坐不斜倚，行不提速，对待下人比较和善，向来没有疾言厉色，每次面见皇上总是穿着礼服，所以，大家给她起了个雅号叫"女圣人"，咸丰帝对她也很是敬重。

有一次，咸丰为了游乐，下令花巨款整饬圆明园等居处，为劝阻他的这种做法，一向温顺的钮祜禄氏竟拔下头上的簪子，披头散发地对咸丰皇帝进谏，于是，咸丰皇帝对她更加敬重。

当时，还是贵人的叶赫那拉氏对她是又敬又怕。按照清朝宫中的规矩，妃嫔以下所有女子穿的服装，都必须是窄袖长袍，不许穿裙子，头上的发髻要统一梳成横长式，站时要挺直腰板。待到册立为妃时，穿着、发型和行动才能稍微自由一些。叶赫那拉氏刚进宫被选为兰贵人后，为了讨皇上喜欢，穿衣打扮超过礼制，头型很夸张，恰巧被皇后撞到了，皇后就对她说："拆了，重新梳妆。"大概从这时起，兰贵人就对皇后有了不满，只是她当时地位不及皇后，只能表面上伪装着。叶赫那拉氏是一个非常有心计的女人，她曾经公开说："刚进宫的时候，宫里所有的宫女都忌妒我长得漂亮，后来都被我制服了，皇帝非常宠我，等我生了皇子，地位就更加巩固了。"她谁都可以制服，但她制服不了皇后。清代禁宫内有这样一种规定：能够与皇帝同房的妃嫔们都要由皇后决定，到傍晚的时候，由皇后捡出一些写着妃嫔名号的牌子交给太监呈给皇上，皇帝留下哪个人的牌子，就召哪位妃嫔到皇帝寝宫去伺寝。如果皇帝想到哪个妃嫔宫中去住，必须先由皇后传谕旨给那个妃嫔，告诉该妃嫔做好接驾的准备，然后皇帝才前往彼处，而且这种谕旨上必须要盖上皇后的金印。由此可见，皇后对各个妃嫔的制约是很大的，她不让你见皇上，你就见不到，而妃嫔不见皇帝的面，是无出头之日的。在这些方面，钮祜禄氏皇后一向大度处之，从不心怀嫉妒，也不争风吃醋，是个心地善良的人。叶赫那拉氏看出皇后的心肠比较软，容易被拉拢，由于她入宫后，在皇后的住处坤宁宫当差，于是就处心积虑地逢迎，皇后逐渐对她有了很大的好感，于是对兰贵人提供了许多方便，甚至在风流皇帝面前时常说那拉氏几句好话。当兰贵人生了皇子载淳以后，地位开始慢慢地发生了变化，而钮祜禄氏万万也没能料到，她的这一做法，却铸成了大错。

1860 年，英法联军攻占大沽，兵进天津，直逼通州，欲进犯北京。咸丰带着妻妾和孩子仓皇逃到热河的行宫。但仍旧沉溺于声色之中，使他本来就已虚弱的身体越来越坏。第二年，咸丰病逝。这一年，皇后仅仅二十四岁，叶赫那拉氏也不过二十六岁。

咸丰死后，仅有六岁的载淳即位。尊皇后为母后皇太后，上徽号为"慈安"，称慈安太后，尊其生母懿贵妃为圣母皇太后，徽号为"慈禧"，称慈禧太后。因慈安居住在紫禁城东路的钟粹宫，故称"东太后"，慈禧居住在西路的储秀宫，故称"西太后"。

贤德勤俭，同治中兴

慈安为人宽厚，心地善良，小皇帝载淳虽不是她亲生的儿子，但她对载淳的关爱远远超过了载淳的生母慈禧，母子二人的感情非常好。在为载淳选后的事情上，慈安更是设身处地为他着想，怕载淳亲政以后，年纪太轻，不能胜任繁重的政务，所以需要一位成熟贤淑，识大体而又能动笔墨的皇后辅助。出于这种考虑，她先同载淳商量，征得了他的同意之后，才明确坚持要立阿鲁特氏为后。在二人完婚之后，慈安对皇后更是百般照顾，每次来请安时，都热情相待。后来，在慈禧的挑拨下，皇帝和皇后开始分居，并酿成了悲剧。在载淳去世后的几天里，也正是慈安细心地开导皇后，才使阿鲁特氏有了重新生活的勇气。

载淳继位后，由于年纪还小，不能独立理政，咸丰临终前曾命其宠信的王公大臣怡亲王载垣、郑亲王端华，额驸景寿，大学士肃顺和军机大臣穆荫、匡源、杜翰、焦祐瀛八人为"赞襄政务大臣"，协助载淳处理一切政务；授予皇后"御赏"印章，授予皇长子载淳"同道堂"印章（由慈禧掌管）。

咸丰皇帝的原意是让八大臣和两宫太后的权力互相制约，顾命大臣拟旨后要请两位太后盖上"御赏"和"同道堂"印章，既不让辅臣一手遮天，又避免后宫专政。

后来，野心勃勃的慈禧，发动了"辛酉政变"，拉拢慈安一起，两宫同治，实施垂帘听政，在此期间，一些日常的事务由慈禧处置，但每遇朝政大事，还是要由慈安太后最后决定。

在以慈安为主的垂帘听政时期，节俭自爱的风气很浓，她常以东南太平天国未灭，国家正处在多事之秋为由，驳回一些大臣奏请大兴土木重修圆明园的奏折。

当时，北京城内有一个名叫李三的大富豪，有钱有势力，但是人品很坏。李三勾结广东商人李光照，与圆明园管理大臣殷德拉上了关系。他们在小皇帝外出游玩时前往参见，哄骗小皇帝答应重修圆明园。李三与李光照暗自高兴，自以为可以大捞一把。为了能取得慈禧太后的同意，李光照用重金贿赂了大太监安德海，安德海开口要价二十万两白银，经一番讨价还价之后，最终以十万两白银成交。不料李光照行贿的事情被恭亲王等大臣知道了，于是上奏给慈安。慈安听后大怒，立即下令刑部逮李光照入狱。而安德海因慈禧太后关照躲过了一劫，但是重修圆明园之事直到同治皇帝亲政前，再也没有被提起过。

慈安与慈禧密切配合，发挥己长，励精图治，在朝内重用奕䜣、文祥、倭仁等重臣，外用一批优秀的汉族将领，如曾国藩、左宗棠、李鸿章等，使得同治年间出现了"中兴之象"。

大智若愚，深谋远虑

长期以来，慈安给人一种过于忠厚老实，缺乏政治才干，事事依赖慈禧的印象。实际上，慈安出身于世代官宦之家，从小就受到过良好教育，特别是她成为中宫皇后的五年中间，清王朝遭遇了空前的外患内忧，使她在忧患中逐渐成熟，在忧患中增长了阅历。

慈安对权力不感兴趣，所以日常朝政多让慈禧处理。而"慈禧慑于嫡庶之分，亦恂恂不敢失礼"。遇到朝政大事，慈禧不敢擅作主张，仍要征询慈安的意见。由此可见，慈安太后在控制局面、掌控权力方面也是很有一套办法的。在光绪年间任过大清国驻英国大使，回国后先后任过光禄寺卿、太常寺卿、大理寺卿、左副都御使的薛福成，在他的《庸人盦笔记》中提到：诛杀陷城失地、临阵逃脱的两江总督何桂清，将骄蹇贪淫的胜保下狱赐死，赏给曾国藩、左宗棠、李鸿章爵位，皆出自慈安之意。

垂帘听政，并不是宫廷政治的常态，相反，它是特殊情况下的救急之举，是基于长远利益的一个权宜之计。对此，定会有许多饱读圣贤之书的大臣对此不满，因此，维持内部团结，施政上不出大的纰漏就显得尤为重要，慈安清醒地意识到了这点。

按照朝廷的规矩，当皇后没有子嗣时，其他被选为太子的嫔妃之子，要过继给皇后，成为皇后之子才算符合条件。此皇子要由皇后亲领亲带亲抚亲养，而生母却无权养护，甚至随便看一眼都不行。可是两个女人垂帘，皇帝年幼，正处于一个比较特殊的时期，再按以往的老规矩办就会有弊端产生。慈安于是下令请生母慈禧与她这个嫡母同居养心殿，共同抚养六岁的同治皇帝。这样虽然破坏了宫中规矩，自己的专一抚养之权也被分出，与皇帝的感情培养也增加了难度系数和不确定性，这对她显然是不利的，但是却对大局有利。

你难道就不怕亲母子朝夕相处合起来架空你吗？看看慈安是怎么说的吧！"吾两寡妇人抚一孤子，设不幸

后妃礼服冠 清

清代皇后的服饰有礼服、朝服、吉服、便服等几种。皇后在不同的场合该用何种服饰有着极为明确的规定。

奸人乘机造作语言，居间播弄，则天下大事去矣。今寝处一所，朝夕相见，各坦怀相示，谗何由兴？"可见慈安的胸怀、气度和大局意识，后来的事实证明慈安的深谋远虑是多么的英明。

慈安谦让慈禧，但并不是甩手推掉抚育同治幼帝的责任，而是像生身母亲一样，关怀、呵护、疼爱他，无微不至，比生母慈禧更尽心，更亲切。同治也因而对母后皇太后慈安更尊敬，更亲近，更自然，更无拘无束，更像一对母子。在为同治帝选后这个重大问题上，慈安、慈禧产生了分歧。慈安看中了淑静端慧、容德俱佳的崇绮之女阿鲁特氏，认为她必定是一位贤淑的皇后，而慈禧则看中了年轻俏丽、姿性敏慧的凤秀之女富察氏。最后，慈安没有赔笑附和，也没有强行作出决定，而是默不作声，将选择的权力交给同治帝，结果，同治帝还是选了慈安看中的阿鲁特氏。

慈安将选择权和裁判权交给了皇帝自己，一方面可以避免两宫分裂，二也体现公正无私，让慈禧和内外大臣心服口服，三是对同治皇帝抱有信心。结果，正是如她所预料的一样，这件事情再一次证明了慈安在同治帝心中的崇高地位，以及她的眼光和大智若愚的智慧。

诛杀安德海，朝野称快

按大清朝的制度，太监不得出都门，犯者杀无赦。安德海是慈禧的心腹太监，他依仗慈禧的宠信，胡作非为，肆无忌惮。不仅朝中大臣，甚至连同治帝都恨他入骨。

安德海，直隶南皮县人，人称"小安子"。年少时，因羡慕那些在宫中当太监而发迹的乡人，于是自残入宫做太监。他识字，可以读《论语》《孟子》这类书籍，善于察言观色、阿谀逢迎，"以柔媚得太后欢"，并赢得慈禧的器重，当上了总管太监。因此，小人得志的安德海以慈禧为靠山，不把慈安、同治帝和奕䜣放在眼里。同治初年，小皇帝还未成年，但对安德海飞扬跋扈的一套非常不满，经常为一些事训斥他，每次挨了训，安德海都要跑到慈禧那里诉说自己的委屈，慈禧听后就召载淳来指责一番，这样，反而加深了小皇帝对安德海的仇恨。

载淳曾找到慈安，一起商量除掉安德海的方法，他们认为山东巡抚丁宝桢可以担当此任。因此，在丁宝桢入京晋见时，就令他伺机诛杀安德海，丁宝桢慨然允诺。

1869年，即同治八年，在慈禧太后的默许下，安德海借皇上大婚、采办龙袍的名义，乘楼船沿运河南下。按清朝祖制，太监不准出京。但安德海不仅出京，而且还私挟妇女、张挂龙凤旗帜，一路招摇，惊扰地方。所过顺天府衙门、直隶总督衙门，都隐忍不发。结果他进入山东地界时，丁宝桢便得知消息，他令总兵王正启率兵追捕安德海，一直追到了泰安，王正启才抓住安德海，并马上把他押到了济南府。安德海一时搞不清状况，叫嚣道："我是奉皇太后的命令外出，谁敢冒犯我，那就是自找死路！"丁宝桢迅速将此事上奏朝廷，慈安早已等了很久，她立即召集军机大臣、内务府大臣共同商议，大家一致认为："（太监）祖制不得出都门，犯者杀无赦，当就地正法。"慈禧还有意袒护，但是慈安态度坚决，下令就地正法，在济南杀掉了安德海。当时朝野上下，人心大快。

慈安的存在对慈禧是有着相当的震慑作用的。安德海一死，慈禧不仅丧失了心腹，还颜面大失，不由得对慈安心生嫉恨。

纵虎成患，终遭暗算

同治死后，载湉被立为皇帝，即光绪，这并非慈安的意愿，完全是慈禧的主张。由于光绪年幼，两宫太后二次垂帘听政。此时，虽然是二人同时训政，但是慈安已经没有一分权力，实权都掌握在慈禧手中。载淳的死，对慈安打击很大，她开始诚心信奉佛教，天天在宫中以持斋念佛为主要功课。光绪年间，慈安太后日益倦怠，不再过问外事，这样，慈禧更加地无拘无束，统摄朝政，大权独揽。

慈禧经常单独召见大臣，各种大事在决定的时候也不再通知慈安。在过去，慈禧是不敢这样做的，像同治年间补瑞麟为文华殿大学士这样的事情，都要找慈安商量，取得慈安的同意后才可以实施。此时，慈安竟成了可有可无的人，自己虽然不关心政事，但是也不是一团空气，慈禧的做法完全无视她的存在，这让慈安感到愤愤不平，两人之间的矛盾也逐渐突显起来。

于是，慈安打算劝阻慈禧骄横擅权的独断行为，给她一个警告，希望她能够收敛一些。

1881年年初，某天晚上，慈安在自己的宫中置办了酒宴，说是为慈禧祝福。一番嘘寒问暖过后，慈安让左右的随侍人员都退下，开始唠起了家常，她先是说起了当年在热河行宫时，肃顺专权，两宫太后受排挤，以及同治十一年二人同时垂帘听政的事情，说到了动情处，不仅潸然落泪。慈禧听了以后，想起了往日的艰辛岁月，也感慨万千。慈安见慈禧被打动了以后，忽然话题一转："现在，咱们姊妹都老了，说不定哪天就要离开尘世。相处二十多年，所幸从来都是同心协力，连一句冲撞对方的话都没有过。而我这里存有一件东西，是先帝给我的，现在它已经没有什么作用了，你看看吧。"说完，慈安从袖子里面掏出一个精致的信封递给慈禧，慈禧接过信封，打开信后仔细阅读，顿时脸色大变，羞愧得不敢抬头看慈安。原来，这封信装的是咸丰临终前交给慈安的遗诏，大意是：叶赫那拉氏是皇帝的生身母亲，母以子贵，日后定会尊封为皇太后，我对此人实在是不能深信，此后如果她能安分守法也就罢了，否则，你可以出示这一纸诏书，命廷臣按照我的遗命，把她除掉。

慈安见慈禧看完，把这封信要回，随后，非常仗义地放在烛火上烧掉了。当时，慈禧心神慌乱，又羞又恼又恨，各种感情交织在一起，但仍勉强装出感激泪下的样子。慈安又对她百般劝解和安慰，直到酒宴结束。

且不说慈禧被慈安的一番"好意"惹到愤怒至极，但是毕竟密谕毁掉了，慈禧心上悬着的一块石头落了地，她感到轻松多了，再也没什么值得她担惊受怕的了。此后，她对慈安做了什么，恐怕没有人真正地知道。

没过几个月，这一年的三月初九，慈安身体稍感不适，第二天晚上就死了，终年四十四岁。

慈安太后的突然死亡，朝野上下的种种猜测不胫而走。年仅四十四岁，比慈禧还小两岁的慈安太后突然暴毙宫中，此后，慈禧开始一人独裁。人们以掌握的少之又少的"线索"，对慈安的死进行着各种各样的推测，使得她的死变得疑云密布，成为二百多年清宫史上的一大疑案。

按照惯例，皇帝和皇太后在病危时，要召王公、大学士、军机大臣等朝中亲近重臣进宫，托孤遗言，准备后事。慈安崩于三月初十戌时，而翁同龢在家听到慈安的消息却是在初十深夜的"子初"，通知者是两名做粗笨杂活儿的仆役。许多闻讯赶到皇宫的大臣们进入皇宫后，看到宫中寂然无声，一点办理丧事的迹象也没有，还在乾清门吃了闭门羹。一直等到日出，才召王公大臣们进钟粹宫，这种做法有悖于惯例和常理。

另外，太医为慈安开的处方照例也应先交军机大臣和御前大臣传视、审阅，以昭慎重。而王公大臣们直到十一日早将近三点时，才看到太医所开的五个处方，其中午刻开的处方有方无药，而初九的处方一个也没有。

以上的这些疑点，不禁让人们满腹狐疑。关于慈安的死因，归纳起来，民间大致有三种说法：

第一种说法是清朝官方的"正常病死说"。在朱寿朋的《光绪朝东华录》中载有慈安的遗诏，说她在"（1881年农历三月）初九日偶染微疴，初十日病势陡重，延至戌时，神思渐散，遂至弥留"。另据《清稗类钞》载，在慈安初感身体不适时，御医为她诊脉，认为"微疾不须服药"，没想到当晚就去世，大为诧异，还以为传言。另一位当事人左宗棠，当时任军机大臣，突然听说慈安得病身亡，顿足大声说："昨早对时，上边（指慈安）清朗周密，何尝似有病者？即去暴疾，亦何至若是之速耶？"

慈安与慈禧共同垂帘达二十年之久，她俩的根本利益是一致的，两人之间虽有矛盾，但也不是你死我活的敌我矛盾，慈禧根本没有必要害死慈安。既然如此，那么慈安的死因到底是什么呢？一些清史专家经过深入研究考证，并做了大量深入的社会调查，最后得出的结论是慈安患的是脑血管疾病，很可能是脑出血。这种病的重要诱因之一是疲劳过度。

第二种说是因慈禧与慈安交恶，慈安被迫自杀说。据《清稗类钞》另一种记载，慈安与慈禧共同垂帘听政，慈禧权欲极重，慈安却倦怠少闻处事，并不与之争权，因此二人长时间相安无事。但到了1881年初，慈禧患血崩剧疾，不能参政，有一段时间，慈安独视朝政。这让慈禧大为不悦，就污蔑慈安忘记了先帝的嘱托，干预朝政，言语非常激烈，慈安知道后十分气愤，但是又辩不过慈禧，恼恨之下，"吞鼻烟壶自尽"。

第三种说法是慈禧进药毒死说。据《慈禧外纪》载：当年咸丰临终时，曾秘密留下了一个遗诏给慈安，要她监督慈禧，若慈禧"安分守己则已，否则汝可出此诏，命廷臣传遗命除之"。但老实的慈安将此事告诉慈禧，阴险毒辣的慈禧听了，表面对慈安感泣不已，实际上已起杀机，遂借向慈安进献糕点之机，暗下毒药，谋害了慈安。另文廷式《闻尘偶记》却认为慈禧是因与人私通怀孕，被慈安察觉，准备废掉慈禧太后称号，慈禧知道后，先下手为强，设计毒死了慈安。

叶赫那拉氏　清文宗奕詝贵妃

□ 档案：

姓　　名：叶赫那拉氏
生卒年：1835~1908 年
籍　　贯：不详
婚　　配：清文宗奕詝
封　　号：懿贵妃
徽　　号：慈禧
谥　　号：孝钦显

叶赫那拉氏，满洲正黄旗。1835 年，叶赫那拉氏出生于北京一个世代为官的中等官僚家庭。父亲、曾祖父都是京官。叶赫那拉氏从小博学多才，能书善画，书法尤其擅长于行书、楷书，绘画的作品有花卉等流传于世。咸丰元年，即 1851 年，叶赫那拉氏入宫，被封为贵人。后因生子载淳（同治帝），被晋封为懿贵妃。同治帝即位后，与恭亲王等密谋杀肃顺，开始垂帘听政。在光绪即位后，仍然听政，为维护封建统治阶级利益，发动了戊戌政变，将光绪囚禁。光绪三十四年，光绪帝驾崩，次日，慈禧也薨逝。葬于东陵。

生逢末世，智得帝宠

叶赫那拉氏的父亲惠徵曾做过几年地方官，后来在安徽宁池广太道任道员。叶赫那拉氏在家中排行第三，她的两个哥哥，一个叫照祥，后来官至护军都领，承袭恩公；一个叫桂祥，官至都统，也就是光绪皇后隆裕的父亲。她的妹妹后来嫁给了醇亲王，即光绪的母亲。那拉氏从小随着父亲南来北往，见识较多，善于察言观色，更学会了官场中逢迎拍马，尔虞我诈的权术。

1851 年，叶赫那拉氏被选为秀女入宫，初被分配到皇家园林圆明园当差。那拉氏天生丽质，聪明伶俐，平时喜欢打扮，入宫后越发打扮得婀娜多姿。她很有心计，一次，咸丰到圆明园散步，她便躲在林荫深处，唱起了拿手的江南小调，歌声优美动听，咸丰听到后立刻问随从是哪位女子在唱歌，内侍答说是兰儿姑娘。咸丰于是召见了兰儿，见她长得很漂亮，口齿伶俐，所以对她十分喜爱，当天晚上便召幸了她，第二天就被封为贵人，那一年她十六岁，比刚刚即位的咸丰皇帝小四岁。但是皇宫佳丽万千，咸丰很快就忘记了她。

后来，兰贵人到皇后钮祜禄氏居住的坤宁宫当差，起早贪黑，勤劳侍奉，她深知皇后的地位不可撼动，于是处处奉迎，颇得皇后的喜爱。一天，咸丰帝退朝入宫，正好赶上皇后奉太后之召，前往慈宁宫。宫娥们前呼后拥，侍候皇后，一见皇帝驾到，纷纷上前请安。兰贵人也在其中，时隔四年不见，咸丰见她依旧美丽动人，风姿俏美，不禁旧情复燃，便独自留下了她。此后，她对皇上着意迎奉，小心伺候，常常逗得龙颜大悦，逐渐得到了咸丰的宠信。不仅如此，对上她巴结皇太后，对下讨好皇帝身边得宠的太监，再加上皇后的美言，不久，叶赫那拉氏便由贵人晋升为懿嫔。

对叶赫那拉氏来说，能否继续往上熬，最主要的就看自己能否生儿子了。

咸丰在即位时还没有一儿半女，他结婚后的七八年时间里，将近二十个后妃没有一个能给他生下一儿半女，这不免让人感觉蹊跷。1855年，即咸丰五年，终于，后妃中有了动静，第一个怀孕的是与叶赫那拉氏同时进宫的丽嫔他他拉氏，生下了一位公主。紧接着，懿嫔叶赫那拉氏也有了身孕，而且在咸丰六年（1856年）三月生下了大阿哥载淳，也是咸丰唯一的儿子，皇帝兴奋不已，马上将懿嫔晋升为懿贵妃，名位仅次于皇后。

本来权欲就极强的叶赫那拉氏，开始利用自己的特殊地位参与朝政，为日后垂帘听政打起了基础。

实际上，咸丰不是当皇帝的料，他欣赏风平浪静的生活，喜欢歌舞升平的气氛，更陶醉于粉黛簇拥的情调，面对即位以来如同一团乱麻的内政外交，他无能为力，不胜其烦。生性机敏的懿贵妃已经看出这一点，天性脆弱的咸丰承受不了如此强大的重负，已经烦到连奏章都懒得看的地步。但是，现实是逃避不了的，于是，天生对政治感兴趣的懿贵妃就主动提出帮助咸丰处理奏章，对政务治理的实践，使得懿贵妃如鱼得水，开始逐渐积淀了驾驭臣僚的经验。

第一次鸦片战争以后，西方资本主义势力入侵促进了中国封建社会内部矛盾的迅速发展。各地的农民起义不断，太平天国运动爆发，而且发展迅猛，很快就遍及了大半个中国，各地告急的奏章纷纷呈到宫中，咸丰帝坐立不安，慌了神。叶赫那拉氏趁机帮咸丰出主意，策划镇压农民起义。

当时，清廷腐败，"八旗"和"绿营"军都没有实际作战的能力，连连败北。咸丰为了镇压太平天国，就命令长江南北的官僚地主兴办地主武装。于咸丰三年在家守母丧的曾国藩，便领头办起了湘军，攻打太平军。叶赫那拉氏看中了曾国藩的才干，就不断劝说咸丰帝重用他，供给湘军粮饷。从此，曾国藩扶摇直上，成为满族统治者信任的汉族官僚。叶赫那拉氏也以此为契机，逐步参与政事，滋长了夺权的野心。

此时，英、法两国利用太平天国起义所造成的清朝统治者焦头烂额、无暇顾及外部事务的机会，在咸丰六年（1856年）再次提出修改条约的要求。英、法、美等西方列强要扩大对中国的侵略，而此时的清朝政府也并非软弱无能，绝不会同意，并开始设法拒绝。尽管咸丰很想避免战事的发生，但第二次鸦片战争一触即发。

篡权听政，三人同治

1860年，第二次鸦片战争进入了最为激烈的阶段。由于清政府的腐败无能，英法联军的进攻连连取得胜利。他们打天津，犯通州，向京师逼近。

咸丰闻讯后，带着皇后钮祜禄氏、懿贵妃、大阿哥载淳等人慌忙地逃到了热河的避暑山庄。咸丰到达这里时，天气已经渐渐转凉，但是他的荒淫无度早已弄坏了身体，在逃往热河的路上他就已经累得吐了血，而且病情一天比一天严重，甚至所有的奏折都要懿贵妃过目批阅，如此一来，她对朝廷里争权夺利、钩心斗角的动态，摸得一清二楚。

不久，咸丰病死在避暑山庄，他临终时，命大臣代笔遗诏，立独生子载淳为皇太子，由于当时载淳不满六岁，无法独立执政，便命其宠信的以肃顺为首的八位王公大臣辅政。他把刻有"御赏"的印颁给钮祜禄氏；把刻有"同道堂"的印颁给载淳，"同道堂"暂由载淳生母叶赫那拉氏代管，待小皇帝亲政后归还。这样，八大臣和两宫太后之间相互制约，避免了专权的出现。咸丰在位初期，为了施展宏图大志，重用肃顺等人，后来咸丰雄心日减，耽于声色，朝政便由他们把持了。在这八个人当中，肃顺胆大有远见，办事果断，他是核心，但是因他骄傲自大，结怨甚多。咸丰的这种安排，朝中上下许多人都心怀不满，其中最有意见的就是慈禧。

皇太子载淳即位后，尊嫡母钮祜禄氏为母后皇太后，生母叶赫那拉氏为圣母皇太后。在给钮祜禄氏所上的尊号中的头两个字是"慈安"，亦称母后皇太后为慈安皇太后；因钮祜禄氏居住的钟粹宫在紫禁城的东路，民间又称慈安为东太后。而在给叶赫那拉

慈禧太后像

氏所上的尊号中的头两个字是"慈禧"，亦称圣母皇太后为慈禧皇太后；因慈禧居住的储秀宫在紫禁城的西路，故民间又称慈禧为西太后。

八大臣给新皇帝拟的年号是"祺祥"。

慈禧是一个有政治野心的女人，咸丰帝在世的时候，她就对肃顺等人包揽政权，无视她的存在而怀恨在心，只是不敢表现出来而已。咸丰一死，在权欲和仇恨的驱使下，慈禧发动政变，要消灭肃顺等人，掌握政权。为此，慈禧进行了周密的谋划，采取一系列主动的行动。

慈禧首先利用自己是皇帝生母的身份，控制了"同道堂"的印章，八大臣对此极为不满。慈禧怂恿皇帝不用印章，这样，辅政大臣首次发给地方官员和内阁的咨文就没有印章，最后肃顺等人只好妥协退让，慈禧在第一回合的斗争取得了胜利。

咸丰帝以两宫皇太后牵制八大臣的安排，已经让一些政治嗅觉敏锐的人琢磨出其中含而不宣的意图——两宫垂帘，而慈禧正是最先对垂帘听政产生念头的一个。但清朝从开国以来，从无太后垂帘听政的惯例，要改变祖制，单凭她个人的力量是不行的，首先需要说服慈安同意共同垂帘。而慈安是个贤妻良母类型的人，她对政务毫无兴趣，但是出于对小皇帝的考虑，避免大权旁落到辅政大臣手中，最后，慈安还是勉强答应了。

八大臣得知这一消息后，为了向两宫施加压力，来了个集体撂挑子——用当时的话来讲就是"搁车"。八大臣的强硬态度，反而愈发坚定了慈安支持慈禧实行两宫垂帘听政的决心。然而，单凭慈禧和慈安是绝对斗不过八大臣的，她们必须联合那些对肃顺等人不满的人，来共同对付顾命大臣。慈禧联合的最主要对象就是在京城的六爷奕䜣。恭亲王奕䜣是咸丰皇帝奕詝同父异母的弟弟，道光皇帝的第六个儿子。咸丰死前，由于和六弟关系不好，没有把奕䜣列入辅政大臣之中，咸丰死后，肃顺等人又不许奕䜣到热河奔丧。这一切，对于有政治野心的奕䜣来说，内心极为不满，他的心境和慈禧的非常相似。

对于慈禧来说，奕䜣不仅在内阁和军队里一直有众多的支持者，而且还得到了洋人的信赖，这正是慈禧所要借重的。对于奕䜣来说，慈禧是一把"尚方宝剑"，所以，当慈禧派宠信太监安德海秘密前往北京联络奕䜣时，双方一拍即合。奕䜣不顾肃顺等人的阻止，强行来热河装出一副悲痛欲绝的样子，祭祀咸丰皇帝。之后，慈禧单独召见了他，叔嫂密谋策划了政变的具体方案。然后，奕䜣回到北京，开始联络人员，组织力量，为政变积极做着准备。

不久，一切准备就绪，只欠东风，这个东风就是舆论的导向。慈禧和奕䜣开始策动一批官员弹劾肃顺等辅政大臣，制造两宫垂帘的舆论。一些咸丰在位时不得宠的大臣，纷纷指责肃顺等人独揽军国大权，同时，提出"为今之计，非皇太后亲理万机，召对群臣，无以通下情而正国体"。这样，要求皇太后垂帘听政，撤销顾命大臣的呼声响遍了朝野。在这种情况下，慈禧大胆地做了一些政变前的试探，削减了几个辅臣的军权，对于慈禧的步步紧逼，肃顺主张"先行下手"，但是却遭到了其他大臣的反对。

1861年，咸丰皇帝的灵柩要运回北京。慈禧以护送灵柩任务重要为由，让肃顺等人护送，自己却和慈安、载淳绕小道提前四天回京。回京后，慈禧立即召集在京的王公大臣诉说了肃顺等人的罪状，并说辅政之事是肃顺等人伪造的诏书，并不是咸丰皇帝的钦命。大学士周祖培和贾桢等立刻上疏，要求皇太后听政。英法使馆也扬言："只要朝廷不在北京，肃顺等人继续掌权，我们就不认为中国已经确实承认了条约。"满朝文武见此情形，每个人都心知肚明，没有一个敢反对的。

随后，慈禧将肃顺等大臣革职拿问，并严行议罪，后又突然将载垣、端华、肃顺三人逮捕，逼令载垣、端华自杀，将肃顺处斩，其余五人或革职或发遣。与此同时，拥护慈禧垂帘的人都得到了嘉赏，其中，恭亲王被封为议政王，在军机处行走，掌握了军政大权。

1861年10月9日，载淳在太和殿举行登基大典，改年号"祺祥"为"同治"，以示两宫皇太后和小皇帝一同治理朝政。11月1日，同治奉两宫皇太后到养心殿垂帘听政。因为这一年是辛酉年，历史上称为"辛酉政变"，又由于这次政变发生在北京，外国人多称为"北京政变"。

无论是恭亲王还是两宫皇太后都意识到，要把政变的影响控制在最小的范围，所以，在当时，尽管曾国藩、胡林翼、左宗棠等都是肃顺所重用的人，但江南半壁同太平军的战事还要依仗这些人，他们不仅未受到政变的牵连，反而依旧得到重用。这样，咸丰之后的政坛三巨头，在反对八大臣的问题上一拍即合，而动荡的局势，也迫使他们必须同舟共济。

1864年，曾国藩的弟弟曾国荃攻克太平天国都城南京，由洪秀全掀起的反清浪潮基本被平息，这样，在晚清的政坛上，一度出现了"同治中兴"的繁荣景象。

号"老佛爷"，隐秘生活

在有些历史小说、电影和戏曲中，慈禧太后被称作"老佛爷"。实际上，"老佛爷"的称呼并不是慈禧专用的，清朝各代皇帝的特称都叫"老佛爷"。清朝帝王之所以用这个称呼，是因为满族的祖先女真族首领最早称为"满柱"。"满柱"是佛号"曼殊"的转音，意为"佛爷""吉祥"。清朝立国后，把它作为皇帝的特称。

慈禧这个称号的由来，还有另一种说法，据说，光绪初年，刚满四十岁的慈禧太后，为了达到二度垂帘听政的目的，曾使用了种种手段，但朝中总有人反对，慈禧的心中大为不快。心腹太监李莲英猜到了她的心事，便令人在万寿寺大雄宝殿的后面建了一座佛。

大佛建成之后，李莲英禀告慈禧，说："听说万寿寺大雄宝殿常常有双佛显光，这是大吉大利之兆，奴才想请太后驾临前往观看。"慈禧听完感到十分惊奇，便起驾出宫，来到了万寿寺，直奔大雄宝殿。进得殿来，见供奉的依然是原来的三世佛，不觉勃然大怒："明明是原来的三世佛嘛，哪来的双佛显光？"那个时候，奴才欺骗主子是要杀头的，但李莲英心中有数，忙说："太后息怒，请您到后殿御览。"

慈禧慢慢悠悠转到三世佛后，果然看见一尊观世音坐在殿中央，此寺的方丈住持，还有慈禧的文武大臣也在这里。这时，李莲英喊道："老佛爷到。"其他人即刻跪伏高呼："恭迎老佛爷！"慈禧见状，明白了一大半儿，但她仍装着什么也不知道，说："你们迎接的是哪位老佛爷呀？"李莲英他们答道："就是迎接太后老佛爷您呀！您就是当今救苦救难的观世音菩萨啊！"这样一说，慈禧心花怒放。自此，老佛爷这个称呼传遍了整个京城，举国上下，都称慈禧为"太后老佛爷"。这样，慈禧也就心安理得地垂帘听政了。

慈禧执政晚清近五十年，在他人的眼中，她是一个集大权于一身高高在上的人，但作为一个凡人来说，慈禧也有她不为人知的另一面，也有和平常人一样的喜怒哀乐、七情六欲，并不是我们想象的那么不可思议。

传说，慈禧有男宠。光绪八年的春天，琉璃厂有一位姓白的古董商，经李莲英介绍得幸于慈禧。当时慈禧已经四十六岁，白某在宫里住了一个多月以后被放出。不久，慈禧怀孕，慈安太后得知后大怒，召礼部大臣，问废后之礼。礼部大臣说："此事不可为，愿我太后明哲保身。"当夜，慈安就猝死了。

此外，慈禧身边还有一个非常得宠的太监李莲英。李莲英在入宫后，以一手漂亮的梳头功夫得到慈禧的赏识，他的值班房离慈禧的住所不远，有时太后到他屋里看一下，李便把慈禧坐过的八张椅子全部包上黄布，慈禧连连称赞他忠诚细心，对他愈加信任。清朝祖制，规定太监品秩不得超过四品，慈禧执政时，打破祖制，赏李莲英为二品。多年来，慈禧对李莲英宠爱有加，二人常在一起并坐听戏，凡李莲英喜欢吃的东西，慈禧多在膳食中为他留下来。李莲英为人极为聪敏，善解人意，对待其他人也比较和善，不似安德海那样气焰嚣张，所以能够得到善终。

走向独尊，罔闻国忧

维持三巨头共治并不是件容易的事，慈禧的权欲太强了。本来两宫同恭亲王的联合就各有各的动机，慈安主要是不愿小皇帝受制于八大臣，而慈禧则是为了借助奕䜣的力量实现垂帘，至于既有能力又有雄心的奕䜣，不过是想推翻八大臣把持朝政的局面，取而代之。

慈禧垂帘听政后，为了巩固自己的地位，采取各种阴谋手段，培植亲信，排斥异己，逐渐在朝廷里形成了自己的势力范围，成为不可冒犯的大独裁者。

1873年，同治皇帝已经十八岁了，到了慈禧答应还政的年龄。依照祖制，同治十四岁的时候，就应该接管政权，可是慈禧根本不提这码事，直到皇帝十七岁时，慈禧才不得不应允在次年还政。在慈禧的眼里，权力比儿子重要一百倍。同治也与她没有多少母子情谊，去给慈安请安的时候，还留下说一会话，等到了慈禧那里，反而连一句话也没有，母子之间关系越来越差。多年来，慈禧的党羽和势力已经遍布朝廷内外，同治即使掌握了政权，实际上也当不了多大的家，对于这一点，同治心里也十分清楚，在执政前后，也与慈禧发生过几次冲突，表示了他的不满，但最终也没起什么作用。而同治自己也不争气，不甘忍受慈禧干预他的私生活，对于她制造的后妃之间的矛盾更是嗤之以鼻，索性让太监领着，出去到花街柳巷寻欢作乐，结果染上了重病，十九岁的时候就一命呜呼了。

同治驾崩，没有留下孩子。按照规矩，可以在下一辈中选一个年长的继承皇位。但是这样一来，慈禧就成了太皇太后，就不便于再继续听政。她提出了立载淳的堂弟载湉来继位的提案，首先，载湉与同治皇帝载淳是同辈人，慈禧仍可以皇太后的身份听政；其次载湉才只有四岁，不能理政，慈禧至少可以再控制十几年政权；再次，载湉不仅是咸丰的亲侄子，还是慈禧的亲外甥，便于控制。那些王公大臣，心里都明白，可嘴上谁也不敢说个"不"字。

1875年，载湉继承皇位，改元光绪。不到两天，慈禧就宣布："皇帝年龄太小，现在时事艰难，万机待理，不得已，还要实行垂帘听政。"于是两宫太后再次垂帘听政。

常言道，一山不容二虎。尽管慈安权欲心不强，性情比较平和，但慈安毕竟是咸丰的皇后，只要慈安还存在，在后宫就不可能形成慈禧独尊的局面。论才智、权变，慈安都比不上慈禧，但她以前坚持着同慈禧一起抑制恭亲王，又同恭亲王联合除掉安德海，那都是为同治亲政做准备，她不能让同治受制于他人，而慈禧才不会念及她对自己的亲生儿子的感情，早已把慈安恨之入骨。现在光绪即位，虽然他是慈禧的亲外甥，但只要有慈安活着，载湉就会像载淳一样把慈安当亲妈，她绝不能让光绪成为第二个同治，倚仗慈安和自己作对。据说，咸丰帝死前，担心慈禧母以子贵做了太后，会专横无理，到那时善良的皇后不是她的对手，于是特意留下一道密诏给慈安，叮嘱她在万不得已的时候，可以拿出来命大臣除掉她。慈禧知道后，就在慈安面前甜言蜜语地套话，最后慈安竟然把这道遗诏当着她的面烧掉了。慈禧表面上称谢，心里反而更恨慈安。

1881年，慈安去世，年仅四十四岁。对于慈安的死，当时朝野上下一片哗然，对于她的死因，也没有人深入地追究，大家也都心知肚明。从此，慈禧独揽了听政的大权。

在封建社会，共同治理国家不过是昙花一现，而个人独裁却永远是那样有根基。且不说前朝只说本朝，在太祖去世后，四大贝勒共同执政也就坚持了四五年，就变成皇太极一人独尊；顺治即位初期，郑王与睿王联合辅政连头带尾也就半年；至于康熙初年的四大臣辅政，还不到六年就形成鳌拜专权的局面。

其实，早在两宫垂帘的时候，慈禧就故意找奕䜣的麻烦，旨在把他从三巨头中排挤出去。恭亲王被两宫召见时，每次都要商议国内外的大事，一说就是一两个时辰，两宫也都预备下赏赐的茶水，谈的时间长了，两宫中的一位必然会说"给六爷茶"。然而，有一次却没有预备，唇焦口燥的恭亲王下意识地从御案上拿起个茶盏，一看不是自己平时用的，赶紧又放了回去，水没喝到，反而被慈禧抓到把柄——竟敢擅自动用两宫的御用茶盏。还有一次，跪着回答两宫问话的奕䜣，说的时间长了就自己站了起来。这类事情在垂帘之初慈禧也未必较真，但在收复南京后她觉得削弱奕䜣权力的机会到了，想以同治的名义罢免奕䜣的一切职务，但内阁一致反对，这才作罢。政变成功后，奕䜣以功臣的身份集宫内外大权于一身，再加上军机处里的人对他很恭维，洋人对他很赏识，不觉得有些飘飘然起来，有时做事竟不再把慈禧这个"女流之辈"放在眼里，这让慈禧不能容忍。1884 年，机会终于来了。这一年，法国入侵越南，把中国在越南的军队赶了出来，并把战火烧到了中越边界。慈禧立即抓住机会，以奕䜣办事循旧、固执己见为由，彻底罢免了他，并且改组军机处。由此，慈禧的绝对统治地位大大地得到了巩固。

奕䜣被罢免后，慈禧开始起用醇亲王奕譞主持军机事务，奕譞是光绪皇帝的生父。鉴于这种身份，有大臣提出他不宜参与军机处事务，奕譞本人也再三推辞。但慈禧心意已决，她之所以这样做，不仅因为醇亲王是自己的亲妹夫，更看好的是他胆小怕事，很好控制。

如果从同治即位算起，慈禧用了二十二年的时间实现了从宫中到朝廷的大权独揽。而在这二十二年中，特别是在 1864 年清军攻克太平天国占领的南京至中法战争爆发前的二十年，清王朝的决策人并没有抓住这个实现"自强"的机遇，而是把精力用于内部的权力之争上。

1884 年，中法战争爆发，为了避免战争危及自己的统治地位，她授权李鸿章与法国侵略者谈判，并乞求英美政府出现调停，希望大事化小，苟安于现状。后来，法国侵略者气焰嚣张，全面战争开始，就在中国军队处于优势，频频传来捷报的情况下，慈禧仍然下令停战，还签订了不平等条约，这不仅让爱国的官兵非常气愤，就连法国政府也感到十分的意外。慈禧利用一系列的内耗建立了个人独裁，清王朝不仅与"自强"失之交臂，也始终没有跨过从洋务到维新的关键一步。

修建三海，豪奢生活

1889 年，十九岁的光绪帝完婚，慈禧已经找不到任何的理由继续听政，在归政之前，她提出给自己建造一个好的"怡养之处"。于是，三海（南海、中海和北海）工程开始大规模地动工修建。

当时，内忧外患不断，财政入不敷出，统治岌岌可危，大清王朝已到了朝不保夕的险境。人民生活困苦，连年发生多次旱灾，北京城内饥民随处可见。慈禧哪管民众的死活，竟动用巨额军费为满足自己"颐养"、游乐之欲而大兴土木，修建奢华园林。

修建三海所耗的人力、物力和财力都是相当惊人的。园中房屋所用的都是上好的紫檀楠木，有些成套的硬木桌椅，都是不远万里，不惜重金从香港或东南亚采办回来的。由于工期紧张，要求高，为工程监督和监修的官吏就有一百多人，仅是工程所需木工就招雇了一万多人。慈禧对工程要求极为苛刻，殿阁内外的油饰和糊饰，一律要"见新"，要完全按照她的旨意设置，不许擅自改动。她一天两次派宠信太监李莲英去工地察看、督促，就像催命一样。三海工程花掉了两千余万两军费，而当时一艘德国的战舰才不过白银四百万两，这些浪费掉的钱可以买五艘战舰。三海工程结束后，慈禧便搬了进去，开始了她的"归政怡养"生活。

慈禧生性喜欢享乐，曾几次想重修被英法联军焚毁的圆明园，但终因花费实在太大，在恭亲王和醇亲王及李鸿章等一批王公大臣的联手反对下不了了之。此后，"修个花园"始终是慈禧的一个情结。

在慈禧即将归政时，她想到了自己的梦想，于是便借口"修个花园"颐养天年。这时，恭亲王已经失宠，醇亲王为在慈禧面前表现，就想以在昆明湖边设机器局的名义重建清漪园。西汉时期，云南滇池有个昆明国，汉武帝为征伐昆明国，在首都长安挖掘了一个大湖，名为昆明池，以操练水军。在昆明池练水师当然是"形式"大于"内容"，颇有娱乐性质，所以此制后来便被废除。一年后，清廷以光绪的名义发布上谕，将清漪园改名为颐和园。不久，水师学堂竣工，里面安装有电灯、锅炉房等"现代化"设备。当时，建造轮船枪炮、架设电线、修筑铁路这些关系国计民生的"近代化"事业阻力重重，被认为是"奇技淫巧"，是"用夷变夏"。然而，慈禧对直接供自己享用的"洋器"，却是要求用最先进的，毫无顾忌。

1889年，李鸿章把部分北洋水师官兵和水师学堂新毕业的学员共计三千多人调来**昆明湖**，将昆明湖当成"汪洋大海"，用小火轮作"战舰"，在湖面驶来驶去，做各种表演，与岸上的陆军同向坐在南湖岛岚翠间的"阅兵台"上的慈禧摇旗呐喊，欢呼致敬。这次"阅兵"让慈禧兴奋不已，她的虚荣心又一次得到满足。表面上，显示了慈禧对海军的关心和作为全国军队最高统帅的绝对权威，企图向世人表明"修园"并非为己享乐，真的是为了大清海军的建设！

慈禧是有名的"奢侈太后"。慈禧每次吃饭，要上整整一百盘的菜，每日两顿正餐，另有两次"小吃"，至少也有二十碗菜，平常总在四十至五十碗左右。有次，慈禧坐火车去奉天，火车上光炉灶就排了五十个，每个炉灶上配一个大厨，每个大厨每次就做两样菜。因为有时候一个菜都需要两至三天才能做成。慈禧喜欢吃鸭子，大厨炖一只鸭子就需要两至三天才能做成。每个炉灶还要配一个小厨，这小厨是专管生火的。所以慈禧一说自己饿了，五十个小厨拿着芭蕉扇就开始煽风点火。用餐时，慈禧一个人坐着独享，有时命身边女官德龄等陪她同吃，德龄等也只能站着吃。慈禧若爱上了较远的某一种，就吩咐侍膳的太监端近前来。慈禧每餐尝过的菜至多不过三四品，剩下的待她用餐完毕，便一齐撤下。这些菜或当即扔掉，或由女官、宫女、高级太监等依次取食，其中十之八九还是没有动过的，像供祖先撤下来的祭菜一样。

1894年，正值慈禧六十大寿。老太太为自己的生日准备的首饰合黄金一万两，合白银三十八万两；置办衣服花去黄金二十三万两；从颐和园回紫禁城所经道路的景点设置与装饰，花去白银二百四十万两。慈禧这个生日，约花了白银一千万两，相当于整个北洋舰队的经费。就在这一年，中日甲午战争中清廷失败，签订了丧权辱国的《马关条约》，全国人民一片谴责，声讨卖国贼。而慈禧把失地赔款的责任推给光绪以后，就带上李莲英跑到颐和园归养去了。

1902年，在慈禧六十七岁生日时，满朝文武官员为了博"老佛爷"的欢心和宠信，纷纷挖空心思地呈献自己最如意的贡品。其间，宠臣袁世凯可谓"独出心裁"，献上了一辆汽车！经专家鉴定，这件时髦的"洋贡品"系美国图利亚公司于1896年所生产的十三辆汽车中的一辆，它装有一台横置式汽缸、10马力的汽油发动机，产生的动力由旁边的齿轮变速箱传递给后轴，最高时速可达十九公里。这辆汽车虽说至今已度过了百年时光，虽说其外观模样与当代汽车有不小的差异，但其驱动原理、悬挂结构、转向系统、传动系统等均已与今日汽车十分接近。

镇压变法，废立光绪

岁月如梭，转眼就到了光绪亲政的年龄，慈禧也没有办法，只得让位。但慈禧心有不甘，决定把娘家弟弟桂祥的女儿叶赫那拉氏册立为皇后，以便能在光绪的身边安插一个耳目。光绪亲政后，认为慈禧将近三十年的统治经验已经难以应对当前的国际形势，必须改弦更张。

当时的中国，中日甲午战争刚刚结束，民族危机空前严重，在少数先进的知识分子中逐渐形成了一股强劲的改良主义思潮。以康有为等人为代表，举起"变法"和"维新"的旗帜，向封建专制提出挑战。在这种局势下，光绪希望利用改良派这股力量对付后党，将慈禧手中的大权夺过来，使自己和国家的处境得到改善。

在《马关条约》签订后，光绪同维新人士开始来往。一向唯慈禧之命是听的光绪，这次竟让庆王转告慈禧："朕不能为亡国之君，若不予我权，宁逊位而已。"这实在太出乎慈禧的预料了，按照慈禧的性子，她恨不得立即把光绪废了。

1898年，光绪发表诏书，正式表示了变法的决心。接着，他任用了康有为、梁启超、谭嗣同等人，一连发布了几十道改革的命令，决定修铁路、采矿业、办实业、开银行、兴办新式学堂、改革官制等，这些法令促进了资本主义的发展，这就是历史上有名的"戊戌变法"。

这次革新很快受到了守旧大臣的反对，他们纷纷向慈禧反映，希望尽快阻止。慈禧表面上不露声色，装出"既归政，则不再干政"的淡漠态度，但是正当光绪推行新政到了最热烈的时候，她突然动手，打了光绪一个措手不及。慈禧先是下令授任新职的二品以上大臣，都必须到她面前谢恩，从而控制了用人权。并且任命她的亲信荣禄为直隶总督，统率董福祥、聂士成、袁世凯的北洋三军，之后又取消了已经采取的各项变法措施，亲手葬送了这次可能使中国走向富强的机会。

镇压了变法维新运动以后，慈禧和帝国主义之间的矛盾日益激化。慈禧大为恼火，她开始下起了毒手，随后，戊戌六君子被杀，康有为、梁启超流亡海外。慈禧火冒三丈，她开始对洋人怀恨在心，但是对他们也是无可奈何，于是就把火都撒在了光绪身上。慈禧囚禁了光绪，可对外界却宣布光绪病得很重。刘坤一、张之洞等封疆大吏，纷纷给朝廷推荐各地的名医来给光绪皇帝治病，其中还有外国医生，慈禧只能假戏真唱，但光绪的脉象是"六脉平和"，根本就没病，从内到外的阻力都让慈禧怒不可遏。

慈禧对光绪公开反对自己，实行变法运动一直耿耿于怀，她觉得自己有能力立光绪为天子，也有能力把他贬为庶人。慈禧要找一个听话的皇帝，不久，她选中了端郡王载漪的儿子为大阿哥，准备继承皇位。她的这一做法受到了很多外国公使的反对，庆典当天竟没人来祝贺，这让慈禧很是下不来台。

当时，以"灭洋"为宗旨的义和团，在山东遭到巡抚袁世凯的残酷镇压，便转移到直隶一带。义和团为了避免在直隶遭到镇压的命运，便公开打出"扶清灭洋"的旗帜，这恰恰与慈禧对洋人的愤怒心情一致。但是，帝国主义列强要求慈禧镇压义和团，慈禧举棋不定，徘徊在"剿"和"抚"之间。恰巧在这个时候，有一个谣言传入慈禧的耳朵，那就是洋人发出了最后的通牒，要求她把政权交给光绪。这触动了慈禧那根敏感的神经，她大怒，决定向英、法、美等八个国家宣战。

宣战，说起来容易，只要把战书送到使馆、限使馆人员撤离就行了。但要准备应付宣战后的局面则是一个极其严峻问题，慈禧根本连战略战术也都没有认真研究过。当时，荣禄、李鸿章、袁世凯以及地方有影响的督抚刘坤一、张之洞等都反对打这场毫无准备的战争。就连当了将近两年哑巴的光绪，也在万般无奈的情况下开口说道："洋兵利，能以骨肉相搏乎？奈何以民命为儿戏？"独断专行的慈禧，确实痛快了一时，但也为此付出了沉重代价。

蟠龙纹玉带扣　清

当八国联军以保护使馆的名义在大沽登陆后，慈禧决定出逃。

光绪二十六年七月，慈禧扮成农妇模样，带着光绪和大阿哥逃到了西安，她带着光绪，并不是关心光绪的安全，而是怕光绪在同洋人的谈判中得到权力。西逃的过程中，慈禧吃尽了苦头，但是逃到西安后，境况有所好转，她又威风起来，把巡抚衙门当成了行宫，过起了奢华的生活。单是每顿饭的菜谱就有一百多种，鸡鸭鱼肉，山珍海味，应有尽有，可慈禧却说，这可比在北京的时候节约多了！

这时的北京城，已在八国联军占领下陷入了一片血海。而逃到西安的慈禧，竟一点脾气也没了，彻底被洋人打服了。她先是派李鸿章充当全权大臣与八国联军谈判求和，随后又以光绪的名义发布上谕，赖掉她"宣战"的责任，接着找了一些主战派大臣作为替罪羊，斩杀了主"抚"义和团的刚毅、徐桐等人。八国联军经过一阵烧杀抢夺后，鉴于慈禧还算比较听话，仍可以作为殖民统治的工具，也表示不再追究，于是和清军勾结起来，扼杀了义和团运动。

在《辛丑条约》签订后，慈禧的权力不仅保住了，而且从西安回銮。1901年农历八月，西安城张灯结彩，锣鼓喧天，慈禧一行三百多辆马车，满载着金银、古董，浩浩荡荡地起驾回京。三个月后，慈禧回到了北京，结束了西逃生活。经过此次颠沛流离，慈禧终于了解了洋人：列强并不在乎谁掌权，他们要的是在华推销商品与投资的权力；赔款白银四亿五千万两，数额是多了点，但可以分三十九年还清，连本带利九亿八千万两，摊到每个大清子民身上也就是一二两；拆毁大沽炮台，那本来就是个摆设，每次也没能把洋人的军队给挡住，拆了也无所谓。慈禧到京后的第十天，就举行了盛大的宴会招待各国驻华使节及夫人，极尽献媚求宠之事。

一切似乎又回到了以前，大阿哥因生父端王载漪支持义和团而被革去名分，光绪依旧是慈禧手中的傀儡，"庚子拳变"把废立推上高峰，《辛丑条约》则又使废立偃旗息鼓。但是，隐藏在平静后面的却是西方列强对中国侵略的进一步加深。

清王朝统治的土崩瓦解，已经迫在眉睫。

慈禧末日，厚葬东陵

慈禧从西安逃回北京后，仍然将光绪囚禁在瀛台，自己独揽大权。她开始把一些维新措施捡起来，诸如废除科举、取消捐纳、派遣留学生出国等，整顿一些政事。然而，维新志士的鲜血、义和团民众的鲜血擦亮了人们的眼睛，反清组织华兴会、兴中会、光复会等如雨后春笋般破土而出。慈禧也很诚实地说："我们现在全力实行整顿改革，就是为了以后给各国提供更大的实惠。"于是，帝国主义加紧了对中国的经济掠夺，中国的民族危机进一步加重。

1905年，慈禧凭着几十年的从政手腕，派五大臣出洋考察，经过一番对日本及欧美等国的考察，慈禧开始玩起了"预备立宪"的骗局，忙乎了两年，也就敷衍出一个"预备立宪"，而且预备期至少是十年，当时，慈禧已经七十二岁，以她当时的体质想再活十年，实在是可望而不可即的。她绝不会在有生之年使自己的权力受到任何削弱，只要还有一口气，都要把权力紧紧地攥在手里。在玩弄权术方面，慈禧把历朝历代的经验都熟烂于胸，而且运用自如。

慈禧这个荒淫无度的女人，哪怕是在她生命即将终结的时候，也没有忘记利用权力及时行乐。1903年，慈禧心血来潮，提出坐火车去谒祭东西祖陵，但当时北京到东西陵并没有通铁路，为了满足慈禧的要求，只得立即抢修。为了填补精神上的空虚，慈禧请美国画家卡尔进宫为她画像，她喜怒无常，动不动就要杀人。有一次，一个太监陪她下棋，说了句："奴才杀老祖宗这匹马。"慈禧听后大怒，说："我杀你一家子！"叫人把这个太监拉下去，活活打死了。

慈禧的霸道和专横人尽皆知，到了晚年，更是有过之而无不及。虽然醇亲王对太后恭谦得都有点令人肉麻，但当他去世后还因坟前的一棵树而引起轩然大波。据记载，醇亲王的陵墓前有一株粗大的银杏树，一些迷信风水的人说：醇王墓有帝王陵墓的气象，醇亲王的后代依然会入承大统。慈禧听信了这话，立刻令人去砍掉那棵树。光绪在得知自己父亲坟上的一棵树都保不住后，气得下谕说：谁敢砍这棵树，先来砍他光绪的头。但慈禧还是在光绪赶到墓地前把树砍了，光绪悲忿不住号啕大哭。颇具讽刺意味的是，慈禧虽然砍了银杏树，结果仍然要从醇亲王的后裔中去选择皇位继承人。

慈禧临终前所做的最后一件大事，就是要利用自己的权力为大清王朝选择皇位继承人。光绪帝刚刚驾崩，她就立了醇亲王载沣的儿子溥仪为皇帝，定年号为"宣统"。当时小皇帝只有三岁，因此，慈禧又一次发布懿旨："小皇帝年纪还小，应当专心学习，所有军国政事，都按我的训令施行。"第二天，慈禧便死在了中海仪鸾殿，终年七十三岁。

慈禧一生给中国人民带来了巨大的苦难。她死后，慑于她的余威，清政府对她实行了厚葬，浪费了国家大量的物力和财力。

慈禧生前，就对自己的陵寝大力重修，整整用了十三年的时间，如果不是慈禧大限已到，陵寝的工程还会持续下去。重新建成的三殿，所用木料都是最名贵的黄花梨，殿内的彩绘用的是贴金，墙壁是扫金，地面的雕砖上也都用扫金装饰。重修后的慈禧陵寝，不仅在清东陵中是最豪华的，即使把建在易县的清西陵以及建在昌平的明十三陵都加在一起，在骄奢淫逸方面也没有一座能达到慈禧陵寝的水平。

慈禧死后的随葬品之丰富珍贵，是世界上任何帝王都难以比拟的。李莲英有记录，单是慈禧头戴的凤冠上一颗珍珠，就重四两，大如鸡蛋，当时价值白银约上千万两。慈禧手执玉莲花一枝，头前方有蚌佛十八尊，头顶一翡翠荷叶。头两侧有金、翠玉佛十尊，手边各置玉雕马八匹，玉罗汉十八尊。足下共有金佛、玉佛、红宝石佛一百零八尊；翠桃十个。翡翠白菜两颗，绿叶白心，在白色菜心上落有一只满绿的蝈蝈，绿色的菜叶旁有两只黄色的马蜂。当宝物殓葬完毕，发现棺内尚有孔隙，又倒进四升珍珠，红蓝宝石、祖母绿宝石数千块。据估计，慈禧的随葬品值白银亿两不算过分。

1928年，军阀孙殿英借军事演习的名义，将部队开进东陵，炸开慈禧的坟墓。慈禧陵被盗，在全国各界的强烈谴责下，蒋介石下令严惩首恶孙殿英。孙殿英通过各种关系，将墓中的珍宝九龙宝剑，慈禧口含的夜明珠、翡翠西瓜等，分别送给了蒋介石、宋美龄、宋子文和戴笠等人，此案才不了了之。被盗的慈禧陵，初由溥仪进行收拾殓葬，后来经过有关部门重新整理，将慈禧尸体进行防腐处理，重新入棺，向游人开放。

慈禧生前不可一世，万万没有想到，自己死后竟然会被人挖掘坟墓，落得尸骨难全。

阿鲁特氏　清穆宗载淳皇后

□ 档案：

姓　名：阿鲁特氏
生卒年：1854~1875年
籍　贯：不详
婚　配：清穆宗载淳
封　号：皇后
谥　号：孝哲毅

阿鲁特氏，蒙古正蓝旗，户部尚书崇绮之女，郑亲王端华的外孙女。生性贤惠，知书达理。同治十一年，册立为皇后。同治帝崩，因她对慈禧专横、阴毒、暴虐充满怨恨，仅七十五天之后就追随同治而去，年仅二十一岁。

状元之女，同治亲点

阿鲁特氏出生在一个世代官宦的家族，她的祖父赛尚阿在嘉庆年间中举，曾为大学士，道光年间担任兵部尚书兼刑部尚书，可谓权倾一时。她的父亲崇绮是清王朝唯一的满人状元。

同治十一年，两宫太后决定为十七岁的皇帝选立皇后。嫡母慈安太后与生母慈禧太后全都动起了脑筋，把满朝文武官员家待字闺中的女孩子都理了一遍，最后选出了十名出众的闺秀。

民间的说法，二月初二为大吉大利的黄道吉日，两宫太后决定在这一天选定皇后和妃嫔的人选。

选后的当天，御花园里热闹非凡，两宫太后和皇帝同坐在宝座之上。经过第一轮挑选，从十人中选出了四人，这四人之中将产生一后一妃和两嫔。当时，刑部员外郎凤秀之女富察氏和崇绮之女阿鲁特氏就在其中。慈禧要立富察氏为后，慈安则认为阿鲁特氏雍容端庄，又知书达理，应是皇后的理想人选，两宫太后意见各不相同，互不相让。后来，让同治亲自选择，同治虽然青春年少，但也懂得选择皇后应该以德为先，加上他最敬重的慈安皇太后也非常喜欢阿鲁特氏，所以不顾生母的心情，最后，阿鲁特氏顺理成章地成为皇后，富察氏被封为慧妃。

皇后人选确定之后，接下来就是下聘、迎娶和婚典等一系列的大婚仪式。这次同治的大婚，是继康熙帝大婚之后，"百年难遇"的一次皇帝的婚礼，场面豪华到难以想象，前后总共花了上千万两白银，相当于清王朝全国财政收入的一半。阿鲁特氏毕竟是一位知书达理的女性，得知这个天文数字以后感到非常地不安。"朱门酒肉臭，路有冻死骨"，如果把这笔钱花在军备和民生上，岂不是更值得？她这样想着。不久后，她就得知，不少朝廷官员都在她与同治大婚前上过奏折，希望皇室在内忧外患的特殊时期能够节俭办理婚事，心中这才有了一丝的安慰。

宫闱之深，世事难料

阿鲁特氏进宫之后，与同治的夫妻感情十分融洽，相亲相爱，相敬如宾。

而阿鲁特氏每次见慈禧，她都感觉这位婆婆矜持有余，亲切不足，有太后的架子，没有亲人之间的关切，不管她怎样小心伺候，都不能讨得慈禧的欢心。慈禧见到她，总是气不打一处来，事事找碴。

每次，慈禧看到皇帝对阿鲁特氏特别好，便格外地不高兴。于是，就对皇帝的私生活横加干涉，经常把同治叫到自己居住的长春宫教训一番，甚至有意无意、明里暗里要求同治少去皇后寝宫，多去慧妃的寝宫。这让阿鲁特氏在宫中战战兢兢，如履薄冰。此后，皇上每次到自己宫里来坐，她都会委婉地劝皇上去咸福宫多陪陪慧妃，同治虽然知道阿鲁特氏的良苦用心，但是一想到自己贵为天子，连喜欢哪个女人都得掩饰，便不由得悲从心生。同治皇帝也着实有几分倔强，偏不依母亲去慧妃那里，干脆谁的寝宫也不去，独自一个人待在乾清宫。这样，母子二人失和，这更让慈禧迁怒于阿鲁特氏，认为是她挑唆儿子不听自己的话，对她记恨在心。

有一次，阿鲁特氏陪慈禧看戏，每当看到淫秽的地方时，都要侧过脸回避不看，慈禧对她很不高兴，当面骂她是假正经。阿鲁特氏身边的人劝她要处处讨慈禧欢心，要善逢迎，只有和皇太后搞好关系才能保住自己的位子，否则于己不利。但是，阿鲁特氏的性格耿直，不善逢迎，她认为自己是堂堂正正从大清门迎娶的皇后，只要自己行得端，做得正，没必要阿谀奉承，溜须拍马。有人将阿鲁特氏的话偷偷地告诉了慈禧，慈禧听后，勃然大怒，认为是故意蔑视自己，因而对阿鲁特氏"更切齿痛恨，由是有死之之心矣"。

同治帝有病，阿鲁特氏心中着急，但不敢去侍奉，怕慈禧责怪。有一次，阿鲁特氏偷着去探望同治帝，流着眼泪倾诉独处宫中、备受虐待之苦。同治帝安慰她说："卿暂忍耐，终有出头日也。"小夫妻的这些话被尾随而来、在外偷听的慈禧听到了，她暴跳如雷，立刻闯进了屋子里，抓住阿鲁特氏的头发，一边打，一边往外拽，竟将一撮头发连同头皮揪了下来，病床上的同治帝欲救不能，又急又气又害怕，竟然昏了过去。慈禧见状，这才饶了阿鲁特氏。

在深宫里，可以倾心交谈的人并不多，阿鲁特氏从自己丈夫身上得到了些许的安慰，有时心里甚至暗自揣想：虽然慈禧不喜欢自己，但是能得到丈夫如此的疼爱，就算是死了也值得。

1874年农历十二月初五，同治病死，终年十九岁。阿鲁氏唯一的希望也没有了。

悲剧命运，被逼惨死

皇帝大婚之后，意味着要亲政，这却是慈禧的心病。视权如命的慈禧并不愿意交出权力，儿子虽然是自己亲生的，但她早就感到同治和慈安的关系更密切，在亲政之前就曾联合慈安，悄悄地杀掉了自己最宠爱的太监安德海。皇帝尚未亲政就如此胆大忘形，与自己作对，将来的情况更加难以预料。此次选皇后，同治又和慈安站在一边，新皇后肯定也和皇帝一条心，如果慈安、同治、同治皇后三个人联合起来对付自己，又会产生怎样的后果？慈禧越想越生气，气急败坏，就把怨气通通都发到了阿鲁特氏身上。

同治英年早逝，十四天后，两宫皇太后发出懿旨："皇后作配大行皇帝，懋著坤仪，著封为嘉顺皇后。"两月后，阿鲁特氏崩逝于储秀宫，年仅二十一岁。

阿鲁特氏因何而死，有几种不同的说法。一种是同治去世，皇后哀伤过度，大病不起，并抱定必死的决心拒绝治疗而逝。一种是说同治死的当天，阿鲁特氏就曾吞金自尽，遇救不死，因此这次身死，仍然是自缢，追随皇帝于地下。另一种说法是被慈禧太后迫害致死，慈禧唯恐嘉顺皇后在世，日后会有隐忧后患，决心置她于死地，秘密下令，断绝她的一切饮食，使皇后活活饿死。种种说法，难分真假，但是和慈禧都有着直接或间接的关系。

据传，同治死后，阿鲁特氏大恸大悲，不思饮食，后来发现自己已经有了两个月的身孕。然而，慈禧对于唯一的儿子留下的遗腹子，也同样恨之入骨，唯恐阿鲁特氏生下皇子，名正言顺地当上太后。自己就再也不能摄政，在慈禧的心目中，权力永远比亲情更重要。所以，在阿鲁特氏已经能进食之后，慈禧依然不许给皇后进膳，阿鲁特氏彻底绝望了，被阎王拒绝吞噬的她又无奈地把人生的惨剧推到了眼前，走上自己别无选择的一条自尽路。

1875年，也就是同治去世后七十五天，饱经磨难的阿鲁特氏才吐出胸中的最后一口怨恨之气，带着未出世的孩子走了。阿鲁特氏死后与同治皇帝合葬于惠陵地宫。

丧礼隆重，身后遗事

阿鲁特氏活着时，慈禧太后对她百般挑剔，死后的丧仪却颇为隆重，和当年的大婚典礼一般。皇后去世的当天，慈禧就派礼亲王世铎领头办理，又加派恭亲王主持，很是大操大办了一场。

阿鲁特氏死了，可是她家族的故事还在继续。由于慈禧的怒气并未全消，转而发到了她的父亲崇绮身上。在阿鲁特氏死后不久，崇绮就被免去吏部侍郎的官职，外放出京。后来，因崇绮全不记女儿被慈禧逼死之仇，一味地巴结太后，而复被起用，先任镶黄旗汉军副都统，后来调任户部尚书，可谓官运亨通。他曾与徐桐等一起主张废光绪帝，因此更加得到慈禧的宠任。

1900 年，八国联军入侵华北，他任留京办事处大臣，后在保定自缢而死。崇绮的长子及其全家也继父亲之后自杀身亡。想当初，崇绮中状元、嫁女儿是何其的风光，而最终却不得善终。

叶赫那拉氏　清德宗载湉皇后

□ 档案：

姓　名：叶赫那拉氏
生卒年：1868~1913 年
籍　贯：不详
婚　配：清德宗载湉
封　号：皇后
谥　号：孝定景

叶赫那拉氏，慈禧太后的内侄女，副都统桂祥的女儿，生性懦弱，在慈禧的安排下当选为皇后。慈禧和光绪相继去世后，尊为皇太后，垂帘听政。在袁世凯的逼迫下，签下了清帝退位诏书。

慈禧耳目，身不由己

1887 年，十九岁的叶赫那拉氏成为后妃的候选人。经过层层筛选，在体和殿上，叶赫那拉氏终于见到了自己未来的丈夫，她的表弟光绪。光绪当年十七岁，人长得白净瘦长、书生模样，让叶赫那拉氏顿生爱意。

当时，和叶赫那拉氏一起备选的还有江西巡抚德馨的两个女儿以及礼部右侍郎长叙的两个女儿，一共五个候选秀女。清制规定，凡选中的皇后，由皇帝亲手赐给"玉如意"，选为妃子者，则赐给一对荷包。当时，光绪帝看中了德馨家的两个女儿，当他准备把玉如意递给其中的一个女孩时，慈禧瞪大了眼睛，暗示他选叶赫那拉氏，光绪虽然不情愿，但也不能违抗。1888年，慈禧太后下懿旨，宣布光绪帝选叶赫那拉氏为皇后，德馨家的女儿被送出宫，只留下长叙家的两朵姊妹花，大的封为瑾嫔，小的封为珍嫔。

但在大婚之夜，光绪对叶赫那拉氏却是异常的冷淡，客气得根本不像新婚夫妻，叶赫那拉氏后来才知道光绪本来就没看中自己。光绪连自己的婚姻都不能做主，只能把怨气撒到皇后叶赫那拉氏身上，他很清楚这位表姐就是老佛爷安插在自己身边的耳目。因此，叶赫那拉氏自大清门抬进皇宫以后，虽备受慈禧宠爱，却得不到丈夫的半点青睐。尽管皇后的桂冠令人羡慕，却无半点乐趣可言。她经常到慈禧身边哭诉，不免说一些皇帝如何宠爱珍妃的话，于是慈禧就经常辱骂珍妃，又责怪光绪对皇后无礼。这样，皇帝、皇后、太后之间的矛盾日益加深。

慢慢地，长期受冷落的皇后，内心深处也开始失去平衡。实际上，光绪皇后的命运早就由慈禧决定了，她是知道姑母的厉害的，对于慈禧的命令，她只能绝对服从。

一次，皇后竟在光绪面前数落珍妃的不是，忍无可忍的光绪一气之下打了叶赫那拉氏，叶赫那拉氏又跑到太后那里去告光绪的状，至此，皇后已经完全倒向太后的一边，命中注定她要守一辈子活寡了。

尊皇太后，欲垂帘听政

戊戌政变爆发后，慈禧不仅把光绪囚禁在瀛台，还要废掉他的帝位。虽然叶赫那拉氏同光绪从一开始就不合，可一旦皇帝遭废黜，自己身为废帝之后，就连眼前这点虚荣都将失去。

虽说她与光绪之间没有夫妻情分，但毕竟是姑舅亲，光绪的生母也是她的姑姑，就是砸断骨头也还连着筋呢。光绪被囚之后，后妃之中，慈禧只允许她信任的皇后叶赫那拉氏偶尔去看望。

入冬后，寒风刺骨，瀛台冷得就像冰窖一样。卧室之内，窗户上的纸早已破烂，四处漏风，被褥甚至都露出了棉絮，早应该更换了，叶赫那拉氏看后不免心酸，虽然光绪不是亡国之君，却沦落到如此地步，同亡国之君也没什么不同了。内务府出身的户部尚书立山实在看不下去，就瞒着慈禧帮光绪把窗户糊好了。

不想此事到底还是传到慈禧的耳朵里，她把立山找去打了一顿耳光，还把光绪叫到跟前说："祖宗起漠北，冒苦寒立国，汝乃听朝而畏风耶？"言下之意，这点风寒都受不了，怎么对得起艰难起家的列祖列宗？此事之后，更无人敢对光绪表示同情了。光绪对慈禧以及皇后已经恨之入骨，他怎会不知道叶赫那拉氏来看他的意图？每次叶赫那拉氏来看他，他大多时候都闭上眼睛不发一言，直到叶赫那拉氏离开。

一日，皇后不知哪句话说得不合适，光绪便怒气冲冲地将她头上的发簪拔下来扔到地上掷碎。那个发簪是太后赏给她的乾隆时期的遗物。她知道光绪的一腔愤怒实际是冲着慈禧发的，光绪始终把她当成太后的替身，实际上她比光绪还可悲，只不过她的囚所是无形的。

光绪三十四年十月，慈禧病重。当慈禧听说光绪得知自己病重后面带喜色时，不由得勃然大怒，决定一定要让光绪死在自己前面，在慈禧的安排下光绪亦病重。给皇上看病的太医换了一轮又一轮，诊断并不一致，各持一说，宫里只好又请到一位德国医生来看诊，洋医生走后，宫里纷纷传言，西洋大夫说光绪并不是平常的病，而是中毒，此话当然只能瞒着慈禧。眼看着婆婆不行了，但是光绪居然还是死在了慈禧前面，年仅三十八岁。

四喜盘　清

1908 年，光绪帝与慈禧先后逝世，由年仅三岁的醇亲王载沣之子溥仪即位，改元宣统。光绪皇后也被推上皇太后的宝座，即后世所称的隆裕皇太后。由她垂帘听政，载沣为摄政王。

宠小德张，欲诛袁世凯

隆裕当上太后以后，非常信任一个名为小德张的太监，因为小德张曾经是慈禧身边的红人。他聪明乖巧，从南府戏班总提调一直当到御膳房掌案，由于伺候慈禧周到，很讨老佛爷喜欢，他生病时，慈禧甚至亲自去看望，并派最好的御医为他医治，以示恩典。

慈禧死后，机灵、有心计的小德张又成了隆裕太后的大总管。隆裕虽有慈禧的地位，却没有慈禧的手腕，根本控制不了后宫。

宣统在法统上是同治的继承人，太后应该在同治三位妃嫔中产生，但是隆裕却仗着是慈禧的内侄女得到了太后之尊。慈禧下葬后，同治的三位妃子赌气说不回宫了，要在东陵为慈禧守陵，这突如其来的状况，让隆裕乱了方寸。

这时，小德张赶忙对三位妃嫔说："既然这样，皇太后就马上替各位在东陵盖房子，成全各位守陵的孝心。"三位妃子并非要真心想要守陵，不过是不愿意从此开始受隆裕的管制，一半是赌气，一半是让隆裕难堪罢了，结果小德张却让她们哑巴吃黄连。

三位妃子心有不甘，又在身边太监的怂恿下，决定赶在隆裕回宫之前抢回太后的金印。可小德张却事前听到了风声，以最快的速度将隆裕护送回宫，抢先一步拿到皇太后的金印，并和载沣一起完成了太后册封的正式仪式。从此，隆裕更加地宠信小德张。

隆裕在抢先当上太后之后，对小德张不仅信任，而且更加依赖和纵容。而小德张也仗着隆裕对自己的恩宠，拼命为自己谋私利。小德张向太后进言，要求重新装修宫中数座破败的佛殿，报销的花费超过二百万两，当时有熟悉装修的内务大臣弹劾小德张报销不实，暗中为自己牟取私利，还拿着贪污的钱在外开了不少当铺和绸缎庄。

隆裕却沉默不言，对奏折置之不理，实在被大臣们的奏折逼得没办法了，就说："比小德张严重的人多得是，一个穷太监弄几个钱算不了什么，只要不干涉朝政就可以了。"

光绪死后，隆裕在他的砚台内发现光绪亲自用朱笔写的"必杀袁世凯"的手谕。一日夫妻百日恩，虽然隆裕在光绪生前与他的关系并不好，但是丈夫的遗愿不能不完成。隆裕悄悄将此事交予载沣处理。载沣同样是个没有主见的人，他思前想后，不敢杀袁世凯，就让他借假病名义辞职回家。

隆裕虽有为夫报仇之心，却缺乏一个政治家的胆略，她也许万万没有想到，她的心慈手软，为自己留下无穷后患。

优柔寡断，颁诏退位

隆裕把慈禧当成了她在皇宫里唯一的老师，慈禧的思维方式、待人接物的态度、把太监当作密探监视宫里任何一个人的手段，都深深印在隆裕的脑海中。但是，隆裕生性懦弱，优柔寡断，她的权术、手腕都比慈禧差远了，就算学到一点，也只能算是邯郸学步。

隆裕太后虽有垂帘听政之名，却无垂帘听政之实。她没有驾驭局势的能力，也控制不了日益高涨的革命舆论，更控制不了地方军事势力的发展。

1911年，即宣统三年，辛亥革命终于揭开了序幕。随后，南方各省纷纷宣布独立，不再受清政府统治。袁世凯辞职后，隆裕身边已找不到一人可以帮她镇压"暴乱"了。

这时，一些大臣们不顾摄政王载沣的反对，趁此机会向隆裕进言，要求将袁世凯召回。而此时，西方列强也担心中国境内再一次爆发类似义和团的运动，这将使他们在中国的贸易额骤减，在他们看来也只有起用袁世凯才能稳定局面。

在内外的压力下，隆裕和载沣商议过后，也只得同意。

袁世凯回京后，开始在革命党人和隆裕面前玩弄他的权术。他一方面宣称坚决保皇，既然"深荷国恩"，就决不会"欺负孤儿寡妇"；另一方面，袁世凯打着护卫清廷的幌子，要求隆裕立即下令，让摄政王载沣下野，永远不准干预政事。

隆裕本来就是头脑简单之人，根本不是袁世凯的对手，她在混乱的政局面前已经完全慌了手脚，将兵权在握的袁世凯当成了唯一的救命稻草，于是立刻照办，赶走了摄政王载沣。

1912年1月16日，袁世凯同早已串通好的内阁大臣上奏隆裕，冠冕堂皇地鼓吹起革命来："环球各国，不外君主、民主两端，民主如尧舜禅让，乃察民心之所归，迥非历代亡国可比。"接下来又对隆裕引经据典，以大义晓之，暗示隆裕如果不同意宣统退位，恐怕性命都将不保："……读法兰西革命之史，如能早顺舆情，何至路易之子孙，靡有孑遗也……我皇太后、皇上何忍九庙之震惊，何忍乘舆之出狩，必能俯鉴大势，以顺民心。"

局势愈演愈烈，隆裕每天都食不甘味，左右为难。载沣已不在身边，她只有请教最信任的小德张。殊不知小德张已被袁世凯用重金收买，他不仅不再为大清国效命，还暗地里与后来的许多民国大官称兄道弟，为自己留好了退路。小德张一边故意向隆裕夸大革命军的势力，一边又细数袁世凯开出的退位优待条件，暗示太后应该退位。

正当隆裕焦急万分之时，保皇党的首领良弼遇刺去世了。良弼的死，更让隆裕失去了抵抗的信心，她一筹莫展，除了哭泣，没有任何办法。

此时，隆裕已经顾不上皇太后的尊严，对袁世凯手下干将梁士诒、赵秉钧哭着说："你们回去好好对袁世凯说，务必保全我们母子两人的性命。"现在，她除了拉拢袁世凯，已经没有别的办法了。

为了让袁世凯不背叛清朝廷，隆裕立刻宣布封袁世凯为一等侯爵，袁世凯马上就要当民国总统，清朝的任何封赏对他来说都已经是包袱，他坚决不接受，一连四次上奏请辞。隆裕固执己见，一心想拉拢袁世凯，最后袁世凯没有办法，只得接受。袁世凯虽接受了封赏，但并不领情，而是继续进行逼宫活动。

隆裕在袁世凯的逼迫下，束手无策，整日抱着宣统皇帝痛哭流涕，她目前唯一能做的就是尽可能地拖延时间。

最后，在清朝王公的建议下，隆裕向袁世凯提出保留君主政体，也就是允许君主存在，但君主不干预政治。结果这个折中的办法都没有得到革命党和袁世凯的同意。隆裕见无路可走，反复考虑，觉得保留性命，退位后享受优待条件，总比宗族覆灭的结局要强得多。无奈之下，隆裕只好做出了皇帝退位的选择。

在正式退位之前，隆裕还授权袁世凯与革命党进行谈判，希望革命党能网开一面，优待清朝的遗老遗少。

谈判的最后结果包括两份文件：第一份文件列举满蒙回藏各族待遇条件，第二份文件列举了清帝退位后的优待条件和此后清皇族的优待条件。

隆裕流着泪读完退位文件，提出了三点要求：第一，保留"大清皇帝尊号相承不替"十字；第二，不提"逊位"两字；第三，宫禁和颐和园可以随时居住。

清王朝的衰落并非一朝一夕，隆裕最后的要求也挽救不了清王朝的命运了。

1912年2月12日，隆裕在清宫养心殿签发了宣统皇帝退位诏书。从此，统治中国二百多年的大清王朝，在她手中正式宣告灭亡。同时，曾持续两千多年的封建制度，也由此宣告结束。

隆裕万万没有想到，清王朝竟然亡在自己的手里，两面三刀的袁世凯竟然成为"中华民国"的大总统。共和之后，隆裕深居宫中，很少与外人接触。

1913年，隆裕病死，享年四十五岁。葬于崇陵。

他他拉氏　清德宗载湉妃

□ **档案：**

姓　名： 他他拉氏
生卒年： 1876~1900 年
籍　贯： 不详
婚　配： 清德宗载湉
封　号： 珍妃

他他拉氏，珍妃，满洲镶红旗人，礼部侍郎长叙的女儿，清光绪帝载湉的妃子，贤德聪敏，才貌俱佳，思想新潮。他他拉氏出身名门，少时拜翰林院编修文廷式为师，粗通文史。光绪十四年（1888年），与姐姐同时应选入宫，姐姐封瑾嫔，后晋封为瑾妃；她封珍嫔，后封为珍妃。

维新启蒙，选秀为妃

　　1888 年，十三岁的他他拉氏与姐姐同时进宫，被慈禧看中，她封为珍嫔，姐姐为瑾嫔。光绪二十年，两人同时晋封为妃。受其父亲长叙的委托，珍妃和姐姐瑾妃自幼随伯父长善在广州长大，珍妃聪明乖巧，长相伶俐，很受伯父的宠爱。

　　珍妃在和伯父相处的过程中，她发现长善虽为满人，但是却特别喜欢中原文化，除了自己在闲暇时阅读经书之外，还喜欢与汉人当中的名士切磋交流，最常来内府的客人是于式枚和文廷式。尤其是文廷式（光绪时榜眼），长善尤其欣赏，深交之后，将年幼的珍妃、瑾妃交给这位具有开明的教育思想家管教。

　　文廷式在讲课时，珍妃发现自己的这位老师和以前伯父请来的私塾先生大不一样，并没有教给她一些三从四德的东西。父兄的宠爱，师长的开通，使她的天性不仅没有受到任何压抑，而且还接受了不少维新思想。原来，作为一名女性，除了"大门不出，二门不迈"的闺阁生活，还有另一种更让人神往的自由自在的生活方式，激动的心情时常让她兴奋不已。

　　珍妃十岁那年，长善卸任广州将军，一家人返回北京。在那个年代，尽管社会正处在巨大的变革之中，但是女性的最好归宿还是能够到皇帝的身边，做个妃嫔享受荣华富贵。这样，过了几年，宫中选秀女，珍妃和姐姐都入选。

　　皇宫里的生活对珍妃来说，是既陌生又新鲜的。在这里，她听到了更多关于慈禧的传言。宫人们私下里议论，同治死后，朝廷为什么没有从其下一代"溥"字辈当中选择继承人，而是选择了和同治同是"载"字辈的光绪，很大程度上是因为慈禧想继续掌握实权。因为做了太皇太后，就再也没有"垂帘听政"的资格，这在慈禧看来是不可能容忍的事情。

　　珍妃听说，皇上在选妃时，原本是非常喜欢江西巡抚德馨的二女儿的，但是由于慈禧担心她将来和皇后争宠，干脆将德馨的两个女儿都打发回了家。身为皇上，不仅不能独立地执掌国家朝政，甚至也不能为自己的婚姻做主，珍妃不由得对自己原本生得清秀的丈夫又生出许多怜悯之情来。

　　珍妃天资聪颖，又有才干。她刚入宫时，还没形成那么多的人事纠葛，这位姿容曼妙，气质卓然的东方女性，是死寂的紫禁城里一束温暖的阳光。年轻的光绪皇帝本来就不喜欢由慈禧做主为他挑选的隆裕皇后，珍妃的出现，更使他情不自禁地将自己的爱情给予了这个入宫时年仅十三岁的皇妃。珍妃不仅擅长书画、下棋，而且还经常与光绪玩"易装"的游戏，女扮男装后的珍妃颇有几分飒爽的英气，光绪在开心之余又对她多了一份疼爱。

　　事实上，最开始的时候，就连慈禧都非常喜欢这个俏丽活泼的小姑娘。觉得她身上有自己年轻时候的影子，赞叹她的欢笑给冰冷后宫带来了生气。珍嫔的字写得非常漂亮，这让慈禧太后非常地欣赏。以至于相当长的一段时间里，逢年过节，慈禧干脆让珍妃代自己写"福"写"寿"字，用它们来赏给大臣。慈禧在得闲时也喜欢到中南海、北海、颐和园、圆明园、静宜园等处散散心。很多时候，她都会叫上珍妃，珍妃的天真无邪为平素安静的皇家园林增添了许多欢笑和快乐。

照相馆事件

珍妃颇具艺术才华，平时喜爱书画，一个深宫女子，能和艺术交上朋友，也是一种精神上的寄托。珍妃入宫时，摄影术已传入中国，但在宫中是禁止的，相机被认为是"西洋淫巧之物"，会取人魂魄，照多了会使人损寿，尤其是摄影师面对皇上、皇后

嵌珊瑚银戒指　清

和妃嫔对光，是极不礼貌的犯上行为。然而，珍妃却没有这些顾忌，她喜爱摄影，于是就暗中从宫外购进一架相机，背着专横的慈禧太后，偷偷地研究起来。

珍妃毕竟还是一个半大的孩子，她对一切新鲜事物都非常好奇，平时，她不仅给自己照，也给别人照，还教会了光绪和不少太监怎样照相。珍妃平时就喜欢穿男人的衣服，照相时更是乐此不疲，照了很多男装照，摄取各种姿势，兴味盎然。

按清代后宫惯例，皇后每年的例银在两千两左右，妃不过三百两，嫔二百两，这些除了个人花费以外，还要拿出一部分打赏下人。珍妃平日里不会计划，一年下来总会出现亏空。她想到照相术在中国还是稀罕的事物，于是私下拿出自己的积蓄，让身边一名叫作戴安平的太监在东华门外开了一家照相馆，希望借此可以让手头宽裕一点，自己也可以继续追求自己的爱好。不久，这件事传入宫中，被隆裕皇后知道了，她马上告诉了慈禧。

其实，慈禧自己也非常喜欢照相，现存的慈禧的相片要比珍妃的多得多，她对照相这件事情本身并没有多大的反应。但是她对珍妃居然敢背着自己在外开店大为光火，"以为宫嫔所不应为"，认为珍妃仗着光绪喜欢，根本就没有把自己这个老佛爷放在眼里，对珍妃开始大为不满，借口珍妃不守祖宗的家法，把她狠狠教训了一通，并将开照相馆的太监戴安平当场打死。此后，宫中再无人敢谈照相了，珍妃在宫中的地位，也急转直下。

有一次，光绪一时高兴，赏给珍妃坐八人抬的大轿，被慈禧碰到了，慈禧不仅把珍妃痛斥了一番，而且为了警告珍妃，把轿子也给毁了。这件事本由光绪起，光绪得知后也很尴尬，因此，当隆裕为此事在光绪面前说起珍妃的不是时，光绪不由得大为恼怒，把怨气全撒到了隆裕的头上。据后来一位刘姓宫女回忆，光绪当时甚至动手打了隆裕。

这样一来，珍妃不仅引来了隆裕的怨恨，而且慈禧知道以后，愈发觉得珍妃把皇帝带坏了。过了不久，光绪用库存的珍珠和翡翠做成了一件珠光宝气的旗袍，偷偷送给了珍妃。不想珍妃私下穿着与光绪在御花园里散步时，竟然被慈禧撞见了。慈禧大为生气，因为凭着珍妃的等级，无论如何也不能穿着如此珍贵的服装。慈禧不仅当即让太监脱掉了珍妃的这件外套，而且还杖责了珍妃三十下，慈禧就是要借此给珍妃点颜色看。

卖官鬻爵

光绪二十年，慈禧六十大寿。为了庆祝自己的生日，特许王公大臣、后宫嫔妃晋升一级，珍妃和姐姐瑾妃当时还为嫔，于是也依例将在该年的十月晋升为妃。但是尚未等

到正式册封，就发生了一系列让珍妃难堪的事情。

这一年，一个叫耿九的人，希望谋取粤海道官职，还有一个叫宝善的人，希望出钱免罪，他们于是行贿了与珍妃较为亲近的两个太监：王长泰（王有儿）、聂德平（十八），并通过他们疏通珍妃，希望珍妃能找机会在光绪面前美言几句。珍妃毕竟还太年轻，在太监的游说下，根本没有细想这种事情的严重后果，便做了一生中最愚蠢的事情：答应了替他人跑官。

有了第一次，就会有第二次。光绪二十年（1894年）四月间，珍妃又为玉铭谋得四川盐法道的肥缺。

按例新官放任，皇帝需要召见一次。光绪在召见时问玉铭曾在哪一衙门当差？居然回答是在木厂，光绪惊讶之余，要求玉铭当场写下简历，玉铭竟"久久不能成字"，光绪大失所望，只好另下一旨，说明新授四川盐法道的玉铭，在皇上询问其公事时，大多都并不熟悉，不能再授予这个职位。

其实在清代，卖官并不是地下交易，而是政府许可的行为。清代选官有三种途径：荫封，科举，捐纳。康熙十三年（1674年），清朝正式颁布了制度，以后历朝沿袭，且捐纳数额愈来愈大，由捐纳而得官的人数也越来越多，一直到光绪二十七年（1901年）才明令禁止。

很多著名的人物都是由捐纳走向仕途的，比如著名文人李慈铭，洋务运动中发挥了积极作用的华蘅芳、徐寿、李善兰、郑观应、薛福成，甚至还有"戊戌六君子"之中的谭嗣同、杨深秀，以及资产阶级革命家徐锡麟等。

但珍妃却在不知不觉中得罪了以慈禧、李莲英为首的利益集团。

慈禧想帮李莲英为其四个养子说情谋官，结果都被刑部尚书以"补缺当遵部例"的理由给驳了回来，而且只肯给"乌布"这样的低级职位。

而同样性质的事情，珍妃却通过光绪为他人谋到了清代为正四品的"道员"职位。

这件事情被人揭露出来之后，使得慈禧对珍妃极为厌恶。

援宫中成例，犯事儿的嫔妃均交皇后严加管束，珍妃被幽闭于宫西二长街百子门内牢院，命太监总管专门严加看守，从此与光绪隔绝，不能见面。《故宫通览》中说珍妃被囚禁的这个小院原是侍从下人居留的地方，珍妃入住后，正门被牢牢关上，打上内务府的十字封条，珍妃住在北房三间最西头的一间，屋门从外面倒锁着，吃饭、洗脸等均由下人从一扇活窗中端进递出。珍妃所食为普通下人的饭，平时不准与人说话。逢年过节或月初一、十五，这些别人高兴的日子，看守她的一位老太监就代表慈禧对她进行训斥。

力促维新变法，被打入冷宫

1894年，中日甲午战争爆发。甲午的战败以及近代史上著名的不平等条约《马关条约》的签订，都极大地刺激着光绪的神经。痛定思痛，光绪对维新思潮的热情越来越高，他多次在言语中透露希望中国能够效法日本明治维新，通过改革从此走向富强，这让珍妃也激动不已。珍妃素来深受老师文廷式维新思想的影响，在私下里与光绪讨论时，是倾向于光绪采纳主战派意见的，她支持光绪在国家治理上更多地发表自己独立的意见。

另外，她还经常与维新党人互通信息，这就更加惹怒了慈禧，慈禧已经对她恨之入骨。

1898 年，慈禧发动政变，再次垂帘听政，捕杀维新党人，把光绪帝囚禁在中南海的瀛台，把珍妃幽禁在皇宫景祺阁的冷宫中。慈禧对珍妃的迫害，使她完全失去了人身自由，受到了严酷的杖刑。珍妃被囚禁了两年，受尽了虐待和折磨，身上肮脏不堪，形如乞丐，但她却始终念念不忘光绪帝。光绪也一直惦念着她，在太监的帮助下，光绪多次在夜晚来到北三所，与珍妃隔窗对泣。两人彼此鼓励，希望都能坚强地活下去，以待有出头之日。

珍妃的性格及思想倾向，使她能同光绪情投意合，同时，也造成了她的悲剧人生。

珍妃之死，身后遗事

关于珍妃之死，正史的记录都语焉不详。民间流传的说法多为所谓老宫人口述亲历，真实性还有待考证。

1900 年，八国联军进攻北京，慈禧太后挟持光绪帝慌忙出逃。临行前，急忙把后妃们召集到宁寿宫，幽禁于北三所寿药房中的珍妃也被唤出，此时的珍妃已被囚禁了整整三年，披散着头发，穿着旗袍，神情呆滞。

慈禧一看到珍妃，大怒说："到这时候了，你还装模作样，洋人进来，你活得了吗？赶紧换衣服走！"珍妃说："皇阿玛可以出去避一避，不如让皇上和我留下，设法与洋人交涉，这样可以维持大局。"慈禧顿时翻脸呵斥："你这贱人，死到临头还敢胡说，快把她给我扔到井里去！"光绪立刻跪地哀求，请求太后留珍妃一命，此时，慈禧已是怒不可遏，说："你这个皇上也救不了她的命！来人！赶快给我把她扔下去！"就这样，珍妃被两个太监扔进了顺贞门的井中，时年仅二十四岁，此井，后来被称为"珍妃井"。另有一种说法，当时珍妃是被慈禧命人偷偷推入井中，光绪当时并不知道

1901 年，也就是珍妃遇害后的第二年，慈禧由西安返京，为了掩人耳目，就说珍妃为免遭洋人污辱，守节投井自杀，并命人将珍妃尸体打捞，追封为皇贵妃，初葬恩济庄的宫女墓地。在追封珍妃为珍贵妃的谕旨中，曾有"上年京师之变，仓猝之中，珍妃扈从不及，即于宫中殉难，淑属实烈可嘉，恩著追赠贵妃位号，以是褒恤"。将"珍"写成"贞"，大概有以示崇敬之意。

1913 年，瑾妃（时为端康皇太妃）将珍妃迁葬光绪景陵妃嫔园寝，并为她修建了一个小灵堂以供奉珍妃的牌位，灵堂上悬挂一额纸匾，上书"精卫通诚"，颂扬珍妃对光绪的一片真情。在隆裕太后去世后，珍妃的姐姐瑾妃已成为皇太贵妃。后来，宣统帝溥仪尊封她为端康皇贵太妃。

据溥仪回忆，隆裕皇太后死后，瑾妃很专权，自己俨然成了皇太后，效法慈禧，让溥仪叫她皇额娘，经常管教溥仪，不把皇帝放在眼中。为此，溥仪在一些人的怂恿下，公开与瑾妃吵了一架，使瑾妃很下不来台，溥仪也为此付出了沉重的代价。瑾妃为了出这口气，把溥仪的奶奶、母亲召进宫，对她二人施加压力。她二人可吓坏了，一齐跪下来苦苦哀求，答应劝溥仪给瑾妃赔礼道歉。最后溥仪经不住祖母和母亲的苦劝，被迫给瑾妃道了歉。溥仪的母亲个性极强，从未受过别人的训斥。这次窝了一肚子火，回到家

吞了鸦片烟自杀了。瑾妃听了这个消息以后，吃惊不小，生怕溥仪追究此事，于是也改变了对溥仪的态度，两人关系有了明显缓和。

1924年10月20日瑾妃病死，终年五十一岁，溥仪谥之为恪顺皇贵妃。葬入崇陵妃园寝东宝券内。

婉容　清末帝溥仪皇后

□ **档案：**

姓　　名：郭布罗·婉容
生卒年：1905~1946 年
籍　　贯：黑龙江
婚　　配：清末帝溥仪
封　　号：皇后

郭布罗婉容，字慕鸿，号植莲，正白旗。婉容自幼生长于深闺，资质天然，体态姣好，端庄秀美，姿色迷人，举止谈吐得体文雅，琴棋书画样样精通，是一位富有教养的才女。十七岁时被选入宫，成为清朝史上最后一位皇后。

清新脱俗，末代皇后

1905年，内务府大臣荣源的府中诞生了一个女婴，家人给她取了一个非常好听的名字——婉容。1912年2月12日，宣统帝溥仪退位。根据《优待皇室条件》的规定，宣统皇帝的尊号仍继续保留，退位的帝后和皇室成员都居住在紫禁城中。

1922年，婉容已经年满十七岁了，青春迷人，清新脱俗，这一年她被选入宫，册封为皇后，开始了辉煌而又悲凉的一生。然而，据记载，婉容的当选并不是她的美丽与多才，而是因为皇帝溥仪随手在她的照片上画了一个圈，天命如此，人力而不可抗也，注定了婉容的一生凄苦。

溥仪年满十五岁以后，逊清皇室开始为他选立皇后。尽管皇帝逊位，但是帝后的归属问题，仍然引起了激烈的争夺。当时，隆裕太后早已去世，剩下的端康太妃和敬懿太妃都想把自己的亲信立为皇后，并在商议时各执己见，互不相让。最后确定了四个人为候选秀女，并拍了她们的全身照片，让溥仪画圈决定。溥仪看了又看，比了又比，实在分不出哪个更美，于是便拿出铅笔，随便在一张照片上画了个圈。圈住的这位秀女叫文绣，因为她是敬懿太妃的亲信，端康太妃很是不高兴，溥仪又在端康太妃中意的照片上画一个圈，这就是婉容。这样，溥仪先后画了两个圈，但清制规定皇后只能有一人，最后还是考虑端康太妃的意见，确定婉容为皇后，文绣为妃子。现在看来，婉容的幸运当选却正是她不幸命运的开始。

婉容是我国历史上最后一位得到迎娶皇后礼遇的女性。当时，清朝已被推翻了十一年，中国社会已经进入了民主共和时代，但是末代皇帝婚礼之隆重，较封建社会帝王的婚礼毫不逊色。

1922年12月1日，溥仪大婚，同时迎娶了皇后婉容和妃子文绣。因为是中国历史上最后一次皇室的帝婚大典，大婚当天，迎亲的队伍所经之路，均以黄土铺道，沿途观看的群众人山人海。紫禁城内，悬灯结彩，鼓乐齐鸣，迎亲队伍浩浩荡荡，军警、保安林立，军队、鼓吹两班，彩装的汽车队、马车队、洋车队，清室和亲朋好友不计其数。参加婚典的达官显贵，外国要员及中外记者共计数百人。婉容坐的一顶三十二人抬的金顶凤舆轿子，缓缓地行进着，由东华门入宫，再经景运门至乾清门。溥仪穿戴龙袍，在乾清宫西暖阁等候。当时婚礼场面热烈而隆重，如同大清王朝仍犹存一样。

婉容当上皇后之后，她的父亲被封为承恩公，整个荣源家族都因婉容而获得了实惠和荣誉。

新婚宴尔，短暂甜蜜

新婚过后，溥仪和婉容住在紫禁城，相依相伴，还算和美幸福。这不仅因为婉容有迷人的姿色，还因为她是受过学堂教育的女子，婉容自幼生长于官僚世家，生活条件比较优越。少女时曾在天津一所女子中学读书，学得一些英文，琴棋书画样样都通，算得上是一位才女。婉容入宫后，溥仪曾先后请了两位英文教师为她教授英文，由于基础打得好，她的英文水平提高得很快，还能写些简单的书信。而这时候的婉容也确实给了溥仪很多柔情，在紫禁城两年多的时间里，她几乎每天都用英文给溥仪写些情意绵绵的信，溥仪也用英文给她回信，并给她起了个美丽的英文名字：伊丽莎白。

婉容是一位受过"五四"洗礼的女性，入宫后仍没有放弃对美和自由生活的追求，她购买了许多新潮服装，将自己打扮得漂亮艳丽。她厌倦紫禁城里囚徒般的生活，渴望观赏城外大自然的美好风光，有几次，她与溥仪两人一起，以探亲为名越出宫墙，乘车在京城的大街兜风，后来还一起到颐和园和玉泉山游玩。两年间，婉容还数次随皇帝出席了一些重大的社交活动，一起参加溥杰的婚礼和醇亲王的寿辰等，是历代皇后都不可能有的殊荣。

婉容爱看外国电影，喜欢吃西餐，会骑自行车，特别是她教会了溥仪吃西餐。开始吃时，婉容手把手地教他如何用刀，如何使叉，以及怎样吃等，后来，溥仪在婉容的影响下，渐渐地迷上西餐了。

有了婉容，溥仪身边不再光是那些低头弯腰的太监和保守的师父，他把婉容当成了知己。1923年夏，溥仪为查明珍宝失盗缘由，下令清查库存，偷盗的太监们为了销赃灭迹，便放火烧了建福宫和附近十几座楼台亭阁。溥仪想到平时他对太监的残暴，怕他们对自己行凶报复，便想挑一个可靠的人来为他守夜，第一个想到的便是婉容，而婉容就整夜守护在养心殿里为他壮胆。

婉容是一位富有同情心的皇后，经常行善乐施，每当她看到报纸刊出穷人挨饿或无钱就医、无力安葬的消息时，总要派人送去一些钱。据当时的《事实白话报》载：一群穷苦的人组成的"北京临时窝窝头会"，一次就收到皇后使者送来的六百元大洋，不少人为之感动。

然而，婉容也有着大多数女人都有的小心眼和嫉妒心，由于文绣的存在，使得她和溥仪还是存在着一些不和谐。

文绣是溥仪的淑妃，从小接受的是三从四德的封建教育，虽然相貌不如婉容姣好，但性格却比婉容温顺宽厚。溥仪待文绣开始时也还较平等，比如一些适宜后、妃参加的活动，溥仪总是让婉容、文绣一起出面。学习英语，溥仪也给文绣请了教师。但是，婉容却对此大为不满，她有时会大发脾气，为人也不太随和，再加上始终没有能生育皇子，所以她和溥仪的感情逐渐变淡，两个人既不同桌吃饭也不同床睡觉。这样时间长了，婉容的脾气就变得更坏，动不动就乱摔东西，难以伺候。在这种虚伪无聊的环境中生活，婉容的内心充满了郁闷。后来，她终于耐不住精神上的空虚，染上了吸食鸦片的嗜好，婉容的人生之路，从此开始一步步地走向悲惨。

1924年11月，溥仪被逐出宫，他带着婉容、文绣住进了天津张园。按照《修正清室优待条件》，溥仪已"永远废除皇帝尊号"，而婉容也随之失去了徒有其名的"皇后"身份。随着时间的推移，溥仪性格上的弱点逐渐暴露出来了，而他生理上的缺陷最终更是导致了文绣提出离婚。

婉容出宫后，精神确实焕发了一阵，她一改宫中的装束，换上了时装旗袍和高跟皮鞋，还烫了头发，再加上她纤柔秀美的音容笑貌，一时成为租界中的"摩登女性"。更使她兴奋的是，天津这座繁华的商业城市给她提供了既时髦又风流的消遣方式：看戏、跳舞、溜冰、玩球……对她吸引力最大的则莫过于到各大百货公司购物，反正有溥仪付钱，她可以无所顾忌地大肆挥霍，以致这种物质刺激后来竟发展成婉容、文绣之间争宠的手段。溥仪后来在《我的前半生》中称之为"竞赛式的购买"，他回忆道："婉容本是一位天津大小姐，花钱买废物的门道比我多。她买了什么东西，文绣也一定要。我给文绣买了，婉容一定又要买，而且花的更多，好像不如此不足以显示皇后的身份。"当时，寄寓在天津的皇室是靠典当才维持着表面上奢侈的生活，所以这样的日子没过多久，经济上就逐渐不支，当然也就难以继续满足婉容在物质上的虚荣了。

新的环境并没有改善婉容与溥仪的关系，他们之间始终未能建立起普通夫妇间的那种恩爱、真挚的感情。一则因为当时溥仪在遗老们的怂恿下正一心想着复辟，更主要的原因则是他自己后来才领悟到："我不懂得什么叫爱情，在别人的平衡的夫妇，在我，夫妇关系就是主奴关系，妻妾都是君王的奴才和工具。"虽然遇有应酬时他也让婉容出面，但在溥仪的眼里，婉容只不过是一个应景的摆设。无聊和孤寂使婉容的精神日益颓靡，常常整夜不睡，得了神经衰弱症，而且鸦片瘾也越来越大了。

1931年秋，淑妃文绣因忍受不了不平等待遇而离家出走，最终与溥仪协议离婚，这就是曾在社会上轰动一时的"皇妃革命"。这件事并没有使婉容得意太久，长期以来，她的任性、孤傲已经越来越引起溥仪的不满，这次"皇妃革命"给溥仪带来的烦恼也就更多地迁怒于婉容了。

同年11月，溥仪在日本帝国主义的诱骗和策划下，独自一人秘密离津，逃往东北。直到两个月以后，婉容才由天津到大连，再转至旅顺与溥仪团聚。使她失望的是，这时候溥仪已成为听任日本帝国主义摆布的傀儡，更没想到她自己也随之落入了阴谋的陷阱。

1932 年 3 月 8 日，溥仪在长春就任伪"满洲国执政"，婉容便是"执政"夫人了。

等到溥仪逃至长春，成为满洲执政府的傀儡后，他更是对婉容置若罔闻，不闻不问。同时婉容的行动也受到了日本人的严密监视和限制，这一切使婉容的身体和精神处于崩溃的边缘。于是婉容越来越放纵自己，她狂躁易怒、嗜毒成瘾、甚至与溥仪身边的侍卫私通。总之，婉容竭尽所能地做出所有可以激怒溥仪的事情。终于，她开始了长达十年的冷宫生活，这段日子使她从一个娇美恬静的美人变成了一个形如槁木的疯子。到了1945 年，随着日本人的投降，撇下了一大群的皇亲国戚，溥仪这个儿皇帝也仓皇出逃了。在转移到吉林延吉的监狱后，孤苦伶仃的婉容终于结束了她的一生。

夫妻陌路，红杏出墙

溥仪上任一个多月后，伪执政府就从长春市政公署搬到了新修建的前吉黑榷运局的房子，这里的八栋小洋楼是当时长春最好的建筑物。溥仪亲自为每幢房子命名，婉容和溥仪就住在缉熙楼内，溥仪住楼上西侧，婉容住楼上东侧。婉容对自己执政夫人的生活充满了兴奋，对前途更是满心幻想，但是她很快就发现，自己的一举一动都被监视起来了，她完全没有了自由。她一生悲剧的高潮，也就从来到东北开始，渐渐地婉容对执政府的生活失去了兴趣，对再次身陷牢笼感到懊悔。

婉容开始留恋起在天津时无拘无束的生活，她决定要寻找逃出去的办法，彻底地离开这个人间地狱。

1932 年 5 月，国际联盟派李顿调查团来东北，调查日本帝国主义在中国东北的侵略罪行，婉容乘机派人与代表团中的中国代表顾维钧接触，说她在此生活得很悲惨，一举一动都要受到监视，要求顾维钧帮助她从长春逃走。顾维钧深为感动，但他无能为力，婉容无奈也只好留下来。

1933 年的初秋，当时伪满立法院赵欣伯的妻子准备赴日，婉容便托她帮忙东渡。婉容认为，只要她能逃走，就一定会帮助溥仪逃走，可万没想到，此事被当时正在日本的三格格发现，她写信告知溥仪，结果逃跑又成为泡影。从此，婉容再也没有找到逃脱的机会，生不如死的她，便选择了自我毁灭。

1934 年 3 月 1 日，溥仪在日本帝国主义的操纵下，在全国人民的唾骂声中登上了伪"满洲帝国"皇帝的宝座，年号"康德"。当时，在即位大典中，溥仪并没有安排婉容出席。此后，溥仪在东北担任"皇帝"期间，一切仪式和社会活动都不用皇后的陪同。

婉容在伪满宫中的十几年生活中，当"执政夫人"的两年还算是比较好的。这两年婉容偶尔还能露面，报纸上也常登出她的照片，物质生活也是很舒适的，溥仪每月分给她一千五百元，随着物价上涨增加到三千元。婉容在执政府内有自己的膳房，可谓是荤素凉热五味俱全。随身侍候的人就有四个，两个太监，两个仆妇，还有一位名叫崔慧萍的小姐做她的闺中良伴，教她绘画、刺绣，陪她下棋、弹琴，来消磨无聊的时光。

在当上伪满皇后以后，婉容一心想帮助溥仪完成复辟帝制的大业，她在宫中订了近十份报纸，每天坚持阅读，非常关心国家大事，政治理想宏大。然而，溥仪却完全没有感觉到她的一片良苦用心，反而加强了对她的限制，两人间的关系表面上还是可以的，但在私下里却很少交谈。在睡觉前，溥仪偶尔去她那里坐一下，夜深时便若无其事地走了。婉容的心中充满了无限的冷漠、空虚和寂寞，她心中的这些苦闷又不敢对别人讲，终日被无形的精神压抑和烦恼缠绕着。

婉容虽然在精神上呈病态，但她仍不失为一个俏丽的女子，在身体好些时候，她还是要悉心打扮起来。据1934年"帝宫"档案记载，婉容一年内仅单、夹旗袍就做了二十七件，所用的质料不仅有中国传统的丝绸，还有各种花色的日本、印度、法国的上等毛、绸、纱料。她每个月可以有三千元的月例钱，供其衣食之外的花销，她还养了五六只哈巴狗，这些通人性的小动物给了她不少乐趣。

长期有名无实的夫妻生活，对婉容来说是毫无幸福可言的。刚开始时，每当溥仪深夜离去，婉容便独自漫步庭院，睹物伤感，为自己没有欢乐的青春而叹息，觉得这个世界对自己是如此的不公正，每每想到此，就会回想起童年无忧无虑的时光，撒娇在父母的膝下，周围人的称赞，然而，这一切都是那么的遥远了。慢慢地，婉容心中的一丝希望也被时间无情地吞噬掉了，她变得嫉妒、猜疑、愤恨。婉容秉性高傲，曾以荷花自喻，她以为皇帝夜里不与她在一起，一定是跑到淑妃那里去了，其实溥仪是独睡。婉容与文绣的斗争，最后以文绣与溥仪离婚告终。

由于腐朽的宫廷生活过早地伤害了溥仪的身体，使他在青少年时代就从心理上和生理上厌恶女人。有一次，溥仪去大连游玩，一群年轻貌美的姑娘跪在海滩上静候他的光临，不想溥仪见后立刻把负责安排游览的官员痛斥了一顿，这些姑娘立即被赶走了。以后凡是溥仪要去的地方，女人都要事先躲开。

婉容有着极强的虚荣心，她宁可做"挂名妻子"，保持自己的皇后身份，也不想与溥仪离婚。更何况托她之福当上皇亲国戚的父亲和兄长，也绝对不会允许婉容离开溥仪的。然而，婉容毕竟是位有七情六欲的妙龄少妇，通过哥哥和佣妇的牵线，认识了溥仪的随侍祁继忠，两人不久就开始了私通。后来，祁继忠作为伪满将校的后补生，被溥仪送到日本陆军士官学校留学。其后，婉容又与溥仪的另一随侍发生了关系。直到1935年，婉容怀孕即将临产时，长期被蒙在鼓里的溥仪才知道了事情的真相。

虽无夫妻情谊，但是溥仪仍旧愤恨无比，他首先把正在日本留学的祁继忠和仍在宫中的那名随侍开除，接着提出与婉容离婚，要废掉皇后，最后这个要求没有被日本人批准。

从此，婉容陷入了悲惨的境地。她天真地希望溥仪能承认这个无辜的孩子，但是遭到了坚决的反对，她曾多次泪流满面地跪在地上哀求溥仪，最后溥仪终于允许孩子出世后送到宫外由哥哥雇保姆抚养。

孩子出生了，长得美丽俊俏，两个大眼睛惹人怜爱，婉容多么想把她留在身边相依为命啊，但这是不可能的，她只好咬着牙让等在门外的佣人把婴儿抱走了。此后，她按月给哥哥支付抚养费，天天都想着能够见到女儿一面。她万没想到的是，自己的孩子刚出世半小时就结束了幼小的生命，并被溥仪让人把她扔到锅炉里火化了。这件事一直瞒着婉容。

分娩以后，婉容被打入冷宫，过起了与世隔绝、离群索居的生活，这一晃就是十年。接连的打击和多年的冷宫生活，不仅重创了婉容的精神，也摧残了她的身体。她不梳洗，不剪指甲，长长的指甲弯到了肉里，整天喜怒无常，已经由一个花容月貌、身材窈窕的皇后变成了一个蓬头垢面、骨瘦嶙峋的活鬼。溥仪对此完全是视而不见，毫无恻隐之心，甚至经常找到各种借口，把婉容甩在宫里不管。冷漠和孤寂的婉容彻底地绝望了，整日以大烟为伴，烟瘾日重，烟毒日深，处在慢性自杀当中。到了伪满末年，她的两条腿已不会走路，需别人架着才能挪动，由于长久关在房子里，本来就有目疾的婉容，眼睛更见不得光亮，要用扇子遮着从扇子骨的缝隙中看人。

沉迷鸦片，精神崩溃

连连的社会动荡给婉容的心灵带来了巨大的冲击，生活变故让她失去了仅有的希望，她绝望地说，为什么别人都得自由，独我不能自由？

当婉容知道自己真正想要的东西时，她却倒在了那个烟榻上，再也没有力气面对这个世界。后来，到了东北，在伪皇宫里专门设了一个吸烟间，每天除了读书写字绘画，就是吸鸦片。

再后来，婉容疯了也自由了。那个像祖父一样内向敏感诗人气质的婉容，那个多才多艺可悲又可爱的婉容，就这么把自己撕碎了，就这么疯了。她吸烟的姿势，她哭嚷的声音，她那一头蓬乱的短发，她那瘦弱不堪的脸，让人为她揪心，也让人为她痛苦。

最后岁月，容迹难寻

1945 年 8 月 11 日，溥仪按照日本关东军的命令，将所谓皇宫迁往通化临江县大栗子沟。8 月 15 日，日本天皇宣布无条件投降，溥仪也宣布再次退位。

不久，溥仪在逃跑时被苏军逮捕押往苏联，婉容和伪宫内府的其他人，先后由大栗子沟逃到临江，在临江又辗转到通化、长春、吉林，被收容在拘留所。这时的婉容已经无药可救，有时唠唠叨叨，有时大哭大闹。这时，多亏善良好心的玉琴照顾她，才使她勉强活下来。

没过多少日子，国民党飞机轰炸吉林。婉容等人被押上火车，在敦化监狱几天后，于 5 月末到了延吉，被收容在延吉法院监狱。延吉监狱很大，一栋房子约有四十个监房，哪一间都满员。婉容的住处是一张二层床，她被放在下床，有时她从床上滚落到水泥地上，一动不动，门口的饭也不吃，大小便失禁，形容枯槁，憔悴不堪。

6 月初，婉容已病入膏肓，不省人事。

1946 年 6 月 20 日上午 5 时许，婉容凄凉地在延吉市与世长辞，时年四十一岁。

婉容的一生是悲剧的一生，而这个悲剧又是无法避免的，她是历史的牺牲品。

全国解放后，溥仪在抚顺战犯管理所经十年改造，于 1959 年特赦，不久到全国政协任文史专员，后与李淑贤结婚。1967 年，溥仪因肾癌去世，骨灰盒最初放在八宝山人民骨灰堂，后移葬于河北易县"华北皇家陵园"。溥仪尚有骨灰可存，而末代皇后婉容却什么也没有，她埋在哪里，至今谁也不知道。